DAS ÖFFENTLICHE RECHT DER GEGENWART

JAHRBUCH DES ÖFFENTLICHEN RECHTS DER GEGENWART

NEUE FOLGE / BAND 52

HERAUSGEGEBEN VON

PETER HÄBERLE

Mohr Siebeck

Professor Dr. Dr. h.c. mult. Peter Häberle
Universität Bayreuth
Forschungsstelle für Europäisches Verfassungsrecht
95447 Bayreuth

ISBN 3-16-148317-0
ISSN 0075-2517

Die Deutsche Bibliothek verzeichnet diese Publikation in der Deutschen Nationalbibliographie; detaillierte bibliographische Daten sind im Internet über *http://dnb.ddb.de* abrufbar.

© 2004 Mohr Siebeck Tübingen.

Das Buch wurde von Gulde-Druck in Tübingen aus der Bembo-Antiqua belichtet, auf alterungsbeständiges Papier gedruckt und von der Buchbinderei Spinner in Ottersweier gebunden.

Inhaltsverzeichnis

---

[1] Dieses und die folgenden 13 Referate wurden am 12. Juli 2002 auf einem internationalen Kolloquium zu Ehren von Prof. Dr. Dr. h.c. mult. Peter Häberle an der Universität Bayreuth gehalten.

[2] Diese und die folgenden Zahlen verweisen auf einschlägige Beiträge in den früheren Bänden: z.B. bedeutet NF 8: Band 8 der Neuen Folge des Jahrbuches.

Europäische Staatsrechtlehrer

Berichte

Entwicklungen des Verfassungsrechts im Europäischen Raum

I. Die Entwicklung des Verfassungsrechts in den deutschen Bundesländern

II. Entwicklungen des Verfassungsrechts im übrigen Europa

Entwicklungen des Verfassungsrechts im Außereuropäischen Raum

I. Amerika

II. Afrika

Der Beitrag Italiens zur europäischen Rechtskultur[*]

von

Prof. Dr. Paolo Ridola

Universität Rom „La Sapienza"

Der Anlaß, über den Beitrag Italiens zum wissenschaftlichen Dialog der Rechtskulturen zu sprechen, entsteht aus diesem internationalen Seminar zu Ehren von Peter Häberle. Das scheint mir aus zwei Gründen besonders bedeutungsvoll zu sein.

Erstens muß Peter Häberle als einer der prominentesten Lehrer der Rechtsvergleichung betrachtet werden. Im Vergleich zur Privatrechtsvergleichung hat die Wissenschaft des vergleichenden Verfassungsrechts eine relativ jüngere Tradition.[1] Peter Häberle hat zur Entwicklung und methodischen Erneuerung der Rechtsvergleichung grundlegende und pionierhafte Beiträge geleistet. Die Lehren der Rechtsvergleichung als spezifische Auslegungsmethode, der Textstufenanalyse, der Rezeptionsprozesse im Kraftfeld des Verfassungsstaates bilden den Kerngehalt des methodischen Ansatzes Häberles und stellen gleichzeitig einen unumgänglichen Bezugspunkt in den Studien des vergleichenden Verfassungsrechts dar.[2] Die Theorie des Verfassungsstaates von Häberle ist auf der Rechtsvergleichung gegründet, die als Vergleichung in Zeit und Raum verstanden werden muß. Als Herausgeber des „Jahrbuchs des öffentlichen Rechts" hat Peter Häberle die Verbreitung eines großen Spektrums von Verfassungsordnungen und verfassungsrechtlichen Erfahrungen gefördert.

Zweitens ist Peter Häberle tiefer Kenner der italienischen Rechtskultur. Darüber hinaus hat er tiefgreifende kulturelle, wissenschaftliche und persönliche Beziehungen zu Italien, und seine wissenschaftliche Leistung hat im letzten Jahrzent eine intensive Rezeption erfahren, die von der Übersetzung zahlreicher Schriften getragen wird.[3]

In meinem Kurzreferat werde ich versuchen, den Beitrag der italienischen Verfassungsrechtswissenschaft zum Aufbau einer europäischen Verfassungslehre und der gemeineuropäischen Verfassungsüberlieferungen zu erklären.

---

[*] Referat, das der Verf. am 12. Juli 2002 in Bayreuth aus Anlaß der Emeritierung des Prof. Dr. Dr. h.c. mult. Peter Häberle gehalten hat.

[1] Für eine Bilanz der Studien des vergleichenden Verfassungsrechts, siehe G. De Vergottini, *La comparazione nel diritto costituzionale: scienza e metodo*, in · *Diritto e società*, 1986, S. 165 ff.

[2] Dazu siehe P. Häberle, *Rechtsvergleichung im Kraftfeld des Verfassungsstaates*, Berlin 1992.

[3] Darüber P. Ridola, *Das Wirken Peter Häberles in Italien*, in M. Morlok (Hrsg.), *Die Welt des Verfassungsstaates*, Baden Baden 2001, S. 125 ff.

Die Überlegungen über die Grundlagen der politischen Ordnung und die Methode des Verfassungsrechts haben weit zurückliegenden Ursprung im philosophischen, politischen und juristischen Denken des Spätmittelalters und der Neuzeit. Im *Defensor pacis* (1342) arbeitete Marsilio von Padua eine Theorie der *communitas civilis* aus, die die Ideologie der freien Kommunen widerspiegelte. Marsilio ist zu verdanken: ein frühreifes Nachdenken über das Verhältnis zwischen Souveränität und Grenzen der politischen Macht; die Theorie der Herrschaft der *voluntas legis*, die Quelle und Legitimationsgrundlage der Regierungsgewalt ist; schließlich die Vorstellung eines „Gesetzgebers", der mit der *universitas civium* oder deren *maior et valentior pars* identifiziert wurde.[4]

Später, im Zeitalter der Renaissance, hat Machiavelli einen grundlegenden Beitrag zur Ausarbeitung der Idee der „Republik" geleistet, die auf die Tugend als Grundlage des politischen Gemeinwesens gestützt war und tiefgreifenden Einfluß im Zeitalter der bürgerlichen Revolutionen und des Konstitutionalismus ausüben wird. Darüber hinaus verdanken wir Machiavelli eine realistische Anschauung der Politik, die die Vorstellung der Pluralität der Regierungsformen inspirierte.[5]

Man muß noch den Beitrag der italienischen Aufklärung zur Ausarbeitung von Grundbegriffen des modernen Konstitutionalismus erwähnen: Pietro Giannone, beim Gedanken der Trennung zwischen Staat und Kirche; Gaetano Filangieri, bei der Theorie der Gleichheit vor dem Gesetz; Cesare Beccaria, bei der Behauptung der Menschenwürde im Bereich des Strafrechts.[6]

Was die methodischen Fragen beim Studium der Institutionen betrifft, ist der Einfluß des Denkens von Giambattista Vico sehr bedeutend. Im XVIII. Jahrhundert lehnte er den Individualismus und den aufklärerischen Gedanken des linearen Fortschritts der Geschichte ab. Vom Historismus Vicos wurde in der italienischen Literatur eine „Wissenschaft der Verfassungen" inspiriert, die danach strebte, die Institutionen und die politischen Strukturen im Rahmen der Geschichte, der Traditionen, der Kultur einer Gesellschaft zu verstehen.[7]

Auf den Spuren des Historismus von Vico, entwickelten Cuoco und Romagnosi zwischen dem XVIII. und dem XIX. Jahrhundert dessen methodische Voraussetzungen. Der erste hob gegen die Abstraktheit des revolutionären Konstitutionalismus in Frankreich die Bindung der Verfassung an die Ideen, die Gewohnheiten und die Be-

---

[4] Über das politische Denken Marsilios siehe: C. Vasoli, *Introduzione*, in Marsilio da Padova, *Il difensore della pace*, Torino 1975, S. 13ff.; C. Dolcini, *Introduzione a Marsilio da Padova*, Bari – Roma 1995; A. Cerri, *Marsilio e Rousseau*, in *Quaderni fiorentini per la storia del pensiero giuridico*, 1989, S. 13ff.

[5] Über die Idee der Republik bei Machiavelli siehe: J.G.A. Pocock, *Il momento machiavelliano. Il pensiero politico fiorentino e la tradizione repubblicana anglosassone* (1975), Bologna 1980; G. Bock, Q. Skinner, M. Viroli (Hrsg.), *Machiavelli and republicanism*, Cambridge 1990; H. Münckler, *Machiavelli. Die Begründung des politischen Denkens der Neuzeit aus der Krise der Republik Florenz*, Frankfurt a.M. 1995. Über das Verständnis der Politik bei Machiavelli siehe: G. Sasso, *Niccolò Machiavelli: storia del suo pensiero politico*, Bologna 1980; F. Chabod, *Scritti su Machiavelli*, Torino 1993.

[6] Dazu siehe: F. Venturi, *Settecento riformatore. Da Muratori a Beccaria*, Torino 1969; G. Galasso, *La filosofia in soccorso dei governi*, Napoli 1989.

[7] Für eine Übersicht der Interpretationen des rechtsphilosophischen Denkens Vicos siehe: G. Fassò, *Vico e Grozio*, Napoli 1971; N. Badaloni, *Introduzione*, in G.B. Vico, *Opere giuridiche*, Firenze 1974; P. Piovani (Hrsg.), *Omaggio a Vico*, Napoli 1978; G. Giarrizzo, *Vico. La politica e la storia*, Napoli 1981.

dürfnisse des Volkes hervor.[8] Der zweite faßte die „Wissenschaft der Verfassungen" als „Wissenschaft des Lebens der Staaten" auf.[9] Nach den Verfassungsbewegungen von den Jahren 1848–49[10] und dem Aufbau des einheitlichen Nationalstaates im 1861 zeigten die methodischen Richtungen der Verfassungsrechtslehre erneutes Interesse für die Verfassungsgeschichte, den Vergleich der verfassungsrechtlichen Institutionen, die Verhältnisse zwischen Verfassungsrechtswissenschaft und Gesellschaftswissenschaft, für die Dynamik der öffentlichen Meinung und der politischen Kräfte (Palma, Casanova, Arcoleo, G. Arangio Ruiz).[11]

Diese Tendenzen, auf welche vielfältige Komponenten der italienischen und europäischen Kultur ihren Einfluß ausübten, stießen in den folgenden Jahren auf starke Hindernisse: ab dem Ende des XIX. Jahrhunderts unter dem Druck des Rechtspositivismus, der dem Erfordernis der Verstärkung des bürgerlichen Nationalstaates entsprach, und dank des Kampfes Orlandos für die Behauptung der rechtlichen Methode im öffentlichen Recht; später, in der zweiten Hälfte des XX. Jahrhunderts, unter dem Einfluß des kelsenianischen Rechtsformalismus, der in der Lehre der Verfassungsgerichtsbarkeit und in der Rechtsquellenlehre eine entscheidende Rolle gespielt hat.[12]

Jedoch schon am Anfang des XX. Jahrhunderts riefen die Entstehung der organisierten Massenparteien und die Entwicklung der gewerkschaftlichen Bewegung das wissenschaftliche Nachdenken über die „Krise des modernen Staates" hervor.[13] In diesem geschichtlichen Kontext stellt sich die institutionelle Theorie der Rechtsordnung von Santi Romano: Sie stellte den Versuch dar, Effektivität und Pluralismus im Flußbett der Rechtswissenschaft strömen zu lassen. Als Beispiel des Wissenschaftsdialogs der Rechtskulturen steht die Theorie der Rechtsordnung Santi Romanos in Zusammenhang mit dem Denken Haurious in Frankreich, Ehrlichs in Österreich, Steins und Gierkes in Deutschland. Romano geht von der Voraussetzung aus, dass das Recht ein soziales Phänomen ist, um daraus zwei Grundbegriffe zu entnehmen: a) die Pluralität der Rechtsordnungen, denn jeder gesellschaftlicher Verband ordnet durch eigene Normenkomplexe sich; und b) den Begriff der Institution, der die Symbiose von Rechtsnorm, Organisation und Pluralität von Subjekten und Interessen innerhalb der rechtlich organisierten Gesellschaft ausdrückt.[14]

---

[8] Siehe V. Cuoco, *Saggio storico sulla Rivoluzione napoletana del 1799*, hrsg. v. A. De Francesco, Manduria 1999.

[9] Über Romagnosi siehe L. Mannori, *Uno stato per Romagnosi.I. Il progetto costituzionale*, Milano 1984.

[10] Darüber siehe A.A.Cervati, *La costituzione romana del 1849 e i suoi principi fondamentali*, in A. Bovenschulte, H. Grub, F.A. Löhr, M. von Schwanenflügel, W. Wietschel (Hrsg.), *Demokratie und Selbstverwaltung in Europa. Festschrift für Dian Schefold zum 65. Geburstag*, Baden Baden 2001, S. 367ff.

[11] Dazu siehe M. Fioravanti, *La scienza del diritto pubblico. Dottrine dello stato e della costituzione tra Otto e Novecento*, Milano 2001.

[12] Dazu siehe P. Grossi, *Scienza giuridica italiana. Un profilo storico (1860–1950)*, Milano 2000, S. 119ff.

[13] Siehe: S. Romano, *Lo stato moderno e la sua crisi* (1910), Milano 1969; G.Mosca, *Partiti e sindacati nella crisi del regime parlamentare*, Catania 1971; V.E.Orlando, *Lo stato sindacale nella letteratura giuridica contemporanea* (1924), in Ders., *Diritto pubblico generale*, Milano 1954, S. 319ff.; S. Panunzio, *Il sentimento dello stato*, Roma 1928. Für eine historiographische Bilanz siehe: A. Mazzacane (Hrsg.), *I giuristi e la crisi dello stato liberale in Italia fra Otto e Novecento*, Napoli 1986.

[14] Über die institutionelle Rechtstheorie Romanos siehe: P. Biscaretti di Ruffia (Hrsg.), *Le dottrine giuridiche di oggi e l'insegnamento di Santi Romano*, Milano 1977; S. Cassese, *Cultura e politica del diritto amministrativo*, Bologna 1971, S. 184ff.

Die faschistische Diktatur stellte einen partialen Bruch gegenüber den Richtungen der Verfassungsrechtslehre des liberalen Zeitalters dar. Das hing von der Tatsache ab, daß der Übergang vom liberalen zum autoritären Staat durch formelle Einhaltung der alten liberalen Verfassung, (*Statuto albertino*) von 1848 verwirklicht wurde, und daß, nach der vorherrschenden Meinung, nur die Rassengesetze vom 1938 einen wesentlichen Bruch der Verfassungsordnung verursachten.[15]

Die Verfassungsrechtslehre der faschistischen Zeit scheint in zwei Hauptströmungen aufgeteilt. Einerseits versuchten die Juristen aus liberaler Bildung, die Ordnung des autoritären und korporativen Staates in das Flußbett der rechtsstaatlichen Tradition zu kanalisieren (Ranelletti, Romano, Bodda). Darüber hinaus stellten die juristische Methode und die Rechtsdogmatik oft schützende Mauern dar, um den Juristen ein gewisses Maß an Distanz von der politischen Realität zu gewährleisten (wie im Fall Espositos).[16] Anderseits, stellte der Faschismus den ersten Versuch in der italienischen Verfassungsgeschichte dar, ein Massenregime auf autoritärer Basis zu bauen. In diesem Kontext stellen sich, zum Beispiel, die theoretische Ausarbeitung des totalitären Staates (Panunzio), so wie der theoretische Versuch, die Regierungsfunktion als eigene besondere Staatsfunktion aufzubauen, und das zunehmende Interesse der Verfassungsrechtslehrer für die Verflechtung von Verfassung, wirtschaftlichen Interessen und politischer Partei.[17]

In dieser Perspektive muß die Lehre der „Verfassung im materiellen Sinn" von Costantino Mortati erwähnt werden.[18] Die materielle Verfassung im Sinn von Mortati ist keine bloße Verfassungswirklichkeit, die der Normativität des positiven Verfassungsrechts sich entegenstellt. Sie wird mit den Grundprinzipien identifiziert, die von dem politisch-sozialen Substrat geprägt sind, deshalb eine innerliche Rechtlichkeit besitzen und somit die allgemeine verfassungsrechtliche Ordnung gestalten. Auch die theoretische Ausarbeitung Mortatis ist ein Beispiel des Dialogs der Rechtskulturen. Darin fließen die Gegenüberstellung mit Strömungen der Weimarer Rechtskultur (besonders mit Schmitt und Smend) und der Einfluß der zeitgenössischen Theorien der Eliten und der politischen Klasse von Pareto und Mosca zusammen. Und zwar ist die Theorie der materiellen Verfassung ein problematischer Kreuzungspunkt in der geschichtlichen Entwicklung der italienischen Verfassungslehre. Einerseits weist sie auf die Öffnung der Verfassungsrechtswissenschaft nach der gesellschaftlichen Struktur und den konkreten Kraftverhältnissen, die innerhalb des sozialen Substrats bestehen. Anderseits war diese Theorie auf die Realität des faschistischen Einparteistaats gegründet. Jedoch wurde sie in den Jahren der Republik von Mortati wieder vorge-

---

[15] Siehe dazu V. Crisafulli, *La continuità dello stato* (1964), in Ders., *Stato Popolo Governo*, Milano 1985, S. 3 ff.

[16] Dazu siehe M. Galizia, *Profili storico-comparativi della scienza del diritto costituzionale in Italia*, in *Archivio giuridico F. Serafini*, 1963, S. 103 ff.; L. Paladin, *Il problema della rappresentanza nello stato fascista*, in *Studi in memoria di C. Esposito*, Band II, Padova 1972, S. 851 ff.

[17] Siehe dazu: P. Costa, *Lo „stato totaliario": un campo semantico nella giuspubblicistica del fascismo*, in *Quaderni fiorentini per la storia del pensiero giuridico*, Nr. 28/ 1999, Milano 2000, S. 75 ff.; P. Ridola, *Sulla fondazione teorica della „dottrina dello stato". I giuspubblicisti della Facoltà romana di Scienze politiche dalla istituzione della Facoltà al 1943*, in F. Lanchester (Hrsg.), *Passato e futuro della Facoltà di Scienze politiche*, Milano 2002, S. 95 ff.; L. Ornaghi, *Stato e corporazione*, Milano 1984.

[18] Darüber siehe: F. Lanchester (Hrsg.), *Mortati costituzionalista calabrese*, Napoli 1989; M. Galizia, P. Grossi (Hrsg.), *Il pensiero costituzionalistico di Costantino Mortati*, Milano 1990.

schlagen, um sie mit den verfassungsrechtlichen Grundlagen des Parteienpluralismus und der mehrheitlichen Demokratie zu harmonisieren.

Die Gründung der Republik und der neuen Verfassungsordnung bildet eine Zäsur in der Verfassungsgeschichte und in den Grundtendenzen der Verfassungsrechtslehre. Die Verfassung vom 1947 hat neue Forschungsrichtungen bei den Studien des Verfassungsrechts geprägt, und vor allem hat sie neue systematische und methodische Ansätze gefordert.[19] Die republikanische Verfassung ist aus dem Zusammenbruch des autoritären Staates und aus der Einheit der politischen Kräfte des Antifaschismus entstanden. Die glatte Verweigerung der Erfahrungen des Totalitarismus und die Bemühung, die Beschränktheit des liberalen Staates des XIX. Jahrhunderts zu überwinden, verbinden eng den verfassungsgebenden Prozeß von den Jahren 1945–1947 mit den ideologisch-politischen Hauptströmungen der europäischen Widerstandsbewegung. Deswegen hat die Verfassung ein Muster der pluralistischen Demokratie umrissen, die die verfassungsrechtliche Debatte in Italien in denselben kulturellen Umkreis eingeführt hat, der die französische Verfassung der IV. Republik (1946) und das deutsche Grundgesetz (1949) beeinflusste.[20]

Die wissenschaftlichen und methodischen Hauptrichtungen der italienischen Verfassungsrechtslehre in den letzten fünfzig Jahren müssen in diesem kulturgeschichtlichen Kontext eingerahmt werden. Ich werde mich beschränken, nur auf die bedeutendsten Aspekte dieser Richtungen hinzuweisen.

Erstens: der Zusammenhang des Nachdenkens über die Strukturprinzipien der Verfassungsordnung mit den Merkmalen des verfassungsgebenden Prozesses. Die grundlegenden Entscheidungen der republikanischen Verfassung ergeben sich aus einem Kompromiß, an dem die wichtigsten politischen Komponenten der verfassungsgebenden Versammlung teilnahmen. Sie beriefen sich auf die katholische Soziallehre, auf das marxistische Denken, auf die liberale Tradition. Es handelte sich um heterogene politische Kräfte, die jedoch zu einem Kompromiß bezüglich der Grundentscheidungen der Staatsform kamen.[21]

Die Gründung der Republik stellte einen radikalen Bruch dar, weil sie auf die Niederlage des totalitären Regimes folgte. In der verfassunggebenden Versammlung versuchte man jedoch, die Legitimation der politischen Kräfte bei der Beteiligung an der Ausübung der verfassunggebenden Gewalt zu erweitern. Deshalb charakterisierte sich der verfassunggebende Prozeß als eher inklusiv („sowohl als auch") als exklusiv („entweder oder").[22] Das hat tiefgreifende Auswirkungen bei der Auslegung der Verfassung und deren Grundprinzipien gehabt. Gegenüber den zufälligen Spannungen der alltäglichen Politik ist die Verfassung vor allem als gemeinsame Wertetafel, als einheitsstiftende Urkunde und Selbstverständnis und Selbstzeugnis einer gemeinsamen Identität verstanden worden. In der Geschichte Italiens war der Bildungsprozeß des National-

---

[19] Dazu siehe: P. Ridola, *L'esperienza costituente come problema storiografico: bilancio di un cinquantennio*, in *Studi in onore di L. Elia*, Band II, Milano 2000, S. 1401 ff.

[20] Siehe: U. De Siervo (Hrsg.), *Scelte della Costituente e cultura giuridica*, Bologna 1980; C. Pavone, *Alle origini della Repubblica*, Torino 1995; C. Franceschini, S. Guerrieri, G. Monina (Hrsg.), *Le idee costituzionali della Resistenza*, Roma 1997.

[21] Über die Entstehung der republikanischen Verfassungsordnung siehe: E. Cheli, *Costituzione e sviluppo delle istituzioni in Italia*, Bologna 1978, S. 15 ff.; P. Scoppola, *La repubblica dei partiti*, Bologna 1991.

[22] Vgl. P. Häberle, *Verfassung als öffentlicher Prozeß*, Berlin 1978, 3. Aufl. 1998, S. 17 ff.

staates verspätet und wesentlich unzulänglich. Deswegen war es nötig, die politische Einheit eher auf die Grundentscheidungen der Verfassung als auf die Kraft der Staatlichkeit zu gründen.[23]

In diesem geschichtlichen Rahmen stellen sich zwei zentrale Aspekte der Verfassungsordnung: das republikanische und das pluralistische Prinzip. Das erste wird von der Verfassung außerhalb irgendeiner Perspektive der Identifizierung der Republik mit dem staatlichen Subjekt gestaltet.[24] Die demokratische Republik ist „auf die Arbeit" gegründet" (art.1 Verf.). Das heißt: sie hat eine soziale Grundlage und stützt sich auf die Gliederungen des pluralistischen Gewebes der Gesellschaft. Die Republik, die als einheitlich und unteilbar gekennzeichnet ist (art.5 Verf.), stellt sich nicht den territorialen Autonomien entgegen, sondern umfasst die Autonomien zusammen mit dem Staat in ihrem Bereich. Schließlich identifiziert sich der Staat nicht mit der Republik. Zusammen mit (und nach) den Gemeinden, den Provinzen und den Regionen ist der Staat nur der weiteste Bestandteil der Gliederung des Gebiets. Der Begriff der Republik, wie er aus Art. 114 Verf. in der neuen Fassung vom 2001 hervorgeht[25], scheint mir konsequent zu den theoretischen und geschichtlichen Voraussetzungen des italienischen Regionalismus zu sein. Der Regionalismus, wie er von der verfassungsgebenden Versammlung gestaltet wurde, hat die Reaktion gegen den etatistischen Zentralismus ausgedrückt, der die Verwaltungs- und Verfassungsgeschichte der liberalen und der faschistischen Zeit charakterisiert hatte.[26] Von Anfang an hat ein oppositionelles Verständnis des Regionalismus nicht gestattet, die Rechtsnatur und die verfassungsrechtliche Stellung der Regionen in das begriffliche Schema der Staatlichkeit systematisch einzuordnen.

Was das pluralistische Prinzip betrifft[27], stellen die Art. 2 und 3 Absatz 2 Verf. die Meilensteine im italienischen Weg zur „Verfassung des Pluralismus" dar. Art. 2 Verf. erkennt als Träger der Grundrechte nicht das abstrakt verstandene Individuum an, sondern die Person in der Konkretheit ihrer Lebensverhältnisse und sozialen Bindungen.[28] Der sogenannte Grundsatz der materiellen Gleichheit (Art. 3 Absatz 2 Verf.) setzt die Aufgabe der Republik fest, die wirtschaftlichen und sozialen Hindernisse zu beseitigen, die die effektive Freiheit und Gleichheit der Bürger einschränken und die freie Entfaltung der Persönlichkeit verhindern.[29] Im Lichte dieser Grundsätze stellt das italienische Vorbild der pluralistischen Demokratie die Anerkennung der Grundrech-

---

[23] Dazu siehe P. Scoppola, *25 aprile. Liberazione*, Torino 1995; A. Ventrone, *La cittadinanza repubblicana*, Bologna 1996; G. Rusconi, *Patria e repubblica*, Bologna 1997.

[24] Siehe dazu G. Berti, *Diritto e stato nel cambiamento*, Padova 1987.

[25] Über die Verfassungsänderung vom 2001 siehe: A. D'Atena, *L'Italia verso il federalismo*, Milano 2002; M. Olivetti, T. Groppi (Hrsg.), *La repubblica delle autonomie*, Torino 2002; S.Mangiameli, *La riforma del regionalismo italiano*, Torino 2002; B. Caravita, *La Costituzione dopo la riforma del titolo V*, Torino 2002; A. Anzon, *I poteri delle regioni dopo la riforma costituzionale*, Torino 2002.

[26] Siehe E. Rotelli, *L'avvento della Regione in Italia*, Milano 1967; G. Berti, *sub Art 5*, in G. Branca (Hrsg.), *Commentario della Costituzione*, Band I (Art. 1–12), Bologna – Roma 1974, S. 143ff.

[27] Dazu siehe: P. Rescigno, *Persona e comunità*, Bologna 1966; P. Ridola, *Democrazia pluralistica e libertà associative*, milano 1987.

[28] Siehe darüber A. Barbera, *sub Art. 2*, in G. Branca (Hrsg.), Fn 26, S. 50ff.; P. Ridola, *Libertà e diritti nello sviluppo storico del costituzionalismo*, in R. Nania, P. Ridola (Hrsg.), *I diritti costituzionali*, Band I, Torino 2001, S. 25ff.

[29] Über die sog. „materielle Gleichheit" in der Art. 3 Abschn. 2 Verf. Italiens siehe: B. Caravita, *Oltre l'eguaglianza formale*, Padova 1984.

te als Verfassungsrechte des *homme situè* (im Sinne von Burdeau) im Mittelpunkt des Systems der verfassungsrechtlichen Grundwerte. Gleichzeitig werden die Grundrechte in einen gesellschaftlichen Kontext gesenkt, der offen gegenüber Veränderungen der wirtschaftlichen und sozialen Struktur bleibt und mit einem politischen Prozeß verbunden ist, in dem eine weite Legitimation der sozialen Gruppierungen gewährleistet ist.

Zweiter Punkt: die Starrheit und der Vorrang der Verfassung.[30] Von dieser Voraussetzung gehen Studien- und Forschungsrichtungen aus, die die Verfassungsrechtswissenschaft tiefgreifend beeinflusst haben. Das gilt vor allem für die Rechtsquellenlehre, die bis der ersten Hälfte des XX. Jahrhunderts als allgemeiner Teil des Privatrechts betrachtet worden war. Dagegen ist die Rechtsquellenlehre zu einem Hauptteil des Verfassungsrechts geworden, und in diesem Bereich werden die Verfassungsrechtslehrer zunehmend eine hegemonistische Rolle spielen.[31] Vor allem dank der Lehre von Crisafulli und Esposito hat sich die Verfassungsrechtslehre bemüht, eine Dogmatik der Rechtsquellen auszuarbeiten, die auf der Voraussetzung des Vorrangs der Verfassung stützt.[32] Mit diesem Grundsatz werden Begriffe und Institute der liberalen Tradition (z.B.: Gesetzeskraft, Vorbehalt des Gesetzes) verknüpft. Darüber hinaus hat die theoretische Ausarbeitung des Kompetenzbereiches der Rechsquellen es gestattet, die traditionelle hierarchische Rangordnung der Rechtquellen mit dem pluralistischen und dem autonomistischen Prinzip zu harmonisieren.[33] In diesem Rahmen muß man auch die Rolle der Verfassungsgerichtsbarkeit berücksichtigen. Da sie das Hauptmittel der Gewährleistung der Normativität der Verfassung darstellt, wird das Verfassungsrecht von der Verfassungsrechtsprechung gestaltet und charakterisiert sich zunehmend als Richterrecht. Damit wird die Ausstrahlungskraft der verfassungsrechtlichen Grundsätze sicher verstärkt, weil es der Verfassung gelingt, die ganzen Bereiche der Rechtsordnung auszuprägen. Zugleich bewirkt ein Übermaß an Richterrecht auch eine gewisse Verarmung des Verfassungsrechts, insofern die theoretische Ausarbeitung von den rekonstruktiven Optionen der Rechtsprechung vollkommen bedingt wird.[34]

---

[30] Dazu siehe: A. Pace, *Potere costituente, rigidità costituzionale, autovincoli legislativi*, Padova 1997; S.P. Panunzio, *Le vie e le forme per l'innovazione costituzionale in Italia: procedura ordinaria di revisione costituzionale, procedure speciali per le riforme costituzionali, percorsi alternativi*, in A.A. Cervati, S.P. Panunzio, P. Ridola, *Studi sulla riforma costituzionale*, Torino 2001, S. 73ff.

[31] Siehe: V. Crisafulli, *Lezioni di diritto costituzionale*, Bände I u. II, Padova 1970–1984; G. Zagrebelsky, *Il sistema costituzionale delle fonti del diritto*, Torino 1984; F Sorrentino, *Le fonti del diritto*, Genova 1991; L. Paladin, *Le fonti del diritto italiani*, Bologna 1996; A. Ruggeri, *Fonti, norme, criteri ordinatori*, Torino 2001; F. Modugno, *Appunti dalle lezioni sulle fonti del diritto*, Torino 2000.

[32] Dazu siehe: C. Esposito, *La validità delle leggi*, Milano 1964; V. Crisafulli, *Gerarchia e competenza nel sistema costituzionale delle fonti*, in *Rivista trimestrale di diritto pubblico*, 1960, S. 145ff.

[33] Siehe dazu L. Paladin, *La potestà legislativa regionale*, Padova 1958; A. D'Atena, *L'autonomia legislativa delle regioni*, Roma 1974; U. De Siervo, *Gli statuti delle regioni*, Milano 1974; S. Niccolai, *Delegificazione e principio di competenza*, Padova 2001; A. Poggi, *Autonomie funzionali e sussidiarietà*, Milano 2002; A. Moscarini, *Principio di competenza e principio di sussidiarietà quali criteri ordinatori del sistema delle fonti*, Padova 2002.

[34] Siehe dazu (aus unterschiedlichen Gesichtspunkten): C. Mezzanotte, *Corte costituzionale e legittimazione politica*, Roma 1984; R. Bin, *Diritto e argomenti. Il bilanciamento degli interessi nella giurisprudenza costituzionale*, Milano 1992; G. Scaccia, *Gli strumenti della ragionevolezza nel giudizio costituzionale*, Milano 2000; A. Cerri, *Corso di giustizia costituzionale*, Milano 2001, S. 457ff.

Dritter (und letzter) Punkt: die axiologische Dimension der Verfassungsinterpretation.[35] Das Prinzip der Herrschaft der Verfassung hat die Dogmen der Lückenlosigkeit
und der Kohärenz der Rechtsordnung ausgehoben, die die Pandektistik dem systematischen Ausarbeitungswerk der Rechtswissenschaft anvertraut hatte.[36] Die Verfassung
ändert die formelle Struktur der Rechtsordnung, weil sie die axiologischen Grundsätze kodifiziert, die der Gesetzgeber beachten soll. Schon in der ersten Hälfte des XX.
Jahrunderts wurde die axiologische Dimension der juristischen Interpretation von der
italienischen Rechtslehre unterstrichen. Es genügt, die allgemeine Theorie der Auslegung von Emilio Betti zu erwähnen.[37] Diese Theorie, die in enger Verbindung mit
der Diskussion über die hermeneutische Methode im deutschen philosophischen
Denken von Betti verfaßt wurde, hat die juristische Interpretation als einen wesentlich
historisch-wertenden Prozeß verstanden.[38]

Die axiologische Dimension der Verfassungsinterpretation ist in den entstehungsgeschichtlichen Merkmalen der republikanischen Verfassung tiefgreifend verwurzelt.
Sie enthält die Orientierungsgrundlinien des Lebenszusammenhangspaktes, die keine
politische Mehrheit verletzen kann und soll. Jedoch sind die Verfassungen des Pluralismus keine eindimensionalen Ordnungen der Gesellschaft. Auch die italienische Verfassung spielt eine Orientierungsrolle aufgrund von Wertetafeln (z.B.: Freiheit und
Gleichheit, Einheit und Autonomie, freier Markt und Solidarität), die die Konflikte
und die Antagonismen der pluralistischen Gesellschaften widerspiegeln. Die Fähigkeit, politische Einheit zu schaffen, wird von dem Ausgleich unterschiedlicher Verfassungswerten untrennbar, was die Verfassungsinterpretation in Richtung eher der Abwägung als der radikal alternativen Entscheidungen orientieren muß.[39] Die tiefgreifende Veränderung des Inhalts und der Funktionen der Verfassung stellt den Interpreten vor einer komplexen Aufgabe. Das gilt besonders in Bezug auf die Verfassungsnormen, die Grundsätze oder Programmsätze enthalten. In diesem Kontext hat in Italien
die wissenschaftliche Diskussion über die verfassungsrechtliche Anerkennung der sozialen Rechte (auf die Arbeit, auf die Gesundheit, auf die Ausbildung usw.) große Bedeutung gewonnen.[40] Die sozialen Rechte sind in der Tat keine bloßen Staatszielbe-

---

[35] Für die Diskussion über die wertorientierte Verfassungsauslegung siehe: G. Berti, *Interpretazione costituzionale*, Padova 1987, S. 35ff.; L. Mengoni, *Ermeneutica e dogmatica giuridica*, Milano 1996, S. 115ff.; A.
Baldassarre, *Costituzione e teoria dei valori*, in *Politica del diritto*, 1996, S. 35ff.; F. Rimoli, *Pluralismo e valori costituzionali. I paradossi dell'integrazione democratica*, Torino 1999; A. D'Atena, *In tema di principi e valori della
Costituzione*, in *Giurisprudenza costituzionale*, 1999, S. 3065ff.; A. Pace, *Metodi interpretativi e costituzionalismo*, in *Quaderni costituzionali*, 2001, S. 35ff.; und die Referate von S. Bartole, A. Baldassarre und A. Ruggeri, in *Il metodo nella scienza del diritto costituzionale*, Padova 1997.

[36] So L. Ferrajoli, *La cultura giuridica nell'Italia del Novecento*, Bari – Roma 1999, S. 49ff.

[37] Siehe E. Betti, *Teoria generale dell'interpretazione*, Milano 1955 (in deutscher Übersetzung: *Allgemeine
Auslegungslehre*, München 1967); Ders., *Interpretazione della legge e degli atti giuridici*, Milano 1949; Ders., *Diritto, metodo, ermeneutica. Scritti scelti*, herausg. Von G. Crifò, Milano 1991. Über das hermeneutische juristische Rechtsdenken Bettis siehe: *Emilio Betti e la scienza giuridica del Novecento*, in *Quaderni fiorentini per la
storia del pensiero giuridico*, Nr. 7/1978; V. Frosini, F. Riccobomo (Hrsg.), *L'ermeneutica giuridica di Emilio Betti*, Milano 1994.

[38] Für die Entwicklung dieser Perspektive, siehe A.A. Cervati, *A proposito dello studio del diritto costituzionale in una prospettiva storica e della comparazione tra ordinamenti giuridici*, in *Diritto romano attuale*, 1999, S. 15ff.

[39] Dazu siehe: K.Hesse, *Grundzüge des Verfassungsrechts der BRD*, Heidelberg 1999, S. 5ff.; P. Häberle, Fn
22, S. 17ff., 93ff.

[40] Über die Sozialrechte in der Verfassung Italiens siehe: M. Mazziotti di Celso, *Il diritto al lavoro*, Milano

stimmungen. Darüber hinaus gelten sie als verfassungsrechtlich geschützte subjektive Rechte, die jedoch der Ausgestaltung des einfachen Gesetzgebers einen weiten Ermessenspielraum anvertrauen.

Ich komme zum Schluß. Die neuesten Entwicklungen und die beherrschenden Themen der wissenschaftlichen Diskussion in Italien können hier nur kurz angedeutet werden.[41] Die zentrale Frage scheint mir der europäischen Verfassungsrechtslehre gemein zu sein. Sie betrifft die Schwierigkeit, einem neuen Kontext begriffliche Kategorien anzupassen, die im Rahmen der geschichtlichen Erfahrung des Nationalstaates ausgearbeitet wurden. Ein neuer Kontext, der von gegenseitigen Abhängigkeiten und Rezeptionsprozessen der einzelstaatlichen Verfassungsordnungen charakterisiert ist. Wie Peter Häberle uns gelehrt hat, ist dieser ein typischer Aspekt der gegenwärtigen Entwicklungsstufe des kooperativen Verfassungsstaates.[42] Die Wissenschaft des Verfassungsrechts ist von tiefgreifenden Spannungselementen durchgelaufen. Die soliden Sicherheiten der Rechtsdogmatik, auf die die Tradition der allgemeinen Staatslehre gegründet war, sind in die Krise geraten. Anderseits öffnen sich neue Chancen zum Dialog der nationalen Rechtskulturen, die an einer weiteren Öffentlichkeit, an einer „offenen Gesellschaft der Verfassungsinterpreten" teilnehmen.

1954; M. Luciani, *Sui diritti sociali*, in *Studi in onore di M. Mazziotti di Celso*, Band II, Padova 1995, S. 97ff.; A. Baldassarre, *Diritti della persona e valori costituzionali*, Torino 1997, S. 123ff.

[41] Für ein breites Spektrum der neuesten wissenschaftlichen Diskussion siehe: S.P. Panunzio (Hrsg.), *I costituzionalisti e l'Europa*, Milano 1992.

[42] Vgl. P. Häberle, *Verfassungslehre als Kulturwissenschaft*, 2. Aufl. Berlin 1998, S. 342ff., 1132ff.

Der Beitrag Spaniens zur europäischen Rechtskultur[*]

von

Francisco Balaguer Callejón

Professor für Verfassungsrecht, Universidad de Granada (Spanien)

Inhalt

1. Einleitung

Allgemein kann man sagen, dass die spanische Rechtskultur die europäischen Konstruktionen (vor allem die deutsche, italienische und französische) aufgenommen, sie in ihre Rechtslehre integriert, weiter entwickelt und ausgeweitet hat. Der Beitrag liegt daher grundsätzlich darin, die von Europa übernommenen juristischen Erkenntnisse neu aufzuarbeiten, was später dann (schon überarbeitet) in anderen Ländern verwendet wurde. In einigen Zeiten ist diese Rezeption schwierig gewesen und sie hat sich lediglich auf die Aufnahme von Rechtsinstituten, Prinzipien und der wissenschaftlichen Lehrmeinung bezogen. Spanien hat sich sozusagen manchmal darauf beschränkt, die Erkenntnisse in Europa passiv zu integrieren. Bei anderer Gelegenheit gab es einen direkten Dialog mit der europäischen Lehre, der eine kritische Rezeption erlaubte und auch gleichzeitig die Möglichkeit durch Übersetzungen in andere Sprachen schaffte, die Kenntnis unserer Rechtswirklichkeit und unserer Lehre zu vermitteln. Zweifellos sind diese Erkenntnisse in das kulturelle Erbe jener Länder eingeflossen, für die sie bestimmt waren und indirekt auch nach Europa.

---

[*] Übersetzt von Dr. Stefan Riechert und vom Autor redigiert.

Wenn wir über den Beitrag Spaniens zur europäischen Rechtskultur sprechen, sind wir trotzdem, weil dies schon eine eigene Frage ist, darauf beschränkt, unsere Darstellung auf die Bereiche festzulegen, bei denen man tatsächlich sagen kann, dass sie durch Spanien eine europäische Dimension erlangt haben.

Von dieser Sichtweise ausgehend müssen wir die Bereiche von vornherein ausschließen, die durch Übersetzungen spanischer Autoren in einem bestimmten Land bestehen (einschließlich dann, wenn es Übersetzungen in das Deutsche sind) und die es ermöglichten die Stimme der spanischen Juristen über unsere Grenzen hinaus zu hören. Auch muss man den Bereich auslassen, wenn es mir erlaubt ist, der durch den Einfluss bestimmt ist, den einige spanische Juristen durch ihre Theorien auf andere bestimmte Autoren hatten[1]. Auch wenn diese indirekten Beiträge bemerkenswert sind, kann man sie bei dieser Darstellung nicht näher ausführen.

Begrenzen wir daher den Bezug der rechtlichen Beiträge auf jene Lehrmeinungen und Institutionen, die tatsächlich wesentlich waren und einen großes Echo hervorgerufen und direkt auf das kollektive Rechtsverständnis in Europa eingewirkt haben. Echte Punkte sind in diesem Sinn die Schule von Salamanca im Bereich der Lehre wie auch die Spanischen Verfassungen von 1812 und 1931. Dazu kann man in einigen Einzelaspekten die Verfassung von 1978 dazuzählen unter dem Blickwinkel eines permanenten Produktions- und Rezeptionsprozesses des Verfassungsrechts wie es Prof. Häberle ausdrückt[2]. Auch von dieser Sichtweise aus und vorurteilslos gegenüber dem, was uns Dr. Valadés mit mehr Erkenntnissen in diesem Forum darlegte, möchte ich gerne die Frage aufwerfen (was nicht nur für Spanien, sondern auch für Portugal und andere Länder gilt), ob man den Einfluss von Spanien auf die lateinamerikanische Rechtskultur (man sollte auch vom umgekehrten Einfluss sprechen) auch als eine Form eines Beitrags auf die europäische Rechtskultur betrachten kann.

2. Die „zweite Scholastik" und die Ausbildung des modernen Rechtsdenkens

Die Schule von Salamanca entstand in einem historischen Moment als es einen gesellschaftlichen und politischen Umbruch gab (Entdeckung Amerikas, die Spaltung der Kirche in Europa), als Spanien eine herausragende Stellung im Konzert der Nationen einnahm. Neben anderen wichtigen Autoren sind hier Francisco de Vitoria und Francisco Suárez zu nennen. Die Bedeutung dieser Schule im historischen Rechtsdenken ist heute in ganz Europa anerkannt[3]. Es ist auf der anderen Seite bekannt, dass diese Schule die Entwicklung des internationalen Rechts beeinflusste[4].

---

[1] Ein exemplarisches Beispiel hierfür kann Donoso Cortes sein. Siehe *Schramm, E.* Donoso Cortés, su vida y pensamiento, Madrid, 1936, und Alvarez Junco, J.: Estudio preliminar a Donoso Cortés, J.: Lecciones de Derecho Político, Centro de Estudios Constitucionales, Madrid, 1984.

[2] *P. Häberle,* Theorieleemente eines allgemeinen juristischen Rezeptionsmodells, in *Häberle, P.,* Europäische Rechtskultur, Suhrkamp, 1997.

[3] Auch Prof. Häberle bezieht sich öfters auf die Rechtsschule von Salamanca in seinen Arbeiten. Siehe zum Beispiel, *Peter Häberle,* Der europäische Jurist, JöR, Bd. 50, 2002, S. 123 ff.

[4] Siehe *Miaja de la Muela, A:* De la existencia de una escuela internacional española de los siglos XVI y XVII, Anuario de la Asociación Francisco de Vitoria, Madrid, 1949. Ebenfalls dazu gleichermaßen, *Ve-*

Der Schule von Salamanca und der entsprechenden philosophischen Strömung, der „zweiten Scholastik", die das Denken der klassischen Scholastik auf neue Grundlagen stellte, verdankt die juristische Literatur viel, wie uns uns Michel Villey sagt[5]. Für Villey beschränkt sich die zweite Scholastik nicht allein auf die katholische Welt, sondern erstreckt sich auch auf das protestantische Denken, insbesondere in Deutschland und den Niederlanden. Die zweite Scholastik trägt zum politischen Denken eine sehr umfassende Theorie zum Gesellschaftsvertrag bei. Auch wenn dieser Vertrag einmalig durch das Volk geschlossen wird und er durch Erbfolge weitergegeben wird, hängt die Macht des Herrschers von den Vertragsbedingungen ab. In diesem Sinne kann man sagen, dass im Denken der zweiten Scholastik die Idee einer konstitutionellen Herrschaft erschien. Die herausragende Wirkung der Schule von Salamanca am modernen Rechtsdenken liegt nach Michel Villey in der Tatsache, dass sowohl bei Lutheranern als auch bei Calvinisten, die das moderne Denken voranbrachten, juristische Fragen einen sekundären Charakter hatten[6].

Besonderes Interesse innerhalb der Schule gilt dem Denken von Francisco Suárez, über den Gómez Arboleya gesagt hat, dass er einer jener „genialen Menschen ist, die man in einem Übergang beobachten kann, weil sich bei ihnen in ausgewogener Harmonie Elemente und Faktoren aus zwei Epochen vereinen"[7]. Obwohl Suárez durch das Denken des Santo Tomás erscheint, sind ein Teil seiner Überlegungen auf jeden Fall modern. Sie haben in den Worten von Villey „wesentliche Kenntnisse über das Recht neu aufgearbeitet und die grundlegende Terminologie des modernen Rechtsdenkens vermittelt"[8]. Man kann sagen, dass die Philosophie von Suárez die Philosophie der Moderne ist[9].

---

dross, A.: La doctrina española clásica del derecho internacional y su posterior desarrollo por los ultimos Papas y el Concilio Vaticano II., Anuario de la Asociación Francisco de Vitoria, Madrid, 1971. Im Allgemeinen zur Schule aus Salamanca, siehe *Corts Grau, J.*: Los juristas clásicos españoles, Gráficas Valera, Madrid, 1948. Ebenfalls dazu *Garzón Valdes, E.*: Einführung, in *Garzón Valdes, E.*, (Hrsg.) Spanische Studien zur Rechtstheorie und Rechtsphilosophie, Duncker & Humblot, Berlin, 1990, S. 8ff.

[5] „la littérature juridique doit beaucoup au movement religieux catholieque de la Contre-Réforme: devant le défi qui lui était lancé, l'inmense péril qui la menaçait, l'Eglise catholique s'est ressaise; aboutissant assez souvent, dans son réflexe de défense, á se durcir dans une attitude négative et réactionnaire (..) Mais la scolastique catholique du XVIéme siécle n'est pas qu'un mouvement défensif, elle est aussi une floraison autonome, et, d'ailleurs, son point de départ est antérieur au mouvement du protestantisme", *M. Villey*, La formation de la penseé juridique moderne, Montchrétien, Paris, 1975, S. 338f. Siehe dazu ebenfalls von diesem Autor, Critique de la penseé juridique moderne, Dalloz, Paris, 1976, S. 19ff.

[6] Derselbe, siehe S. 350f.

[7] *E. Goméz Arboleya*, Francisco Suarez, S.I. Situación espiritual, vida y obra, metafisica. Universidad de Granada, Granada, 1946, S. 3.

[8] *M. Villey*, Critique de la penseé juridique moderne, s.o., S. 379. Für Villey mit Suarez gibt es den Sieg des modernen Denkens über das klassische Naturrecht (s.o., S. 394).

[9] *E. Gómez Arboleya*, s.o., S. 4. Nach ihm betrachtet „Suárez die Probleme der Welt von heute aus der Gesamtheit der scholastischen Philosophie".

3. Die Verfassung von 1812 und ihr Einfluss auf den europäischen Kontinent

Die Spanische Verfassung von 1812 hatte große Wirkung auf Europa während des 19. Jhd., insbesondere nach ihrer Wiederherstellung in Spanien 1820. So sehr, dass sie als Verfassung von einigen europäischen Staaten in dieser Zeit angenommen wurde und sie als Quelle anderer europäischer Verfassungen diente. Sie hat sich wie Mirkine-Guetzévitch sagt, zum konstitutionellen Programm des europäischen Liberalismus gewandelt[10]. Wenn diese Verfassung das Symbol für viele europäische Verfassungen darstellte, dann liegt dies an verschiedenen Faktoren. Obwohl die Verfassung selbst liberal war, stellt sie auch ein Sinnbild des Widerstandes gegen das Eindringen von außen dar, was sich daraus ableitete, dass Liberale und Nationalisten ihr zustimmten. Tatsächlich gab es diese Reaktion der Nationalisten in den europäischen Ländern, in denen sie gültig war. Dies war der Fall bei Portugal gegenüber der englischen Militärmacht, die noch im Land war, wie auch bei den italienischen Königreichen, bei denen der Wunsch nach nationaler Unabhängigkeit jedes Mal größer wurde[11].

Daneben begünstigte die Verfassung von 1812 die Tatsache, dass der andere Verfassungstext, der als Modell dienen konnte, die französische Verfassung von 1791, weniger moderat und durch das Terrorregime der Revolution stigmatisiert war. Darüber hinaus führte die Verfassung von Cádiz, als die französische Verfassung keine Gültigkeit hatte, zu größeren Auswirkungen (gerade als sie 1820 in Spanien wiederhergestellt wurde)[12].

Zusätzlich zu der ungewöhnlichen Tatsache, dass die Spanische Verfassung von 1812 in verschiedenen europäischen Staaten gültig gewesen ist, zeigt sich auch ihr Einfluss im staatsrechtlichen Denken des 19. Jhd., wenn man die Verbreitung des Textes in Europa in Betracht zieht. Die Verfassung wurde in Rom, Mailand, London, Neapel, Piemont, Luca, Leipzig, Berlin und Lissabon und anderen Orten übersetzt[13]. Die politische Debatte um die Verfassung von 1812 wurde in Europa sehr intensiv geführt. Neben enthusiastischen Anhängern gab es auch entschiedene Gegner[14]. Man kann mit Horst Dippel daraus schließen, dass „keine andere Verfassung die liberalen Demokraten der 20er und 30er Jahre des 19. Jhd. derart stark beeinflusste wie diese Verfassung"[15].

---

[10] *B. Mirkine-Guetzévitch*, La Constitucion espagnole de 1812 et les débuts di liberalisme europeén, in Introduction á l'étude du droit comparé. Recueil d'Etudes en l'honneur d'Eduard Lambert. II, París, 1938, S. 217.

[11] Siehe *J. Ferrando Badía*, Proyección exterior de la Constitución de 1812, in Ayer, *Artola, M.* (Hrsg.) Las Cortes de Cadíz, Marcial Pons, 1991, S. 217ff. Siehe dazu ebenfalls, *A. De Francesco,* La Constitución de Cadiz en Napoles, in *Iñurritegui, J.M. / Portillo, J.M. (Hrsg.),* Constitución en España: orígenes y destinos, Centro de Estudios Constitucionales, Madrid, 1998, S. 273ff.

[12] Besonders zu berücksichtigen, *I. Fernández Sarasola*, La Constitución española de 1812 y su proyección europea e iberoamericana, in Fundamentos, Nr. 2, Oviedo, 2000, S. 415f.

[13] Siehe *J. Ferrando Badía*, s. o., *I. Fernández Sarasola*, s. o., S. 414.

[14] Exemplarisches Beispiel wäre hier der Schweizer Karl Ludwig von Haller. Siehe *H. Dippel*, La significación de la Constitución española de 1812 para los nacientes liberalismo y constitucionalismo alemanes, in *Iñurritegui, J.M. / Portillo, J.M. (Hrsg.),* Constitución en España: origenes y destinos, Centro de Estudios Constitucionales, Madrid, 1998, S. 293ff.

[15] Derselbe S. 307.

4. Die Verfassung von 1931 als Katalysator des Konstitutionalismus zwischen den Kriegen

Die Spanische Verfassung von 1931 stellt in den Worten von Pedro Cruz Villalón „das letzte wichtige Verfassungserlebnis in der Zeit zwischen den beiden Weltkriegen dar[16]. Diese Eigenschaft hatte der dargestellte Text, der von dem Konstitutionalismus zwischen den Weltkrigen beeinflusst wurde, beginnend mit der Weimarer Verfassung von 1919[17].

Die Spanische Verfassung von 1931 ist so zum Beispiel ein wichtiger Versuch auf dem Weg einer verfassungsrechtlichen Normativität durch ein Gericht zur Wahrung der verfassungsrechtlichen Garantien, was sich auf die vorhergehenden Erfahrungen in Österreich und der Tschecheslowakei (1920) zurückführen läßt. Alle diese Versuche mit einem liberalen Staat während der Phase zwischen den Weltkriegen schlugen fehl als der Faschismus an die Macht kam. Wie Pedro Cruz Villalón anmerkt, gab es in Spanien (wie auch in der Tschechoslowakei) im Gegensatz zu Österreich nicht die gesellschaftlichen und politischen Bedingungen, die es erlaubt hätten, die Verfassung wirklich durch ein Gericht zu garantieren, weil die Verfassung nicht der gemeinsame Bezugspunkt für die Hauptkräfte im politischen Prozess war. Auf alle Fälle schafften aber die „drei Verfassungsordnungen die Voraussetzung für den unumkehrbaren Weg, dass ein Verfassungsorgan judikativer Art gegenüber allen die Ungültigkeit von Normen mit bestehender Gesetzeskraft erklären konnte. Damit war eine neue Zeit im europäischen Konstitutionalismus angebrochen"[18].

Neben dem einzelnen Beitrag zur europäischen Verfassungskultur, eine normative Verfassung mit bei einem Verfassungsgericht einklagbaren Garantien zu errichten, enthält die Verfassung von 1931 auch eine originäre Schöpfung einer territorialen Struktur des Staats, was in Europa Aufmerksamkeit erregte, insbesondere in Italien. Diese Schöpfung, die die Verfassung selbst in ihrem Artikel 1 als einen „Integralstaat, vereinbar mit der Autonomie der Gemeinden und Regionen" definiert, ist bei Ambrosini das Konzept eines „Regionalstaats", in der Mitte zwischen einem zentralistischen und einem föderalen Staat[19]. In diesem „Stato caratterizzato dalle autonomie regionali" in den Worten von Ambrosini besitzen die Territorialgliederungen eine anders geartete Autonomie als die Provinzen oder Gemeinden ohne jedoch den Rang von Mitgliedsländern einer föderalen Struktur zu erlangen[20]. Auch wenn dies nicht der einzige Punkt war, bei dem die Spanische Verfassung von 1931 die Italienische Verfassung von 1947 beeinflusste, so war es doch der wichtigste. Die spanische Formel der Territorialgliederung hat keinen Föderalismus des gesamten nationalen Gebiets geschaffen, sondern ermöglichte es, dass Unterschiede zwischen den einzelnen Terri-

---

[16] *P. Cruz Villalón*, La formación del sistema europeo de control de constitucionalidad (1918–1939), Centro de Estudios Constitucionales, Madrid, 1987, S. 301.

[17] Siehe *J. Corcuera Atienza*, La Constitución española de 1931 en la historia constitucional comparada, in Fundamentos, Nr. 2, Oviedo, 2000, S. 629ff.

[18] S. o., S. 417–419.

[19] *G. Ambrosini*, „Un tipo intermedio di Stato tra l'unitario e il federale caratterizato dall'autonomia regionale", 1933; in der Zusammenfassung von ihm: Autonomia regionale e federalismo. Austria, Spagna, Germania, U.R.S.S., Edizioni Italiane, Roma, 1945.

[20] Derselbe, S. 14.

torien bestehen können, je nach ihrem Wunsch nach Autonomie[21]. Danach betrachtet schien dies zu den Anforderungen Italiens in dieser Zeit zu passen, weil der Wunsch der jeweiligen Regierungen nach Selbstbestimmung in den verschiedenen Gebieten des Staats weder einheitlich noch gleichartig war. Man muss aber sagen, dass dem Einfluss der Spanischen Verfassung von 1931 nicht die Tatsache entgegenstand, dass die Italienische Verfassung ihr eigenes Modell verfolgte, inspiriert durch andere Verfassungssysteme[22]. Man darf aber gleichzeitig nicht außer Acht lassen, dass die Italienische Verfassung von 1947 in gleicher Weise später die Spanische Verfassung von 1978 beeinflusste, vielleicht ein Musterbeispiel für den Produktions- und Rezeptionsprozess des Verfassungsrechts und die Textstufen-Paradigmas wie es Prof. Häberle ausdrückt[23].

5. Der Übergang zur Demokratie und die Verfassung von 1978

Pedro Cruz Villalón sagte in einer Arbeit über Verfassung und Verfassungskultur, dass „wir ein Beispiel für den politischen Übergang darstellen wie auch das einer dezentralen Gebietsgliederung; in diesem Sinne sind wir Teil jener universellen Verfassungskultur"[24]. Sicherlich sind diese beiden Aspekte der Verfassung von 1978, die Art wie sie festgelegt wird und die sehr weitgehende Dezentralisierung, die sich von da an ergibt, beide von besonderem Interesse für die europäische Verfassungslehre.

Zum politischen Übergang zur Demokratie kann man tatsächlich sagen, dass die Form, in der er sich abspielte, ein bemerkenswerter Beitrag zum europäischen Verfassungsverständnis darstellt. Wir dürfen nicht vergessen, dass in diesem Prozess Menschen teilgenommen haben, die während des Bürgerkriegs gelebt und aktiv teilgenommen hatten und unterdrückt wurden und im Exil leben mussten. Es gab keinen Gedanken nach Vergeltung. Dies war modellhaft und das Bild der alten Unterdrücker und Unterdrückten, die aktiv eingesperrt haben und diejenigen, die Erfahrungen mit dem Gefängnis machten, die zusammen im Parlament saßen als die ersten demokratischen Wahlen (am 15. Juni 1977) stattfanden, dies ist meiner Meinung nach ein Teil bester europäischer Verfassungskultur. Ohne Anspruch darauf zu erheben, dass der Übergang Spaniens als Modell denen diente, die später in Europa nachfolgten, ergibt sich daraus zumindest, dass die radikal gegensätzlichen Gruppierungen zu politischen und verfassungsrechtlichen Lösungen kommen können, wenn auf beiden Seiten ausreichender Wille und Verständnis besteht. Auch darf man hier nicht vergessen, dass wie De Vergottini meint, der Druck durch Europa (insbesondere durch die Europäischen Gemeinschaften, die für eine Aufnahme eine Zuwendung zur Demokratie erfordern) hin zu einer Demokratisierung der portugiesischen, spanischen und griechi-

---

[21] Was sicherlich negativ als ein Privileg durch die anderen Territorialgebiete des Staats angesehen wird. Siehe *Eduardo L. Llorens*, La autonomía en la integración política, EDERSA, Madrid, 1932, S. 175. Siehe dazu ebenfalls *N. Alcala Zamora*, Los defectos de la Constitución de 1931, 1936; Civitas, Madrid, 1981, S. 95 ff.

[22] Siehe *J. Corcuera*, s. o., S. 693–695.

[23] *P. Häberle*, Theorieelemente eines allgemeinen juristischen Rezeptionsmodells, s. o.

[24] *P. Cruz Villalón*, Constitución y Cultura Constitucional, in: *Cruz Villalón, P./González Campos, J. D./Rodriguez Piñero, M.*, Tres lecciones sobre la Constitución, Mergablum, Sevilla, 1999, S. 26.

schen Diktaturen einer der Faktoren war, die den demokratischen Übergang vorantrieben[25].

Zur territorialen Gliederung des Staats meine ich auch, dass die spanische Formel
trotz der derzeitigen Notwendigkeit, sie zu reformieren, sich als erfolgreich erwiesen
hat. Dadurch, dass die Spanische Verfassung von 1978 eine offene Formulierung vorsieht, ermöglichte sie eine politische Dezentralisierung, die viele Föderalstaaten in
Kompetenzen und politischer Autonomie überragt. Spanien hat durch den Weg des
Regionalismus als Prozess den Föderalismus als materielles Ergebnis erlangt und hat
viele formale Schemata und künstliche Unterschiede zwischen den Modellen überwunden, die nicht immer die komplexe Wirklichkeit der Verfassungssysteme abbildeten.

Diese Entwicklung kann auch als Beispiel für zukünftige politische Dezentralisieungsprozesse in Europa dienen[26]. Dadurch, dass die Autonomiegemeinschaften allmählich unabhängiger wurden und Kompetenzen erwarben, hat man den „Autonomiestaat" gebildet, von dem man sagen kann, dass er heute eine Staatsform darstellt,
die sich von einem Regionalstaat wie auch von einem Föderalstaat unterscheidet. Die
Hülle ist regional, der Inhalt ist föderal.

6. Der Einfluss auf den lateinamerikanischen Konstitutionalismus. Ein Beitrag zur europäischen Rechtskultur?

Den letzten Punkt, den ich anführen möchte, ist mehr eine Frage als eine Darstellung und nicht allein mit dem Beitrag Spaniens zur europäischen Rechtskultur verbunden, sondern kann auch gleichermaßen bei anderen Ländern bestehen wie es der
Fall bei Portugal ist. Spanien hat in seiner Rechtskultur von Lateinamerika viel gegeben und auch viel übernommen. Der Einfluss der spanischen Rechtskultur zeigt sich
in den einzelnen Punkten, die wir vorher analysiert haben und dies manchmal sehr
viel stärker als es sich in Europa zeigt. Ab der Schule von Salamanca bestand der Einfluss auf das spanische Amerika, auch wenn man sagen könnte, dass diese Schule nicht
ohne das spanische Amerika bestanden hätte. Auch war die Wirkung der Verfassung
von 1812 erheblich und man muss sich auch gleichermaßen daran erinnern, dass es die
Länder wie Mexiko, Argentinien oder Venezuela waren, die 1939 nach dem Bürgerkrieg die aus Spanien ausgewiesenen Juristen aufnahmen und viel von ihrem bestehenden Rechtsverständnis übernahmen. Die Liste der Namen war sehr umfangreich,
auch wenn es vielleicht ausreichend ist als ein exemplarisches Beispiel den verbreiteten Einfluss von Jiménez de Asúa im Bereich des Strafrechts zu nennen. Zuletzt waren

---

[25] G. *De Vergottini*, Le transizioni costituzionali. Sviluppi e crisi del costituzionalismo alla fine del XX secolo, Il Mulino, Bologna, 1998, S. 158.

[26] Man kann in diesem Sinn sagen, dass die letzten italienischen Verfassungsreformen sich an das spanische Modell eines Autonomiestaats annähern, weil sie die festgelegte Autonomie der Regionen erweitern, ebenso wie in der Form der Aufteilung der Kompetenzen zwischen dem Staat und den Regionen und auch bei anderen Punkten. Siehe zu diesen Reformen, *Giancarlo Rolla*, La reforma constitucional del ordenamiento regional en Italia, http://www.unisi.it/ricerca/dip/dir_eco/COMPARATO/agor.html, inbesondere S. 5–10.

auch der Übergang zur Demokratie in Spanien und die Verfassung von 1978 hilfreich in den neueren Verfahren zu einer Verfassung in Lateinamerika.

Wie andere europäische Staaten hat Spanien mittels dieser Verbindung zu Lateinamerika ermöglicht, dass die Rechtskultur jener Länder nicht allein auf dem nordamerikanischen Einfluss basiert, sondern auch jedes Mal in größerer Breite, Entwürfe der europäischen Rechtskultur aufnimmt. Gleichzeitig ermöglicht es die Übernahme verschiedenster Einflüsse, dass man davon sprechen kann, dass im großen Durchschnitt viele lateinamerikanische Länder ein konstitutionelles Laboratorium darstellen. Sie werden zweifellos neue Entwicklungen zur europäischen Rechtskultur beitragen[27].

7. Schlussfolgerungen

Ohne versuchen zu wollen große Schlussfolgerungen aus dem zu ziehen, was im Grunde eine Bestandsaufnahme war, möchte ich etwas hinzufügen, was auch auf bestimmte Weise als ein Beitrag für andere Länder zählen kann. Man hat bei dieser Darstellung die Qualität der spanischen Juristen noch nicht behandelt. Für diese Qualität gibt es einige aktuelle und frühere Beispiele (unter ihnen der Präsident des Europäischen Gerichtshofs, Gil Carlos Rodríguez Iglesias, oder der letzte Präsident des Spanischen Verfassungsgerichts, Pedro Cruz Villalón, wie auch der erste Präsident dieses Verfassungsorgans, Manuel García Pelayo und sein Nachfolger Francisco Tomás y Valiente). Zu diesen Namen kann man eine umfangreiche Liste von spanischen Juristen von heute oder vergangenen Zeiten hinzufügen, die in großem Maße die Lehre in ständigem Austausch mit anderen europäischen Ländern bestimmt haben. Viele der spanischen Juristen, auch wenn sie eine internationale Ausdehnung hatten, haben Theorien entworfen, die trotzdem in ihrer Verbreitung nicht an die großen Namen heranreichten, die zum Beispiel das europäische Öffentliche Recht bildeten. Größtenteils ist dies auf historische Gründe zurückzuführen wie auch aus den gleichen Motiven konkrete Schulen oder Verfassungstexte einen besonderen Eindruck in Europa hinterlassen haben. Die Schule von Salamanca zum Beispiel entstand in der Zeit als Spanien ein Reich besaß, in dem „niemals die Sonne unterging". Die Verfassung von 1812 war das Ergebnis des heroischen Widerstandes unseres Landes gegen das Eindringen von außen. Dieser Grund und ihr liberaler Charakter wandelte sich zu einem Sinnbild des Liberalismus und des Nationalismus dieser Zeit in Europa (besonders in den Gegenden, in denen diese Kombination gegeben war). Die Verfassung von 1931 kristallisierte viele verfassungsrechtliche Entwicklungen in der Zeit zwischen den Weltkriegen. Deshalb konnte sie in einigen Punkten als Modell für andere Verfassungstexte dienen. Etwas Ähnliches passierte bei der derzeitig gültigen Verfassung von 1978, die im Text viele der Neuerungen übernahm, die die Lehre und Rechtsprechung anderer europäischer Länder (insbesondere Deutschland und Italien) hervorbrachten.

---

[27] Siehe meine Arbeit „Der Verfassungsstaat im iberoamerikanischen Kontext", in Martin Morlok (Hrsg.), Die Welt des Verfassungsstaats, Nomos, Baden-Baden, 2001, S. 189–201.

Über diese konkreten Fälle hinaus darf man nicht vergessen, dass Spanien lange Zeit Europa den Rücken zugekehrt hat. Insbesondere die Zuwendung nach Amerika, aber auch die unterschiedlichen geschichtlichen Entwicklungen, auf der einen Seite die aufklärerischen Tendenzen in Europa und auf der anderen Seite der Ultrakatholizismus, der sich in unserem Land festsetzt und in den Pyrenäen entstand, bildete nicht nur eine feste Mauer gegenüber den kulturellen Entwicklungen in Europa, sondern auch gegenüber den wissenschaftlichen Erkenntnissen anderer europäischer Länder. Aus diesen und anderen Gründen läßt sich die Geschichte Spaniens nicht in die Geschichte Europas der letzten Jahrhunderte einordnen.

Noch im 20. Jhd. war unser Bürgerkrieg ein unglücklicher Versuchsaufbau für die Erprobung des Zweiten Weltkriegs in Europa. Der Bürgerkrieg setzte auch den Schlusspunkt für eine Zeit einer fortschrittlichen Eingliederung der spanischen Rechtskultur in Europa, deren Träger ins Exil gehen mussten oder in unserem Land auf Dauer von einer verfassungsrechtlichen Wirklichkeit abgeschnitten blieben (von der in den demokratischen Rechtssystemen nach dem Zweiten Weltkrieg), die ihnen fremd war. Die Verfassung von 1978 eröffnete die Möglickkeit einige dieser Juristen zurückzugewinnen (ein exemplarisches Beispiel dafür ist die Ernennung von Professor García Pelayo zum ersten Präsidenten des Spanischen Verfassungsgerichts), auch wenn andere verschwanden (Fernando de los Ríos) oder sich anderen Aufgaben gewidmet hatten und dort sehr berühmt wurden (der bekannte Schriftsteller und vormalige Professor für Verfassungsrecht Francisco Ayala).

Im Übrigen glaube ich, dass jeder objektive Beobachter die Arbeit, das Öffentliche Recht neu aufleben zu lassen, was die spanische Rechtslehre ab der Verabschiedung der Verfassung von 1978 begann, zurecht als riesengroß bezeichnen kann. Eine Arbeit, die sich trotzdem im Wesentlichen auf die dogmatische Konstruktion der Institutionen konzentrieren musste, ohne in mehr als fragmentarischer Weise die theoretische Konstruktion unternehmen zu können, was die Stimme der spanischen Rechtslehre in Europa hörbar machen hätte können.

Unter den derzeitigen Umständen versteht man, dass für Spanien der Integrationsprozess in Europa eine besondere Bedeutung erlangt hat und dass man jetzt die Hoffnung darin sehen kann, dass die jungen spanischen Juristen ihr Wissen zu der europäischen Rechtsgemeinschaft auf gleicher Stufe mit Juristen aus anderen Ländern beitragen können.

Literaturverzeichnis

Alcala Zamora, N. Los defectos de la Constitución de 1931, 1936; Cívitas, Madrid, 1981.

Alvarez Junco, J.: Estudio preliminar a Donoso Cortés, J.: Lecciones de Derecho Político, Centro de Estudios Constitucionales, Madrid, 1984.

Ambrosini, G.: „Un tipo intermedio di Stato tra l'*unitario* e il *federale* caratterizzato dall'*autonomia regionale*", 1933; in der Zusammenfassung von ihm: Autonomia regionale e federalismo. Austria, Spagna, Germania, U.R.S.S., Edizioni Italiane, Roma, 1945.

Balaguer Callejón, F., „Der Verfassungsstaat in iberoamerikanischem Kontext", in Martin Morlok (Hrsg.) *Die Welt des Verfassungsstaates*, Nomos, Baden-Baden, 2001, pp. 189–201.

Corcuera Atienza, J.: La Constitución española de 1931 en la historia constitucional comparada, in Fundamentos, n 2, Oviedo, 2000.

Corts Grau, J.: Los juristas clásicos españoles, Gráficas Valera, Madrid, 1948.

Cruz Villalón, P.:, La formación del sistema europeo de control de constitucionalidad (1918–1939), Centro de Estudios Constitucionales, Madrid, 1987.

Cruz Villalón, P.: Constitución y Cultura Constitucional, in *Cruz Villalón, P./González Campos, J.D./Rodríguez Piñero, M.*, Tres lecciones sobre la Constitución, Mergablum, Sevilla, 1999.

De Francesco, A.: La Constitución de Cádiz en Nápoles, in *Iñurritegui, J.M./Portillo, J.M. (Hsg.)*, Constitución en España: orígenes y destinos, Centro de Estudios Constitucionales, Madrid, 1998.

De Vergottini, G.: Le transizioni costituzionali. Sviluppi e crisi del costituzionalismo alla fine del XX secolo, Il Mulino, Bologna, 1998.

Dippel, H., La significación de la Constitución española de 1812 para los nacientes liberalismo y constitucionalismo alemanes, in *Iñurritegui, J.M./Portillo, J.M. (Hsg.)*, Constitución en España: orígenes y destinos, Centro de Estudios Constitucionales, Madrid, 1998.

Fernández Sarasola, I.: La Constitución española de 1812 y su proyección europea e iberoamericana, in Fundamentos, n 2, Oviedo, 2000.

Ferrando Badía, J.: Proyección exterior de la Constitución de 1812, in Ayer, *Artola, M.* (Hrsg.) Las Cortes de Cadiz, Marcial Pons, 1991.

Garzón Valdés, E.: Einführung, in *Garzón Valdés, E.*, (Hrsg.) Spanische Studien zur Rechtstheorie un Rechtsphilosophie, Duncker & Humblot, Berlín, 1990.

Gómez Arboleya, E.: Francisco Suarez, S.I. Situación espiritual, vida y obra, metafísica. Universidad de Granada, Granada, 1946.

Häberle, P.: Theorieelemente eines allgemeinen juristischen Rezeptionsmodells, in *Häberle, P.*, Europäische Rechtskultur, Suhrkamp, 1997.

Häberle, P.:, Der europäische Jurist, JöR, Bd. 50, 2002, pp. 123 y ss.

Llorens, E.L.: La autonomía en la integración política, EDERSA, Madrid 1932.

Miaja de la Muela, A.: De la existencia de una escuela internacional española de los siglos XVI y XVII, Anuario de la Asociación Francisco de Vitoria, Madrid, 1949.

Mirkine-Guetzévitch, B.: La Constitution espagnole de 1812 et les débuts du liberalisme européen, in Introduction à l'étude du droit comparé. Recueil d'Etudes en l'honneur d'Eduard Lambert. II, París, 1938.

Rolla, G.: La reforma constitucional del ordenamiento regional en Italia, http://www.unisi.it/ricerca/dip/dir_eco/COMPARATO/agor.html.

Schramm, E.: Donoso Cortés, su vida y pensamiento, Madrid, 1936.

Verdross, A.: La doctrina española clásica del derecho internacional y su posterior desarrollo por los últimos Papas y el Concilio Vaticano II., Anuario de la Asociación Francisco de Vitoria, Madrid, 1971.

Villey, M.: Critique de la pensée juridique moderne, Dalloz, Paris, 1976.

Villey, M.: La formation de la pensée juridique moderne, Montchrétien, Paris, 1975.

Der Beitrag Griechenlands zur europäischen Rechtskultur: der verfassungsrechtliche Umweltschutz

von

Prof. Dr. K. Chryssogonos

Universität Thessaloniki

Prof. Dr. X. Contiades

Universität Thrakien

Einleitung

Einen Beitrag Griechenlands zur europäischen Rechtskultur könnte man unseres Erachtens vor allem darin sehen, dass bereits seit Inkrafttreten der geltenden griechischen Verfassung im Jahr 1975 ein intensiver verfassungsrechtlicher Umweltschutz besteht, der in den nachfolgenden Jahren insbesondere durch die Rechtsprechung des Staatsrates, des obersten Verwaltungsgerichts, weiter fortgebildet wurde. Und dies obwohl (oder sogar weil) die Umweltverschmutzung in diesem Land in der Praxis sehr weit fortgeschritten ist. Durch die Verfassungsänderung vom Jahr 2001 wurde der verfassungsrechtliche Umweltschutz, vor allem durch Art. 24 der griechischen Verfassung, bestätigt und weiter verstärkt.

Die vorliegende Arbeit wird zunächst den Regelungsgehalt der Verfassungsnorm des Artikels 24 der griechischen Verfassung (Teil I) untersuchen, anschließend wird eine kritische Betrachtung der extrem revolutionären Rechtsprechung des griechischen Staatsrates im Bereich des Umweltschutzes (Teil II) erfolgen, und zum Schluss werden die neuen Regelungen untersucht, die nach der Revision von 2001 in die griechische Verfassung aufgenommen wurden (Teil III). Nach dieser Revision könnte vertreten werden, dass sich der verfassungsrechtliche Umweltschutz in Griechenland auf einem äußerst fortgeschrittenen Niveau befindet.

I. Der Umweltschutz gemäß der griechischen Verfassung von 1975

1. Das Recht auf Umweltschutz als Recht der dritten Generation

Der verfassungsrechtliche Schutz der natürlichen und der vom Menschen geschaffenen Umwelt ist hauptsächlich ein Phänomen des letzten Viertels des 20. Jahrhunderts. Diese Entwicklung wurde zuvor sowohl durch Artikel 150 der Weimarer Verfassung, vom Jahr 1919, eingeleitet („die Denkmäler der Kunst, der Geschichte und der Natur sowie die Landschaft genießen den Schutz und die Pflege des Staates") als auch durch Artikel 9 der italienischen Verfassung von 1947 („die Republik ... schützt die Landschaft und das historische und künstlerische Erbe der Nation"). Dennoch begann in den letzten Jahrzehnten die gefährliche Verschlechterung der Umweltsituation, als Ergebnis der sprunghaften wirtschaftlichen Entwicklung, international bewußter wahrgenommen zu werden, und sie rief sowohl auf politischer und gesellschaftlicher Ebene, mit dem Aufkommen ökologischer Bewegungen und Initiativen, als auch auf juristischer Ebene Gegenreaktionen hervor. Auf der juristischen Ebene wurde im Rahmen von Organisationen, wie die Vereinten Nationen und der Europarat, bereits ab Ende der 60er Jahre und Anfang der 70er Jahre eine Reihe internationaler Texte vereinbart. Ferner wurden entsprechende Regelungen in die neuen Verfassungen eingeführt, deren charakteristisches Beispiel Artikel 24 der griechischen Verfassung von 1975 ist.

Dieser Trend hat sich verstärkt, und so enthalten heute zumindest sieben von den vierzehn Verfassungen der Mitgliedstaaten der Europäischen Union entsprechende Vorschriften. Es handelt sich insbesondere, außer den zuvor erwähnten Vorschriften der italienischen und der griechischen Verfassung, um Artikel 23, Fall 4 der belgischen Verfassung („Recht auf den Schutz für eine gesunde Umwelt"), um Artikel 20 a des deutschen Grundgesetzes („Der Staat schützt auch in Verantwortung für die künftigen Generationen die natürlichen Lebensgrundlagen im Rahmen der verfassungsmäßigen Ordnung durch die Gesetzgebung und nach Maßgabe von Gesetz und Recht durch die vollziehende Gewalt und die Rechtsprechung"), um Artikel 21 der niederländischen Verfassung („die Sorge des Staates und der anderen öffentlich-rechtlichen Körperschaften gilt der Bewohnbarkeit des Landes sowie dem Schutz und der Verbesserung der Umwelt"), um Art. 66 der portugiesischen Verfassung („jeder hat das Recht auf eine menschenwürdige, gesunde und ökologisch ausgewogene Umwelt und ist verpflichtet, für ihre Erhaltung Sorge zu tragen", während darüber hinaus weitreichende Vorschriften für die entsprechenden Aufgaben des Staates existieren) und Artikel 45 der spanischen Verfassung („alle haben das Recht, eine der Entfaltung der Persönlichkeit förderliche Umwelt zu genießen sowie die Pflicht, sie zu erhalten").

2. Die Verankerung des Rechts auf Umweltschutz in den Artikeln 24 und 117 der griechischen Verfassung

Die Regelungen des Artikels 24 und des Artikels 117, Paragraph 3, 4 und 6 der griechischen Verfassung sind jedenfalls detaillierter und beinhalten speziellere Gebote und Verbote als jede andere Verfassung der Mitgliedstaaten der Europäischen Union; sie stellen überdies auch eine der wichtigsten neuen Errungenschaften des Verfassungswerkes von 1975 dar. Die Reichweite der verfassungsrechtlichen Regelung steht in direktem Gegensatz zu dem Ausmaß der fortwährenden Zerstörung der wertvollen Wälder und der Verschlechterung insbesondere der besiedelten Umwelt in Griechenland. In unserem Fall bestätigt sich in schlimmster und stärkster Form, dass ex facto oritur jus.

Im Zeitpunkt der Einführung des Artikels 24 in die Verfassung schien es zweifelhaft, ob dieser Artikel einen zwingenden Charakter hat und ob er rechtlich verbindlich ist. So erwähnte z.B. der Berichterstatter der Opposition im Fünften verfassungsändernden Parlament im Jahr 1975, dass „die Leistungsrechte in Artikeln 21ff. mehr ein politisches Ritual als die Normierung von Leistungsansprüchen beinhalten". Vergleichbare Ansichten werden bisweilen auch von der Rechtsprechung vertreten, so billigte der Areopag (Oberstes Zivil- und Strafgericht) z.B., dass die sozialen „Arbeitsrechte" (Recht auf Arbeit, Recht auf soziale Absicherung) nicht echte Rechtsnormen beinhalten und dass ihre mögliche Verletzung keinen Revisionsgrund darstellt[1]. Außerdem charakterisiert die Rechtsprechung des Staatsrates das Recht auf Umwelt ausdrücklich als soziales Grundrecht[2].

3. Der Umweltschutz als vorzügliches Feld für die richterliche Prüfung der Verfassungsmäßigkeit

Diese Charakterisierung (als soziales Grundrecht) behinderte jedoch nicht die Durchführung einer immer intensiveren richterlichen Kontrolle der Verfassungsmäßigkeit von Entscheidungen der anderen beiden Gewalten in Bereichen, die mit dem Umweltschutz direkt oder indirekt in Zusammenhang stehen. Aus der Übersicht der veröffentlichten Gerichtsentscheidungen, zumindest des letzten Jahrzehntes, gewinnt man den Eindruck, dass das Recht auf Umwelt und der allgemeine Gleichheitsgrundsatz diejenigen verfassungsrechtlichen Vorschriften sind, die häufiger als jede andere als die Grundlage oder das Kriterium der richterlichen Kontrolle der Verfassungsmäßigkeit dienen. Der richterliche Aktivismus im Bereich des Umweltschutzes steht in offenkundigem Gegensatz zu der von den Richtern ausgeübten Selbstbeschränkung bei der Kontrolle legislativer Entscheidungen, die traditionellere Verfassungsrechte, wie das Recht auf Eigentum (nicht bestehender Schutz der Schuldrechte[3]) oder Verfassungsgrundsätze, wie den Grundsatz der Gewaltenteilung (legislativer Eingriff in schwebende Verfahren[4]), berühren. Es könnten noch viele andere Beispiele für eine solche richterliche Selbstbeschränkung in anderen Bereichen angeführt werden. Insgesamt lässt sich feststellen, dass sich der Umweltschutz, innerhalb einer verhältnismäßig kurzen Zeit, zum bevorzugten Gebiet für die Durchführung richterlicher Kontrolle der Verfassungsmäßigkeit von Gesetzen entwickelt hat.

Dieses Phänomen erklärt sich sicherlich nicht durch dogmatische Figuren und Unterscheidungen zwischen Abwehrrechten, sozialen Grundrechten usw., sondern durch die gesellschaftliche und politische Wirklichkeit selbst. Der Schutz der Umwelt, nämlich die Erhaltung der natürlichen Lebensgrundlagen sowohl der gegenwärtigen wie auch hauptsächlich der zukünftigen Generationen, beinhaltet, im eigentlichen Sinne, das grundsätzlich allgemeine Interesse der Gesellschaft. Dennoch haben die ge-

---

[1] Areopag 805/ 1990, „Epitheorisi Dikaiou Koinonikon Asfaliseon" 1992, S. 57, Areopag 681/ 1987, Epitheorisi Ergatikou Dikaiou 1988, S. 388.

[2] Staatsrat 2304/ 1995, „Epitheorisi Dioikitikou Dikaiou" 1995, S. 546.

[3] Siehe beispielhaft, Areopag 363/ 1995, „To Syntagma" 1996, S. 1050, Staatsrat 2705/ 1991, „Epitheorisi Dioikitikou Dikaiou" 1992, S. 456.

[4] Siehe beispielhaft, Staatsrat 5940/ 1995, „Dioikitiki Diki" 1996, S. 938 u.a.

genwärtigen demokratischen Staaten mehr oder weniger das Problem der Vernachläs-
sigung der Interessen der Allgemeinheit und der Übergewichtung spezifischer oder
berufsständischer Interessen[5]. Ergebnis des häufigen Nachgebens des Gesetzgebers gegenüber den verschiedenen speziellen Interessengruppenträgern ist die sogenannte
mikro-legislative Politik, in Form selektiver und anarchischer Gewährung von Leistungen oder anderen Vorteilen ohne langfristige Perspektive.

In Ländern wie Griechenland, wo finanzielle Engpässe beinahe beständig sind und
der Rahmen für Geldleistungen beschränkt ist, neigt die politische Macht dazu, „Leistungen" an die Bürger zu Lasten der Umwelt zu gewähren, z.B. in der Form der
nachträglichen Legalisierung rechtswidriger Bauanlagen. „Leistungen" in dieser
Form sind leicht zu gewähren, weil sie nicht mit direkten, kurzfristigen wirtschaftlichen Kosten verbunden sind, auch wenn sich die Kosten, auf lange Sicht hinweg, in
unterschiedlicher Gestalt als viel höher herausstellen. Zugleich ist aus denselben
Gründen eine bemerkenswerte Untätigkeit der Legislative und der Verwaltung im Bereich des Umweltschutzes zu beobachten, die die Verhängung von Strafen und Verwaltungssanktionen unmöglich macht oder jedenfalls erschwert. Unter diesen Voraussetzungen jedenfalls scheint der öffentlichen Meinung das richterliche Eingreifen,
auf Grundlage der Gebote des Artikels 24 der Verfassung, nicht nur einfach gerechtfertigt, sondern geboten zu sein.

4. Das Recht auf Umweltschutz „als Mischrecht"

In diesem Rahmen hat das Recht auf Umwelt schon Dimensionen angenommen,
die eine Einordnung in die traditionellen Kategorien der Abwehr- oder der sozialen
(Grund-) Rechte nicht erlauben. Es handelt sich um etwas qualitativ anderes, das als
„Recht der dritten Generation" bezeichnet werden könnte.

Das Recht auf Umwelt, das einen klagbaren Anspruch gegenüber dem Staat auf
Unterlassung von Eingriffen, die die Umwelt des Individuums verschlechtern, begründet, beinhaltet Merkmale, die denjenigen eines individuellen Abwehrrechts ähneln. So hat z.B. der Eigentümer eines benachbarten Grundstücks das Recht, eine
Verordnung anzufechten, durch die eine gemeinnützige Grünfläche in bebaubare Fläche umgewandelt wird[6]. Die Ähnlichkeit ist dennoch oberflächlich, weil zwischen
dem geschützten Rechtsgut (Umwelt) und dem Rechtsberechtigten keine besondere,
persönliche Rechtsbeziehung existiert, wie es bei den klassischen Grundrechten der
Fall ist, z.B. bei dem Recht auf freie Entfaltung der Persönlichkeit/ Freizügigkeit,
dem Recht auf Unverletzlichkeit der Wohnung, der Eigentumsgarantie und dem
Briefgeheimnis. In jenen Fällen handelt es sich um die Freiheit, den Wohnsitz, das Eigentum, den Brief einer Person, während es sich hier nicht um die Umwelt einer Person handelt, sondern um die Umwelt eines jeden potenziellen Mitglieds der gesellschaftlichen Gesamtheit.

---

[5] Siehe beispielhaft, C. *Offe*, Politische Herrschaft und Klassenstrukturen, in: Kress/ Senghaas (Hrsg.)
Politikwissenschaft, 1969, S. 169ff, 183ff.

[6] Staatsrat 2242/ 1994, „To Syntagma" 1996, S. 765ff.

Im Gegensatz zu den Abwehrrechten schützt das Recht auf Umwelt nicht die Privatautonomie eines jeden, sondern ein grundlegendes und ernsthaft bedrohtes Gemeingut. Deshalb ist überdies auch der Kreis der Personen, die eine Klagebefugnis bezüglich der Klage auf Unterlassung von umweltbeeinträchtigenden Handlungen haben, wesentlich weiter als es bei den klassischen Grundrechten der Fall ist. Es wurde beispielsweise entschieden, dass ein Bewohner des Zentrums von Athen berechtigt ist, Handlungen, die im Wald am Fuße des Penteli- Berges vorgenommen wurden, anzufechten, weil von den negativen Auswirkungen der Urbarmachung von Waldgebieten auf das ökologische Gleichgewicht und die Lebensqualität nicht nur diejenigen, die in unmittelbarer Nachbarschaft einer Waldfläche wohnen, betroffen sind, sondern auch all diejenigen, die in weiter entfernt liegenden Regionen des besiedelten Gebiets von Attika wohnen. Oder ferner hat ein Verein, dessen Gründungszweck darin besteht, die Umwelt zu schützen, eine Klagebefugnis, die Aufhebung der Genehmigungsentscheidung bezüglich der Umleitung des Flusses Acheloos zu fordern, sofern, gemäß seiner Auffassung, wichtige Elemente der natürlichen Umwelt durch die auferlegten Auflagen dieser Umleitung nicht geschützt werden[7].

In der Praxis wurden einige der wichtigsten Gerichtsentscheidungen im Bereich des Umweltschutzes durch die Initiative ökologischer Organisationen und Kollektivträgern veranlasst, ohne dass dadurch das Recht auf die Umwelt in ein kollektives Abwehrrecht (wie z.B. die Vereinigungs- oder die Versammlungsfreiheit) verwandelt wird, denn die persönliche Ausübung und die persönliche Nutznießung des Rechts bleiben weiterhin bestehen. Zusammenfassend können wir bemerken, dass das Recht auf Umwelt kein Abwehrrecht ist und nicht unter dem status negativus der klassischen Typologie eingeordnet werden kann.

5. *Der Regelungsgehalt des Artikels 24 der Verfassung von 1975*

Die allgemeine Klausel des Artikels 24, Paragraph 1 Abs. 1 der Verfassung über die Verpflichtung des Staates zum Schutz der natürlichen und kulturellen Umwelt verwendet eine Formulierung, die mit derjenigen übereinstimmt, die gewöhnlich der Verfassungsgeber verwendet, wenn er soziale Grundrechte bzw. Leistungsrechte, wie in Artikel 21, Paragraph 1 der Verfassung, normieren will. Außerdem hat das Recht auf Umwelt, so wie es selbst durch die Rechtsprechung des Staatsrates ausgelegt und gestaltet worden ist, einen Regelungsgehalt, der in seinen Grundzügen (auch) den Leistungsrechten entspricht, wenngleich es diese, bezüglich der Folgen, merklich überschreitet. Im Konkreten:

Von dem Recht auf eine menschenwürdige besiedelte Umwelt leitet sich insbesondere das städtebauliche Rückschrittsverbot ab. Die städtebaulichen Regelungen dürfen keine Beeinträchtigung der bestehenden besiedelten Umwelt, z.B. durch die Reduzierung freier Räume und der Grünflächen in den Städten, verursachen; sondern im Gegenteil sollen sie die Verbesserung der Lebensbedingungen der Bewohner an-

---

[7] Staatsrat 2759/ 1994, „To Syntagma" 1995, S. 167ff.

streben[8]. Dieses Rückschrittsverbot ist grundsätzlich in dem Sinne absolut, als selbst auch die kleinste Beeinträchtigung verfassungsrechtlich nicht akzeptabel ist, wenngleich nicht immer klar ist, was eine Beeinträchtigung darstellt. So scheint die Zunahme der Geschossflächenzahl eine solche Beeinträchtigung zu sein, weil dadurch die griechischen Städte, die ohnehin schon in unerträglicher Weise übermäßig dicht bebaut sind, noch mehr mit Bebauung belastet werden. Trotz alledem wurde beurteilt, dass diese Zunahme (der Geschossflächenzahl) nicht im Widerspruch zu der Verfassung steht, wenn sie mit der Reduzierung bebauter Flächen und der Zunahme an Grünflächen einhergeht[9].

Entsprechend wird, insbesondere in der Lehre, die Meinung vertreten, dass sich aus den sozialen Grundrechten ein soziales Rückschrittsverbot ergibt und zwar entweder ein absolutes (d.h. dass jede Beschränkung von Sozialleistungen unerlaubt ist) oder ein relatives, wie die eher herrschende Meinung vertritt. Das relative Rückschrittsverbot bedeutet, dass der Gesetzgeber, sofern er schon seinen verfassungsrechtlichen Verpflichtungen nachgekommen ist und mehr oder weniger ein soziales Grundrecht realisiert hat, dieses nachträglich in anderer Weise regeln oder vereinzelte Elemente der Leistung beschränken kann, wobei die Aufrechterhaltung des Schutzes im Großen und Ganzen seine einzige Verpflichtung darstellt. Dennoch scheint die Rechtsprechung bei der Anerkennung selbst dieses relativen Rückschrittsverbotes zu zögern. Unter diesen Voraussetzungen ist die Feststellung gerechtfertigt, dass das städtebauliche Rückschrittsverbot jedenfalls effizienter geschützt wird als jedes andere soziale Rückschrittsverbot. Dieses letztere könnte auch als einfacher Unterfall des allgemeineren Grundsatzes des berechtigten Vertrauensschutzes verstanden werden, wenn auch dessen Grenzen fließend und undefiniert bleiben.

Überdies rechtfertigt das Recht auf Umwelt drastische Beschränkungen bei der Ausübung aller Grundrechte, wie grundlegend bei dem Recht auf Eigentum.

Es wurde z.B. entschieden, dass Baubedingungen und -beschränkungen in außerstädtischen Gebieten, mit dem Ziel des Schutzes naheliegender Heilwasserquellen, keine übermäßige Last für das Eigentum bedeuten[10]. Ferner wird das Eigentum durch die bestehenden Regelungen, die den Schutz der Altertümer betreffen, und insbesondere vom Bauverbot in der Nähe von Altertümern grundsätzlich nicht beeinträchtigt, da der verfassungsrechtliche Eigentumsschutz gemäß Art. 17 der griechischen Verfassung begrenzt sei und eine soziale Funktion erfülle[11]. Es wurde auch angenommen, dass die Festlegung von Schutzzonen am Penteli Berg durch Präsidialverordnung die Erfüllung einer durch Art. 24 der Verfassung begründeten Pflicht der öffentlichen Verwaltung darstellt und deswegen nicht gegen Art. 17 (Eigentumsschutz) verstößt[12]. Das Gleiche gelte für das gesetzliche Verbot, innerhalb einer 500-Meter-weiten Zone von den Küsten Umzäunungen zu errichten, wenn auf dem Grundstück kein Wohn-

---

[8] Staatsrat 10/ 1988, „To Syntagma" 1988, S. 117ff., Staatsrat 221/ 1996, „Dioikitiki Diki" 1996, S. 648ff., u.a.

[9] Staatsrat 412/ 1993, „Elliniki Dikaiosyni" 1993, S. 677ff., Staatsrecht 4546/ 1995, „Epitheorisi dioikitikou dikaiou" 1996, S. 68ff.

[10] Staatsrat 1424/ 1990, „Nomiko Vima" 1991, S. 144.

[11] Berufungsgericht Larissa 979/ 1988, „Elliniki Dikaiosyni" 1991 S. 1318.

[12] Staatsrat 81/ 1993, „To Syntagma"1993, S. 381.

haus steht und sich dort keine bewirtschaftete Fläche befindet[13]. Dementsprechend seien auch die geeigneten und erforderlichen Beschränkungen der Nutzung von Gebäuden innerhalb von bestimmten alten, traditionsgemäß bebauten Gegenden einer Stadt oder Siedlung verfassungsmäßig[14].

II. Der Beitrag der Umweltrechtsprechung des Staatsrates und das Spannungsverhältnis zwischen Staatsrat, Gesetzgebung und Verwaltung

1. *Die rechtsschöpferische Anwendung des Artikels 24 der Verfassung durch den Staatsrat*

Es wurde darauf hingewiesen, dass der fragmentarische, pragmatische und rechtsprechungsorientierte Charakter des Umweltrechts dem Gesetzesausleger und dem Rechtsanwender nicht erlaubt, einen sichtlich strengen Positivismus zu praktizieren, sondern dem Richter in Fragen des Umweltschutzes eine Rolle „nicht nur als Garant, sondern auch als Schöpfer oder Vorbote" zuerkennt. Diese Rolle nahm der Staatsrat ohne Zweifel wahr, indem er eine außergewöhnlich fortschrittliche Rechtsprechung im Bereich des Umweltrechts entwickelte[15].

Artikel 24 der Verfassung auslegend, leitete der Staatsrat, sowohl im Bereich der Schadensverhütung als auch im Bereich der Schadenswiedergutmachung, eine Reihe von Rechtsgrundsätzen zum Umweltschutz ab. Mit der Anerkennung des Grundsatzes der lebensfähigen oder nachhaltigen Entwicklung durch die Rechtsprechung werden unter einem einheitlichen Grundsatz verschiedene zuvor existierende Grundsätze zusammengefasst. Nach dieser Rechtsprechung beinhaltet die systematische Studie der Auswirkungen auf die gesamte Umwelt die Voraussetzung für jedes menschliche Eingreifen in die Umwelt.

Sicherlich war die Regelung des Artikels 24 der Verfassung schon unter der Verfassung von 1975, in ihrem Bestreben alle wesentlichen Aspekte des Umweltschutzes ihren Garantien unterzuordnen, geeignet, eine in mehrere Richtungen ausgerichtete vielschichtige, zusammengesetzte und sich entwickelnde Regelungsfunktion wahrzunehmen. Da die Notwendigkeit gestaltender Anwendung des genannten Artikels „dem Willen des Verfassungsgebers immanent war", erfolgte folglich die erschöpfende Ausarbeitung der Vorschriften des Artikels 24 durch den Staatsrat auf fruchtbarem Boden. Dies bedeutet, dass der historische Verfassungsgeber mit der Entscheidung für die ausdrückliche Konstitutionalisierung des Umweltschutzes im Jahr 1975 das Risiko auf sich nahm, eine Regelung einzuführen, die vielfältigen und flexiblen Auslegungsmöglichkeiten zugänglich ist. Der Verfassungsgeber von 1975 billigte die Möglichkeit richterlichen Aktivismus, indem er dem Anwender der Vorschrift Spielraum für die Konkretisierung der äußerst weiten Regelungsbegriffe und Grundsätze ließ.

---

[13] Staatsrat 3521/1992, „Nomiko Vima" 1993, S. 792.

[14] Staatsrat 1913/ 1994, „To Syntagma" 1995, S. 927.

[15] Siehe *I. Karakostas/I.Vassilopoulos*, Environmental law in Greece, Kluwer Law International, Hague-London–Boston, Sakkoulas, Athens, 1999, *C. Spanou*, Greece: Administrative Symbols and Policy Realities in: K. Hanf/ A.-I. Jansen (eds), Governance and Environment in Western Europe, Politics, Policy and Administration, Longman 1998.

2. Die Neuerungen in der Rechtsprechung

Der Beitrag des Staatsrates zum Umweltschutz liegt in der „gestaltenden Ausle-gung" der entsprechenden Artikel der griechischen Verfassung mit der Folge der Eta-blierung eines strengen Schutzes. Grundlegend wird die Ansicht vertreten, dass die Rechtsprechung des Staatsrates im Bereich des Umweltschutzes sowohl zur „Etablie-rung" des Umweltschutzes als auch zum Funktionieren der „umweltfreundlichen Verfassung" beigetragen hat. Die wichtigsten Errungenschaften, die die Rechtspre-chung des Staatsrates insbesondere in den 80er und 90er Jahren zustande brachte, las-sen sich insbesondere wie folgt zusammenfassen: a) im Aufzeigen der Eigenschaft der Natur als selbständiges Gut, dessen Schutz eine gewichtige Rolle bei der im ad hoc Verfahren erfolgenden Abwägung der kollidierenden Interessen hat, b) der Beitrag zur verfassungsmäßigen Verankerung des Grundsatzes der lebensfähigen Entwicklung und c) die strenge Anwendung der Verfassungsvorschriften, die den Grundsatz der Schadensverhütung für die Umwelt verfestigen, bei gleichzeitiger Ausgestaltung des Begriffs des Rückschrittsverbotes im Bereich der Umwelt.

Der verfassungsrechtliche Umweltschutz, wie er von der Rechtsprechung des Staatsrates konkretisiert wurde, umfasst alle seine wesentlichen Merkmale mit den Kernpunkten natürliche Umwelt (Artikel 24, Paragraph 1, Absatz 1) und jede Form der Flora und Fauna, die städtebauliche Umwelt und die besiedelte Umwelt, die kul-turelle Umwelt und die Raumordnung. Der V. Senat des Staatsrats bewertete bei der Auslegung der Verfassungsvorschriften die natürliche Umwelt als selbständiges Schutzgut, indem er Handlungen, die der Umwelt ernsten und irreparablen Schaden verursachen, beschränkte. In seinen Entscheidungen zu den Biotopen der Schildkröte Caretta-Caretta entschied das Gericht, dass die Baubeschränkungen, die die städte-bauliche Abwertung der Bucht von Lagana in Zakynthos zwecks des Schutzes der Fortpflanzungsplätze der Schildkröte Caretta-Caretta beschränken, keine übermäßige Belastung des Eigentums darstellen und nicht gegen Art. 4 der Verfassung verstoßen[16]. In einer anderen Entscheidung[17] in einem gleichen Fall betonte das Gericht, dass der Schutz der Umwelt einen hinreichenden Grund für die Begründung öffentlichen In-teresses darstellt, um Beschränkungen und Verbote, die nach allgemeinen und objek-tiven Kriterien auferlegt werden und Beschränkungen bei der Ausübung von unter-nehmerischer Tätigkeit mit sich bringen, zu rechtfertigen.

Die Strenge, mit der der Staatsrat die Vorschriften über den Umweltschutz anwand-te, zeigt sich in besonderer Weise im Bereich des Schutzes der Wälder und der Wald-flächen. Der Verfassungsgeber des Jahres 1975 erhob die Wälder und die Waldflächen zu verfassungsrechtlich geschützten Gütern und schuf besonders strenge Schutzvor-schriften, welche die Änderung der Bestimmung der öffentlichen Wälder und Wald-flächen verbieten. Einzige Ausnahme stellt hierbei der Fall dar, in dem eine andere Nutzung, die durch das öffentliche Interesse auferlegt wird, vorgeht[18]. Der Staatsrat erkannte durch erstmalige Rechtsprechung, die Artikel 24, Paragraph 1, Abs. 3 und 4

---

[16] Staatsrat 695/ 1986.
[17] Staatsrat 1821/ 1995.
[18] Siehe beispielhaft auch Staatsrat 3414/ 1978, 89/1981, 2778/ 1988, 1157/ 1991, 1328/ 1995 u.a.

in Verbindung mit Artikel 117, Paragraph 3, 4[19] auslegte, den absoluten Schutz der privaten Wälder vor dem Hintergrund an, dass der verfassungsrechtliche Schutz dem allgemeinen Gesetzgeber keinen Spielraum gewährt, die Änderung des Weisungsgehaltes zu erlauben und so die geltende Norm zu erweitern, die die Änderung der Bestimmung der öffentlichen Wälder und Waldflächen durch Umbenennung in private Wälder und Waldflächen verbietet[20]. Erst im Jahr 1999 sah das Gericht vom Grundsatz des strengen Schutzes der privaten Wälder ab und akzeptierte, dass die Enteignung der privaten Wälder und Waldflächen aus Gründen des öffentlichen Nutzens erlaubt ist[21].

Schon seit dem Jahr 1992[22], in dem die Weltkonferenz über Umwelt und Entwicklung stattfand, bezog sich der Staatsrat in seiner Rechtsprechung auf den Grundsatz der lebensfähigen Entwicklung und betonte die wichtige Rolle des Umweltschutzes bei der Planung der Entwicklungspolitik. Das Gericht vertrat[23], dass der Verfassungstext nur eine lebensfähige Entwicklung erlaubt, diejenige Entwicklung nämlich, die der Umwelt keinen Schaden verursacht und die erhaltenswert ist. Darüber hinaus stimmte das Gericht zu, dass sich aus der Normierung der lebensfähigen Entwicklung, als einzig akzeptable Form der Entwicklung, ergibt, dass die Wirtschaftspolitik in Verbindung mit der Umweltschutzpolitik mit besonderem Respekt für die Umwelt zur Verhütung von Umweltschäden ausgeübt werden muss[24], indem das Gericht die exakten Richtlinien vorgibt, die zur verfassungsrechtlichen Anerkennung der Entwicklungsplanung notwendig sind. Zudem vertritt das Gericht die Auffassung, dass eine konkrete Verpflichtung der gesetzgebenden und der vollziehenden Gewalt besteht, den Umweltschutz zu berücksichtigen und kollidierende Interessen im Bestreben nach Sicherung der lebensfähigen Entwicklung abzuwägen[25]. Die Ansichten des Gerichts geben wichtige Grundsätze wieder, die aus dem Gemeinschaftsumweltrecht und insbesondere aus dem Integrationsgrundsatz (integration principle), der in die Einheitliche Europäische Akte von 1987 aufgenommen wurde, herrühren.

Neben dem Grundsatz der lebensfähigen Entwicklung wandte der Staatsrat, über die gestaltende Auslegung der Verfassungsvorschrift hinaus, streng den Grundsatz der Umweltschadensverhütung an, der durch Artikel 24, Paragraph 1 der Verfassung ausdrücklich normiert wurde. Der Grundsatz verpflichtet die Staatsorgane grundsätzlich vorbeugende Maßnahmen für Werke zu ergreifen, von denen angenommen wird, dass sie nachteilige Auswirkungen auf die Umwelt haben werden[26]. In dem Aufsehen erregenden Fall der Umleitung des Flusses Acheloos[27] entschied das Gericht, dass die verfassungsrechtliche Verankerung der Schadensverhütung für die natürliche Umwelt „zu Gunsten des ökologischen Gleichgewichtes und seiner Aufrechterhaltung wie

---

[19] Siehe Staatsrat 1362/ 1981.

[20] Siehe Staatsrat 98/1981, 2281/1992.

[21] Staatsrat 1675/ 1999.

[22] Siehe Staatsrat 53/ 1992, 2844/ 1993, 2435/ 1993.

[23] Staatsrat 2760/ 1994.

[24] Staatsrat 2844/ 1993.

[25] Staatsrat 2537/1996.

[26] Siehe Gesetz 1650/ 1986 „FEK" (Regierungsanzeiger) A 160 und „Koini Ypourgiki Apofasi" (Gemeinsame Ministerialentscheidung) 69269/5387/1990 „FEK" (Regierungsanzeiger) B 678; siehe auch G. *Papadimitriou*/*P.Patronos* (eds), The implementation of the Espoo Convention. A Hellenic approach, Ant.N. Sakkoulas Verlag- Bruylant, 2002.

[27] Staatsrat 2759/ 1994.

auch der natürlichen Ressourcen, nicht nur zum Nutzen der gegenwärtigen Generation, sondern auch der kommenden" gilt; das Gericht entschied in einem anderen
Fall[28], dass für die Bewertung der Auswirkungen zusammengesetzter Werke nicht die
Erstellung von Studien zu den Umweltauswirkungen durch einzelne Werke ausreicht,
sondern die Erstellung einer Gesamtstudie zu den Auswirkungen auf die Umwelt notwendig ist, in der die einzelnen Folgen für die Umwelt miteinander in Beziehung gesetzt werden und insgesamt eingeschätzt werden, so dass eine Bewertung der Gesamt-
auswirkungen des Werkes auf die Umwelt möglich ist.

Unter Anwendung des Verhütungsgrundsatzes schob das Gericht in vielen Fällen
die Durchführung derjenigen Werke und Tätigkeiten auf, bei denen es wahrscheinlich war, dass sie ernste Auswirkungen auf die Umwelt haben; zumal die Durchführung einerseits praktisch dem Grundsatz entgegenstünde, andererseits möglicherweise
eine ökologische Katastrophe hervorrufen würde; und sie würde die nachträgliche
Wiederherstellung des gestörten Ökosystems auf keinen Fall realisierbar oder besonders kostspielig machen.

Abgesehen von den oben genannten Tendenzen der Rechtsprechung des Staatsrates, die sowohl die Anwendung des Umweltrechts in Griechenland wie auch seine
weitere Gestaltung bedeutend beeinflußten, war der Beitrag des Gerichts zur Gestaltung des Begriffes des „Rückschrittsverbotes im Bereich der Umwelt", als ein aus der
Verfassung abgeleitetes Verbot für ungünstige Änderungen des legislativen status quo
zu Lasten der Umwelt, von Bedeutung; hierzu gibt es viele Beispiele im Bereich des
Baurechts[29].

3. Die manchmal übermäßig ökozentrische Rechtsprechung des V. Senates

Abgesehen von dem unbestrittenen Beitrag der Rechtsprechung des Staatsrates
könnte jedenfalls in bestimmten Fällen vertreten werden, dass diese übermäßig „öko-
zentrisch" war, und zwar entweder in Form eines absoluten Umweltschutzes, der den
Schutz anderer Rechtsgüter nicht berücksichtigte, oder in Form des Ersetzens der Beurteilungen der Verwaltung.

Im einzelnen wurde eine Reihe von Einwänden gegen die Anwendung des Begriffes der lebensfähigen Entwicklung durch die Rechtsprechung des V. Senates vorgebracht, die häufig die Möglichkeit des Eingreifens in das Ökosystem in Frage stellte,
selbst wenn dieses aus Gründen des allgemeineren öffentlichen Interesses für geboten
erachtet wurde; in anderen Fällen wurde der Vorrang der Umwelt, im Falle der Kolli-
sion mit anderen Verfassungswerten, von vornherein als bindend betrachtet.

Zudem wurde eine Wende in der Rechtsprechung des V. Senates bezüglich des
Grundsatzes der Selbständigkeit des Verwaltungshandelns dahingehend festgestellt,
dass die Verpflichtung der Verwaltung zur Anpassung innerhalb der „vorgesehenen
Zeit" auch „durch Sachverständigengutachten bestimmt werden kann". Im Falle des
Ablaufs der Zeit unterliegen die entsprechenden Handlungen „ohne Ausnahme der

---

[28] Staatsrat 2670/ 1994.
[29] Staatsrat 10/ 1988, 2242/ 1994, 3691/1998.

Nichtigkeit"[30]. Die genannte Rechtsprechung wurde dahingehend charakterisiert, dass sie sich in den äußersten Verfassungsgrenzen bezüglich des Grundsatzes der Funktionsteilung bewegt, auch wenn sie zuweilen im Wesentlichen das einzige Mittel zur Bekämpfung verfassungswidriger Verwaltungspraktiken war. In diesem Sinne wurde eine „Vorreiterrolle der Rechtsprechung" verzeichnet, die unter Bezugnahme auf verfassungsrechtliche Grundsätze und Vorschriften Streitfragen zu lösen versuchte, die in die Zuständigkeit des allgemeinen Gesetzgebers oder der Verwaltung fallen.

Unnachgiebig erwies sich der V. Senat des Staatsrates überdies auch in einer Reihe anderer Fälle, in denen er zwar eine besondere Sensibilität in Umweltfragen zeigte, zuweilen jedoch der Verwaltung nicht ausreichenden Spielraum für die Abwägung der umstrittenen Parameter bezüglich vereinzelter Themen ließ. Der Vorrang eines absoluten Umweltgutes, das Abwägungen nicht zulässt, schreibt eine Lösung für Probleme vor, die sich noch nicht gestellt haben, ohne zugleich andere mögliche Lösungswege zu untersuchen.

Zum Beispiel zeigte der V. Senat mit seinen Urteilen über das Verlegen und die Errichtung der Egnatia Straße in Thessaloniki, dass er der Verwaltung den Ermessensspielraum, eine geeignetere Lösung zu wählen, auch dann entzog, wenn sie eine solche Methode wählte, die keine negativen Umweltauswirkungen nach sich zog[31]. Auf diese Weise lief der Richterspruch in bestimmten Fällen darauf hinaus, die Verwaltung zu ersetzen, indem er die Lösung einer Reihe von Thematiken, insbesondere in Bezug auf die Errichtung großer öffentlicher Werke, vorwegnahm; und hierbei überschritt der Senat gelegentlich die erlaubten Grenzen des richterlichen Aktivismus.

Kritik wurde auch an vielen anderen Urteilen des V. Senats geübt, in denen er dem Umweltschutz und seiner Auffassung von der nachhaltigen Entwicklung jedem anderen Verfassungsgut gegenüber Vorrang einräumte, wie in den Fällen, die das Verbot der Stromversorgung mit Hochspannungsstrom für kleine Inseln betreffen; der Senat begründete seine Entscheidungen dahingehend, dass der Strom in jedem Fall die Lebensfähigkeit der Inseln beeinträchtigt[32] oder er beurteilte, dass es sich um verfassungswidrige Gesetzesnormen (Art. 9 des Gesetzes 1878/1990) zur Errichtung ständiger Campinganlagen für Kinder in einem Wald oder in Waldflächen handelt.

Es könnte folglich im Wesentlichen vertreten werden, dass die erstmalige und die für den Umweltschutz ohne Zweifel außerordentlich wichtige Rechtsprechung des V. Senates in bestimmten Fällen zu absoluten, unbeugsamen und unnachgiebigen Schlussfolgerungen kam, welche die sonst richtigen Positionen und Absichten beschatten. Der richterliche Aktivismus des V. Senates beinhaltete zwar die hauptsächliche Garantie für den effizienten Umweltschutz, überschritt jedoch zuweilen die von der Verfassung tolerierten Grenzen oder praktizierte eine einseitige Ökozentrik. Wenngleich das Fazit bezüglich der fünfundzwanzig Jahre langen Anwendung des Artikels 24 der Verfassung durch den Staatsrat positiv war und sich die Bedeutung der richterlichen Kontrolle der Verfassungsmäßigkeit von Gesetzen mit größerer Klarheit zeigte als bei der Anwendung aller anderen Verfassungsvorschriften, gab es dennoch die Tendenz zur übermäßigen Einengung der Entscheidungsspielräume des Gesetzge-

---

[30] Siehe Staatsrat 2818/ 1997.
[31] Siehe beispielhaft Staatsrat 2731/ 1997.
[32] Staatsrat 2939/ 2000.

bers und des Ermessensspielraumes der Verwaltung wie auch die Tendenz zur „Konstitutionalisierung" theoretischer Auffassungen, die von der Welt der Wissenschaft weitgehend nicht akzeptiert wurden.

III. Der bestätigende Charakter der „Umweltrechtsreform von 2001" gegenüber der Rechtsprechung

1. Die Bedeutung der Interventionen der Reform

Ein allgemeines Wesensmerkmal der Revision von 2001 ist, dass sie in allen ihren Abschnitten auf Verfassungstextebene in bedeutendem Maß Entwicklungen bestätigt, die auf übergesetzgebender, gesetzgebender oder rechtsprechender Ebene schon vollzogen worden waren. Selbst in Bezug auf die Grundrechte wurde vertreten, dass es sich aus vielen Gründen um „eine bestätigende Revision" handelt, die in der Praxis keine außerordentlichen Ergebnisse bringen wird. Diese Auffassung wird durch den Fall des Artikels 24 der Verfassung, zumindest nach der letzten Fassung der Vorschrift durch das Plenum des VII. verfassungsändernden Parlaments, nicht widerlegt. Trotz alldem besteht kein Zweifel, dass die Grundsätze oder Regeln, die auf Verfassungsebene normiert wurden und die sich -teils bruchstückhaft, teils zweideutig- indirekt aus der zuvor geltenden Verfassung ergeben, eine eigenständige Dynamik bei ihrer auslegenden Verwertung entwickeln.

Nach dieser Betrachtung ist die „bestätigende" Revision des Artikels 24 außerordentlich wichtig, die zur „Schaffung eines Systems mit hinlänglichen Normen beitrug, das der Regelungsunsicherheit Einhalt gebietet, welche durch die globalisierende Normierung von „soft law", das auf zweifelhaften Legitimationsgrundlagen beruht, hervorgerufen wird". Die Revision des Artikels 24 der Verfassung unterwarf das Problemfeld, das durch übernationale und staatliche Organe eine ungleichgewichtige und verschiedenartige Regelung und Bearbeitung erfahren hatte, der besonderen Reglementierung durch Verfassungsgebote.

Insbesondere waren es sechs Änderungen oder Ergänzungen, die schließlich im Plenum des VII. verfassungsändernden Parlaments mit Stimmenmehrheit beschlossen wurden: erstens, die ausdrückliche Verankerung eines Individualrechts auf Schutz der natürlichen und kulturellen Umwelt; zweitens, die Bezugnahme auf den Grundsatz der Nachhaltigkeit als Rahmen für das Ergreifen vorbeugender und hemmender Umweltschutzmaßnahmen durch den Staat; drittens, die Verpflichtung des Staates ein Waldverzeichnis und ein nationales Grundstückskataster zu erstellen; viertens, die Gleichstellung der öffentlichen mit den privaten Wäldern in Bezug auf die Bedingungen für die Änderung ihrer Bestimmung, wenn die landwirtschaftliche Nutzung oder eine andere, im öffentlichen Interesse stehende Nutzung für die nationale Wirtschaft Vorrang hat; fünftens, die nachhaltige Forderung, dass technische Entscheidungen auf den Regeln der Wissenschaft beruhen müssen; und sechstens, die Auslegungserklärung zur Begriffsbestimmung des „Waldes" durch Übernahme des vom Obersten Sondergerichtshof in seinem Urteil 27/1999 gebilligten Begriffes.

2. Die ausdrückliche Verankerung des Umweltrechts

Die Verankerung des Umweltrechtes gemäß Artikel 24, Paragraph 1 der Verfassung
wurde durch die Rechtsprechung des Staatsrates, schon in den 80er Jahren, als soziales
Recht anerkannt. Im Gegensatz dazu war die Rechtsprechung hinsichtlich der direkten Begründung auch eines Individualrechts auf Umwelt zwar eher zurückhaltend,
die herrschende Meinung in der Lehre billigte jedoch vollständige Bindungswirkung,
aus der sich klagbare Ansprüche ableiten lassen. Der Inhalt dieses Individualrechts
kann in zwei Hinsichten genutzt werden: einerseits für die Verankerung der Rechts-
wehr des Bürgers gegen Beeinträchtigungen, die die Umwelt bedrohen, und andererseits für die Intervention zur vorbeugenden Sicherung des ökologischen Gleichgewichtes. Dieses Recht beinhaltet eine Verpflichtung des Staates, Tätigkeiten zu unterlassen, die die Umwelt schädigen und Handlungen vorzunehmen, die für den Schutz
der Umwelt geboten sind.

Die praktische Bedeutung der Verankerung des Individualrechts auf Umwelt beinhaltet die ausdrückliche Zuerkennung der Möglichkeit zum eigenen Handeln des
Bürgers, entweder als einzelner oder durch ökologische Organisationen. Der Staatsrat
wandte bereits jene Bereiche des Rechts, die die größere praktische Bedeutung aufweisen, an, ohne im Rahmen seiner außerordentlich fortschrittlichen umweltrechtlichen Rechtsprechung die Verankerung des benannten Abwehrrechts direkt erwähnt
zu haben; er vertrat dies jedoch indirekt durch den strengen richterlichen Umweltschutz und hauptsächlich durch die Erweiterung des rechtlichen Interesses der Privatpersonen an Umweltfragen.

Gleichzeitig zeigt sich die aktive Reichweite des Rechts im Umweltschutz, die
hauptsächlich durch die Teilhabe von Individuen und organisierten Gruppen der Bürgergesellschaft an Entscheidungen ausgestaltet ist; diese Entscheidungen betreffen die
Verwaltung der natürlichen und kulturellen Umwelt, wie auch den Zugang zu Informationen, der mit der Teilhabe zusammenhängt und der die Voraussetzung für die
Meinungsbildung und selbstbestimmtes Handeln ist.

Unter Berücksichtigung des Umstandes, dass überdies die traditionelle Unterscheidung zwischen Abwehrrechten, sozialen Grundrechten und politischen Rechten darüber hinaus stark bezweifelt wird, klärt der ausdrückliche Bezug auf das „individuelle"
Recht auf Umwelt jedenfalls, ohne anfänglich wesentliche Reformen in die verfassungsmäßig geschützten Rechte einzubringen, den den Umweltschutz beherrschenden status mixtus und verstärkt die zusammengesetzte Funktion des umstrittenen
Rechts. Die Verankerung des Rechts auf Umweltschutz hat als verfassungsrechtlicher
Begriff für die sinngemäße rechtliche Einordnung der natürlichen und kulturellen
Umwelt eine wertvolle Bedeutung; das Umweltrecht erweitert den Regelungsgehalt
und unterstützt in erster Linie die Auffassung, dass der Umweltschutz keinen Selbst-
zweck beinhaltet, sondern sich an der Stellung des Menschen innerhalb der Umwelt
ausrichten muss.

3. Die verfassungsrechtliche Vorgabe bezüglich des Waldregisters und des nationalen Grundbesitzregisters

Der Bezug auf das Waldregister und das nationale Grundbesitzregister in der Verfassung (Art. 24, Paragraph 1, Abs. 4 und Paragraph. 2, Abs. 3 der Verfassung) zeigt auch deren bestätigenden Charakter und die fehlende Abkehr von der geltenden Gesetzgebung und der Rechtsprechung.

Bereits mit seinem Urteil 2818/1997 stellte der Staatsrat die Notwendigkeit zur Erstellung eines Waldregisters für den Schutz der Wälder und der Waldflächen fest, indem alle der Verwaltung auferlegten Handlungen sowie auch die Folgen ihrer Unterlassung ausführlich beschrieben wurden. Auch erfolgte die Verabschiedung des Gesetzes 2308/1995 „Registrierung für die Schaffung eines nationalen Grundbesitzregisters – Das Verfahren bis zu den ersten Eintragungen in die Grundbücher und andere Vorschriften" und des Gesetzes 2664/1998 „Nationales Grundbesitzregisters und andere Vorschriften", in welchen auch Regelungen über das Waldregisters enthalten sind. Außerdem wurde durch das Urteil des Staatsrates 3829/1997 entschieden, dass die Vorschriften des obigen Gesetzes 2308/1995 nicht dem Artikel 24, Paragraph 1 und dem Artikel 117, Paragraph 3 der Verfassung widersprechen. Die verfassungsrechtliche Vorgabe zur Erstellung eines Grundbesitzregisters klärt endgültig die Zweifel an der Verfassungsmäßigkeit der entsprechenden Gesetze und sichert die ausgereifte Anwendung des rechtlichen Rahmens, dem das Statut des Grundbesitzregisters zugrunde liegt.

Andererseits ist die Schaffung und die Förderung des Waldregisters sicherlich notwendig, sowohl für den Schutz und für die Verwaltung der Wälder und der Waldflächen als auch für die die Raumordnung betreffende Planung der Nutzung des Bodens. Angesichts der bestehenden Gesetzgebung, aber auch der wichtigen diesbezüglichen Rechtsprechung des Staatsrates zu der vorher geltenden Vorschrift des Artikels 24 Paragraph 1 der Verfassung, besteht der praktische Beitrag der genannten Hinzufügung einerseits in der Absicherung der zivilrechtlichen Haftung des Staates auf Schadensersatz wegen Nichterstellens eines Waldregisters und andererseits besteht der Beitrag in dem Aufzeigen der gebotenen Verpflichtung des Staates, die schriftliche Fixierung und die Klärung der Waldsituation vorzunehmen, welche die Voraussetzung für die rechtliche Bestimmung der Begriffe „Beforstung" und „Aufforstung" ist.

Die Einführung der technischen Beurteilungen (Artikel 24, Paragraph. 2, Abs. 2 der gr. Verfassung) erfolgte ergänzend zu der Rationalisierung des Erfassens der Wälder durch Erstellung eines Waldregisters und zu der Erneuerung der Planung und der Bodenpolitik, die der Erfassung des unbeweglichen Eigentums durch das Grundbesitzregisters dient. Die Ausnahme von dem wesentlichen Beurteilungsspielraum des Richters im Falle von Bewertungen rein technischer Natur, die durch die zuständigen Verwaltungsorgane beurteilt worden sind, ergibt sich überdies aus dem Grundsatz der Gewaltenteilung und aus der Notwendigkeit der Festlegung der Staatsfunktionen. Die Rechtsprechung des Staatsrates zur die Nichtüberprüfbarkeit technischer Beurteilungen ist beständig[33], und in jedem Fall obliegt es letzten Endes dem Gericht zu beurtei-

---

[33] Siehe beispielhaft Staatsrat 901/1993, „DioikPrAth" (Verwaltungsgericht Athen) 664/1992, F. Czermak, Abschließendes zum Beurteilungsspielraum, NJW 1992, S. 2613ff.

len, wann eine Entscheidung technisch ist, also einer Kontrolle durch den Richter nicht zugänglich ist.

4. *Die Konstitutionalisierung des Grundsatzes der Nachhaltigkeit*

Von besonderem Interesse ist die ausdrückliche verfassungsrechtliche Verankerung des Grundsatzes der Nachhaltigkeit. Die Beziehung zwischen der Entwicklung und der Umwelt war bereits Gegenstand des Vertrags von Amsterdam, der den Begriff der „harmonischen, ausgeglichenen und nachhaltigen Entwicklung"[34] beschreibt und den Grundsatz der Nachhaltigkeit zum zentralen Gegenstand der Umweltpolitik der Gemeinschaft machte[35]. Die Anpassung des ursprünglichen Gemeinschaftsrechts an die neuen Gegebenheiten, die sich nach der Deklaration von Rio ergaben, wurde durch das Fünfte Aktionsprogramm für die Umwelt (1992–1999), in dem die Nachhaltigkeit zum Ziel gesetzt wurde, weitgehend konkretisiert. Dies geschah im Sinne einer Politik „für die ständige wirtschaftliche und gesellschaftliche Entwicklung, die nicht zu einer Katastrophe der Umwelt und der natürlichen Ressourcen führt, von denen die menschlichen Tätigkeiten abhängig sind".

Im Sechsten Aktionsprogramm für die Umwelt (2001–2010), das der Europarat in Göteborg im Juni 2001 akzeptierte, wird vorgesehen, dass die nachhaltige Entwicklung zentrales Ziel der Gesamtpolitik sein muss und dass alle Gesetzesvorschläge eine Bewertung über die voraussichtlichen wirtschaftlichen, umweltbezogenen und kulturellen Vor- und Nachteile durch das Ergreifen oder Nichtergreifen von Maßnahmen, sowohl innerhalb als auch außerhalb der Europäischen Union, enthalten müssen[36].

Das Ziel der nachhaltigen und ausgeglichenen Entwicklung ist auch auf der Ebene der nationalen Gesetzgebung enthalten, und zwar in den kürzlich verabschiedeten, wichtigen Gesetzen 2503/1997 „Lebensfähige Siedlungsentwicklung" und 2742/1999 „Raumordnungsplanung und nachhaltige Entwicklung". Die Anwendung des Grundsatzes der Nachhaltigkeit oder Lebensfähigkeit erfolgte bereits etliche Jahre früher durch die Rechtsprechung des Staatsrates; Ausgangspunkt hierbei war der Fall Petrola (Staatsrat 53/1992). Es könnte folglich vertreten werden, dass die ausdrückliche Verankerung des Grundsatzes der Nachhaltigkeit in Artikel 24, Paragraph 1 der Verfassung zunächst nichts anderes enthält als die Bestätigung der Anerkennung des Grundsatzes auf der Grundlage der geltenden Verfassung, des Gemeinschafts- und des internationalen Rechts, der nationalen Gesetzgebung und der Rechtsprechung des Staatsrates.

---

[34] *W. Frenz*, Europäisches Umweltrecht, München 1997, S. 99ff., *A. Epiney*, Umweltrecht in der Europäischen Union, Köln 1997, S. 37ff.

[35] *U. Collier*, Deregulation, Subsidiarity and Sustainability: new challenges for EU environmental policy, Firenze 1996, passim, *R. Bartolomäi*, „Sustainable Development" und Völkerrecht, Baden-Baden 1998, S. 31ff., *B. Becker*, Umweltschutzrecht der Europäischen Union: einschließlich der Rechtsprechung des Europäischen Gerichtshofes. Fundstellen und Inhaltsnachweis, Starnberg/Percha 1996, passim, *G. Pieratti/ J.-L. Prat*, Droit, économie, écologie et développement durable: des relations nécessairement complémentaires mais inévitablement ambigues, Revue Juridique de l' Environnement 2000, S. 424ff.

[36] Siehe entsprechend auch die Ankündigung der Kommission „Nachhaltige Entwicklung Europas für eine bessere Welt", COM (2001), 264.

Es ist zweckmäßig zu bemerken, dass der Grundsatz der Nachhaltigkeit weder ein statischer Begriff ist noch einen ausschließlich umweltbezogenen Inhalt hat. Der umweltbezogene Ausgangspunkt ist an die Parameter der wirtschaftlichen und sozialen Entwicklung und die Bekämpfung der Arbeitslosigkeit durch Schaffung eines zusammengesetzten Prototyps wirtschaftlicher Entwicklung anzupassen[37]. Ziel der nachhaltigen Entwicklung ist der Einklang zwischen wirtschaftlicher Expansion, sozialer Kohärenz und Umweltschutz. Bei dieser Betrachtung zeigt sich die Tendenz der Rechtsprechung des Staatsrates, den Grundsatz der Nachhaltigkeit gelegentlich in einer absoluten Weise auszulegen und in bestimmten Fällen von dem zusammengesetzten und vieldimensionalen Charakter des Grundsatzes abzuweichen.

Der Grundsatz der Nachhaltigkeit hat folglich eine Doppelnatur und gebietet die ständig erneute Festlegung seiner Gewichtungen und der Voraussetzungen für sein Eingreifen. Die ausdrückliche verfassungsrechtliche Verankerung des Grundsatzes der Nachhaltigkeit macht im Wesentlichen die Klärung des Inhalts und der Grenzen seiner Anwendung erforderlich, um einerseits seine Umdeutung in einen übertrieben unflexiblen und konservativen Begriff zu vermeiden, ein Umstand, der sich als hemmender Faktor für jedes Entwicklungsvorhaben erweisen würde, und um andererseits seine Umwandlung in einen elastischen und irreführenden Begriff zu vermeiden, der für die Begründung jedwelcher Entscheidung der Staatsorgane verwendet werden könnte.

Die Anwendung des Grundsatzes der Nachhaltigkeit setzt das Aufzeigen konkreter Indikatoren und zudem deren Interferenz voraus. Die Begriffe der Nachhaltigkeit, die die Brundtland- Kommission und die Deklaration von Rio übernahmen, erleichtern sicherlich nicht deren juristische Bewertung. Die dynamische und vielseitige Annäherung an den Grundsatz der Nachhaltigkeit erfordert zunächst die Überwindung der traditionellen Unterscheidung zwischen der anthropozentrischen und der ökologischen Umwelt und die Erweiterung des Umweltbegriffes in einer Weise, die dem Begriff der Lebensqualität nahesteht. Der Begriff der nachhaltigen oder lebensfähigen Entwicklung erfaßt „das Verfahren der Umgestaltung; er harmonisiert die Ausnutzung der Ressourcen, die Richtung der Investitionen, die Ausrichtung der technologischen Entwicklung und die Anpassungen an den institutionellen Rahmen mit den zukünftigen und heutigen Erfordernissen"[38]. Aufgrund dieser Betrachtung erstrebt die Strategie der nachhaltigen Entwicklung eine ausgeglichene Verbindung der wirtschaftlichen Effizienz, der sozialen Gerechtigkeit und des Umweltschutzes[39].

Im Rahmen der zeitgenössischen Diskussion über die nachhaltige Entwicklung erhält die Umwelt manchmal die Stellung eines absoluten Schutzguts; und es wird die extreme Ansicht vertreten, dass es notwendig sei, das bestehende Rechtssystem durch ein rechtliches Funktionssystem zu ersetzen, dessen Hauptanliegen die Umwelt ist. Nach dieser Auffassung „ist die tiefere Bedeutung der Lebensfähigkeit tatsächlich die Systematisierung, nämlich die Harmonisierung der gesamten öffentlichen Politik und

---

[37] Siehe auch *D. Pieters*, Social Security and Sustainable Development, in: desselben (Bearbeiters) Social Protection of the Next Generation in Europe, The Hague/London/Boston 1998, S. 73ff.

[38] Siehe World Commission on Environment and Development, Our Common Future, Oxford 1987, S. 19ff.

[39] Vergleiche *R. Buchholz*, Principles of Environmental Management, London 1998, S. 39ff.

aller gesellschaftlichen Praktiken und ihre Anpassung zur Sicherung der gemeinsamen Entwicklung der vom Menschen geschaffenen Systeme und der Ökosysteme".

Andererseits erscheint die Auffassung richtiger, dass nicht vertreten werden kann, der Umweltschutz gehe als Verfassungsgut anderen verfassungsrechtlich verankerten Werten und Gütern vor[40]. Es ist zweckmäßig, dass der Grundsatz der Nachhaltigkeit, unter Berücksichtigung sowohl des Grundsatzes vom sozialen Rechtsstaat (Artikel 25, Paragraph 1 der Verfassung) als auch der von der Verfassung angestrebten wirtschaftlichen Entwicklung des Landes (Artikel 106 der Verfassung), konkretisiert wird. Der Umweltschutz beinhaltet kein absolutes Gut, sondern er ist in concreto mit den Verfassungszwecken „sozialer Schutz" und „wirtschaftliche Entwicklung" abzuwägen. Diese Abwägung stellt sicherlich ein dynamisches Verfahren dar, durch welches die Absicherung der natürlichen und der kulturellen Güter mit dem menschlichen Eingreifen in die Natur in Konfrontation gerät.

Die ausdrückliche verfassungsrechtliche Verankerung des Grundsatzes der Nachhaltigkeit macht die ausführliche Klärung seines Regelungsgehalts erforderlich. Als Verfassungsgrundsatz ist die Nachhaltigkeit ein wesentlicher Richtungsweiser sowohl für die eingeschlagene Umweltpolitik als auch für deren richterliche Kontrolle. Es ist nicht richtig, den Grundsatz der Nachhaltigkeit separat von den anderen Verfassungsgrundsätzen, so vor allem dem Grundsatz des sozialen Rechtsstaates oder der Verfassungszwecke, z.B. der wirtschaftlichen Entwicklung, anzuwenden. Der Grundsatz der Nachhaltigkeit beinhaltet nicht nur das Fundament für den Umweltschutz, sondern auch für den sozialen Schutz. Gleichzeitig strebt der Grundsatz die Beseitigung von Konflikten zwischen mehreren Verfassungsgütern an; er soll widersprechende Interessen und Auffassungen verbinden und in Einklang bringen. Bei dieser Betrachtung wäre es nicht richtig, den Grundsatz der Nachhaltigkeit als privilegierten Bereich der umweltrechtlichen Komponente auszulegen, die andere Bereiche und Politiken ohne besondere und konkrete Rechtfertigung beherrschen würde. Es wäre aber auch nicht richtig zu meinen, dass die Umweltkomponente einfach ein Begleitelement der übrigen politischen Bereiche sei.

Kritisch ist überdies die Frage nach den Grenzen der richterlichen Kontrolle, die auf dem Grundsatz der Nachhaltigkeit beruht. Nach einer Auffassung konkretisiert sich die Verwirklichung der ökologischen Ziele in bedeutendem Maß in der Person des zuständigen Richters, während der Gesetzgeber durch regelndes Eingreifen verpflichtet ist zu handeln und nicht die Herrschaft über die Ökosysteme und der vom Menschen geschaffenen Systeme anzustreben.

Die Frage nach den Grenzen der Nichtigkeitskontrolle bei der Anwendung des Grundsatzes der Nachhaltigkeit klärte der Staatsrat in zutreffender Weise, indem er akzeptierte, dass „die direkte richterliche Bewertung der Folgen eines bestimmten Werkes oder einer Tätigkeit und die Beurteilung, ob die Ausführung dem Grundsatz der lebensfähigen Entwicklung entgegensteht, die Grenzen der Nichtigkeitskontrolle überschreitet; denn eine solche Bewertung setzt das Erfassen der tatsächlichen Umstände, die Erforschung technischer Fragen, wesentliche Bewertungen und eine auf

---

[40] Siehe stellvertretend G. *Winter*, European Environmental Law: a comparative perspective, Aldershot 1996, R. Seerden/ M.A. Heldeweg, Comparative Environmental Law in Europe: an introduction to public environmental law, Antwerpen 1996, passim.

diesen Bewertungen beruhende Abwägung voraus. Folglich kann der Richter, der über die Nichtigkeit entscheidet, den Verstoß gegen den Grundsatz der lebensfähigen Entwicklung direkt nur kontrollieren, wenn sich aus den Angaben der Akten und auf Grund der allgemeinen Erfahrungssätze ergibt, dass der durch das Werk oder die Tätigkeit hervorgerufene Schaden für die Umwelt irreversibel ist und ein solches Ausmaß und solche Folgen hat, dass der Eingriff in die Umwelt offensichtlich in Widerspruch zu dem obigen Verfassungsgrundsatz steht"[41]. Die richterliche Selbstbeschränkung, die sich in dem oben erwähnten Urteil des Staatsrates zeigt, beinhaltet eine Annäherung an den Grundsatz der Nachhaltigkeit, der die Rolle des Gesetzgebers, der Verwaltung und des Richters bei der Anwendung des Grundsatzes untereinander auszugleichen versucht.

Die verfassungsrechtliche Verankerung des Grundsatzes der Nachhaltigkeit trägt ohne Zweifel entscheidend dazu bei, dass dieser nicht als unklarer, unbestimmter oder „soft" Begriff verwendet wird; zugleich trägt er zur Umsetzung seiner vielseitigen Folgen bei. Auf alle Fälle muss der Grundsatz so angewendet werden, dass er sich an die jedwelchen umweltbezogenen Umstände und die Vielschichtigkeit der wirtschaftlichen, sozialen und umweltbezogenen Umstände anpasst. Durch Abwägung der vereinzelten Auswirkungen öffentlicher Politik versucht der Grundsatz der Nachhaltigkeit, die Forderung nach Steigerung der Konkurrenzfähigkeit und der Arbeitsbeschäftigung mit dem Umweltschutz exakt auf einen Nenner zu bringen[42]. Davon abgesehen funktioniert andererseits der Grundsatz der Nachhaltigkeit als Regel, die dem Richter die Zuständigkeiten überträgt, die die „hinreichende Stabilisierung" der Gesetze und der Eingriffshandlungen der Verwaltung beeinflussen. Abgesehen vom Bewertungskriterium der Vereinbarkeit der wirtschaftlichen Entwicklung mit dem Umweltschutz, verstärkt der Grundsatz der Nachhaltigkeit, durch Erweiterung des Interventionsbereiches der Bürger, ihre Möglichkeit zur Teilhabe am Recht auf Umwelt.

5. Die Gleichstellung der öffentlichen und der privaten Wälder

Die schlechthin strittige Frage, die sich anlässlich der letzten Fassung des Artikels 24 der Verfassung stellte, betraf die Angleichung der Änderungsvoraussetzungen für die Bestimmung der öffentlichen und privaten Wälder. Die Regelung, die schließlich mit Stimmenmehrheit beschlossen wurde, stimmt mit der anfänglichen Fassung des Artikels 27 des Entwurfes der Regierung und der Mehrheit des Verfassungsausschusses zur Errichtung der Verfassung von 1975 überein; auf Vorschlag der Partei „Nea Dimokratia" im Jahr 1997 wurde die anfängliche Fassung erneut Gegenstand einer Diskussion. Dieser Vorschlag wurde von der parlamentarischen Mehrheit vor dem Hintergrund akzeptiert, dass „Artikel 24, Paragraph 1 stärker mit Artikel 117, Paragraph 4 harmoniert, der die Enteignung von Wäldern und Waldflächen, die im Eigentum von Pri-

---

[41] Siehe Staatsrat 3478/2000.

[42] Vergleiche *A. Liberatore*, The integration of sustainable development objectives into EU policy-making, in dem Band: S. Baller/ M. Kousis/ D. Richardson/ S. Young (Eds.), The Politics of Sustainable Development: Theory and practice within the European Union, London 1997, S. 107ff.

vatpersonen, juristischen Personen des Privatrechts oder des öffentlichen Rechts stehen, nur erlaubt, wenn sie zu Gunsten des Fiskus erfolgt und wenn die Bewaldung unverändert belassen wird.

Es wurde vertreten, dass die Änderung durch das VII. verfassungsändernde Parlament den absoluten Schutz der privaten Wälder begrenze und die Gefahr einer Änderung deren Bestimmung in sich berge. Der unflexible und absolute Schutz der privaten Wälder wird „weder durch logische Notwendigkeit aufoktruiert noch dient er logischen Zwecken".

Die ständige Rechtsprechung des Staatsrates billigte sehr weitgehend, dass die privaten Wälder und Waldflächen gemäß Artikel 24, Paragraph 1 der Verfassung vollständig geschützt werden[43]. Dennoch nahm der Staatsrat in seinem Urteil 1675/1999 von dem absoluten Verbot der Änderung der Bestimmung der privaten Wälder Abstand, indem er einen diesbezüglichen Eingriff -berechtigterweise- von strengsten Voraussetzungen abhängig machte. In erster Linie setzt dies die Befriedigung des öffentlichen Interesses voraus, welchem nicht in anderer Weise Genüge getan werden kann. In Hinblick auf den Schutz der bewaldeten Ökosysteme wurde ohnehin betont, dass die Eigentumsverhältnisse gleichgültig sind und dass die Beschränkung der Eingriffe auf absolut notwendige Fälle Bedeutung hat. Folglich bestätigt der Revisionsvorschlag auch in diesem Punkt die neuere Rechtsprechung des Staatsrates, indem er eine offene Auslegungsfrage klärt, die seit dem Jahr 1975 nicht zweifelsfrei beantwortet worden war.

Durch Hinzufügen der Auslegungserklärung in Artikel 24 der Verfassung übernahm der Staatsrat diejenige Begriffsbestimmung des Waldes, die der Oberste Sondergerichtshof durch seine Rechtsprechung konkretisiert hatte[44] und in der er die Existenz der morphologischen Charakteristiken des Waldes als ausreichend erachtete. Wie auch die Lehre bemerkt hatte, verdeutlichte die Uneinigkeit in der Rechtsprechung der Verwaltungs-, Zivil- und Strafgerichte bezüglich des juristischen Begriffes des Waldes und der Waldfläche die Auslegungsschwierigkeiten, jedoch auch die besondere Bedeutung der Angelegenheit aufgrund der Tatsache, dass von der Begriffsbestimmung des Waldes die Einordnung der umstrittenen Verfassungsvorschriften unter besondere Schutzvorschriften, wie das Verbot der Änderung ihrer Bestimmung, abhängig ist.

Der Oberste Sondergerichtshof löste die Diskrepanz zwischen der entsprechenden Rechtsprechung des Staatsrates und der des Areopag auf und billigte, dass die organische Einheit der Waldvegetation, die eine objektive Tatbestandsvoraussetzung ist, für den Begriff des Waldes und der Waldfläche entscheidend ist, während die coexistierende grundlegende Funktion jedes Waldökosystems, die zum Gleichgewicht der Flora und Fauna beiträgt, als selbstverständlich und begriffsimmanent erachtet wird. Diesen Begriff verwendete auch die Auslegungserklärung in Artikel 24 der Verfassung, die die Auffassung in den Verfassungstext integrierte, dass nicht zwei enumerative Voraussetzungen für das Vorliegen des Begriffes „Wald" erforderlich sind, sondern nur eine, nämlich seine organische Einheit. Folglich wurde die Bezugnahme auf die Funktion des Waldes in Artikel 3 des Gesetzes 998/1979 als Element seiner Bestim-

---

[43] Diese Streitfrage entschied der Staatsrat in den Urteilen 1362/1981 und 3754/1981.
[44] Siehe Oberster Sondergerichtshof 27/1999.

mung als überflüssig beurteilt, da der Beitrag des Waldes zur Erhaltung des natürlichen und biologischen Gleichgewichts und zur Förderung der Lebensfähigkeit des Menschens nicht vorgegebenes Element seines begriffslogischen Inhaltes ist. Auf diese Weise wurde schlechthin endgültig eine Frage gelöst, die in der Wissenschaft und der Rechtsprechung große Uneinigkeit hervorgerufen hatte. Dennoch zeigt die benannte Regelung auch als extremes Beispiel für den neuen Konstitutionalismus[45], dass sie die Lückenhaftigkeit und Reduktion beseitigt, die den Verfassungsgesetzgeber selbst beschränken.

Schlussbemerkungen

Wenngleich die Rechtsprechung des V. Senats des Staatsrates außergewöhnlich fortschrittlich war und die zuvor geltende Vorschrift des Artikels 24 der Verfassung voll auswertete, zeigte sich sicherlich dennoch in bestimmten Fällen ein übermäßiger richterlicher Aktivismus, der bisweilen unflexible ökozentrische Positionen vertrat oder die Verwaltung ersetzte.

Der Revisionsgesetzgeber könnte folglich nicht mit Änderung des Artikels 24 der Verfassung, durch den Versuch der Normierung eines Abwägungserfordernisses der Umwelt mit anderen Verfassungswerten und -gütern, die Rolle des Richters effizient abgrenzen.

Die Revision des strittigen Artikels bestätigt die legislativen und übergesetzlichen Entwicklungen und steht in Einklang mit der jüngsten Rechtsprechung des Staatsrates und des Obersten Sondergerichtshofes. Ohne dass sich größere Änderungen für die Schutzbestimmung ergeben, werden ausdrücklich Grundsätze vereinbart, die – mehr oder weniger erfolgreich – von der Rechtsprechung ausgearbeitet wurden. Unter diesem Gesichtspunkt können die – bezüglich des Inhalts – vorgebrachten Einwände nicht überzeugen. Es kann deshalb nicht vertreten werden, dass die neue Regelung etwas wesentlich Neues zum verfassungsrechtlichen Umweltschutz einbringt. Trotz alldem legt die ausdrückliche Konstitutionalisierung der Grundsätze und der Regeln, die sich zuweilen in einer zweideutigen oder umstrittenen Weise aus der zuvor existierenden verfassungsrechtlichen Formulierung ergeben, den Grundstein für die Klarstellung deren Regelungsgehalts.

Gleichzeitig erfolgte durch die Revision des Artikels 24 die Systematisierung und transparente Gestaltung der Regeln und der Begründungskriterien für richterliche Beurteilungen in Umweltfragen. Durch die Verstärkung der Rechtssicherheit in kritischen Fragen und die zwingendere Anwendung von Kriterien und Beschränkungen – zumal auch von selbstverständlichen, wie im Fall der technischen Beurteilungen und Abwägungen- beinhaltet die Revision des Artikels 24 ein typisches Beispiel für den neuen Konstitutionalismus: Die Forderung nach Rechtssicherheit ist folglich stärker als die Bindung des Revisionsgesetzgebers an den Charakter der Verfassung als lückenhafter und reduzierter Text.

---

[45] Siehe dazu *X. Contiades*, Der neue Konstitutionalismus und die Grundrechte nach der Verfassungsrevision von 2001 (auf Griechisch), Athen-Kamotini 2002, S. 455ff.; *ders.*, Zu einer neuen Epoche des Konstitutionalismus in der Risikogesellschaft?, FS für D. Tsatsos, 2003.

Darüber hinaus schwächt die Tatsache, dass die Verwaltung im Bereich des Umweltschutzes als ineffizient charakterisiert wird, sicherlich die Argumentation bezüglich der Suche und Bestimmung eines neuen Gleichgewichts zwischen der rechtsgewährenden und der vollziehenden Funktion. Dies bedeutet jedoch nicht, dass es richtig wäre, weiterhin die gesellschaftlichen Eingriffs- und der Gestaltungsprozesse von politischen Entscheidungen im Bereich der Raumordnungsplanung und der städtebaulichen Planung wie auch des Umweltschutzes zu unterschätzen. Im Gegenteil, Voraussetzung für die Konfrontation mit den gelegentlichen Überschreitungen der Rechtsprechung ist die Erweiterung des wissenschaftlichen Dialogs und die Verfahrensbeteiligung wie auch die Etablierung anderer „institutioneller Gegengewichte" neben der Justiz zwecks Kontrolle der vollziehenden Gewalt.

Frankreichs Beitrag zur europäischen Verfassungskultur

von

Dr. Constance Grewe

Professorin an der Robert-Schuman-Universität Strassburg

1 – In einer Paraphrase zu Ludwig dem XIV. könnte man sagen „L'Etat, c'est la France" oder auch: „La Constitution, c'est la France". Mit anderen Worten, Frankreichs Beitrag zur europäischen Verfassungskultur ist unermesslich, kann man sich doch das moderne Verfassungsrecht und den modernen Staat ohne Frankreich gar nicht vorstellen. Die Menschen- und Bürgerrechtserklärung von 1789, die Theorien von Bodin über die Souveränität, die Schriften von Montesquieu, Rousseau, Sieyès, Toqueville, die Verfassungen von 1791, 1793, 1814 und 1830, sie alle gehören zu den Fundamenten des modernen Staats- und Verfassungsrechts. In der Erklärung der Menschenrechte wird zum ersten Mal auf dem europäischen Kontinent der individuelle Mensch ausdrücklich zum Rechtssubjekt, dessen Freiheit und dessen Rechte anzuerkennen und zu schützen als vornehmliches Ziel und als Legitimation des Staates angesehen werden.

Dennoch muss ich meine Verlegenheit bekennen, als Herr Häberle mich bat, über den Beitrag Frankreichs zur europäischen Verfassungskultur zu sprechen. Denn die Textstufe französischen Einflusses gehört zur Vergangenheit, ist längst zum alleuropäischen Verfassungsgut geworden. Dagegen erscheint heutzutage Frankreichs Rechtsordnung eher unattraktiv. Wieviel lieber hätte ich daher das Thema umgedreht, um über den europäischen Einfluss auf das französische Recht zu berichten. Da aber anscheinend weder meine Verlegenheit noch mein Gegenvorschlag den Organisator dieses Kolloquiums rührten, blieb mir nichts anderes übrig, als die Sache noch einmal zu überdenken. Und dies Überdenken hat mich zu einem, wie mir scheint, annehmbaren weil realistischen Kompromiss geführt, den ich im Folgenden etwas näher erklären und begründen möchte.

2 – Das Zeitalter der Globalisierung ist durch intensiven Verkehr von Personen, Gütern, Informationen und Techniken gekennzeichnet. Dies wirkt sich auch auf Recht und Kultur aus, die weniger als früher geneigt sind, grosse Entwürfe aus dem Ausland zu importieren[1], die jedoch, um die ihnen wichtigen Eigenheiten bewahren

---

[1] Darüber E. *Agostini*, *Droit comparé*, P.U.F. 1988, S. 243ff.

zu können, gezwungen sind, sich laufend anzupassen, effizientere Methoden oder Lösungen zu finden[2], die teils bewusst, teils unbewusst[3] andere Systeme imitieren oder
sich durch sie inspirieren lassen. Kurz, der Rechtsaustausch hat sich zwar intensiviert,
beschränkt sich aber oft auf Details und erscheint insoweit weniger sichtbar, geht trotz
Globalisierung gerne Umwege[4] und ist schliesslich den Akteuren nicht immer bewusst.

Unter diesen Umständen wird es immer schwieriger, den Einfluss von Rechtssystemen zu bemessen, insbesondere wenn diese Systeme kein Vorbild zu bieten haben. Zu
dieser Kategorie gehört Frankreich heute zweifelsohne[5]. Kein Grund spricht für eine
spezifisch französische Anziehungskraft; das Recht zeichnet sich nicht durch seine
Progressivität aus, Sprache und Machtstellung Frankreichs stellen keinen Faktor der
Einflussnahme mehr dar.

Insofern ist es vielleicht leichter und richtiger, nicht von vornherein auf den „Beitrag" eines Rechtssystems abzustellen, sondern zunächst auf seine Eigenheiten, um
sich dann zu fragen, ob diese Besonderheiten eine Chance haben, in irgendeiner
Form auf die europäische Verfassungskultur einzuwirken. Bei der Frage nach den
französischen Eigenheiten kann man wohl die rein institutionellen Aspekte, wie z.B.
die Mischung aus Präsidial- und parlamentarischem System[6], ausser Acht lassen; diese
Art von Originalität ist kaum geeignet, die europäische Verfassungskultur zu beeinflussen. Dagegen scheint eine gewisse Anziehungskraft auf anderen Gebieten möglich, und zwar einerseits bei manchen für die französische Rechtsordnung besonders
typischen klassischen Konzepten, die wegen ihres Inhalts heute besonders oder wieder
besonders aktuell erscheinen und insoweit einen spezifisch französischen Beitrag zur
europäischen Verfassungskultur darstellen könnten (I). Andererseits sind hier neuere
Strukturen oder Verfahren zu nennen, die eine für die europäische Verfassungskultur
recht bedeutsame Funktion einnehmen, nämlich die immer weitere Öffnung des innerstaatlichen Rechts zum internationalen, insbesondere zum europäischen Recht.
Sie betonen eher die Wechselwirkung[7] im europäischen Verfassungsgeflecht oder
-Verbund und zeigen die dabei mögliche Rolle oder Beteiligung des französischen
Rechts (II). Diese beiden Punkte möchte ich nun näher erläutern.

---

[2] M. Delmas-Marty, *Trois défis pour un droit mondial*, Seuil 1998.

[3] Das hat vor allem R. *Sacco* betont: *La comparaison juridique au service de la connaissance du droit*, Economica 1991, S. 105 ff.

[4] Cf. R. *Sacco, op. cit.*

[5] Siehe auch den Befund in: O. *Beaud, E. V. Heyen, Eine deutsch-französische Rechtswissenschaft ? Une
science juridique franco-allemande ?*, Nomos 1999; C. *Grewe, C. Gusy, Französisches Staatsdenken*, Nomos
2002 und schliesslich den Bericht des *Conseil d'etat, L'influence internationale du droit français*, La Documentation française 2001.

[6] Darüber in deutscher Sprache R. *Grothe, Das Regierungssystem der V. französischen Republik*, Nomos
1995.

[7] P. *Häberle, Europäische Verfassungslehre*, Nomos 2001/2002; C. *Grewe, H. Ruiz Fabri, Droits constitutionnels européens*, P.U.F. 1995.

I. Spezifisch französische Beiträge oder Beitragsmöglichkeiten

Wie schon angedeutet, liegen diese möglichen Einwirkungen vor allem am Inhalt der betreffenden Konzepte. Sieht man von ganz punktuellen Einflüssen ab[8], dann tritt in erster Linie die soziale Färbung dieses Inhalts in den Vordergrund. Wird Deutschland als sozialer Rechtstaat bezeichnet, so kennzeichnet sich Frankreich als soziale Republik. Im Gegensatz zu Deutschland wird jedoch in Frankreich das soziale Element verfassungsrechtlich weiter ausgebaut, und zwar hauptsächlich durch die in der Präambel der Verfassung von 1946 verankerten sozialen Rechte.

1. Anerkennung und rechtliche Natur von sozialen Grundrechten

1.1. Unter der Überschrift der „für unsere Zeit besonders notwendigen politischen, sozialen und wirtschaftlichen Grundsätzen" erkennt der letzte Teil dieser Präambel eine Reihe von sozialen Rechten an. Es handelt sich insbesondere um die Koalitionsfreiheit, das Streikrecht, das Recht, kollektiv die Arbeitsbedingungen auszuhandeln und über ihre Delegierten an der Betriebsleitung teilzunehmen, sowie das Recht auf einen Arbeitsplatz. Weiterhin wird die Nation dazu verpflichtet, ein kostenloses öffentliches Schulsystem zu errichten, Kind und Familie zu schützen und deren persönliche Entfaltung zu fördern, für Gesundheit, materielle Sicherheit und Erholung zu sorgen sowie ausreichende Existenzbedingungen, vor allem für Behinderte oder Arbeitslose, zu schaffen.

Schliesslich ist auch die Aufnahme des im Verwaltungsrecht schon klassischen Begriffs des „service public", von Autexier und Sonnenberger als „Gemeindienst" übersetzt[9], in die Präambel von 1946 zu erwähnen. Der service public wird von der gegenwärtigen Rechtsprechung als eine Organisation aufgefasst, der eine am Interesse der Allgemeinheit ausgerichtete Aufgabe übertragen wird, die deswegen das Recht zur Ausübung hoheitlicher Befugnisse besitzt und schliesslich der Aufsicht durch die öffentliche Hand unterworfen ist[10]. In der betreffenden Bestimmung der Präambel wird vorgesehen, dass jedes Vermögen oder Unternehmen, dessen Betrieb den Charakter eines solchen Gemeindienstes oder eines Monopols hat, Eigentum der Gesamtheit werden soll. Gewiss hat diese verfassungsrechtliche Legitimierung der Nationalisierungen heute ihre Bedeutung verloren; doch wird auf diese Weise dem Konzept des service public eine verfassungsrechtliche Stellung zuerkannt. Zu einem Zeitpunkt, in dem die EU den Trend zu reinem Liberalismus und immer weiterer Privatisierung aufzugeben scheint und nach Kriterien sucht, um mehr öffentliche Regulierung zuzulassen, kann die Idee des service public oder des Gemeindienstes von Nutzen sein.

1.2. Die rechtliche Natur der sozialen Grundrechte war lange umstritten. Insbesondere wurde in der Lehre immer wieder die Forderung laut, den staatliche Leistun-

---

[8] *C. Grewe*, „Transparenz, Informationszugang und Datenschutz in Frankreich", DÖV 2002, Heft 24, S. 1022ff.

[9] *H.J. Sonnenberger, C. Autexier, Einführung in das französische Recht*, 3. Auflage, Verlag Recht und Wirtschaft, Heidelberg 2000, S. 71–75 (75).

[10] CE 28–6-1963, Narcy, Rec. 401.

gen implizierenden Rechten eine verfassungsrechtliche Geltung zu versagen[11]. Der
Conseil constitutionnel hat sich dieser Forderung nicht angeschlossen. Aus seiner Entscheidung über die Vereinigungsfreiheit vom 16. Juli 1971[12] folgt, dass er hinfort die
Gesetze nicht mehr nur im Hinblick auf die in Artikel gefassten Bestimmungen der
Verfassung prüft, sondern auch in bezug auf die Präambel der geltenden Verfassung
von 1958. Diese weist sowohl auf die Menschen- und Bürgerrechtserklärung von
1789 als auch auf die Präambel der Verfassung von 1946 hin. Diese beiden Texte sind
somit in die Präambel der Verfassung von 1958 integriert; sie gehören also zu dem
vom Verfassungsrat so genannten „verfassungsrechtlichen Block", der nunmehr als
Prüfungsmassstab dient[13]. Der Verfassungsrichter bejaht somit global die verfassungsrechtliche Geltung der Präambel und hat auch die meisten seiner Bestimmungen
schon konkret angewendet. So besteht also im Prinzip kein Unterschied noch irgend
eine Hierarchie zwischen den verschiedenen im verfassungsrechtlichen Block anerkannten Rechten, insbesondere denen von 1789 und denen von 1946. Dennoch wäre
es falsch zu behaupten, der Verfassungsrat behandele sie immer alle gleich, da er zwischen unmittelbar geltenden und einer gesetzlichen Konkretisierung bedürftigen
Rechten unterscheidet[14].

Indes läuft die Grenze nicht ein für allemal zwischen sogenannten Abwehrrechten
und Leistungsrechten; vielmehr entscheidet der Verfassungsrichter von Fall zu Fall, ob
ein Recht unmittelbar anwendbar ist oder nicht. Im ersten Falle handelt es sich um ein
justiziables subjektives Recht, ein Grundrecht im deutschen Sinne; im zweiten um ein
nicht justiziables Recht, aber doch von verfassungsrechtlichem Rang, ein Grundrecht
im französischen Sinn, wohl am ehesten mit den deutschen Staatszielbestimmungen
vergleichbar. Diese Flexibilität verringert unzweifelhaft die Präzision des Grund-
rechtsbegriffs; ihr Vorteil besteht indes darin, bestimmte Bedeutungswandel oder Entwicklungen berücksichtigen zu können[15]. Es war dem Conseil constitutionnel auf
diese Weise möglich, das Asylrecht zunächst als konkretisierungsbedürftiges Recht anzusehen und dann, als diese Frage immer brennender wurde, es als unmittelbar geltendes Recht zu behandeln. Diese Unterscheidung trifft auch die Charta der Grundrechte der europäischen Union.

2. Die Unterscheidung von unmittelbar geltenden und nur mittelbar geltenden Rechten und die Charta der Grundrechte der EU

Der französische Einfluss auf die Grundrechtscharta der europäischen Union beginnt schon bei der Gliederung dieses Textes, die ganz offensichtlich dem frnzösi-

---

[11] *Centre Universitaire de Recherches Administratives et Politiques de Picardie, Le Préambule de la Constitution de 1946*, P.U.F. 1996.

[12] CC 71–44 DC.

[13] Darüber näher *C. Crewe*, „Die Grundrechte und ihre richterliche Kontrolle in Frankreich", *EuGRZ* 2002, S. 209.

[14] 8. Konferenz der europäischen Verfassungsgerichte, Französischer Bericht: *R. Badinter, B. Genevois*, „Normes de valeur constitutionnelle et degré de protection des droits fondamentaux", *Rudh* 1990, S. 258 (267).

[15] *C. Grewe*, „Les droits sociaux constitutionnels: propos comparatifs à l'aube de la Charte des droits fondamentaux de l'Union européenne", *Rudh* 2000, S. 85.

schen Wahlspruch „liberté, égalité, fraternité" nachgebildet ist. Der Präambel und einem Kapitel über die Menschenwürde folgen nämlich drei den Freiheiten, der Gleichheit und der Solidarität gewidmete Kapitel, denen sich die Bürgerrechte und die justiziellen Rechte anschliessen.

Bis zum Ende der Verhandlugen über den endgültigen Text standen die sozialen Rechte im Brennpunkt der Kontroverse. Nord- und südeuropäische Länder waren sich vor allem über den zu gewährenden Rechtsschutz uneinig. Wehrte sich der Norden – dabei sind hauptsächlich das Vereinigte Königreich, aber auch Deutschland zu nennen – gegen justiziable soziale Grundrechte mit dem Argument der grossen und unübersehbaren Kosten, so bestand der Süden darauf, – Italien an der Spitze, aber auch Frankreich – substantielle soziale Rechte in den Katalog der Charta aufzunehmen. Der schliesslich zustandegekommene Kompromiss[16] bestand in der Unterscheidung zwischen direkt anwendbaren Rechten und nur die Gesetzgeber verpflichtenden Grundsätzen. Diese Unterscheidung nimmt offensichtlich die in der französischen Verfassungsrechtsprechung geläufige Differenzierung zwischen unmittelbar und nur mittelbar geltenden Rechten auf.

Aus dieser Ähnlichkeit soll nun allerdings nicht geschlossen werden, dass die Einigung über die sozialen Rechte in der EU-Charta nur Frankreich zu verdanken sei. Zum einen wird dieser Unterschied nämlich auch in anderen Verfassungsrechten gemacht, z.B. dem italienischen, spanischen und dem portugiesischen. Zum andern kann man auch durchaus eine Parallele zu den deutschen Staatszielbestimmungen ziehen, die zwar keine subjektiven Rechte verleihen, den Gesetzgeber aber dennoch zum Handeln verpflichten. Doch hat hier Frankreich eine sicher nicht unwichtige Mittlerposition eingenommen, die, so kann man hoffen, die Idee sozialer Grundrechte in Nordeuropa weniger absurd erscheinen lässt.

II. Das französische Recht im Geflecht der europäischen Verfassungskultur

Hier möchte ich nun nicht mehr auf einzelne Rechte oder Rechtsgebiete eingehen, sondern auf einen Prozess, eine Struktur oder ein Verfahren, das das französische Recht der letzten zehn Jahre besonders charakterisiert und es ermöglicht hat, dem Völkerrecht und in erster Linie dem europäischen Recht[17] eine bis dahin nie gekannte Anwendung und Förderung zuteil werden zu lassen. Diese Entwicklung erklärt sich zunächst durch Art. 55 der Verfassung, demzufolge internationale Verträge nach rechtmässiger Ratifizierung oder Zustimmung einen übergesetzlichen Rang einnehmen. Indes wollte der Conseil constitutionnel, um den Vorrang der Verfassung zu bewahren, diese Bestimmung nicht im Sinne einer verfassungsrechtlichen Stellung auslegen. Deswegen hat er es abgelehnt, selbst die Prüfung der Vereinbarkeit von Geset-

---

[16] Cf. „La Charte des droits fondamentaux de l'Union européenne", Journée d'études des 16/17 juin 2000 à Strasbourg sous la direction de *F. Benoit-Rohmer*, Rudh 2000, n° 1–2 und vor allem die „conclusions" von *G. Braibant*, S. 66ff.

[17] Damit meine ich vor allem die *EMRK*, denn das Gemeinschaftsrecht besitzt den kostbaren Vorzug seines besonderen Vorrangs.

zen gegenüber völkerrechtlichen Verträgen vorzunehmen[18] und hat diese Art der Prüfung, die heute in Frankreich allgemein als Konventionalitätskontrolle bezeichnet wird, der Kompetenz der Fachgerichte zugewiesen. Auf diese Weise haben sich nun die Fachgerichte immer intensiver mit dem europäischen und dem internationalen Recht beschäftigt, so dass heute in Frankreich die Verflechtung nationalen Rechts mit europäischer Verfassungskultur ganz offensichtlich und bewusst geworden ist.

1. Die wachsende Bedeutung der „Konventionalitätskontrolle"

Den Anstoss zu dieser Entwicklung hat hauptsächlich die im Jahre 1981 erfolgte französische Anerkennung des Individualbeschwerderechts im Rahmen der EMRK gegeben. Als ungefähr zehn Jahre später die Beschwerdeführer, die Anwälte und die Richter begriffen hatten, welch ein wichtiges neues Instrument des Rechtsschutzes ihnen damit zur Verfügung stand, explodierten die französischen Beschwerden vor dem europäischen Gerichtshof für Menschenrechte geradezu.

Die ordentlichen Gerichte haben es zuerst akzeptiert, das nationale Recht, inklusive der Gesetze, auf seine Vereinbarkeit mit der Konvention zu prüfen und im gegebenen Falle dessen Bestimmungen unangewendet zu lassen[19]. Mit einer gewissen Verspätung folgten dann die Verwaltungsgerichte[20]. Es wäre zwar völlig verfehlt zu glauben, die französische Gerichtsbarkeit wende nunmehr die Konvention mit der dazugehörenden Rechtsprechung vollständig an. Vor allem Art. 6 EMRK löst noch immer zahlreichen und starken Widerstand aus.

Dennoch ist die heutige Situation mit derjenigen von vor über zehn Jahren unvergleichbar. Jegliche Ausweisung eines Ausländers wird auf die Beachtung des Privat- und Familienlebens des Betroffenen untersucht und bei Gefängnisinsassen wird vor allem das Verbot der Tortur, der unmenschlichen oder grausamen Behandlung überprüft. Ganze Rechtsgebiete haben sich unter dem Einfluss der europäischen Rechtsprechung gänzlich verändert[21], so z.B. dasjenige der unabhängigen Verwaltungsbehörden (autorités administratives indépendantes) oder auch der Umfang der besonderen Gewaltverhältnisse. Dieses letzte Beispiel zeigt übrigens, dass es in Frankreich des Umwegs über die EMRK bedurfte, um gewisse Entwicklungen, die z.B. in Deutschland im Zeichen des Verfassungsrechts stattgefunden haben, in Bewegung zu bringen. Daher wird auch immer häufiger die Frage laut, ob die Konventionalitätskontrolle nicht ein interessanter Ersatz für die in Frankreich unterentwickelte verfassungsgerichtliche Prüfung darstellt.

Man könnte sich aber auch fragen – und dies führt uns wieder zur Problematik des französischen Beitrags zur europäischen Verfassungskultur – ob eine solche Entwick-

---

[18] CC 74–54 DC vom 15–1-1975, Interruption volontaire de grossesse, dt. Übers.: EuGRZ 1975, 54ff.

[19] CCass. 24 mai 1975, Société Jacques Vabre, D. 1975, 497.

[20] CE 20. Oktober 1989, Nicolo, JCP 1989, éd.G, II, 21371, dt. Übers.: EuGRZ 1990, 106.

[21] Siehe unter vielen anderen: *L. Sermet, Convention européenne des droits de l'homme et contentieux administratif français*, Economica 1996; *J. Andriantsimbazovina, L'autorité des décisions de justice constitutionnelles et européennes sur le juge administratif français*, L.G.D.J. 1998; *F. Chaltiel, La souveraineté de l'Etat et l'Union européenne, l'exemple français*, L.G.D.J. 2000.

lung nicht nachahmenswert ist, ob Frankreich hier nicht, zusammen mit anderen Ländern wie vor allem der Schweiz, den Niederlanden oder Spanien, den Weg zu einer besseren und zu einer sozusagen alltäglicheren Anwendung der europäischen Menschenrechte zeigt. Mir scheint, dass zumindestens die deutschen und die italienischen Gerichte gut daran täten, diese Praxis näher zu betrachten. Die zunehmende gerichtliche Kontrolle auf dem Gebiet des Völkerrechts hat auch die Lehre stimuliert.

2. *Die wachsende Aufmerksamkeit der Rechtslehre*

In Frankreich gab es schon lange eine starke völkerrechtliche Tradition in der Lehre. Diese Tradition hat sich natürlich im Zuge der stärkeren Hinwendung zu Europa und der entprechenen Abwendung von den früheren Kolonien nicht unbeachtlich verändert und erneuert. Hier interessiert besonders, dass das wachsende Interesse am internationalen und am europäischen Recht zur Folge hat, dass sowohl die europäische als auch die entsprechende innerstaatliche Rechtsprechung sehr viel aufmerksamer verfolgt, analysiert und auch kritisiert werden[22].

So hat sich bei einem Teil der Lehre, der allerdings nicht im entferntesten die herrschende Meinung bildet, eine Art Bewusstsein des eigenen Rückstandes auf dem Gebiet der Grund- und Menschenrechte herausgebildet[23]. Dies schlägt sich sowohl in einem beträchtlichen Aufschwung der Rechtsvergleichung als auch in regelmässig wiederkehrenden Verbesserungsvorschlägen[24] nieder. Die französischen Juristen, die sich in dieser Richtung engagiert haben, können eine wichtige Rolle spielen sowohl bei neuen Rezeptionen als auch im Dienste eines Exportes, denn eine selbstkritische Haltung ist sicher eines der besten Argumente im Rechtsaustausch.

Abschliessend darf vielleicht die Behauptung gewagt werden, dass Frankreichs Beitrag zur europäischen Verfassungskultur für die heutige Zeit ziemlich typisch erscheint: kaum ein Rechtssystem oder eine Rechtskultur kann für sich allein beanspruchen, Europa bestimmend zu beeinflussen. Die Idee des Verbundes[25] ist hier schon wirksam; nur zusammen und in vielen kleinen Schritten wird es möglich sein, eine pluralistische und dennoch spezifisch europäische Verfassungskultur zu schaffen.

---

[22] So veröffentlichen viele juristische Fachzeitschriften regelmäßig eine Chronik über das Recht der EMRK.

[23] *O. Jouanjan*, „Zur Geschichte und Aktualität des Gleichheitssatzes in Frankreich", EuGRZ 2002, Heft 13–14, S. 314ff.; *P. Wachsmann*, „L'importation des ‚droits fondamentaux' en France", Vortrag am Centre Marc Boch, Berlin Juni 2002; in der Tagung in Montpellier am 16. März 2001 über „Le Conseil constitutionnel en questions"; Veröffentlichung im Lauf des Jahres 2003.

[24] So z.B. die Forderung von *D. Rousseau*, eine konkrete Normenkontrolle einzuführen oder auch in verfassungsrechtlichen Entscheidungen abweichende Meinungen zuzulassen: *D. Rousseau, Droit du contentieux constitutionnel*, 6. Aufl. Montchrestien 2001.

[25] *I. Pernice*, „Multilevel Constitutionalism and the Treaty of Amsterdam: European Constitution-Making Revisited ?", *Common Market Law Review*, 1999 S. 703 und *I. Pernice, FC. Mayer*, „De la constitution composée de l'Europe", *RTDE* 2000, S. 623; siehe auch *A. Weber, Charta der Grundrechte der Europäischen Union*, Sellier 2002, Einführung, S. 15, der die Grundrechtscharta als „Teil eines sich wechselseitig durchdringenden europäischen Verfassungsverbunds" bezeichnet.

Der Beitrag Österreichs zur europäischen Rechtskultur

von

Prof. Dr. Heinz Schäffer

Salzburg/Wien

Vorbemerkung

Der Begriff der Rechtskultur,[1] der uns hier zum Nachdenken Anlass gibt, hat vielfältige Facetten, und er kann ebenso von einer normativen wie von einer soziologischen Warte betrachtet werden. Natürlich ist das Recht selbst eine Kulturerscheinung.[2] Es kennzeichnet eine organisierte Gesellschaft ebenso wie deren Architektur oder Literatur; und es ändert sich mit der Geisteshaltung und dem Stilgefühl der Zeit. Somit gibt es auch einer permanente Wechselwirkung zwischen dem Recht und der Kultur im Allgemeinen und ihren einzelnen Elementen.[3]

Trotz aller Komplexität und bestehender Querverbindungen zu anderen Kulturelementen interessiert uns hier aber weniger, welchen Stellenwert man dem Kulturphänomen Recht im Rahmen einer allgemeinen Kulturtheorie zumisst und auch nicht, welche Rechtskulturen, welche Rechtskreise und welche Rechtsfamilien im Rahmen einer universalen Rechtsgeschichte, Rechtsanthropologie und Rechtsvergleichung unterschieden werden können.[4] Uns interessieren viel mehr bei Anerkennung des Wertes eines internationalen Gedankenaustausches der Charakter und die Leistung der jeweiligen nationalen Rechtskultur sowie die gegenseitigen Beziehungen

---

[1] Vgl. dazu vor allem *Häberle*, Europäische Rechtskultur (1994); hier zitiert nach: suhrkamp tb 2662 (1997) 9ff.; ferner *Schäffer*, Gesetzgebung und Rechtskultur, im gleichnamigen Tagungsband (1987) 3ff. und *Mastronardi*, Recht und Kultur: Kulturelle Bedingtheit und universaler Anspruch des juristischen Denkens, Zeitschrift für ausländisches öffentliches Recht und Völkerrecht 61 (2001) 61ff.

[2] *Mayer-Maly*, Artikel „Recht". In Staatslexikon (hrsg von der Görres-Gesellschaft), 7. Aufl. Band 4/ 1988, Spalte 676.

[3] *M.E. Mayer*, Rechtsnormen und Kulturnormen (1903) 24; *Fezer*, Teilhabe und Verantwortung (1986) 22ff.

[4] Hiezu eingehend *Wieacker*, Grundlagen der Rechtskultur. In: *Jörgensen u. a.* (Hrsg), Tradition und Fortschritt in den modernen Rechtskulturen. IVR 11. Weltkongress-Verhandlungen (1985) ARSP, Beiheft 23, 176ff.; *Grote*, Rechtskreise im öffentlichen Recht, AöR 126 (2001), 11ff.; *Sommermann*, Die Bedeutung der Rechtsvergleichung für die Fortentwicklung des Staats- und Verwaltungsrechts in Europa. Die Öffentliche Verwaltung 52 (1999), 1017ff.

dieser Rechtskulturen in einem größeren Rahmen und ihre Lernfähigkeit. Ein Nachdenken über diese Aspekte der Rechtskultur erscheint vor allem lohnend, wenn man
sich über den Grad und die Bestimmungsgründe der sozialen Wirksamkeit des
Rechts, über die vielleicht nur relative Güte mancher Gesetze und Institutionen und
über die Steuerungsfähigkeit der Rechtsordnung Rechenschaft gibt.

Rechtskultur selbst steht immer zwischen Tradition und Innovation. Die Entwicklung von Rechtskultur ist ein langfristiger Prozess, in welchem es nicht nur organisches Wachstum gibt, sondern auch Brüche, und in welchem es auch um die Bemühung zur Pflege der vorhandenen Kultur ankommt.

Wenn wir hier von Rechtskultur im europäischen Kontext reden, meinen wir sinn-
voller Weise nicht nur jene Fortschritte, die wir in den Nationalstaaten für uns selbst
errungen haben, sondern Leistungen, die als *„kulturelles Erbe"*[5] verhältnismäßig dauerhaften Bestand erlangt haben. Ich meine also, dass man nicht an rechtspolitische Ta-
geserfolge oder „Etappensiege" denken darf, wenn man von Rechtskultur spricht.
Die Bezeichnung „Rechtskultur" verdienen Leistungen oder Errungenschaften, die
tatsächlich dazu beigetragen haben, ein menschenwürdiges und sinnvolles Zusammenleben zu sichern und zu gewährleisten. Nur von solchen „Leuchttürmen in der
Brandung der Zeit" soll die Rede sein.

Wenn ich in einer kurzen Intervention auf den Beitrag Österreichs zur europäischen Rechtskultur zu sprechen komme, so möchte ich dies in aller gebotenen Kürze
an Hand einiger weniger ausgewählter Beispiele tun.[6]

I. Privatrechtskodifikation

Nach jahrzehntelangen Vorarbeiten (zunächst durch den Codex Theresianus und
durch das als Gesetzgebungsexperiment berühmt gewordene Westgalizische Gesetzbuch Josefs des II.) reihte sich das österreichische *Allgemeine Bürgerliche Gesetzbuch
1811* würdig und eigenständig unter die großen Privatrechtskodifikationen des Kodi-
fikationszeitalters und steht, wenn auch zeitlich als letztes in einer Reihe, mit dem
ALR und dem Code Napoleon. Es war nicht nur Ausdruck der habsburgischen Politik, die verschiedenartigen Erblande der Monarchie weniger politisch als durch das
Konzept der Rechtseinheit zusammen zu halten. Die Grundprinzipien das ABGB:
Rechtseinheit, Rechtsgleichheit und Freiheit der Persönlichkeit wurzelten schon im
aufgeklärten Absolutismus und in der Naturrechtsphilosophie seiner Entstehungspe-
riode. Gerade das österreichische Zivilgesetzbuch ist – nicht zuletzt auf Grund seiner
langjährigen und gründlichen Vorbereitung – von allem Anfang an, aber auch von
späteren Kritikern ob seiner legislatorischen Weisheit, für seine „Milde und Billigkeit" und für den „volkstümlichen Ton" gepriesen worden.[7] In dem es sich auf das

---

[5] Man beachte, dass es neuerdings im Rahmen der UNESCO Bemühungen gibt, über den schon bestehenden Schutz physischer Objekte des kulturellen und natürlichen „Welterbes" hinaus auch zu einem
Schutz immaterieller Werte als Bestandteil eines Weltkulturerbes zu gelangen: „intangible heritage"/„patrimoine immaterielle". Vgl dazu den Bericht über die Kulturministertagung der UNESCO in Istanbul
(Die Presse, 19. 9. 2002, 13).

[6] Eine grundsätzlich ähnliche Sicht findet sich bei *Häberle*, aaO. 32 FN 61.

[7] Vgl. *Unger* in seiner Arbeit „Der Entwurf eines Bürgerlichen Gesetzbuches für das Königreich Sach-

Privatrecht beschränkte und grundsätzlich keine öffentlichrechtlichen Normen auf-
nahm, blieb das ABGB in den folgenden Epochen größerer gesellschaftspolitischer
Rechtsreformen (Aufhebung der Gutsuntertänigkeit, Agrarreformen, Gewerbe-
recht usw.) beständig. Dieses Gesetzbuch hat seine Wirkkraft auch nach dem Zerfall
der Österreichisch-Ungarischen Monarchie in Nachfolgestaaten derselben und zum
Teil auch noch nach dem Ende des II. Weltkrieges 1945 behalten.

II. Verfassungsgerichtsbarkeit

Eine wahre Großtat und ein einzigartiger Beitrag Österreichs nicht nur zur europäischen, sondern eigentlich zur weltweiten Rechtskultur liegt in der – in zwei Schritten
verwirklichten – Schaffung einer *eigentlichen Verfassungsgerichtsbarkeit*. War die Idee einer gerichtsförmigen Garantie der Verfassung nach der 1848er Revolution sowohl in
der Frankfurter Paulskirchen-Versammlung als auch (im Rahmen des österreichischen Reichsverbandes) im Kremsierer Reichstag diskutiert worden, so gelang die
Schaffung des ersten echten Verfassungsgerichts nach vielen Verfassungskämpfen der
sog Dezemberverfassung von 1867 durch die Einrichtung eines *Reichsgerichtes* in der
österreichischen Reichshälfte der Österreichisch-Ungarischen Monarchie. Dieses
war nicht nur für Streitigkeiten zwischen dem Reich und den Kronländern (hinsichtlich vermögensrechtlicher Ansprüche oder im Falle von Kompetenzkonflikten) zuständig, sondern hat bereits damals vor allem wirksamen Rechtsschutz für *Grundrechtsbeschwerden* des Einzelnen geboten. Während anderwärts die Grundrechte noch als
rechtsphilosophische Konstruktion oder als Programmnorm für den Gesetzgeber galten, wurden sie in Österreich justiziables Recht!

Eine konsequente Vollendung erfuhr die Verfassungsgerichtsbarkeit mit der Institu-
tion der *Normenkontrolle*. In der jungen Republik Österreich erhielt der VfGH (der
Kompetenznachfolger des Reichsgerichts) auch die Befugnis, Gesetze (Bundes- und
Landesgesetze) auf ihre Verfassungsmäßigkeit zu prüfen. Diese beim VfGH konzen-
trierte Gesetzesprüfung wurde ganz allgemein als eine gewaltige, ganz einzigartige
Neuerung empfunden.

Das Institut der Gesetzesprüfung durch ein eigens dafür bestimmtes Verfassungsgericht („österreichisches Modell")[8] – mit der Möglichkeit der Aufhebung (oder Nich-

---

sen", VI f.; vgl. auch *Landsberg*, Geschichte der deutschen Rechtswissenschaft III 1, 522 ff. Siehe dazu ferner *Klein*, Die Lebenskraft des ABGB, FS zur Jahrhundertfeier des ABGB I, 1 ff. und *Schey*, Das österreichische Allgemeine Bürgerliche Gesetzbuch. Vortrag aus Anlass der Jahrhundertfeier am 1. Juni 1911
(Wien 1911), passim.

[8] Zu den Haupttypen der Verfassungsgerichtsbarkeit (Modellen der Gesetzesprüfung) im Rechtsvergleich siehe insbesondere *Capelletti*, Judicial Review in the Contemporary World (1971) 46 ff., 69 ff.; *Cruz
Villalon*, La formación del sistema europeo de control de constitucionalidad (1918–1939) (1981) 23 ff.;
Dietrich, Der italienische Verfassungsgerichtshof: Status und Funktionen (1995); *Faller*, Zur Entwicklung
der nationalen Verfassungsgerichte in Europa, EuGRZ 1986, 42; *Favoreu/Loic*, Le Conseil constitutionnel[5] (1991); *Fromont*, La justice constitutionnelle dans le monde (1996); *Häberle* (Hrsg), Verfassungsgerichtsbarkeit (1976); *Walter Haller*, Kommentar zur Bundesverfassung der Schweizerischen Eidgenossenschaft[2] (1996), Art 113; *Luchaire*, Le Conseil constitutionnel[2] (1991); *Schäffer*, Kommentierung zu Art 140
B-VG, in: *Rill/Schäffer* (Hrsg), Bundesverfassungsrecht.Kommentar (2001 ff.), Rz 8 ff.; *Smith*, Constitutional Justice under Old Constitutions (1995); *Starck/Weber* (Hrsg), Verfassungsgerichtsbarkeit in Westeuropa

tigerklärung) des verfassungswidrigen Gesetzes – ist als „Krönung des Rechtsstaates und als eine der wenigen „bahnbrechenden Schöpfungen" des 20. Jahrhunderts auf dem Gebiete des staatlichen Lebens bezeichnet worden.[9] Es ist dies eine konsequente Fortentwicklung des ursprünglich nur auf individuelle Akte (Urteile, Verwaltungsakte) bezogenen rechtsstaatlichen Postulats, dass nur rechtmäßige Staatsakte Bestand haben sollen. Die ideengeschichtlichen Grundlagen und die theoretische Begründung der „österreichischen Lösung" stammen aus der Reinen Rechtslehre, und zwar aus der Lehre vom fehlerhaften Staatsakt und der Lehre vom Stufenbau der Rechtsordnung. Anhand dieser theoretischen Einsichten schuf die Bundesverfassung 1920 eine weithin konsequente Konstruktion, um fehlerhaftes Verhalten von Staatsorganen zu kontrollieren. Im Vordergrund stehen dabei Vorkehrungen gegen rechtswidrige Normen (Akt-Kontrolle); ergänzend tritt hinzu die Möglichkeit zur Geltendmachung persönlicher Verantwortlichkeit der Organe bei schuldhafter Rechtsverletzung (Verhaltenskontrolle).[10] Die bahnbrechende Erkenntnis war jedenfalls, dass der Verfassungsstaat erst als gesichert angesehen werden kann, wenn die Norm höchster Stufe – die Verfassung – eine gewisse Bestandsfestigkeit gegenüber ihr zuwider geschaffenen Akten der Gesetzgebung und Vollziehung gewährleisten kann.[11]

Nach dem 2. Weltkrieg und in bewusster Reaktion auf die historischen Erfahrungen hat dann die Bundesrepublik Deutschland die wohl ausgedehnteste Verfassungsgerichtsbarkeit der Welt verwirklicht. Dabei wurde das österreichische Grundkonzept einer zentralen Verfassungsgerichtsbarkeit grundsätzlich übernommen, aber nach allen Seiten hin beträchtlich ausgebaut.[12] Erst das deutsche Bundesverfassungsgericht hat also das österreichische Modell der zentralen Verfassungsgerichtsbarkeit mit seiner umfassenden Ausgestaltung überholt. Auch in Österreich erfolgten nach dem 2. Weltkrieg ein weiterer systematischer Ausbau und zum Teil systemändernde bzw -ergänzende Neuerungen. Zahlreiche andere Staaten haben mittlerweile das System einer zentralisierten Verfassungsgerichtsbarkeit eingeführt, vor allem mit dem Institut der

---

(1986); *Zagrebelsky*, La giustizia costituzionale[2] (1988); *Zweigert*, Einige rechtsvergleichende und kritische Bemerkungen zur Verfassungsgerichtsbarkeit, in: Bundesverfassungsgericht und Grundgesetz, Festgabe aus Anlaß des 25jährigen Bestehens des BVerfG (1978) I 63.

[9] *Antoniolli*, in: Hans Kelsen zum Gedenken, Schriftenreihe des Hans Kelsen-Instituts 1 (1974) 35.

[10] Zu diesen beiden Wegen des Verfassungsschutzes schon *Gneist*, 4. DJT 1863, 12 und später insb *Kelsen*, VVDStRL 5, 44 (der diesbezüglich zwischen sachlichen und persönlichen Garantien der Verfassung unterscheidet).

[11] *Kelsen*, VVDStRL 5, 30ff.; *E. Loebenstein*, 1. ÖJT 1961, II/2, 6. Auch und gerade unter dem Blickwinkel der Reinen Rechtslehre wird die Gesetzesprüfung durch den VfGH als seine „höchste Kompetenz" gerühmt (*Kelsen/Froehlich/Merkl* Kommentar 258) und das politische Gewicht der Kontrolle gegenüber dem vom Parlament formulierten Volkswillen hervorgehoben.

[12] Siehe Art. 93 GG, dessen Abs. 2 – anders als die öBV – die Ausweitung der Zuständigkeiten des BVerfG durch einfaches BG zuläßt. Auf dieser Grundlage ist übrigens zunächst die Grundrechtsbeschwerde eingeführt worden, die erst später nach ihrer Bewährung auch im GG selbst verankert wurde. Das zusätzliche Verfahren der Organstreitigkeit dient der Sicherung der horizontalen Gewaltenteilung und Kompetenzenordnung. Das Gewicht der abstrakten Normenkontrolle ist durch Erweiterung des Kreises der Anrufungsberechtigten auf ein Drittel der Mitglieder des Bundestages [so schon das BVerfGG (§ 76) in seiner Stammfassung vom 12. 3. 1951 BGBl I 243] – neben den Regierungen des Bundes und der Länder – verstärkt. Jedes Gericht kann die konkrete Normenkontrolle veranlassen (Art. 100 GG, § 80 BVerfGG). Und schließlich ist die Verfassungsbeschwerde gegen alle Akte der öffentlichen Gewalt gegeben. Sie ist – in Folge des umfassenden gerichtlichen Rechtsschutzes gegenüber Verwaltungsakten – im Wesentlichen „Urteilsverfassungsbeschwerde".

Normenkontrolle, doch hat man dabei zumeist ähnlich wie in Deutschland die Formel von der „Nichtigkeit" des verfassungswidrigen Gesetzes verwendet, so zB Italien schon 1948, Spanien 1978 (inzwischen sind auch noch zahlreiche andere Staaten der Welt, wie zB die Mongolei diesem österreichisch/europäischen Modell gefolgt).

III. Verwaltungsverfahren

Ein weiterer, im allgemeinen Bewusstsein vielleicht weniger verankerter Beitrag Österreichs zur Entwicklung der Rechtskultur liegt im Bereich des *Verwaltungsverfahrensrechts*.

Als Österreich 1925 nach langjährigen Vorarbeiten und unter Verwertung einer damals schon 50 Jahre andauernden Judikatur des VwGH eine *Kodifikation* seines Verwaltungsverfahrensrechtes vornahm, hat es damit in Europa einen wegweisenden Akt gesetzt. Diese Kodifikation ist – vor allem wegen ihrer *Klarheit, Knappheit und inneren Stringenz* – später von verschiedenen Staaten zum Vorbild genommen worden.[13] Die Kodifikation hatte 1925 – und zwar auch damals unter dem Diktat der leeren Kassen – den Sinn und auch die praktische Wirkung einer *radikalen Vereinheitlichung und Vereinfachung der Verwaltungsabläufe*. Sie brachte aber vor allem eines: eine klare und gesicherte Parteistellung des Einzelnen im Verfahren – damit sind alle die Parteirechte betreffenden Fragen der nachprüfenden Kontrolle und rechtlichen Garantien durch die Verwaltungsgerichtsbarkeit unterworfen.

Eine Austrahlungswirkung hatte die österreichische Regelung vor allem auf Länder, die mit Österreich ehedem ganz oder teilweise verbunden gewesen waren. So führte Polen schon 1928 nach dem Vorbild des österreichischen Allgemeinen Verwaltungsverfahrensgesetzes ein Verwaltungsverfahrensgesetz ein, und auch die Tschechoslowakei folgte bereits 1928 mit einer entsprechenden „Verwaltungsordnung", sowie bald danach auch Jugoslawien 1930. Nach dem II. Weltkrieg hat von den ehemals mit Österreich verbunden gewesenen Gebieten zunächst Jugoslawien im Jahre 1956 ein neues Gesetz über das Allgemeine Verwaltungsverfahren erlassen, und sodann Ungarn im Jahre 1957 erstmals ein Gesetz über die allgemeinen Vorschriften des Verwaltungsverfahrens geschaffen. 1960 haben sowohl Polen als auch die Tschechoslowakei die ältere Regelung durch neue Verwaltungsverfahrensordnungen ersetzt, wobei alle diese Gesetze – ungeachtet der Einfügung von Regelungsinstrumenten kommunistischer Rechtseinrichtungen – in der Regelungstradition der österreichischen Verfahrenskodifikation standen. In diesen Staaten blieb somit der Gedanke und Wert eines geordneten Rechtsschutzverfahrens in der Verwaltung dem Grunde nach erhalten.

Interessant zu vermerken ist aber andererseits, dass auch Spanien, das an sich eine eigenständige Wurzel des Verwaltungsverfahrensrechts im 19. Jahrhundert besitzt, bei seiner Vereinheitlichung und Neukodifikation im Jahre 1958 ebenfalls eine gewisse Orientierung am österreichischen Modell erkennen lässt.

---

[13] Ausstrahlungswirkung gewürdigt bei *Ule/Becker/König* (Hrsg), Verwaltungsverfahrensgesetze des Auslandes (Berlin 1967), I, 41.

Zur weiteren Entwicklung dieses Rechtsbereichs in Österreich ist kritisch zu vermerken:

Seit der grundlegenden Kodifikation von 1925 ist viel Zeit verstrichen. Es sind die österreichischen Verwaltungsverfahrensgesetze in vielen Einzelheiten novelliert und oft durch (in Materiengesetzen verstreute) Spezialregelungen überlagert worden. Diese Überlagerung bedeutet wegen der für so manche Verfahrensbestimmung der Kodifikation geltenden Subsidiarität eine nicht unwesentliche Zurückdrängung, manche sagen schon: „Aushöhlung" der Verfahrenskodifikation. Eines der Grundprobleme des gegenwärtigen Zustandes der Gesetzgebung und der Verwaltungspraxis ist der ungebremste und weiter wuchernde *„Sektoralismus"*. Darüber hinaus geben die Verwaltungsverfahrensgesetze heute auf verschiedene moderne Probleme keine völlig zureichenden Antworten mehr. Dies kann hier nur stichwortartig angedeutet werden. Die Formalisierung des Verwaltungshandelns war 1925 ein bedeutender Fortschritt. In dem Maße freilich, in welchem der Rechtsschutz nur an bestimmt formalisierte Akttypen anknüpft, kann er angesichts der Vielgestaltigkeit der modernen Verwaltungsaktivitäten teilweise leerlaufen. Ein anderes ungelöstes Problem stellt derzeit zumindest in Österreich die Unbekämpfbarkeit von fehlerhaften begünstigenden Verwaltungsakte dar: Gleichheitswidriges Dulden von Verwaltungsdelikten, rechtswidrige Subventionsvergaben u.ä. sind typische Situationen, in welchen wegen des Fehlens subjektiver öffentlicher Rechte der objektive Rechtsschutz nicht selten zu kurz greift.

Vor allem aber ist das Verwaltungsverfahrensrecht in den letzten Jahren unter verschiedenen rechtspolitischen Aspekten und Slogans in eine breite und bisher kaum wirklich strukturierte öffentliche Diskussion geraten:

– *Verwaltungsvereinfachung und -beschleunigung*;
– *Bürgernähe*, und zwar durch mehr informales und unterstützendes Verhalten der Behörden; sowie
– *Deregulierung*

sind die zentralen Anliegen und Schlagworte. Hinzu kommt die heute von der Wirtschaft dringend verlangte Vereinfachung der Genehmigungsverfahren und des Abbaus von Genehmigungserfordernissen, insb zwecks *Standortsicherung* oder zwecks Schaffung von Anreizen für neue *Investitionen*. Andererseits verlangt man allenthalben eine immer stärkere Berücksichtigung des *Umweltschutzes*. Dies alles soll grundsätzlich *ohne Preisgabe des Rechtsschutzes* verwirklicht werden. Und das wirft natürlich die Frage nach neuen Modellen für Mehrparteien- und Massenverfahren auf, die Frage nach einem möglichst vereinheitlichten Anlagenrecht (die zum Teil durch europäische Vorgaben verstärkt wird), und vor allem stellt sich dadurch wieder drängend und neu die Frage nach einer für den Bürger einsichtigen *Abgrenzung der Parteistellung und der Parteirechte*.

Hier schreitet auch die europäische (Gemeinschafts-) Rechtssetzung zügig voran, eine Vereinheitlichung ist freilich noch nicht in Sicht.

IV. Grundrechte und Grundwerte

Schließlich sei darauf verwiesen, dass auch die Staatspraxis Österreichs einen beachtlichen Beitrag zur Entwicklung der Rechtskultur geleistet hat.

Österreich konnte bekanntlich erst, nach dem es seine volle staatliche Souveränität (Staatsvertrag von Wien 1955) wieder erlangt hatte, daran gehen, sich voll in die Wertegemeinschaft der westlichen demokratischen Staatenwelt zu integrieren. Einer der wichtigsten Schritte dazu war die Ratifikation der Europäischen Menschenrechtskonvention im Jahre 1958, die in Österreich – und dies ist innerhalb Europas eine Besonderheit – ausdrücklich in den Verfassungsrang erhoben wurde. Nach anfänglichen

Zweifeln an der unmittelbaren innerstaatlichen Anwendbarkeit, die aber bald überwunden wurden, ist es zweifelsfrei, dass in Österreich die Konventionsrechte genauso wie der alte Grundrechtskatalog von 1867 und gemeinsam mit diesem die Basis von Grundrechtsbeschwerden vor dem österreichischen Verfassungsgerichtshof bilden können. Diese Situation hat einesteils ermöglicht, dass verhältnismäßig viele Beschwerden von Österreich an den EGMR in Straßburg gelangten, aber es hat dies auch dazu geführt, dass der österreichische VfGH sich seit vielen Jahren besonders intensiv mit der EMRK beschäftigt, eine reichhaltige Judikatur entwickelt hat und dabei[14] in Konformität zur Straßburger Rechtssprechung handelt.

Insgesamt hat dadurch Österreich bis zur politischen Wende des Jahres 1989 als ein *„Leuchtturm der Menschenrechte"* auf seinem geographischen Vorposten *gegenüber dem damaligen (politischen) Osteuropa* gewirkt.

Umso befremdlicher musste es anmuten, dass Österreich wenige Jahre nach seinem EU-Beitritt wegen einer den übrigen Mitgliedern der Union nicht genehmen neuen Regierungskonstellation den ominösen sog. *„Sanktionen" der übrigen EU-14 Mitglieder* ausgesetzt war,[15] die unter Berufung auf eine Gefährdung der gemeinsamen europäischen Grundwerte ergriffen wurden, ohne dass die mindesten rechtsstaatlichen Grundsätze (nämlich wenigstens die Regel des „audiatur et altera pars") und vertragliche Verpflichtungen (Gemeinschaftstreue!) eingehalten worden wären. Österreich hat in dieser für einen Kleinstaat schwierigen Situation eine besonders besonnene Haltung eingenommen und den Konflikt nicht zu einem Rechtsstreit vor dem EuGH eskalieren lassen. Es hat vielmehr seinerseits durch eigene Vorschläge und Verhandlungen dazu beigetragen, dass ein *detaillierter und handhabbarer Mechanismus zu einer – rechtsstaatlichen Prinzipien entsprechenden – Bewältigung vergleichbarer Konflikte* im werdenden Europa gefunden und im neugefassten Artikel 7 EU-Vertrag (in der Fassung des Vertrags von Nizza) verankert werden konnte.

---

[14] Von ganz wenigen Ausnahmen abgesehen.
[15] Vgl dazu vor allem das Themenheft „Österreich unter europäischer Aufsicht?" ZÖR 55 (2000), Heft 3 (mit Editorial von *Schäffer*) und *Schorkopf*, Die Maßnahmen der XIV EU-Mitgliedstaaten gegen Österreich (2002).

The rule of law as a cultural problem[*]

(The case of Mexico)

by

Prof. Dr. Diego Valadés[**]

Universität U.N.A.M. Mexiko City

Summary

1. Description of the problem

The subject of the Rule of Law is usually associated with strict law enforcement, structured especially to prevent and fight criminal behaviors, including administrative (bureaucracy, police, judicial system) and political (parties, trade unions, congresses) corruption. Those who report these problems and seek their solution are justified in doing so; however, the issue of the Rule of Law is much broader than that of a police State. By limiting the scope of the Rule of Law only to issues pertaining to the legality of the conduct of public servants, one excludes many elements from the concept that are also part of the State's legal structure.

Public safety has become one of the main concerns of Mexican society. Crime rate is hardly decreasing, at least in terms that are noticeable or satisfactory, particularly in the country's more populated urban areas. However, this problem, albeit serious, is

---

[*] In this text, the expression "*Rule of law*" does not correspond to what is commonly understood in English terms, but in the sense of the Spanish "*Estado de derecho*" or in the German "*Rechtsstaat*".

[**] Director of the *Instituto de Investigaciones Jurídicas* [Law Research Institute] of the *Universidad Nacional Autónoma de México* [National Autonomous University of México].

only one aspect of the Rule of Law. From a broader perspective, the Rule of Law can be seen as what the government branches perform in order to provide people with reasonable margins of safety; to prevent and correct distortions in the actions of the government branches, and to subject to administrative or judicial processes those who violate the laws in force.

At this point it should be mentioned that although there is no standard concept of State, there exists, however, consensus with regard to its components[1]. In general terms, it is accepted that the State consists of three elements: population, territory and sovereign power. Some authors include other factors; for example Peter Häberle[2] rightly adds a fourth element: the Constitution. This aspect is not doctrinarily peaceful since it is considered that the Constitution is an expression of sovereign power. Other concepts associate the State with the Law[3]. However, even in this latter case it is accepted that there are territorial, temporary and personal spheres related to the validity of the rules. That is why it can be said that basically the three elements identified by the traditional theory as those forming the State are accepted.

This is a very important point since a limited meaning of the State is sometimes used, when associating it with the traditional branches of State political power: legislative, judicial and executive, although there is a trend in contemporary constitutionalism to include new bodies, called autonomous or of constitutional relevance, which also carry out State functions. However, when referring to the Rule of Law, the efficacy of the legal system is taken into account in all individual and collective relationships, not only in those where government branches are involved. Otherwise, the wide range of legal relationships established between private persons would be excluded from the Rule of Law, a point hardly sustainable nowadays.

People play two roles in the life of the State: on the one hand the laws are addressed to them, but, more importantly, the democratic dogma makes them the very source of the law. In a representative system, legislators act on behalf of those they represent, that is, the country's population. In the democratic system of sources of law, the will of society shall always constitute the final basis. Although the dogma of popular sovereignty has also been used to justify dictatorships – let alone totalitarian systems – the fact remains that it is the basis of all modern and contemporary democratic systems. In other words, there are non-democratic systems allegedly based on the sovereignty of the people; but no democratic system is possible if it is not based on that idea of sovereignty.

This explains why some constitutional systems, according to Sieyès' views[4], adopt a seemingly contradictory configuration of suffrage as a right and an obligation. It is a

---

[1] Although the bibliography is very extensive, see Georg Jellinek, *L'État moderne et son droit*, Paris, Giard & É. Briére, 1913, t. ii, p. 17 ff.

[2] *El Estado Constitucional*, Mexico, *Instituto de Investigaciones Jurídicas* of the UNAM, 2001, p. 21 ff.

[3] Hans Kelsen, *Teoría general del Estado [Allgemeine Staatslehre]*, Barcelona, Labor, 1934, pp. 21 ff.

[4] Sieyès coincides with A. Smith regarding the division of labor. In 1771 he wrote that "it would be impossible for each citizen to be able to carry out all of the tasks required for the well-being of our societies, and that the division of labor among different persons enables them to produce infinitely more wealth than if each type of labor, instead of occupying one class of men, were fragmented and divided among society as a whole" (p. 149). This division of labor was important to prevent the concentration of power; one of the problems faced by representative systems was to prevent having the majority concentrate "all powers at once, placing the minority under its yoke" (p. 239). Emmanuel Sieyès, *Escritos y discursos de la Revolución*, Ma-

right because it pertains to the people's sovereign power; on the other hand it is an obligation because, in representative systems, institutions could not be formed without the participation of citizens. It represents the share of each individual's right as part of the sovereign people, while it also embodies each individual's obligation with respect to society. Citizens exercise their right for themselves and submit to the obligation toward the rest. That is why the concept of suffrage as a function was coined when the Constitution of 1791 was being discussed[5].

This digression pretends to establish that citizens, as the origin of representatives, are part of the State power branches, and at the same time the law and acts of authority are addressed to them. For this reason the well known aphorism of Abraham Lincoln, who in turn borrowed it from Mill[6], uphold that democracy is a system of government whose acts are addressed to the people but which at the same time stem from the people.

Furthermore we will later see that other elements must also be included in the concept of the Rule of Law. The legal responsibility to abide by the law does not pertain only upon the government branches; it also applies to private persons, especially when they affect or may affect the sphere of the fundamental rights of others[7].

2. Doctrinal conception of the Rule of Law

The concept of the Rule of Law was coined by the German doctrine of the early XIX century to mellow the effects of the absolutist State and to offset the expansion of the French Revolution[8]. In a traditional sense, it is considered that it involves submitting the government branches to the Constitution and to the rules adopted by competent authorities, in accordance with the procedures established by the Constitution itself. The very formalist criterion that prevails in this conception, led to serious distortions of the Rule of Law such as those represented by the Nazi-Fascist State and the Communist State.

It is for this reason that the original idea about the Rule of Law underwent changes, such as adding the social, political and cultural responsibilities of the contemporary State. No doubt an evolution of great importance as the current concept of the Rule

---

drid, Centro de Estudios Constitucionales, 1990. It is undoubtedly a coincidence between Sieyès and the Scottish professor because *The Wealth of Nations* was published later, and *Lectures on Jurisprudence*, where Smith already refers to the importance of the division of labor, although given in Glasgow in 1762, were not published until 1896. It is not very probable that Sieyès was aware of these lectures, although it is known that between 1764 and 1767, during his stay in Paris, Smith met with many French intellectuals.

[5] Thouret's speech, August 11, 1791, *cit.* by R. Carré de Malberg, *Teoría general del Estado* [*Contribution à la Théorie de l'État spécialement d'après les données fournis par le Droit constitutionnel français*], Mexico, Fondo de Cultura Económica, 1998, p. 1119.

[6] John Stuart Mill, *On liberty*, N. York, Oxford University Press, 1991 (first edition, 1859), p. 303: "The pure idea of democracy is the government of the whole people by the whole people".

[7] A. Smith, *The Theory of Moral Sentiments*, Madrid, Alianza Editorial, 1997, p. 414: "the stability of each Constitution depends on the capacity of each class or group to maintain its own powers against usurpation by another"... , to which he added "he is not a citizen who is not disposed to respect the laws and obey the magistrate".

[8] *Vide.* Diego Valadés, *Problemas constitucionales del Estado de Derecho*, Mexico, Instituto de Investigaciones Jurídicas, UNAM, 2002.

of Law cannot be dissociated from the need to protect individual and public liberties; from the democratic nature found in the origin of legitimate power; from the State's social functions, and from the relationship between law and culture, which determines the contents and the manner of enforcing the law in a specific community.

It must be taken into consideration that it is not only government functions that affect the Rule of Law. This explains why the Swiss Constitution of 1999 included the following four elements as part of the Rule of Law (Art. 5): the law is the basis and limitation for all activities of the State; the State's activity must be on behalf of public interest and proportional to the objectives sought; State institutions and private persons must act in good faith, and the Confederation and Cantons must respect international law. It is increasingly acknowledged that private persons can also affect the fundamental rights of other private persons, and that several statutes have included the possibility of filling a suit in court to rectify these weaknesses. The writ of *amparo* against private persons is now permitted in Argentina and Colombia; while in Germany and Spain[9] courts are admitting complaints against private persons for violation of fundamental rights.

Furthermore, and irrespective of the position adopted concerning social problems, there is a series of compulsory tasks for the State. Adam Smith, for example, believed that one of such was education[10]. At present, the range of possibilities is as wide or as narrow as determined by the law in force and the public policies adopted. With regard to the democratic contents, the possibility of political forces signing agreements with an immediate effect on said regulations and policies is included. Finally, society's cultural structure determines how the regulations are understood and enforced, and what the reaction is to public policies.

The enforcement of a law is not the result of a simple mechanical act. Government has to assess the circumstances, and citizens must also make their demands and possibilities known. One example in Mexico is the executive order concerning to the tax on high fructose[11]. The government had to choose between imposing a tax to protect sugar cane growers and a tax exemption to preserve jobs in the soft-drink industry. The flexibility of the law allows its contents or enforcement to be adjusted to decisions of a political or economic nature. Of course, it is expected that such flexibility will help to solve problems, not to make them worse.

However, there is yet another major issue: uncontrolled flexibility may lead to an arbitrary exercise of power. This is particularly dangerous when no appropriate political

---

[9] *Vide*. Alexei Julio Estrada, *Derechos fundamentales entre particulares*, Bogota, Universidad Externado of Colombia, 2000; Juan María Bilbao Ubillos, *Los derechos fundamentales en la frontera entre lo público y lo privado*, Madrid, McGraw Hill, 1997; Peter Häberle, "Los derechos fundamentales en el espejo de la jurisprudencia del Tribunal Constitucional alemán. Exposición y crítica", en *Revista de la Facultad de Derecho de la Universidad de Granada*, No. 2, 1999; Jesús García Torres and Antonio Jiménez-Blanco, *Derechos fundamentales y relaciones entre particulares*, Madrid, Civitas, 1986; Pedro de Vega, "La eficacia frente a particulares de los derechos fundamentales", in Miguel Carbonell (coordinator), *Los derechos fundamentales y el Estado*, México, Instituto de Investigaciones Jurídicas, UNAM, 2002. This material studies in depth the German *Drittwirkung der Grundrechte* doctrine.

[10] *Investigación sobre la naturaleza y causas de la riqueza de las naciones* [*Inquiry into the nature and causes of the wealth of Nations*], México, Fondo de Cultura Económica, 1958, p. 695.

[11] Executive order granting an exemption from the payment of taxes indicated and extending the tax incentive mentioned, Official Gazette, Mexico, March 5, 2002.

controls are available, and the discretional margins wherewith the government branches act enable them to evade accountability. This is where democratic institutions play a decisive role in the efficacy of the Rule of Law. The paradox arises in the sense that a government with a majority in Congress is subject to less control, but faces the risk of harrowing the law, while a government without a majority in Congress is usually controlled more effectively, but at the same time it can be blocked from taking any action whatsoever. These options are not carved in stone; there are constitutional formulas that help reach a balance between the government's efficiency and control by Congress[12]. This is important for the Rule of Law.

Political control of power is one of the essential areas for the Rule of Law, both in terms of ensuring that the government branches act within the framework of their competence and preventing them from either being lenient or breaching authority when they find it necessary to refrain from enforcing a law to avoid a greater damage that would result from enforcing it. Political control rounds off the legal control exercised by the courts. Through political control, it is sought to hold the exercise of power as responsible, verifiable and assessable, and in line with the rules of competence that regulate it.

At this point it is appropriate to adopt some preventive measures regarding the juxtaposition between the principle of separation of powers and that of the Rule of Law. Although their origins and objectives are very different, in the discourse, particularly that of authoritarian systems, they were dovetailed until they seemed to be part of the same institutional project. The principle of separation of powers has provided convincing arguments to numerous upholders of the authoritarian exercise of power to avoid political and even legal controls. Occasionally the relationship between the two principles has been detrimental to the Rule of Law, notwithstanding that the separation of powers became one of the most influential elements of French revolutionary constitutionalism[13]. This is one of the reasons why some constitutions and the contemporary doctrine attributes a more limited dimension to the separation of powers[14].

Several authoritarian systems have defended themselves with the principle of separation of powers in order to avoid the rigors of legal and political control. The validity of the argument has been linked to the Jeffersonian democrats in the United States[15].

---

[12] *Vide.* Diego Valadés, *El control del poder*, Mexico, Instituto de Investigaciones Jurídicas, UNAM, Porrúa, 2000, esp. pp. 435 ff.

[13] Article 16 of the Rights of Man and of the Citizen of 1789 states: "A society in which the observance of the law is not assured, nor the separation of powers defined, has no Constitution at all".

[14] Many constitutions, particularly those drafted during the last decade of the XX century, abandoned this categorization, among other reasons because the number of government bodies considered constitutionally relevant and not part of the traditional three branches has also grown. This is the case of central banks, and electoral and human rights agencies.

[15] In *Marbury vs Madison*, in 1803, the Supreme Court established the possibility of controlling the constitutionality of the laws. This ruling was contested because it contravened the orthodoxy of the representative system, since judges were assuming the role of legislators by exercising a repealing power with regard to the law not granted to them by the Constitution. The debate was lost in the United States, but since the XIX century it had significant implications in Mexico, where the so-called "Otero formula" forecloses declarations of unconstitutionality of laws to have a general effect. Although a general declaration of unconstitutionality is gradually gaining ground, there still remains a way to go. The writ of *amparo* amendment bill, drafted by the Supreme Court of Justice of Mexico in 2001, points in that direction. This topic drew special attention in Europe following the creation of constitutional courts in Czechoslovakia (preliminary

In Mexico, this position awakened an echo since the XIX century. Even despots like Antonio López de Santa Anna, or a sanguinary usurper like Victoriano Huerta, protected themselves behind the shield of the primacy of the separation of powers. This issue must be taken seriously because, in order to be compatible, the separation of powers and the Rule of Law must adapt to each other through a suitable institutional structure. It is by all means necessary to define the spheres of competence of government branches, but the relationship among them does not entail that each acts in complete independence from the rest, creating spaces for an uncontrolled exercise of power. The misconception of that cultural and institutional ties, which influenced Mexican constitutionalism since its origins, did not allow the judicial and representative systems to reach their full potential, in detriment of the Rule of Law.

Despite its flaws, the Mexican judicial reform of 1995 progressed towards a new more decisive dimension of the judicial system. Where the representative system is concerned, the constitutional changes for its consolidation are still pending; but the composition of the political forces and their participation in Congress[16] have stamped a new style on the relationship with the government. In this new interaction scheme among the government branches, a new dimension of the Rule of Law that had not existed in Mexico before is shaping up.

The Rule of Law cannot be seen from an authoritarian standpoint. To believe only a political decision suffices or, at best, a package of circumstantial measures for the Rule of Law to become fully effective, means losing sight of the magnitude of the difficulties that face it. Plato believed that the powerful always tend to go too far. According to his theory, those who corrupt power do so because they do not know how to repress their instincts or because they are certain that they will not be punished; those who do not corrupt power, do not do so only because they have the discernment to understand that their actions will not go unpunished[17]. For Plato, all are morally re-

---

law of the Constitution of February 29, 1920, article 1ff.) and in Austria (Constitution of October 1, 1920, article 137ff.), in this last case through the direct participation of H. Kelsen.

[16] A useful paper to understand the prevailing situation by Alonso Lujambio, "Adiós a la excepcionalidad: régimen presidencial y gobierno dividido en México", in Jorge Lanzaro (comp.), *Tipos de presidencialismo y coaliciones políticas en América Latina*, Buenos Aires, Consejo Latinoamericano de Ciencias Sociales, 2001. Lujambio's paper and those written by other social scientists in the hemisphere, show the presidential systems' compatibility with the presence of a "divided government", in which the majority in Congress and the majority in the presidency are represented by different parties. It all depends on an adequate institutional arrangement and on political agreements flowing satisfactorily. This, of course, provided that political instruments are not rendered ineffective in order to control the exercise of power.

[17] In his traditional way of wielding arguments using parables and myths, Plato (*The Republic*, II, 359 and 360) uses the myth of Gyges, the origin of which is unknown, in which Gyges wore a ring that made him invisible and allowed him, therefore, to take advantage of the fact that he could not be seen to obtain information and commit crimes. The myth of Gyges can also be applied to the case of a cryptostate, vigilant, spying, secretive, mysterious, that follows unwritten rules and allows modifying the Rule of Law. On his part, Aristophanes (*The Birds*, 750ff.) states that "all wich is disgraceful and forbidden by law is honorable among us, the birds", to conclude that those with wings could elude the enforcement of the law. Kelsen [*Society and nature*, London, Kegan Paul, 1946, p. 118] provides a useful interpretation of the myths from the normative point of view: "The question which mythical thinking seeks to answer are not: What is really happening; why does it have to happen that way; what can it not happen otherwise; what are the objective causes of this event? These are the questions of natural science. The myth rather attempts to find out what ought to happen and whether things do happen as they ought."

prehensible: the former because they act without restraint, and the latter because they simply restrain themselves fearing the threat of punishment.

3. The Rule of Law as a political category

For decades the idea of the Rule of Law was identified with the discourse on "law and order". From a simplistic angle the use of force enables to solve many issues; yet at the same time it may cause other problems that cannot be solved coercitively. In Argentina, in December 2001, for instance, it was evident how social pressures prevented an effective state of siege, which is the highest coactive scheme to be adopted by a State. When resigning (December 20th), President Fernando de la Rúa admitted that he could have decided to restrict public liberties to oppose social dissent to the extreme, only at the cost of a high number of victims, and he expressed the inexpedience of doing so. Shortly after, facts showed that it is possible to redirect social processes by means of strategies different from a coactive exercise of power.

To pretend that all problems are solved through coercion implies forgoing political options and limiting the threshold of tolerance. Paradigmatic political options involve negotiation, and tolerance assumes that there may be cases in which it becomes more harmful to enforce the law than not to do so. In both circumstances the State faces risks; negotiation and tolerance include acts apt to be taken as lenient with respect to crime or as weakness in the case of pressure. To be able to negotiate in politics or occasionally tolerate unlawful behaviors, government branches must essentially offer two guarantees: legitimacy with regard to the origin of those who head them and an efficient system of political control. If either of these two conditions fail, many of the government's political actions will be carried out from the Rule of Law.

In all forms of exercising power in a democratic constitutional system there is room for political agreements which may produce an effect on the regulatory system. Frequently, these types of compromises lead to ways of interpreting or enforcing certain legal provisions. There are extreme situations in which it is preferable to refrain from enforcing, provisionally and as an exception, certain legal precepts as their enforcement would cause greater damage than their omission[18]. In any case, the following elements must always be present, altogether, to accept this possibility: failure to enforce a law must be an exception; the authority's decision must be weighed carefully; an attempt must be made to avoid greater damage than that which the enforcement of the law would cause; non-enforcement must not be the result of a government official's negligence or leniency; in no way is non-enforcement part of a practice to derogate the law; the decision to refrain from enforcing a law must be subject to political control, and may be revoked or amended.

Circumstantial non-enforcement of a law is an important topic in the Rule of Law for some times the way to preserve the Rule of Law is precisely by accepting some exceptions to its enforcement. The first great theoretical structure set forth with regard to this subject was the Renaissance doctrine of the Reason of State[19], which was based

---

[18] *Vide* Diego Valadés, "La no aplicación de las normas y el Estado de Derecho", in *Boletín Mexicano de Derecho Comparado*, new series, year XXXV, no. 103, January-April 2002.

on the Roman commissarial dictatorship[20] and consisted basically of the legal possibility of staying enforcement of certain laws when it became necessary to preserve power. At present, all constitutional systems contain provisions pertaining to the state of emergency, under its many forms: state of siege, of alarm, of urgency, of emergency, of suspension of guarantees, for example.

The issue of the Rule of Law becomes more complicated on account of the policies to reduce the State apparatus. The hypertrophy of the contemporary State was caused by several factors; some concern with welfare state systems that made it necessary to expand considerably the bureaucratic structure of the states; others are related to statist processes associated with socialism and communism; and finally others involve bureaucratic inertias or simply political corruption (clientelism and co-optation, for example). As the State apparatuses became gradually dismantled, a series of actions were carried out that, inadvertently, weakened the Rule of Law.

The compression of the contemporary State includes a justifiable downsizing of the bureaucratic apparatus; but it is also characterized by the adoption of two other measures with more questionable effects: the reduction in regulatory instruments, without taking into account that fewer regulations can also leave a larger number of social processes unregulated, and rigid restrictions in public expenditure, which sometimes limit the State's capacity to respond to unforeseen social problems. Furthermore, as an undesired result but one that was achieved, the political rhetoric focused on explaining the reasons to compress the State's apparatus has exposed political officers as being part of the circle of corruption and inefficiency. It is impossible to isolate the negative impact of this image, and therefore it also affects political parties and congresses. If it is taken into consideration that it is precisely parties and congresses that process the set of laws in force in a State, it will also be understood that their disqualification as essential institutions in a representative system is significant. This explains the increase in the number of non-governmental organizations; the demand by citizens under no (apparent or real) political obligation in the forming of the "autonomous agencies" for greater participation; the proposal of instruments such as plebiscites, referendums and even recalls, as part of a process associated with empowering citizens, and with the "participative democracy" euphemism.

4. Endogenous and exogenous problems of the Rule of Law

All systems have difficulties pertaining to the Rule of Law caused by internal and external factors, which limit or obstruct law enforcement. Basically, these problems are related to economic, social, political or cultural issues. In the case of Mexico, endogenous problems are due to a wide range of phenomena that have not yet been stu-

---

[19] There is extensive literature on this subject, but the traditional texts are those written by G. Botero, *Della ragion di Stato*, and Ludovico Settala, *Della ragion di Stato libri sette*. A valuable modern interpretation is found in Friedrich Meinecke's *La idea de la razón de Estado en la edad moderna* [*Die Idee der Staatsraison*], Madrid, Centro de Estudios Constitucionales, 1983; and a contemporary critical analysis is included in Gianfranco Borrelli, *Ragion di Stato e Leviatano*, Bolonia, Il Mulino, 1993.

[20] Many Romanists have studied it, but the broadest interpretation pertaining to the contemporary State is Carl Schmitt's *La dictadura*, Madrid, Revista de Occidente, 1968.

died properly through empirical means. In general, the subject of the Rule of Law is envisaged from a formalistic point of view, which precludes a grasp of its wide range of implications. Only a few of the circumstances that have a direct impact on the Rule of Law will be mentioned in this section.

The relation among economic order and the way in which law is enforced has been the subject of many studies[21]. With reference to the relation between the law and social reality, it is fundamental to understand the Rule of Law. If the precept is dissociated from those to whom it is addressed, and if there is no awareness of the need for a link between the former and the latter through which each member of society can identify with the regulatory system as a whole, regardless of what each law provides specifically, it is virtually impossible to understand the Rule of Law. Paul W. Kahn[22], for example, developed a convincing argument to the effect that the legal system plays an essential role in the cohesion of societies formed by immigrants. When a community with a large number of immigrants of different national origins faces the need to share values, it finds them in the legal system. On the other hand, when the cohesion is based on ancestral cultural values (language, religion, history, customs, traditions, symbols), law is not necessarily a priority; there are other ties better known and more stable with which the community identifies. Paradoxically, it is mistrust, or at least, ignorance with regard to each other, which acts as a catalyst to find an area of agreement in the law that allows coexistence. While there are other referents missing, the only way to solve differences is through a law compulsory to all. The law in this case has a great power of condensation, which in other circumstances is attained through relationships based on tradition.

Despite certain factors of heterogeneity, Mexican society does not offer the huge dissimilarities found in societies with large numbers of immigrants. Furthermore, from the XVI century, the first Western shared values imposed on Mexican society were religious, not legal; it was a cultural fact that fostered the consolidation of the colonial system, using, inter alia, the great cohesive power of the collectively accepted symbols[23]. As a consequence of that circumstance, during the XIX century, even though it was an independent country, Mexican society did not identify itself with the legal order. Yet it was not due only to the preeminence of religious values, but also to the fact that the series of constitutions and political plans (the difference between the

---

[21] See, for example, Max Weber, *Historia Económica General* [*Wirtschaftsgeschichte*], Mexico, Fondo de Cultura Económica, 1964, pp. 285ff.; Joseph A. Schumpeter, *History of economic analysis*, N. York, Oxford University Press, 1954, pp. 73ff., and 759ff.; *id*, *Capitalism, socialism and democracy*, N. York, Harper & Brothers, 1950; John Maynard Keynes, *Las consecuencias económicas de la paz*, Barcelona, Crítica, 1987, pp. 147ff.

[22] *The cultural study of law*, Chicago, The University of Chicago, 1999, pp. 9ff.

[23] Cf. Jürgen Habermas, *The liberating power of symbols*, Cambridge, Polity, 2001, esp. pp. 17ff. The case of Mexico's coat of arms is very illustrative; it depicts an eagle perched on a cactus devouring a serpent. With only the interpolation of the cactus, this symbol has been reproduced exactly in the same way for at least twenty-five centuries. It was used by Mazdaism to depict the victory of good over evil, and it was used during the Middle Ages, particularly in Catholic exorcism rites. Upon their arrival, the Spanish conquistadors were surprised to find that the Mexicans' sacred animal was the serpent. Since they could not allow a pagan symbol to be worshipped in a Christian colony, they adopted a figure that was familiar to them and represented their religion, and they imposed the Christian symbol, which maintains its cohesive force to this day and continues to appear in the center of the Mexico's national flag. This symbol incorporates the language and the myth, in the terms referred to by Habermas in his paper on E. Cassirer.

former and the latter was hardly clear to most of the people) were associated with unstable governments and successive civil wars. The legal system did not provide either
security, peace, or the best living standard for any of the social strata; whenever constitutional order was invoked, there was armed upheaval.

   In a culturally more complex society, such as Mexico today, additional factors affect
the collective perception of the law. For decades it was believed that the Constitution
was violated systematically. Whether it was not entirely true, what is nevertheless relevant is that it was an effective argument for a long period during the hegemony of a
single political party. Its prolonged presence aroused suspicions in terms of its legitimacy, and although throughout the years certain rites and republican forms were observed, there was a feeling of impotence with respect to the unmovable political control. The trend towards conformism on the part of those who accepted beforehand the
uselessness of appealing to legal electoral procedures, and the denaturalization of the
vote as a civic instrument of expression, also eroded the collective perception of the
law. It is evident that this had a direct impact on the Rule of Law in Mexico.

   The secularization of power and the shaping up of the Mexican State are relatively
recent events. The country's institutionalization is a still pending task – one in which
some progress has been achieved, but which has not yet been completed. In the economic field the concentration of income is higher than the average in institutionally developed countries; social tensions are expressed more abruptly; educational deficien-
cies are greater. There is a strong tendency in Mexico toward entropy, which has been
impossible to offset in the legal system because it is basically a cultural issue. All of this,
as endogenous problems of the Rule of Law[24].

   There are also some conclusions with reference to the exogenous problems. Mexico's relationship with the major world powers has not been symmetrical. During the
course of its life as an independent country, there have been pressures and actions that
raised justifiable questions about the value of laws to uphold national security. Even
though attempts may be made to avoid the subject, remains the fact that Mexicans are
keenly aware that they have been botched of large part of their territory; they know
they have been maimed by foreign invasions; they know they are discriminated against
in the United States[25]. Beyond ideological assessments, large parts of the population
suffer the effects of a strict immigration policy based on enforcement of the argued
Rule of Law[26]. Here again, social perception can only be negative. Since September

---

[24] Several illustrative examples can be used for reference. *Latinobarómetro* provided the following figures
pertaining to satisfaction with democracy in the year 2001: Uruguay, the highest, 55%; Mexico, 26% (*Este
País*, Mexico, February 2002); a national survey conducted by the Instituto de Investigaciones Sociales of
the UNAM and the Instituto Federal Electoral (Julia Flores and Yolanda Meyenberg, *Ciudadanos y cultura
de la democracia*, Mexico, 2000, p. 64) shows that interest in politics is related to the level of education:
49.2% of the people with a low level of education are not interested in politics, while 41.8% of the people
with a high level of education are very much so.

[25] Mexicans or persons of Mexican origin in the United States represent twenty percent of Mexico's
population. A large part of the Mexican or of Mexican-descent population maintains very close emotional
and economic ties with the population of Mexico: approximately 1.1 million families are sent money from
the United States, and for 35% of them, it is their main source of income. *Vide* Rodolfo Tuirán (coordinator), *Migración México – Estados Unidos. Presente y futuro*. Mexico, Consejo Nacional de Población, 2000,
p. 155ff.

[26] On March 27, 2002 the Supreme Court of the United States ruled that, constitutionally, migrant

11, 2001 one must add to this phenomenon, of endemic recurrence, the response of the American government to that despicable act of terrorism. Ronald Dworkin has said[27] that even more serious than the collapse of the Twin Towers is the demolition of the Rule of Law in the United States. He refers specifically to the *USA Patriot Act* of October 25, 2001, and to the measures restricting liberty and due legal process, in detriment of foreigners, adopted by the U.S.A. federal agencies following presidential orders.

In other areas, some situations arising as a result of the Free Trade Agreement with Canada and the United States also contribute to create a negative perception of the legal system. Perhaps by chance or merely by coincidence, the fact remains that since that relationship was established wage conditions are tougher and many expectations based on that Agreement, such as free transport of goods, have not materialized. Furthermore, non-tariff barriers, which render some of these clauses ineffective, also represent an obstacle for many Mexican exporters. Consequently, both trade unions and small and medium producers are staggered by a bewildering perception of incompatibility between reality and the legal system regulating international trade.

More serious still were the effects of the Mexican 1994–1995 economic crisis. As a result of its sharp currency devaluation, and the international pressure to return funds to foreign investors, the country had to go into heavy debt to meet its commitments. The Rule of Law was not affected from the external point of view, but prevailing interpretations led internally to the conclusion that the crisis was due to the fact that the law was not enforced. Although the renegotiation of liabilities allowed some individuals and companies to settle their situation, there were also many who saw their assets seriously affected. It is inevitable that this type of setbacks lead to questions about the suitability of the laws: whether the damage is the result of the enforcement or non-enforcement of the laws is more or less irrelevant when it comes to explaining to people why they have lost a large part of their assets or income on account of reasons for which they are not to blame. This is a problem for the Rule of Law, since partially stems outside from the national legal system.

Historically, internal and external experiences have made Mexican society consider the State as a trauma. The negative perception of the State in Mexico has been strong and lasting. Corruption, electoral fraud, episodes of repression, abuse of power, cynicism and abjection among politicians, became elements which society identified as characteristic of the Mexican State. It may be, as in any other generalization, that in many cases this image failed to match reality; but at any rate the social factor is significant to accept the idea of the State. On the positive side, the Mexican State has sought a favorable image through public works, welfare state programs based on the social rights established in the Constitution, and through a foreign policy that makes Mexican society feel that its sovereign rights are being defended effectively.

Yet the balance tends to improve, particularly as democratic processes have been added to the series of positive factors. New institutional behaviors, such as those pertaining to human rights, are also increasingly influencing to overcome the trauma with

---

workers are not entitled to unionize, and can be fired for trying to do so. *Hoffman Plastic Compounds, Inc. v. NLRB.*

[27] "The threat to patriotism", in *The New York Review of Books*, Feb. 28, 2002, pp. 44ff.

regard to the State. However, not all risks have been eliminated. A democratic and legal idea about the State cannot be reconstructed as quickly as would be desired. The dying embers of the aforementioned trauma still play a negative effect on the living conditions of Mexican society. In the sphere of justice, for example, the distrust with regard to the State, whose arbitrary acts had to be curbed, led to build a large defense apparatus by the individuals against the administration. Conceived initially to protect the weak, it has become an instrument to defend the cunning. Guilt or innocence play a secondary role, while defense instruments allow a large number of people to evade justice; people who, although they have committed crimes, know how to use in their favor the numerous defense instruments provided by the Mexican legal system.

Impunity has become one of the most vulnerable issues in the Mexican legal system. As a result of exasperation, there are those who lean toward increasing the severity of the punishments. There is no awareness that the crime rate does not refer to the severity of the punishment is, but to the number of criminals punished[28]. It is here where the efficacy of a regulatory system resides and offers society the possibility of re-establishing reasonable levels of public safety. This must be understood when seeking to adopt measures to give a different profile to the Rule of Law. The trauma with regard to the State must give way to the conviction that it is through the State, acting in accordance with the law, that social coexistence is possible.

In our time, the Rule of Law is closely related to the way power is controlled. Although the many types of controls[29] there is a tendency to consider extending the list of control instruments in the Constitution, we must bear in mind that one of the phenomena that has undermined the Rule of Law in Mexico, is the casuist structure of the Constitution. To have an idea of how much detailed components have grown in the supreme law, it suffices to see that in 1917 the original document contained 23,138 words, while at present it contains 46,288; that is, twice as many.

Another aspect that we must underline is the large number of laws to which a society is subject. In federal systems, for example, there is a double legal process, and although in normal conditions of the relationship between those who are governed and those who govern are homogenous, there may be cases in which this situation is not true. The contrast between the positivity of federal and local laws influences the perception of the Rule of Law. Sometimes people feel more protected when certain mat-

---

[28] Gary Becker has proven that an increase in the risk of being punished reduces the tendency to commit a crime. "Crime and punishment: an economic approach", in *The economic approach to human behavior*, Chicago, The University of Chicago Press, 1976, pp. 46ff. The marginal reduction in the advantages of crime and the marginal increase in the risk when committing a crime make the criminal rate drop. Furthermore, the author himself has studied the economic impact of crime, pointing out that it is an important source of legal employment: the hiring of judicial officers and security staff; the construction and maintenance of facilities, including prisons; the manufacturing of weapons and security equipment, transportation and communications; alarm companies, among others. This study, conducted in 1968, includes figures for 1965. That year, expenditures totalled USD$21 billion in these areas in the United States.

[29] With regard to this point, I have categorized political controls as follows: constitutional and paraconstitutional; material and formal; unidirectional and bidirectional; organizational and functional; preventive and corrective; perceptible and imperceptible; based on their nature: obligatory or optional; based on their purpose: constructive or restrictive; based on their effects: bonding or indicative; based on their frequency: systematic or sporadic; based on their form: verbal or formal; based on the factors involved: collective or selective; based on when they occur: previous, ongoing or subsequent. *Vide*. Diego Valadés, *El control del poder*, Mexico, Porrúa, 2000, pp. 435ff.

ters come under either federal or local jurisdiction, depending on the case. Additionally, and even when we recall that both the federal and local legal systems are equally suitable, there is also the problem of the many provisions that regulate, in a different way, similar institutions. This occurs in civil and criminal matters, for example, where each state in the Federation issues its own provisions. The variety in the laws is the result of the legislative functions of each state in the Federation; but the lack of regulatory consistency affects in turn those to whom the rule is addressed because it makes it difficult to be knowledgeable about a set of laws, in detriment of the legal culture.

In the international field there are also intense legislative activities for different reasons. In some cases, it is the result of integration processes, such as in the European Union; economic association, like free trade agreements; cooperation; financial regulation, or human rights expansion, just to name a few. This international legislation, adopted by states through different acceptance processes, subjects the government branches and those who are governed to multiple statutes. A regulatory system with these characteristics makes the Rule of Law very complex, and this is not always seen by the government branches or by society itself.

Finally, one must also remember another factor that makes the operation of the Rule of Law even more difficult: regulating scientific and financial processes, which in themselves are very controversial. In the financial area, for example, controlling international flows is a source of debate between those who believe they must be regulated and those who feel that no measure should be taken to restrict them. It is a major problem from the point of view of the Rule of Law because depending on what is decided, numerous and large financial transactions will be left either inside or outside the legal system[30]. Furthermore, scientific innovations raise legal and ethical issues, the discussion of which will take time. These issues include euthanasia, cloning for therapeutical purposes and genomic medicine, for example. Leaving them unregulated, prohibiting them, or including them in the legal system entails different consequences in each case for the Rule of Law.

5. Public policies and the Rule of Law

Public policies are closely related to the legal system, either because they are developed to enforce the law or because their institutional viability makes it necessary to amend the law. Public policies become contradictory from the point of view of the Rule of Law when they are defined and turned into working programs without any correspondence to a law preceding them or to a regulatory amendment or innovation making them possible. However, the greatest challenge for the Rule of Law in Mexico

---

[30] *Vide*. Paul Krugman, *Pop Internationalism*, Cambridge, The MIT Press, 1999, and *The return of depression economics*, N. York, Norton, 1999; Oscar Lafontaine and Christa Müller, *No hay que tener miedo a la globalización* [*Keine Angst vor der Globalisierung*], Madrid, Biblioteca Nueva, 1998; Wolfram Engels, *International capital movements, debt and monetary system*, Berlín, Hase & Koehler, 1984; George Soros, *The crisis of global capitalism*, N. York, Public Affairs, 1998; James Tobin, *Essays in economics. National and International*, Cambridge, The MIT Press, 1996. This subject has been addressed in Mexico in the work coordinated by Marcos Kaplan and Irma Manrique Campos, *Regulación de los flujos financieros internacionales*, Mexico, Instituto de Investigaciones Económicas, Instituto de Investigaciones Jurídicas, UNAM, 2001.

has varied at different stages during the country's history, and the policies adopted have pertained to the problems faced at each stage. The previous stage was about building democratic institutions, and the current stage is about safety in terms of one's person and property.

There is, however, a question that must not be avoided: the consolidation of democracy, which is still pending, is understood as a series of institutional amendments giving permanence to and making constitutional democracy functional. This means that the risk of authoritarianism being restored still exists, particularly in view of the following: the constitutional structure, built since 1917 on the political decision to centralize power in the president of the Republic, has not been modified; the composition of the government branches and the relationship among them produces tensions that cannot be properly absorbed through the institutional arrangements in place; the representative system has still significant limitations, such as the fact that legislators cannot be reelected; poverty and the concentration of wealth emphasize the traditional contrasts in Mexican society, which exposes the system to populist episodes; pressures resulting from violent crimes lead to growing demands asking authorities respond with highest degrees of force. The problems which put greater pressure on the legal system, are violence and poverty.

Although affirmative policies are exceptions to the general rule, they provide immediate results which at least allow for standardization of institutional activities. Adopting positive discrimination policies represents a temporary and partial exception to general regulations, particularly those concerning equality. However, these policies must not be read as derogating the Rule of Law. On the contrary, thanks to positive discrimination the benefits of the regulatory system can be extended to groups who for various reasons have been left out of or excluded from the social package. The most obvious case is that of women, but many others have also been affected because of their health conditions, such as the mentally ill or the victims of AIDS; because of sexual preferences; or because of physical disabilities, for example.

Positive discrimination has challengers who associate it with a break down of the general rules, and therefore a change in the Rule of Law. This approach is based on a formalist conception of the Rule of Law, which became obsolete a long time ago. Precisely the corrections made to the traditional nineteenth-century concept, following serious distortions in the Rule of Law due to the alleged legality of totalitarian systems[31], included the need to associate the Rule of Law with social and democratic principles. That is why today it is more commonly referred to as the Social and Democratic Rule of Law. Even so, as can be seen in the aforementioned references to positive discrimination, this categorization begins to be insufficient, and it is necessary to add the cultural concept to speak of the Social, Cultural and Democratic Rule of Law.

In addition to social principles, which respond to class issues, and to democratic principles, which refer to the structure, organization and operation of political institutions, it is also necessary to include in the concept of the Rule of Law a series of important legal interests separate from those of class situations and forms of institutional legitimacy. These interests are of a cultural nature because they relate to the manner in

---

[31] *Vide.* Diego Valadés, "Estado de Derecho", in *Diccionario Electoral*, San José, Instituto Interamericano de Derechos Humanos, 2000, pp. 514ff.

which contemporary societies understand their role in protecting the rights of the minorities (e.g. ethnic, religious, linguistic) and overcoming situations in which different sectors of the population are at a disadvantage because of their gender, sexual preference, physical condition, lifestyle, or personal appearance.

The Social, Cultural and Democratic Rule of Law is directly related to an open society, and therefore adopting positive discrimination measures does not affect it; on the contrary, that is precisely what characterizes it. The legitimacy and stability of the institutions; the possibilities of political and jurisdictional control; the nature of the contemporary democratic State, which is not based on the idea of the majority controlling the minority, but on equality in social relations, allow the legally important interests of all members of society to find a place in the State laws. The bases of public policies, including affirmative policies, are found in a comprehensive concept of the Rule of Law.

6. Culture and the Rule of Law

Although the concept of culture is very extensive and varies according to the approaches used by the doctrine, within the scope of law we can say that, generally speaking, the culture of law's rule is the set of such elements as convictions, beliefs, perceptions, traditions, attitudes, and conducts related to the origin, operation, and development of institutions. The legal culture forms part of a society's values in such a way that it has a direct impact on the Rule of Law. However, there is no society that is so homogenous that the aforementioned sum of components is similar for all. Therefore, we find that the legal culture has very different overtones in the same society, as in the case of Mexico. In Mexico we have not conducted empirical studies to determine how deep, shared and expanded those elements are in the national, regional and local levels, and we therefore only assume uncorroborated inferences.

That is a limitation when designing policies and institutions to meet the Mexican culture of law's rule. That culture is extremely important in one of the main aspects of the Rule of Law: the positivity[32] of the law. The combination of validity and efficacy of the rules is inherent in the Rule of Law in such a way that when circumstances arise that make the laws in force ineffective, beyond what could be considered reasonable in any regulatory system, the Rule of Law acquires nominal, more than normative, characteristics. This is an aspect directly related to a phenomenon more sociological than strictly juridical, but one which cannot be ignored when it is a matter of determining the conditions that make the Rule of Law possible.

For practical purposes, all legal systems require a policy to enhance the culture of law's rule. There are many societies in which the community itself educates its members to respect the legal system; but there are other cases in which the community inspires a rejection of the law's values. This negative behavior influences the attitude of

---

[32] Positivity in this case means the validity and efficacy of a rule. For its part, the doctrine differentiates between valid rules, as those approved in accordance with the procedure established by the Constitution, and effective rules, as those enforced in a regular, consistent manner. *Vide.* Hans Kelsen, *General theory of norms*, Oxford, Clarendon Press, 1991, pp. 138ff., and Norberto Bobbio, *Teoría general del derecho* [first edition in Spanish], Madrid, Debate, 1991, pp. 33ff.

those who must enforce the law and facilitates behaviors against enforcement of the legal precepts. In view of the fact that no community can develop without behaviour standards, when this type of rejection takes places there is a tendency to politicize justice, and this is characterized by subjecting the courts of law to political criteria; in another stage, the opposite may happen with the judicialization of politics or transferring to the judicial apparatus decisions that are normally the responsibility of government bodies. This is a result of the questions concerning the legal suitability of the acts of government. There is also a possibility that society itself becomes tribunalized when the questioning of the work of the government branches in the legal sphere grows more widespread. At this point the criteria dictated by public opinion are those to which legal meaning is sought to be given. As can be seen, none of these three extreme cases follows a Rule of Law; they are pathological expressions that show the fragility of the legal system when it lacks the appropriate cultural grounds.

7. Final considerations

To strengthen the principle of the Rule of Law one must consider the cultural dimension of the legal system, and the most comprehensive formulation in this regard is Peter Häberle's work. Any variation in social attitudes due to a free process must correspond to changes in daily behavior patterns. The efficacy and positivity of the law in a free society cannot be based only on the State's coactive function. The promotional role of law is also relevant to induce social behaviors. In this same vein, Habermas[33] upholds a convincing thesis, and one that is particularly appropriate in the case of Mexico: the role of human rights as catalysts of the Rule of Law. To the extent in which society becomes aware of the importance of human rights, acquires the commitment, and adopts the behaviors to give them positivity, a fundamental cultural change takes place for purposes of the Rule of Law. The effect of such a change is a new type of society and, therefore, of State. Laws then cease to be a distant and abstract instrument of doubtful positivity, to become one more component of culture, as professor Häberle has demonstrated.

The texture of the Mexican State is changing through the system's democratization. As this change is progressively understood by society, there will also be new attitudes to enhance a willingness to observe the law. The Rule of Law joins the democratic idea in more than one regard. On the one hand, democracy is related to the definition of the State's goals and procedures; but on the other, it determine the relationship between citizens and government. In many cases social resistance and reluctance concerning the exercise of power are overcome through democratic government procedures, with the resulting readiness to accept the regulatory system.

---

[33] Jürgen Habermas, "El Estado democrático de derecho. ¿Una unión paradójica de principios contradictorios?", in *Anuario de Derechos Humanos*, Madrid, Facultad de Derecho de la Universidad Complutense, 2001, pp. 436 ff. Along the same lines, this German professor adds that the Constitution must be understood as a project that makes the development process endure; as a process of constitutional legislation that develops during generations. This thought-provoking conception of the building of the constitutional system as an ongoing process allows us to understand the interrelation between law and culture.

Society's contractualist theories are based on the reciprocal relation established among all of its components. However, this connection, which becomes an identity link among the members of a political community, tends to be very weak when cohesion depends only on coercive instruments, and becomes stronger when the entire community shares goals. Society identifies itself with the regulatory system when it recognizes or assume itself as its primal source. The feeling of adhesion to the law is greater when it is understood as the result of a free, conscious and responsible deliberation in which society participates through its representatives.

The consolidation of democracy has a major role for the Rule of Law. There is a relation of synergy between democracy and the Rule of Law, and for this reason modifying the structure and operation of the government branches must be a priority for the Rule of Law to become part of the country's political culture. The new texture of the Mexican State must correspond to the strengthening of the representative system. Electoral democracy is just a first step that leads to the second stage: without reliable electoral procedures, there is no means of having truly representative institutions since the instrument that ties the voter to the person elected is missing; but this link in itself is not sufficient either for representative institutions to operate as expected by the people. That is why, once said connection has been established, it is indispensable to move on to the following stage, to consolidate what has been achieved, and to give a new form to the State itself.

Wherever it occurs, the State reform is not a formal change, nor a change in appearance; it is a profound change that involves, among other things, a constructive relationship between the government branches and society and, consequently, a new horizon for the Rule of Law. The rationalization of power is expressed through techniques related to democratic access and to a responsible and effective exercise of power. These instruments must be well-known, public, stable, and simple; their adoption must correspond to the conviction that society is entitled to good government, understood as a group of institutions functioning as harmoniously as permitted by the agonistic nature of politics, and offering citizens a minimum of satisfactory results in terms of ideal expectations and real possibilities. A power technique that ignores the tensions found in the political struggle and does not take into account the need for effective performance, does not follow a logical pattern.

The mediating role of the law is one of the most important instruments of social cohesion. In all societies and during all periods there have been mechanisms for mediation, but only when power is secularized the State arises as mediator. In this task the Rule of Law is subsumed. The mediating role of the law and, therefore, of the State leads to a unique contradiction in our time. On the one hand, positions calling for a smaller role for the State[34] in social activities are emphasized, and on the other it is de-

---

[34] In 1767 P.S. du Pont de Nemours published the Quesnay work under the title of *La Physiocratie; ou, constitution naturelle du gouvernement le plus avantageux au genre humain*, limiting the role of the State to protecting life and property, public works and developing education; in 1884 Herbert Spencer, *The Man versus the State*, developed a solid individualistic argument against the State, considering it an obstacle to the industriousness of private persons; in 1931 Antonio Zozaya, *La sociedad contra el Estado*, set forth the issue of the State's immorality; in 1974 Robert Nozick, *Anarchy, State an Utopia*, spoke about the need for a "minimum State"; in 1979 Friedrich A. Hayek, *Law, legislation and liberty*, contributed a wide range of thoughts

manded that the State play a stronger mediating role. The numerous arguments about the size of the State do not take into account the implications of a smaller role in terms of the Rule of Law. The relation between the two terms – State and Law – is not accidental. [In German and in Spanish the term Rule of Law translates literally into State of Law]. The authors of the idea and the term[35] referred to a certain form of State, subject to the legal system, which would protect it from the threat posed by the expansive wave of the French Revolution.

The Rule of Law is a concept that arose to defend the State from society, not society from the State. The purpose was to protect the State, investing its acts with the protective shield of a performance adhering to the law. The Rule of Law is, in this regard, a creation of the XIX century based on the concept of the State developed by Machiavelli; but just as the Machiavellian State did not prevent the absolutist State, the Rule of Law in itself did not preclude the totalitarian State. That is why a conceptual change in direction was required, because of the appearance of the democratic constitutional State, which made it possible to invert the order by turning the Rule of Law into a protective principle of individual and collective liberties.

Aside from theoretical statements, there is an irrefutable fact: the need to conduct social relations through legal means. Although it is true that on the one hand there is a justified expression of reserve about the risks posed by a hypertrophic State, it is also true that there is a collective demand in all societies with regard to an aspect that only the State can provide: stability in collective relations and safety in the exercise of rights. Fundamental rights require effective guarantees to be fully observed. Only the State's apparatus can provide such guarantees. This is how the apparent antinomy arises, in that the wider range of fundamental rights, the greater the functions of the State in terms of affording guarantees.

If these historical realities are taken into account, it will also be possible to observe that the relationship between the State (in the limited meaning of the government branches) and society must adjust to the need to solve the numerous problems arising from social relations. The incremental complexity of contemporary life does not allow fewer regulatory phenomena; on the contrary, a more expeditious and detailed regulatory process is required. This issue will have to be addressed from a different point of view to that which prevailed since the last 80s when in Great Britain and in the United Sates deregulation became a major target of the State. It has been observed that the objectives in terms of public safety, freedom, and stability in social relations are not achieved by reducing the regulatory apparatus. Consequently, a different approach must be used: not deregulation, but reasonable regulation. As many rules as are necessary must be established: too many expose society to State hypertrophy, while not enough expose it to losing the bases of its cohesion.

---

against the interventionist State; in 1985 James M. Buchanan and Geoffrey Brennan, *The reason of rules. Constitutional political economy*, highlighted that there is "a return to the skepticism of the XVIII century concerning politics and government that will concentrate our attention on the rules that constrain governments"; in 1987 Michel Crozier, *État modeste, État moderne. Stratégies pour un autre changement*, argued in favor a of a modest State, respectful of citizens at the service of which it agrees to act; and in 1993 Richard A. Epstein, *Bargaining with the government*, developed extensively the terms of the relationship between power and individuals based on individual autonomy as a counterpoint to state power.

[35] C. Th. Welker, in 1813; J. Ch. F. von Aretin, in 1824; R. von Mohl, in 1829.

In transactions (commercial, financial and contractual in general), in the relations with the government branches, and in the efficacy of rights (proper guarantees; impartiality, promptness, and objectivity in the administration of justice) regulation is indispensable for economic and social development. This objective requires a series of measures related to the strengthening of the legal culture and, therefore, of the Rule of Law, addressing a wide range of issues.

Is there a Latin American public space?[*]

by

Domingo García Belaunde

Professor at the Catholic University of Peru (Lima)

I

I am highly honored by attending to this event held in the Bayreuth University's *campus* in order to be with Professor Peter Häberle, event in which, by inexcusable law order, he is going into retirement. I am quite sure that for him this means to continue working but under another type of job.

A few years ago when I first met Professor Häberle and had the opportunity to treat him closer and read his main studies – fortunately translated in their fundamental points to another languages – I realized he was not only a Professor, even more, he is a great jurist, who in contrary to others did not lock himself in an ivory tower, it means, at his own house. He neither did that in his own country, otherwise he did think about other realities outside Germany. All these called my attention because it was a barely common attitude for a German Professor.

However, Professor Häberle's interests were not only planned to the future, they also treated current subjects. It means, making way crossing the borders of his country in order to cover all Europe. That is the reason why Francisco Balaguer, in an illustriously interview done to our master colleague, properly qualified him as an European jurist born in Germany.

But, regarding the European reality, Professor Häberle has talked about a *public space*, concept which is translated very accurately with the German term *öffentlichkeit*. I think this concept can be understood.

The term *European public space* is linked, for Professor Häberle, to the following two (2) also important subjects:

   a) the European State and,
   b) the European Constitution.

---

[*] Reconstruction of the exposition at the Colloquium on "Juridical Cultures" organized because of Professor Peter Häberle's retirement and held in the Law School of Bayreuth University, on July 12, 2002.

Professor Häberle is conscious that these concepts, European State and European Constitution, do not exist, or at least, not yet. But he neither can deny that the base elements, in order to them to exist in the future, are present, but in a primary, embryonic reality and in a small dimension. Nobody can deny that Europe is going to achieve them and has many elements that form a common Constitution and some that conform a State. This will take a long time, but many of the elements are there for this to function.

Professor Häberle himself has additionally insisted on two (2) basic ideas: the Constitution as an open process and the Pluralism in the constitutional field (or, as he wants to call it, the Constitution of the Pluralism). Neither of those ideas are autonomous; they basically come from an unconcealed democratic premise which has been specified by the same Professor Häberle.

In developed terms, a "public space" as conceived by Peter Häberle, includes many items: transparence, participation, publicity of the public regulations as well as of the acts and public administration, the existence of a public opinion, the performance of political parties. In conclusion, the participation of the common people in the creation of the constitutional and democratic government, the pluralism and its development. All these within a historical background of an European culture and an European juridical culture.

By the way, all the above mentioned are connected with the European State and the European Constitution.

This, highly summarized, and expecting not being unfaithful, is Häberle's thought about this topic.

II

Undoubtedly the idea of the existence of an "European public space", which determinedly contributes to the existence of a constitutional government, is tempting. Professor Häberle is conscious of the enormous difficulties this embraces and of the reasons existing for having doubts about this subject. However, in general, this thesis appears to be suggestive and with a glimmer of reality. It is not immediate, but, without any doubts, in a long term period. Likewise, it seems it is going to have an inexorable compliance.

This is basically the subject in wich I want to reflect on. What I have think about is if this considerations – superficially scribbled before – could allow to think that there also could exist a "Latin American public space". However, for this it is needed to have into consideration several elements and, perhaps, a different starting point.

The first thing we must ask is what is Latin America and if it is a unit as compact as the European. We can also say that, except for some quite small territories – coastal or isles – most of these countries are the ones that in the past were conquered and then colonized by two (2), at that time, very important European Crowns: Spain and Portugal.

However, contrary to the English colonization, which resulted in the birth of the United States of America, the Spanish colonization was different and handled from at more distance. It was seen more as a colony than as a part of the Iberian territory. Naturally, this is an schematic vision of the reality, but so it was in general and in practical terms, even if the original intention was another.

Brazil's situation was different. When the Iberian peninsula was invaded by Napoleonic troops, the Portuguese Royal House was moved with John VI to Brazil in 1808. In 1815 was created the United Kingdom of Portugal and Brazil. Yet the independence was proclaimed in 1822 giving birth to the Empire of Brazil which lasted until 1889. Such year, Brazil became a Republic thanks to a pacific transition and almost by consensus, it means, practically by mutual agreement.

Spain did not do the same thing. Upon the invasion ordered by Napoleon and the abdication of the King Charles IV, the Central Board called for a great legislative assembly. This assembly were the Courts of Cadiz which were settled in 1810 and lasted until 1814. In that time, the so called Constitution of 1812 was approved, voted not only by Spanish deputies but also by the Americans', representatives of the diverse Viceroyalties (specially from Perú and Mèxico) as well as other territories or Captaincies General.

The Constitution of 1812 was the first and unique intent done by the Spanish political class together with the American in order to create a Hispanic community of nations, a real *commonwealth*, which unfortunately did not work. When the King Ferdinand VII returned to the throne, the Charter of 1812 was abolished and the absolutism was then restored.

This quite awkward attitude of the Spanish King hurled down the political independence of Latin American countries dependent on Spain, which happened between 1810 and 1824. There were practically only two (2) isles, Puerto Rico and Cuba, which changed their *status* in 1898 because of the war between Spain and the United States of America. This was the last entailment remaining with the Spanish Monarchy and was definitely broken at the end of the 19th century.

On its side, Brazil, as indicated above, was an independent Empire with the Portuguese Royal House from 1822 to 1889. It became then a Republic.

Therefore, at the end of the 19th century, all Latin America had practically become independent countries adopting the republican government and presidential systems.

In the middle of the 19th century, more specifically in the 20th century, Latin American countries start an own political amble with marches and countermarches, political instability, and economic expansions and drops. Likewise, they had not only wars between them, but also commerce and cultural, political and social exchange as well as migratory waves.

III

Now, so considered, what is the Latin America's reality and where could it be located?

Firstly, there is a problem with the name: at the beginning, particularly in the 19th century, it was called "Hispano-America" or "Iberian-America". But already entered in the 20th century, another names were tried out: Indo-America or Latin America (the later was creation of Juan María Torres Caicedo, a Colombian residing since 1851 in Paris, where he used and spread this name, which only had fortune when the 20th century was already advanced).

And of course, nowadays, is preferred to use Iberian-America or Latin America for all the joint of countries, still being conscious of the improprieties or restrictions those names bore.

Due to the matter of the name, many people thought, and this was valid in all the 19th century, that Latin America was part of the Occidental world as well as Europe and the United States of America. But, even though, such thing was complicated. In fact, both Spain and Portugal started a transcultural process that lasted more than three (3) centuries. Therefore, it could be said that those Empires left a strong mark here and also created a common history. They brought languages, tradition, customs, population, religion, etc. But all this does not arrive at a virgin land – as was with the United States of America – but at a territory with a long and ancient history that had given birth to very advanced cultures, as were in the Northern part, the Mayan and Aztec civilizations, and in the south, the Inca civilization. All this contributed to start a process of synthesis that lasted centuries. Moreover this was enriched with other minor but important elements (as the Negro, Japanese and Chinese influence, the first one since long time ago and the two later since the 19th century).

The result of this process has been something new in relation with its origins. In Latin American countries, people talk in Spanish and Portuguese. Those countries feel linked to their origin countries, but they are themselves the result of a different history. This history makes them closer between themselves and further from the European countries which gave them their basic elements.

In general, it is undoubted that in the world agreement, Latin American countries could be considered as a part of or be linked to Occident, if this meant the European world, which has more relation to them than the Asiatic or the African.

Nevertheless and strictly, Latin America must be considered as a separated block, as a civilization different to the European and the North American. Even though, it has with both, more with the first one than the later, tight links born in the history and maintained until our days.

Latin American culture and, in consequence, the Latin American constitutional law – more than the private law – have certain special features which make them different to the rest of systems or cultures with they cannot be equal to. Evidently, I do not think it could be affirmed that Latin American constitutionalism is *original*, because it is definitely not. However, we could say it is *peculiar*, meaning that it has not done a slavish copy of what it has received, but has adapted, transformed and improved it; so that, with those elements, it has created something different, not original but certainly differentiated from its European matrices and from its vernacular origins; and also with own accents.

IV

In the year 2000, due to the imposition of the *honoris causa* doctorate in the University of Granada, Professor Peter Häberle lectured on the European jurist and the European culture. And, on the fringe, he talked about the Latin American subject. He said textually:

"From the positive point of view, we have described the six European juridical culture characteristics. Now, there corresponds, in a negative perspective, to outline the borders. In such subject, both aspects space-territorial and historic-cultural play a part of. Every border, every neighborhood, has always a double dialectic character: borders separate, but at the same time open the possibility to create bridges over the conscious of the own identity. Without any doubt, it is not easy to locate Latin America within the European juridical culture: it is another continent, the colonial history, the environment differences. However, Spain, not only because of the language, has the same bridges with many Latin American countries. Regarding the constitutional government, the reception process is wide and not few law students study in the "motherland". The same Spanish constitutional law offers links with Latin America (Art. 11.3 of the Spanish Constitution), the same as Portugal for its overseas countries (Art. 7.4 of the Portuguese Constitution); Spain has to accept with pride its intermediary function – even though indirectly it helps to the European juridical culture, also helping to reject the unique "eurocentral" thought. Likewise, the Latin American constitutional law has constitutional regulations with own features. For example, in the Guatemalan Constitution of 1985 (the constitutional preamble, the Art. 1.57–65 and the Art. 72 (human rights as education objective or in the (old) Peruvian Constitution of 1979 (the constitutional preamble, "the open society" or "the economy serving every person" and not contrary to).

The empirical record Spain/Latin America would be itself a scientific project: from the reciprocity in the juridical texts, jurisprudence, bibliography to the personal relationships due to investigation stays, exchange programs, etc. It has always astonished myself how some Spanish jurists found shelter in South America during Franco's dictatorship (García Pelayo), to came back later (-bringing in the overseas countries' baggage also some juridical experiences!)"

Thus, I think the viewpoints formulated by Professor Häberle must be accepted and developed. Latin America has links with Europe, particularly with Spain and Portugal, but as geographic and cultural reality is completely different. In some sense, Europe is the matrix, but Latin America is an own reality, with its peculiarities and characteristics, which differentiate it from the others.

Therefore, because it is another reality, it is possible to make the question starting this lines: Is there a Latin American public space? Or, much better, is it possible to exist a Latin American public space?

Our first answer is no. This public space does not exist but could exist. It depends on a number of factors which could lead to that.

Now see some data of the reality: when all Latin American countries separated themselves from Spain and Portugal, even with some slips, they adopted the republic idea of government and the ideal of a constitutional government, respectful of the human rights and of the power's autonomy.

Analyze then this calmly: when the majority of Latin American countries became independent, between 1810 and 1824, all of them adopted the republican system of government, and left aside the existing monarchic projects (even though Brazil, for different reasons, did it much later).

All the countries sympathized with the North American constitutional model – since it was very young and novel and represented the liberation of a young colony against a huge Empire like the British. They also admired and imitated the French Revolution, its Rights Declaration and its constitutional instruments.

There was, if wanted, an option or a *republican promise* and, therefore, constitutional. Regarding the government system, they opted for the presidential, took from the North American – with important amendments – because the parliamentary system, almost at its beginning, was linked to the Monarchy from which all were just going out and all wanted to keep away from.

But since the beginning, Latin American people bet on constitutionalism principles which have their origins in the United States of America and France.

Regrettably, when the new countries acceded to independence, they came across with a new fact: they have never had the experience of government and have never practiced the *self government* as happened with the North American colonies. There was not constituted a political class. As a consequence of this, except for some personalities and outstanding periods, all or almost all the 19th century was a period of frights, militarism and continuous wars, both civil and international (cf. James Bryce *South America*, Mac Millan Co, New York 1912).

Thus, it could be said that the 19th century is the century of political experimentation of the Latin American young nations. Likewise, it is the century of reception of another European and North American ideas.

However, in that era started cultural, social and political contacts between them, and such countries looked for certain legislation uniformity, specially of private order (where French influence is huge).

At the end of the 20th century, could be seen several progresses:

i) Political movements that confirm the respect and continuity of the democratic governments,

ii) Improvement in the electoral systems, which allow clear and transparent elections,

iii) Surveillance in order to the freedom of the press or expression to be exercised without any threats and/or censorship,

iv) Area integration agreements (Central America, Andean Community, the countries of MERCOSUR),

v) Regional agreements on human rights' protection (the American Declaration of Human Rights done in April 1948, before the Universal Declaration,

vi) Creation of agreements of free commerce and free people movement (not finished yet),

vii) Special jurisdictions in a regional level (the Court of Justice of the Andean Community),

viii) Human rights' supranational jurisdiction (the Interamerican Court of Human Rights has its headquarters in San Jose),

ix) The Interamerican Democratic Charter, subscribed in Lima on September 11, 2001. This Charter involves all the countries member of the Organization of American States.

The past, as in everything, helps not only to join but also to disjoin. But the future will tend to join. All the countries go in that direction, with some exceptions or special situations (as Cuba's case).

Now, we have advanced a lot with the return to the democracies in the decade of 1980. There is a commitment of the Latin American nations in order to respect the constitutional order, the alternation of public offices, the transparency in expenses, the respect to the human rights, the constitutional control of the legislation, etc.

V

Returning now to the question made by Professor Häberle, which has been transferred to Latin America by us: Is there a Latin American public space?

In order to all of these to grow, there will pass many years. But we undoubtedly pointed out to this.

The first person who saw this possibility was the Liberator Simón Bolívar, particularly in his projects of the period from 1820 to 1826. Even though he had no success, he called, as is known, to an Amphictyonic Congress in Panama and planned an Andean Confederation, as the base for joining the Latin American countries. He is considered, with reason, as the precursor of the Latin American integration. He also could be considered as the first person who intuited the future existence of a "Latin American public space".

There are two more complicated following steps which Professor Häberle points out for Europe: Constitution and common State. It means, in our case, a Latin American Constitution and a Latin American State. Regarding the first point, we do not imagine it so distant since nowadays:

– there are economic units in different areas of the region,

– there are similar jurisdictional control organs of legality and constitutionality, with instruments similar between them,

– there are human rights, supranational documents which are common and have developed own figures of our environment.

However those are the elements and no more than that.

The second point, conforming a Latin American State, is more complicated. It is true that there is a Latin American Parliament, but it does not make linked decisions. Moreover, there is a lack of maturation in the political field.

What complicates more is the enormous extension of Latin America and the existence of huge geographic spaces with small or non population. Contrary to Europe, whose countries are near between them, Latin American countries are spread in enormous areas and, nowadays, continue being enormous. This makes very difficult, if not impossible, the idea of a Latin American State. Even though, as a target, it is perfectly possible to be dreamed.

I think that the best tribute we can pay to Professor Häberle in an opportunity like this is to use his ideas in a productive way. This means, not to make a servile gloss but to employ it in order to try more audacious constructions. This is what today I have tried to do, but very modestly.

The Constitutional Reform in Peru as a stage of Constitutional State[*]

(Die Verfassungsänderung in Peru als Entwicklungsstufe des Verfassungsstaat)

von

Dr. César Landa[**]

Professor an der Pontificia Universidad Católica del Perú

1. Introduction

Mein erstes Wort gilt der Ehrung unseres lieben Prof. Häberle. Seine Beiträge zur Staatsrechtslehre und Theorie der Verfassungskultur besitzen im Rahmen der Globalisierung nicht nur in Europa, sondern in der ganzen Welt, insbesondere in Lateinamerika Gültigkeit.

With the restauration of the democratic process in Peru at the end of 2000, the provisional government of President Paniagua, created a National Commission to study the constitutional basis for an constitutional reform. In this commission integrated by academic experts, we analized and proposed a new constitution's aims, according with the reconstruction of democratic institutions. The final report was published on July 2001, proposing to pass a new constitution[1].

With the new democratic government of President Toledo, the Congress passed the Act N° 27600 on December 2001, ordering to reform the Constitution of 1993, respecting our historical constitution and particulary with the democratic constitution of 1979. Because, this Constitution was resulted of wide political consensus that permited the modernization and democratization of our political institutions.

But, this constitution was broked on 1992, by the self "coup d'état" of former President Fujimori. He instaured an authocratic regime that legalized ist fact's regime with the Constitution of 1993. During this period and until 2000, he used formaly his con-

---

[*] Oral version of the lecture in the *Internationales Seminar aus Anlaß der Emeritierung von Professor Dr. Dr.h.c.mult. Peter Häberle* "Wissenschaftsdialog der Rechtskulturen", Bayreuth, 11/12. Juli 2002.

[**] Professor of Constitutional Law at the Pontificia Universidad Católica del Perú and visitor scholar at the Max-Planck-Institut für Ausländisches öffentliches Recht und Völkerrecht, Heidelberg (July 2002).

[1] Ministerio de Justicia, *Comisión de Estudio de las Bases de la Reforma Constitucional del Perú*, Lima, Julio, 2001, 109 pp.

stitution, emptying its content according his will. In this sense, the hobbesian thesis was a reality in Peru: *auctoritas non veritas facit legen.*

Thus, after the fall of fujimori's regime, there was the necesity of the constitutional reform based in three aims: First, to protect the citizen's fundamental rights. Second, to assure the check and balance between the powers. Third, to set an market's social economy.

In this sense, the Constitutional Commission of the National Congress assumed on january 2002 the task of beginning the constitutional reform, nominating an Expert Commission charged with them to propose a text of constitutional reform. We finished the first draft on 5 of April[2] and it was submited to a wide national debate in different cities and between institutions and personalities[3]. The commission with the experts, once again checked the first draft and anmended it according the best society's suggestions. Finaly, on 11 of July we finished the final document of a new Constitution[4].

This final draft has incorporated an Preamble – following the 1979 Constitution – and also on has added by first time in Peru, a Preliminar Title of Fundamentals Principles, before the first title of Fundamental Rights and Duties.

In this two section – Preamble and Principles – we can resume the political and philosofical grounds of the project of new constitution, according with the international standard of constitutional states and our cultural and historical roots.

2. Preamble

Historically the peruvian Constitution has had two sections: one, focused on the fundamental rights; second, concentrated to assure the check and balance of power. Nevertheless, contemporary, since the Constitution 1979, there is a third part: the economical constitution.

But, these three sections are integrated under a constitution prescription in the Preamble[5].

As the constitution is a social contract, it must to have tangible considerations. Because, "a contract without consideration is void and a Constitution without its consideration set out in the Preamble would have been but a collection of empty words"[6].

---

[2] Congreso de la República – Comisión de Constitución, Reglamento y Acusaciones Constitucionales, *Anteproyecto de Ley de Reforma de la Constitución (texto para debate) 5 de abril de 2002*, Lima, s/ Abril, 2002, 149 pp.

[3] Vid.: www.congreso.gob.pe

[4] Congreso de la República – Comisión de Constitución, Reglamento y Acusaciones Constitucionales, *Proyecto de Ley de Reforma de la Constitución*. Imprenta del Congreso, Lima, Julio, 2002, 175 pp.

[5] Javier Tajadura Tejada, *El Preámbulo Constitucional*, editorial Comares, Granada, 1997, pp. 14–81. Lately, in Peru have written about it: Ernesto Blume, El Preámbulo de la Constitución de Perú, in Torres del Moral/Tejadura Tejada (edits), "Los preámbulos constitucionales en Iberoamérica", Madrid, CEPC, 2001, pp. 331–368 and Carlos Fernandez Sessarego, El Preámbula de lo Constitucion so significado y desnees, in "Revista Institucional: Apuntes sobre la reforma constitucional", N° 6, Academia de la Magistratura, Lima, junio, 2002, pp. 167–185.

[6] R.G. Chaturvedi and Madhukar Shyam Chaturvedi, *Preamble of the Constitution (An Analysis and Appraisal)*, The Law Book Company (P) Ltd., India, 1989, p. 16.

In this sense, according with Häberle, the Preamble realizes the following goals[7]:
– To set the fundamental political decision of the people to give himself a Constitution. In the frame of historical culture horizon, that beginning on the present, incorporate the past and project it to the future[8].
– To define the joint of opened democratic's goals and values, that the people search to achieve through the Constitution.
– To demand the national integration of "all the bloods", creating an feeling of ownership to a same national project.
– To promove the juridical nature of the constitutional text, integrating it with direct or indirect binding character[9].

In these sense, the project the Preamble – that I have the responsabilty to propose with the former President Paniagua to the Constitutional Commission – is an amendment of the shinning preamble of the Constitution 1979.

According to our last democratic constitution, the Constitutional Commission appoved with several additions the following text:

We representants of Congress, exercying the souvrain power that the people has given us, to partial or total constitutional reform, grounded in the universal values, invoking to God, and as:

Beliver in the supremacy of human person and that all the men equals and dignity, have natural rights and liberties of natural values, before and higher to state; that the family is a natural and fundamental element of society and the marriage must to be promoved by the state; that the liberty, the justice and solidarity are primary values of our life in community; that the work is a duty and right of all the men and it represents the base of the human realization and the creation of wealth, the common good and social justice.

Determined to promove an just, free and solidar society, without exploted and exploters, exempt of all economical, social, ethnic, sexual, cultural exclusion or anyway; where the economy and law will be to service of human person, guaranted welfare and juridical security; and the construction of citizenship and of the participativ democracy must to be fundamental responsability of political parties.

Decided to strengthen the social democratic rule of law, grounded in a solid constitutional feeling that exprime, through the popular will, the free and periodical election, the social and political pluralism and tolerance with legitime and representative institutions, the full operation of human rights; the independency and unity of Republic; the intouchable of territorial integraty; the subordination of governors and governed; the submity of army forces to constitutional power; promotion of national, regional and local development balanced and integral; the transparence, honesty and effective responsability of civil servant, the dignity creator of work and the responsability of society and the state in the satisfaction of spiritual and material basic necessities.

---

[7] Peter Häberle, *Präambeln im Text und Kontext von Verfassung*, in Joseph Listl and Herbert Schambeck (editors), *Demokratie in Anfechtung und Bewährung. Festschrift für Johannes Broermann*, Duncker & Humblot, Berlin, 1982, pp 211–249;

[8] Josef Isensee, *Staat und Verfassung*, in Isensee/Kirchhof, *Handbuch des Staatsrechts der Bundesrepublik Deutschland*, Band I *Grundlagen von Staat und Verfassung*, C.F. Müller Verlag, Heidelberg, 1995, pp. 593–596, particulary p. 594.

[9] Mangoldt/Klein/Starck, *Das Bonner Grundgesetz. Kommentar, Band 1: Präambel, Artikel 1 bis 5*, Verlag Franz Vahlen, München, 1985, pp. 3–23, particulary p. 12.

Convinced of the necesity to promove an international society, dinamic and open to higher forms of common life, also the fraternal integration of the nation and particulary of the latinamerican nations, suitable to receive and to improve the influence of the scientific, thecnological, economic, social and cultural revolution, that transform the world, framed in the respect and promotion of human rights.

Concious of necesity to soutain and consolidate the historical personality of the Patria, of the responsabilities that the present generation must to asume with the futures, grounded in our older, ethic, civic, and democratic values; the importance to defend the diversity of the cultural inheritance; and to assure the sustainable development and the rational use of natural resources preserving the enviroment;

Evoking, the realization of our past before-Inka and Inka; the culture and human fusion carried out during the hispanic vicereign and the Republic; the built of the libertators of America that began in Peru Tupac Amaru and here ended San Martin and Bolivar; also the eminent figure of Sanchez Carrion as the people's long struggle against the dictatorship and corruption to achieve a regime of liberty, equality and justice.

3. Fundamental Principles

The historical peruvian constitution (1823, 1826, 1828, 1834, 1836/1837, 1839, 1856, 1860, 1867, 1920, 1933, 1979 and 1993) have not incorporated a preliminar title with fundamental principles. Nevertheless, it has not been obstacle for the constitutional texts set them an asystematic way, as constitutional norms that outlined the political formula of the constitution.

Contemporary, the last latinamerican constitutions have included a preliminar title as ground of constitutional joint text (Colombia in 1991/2001, Brasil in 1988/2001, Venezuela in 1999, Ecuador in 1998, Nicaragua in 1987/1995, Bolivia in 1994, Paraguay in 1992 and Chile in 1980). In this way the preliminar basis are a common topic of the modern constitutions.

Likewise, the western european constitutions (Switzerland in 1998, Sweden in 1974/1998, Spain in 1978, Portugal in 1977, Germany in 1949 and Italy in 1948) and the eastern european constitutions (Yugoslavia in 2000, Poland in 1997, Czhec Republic in 1992, Slovak Republic in 1992/2001, Russia in 1993, the former soviet republics of Belarus, Ukraina, Uzbekistan, Takijistan, Kazakhstan, Tumenistan and other new countries) and South Africa in 1997 have recognized after a Preamble and before the title of civil rights, a prelimar title of fundamental principles.

The constitutional principles realizes the rule of law following juridical duties[10]:
− To set a joint of outlines and objectives, granting sens to the political united of people, through the Constitution.
− To grant normative force to the constitutional text, operating in one cases as interpretative clauses and other cases as juridical norm directly binding.

---

[10] Giorgio del Vecchio, *Studi sul diritto*, Vol. I, Giufrrè, Milano, 1958, pp. 205–270; Manuel Jimenez de Parga, *La refundamentación del ordenamiento jurídico*, in: "Persona y Derecho", 44–2001, Spain, pp. 31 ss.; Mijail Mendoza, *Los principios fundamentales del derecho constitucional peruano*, Lima, s.n., 2000, 200 p.; Carlos Hakkanson, *La posición constitucional de los principios en la Carta de 1993*, in "Revista de Derecho", vol. 1, 2000, Universidad de Piura, pp. 75–98;

– To operate as properly juridical limits – *stone clauses* – of national legal system and the constitutional reform.

– To integrate the system of sources of law before the empty or defect of them.

The fundamental principles concrete the material constitution of the Preamble through the consecration of certain issues of social pact[11]: a) human person and his natural and civil rights; b) nature of the state and the politic regimen; c) social economic model; d) descentralization and transparency organization of public administration; e) international integration, f) constitutional hierarchy and enforcement.

In these way, the project of ten fundamental principles – under my responsability – to propose to the Constitutional Commission was approved with aggregates. It says:

I.   The human person is the supreme goal of the society and state. The life and the human dignity are inviolables. They are ground and limits of the human being.

II.   The fundamental rights are universal, individed, interdependent and enforceables, on interprets according with the treaties and international declaration, in the mesure that they will be more favorable to human person. The state guarantees the enjoy and exercises of these rights.

III. The Peru is an state souvereign, independent, unitary and indivisible, which social reality is pluricultural and pluriethnic.

IV.   The democratic regime is founded in the popular souvenanity, the representativity, the independency, autonomy and balance between the constitutional organs; as the participation, transparency and fiscalization of public power. The state recognocizes the right of the persons to live in a democratic regime.

V.   The economic regime of the Republic is founded in the social economy market. It is orientated to get the sustanaible human development and the social justice. The private iniciative is free.

VI.   The descentralization is a way of state's democratic organization and constitutives an permanent policy of obligatory character; that has as fundamental goal the integral development.

VII. The public administration serves with objectivity the protection of the general interest, guarantees the rights and interests of administrated and roles following the principles of eficacy, objectivity, tranparency and equality of relationship, with subordination to constitutional and juridical in general order.

VIII. The Peru promove the integration of latinamerican's peoples, looking for the generation of democratic's nation communities, that defend the economical, social, cultural and enviromental interest of the humanity.

IX.   This constitution prevail over all norm of legal class, the law over the norm of lower hierarchy and succesively. The human rights treates have constitutional hierarchy.

X.   This constitution do no lost validity by force's mesure or when it would be modified by different way that she statue it. In these cases, all citizen tenured or not of authority have the duty to colaborate to restor its efectivenees enforcement.

---

[11] Josef Esser, *Einführung in die Grundbegriffe des Rechtes und Staates, Eine Einführung in die Rechtswissenschaft und in die Rechtsphilosophie*, Springer Verlag, Wien, 1949, pp. 105–114; Costantino Mortati, *Istituzioni di Diritto Pubblico*, tomo primo, Cedam, Padova, 1975, pp. 30 ss.; Pedro de Vega, *En torno a la legitimidad constitucional*, in: "Estudios en homenaje al Doctor Héctor Fix-Zamudio en sus treinta años como investigador de las ciencias jurídicas", vol. 1, UNAM-IIJ, México, pp. 803–825.

This rules are operation norms, one directly an other indirectly, linked with concrete articles. In both cases, the principles limit the discretionary of legislator, but
open a judicial discretionary. Nevertheless, with a fundamental diference within them,
the juges must to use a rational argued, meanwhile the legislators only the opportunity
decisions[12].

Letztlich zeigen diese Präambel und diese Grundlagen, dass sich in der ersten Entwicklungsstufe des Verfassungsstaates in Lateinamerika – insbesondere in Peru – Prof.
Häberles Thesen zum Verfassungsstaat bestätigen.

Bayreuth, den 11. Juli, 2002.

---

[12] Robert Alexy, *Theorie der Grundrechte*, Nomos Velagsgesellschaft, Baden-Baden, 1985, pp. 90 ss.; Josef
Esser, *Grundsatz und Norm in der richterlichen Fortbildung des Privatrechts*, J.C.B. Mohr (Paul Siebeck), Tübingen, 1956, pp. 87 ss.; Luis Prieto Sanchis, *Constitucionalismo y positivismo*, Fontamara, México, 1997, pp. 11
ss.

Brücken zwischen der europäischen und der koreanischen Rechtskultur

von

Emeritus Prof. Dr. Young Huh

Yonsei Law School, Seoul/Korea[*]

1. Geistige Grundlagen der koreanischen Rechtskultur

Das koreanische Rechtssystem ist wesentlich bestimmt durch Antithese und Synthese der Lehre des Konfuzianismus einerseits und der des Legalismus andererseits. Es ist ferner entscheidend geprägt durch die Rezeption kontinental-europäischen Rechts.

Bei der Gestaltung der staatlichen Normen waren der Konfuzianismus einerseits und der Legalismus andererseits, aber auch die europäischen Rechtsgedanken, insbesondere der Rechtspositivismus wirksam geworden.

(1) Konfuzianische Lehre als primäre Basis der gesellschaftlichen Ordnung

Nach der konfuzianischen Weltanschauung beruht die staatliche und gesellschaftliche Ordnung allein auf Sittlichkeit und ethischen Normen. Träger des sozialen Lebens ist nicht das Gesetz, sondern die Moral. Die Verhältnisse zwischen den Individuen, des einzelnen zur Familie, zum Staat, das gesamte menschliche Leben wird vom ethischen Gebot und den Moralsätzen getragen und bestimmt. Das Staatsleben des Volkes soll durch den von Virtus determinierten Menschen, nicht aber durch Gesetze abgeleitet und getragen werden. Der Konfuzianismus fordert deshalb die idealen Kaiser, die im goldenen Zeitalter der Natur entsprechend gelebt hatten, als Vorbild dieser Persönlichkeitsvorstellung. Die Gesetze zerstören das Gewissen und das Gefühl für sittliche Gebote. Deshalb kann das Gesetz nur die Verhältnisse der gemeinen Leute regeln, aber nicht die der vornehmen. Zweck der Strafe ist es, eine sittliche Besserung zu erreichen; deshalb muß sie nicht streng und hart angewandt werden. Die Lehre des

---

[*] Zugleich Chair Professor an der Myongji University zu Seoul, Republik Korea.

Konfuzianismus kann man also als ethisch, idealistisch, aber auch als konservativ charakterisieren.

(2) Gedanklicher Zusammenhang des Legalismus mit dem Rechtspositivismus und dessen Funktion im Gemeinschaftsleben

Im Gegensatz zum Konfuzianismus betrachtet der Legalismus die Gestzesförmigkeit als Basis des Rechts. Der Legalismus erkennt, wie auch der europäische Rechtspositivismus, das Gesetz als Recht an, stellt Gesetz und Recht gleich. Dabei ist das Gesetz streng von der Sittlichkeit und Moral getrennt. Sein Geltungsgrund beruht deshalb nicht auf dem Naturrecht oder den sittlichen Moralsätzen, sondern auf der Unterstützung und Garantie durch äußere Macht des Staates. Es ist eine Norm im imperativen und positiven Sinne und besitzt Promulgation und Erzwingbarkeit. Unter dieser positivistischen Betrachtungsweise betont der Legalismus vor allem die Rechtssicherheit. Der Rechtssicherheit wegen soll das Gesetz eine Ordnung für alle sein. Die Gesetzesnorm ist deshalb allgemeingültig und einheitlich. Darüber hinaus treibt der Legalismus die Idee der Rechtssicherheit auf die Spitze und behauptet, daß, auch wenn die Gesetze nicht gut und richtig seien, sie doch besser seien als gar keine[1]. Dabei übersieht er die Rechtsidee, die die Gerechtigkeit zum Bewußtsein bringt. Dieses wiederum stellt das besondere Merkmal des Rechtspositivismus dar. Bei der Gesetzmäßigkeit des Rechts betont der Legalismus andererseits, daß der Maßstab des Gesetzes sich der Zeit unterwerfen muß. Jede Rechtsordnung ist Ausdruck des Rechtsbewußtseins eines bestimmten Volkes in einer bestimmten Zeit. Man schwärmt nicht mehr wie der Konfuzianismus von dem goldenen Zeitalter der Naturnähe, sondern vielmehr davon, sich an die geänderten sozialen Verhältnissen anzupassen. Diese Aufgabe kommt in der Regel dem Gesetzgeber zu. Hieraus folgt, daß der Legalismus dem Interesse des Staates und der Nützlichkeit des Gesetzes allerdings den Vorrang einräumt, was abermals eine besondere Eigenheit des Rechtspositivismus darstellt. Die Lehre des Legalismus kann man als juristisch, realpolitisch und auch rational charakterisieren.

---

[1] Als philosophische Grundlage gilt dem Legalismus der Selbsterhaltungstrieb nicht als Möglichkeit, sondern vielmehr als Essentiale der menschlichen Natur. Jeder Mensch gebraucht seine Kräfte nach seinem Ermessen, um für die Sicherung seines Lebens zu sorgen. Deshalb wird der Konflikt zwischen den Meinungen der einzelnen unausweichlich, und diese Streitigkeiten führen die Menschen in einem chaothischen Kriegszustand. Man gründet den Staat, um dadurch den Zusammenhalt der Menschheit zu erreichen; zugleich setzt man einen Herrscher an seine Spitze, um dadurch die Verschiedenheiten der Meinungen in Einklang zu bringen. Deshalb muß die höchste Gewalt vom Herrscher im Staat getragen werden, er allein vertritt den Gesetzgeber. Erst durch die Existenz der Staatsgewalt ist es möglich, die Maßstäbe des Rechts und Unrechts für das Verhalten der Menschen zu setzten. Daher ist es verständlich, daß der Legalismus wie auch der Rechtspositivismus, im Gegensatz zum Konfuzianismus, die Gesetzesförmigkeit als Basis des Rechts betrachtet. Vgl. *Tai, tong-schung*, Der chinesische Fa Chia, Mainz, Jur. Diss. 1969, S. 17ff. Man kann einen gewissen Gedankenzusammenhang zwischen dem Legalismus und Hobbes' Leviathan erkennen.

(3) Synthese und Antithese des Konfuzianismus und Legalismus

Obwohl sich eine Synthese zwischen den Gedanken des Konfuzianismus und Legalismus ergab, indem man die juristisch-technischen Errungenschaften des Legalismus auf konfuzianischer Grundalge beibehielt, ist es unleugbar, daß diese Synthese in der Rechtspraxis besonders in der Aufgabenteilung zwischen Moral und Recht auftrat.

Die Grundlage des Staats- und Gesellschaftslebens wurde immer mehr durch die sittliche Moral geprägt und bestimmt. Das gesetzliche Recht kam nur zur Anwendung für die Menschen, die sich nicht den sittlichen Moralsätzen einordneten. Die Normen, die das Recht widerzuspiegeln suchten, standen nur im außerrechtlichen Raum, so daß nach der Aufnahme des europäischen Rechts in Korea die Rechtsklarheit, Rechtsgleichheit und Rechtssicherheit in der koreanischen Rechtsordnung noch gering geschätzt wurden. Das Recht muß jedoch von der Rechtsidee der Sittlichkeit und der Gerechtigkeit abgeleitet werden, wobei aber die Rechtssicherheit und Zweckmäßigkeit nicht unberücksichtigt bleiben dürfen[2].

Da die Lehre des Legalismus im 4. Jahrhundert v. Chr. (vor Christo = vor Christi Geburt) in China entstand, als der Feudalismus der großen Chou-Dynastie (1122–256 v. Chr.) allmählich zugrunde ging, und das chinesische Reich sich in einem Bürgerkriegszustand befand, ähnlich wie die politische Situation zur Zeit von Hobbes in England und zur Zeit Machiavellis in Italien, um den Kriegszustand zu überwinden, mußte der Legalismus eine relativ radikale Richtung für seine Lehre einschlagen[3]. Trotz seiner extremen Behauptungen, die vor allem die Rechtsidee der Sittlichkeit nachstellte, hat er jedoch die verdienten, allzeit geltenden Rechtstheorien, z.B. die Rechtsklarheit, Rechtssicherheit, Rechtsgleichheit sowie die Zweckmäßigkeit des Rechts dargestellt, die der Konfuzianismus übersah und die dem modernen europäischen Rechtsdenken wesentlich nahestanden.

So sagt u.a. K. Bünger mit Recht: „Die Legalisten wollten Staat und Gesellschaft nicht durch Riten in Ordnung halten, sondern ein Recht schaffen, das in seiner Auffassung und sozialen und staatlichen Funktion dem europäischen weit näher steht als der Rechtsbegriff, der der Auffassung der Konfuzianer entspricht[4]". Dem stimmt O. Franke auch zu, wenn er darlegt: „Der Konfuzianismus ist wirklichkeitsfremd und pazifistisch in einer kampfdurchtobten Zeit, der Legalismus nüchtern, praktisch und von dem Gedanken durchdrungen, daß nur der Starke sich behaupten könne. Der Konfuzianismus ist beharrend und sogar rückschrittlich im wörtlichen Sinne, der Legalismus aktiv, fortschrittlich, westlichem Denken viel näher stehend als der erstere[5]".

Der Streitpunkt zwischen dem Konfuzianismus und dem Legalismus besteht hauptsächlich nun darin, ob das Staats- und Gesellschaftsleben in erster Linie durch die Moral oder das Recht geprägt und bestimmt ist. Das Recht und die Moral zielen gleichermaßen auf eine friedliche Ordnung hin. Aber der Geltungsbereich der beiden deckt sich nicht, sondern überschneidet sich nur. Das Recht regelt nur das ethische Mini-

---

[2] Über die drei Seiten der Rechtsidee: Gerechtigkeit, Zweckmäßigkeit und Rechtssicherheit des Rechts vgl. *G. Radbruch*, Rechtsphilosophie, 7. Auflage, 1970, S. 173; auch *H. Henkel*, Einführung in die Rechtsphilosophie, 2. Auflage, 1977, S. 389ff.

[3] Vgl. dazu *Tai, tong-schung*, Der chinesische Fa Chia, Mainz, Jur. Diss. 1969, S. 17ff.

[4] *Karl Bünger*, Quellen zur Rechtsgeschichte der Tang-Zeit, 1946, S. 2.

[5] *Otto Franke*, Die Geschichte des chinesischen Reichs, Bd. 1, 1930, S. 222.

mum', wie G. Jellinek[6] meint, d.h. das Recht ordnet nur einen Teil der Moral, die zur Wahrung der sozialen Ordnung unbedingt verwirklicht werden muß. Derselben Auffassung ist auch R. Pound, wenn er ausführt: „So regarded, law is only a part of the field of ethical custom – namely, the part which has to do with the indispensable conditions of the social order[7]". Deshalb liegt der Unterschied zwischen der Moral und dem Recht grundsätzlich in der Verpflichtungsweise. „Die Moral verlangt, daß man seine Pflicht tue aus Pflichtgefühl, das Recht läßt auch andere Triebfedern zu. Der Moral genügt nur die normgemäße Gesinnung, dem Rechte schon das vorschriftsmäßige Verhalten[8]."

Die Tatsache, daß Korea nicht das anglo-amerikanische, sondern das kontinental-europäische Rechtssystem rezipiert hat, ist nicht zuletzt auf den Einfluß des chinesischen Legalismus zurückzuführen, denn dies ist gerade nicht die Überlieferung des Konfuzianismus, sondern das Erbe des Legalismus.

2. Wege der Rezeption des kontinental-europäischen Rechts in Korea

(1) Chinesischer Einfluß auf das koreanische Recht

Schon in der zweiten Hälfte des 6. Jahrhunderts n. Chr. begann das Zusammentreffen des chinesischen Rechtskreises mit dem koreanischen Recht. Während der Zeit der drei koreanischen Königreiche (auf koreanisch ‚Sam-guk-si-dae' genannt), nämlich Königreich Kokuryo, Bäktze und Schilla, konnte Korea Kultur und Einrichtungen von Tang-Dynastie Chinas kennenlernen. Der Einfluß Chinas war besonders auf das Königreich Schilla groß. Es war das kultivierteste Reich dieser drei Königreiche, so daß das Königreich Schilla alle staatlichen Institutionen nach denjenigen der Tang-Dynastie Chinas umgestaltet und das alte, eigentlich ursprüngliche koreanische Recht mehr und mehr abgeschafft hatte.

Auch im darauffolgenden Koryo-Zeitalter (935–1392 n. Chr.) wurden das Beamten-, Steuer- und Militärrecht u.a. m. genau nach den früheren Vorschriften der Tang-Zeit festgelegt.

In der Lie-Dynastie (1392–1910 n. Chr.) wurden sodann aus den Tang- und Minggesetzbüchern Chinas die wichtigsten Abschnitte in einem sechsbändigen Gesetzbuch (auf koreanisch ‚Kyong-kuk-te-zeon' genannt) zusammengefaßt[9].

(2) Einfluß Japanischer Kolonialherrschaft auf die koreanische Rechtskultur

Nach der Annexion Koreas durch Japan 1910 lag es sehr nahe, daß die japanische Regierung mit dem Ziel der Japanisierung Koreas das japanische Recht, das dank der

---

[6] Vgl. *G. Jellinek*, Die sozialethische Bedeutung von Recht, Unrecht und Strafe, 1908, S. 57.

[7] *Roscoe Pound*, Law and Moral, 1924, S. 79.

[8] *G. Radbruch*, FN 2, S. 134.

[9] Vgl. dazu *Chun, bong-duck*, Wesen und Struktur des koreanischen Rechts; Einführung in die koreanische Rechtsgeschichte vor 1910, in: Koreanica, FS für Andre Eckardt zum 75. Geburtstag, 1960, S. 121ff.(122f.).

Meiji-Reform 1868 bereits weitgehend den europäischen Rechtscharakter trug, in Korea als geltendes Recht erklären würde. Davon sah aber der Kolonialherrscher ab, und zwar wohl nicht nur aus dem Grund, weil die sozialen und wirtschaftlichen Verhältnisse in Korea von denen Japans doch zu verschieden waren, als daß man das japanische Recht in complexu hätte in Korea einführen können, sondern wohl aus dem politischen Bestreben heraus, Korea und Japan nicht gleichzustellen.

Aus diesem Grund erließ der Kolonialherrscher am 29. August 1910 eine außerordentliche kaiserliche Verordnung betreffs der in Korea anzuwendenden Gesetze. Es wurde darin bestimmt, daß die koreanischen Gesetze nunmehr durch die Anordnung des Generalgouverneurs in Korea erlassen würden und daß diejenigen japanischen Gesetze, die in Korea Anwendung finden sollten, durch kaiserliche Verordnung bestimmt würden. An demselben Tag wurde eine erste Anordnung des Generalgouverneurs in Korea erlassen und in ihr proklamiert, daß die bis dahin geltenden koreanischen Gesetze weiterhin gültig seien. Zur Regelung der Zivilrechtssachen in Korea hat die japanische Regierung erst im März 1912 als Grundnorm die koreanische Zivilverordnung erlassen, die am 1. April desselben Jahres in Kraft trat. Nach Paragraph 1 dieser koreanischen Zivilverordnung waren für die zivilrechtlichen Angelegenheiten von Koreanern die entsprechenden Vorschriften des japanischen bürgerlichen Gesetzbuches von 1898 anzuwenden, solange die Zivilverordnung oder die sonstigen Gesetze nichts anderes vorschrieben.

(3) Unmittelbarer Einfluß europäischen Rechts auf Korea nach der Befreiung Koreas

Nachdem die amerikanischen Alliierten als Siegermächte im Jahr 1945 in Korea die Militärverwaltung übernommen hatten, proklamierten die zuständigen Behörden am 2. November 1945 in Paragraph 21 der Militärverwaltungsverordnung, daß die Gesetze und Verordnungen, die zur Zeit der Befreiung Koreas am 15. August 1945 in Geltung waren, weiterhin Rechtskraft haben sollten, sofern sie durch die zuständigen Behörden nicht aufgehoben worden waren[10].

Am 17. Juli 1948 trat dann die Verfassung der Republik Korea in Kraft, die in Korea zum erstenmal aus eigener Initiative moderne verfassungsrechtliche Grundsätze verwirklicht. Es ist unverkennbar, daß diese Verfassung verschiedene Bestimmungen der Weimarer Reichsverfassung, z.B. die Grundrechte einschließlich der Eigentumsgarantie und der sozialen Grundrechte, weitgehend rezipiert hatte. Nach Art. 100 dieser Verfassung haben alle geltenden Gesetze und Verordnungen weiterhin Rechtskraft, die nicht gegen die Verfassung verstoßen.

Sieht man von der Vorkriegsepoche koreanischer Rechtsgeschichte ab, in der bereits das kontinental-europäische Recht über China und Japan mit dem koreanischen Recht in Berührung gekommen war, begann das unmittelbare Zusammentreffen des westeuropäischen Rechtskreises mit dem koreanischen Recht erst nach dem zweiten Weltkrieg.

---

[10] Vgl. dazu näheres *Tsche, chong-kil*, Die Scheidung im koreanischen materiellen und internationalen Privatrecht, Köln, Jur. Diss. 1961, S. 1–8.

Durch die Auseinandersetzung mit diesen europäischen Einflüssen war der Geist der koreanischen Rechtskultur wesentlich erschüttert worden. Man strebte also danach, durch die Aufnahme der europäischen Rechtskultur in Korea eine gründliche Modernisierung der Gesellschaft zu erreichen.

Was bewog Korea zu dieser Rezeption europäischen Rechts? Es handelte sich weder um das Gefühl minderer Qualität noch war es Folge der Zersplitterung des alten koreanischen Rechts, sondern vielmehr eine historisch bedingte, politische Zweckmäßigkeitsentscheidung in der Zeit des Wiederaufbaus nach der Befreiung von der Kolonialherrschaft. Man dürfte u. a. gemeint haben, daß ein einheitlich geschlossenes Gesetzesrecht, wie das kontinental-europäische, das den Anspruch auf Lückenlosigkeit erhebt und dem althergebrachten Legalismus Koreas besser entspricht, leichter zu rezipieren sei als das aus zahlreichen Präjudizien bestehende anglo-amerikanische Caselaw (Fallrecht).

Am berühmtesten ist bei der Rezeption europäischen Rechts die 1957 erfolgte Kodifikation des neuen koreanischen bürgerlichen Rechts, ein kodifiziertes Gesetzeswerk, das sich inhaltlich sehr stark an die großen europäischen Kodifikationen anlehnt, vor allem an das deutsche Bürgerliche Gesetzbuch (BGB), an den Code Civil Frankreichs und an das Schweizerische Zivilgesetzbuch.

Dieses Werk gilt als Vorbild aller nachfolgenden Gesetzbücher in Korea bis zum heutigen Tag. Korea kennt zwar seit dem bereits erwähnten sechsbändigen Kyongkuk-Gesetzbuch in der Lie-Dynastie ein geschriebenes Gesetzbuch: Das oben erwähnte bürgerliche Gesetzbuch ist jedoch das erste Gesetzeswerk, das das deutsche BGB bis auf das Familienrecht mit Eifer nachgeahmt hat und an dem trotz vieler Ähnlichkeit eine gewisse Strukturverschiedenheit der gegebenen sozialen Grundlage in Korea und Europa deutlich zu erkennen ist.

Wie man aus der amtlichen Begründung des Justizausschusses der Nationalversammlung der Republik Korea schließen muß, scheint es das Kernproblem der Kodifikation überhaupt gewesen zu sein, alte gute Gewohnheit des koreanischen Volkes, die primär auf der Lehre des Konfuzianismus beruht, mit den modernen westeuropäischen demokratischen Ideen, die sich besonders dem Legalismus zu ähneln scheinen, in Harmonie zu bringen[11].

Das Recht muß sich doch den Forderungen der menschlichen Gesellschaft anpassen, weil seine Aufgabe darin besteht, als Sozialnorm das Zusammenleben der menschlichen Gesellschaft zu regeln. Die Grundlage des Rechts muß also ohne Zweifel auf Sozialethik, Sitte und Brauchtum, Gewohnheit und Kultur eines Volkes beruhen. Wenn das Recht von der sozialen Grundlage isoliert wird, verliert es seine Führungskraft als Sozialnorm und wird Ohnmacht.

So muß man beachten, daß die Voraussetzungen der Rezeption des europäischen Rechts in Korea ganz anders waren als in Deutschland am Vorabend der Rezeption des römischen Rechts. Deutschland empfand das römische Recht zunächst durch die historische Ideologie nicht als ,fremdes' Recht, sondern eben als Kaiserrecht; im Laufe von Jahrhunderten hatte es sich auf dem Weg über Verwaltungsübung und

---

[11] Vgl dazu u.a. *Kim, zung-han/Ahn, j-zun*, Das koreanische Bürgerliche Gesetzbuch, Bd. 1, 1962, S. 7 ff.

Gerichtspraxis gegen die Auflehnung des einheimischen Rechts Geltung verschafft[12].

3. Wirkungen der Rezeption auf die koreanische Rechtskultur

(1) *Geistesdiskrepanz zwischen dem koreanischen und europäischen Rechts*

Die Rezeption des kontinental-europäischen Rechts in Korea hatte, wie oben erwähnt, seinen Grund sowohl in der rechtsgeschichtlichen Anlehnung an das europäische Recht als auch in der politischen Zweckmäßigkeit. Aber Korea und die europäischen Staaten standen auf dem Boden einer historischen und kulturellen Entwicklung, die zu so unterschiedlichen Mentalitäten und Ergebnissen geführt hatte, daß zunächst ein Verständnis zwischen beiden gar nicht denkbar war.

Das moderne europäische Rechtssystem baut auf liberalen individuellen Grundgedanken auf. Es hat die Standesvorrechte beseitigt und alle Staatsbürger gleichgestellt. Die Gleichheitsidee bringt den persönlichen individuellen Charakter zum Bewußtsein. Daher werden die Menschenwürde bzw. Persönlichkeitswerte als unantastbar angesehen. Rechte und Pflichten sind klar aufgestellt, sie ergänzen sich gegenseitig. Wer seine Pflicht tut, kann zugleich sein Recht verlangen. Ferner beruht der Aufbau europäischer Gesetze auf den Gedanken der Rechtsklarheit und Rechtssicherheit. Die logische Durchformung des Rechts erlaubte ein einheitliches System mit klaren Regeln und damit die Berechenbarkeit von Bestimmungen im einzelnen Fall.

Die Eigenart des koreanischen überlieferten Rechts, das von der Weltanschauung des Konfuzianismus stark beeinflußt ist, wurde durch den Grundsatz der gemeinschaftlich-patriarchalischen Staats- und Rechtslehre bestimmt. Der Bau der Familie ist das Vorbild für jede menschliche Gemeinschaft. Der Staat ist nur ihr weiteres Abbild. Wie im Familienleben muß das Staatsleben durch sittliche Gebote und Moralsätze beherrscht werden. Die staatlichen Gesetze beschränken deshalb ihre Funktionen auf die strafrechtliche Abschreckung, und zwar treten sie hinter die Moralsätze, die die Beziehungen zwischen einzelnen regeln, ganz zurück. Bei dieser Betrachtungsweise sind Rechtsklarheit und Rechtssicherheit natürlich relativ unwichtig. Ferner ist es bei der Gemeinschaftsauffassung gestattet, im Interesse der Allgemeinheit in die Privatsphäre des einzelnen einzugreifen. Dabei sind Rechte und Pflichten nur einseitig, d.h. innerhalb der Gemeinschaft muß sich der Jüngere pietätvoll dem Älteren unterordnen, der Niedere dem Höheren. Dabei wird der persönlich-individuelle Charakter unterdrückt, das Ich-Bewußtsein ist nicht ausgeprägt, so daß die Idee der Rechtsgleichheit nur schwer durchgesetzt werden kann.

Dieser Unterschied beider Rechtsauffassungen läßt uns zu dem Ergebnis kommen, daß die Beziehungen zwischen dem europäischen und dem koreanischen Rechtssystem noch durchaus an der Oberfläche geblieben sind. Gerade dies beweist die Geistesdiskrepanz zwischen dem neuen Familien- und Erbrecht und der Verfassung in Korea. Wie sehr man sich bei der Verfassunggebung an die Ideen und die äußere Technik des europäischen Rechts klammert, weil zu dem europäischen Konstitutio-

---

[12] Vgl. *Heinrich Mitteis*, Deutsche Rechtsgeschichte, 7.Aufl., 1961, S.181ff.

nalismus besondere Brücken bestehen, schon wegen der Übernahme der Gedanken von J. Locke, Montesquieu, und J.J. Rousseau, so wenig hat man doch im Familien- und Erbrecht von seinem wesentlichen Geist erkannt. In die Grundlagen des philosophischen Gedankensystems des europäischen Rechts ist man noch nicht eingedrungen. Alle europäischen Staaten haben auf diesen klassischen philosophischen Gedanken beruhend schöpferische Beiträge zum Typus Verfassungsstaat geleistet. Aus diesem Grund dürfte man mit Peter Häberle nachdrücklich die These unterstreichen, daß ‚Verfassung als Kultur‘ zu verstehen ist und infolgedessen die Erkenntnis weiter gelten muß: „wenn zwei Verfassungen dasselbe sagen, meinen sie nicht dasselbe[13]“.

(2) Begrenzte materielle Wirkungen rezipierten Rechts in Korea

Zweifellos ist das Familien- und Erbrecht naturgemäß im Vergleich mit den anderen Rechten in viel größerem Maße von der Sitte, den Bräuchen, der Kultur und der Anschauung des koreanischen Volkes sowie vom sozialen und wirtschaftlichen Leben in Korea geprägt. Dennoch sind die Widersprüche zwischen den koreanischen Verfassungsbestimmungen europäischer Prägung und dem koreanischen Familien- und Erbrecht einheimischer Prägung nicht zu übersehen.

Wenn die Verfassung Koreas einerseits erklärt, daß Freiheit, Gleichheit und freie Entfaltung jedes Bürgers auf allen Gebieten des politischen, wirtschaftlichen, sozialen und des kulturellen Lebens geschützt werden und die Gleichberechtigung von Mann und Frau gewährleistet wird[14], fragt man sich, wie die diesen Verfassungsbestimmungen widersprechenden familien- und erbrechtlichen Regelungen zu rechtfertigen sind: Zu denken ist dabei etwa an das sehr ausgebreitete Hausherrnrecht[15] und die nachteilige Stellung der Frau im Familienleben[16], um nur zwei markante Beispiele zu nennen.

Das dürfte gewiss damit zusammenhängen, daß das neue Familien- und Erbrecht Koreas besonders weitgehend an den alten Gewohnheiten festhält und daß es nicht wenige Regeln des alten feudalistischen Denkens, nämlich der konfuzianischen Morallehre beibehält, die der auf dem europäischen Rechtsgedanken beruhenden Verfassung Koreas widersprechen. Gerade darin zeigt aber die unleugbare Tatsache, daß die Bedeutung der Beziehung zwischen Recht und völkischem Rechtsempfinden nicht übersehen werden darf.

Diese Widersprüche, wie sehr sie für den europäischen Rechtsdenken unverständlich erscheinen mögen, weisen gerade exemplarisch auf den dualistischen Charakter des koreanischen Rechtssystems hin: auf die legalistischen Elemente des öffentlichen Rechts einerseits und auf die konfuzianischen Züge des Privatrechts andererseits.

Je länger man sich mit dem koreanischen Recht beschäftigt, desto überzeugter kommt man zu dem Schluß, daß das koreanische Rechtssystem ohne die Wechselbeziehung zwischen der Lehre des Konfuzianismus und der des Legalismus einerseits

---

[13] Dazu näheres *Peter Häberle*, Verfassung als Kultur, JÖR Bd. 49, 2001, S. 125ff. (141).
[14] Vgl. Art. 11 der Verfassung der Republik Korea i.d.F. v. 29. 10. 1987.
[15] Vgl. Paragraph 778ff. des koreanischen BGB i.d.F. v. 14. 1. 2002.
[16] Vgl. etwa Paragraph 781 Abs. 1, 826 Abs. 3, 984 des koreanischen BGB i.d.F. v. 14. 1. 2002.

und ohne die Harmonie zwischen dem europäischen Rechtsdenken und dem alten koreanischen Rechtsempfinden andererseits, nicht zu denken wäre.

Die Zukunft wird zeigen, ob das europäische Recht, das im koreanischen Recht vielfältig in Geltung kommt, in das allgemeine Rechtsbewußtsein des koreanischen Volkes aufgenommen wird und ob sich eine Harmonie zwischen altkoreanischer und europäischer Rechtsordnung entwickeln kann. Zudem muß nach einem Weg gesucht werden, den Gegensatz zwischen Legalismus und Konfuzianismus zu überwinden und einen Ausgleich zwischen den beiden herzustellen, damit sie im modernen koreanischen Recht zusammenwirken. Daher kommt dem Verfassungsgericht in Korea, das eine unverkennbare Nachahmung des Bundesverfassungsgerichts der Bundesrepublik Deutschland ist und 1989 seine Tätigkeit aufgenommen hat, eine besondere Bedeutung zu. Es müßte die wichtige Aufgabe erfüllen, die die in der koreanischen Verfassung niedergeschlagenen europäischen Rechtsgedanken mit dem allgemeinen Rechtsbewußtsein des koreanischen Volkes in Einklang zu bringen. Diese Frage dürfte für die weitere Entwicklung von Recht und Staat Koreas von entscheidender Bedeutung sein. (Manuskript abgeschlossen am 19. Juni 2002)

Abstract

Intellectual Elements of Korean Law and Influence of European Legal Thought on the Korean Legal System

The Korean legal system has been decisively influenced by the adoption of Continental European Law. Nevertheless it is important to stress the part that Confucian and legalist teaching originating from China still play in Korean justice.

Confucianism and legalism disagree in principle on the viewpoint whether social and political life should be characterised and dominated primarily by morality or by law.

Korea's adoption of the Continental European rather than the Anglo-American legal system was not least due to the influence of legalism, for it involved a rejection of Confucian tradition in favour of the heritage of legalism.

Even before the second World War Continental European law had come into contact with Korean law through China and Japan. However the direct encounter between Korean law and legal systems of the West European type did not begin until after the liberation of Korea by the Allies in 1945.

After Korea became independent, attempts were made to modernize the country by adopting European legal thought. One consideration among others was probably that a unified and well-defined code of law like the Continental European would be easier to accept than Anglo-American case law, consisting as it does of a large number of precedents.

But the historical and cultural development on which modern Korea is based is so very different from that of European states and such differing attitudes and mentalities have arisen that at first mutual understanding was inconceivable. This explains why the connections between the European and the Korean legal systems have remained very superficial.

The discrepancies between the provisions of the Korean constitution and Korean civil law are closely connected with the dualistic character of the Korean legal system, where public law includes legalist elements while civil law has Confucian characteristics.

The interaction between Confucian and legalist thought on the one hand and the harmony between European legal thought and the ancient Korean view of justice on the other are essential to the Korean legal system.

Die Verfassung und die Grundrechte für die japanischen Bürger:eine Eigentümlichkeit der Verfassungskultur in der japanischen Gesellschaft[*]

von

Dr. Noriyuki Inoue

Professor für Öffentliches Recht an der Universität Kobe (Japan)

I. Einleitung

Jeder Verfassungsstaat hat sowohl die den allen Verfassungsstaaten gemeinsamen Momente als auch kulturbedingt Eigenes. Obwohl es in der Konstitutionalismus die allgemeinen Prinzipien gibt, die überall in der Welt Anwendung finden sollen, kann jeder Staat eine eigene, seiner Geschichte und dem politischen Bewußtsein seines Volkes entsprechende Verfassung haben.

Wenn der Konstitutionalismus einmal in einem Staat institutionell verwirklicht ist, hat er eine Neigung zur spontanen Fortentwicklung. Ob der einmal institutionell verwirklichte Konstitutionalismus sich in der Tat fortentwickelt, hängt von den politisch-sozialen Gesamtumständen des Staates ab. Im Verlauf dieser Fortentwicklung beeinflusst die dem Staatsvolk eigene Mentalität den Konstitutionalismus. Daher hat jeder Verfassungsstaat mindestens ein als eigentümlich zu bezeichnendes Merkmal. Dies trifft für viele asiatische Verfassungsstaaten zu, weil sie eine ganz andere politische und soziale Tradition als die europäischen haben, in der der Konstitutionalismus entstand und sich entwickelte.

Der Gedanke des Konstitutionalismus in Japan kommt aus dem Ausland, bes. den europäischen Staaten, also ist er kein originär-japanisches Erzeugnis. Für die Japaner ist der Konstitutionalismus nur eine Art fremder Kultur. Aber das japanische Volk hat eine sehr starke Tradition, fremde Kulturen in sich aufzunehmen und sich ihnen zu assimilieren. Wegen dieser Tradition wurde die europäische Rechtskultur, vor allem der Konstitutionalismus, von den Japanern bereitwillig aufgenommen.

---

[*] Diesen Aufsatz habe ich als Manuskript für den Vortrag auf dem Wissenschaftsdialog der Rechtskultur vom 12. Juli 2002 an der Universität Bayreuth geschrieben. Ich danke Herrn Professor Dr.Dr.h.c.mult. Peter Häberle dafür, daß er mir eine Chance gegeben hat, den Vortrag zu machen, und Dr. Markus Kotzur für seine Hilfestellung bei der sprachlichen Verbesserung meines Manuskript.

Anderseits verleihen die Japaner immer bei der Rezeption der fremden Kultur japanische Akzente. Die fremde Kultur wird von den Japanern ihrer eigenen Lebensweise angepasst. Um einen Vergleich zu berufen: die Japaner können ein Auto von Toyota herstellen, aber nicht ein Auto von Merzedes oder BMW. Das gilt auch für die europäische Rechtskultur. Seit der Aufnahme des europäischen Konstitutionalismus hat sich die japanische Verfassungskultur auf ihre ganz eigene Weise entwickelt und hat auch heute ihre Eigentümlichkeit. Im folgenden führe ich sie kurz aus.

II. Die Schein-Modernisierung unter der japanischen Reichsverfassung von 1889

Bis vor ca. 150 Jahren schottete Japan sich für ca. 250 Jahren nach außen ab. In der Mitte des 19. Jahrhunderts waren Europäer und Amerikaner nach Japan gekommen, und zum Zweck der Errichtung von Handelsbeziehung haben sie von der damaligen japanischen Regierung, der Tokugawa-Schogun-Regierung (ein durch einen Samurai-Herrscher geleitetes politisches Gemeinwesen), die Öffnung des Staates gefordert. Japan musste unter militärischer Bedrohung den Staat nach außen öffnen. In dieser Situation bekam man große Angst davor, daß Japan von den europäischen oder amerikanischen Mächten erobert und kolonialisiert wird, weil die herrschenden Japaner das Schicksal Chinas nach dem Opiumkrieg kannten. Um dieser Gefahr zu entgehen, mußte Japan den Staat und das Volk einheitlich und stark machen, und der schnellste und rationalste Weg dazu war die Modernisierung nach europäischem Modell[1]. Um den Staat zur Modernisierung zu treiben, wurde im Jahre 1868 eine neue Regierung gebildet, sie wurde unter dem Kaiser konstituiert (sog. Meiji-Restauration). Bald nach der Gründung der neuen Regierung mit dem Kaiser an der Spitze wurde der Erlaß einer Verfassung auf die politische Tagesordnung gesetzt. Im Jahre 1889 wurde die japanische Reichsverfassung, die erste japanische Verfassung im modernen Sinn, erlassen. So wurden Grundgedanken des europäischen Konstitutionalismus des 19. Jahrhunderts in Japan aufgenommen und Japan wurde in Form einer konstitutionellen Monarchie zu einem modernen Verfassungsstaat[2].

Der zweite Grund für die Modernisierung Japans ist der folgende. Als die Tokugawa-Schogun-Regierung den Staat nach außen geöffnet hatte, hatte sie Handelsverträge mit den europäischen und amerikanischen Staaten abgeschloßen, in denen Japan die Exterritorialität von Angehörigen dieser Staaten anerkannt und auf die Zollhoheit verzichtet hatte. Die neue Regierung von Japan zielte in der letzten Hälfte des 19. Jahrhunderts auf die Revision der ungleichen Verträge mit den europäischen und amerikanischen Staaten ab. Zum Zweck der Revision der ungleichen Verträge mußte Japan den europäischen und amerikanischen Staaten zeigen, daß Japan nun auf dem gleichen kulturellen und besonders rechtlichen Niveau wie diese Staaten steht. Dazu

---

[1] Zu dieser japanischen Situation in der Mitte des 19. Jahrhunderts näher vgl. *Hisao Kuriki*, Der Verfassungsstaat in den ostasiatischen Traditionen, insbesondere am Beispiel von Japan, in: Martin Morlok (Hrsg.), Die Welt des Verfassungsstaates, 2001, S. 175 (175f.).

[2] Zum Hintergrund dieser Entwicklung vgl. *Noriyuki Inoue*, Der allgemeine Gleichheitssatz der japanischen Verfassung im Spiegel der Rechtsprechung und der Verfassungslehre, JöR 48 (2000), S. 489 (489f.).

war erstens der Erlaß einer Verfassung unbedingt notwendig[3]. In der Tat wurden vielfältige Kodifikationen auf verschiedenen Rechtsgebieten, z.B. das bürgerliche Gesetzbuch, das Handelsgesetz, das Strafgesetzbuch, die Zivilprozeßordnung, die Strafprozeßordnung u.s.w., bis zum Ende des 19. Jahrhunderts ausgeführt.

Angesichts dieses wirklichen historischen Hintergrundes kann man überlegen, daß die in Japan herrschende Schicht in der Meiji-Zeit den europäischen Konstitutionalismus nicht als ein wesentliches Moment zur Herstellung einer neuen Regierungsform angesehen hat. Für sie war der Konstitutionalismus nur ein Mittel, um die Revision der ungleichen Verträge als das wichtigste Staatsziel zu erreichen[4]. Bald nach dem Erlaß der Reichsverfassung hatten die europäischen und amerikanischen Staaten das japanische Rechtssystem unter der Reichsverfassung auf seinen Echtheiten geprüft, und es konnte die Prüfung bestehen. Schließlich war es der japanischen Regierung bis zum Ende des 19. Jahrhunderts gelungen, die ungleichen Verträge zu revidieren.

Auch nach dem Gelingen der Revision der ungleichen Verträge wurde die Reichsverfassung durch die damaligen japanischen Führungsschichten streng beachtet. Obwohl die Reichsverfassung im Art. 73 das Verfahren der Verfassungsänderung vorschrieb, wurde sie mehr als 50 Jahre textlich nicht verändert. Auch in der Zeit des zweiten Weltkriegs wurde die normative Kraft der Reichsverfassung durch der Regierung nicht suspendiert, bestand das Parlament fort und die Wahlen der Abgeordneten hatten weiterhin Bestand. Bis zum Erlaß der japanischen Verfassung von 1947 funktionierte die Reichsverfassung als die Grundregel für das politische und gemeinschaftliche Leben in Japan[5].

Japan unter der Reichsverfassung war ein sehr stark zentralistischer Staat. Dort spielte der Kaiser eine wichtige Rolle als Integrationsfaktor des japanischen Volkes[6]. Deshalb mußte er starke Befugnisse haben. Grundlage der Regierung in der Reichsverfassung war die Unantastbarkeit des Kaisers (Art. 3 der Reichsverfassung). Nach Art. 4 der Reichsverfassung (einem Staatswesen-Artikel) herrschte der Kaiser über das japanische Reich und führte die Oberaufsicht über die gesamte Staatsgewalt[7]. Um es kurz zu sagen, stand dem Kaiser als verfassungsrechtlichem Souverän die verfassungs-

---

[3] Zur Notwendigkeit der Einführung des Konstitutionalismus in Japan vgl. *Kuriki*, Der Verfassungsstaat, a a.O., S. 179f.

[4] Dazu aus japanischer Literatur vgl. *Junji Annen*, Seijibunka tositeno Rikkensyugi (der Konstitutionalismus als eine politische Kultur), in: M. Kamiya (Hrsg.), Nihonkokukenpou wo Yominaosu (Nachdenken der japanischen Verfassung), 2000, S. 30 (39f.).

[5] Für diese Lage ist es ein gutes Beispiel, daß sogar die japanische Verfassung von 1947 selbst durch das Verfahren der Verfassungsänderung vom Art. 73 der Reichsverfassung gegeben wurde. Zu dem Hintergrund und Prozeß der Entstehung der japanischen Verfassung näher vgl. *Toyowo Ohgushi*, Die japanische Verfassung vom 3. Nov. 1946, JöR 5 (1956), S. 301 (303f.) ; *Teruya Abe*, Die Entwicklung des japanischen Verfassungsrechts seit 1952, JöR 15 (1966), S. 513 (513ff.).

[6] Diese Polle des japanischen Kaisers hat auch der oberste Befehlshaber, General McArthur, benutzt, um das neue japanische Gemeinwesen nach dem zweiten Weltkrieg zu gründen. Art. 1 der japanischen Verfassung von 1947 schreibt vor, daß der Kaiser ein Symbol des Japans und der Integration des japanischen Volkes ist. Auch heute sollte es verfassungrechtlich erwartet werden, daß der Kaiser nur diese Rolle spielt, obwohl er nun keine politische Macht mehr hat. Zu diesem Hinweis vgl. *Masanori Shiyake, Hideyuki Ohsawa, Masatoshi Takahashi, Teruki Tsunemoto* und *Hiroyuki Takai* (Hrsg.), Me de Miru Kenpou (Materialien und Erklärungen der Verfassung), 1999, S. 100.

[7] Zu den Einzelheiten der Reichsverfassung von 1889 vgl. *Osamu Ishimura*, Religionsfreiheit und Tradition in Japan, JöR 44 (1996), S. 597 (600f.).

rechtlich unbeschränkte Macht zu. Infolgedessen wurde die Reichsverfassung als oberster Befehl des Kaisers angesehen und als heilige und unverletzbare Schrift behandelt[8]. Die damaligen japanischen Führungsschichten, die im Namen des Kaisers die tatsächliche Herrschaft in Japan ausübten, hatten sich streng an die Reichsverfassung. Dabei benutzten sie die Reichsverfassung als ein Mittel zum Herrschen über das Volk.

Trotz dieser Verfassungswirklichkeit gab es die Verfassungstheorie, die von der europäischen Theorie herkam und das parlamentarische Regierungssystem unterstützt hat. Aber der Konstitutionalismus im europäischen Sinne, vor allem der Gedanke des Rechtsstaates als das vom Recht gebundene Staat, war im Bewußtsein der japanischen Bürger nicht verwurzelt. Die japanischen Bürger verstanden den Rechtsstaat als den Staat, in dem die Rechtsordnung errichtet ist und aufrechterhalten wird. Daher hat man sich auf den Rechtsstaat berufen, um die Staatsbürger zum Gehorsam gegenüber den Gesetzen zu zwingen[9]. Für die japanischen Bürger waren alle Gesetze eine Art Befehl von oben, um ihnen eine Pflicht aufzuerlegen oder etwas zu verbieten. Dieses japanische Bewußtsein hat sich geschichtlich in der japanischen feudalen Gesellschaftsordnung entwickelt und ist noch bis heute in Japan gegenwärtig geblieben.

Der Teil der damaligen intellektuellen Schichten, der gegen das allgemein gängige Bewußtsein energischen Widerstand leistete und den echten Inhalt des Konstitutionalismus vertrat, wurde durch das Militär und durch die Regierung unterdrückt. Dagegen nahmen die japanischen Bürger dem durch die Führungsschichten entwickelten Gedanken des Konstitutionalismus gegenüber keine widerspenstige Haltung ein, obwohl sie in ihrer Handlungsfreiheit in beträchtlichem Maße durch Gesetze eingeschränkt wurden. Sie nahmen den japanischen Gedanken des Konstitutionalismus vielmehr mit Freuden auf. Denn die Reichsverfassung und das darunter entwickelte Rechtssystem hat den japanischen Bürgern ein besseres und kultivierteres Alltagsleben als in der früheren Zeit gebracht und dessen Fortbestand verbürgt. Mit anderen Worten kann man die japanische Gesellschaft unter der Reichsverfassung wie folgt erklären.

Auf Grund der Reichsverfassung war Japan zwar der Erscheinung nach ein moderner Verfassungsstaat, tatsächlich wurde der Feudalismus in der japanischen Gesellschaft jedoch dadurch nicht gebrochen[10]. Die Reichsverfassung war nur ein Mittel zur Modernisierung und Europäisierung der japanischen Gesellschaft. Die Art und Weise des Alltagslebens in der japanischen Gesellschaft wurde in der Tat wegen der Reichsverfassung und des darunter entwickelten Rechtssystems modernisiert und kultiviert. Unter einem solchen Rechtssystem wurde Japan am Anfang des 20. Jahrhunderts zu einer Großmacht im ostasiatischen Raum. Zum einen konnten die damalige Führungsschichten nach der Revision der ungleichen Verträge mit den europäischen und amerikanischen Staaten die Reichsverfassung als ein Herrschaftsinstrument über das japanische Volk benutzen. Zum anderen konnten die japanischen Bürger unter dem japanischen Konstitutionalismus ein bequemeres Leben als unter den Herrschaft von

---

[8] Diese verfassungsrechtliche Lage kann man auf der Sicht der Idee vom japanischen Familienstaat erklären. Dazu vgl. *Inoue*, aaO., S. 490.

[9] *Kuriki*, Der Verfassungsstaat, aaO., S. 186f.

[10] *Inoue*, aaO., S. 490. Die damaligen japanischen Bürger glaubten, daß sie das bessere Leben nur dann führen können, wenn sie dem Befehl vom Kaiser in der Form der Reichsverfassung und den Befehlen von der Führungsschichten in der Form der Gesetze gehorchen.

Samurai-Schichten führen. Schließlich funktionierte eine fremde Kultur des Konstitutionalismus einerseits für die Führungsschichten nur als ein Herrschaftsinstrument über das Volk, andererseits für die japanischen Bürger nur als ein Mittel zum Erhalt des besseren Alltagslebens.

III. Die japanische Gesellschaft unter der japanischen Verfassung von 1947

1. Das gewöhnliche Verständnis als wichtiges Schutzmittel für das gute Alltagsleben

Nach den zweiten Weltkrieg trat die japanische Verfassung am 3. Mai 1947 in Kraft, um an Stelle der Reichsverfassung das neue, auf dem demokratischen Prinzip beruhenden Japan zu gründen. Die japanische Verfassung basiert auf drei fundamentalen Prinzipien, der Volkssouveränität, der Achtung vor den Grundrechten und dem vielleicht zu idealistische Pazifismus, und gilt bis heute. Nach der japanischen Verfassung ist der Kaiser kein Souverän mehr, sondern nun ist das japanische Volk der Souverän. Art. 9 der japanischen Verfassung schreibt vor, daß das japanische Volk für immer den Krieg verwirft und darauf verzichtet, Kriegspotential zu unterhalten. Dazu hat die japanische Verfassung einen ausführlichen Katalog der Grundrechte und garantiert sie ohne Gesetzesvorbehalt. Damit wurde Japan erst in der Mitte des 20. Jahrhunderts zu einem freiheitlichen und demokratischen Verfassungsstaat[11].

Trotz der Kehrtwendung der Verfassungsprinzipien sind das Bild und das Verständnis der Verfassung durch die japanischen Bürger nicht anders als vor dem zweiten Weltkrieg. Weil die japanische Regierung unter der Reichsverfassung und dem darunter entwickelten Rechtssystem die japanische Gesellschaft tragisch ins Verderben stieß, haben viele Japaner gewußt, daß die Reichsverfassung kein Schutzmittel für ihr bequemes Alltagsleben sein kann. Deswegen haben die japanischen Bürger diesmal der neuen japanischen Verfassung die Rolle als sicheres Schutzmittel für ihr gutes Alltagsleben gewünscht.

Unter der japanischen Verfassung hat die japanische Gesellschaft raschen Wiederaufbau geleistet. Der Wiederaufbau war das nicht vorrangig deshalb erfolgreich, weil die neue japanische Regierung den Ideen des freiheitlichen und demokratischen Verfassungsstaates treu geblieben ist, sondern deshalb, weil die Regierung und auch der oberste Gerichtshof (OGH) das Lebensniveau in der japanischen Gesellschaft durch die Verfassungswirklichkeit erhoht haben, die ganz anders ist als die in der japanischen Verfassung niedergeschlagenen normativen Inhalten. Die Regierung hat unter dem Namen der „sozialen Wirtschaftsordnung" mit staatlichen Maßnahmen, die freien Wettbewerb in weiterem Maße begrenzen, die Konjunktur gesteuert; sie hat das sogenannte hohe wirtschaftliche Wachstum gebracht, das in den 1960er Jahren angefangen

---

[11] Zur Kennzeichnung der japanischen Verfassung von 1947, bes. Art. 9 vgl. *Inoue*, aaO., S. 491.; zur japanischen Verfassung in Zsammenhang mit dem Rechtsstaatprinzip und dem Demokratieprinzip vgl. *Hisao Kuriki*, Demokratie und Rechtsstaatprinzip aus dem Blickwinkel des japanischen Verfassungsrechts, in: Ulrich Battis / Philip Kunig / Ingolf Pernice / Albrecht Randelzhofer (Hrsg.), Das Grundgesetz im Prozeß europäischer und globaler Verfassungsentwicklung, 2000, S. 227 (228f.).

hat, und infolgedessen ist in der letzten Hälfte des 20. Jahrhunderts das neue Japan wieder zu einer wirtschaftlichen Großmacht in der Welt geworden. Der OGH hat in seinen vielen Urteilen[12] geistiger Freiheit und Selbstentfaltung den Anspruch der Minderheiten, die eine ganz andere Meinung oder Überzeugung als die Mehrheit haben, auf rechtlichen Schutz durch die Betonung des Gefühls der Mehrheit verweigert, und damit die meisten Japaner in ein festgefügtes Werte- und Ordnungsmodell gedrängt. Mit einem Wort hat die durch die Regierung und den OGH verwirklichte Verfassungspraxis, die nicht immer den normativen Inhalten der geschriebenen japanischen Verfassung entspricht und die man daher als die geheime Verfassung qualifizieren kann, die öffentliche Ruhe in der japanischen Gesellschaft hergestellt und das Alltagsleben in gesicherte Verhältnisse gebracht.

Diese japanische Situation setzt die Existenz der japanisch traditioneller Moral- und Wertvorstellungen voraus, die die Regierung und der OGH als wichtiger als den Gedanken des freiheitlichen Verfassungsstaates ansehen dürften[13]. Die japanischen Moral- und Wertvorstellungen werden Verfassungswirklichkeit durch die Gestalt der Verfassungsinterpretation der Regierung und des OGH, und ihre Inhalt bildet die geheime Verfassung[14]. Die japanische Verfassung, die den Inhalt des freiheitlichen und demokratischen Verfassungsstaates als eine fremde Kultur verkörpert, hat gleichsam nur eine Ehrenstellung, und andere Regeln bestimmen das Ordnungsmodell der japanischen Gesellschaft. Es gibt natürlich eine große Kluft zwischen der durch die geheime Verfassung bestimmten Verfassungswirklichkeit und der geschriebenen japanischen Verfassung. Der OGH erklärt jedoch eine solche Verfassungswirklichkeit als verfassungsmäßig bei der Ausübung seines richterlichen Prüfungsrechts. In dieser Weise wird die durch die geheime Verfassung bestimmte Verfassungswirklichkeit in der japanischen Gesellschaft endgültig durch die Verfassungsmäßigerklärung des OGH gerechtfertigt und gefestigt. Je mehr eine solche Verfassungswirklichkeit bzw. die geheime Verfassung die typisch-japanische Traditionen darstellen, desto lieber akzeptieren sie die japanischen Bürger.

Warum nehmen die japanischen Bürger eine solche geheime Verfassung an ? Nach dem zweiten Weltkrieg ist für die japanischen Bürger ihr individuelles Leben in Wohlstand am wichtigsten. Art. 9 der japanischen Verfassung, wie schon gesagt, schreibt den zu idealistischen Pazifismus vor, der beispiellos im Vergleich mit den anderen Ver-

---

[12] Z.B. Urteil des OGH (Großsenat) vom 13.7. 1977, Entscheidungen des OGH in Zivilsachen, Bd. 31, Nr. 4, S. 533 (Abweisung des Anspruchs der religiösen Minderheit auf Nichtigkeit der religiösen Tätigkeit (eine Art von der Feier nach einem religiösen Zeremoniell des Shintoismus bei der Grundsteinlegung der Sporthalle) durch die Gemeinde): Urteil des OGH (Großsenat) vom 1.6. 1988, Entscheidungen des OGH in Zivilsachen Bd. 42, Nr. 5, S. 277 (Abweisung des Anspruchs einer Witwe auf den rechtlichen Schutz der religiösen Persölichkeitsrecht).

[13] Vor allem gilt diese Ansicht für den Aszendentenmord-Urteil des OGH und die Reaktion des Parlaments dagegen. Zu diesem Urteil und der parlamentarischen Reaktion näher vgl. *Inoue*, aaO., S. 496ff. Man kann es glauben, daß dort das japanisch traditionelle Sittlichgefühl der leibenden Verehrung der Eltern zugrunde legt.

[14] Toshiyuki Munesue, Nihonteki Titujo to „Mienai Kenpou" no Kashisei (Die japanische Gemeinschaft und die Erkennbarkeit „der ungeschriebenen Verfassungsnormen"), in: M. Kamiya (Hrsg.), Nihonkokukenpou wo Yominaosu (Nachdenken der japanischen Verfassung), 2000, S. 65 (70ff.): dort wird darauf hingewiesen, daß es in Japan eine große Distanz zwischen der lebenden Verfassung und den geschriebenen Verfassungsnormen gibt.

fassungen und internationalen Pakten bleibt. Der in der japanischen Verfassung vorge-
schriebene Pazifismus ist immer wieder Gegenstand von Disputen bezüglich des
Selbstverteidigungsrechts, weil es die Selbstverteidigungsmacht in Japan gibt[15]. Trotzdem glauben die Japaner, daß sie mindestens dank des in der japanischen Verfassung
vorgeschriebenen Pazifismus, der nicht immer gleich mit den verfassungrechtlichen
normativen Inhalt ist und dessen Wirklichkeit daher auch ein Beispiel der geheimen
Verfassung darstellt, in Frieden leben können und ihr Leben damit geschützt wird.
Und um das Leben zu erhalten, muß man gutes Alltagsleben führen. In dieser Hinsicht hat die geheime Verfassung Japan zum wirtschaftlichen Aufschwung geführt.
Mit anderen Worten haben die Japaner dank der geheimen Verfassung Frieden und
großes Wohl genießen können. Für die japanischen Bürger bleibt die Verfassung auch
heute noch ein wichtiges Schutzmittel für das gute Alltagsleben. Den japanischen
Bürgern ist es der endgültige Zweck der Verfassung, das gute Alltagsleben zu erhalten.
Aber dieses Verständnis enthält keinen Gedanken, daß der Zweck der Verfassung ist,
die staatliche Gewalt rechtlich zu begrenzen und damit die Freiheit des Einzelnen zu
schützen[16]. Und das typisch-japanische Verständnis der Verfassung taucht immer wieder im japanischen Grundrechtsverständnis auf.

2. Das japanische Grundrechtsverständnis als die staatlich zu schützenden Interessen

Der Gedanke und die Vorstellung der Grundrechte und Menschenrechte wurde
und wird in der japanischen Verfassungslehre bis heute von westlichen Verfassungsstaaten rezipiert. Und die japanische Lehre bemüht sich, diese Gedanken und Vorstellungen in der japanischen Gesellschaft oder dem japanischen Volk zu verwurzeln[17].
Trotzdem stehen diese westlichen Gedanken und Vorstellungen in Japan nicht auf sicheren Füßen.

In Japan gibt es keine Tradition der Gewährleistung der Grundrechte. Die Reichsverfassung garantierte dem japanischen Volk als Untertan des Kaisers Rechte nur unter dem Gesetzesvorbehalt. Sogar unter der Reichsverfassung hat das japanische Volk
daher gedacht, daß es als die Untertanen nur die unter dem Gesetzesvorbehalt gewährten Rechte als vom Kaiser gewährte besitzt[18]. Hingegen gewährleistet die japanische Verfassung dem japanischen Volk Grundrechte und Menschenrechte als unan-
tastbare ewige Rechte ohne Gesetzesvorbehalt (Art. 11 und 97). Aber in dem gewöhnlichen Bewußtsein besteht die geistige Haltung der Japaner fort, die durch den
bereitwilligen Gehorsam gegenüber der Autorität und zugleich durch die Gering-

---

[15] Zu den Problemen vgl. *Teruya Abe* und *Masanori Shiyake*, Die Entwicklung des japanischen Verfassungsrechts von 1965–1976 unter besonderer Berücksichtigung der Rechtsprechung, JöR 26 (1976),
S. 595 (598 ff.).

[16] Zu diesem japanischen Verständnis bzw. Bewußtsein der Verfassung vgl. *Annen*, aaO., S. 40 f. Auch
Kuriki, Der Verfassungsstaat, aaO., S. 186, verweist darauf, „Der Gedanke, daß der Einzelne seine subjective Rechte gegenüber dem Herrscher und dem Staat beanspruchen kann, ist in der japanischen Tradition
nicht verwurzelt."

[17] *Inoue*, aaO., S. 491.

[18] Zu diesen Hinweis vgl. *Kuriki*, Der Verfassungsstaat, aaO., S. 185.

schätzung des Einzelnen gegenüber dem Ganzen gekenzeichnet ist. Diese Charakter-
züge der Japaner waren und sind nicht zugunsten der Gewährleisteung der Grundrechte, und infolgedessen war und ist es für die Japaner sehr schwer, zu verstehen, wie
es heißt, daß Grundrechte von der als obersten Rechtsnorm gegebenen Verfassung
gewährleistet werden.

Auch der OGH unterschätzt die durch die japanische Verfassung garantierten
Grundrechte. Der OGH ist nichts anderes als die Revisionsinstanz aller Gerichte und
nimmt grundrechtliche Erwägungen nur im Rahmen der Revisionsprüfung vor. Die
verfassungsrechtliche Prüfung ergeht nur im Rahmen zivil-, verwaltungs- oder strafrechtlicher Verfahren. Für den OGH ist es nur von Interesse, jeweils eine rechtliche
Streitsache in einem konkreten Fall zu lösen, in dem die zivil-, verwaltungs- oder
strafprozessualen Zulässigkeitsvoraussetzungen erfüllt sein müssen; es ist nicht von Interesse, ein verfassungsrechtliches Problem zu entscheiden[19]. Der OGH muß die Entscheidung im Laufe eines Verfahren eher unter Berücksichtigung und Gewichtung
der verschiedenen einschlägigen Interessen treffen. Dabei behandelt der OGH die
grundrechtliche Freiheit oder die grundrechtlich geschützte Interesse nur als im konkreten Fall zu berücksichtigende Interessen. Darüber hinaus übt der OGH seine
Kompetenz zur Verfassungsmäßigkeitsprüfung als richterliches Prüfungsrecht sehr zurückhaltend aus[20]. In vielen Urteilen[21] hat der OGH gesetzliche Bestimmungen oder
andere Hoheitsakte, die Grundrechte des Einzelnen einschränken, für verfassungsmäßig erklärt. Daher gibt es in Japan viele gesetzliche Regelungen, die Grundrechte des
Einzelnen einschränken und die nur die japanische Verfassungslehre wegen der
Grundrechtsverletzung als verfassungswidrig qualifiziert.

Hinter dieser Situation in Japan besteht das gewöhnliche Grundrechtsverständnis.
Die japanischen Bürger glauben, die Gewährleistung der Grundrechte bedeute, daß
viele Leute ein reiches Leben in der friedlichen Gesellschaft ohne Diskriminierung
führen können. Um ein solches Leben führen zu können, sollen alle Leute gleiche
Leistungen durch den Staat erhalten. Wenn man Schwierigkeiten hat, dann kann man
dem Staat gegenüber ein Recht auf Schutz haben. Grundrechte gewähren dem Ein-
zelnen solche staatlichen Leistungen. Mit anderen Worten verstehen die japanischen
Bürger Grundrechte als staatlich zu schützenden Interessen. In Japan bedeuten
Grundrechte nämlich keine Freiheit vom Staat, sondern den Schtuz des japanischen
Volkes durch den Staat. Umgekert formuliert, verpflichtet sich der Staat dazu, Leben,
Freiheit und Eigentum des japanischen Volkes, die in der japanischen Verfassung als
Grundrechte gewährleistet werden, zu schützen. Und dieses Grundrechtsverständnis
wird zu einem tragenden Moment der geheimen Verfassung in Japan[22].

---

[19] Zur Eigenschaft des richterlichen Prüfungsrechts nach der japanischen Verfassung vgl. *Inoue*, aaO.,
S. 495f.; *Kuriki*, Demokratie und Rechtsstaatlichkeit, aaO., S. 233ff.

[20] Zu dieser Haltung des OGH vgl. *Go Koyama*, Der Doppelcharakter der Grundrechte aus japanischer
Sicht, in: Joachim Burmeister (Hrsg.), Verfassungsstaatlichkeit, Festschrift für Klaus Stern zum 65. Geburtstag, 1997, S. 875 (886).

[21] Bis heute hat der OGH nur sechsmal Hoheitsakte für verfassungswidrig erklärt. Zu solchen Verfas-
sungswidrigerklärungen vom OGH vgl. Inoue, aaO., S. 496f., 498f. 503.

[22] Dieses Gruntrechtsverständnis ist anders als der Gedanke der grundrechtlichen Schutzpflicht in
Deutschland. In Deutschland bedeuten Grundrechte erstens Abwehrrechte vor den staatlichen Eingriff als
subjektive öffentliche Rechte. Dagegen bedeuten Grundrechte unter dem japanischen Verständnis nur in
außerordentlicher Lage Abwehrrechte. Zu diesem Unterschied vgl. Munesue, aaO., S. 75ff.

Dieses Verständnis beruht auf dem japanischen Freiheitsbewußtsein. Die Japaner haben eine starke Tendenz dazu, eine homogene Gesellschaft herzustellen und nach dem Geist der Harmonie zu handeln. Die Japaner haben auch ein sehr starkes Massenbewußtsein. Dies führt zu einer Tendenz, zwischen „uns" und „euch" zu unterscheiden und von der Masse solche Menschen auszuschließen, die in ihren Eigenschaften von dieser abweichen[23]. Wenn ihr etwa neues macht, möchten wir auch das Gleiche mit euch machen. Dabei muß der Staat uns die Voraussetzungen geben, unter denen wir das Gleiche mit euch machen können. Wenn ihr die harmonisierte Ordnung in der homogenen Gesellschaft stört, auch wenn ihr die grundrechtliche Freiheit ganz zu Recht ausübt, muß der Staat eure Grundrechtsausübung regeln. Aus diesem Bewußtsein ergibt sich ein Bild der typischen Japaner, das keinen selbständigen und eigenverantwortlichen, sondern einen gemeinschaftsgebundenen und gemeinschaftsabhängigen Menschen zeichnet[24].

Die japanische Verfassungslehre weist oft darauf hin, daß die gewöhnliche Vorstellung der Freiheit in Japan etwas verzerrt ist. Die japanischen Büuger verstehen die grundrechtlichen Freiheiten als die folgenden. Die Anerkennung der Freiheit bringe die harmonisierte Ordnung der homogenen Gesellschaft in Verwirrung. Der Überschuß an Freiheit müsse durch den Staat geregelt werden. Daher müsse der Staat grundrechtliche Freiheitsausübung von den Bürgern unter Bewachung stellen. Der Staat müsse die Rolle eines Verwalters der grundrechtlichen Freiheit spielen. Der Staat sei kein Feind der Grundrechte, sondern deren wichtigste Beschützer[25].

Die japanische Verfassung hat ein anderes Klima als das Grundgesetz. Die japanische Verfassungslehre muß noch die Freiheit vom Staat als den ersten normativen Inhalt der Grundrechte betonen. Die japanische Verfassungslehre erkennt es schon, daß der Schutzpflichtengedanke zunehmend Beachtung findet[26]. In Japan gibt es jedoch schon viele Gesetze, die sehr abstrakt im Namen des Schutzes des Lebens, der Freiheit und des Eigentums des japanischen Volkes eine gerechte Grundrechtsausübung einschränken und daher Grundrechte des Einzelnen zu verletzen erscheinen. Angesichts des gewöhnlichen Bewußtseins ist die herrschende Meinung der Verfassungslehre nach wie vor grundsätzlich gegen die Deutung, aus den Grundrechten das Gebot zu einer staatlichen Schutzpflicht zu entnehmen. In Japan ist es wichtiger, den Gedanken der Grundrechte als Freiheit vom Staat und die Vorstellung der Grundrechte als durch die Verfassung gegen den Staat geschützten autonomen Selbstbereich im japanischen Volk zu verwurzeln[27].

---

[23] Zum japanischen Massenbewußtsein vgl. *Inoue*, aaO., S. 508.

[24] Zu diesem Bild der typischen Japaner vgl. *Koichi Aoyagi*, Ningen no Songen to Kojin no Soncho (Die Menschenwürde und die Achtung des Einzelnen), in: Forschungsgesellschaft für deutsches Verfassungsrechts (Hrsg.), Ningen, Kagakugijutu und Kankyo (Menschen, Technologie und Umwelt), 1999, S. 367 (376f.).

[25] Zu diesem Hinweis auf dem gewöhnlichen Bewußtsein aus der Verfassungslehre vgl. *Shigenori Matsui*, Kojin Joho Hogohoan to Kihonteki Jinken (Gesetzesentwurf zum Schutz individualler Informationen und fundamentale Menschenrechte), Die Ashahi Zeitung (Nacht-Fassen) vom 07. 06. 2002, S. 14; Annen, aaO., S. 44; Munesue, aaO., S. 70ff.

[26] Zur japanischen Situation der Verfassungslehre, bes. der Grundrechtslehre vgl. *Koyama*, aaO., S. 881.

[27] Daß man das Menschenbild der Gemeinschaftsgebundenenheit dort betont, wo viele Leute Neigung dazu haben, gemeinschaftsgebundene Menschen zu sein, stellt großes Problematik zur Grundrechtslehre. Zum diesem Hinweis vgl. *Aoyagi*, aaO., S. 377.

IV. Schlußbemerkung

Im Jahre 2002 hat die Fußballweltmeisterschaft in Japan und Korea stattgefunden. In Japan gewann die öffentliche Meinung immer mehr an Boden. Jetzt unterhalten viele Japaner sich über die Fußballspielen. Aber es ist unbestimmt, ob sich der Fußball als eine Art „Sportkultur" in Japan zukünftig verwurzeln wird, weil auch Fußball eine fremde Kultur ist[28].

Man kann sagen, daß Japan ein Verfassungsstaat ist. In Japan erscheint der Konstitutionalismus tief verwurzelt zu sein. Es ist jedoch sehr zweifelhaft, ob der unter dem japanischen Volk verbreitete Konstitutionalismus echt im europäischen Sinne ist. Der Konstitutionalismus ist auch heute noch eine fremde Kultur in Japan. Die Japaner rezipierten ihn vor ca. 120 Jahren aus den europäischen Staaten, um das damals wichtigste Staatsziel (die Revision der ungleichen Verträge) zu erreichen. In Japan war der Konstituitonalismus von Anfang an ein Mittel zum Zweck. Jetzt ist das Verständnis nicht anders.

Nach dem zweiten Weltkrieg unterstützen viele Japaner die japanische Vefassung von 1947. Der Grund dafür ist nicht, weil sie dem japanischen Volk Freiheiten als Grundrechte ohne Gesetzesvorbehalt gewährleistet, sondern, weil sie dem japanischen Volk ein reiches Leben in einer friedlichen Gesellschaft anbietet. Angesichts dieses Verständnisses kann man vermuten, daß das japanische Volk sehr einfach die japanische Verfassung verwerfen würde, wenn sie nicht mehr ein gutes Alltagsleben des Volkes schützen kann, auch wenn sie die echten Ideen des Konstitutionalismus verkörpert.

Seit der letzten Hälften der 1990er ist die wirtschaftliche Lage in Japan schlechterdings katastrophal. Infolgedessen tritt eine lebhafte Diskussion über die Verfassungsänderung in den Vordergrund. Jetzt muß man die Frage stellen, ob wir Japaner wirklich die jetzige japanische Verfassung zu ändern brauchen. Wir Japaner verwirklichen noch nicht zu Genüge die Ideen des Konstituionalismus im echten Sinne, den die japanische Verfassung verkörpert. Auch wenn nur scheinbar, setzen bis heute die Japaner den Konstitutionalismus ohne geistige Tradition in die Praxis um. Viele Japaner glauben, wie ein japanischer Schriftsteller sagt, daß der Gedanke immer von außen kommt und daher nur Gegenstand der Forschung ist[29]. Der Konstitutionalismus dient den Japanern wie ein Gefäß zum Erreichen des jeweiligen Staatsziels. Der Inhalt im Gefäß wandelt sich nach dem jeweiligen Bedarf der Regierung und des Volkes. Die letztere Diskussion zur Verfassungsänderung entfaltet sich unter dem Stichwort „Gestalt dieses Staates". Dabei stellt man zur Diskussion, womit wir Japaner das Gefäß des Konstitutionalismus füllen können.

Bei dieser Fußballweltmeisterschaft war die japanische Mannschaft sehr engagiert. Die Kernspieler in der japanischen Mannschaft spielen in den europäischen Fußballligen, z.B. in Deutschland, in Italien, in England oder in der Niederlanden. Und der

---

[28] Ein japanischer Sportsoziologe weist auf dieses Bedenken hin. Dazu vgl. *Toshio Nakamura*, Die Asahi Zeitung vom 03.06. 2002, S. 29.

[29] *Ryotaro Shiba*, Kono Kuni no Katachi (Gestalt dieses Staates), Bd. 1, 1993, S. 18ff.: Er schreibt, daß die Japaner geschichtlich viele Bücher von außn importieren und daraus viele Gedanken lernen, aber ihr Wissen der Gedanken nicht praktisch anwenden.

Leiter der japanischen Mannschaft war ein Franzose. Die japanische Fußballspieler haben eifrig den europäischen Stil gelernt und nachgeahmt. Im 21. Jahrhundert müssen die Japaner den echten Gedanken und die echte Vorstellung des Konstitutionalismus, vor allem der Grundrechte, ebenso eifrig lernen, wie bei im Fußball.

Die Verfassungsgerichtsbarkeit als gemeinsames Werk von Gericht, Regierung und dem Parlament in Japan

– In Zusammenhang mit dem Lepra-Prozess –

von

Dr. Tsuyoshi Hatajiri

Professor für öffentliches Recht an der Josai Universität in Saitama

Problematik

Die Verfassungsgerichtsbarkeit gehört heute „zu den Elementen des Verfassungsstaates, die vielfältig rezipiert, weiterentwickelt, auch verändert und immer neu erprobt werden" (P. Häberle). Obwohl diese Verfassungsgerichtsbarkeit den gegenwärtig bestehenden Verrfassungsstaaten gemeinsam ist, unterscheidet sich die konkrete Institution und deren Anwendung – wie die Befugnisse der Gerichtshöfe und die einzelnen Verfahren – je nach politischer, wirtschaftlicher und gesellschaftlicher Situation des jeweiligen Staates. Und wenn man die Verfassungsgerichtsbarkeit nicht nur als Vorgang innerhalb der Gerichtsbarkeit, sondern auch als einen zeitlich und räumlich breit angelegten Prozess betrachtet, angefangen von der Vorstufe der Klageerhebung über den Prozess bis zur Reaktion des Staates, der Bürger und der akademischen Kreise, so gibt die Art und Weise, in der dieser Prozess abläuft, ein wirklichkeitsgetreues Spiegelbild der „Verfassungskultur" des jeweiligen Staates.

Im Mai 2001 wurde von einem Landesgericht der Präfektur Kumamoto auf Kyushu eine „historische Entscheidung" getroffen. Mit diesem Urteil wurde die langjährige Politik der Isolierung Lepra-Kranker scharf kritisiert und zugleich die Handlungsweise vom Gesundheitsministerium und Parlament, die diese Politik nicht umgesetzt haben, als verfassungswidrig verurteilt. Gleichzeitig wurden durch dieses Urteil akademische Kreise und Bürger, die diese Politik des Staates zugelassen hatten, indirekt zur Verantwortung gezogen. Das Urteil fand bei der Regierung und dem Parlament, in akademischen Kreisen und im Bürger großen Widerhall.

Durch die Analyse von diesem Urteil und der Regierungerklärung dazu sowie dem Entschuldigungsbeschluss des Parlaments soll dieser Vortrag zum Verständnis der Verfassungskultur des gegenwärtigen Japan einen kleinen Beitrag leisten.

1 Voraussetzungen

(1) Zur Behauptung im Rahmen eines Staatshaftungsprozesses, die Unterlassung der Gesetzgebung sei verfassungswidrig

1) § 1 Abs. 1 des Staatshaftungsgesetzes bestimmt: „Fügt ein zur Ausübung der öffentlichen Gewalt ermächtigter Beamter bei der Ausübung seines Amts vorsätzlich oder fahrlässig einem anderen widerrechtlich Schaden zu, so ist der Staat oder die öffentliche Gebietskörperschaft dem anderen zum Ersatz verpflichtet." Wie aus dem Wortlaut hervorgeht, handelt es sich bei diesem Absatz ursprünglich um eine Bestimmung zur Haftung auf Schadenersatz für den Fall, dass ein einzelner zur Ausübung der öffentlichen Gewalt ermächtigter Beamter bei der Ausübung seiner für den Einzelfall gesetzlich festgelegten Befugnis eine rechtswidrige Handlung getätigt hat.

Bisher wurde jedoch in vielen Fällen der Prozess um den Anspruch auf Staatshaftung von diesem eigentlichen Zweck des Gesetzes abweichend, auch als Gelegenheit genutzt, einen Gesetzgebungsakt (oder die Unterlassung der Gesetzgebung) der Abgeordneten im Allgemeinen zum Streitgegenstand zu machen.

2) Am 21. 11. 1985 wurde vom Oberstergerichtshof (OGH) im Urteil zur „Abschaffung des häuslichen Stimmabgabeverfahrens" die Möglichkeit, im Zuge des Prozesses um den Staatshaftungsanspruch einen Gesetzgebungsakt des Parlaments zum Streitgegenstand zu machen, beinahe vollständig geleugnet. Eine der Kernaussagen sei im folgenden zitiert. „Nur in Ausnahmefällen, in denen – schwer vorstellbar – das Parlament, obwohl der Inhalt einer Gesetzgebung einer eindeutigen Bestimmung der Verfassung widerspricht, das betreffende Gesetz durchführt, wäre die Gesetzgebungsakte der Abgeordneten in der Anwendung des § 1 Abs. 1 Staatshaftungsgesetz als rechtswidrig anzusehen".

(2) Der Prozess um die Maßnahmen gegen Lepra

Die Maßnahmen gegen Lepra bestanden in Japan darin, dass man die Lepra-Kranken vollständig von dem übrigen Bürger isolierte. 1953 wurde, trotz der 1947 erfolgten Verankerung der Menschenrechte in der japanischen Verfassung, das „Gesetz zur Vorbeugung gegen Lepra" erlassen. Dieses Gesetz beschränkt Recht und Freiheit der Lepra-Patienten durch die Zwangsunterbringung in Krankenanstalten nicht weniger als das alte Gesetz. Durch neue medizinische Entwicklungen hatte man sowohl auf internationaler Ebene als auch in Japan allmählich erkannt, dass eine Isolierung der Lepra-Kranken nicht notwendig sei. Dennoch kam es nicht zu einer Änderung der Vorgehensweise des Staates in Form einer Revision der Isolationspolitik.

Erst im Januar 1996 entschuldigte sich die Regierung offiziell für die Behandlung der Lepra-Kranken und erklärte gleichzeitig, eine Gesetzesvorlage zur Abschaffung des Gesetzes dem Parlament vorzulegen. Im März wurde dieses Gesetz abgeschafft und die nicht weniger als 90 Jahre lang praktizierte Politik der Isolierung Lepra-Kranker offiziell aufgehoben.

Angesichts dieser Situation strengten die damaligen und ehemaligen Lepra-Kranken gegen den Staat einen Prozess um Staatshaftungsanspruch an, um wegen der durch das Gesetz und die Lepra-Isolierungspolitik der Regierung erfolgten Zwangsunterbringung in den Krankenanstalten und der damit verbundenen Diskriminierung Schadenersatz zu beanspruchen. Dabei wurde ihre Behauptung wie folgt begründet: Dass die Abgeordneten das Gesetz erlassen und es bis 1996 weder geändert noch abgeschafft haben, sei verfassungswidrig.

2 Urteil des Landesgerichts Kumamoto (11. Mai 2001)

1) Zunächst bestätigt das Landesgericht Kumamoto, dass es bei der Entscheidung dieses Falles dem 1985 vom OGH gefällten Urteil folgt. Dann betont das Landesgericht, dass dieser Fall weder mit dem OGH-Urteil von 1985 noch mit anderen diesem (OGH-Urteil) folgenden Urteilen verglichen werden könne, weil erstens der Gegenstand ein anderer sei und zweitens die Grundlage für die Beweisführung nicht angewendet werden könne.

2) Darüber hinaus interpretiert das Landesgericht die Voraussetzung, unter der nach dem Urteil des OGH der Gesetzgebungsakt des Parlaments hinsichtlich des Staatshaftungsgesetzes in Frage kommen soll, wie folgt: „Dass der Inhalt einer Gesetzgebung einer eindeutigen Bestimmung der Verfassung widerspricht, kann nicht als unbedingte Voraussetzung für die Bestätigung, dass ein Gesetzgebungsakt im Staatshaftungsgesetz verfassungswidrig angesehen werden. Die Verwendung des Wortlautes ‚dass der Inhalt einer Gesetzgebung einer eindeutigen Bestimmung der Verfassung widerspricht‘ in einer Reihe von OGH-Urteilen, hätte keine andere Funktion als zu betonen, dass es auf höchst spezielle, außergewöhnliche Fälle beschränkt sein soll, einen Gesetzgebungsakt in der Anwendung des § 1 Abs. 1 Staatshaftungsgesetzes als verfassungswidrig einzustufen."

3) Die oben erwähnte Interpretation wandte das Landesgericht auf den betreffenden Fall an und urteilte, dass die Unterlassung, das Gesetz weder geändert noch abgeschafft zu haben, auf einen sonst überhaupt schwer vorstellbaren und höchst speziellen, außergewöhnlichen Fall zutreffe.

„Man sollte feststellen, dass durch die im Gesetz enthaltene Bestimmung über die Isolierung von Lepra-Kranken schon zum Zeitpunkt seiner Erlassung in der Absicht, der Krankheit vorzubeugen, den Betroffenen eine kaum zumutbare Einschränkung der Menschenrechte auferlegt worden und dass zugunsten der öffentlichen Gesundheitsfürsorge das Ausmaß einer vernünftigen Begrenzung der Rechte einer Minderheit überschritten worden war. Und spätestens 1960 war die Verfassungswidrigkeit dieser Bestimmung evident geworden. … Wenn man die Bedeutung der Menschenrechtsverletzung, die durch die im Gesetz enthaltene Bestimmung über die Isolierung der Lepra-Kranken herbeigeführt wurde, und die Notwendigkeit eines für diesen Fall geeigneten Rechtsmittels berücksichtigt, ist es zutreffend, wegen Unterlassung der Gesetzgebung der Abgeordneten, die in einem einzigartigen und höchst speziellen Fall die im Gesetz enthaltene Bestimmung über die Isolierung Lepra-Kranker weder – was spätestens 1975 zu erwarten gewesen wäre – geändert noch abgeschafft haben, die Rechtswidrigkeit in der Anwendung des § 1 Abs. 1 Staatshaftungsgesetz zu billigen."

3 Reaktion der Regierung und des Parlament

(1) Die Regierungserklärung (25.Mai 2001)

Anfangs hatte die Regierung geplant, erst nach Berufungseinlegung beim Oberlandesgericht einen Vergleichsvorschlag zu machen. Schließlich wurde von der Regierung entschieden, auf Berufung zu verzichten, gleichzeitig jedoch am Urteil in rechtlicher Hinsicht ernste Zweifel zu äußern.

Diese Vorgehensweise wurde unter Berücksichtigung des schwer wiegenden Tatbestandes der Verletzung der Menschenrechte, aus Rücksicht auf die vielen Opfer und die Notwendigkeit möglichst frühzeitiger Rehabilitation und Entschädigung älterer Kranker gewählt.

„Da das betreffende Urteil einige ernst zu nehmende juristische Probleme in Verbindung mit dem fundamentalen Wesen der Staatsverwaltung enthält, müsste die Regierung eigentlich ein Berufungsverfahren anstrengen und dadurch hinsichtlich dieser Probleme um ein Urteil der Oberinstanz bitten."

Einerseits handelt es sich um die Entschuldigung bei den gegenwärtigen und ehemaligen Lepra-Patienten. Andererseits legt die Regierung in Bezug auf die Rechtstheorie, die vom Gericht angewandt wurde, Zweifel vor; vom Standpunkt der betroffenen Partei aus wird festgestellt, dass mit dem betreffenden Urteil juristische Probleme verbunden sind, die den Kern der Interpretation des Staatshaftungsgesetzes betreffen; „Im Gegensatz zu OGH-Urteil liegt dem betreffenden Urteil eine in Bezug auf die rechtliche Verantwortung für die nicht vorsätzliche Unterlassung der Abgeordneten weite Auslegung zugrunde. Ein Urteil wie dieses stellt eine drastisch über das Prüfungsrecht eines Gesetzes hinausgehende Beschränkung der Aktivitäten der Abgeordneten dar, was der oben erwähnten Rechtsprechung widerspricht. Daher kann dieses Urteil als Auslegung des Staatshaftungsgesetzes nicht akzeptiert werden."

(2) Beschluss des Parlaments (7. u. 8. Juni 2001)

Auch das Parlament, ebenfalls Partei dieses Prozesses, nahm den „Beschluss über die Lepra-Frage" an.

In diesem Beschluss entschuldigte sich das Parlament als gesetzgebendes Organ bei den gegenwärtigen und ehemaligen Lepra-Patienten und stellte gleichzeitig hinsichtlich seiner Verantwortung fest, „dass wir, das Urteil des OGH 1985 verstehend, dieses Urteil des Landesgericht ernsthaft annehmen, um die Lepra-Frage unverzüglich und umfassend zu lösen. Wir übernehmen die Verantwortung dafür, dass durch das Festhalten am Gesetz die Politik der Zwangsisolierung möglich war. Um derartiges Unglück in Zukunft nie wieder zuzulassen entschließen wir uns, unverzüglich gesetzliche Maßnahmen zur Rehabilitation und Entschädigung der gegenwärtigen und ehemaligen Lepra-Patienten zu treffen."

Am 22. Juni wurde das „Gesetz über die Entschädigungszahlung für die Patienten von Lepra-Krankenanstalten" erlassen, das dem Urteil des Landesgerichts Kumamoto fast zur Gänze entspricht. In der Präambel des Gesetzes wurden Selbstkritik und Entschuldigung für die verspätete Abschaffung des Gesetzes, das – darauf hatte das Landesgericht Kumamoto hingewiesen – der Isolationspolitik zugrunde lag, deutlich ausgesprochen.

Schlusswort

Es ist die Gewichtigkeit des Falles, d.h. die schwer wiegende Verletzung der Menschenrechte, die dieses Urteil und eine Reihe von Reaktionen darauf bestimmen. Wie das Landesgericht Kumamoto feststellt, betrifft die durch das neue Gesetz bewirkte Verletzung der Menschenrechte weit mehr als nur eine Einschränkung des Rechtes auf Freizügigkeit.

„Die Isolierung stellt für die Lepra-Patienten eine massive Beeinträchtigung ihrer Lebensqualität dar. Einer wird gezwungen, seine bisherige Ausbildung abzubrechen, ein anderer muss auf die Ausübung des gewählten Berufes verzichten, ein Dritter auf die Möglichkeit, zu heiraten und eine Familie zu gründen, einem Weiteren wird weitgehend untersagt, mit seiner Familie zu leben. Auf ganz verschiedene Weise beeinflusst die Isolation das Leben der Betroffenen und zerstört die Zukunftsaussichten und Entwicklungsmöglichkeiten, die man jedem Menschen gewähren müsste. Daher hat die Verletzung der Menschenrechte Auswirkungen auf die gesamte Lebensführung des Betreffenden. Das Ausmaß der Einschränkung der Menschenrechte kann am Beispiel der nicht gewährten Freiheit, den Wohnort selbst zu bestimmen, nicht ausreichend sichtbar gemacht werden, daher ist es angemessen, die Begrenzung der Menschenrechte als eine wesentlich umfassendere zu betrachten, als es die Verletzung des Persönlichkeitsrechts, das sich aus Art. 13 der japanischen Verfassung ableitet, darstellt."

Staat, Juristenkreise und Bürger standen der schweren Verletzung der Menschenrechte allzu indifferent gegenüber. Trotz möglicher Vorbehalte gegenüber der rechtstheoretischen Darlegung sind die Fakten, auf die das Landesgericht Kumamoto in diesem Urteil hingewiesen hat, unbestritten. Die Schwere der genannten Fakten ist es, die schließlich Gericht, Kabinett, Parlament und Bürger erschüttert hat.

Es ist selten, dass das Urteil eines Landesgerichts so schnell wie in diesem Fall die Regierung und das Parlament in Bewegung bringt . Aber diese Aktion und Reaktion selbst von dem Gericht, der Regierung und dem Parlament waren nicht besonders sensationell. Indem das Gericht, die Regierung und das Parlament vom bisherigen Standpunkt immerhin einen kleinen Schritt abwichen, konnte doch vieles verwirklicht werden.

Das Landesgericht Kumamoto hat die Absicht gehabt, das OGH-Urteil nicht direkt zu negieren, sondern – diesem zwar folgend – eine andere Methode anzuwenden, nämlich es um die durch das OGH-Urteil 1985 praktisch zwar fast geleugnete, theoretisch jedoch offen gelassene Möglichkeit zu erweitern. Dadurch, dass man dem OGH-Urteil folgte, wurde immerhin der Widerstand von der Regierung und dem Parlament abgeschwächt.

An dieser Regierungserklärung, auf Berufung zu verzichten, gleichzeitig jedoch am Urteil in rechtlicher Hinsicht ernste Zweifel zu äußern, wird nicht nur in Bezug auf ihren Inhalt, sondern auch in formaler Hinsicht („Unabhängigkeit der Justiz") eine harte Kritik geübt. Jedoch muss eingeräumt werden, dass mit dieser Erklärung sowohl in Bezug auf die Entschuldigung bei den ehemaligen Lepra-Patienten als auch, was deren Rehabilitation und Entschädigung betrifft, ein großer Schritt vorwärts getan wurde. Die im Zuge dieses Lepra-Prozess entstandenen Bewegungen zeigen, wie wichtig hinsichtlich einer Verfassungsgerichtsbarkeit nicht nur Gerichtsurteile, sondern auch die Reaktionen von der Regierung und dem Parlament sind.

Was Verfassungsgerichtsbarkeit in Japan betrifft, wurde bisher stets darauf hingewiesen, dass Gerichte sich bei einem Verfassungsproblem zurückhaltend verhalten, politische Organe wie das Kabinett und das Parlament auf die Gerichtsurteile träge reagieren, zwischen akademischer und praktischer Jurisprudenz eine Diskrepanz besteht und dem Bürger das Interesse fehlt. Die mit diesem Prozess einhergehenden Bewegungen haben innerhalb der herkömmlichen „Verfassungskultur" einen Stein ins Rollen gebracht. Und dies ist noch bemerkenswerter, wenn man bedenkt, dass das 90 Jahre andauernde Leiden der Lepra-Patienten zum Anlass für diese Veränderung wurde.

Der Beitrag des Zivilrechts zur Europäischen Rechtskultur

– aus der Optik des österreichischen und schweizerischen Privatrechts –[*]

von

Prof. Dr. E. A. Kramer

Basel

I.

Bei aller Dankbarkeit dafür und Freude darüber, dass auf einem Symposium, das für meinen verehrten staatsrechtlichen Freund, Peter *Häberle*, ausgerichtet wird, auch dem Privatrechtler eine Nische eingeräumt worden ist, möchte ich doch gleich vorausschicken, dass es ein verwegenes und von vornherein zum Scheitern verurteiltes Unterfangen wäre, so wie angekündigt, d.h. im Zeitrahmen von zwanzig Minuten, tout court über die Bedeutung des Privatrechts für die Europäische Rechtskultur insgesamt zu sprechen.[1] Wie uns allen bewusst ist, ist es ja gerade das Privatrecht mit seiner auf das Römische Recht zurückführenden großen Geschichte, das spätestens ab den Zeiten der Rezeption die Grundlage für eine (sich nicht nur im Privatrecht niederschlagende) gemeineuropäische Rechtskultur[2] gelegt und damit eine Tradition der Rechtseinheit begründet hat, die heute, angesichts einer unter der Ägide der EU sich kontinuierlich verstärkenden Tendenz zur Privatrechtsharmonisierung – also nicht mehr unter dem Banner von Bologna, sondern unter dem Zeichen Brüssels[3] –, eine neue Aktualität erhält. In diesem Sinn darf ich ein Zitat aus dem berühmten Werk Paul *Koschakers* über „Europa und das Römische Recht" vorausschicken: „Es gibt kei-

---

[*] Kurzreferat am (aus Anlass der Emeritierung von Peter *Häberle* veranstalteten) Symposium „Wissenschaftsdialog der Rechtskulturen" am 12.7. 2002 an der Universität Bayreuth. Die Vortragsform wurde beibehalten.

[1] Im offiziellen Bayreuther Tagungsprogramm fehlte der in der vorliegenden Druckfassung hinzugesetzte, einschränkende Untertitel.

[2] Zur römischrechtlichen Grundlage der europäischen Privatrechtskultur (mit Fokussierung auf das Schuldrecht) s. das faszinierende Werk von *Zimmermann*, The Law of Obligations. Roman Foundations of the Civilian Tradition (1990); über „Europa und das römische Recht" *Zimmermann*, AcP 202 (2002) 243ff.

[3] S. *Coing*, Von Bologna bis Brüssel. Europäische Gemeinsamkeiten in Vergangenheit, Gegenwart und Zukunft (1989).

ne Sparte der Rechtswissenschaft, die so ausgesprochen europäischen Charakter trägt
wie die Privatrechtswissenschaft, aus dem einfachen Grunde, weil sie, als sie in strah-
lendem Glanze vor rund 850 Jahren in der Rechtsschule der Glossatoren zu Bologna
sich erhob, in dieser langen Zeit einen nicht unwesentlichen Baustein zu dem Aufbau
des Gebildes geliefert hat, das wir heute Europa nennen".[4]

Um angesichts des engen Zeitrahmens unseres Symposiums nicht an der Weite dieser gesamteuropäischen Thematik zu scheitern, möchte ich meine folgenden Betrachtungen von vornherein auf die spezifischen Beiträge der für mich heimatlichen österreichischen und schweizerischen Privatrechtspartikularkulturen für die europäische
Rechtskultur fokussieren. Zwar stehen auch die Privatrechtsordnungen Österreichs
und der Schweiz in der gerade angedeuteten gesamteuropäischen Perspektive, was besonders sinnfällig in der im 19. Jahrhundert sowohl in Österreich als auch in der
Schweiz florierenden Pandektistik zum Ausdruck gekommen ist;[5] doch gibt es – wie
in den anderen europäischen Privatrechtsordnungen des Civil Law-Rechtskreises,
vom Common Law ganz zu schweigen – eben auch spezifische Eigenständigkeiten
dieser beiden nationalen Privatrechtstraditionen. Solche, bei allen prinzipiellen Gemeinsamkeiten doch nicht zu leugnenden Diversitäten begründen ja nicht zuletzt das
besondere Kennzeichen des Europäischen Privatrechts. So gesehen ist – ganz i.S. der
„*discordia concors*" Jacob *Burckhardts*[6] – gerade diese Diversität der Rechtskulturen, so
paradox es klingen mag, ein besonders prägender Faktor für die Identität der europäischen Privatrechtskultur.[7]

Wo liegen nun die spezifischen, gesamteuropäisch bemerkenswerten Beiträge der
österreichischen und der schweizerischen Privatrechtsordnung? Auch zur Beantwortung dieser nun sehr eingeschränkten Fragestellung muss ich mich mit einigen wenigen Andeutungen begnügen.

II.

1. Das besondere Kennzeichen des *österreichischen Privatrechts* und sein auch heute
noch aktueller Reiz liegt in seinem naturrechtlichen Ursprung. Das ABGB ist eine
Hervorbringung des rationalistischen Naturrechts, an dessen Entstehung tatsächlich
Impulse naturrechtlicher Rechtsphilosophie, vermittelt vor allem durch den immer
noch zu wenig beachteten Karl Anton *von Martini*,[8] entscheidenden Anteil hatten. An
der Spitze des Personenrechts steht – auch heute noch – die wunderbare emanzipato-
rische Proklamation des § 16: „Jeder Mensch hat angeborne, schon durch die Vernunft einleuchtende Rechte, und ist daher als eine Person zu betrachten".[9] Dem

---

[4] *Koschaker*, Europa und das Römische Recht (1947) 1.

[5] Vgl. die Nachweise bei *Kramer*, AcP 200 (2000) 371f.; 385f.

[6] Weltgeschichtliche Betrachtungen, zit. nach der Kritischen Gesamtausgabe von Jakob Burckhardts
Werken Bd. 10 (2000) 465.

[7] Treffend *Häberle*, Europäische Rechtskultur (1994) 26: „Der Begriff ‚Europäische Rechtskultur' sug-
geriert den Aspekt der Einheit. Näher betrachtet, ist ihm aber die *Vielfalt* von vornehrein hinzu zu rechnen, so wie wir die europäische *kulturelle* Identität dialektisch ebenfalls aus Einheit *und* Vielfalt definieren".

[8] Vgl. aber jetzt die Beiträge in *Barta/Palme/Ingenhaeff* (Hrsg.), Naturrecht und Privatrechtskodifika-
tion. Martini Kolloquium 1998 (1999).

[9] Zur emanzipatorischen Programmatik der naturrechtlichen Lehre von der Rechtssubjektivität als ei-

schließt sich § 17 an: „Was den angebornen natürlichen Rechten angemessen ist, dieses wird so lange als bestehend angenommen, als die gesetzmäßige Beschränkung dieser Rechte nicht bewiesen wird". § 16 ABGB ist nicht nur die Grundlage für den allgemeinen privatrechtlichen Persönlichkeitsschutz,[10] eine Grundlage, die gesamteuropäisch betrachtet absolut neuartig und pionierhaft war, § 16 ABGB hat als „Zentralnorm" des österreichischen Rechts grundrechtlichen Gehalt für die gesamte Rechtsordnung.[11] Schon Franz *von Zeiller*, der zweite große Redaktor des ABGB, hat vom „Urrecht" der Persönlichkeit gesprochen, also der Befugnis, „die Würde eines vernünftigen, freyhandelnden Wesens zu behaupten",[12] und proklamierte damit, wie Franz *Bydlinski*[13] kommentiert, „die Respektierung der Menschenwürde, die viel später Art. 1 GG an die Spitze der deutschen Verfassung gestellt hat". Ich darf an dieser Stelle Peter *Häberles* und meinen St. Galler Freund, Jean Nicolas *Druey*, zitieren: „Das Verfassungsrecht braucht sich keineswegs des Privatrechts als seines Vordenkers in mancherlei Hinsicht zu schämen".[14]

Auch in der Rechtsquellenlehre des ABGB begegnen wir naturrechtlichem Gedankengut. Wenn eine Rechtsfrage – so § 7 – „weder aus dem Worte noch aus dem natürlichen Sinne eines Gesetzes" entschieden werden kann, und auch die analoge Heranziehung der „Gründe anderer … verwandter Gesetze" nicht weiter hilft, so muss der Rechtsfall „mit Hinsicht auf die sorgfältig gesammelten und reiflich erwogenen Umstände nach den natürlichen Rechtsgrundsätzen entschieden werden". Diese subsidiäre, lückenfüllende Funktion naturrechtlicher Rechtsprinzipien blieb in der österreichischen Gerichtspraxis des 19. und 20. Jahrhunderts, die keinen Zugang mehr zu naturrechtlichen Gedankengängen finden konnte, mehr oder weniger toter Buchstabe.[15] M. E. könnte § 7 aber gerade heute in aktualisierter Interpretation durchaus praktische Relevanz zukommen, nämlich als Aufforderung an den (bis jetzt immer noch viel zu „national introvertierten" bzw. viel zu ausschließlich auf den deutschen Nachbarn fixierten) österreichischen Rechtsanwender, in Fällen der Lückenhaftigkeit des Gesetzes „gemeineuropäisch" konsentierte Lösungen und daher in *diesem Sinn* „natürliche Rechtsgrundsätze" in die österreichische Privatrechtsordnung einfließen zu lassen.[16]

2. Ich muss meine Besinnung auf die naturrechtlichen Wurzeln des ABGB, die sich im Übrigen nicht nur in den zitierten programmatischen Bestimmungen nachweisen lassen, sondern bis in die ideengeschichtlichen Grundlagen spezifischer dogmatischer Lösungen (wie etwa in der „kühn gedachten",[17] mit dem „Scharfblick der Aufklä-

---

nem angeborenen Recht vgl. jetzt die ideologiekritische Anmerkung von *Caroni*, ZNR 2002, 33 Fn. 41; vgl. dazu nun auch *Damm*, AcP 202 (2002) 850f.

[10] Nachweise bei *Aicher*, in: *Rummel* (Hrsg.), ABGB. Kommentar Bd. 1, 3. Aufl. (2000) § 16 RdNr. 11ff.

[11] Nachweise bei *Aicher* (o. Fn. 10) § 16 RdNr. 3.

[12] *Zeiller*, Das natürliche Privatrecht, 3. Aufl. (1819) 65. Zu *Zeiller* vgl. *Selb/Hofmeister* (Hrsg.), Forschungsband Franz von Zeiller (1980).

[13] Festschrift Großfeld (1999) 124.

[14] *Druey*, Festschrift Hangartner (1998) 535.

[15] Nachweise bei *Kramer*, in: Im Dienste der Gerechtigkeit. Festschrift F. Bydlinski (2002) 208 Fn. 56.

[16] Vgl. schon *Kramer*, RabelsZ 33 (1969) 7. S. auch u. bei Fn. 32.

[17] *Strohal*, Die Gültigkeit des Titels als Erfordernis wirksamer Eigentumsübertragung (1891) 15; dieses Lob bestätigend neuerdings F. *Bydlinski*, Festschrift Stoll (2001) 115. Den Weitblick des österreichischen

rung"[18] konzipierten vertrauenstheoretischen Irrtumslehre des ABGB) belegt werden können,[19] hier abbrechen und wende mich spezifischen, gesamteuropäisch bedeutsamen Charakteristika der *schweizerischen Privatrechtsordnung* zu.

Ich möchte vier bemerkenswerte Charakteristika des schweizerischen Privatrechts hervorheben. *Zum einen* die viel gerühmte volksnahe Sprache des ZGB, der großen Schöpfung Eugen *Hubers*, wie sie etwa von Ernst *Rabel*[20] charakterisiert worden ist: „Die Sätze sind kurz, der Stil knapp, die Sprache gewählt und leicht fließend. Im deutschen Text sind die kernigen heimischen Rechtsausdrücke bevorzugt", die in vielen Fällen aus alter deutschrechtlicher Tradition stammen, wie etwa der vor wenigen Jahren aufgehobene, geradezu rechtssprichwörtliche Art. 15 ZGB: „Heirat macht mündig". Das in neueren Novellierungen nicht mehr durchgängig zu beobachtende Bemühen um Gemeinverständlichkeit der Gesetzessprache, das institutionell übrigens mit der in der Schweiz stark ausgeprägten Laiengerichtsbarkeit zusammenhängt, verleiht dem ZGB geradezu den Charakter eines „Volksgesetzbuches"[21] und hat Eugen *Huber* viel Lob aus der Warte vor allem deutscher Rechtsgelehrter eingetragen, die es mit dem stilistisch so ganz anders gearteten, hochtechnisch, fachjuristisch formulierten BGB verglichen. *Wieacker*[22] bezeichnete das ZGB als die „edelste Frucht der deutschsprachigen Rechtswissenschaft des 19. Jahrhunderts in Gesetzesgestalt", Josef *Kohler*[23] hatte gar vorgeschlagen, das BGB abzuschaffen und das ZGB an seine Stelle zu setzen.

Auch in der Systematik, dies *zum zweiten*, äußert sich das Bemühen, hochabstrakte, aber eben nicht anschauliche juristische Kategorien zu vermeiden; es fehlt charakteristischer Weise die „Krone" des Pandektensystems, der „Allgemeine Teil". Die konzeptionelle Verknüpfung zwischen dem ZGB und dem davon gesonderten Obligationenrecht (OR) wird durch die pragmatische Gesamtverweisung des Art. 7 ZGB auf die im ZGB entsprechend anwendbaren allgemeinen Grundsätze des Obligationenrechts bewerkstelligt. Interessant und für eine Zeit, die von „decodificazione" (N. *Irti*) geprägt ist, vorbildlich erscheint das Bemühen der schweizerischen Zivilrechtsgesetzgebung, in der Stammkodifikation tatsächlich möglichst das gesamte Spektrum des Privatrechts abzubilden. So wurde die Normierung der handelsrechtlichen Materien

---

Irrtumsrechts belegt schlagend der Umstand, dass aktuelle Ansätze zur Harmonisierung des internationalen bzw. europäischen allgemeinen Vertragsrechts Wertungsgesichtspunkte (wie vor allem die Gesichtspunkte der Erkennbarkeit und der Veranlassung des Irrtums) verwenden, die bereits das ABGB (§ 871) berücksichtigte, um die Irrtumsanfechtung zu rechtfertigen. Vgl. Art. 3.5 Abs. 1 der UNIDROIT Principles of International Commercial Contracts und Art. 4. 103 Abs. 1 der Principles of European Contract Law.

[18] *Zweigert*, ZfRV 1966, 22.

[19] Zu den vernunftrechtlichen Grundlagen der vertragsrechtlichen Vertrauensdoktrin *Kramer*, ÖJZ 1971, 119ff.

[20] Gesammelte Aufsätze Bd. I (1965) 182 (Wiederabdruck seiner 1910 veröffentlichten „Streifgänge zum Schweizerischen Zivilgesetzbuch"). Neuestens (im Hinblick auf die Generalklausel zur Deliktshaftung in Art. 41 Abs. 1 OR) *Honsell*, Festschrift Schlechtriem (2003) 743: „Sparsam, wie in Stein gemeißelt, und doch weit aussagekräftiger und präziser" (sc. als der aktuelle diskutierte Revisionsentwurf).

[21] Anschaulich *Gmür*, Das Schweizerische Zivilgesetzbuch verglichen mit dem Deutschen Bürgerlichen Gesetzbuch (1965) 40ff.; S. auch *Tuor/Schnyder/Schmid/Rumo-Jungo*, Das Schweizerische Zivilgesetzbuch, 12. Aufl. (2002) 11: Das Werk sollte ein „Landbuch" sein (mit Berufung auf Eugen *Huber*).

[22] Privatrechtsgeschichte der Neuzeit, 2. Aufl. (1967) 94.

[23] Rheinische Zeitschrift für Zivil- und Prozeßrecht 5 (1912) 1ff.

in das Obligationenrecht, in den „Code unique“, integriert,[24] eine Lösung, die wiederum für den italienischen Codice Civile von 1942 vorbildlich wurde.[25] Auch Sondermaterien, vor allem solche, die von sozialen Schutzerwägungen geprägt sind, wurden, wenn immer möglich, nicht in Nebengesetze konfiniert, sondern in die Stammkodifikation integriert.[26] Ich denke an die umfassende Regelung des Einzelarbeits- und des Gesamtarbeitsvertrags, an die Schutzbestimmungen über Missbrauch im Mietwesen oder an die konsumentenschutzrechtlich geprägten Regelungen der Haustürgeschäfte.

Die Stellung des Richters zur Privatrechtsgesetzgebung, dies ist das *dritte* von mir hervorgehobene *Charakteristikum* des schweizerischen Privatrechts, ist von großem Vertrauen in die Justiz geprägt, deren Wirken durch Volkswahl der Richter und Wahl der Bundesrichter durch die Bundesversammlung ja auch in bemerkenswerter Weise demokratisch legitimiert ist. Der wohl international berühmteste Artikel des ZGB bezieht sich gerade auf diesen Punkt: Nach Art. 1 Abs. 2 ZGB (der übrigens von der Nikomachischen Ethik des *Aristoteles* beeinflusst ist[27]) soll der Richter, wenn dem Gesetz keine Vorschrift entnommen werden kann und auch kein Gewohnheitsrecht besteht, „nach der Regel entscheiden, die er als Gesetzgeber aufstellen würde“.[28] Diese Grundsatzbestimmung findet ihre Bestätigung in zahlreichen Regelungen, in denen der Richter in oft zentralen privatrechtlichen Fragen auf sein billiges Ermessen verwiesen wird. Ich erwähne als Beispiel lediglich den besonders bemerkenswerten Art. 43 Abs. 1 OR über die Bemessung des Schadenersatzes: „Art und Größe des Ersatzes für den eingetretenen Schaden bestimmt der Richter, der hiebei sowohl die Umstände als die Größe des Verschuldens zu würdigen hat.“

Viertes und letztes Charakteristikum: Die Internationalität des schweizerischen Privatrechts. Hervorzuheben ist hier einmal, dass namentlich das schweizerische Obligationenrecht nicht nur durch die deutsche Pandektistik, sondern sehr stark auch durch die in den welschschweizerischen Kantonen vertraute französische Privatrechtstradition beeinflusst ist. Dies äußert sich vor allem im Haftpflichtrecht der Art. 41 ff. OR mit seiner von Art. 1382 Code Civil inspirierten deliktsrechtlichen Generalklausel, äußert sich aber auch in den stark französisch beeinflussten Tatbeständen der Geschäftsherrn- und Werkeigentümerhaftung (Art. 55 und 58 OR).[29] Insofern kann dem schweizerischen Obligationenrecht eine gewisse Brückenstellung zwischen dem deutschen und dem romanischen Rechtskreis zugeschrieben werden, ein Modell, das im Zuge der Vorbereitung von Entwürfen zu einem gesamteuropäischen Obligationenrecht nicht vergessen werden sollte, auch wenn die Schweiz der EU nicht angehört.[30]

---

[24] S. zum ideengeschichtlichen Hintergrund *Caroni*, in: *Caroni* (Hrsg.), Das Obligationenrecht 1883–1983, Berner Ringvorlesung (1984) 19ff.

[25] S. *Rotondi*, AcP 167 (1967) 39.

[26] In letzter Zeit ist der schweizerische Privatrechtsgesetzgeber (namentlich bei „autonomer“ Umsetzung von EU-Richtlinien) allerdings des öfteren dem „dekodifikatorischen“ Trend zur Nebengesetzgebung erlegen. Nachweise bei *Kramer*, ZEuP 1995, 503f.

[27] Nikomachische Ethik Buch V, Kap. XIV.

[28] In der Nikomachischen Ethik wird der Richter hingegen auf die Regel verwiesen, die (hypothetisch) der aktuelle Gesetzgeber aufstellen würde, um die Gesetzeslücke zu schließen.

[29] S. die Nachweise bei *Bucher*, in: *Caroni* (Hrsg.), Das Obligationenrecht 1883–1983, Berner Ringvorlesung (1984) 139ff.

[30] In diesem Sinn auch *Zweigert/Kötz*, Einführung in die Rechtsvergleichung, 3. Aufl. (1996) 175.

„Internationalität" kann aber auch der privatrechtlichen Rechtsprechung, namentlich dem Bundesgericht in Lausanne, zugesprochen werden. Art. 1 Abs. 2 ZGB dient als Legitimationsbasis für eine außerordentlich bereitwillig betriebene rechtsvergleichende Methode der Rechtsfindung, namentlich der Lückenfüllung. In wohl keinem anderen Land Europas nimmt die höchstrichterliche Rechtsprechung so oft auf ausländische, und hier wiederum in erster Linie europäische Rechtsliteratur und Judikatur Bezug wie in der Schweiz.[31] Diese durch die Sprachenvielfalt der Schweiz zweifellos geförderte, rechtsvergleichend-europafreundliche Aufgeschlossenheit der schweizerischen Rechtsprechung, die in reizvollem Gegensatz zu einer ansonsten stark national geprägten schweizerischer Staatsauffassung steht, sollte vorbildlich für ganz Europa sein.[32] Das viel beschworene „Europe des Juges" bekäme dadurch – und mit diesem Ausblick möchte ich meine kleine Skizze abschließen – eine zusätzliche, die europäische Rechtsangleichung geradezu kapillarisch vertiefende Qualität.

---

[31] So zuletzt wiederum *Schwenzer*, in: *Schwenzer* (Hrsg.), Schuldrecht, Rechtsvergleichung und Rechtsvereinheitlichung an der Schwelle zum 21. Jahrhundert (1999) 60.

[32] S. dazu schon *Häberle* (o. Fn. 7) 53: „Doch kann die Rechtsvergleichung als ‚fünfte' Auslegungsmethode bevorzugt in *Europa* genutzt werden: weil bei aller Vielfalt eine gemeinsame europäische Kultur vorhanden ist und weiter (zusammen-)wächst"; neben vielen anderen etwa auch der ehemalige Präsident des BGH *Odersky*, ZEUP 1998, 492. Analyse der Relevanz des rechtsvergleichenden Arguments in der BGH-Rechtsprechung zuletzt bei *Kötz*, in: 50 Jahre Bundesgerichtshof. Festgabe aus der Wissenschaft Bd. II (2000) 825 ff.

Der Beitrag des Strafrechts zur Europäischen Rechtskultur

von

Prof. Dr. Gerhard Dannecker

Universität Bayreuth

Wer wüsste besser als *Peter Häberle*, dass auch das Strafrecht keine rein nationale Angelegenheit mehr ist,[1] hat er doch die Bedeutung des Verfassungsrechts für das einfache Recht stets im Blick behalten und sich deshalb gegen die Einordnung der Gerichte als „Fachgerichte" gewendet.[2] Die Europäisierung des Strafrechts spiegelt sich zum einen darin wider, dass der Wille zur Sicherung eines Mindeststandards genügenden, gerechten Strafrechts ohne nationale Begrenzung, wie es sich insbesondere in der Geltung des Weltrechtsprinzips[3] und im Völkerstrafrecht[4] zeigt, immer deutlicher hervor-

---

[1] Vgl. nur *Bacigalupo*, Principios constitucionales de derecho penal, S. 273ff.; *Böse*, Strafen und Sanktionen im Europäischen Gemeinschaftsrecht, 1996, 30ff.; *Dannecker*, Die Entwicklung des Strafrechts unter dem Einfluss des Gemeinschaftsrechts, Jura 1998, S. 79ff.; *ders.*, Strafrecht in der Europäischen Gemeinschaft, JZ 1996, S. 869ff.; *Eisele*, Einflussnahme auf nationales Strafrecht durch Richtliniengesetzgebung der EG, JZ 2001, S. 1157ff.; *Fragòla/Atzori*, Prospettive per un diritto penale europeo 1990, S. 3ff.; *Grasso*, Communità Europee e diritto penale, 1989, S. 1ff.; *Perron*, Sind die nationalen Grenzen des Strafrechts überwindbar?, ZStW 109 (1997), S. 281ff.; *Pradel*, Droit pénal comparé, 1995; *Satzger*, Die Europäisierung des Strafrechts, 2001, S. 5ff.; *Schröder*, Europäische Richtlinien und deutsches Strafrecht, 2002, S. 5f.; *Tiedemann*, Die Europäisierung des Strafrechts, in: Kreuzer/Scheuing/Sieber (Hrsg.), Die Europäisierung der mitgliedstaatlichen Rechtsordnungen in der Europäischen Union, 1997, S. 133, 136ff.; *Weigend*, Strafrecht durch internationale Vereinbarungen – Verlust an nationaler Strafrechtskultur?, ZStW 105 (1993), S. 774ff.; *Sieber*, Europäische Einigung und Europäisches Strafrecht, ZStW 103 (1991), S. 957, 964ff.

[2] *Häberle*, Das Bundesverfassungsgericht als Muster einer selbständigen Verfassungsgerichtsbarkeit, in: Festschrift 50 Jahre Bundesverfassungericht, 2001, S. 311, 322.; zur Bedeutung des Verfassungsrechts für das Strafrecht vgl. nur *Appel*, Verfassung und Strafe, 1998; *Ashworth*, Principles of Criminal Law, 3. ed. 1999, S. 60ff.; *Bacigalupo*, Principios constitucionales de derecho penal, 1999, S. 13ff.; *Bernardi*, Principi di diritto e diritto penale, 1988; *Hamann*, Grundgesetz und Strafgesetzgebung, 1963; *Lagodny*, Strafrecht vor den Schranken der Grundrechte, 1996; *Stree*, Deliktsfolgen und Grundgesetz, 1960; *Palazzo*, Die Rechtsprechung des italienischen Verfassungsgerichts, in: Tiedemann (Hrsg.), Wirtschaftsstrafrecht in der Europäischen Union, 2002, S. 23ff.; *Tiedemann*, Tatbestandsfunktionen im Nebenstrafrecht, 1969, S. 25ff.; *ders.*, Verfassungsrecht und Strafrecht, 1991; *Wolter*, Verfassungsrecht im Strafprzeß und Strafrechtssystem, NStZ 1993, S. 1ff.

[3] Vgl. dazu *Oehler*, Internationales Strafrecht, 2. Aufl. 1983, Rdn. 147ff.

[4] Zum Völkerstrafrecht vgl. *Ambos*, Der allgemeine Teil des Völkerstrafrechts, 2002, der von der Schließung der Strafbarkeitslücke im Bereich schwerer Menschenrechtsverletzungen als der vornehmsten Aufgabe des Völkerstrafrechts spricht (ebd. S. 40); *ders.*, Vom Sinn des Strafens auf innerstaatlicher und supranationaler Ebene, JuS 2001, S. 9, 10.; *Werle*, Menschenrechtsschutz durch Völkerstrafrecht, ZStW 109

tritt. Zum anderen besteht der Wille zur Intensivierung der grenzüberschreitenden Verbrechensbekämpfung. Letzteres hat dazu geführt, dass das Strafrecht – juristisch abgesichert – zunehmend europäisiert wird, und zwar sowohl das materielle Strafrecht als auch das Strafprozessrecht.[5] Die europäische Strafrechtspflege steht nicht mehr „ante portas", sondern „intra muros".[6] Dadurch leistet das Strafrecht einen maßgeblichen Beitrag zur europäischen Integration.[7]

Eine ganz andere Frage ist die nach dem Beitrag des Strafrechts zur Europäischen Rechtskultur[8] – eine Fragestellung, der sich die Strafrechtswissenschaft bislang weitgehend verschlossen hat. Die kulturelle Fundierung des Rechts ist vor allem dort unverzichtbar, wo der Untersuchungsgegenstand selbst ein kulturelles Phänomen ist – und dies ist beim Strafrecht unstreitig der Fall.[9] Mit der Herausarbeitung eines kulturwissenschaftlichen Rechtsverständnisses, wie es *Peter Häberle* für das Verfassungsrecht in der Tradition von *R. Smend* und *G. Holstein, H. Heller,* auch *A. Hensel,* geleistet hat,[10] eröffnet sich für das Strafrecht ein neues Forschungsfeld.

Gleichwohl muss zur Vorsicht gemahnt werden, denn es geht um die *Europäische* Rechtskultur. Der diesbezügliche Stand der Forschung kann mit den Ausführungen von *Winfried Hassemer*, Richter am Bundesverfassungsgericht und Strafrechtsprofessor, wie folgt verdeutlicht werden:[11] „Neben dem Familienrecht ist das Strafrecht wohl das einzige Rechtsgebiet, welches so intensiv von den kulturellen Gegebenheiten und sozialen Normen der Regionen lebt, in denen es gilt, dass die Vielfalt seiner Normen und Instrumente und daß auch die Möglichkeiten eines Wandels von den jeweiligen Inhalten und Verfahren einer regionalen Kultur abhängen. Was im Arbeitsrecht möglich, im Wirtschaftsrecht nötig und im Völkerrecht zwingend ist: die Rücksicht dieser Rechtsgebiete auf Entwicklungen in anderen Kultur- und Rechtskreisen, das ist für das Strafrecht die seltene Ausnahme; dem Strafrecht scheint es überflüssig, ja eher kontraproduktiv zu sein, sich an Normen und Verfahren zu orientieren, welche für andere Kulturen gelten." Und *Winfried Hassemer* fährt fort: „Das Strafrecht ist, so gesehen, dasjenige Rechtsgebiet, welches stark kulturell verhaftet und deshalb kaum interkulturell beweglich ist. Man darf dies geradezu als eine Besonderheit ansehen, welche einer wissenschaftlichen Durchdringung noch harrt."

In der Tat akzeptiert das Strafrecht seine eigene Kulturabhängigkeit: Es statuiert die Verbindlichkeit der eigenen Verbote und Gebote und fordert von Fremden, die aus ei-

---

(1997), S. 808ff.; zum deutschen Völkerstrafgesetzbuch, das der Umsetzung des Römischen Statuts dient, vgl. nur *Werle/Jeßberger*, Das Völkerstrafgesetzbuch, JZ 2002, S. 725ff.

[5] *Naucke*, Strafrecht. Eine Einführung, 10. Aufl. 2002, §4 Rdn. 119ff.; *Tiedemann*, in: Kreuzer/Scheuing/Sieber (Hrsg.), Die Europäisierung der mitgliedstaatlichen Rechtsordnungen in der Europäischen Union, S. 133, 136ff.; *J. Vogel*, Europäische Kriminalpolitik – europäische Strafrechtsdogmatik, GA 2002, S. 517ff.; zu den verschiedenen Wegen der Rechtsvereinheitlichung vgl. *Pradel*, Wege zur Schaffung eines einheitlichen Europäischen Rechtsraums, in: Tiedemann (Hrsg.), Wirtschaftsstrafrecht in der Europäischen Union, 2002, S. 55ff.

[6] *Schünemann*, Ein Gespenst geht um in Europa – Brüsseler „Strafrechtspflege" intra muros –, GA 2002, S. 501, 510.

[7] *Zuleeg*, Der Beitrag des Strafrechts zur Integration, JZ 1992, S. 761ff.

[8] Eingehend zu diesem Begriff *Häberle*, Europäische Rechtskultur, 1997, S. 16ff.

[9] *Hassemer*, Vielfalt und Wandel eines interkulturellen Strafrechts, in: Höffe, Gibt es ein interkulturelles Strafrecht? Ein philosophischer Versuch, 1999, S. 157f.

[10] *Häberle*, Verfassungslehre als Kulturwissenschaft, 2. Aufl. 1998, S. 1ff.

[11] *Hassemer*, in: Höffe, Gibt es ein interkulturelles Strafrecht? Ein philosophischer Versuch, S. 157.

nem anderen Kulturkreis kommen, die Kenntnis dieser Verbote und Gebote.[12] Dennoch konnte es angesichts der Internationalisierung und Globalisierung der Gesellschaft nicht ausbleiben, dass das Strafrecht zur Bekämpfung neuer, auch länderübergreifender Bedrohungen – Drogenhandel und -konsum, Umweltzerstörungen, Korruption, organisierte Kriminalität, Terrorismus, Großschäden im Bereich der Wirtschaft, Menschenhandel – eingesetzt wurde und wird. Auf diese Weise ist in Teilbereichen ein die nationalen Kulturen übergreifendes Strafrecht entstanden. Wenn dieses Strafrecht nicht als technokratisches Regelwerk verstanden und eingesetzt werden soll, erfordert die Europäisierung des Strafrechts eine Europäische Rechtskultur, in der es verankert ist. Versteht man Kultur als einen kontingenten Komplex von bestimmten Werten, Überzeugungen und Handlungsnormen,[13] so geht es um die Frage, welche dieser Werte, Überzeugungen und Handlungsnormen in Europa, in der europäischen Kultur, gültig sind und welche Aufgaben sich hieraus für die Strafrechtswissenschaft ergeben.

In diesem Zusammenhang stellen sich vorrangig folgende Fragen: Gibt es in Europa einheitliche, kulturell verankerte Gründe dafür, dass die Staaten bestrafen? Existieren gemeinsame Kriterien für Unrecht im strengen Rechtssinne, das die Schaffung von Strafrechtsnormen erfordert? Sind in Europa Verfahrensregeln zu beachten, die allgemein anerkannt und damit Voraussetzung für ein faires und rechtsstaatliches Verfahren (due process) sind? Kennen die europäischen Staaten Kriterien und Prinzipien, die beim Vollzug der Strafe zwingend zu beachten sind? Welchen Beitrag kann ein Wissenschaftsdialog der Rechtskulturen zur Herausbildung einer Europäischen Rechtskultur leisten?

I. Aufgabe des Strafrechts und der Strafe

Von Europa ging das Ziel der Verwirklichung der individuellen Freiheit aus. Auf dieser Grundlage entwickelten sich die Ideale der Demokratie, der Gleichheit der Menschen und des persönlichen Glücks zu Leitwerten europäischen Denkens, die während der Aufklärung durch englische und französische Philosophen ihre modernen Formen erhalten haben. Diese Ideen liegen auch der philosophischen und staatsrechtlichen Fundierung des Strafrechts in Europa zugrunde.[14]

1. Legitimation der Strafe

Das Strafrecht stellt ein derart einschneidendes Zwangsmittel dar, dass es nicht einfach als Tradition oder Konvention übernommen werden darf. Vielmehr muss die Frage gestellt werden, ob das Recht zu strafen zu den legitimen Staatstätigkeiten ge-

---

[12] *Rössner*, Kriminalrecht als unverzichtbare Kontrollinstitution, in: Höffe, Gibt es ein interkulturelles Strafrecht?, S. 121, 125 f.; vgl. aber auch BGH NJW 1990, 2212 f.

[13] *Höffe*, Gibt es ein interkulturelles Strafrecht?, S. 11; vgl. auch *Häberle*, Verfassungslehre als Kulturwissenschaft, S. 2 ff.

[14] Vgl. nur *Naucke*, Straftheorie, Strafzweck, in: Erler/Kaufmann (Hrsg.), Handwörterbuch zur deutschen Rechtsgeschichte, Bd. 5, 1998, S. 4 ff.

Gerhard Dannecker

hört. Die geistig-theoretische Grundlage des Strafrechts bilden die Vernunfts- und Naturrechtslehren, welche die Auffassung ablehnten, dass Staat und Recht göttlichen Ursprungs seien. Sie legten zugleich den Grundstein für eine säkularisierte Straftheorie, indem sie die Strafe auf die Einwilligung des Verbrechers in die Bestrafung stützten.[15] *Hugo Grotius*, der als Begründer des modernen Strafrechts gilt, gründete das Strafrecht auf das Bedürfnis nach friedlichem und geordnetem Gemeinschaftsleben. Auch heute wird die Aufgabe des Strafrechts noch darin gesehen, das friedliche Zusammenleben der Menschen in der Gemeinschaft zu schützen.[16] Die Menschen sind durch die Natur ihrer Daseinsbedingungen auf Austausch, Zusammenarbeit und gegenseitiges Vertrauen angewiesen. In allen Staaten Europas ist anerkannt, dass das Strafrecht als Friedens- und Schutzordnung für die menschlichen Sozialbeziehungen neben anderen sozialen Kontrollsystemen wie Familie, Schule, Nachbarschaft, Verbänden usw. fundamentale Bedeutung hat. Das Strafrecht sichert in letzter Instanz die Erzwingbarkeit der Gebote und Verbote der Rechtsordnung.

Hauptanliegen des Strafrechts ist es, schwerwiegend unsoziales Verhalten zu verhindern. Der Einsatz des Strafrechts ist insbesondere dort unverzichtbar, wo bloßes Schadensersatzrecht nicht ausreicht, so bei der Verletzung von Rechtsgütern wie dem menschlichen Leben und der Gesundheit, aber auch bei Delikten, die sich gegen den Staat als solchen richten. Neben diesem Kernstrafrecht gibt es zahlreiche Tatbestände, die keine schwerwiegenden Rechtsverstöße betreffen und von nur zivil- oder öffentlich-rechtlich sanktionierten Verstößen lediglich dadurch unterschieden werden können, dass das Parlament strafrechtliche Sanktionen androht. Hierin spiegelt sich die Unterteilung der Delikte in delicta mala und delicta mere prohibita wider.[17] Selbst bei bloßen Ungehorsamsdelikten und Verwaltungsverstößen, die mit Verwaltungsstrafen oder Geldbußen geahndet werden, ist es notwendig, dass der Staat ausgleichend eingreift, will er weitere Rechtsbrüche verhindern und Selbsthilfe und Privatjustiz nicht provozieren. Die Eliminierung privater Gewaltanwendung zwischen den Gesellschaftsmitgliedern ist aber ein wesentlicher Bestandteil der europäischen Rechtskultur:[18] Die Reaktion auf Rechtsverstöße ist weder dem Geschädigten, noch seiner Familie, seinen Freunden und Nachbarn, noch einer diffusen Öffentlichkeit erlaubt, sondern allein einem unabhängigen Gericht, das streng auf materiale und prozedurale Regeln verpflichtet ist und ein maßvolles Urteil unparteilich fällen muss. Die Monopolisierung der Gewalt in den Sanktionsregelungen des Strafrechts ist eine zentrale Funktion und Aufgabe zivilisierter Vergesellschaftung.[19] Auch in der Rechtsgeschichte dürfte es daher kein Zufall sein, dass der Ewige Landfriede von 1495, der nach vielen vergeblichen Bemühungen das mittelalterliche Fehdewesen endgültig beseitigt hat, auf das Jahr genau mit der Einrichtung einer wirkungsvollen Strafgerichtsbarkeit im Reichskammergericht zusammenfällt.[20]

---

[15] Vgl. *Naucke*, Straftheorie, Strafzweck, in: Erler/Kaufmann (Hrsg.), Handwörterbuch zur deutschen Rechtsgeschichte, Bd. 5, S. 3.

[16] So ausdrücklich *Jescheck/Weigend*, Lehrbuch des Strafrechts. Allgemeiner Teil, 5. Aufl. 1996, S. 2; vgl. auch *Roxin*, Strafrecht. Allgemeiner Teil, 3. Aufl. 1997, Bd. I, § 2 Rdn. 1 ff., insbes. Rdn. 1, 9, 37.

[17] *Schwind*, Kriminologie, 12. Aufl. 2002, § 1 Rdn. 7.

[18] *Rössner*, in: Höffe, Gibt es ein interkulturelles Strafrecht?, S. 121, 128 f.

[19] *Rössner*, in: Höffe, Gibt es ein interkulturelles Strafrecht?, S. 121, 129.

[20] *Fuchs*, Österreichisches Strafrecht. Allgemeiner Teil, Bd. I, 5. Aufl. 2002, S. 11.

Es ist geradezu ein Paradoxon, dass die Rechtsbewährungswirkung der Strafe um so wichtiger wird, je geringer der „natürliche Unwertgehalt" eines Deliktes ist. Ein unbestrafter Mord oder Totschlag wird kaum jemanden zur Nachahmung verleiten,[21] wohl aber ein reaktionslos hingenommener Ladendiebstahl. Wenn Teile der Strafrechtswissenschaft gelegentlich fordern, das Strafrecht nur als ultima ratio bei den schwersten Delikten einzusetzen,[22] entspricht diese Begrenzung nicht der Aufgabenstellung des Strafrechts, wie sie sich in den Strafrechtsordnungen der europäischen Staaten einschließlich der Europäischen Gemeinschaft, die Geldbußen auf dem Gebiet des Kartellrechts verhängen kann,[23] findet. Selbsthilfe und Privatjustiz sollen durch den Einsatz strafrechtlicher Sanktionen nicht nur bei Verbrechen, sondern auch bei Vergehen zurückgedrängt werden. Hieraus folgt, dass das Opfer im Rahmen des gegen die Tat gerichteten Sanktionsaktes einen Anspruch darauf hat, dass die erlittene und erlebte Verletzung festgestellt, sein Status anerkannt und es vor weiteren Verletzungen geschützt wird. Das Opfer erfährt Gerechtigkeit dadurch, dass die Verantwortung des Täters für die Schädigung festgestellt und sowohl ideell als auch materiell wieder gut gemacht wird.[24] Allerdings ist es ein Gebot der Verhältnismäßigkeit, dass nur strafwürdige und strafbedürftige Verhaltensweisen, die sozialschädlich sind, unter Strafandrohung gestellt werden.[25] Jedoch darf die Tatsache, dass jede Strafe die Freiheit des Bestraften einschränkt und für ihn ein Übel darstellt, nicht zu dem Fehlschluss verleiten, weniger Strafrecht bedeute mehr Freiheit. Denn das Strafrecht schützt auch und in erster Linie die Freiheit und die Güter des (potentiellen) Opfers. Durch das Strafrecht werden Freiheitsräume zwischen dem potentiellen Täter und dem potentiellen Opfer verteilt und gesichert.[26]

2. Strafzwecke

Die Folge eines Verstoßes gegen das Strafrecht ist, dass gegen den Verantwortlichen eine Strafe – ein Übel – wegen einer vorausgegangenen Tat bewusst verhängt werden soll. Das Übel besteht im Entzug eines Rechtsguts, das die Rechtsordnung ansonsten

---

[21] *Kaufmann, Arthur*, Prozedurale Theorien der Gerechtigkeit, 1989, S. 484.

[22] *Herzog*, Gesellschaftliche Unsicherheit und strafrechtliche Daseinsvorsorge, 1991, S. 120f. m.w.N.

[23] Art. 15 und 16 VO (EWG) 17/62 ABl. 62 L-13/204ff.; *Dannecker*, Kartellstraf- und -ordnungswidrigkeitenrecht, in Wabnitz/Janowsky (Hrsg.), Handbuch des Wirtschafts- und Steuerstrafrechts, 2000, 15. Kapitel Rdn. 140ff.; *Kindhäuser*, Bußgeldrechtliche Folgen des Art. 81 EG-Vertrag, in: Frankfurter Kommentar zum Kartellrecht, Stand 1999, Art. 81 EG-Vertrag, Bußgeldrechtliche Folgen, Tz. 1ff.; vgl. auch *Papakiriakou*, Das europäische Unternehmensstrafrecht in Kartellsachen, 2002, S. 1ff.

[24] Vgl. *Meier*, Umleitung der Geldstrafe für Zwecke der Wiedergutmachung. Überlegungen zur Berücksichtigung von Verletzungsinteressen in der Strafvollstreckung, ZRP 1991, 68, 69; vgl. auch Grünbuch – Entschädigung für Opfer von Straftaten, KOM (2001) 536.

[25] *Appel*, Verfassung und Strafe, S. 173, 391ff.; *Ashworth*, Principles of Criminal Law, S. 69f.; *Otto*, Strafwürdigkeit und Strafbedürftigkeit als eigenständige Deliktskategorien? Überlegungen zum Deliktsaufbau, in: Gedächtnisschrift für Schröder, 1978, S. 53, 54; *Palazzo*, Die Rechtsprechung des italienischen Verfassungsgerichts und die europäischen Prinzipien des Strafrechts, in: Tiedemann (Hrsg.), Wirtschaftsstrafrecht in der Europäischen Union, S. 23, 32f.; *Weigend*, Der Grundsatz der Verhältnismäßigkeit als Grenze staatlicher Strafgewalt, in: Festschrift für Hirsch, 1999, S. 917ff.

[26] *Nowakowski*, Die Grund- und Menschenrechte in Relation zur strafrechtlichen Gewalt, ÖJZ 1965, S. 281.

sogar bei Strafe schützt (Freiheit, Vermögen). Durch die Strafe soll Vergeltung geübt werden.[27] Die in Deutschland auf *Kant, Hegel* und *E. Brunner* zurückgehende Vergeltungstheorie rechtfertigt nicht die naturwüchsige Reaktion des verletzten Rechtsempfindens einer Gesellschaft: die Rache. Vielmehr geht sie von dem Begriff der wiederauszugleichenden Gerechtigkeit aus (Retributionstheorie) und betrachtet den Rechtsbruch als Anmaßung einer Ausnahmestellung gegenüber den Mitbürgern, was einen Ausgleich mittels Strafe erfordert. Die Vergeltungstheorie bedeutet insoweit eine einschränkende Bedingung jeder Straftheorie, als nur der zurechnungsfähige Rechtsbrecher, nicht auch der schuldlos Handelnde, bestraft werden darf,[28] und zwar selbst dann nicht, wenn mit einer solchen Bestrafung ein größerer Schaden für die Allgemeinheit verhindert werden könnte. Die Gerechtigkeit verlangt ferner, ohne Ansehen der Person gleiche Taten gleich und ungleiche Taten nach Maßgabe der Schwere des Rechtsbruchs zu bestrafen.

Allerdings wird die Vergeltung durch die Prävention und die Forderung nach Resozialisierung der Straftäter im Sinne der Wiedereingliederung in die Gesellschaft ergänzt. Die auf *Hobbes, Beccaria, Bentham, Schopenhauer* und *v. Feuerbach* zurückgehende Theorie der Abschreckung sieht das Ziel der Strafe im Schutz der Interessen der Allgemeinheit: durch die Strafandrohung sollen potentielle Rechtsbrecher abgeschreckt und zur Rechtstreue motiviert werden. Neben der Vergeltung wird die Strafe also zur Verfolgung präventiver Ziele eingesetzt, nämlich um den Täter und die Allgemeinheit von der Begehung weiterer Straftaten abzuschrecken (Spezialprävention und negative Generalprävention).[29] Die heute insbesondere in Deutschland, Italien, der Schweiz, Spanien und Österreich weithin als Straftheorie anerkannte Lehre von der positiven Generalprävention[30] wendet den Blick von der negativen Variante der Generalprävention – der Abschreckung der Allgemeinheit – weg und zu möglichen positiven Leistungen der Strafe hin: zur Aufgabe, die Unverbrüchlichkeit der verletzten Normen wieder herzustellen und so das Vertrauen der Allgemeinheit in die Geltung der Norm zu stärken.[31]

Außerdem soll – insbesondere durch den Strafvollzug – die Wiedereingliederung des Täters in die Gesellschaft, die Resozialisierung, erreicht werden.[32] Durch Stärkung der inneren Anerkennung der Rechtsordnung soll die Fähigkeit der Rechtsbrecher entwickelt werden, sich im Rahmen ihrer Dispositionsfreiheit für rechtskonformes Verhalten zu entscheiden. Allerdings wird das in allen europäischen Ländern

---

[27] *Baumann/Weber/Mitsch*, Strafrecht. Allgemeiner Teil, 10. Aufl. 1995, S. 22 f.

[28] Zur Geltung des Schuldgrundsatzes in Europa und seine Durchbrechungen vgl. nur *Tiedemann*, Grunderfordernisse einer Regelung des Allgemeinen Teils, in: Tiedemann (Hrsg.), Wirtschaftsstrafrecht in der Europäischen Union, S. 3, 13 ff.

[29] *Bacigalupo*, Principios fundamentales de derecho penal, parte general, 4. Aufl. 1997, S. 13 ff.; *Baumann/Weber/Mitsch*, Strafrecht. Allgemeiner Teil, S. 25 f.; *Fuchs*, Österreichisches Strafrecht. Allgemeiner Teil, Bd. I, S. 9 ff., jeweils m. w. N.; vgl. auch den rechtsvergleichenden Überblick bei *Jescheck/Weigend*, Strafrecht. Allgemeiner Teil, S. 68 f.

[30] *Arthur Kaufmann*, Über die gerechte Strafe – ein rechtsphilosophischer Essay, Festschrift für H. Kaufmann, 1986, S. 425 f., 430; *Roxin*, Strafrecht. Allgemeiner Teil, Bd. I, § 3 Rdn. 26 f.

[31] *Baumann/Weber/Mitsch*, Strafrecht. Allgemeiner Teil, S. 16 f.

[32] BVerfGE 35, 202, 235; *Roxin*, Strafrecht. Allgemeiner Teil, Bd. I, § 3 Rdn. 11 ff.

anerkannte Ziel der Resozialisierung ganz überwiegend – anders als in Deutschland – nicht aus der Verfassung hergeleitet.[33]

In Theorie und Praxis herrscht insbesondere in Deutschland die Vereinigungstheorie[34] vor, die im strafrechtlichen Nachhegelisanismus wurzelt.[35] So verfolgt z.B. das deutsche Bundesverfassungsgericht diesen Ansatz und versteht die Kriminalstrafe, unbeschadet ihrer Aufgabe, abzuschrecken, vorzubeugen und zu resozialisieren, als Vergeltung für begangenes Unrecht.[36] Die durch die Vereinigungstheorie vorgenommene Verknüpfung von Vergeltung sowie General- und Spezialprävention dient dem Ausgleich der Schuld wegen des begangenen Verbrechens, indem die Strafe zugleich die Vorbeugung auf gerechte Weise zu erreichen sucht. Die gerechte, das Unrecht der Tat und die Schuld des Täters ausgleichende Strafe wirkt hier zum einen auf die Allgemeinheit als sittenbildende Kraft und zum anderen auf den Straftäter warnend und erzieherisch.[37]

Das Bestehen menschlicher Schuld und die Möglichkeit des Schuldausgleichs durch Strafe sind Prämissen, von denen die Vereinigungstheorie ausgeht und die den Staat zum Einsatz von Strafe legitimieren.[38] Dabei ist ein auf die Strafbegründung bezogenes Schuldprinzip zwar in Deutschland, Italien und Spanien durch die Rechtsprechung der Verfassungsgerichte abgesichert und in Staaten wie Österreich jedenfalls einfach-rechtlich anerkannt. Hingegen gehen Frankreich und England weiterhin davon aus, dass es schuldunabhängige „infractions matérilles" und „strict liability" gibt.[39] Demgegenüber wird der Schuldgrundsatz in dem „Corpus Juris der strafrechtlichen Regelungen zum Schutz der finanziellen Interessen der Europäischen Union" als Grunderfordernis des europäischen Sanktionenrechts verstanden.[40] Hinzu kommt die Überzeugung, dass nur eine gerechte Strafe eine sozialpädagogische Wirkung auf die Allgemeinheit ausstrahlt und zudem vom verurteilten Straftäter als Antwort einer mit ihm verbundenen Gemeinschaft und zugleich als Appell an sein Bewusstsein von Recht und Unrecht verstanden wird.[41]

---

[33] Vgl. nur *Leyendecker*, (Re-)Sozialisierung und Verfassungsrecht, 2002, S. 228ff. m.w.N.

[34] Vgl. hierzu nur *Jescheck/Weigend*, Lehrbuch des Strafrechts. Allgemeiner Teil, S. 75ff.; *Tiedemann*, Verfassungsrecht und Strafrecht, 1991, S. 20ff., jeweils m.w.N.; vgl. auch *Bacigalupo*, Principios fundamentales de derecho penal, S. 13ff.

[35] Näher dazu *Köhler*, Der Begriff der Strafe, 1986, S. 4f. Fn. 11.

[36] BVerfGE 21, 391, 404.

[37] *Jescheck/Weigend*, Lehrbuch des Strafrechts. Allgemeiner Teil, S. 69f.

[38] Corte constituzionale italiana 364/88; *Bacigalupo*, Principios constitucionales de derecho penal, 137ff.; *Kaufmann, Arthur*, Das Schuldprinzip. Eine strafrechtlich-rechtsphilosophische Untersuchung, 1992; *Jescheck/Weigend*, Lehrbuch des Strafrechts, Allgemeiner Teil, S. 23ff.; *Köhler*, Strafrecht Allgemeiner Teil, 1991, S. 347ff.; *Palazzo*, in: Tiedemann (Hrsg.), Wirtschaftsstrafrecht in der Europäischen Union, S. 23, 31; kritisch dazu *Jakobs*, Strafrecht. Allgemeiner Teil, 2. Aufl. 1991, 17/29ff.

[39] Zu den Einschränkungen der verschuldensunabhängigen Sanktionen durch die Straßburger Menschenrechtsgerichte vgl. *Tiedemann*, in: ders. (Hrsg.), Wirtschaftsstrafrecht in der Europäischen Union, S. 3, 13f.

[40] *Delmas-Marty*, Corpus Juris der strafrechtlichen Regelungen zum Schutz der finanziellen Interessen der Europäischen Union, 1998, S. 40ff.; siehe auch *Dannecker*, Die Eignung des „due diligence defence" zur Begrenzung der strafrechtlichen Verantwortung natürlicher und juristischer Personen im Lebensmittelrecht, EFLR 1995, 283, 293ff.

[41] *Jescheck/Weigend*, Lehrbuch des Strafrechts. Allgemeiner Teil, S. 69f.

3. „Nullum crimen, nulla poena sine lege" und Milderungsgebot

a. „Nullum crimen, nulla poena sine lege"

Der Satz „nullum crimen, nulla poena sine lege", der zu den „juristischen Entdek-kungen" der Wissenschaft gehört[42] und inzwischen in zahlreichen Staaten Verfassungs-rang hat, gehört zum Kernbestand der europäischen Strafrechtstradition und zählt zu den unabdingbaren Grundsätzen europäischer Kriminalpolitik.[43] Er wurzelt in der Rechtsphilosophie der Aufklärung und beruht auf dem Demokratie- und dem Rechts-staatsprinzip[44] und nicht auf dem Schuldgrundsatz.[45] Auch der EuGH sieht hierin einen allgemeinen Rechtsgrundsatz, der im Gemeinschaftsrecht verbindlich ist.[46]

In den kontinentalen Rechtsordnungen findet sich dieser Satz zunächst im Gesetz-lichkeitsprinzip, das für die Strafbegründung und -schärfung einen geschriebenen Strafrechtssatz verlangt. Hierbei muss es sich im Regelfall um ein Parlamentsgesetz handeln.[47] Aber auch im common law-Rechtskreis gilt der Grundsatz der „rule of law". Zwar kennt das englische Recht nach wie vor common law offences, die von den Gerichten statuiert worden sind und Gewohnheits- oder Richterrecht darstellen. Jedoch haben sich die Unterschiede zwischen dem kontinentalen und dem common law-System in neuerer Zeit erheblich relativiert,[48] weil zum einen die meisten Delikte inzwischen in geschriebenen Parlamentsgesetzen (statute law) kodifiziert sind und zum anderen auch das englische und walisische Recht ein „principal of legality" aner-kennen, das insbesondere eine rückwirkende Bestrafung von zur Tatzeit straflosem Verhalten im Grundsatz ausschließt; dies gilt auch für common law offences.[49] Außer-dem hat die englische Rechtsprechung ihre Befugnis, neue common law offences zu schaffen, im Jahre 1975 ausdrücklich aufgegeben.[50] Sie nimmt allerdings weiterhin die Befugnis für sich in Anspruch, bestehendes common law neuen sozialen, wirtschaftli-chen und kulturellen Entwicklungen anzupassen. Insoweit hat das House of Lords freilich eine Einschränkung in Gestalt des „thin-ice-principle" entwickelt, nachdem die rückwirkende Strafbegründung oder -schärfung durch die Rechtsprechung vor-aussetzt, dass sich der Täter „auf dünnem Eis", d.h. am Rande der Legalität, bewegt.[51]

---

[42] *Häberle*, Europäische Rechtskultur, S. 18.

[43] *Beccaria*, Dei delitti e delle pene, 1764, Kap. III; *v. Feuerbach*, Revision der Grundsätze und Grundbe-griffe des positiven peinlichen Rechts, 1799, Neudruck 1966, S. 49ff.; *Montesquieu*, De l'ésprit des lois, 1748.

[44] *Dannecker*, Das intertemporale Strafrecht, S. 63ff., 85ff.; *Schünemann*, Nulla poena sine lege, 1978, S. 15; *Schreiber*, Gesetz und Richter, 1996, S. 209ff.;

[45] So aber der spanische Verfassungsgerichtshof, STC 133/87; vgl. auch *Grünwald*, Bedeutung und Be-gründung des Satzes „nulla poena sine lege", ZStW 76 (1964), S. 1ff.

[46] Vgl. EuGHE 1984, 3291 – „*Könecke*" (Rz. 11); vgl auch EuGHE 1981, 1931 – „*Gondrand Frères*" (Rz. 17); *Satzger*, Die Europäisierung des Strafrechts, S. 177f.

[47] Vgl. hierzu *Bacigalupo*, Principios constitucionales de derecho penal, S. 43ff.; *ders.*, Principios funda-mentales de derecho penal, S. 55ff.; Maunz/Dürig/Herzog-*Schmidt-Aßmann*, Grundgesetz, Kommentar, Stand: Juni 2002, Artikel 103 Rdn. 183; vgl. auch *Roxin*, Strafrecht. Allgemeiner Teil, Bd. I, § 5 Rdn. 9, 45ff.

[48] Eingehend dazu *Watzek*, Rechtfertigung und Entschuldigung im englischen Strafrecht, 1997, S. 20ff.

[49] *Ashworth*, Principles of Criminal Law, S. 70ff. m.w.N.

[50] *R. V. Withers* (1975) A.C. 842.

[51] *Ashworth*, Principles of Criminal Law, S. 75f.

Neben das eigentliche Gesetzlichkeitsprinzip, das für die Strafbegründung oder -schärfung einen schriftlichen Rechtssatz verlangt, tritt das an den Gesetzgeber gerichtete Gebot, die Strafrechtssätze bestimmt zu fassen, weil nur so der Sinn der Gesetzesbindung erreicht werden kann, dass der Gesetzgeber und nicht der Rechtsanwender über die Grenzen der Strafbarkeit entscheidet.[52] Diesbezüglich weisen die Strafrechtsregelungen der europäischen Staaten jedoch erhebliche Unterschiede auf, wenngleich verallgemeinernd festgehalten werden kann, dass Strafgesetze nur ganz ausnahmsweise wegen Verstoßes gegen das Gesetzlichkeitsprinzip verfassungswidrig sind.[53] Die Frage, ob das Gesetzlichkeitsprinzip auch eine Kodifizierung des Allgemeinen Teils erfordert, wird in den nationalen Rechtsordnungen unterschiedlich beantwortet. Während in Deutschland die Strafbarkeit unechter Unterlassungsdelikte auch schon vor Einführung des § 13 StGB anerkannt war, hat die französische Rechtsprechung die comission par omission wegen Verstoßes gegen das Gesetzlichkeitsprinzip abgelehnt.[54] Generell kann festgehalten werden, dass die stark philosophisch-rechtstheoretisch geprägte deutsche Sicht des Allgemeinen Teils sich in der Regel selbst in Fundamentalfragen mit einer Grundregelung des „Ob" begnügt, so z.B. im Hinblick auf die unechte Unterlassung, die mittelbare Täterschaft und den untauglichen Versuch, die als grundsätzlich strafbar erklärt werden. Demgegenüber trifft das österreichische StGB detaillierte Vorgaben, so in § 15 Abs. 2 öStGB, der den absolut untauglichen Versuch und die irrige Annahme der Sonderdeliktseigenschaft ausdrücklich für straflos erklärt. Auch der Portugiesische Codigo Penal (Art. 21) und der Italienische Codice Penale (Art. 49 Abs. 2) schränken die Strafbarkeit des untauglichen Versuchs stark ein. Als weitere Beispiele detaillierter Regelungen können Art. 11 des neuen Spanischen Codigo Penal und die englischen Reformarbeiten genannt werden, die beide eine abschließende Regelung der Garantenstellungen vorsehen.[55] Demgegenüber wird in Frankreich angesichts des stärker legalistisch ausgerichteten Rechtsdenkens die comission par omission mangels gesetzlicher Regelung nach wie vor verworfen und in der Praxis auf die Fahrlässigkeitsdelikte ausgewichen.[56]

Die Strafrechtsanwendung betrifft die dogmatische Ausprägung des Gesetzlichkeitsprinzips: das Verbot der strafbarkeitsbegründenden oder -schärfenden Analogie oder das Gebot der „strikten Auslegung" der strafbegründenden oder -schärfenden Strafrechtssätze.[57] Das Analogieverbot oder das Gebot strikter Auslegung erfordert, dass eine Strafvorschrift nur in den im Gesetz ausdrücklich genannten Fällen gilt. Hierdurch wird der Strafrechtsanwender an den Wortlaut, im Sinne des noch mögli-

---

[52] Vgl. hierzu *Roxin*, Strafrecht. Allgemeiner Teil, Bd. I, § 5 Rdn. 11, 67ff.

[53] *Dannecker*, La recente giurisprudenza del Bundesgerichtshof sul significato dei principi „nullum crimen sine lege" e „ne bis in idem" per il diritto penale e penale-amministrativo dell'economia, Rivista Trimestrale di Diritto Penale dell'Economia 1990, S. 433ff.

[54] *Stefani/Levasseur/Bouloc*, Droit pénal général, 16. Aufl. 1997, Rdn. 186ff.

[55] *Tiedemann*, in: Tiedemann (Hrsg.) Wirtschaftsstrafrecht in der Europäischen Union, S. 3, 9.

[56] *Dannecker*, La responsabilité pénale pour les délits d'omission en droit allemand, notamment dans le domaine de l'économie et de l'environnement, Revue de science criminelle et de droit pénal comparé, 1987, S. 379ff.

[57] Vgl. dazu *Fuchs*, Österreichisches Strafrecht. Allgemeiner Teil, Bd. I, S. 31f.; *Roxin*, Strafrecht. Allgemeiner Teil, Bd. I, § 5 Rdn. 8, 26ff., *Stefani/Levasseur/Bouloc*, Droit pénal général, Rdn. 14ff.; *J. Vogel*, Gesetzlichkeitsprinzip, territoriale Geltung und Gerichtsbarkeit, in: Tiedemann (Hrsg.), Wirtschaftsstrafrecht in der Europäischen Union, S. 91, 94.

chen Wortsinnes, gebunden, den er nicht zum Nachteil des Strafrechtsunterworfenen überschreiten darf.[58]

Sämtliche europäische Strafrechtsordnungen erkennen als weitere Ausprägung des Gesetzlichkeitsverbots das Verbot der rückwirkenden Strafbegründung, das sogenannte Rückwirkungsverbot, an, das vorrangig der Sicherung vor einzelfallbezogener Willkür dient und weniger im Schuldprinzip wurzelt.[59] Eine Einschränkung findet sich allerdings in Art. 7 Abs. 2 EMRK für Handlungen oder Unterlassungen, die zur Zeit ihrer Begehung nach den von den zivilisierten Völkern anerkannten allgemeinen Rechtsgrundsätzen strafbar waren.[60]

b. Milderungsgebot

Den umgekehrten Fall, dass nach Tatbegehung, aber vor Aburteilung die Strafbarkeit aufgehoben oder gemildert wird, beurteilen zahlreiche Strafrechtsordnungen ebenfalls nach dem Gesetzlichkeitsprinzip. Es gilt, dass im Grundsatz die mildere Rechtslage anzuwenden ist.[61] Hierbei handelt es sich insoweit um eine zwingende Folgerung aus dem Gesetzlichkeitsprinzip, als der in der Bestrafung liegende Grundrechtseingriff einer Ermächtigungsnorm bedarf, die noch bei der Strafverhängung gelten muss. Allerdings machen zahlreiche Strafrechtsordnungen eine Ausnahme für sog. Zeitgesetze, die von vornherein nur für bestimmte spezielle Situationen gelten sollen und alsbald wieder außer Kraft treten. In derartigen Fällen würde ein striktes Milderungsgebot zur faktischen Straflosigkeit führen.

II. Das Strafrecht als Spiegel der als schützenswert anerkannten Kulturgüter

Der Gesetzgeber bringt in den Straftatbeständen zum Ausdruck, welche Güter er für besonders schützenswert hält. Deshalb spiegeln sich in den nationalen Strafrechtsordnungen die als schützenswert anerkannten Kulturgüter wider;[62] diese entsprechen sich in weiten Teilen. Das zeigt sich darin, dass sich der Kernbereich der in den einzelnen Ländern bestehenden Straftatbestände weitgehend gleicht. Im Wesentlichen geht es um den Schutz elementarer Rechtsgüter, die sich in den Menschenrechten finden: Leben, Gesundheit, Freiheit, Ehre, Persönlichkeitsentfaltung, Vermögen usw. Im

---

[58] Vgl. nur *Bacigalupo*, Principios constitucionales de derecho penal, S. 74 ff.; *Fuchs*, Österreichisches Strafrecht. Allgemeiner Teil, Bd. I, S. 32 ff.; *Tsolka*, Der allgemeine Teil des europäischen supranationalen Strafrechts i.w.S., 1995, S. 71.

[59] Näher dazu *Dannecker*, Das intertemporale Strafrecht, S. 253 und 257; vgl. auch *Roxin*, Strafrecht. Allgemeiner Teil, Bd. I, §5 Rdn. 10, 51 ff.

[60] Die Bundesrepublik Deutschland hat diesbezüglich allerdings von der Möglichkeit, bei der Ratifizierung einen Vorbehalt zu erklären, Gebrauch gemacht.

[61] *Dannecker*, Das intertemporale Strafrecht, S. 403 ff.; *Stefani/Levasseur/Bouloc*, Droit pénal général, Rdn. 151 ff.; vgl. auch EuGHE 1996, I-929, 950 – „Skanavi"; *Gleß*, Zum Begriff des mildesten Gesetzes, GA 2000, S. 224 ff.; *Schröder*, Europäische Richtlinien und deutsches Strafrecht, S. 260 ff.

[62] Vgl. *Würtenberger*, Das System der Rechtsgüterordnung in der deutschen Strafgesetzgebung seit 1532, 1933, Nachdruck 1977, S. 6.

Vordergrund steht übereinstimmend die Eliminierung von physischer, psychischer und struktureller Gewalt.[63] Bei aller Relativität der Rechtsordnungen hat der klassische Kernbereich des Strafrechts eine nahezu absolute interkulturelle Gültigkeit.[64] Von einer babylonischen Verwirrung kann in diesem Kernbereich, sieht man von der jeweiligen Landessprache ab, daher keine Rede sein.[65] Dies gilt nicht nur für Europa, sondern für nahezu alle Staaten. Jedenfalls im Kernbereich zelebriert das Strafrecht keine kulturelle Voreingenommenheit, sondern schafft Freiheitsräume für ein friedliches Zusammenleben unterschiedlicher Lebensformen und Kulturen.[66]

In den übrigen Bereichen des Strafrechts finden sich demgegenüber ganz erhebliche Unterschiede. Dies wird deutlich, wenn man Straftatbestände wie Betrug, Untreue, Urkundenfälschung usw. miteinander vergleicht. Zu den in den europäischen Staaten besonders umstrittenen strafrechtlichen Themen gehören die Abtreibung[67] und die Euthanasie,[68] der Ehebruch, die Homosexualität und die Prostitution, die sehr unterschiedlich geregelt sind. Jedoch können in Europa bezüglich dieser Delikte gewisse einheitliche Tendenzen festgestellt werden: die Entrümpelung des Sexualstrafrechts, insbesondere die Liberalisierung der Abtreibung und die Lockerung des Strafrechts im Hinblick auf die Euthanasie. Zugleich ist eine Ausweitung des Strafrechts festzustellen,[69] die maßgeblich durch internationale und europäische Vereinbarungen und Maßnahmen geprägt ist,[70] so in den Bereichen Datenschutz,[71] Geldwäsche,[72] Tierschutz,[73] Umweltschutz,[74] Korruption,[75] Wirtschafts- und Steuerkriminalität,[76] Völkermord und Kriegsverbrechen[77] sowie bei der Strafbarkeit juristi-

---

[63] *Rössner*, in: Höffe, Gibt es ein interkulturelles Strafrecht?, S. 121, 125.

[64] Siehe nur *Höffe*, Gibt es ein interkulturelles Strafrecht?, S. 60 ff.

[65] *Rössner*, in: Höffe, Gibt es ein interkulturelles Strafrecht?, S. 121, 125.

[66] *Rössner*, in: Höffe, Gibt es ein interkulturelles Strafrecht?, S. 121, 125.

[67] *Eser/Koch*, Schwangerschaftsabbruch im internationalen Vergleich, Teil 1, 1988; vgl. auch *Arroyo Zapatero*, Prohibicíon del aborto y Constitución, Revista de la Facultad de Derecho de la Universidad Complutense de Madrid 1981, S. 195 ff.

[68] *Dworkin*, Die Grenzen des Lebens. Abtreibung, Euthanasie und persönliche Freiheit, 1994; *Rilinger*, Das Recht auf Leben als ein unteilbares Menschenrecht. Eine Absage an die Erlaubtheit der aktiven Sterbehilfe, GA 1997, S. 418 ff.; *Sagel*, Die Sterbehilfediskussion in den Niederlanden, ZRP 1986, S. 318.

[69] *Dannecker*, Die Entwicklung des Wirtschaftsstrafrechts unter dem Einfluß des Europarechts, in: Wabnitz/Janovsky (Hrsg.), HdWiStR, 8. Kapitel Rdn. 36 ff., 54 ff.

[70] Näher dazu unten V.1.

[71] *Sieber*, Der strafrechtliche Schutz der Information, ZStW Bd. 103 (1991), S. 779 ff.

[72] *Ambos*, Internationalisierung des Strafrechts: das Beispiel „Geldwäsche", ZStW 114 (2002), S. 236 ff.; *J. Vogel*, Geldwäsche – ein europaweit harmonisierter Straftatbestand?, ZStW 109 (1997), S. 335 ff.

[73] *Dannecker* in: Wabnitz/Janovsky (Hrsg.), HdWiStR, 8. Kapitel Rdn. 36 ff., 54 ff.

[74] *Dannecker/Streinz*, Umweltpolitik und Umweltrecht: Strafrecht, in: Rengeling (Hrsg.), Handbuch des europäischen und deutschen Umweltrechts, Bd. 2, Allgemeines Umweltrecht, 2. Aufl. 2002, § 8 Rdn. 51 ff.; *Martin*, Strafbarkeit grenzüberschreitender Umweltbeeinträchtigungen, 1989.

[75] *Dannecker/Leitner* (Hrsg.), Die steuerrechtliche und strafrechtliche Behandlung von Schmiergeldern und Provisionen, 2001; *Huber* (ed.), Combating Corruption in the European Union, 2002; *Pieth*, Internationale Harmonisierung von Strafrecht als Antwort auf transnationale Wirtschaftskriminalität, ZStW 109 (1997), S. 756 ff.

[76] *Röcke*, Das Steuerstrafrecht im Spannungsfeld des Verfassungs- und Europarechts, 2002, S. 418 ff.

[77] Vgl. nur das Rom-Statut zum ständigen Internationalen Strafgerichtshof; *Ambos*, Der Fall Pinochet und das anwendbare Recht, JZ 1999, S. 16, 16 ff.; *ders.*, Zur Bestrafung von Verbrechen im internationalen, nicht-internationalen und internen Konflikt, Vierteljahrsschrift für Sicherheit und Frieden 18 (2000), S. 12 ff., *Werle*, Völkerstrafrecht und geltendes deutsches Strafrecht, JZ 2000, S. 755, 756 ff.

scher Personen.[78] Dadurch wurde der Rechtsgüterschutz ausgeweitet bzw. verbessert.[79] Diese Entwicklung ist noch nicht abgeschlossen.

Wenn man die strafrechtlichen Bereiche näher untersucht, in denen die Europäische Gemeinschaft auf die mitgliedstaatlichen Rechtsordnungen Einfluss genommen hat, so handelt es sich hierbei insbesondere um Betrug und Subventionsbetrug, Steuer- und Bilanzstrafrecht, Korruptionstatbestände, Wettbewerbsstrafrecht, Geldwäsche, Lebensmittelstrafrecht, illegales Einschleusen von Ausländern usw., also insbesondere um Straftatbestände des Wirtschaftsstrafrechts sowie des Umwelt- und Drogenstrafrechts.[80] Die Europäische Gemeinschaft gibt durch Richtlinien und Verordnungen dem nationalen Gesetzgeber mehr oder weniger formulierte Verbotsregelungen vor und überlässt ihm im Wesentlichen nur die Art der Sanktionsbewehrung dieser Regelungen.[81] Dies hat zur Folge, dass die Europäische Gemeinschaft die Wertentscheidungen trifft, die dann vom nationalen Gesetzgeber umgesetzt werden müssen. Die Wirtschafts- und Umweltkriminalität betrifft einen speziellen Bereich des Strafrechts, in dem nicht-isolierte Straftaten, die zu einem Wettbewerbsvorteil führen, eine Sog- und Spiralwirkung für alle anderen Mitbewerber am Markt entfalten. Eine auf rechtmäßigem Verhalten beruhende Chancenstruktur ist daher nur durch eine konsequente Isolierung der kriminellen Akte mittels Strafe zu erhalten.[82]

Wenn sich im Strafrecht widerspiegelt, welche Kulturgüter als besonders schützenswert anerkannt werden, kommen Zweifel an der Prioritätensetzung der europäischen Kriminalpolitik auf. Sind wirtschaftliche Rahmenbedingungen, Rechtsgüter wie der freie Wettbewerb, der Schutz der finanziellen Interessen der Europäischen Gemeinschaft und ihrer Mitgliedstaaten usw. tatsächlich das Wichtigste, was in einem geeinten Europa strafrechtlich geschützt und dadurch als besonders wertvoll herausgestellt werden sollte? Im europäisch beeinflussten Strafrecht der Mitgliedstaaten spiegelt sich die Entwicklung von der Europäischen Wirtschaftsgemeinschaft hin zu einer Europäischen Union wider, die jedoch aufgrund des Prinzips der begrenzten Einzelermächtigung nicht in der Lage ist, auf den strafrechtlichen Schutz der wichtigsten Werte hinzuwirken. Die Europäische Union kann nur im Rahmen der ihr von den Mitglied-

---

[78] *Ashworth*, Principles of Criminal Law, S. 116 ff.; *Dannecker*, Zur Notwendigkeit der Einführung kriminalrechtlicher Sanktionen gegen Verbände – Überlegungen zu den Anforderungen und zur Ausgestaltung eines Verbandsstrafrechts, GA 2001, S. 101 ff.; *Eser/Heine/Huber* (eds.), Criminal Responsibility of Legal and Collective Entities, 1999, S. 141 ff.; *Heine*, Unternehmen, Strafrecht und europäische Entwicklungen, ÖJZ 2000, S. 871 ff.; *Pradel*, Die strafrechtliche Verantwortlichkeit juristischer Personen im französischen Recht, *Tiedemann* (Hrsg.), Wirtschaftsstrafrecht in der Europäschen Union, S. 37 ff.

[79] Zur europarechtlichen Schutzpflichtproblematik siehe *Jaeckel*, Schutzpflichten im deutschen und europäischen Recht, 2001; *Szczekalla*, Die sogenannten grundrechtlichen Schutzpflichten im deutschen und europäischen Recht, 2002.

[80] Zum Wirtschaftsstrafrecht *Dannecker*, in: Wabnitz/Janovsky, HbWStR, 15. Kapitel Rdn. 24 ff.; zum Umweltstrafrecht Faure/*Heine*, Environmental criminal law in the European Union, 2000; zum Drogenstrafrecht *Albrecht*, Internationales Betäubungsmittelrecht und internationale Betäubungsmittelkontrolle, in: Kreuzer (Hrsg.), Handbuch des Betäubungsmittelstrafrechts, S. 651 ff.; zum Umweltstrafrecht *Eisele*, JZ 2001, S. 1157, 1164 f.; zur organisierten Kriminalität *Militello/Huber* (eds.), Towards a European Crime Criminal Law against Organised Crime, 2001.

[81] Vgl. *Tiedemann*, in: Kreuzer/Scheuing/Sieber (Hrsg.), Die Europäisierung der mitgliedstaatlichen Rechtsordnungen in der Europäischen Union, S. 133, 135; *ders.*, Europäisches Gemeinschaftsrecht und Strafrecht, NJW 1993, S. 23, 26.

[82] *Rössner*, in: Höffe, Gibt es ein interkulturelles Strafrecht?, S. 121, 130 f.

staaten eingeräumten Kompetenzen tätig werden. Eine Harmonisierungskompetenz besteht jedoch nur zum Erlass von Richtlinien und Verordnungen zur Angleichung von Strafvorschriften, die sich unmittelbar auf das Funktionieren des Gemeinsamen Marktes auswirken.[83] Dies betrifft insbesondere Materien, für die der Europäischen Gemeinschaft außerstrafrechtliche Harmonisierungskompetenzen zustehen – wie Arbeits-, Umwelt- und Verbraucherschutz, Einwanderungspolitik, Finanzwesen, Wettbewerb und Recht der Handelsgesellschaften. Wenn sich im europäischen Strafrecht deshalb primär die der Europäischen Gemeinschaft eingeräumten Kompetenzen und weniger die als besonders schützenswert anerkannten Kulturgüter widerspiegeln, ist dies ein Defizit an Rechtskultur, das angesichts der geltenden Kompetenzverteilung allerdings unvermeidlich ist.

III. Anerkennung allgemeiner Verfahrensregeln

1. Effektivität und Gleichmäßigkeit der Strafverfolgung

Das materielle und das prozessuale Strafrecht bilden erst zusammen ein Gesamtsystem, das eine formalisierte Sozialkontrolle ermöglicht. Dabei entspricht die Integration von materiellem und prozessualem Strafrecht einem grundlegenden wissenschaftlichen und kulturellen Bedürfnis, das jedoch in den romanischen Ländern durch eine Trennung der beiden Disziplinen auf akademischer Ebene oft vernachlässigt wurde.[84] Dadurch blieb die Frage nach der Effektivität des Strafrechts, die in neuerer Zeit als weiteres Prinzip neben die klassischen Prinzipien der Proportionalität und der ultima ratio gestellt wird,[85] lange Zeit unbeachtet. Voraussetzung eines effektiven Strafrechts ist, dass es die ihm zukommenden Funktionen auch tatsächlich erfüllen kann, dass die Verfahren durchgeführt und die Sanktionen tatsächlich verhängt werden können. Allerdings ist es nicht erforderlich, alle Rechtsverstöße flächendeckend zu verfolgen und zu bestrafen. Es reicht vielmehr aus, wenn bei leichteren und gegebenenfalls auch bei mittelschweren Verstößen von der Möglichkeit der Einstellung ohne oder mit Auflagen Gebrauch gemacht wird. Die rechtliche Ausgestaltung einer verfahrensbeendigenden Verständigung im Strafverfahren in den verschiedenen Staaten ist sehr unterschiedlich geregelt. So sehen einige Verfahrensordnungen die verfahrensbeendigende Verständigung im Strafverfahren gesetzlich vor (so z.B. Art. 444 Codice di Procedura Penale,[86] der das sog. Patteggiamento regelt), während andere Rechtsordnungen Verständigungen mehr oder weniger informell zulassen.[87]

---

[83] Vgl. *Satzger*, Die Europäisierung des Strafrechts, S. 107ff.

[84] Vgl. nur *Ricotti*, Prozessuale und materielle Aspekte des Legalitätsprinzips im Corpus Juris, in: Huber (Hrsg.), Das Corpus Juris als Grundlage eines Europäischen Strafrechts, 2000, S. 291, 292.

[85] Näher dazu *Paliero*, Il principio di effettività del diritto penale, Rivista italiana di diritto e procedura penale 1990, 292ff. m.w.N.

[86] D.P.R. 22.9. 1988, n. 447.

[87] Zur Rechtslage in Deutschland vgl. nur *Rönnau*, Die Absprachen im Strafprozeß, 1990; *Schünemann*, Absprachen im Strafverfahren? Grundlagen, Gegenstände und Grenzen, 58. Dt. Juristentag, Bd. I, B 1ff.; *Sinner*, Der Vertragsgedanke im Strafprozessrecht, 1999; *Weigend*, Absprachen in ausländischen Strafverfahren, 1990, S. 9ff.; *ders.*, Der BGH vor der Herausforderung der Absprachenpraxis, in: 50 Jahre Bundesgerichtshof, Festgabe aus der Wissenschaft, 2000, Bd. IV, S. 1011ff. m.w.N.

Es kommt also nicht darauf an, ob – wie in der überwiegenden Zahl der europäischen Staaten – das Legalitätsprinzip gilt oder ob das Opportunitätsprinzip den Strafverfolgungsorganen ein generelles Ermessen einräumt, wie z.B. in den Niederlanden. Entscheidend ist vielmehr ein konsequentes Einschreiten, zumal es einer allgemein bekannten Erfahrung in der Kriminologie entspricht, dass nicht die Strafhöhe, sondern die Tatsache der Strafverfolgung über die präventive Wirkung strafrechtlicher Normen entscheidet. Gleichwohl sollte auch eine gleichmäßige Strafverfolgung angestrebt werden, und zwar sowohl bezüglich der Kontrolldichte und der gleichmäßigen Intensität der Verfolgung und Verfahrenseinstellung als auch bezüglich der Sicherung einer gleichmäßigen Anwendung der materiellrechtlichen Normen. Die rechtlichen Grenzen setzt in diesem Bereich aber erst das Willkürverbot.

2. Anerkennung einer auf die Wahrung von Bürgerrechten zugeschnittenen Rechtsförmigkeit

a. Unverzichtbarkeit eines rechtsstaatlichen, fairen Verfahrens

Das Strafverfahren ist auf die Feststellung und Durchsetzung eines im Einzelfall entstandenen legitimen Strafanspruchs gerichtet und soll eine in materiell-rechtlicher Hinsicht richtige und damit gerechte Entscheidung herbeiführen. Eine gerechte Entscheidung setzt aber eine prozessordnungsgemäß zustande gekommene Entscheidung voraus. Nur die Durchführung eines ordnungsgemäßen Verfahrens rechtfertigt es, eine Kriminalstrafe gegen den Beschuldigten zu verhängen und gegen ihn den damit verbundenen sozialethischen Vorwurf zu erheben. Da die Strafverfolgung tief in das Leben und die Rechte desjenigen eingreift, der als möglicher Straftäter in Betracht gezogen wird, bedarf es eines wirksamen Schutzes vor unverhältnismäßigen Eingriffen. Daher muss das Strafverfahren darauf ausgerichtet sein, eine auf die Wahrung von Bürgerrechten zugeschnittene Rechtsförmigkeit der strafrechtlichen Ermittlungen und des Hauptverfahrens herzustellen. Es ist unverzichtbar, dass Schutzvorschriften wie z.B. der Grundsatz des fair trial, „audiatur et altera pars",[88] „nemo sit iudex in causa sui", „in dubio pro reo", „nemo tenetur se ipsum accusare",[89] das Recht auf Verteidigerbeistand und auf Fragen an den Belastungszeugen eingehalten werden. Hierbei kommt den Menschenrechten, deren Idee bis in die Antike zurückreicht,[90] zentrale Bedeutung zu. Für Europa sind diese Rechte insbesondere in der Europäischen Konvention zum Schutze der Menschenrechte und Grundfreiheiten vom 4. 11. 1950 verankert. Sie werden von *Häberle* zu den „Glanzleistungen" der gewachsenen Kultur,[91] von *Demandt* zu den „Sternstunden der Geschichte" gezählt.[92] Diese Konvention enthält Mindeststandards, die jeder Unterzeichnerstaat einzuhalten verpflich-

---

[88] *Höffe*, Gibt es ein interkulturelles Strafrecht?, S. 59.

[89] Zu den verfassungsrechtlichen Grundlagen des Satzes „nemo tenetur se ipsum accusare" vgl. *Böse*, Verfassungsrechtlichen Grundlagen des Satzes nemo tenetur se ipsum accusare, GA 2002, S. 98 ff.; *Verrel*, Die Selbstbelastungsfreiheit im Strafverfahren, 2001, S. 1 ff.

[90] *Birk*, Das Problem der Menschenrechte, in: Odersky (Hrsg.), Die Menschenrechte, 1994, S. 9, 11 ff.

[91] *Häberle*, Europäische Rechtskultur, S. 17.

[92] *Demandt*, Sternstunden der Geschichte, 2001, S. 266 ff.

tet ist.[93] Die hier kodifizierten Menschenrechte beruhen auf der – zur europäischen Rechtskultur gehörenden – Grundüberzeugung, dass die Gesellschaft die Grundfreiheiten jedes Einzelnen garantieren muss. Weitergehende Grundrechte finden sich in der Europäischen Grundrechtecharta, die neben dem Erfordernis der Einhaltung der in der EMRK garantierten Rechte insbesondere die Verhältnismäßigkeit des Strafrechts ausdrücklich vorsieht.

Daneben kann auch das EG-Recht aufgrund seiner unmittelbaren Anwendbarkeit und seiner Vorrangwirkung von Bedeutung sein und eine der EMRK konforme Auslegung des nationalen Strafprozessrechts erfordern.[94] So kommt z.B. die Annahme eines Beweisverwertungsverbots bei Verstößen gegen das Gemeinschaftsrecht in Betracht.[95] Weiterhin enthält das Schengener Übereinkommen, das durch den Vertrag von Amsterdam Bestandteil des EU-Rechts geworden ist, Regelungen über einen transnationalen Strafklageverbrauch und über international zugängliche Datenbanken, die auch für nationale Strafverfahren genutzt werden können.

b. Unschuldsvermutung

Das wichtigste Menschenrecht ist die Unschuldsvermutung, die als Grundsatz „in dubio pro reo" sogar zum Gerechtigkeitserbe der Menschheit gezählt wird. Es wird vermutet, dass dieser Grundsatz im Strafprozess so lange anerkannt ist, wie es überhaupt ein Strafprozessrecht gibt.[96] Bereits die französische Menschenrechtserklärung von 1789 hat die Unschuldsvermutung ausdrücklich in den Katalog der Menschenrechte aufgenommen (Art. 9),[97] um Willkür und Despotismus zu beseitigen. Sie ist auch in Art. 6 Abs. 2 EMRK ausdrücklich verbürgt und garantiert, dass die Frage der Schuld des Angeklagten bis zu seiner Verurteilung offen ist.[98] Der Europäische Gerichtshof für Menschenrechte hat die Unschuldsvermutung inzwischen zu einem Leitprinzip für das gesamte Strafverfahren entwickelt und dargelegt, „dass eine in U-Haft befindliche Person, deren Schuld noch nicht rechtskräftig festgestellt worden ist, sich im Genuss der Unschuldsvermutung befindet. Diese Vermutung gilt nicht nur für die strafprozessualen Rechte, sondern auch für das rechtliche Reglement im Voll-

---

[93] Zur Geltung der Menschenrechte in der EU vgl. die Beiträge in: *Alston* (ed.), The EU and the Human Rights, 1999, S. 3ff.; zur Geschichte der Menschenrechte vgl. *Kühnhardt*, Die Universalität der Menschenrechte, 1987; *Oesterreich*, Geschichte der menschenrechte und Grundfreiheiten im Umriß, 1968; zur neueren Entwicklung vgl. *Hartung*, Die Entwicklung der Menschen- und Bürgerrechte von 1776 bis zur Gegenwart, 5. Aufl. 1985.

[94] Vgl. nur *Ashworth*, Principles of Criminal Law, S. 62ff.

[95] EuGHE 1998, I-3711 – „*Lemmens*" mit Anm. *Gärditz*, Der Strafprozeß unter dem Einfluß europäischer Richtlinien, wistra 1999, S. 293; *Gleß*, Anmerkung zu EuGHE 1998, I-3711 – Verstoß gegen EU-Meldepflicht, NStZ 1999, S. 142; *Kühne*, Anmerkung zu EuGHE 1998, I-3711, JZ 1998, S. 1070 und *Satzger*, Anmerkung zu EuGHE 1998, I-3711, StV 1999, S. 132.

[96] *Höffe*, Gibt es ein interkulturelles Strafrecht?, S. 58.

[97] „Tout homme étant présumée innocent."

[98] *Stuckenberg*, Untersuchungen zur Unschuldsvermutung, 1998, S. 530ff.; s. auch *Bosch*, Aspekte des Nemo-tenetur-Prinzips aus verfassungsrechtlicher und strafprozessrechtlicher Sicht, 1998, S. 95.

zug der U-Haft, was auch die Art umfasst, mit der Strafvollzugsbedienstete den Gefangenen behandeln sollten".[99]

Die menschenrechtliche Dignität der Unschuldsvermutung lässt sich sogar interkulturell begründen. Der Umstand, dass in allen uns bekannten Kulturen der alten Welt erstens Gerichte existierten, diese zweitens keine Anklage ohne Beweisverfahren erheben und sie drittens keine Urteile ohne Begründung fällen durften, zeigt, dass das Menschenrecht der Unschuldsvermutung früh und kulturübergreifend anerkannt wurde.[100] Dennoch gibt es bei der Ermittlung des Täters im Strafverfahren enorme kulturelle Unterschiede. Manche Länder lassen Folter zu, manche begnügen sich mit Indizien, andere verlangen ein Geständnis. In Europa gilt das Folterverbot. Auch ein Geständnis ist nicht mehr erforderlich. Für eine Verurteilung reichen in Europa durchgängig Indizien aus. Die generelle Anerkennung von „in dubio pro reo" darf jedoch nicht darüber hinweg täuschen, dass auch in Europa erhebliche Unterschiede bestehen. So muss dem Angeklagten in Deutschland nachgewiesen werden, dass sein Verhalten nicht gerechtfertigt und nicht entschuldigt war. Hingegen obliegt ihm in Frankreich die Pflicht, das Vorliegen eines Rechtfertigungs- oder Entschuldigungsgrundes nachzuweisen. Auch in England, wo die Rechtfertigungs- und Entschuldigungsgründe als Verteidigungseinreden auf die Ebene des Prozessrechts verwiesen werden, müssen diese defences vom Angeklagten vorgebracht und bewiesen werden.[101] Neben Frankreich und England sehen auch Spanien sowie die traditionelle Rechtsprechung Italiens die Rechtfertigungs- und Entschuldigungsgründe als vom Beschuldigten zu beweisende bzw. jedenfalls darzulegende Einwände an.[102] Das rechtsstaatliche deutsche System, welches der Anklage bzw. dem Staat die volle Beweislast für sämtliche Elemente der Straftat aufbürdet, ist daher international gesehen eher eine Ausnahme, die sich besonders weit vom Prozessrecht entfernt.[103] Hier wird deutlich, dass die Menschenrechte nach wie vor von großer Aktualität sind und eine Fortentwicklung im Sinne einer Konkretisierung der Garantien unverzichtbar ist.

c. Mündlichkeit, Unmittelbarkeit und Öffentlichkeit des Verfahrens

Auch die Grundsätze der Mündlichkeit, Unmittelbarkeit und Öffentlichkeit, die in der EMRK garantiert werden, gehören zu den Errungenschaften der europäischen Rechtskultur.[104] Diese Maximen beruhen auf den negativen Erfahrungen mit dem willkürlichen, geheimen und schriftlichen Inquisitionsprozess des Mittelalters. Völlig

---

[99] *EGMR*, „*Iwanczuk./.Polen*", Urt. vom 15.11. 2001, §53; vgl. auch *Kühne/Esser*, Die Rechtsprechung des Europäischen Gerichtshofs für Menschenrechte (EGMR) zur Untersuchungshaft, StV 2002, S.383ff.

[100] Vgl. aber differenzierend *Holzhauer*, In dubio pro reo, in: Erler/Kaufmann (Hrsg.), Handwörterbuch zur deutschen Rechtsgeschichte, Bd.II, S.350ff.

[101] Näher dazu *Ashworth*, Principles of Criminal Law, S.85; *Dannecker*, Der Allgemeine Teil eines europäischen Strafrechts als Herausforderung für die Strafrechtswissenschaft, in: Festschrift für Hirsch, 1999, S.141, 151f.

[102] Eingehend dazu die Beiträge in *Perron* (Hrsg.), Die Beweisaufnahme im Strafverfahrensrecht des Auslandes, 1995.

[103] *Tiedemann*, in: Tiedemann (Hrsg.), Wirtschaftsstrafrecht in der Europäischen Union, S.3, 10.

[104] *Dannecker*, Die strafprozessualen Grundsätze der Mündlichkeit, Unmittelbarkeit und Öffentlichkeit in den Rechtsordnungen der Europäischen Union, ZVglRWiss 97 (1998), S.407ff.

neue Anstöße für das Verständnis dieser Prozessmaximen gingen im 18. Jahrhundert von der Aufklärung und der Französischen Revolution aus. Wegbereiter waren insbesondere *Voltaire* und *Beccaria*, die gegen die Todesstrafe und die Folter kämpften. Der heimliche und schriftliche Inquisitionsprozess ließ sich mit dem Gedankengut der Aufklärung nicht mehr vereinbaren, das durch den Primat der Vernunft und die Betonung der Persönlichkeits- und Menschenrechte gekennzeichnet war. Auch ergab sich aus staatsrechtlichen Positionen wie der Gewaltenteilungslehre und dem Demokratiegebot die Forderung nach einer mündlichen und öffentlichen Gerichtsverhandlung. Demgegenüber hat es in England nie einen reinen Inquisitionsprozess gegeben; vielmehr wurde die mündliche Hauptverhandlung vor dem seit Beginn des 13. Jahrhunderts existierenden Geschworenengericht durchgängig beibehalten. Zudem galten stets der Anklagegrundsatz und die Idee der Waffengleichheit. Insbesondere *Montesquieu*, aber auch *v. Feuerbach* und *Mittermaier* sahen im englischen Rechtssystem ein Vorbild für das kontinentaleuropäische Strafverfahrensrecht.[105] Allerdings haben sich die deutschen Partikularstaaten im 19. Jahrhundert aufgrund der politischen Situation, nicht zuletzt weil das französische Recht in einigen Teilen Deutschlands galt, am französischen Strafprozess orientiert. Der Einfluss der Aufklärung setzte sich dann im 20. Jahrhundert in den menschenrechtlichen Fundierungen dieser Grundsätze, auf die sich nun jeder Bürger berufen konnte, fort. Nunmehr garantiert Art. 6 EMRK unter anderem ein öffentliches und mündliches Verfahren mit unmittelbarer Beweisaufnahme.

Diese Grundsätze haben in ihrer Konkretisierung durch den Straßburger Gerichtshof teilweise einen erheblichen Bedeutungswandel erfahren. So sollte die Öffentlichkeit der Hauptverhandlung ursprünglich das Vertrauen in die Rechtsprechung festigen, die Verantwortung der Rechtspflegeorgane erhöhen und den Einfluss sachfremder Umstände auf die Urteilsfindung verhindern.[106] Heute dient die Öffentlichkeit neben der Schaffung von Transparenz und Kontrollmöglichkeiten angesichts der Verbreitung der Massenmedien zunehmend der Befriedigung des Informationsbedürfnisses der Allgemeinheit. Diesen Interessen stehen insbesondere die Persönlichkeitsrechte des Opfers, des Zeugen und des Täters, der die Stigmatisierung durch die Hauptverhandlung fürchtet, gegenüber. Bei öffentlichen Hauptverhandlungen besteht zudem die Gefahr einer Vorverurteilung,[107] was der Resozialisierung des Täters zuwider laufen kann. Die Resozialisierung ist zwar inzwischen in allen europäischen Staaten als Ziel der Strafe anerkannt, jedoch werden die Möglichkeiten einer wirksamen erzieherischen Einwirkung durch den Strafvollzug eher skeptisch beurteilt.[108] Verallgemeinernd kann hervorgehoben werden, dass die materiellen Gesichtspunkte, die zur Rechtfertigung einer Begrenzung der Strafprozessmaximen herangezogen werden, sich in weiten Bereichen entsprechen. Deshalb gewährleistet der Blick auf die Rechtslage in anderen Staaten, dass solchen immer wieder auftretenden Tendenzen der

---

[105] *v. Feuerbach*, Betrachtungen über die Öffentlichkeit und Mündlichkeit der Gerechtigkeitspflege, 1821; *K.J.A. Mittermaier*, Die Mündlichkeit, das Anklageprinzip, die Öffentlichkeit und das Geschworenengericht, 1845.

[106] *Eb. Schmidt*, Lehrkommentar zur Strafprozeßordnung und zum Gerichtsverfassungsgesetz, 2. Aufl. 1964, Rdn. 401 ff.

[107] *Eser/Meyer*, Öffentliche Vorverurteilung und faires Strafverfahren, 1986.

[108] *Jescheck/Weigend*, Lehrbuch des Strafrechts. Allgemeiner Teil, S. 69.

Rechtsprechung und Gesetzgebung in den verschiedenen Staaten entgegen getreten werden kann, damit die Strukturmaximen des Strafprozesses nicht im Interesse der Effektivität des Verfahrens und der Prozessökonomie verwässert werden. Und dies ist eine kulturelle Errungenschaft des Rechts in Europa.

3. Ausweitung des Anwendungsbereichs der strafrechtlichen Garantien auf repressive Sanktionen unterhalb des Kriminalstrafrechts

Eine weitere kulturelle Errungenschaft in den europäischen Staaten stellt die Ausweitung der strafrechtlichen Garantien auf repressive Sanktionen unterhalb des Kriminalstrafrechts dar. Die Ausgestaltung des repressiven Sanktionenrechts ist in den verschiedenen Staaten sehr unterschiedlich. Neben dem Kriminalstrafrecht, das alle europäischen Staaten kennen, gibt es in Deutschland, Italien, Portugal und in der Europäischen Gemeinschaft, seit dem 1. Juli 2002 auch in Österreich für das Kartellrecht, ein Ordnungswidrigkeitenrecht, das nicht den sozialethischen Unwert der Strafe enthält, das aber strafrechtlichen Prinzipien unterworfen ist. Andere Staaten wie z.B. Spanien und die Niederlande kennen Verwaltungssanktionen, auf die die strafrechtlichen Prinzipien gleichermaßen angewendet werden. Eine dritte Gruppe von Staaten, zu denen insbesondere Griechenland gehört, sieht Verwaltungsstrafen vor, die nach rein verwaltungsrechtlichen Grundsätzen verhängt werden dürfen.[109]

Es ist ein Verdienst des Straßburger Gerichtshofs für Menschenrechte, den Begriff des Strafrechts über das Kriminalstrafrecht hinaus ausgeweitet und insbesondere den Bereich der Ordnungswidrigkeiten, die als Mittel der Entsanktionierung eingeführt worden sind, als Strafrecht im weiteren Sinne eingeordnet zu haben.[110] Ausgangspunkt der Prüfung war – der Frage nach der innerstaatlichen Einordnung entsprechend – die Feststellung, dass die Ordnungswidrigkeiten nach den Gesetzesmaterialien aus dem Anwendungsbereich des Kriminalstrafrechts ausgeklammert werden sollen. Entscheidend für die Einordnung der Ordnungswidrigkeiten ist für den Gerichtshof jedoch nicht die innerstaatliche Einordnung, sondern die Art der Zuwiderhandlung. Auch wenn die Geldbußen in mancher Hinsicht weniger belastend erscheinen können als Geldstrafen, soll ihnen aufgrund der Art der Zuwiderhandlung weiterhin Strafcharakter zukommen. Durch den Wechsel von der Straftat zur Ordnungswidrigkeit habe sich an der verletzten Rechtsregel inhaltlich nichts geändert. Vorgeschrieben wäre ein bestimmtes Verhalten, das mit einer Sanktion verbunden sei, die sowohl ahnden als auch abschrecken solle. Vor allem der allgemeine Charakter der Regel und der sowohl präventive als auch repressive Zweck der ordnungswidrigkeitenrechtlichen Sanktionen rechtfertigen in den Augen des Gerichtshofs die Feststellung, dass auch Zuwiderhandlungen im Bereich der Ordnungswidrigkeiten „im Sinne des Art. 6 der Konvention ihrer Art nach strafrechtlich" sind.

---

[109] Rechtsvergleichender Überblick bei *Rincon*, Sanciones administrativas, 1989, S. 111 ff.

[110] EuGMR NJW 1985, 1273 ff.; dazu *Kühl*, Der Einfluß der Europäischen Menschenrechtskonvention auf das Strafrecht der Bundesrepublik Deutschland (Teil I), ZStW 100 (1988), S. 405, 421 m.w.N.; *Tiedemann*, Verfassungsrecht und Strafrecht, S. 16.

Nicht zuletzt aus diesem Grund hat die EG-Kommission im Bereich der kartell-rechtlichen Unternehmensgeldbußen einen Allgemeinen Teil eines Ordnungswidrig-keitenrechts in Anlehnung an die allgemeinen Rechtsgrundsätze des Strafrechts, die sich in den Mitgliedstaaten finden, entwickelt[111] und strafprozessuale Grundsätze wie das rechtliche Gehör, „nemo tenetur se ipsum accusare", „ne bis in idem", das Rück-wirkungsverbot und das „legal privilege" als allgemeine Rechtsgrundsätze des Euro-päischen Rechts herausgearbeitet.[112] Es fehlt jedoch bislang eine hinreichende Einbet-tung dieser Grundsätze in ein umfassendes ordnungswidrigkeitenrechtliches Verfah-rensrecht, das im Zusammenwirken der verschiedenen Prinzipien zu einem den An-forderungen der Fairness und Rechtsstaatlichkeit in jeder Hinsicht entsprechenden Verfahren (due process) führt.[113]

IV. Beim Strafvollzug zu beachtende Grundprinzipien

Die Resozialisierung des Täters ist ein sinnvolles Element einer umfassenden Straf-rechtstheorie. Insbesondere für den Strafvollzug[114] stellt sie ein unverzichtbares Krite-rium dar.[115] Dies spiegelt sich auch in den internationalen Rechtsgrundlagen wider, die auf dem naturrechtlichen Gedanken beruhen, dass jeder Mensch ein gemein-schaftsbezogenes Wesen ist, so dass auch ein Gefangener nicht vollständig von der Au-ßenwelt isoliert werden darf. Zu nennen sind zunächst die „Standard Minimum Rules for the Treatment of Prisoners", die vom Wirtschafts- und Sozialrat der UN mit der Entschließung 663 C (XXIV) 1957 gebilligt und empfohlen wurden und die neben speziellen Haftbedingungen die Leitprinzipien eines resozialisierenden Strafvollzuges regeln. Ziel des Strafvollzugs sei der Schutz der Allgemeinheit, der nur sicher gestellt werden könne, wenn der Straftäter bei seiner Rückkehr in die Gesellschaft nicht nur gewillt, sondern auch befähigt sei, ein gesetzestreues Leben zu führen und seinen Le-bensunterhalt zu bestreiten. Weiterhin ist die Resozialisierung auch im Internationa-len Pakt über bürgerliche und politische Rechte als Ziel verankert, der in Art. 10 Abs. 3 vorsieht, dass der Strafvollzug eine Behandlung der Gefangenen einschließt, die vornehmlich auf ihre Besserung und Wiedereingliederung hinzielt. Auf europäischer Ebene ergingen zahlreiche Entschließungen, denen die Überlegung zugrunde liegt, dass für einen einheitlichen Wirtschafts- und Kulturraum gemeinsame Aussagen leichter verwirklicht werden können. In diesem Zusammenhang sind insbesondere die „European Minimum Standard Rules for the Treatment of Prisoners" des Mini-sterkomitees des Europarates[116] zu nennen, die nach einer Überarbeitung im Jahre

---

[111] *Tsolka*, Der allgemeine Teil des europäischen supranationalen Strafrechts i.w.S., S. 138ff.

[112] *Dannecker*, in: Immenga/Mestmäcker, EG-Wettbewerbsrecht, 1997, S. 1759ff., 1774ff.

[113] Eingehend dazu *Weiß*, Die Verteidigungsrechte im EG-Kartellverfahren, 1996, S. 189ff.

[114] Zur Ausgestaltung des Strafvollzugs in den verschiedenen Staaten vgl. *Kaiser*, Strafvollzug im euro-päischen Vergleich, 1983, passim; *ders.*, Strafvollzug im internationalen Vergleich, in: Gedächtnisschrift für Hilde Kaufmann, 1986, S. 599ff.

[115] Vgl. allgemein zum Vollzugsziel der Resozialisierung nur *Callies/Müller-Dietz*, Strafvollzugsgesetz, 9. Aufl. 2002, Einl. Rdn. 29ff.; *Kaiser/Schöch*, Strafvollzug, 5. Aufl. 2002, §6 Rdn. 12ff.; *Leyendecker*, (Re-)Sozialisierung und Verfassungsrecht, S. 190ff.

[116] Entschließung Nr. R (73) 5.

1987 als „Europäische Strafvollzugsgrundsätze"[117] in Kraft gesetzt wurden. Das Ziel der Behandlung Strafgefangener wird darin gesehen, ihre Gesundheit und Selbstachtung zu erhalten und, soweit es die Vollzugsdauer erlaubt, ihr Verantwortungsbewusstsein zu entwickeln und sie zu befähigen, sich nach der Entlassung wieder in die Gesellschaft einzugliedern, ein gesetzestreues Leben zu führen und ihren Lebensunterhalt zu bestreiten. Die Resozialisierung wird also nur noch als Behandlungs-, nicht aber als Vollzugsziel genannt. Hierin spiegelt sich die kriminalpolitische Entwicklung wider, die nach den sechziger und siebziger Jahren angesichts der geringen Resozialisierungserfolge zu einer Verstärkung der Spezialprävention geführt hat. Selbst in den Niederlanden, die jahrzehntelang – neben den skandinavischen Ländern – als europäisches Vorbild im Strafvollzug gegolten haben, weil sie niedrige Gefangenenziffern aufwiesen und weil umfangreiche Resozialisierungsprogramme in den Gefängnissen eingesetzt wurden, wurde in den neunziger Jahren der Resozialisierungsgedanke nicht zuletzt aus finanziellen Gründen erheblich zurückgedrängt.[118] Die internationalen Vorgaben für einen resozialierenden Strafvollzug werden noch nicht hinreichend in der Praxis umgesetzt.

Bei der Vollstreckung freiheitsentziehender Strafen und Maßregeln tritt im Vollstreckungsverfahren aller Länder das Problem auf, dass die Vollstreckung an Ausländern mit großen Sprachproblemen und anderem kulturellen Herkommen eine Resozialisierung unmöglich machen. Durch das Rechtsinstitut der stellvertretenden Strafvollstreckung soll dieses Problem entschärft werden. Dies bedeutet, dass die Verurteilung in dem Land erfolgen soll, in dem die Tat begangen worden ist, die Vollstreckung jedoch im Heimatland des Täters vorgenommen wird. Diese Bestrebungen in der Europäischen Union können als Bestandteil einer Europäischen Strafrechtskultur nicht hoch genug eingestuft werden.

V. Die Europäische Rechtskultur als Aufgabe für die Strafrechtswissenschaft

Zur Rechtskultur gehören auch die Rechtswissenschaften, die im ganzen wie im einzelnen eine spezielle Kulturwissenschaft mit ihren eigenen Methoden, ihrem eigenen Gegenstand, ihrem „Proprium" und den Inhalten sind.[119] Wenn ein Wissenschaftsdialog der Rechtskulturen geführt wird, stellt sich die Frage, welche Aufgaben sich für die Strafrechtswissenschaft stellen, die sich zunehmend mit der Europäisierung beschäftigt.[120] Hierbei stehen Reformfragen im Vordergrund. Die Reform des Strafrechts ist Gegenstand der Kriminalpolitik, die sich mit der Gewinnung und Realisierung der Ordnungsvorstellungen bei der Verbrechensbekämpfung befasst.[121] Sie fragt,

---

[117] Entschließung Nr. R (87) 3.

[118] Vgl. dazu *Leyendecker*, (Re-)Sozialisierung und Verfassungsrecht, S. 247f. m.w.N.

[119] *Häberle*, Europäische Rechtskultur, S. 19f.

[120] Vgl. nur *Kühl*, Zur Europäisierung der Strafrechtswissenschaft, ZStW 109 (1997), S. 777ff.; *J. Vogel*, GA 2002, S. 517ff.

[121] *Jescheck/Weigend*, Lehrbuch des Strafrechts. Allgemeiner Teil, S. 22; *Maurach/Zipf*, Strafrecht. Allgemeiner Teil, Bd. 1, § 4 Rdn. 20; zur Abgrenzung von Strafrechtsdogmatik und Kriminalpolitik *Hassemer*, Strafrechtsdogmatik und Kriminalpolitik, 1973, S. 65ff.; vgl. auch *Bahlmann*, Rechts- oder kriminalpoliti-

wie das Strafrecht einzurichten ist, damit es seiner Aufgabe des Gesellschaftsschutzes am besten gerecht werden kann und wie die Merkmale der Straftatbestände richtig gefasst werden müssen, um der Wirklichkeit des Verbrechens zu entsprechen, ohne den Freiheitsraum des Bürgers mehr als unbedingt notwendig einzuschränken.[122]

1. Aufgaben auf dem Gebiet des Kriminalstrafrechts

Die Globalisierung der Wirtschaft und das Vordringen neuer Technologien in den Bereichen Computertechnik, Telekommunikation und Biotechnologie wirken sich auf die Kriminalität aus[123] und erfordern entsprechende Reaktionen des Gesetzgebers. Diese müssen sich häufig an internationalen Vereinbarungen orientieren, die im Rahmen der Vereinten Nationen, der OECD oder des Europarats[124] getroffen werden. Diese Vorgaben wiederum werden häufig auch von der Europäischen Gemeinschaft aufgegriffen, die die Mitgliedstaaten zur Vornahme entsprechender strafrechtlicher Maßnahmen verpflichtet. In seinem Vortrag „Strafrecht durch internationale Vereinbarungen – Verlust an nationaler Strafrechtskultur?" hat *Weigend*[125] zu Recht die zunehmende Europäisierung des Strafrechts in den Vordergrund seiner Überlegungen gestellt. Diese Entwicklung ist im Wesentlichen auf zwei Gründe zurückzuführen: Zum einen nimmt die Europäische Gemeinschaft Einfluss auf das Strafrecht der Mitgliedstaaten im Sinne der Schaffung oder Ergänzung der Straftatbestände, um Rechtsgüter der Europäischen Gemeinschaft, insbesondere deren finanzielle Interessen, wirksam zu schützen.[126] Zum anderen soll durch die Rechtsangleichung der Strafvorschriften der einzelnen Mitgliedstaaten eine effektive und gleichmäßige Verbrechensbekämpfung erreicht werden. Daneben sollen – vor allem im Bereich des Wirtschaftsstrafrechts – unterschiedliche Rahmenbedingungen innerhalb des gemeinsamen Marktes vermieden werden.[127] Diesen Veränderungen muss sich die Strafrechtswis-

---

sche Argumente innerhalb der Strafgesetzesauslegung und -anwendung, 1999; *Moccia*, Die systematische Funktion der Kriminalpolitik, in: Schünemann/Figueiredo Dias (Hrsg.), Bausteine des europäischen Strafrechts, 1995, S. 45 ff.; *Schünemann*, Die deutsche Strafrechtswissenschaft nach der Jahrtausendwende, GA 2001, S. 205 ff.; *ders.*, Strafrechtsdogmatik als Wissenschaft, in: Festschrift für Roxin, 2001, S. 1 ff.; *Moreno Hernández*, Über die Verknüpfungen von Strafrechtsdogmatik und Kriminalpolitik (Ontologismus versus Normativismus?), in: Festschrift für Roxin, S. 69 ff.; *J. Vogel*, GA 2002, S. 517 ff.

[122] *Jescheck/Weigend*, Lehrbuch des Strafrechts. Allgemeiner Teil, S. 22 f.

[123] Vgl. dazu *Manquet*, Neue Formen der Wirtschaftskriminalität, in: Bundesministerium der Justiz (Hrsg.), Global Business und Justiz, Wien 2000, S. 205 ff.; *Palazzo*, in: Tiedemann (Hrsg.), Wirtschaftsstrafrecht in der Europäischen Union, S. 23, 27.

[124] Vgl. dazu nur *Lagodny*, Die Aktivitäten des Europarats auf strafrechtlichem Gebiet, in: Eser/Huber (Hrsg.), Strafrechtsentwicklung in Europa 4.2, 1994, 1679 ff.; *Vogler*, Die strafrechtlichen Konventionen des Europarats, Jura 1992, S. 586 ff.

[125] *Weigend*, ZStW 105 (1993), S. 774 ff.

[126] Geänderter Vorschlag für eine Richtlinie des Europäischen Parlaments und des Rates über den strafrechtlichen Schutz der finanziellen Interessen der Gemeinschaft (gemäß Artikel 250, Absatz 2 des EG-Vertrages von der Kommission vorgelegt), KOM (2002) 577 endg.; vgl. auch *Satzger*, Die Europäisierung des Strafrechts, 2001, S. 254; zur Rechtslage in Österreich *Garcia Marqués/Kert*, Strafrechtsänderungsgesetz 1998: Umsetzung des EU-Betrugs-Übereinkommens in Österreich, öJZ 1999, S. 213 ff.

[127] *Eisele*, Einflussnahme auf nationales Strafrecht durch Richtliniengesetzgebung der Europäischen Gemeinschaft, JZ 2001, S. 1157 ff., 1157.

senschaft stellen. Denn – so hebt *Peter Häberle* zutreffend hervor – „‚Recht und Rechtswissenschaft‘, Gesetzgeber und Richter leben nicht aus sich selbst. Sie sind auf ‚Materialien‘ angewiesen, auf ‚Anstöße‘ und ‚Stoffe‘, z.B. auf neue Gerechtigkeitselemente, neue Erkenntnisse und Erfahrungen, aber auch neue Hoffnungen und Ideale, die das bisherige Recht in neuem Licht erscheinen lassen, oder die sie zwingen, die herkömmlichen Inhalte zu verteidigen.“[128] Diese Ausführungen zum Verfassungsrecht gelten gleichermaßen für das Strafrecht und die Strafrechtswissenschaft.

a. *Notwendigkeit der Harmonisierung auf dem Gebiet des Besonderen Teils des Strafrechts*

Schwerpunkte der Harmonisierung des Besonderen Teils des Strafrechts in Europa sind dadurch vorgegeben, dass das Strafrecht in der Europäischen Gemeinschaft trotz fehlender eigener Strafgewalt[129] Gegenstand der justiziellen Zusammenarbeit ist.[130] So nennt Art. 31 lit. e EUV beispielhaft die schrittweise Annahme von Maßnahmen zur Festlegung von Mindestvorschriften über die Tatbestandsmerkmale strafbarer Handlungen und die Strafen in den Bereichen organisierte Kriminalität, Terrorismus und illegaler Drogenhandel als Schwerpunkte für ein gemeinsames Vorgehen im Bereich der Zusammenarbeit der Justizbehörden. Nach Auffassung des Rates in Tampere vom 15./16. 10. 1999 soll sich eine Vereinbarung gemeinsamer Definitionen, Tatbestandsmerkmale und Sanktionen auf besonders relevante Bereiche konzentrieren, wie Finanzkriminalität, illegalen Drogenhandel, Menschenhandel, sexuelle Ausbeutung von Kindern, High-Tech-Kriminalität und Umweltkriminalität. Im Jahr 2000 wurde schließlich „eine Strategie der EU für den Beginn des neuen Jahrtausends: Prävention und Bekämpfung der organisierten Kriminalität“ fertig gestellt.[131] Die im Strafrecht getroffenen Maßnahmen betreffen auf dem Gebiet des materiellen Strafrechts den Betrug zum Nachteil der Europäischen Gemeinschaft,[132] die Korruption,[133] die Geldfäl-

---

[128] *Häberle*, Verfassungslehre als Kulturwissenschaft, S. 227.

[129] *Dannecker*, Strafrechtsentwicklung in Europa, Bd. 4.3, 1995, S. 26; *ders.*, Jura 1998, S. 79, 80; *Deutscher*, Die Kompetenzen der europäischen Gemeinschaften zur originären Strafgesetzgebung, 2000, S. 345ff.; *Jokisch*, Gemeinschaftsrecht und Strafverfahren, 2000, S. 62ff.; *Schünemann*, GA 2002, S. 501ff.; *Streinz*, Europarecht, 5. Aufl. 2001, Rdn. 422; im Europäischen Konvent steht nunmehr zur Diskussion, den „Dritten Pfeiler“ der Europäischen Union zu „vergemeinschaften“, d.h. die Regelungen der Art. 29ff. EUV über die polizeiliche und justizielle Zusammenarbeit in Strafsachen in den EG-Vertrag zu überführen.

[130] Siehe dazu *Brechmann*, in: Callies/Ruffert, Kommentar zum EU-Vertrag und EG-Vertrag, 2. Aufl. 2002, Art. 31 EUV Rdn. 7ff.; *Schünemann*, GA 2002, S. 501ff.

[131] ABl. 2000 C 124, 1.

[132] ABl. 2001 L 149, 1; vgl. auch *Dannecker*, Das Übereinkommen über den Schutz der finanziellen Interessen der Europäischen Gemeinschaften – Zur Umsetzung der im Jahre 1994 verabschiedeten Betrugsbekämpfungsstrategie der Europäischen Kommission, in: Leitner (Hrsg.), Aktuelles zum Finanzstrafrecht. Beiträge der Finanzstrafrechtlichen Tagung Linz 1998, 1999, S. 9ff.

[133] Erstes Protokoll zum Übereinkommen über den Schutz der finanziellen Interessen der Europäischen Gemeinschaften, ABl. Nr. C 316 vom 23. 10. 1996, 1; Gemeinsame Maßnahme der Europäischen Union vom 31. 12. 1998 betreffend die Bestechung im privaten Sektor, ABl. Nr. L 382/2; *Dannecker*, Die Verschärfung der strafrechtlichen und steuerrechtlichen Maßnahmen zur Bekämpfung der Korruption in Deutschland, in: Dannecker/Leitner (Hrsg.), Schmiergelder. Strafbarkeit und steuerliche Abzugsverbote in Österreich und Deutschland, 2002, S. 111, 128f.

schung,[134] die Geldwäsche zum Nachteil der EG,[135] die Beteiligung an einer kriminellen Organisation,[136] Menschenhandel und rassistische und fremdenfeindliche Handlungen,[137] den Vergabebetrug,[138] die Schlepperei, die Unterstützung der illegalen Einreise und des illegalen Aufenthalts[139] und die sexuelle Ausbeutung von Kindern sowie Kinderpornographie.[140] Weiterhin sind die Festlegung von Mindestvorschriften über die Tatbestandsmerkmale strafbarer Handlungen, die Strafen im Bereich des Drogenhandels,[141] das Umweltstrafrecht[142] und die Strafbarkeit juristischer Personen[143] zu nennen.[144]

Bei der rechtspolitischen Fragestellung, wie die Straftatbestände auszugestalten sind, tritt die Bedeutung der nationalen Rechtsordnungen stärker in den Hintergrund. Denn die Vereinheitlichung nationaler strafrechtlicher Regeln erfordert Richtigkeitskriterien jenseits der positivistischen Verbindlichkeit der nationalen Gesetzes- oder Präjudizienbindung. Hier ist es Aufgabe der Strafrechtswissenschaft, unter Konsistenz- und Wertgesichtspunkten Regelungen aufzuzeigen und nach vorzugswürdigen Lösungsalternativen zu suchen. Die konkreten nationalen Rechtsordnungen bilden hierbei nur noch als exemplarische Realisierungen möglicher Regelungsmodelle den Gegenstand rechtsvergleichender Untersuchungen.[145] Sie enthalten nur einen Vorrat an Lösungen, auf den zurückgegriffen werden kann.

---

[134] ABl. 2000 L 140, 1; dazu *Zeder*, Der Rahmenbeschluß als Instrument der EU-Rechtsangleichung im Strafrecht am Beispiel des Rahmenbeschlusses gegen Geldfälschung, ÖJZ 2001, S. 81 ff.

[135] KOM (2001) 272.

[136] ABl. 1997 C 251, S. 1; zu internationalen Regelungen betreffend die Bekämpfung der organisierten Kriminalität vgl. *Harder*, Organisierte Wirtschaftskriminalität, in: Wabnitz/Janovsky (Hrsg.), HdWiStR, 5. Kapitel Rdn. 44.

[137] Entschließung des Europäischen Parlaments vom 3. 10. 2001, Bull. 10–2001, Ziff. 1.2.1.; Vorschlag für einen Rahmenbeschluss des Rates zur Bekämpfung von Rassismus und Fremdenfeindlichkeit, KOM (2001) 664, ABl. Nr. C 075, S. 269 ff.

[138] Vorschlag zur Einführung eines Straftatbestandes „Betrügerisches oder unfaires wettbewerbsbeschränkendes Verhalten bei öffentlichen Ausschreibungen auf dem Gemeinsamen Markt; ABl. 2000, C 253, S. 1 ff.

[139] ABl 2000, C 253, S. 1, 6.

[140] KOM (2000) 854.

[141] KOM (2001) 259.

[142] ABl. 2000 C 39, S. 4; vgl. auch den Kommissionsvorschlag einer Richtlinie über den strafrechtlichen Schutz der Umwelt, Kommissionsdok. KOM (2001), 139 endg. v. 13.3. 2001; näher dazu *Satzger*, Die Europäisierung des Strafrechts, S. 340 ff.

[143] *Dannecker*, Das Unternehmen als „Good Corporate Citizen" – Ein Leitbild der europäischen Rechtsentwicklung?, in: Alwart (Hrsg.), Verantwortung und Steuerung von Unternehmen in der Marktwirtschaft, 1998, S. 5 ff.; *Eser/Heine/Huber* (Hrsg.), Criminal Responsibility of Legal and Collective Entities. International Colloquium Berlin 1998, 1999; *Heine*, Unternehmen, Strafrecht und europäische Entwicklungen, ÖJZ 2000, S. 871 ff.

[144] Vgl. insbesondere den Überblick in dem „Aktionsplan des Rates und der Kommission zur bestmöglichen Umsetzung der Bestimmungen des Amsterdamer Vertrages und den Aufbau eines Raumes der Freiheit, der Sicherheit und des Rechts", ABl. EG 1999 Nr. C 19/1; vgl. auch die Schlussfolgerungen des Europäischen Rates von Tampere Bulletin EU-1999 sowie *Schomburg*, Justitielle Zusammenarbeit im Bereich des Strafrechts in Europa: EURO-JUST neben Europol!, ZRP 1999, S. 237 ff.; *Jung*, Konturen und Perspektiven des europäischen Strafrechts, JuS 2000, S. 417 ff.; *Diekmann*, Europäische Kooperation im Bereich der Strafrechtspflege, NStZ 2001, 617 ff.

[145] *Neumann*, Hat die Strafrechtsdogmatik eine Zukunft?, in: Prittwitz/Manoledakis (Hrsg.), Strafrechtsprobleme an der Jahrtausendwende, 2000, S. 119, 128 f.

b. Notwendigkeit der Erarbeitung eines Allgemeinen Teils eines Europäischen Strafrechts

Grunderfordernisse einer gesetzgeberischen Regelung betreffen neben dem Besonderen Teil auch den Allgemeinen Teil,[146] dessen Erarbeitung einen Beitrag zu einer europäischen Rechtskultur bedeutet und der zumindest als Musterentwurf für die Staaten dienen kann.[147] Hier stellt sich die Frage, was gesetzlich geregelt werden soll und wie intensiv die Regelung erfolgen muss. Der Allgemeine Teil des Kriminalstrafrechts hat in Europa weitreichende historische Wurzeln, deren Gemeinsamkeiten auf die Zeit des Humanismus zurück reichen[148] und die zu berücksichtigen sind, wenn europäische Regelungen geschaffen werden sollen, denn ein geschichtsloses Europa wäre ohne Herkunft und ohne Zukunft. Jedoch enthebt uns die Einbeziehung der Geschichte nicht den bestehenden Schwierigkeiten, die im Bereich des Strafrechts insbesondere darin begründet liegen, dass die aktuellen Rechtsordnungen der europäischen Staaten trotz der gemeinsamen Wurzeln in diesem Bereich ganz erhebliche Unterschiede aufweisen. Auch hier gilt, dass das „gemeinsame kulturelle Erbe" auch das rechtskulturelle Erbe, die „nationale Vielfalt", gewiss auch das je nationale Recht der europäischen Staaten umschließt.[149] Während Deutschland, Frankreich, Italien, Österreich, Portugal und Spanien einen vor den Besonderen Teil gestellten Allgemeinen Teil des Strafrechts kennen, der Fragen der Täterschaft und Teilnahme, des Versuchs, des Irrtums usw. regelt, verzichtet das schwedische Strafgesetzbuch weitgehend auf einen vorangestellten Allgemeinen Teil und regelt insbesondere die Fragen von Versuch, Vorbereitung und Verabredung am Ende eines jeden Kapitels des Besonderen Teils. Auch das norwegische Strafgesetzbuch zieht die Bestimmung über die Strafbarkeit der Teilnahme weitgehend in den Besonderen Teil, und das englische Statute Law regelt den Irrtum nicht selten bei den einzelnen Straftatbeständen.[150]

Hier besteht die Notwendigkeit, diejenigen Prinzipien und Regeln des Allgemeinen Teils herauszuarbeiten, die sich in den meisten europäischen Strafrechtsordnungen finden und gleichsam den „harten Kern" des Strafrechts bilden, also die unverzichtbare Grundlage modernen Strafrechts sind. In diesem Zusammenhang sind vor allem verfassungs- und menschenrechtliche Verbürgungen einschlägig. Europaweit konsens- und damit in gewissem Rahmen auch harmonisierungsfähige Prinzipien sind die Grundsätze der Gesetzlichkeit, der Schuld und der Verhältnismäßigkeit sowie die Anerkennung von Not- und Konfliktrechten, die Lehre von Täterschaft und Teilnahme, diejenige von Irrtum und Versuch und schließlich auch die Lehre von den Konkurrenzen.[151]

---

[146] Vgl. dazu *Tiedemann*, Grunderfordernisse eines Allgemeinen Teils für ein europäisches Sanktionenrecht, ZStW 110 (1998). S. 497 ff.; *J. Vogel*, Wege zu europäisch-einheitlichen Regelungen im Allgemeinen Teil des Strafrechts – kompetenzrechtliche, methodische und inhaltliche Grundfragen, JZ 1995; S. 331 ff.

[147] Näher dazu *Sieber*, Memorandum für ein Europäisches Modellstrafgesetzbuch, JZ 1997, S. 367 ff.

[148] *Schaffstein*, Die Allgemeinen Lehren vom Verbrechen in ihrer Entwicklung durch die Wissenschaft des Gemeinen Strafrechts, 1930; *ders.*, Die Europäische Strafrechtswissenschaft im Zeitalter des Humanismus, 1954.

[149] *Häberle*, Europäische Rechtskultur, S. 26.

[150] *Tiedemann*, in: Tiedemann (Hrsg.), Wirtschaftsstrafrecht in der Europäischen Union, S. 3, 10.

[151] *Tiedemann*, in: Tiedemann (Hrsg.), Wirtschaftsstrafrecht in der Europäischen Union, S. 3, 5, 15 ff.;

Hinzu tritt als weiteres Grunderfordernis das der Konsistenz, welches darauf abzielt, dass mögliche Regelungsmodelle sachgerecht und nur mit angemessenen Ausnahmen und möglichst wenigen Durchbrechungen durchgeführt werden. Es muss die Frage aufgeworfen werden, ob es Strukturen gibt, die dem Recht vorgegeben und die deshalb unverzichtbar sind. Diesbezüglich fällt die Antwort leicht, wenn man auf „sachlogische Strukturen" abstellt, wie dies die Vertreter des Finalismus tun. Dann gibt es keine englische, deutsche, französische, spanische oder italienische Strafrechtsdogmatik, sondern nur eine richtige oder falsche.[152] Allerdings ist der Rückgriff auf „sachlogische Strukturen" nur bedingt leistungsfähig,[153] wie insbesondere anhand der Rechtsvergleichung belegt werden kann. Außerdem führt das Verfehlen sachlogischer Strukturen nicht zur Unwirksamkeit oder Unanwendbarkeit des von einem demokratisch legitimierten Gesetzgeber gesetzten Rechts. Vielmehr lebt der Allgemeine Teil in zahlreichen Fragen eher von Wertungsentscheidungen des Gesetzgebers, als dass er von der Sachlogik geprägt wird.[154] Deshalb erscheint es erfolgversprechender, auf der Basis universaler Deutungsmuster der Institution Strafe, wie sie sich insbesondere in der gemeinsamen Sprache widerspiegeln, konsensfähige Gesamtkonzepte zu entwickeln[155] und auf dieser Grundlage vermeintliche Denknotwendigkeiten daraufhin zu untersuchen, ob es sich tatsächlich um solche oder nur um Denkgewohnheiten handelt, die einer Revision unterzogen werden können. Hierbei kommt es entscheidend darauf an, die hinter den gesetzlichen Regeln stehenden Ideen aufzuzeigen und die philosophischen Grundlagen, auf denen die einzelnen Regelungen basieren, fruchtbar zu machen.[156]

c. Entwicklung einer eigenständigen europäischen Straftatlehre

Auch ein Vergleich der nationalen Straftatlehren und die Entwicklung einer eigenständigen europäischen Straftatlehre[157] wird in Zukunft im Rahmen des Art. 308 EGV erforderlich werden. Hier ist vor allem auf das darin zum Ausdruck kommende Erfordernis der „Systemgerechtigkeit" zurück zu greifen. Hingegen müssen Traditionen der einzelnen Rechtskulturen, die sich insbesondere in der Grenzziehung zwischen materiellem Recht und Prozessrecht, in der Zurechnungslehre und im Sanktionenrecht finden, überwunden werden, wenn eine Annäherung oder gar Harmonisierung des Strafrechts erreicht werden soll. Dabei besteht in kultureller Hinsicht allerdings die Gefahr eines Rückschritts. Wenn sich die Strafrechtswissenschaft als Teilbereich der

---

ders., in: Kreuzer/Scheuing/Sieber (Hrsg.), Die Europäisierung der mitgliedstaatlichen Rechtsordnungen in der Europäischen Union, S. 133, 137 ff.

[152] So *Hirsch*, Gibt es eine national unabhängige Strafrechtswissenschaft?, in: Festschrift für Spendel, 1992, S. 43, 58.

[153] *Perron*, ZStW 109 (1997), S. 281, 300.

[154] *Tiedemann*, in: Tiedemann (Hrsg.), Wirtschaftsstrafrecht in der Europäischen Union, S. 3, 6.

[155] So *Neumann*, in: Prittwitz/Manoledakis (Hrsg.), Strafrechtsprobleme an der Jahrtausendwende, S. 119, 129.

[156] *Neumann*, in: Prittwitz/Manoledakis (Hrsg.), Strafrechtsprobleme an der Jahrtausendwende, S. 119, 129 f.; *Weigend* Zur Frage eines „internationalen" Allgemeinen Teils, in: Festschrift für Roxin, S. 1375 ff.; vgl. auch *Dannecker*, in: Festschrift für Hirsch, S. 141, 156 ff.

[157] Vgl. dazu *Tiedemann/Suárez/Cancio/Manacorda/J. Vogel*, Lehren von der Straftat im Allgemeinen Teil der Europäischen Rechtssysteme, GA 1998, S. 107 ff.

praktischen Philosophie versteht, muss der Gefahr entgegengewirkt werden, dass eine gemeinschaftsweite Einigung auf dem jeweils niedrigsten Niveau erfolgt,[158] um zu verhindern, dass der Vorteil der Einheitlichkeit durch einen erheblichen Qualitätsverlust erkauft wird.[159] Notwendig ist hier insbesondere ein methodisch offener Diskurs.[160]

2. *Aufgaben auf dem Gebiet des Verwaltungsstraf- und Ordnungswidrigkeitenrechts*

Im Bereich des EG-Verwaltungsstrafrecht besteht bereits ansatzweise ein Allgemeiner Teil, den der EuGH in den Bußgeldentscheidungen zum europäischen Kartellrecht unter Rückgriff auf allgemeine Rechtsgrundsätze des Gemeinschaftsrechts entwickelt hat[161] und der jedenfalls für das kartellrechtliche Sanktionenrecht der EU-Mitgliedstaaten Vorbildfunktion haben könnte, zumal die Mitgliedstaaten nach den Vorstellungen der EG-Kommission ihre nationalen Sanktionen zukünftig auch auf europäische Kartellrechtsverstöße anwenden sollen.[162] Zur Bestimmung der allgemeinen Rechtsgrundsätze reicht eine horizontale Rechtsvergleichung im Sinne eines Vergleichs der Regelungen und Rechtsinstitute in den Mitgliedstaaten nicht aus, vielmehr bedarf es einer vertikalen Vergleichung in doppelter Hinsicht: Zum einen muss die zeitliche Entwicklung berücksichtigt werden; es bedarf also der Einbeziehung der historischen Dimension. Zum anderen kommt es auf die verfassungsrechtliche Verankerung der Rechtsgrundsätze an; es muss der Rang der Normen und Rechtsinstitute in den Rechtsordnungen der Mitgliedstaaten berücksichtigt werden. Es ist also auch der Prozess der Konstitutionalisierung von Rechtsgrundsätzen einzubeziehen und zu bewerten. Das Gemeinschaftsrecht orientiert sich – ebenso wie das Völkerrecht – an den Regelungen in den Mitgliedstaaten, der dortigen Praxis sowie an den Lehrmeinungen anerkannter Autoren, bei denen es sich um Erkenntnisquellen des Völkerrechts handelt. Dass die Anwendung so gewonnener allgemeiner Rechtsgrundsätze zu einer Verwurzelung des Allgemeinen Teils in der Rechtskultur der europäischen Staaten führt, liegt auf der Hand. Damit werden an die Strafrechtsvergleichung zwar sehr hohe Anforderungen gestellt. Dieser Herausforderung muss sich die Strafrechtswissenschaft aber stellen, wenn sie ihren Beitrag zu einer kulturellen Verankerung des europäischen Strafrechts leisten will.

---

[158] *Schünemann*, in: Festschrift für Roxin, S. 1, 8ff.

[159] So *Weigend*, ZStW 105 (1993), S. 774ff.; vgl. auch *Perron*, ZStW 109 (1997), S. 281ff.

[160] *J. Vogel*, GA 2002, S. 517, 522ff.

[161] Vgl. dazu *Dannecker*, in: Immenga/Mestmäcker, EG-Wettbewerbsrecht, Vo 17, Vorbem. Art. 15, Rn. 51; *Tsolka*, Der allgemeine Teil des europäischen supranationalen Strafrechts i.w.S., S. 26f.

[162] Vgl. den Verordnungsentwurf der Kommission KOM (2000) 582 endg.; ausführlich dazu *Bartosch*, Von der Freistellung zur Legalausnahme: Der Vorschlag der EG-Kommission für eine „neue Verordnung Nr. 17", EuZW 2001, S. 101ff.

3. Berücksichtigung verfassungsrechtlicher Implikationen bei der Fortentwicklung des Strafrechts

Weiterhin sind die verfassungsrechtlichen Implikationen der Fortentwicklung des Straf- und Ordnungswidrigkeitenrechts zu bedenken. Hierbei kann die Europäische Grundrechtecharta, die am 8. Dezember 2000 anlässlich der Tagung des Europäischen Rates in Nizza verkündet worden ist und der sichtbaren Kodifizierung des in der Europäischen Union erreichten Entwicklungsstandes des Grundrechtsschutzes dient, als wichtiger Meilenstein bezeichnet werden, denn sie enthält für das Strafrecht über die Garantien der Europäischen Menschenrechtskonvention hinaus Vorgaben wie den Verhältnismäßigkeitsgrundsatz und den gemeinschaftsweit anzuwendenden Grundsatz „ne bis in idem".[163] Ob mit der Europäischen Grundrechtecharta allerdings ein erster Schritt getan ist, die wirtschaftlichen Grundwerte, die bislang de facto die obersten Werte der Union waren, in die unteren Schranken zu verweisen, in die sie nach dem herkömmlichen rechtsstaatlichen Verständnis einzuordnen sind, ist offen.[164] Hier ist es Aufgabe der Strafrechtswissenschaft, den Erfordernissen einer aufgeklärten und zugleich humanen Rechtsordnung Rechnung zu tragen, die Person in den Mittelpunkt des Handelns der Union zu stellen, einen Raum der Freiheit, der Sicherheit und des Rechts zu schaffen und zur Erhaltung und Entwicklung der gemeinsamen Werte unter Achtung der Vielfalt der Kulturen und Traditionen der Völker Europas beizutragen. Hierfür bedarf es zum einen der Anerkennung aller methodischen Positionen, die als gleichwertig zugelassen werden und sich durch die Güte der durch ihre Beachtung gewonnenen Argumente bewähren müssen[165] (Prinzip der methodischen Offenheit). Zum anderen muss dem Problemdenken Vorrang vor dem Systemdenken und der Beantwortung von Sachfragen Vorrang vor Kategorienfragen eingeräumt werden.[166] Dies setzt aber den Wissenschaftsdialog der Rechtskulturen voraus, den *Peter Häberle* stets gefordert und maßgeblich gefördert hat[167] und der ihm zu Ehren im Rahmen der Tagung anlässlich seiner Emeritierung geführt worden ist.

---

[163] *Dannecker*, Die Garantie des Grundsatzes „ne bis in idem" in Europa in: Festschrift für Kohlmann, 2003 (im Druck); *van de Wyngaert/Stessens*, The international non bis in idem principle: Resolving some of the unanswered questions, The international and comparative law 48 (1999), S. 779ff.; vgl. auch *Lagodny*, Teileuropäisches „ne bis in idem" durch Art. 54 des Schengener Durchführungsübereinkommen (SDÜ), NStZ 1997, S. 265f.

[164] Vgl. dazu *Schubarth*, Die EU-Grundrechtscharta – ein Paradigmawechsel?, JBl 2001, S. 205, 206.

[165] *Kühl*, ZStW 109 (1997), S. 777, 801; zustimmend *J. Vogel*, GA 2002, S. 517, 523; a. A. *Schünemann*, in: Festschrift für Roxin, S. 1, 2ff., 12ff.

[166] *J. Vogel*, GA 2002, S. 517, 523ff.

[167] Vgl. die Beiträge in *Häberle*, Europäische Rechtskultur, 1997, und *ders.*, Europäische Verfassungslehre, 2001/2002.

(Rechts-)Wissenschaften als Lebensform[*]

von

Dr. Dr. h.c. mult. Peter Häberle

em.o. Professor an den Universitäten Bayreuth und St. Gallen

Inhalt

Einleitung, Problem

„Rechtswissenschaften als Lebensform" ist ein „Altersthema", nicht ohne Risiko. Das Wagnishafte reicht vielleicht sogar über das jeder Wissenschaft als ewiger Wahrheitssuche immanente Risiko hinaus. Überdies bedeutet jede Abschiedsvorlesung, heute als Literaturgattung in Deutschland wieder stärker im Vordringen, einen Abschluss. Nur mit Mühe kann man sich mit *Hermann Hesses* Dictum Mut machen: „Und jedem Anfang wohnt ein Zauber inne ...". Während die Antrittsvorlesung, als Lebensform von der 68er Generation an deutschen Universitäten, etwa in Marburg (1969/70), systematisch zerstört, heute wieder Aufbruch, Programm, Bereicherung, Hoffnung sein kann – bekanntlich gibt es Klassiker dieser Kategorie, etwa *F. Schillers* Jenenser Rede (1789): „Was heißt und zu welchem Ende studiert man Universalgeschichte" oder *K. Hesses* Freiburger über „Die normative Kraft der Verfassung" (1958) –, hat die Abschiedsvorlesung von anderem Stoff und Geist zu sein. Im heutigen Fall kommt hinzu, dass das mir gewidmete, dankbar angenommene Internationale Abschiedskolloquium mit Gästen auch aus Asien, den Professoren *Huh, Hatajiri,*

---

[*] Abschiedsvorlesung, gehalten am 12. Juli 2002 in der Universität Bayreuth.

Inoue, aus Amerika den Freunden *Valadés*, *Belaunde* und *Landa* sowie aus der Schweiz
(*E. Kramer*), aus Italien (*P. Ridola* und *A. D'Atena*), aus Frankreich (Frau *C. Grewe*), aus
Griechenland (*K. Chryssogonos*)[1], von solchem Niveau war, dass jeder Abschluss
schmerzt, gäbe es nicht den kulturellen Generationenvertrag zwischen den älteren
und jüngeren Gelehrten, wobei die aus dem Ausland kommenden mich seit einem
Jahrzehnt besonders tragen, ebenso wie mein Bayreuther Seminar (1981 bis 2002).

Wenn jetzt hier und heute eine Abschiedsvorlesung gewagt wird, so soll dies auch
ein kleiner Beitrag zur Gemeinschaftsbildung in bzw. trotz der Massenuniversität sein.
In diesem Punkt können die US-Universitäten als Vorbild wirken. So wie es neuerdings (in Bayreuth) wieder die kollektive festliche Übergabe der Referendarurkunden
gibt (am 2. August soll ich mit einer Rede diesen Akt mitgestalten), ein Stück universitärer Lebensform (wie seit langem in St. Gallen), so wie mancherorts in deutschen
Landen gemeinsame Doktorfeiern wieder möglich werden, so können zumal in Bayreuth („klein, aber fein") Abschiedsvorlesungen der Identitätsbildung dienen – dankbar vermerkt sei das Abschiedsseminar, das mir meine, von 1981 bis 1999 „andere"
Universität – St. Gallen – im SS 2001 dargebracht hat[2].

Ein Wort zur „corporate identity" der Universität: man könnte von einer „Zuge-
hörigengemeinschaft" der Universität sprechen. Die Identität dieser Gemeinschaft
wird angesichts der zunehmenden Ökonomisierung des Wissenschafts*betriebes* immer
dringlicher: z.B. durch den Ausbau einer Alumni-Kultur (so vorbildlich St. Gallen);
infrastrukturelle Einbindung der Emeriti, die ja die geistige Gestalt der Universität
mitgeprägt haben (bei uns Juristen die Kollegen *W. Schmitt Glaeser* und *W. Gitter*);
durch eine Stärkung studentischer Aktivitäten; durch die Idee eines interdisziplinären
„faculty club", in Bayreuth 1998 geplant, aber bislang gescheitert. Das Wissenschafts-
kolleg in Berlin, dessen Fellow ich 1992/93 sein durfte (neben der deutschen Wiedervereinigung, auch wegen „Weimar" und „Leipzig" mein größtes Glück), steht auf seine ganz einzigartige Weise für die „Corporate identity" der Wissenschaften selbst –
durch interdisziplinären Austausch Tag für Tag aufs Neue gestiftet.

Erster Teil: Wissenschaft als Lebensform – individuell und korporativ (gemeinschaftsbezogen)

Was heißt Wissenschaft, was „Lebensform"? In den Blick genommen seien alle
Wissenschaften, Natur- wie Geisteswissenschaften. Sie können als „Lebensform"
glücken und ein Beispiel für ein gelingendes Leben sein. In einer Zeit, die die Wissenschaften dem vordergründigen, vor allem ökonomischen Nutzendenken ausliefert,
die die langfristige Grundlagenforschung zurückdrängt, den „homo oeconomicus"
verabsolutiert und den „Markt", das unbekannte Wesen, zum „Forum" macht, müssen Natur- und Kulturwissenschaften erst recht Gegenstand universitärer Grundla-

---

[1] Die Referate werden veröffentlicht in: JöR 52 (2004), d.h. in diesem Band.
[2] Dazu *R. Wiederkehr*, 20 Jahre Rechtsphilosophie an der Universität St. Gallen: Abschiedskolloquium
vom 28. Juni 2001 für Peter Häberle (Bayreuth/St. Gallen): Der europäische Jurist in weltbürgerlicher Absicht, in: AJP/PJA 9/2001, S. 1126ff.; *L. Michael/M. Kotzur*, Europa und seine Juristenkunst, in: DÖV
2001, S. 905ff. Die Abschiedsrede ist als selbstständiges Heft der St. Galler Schriften zur Rechtswissenschaft Bd. 1, 2002, erschienen.

genforschung sein, und zwar in der Langzeitperspektive. Freilich: Was *Goethe* in seinem wunderbaren Spruch zusammenbindet: „Natur und Kunst, sie scheinen sich zu fliehen und haben sich, eh man es denkt, gefunden", kann einem einzelnen Forscher in Einsamkeit und Freiheit weder am Schreibtisch oder im Experimentierraum noch im Seminar gelingen. Wohl aber *kann* er sich, *sollte* er sich der Wissenschaft als Lebensform verschreiben, individuell – Einsamkeit, der Lehr-Stuhl – korporativ, der Universität im Ganzen, der eigenen Fakultät, die Einheit von Forschung und Lehre – alles i.S. *W. von Humboldts* – leben. Man mag das andere Dictum von *Goethe* als Wegweiser nehmen: „Wer Wissenschaft und Kunst hat, hat Religion; wer diese nicht hat, habe Religion". Man scheue nicht den Vorwurf des Idealismus, der „Kunst-" oder „Wissenschaftsreligion" – mag all dies auch als „Abschied" erscheinen oder ein solcher sein. In Parenthese ein Wort zur *Unterscheidung* von Kunst und Wissenschaft: Die Kunst ist nicht falsifizierbar, die Kunst ist ganzheitlich, auf eine Weise mitunter „totalitär" (jedenfalls bei *R. Wagner*), die Wissenschaft kann nur vorläufige Teilwahrheiten leisten. Die Kunst *irrt* nicht, die Wissenschaft ist hingegen Prozess i.S. von *Poppers* „Versuch und Irrtum". Mag auch vom „offenen Kunstwerk" die Rede sein: die Wissenschaft ist spezifisch offen. Sie muss auf eine Weise kompromisslos sein und sich im „kulturellen Gedächtnis Europas" gerade so eingraben.

In der strengen, methodenbewussten Vorgehensweise der Wissenschaft – hier über die Wissenschaften – hätte man zunächst nach den Regeln, Methoden, Verantwortungszusammenhängen, Ergebniskontrollen, Entscheidungsformen von Wissenschaft zu fragen, und erst dann das Bild von der „Lebensform" zu analysieren. Hier und heute dürfen Stichworte zum Ersteren genügen: das Zweite, vielleicht ungewöhnlich, die Metapher von der „Lebensform" sei genauer beleuchtet. „*Wissenschaft*" meint den Klassikertext von *W. von Humboldt*, ewige Wahrheitssuche, für Deutschland kanonisiert durch das BVerfG (E 35, 79 (113)). Intersubjektive Vermittelbarkeit, Offenlegung von „Vorverständnis und Methodenwahl" sind weitere bekannte Stichworte. Viele ältere und neuere Verfassungstexte und Judikate geben dem Raum. Neben dem älteren Art. 5 Abs. 3 GG[3] ist ein Verfassungstext Osteuropas, wo ich in Polen und Estland mitwirken durfte, besonders aufschlussreich. Verf. Ungarn, Abschnitt 70 G Abs. 2 (1989) lautet: „In Fragen der wissenschaftlichen Wahrheiten und bei der Würdigung wissenschaftlicher Forschungsergebnisse steht ein Urteil ausschließlich den Gelehrten dieser Wissenschaft zu". Das Selbstverständnis des Wissenschaftlers ist ein konstituierendes Element der Sache Wissenschaft und der mit ihr verbundenen und im Glücksfall „*berufenen*" Personen. Meine Denkschrift in Sachen deutschsprachige Universität in Budapest[4] (2000) ist davon getragen.

Weitere Textelemente i.S. des Textstufenparadigmas bereichern das Gesamtbild der Autonomie der Wissenschaften, z.B. Art. 76 Abs. 2 Portugal (1976) (Stichwort: ganz allgemeine Autonomie, unbeschadet einer angemessenen Bewertung der Unterrichtsqualität). Um ein fast autobiographisches Moment zu zitieren: In Marburg erkämpften wir die Entscheidung BVerfGE 47, 327 gegen das unselige Hessische Hochschulgesetz bzw. seinen § 6, wie überhaupt das erste Hochschulurteil von 1973 (E 35,

---

[3] Aus der Lit.: *D. Grimm*, FAZ vom 11. Febr. 2002, S. 48: „Die Wissenschaft setzt ihre Autonomie aufs Spiel".

[4] Abgedruckt in FS Druey, 2002, S. 115ff.

79) in seiner rettenden Bedeutung gar nicht überschätzt werden kann, vielleicht ist ja bald ein neues Urteil aus Karlsruhe zu erwarten: im Interesse der Beibehaltung der Habilitation als Alternative, auch einer Lebensform, jedenfalls in den geisteswissenschaftlichen Fächern (Argument: Verstoss gegen Art. 5 Abs. 3 GG bzw. das Homogenitätsgebot der Gruppe der Hochschullehrer). Das Verhältnis von Legitimation durch *Wissenschaft* und *demokratische* Legitimation wäre übrigens ein eigenes Altersthema. Die Wissenschaft geht *nicht* vom Volke aus!

Damit kommen wir zur „*Lebensform*". Überfordern wir nicht die Wissenschaft, wenn wir sie zur „Lebensform" stilisieren? Geben wir ihr damit nicht zu viel, nehmen wir den anderen Lebensformen von heute, der Familie, der Freundschaft und Partnerschaft, dem Arbeitsplatz etwas weg? Mit dem Dictum „Wissenschaft als Lebensform" wird m. E. nicht zu viel versprochen bzw. verlangt. Der Beruf des Wissenschaftlers ist, der Berufung des Künstlers benachbart, ein „Urberuf" – wie die Theologie, die Medizin, oder, altmodisch, der „Landwirt" sowie der Pädagoge – schmerzlich ist freilich die Einsicht des Klassikers *H. Nohl*, das pädagogische Verhältnis sei von Beginn an zu seiner Auflösung bestimmt. Der Beruf des Wissenschaftlers verlangt den Einsatz der *ganzen* Persönlichkeit (pädagogisch die Vorbildfunktion) und einen Vertrauensbonus, wie er jetzt durch Ethikkommissionen mühsam genug begleitet werden muss. Man mag in Übernahme einer literarischen Wendung von „strengem Glück" sprechen. Zu solchem „strengen Glück" gehört auch manche Ambivalenz: Wer in der Wissenschaft einmal etwas Neues wagt – und dies gehört dazu –, wird oft zuerst heftig kritisiert, später plagiiert. Mir ist solches widerfahren: zuerst bei der Lehre von der Ausgestaltungsbedürftigkeit der Grundrechte (1962), beim Grundrechtsschutz durch Verfahren (1971) sowie den Grundrechten als Staatsaufgaben, beim gemeineuropäischen Verfassungsrecht (1983/1991), beim „kooperativen Verfassungsstaat" (1978), bei der „Grundrechtskultur" (1979), der „Verfassungskultur" und „Verwaltungskultur" (1982/1994) sowie der Rechtsvergleichung als Kulturvergleichung (1982). Mögliche Plagiatsthemen könnten und sollten in Zukunft sein: das „nationale Europaverfassungsrecht" (1997) oder die Rezeptionstypologie (seit 1992). Freilich: Vielleicht gibt es indes tiefer und weiter gesehen gar kein „geistiges Eigentum" des Einzelnen. Alle verdanken sich allen!

Sicher ist m. E., dass Wissenschaft nur in Distanz zu den politisch und ökonomisch Mächtigen gelingen kann – daher auch meine früh formulierte und persönlich durchgehaltene Skepsis gegenüber bzw. Ablehnung aller Gutachtentätigkeit. Das Gutachten verführt zu unbewusster Korruption, zumal in den Rechtswissenschaften. Beispiele könnten namhaft gemacht werden, seien aber vermieden[5]. Besonders ist Distanz zu den politischen Parteien geboten, auch wenn man kein Parteikritiker nach Art eines Speyrer Kollegen sein sollte. So wie ein Mindestmaß an Askese für die Wissenschaft unverzichtbar ist, beim „Glück" des Künstlers mag dies anders sein, so hat Wissenschaft auf Distanz zur Macht zu gehen und sich z. B. nicht in auch unter dem Demokratieaspekt fragwürdige nationale Ethikräte einspannen zu lassen. Speziell für die Rechtswissenschaften sind Pluralität und Sensibilität gegenüber den „anderen" unverzichtbar. Konkret: Als Herausgeber muss man auch andere Richtungen und „Schulen" zu Wort kommen lassen, ich habe im Rahmen des JöR (seit 1983) und AöR (seit

---

[5] Zum Problem *P. Häberle*, Rezensierte Verfassungsrechtswissenschaft, 1982, S. 15 ff.

1967) sehr darauf geachtet. Auch den eigenen Schülern gegenüber sollte Toleranz ein großes Prinzip sein: Je weiter der Schüler in seiner Biographie heranwächst, desto lockerer muss man als Lehrer die Zügel halten. Die systematische Zerstörung der Lehrer-Schüler-Verhältnisse aller Art durch die Einführung des „Juniorprofessors" freilich kann gar nicht genug angeprangert werden.

Zur Askese gehört auch Zurückhaltung gegenüber dem zunehmenden Tagungstourismus bzw. „Wanderzirkus" (selbst während des Semesters!), man könnte auch von „Wanderdüne" sprechen, von der bekanntlich nichts zurückbleibt; geboten ist die Fähigkeit, einem zugereichten Mikrofon, einem Telefon-Interview oder der Fernsehkamera und damit einer besonders in Deutschland oft hysterischen Öffentlichkeit gerade zu widerstehen, und hierzu gehört, selbst möglichst selten an Talkshows teilzunehmen, wenn überhaupt. Anderes gälte für eine von mir Mitte 2001 geforderte Sendung, die nach dem Muster des „Literarischen Quartetts" (*M. Reich-Ranicki*) oder den frühen Sendungen von *Justus Franz* („Achtung Klassik") verfassungsrechtliche Fragen verständlich macht[6]. Schließlich ist jede Art von Dilettantismus zu vermeiden.

Wenn ich mir ausgerechnet nach diesem „Monitum" eine Parenthese zum Thema Fußball erlaube, so nur cum grano salis, aber doch mit einem Körnchen wissenschaftlichen Ernstes. Der (freilich kommerzielle) Fußball – Volkssport und Mittel der Völkerverständigung – trägt wohl auf seine Weise zur nationalen Identitätsfindung und Weltöffentlichkeit bei – man muß den Ball ja nicht gleich als Metapher für den Globus mythisch überhöhen (Fußball als „globaler Mythos"). Bedenklich stimmt freilich, wie sehr sich die Politik zum Trittbrettfahrer sportlichen Erfolges macht und die „kulturelle Öffentlichkeit" des Sports zu ihren Zwecken instrumentalisieren möchte.[7] Ob sie dabei gar vergißt, dass „Dabeisein ist alles" für die Bundestagswahlen nicht genügt. (Stichwort: „Verlängerung der Politik mit anderen Mitteln"). Damit zurück zu meinem Lebensthema, der Jurisprudenz …

Jeder Wissenschaftler sollte sensibel sein für neue Rechtsgebiete, etwa das Umwelt- oder Medienrecht, hier auch Pionierleistungen vollbringen (z.B. durch die Erfindung neuer „Signalworte"), und alles andere später getrost der in Deutschland überreichen Sekundär- und Tertiärliteratur überlassen und schweigen, aber man sollte sich hüten, sich vorschnell auf modischen fremden Rechtsgebieten zu plazieren. So habe ich das Kommunalrecht nur in der Schrift „Kulturpolitik in der Stadt", 1979, gewagt, etwa mit dem damals neuen Begriff „Kommunales Kulturverfassungsrecht", alles andere aber den Kollegen z.B. aus Würzburg überlassen (nur in der Lehre wagte ich ab und zu Bayerisches Kommunalrecht). Damit sind wir schon beim Zweiten Teil, den Rechtswissenschaften im Plural.

---

[6] *P. Häberle*, Das Verständnis des Rechts als Problem des Verfassungsstaates, in: Rechtshist. Journal 20, 2001, S. 601ff., dazu auch FAZ vom 28. Nov. 2001, S. N 5: „Letzte Bisse".

[7] Zitiert nach FAZ vom 8. Juli 2002, S. 38: „Dichter mögen den Fußball nicht mehr".

Zweiter Teil: Rechtswissenschaften im Plural

I. Theorie und Praxis

Rechtswissenschaften – hier wegen ihrer geschichtlichen bzw. Entwicklungsoffenheit von vornherein im *Plural* begriffen – man denke an neue Gebiete wie Medizin- und Computerrecht, Internet- und Informationsrecht – wären in Zeit und Raum als den beiden zusammengehörenden Dimensionen zugleich rechtsgeschichtlich *und* rechtsvergleichend zu behandeln. (Die Entstehungsbedingungen solcher neuen Teildisziplinen zu erforschen, wäre ein eigenes Thema.) Hic et nunc sind nur einige Stichworte möglich: Ihr (der Rechtswissenschaft) Ziel sind Wahrheits- und Gerechtigkeitssuche in gedämpftem Optimismus, erst recht seit der Welt- bzw. Sternstunde 1989, vom vergleichenden Verfassungsrecht zur Weltgemeinschaft der Verfassungsstaaten sich erweiternd (die Folgen des „annus horribilis" Sept. 2001 sind noch nicht abzuschätzen); die Rechtswissenschaften sind Kulturwissenschaft – mein Programm von 1982; sie inspirieren sich an Klassikertexten von *Aristoteles* bis *H. Jonas* (vgl. nur Art. 20 a GG) und sie haben ihren konkreten Rechtsstoff im geltenden sog. positiven Recht; sie können erst recht heute nicht nur national betrieben werden, sie haben universale Kraft und weltweite Aufgaben, bei aller Individualität des Besonderen einer Rechtskultur. Rechtswissenschaften haben vieles zum Gegenstand: von der harten „Dogmatik" als „Schwarzbrot" (mit begrenzten, vor allem Rechtssicherheit schaffenden Systematisierungsaufgaben), von der „Kommentierten Verfassungsrechtsprechung" (1979) und „Rezensierten Verfassungsrechtswissenschaft" (1982) bis zur Rechts- bzw. Verfassungspolitik, zuvor den Theorierahmen als „Weißbrot"; Anknüpfungen an die klassische „Jurisprudenz" sind möglich und geboten. Die heute nachweisbar weltweite Produktions- und Rezeptionsgemeinschaft in Sachen Verfassungsstaat bekräftigt die Idee von der offenen Weltgesellschaft der Verfassunggeber und Verfassungsinterpreten. Speziell in Europa gibt es ja kein nationales Staatsrecht mehr (viele Autoren haben dies noch nicht bemerkt, auch gibt es kein nationales Polizeirecht mehr), die „innere Europäisierung" ist denkbar intensiv, die EU-Länder sind einander nicht mehr „Ausland", sie sind „Freundesland", Inland. Alle nationalstaatlich gewordenen Begriffe müssen auf den Prüfstand einer europäischen Verfassungslehre[8]. Diese Stichworte erinnern an vieles, was mir seit Jahrzehnten hoffnungsfrohes Programm war, oft noch ist und was in Zukunft werden könnte – handelte es sich nicht um eine Abschiedsvorlesung, vielleicht im Geiste des mitunter Mozart-nahen Opernkomponisten *Rossinis* (?) …, bekanntlich verlegte er sich auf das Kochen … (was ich aber noch nicht kann).

Rechtswissenschaften als verfassungsbezogene Wissenschaften haben gleichwohl gegenüber jeder positiven Verfassung „Selbststand": Die Weisheiten (Propria) des Privatrechts, nicht erst seit Bologna, das „alte" Völkerrecht, sogar das Strafrecht leben zwar unter dem „Dach" der Verfassung (heute auch Europas), aber sie vermitteln ihr auch Innovation, Stoff, Figuren, Dogmatik. Der „Vorrang der Verfassung" darf nicht einebnen. Was die Rechtswissenschaften vor den Schwestern der Philosophie und Geschichtswissenschaft auszeichnet, ist ihr spezifischer Praxisbezug: sie sind im und

---

[8] Dazu mein Versuch: Europäische Verfassungslehre, 2001/2002.

am Fall gefordert, in den Kontext des Gesetzes eingebunden, müssen um Akzeptanz z.B. durch Transparenz und Öffentlichkeit ringen. Abstrakte Theoriehöhe muss sich konkret in der Nähe bewähren können. Ausflüchte gelten nicht; das „an und für sich" ist kein Alibi für Juristen. Damit öffnet sich der Blick zu II.: Berufsbilder.

II. Berufsbilder

Eine Abschiedsvorlesung darf sich Berufsbilder der Juristen vergegenwärtigen (wie dies immer in der Anfängervorlesung geschah, gerne auch in „ELSA"-Veranstaltungen). Ihre Vielfalt ist nach wie vor ein Prädikat. Um den Juristen als „Generalisten" sollte auch im Streit um Ausbildungsordnungen gekämpft werden. Der abwägende Richter, der streitbare Anwalt, der flexible Verwaltungsjurist, der fleißige, sensible Professor – das sind Lebensformen, wenn man das unverzichtbare Maß an Idealismus und Enthusiasmus mitdenkt und mitlebt. Mag der juristische Berater im politischen Alltagsleben unverzichtbar, freilich selten genug wirksam sein: Ich bleibe bei meiner praktisch durchgehaltenen und theoretischen, seit 1982 immer wieder bekräftigten Ablehnung des Staatsrechtslehrers als *Gutachters*. Der Gutachter korrumpiert mindestens unbewusst, das ergebnisbezogene Auftragsgutachten ist der Bankrott des Juristen als Wissenschaftler, auch wenn anerkannt sei, dass Gutachten das eine Positivum haben: sie zwingen, neue Probleme aus der Praxis frühzeitig zu erkennen, mit Intuition kann das aber auch „im Kopf" vorweg geschehen.

In der Schweiz ist vieles anders; die Bereitschaft, dem Kanton oder der Eidgenossenschaft ein Gutachten zu schreiben, gehört für den dortigen Professor zum nobile officium – in St. Gallen wurde ich als Deutscher immerhin gebeten, den Eröffnungsvortrag für die erste Hauptsitzung der verfassunggebenden Versammlung im Kanton zu halten[9] (1998). Freilich: Die achtjährige ehrenamtliche Tätigkeit als Fachgutachter der DFG hier bei uns (jede Woche ein Gutachten) wog im beruflichen Alltag schwer.

Sie werden fragen, wo und wie ist die „Lebensform": Nun, auch hier suche man Rat bei einem Klassikertext, hier von *F. C. von Savigny*, nach dem das Recht das Leben der Menschen selbst sei, von einer „besonderen Seite" her gesehen. Dass der deutsche Gesetzgeber eine juristische Lebensform zerstören will, hoffentlich aber nicht kann, zeigt die faktische Abschaffung der Habilitation (2001/2). Jedenfalls in den Geisteswissenschaften bringt sie das oft letzte „zweite" Buch, die Habilitationsschrift; sie schafft auf Fakultätsebene eine Gemeinschaft der Lehrenden und Lernenden, wie wir sie bei den jüngsten Privatdozenten *L. Michael* und *M. Kotzur* zuletzt (2002) erfahren durften. Vielen Kollegen gelingt leider schon heute kein „drittes Buch" jenseits der Kommentar- und Handbuchliteratur. Die unselige Figur des „Junior-Professors" zerstört das klassische Lehrer-Schüler-Verhältnis, ohne das z.B. ich mich nicht hätte entwickeln können. Manche in ihren Themen weitgespannte Doktoranden waren ebenfalls eine Freude: vom „grundrechtlichen Strafvollzug" (1979) bis zu „Legalität und ökonomische Realität" (2000), vom „grenzüberschreitendem Regionalismus" (St.Gallen 1993) bis zum „Recht auf Arbeit in Japan" (1994) – eine eigene wissen-

---

[9] JöR 47 (1999), S. 149ff.: Die Kunst der kantonalen Verfassunggebung – das Beispiel einer Totalrevision in St. Gallen (1998).

schafts-soziologische Studie zur Breite der vom Doktorvater im Laufe der Zeit verge-
benenThemen lohnte.

Wir sehen aber auch Positives in Europa. Die These von den Rechtswissenschaften
„als Lebensform" bestätigt sich heute im werdenden Berufsbild des *„europäischen
Juristen"*. Die einzelnen Anforderungen an ihn, sein Berufsbild habe ich seit vielen
Jahren erarbeitet[10], mit bisher mäßigem Erfolg. Hier nur die vielleicht neue Erkenntnis, dass der europäische Jurist, wie auch das Europarecht im engeren Sinne der EU
und im weiteren Sinne des Europarates und der OSZE, eine kaum zu überschreitende
und bislang noch nicht hinterfragte spezifische *Autorität des Rechts* zum Ausdruck
bringt, des Rechts im europäischen Kontext. Mag man über das Zuviel an Rechtsnormen und Techniken „aus Brüssel" klagen: in den Prinzipien, in den Grundlagen ist
das (Verfassungs-)Recht von enormer, ja erstaunlicher Legitimation und integrierender Kraft. Die EMRK und die Substanz des EU-Verfassungsrechts z.B. machen, bilden und (be-)gründen Europa.

III. Insbesondere: Die Verfassungsrechtslehre heute

Es mag eine Schwäche dieser Skizze sein, dass zu stark vom Verfassungsrecht her gedacht wird. Aber es war nun einmal meine Lebensaufgabe, in Europa heute durch das
„Gemeineuropäische" erweitert und intensiviert – auch für andere Weltregionen fragt
man schon nach Analogien: „Gemeinislamisches Verfassungsrecht" (so *E. Mikunda,*
Sevilla, demnächst in JöR 51 (2003), S. 21 ff.) und erhofft „Gemeinasiatische" Rechtsentwicklungen (etwa von Japan und Südkorea aus). Das gemeinamerikanische Recht
ist ein eigenes Thema, etwa im Blick auf die AMRK und ihre Öffentlichkeit. So wäre
meine Abschiedsvorlesung gewiss auch von den Teilrechtsgebieten her modifiziert zu
schreiben und zu lesen. Es wird ja noch weitere Abschiedsreden hiesiger Kollegen geben, sogar solche seitens meiner Schüler in einem Jahrzehnt plus x Jahren.

Ein Wort zur *Unterrichtsform* sei zuletzt erlaubt: Die „ideale" ist und bleibt für mich
das Seminar in dem seit 1969 entwickelten Konzept: Teilnehmer aller Semester bzw.
Jahrgänge vom Studenten im 3. Semester bis zum Habilitanden, Kontinuität über die
Jahre hinweg, keine Blockseminare, weil in ihnen keine Gemeinschaftsform entsteht,
Themen aus der ganzen Breite von den nationalen Verfassungsrechten über das Verwaltungsrecht bis zur Rechtsphilosophie, zum Religionsverfassungsrecht und zum
Europarecht, Rechtsvergleichung und Rechtsgeschichte, in allen Formen bzw. Literaturgattungen, etwa Urteilsrezensionen, Grundlagenaufsätze, Monographien oder
tagespolitischen Fällen. Dass seit 1990 immer mehr Gäste aus dem Ausland, Studenten
und Professoren, zuletzt die Doktoren *Azpitarte Sánchez* (Granada) und *López Bofill*
(Barcelona) in Bayreuth teilnahmen, war mein größtes Glück. Die zusätzlichen Wo-
chenend-Seminare in Dörnberg (Hessen) und von Augsburg aus in Herrsching (Am-
mersee) werden den älteren unter meinen Schülern noch in Erinnerung sein. Zu „juristischen Festen" gehört auch die Kunst, etwa Musikdarbietungen oder Parodien auszuhalten, die immer „geneigter" entgegenzunehmen man lernen muss. Seminare fan-

---

[10] Vgl. zuletzt: Europäische Rechtskultur, 1994; Der europäische Jurist, in: JöR 50 (2002), S. 123 ff.;
Europäische Verfassungslehre, 2001/2002, S. 142 ff.

gen (im Idealfall) buchstäblich die ganze Persönlichkeit von uns Juristen ein – wenn auch nur auf Zeit. – Sie, verehrte Damen und Herren, werden gegen Schluss ein Wort zu den sich entwickelnden privaten Rechtsschulen in Deutschland (etwa der „Bucerius Law School"), nicht mehr in der Sprache *Luthers, Kants* und *Goethes* lehrend, erwarten; darüber muss ich noch nachdenken; derzeit neige ich eher zur Kritik. Hier noch eine Provokation: Finanzmittel für Infrastrukturmaßnahmen, wenn notwendig auch durch moderate Studiengebühren staatlicher Universitäten zu beschaffen, bejahe ich, *sofern* es genügend Stipendien gibt. (Es sei angemerkt, dass der Handwerksmeister für seinen „Meisterkurs" auch einen nicht unerheblichen Geldbeitrag aus eigener Tasche leisten muss). Übrigens geht es um Kompetenzen allein der deutschen Länder. Wie gerne würde ich noch *einmal* eine Erstsemestervorlesung halten und zwar für mindestens drei Personen: 1) den amtierenden Bundeskanzler *G. Schröder* (gegen sein verfassungswidriges Stichwort „Ein Gesetz für alle Schüler"); 2) für Herrn *M. Naumann* (Stichwort: Kulturhoheit der Länder als „Verfassungsfolklore"); 3) und zuletzt für einen Berliner Hofschranzen: Kulturstaatsminister *Nida-Rümelin*, der weder in Syrakus hätte bestehen können, noch in Berlin eine gute Figur macht.

Ausblick und Schluss

Ausblick und Schluss dieser Abschiedsvorlesung beschränken sich auf Dankesworte: gegenüber meinem Lehrer *K. Hesse*, der uns samt Gattin die große Ehre erweist, heute hier zu sein, gegenüber den ausländischen Freunden, die mir seit genau 12 Jahren bewiesen haben, warum *Aristoteles* mit seinem Loblied auf die Freundschaft Recht hat – zumal im Kontext Europas. Wissenschaftliche Freundschaften mit Ausländern[11] haben mich in den letzten Jahren besonders beglückt, mitunter auch inspiriert, sie entwickeln spezifische Reize: meine ausländischen Freunde und ausländischen Schüler haben mich noch niemals enttäuscht! Was ist der besondere Reiz?: Beide Beteiligte fühlen sich als kulturelle Botschafter ihres Landes und sind in spezifischer Weise offen für intensiven Austausch, der über den „Konversationston" schon bald hinausgeht – all dies jenseits der Machtstrukturen und Konkurrenzverhältnisse der jeweiligen nationalen Wissenschaftlergemeinschaft; ferner: Das Sowohl-Als-Auch von Differenz und Gemeinsamkeit der Kultur bereichert. Im Übrigen: Die Schweiz und Frankreich bleiben meine „erste Liebe", Italien die „ewige", Spanien die „letzte". Darum ist es auch die größte Ehre, dass mich soeben ein Grußtelegramm des Präsidenten der italienischen Staatsrechtslehrervereinigung *S. Panunzio* erreicht, in dem er mich als Modell des „europäischen Verfassungsjuristen" bezeichnet.

Schließlich erwähne ich meine sieben Schüler, die mir, jeder auf seine Weise, in jeder Hinsicht natürlich längst „über den Kopf" gewachsen sind (d.h. im Ostrecht, Wissenschaftsrecht, Umweltrecht und Medienrecht, Parteienrecht und Europarecht); besonders freue ich mich zuletzt über die Privatdozenten Herrn *L. Michael* und Herrn *M. Kotzur*, auch Herrn *R. Wiederkehr* (aus Basel); ohne sie (besonders ohne Herrn *Kotzur*) hätte das heutige Kolloquium nicht gelingen können; nicht zuletzt danke ich

---

[11] Dokumentiert in: T. Fleiner (Hrsg.), Die multikulturelle und multi-ethnische Gesellschaft, 1995; M. Morlok (Hrsg.), Die Welt des Verfassungsstaates, 2001.

meinen Studenten – den mir bekannten wie den unbekannten – ich habe sehr gerne gelehrt. Die hiesige Fakultät hat mich seit über 20 Jahren getragen, in manchem wohl auch „ertragen". Gedankt sei dem Präsidenten Herrn *H. Ruppert* und Herrn Kanzler Dr. *E. Beck*, auch in Sachen Forschungsstelle für Europäisches Verfassungsrecht, dem Dekan *P. Oberender* und nicht zuletzt meinen Kollegen in der Bayreuther Fakultät. Dank gilt schließlich meinem langjährigen so treuen Berliner Verleger Prof. *N. Simon*[12] und dem auch persönlich mir verbundenen Jahrbuch-Verleger Dr. h.c. *G. Siebeck* aus Tübingen; Dank an Professor *Balaguer Callejón*, der mir 1999 die Ehre eines zweiteiligen Kongresses in Granade gab und heute seine „neue Schule von Granada" eindrucksvoll vertrat; Dank an *D. Tsatsos*, der mir zu Ehren im Februar 2003 einen Kongress in Griechenland plant.

Dieser Abschied atmet vielleicht einen gewissen „Zauber", ob auch der Anfang einen solchen hat – das ist offen … . Auch hier mag die „skeptische Zuversicht" von *K. Hesse*, vor 7 Jahren formuliert, Orientierungsmaßstab sein[13]. Dieser Versuch meiner Abschiedsvorlesung freilich hatte ein doppelte Dimension: Sie war zum Teil *erkenntnishaft*, zum Teil *bekenntnishaft*.

---

[12] Von ihm betreut und soeben von *W. Graf Vitzthum* herausgegeben der Band: „Kleine Schriften", 2002.

[13] Vgl. *K. Hesse*, Skepsis und Zuversicht – Zu Ernst Bendas 70. Geburtstag, in: FS Benda, 1995, S. 1 ff.

Geschichtlichkeit und Zeitgebundenheit der Verfassung[*]

von

Professor Dr. Peter Badura

Universität München

1. Die Europäische Union wird im kommenden Jahr fast alle Staaten und Völker Europas zu einer überstaatlichen Föderation verbinden. Und sie schickt sich an, sich eine Verfassung zu geben – oder jedenfalls einen „Verfassungsvertrag". Eine Verfassung ohne Staat und zum Glück ohne die aus einer Revolution geborene verfassunggebende Gewalt. Wird diese Verfassung von Interessen und politischem Ehrgeiz bestimmt sein oder dem Rationalismus der Machbarkeit des Rechts entspringen? Die Verfassung als gemeinschaftsgründender und ordnungstiftender Rechtsakt ist eine Errungenschaft der europäischen Neuzeit und der bürgerlichen Aufklärung. Sie nimmt an der Geschichtlichkeit des Nationalstaats teil und vereinigt die überpositive Erfahrung nationaler Identität, erfolgreicher Institutionen und der notwendigen Gewährleistung der Freiheit mit zeitgebundenen Programmen und Bestrebungen der Wohlfahrt und des guten Lebens.

2. Der Intention nach ist die Verfassung ein ordnungstiftender und programmatischer Gründungs- und Gestaltungsakt, der dem Gemeinwesen in einer konkreten geschichtlichen Lage eine rechtliche Form und Herrschaftsordnung geben will. Jede Verfassung trägt Züge geschichtlicher und kultureller Einmaligkeit, sowohl durch den historischen Vorgang der Verfassunggebung wie durch die Rechts- und Kulturgeschichte des Landes. Zugleich wird man in jeder Verfassung die Ausprägung bestimmter Traditionen und politischer Ideen finden, mit denen die Verfassunggebung sich in übernationale Entwicklungen einfügt. Grundrechte, Volkssouveränität und Parlamentarismus, Rechtsstaat und Gewaltenteilung, verantwortliche Regierung, Gesetzmäßigkeit der Verwaltung und Unabhängigkeit der Gerichte haben in der Verfassungsbewegung des bürgerlichen Zeitalters Westeuropas Grundlinien eines gemeineuropäischen Staatsrechts ausgeformt. Diese durch geschichtliche Erfahrung erworbenen, von Juristen und Staatsphilosophen durchdachten und praktisch bewährten Elemente einer lebendigen Verfassung gehören zu jenem „bloc des idées incontestables", auf den sich nach dem Wort von Maurice Hauriou jede Verfassung stützen

---

[*] Gedächtnisrede, die der Verfasser am 9. Mai 2003 zur Erinnerung an Wilhelm Mößle an der Universität Bayreuth gehalten hat.

muß. In Deutschland und in anderen Staaten ist der Bundesstaat oder eine regionale Autonomie als ein Formprinzip wirksam, das mit dem staatlichen und überstaatlichen Integrationsziel des Föderalismus eine Kompetenzordnung, aber darüber hinaus eine gemeinschaftsgestaltende Kraft darstellt.

Die deutsche Staatsrechtslehre hat von Rudolf Smend gelernt, dass die Verfassung zwar ein Gesetz ist und gerade als rechtliche Ordnung normative Kraft hat, dass sie aber als Lebensgesetz des Gemeinwesens auf geschichtlicher und kultureller Legitimität beruhen muß, um erfolgreiche Politik, Recht und Gerechtigkeit durch das Werk der berufenen Staatsorgane zu ermöglichen. Die Verfassung ist – wie in der Dissertation Horst Ehmkes von 1953 zu lesen ist[1] – ihrer Intention nach die „Sicherung eines freien politischen Lebens in der Generationenfolge". Konrad Hesse entwickelte in seiner Freiburger Antrittsvorlesung von 1959 den Gedanken, dass die „Verwirklichung" der Verfassung ihren Geltungsanspruch ausmacht und daß Möglichkeit und Grenzen dieses Anspruchs sich nur aus der „Wirklichkeitsbezogenheit der rechtlichen Verfassung" ergeben können. Er sagte damals: „Die verfassungsrechtliche Normierung vermag zu wirken, wenn sie die in der individuellen Beschaffenheit der Gegenwart angelegten Gegebenheiten in die Zukunft hinein zu bilden sucht"[2]. Peter Häberle durchforscht mit weit ausgreifendem Blick das Spektrum heutiger Verfassungspolitik und die materialen Ziele, die „Zukunfts- und Fortschrittsklauseln" der Verfassungsarchitekten, um die Verfassungen als Garanten von Kontinuität und Wandel, aber gebunden an Kultur und Herkommen zu verstehen. „Verfassungen entstehen nicht auf der tabula rasa einer kulturlosen Stunde Null. Selbst wenn sie aus revolutionären Prozessen geboren sind, kennen sie Formen der Anbindung an Vorgefundenem, bleiben Bruchstücke der alten (Verfassungs)Rechtskultur erhalten"[3].

3. Durch Geschichtlichkeit und durch Zeitgebundenheit vermittelt die Verfassung Legitimität des im Staat verkörperten politischen Herrschaftsverbandes. Der Staat ist ein politischer Herrschaftsverband, nicht nur ein Machtapparat oder ein „Subsystem" der Gesellschaft – d.h. der Parteien-, Verbände- und Mediendemokratie – zur Anfertigung und Durchsetzung verbindlicher Entscheidungen. Ein konkreter Staat kann auf Dauer nur bestehen, wenn die dem Herrschaftsverband angehörenden und der staatlichen Gewalt unterworfenen Menschen die staatliche Herrschaftsordnung, die politischen Institutionen und die Verfassung mehrheitlich, grundsätzlich und nachhaltig anerkennen. Die staatliche Herrschaft bedarf der Legitimität – das ist mehr und etwas anderes als die demoskopisch ermittelbare, von Woche zu Woche schwankende Akzeptanz. Die „Rechtfertigung" des Staates – als Form einer Rechtsgemeinschaft und als historisch-konkrete Gestalt und Praxis – bedeutet nicht seine Erklärung als Wirkung sozialer oder individueller Ursachen, etwa als Aggregation empirisch zu einem bestimmten Zeitpunkt erhebbare Meinungen und Handlungen. Die Rechtfertigung des Staates bedeutet seine Anerkennung als eine vernünftige und sittlich gebotene Einrichtung und als konkrete Verwirklichung dieses Sinnprinzips. Legitimität des Staates und einer konkreten Verfassungsordnung ist die in Prinzipien begründete und

---

[1] Grenzen der Verfassungsänderung, 1953, S. 128.
[2] Die normative Kraft der Verfassung, 1959, S. 11.
[3] Zeit und Verfassungskultur, in: Die Zeit, Schriften der Carl-Friedrich-von-Siemens-Stiftung, Bd. 6, 1983, S. 289/295 ff.

durch tatsächliche Handlungen bezeugte – „gelebte" – Anerkennung und Bestätigung politischer Herrschaft und der Legalität öffentlicher Gewalt. Volkssouveränität bedarf der verfassungsrechtlich geordneten Vermittlung und der verwirklichten Prinzipien Sicherheit, Freiheit, Gerechtigkeit, Wohlfahrt, Wechselbezüglichkeit von Schutz und Gehorsam, Ausübung staatlicher Gewalt auf Grund und im Rahmen des Rechts, Rechte und Freiheiten des Menschen und Bürgers. Eine legitime politische Herrschaft bewährt sich zuerst darin, dass sie die Möglichkeit für jedermann sichert, durch eigene Entscheidung und Leistung einen selbstbestimmten Beitrag in Wirtschaft und Kultur und für das Wohl der Allgemeinheit zu erbringen und eine rechtlich garantierte Freiheit zu genießen.

4. Es sind hochgesteckte Ziele, die das Staatsrecht und die Staatsphilosophie auf die Verfassung projizieren und dem Verfassungsrecht abverlangen. Das unablässig arbeitende Räderwerk der Regierung und Gesetzgebung verdeckt oft in seiner Alltäglichkeit und mit der rücksichtslosen Instrumentalität des die Gesetzblätter füllenden Rechts die Quellen und Maßstäbe der Legitimität. Der juristische Perfektionismus des Grundgesetzes, dessen Technizität durch die bisher 51 Verfassungs-Novellen noch gesteigert worden ist, wird oft beklagt, hat aber der Autorität und Popularität der Verfassung nicht Abbruch getan. Sie korrespondiert der rechtsbewahrenden und freiheitsschützenden Rolle des Bundesverfassungsgerichts.

Die Verfassung ist die rechtliche Grundordnung des Staates, aber sie ist selbst in ihren tragenden Institutionen und Werten, die auch der verfassungsändernden Gesetzgebung entzogen sind, kein Geschöpf des Rechts, ebensowenig wie der Staat ein Geschöpf der Verfassung ist. Werden Staat und Verfassung auf „Naturrecht" gegründet, wird damit die Beachtung von Kriterien der Legitimität gefordert, nicht aber ein Legalitätszusammenhang hergestellt. Nur scheinbar ergeben sich eine Konvergenz von Staat und Recht und eine Ableitbarkeit des staatlichen Seins und Wirkens aus der normativen Ordnung der Verfassung, wenn der Begriff der verfassunggebenden Gewalt des Volkes zu Hilfe genommen wird. Die Lehre von der verfassunggebenden Gewalt des Volkes ist kein Weg zu bestimmten Kompetenzen und Verfahren, sondern nur ein Anwendungsfall des Prinzips der Volkssouveränität, nämlich ein Anwendungsfall im Hinblick auf die Legitimität einer Verfassung. Das Volk ist kein Rechtssubjekt außerhalb der Verfassungsordnung. Die Suche nach der verfassunggebenden Gewalt in der Europäischen Union führt deshalb zu den Mitgliedstaaten, in denen die Völker Europas als originäre Rechtsgemeinschaft und Glieder eines vereinten Europas leben.

5. Die historische Ereignishaftigkeit der Verfassunggebung auf der Ebene der Nationalstaaten, oft im Zuge sozialer Erschütterung und revolutionärer Gewaltsamkeit, kann die Betrachtung dahin leiten, die Verfassung zuerst als „Entscheidung" zu verstehen. Die sich an der Praxis und Theorie der Französischen Revolution von 1789 orientierende Lehre von der verfassunggebenden Gewalt, dem pouvoir constituant, gibt dieser Einseitigkeit Nahrung, ebenso wie die häufig stattfindende Beglaubigung der Verfassunggebung durch ein Referendum. Die ungeachtet des Aktes der Neukonstituierung in vielem fortbestehende Kontinuität und ebenso das in die Formulierung des Verfassungsgesetzes eingehende Aushandeln und Ausgleichen der Belange und Interessen, also der Kompromißcharakter der Verfassung, werden bei einer Begriffsbildung unterdrückt, die sich einseitig an dem dezisionistischen Element der Verfassung orientiert. Von der Verfassung wird Befriedung und dauerhafte Ordnung erhofft. Das

Verfassungsrecht ist desto mehr auf die legitimierende Anerkennung der Rechtsgemeinschaft angewiesen, wie es die Rechtsordnung inhaltlich gestalten und den auf dem Privatrecht beruhenden und von Privatautonomie und Vertragsfreiheit bestimmten Rechtsverkehr beeinflussen oder beschneiden will. Die Verfassung soll nicht nur die Legalität, Effektivität und Planmäßigkeit staatlichen Handelns sichern, sondern auch die politische Herrschaft mit den sozialen und kulturellen Werten und den Sinnbedingungen des individuellen Daseins verbinden.

Das alte, über Jahrhunderte gültige Bild der Gründung von Staat, Recht und Ordnung, das Bild des Gesellschafts- oder Herrschaftsvertrages, also die Verständigung, Einigung und Vereinbarung, behält in seinem Kernpunkt für die Sinndeutung der Verfassung seine Richtigkeit, unbeschadet der notwendigen Garantie der Verfassungsnorm durch die dem Recht unterworfene Staatsgewalt. Um den Sinn der Verfassung zu verstehen, muß sich diesem Prinzip des Konsenses die auf die Aufklärung zurückgehende Konstruktion der Verfassung als vernunftgeleitete Entscheidung einer – virtuellen – verfassunggebenden Gewalt unterordnen. Nur zeitweise, für Ausnahmezustand oder Diktatur, trifft die etatistisch-obrigkeitliche Deutung der Verfassung als Entscheidung, die das Hauptgewicht auf die instrumentelle Eigenschaft des heutigen positiven Rechts legt, einen wesentlichen Punkt.

Die Staatsphilosophie der Romantik und des deutschen Idealismus wandte sich gegen den Rationalismus der Aufklärung, die unbekümmert um Geschichte und Tradition Staat und Recht ab ovo aus der abstrakten Welt von Vernunftideen deduzieren wollte. Die rasche Aufeinanderfolge der Verfassungen Frankreichs von der Verfassung von 1791 bis zur Charte constitutionelle von 1814 zeigt, eine wie geringe Lebensdauer Verfassungsnormen haben, die vornehmlich zeitgebundenen Vernunftentscheidungen entspringen.

Wilhelm von Humboldt schreibt in seiner Frühschrift von 1792 Ideen über Staatsverfassung, durch die neue französische Konstitution veranlasst: „Keine Staatsverfassung kann gelingen, welche die Vernunft – vorausgesetzt, dass sie ungehinderte Macht habe, ihren Entwürfen Wirklichkeit zu geben – nach einem angelegten Plane gleichsam von vornher gründet; nur eine solche kann gedeihen, welche aus dem Kampfe des mächtigen Zufalls mit der entgegenstrebenden Vernunft hervorgeht". Diese Schrift, die aus einem Brief an Friedrich Gentz hervorgegangen war, bezeugt das Bemühen Humboldts, Klarheit darüber zu gewinnen, ob eine nach den reinen, wenn auch der Lage Frankreichs angepassten Grundsätzen der Vernunft gebildet wurde, wie die von der Nationalversammlung verkündete, in der Wirklichkeit bestehen, ihr Ziel erreichen, der menschlichen Entwicklung förderlich sein könne. Eine solche Staatsverfassung kann – so Humboldt – nicht gedeihen[4]. Konrad Hesse kommentiert die Stelle beifällig dahin, dass die Kritik eine Staatsverfassung fordere, welche an die Gegebenheiten der konkreten geschichtlichen Situation anknüpft und deren Bedingungen mit der an den Maßstäben der Vernunft orientierten rechtlichen Normierung in sich verbindet.

6. Diese sehr ins Prinzipielle reichenden Überlegungen können in unserer Zeit der Verfassungspolitik – auch in der Europäischen Union – und der Wahrung des Rechts

---

[4] *H. Scurla*, Wilhelm von Humboldt, 1976, S. 96f.

bei der Auslegung und Anwendung der Verfassung eine Richtung geben. Sie postulieren einen Grundsatz und sie legen eine Nutzanwendung nahe.

Zuerst der Grundsatz. Als Neugründung oder reformierende Novellierung ist die „Wirklichkeitsbezogenheit" der Verfassungsnorm in dem Maße zukunftsgerichtet, als sie die Erfahrung der geschichtlichen Vergangenheit und die sich von abstrakten Projekten freihaltende Einsicht in die Gegebenheiten und Erfordernisse der Gegenwart in sich aufnimmt. Wenn das Grundgesetz heute länger Bestand hat als die Bismarck'sche Reichsverfassung von 1871 und die Weimarer Reichsverfassung von 1919, ist das sicher auch der Leistung des Parlamentarischen Rates zu verdanken, der die geschichtliche Erfahrung der Weimarer Republik und der Diktatur des Dritten Reiches in Festigkeit und Rechtsstaatlichkeit gewährleistenden Institutionen und Garantien verarbeitet hat. Die verantwortliche Regierung auf der Basis der folgerichtig eingerichteten parlamentarischen Demokratie gibt dem politischen Prozeß eine berechenbare – manchmal als zu rigide empfundene – Ordnung. Die lakonische Sprache der Grundrechte ermöglichte es, die Rechte und Freiheiten des einzelnen als unmittelbar bindende Normen für Gesetzgebung, Vollziehung und Rechtsprechung zu fassen. Unter diesen Bedingungen war der maßgeblich vom Bundesverfassungsgericht bestimmte Ausbau der Grundrechte und die Fortentwicklung des Grundrechtsschutzes möglich. Grundrechte unterwerfen als Abwehrrechte den Eingriff der öffentlichen Gewalt einer sachlich begründeten Rechtfertigung und einer an Erforderlichkeit und Verhältnismäßigkeit ausgerichteten Meßbarkeit. Die Grundrechte sind aber auch objektive Gewährleistungen und Ordnungsgrundsätze für das Staatsleben, für Recht und Gesetz.

Zweitens die Nutzanwendung aus dem zuvor Gesagten. Das Verfassungsrecht muß eine im Sinn von Gerechtigkeit und Wohlfahrt erfolgreiche Politik ermöglichen und darf Staatsleitung und Gesetzgebung nicht durch mehr oder weniger differenzierte Programme, Verheißungen oder vermeintliche „Teilhaberechte" festlegen wollen. Auch in dieser Hinsicht hat das Grundgesetz verfassungspolitische Weisheit bewiesen. Mit dem Sozialstaatssatz hat es Aufgeschlossenheit gezeigt, ohne dem Gesetzgeber im einzelnen vorzugreifen. Dasselbe gilt – ungeachtet der verklausulierten Fassung – für den erst 1994 hinzugekommenen Umwelt-Artikel (Art. 20 a GG). Der sehr früh vom Bundesverfassungsgericht aufgestellte Satz von der „wirtschaftspolitischen Neutralität des Grundgesetzes"[5]) unterstreicht die Verantwortung des Gesetzgebers. Das Mitbestimmungs-Urteil vom 1. März 1979 charakterisiert hellsichtig das Verhältnis von Verfassung – und Verfassungsgericht – und Gesetzgeber: Das Grundgesetz läßt dem wirtschafts- und sozialpolitischen Gesetzgeber weitgehende Gestaltungsfreiheit. Das darin zutage tretende Element relativer Offenheit der Verfassungsordnung ist notwendig, um einerseits dem geschichtlichen Wandel Rechnung zu tragen, der in besonderem Maße das wirtschaftliche Leben kennzeichnet, andererseits die normierende Kraft der Verfassung nicht aufs Spiel zu setzen. Allerdings darf die Berücksichtigung der Gestaltungsfreiheit des Gesetzgebers nicht zu einer Verkürzung dessen führen, was die Verfassung in allem Wandel unverändert gewährleisten will, namentlich nicht zu einer Verkürzung der in den Einzelgrundrechten garantierten individuellen Freiheiten, oh-

---

[5] BVerfGE 4, 7.

ne die nach der Konzeption des Grundgesetzes ein Leben in menschlicher Würde nicht möglich ist[6]).

Wilhelm Mößle, der mit der Verfassungsgeschichte vertraut war, hat einen nicht unwesentlichen Teil seiner wissenschaftlichen Arbeit der Stellung und Aufgabe der parlamentarischen Volksvertretung und der durch die Verfassung vorgezeichneten Rolle der Regierung gewidmet. Es ist das, was Rudolf Smend in seinem Beitrag zur Festgabe der Berliner Juristischen Fakultät für Wilhelm Kahl 1923 die „politische Gewalt im Verfassungsstaat" genannt hat. Auf dem so vorgezeichneten Terrain bekräftigt Mößle, dass sich Ziele und Richtung der Staatsleitung nicht unmittelbar und lückenlos aus der Verfassung erschließen lassen. Er schreibt in seiner Habilitationsschrift von 1986[7]): „Die Verfassung liefert für die Regierung Leitgedanken und Direktiven, wirkt initiierend, dirigierend und limitierend – letzteres indem sie bestimmte Bereiche dem politischen Prozeß und einer Disposition der Staatsorgane entzieht – sie läßt aber auch erhebliche Handlungsspielräume offen, die eine weitgehende Veränderung und Gestaltung des politischen Systems, der gesellschaftlichen Verhältnisse und der Rechtsordnung erlauben. Die von ihr offen gelassenen Fragen sind Gegenstand der politischen Auseinandersetzung und des Gestaltungswillens der politischen Kräfte. Insoweit beruht die Selbst- und Wesensbestimmung des Staates auf der unmittelbaren Verantwortung der staatsleitenden Organe."

Die Einsicht in die Geschichtlichkeit und Zeitgebundenheit der Verfassung und die Frage nach ihrer normativen Leistungsfähigkeit mündet so in einen Appell an die Verantwortung der politischen Kräfte in Regierung und Parlament.

Bayreuth, am 9. Mai 2003

---

[6] BVerfGE 50, 290/338.
[7] Regierungsfunktionen des Parlaments, 1986, S. 205f.

Allgemeine Rechtsgrundsätze im Kontext

von

Dr. René Wiederkehr

Basel

I. Allgemeine Rechtgrundsätze – ein aktuelles Thema

In der Frage „allgemeiner Rechtsgrundsätze", „principes généraux de droit",
„principi generali del diritto" oder „general principles of law" herrscht grosse Unklar-
heit, die die Lehre und Praxis trotz der bahnbrechenden rechtsvergleichenden Monographie von Esser noch nicht geklärt hat[1] und obwohl schon sehr früh wichtige Bei-
spielstexte gelungen sind. §49 der Einleitung zum preussischen ALR verwies das Gericht, sollte es im Gesetz keine Regelung des streitigen Falles finden, auf die „in dem
Gesetzbuche angenommenen allgemeinen Grundsätze".[2] Das noch naturrechtlich geprägte österreichische ABGB von 1811 formuliert in §7, dass in zweifelhaften
Rechtsfällen „mit Hinsicht auf die sorgfältig gesammelten und reiflich erwogenen
Umstände nach den natürlichen Rechtsgrundsätzen entschieden werden" solle.[3] Diese Regelung, so umstritten sie in ihrer Bedeutung ist, hatte grosse Vorbildwirkung auf
den romanischen Rechtskreis[4] wie auch im Zusammenhang mit Art. 1 ZGB die Be-

---

[1] *J. Esser*, Grundsatz und Norm in der richterlichen Fortbildung des Privatrechts, 4. Aufl., 1990; für das
öffentliche Recht bzw. die Grundrechte *R. Dworkin*, Bürgerrechte ernstgenommen, 1984, S. 42ff. und
S. 91ff. („principles" und „rules"), und *R. Alexy*, Theorie der Grundrechte, 3. Aufl., 1996, S. 71ff. („Prinzip" und „Regel"). *P. Häberle* hatte schon 1971 in seinem Diskussionsbeitrag (VVDStRL 30 [1972],
S. 186) daran erinnert, dass „Grundsatz und Norm – von *Josef Esser* – für die Grundrechte noch nicht geschrieben worden ist".

[2] Zur Entstehungsgeschichte *C. Schott*, Rechtsgrundsätze und Gesetzeskorrektur, 1975, S. 36ff.

[3] Gefeiert von *S. Dniestrzanski*, Die natürlichen Rechtsgrundsätze (§ 7 ABGB), in: Festschrift zur Jahrhundertfeier des Allgemeinen Bürgerlichen Gesetzbuches, Zweiter Teil, Wien, S. 35, als „das grosse Ge-
heimnis der steten Verjüngung des österreichischen bürgerlichen Rechts"; skeptisch in ihrem Urteil *I.
Gampl*, Die „natürlichen" Rechtsgrundsätze in der Judikatur der Höchstgerichte Österreichs, Festschrift
für H. Demelius, 1973, S. 51ff., insb. S. 59f.; zurückhaltend auch *H. Schambeck*, Die natürlichen Rechtsgrundsätze des § 7 ABGB, in: Festschrift für S. Verosta, 1980, S. 479ff.; vermittelnd und sehr differenziert
T. Mayer-Maly, Die natürlichen Rechtsgrundsätze als Teil des geltenden österreichischen Rechts, in: Gedächtnisschrift für R. Marcic, 1983, S. 853ff. Einen Überblick zur Auseinandersetzung in Österreich über
die Bedeutung der „natürlichen Rechtsgrundsätze" findet sich bei *Schott* (Fn. 2), S. 97ff.

[4] Der erste gesamtitalienische Codice Civile von 1865 nannte in Art. 3 die „principi generali di diritto", während der aktuelle von 1942 einschränkend von „principi generali dell'ordinamento dello Stato"
und Art. 1 des Codigo Civil von „principios generales del derecho" spricht; hierzu auch *E. Kramer*, Funktionen allgemeiner Rechtsgrundsätze – Versuch einer Strukturierung, in: Festschrift für F. Bydlinski,

deutung allgemeiner Rechtsgrundsätze diskutiert wird[5]. Ausdrückliche Verweise auf allgemeine Rechtsgrundsätze finden sich zudem im Völker- und Europarecht, was nicht weiter erstaunt, sind doch diese Rechtsordnungen nur partiell durchnormiert. Geradezu klassisches Beispiel ist Art. 38 Abs. 1 lit. c des Statuts des Internationalen Gerichtshofs, das nach Konventions- und Gewohnheitsrecht auf „die von den Kulturvölkern übereinstimmend anerkannten allgemeinen Rechtsgrundsätze" verweist.[6]

In der schweizerischen Lehre werden unter allgemeinen Rechtsgrundsätzen zumeist Regelungen verstanden, die sowohl für das öffentliche Recht als auch für das Privatrecht Geltung beanspruchen.[7] Das *Bundesgericht* verwendet *einerseits* allgemeine Rechtsgrundsätze im Sinne der eben erwähnten Lehrmeinungen, welche es seinerseits stark geprägt hat.[8] *Andererseits* scheint das Bundesgericht davon auszugehen, dass

---

2002, S. 206 f., mit Hinweisen auf die Rezeptionsgeschichte. Weitere rechtsvergleichende Hinweise finden sich bei *R. Schulze*, Allgemeine Rechtsgrundsätze und europäisches Privatrecht, ZEuP 1 (1993), S. 450 ff.

[5] Siehe insb. *A. Meier-Hayoz*, Art. 1 ZGB, in: Berner Kommentar zum Schweizerischen Zivilgesetzbuch, Einleitung, Art. 1–1 ZGB, 1962, Rz. 405 ff.; zur Praxis des Bundesgerichts *O. Germann*, Probleme und Methoden der Rechtsfindung, 2. Auflage, 1967, S. 173 ff. Siehe auch Art. 7 Abs. 1 des Bundesgesetzes vom 23. September 1953 über die Seeschifffahrt unter Schweizer Flagge (Seeschifffahrtsgesetz, SR 747.30), wonach der Richter, kann der Bundesgesetzgebung, insbesondere diesem Gesetz und den als anwendbar erklärten Bestimmungen internationaler Übereinkommen keine Vorschrift entnommen werden, nach den *allgemein anerkannten Grundsätzen des Seerechts* entscheidet und, wo solche fehlen, nach der Regel, die er als Gesetzgeber aufstellen würde, wobei er Gesetzgebung und Gewohnheit, Wissenschaft und Rechtsprechung der seefahrenden Staaten berücksichtigt.

[6] Aus der *älteren* Literatur, wobei vor allem die Frage der „Rechtsquelle" und des „Ranges" umstritten war, *J. Spiropoulos*, Die allgemeinen Rechtsgrundsätze im Völkerrecht (1928); *A. Verdross*, Die allgemeinen Rechtsgrundsätze als Völkerrechtsquelle, in: Festschrift für Hans Kelsen, 1931, S. 354 ff.; *E. Härle*, Die allgemeinen Entscheidungsgrundlagen des Ständigen Internationalen Gerichtshofes (1933); *W. Cegla*, Die Bedeutung der allgemeinen Rechtsgrundsätze für die Quellenlehre des Völkerrechts (1936); *R. Laun*, Allgemeine Rechtsgrundsätze, in: Festschrift für G. Radbruch, 1948, S. 117 ff.; *neuerdings R. Billib*, Die allgemeinen Rechtsgrundsätze gemäss Art. 38 Abs. 1 lit. c des Statuts des Internationalen Gerichtshofs (1972); *K. Meessen*, Zur Theorie allgemeiner Rechtsgrundsätze des internationalen Rechts, JIR 17 (1975), S. 283 ff.; *B. Cheng*, General Principles of Law as Applied by International Courts and Tribunals (1987); *S. Jacoby*, Allgemeine Rechtsgrundsätze, 1997, S. 190 ff.; *W. Weiss*, Allgemeine Rechtsgrundsätze des Völkerrechts, AVR 39 (2001), S. 394 ff.

[7] Überblick bei *U. Häfelin/G. Müller*, Allgemeines Verwaltungsrecht, 4. Auflage, 2002, Rz. 184 ff.; *M. P. Wyss*, Öffentliches Interesse – Interessen der Öffentlichkeit? Das öffentliche Interesse im schweizerischen Staats- und Verwaltungsrecht, 2001, Rz. 136 ff. Wichtige Anwendungsfälle aus öffentlich-rechtlicher Perspektive stellen beispielsweise die Rückforderung einer grundlos erbrachten Leistung, die Verjährung von öffentlich-rechtlichen Ansprüchen, die Pflicht zur Zahlung von Verzugszinsen, die Verrechnung von Geldforderungen oder die Wahrung von Fristen für Eingaben an Behörden dar. Da diese Rechtsinstitute zumeist keine grundlegenden Prinzipien der Rechtsordnung, zudem (konkret-anwendbare) Rechtsregeln darstellen, werden sie von *Tschannen/Zimmerli/Kiener* treffend als allgemeine – da sowohl im privaten als auch im öffentlichen Recht anerkannt – Rechtsregeln bezeichnet; siehe *P. Tschannen/U. Zimmerli/R. Kiener*, Allgemeines Verwaltungsrecht, 2000, S. 69.

[8] Es hat beispielsweise entschieden, dass beim Fehlen einer besonderen Bestimmung über die Verjährung allgemeine Rechtsgrundsätze heranzuziehen seien; Anhaltspunkte können sich insbesondere aus den Regeln ergeben, welche in anderen Rechtsgebieten gelten, wobei das Gericht in ständiger Rechtsprechung präzisiert, dass diese Institute in erster Linie in Anlehnung an die Ordnung festzulegen sind, die das öffentliche Recht für verwandte Fälle aufgestellt hat; siehe z.B. BGE 112 Ia 260 (267 f.); ebenso BGE 78 I 86 (89): „Das positive öffentliche Recht enthält keine Bestimmung über die Verjährung von Rückerstattungsansprüchen der vorliegenden Art. Indessen müssen nach einem allgemeinen Rechtsgrundsatz solche Ansprüche der Verjährung unterworfen sein; das öffentliche Interesse der Rechtssicherheit und die Erwä-

allgemeine Rechtsgrundsätze wichtige Maximen oder Prinzipien darstellen, die für eine Rechtsordnung zentralen Charakter aufweisen und deshalb in allen oder zumindest wichtigen Rechtsgebieten Geltung haben.[9]

Die Konjunktur und Aktualität allgemeiner Rechtsgrundsätze ist jedoch neueren Datums und hat erst mit dem Europarecht bzw. der Rechtsprechung des EuGH eingesetzt. Nach Art. 288 Abs. 2 EGV (wortgleich Art. 188 Abs. 2 EAV) ersetzt im Bereich der ausservertraglichen Haftung „die Gemeinschaft den durch ihre Organe (…) verursachten Schaden nach den allgemeinen Rechtsgrundsätzen, die den Rechtsordnungen der Mitgliedstaaten gemeinsam sind".[10] Dieser Verweis auf die allgemeinen Rechtsgrundsätze löste in der Literatur eine intensive Diskussion über ihre Bedeutung und Funktion, ihren Rang und Geltungsgrund aus, die bis heute andauert und weit über den Art. 288 Abs. 2 EGV hinausstrahlt.[11] Ihre eigentliche Karriere ist jedoch der Rechtsprechung des EuGH zu den „Grundrechten als allgemeinen Rechtsgrundsätzen"[12] zu verdanken.[13] Im Laufe der Zeit hat der EuGH seine Praxis verallgemeinert

---

[9] gung, dass der Einzelne gegen unbillige Belästigung durch Ansprüche aus lange zurückliegender Zeit geschützt werden muss, schliessen eine andere Auffassung aus. Bei der Bestimmung des Zeitpunktes, in welchem die Verjährung eintritt, sind in derartigen Fällen wiederum allgemeine Rechtsgrundsätze heranzuziehen; Anhaltspunkte können sich insbesondere aus den Regeln ergeben, welche in andern Rechtsgebieten gelten"; im Weiteren auch BGE 70 I 167 (169).

[9] So wohl ebenso *Wyss* (Fn. 7), Rz. 140, m.w.H. auf die bundesgerichtliche Praxis. Beispielsweise hat die strafrechtliche Abteilung entschieden, „dass der Vorwurf der Fahrlässigkeit auch auf allgemeine Rechtsgrundsätze wie etwa den allgemeinen Gefahrensatz gestützt werden kann" (BGE 126 IV 13 [17]; im Weiteren auch BGE 121 IV 10 [14], 121 IV 286 [290], oder 106 IV 80 [81]) und damit implizite erkannt, dass das Rechtsinstitut im Sinne einer „materialen Allgemeinheit" einer gewissen Grundsätzlichkeit oder zentralen Bedeutung für die Rechtsordnung bedarf, um von der Rechtsprechung als *allgemeinen* Rechtsgrundsatz anerkannt zu werden. Dieser Meinung scheint auch die zivilrechtliche Abteilung zu sein, die in ständiger Rechtsprechung Art. 2 und Art. 28 ZGB, also wesentliche Institute des Privatrechts, als allgemeine Rechtsgrundsätze bezeichnet; siehe z.B. BGE 118 II 435 (438), 98 II 221 (226), 86 II 365 (368), 69 II 41 (45), 69 II 286 (291). In einem ähnlichen Sinne versteht die sozialversicherungsrechtliche Abteilung das Gleichbehandlungsgebot als allgemeinen Rechtsgrundsatz; dazu BGE 117 V 309 (316f.), 107 V 106 (109); weitere Hinweise bei *R. Rüedi*, Allgemeine Rechtsgrundsätze des Sozialversicherungsprozesses, in: Festschrift für A. Koller, 1993, S. 452ff. und S. 459ff.

[10] Dazu monographisch *A. Heldrich*, Die allgemeinen Rechtsgrundsätze der ausservertraglichen Schadenshaftung im Bereich der Europäischen Wirtschaftsgemeinschaft (1961); *D. Ewert*, Die Funktion der allgemeinen Rechtsgrundsätze im Schadenersatzrecht der Europäischen Wirtschaftsgemeinschaft (1991).

[11] Grundlegend *H-J. Rüber*, Der Gerichtshof der Europäischen Gemeinschaften und die Konkretisierung allgemeiner Rechtsgrundsätze (1971); *H. Lecheler*, Der Europäische Gerichtshof und die allgemeinen Rechtsgrundsätze (1971); *G. Hoffmann-Becking*, Normaufbau und Methode – Eine Untersuchung zur Rechtsprechung des Gerichtshofs der Europäischen Gemeinschaften (1973); *G. Zieger*, Die Rechtsprechung des Europäischen Gerichtshofs – Eine Untersuchung der allgemeinen Rechtsgrundsätze, JÖR 22 (1973), S. 299ff.; *H.-W. Rengeling*, Rechtsgrundsätze beim Verwaltungsvollzug des Europäischen Verwaltungsrechts (1977); *H.-H. Lindemann*, Allgemeine Rechtsgrundsätze und europäischer öffentlicher Dienst (1986); *Y. Papadopoulou*, Principes généraux du droit et droit communautaire, origine et concrétisation (1996); zusammenfassend m.w.H. *J. Schwarze*, Europäisches Verwaltungsrecht, Band I, 1988, S. 57ff.; *Jacoby* (Fn. 6), S. 209ff.

[12] Erstmals EuGH, Slg. 1969, S. 419 (425) – Stauder; weiterführend Slg. 1970, S. 1125 (1135) – Internationale Handelsgesellschaft; Slg. 1974, S. 491 (507) – Nold; Slg. 1979, S. 3727 (3744f.) – Hauer; Slg. 1989, S. 2859 (2923f.) – Höchst; Slg. 1995 I, S. 4921 (5065) – Bosmann oder Slg. 1998 I, S. 612 (650f.) – Grant.

[13] Dazu monographisch *H.-W. Rengeling*, Grundrechtsschutz in der Europäischen Gemeinschaft (1993); *I. Wetter*, Die Grundrechtscharta des Europäischen Gerichtshofes (1997); *D. Kugelmann*, Grundrechte in Europa (1997); *K. Kreuzer/D. Scheuing/U. Sieber* (Hrsg.), Europäischer Grundrechtsschutz

und ein dichtes Netz von allgemeinen Rechtsgrundsätzen über die Grundrechte hinaus geknüpft.[14] Dabei hat der Gerichtshof Kernbereiche eines europäischen Verwaltungsrechts herausgearbeitet und Bausteine eines europäischen Privatrechts entwik-
kelt.[15] Mittlerweile spielen diese allgemeinen Rechtsgrundsätze im Hinblick auf eine
Harmonisierung des europäischen Verwaltungs- und Privatrechts als gemeineuropäische Prinzipien[16] eine entscheidende Rolle.[17] Sie können geradezu als Mittel zur europäischen Integration verstanden werden.[18]

II. Begriff und Grundbedeutung allgemeiner Rechtsgrundsätze

Im Hinblick auf die oben erwähnte Praxis europäischer Höchstgerichte erstaunt es,
dass Begriff und Grundbedeutung der allgemeinen Rechtsgrundsätze unklar geblieben sind.[19] Wer sich genauer damit beschäftigt, begibt sich in ein „Dickicht von noch
weitgehend ungeklärten Begriffen"[20], ja es herrscht „eine eigentliche Begriffsverwir-

---

(1998); aus der Vielzahl wichtiger Zeitschriftenaufsätze seien nur genannt *A. Bleckmann*, Die Grundrechte
im Europäischen Gemeinschaftsrecht, EuGRZ 8 (1981), S. 257 ff.; *J. Schwarze*, Schutz der Grundrechte in
der Europäischen Gemeinschaft, EuGRZ 13 (1986), S. 293 ff.; *I. Pernice*, Gemeinschaftsverfassung und
Grundrechtsschutz, NJW 43 (1990), S. 2409 ff.; *C. Lenz*, Der europäische Grundrechtsstandard in der
Rechtsprechung des Europäischen Gerichtshofes, EuGRZ 20 (1993), S. 585 ff.; *J. Kokott*, Der Grundrechtsschutz im Europäischen Gemeinschaftsrecht, AöR 121 (1996), S. 599 ff.; *T. Schilling*, Bestand und
allgemeine Lehren der bürgerschützenden allgemeinen Rechtsgrundsätze des Gemeinschaftsrechts,
EuGRZ 2000, S. 3 ff., insb. S. 11 ff. Konsequenterweise erfasst der Maastrichter-Vertrag diese hervorragen-
de prätorische Leistung und nunmehr − als sei dies selbstverständlich − ist die Union nach Art. 6 Abs. 2
EUV zur Achtung der Grundrechte verpflichtet, „wie sie sich aus den gemeinsamen Verfassungsüberlieferungen der Mitgliedstaaten als allgemeine Grundsätze des Gemeinschaftsrechts ergeben"; neueste Übersicht hierzu *T. Kingreen*, Art. 6 Abs. 2 EUV, in: Calliess/Ruffert (Hrsg.), Kommentar zu EU-Vertrag und
EG-Vertrag, 2. Auflage, 2002, Rz. 16 ff.

[14] Eine Übersicht über die Praxis des Gerichtshofes findet sich bei *Lecheler* (Fn. 11), S. 53 ff.; Ewert
(Fn. 10), S. 281 ff.; neuestens *R. Streinz*, Europarecht, 5. Auflage, 2001, Rz. 354 ff.; *B. Wegener*, Art. 220
EGV, in: Calliess/Ruffert (Hrsg.), Kommentar zu EU-Vertrag und EG-Vertrag, 2. Auflage, 2002,
Rz. 32 ff.; *J. Schwarze*, Art. 220 EGV, in: Schwarze (Hrsg.), EU-Kommentar, 2000, Rz. 14 ff.

[15] Vergleichbar damit haben Lehre und Praxis in verschiedensten europäischen Ländern auf derartige
Prinzipien zurückgegriffen, um Grundzüge des Verwaltungsrechts zu entwickeln; weite rechtsvergleichende Umschau bei *Rengeling* (Fn. 11), S. 90 ff. (Deutschland), S. 111 ff. (Frankreich), S. 131 ff. (Belgien),
S. 136 ff. (Luxemburg), S. 138 ff. (Italien), S. 142 ff. (Niederlande), S. 146 ff. (Dänemark), S. 149 ff. (Grossbritannien) und S. 166 ff. (Irland); für Frankreich im Besonderen *J. Boulanger*, Principes généraux du droit
et droit positif, in: Etudes offertes à Georges Ripert, 1950, S. 51 ff.; *B. Jeanneau*, Les principes généraux du
droit dans la jurisprudence administrative (1954); *J.-P. Chaudet*, Les principes généraux de la procédure administrative contentieuse (1967); zusammenfassend *H. Krech*, Die Theorie der allgemeinen Rechtsgrundsätze im französischen öffentlichen Recht (1973).

[16] Zum Begriff *P. Häberle*, Gemeineuropäisches Verfassungsrecht, in: ders., Rechtsvergleichung im
Kraftfeld des Verfassungsstaates, 1992, S. 76 ff., insb. S. 91 f.

[17] Bahnbrechend für das europäische Verwaltungsrecht *J. Schwarze*, Europäisches Verwaltungsrecht,
Band I und II (1988); für das Privatrecht *H. Coing*, Europäische Grundlagen des modernen Privatrechts
(1986); *P.-C. Müller-Graff*, Privatrecht und europäisches Gemeinschaftsrecht − Gemeinschaftsprivatrecht,
2. Aufl. (1991); *ders.*, Gemeinsames Privatrecht in der Europäischen Gemeinschaft (1999); *Schulze* (Fn. 4),
S. 442 ff.

[18] So insb. *A. Scherzberg*, Die Öffentlichkeit der Verwaltung, 2000, S. 213 ff., mit weiteren Hinweisen.

[19] Siehe die Übersicht bei *Kramer* (Fn. 4), S. 199 ff.

[20] So *P. Müller*, Funktionen und Motive einer verfassungsrechtlichen Aufgabennormierung in den Kantonen, 1981, S. 30.

rung"[21] vor. Selbst die Terminologie des EuGH, der wesentlich zur Karriere allgemeiner Rechtsgrundsätze als gemeineuropäische Kategorie beigetragen hat, ist nicht immer konsequent[22] wie auch die Lehre in ihren Abgrenzungsversuchen, so unergiebig eine begrifflich-scharfe, kategoriale Unterscheidung auch immer sein mag, nicht immer eine glückliche Hand besitzt. *Kramer* beispielsweise versteht sie als Grundprinzipien des Rechts, die sein „inneres System" bilden, ohne selbst subsumtionsfähig zu sein.[23] Entsprechend werden allgemeine Rechtsgrundsätze auch als „massgebliche Ordnungsfaktoren"[24], als „allgemeine Normen des ganzen Rechts"[25], als „allgemeine Richtlinien des Rechts"[26], als „normative Maximen von grosser Allgemeinheit"[27], als „normative Fundamente"[28] jeder Rechtsordnung, als „Bauprinzipien des positiven Rechts"[29], als „Fundamente der Rechtsinstitutionen"[30] oder als „gemeinsame Grundlage für eine Rechtsmaterie"[31] bezeichnet.

Nebst diesen eher „systemorientierten" Definitionsversuchen wählt die Literatur, vielfach inspiriert von den epochemachenden Aufsätzen von *H.J. Wolff*[32] und *Liver*[33] eine ganz andere Perspektive, die an der „Gerechtigkeit" (*H.J. Wolff*), der „Rechtsidee" oder der „Natur der Sache" (*Liver*) anknüpft.[34] Vielleicht am Einprägsamsten bezeichnet *H. Huber* allgemeine Rechtsgrundsätze deshalb als „Meilensteine auf dem

---

[21] *P. Saladin*, Das Verfassungsprinzip der Fairness, in: Erhaltung und Entfaltung des Rechts in der Rechtsprechung des Schweizerischen Bundesgerichts, 1975, S. 75.

[22] Der EuGH verwendet erstaunlicherweise den Begriff „allgemeiner Rechtsgrundsatz" eher selten. Es finden sich vielmehr Ausdrücke wie „Grundsatz", „tragende Grundsätze", „fundamentale Prinzipien des Gemeinschaftsrechts", „grundlegende Prinzipien" oder „elementare Rechtsgrundsätze"; zur Begriffsvielfalt *W. Weiss*, Die Verteidigungsrechte im EG-Kartellverfahren, 1996, S. 18 ff.; *Schwarze* (Fn. 11), S. 63; *Wetter* (Fn. 13), S. 29 ff.; *Lindemann* (Fn. 11), S. 50 f.

[23] Nach *E. Kramer*, Juristische Methodenlehre, 1998, S. 189, gehören dazu in erster Linie grundlegende Verfassungsprinzipien wie das Legalitätsprinzip, das Verhältnismässigkeitsprinzip oder das Gebot des Handeln nach Treu und Glauben; grundlegend zu diesem „systemorientierten" Ansatz auch *G. Del Vecchio*, Grundlagen und Grundfragen des Rechts, 1963, S. 174 ff.

[24] Zum Ausdruck *Jacoby* (Fn. 6), S. 283; ähnlich *A. Simonius*, Über Bedeutung, Herkunft und Wandlung der Grundsätze des Privatrechts, in: Hundert Jahre Schweizerisches Recht, ZSR 71 I (1952), S. 239.

[25] *Ch.-F. Menger*, System der verwaltungsgerichtlichen Rechtsschutzes, 1954, S. 72.

[26] *E. Zeller*, Treu und Glauben und Rechtsmissbrauchsverbot, 1980, S. 7; er fasst damit die Bezeichnungen „Grundsatz", „Prinzip", „Maxime", „Richtsätze des Handelns", „allgemeine Rechtsgrundsätze", „allgemeine Rechtsgedanken", „Rechtsprinzipien" oder „Leitlinien des Rechts" zusammen.

[27] *F. Bydlinski*, Fundamentale Rechtsgrundsätze, 1988, S. 121, wobei er allgemeine und fundamentale Rechtsprinzipien unterscheidet (S. 121 ff. und S. 133 ff.).

[28] *H. Heller*, Staatslehre, 6. Auflage, 1983, S. 255; siehe auch *W. Kägi*, Die Verfassung als rechtliche Grundordnung, 2. Auflage, 1971, S. 14 („im Wesen des Rechtsstaates begründete Grundsätze"); *Z. Giacometti*, Allgemeine Lehre des rechtsstaatlichen Verwaltungsrecht, 1. Band, 1960, S. 287 („konstitutive Prinzipien der Rechtsordnung schlechthin").

[29] *H. Huber*, Grundsätze in der Auslegung der Wirtschaftsartikel, WuR 10 (1958), S. 9.

[30] *L.-J. Constantinesco*, Rechtsvergleichung Band II: Die rechtsvergleichende Methode, 1972, S. 341.

[31] *Schulze* (Fn. 4), S. 448; ähnlich *P. Liver*, Der Begriff der Rechtsquelle, in: Rechtsquellenprobleme im schweizerischen Recht, Festgabe der rechts- und wirtschaftsrechtlichen Fakultät der Universität Bern, 1955, S. 26.

[32] *H.J. Wolff*, Rechtsgrundsätze und verfassungsgestaltende Grundentscheidungen als Rechtsquellen, in: Gedächtnisschrift für Walter Jellinek, 1955, S. 33 ff.

[33] *Liver* (Fn. 31), S. 26 ff.; siehe auch *C. Canaris*, Die Feststellung von Lücken im Gesetz, 2. Auflage, 1983, S. 118 ff.

[34] Zusammenfassend *H.A. Wolff*, Ungeschriebenes Verfassungsrecht unter dem Grundgesetz, 2000, S. 145 ff.

Abstieg von der Gerechtigkeit zum positiven Recht" und als „Halbwegs-Konkretisierungen der Gerechtigkeit"[35]; weitere Definitionen wie „Ableitungen aus dem Prinzip der Gerechtigkeit"[36], „Bauprinzipien des Rechts mit sittlichem Geltungsanspruch"[37], „Rechtsgrundsätze, die unmittelbar aus den sittlichen Werten entspringen"[38] oder „rechtsethische Prinzipien"[39] schliessen sich dieser Art der Begriffsbestimmung weitgehend an.

Die Begriffsvielfalt setzt sich fort, wenn weitere Ansätze wie der wirklichkeits- oder kulturwissenschaftliche ins Blickfeld rücken. So lassen sich allgemeine Rechtsgrundsätze beispielsweise als Einfallstor verstehen, „durch das die positiv bewertete gesellschaftliche Wirklichkeit täglich in die staatliche Normativität eindringt"[40]. Im Weiteren soll es sich bei den allgemeinen Rechtsgrundsätzen um kulturell geprägte Normen[41] handeln, die das Rechtsbewusstsein der modernen Kulturgemeinschaft als notwendige Voraussetzung betrachten[42], insofern „Bausteine einer (europäischen) Rechtskultur"[43] oder umfassender „grands principes, qui ont fait la civilisation"[44] darstellen.[45]

Entsprechend diesen Theorien und Ansätzen, die eine unterschiedliche „Begriffskultur" erzeugt und zu einer eigentlichen „Begriffsverwirrung" geführt haben, erweist sich die Kategorienbildung als äusserst heterogen und deren Abgrenzung als sehr schwierig.[46] *Esser* beispielsweise unterscheidet allgemeine Rechtsgrundsätze von

---

[35] *H. Huber* (Fn. 29), S. 9; zur engen Beziehung zwischen Grundsatz und Gerechtigkeit auch *Simonius* (Fn. 24), S. 256ff.; *Canaris* (Fn. 33), S. 106ff.

[36] *H.J. Wolff* (Fn. 32), S. 37.

[37] *H. Heller*, Die Souveränität. Ein Beitrag zur Theorie des Staats- und Völkerrechts, 1927, S. 48.

[38] *H. Coing*, Die obersten Grundsätze des Rechts, 1947, S. 54.

[39] *K. Larenz*, Methodenlehre der Rechtswissenschaft, 6. Auflage, 1991, S. 421; *D. Göldner*, Verfassungsprinzip und Privatrechtsnorm in der verfassungskonformen Auslegung und Rechtsfortbildung, 1969, S. 24; *R.J. Schweizer*, Über die Rechtssicherheit und ihre Bedeutung für die Gesetzgebung, 1974, S. 108.

[40] *Heller* (Fn. 28), S. 291. Demgemäss sind es nicht so sehr die positiven Rechtssätze, „sondern jene allgemeinen Rechtsgrundsätze, welche die Ordnung der gesellschaftlichen Wirklichkeit sichern helfen"; so *Heller*, aaO., S. 290.

[41] *E. Wolf*, Die Natur der allgemeinen Rechtsgrundsätze, in: Deutsche Landesreferate zum VI. Internationalen Kongress für Rechtsvergleichung, 1962, S. 138, bezeichnet sie schlicht als „kulturelle Normen, denen gemäss die Rechtsidee konkrete Gestalt eines ‚iustum' annimmt".

[42] *Verdross* (Fn. 6), S. 364.

[43] Umfassend *P. Häberle*, Europäische Rechtskultur, in: ders., Europäische Rechtskultur, 1994, S. 9ff.; aus kulturwissenschaftlicher Perspektive treffend *Th. Möllers*, Die Rolle des Rechts im Rahmen der europäischen Integration, 1999, S. 33 und S. 88ff., der allgemeine Rechtsgrundsätze als „gemeinsame Wurzel einer europäischen Rechtskultur" versteht.

[44] *Kägi* (Fn. 28), S. 158, in Anlehnung an *Hauriou*.

[45] So wie die gesellschaftliche Wirklichkeit mit Hilfe der allgemeinen Rechtsgrundsätze täglich in das positive Recht eindringt, gerinnt das Kulturelle über das Vehikel „allgemeine Rechtsgrundsätze" zum Rechtsprinzip; vgl. *Häberle* (Fn. 16), S. 91 Fn. 77: „(…) sie können als immanente Bestandteile und sensibler Verweis auf eine materiale Allgemeinheit begriffen werden, die letztlich in kultureller Gemeinsamkeit wurzelt. Was rechtlich zunächst noch wenig verdichtet ist – eben das Kulturelle – wird über das Vehikel ‚allgemeiner Rechtsgrundsätze' zum Rechtsprinzip."

[46] Auch *Esser*, von dem übrigens die vielleicht umfassendste Kategorisierung stammt, macht auf die Schwierigkeiten eines solchen Unterfangens aufmerksam; siehe *Esser* (Fn. 1), S. 39f.; ebenso *H. Koller*, Die Aufnahme staatsgestaltender Grundsätze in die neue Bundesverfassung, in: Solothurner Festgabe zum Schweizerischen Juristentag, 1998, S. 42f.; *Saladin* (Fn. 21), S. 73f. und S. 79f.

„blossen" Postulaten, rechtsethischen Prinzipien oder „guides"[47] – auch „offene"[48], „vorpositive"[49], „informative"[50] oder „heuristische"[51] Prinzipien genannt –, von Generalklauseln und „standards"[52], von Maximen und Axiomen[53]. Diese eher am Zivilrecht orientierte Abgrenzung findet ihr Gegenstück bei *Saladin*[54], der allgemeine Rechtsgrundsätze, Prinzipien, rechtssatzförmige Prinzipien, Grundsätze[55], Verfassungsgrundsätze und organisatorische Prinzipien gegeneinander abgrenzt.

Im Weiteren liegt der geltenden Verfassungsordnung der Schweiz nicht nur eine Reihe von allgemeinen Rechtsgrundsätzen oder Verfassungsprinzipien zugrunde, sondern auch von staatsgestaltenden (*Koller*)[56] oder verfassungsgestaltenden Grundentscheidungen (*H.J. Wolff*)[57], die vielfach auch als „Strukturprinzipien"[58], „staatsleitende Prinzipien"[59], „Verfassungsdirektiven"[60] oder „verfassungsrechtliche Leitgrundsätze"[61] bezeichnet werden.[62] Ihre unmittelbare Grundlage bilden zumeist nicht Gerechtigkeitsprinzipien, sondern der politische Wille der einen Staat tragenden Mächte.[63] Verfassungsgestaltende *Grund*entscheidungen konstituieren deshalb als politische Gestaltungsprinzipien das staatliche Leben.[64]

---

[47] Zum Ganzen *Esser* (Fn. 1), S. 39ff., S. 69f. und S. 79f.

[48] *Larenz* (Fn. 39), S. 480.

[49] *Canaris* (Fn. 33), S. 94.

[50] *Esser* (Fn. 1), S. 75.

[51] *Esser* (Fn. 1), S. 79; siehe auch S. 183ff., zum heuristischen Charakter der „principles" im Case Law.

[52] *Esser* (Fn. 1), S. 95ff.

[53] *Esser* (Fn. 1), S. 99ff.

[54] *Saladin* (Fn. 21), S. 70ff.; dazu auch *U. Breiter*, Staatszielbestimmungen als Problem des schweizerischen Bundesverfassungsrechts, 1980, S. 74ff.

[55] *Canaris* (Fn. 33), S. 94ff., unterscheidet zwischen (vorpositiven) Prinzipien (offene Prinzipien i.S.v. *Larenz*) und (normativen) Grundsätzen (rechtssatzförmige Prinzipien i.S.v. *Larenz*); diese Differenzierung geht wie eben angedeutet auf *Larenz* (Fn. 39), S. 479, zurück. Meist werden jedoch die Ausdrücke „Grundsatz" und „Prinzip" in ihrer normativen Qualität als gleichwertig verstanden.

[56] *Koller* (Fn. 46), S. 19f. und S. 26ff.

[57] *H.J. Wolff* (Fn. 32), S. 47ff.

[58] *P. Mastronardi*, Strukturprinzipien der Bundesverfassung?, ZSR-Beiheft Nr. 7, 1988, S. 12ff.; siehe auch *ders.*, Kriterien der demokratischen Verwaltungskontrolle, 1991, S. 453ff.

[59] *P. Mastronardi*, Grundbegriffe und allgemeine Grundsätze der Verwaltungsorganisation, in: Koller/Müller/Rhinow/Zimmerli (Hrsg.), Schweizerisches Bundesverwaltungsrecht, Band Organisationsrecht, 1996, Rz. 19.

[60] *P. Lerche*, Übermass und Verfassungsrecht, 2. Auflage, 1999, S. 61ff., allerdings hauptsächlich bezogen auf die Sozialstaatsklausel bzw. jene Grundsatznormen, welche den Gesetzgeber zu sozialgestaltender Aktivität anhalten (S. 64).

[61] *K. Eichenberger*, Verfassung des Kantons Aargau, 1986, Einleitung, Rz. 54, wobei er etwas verwirrend und missverständlich Verfassungsgrundsätze mit Verfassungsprinzipien, staatsgestaltenden Grundentscheidungen, verfassungsrechtlichen Leitgrundsätzen, Verfassungsdirektiven oder Strukturprinzipien gleichsetzt.

[62] Man versteht darunter das Demokratie-, Rechtsstaats-, Bundesstaats- und Sozialstaatsprinzip, wobei diese vier „strukturprägenden Bauprinzipien" neuerdings um das Wirtschaftsstaatsprinzip (*Mastronardi* [Fn. 58], S. 62), das Prinzip der Völkerrechtsfreundlichkeit (*E.-U. Petersmann*, Die Verfassungsentscheidung für eine völkerrechtskonforme Rechtsordnung als Strukturprinzip der Schweizerischen Bundesverfassung, AöR 115 [1990], S. 569ff.) und das Nachhaltigkeitsprinzip (so *Koller* [Fn. 46], S. 41) ergänzt werden; allgemein zur Offenheit der Staatsstrukturprinzipien *Mastronardi* (Fn. 58), S. 63f.; *Petersmann*, aaO., S. 545ff.

[63] So jedenfalls *H.J. Wolff* (Fn. 32), S. 48; siehe auch *H.J. Hardt*, Zur Rechtsnatur der allgemeinen Grundsätze des Verwaltungsrechts, 1969, S. 66ff., *Göldner* (Fn. 39), S. 25; ähnlich auch *H. Huber* (Fn. 29),

In der Lehre setzt sich diese an dieser Stelle nur angedeutete Kategorienbildung fort[65] und wird darüber hinaus – die Sache verkomplizierend – mit anderen dogmatischen Fragen wie Rang, Rechtsquelle[66], Funktion[67] oder Arten der allgemeinen Rechtsgrundsätze in Verbindung gebracht[68]. Diesen Unsicherheiten, Unklarheiten und Verwirrungen wird in der Folge nicht weiter nachgegangen, zumal sich die terminologische und dogmatische Vielfalt mit den oben angeführten Aspekten nicht erschöpft. In der Sache begründen sich die Differenzen meistens in der Anwendung unterschiedlicher Theorien und Methoden.[69]

S. 9, welcher zwischen rechtsethischen Verfassungsprinzipien und Staatsstrukturprinzipien, die von den politischen Grundwertungen oder Grundanschauungen abhängig sind, unterscheidet, während die Rechtsgrundsätze auf schlechthin höchste, für die Rechtsordnung unabdingbare Werte zurückgeführt werden.

[64] *H.J. Wolff* zählt zu diesen politischen Fundamentalnormen die Entscheidungen über die Staatsform, über Einheits- oder Bundesstaat, über die Regierungsform und über die Kultur-, Wirtschaft- und Sozialverfassung; vgl. *H.J. Wolff* (Fn. 32), S. 49. Vielfach sind es gerade diese verfassungsgestaltenden Grundentscheidungen und selten die allgemeinen Rechtsgrundsätze, die in den modernen Verfassungen insb. ost- und mitteleuropäischer Staaten analog zu Art. 20 Abs. 1 GG ausdrücklich verankert werden; vgl. Art. 1 Abs. 1 Verf. Montenegro (Erster Teil: „Grundbestimmungen"): „Montenegro ist ein demokratischer, sozialer und ökologischer Staat"; vgl. im Weiteren Art. 2 Verf. Polen (Abschnitt I: „Die Republik"); Art. 1 Abs. 1 Verf. Kroatien (Titel II: „Grundlegende Bestimmungen"); Art. 1 Verf. Litauen (Abschnitt I: „Der litauische Staat"); Art. 1 Abs. 1 Verf. Makedonien (Kapitel I: „Allgemeine Bestimmungen"); Art. 1 Abs. 1 Verf. Russische Föderation (Kapitel I: „Die Grundlagen der Verfassungsordnung"); Art. 1 Verf. Slowakei; Art. 2 Verf. Slowenien; Art. 1 Verf. Tschechische Republik oder Art. 1 Verf. Ukraine; vgl. auch Art. 1 Verf. Griechenland; Art. 2 Verf. Portugal; Art. 1 Verf. Spanien.

[65] Siehe als Beispiel *Hardt* (Fn. 63), S. 48 ff., der im Anschluss an *H.J. Wolff* zwischen allgemeinen Rechtsgrundsätzen, verfassungsgestaltenden Grundentscheidungen, allgemeinen Rechtsgedanken und allgemeinen Verwaltungsgrundsätzen unterscheidet; zusammenfassend *ders.*, Die allgemeinen Verwaltungsgrundsätze, DÖV 24 (1971), S. 685 ff.; umfassender, wenn auch etwas unübersichtlich *Zeller* (Fn. 26), S. 11 ff. (Abgrenzung zu allgemeinen [Rechts-]Gedanken und Postulaten) und S. 27 ff.; er teilt die *Rechtsprinzipien* nach der rechtstechnischen Stufe, nach Sachbereich, nach ihrem Erkenntnisgrund und nach dem Grad ihres ethischen Gehalts ein.

[66] Hierzu im Besonderen *P. Häberle*, Pluralismus der Rechtsquellen in Europa – nach Maastricht: Ein Pluralismus von Geschriebenem und Ungeschriebenem vieler Stufen und Räume, von Staatlichem und Transstaatlichem, JöR 47 (1999), S. 80 ff.; siehe auch die Hinweise bei *Esser* (Fn. 1), S. 8 ff., wonach allgemeine Rechtsgedanken oder Rechtsgrundsätze, die sich zunächst nur lose in das (erstarrte) System der Gesetzesfiguren einordnen lassen, durch die Rechtsprechung zu Rechtsquellen werden; ebenso S. 14 ff. („pluralistischer Charakter der Rechtsquellen"), S. 28 ff. („Rechtsvergleichung, um festen Boden für eine aus der Rechtswirklichkeit zu entwickelnden Theorie von Gesetz und Richtermacht"), S. 87 ff. und passim.

[67] Hierzu insb. *Esser* (Fn. 1), S. 141 ff. und S. 289 ff.; *Kramer* (Fn. 4), S. 197 ff., insb. S. 204 ff.; *Simonius* (Fn. 24), S. 256 ff.

[68] So unterscheiden beispielsweise *Tschannen/Zimmerli/Kiener*, um nur ein Beispiel zu nennen, zwischen allgemeinen Rechtsgrundsätzen und allgemeinen Rechtsregeln, die sich gegenüber den Rechtsgrundsätzen durch ihren Gesetzes- (und nicht Verfassungsrang) kennzeichnen; vgl. *Tschannen/Zimmerli/Kiener* (Fn. 7), S. 69. Zu den allgemeinen Rechtsregeln zählen sie die Verjährung von öffentlichrechtlichen Ansprüchen, die Rückforderung grundlos erbrachter Leistungen, die Pflicht zur Zahlung von Verzugszinsen oder die Verrechnung von Geldforderungen, welche allerdings von der herrschenden Lehre als Anwendungsfälle allgemeiner Rechtsgrundsätze, die auf der Stufe der *Gesetze* stehen, betrachtet werden; siehe *Häfelin/Müller* (Fn. 7), Rz. 186.

[69] Bezeichnenderweise ermittelt *Bydlinski* über zehn solcher Grundsätze und knüpft namentlich an der Rechtsphilosophie, der ökonomischen Analyse des Rechts oder naturrechtlichen Vorstellungen an; vgl. *Bydlinski* (Fn. 27), S. 133 ff.; zusammenfassend *P. Richli*, Interdisziplinäre Daumenregeln für eine faire Rechtsetzung, 2000, S. 167 ff.

III. Allgemeine Rechtsgrundsätze im Kontext – Ein Überblick

Grundsätzlich öffnen allgemeine Rechtsgrundsätze als „open-texture – Elemente" Fenster auf den der Rechtsordnung zugrundeliegenden Wertungshorizont und verbinden das Juristische mit konstitutiv-gesellschaftlichen Basiswertungen (sog. „Brückenfunktion"[70]).[71] In ihrer Brückenfunktion machen allgemeine Rechtsgrundsätze den „Kontext" zum Thema der Rechtsordnung.[72] Darüber hinaus vermag erst die Untersuchung der „Kontexte" Begriff und Grundbedeutung der allgemeinen Rechtsgrundsätze erhellend zu beantworten.[73] Aus diesem Grunde stehen im Folgenden nicht *allgemeine* philosophische, soziologische oder kulturwissenschaftliche Ansätze im Zentrum, sondern in den Mittelpunkt rücken unterschiedliche Konzepte in einer *besonderen Ausprägung*, welche im Zusammenhang mit allgemeinen Rechtsgrundsätzen diskutiert werden. Erst diese Vorgehensweise garantiert eine Vergleichbarkeit dieser Ansätze, denn nur auf der Basis des „Problemkontextes" lassen sich verschiedenste Theorien unterschiedlichster Provenienz zum Vergleich heranziehen.

1. Ethisch-gerechtigkeitsorientierter Ansatz

Ein grosser Teil der Lehre, die sich mit allgemeinen Rechtsgrundsätzen beschäftigt, setzt diese mit „principes philosophiques" oder „ethischen Rechtsgrundsätzen" gleich und knüpft an der Gerechtigkeitsidee, so unbestimmt dieser Begriff vorerst ist, an, um ihre (originäre) Geltung zu begründen.[74] Sie stellen aus dieser Perspektive fundamentale Gerechtigkeitsgrundsätze oder Fundamentalnormen der Gerechtigkeit dar[75], die sich unmittelbar als Ableitungen aus dem Prinzip der Gerechtigkeit ergeben[76] und prägnant als „Halbwegs-Konkretisierungen der Gerechtigkeit" (*H. Huber*) bezeichnet werden. Zu dieser elementaren Einsicht gelangte schon früh *Feuerbach*, der zu Recht davon sprach, dass ein wirkliches Erkennen dieser Grundsätze nur über philosophische oder ethische Vorstellungen und nicht aus dem positiven Recht allein via

---

[70] *Jacoby* (Fn. 6), S. 21 f., allerdings bezogen auf die Verbindung unterschiedlicher, teilweise autarker Rechtskreise.

[71] *Kramer* (Fn. 4), S. 205.

[72] Allgemein zur „Kontext-These" *P. Häberle*, Die Verfassung „im Kontext", in: Thürer/Aubert/Müller (Hrsg.), Verfassungsrecht der Schweiz, 2001, § 2, Rz. 1 ff. mit weiteren Hinweisen; für das Verwaltungsrecht im Besonderen *C. Möllers*, Theorie, Praxis und Interdisziplinarität in der Verwaltungsrechtswissenschaft, VA 93 (2002), S. 46 ff.

[73] Siehe ebenso *Möllers* (Fn. 72), S. 48, auch wenn er den normativen Kontext m.E. zu stark hervorhebt. Denn gerade allgemeine Rechtsgrundsätze, die auch für das Verwaltungsrecht massgebend sind, verbinden in ihrer Brückenfunktion das Juristische mit anderen Disziplinen („konstitutiv-gesellschaftliche Basiswertungen" i.S.v. *Kramer*), deren Erkenntnisse schliesslich über die „Brücke" oder das „Vehikel" der allgemeinen Rechtsgrundsätze zum Rechtsprinzip gerinnen.

[74] *Coing* (Fn. 38), S. 61 f., S. 105 ff. oder S. 116; *Del Vecchio* (Fn. 23), S. 168 f. und S. 182 ff.; *H.J. Wolff* (Fn. 32), S. 37 ff.; *Liver* (Fn. 31), S. 26 ff.; *Simonius* (Fn. 24), S. 256 ff.; *E. Wolf* (Fn. 41), 136 ff.; *Larenz* (Fn. 39), S. 421 ff.; *Canaris* (Fn. 33), S. 106 ff. und S. 118 ff.; *Bydlinski* (Fn. 27), S. 115 ff., im Besonderen S. 162 ff.

[75] *Rengeling* (Fn. 11), S. 206.

[76] *H.J. Wolff* (Fn. 32), S. 38.

Analogie, Induktion, Abstraktion oder dergleichen möglich ist:[77] „Hier muss ich also aus dem Positiven hinaus, um in das Positive wieder hinein zu kommen."[78]

In diesen Sätzen liegt ein ganzes Programm begründet, welches erstmals in umfassender Art und Weise von *H.J. Wolff* und *Liver* entfaltet wurde. *H.J. Wolff* zählt zu den Rechtsquellen nebst dem geschriebenen Recht, dem Gewohnheitsrecht noch die von ihm dergestalt bezeichneten „Fundamentalnormen", die sich in Rechtsgrundsätze und den oben erwähnten verfassungsgestaltenden Grundentscheidungen untergliedern.[79] Während die einen politisch-rechtlichen Inhalts sind, zählt *H.J. Wolff* die allgemeinen Rechtsgrundsätze zu den ethisch-rechtlichen Normen.[80] Diese zeichnen sich dadurch aus, dass sie sich als „Ableitungen aus dem Prinzip der Gerechtigkeit im Hinblick auf ganz allgemeine, typische Situationen und Interessenlagen des menschlichen Zusammenlebens, die entweder dauernd oder in gewissen raum-zeitlichen Begrenzungen konstant sind"[81], ergeben.[82] Auch *Liver* vertrat fast gleichzeitig die Ansicht, dass allgemeine Rechtsgrundsätze nebst den Gesetzen, den Verträgen, dem Gewohnheits-, Richter- und Wissenschaftsrecht Rechtsquellen darstellen.[83] Er erkennt sie, soweit sie ungeschrieben sind, als die in der Rechtsgemeinschaft vorherrschende Rechtsüberzeugung. Diese wird konstituiert „durch die der Rechtsordnung eines Volkes immanente Prinzipien der Religion, Sittlichkeit, Gerechtigkeit und Vernunft sowie durch die politischen und sozialen Entscheidungen, welche der Rechtsordnung zugrunde liegen"[84].[85]

In neuerer Zeit haben insbesondere *Kaufmann* und *Bydlinski* allgemeine Rechtsgrundsätze in einer ähnlichen Art und Weise zu begründen versucht. Obwohl *Kaufmann*[86] den allgemeinen Rechtsgrundsätzen eine Schlüsselfunktion bei der Bestimmung dessen, was gerechtes Recht ist, zuweist, bleiben der Gerechtigkeitsbegriff und die Folgerungen daraus eigentümlich inhaltsleer und entsprechend relativ offen.[87]

---

[77] *P. Feuerbach*, Über Philosophie und Empirie in ihrem Verhältnisse zur positiven Rechtswissenschaft, Ausgabe 1969, S. 78; kritisch auch *Del Vecchio* (Fn. 23), S. 169 ff.

[78] *Feuerbach* (Fn. 77), S. 76; ähnlich *Coing* (Fn. 38), S. 54 ff.

[79] *H.J. Wolff* (Fn. 32), S. 33 ff.

[80] *H.J. Wolff* (Fn. 32), S. 34 und S. 37 f.

[81] *H.J. Wolff* (Fn. 32), S. 37; kritisch zu diesem Ansatz *Esser* (Fn. 1), S. 86 („erratisches Naturrechtsdenken"); ihm folgend *P. Richli*, Zur Leitung der Wirtschaftspolitik durch Verfassungsgrundsätze, 1983, S. 102 f., der von einer Begründungspluralität ausgeht; im Weiteren *P. Kunig*, Das Rechtsstaatsprinzip, 1986, S. 89 ff.; *H.A. Wolff* (Fn. 34), S. 150 ff., der *H.J. Wolff* ein undifferenziertes Naturrechtsdenken vorwirft, so dass die Herleitung allgemeiner Rechtsgrundsätze zu abstrakt erscheint.

[82] Ihre Zahl ist notwendigerweise gering, entstehen sie doch in jeder zwischenmenschlichen Rechtsordnung nur bezüglich allgemeinen, zeitlich konstanten Interessen. Dazu zählt *H.J. Wolff* die Würde der Mitmenschen, die Gleichbehandlung, die guten Sitten, Treu und Glauben im Rechtsverkehr, die Rechtssicherheit und das Willkürverbot; vgl. *H.J. Wolff* (Fn. 32), S. 39 f.

[83] *Liver* (Fn. 33), S. 17 ff., insb. S. 26 ff.

[84] *Liver* (Fn. 33) S. 26; zu diesen obersten Prinzipien auch *Coing* (Fn. 38), S. 54 ff.

[85] Soweit sie in Gesetz oder Verfassung kodifiziert sind, zählt *Liver* zu den allgemeinen Rechtsgrundsätzen Prinzipien, die sich aus der Autonomie der Person ergeben (Grundrechte, Rechtsgleichheit), daneben Schranken der individuellen und kollektiven Willkür (gute Sitten, Sittlichkeit) und schliesslich bestimmte Regeln des Ausgleichs kollidierender Interessen. Soweit sie nicht positiviert sind, müssen sie den eben genannten obersten Prinzipien entnommen und mit Hilfe der Natur der Sache zu Entscheidungsnormen konkretisiert werden; vgl. *Liver* (Fn. 33), S. 26 f.

[86] *A. Kaufmann*, Über Gerechtigkeit, 1993, S. 32 ff., S. 436 ff. und S. 485 ff.

[87] *Kaufmann* (Fn. 86), S. 32 ff. und S. 437 ff. Trotzdem scheinen die Beispiele von *Kaufmann* als gut ge-

Breiter abgestützt ist die Untersuchung von *Bydlinski* zu den „fundamentalen Rechts-grundsätzen", die er mit Hilfe der Menschenwürde, der ausgleichenden und austei-lenden Gerechtigkeit, der Rechtssicherheit, Zweckmässigkeit und Effizienz entfal-tet.[88] Er untersucht in einem sehr weiten Rahmen Begründungswege für allgemeine Rechtsgrundsätze, wertet dabei die geschriebene Rechtsordnung als solche aus, orientiert sich an den Theorien von *Rawls* und bezieht weitere gerechtigkeitsorien-tierte Ansätze mit in seine Überlegungen ein.[89] *Bydlinski* ermittelt auf diese Art und Weise über zehn allgemeine Rechtsgrundsätze, von denen hier nur einige beispielhaft genannt werden: Der Anspruch auf Respektierung, auf grösstmögliche Freiheit und auf ein Existenzminimum, ein modifiziertes Differenzprinzip, Rechtssicherheit, Ver-hältnismässigkeit oder wirtschaftliche Effektivität.[90]

2. Wirklichkeitswissenschaftlicher Ansatz

Allgemeine Rechtsgrundsätze öffnen als „open-texture-Elemente" nicht nur Fen-ster nach „oben", indem sie ethische Elemente ins Recht einfliessen lassen, sondern auch nach „unten", indem sie die gesellschaftliche Wirklichkeit in die Rechtsordnung integrieren.[91] Sie werden häufig „am Fall" oder „am Problem" entdeckt und verdich-ten sich im Laufe der Zeit zu „Standards" oder allgemeinen Prinzipien.[92] In diesem Sinne erweisen sie sich nicht nur als „starting points" der Rechtsentwicklung („man geht von ihnen aus"), sondern die reale Sachproblematik oder gesellschaftliche Ord-nungsprobleme führen vielmehr zu ihnen hin.[93] Sie sind prägnant ausgedrückt Licht-quelle und Spiegel gesellschaftlicher Entwicklung zugleich.[94]

---

wählt und im Sinne eines ersten Konkretisierungsschrittes elementarer Gerechtigkeitsvorstellungen („Halbwegskonkretisierungen der Gerechtigkeit" i.S.v. *H. Huber*) nachvollziehbar. Er zählt zu den allge-meinen Rechtsgrundsätzen das Prinzip des suum quique tribuere, die Goldene Regel, den kategorischen Imperativ, das Fairnessprinzip, das Prinzip der Verantwortung und das Toleranzgebot; siehe *Kaufmann*, aaO., S.32f.; zusammenfassend *Richli* (Fn.69), S.165ff.

[88] Zusammenfassend *Bydlinski* (Fn.27), S.291ff.

[89] *Bydlinski* (Fn.27), S.133ff., S.186ff., S.236ff. und S.266ff. Im Weiteren arbeitet er gewisse „forma-le" Anforderungen wie hohe Allgemeinheit, von den staatlichen Organen unabhängige Geltung, fehlen präziser tatbestandlicher Abgrenzungen und exakter Rechtsfolgen, Mindestgehalt positiven Rechts oder relative Stabilität heraus; vgl. *Bydlinski*, aaO., S.115ff. Er lehnt sich dabei insb. bei *Alexy* an; siehe *R. Alexy*, Zum Begriff des Rechtsprinzips, Rechtstheorie, Beiheft 1 (1979), S.59ff.; *ders.*, Rechtsregeln und Rechtsprinzipien, ARSP, Beiheft 25 (1985), S.13ff., sowie *ders.* (Fn.1), S.71ff.

[90] *Bydlinski* (Fn.27), S.291ff.

[91] *Heller* (Fn.28), S.291ff.; zum wirklichkeitswissenschaftlichen Ansatz im Allgemeinen S.36ff. und S.50ff.

[92] *Canaris* (Fn.33), S.106f.

[93] Zu dieser Doppelrolle allgemeiner Rechtsgrundsätze *Esser* (Fn.1), S.185, hinsichtlich des angloame-rikanischen Rechts. Allerdings betont *Esser* eher die Bedeutung der Prinzipien als Ausgangspunkt und Ba-sis unseres Rechtsdenkens; vgl. insb. *Esser*, aaO., S.69ff.

[94] Dementsprechend besteht wie erwartet kein geschlossenes System allgemeiner Rechtsgrundsätze: Neue treten hinzu bzw. werden „am Fall" entdeckt, alte verlieren ihre gesellschaftliche Ordnungsmacht. Diese Offenheit des rechtlichen Systems wird gerade durch die allgemeinen Rechtsgrundsätze garantiert, die als verbindende Elemente zwischen Recht und gesellschaftlicher Wirklichkeit seine flexible Anpas-sung erlauben; treffend die Umschreibung von *Del Vecchio* (Fn.23), S.201f.: „Der Rechtsorganismus er-neuert sich immer und lebt gerade durch die fruchtbare Berührung zwischen der Allgemeinheit der Ver-

Heller für das Verfassungsrecht und *Esser* für das Privatrecht waren es in der Folge hauptsächlich, die den wirklichkeitswissenschaftlichen Ansatz gerade im Zusammenhang mit der Erforschung allgemeiner Rechtsgrundsätze entdeckt und ausformuliert haben. Allgemeine Rechtsgrundsätze erweisen sich nach *Heller* als normative Fundamente der Rechtsordnung, welche in dieser Funktion nicht „nur" ethische Aspekte gewährleisten, sondern die Ordnung als gesellschaftliche Wirklichkeit sichern helfen.[95] Gerade allgemeine Rechtsgrundsätze stellen dergestalt das Einfallstor dar, „durch das die positiv bewertete gesellschaftliche Wirklichkeit täglich in die staatliche Normativität eindringt"[96]. Eine bestimmte reale Sachproblematik, veränderte und vom Gesetzgeber noch unbekannte Sozial- oder Wirtschaftsverhältnisse oder verallgemeinernd eine neue soziale Ordnungsaufgabe erzwingen die Entwicklung von „Problemprinzipien", die im Laufe der Zeit eine „Lösung" systematisch abstützen.[97] Sie entfalten sich insbesondere im case law als ein „complex bundle" von historischen Problemlösungen[98], die offenbar von der Sache her, heuristisch, bestimmt sind („heuristische Prinzipien")[99]. Diese lebenden Prinzipien – als „law in action" – ordnen die „faktischen Verhältnisse" in einen rechtlich-systematischen Zusammenhang ein. Die Konkretisierung allgemeiner Rechtsgrundsätze folgt deshalb nicht nur den realen Gegebenheiten, sondern ist ebenso Ergänzung des Vorgefundenen aus dem System.[100] In diesem Sinne ist kein Prinzip aus sich heraus anwendbar, ebenso wäre aber der Vorstoss der faktischen Verhältnisse ins juristische System ohne allgemeine Rechtsgrundsätze kaum möglich.[101]

3. *Verfassungsstaatlicher Ansatz*

Wenn man die allgemeinen Rechtsgrundsätze als „starting points", normative Fundamente oder konstitutive Prinzipien der Rechtsordnung versteht, tritt ein Verständnis hervor, dass ihnen einen zentralen Platz im juristischen System zuweist.[102] Entspre-

---

nunftgrundsätze und der unzähligen empirischen Tatsachen. Wenn jene ohne diese hohl sein würden, so würden andererseits diese ohne jene blind sein; und es ist deshalb für die Theorie die Verachtung des Tatsachenmaterials so verderblich wie für die Praxis die Verachtung jener Prinzipien, die trotz ihres allgemeinen Charakters in den Zweifelsfällen der vielfältigen Wirklichkeit als Führer und als Licht dienen."

[95] *Heller* (Fn. 28), S. 252ff. und S. 290f.

[96] *Heller* (Fn. 28), S. 291.

[97] *Esser* (Fn. 1), S. 162ff. und S. 183ff.

[98] *Esser* (Fn. 1), S. 198.

[99] *Esser* (Fn. 1), S. 164 und S. 228, wobei es häufig Aufgabe der Wissenschaft ist, aus heuristisch gefundenen Rechtsgedanken verbindliche allgemeine Rechtsgrundsätze zu formen; vgl. *Esser* (Fn. 1), S. 309.

[100] Treffend *Esser* (Fn. 1), S. 260: „Interpretation ist beides: Verstehen der empirisch vorgefundenen Ordnungsanweisung im Text oder precedent und Fortbildung, Ergänzung, ja Korrektur dieses Vorgefundenen aus dem System, das von der Jurisprudenz integriert wird – nicht, weil es in den Texten schon vorgegeben wäre, sondern weil es deren aktuelle Ordnungsaufgabe im Spiegel des historisch-konkreten Rechtsbewusstseins so impliziert. Juristische Interpretation ist nicht Nachdenken eines Vorgedachten, sondern zu-Ende-Denken eines Gedachten – ja ... Zu-Ende-Denken eines weltüberall Gedachten."

[101] *Esser* (Fn. 1), S. 247 und S. 267.

[102] Darauf deutet auch der Terminus der *Allgemeinheit* (der Rechtsgrundsätze) hin. Diese ergibt sich daraus, dass *allgemeine* Rechtsgrundsätze Recht artikulieren, welches von grösserer Tragweite ist und im Sinne einer „materialen Allgemeinheit" einen allgemeinen Anwendungsbereich markiert, der nicht nur

chend werden allgemeine Rechtsgrundsätze auch als Verfassungsprinzipien oder als Verfassungsgrundsätze verstanden; ein Ansatz, den insbesondere *Giacometti* schon früh entdeckt hat. Nach *Giacometti* lassen sich allgemeine Rechtsgrundsätze nicht etwa aus dem einfachen positiven Recht mit Hilfe eines Induktionsverfahrens gewinnen, noch stellen sie Prinzipien metarechtlicher Natur dar, sondern sie können im „Rechtsstaate nur verrechtlichte Rechtsgrundsätze und damit Verfassungsgrundsätze sein"[103]. Sie bilden in diesem Sinne „Ausstrahlungen der freiheitlichen Wertvorstellungen der materiellen rechtsstaatlichen Verfassung"[104], sei es, dass sie sich als ausdrückliche Verfassungsgrundsätze oder sei es, dass sie sich als Konkretisierungen derartiger erweisen. Vielfach sind sie in der Verfassung nicht ausdrücklich verankert und lassen sich gemäss *Giacometti* auf das Willkürverbot zurückführen, welches selbst als aus der Rechtsgleichheit abgeleiteter Verfassungsgrundsatz gilt.[105] *Giacometti* ermittelt auf diese Art und Weise Treu und Glauben (Art. 5 Abs. 3 BV), die Rechtssicherheit, nulla poena sine lege und die Verhältnismässigkeit (Art. 5 Abs. 2 BV) als Konkretisierungen des Willkürverbotes (Art. 9 BV) bzw. als allgemeine Rechts- *oder* Verfassungsgrundsätze.

Allgemeine Rechtsgrundsätze lassen sich aus dieser Perspektive als fundamentale Prinzipien verstehen, welche staatliches Handeln im Allgemeinen begrenzen und beschränken.[106] In diesem Sinne sind allgemeine Rechtsgrundsätze allgemeiner und umfassender als die Grundrechte, ja allgemeinste Grundsätze überhaupt, die „vor der Klammer", „vor der Sache" stehen und dementsprechend grundlegende Verfassungsgrundsätze darstellen[107], welche zumindest für das staatlichen Handeln Geltung bean-

---

bezüglich einer bestimmten Situation oder eines bestimmten Sachbereichs, sondern umfassend, für viele Rechtsgebiete und teilweise sogar im zwischenstaatlichen Recht Geltung beansprucht. Dieser Aspekt wird an dieser Stelle nicht weiter vertieft; siehe nur *Heller* (Fn. 28), S. 254f.; *Esser* (Fn. 1), S. 28ff. und S. 346ff.; *W. Lorenz*, Rechtsvergleichung als Methode zur Konkretisierung der allgemeinen Grundsätze des Rechts, JZ 17 (1962), S. 269ff.; *E. Kramer*, Topik und Rechtsvergleichung, in: ders., Theorie und Politik des Privat- und Wirtschaftsrechts, 1997, S. 340f.

[103] *Giacometti* (Fn. 28), S. 287f.; zustimmend *Saladin* (Fn. 21), S. 76f.; *H. Krüger*, Der Verfassungsgrundsatz, in: Festschrift für E. Forsthoff, 1972, S. 194f.; *H.J. Wolff* (Fn. 32), S. 37, billigt ihnen sogar Überverfassungsrang zu und betrachtet sie als oberste, ranghöchste Quellen, quasi als die von Kelsen so benannte(n) Grundnorm(en) des Rechts überhaupt; für eine strikte Trennung zwischen allgemeinen Rechtsgrundsätzen und Verfassungsgrundsätze oder -prinzipien *F. Reimer*, Verfassungsprinzipien, 2001, S. 268f. Er betrachtet anscheinend allgemeine Rechtsgrundsätze als eigenständige Rechtsquelle, während den Verfassungsgrundsätzen diese Funktion nicht zukommt; siehe insb. *Reimer*, aaO., S. 233ff. und S. 249ff.

[104] *Giacometti* (Fn. 28), S. 288. Indem *Giacometti* Verfassungsgrundsätze bzw. allgemeine Rechtsgrundsätze aus dem (materiellen) Rechtsstaatsprinzip ableitet, setzt er sie weitgehend gleich mit grundlegenden Prinzipien des Verwaltungsrechts; vgl. *Giacometti*, aaO., S. 288: „Daher kann man alle diese ausdrücklichen und stillschweigenden Verfassungsgrundsätze, die positive rechtliche Maximen für die gesetzesfreie Verwaltung sind, auch als die allgemeinen Rechtsgrundsätze des Verwaltungsrechts bezeichnen." Ganz im Sinne von *Giacometti* hat die neue Bundesverfassung zentrale Rechtsgrundsätze, wie sie insbesondere im Verwaltungsrecht entwickelt wurden, in Art. 5 BV als „Grundsätze rechtsstaatlichen Handelns" bzw. als Verfassungsgrundsätze verwaltungsrechtlichen Handelns verankert (Grundsätze der Gesetzmässigkeit, des öffentlichen Interesses, der Verhältnismässigkeit sowie von Treu und Glauben).

[105] *Giacometti* (Fn. 28), S. 288f.

[106] Ähnlich auch das Verständnis allgemeiner Rechtsgrundsätze bei *Y. Hangartner*, Art. 5 BV, in: Ehrenzeller/Mastronardi/Schweizer/Vallender (Hrsg.), Die schweizerische Bundesverfassung, Kommentar, 2002, Rz. 17.

[107] Daher ist auch ihre systematische Einordnung vor dem Grundrechtskatalog gerechtfertigt; vgl. *Koller* (Fn. 46), S. 35.

spruchen, teilweise auch das Handeln der Privaten betreffen (Art. 5 Abs. 3 BV)[108]. In diesem Sinne ist auch dem schweizerischen Verfassungsgeber eine besondere Leistung geglückt: Er hat in Art. 5 BV „Grundsätze rechtsstaatlichen Handelns" wie das Legalitätsprinzip, das Prinzip des öffentlichen Interesses, das Gebot des Handelns nach Treu und Glauben oder das Verhältnismässigkeitsprinzip in ihrer materialen Allgemeinheit erkannt und als Verfassungsgrundsätze verankert.[109]

4. Kulturwissenschaftlicher Ansatz

So wie allgemeine Rechtsgrundsätze zur gesellschaftlichen Wirklichkeit oder zur Gerechtigkeit eine Brücke bilden, damit sie täglich ins positive Recht einfliessen, gerinnt das Kulturelle über das Vehikel „allgemeine Rechtsgrundsätze" zum Rechtsprinzip. Denn allgemeine Rechtsgrundsätze sind nicht nur Fundamentalprinzipien der rechtlichen Ordnung, sondern werden in der Lehre als „für die Zivilisation grundlegende Prinzipien", als Ausdruck „gemeinsamen Rechtserbes" und „gemeinsamer Rechtsüberzeugungen" oder als „Prinzipien der Kulturstaaten", qui ont fait la civilisation, bezeichnet.[110] Die Lehre beruft sich explizit nur selten auf diesen Ansatz, obwohl er häufig dem Verständnis dessen, was allgemeine Rechtsgrundsätze ausdrücken, vorausgesetzt wird. *Härle* beispielsweise fordert für die Anerkennung allgemeiner Rechtsgrundsätze eine normative Wertfunktion, die „mit dem Wesen jeder kulturell höher entwickelten Rechtsordnung untrennbar verbunden"[111] ist. Darauf weist ebenso *Verdross* hin, der allgemeine Rechtsgrundsätze in den Rechtsordnungen der Kulturstaaten findet, weil sie „das Rechtsbewusstsein der modernen Kulturgemeinschaft als notwendige Voraussetzung eines gesitteten Zusammenlebens"[112] betreffen. In der Folge nennt sie E. *Wolf* schlicht „kulturelle Normen, denen gemäss die Rechtsidee konkrete Gestalt eines ‚iustum' annimmt"[113]. Anders ausgedrückt stellen sie eine gemeinsame Wurzel oder einen gemeinsamen Wertekanon einer (europäischen) Rechtskultur dar[114]; ein Ansatz, auf den insbesondere *Häberle* immer wieder hingewiesen hat.

Häberle bezeichnet insbesondere hinsichtlich des gemeineuropäischen Verfassungsrechts allgemeine Rechtsgrundsätze als „spezifisches Bindemittel für Vereinheitlichungsvorgänge in Rechtskulturen"[115], das sich besonders für die Rechtsprechung des EuGH als einen unschätzbaren Wert erweist. Der Europäische Gerichtshof hat sie

---

[108] Die Überschrift „Grundsätze rechtsstaatlichen Handelns" (Art. 5 BV), die die Fundierung des Staates im Recht ausdrückt (*R. Rhinow*, Die Bundesverfassung 2000, 2000, S. 172) ist deshalb nicht ganz korrekt, da Art. 5 Abs. 3 (Treu und Glauben) ausdrücklich staatliche Organe wie auch Private als Berechtigte (und Verpflichtete) bezeichnet.

[109] *Tschannen/Zimmerli/Kiener* (Fn. 7), S. 73, verstehen dementsprechend die in Art. 5 gewährleisteten Gehalte als „Verfassungsgrundsätze des staatlichen Handelns".

[110] *Kägi* (Fn. 28), S. 14 und S. 158; *Lecheler* (Fn. 11), S. 46f.; *Zieger* (Fn. 11), S. 352f.

[111] *Härle* (Fn. 6), S. 99.

[112] *Verdross* (Fn. 6), S. 364.

[113] E. *Wolf* (Fn. 41), S. 138.

[114] *Möllers* (Fn. 43), S. 33.

[115] *Häberle* (Fn. 43), S. 91; *ders.*, Verfassungslehre als Kulturwissenschaft, 2. Auflage, 1998, S. 1086; *ders.*, Europäische Verfassungslehre, 2001/2002, S. 116.

als Medium für einen integrierenden Brückenschlag zwischen der europäischen und den nationalen Rechtsordnungen benützt.[116] In ihrer materialen Allgemeinheit weisen sie indes nicht nur eine die nationalen Rechtsordnungen übergreifende (zwischenstaatliche) Geltung auf, sondern machen auch darauf aufmerksam, dass sie in kultureller Gemeinsamkeit wurzeln[117] und schliesslich das Kulturelle – wie die „Wirklichkeit" oder die „Gerechtigkeit" – über die allgemeinen Rechtsgrundsätze und mit Hilfe der wertenden Rechtsvergleichung zum Rechtsprinzip gerinnt[118]. Sie sind letztlich rechtskultureller Art.[119] Deshalb ist es nur konsequent, wenn allgemeine Rechtsgrundsätze als für die Zivilisation grundlegende Prinzipien, als Ausdruck der Rechtsüberzeugung moderner Kulturgemeinschaften oder schlicht als kulturelle Normen verstanden werden. Über das Rechtstechnische hinaus wirken allgemeine Rechtsgrundsätze als integrierendes Medium für den Einbezug kultureller Werte, welche dergestalt der Rechtsordnung ihre notwendige Basis und Legitimation verleihen.

5. *Allgemeine Rechtsgrundsätze und die Bedeutung der Rechtsvergleichung*

Wenn sich Verfassung oder Gesetz, Praxis oder Lehre auf „Grundprinzipien des Rechts", „normative Fundamente der Rechtsordnung", „natürliche Rechtsgrundsätze", oder „Bausteine einer Rechtskultur" berufen, denken sie weniger an diejenigen der nationalen Rechtsordnungen eigentümlichen, inhärenten Grundsätze, sondern nehmen vielmehr auf Prinzipien Bezug, deren Gültigkeit zumindest in einem bestimmten Rechtskreis, häufig geradezu weltweit anerkannt ist.[120] Bereits *Heller* hat zwischen Rechtsgrundsätzen, die kulturkreisgebunden bzw. nur im Rahmen einer staatlichen Rechtsordnung gelten von anderen, die weit über den Staat hinausreichen, unterschieden.[121] Nur die letzteren zeichnen sich durch jene Allgemeingültigkeit aus, die kennzeichnend für die *allgemeinen* Rechtsgrundsätze sind[122] und entsprechend nicht nur das normative Fundament *einer* Rechtsordnung, sondern vielfach *mehrerer* Rechtsordnungen und teilweise ebenso des zwischenstaatlichen Rechts bilden.[123] *Esser* hat in der Folge den engen Bezug zwischen Prinzipien und rechtsvergleichender Methode aufgezeigt.[124] Auch *Kramer* hat vorgeschlagen, § 7 ABGB mit seiner Verweisung auf die „natürlichen Rechtsgrundsätze" als eine Legitimationsbasis für rechtsvergleichende, (gemeineuropäische) richterliche Rechtsfortbildung zu verstehen.[125] Anstatt das „Kulturelle", die „Wirklichkeit" oder die „Gerechtigkeit" über die Brücke

---

[116] *Häberle* (Fn. 115), S. 1087.

[117] *Häberle* (Fn. 43), S. 91: „(…) sie können als immanente Bestandteile und sensibler Verweis auf eine materiale Allgemeinheit begriffen werden, die letztlich in kultureller Gemeinsamkeit wurzelt."

[118] *Häberle* (Fn. 115), S. 1087.

[119] *Häberle* (Fn. 115), S. 116 und S. 141.

[120] *Del Vecchio* (Fn. 23), S. 168f.; *Kramer* (Fn. 4), S. 201; zur Rechtsvergleichung als Methode der Konkretisierung allgemeiner Rechtsgrundsätze insb. *Lorenz* (Fn. 102), S. 269ff.

[121] *Heller* (Fn. 28), S. 254.

[122] *Heller* (Fn. 28), S. 254.

[123] *Heller* (Fn. 28), S. 255.

[124] *Esser* (Fn. 1), S. 28ff. und S. 346ff.

[125] *Kramer* (Fn. 102), S. 340f.; siehe auch *ders.*, Konvergenz und Internationalisierung der juristischen Methode, in: Meier-Schatz (Hrsg.), Die Zukunft des Rechts, ZSR-Beiheft Nr. 28, 1999, S. 82.

der allgemeinen Rechtsgrundsätze in die rechtliche Ordnung zu integrieren, Theorien, die wie oben angedeutet wurde, teilweise sehr abstrakt und ohne Bezug zum gelebten Recht geblieben sind, schlägt *Kramer* zukunftsweisend vor, die Argumentation mit der Natur der Sache oder dem rechtsethischen Prinzip zu ersetzen durch einen rechtsvergleichend gewonnenen Topoikatalog ausländischer Rechtsgedanken, um zu einer transparenten und fundierten Rechtsfortbildung gelangen zu können[126].

Die Integration der rechtsvergleichenden Methode in die Beantwortung der Frage nach der Allgemeinheit der Rechtsgrundsätze löst nicht alle Probleme mit einem Schlag, sondern markiert erst den „starting point" der eigentlichen theoretischen und methodischen Arbeit. Wie *Kaufmann* zu Recht feststellt, wird gerade die Rechtsvergleichung im Zusammenhang mit den allgemeinen Rechtsgrundsätzen zu einer vergleichenden Rechtsphilosophie, einer vergleichenden Rechtssoziologie oder einer vergleichenden Kulturwissenschaft („interdisziplinärer Ansatz").[127] Damit einher geht die Suche nach jenen allgemeingültigen Konstanten, die sich bisher als das grosse Problem der rechtsvergleichenden Wissenschaften erwiesen haben.[128]

6. Zwischenergebnis

Wie dies *Feuerbach* meines Erachtens richtig eingeschätzt hat, sind Elemente einer Theorie allgemeiner Rechtsgrundsätze zu entwickeln, die sich zwar von der positivierten Rechtsordnung löst („aus dem Positiven hinaus"), die wesentlichen Erkenntnisse von Lehre und Rechtsprechung dagegen mitberücksichtigt („ins Positive wieder hinein"). Denn allgemeine Rechtsgrundsätze in ihrer Brückenfunktion und in ihrer Bedeutung als Verweis auf eine „materiale Allgemeinheit" (Häberle) verbinden die Rechtsordnung mit konstitutiv gesellschaftlichen Basiswertungen, sei dies nun unter dem Blickwinkel des wirklichkeits-, kultur- oder gerechtigkeitsorientierten Ansatzes betrachtet. Damit rückt der Kontext allgemeiner Rechtsgrundsätze in den Mittelpunkt, welcher Philosophie, Soziologie oder Kulturwissenschaften zu ihrem Thema macht, dabei zugleich ihre Wertungsgrundlagen offenlegt und nach der hier vertretenen These Begriff und Wertbedeutung allgemeiner Rechtsgrundsätze vertiefter als bisher herausarbeitet. Allgemeine Rechtsgrundsätze lassen sich in diesem Sinne als „Vehikel", „Einfallstor" oder „Brücke" interpretieren, über welche normativ noch kaum verbindlich Gehalte wie beispielsweise Toleranz, Verantwortung, Solidarität oder Fairness zum Rechtsprinzip gerinnen. Dabei lassen sich erst auf der Grundlage eines *umfassenden* Kontextvergleiches, welcher sich nicht „nur" auf die Rechtsvergleichung als Methode zur Konkretisierung allgemeiner Rechtsgrundsätze beschränkt, Kriterien herausarbeiten, welche zur Erkenntnis hinsichtlich Begriff und Grundbedeutung allgemeiner Rechtsgrundsätze beitragen sollen.

Die herrschende Lehre, obwohl sie, wie oben dargestellt wurde, immer wieder Rückgriff auf den Kontext nimmt und allgemeine Rechtsgrundsätze als kulturelle

---

[126] *Kramer* (Fn. 102), S. 341.

[127] *Kaufmann* (Fn. 86), S. 439; vgl. auch *R. Stober*, Globalisierung der Wirtschaft und Rechtsprinzipien des Weltwirtschaftsrechts, in: Festschrift für Bernhard Grossfeld, 1999, S. 1179f.

[128] *Constantinesco* (Fn. 30), S. 308f.

Normen, als *principes philosophiques* oder gesellschaftliche Basiswertungen versteht, gebraucht den Kontext indes nur selten als Erkenntnisgrund allgemeiner (normativer) *Rechts*grundsätze.

IV. Der Kontext als Erkenntnisgrund allgemeiner Rechtgrundsätze

Als der Rechtsordnung immanente Seins- und Funktionsbedingungen können allgemeine Rechtsgrundsätze ganzen Komplexen von Rechtssätzen und Institutionen zugrunde liegen, bilden derart ihr inneres System und nehmen dergestalt als normative Grundsätze – „rechtssatzförmige Prinzipien" in der Terminologie Karl Larenz'[129], „Grundsätze" in derjenigen Claus-Wilhelm Canaris'[130] – Teil am positiven Recht, ohne jedoch in der Regel selbst subsumtionsfähig zu sein und ohne präzise tatbestandliche Abgrenzungen und konkrete Rechtsfolgen erkennen zu lassen. Unabhängig ob geschrieben oder ungeschrieben sind sie des Streites um ihre Normativität oder Positivität enthoben, weil man „von ihnen aus geht" und sie die Systembildung des Rechts in diesem Sinne massgeblich prägen, „dass ohne ihre Anerkennung der ganze Ordnungssinn verfehlt würde und keine der Einzelbestimmungen funktionieren könnte"[131], sie deshalb „notwendige Voraussetzungen für das Funktionieren einer positiven Einrichtung sind"[132].

Im Gegensatz zu diesem an der Normativität oder Positivität einer Rechtsordnung orientiertem „engen Verständnis" allgemeiner Rechtsgrundsätze werden diese auch als „allgemeine Richtlinie des Rechts" (*Zeller*), als „Ableitungen aus dem Prinzip der Gerechtigkeit" (*H.J. Wolff*) oder als „kulturelle Normen" (*E. Wolf*) bezeichnet.[133] In dieser Art und Weise verstandene allgemeine Rechtsgrundsätze bilden den starting point einer noch offenen Problementwicklung, repräsentieren ein „complex bundle" von Problemlösungen, verkörpern eher ethische oder aussergesetzliche Bewertungsmassstäbe, welchen die Rechtsnormqualität weitgehend fehlt und vorab der Transformierung ins Juristische insbesondere durch Rechtsprechung oder Gesetzgebung bedürfen.[134]

---

[129] *Larenz* (Fn. 39), S. 479.

[130] *Canaris* (Fn. 33), S. 94.

[131] *Esser* (Fn. 1), S. 70.

[132] *Esser* (Fn. 1), S. 73; anscheinend setzt er *normative* Prinzipien mit für die Rechtsordnung *notwendigen* Prinzipien gleich, erkennt also nur dann die Normativität eines Prinzips an, wenn es in das Rechtssystem eingebaut ist, notwendige Voraussetzung für sein Funktionieren darstellt; siehe dazu *Esser*, aaO., S. 73ff. und passim.

[133] Übersicht hinsichtlich dieses Verständnisses allgemeiner Rechtsgrundsätze bei *Meier-Hayoz* (Fn. 5), Rz. 405ff.; *Schweizer* (Fn. 39), S. 108ff.; *Bydlinski* (Fn. 27), S. 121ff.

[134] Dieses Verständnis allgemeiner Rechtsgrundsätze wurde vor allem von *Esser* geprägt; siehe insb. *Esser* (Fn. 1), S. 69ff. und passim. Die Grenzen von Grundsatz (als Leitgedanke) und Norm (als Rechtssatz) sind allerdings fliessend; dazu *Larenz* (Fn. 39), S. 480, und *Canaris* (Fn. 33), S. 94. *H. Huber*, Probleme ungeschriebenen Verfassungsrechts, in: Rechtsquellenprobleme im schweizerischen Recht, 1955, S. 112, hat schon früh bezweifelt, ob die Gruppierung in Rechtsgrundsätze und Rechtssätze („Grundsatz" und „Norm" i.S.v. Esser, „offene" und „rechtssatzförmige" Prinzipien i.S.v. Larenz, „Prinzipien" und „Grundsätze" i.S.v. Canaris) für den Bereich des Verfassungsrechts seine Gültigkeit habe. Denn in einem gewissen Sinn „sind schliesslich alle Normen des materiellen Verfassungsrechts als richtunggebende Normen Rechtsgrundsätze"; siehe auch *Kramer* (Fn. 4), S. 205. Selbst *Esser* hat zahlreiche Differenzierungen

Es stellt sich mit anderen Worten die entscheidende Frage, *von wann ab* und *in welchem Ausmass* Erkenntnisse rechtsphilosophischer, rechtssoziologischer oder kulturwissenschaftlicher Forschung den Charakter positiven Rechts haben.[135] Die Versuche, dieses Problem zu lösen, haben noch zu keinen eindeutigen und einheitlichen Resultaten geführt. Je nach Ansatz, Theorie und Methode fällt die Antwort unterschiedlich aus. Nach der Einschätzung von *Kunig* ist die heutige Diskussion zumindest bezüglich *ungeschriebener allgemeiner Rechts- oder Verfassungsgrundsätze* über die Thesen von *H.J. Wolff*, *Liver* und *Esser* – mit den Differenzierungen von *Canaris* und *Larenz* – nicht wesentlich hinaus gelangt.[136]

1. *H.J. Wolff/Liver/Esser*

Ausgangspunkt der Ausführungen von *H.J. Wolff* bildet die These, das Gewohnheitsrecht als einzige Rechtsquelle ungeschriebenen Rechts sei nicht ausreichend, weil ansonsten wichtige und zentrale Ergebnisse rechtsphilosophischer, rechtssoziologischer oder rechtspolitischer Forschung nicht beachtet werden könnten, Projekte de lege ferenda blieben und zu blossen Postulaten herabgestuft würden.[137] Es stellt sich demnach die Frage, „ob nicht über die bisher anerkannten Rechtsquellen hinaus noch gewisse *Fundamentalnormen* ethisch-rechtlichen und politisch-rechtlichen Inhalts den Quellen des geltenden, positiven Rechts zugehören"[138]. Diese hätten nach *H.J. Wolff* gerade als eigentliche (ungeschriebene) Rechtsquellen verstanden die sehr wichtige Funktion, „rechtsphilosophische, soziologische und politische Erwägungen in das positive Recht hineinzuschleusen"[139].

Auch *Liver* geht von einem ähnlichen Verständnis allgemeiner Rechtsgrundsätze wie *H.J. Wolff* aus, wobei diese nicht kurzerhand aus obersten Gerechtigkeitsprinzipien „abgeleitet" werden können, sondern der Konkretisierung durch Erforschung der „*Natur der Sache*" bedürfen, welche dergestalt eine Art Erkenntnisquelle bildet.[140] Danach wird der Inhalt eines Prinzips wesentlich durch die tatsächliche Beschaffenheit derjenigen typischen Lebensverhältnisse, welche den Gegenstand seiner Ordnung bilden, zudem durch ihren wirtschaftlichen oder gesellschaftlichen Zweck und durch ihren Zusammenhang mit dem Ganzen des Gemeinlebens bestimmt.[141] Obwohl *Liver*

---

vorgenommen und geht kaum von einer strikten Trennung von Grundsatz und Norm aus; siehe insb. *Esser* (Fn. 1), S. 79, S. 90, S. 94 und passim. Trotz diesem Verständnis allgemeiner Rechtsgrundsätze als offene Prinzipien („open-texture-Elemente") heben sie sich von denjenigen allgemeiner Rechtsgedanken ab, weil sie sich als „guideline", „Leitlinie", „Maxime" oder „Standard" „von Haus aus" mit der Rechtsordnung verbinden, „starting points eines legal reasoning from case to case" (*Esser*) darstellen und ihre Geltungs- und Überzeugungskraft nur in Verbindung mit der auf ihnen aufbauenden Rechtsordnung finden.

[135] Siehe auch *Esser* (Fn. 1), S. 132: „Bei realistischer Betrachtung können wir nur fragen: *von wann ab* haben Rechtsprinzipien den Charakter positiven Rechts?" (Hervorhebung im Original).

[136] *Kunig* (Fn. 81), S. 91; ähnlich wohl auch die Einschätzung von *Bydlinski* (Fn. 27), S. 123f.; im Weiteren die relativ umfassende Übersicht bei *H.A. Wolff* (Fn. 34), S. 145ff., mit weiteren Hinweisen.

[137] *H.J. Wolff* (Fn. 32), S. 36.

[138] *H.J. Wolff* (Fn. 32), S. 34 (Hervorhebung im Original).

[139] *H.J. Wolff* (Fn. 32), S. 36.

[140] *Liver* (Fn. 31), S. 26ff.

[141] *Liver* (Fn. 31), S. 27f.

weiterhin allgemeine Rechtsgrundsätze als eigentliche Rechtsquellen bezeichnet, werden sie zu Entscheidungsnormen erst durch ihre teleologische Interpretation im Sinne ihres Zweckes, den sie verfolgen, ihrer „inneren Vernünftigkeit" oder „Vernunft der Dinge" beziehungsweise der ihnen zugrunde liegenden „tatsächlichen Verhältnisse".[142]

In einer vergleichbaren Art und Weise versteht auch *Esser* die Funktion allgemeiner Rechtsgrundsätze, obwohl sie für ihn zunächst lediglich topoi, Auswahlgesichtspunkte des juristischen Wertens, autorisierte und legale (Ausgangs-)Basis, „starting points" juristischer Argumentation darstellen. Allerdings genügt für deren Anspruch als notwendige (normative) Prinzipien eine rein empirische Betrachtungsweise nicht.[143] Auch der Rückgriff auf den Topos der „Natur der Sache" erhebt ein Rechtsprinzip von seiner vorjuristischen Wertung nicht in den Kanon notwendiger Prinzipien, obwohl die Argumentation mit der „Natur der Sache" der Logik einer Institution zugrunde liegt.[144] Erst mit ihrer „institutionellen Verkörperung" sind sie des Streites um ihre Positivität enthoben; sie liegen ganzen Komplexen von Rechtssätzen und den ihnen zugehörigen Institutionen dergestalt zugrunde und leiten Inhalt- und Zweckbestimmung in der Art an, „dass ohne ihre Anerkennung der ganze Ordnungssinn verfehlt würde und keine der Einzelbestimmungen funktionieren könnte"[145]. Allerdings reicht ihre Positivität nur so weit, als das Prinzip institutionell Geltung erlangt hat.[146] Von dieser Betrachtungsweise unabhängig wird ein Postulat zum normativen Prinzip, wenn die ihm zugrunde liegenden Wertungen und Wertentscheidungen „nicht solche einer noch offenen politischen Zielsetzung [„politische oder offene Prinzipien"], sondern solche adäquater Lösung einer fixierten Aufgabe oder eines ständig gleich abgrenzbaren Problems mit rechtlichen Mitteln sind"[147]. Es gibt daher (ungeschriebene) Prinzipien mit Rechtsnormqualität, weil sie eine *(rechtliche) Ordnungswahl* in der Art erkennen lassen, dass sie in Verbindung mit einem (konkreten) Sachverhalt eine Lösung gestatten, zumindest aber die Wahl möglicher Lösungen beträchtlich einschränken.[148]

---

[142] *Liver* (Fn. 31), S. 27f.

[143] *Esser* (Fn. 1), S. 20f.

[144] *Esser* (Fn. 1), S. 101f.

[145] *Esser* (Fn. 1), S. 70; im Weiteren (S. 70): „Damit sind sie positives Recht: nicht als selbständige oder abtrennbare Weisung, sondern als immanente Seins- und Funktionsbedingung des Einzelnen."

[146] *Esser* (Fn. 1), S. 79 und S. 88.

[147] *Esser* (Fn. 1), S. 69.

[148] *Esser* (Fn. 1), S. 73. Ähnlich wohl auch die Vorstellung von *Zeller* (Fn. 26), S. 25, wonach sich ein Prinzip dadurch auszeichnet, dass es überhaupt *konkretisierungsfähig* ist, das heisst in der Rechtsanwendung wenigstens mittelbar zum Tragen kommen kann, in den Worten von *Esser* also eine rechtliche Ordnungswahl erkennen lässt. Ansonsten liegt nach *Zeller* kein Prinzip, sondern lediglich ein allgemeiner Rechtsgedanken vor. Allerdings können nach *Esser* auch problemgebundene, am Fall entdeckte, heuristische Prinzipien diese Qualität – der Ordnungswahl – aufweisen, ohne dass ihnen Rechtsnormqualität zukommt; sie bleiben informative Prinzipien; siehe *Esser* (Fn. 1), S. 76, S. 183ff. und passim. Grundsätzlich kritisch zu diesem eng am Sollen orientierten Kriterium für die Bestimmung normativer Prinzipien *Bydlinski* (Fn. 27), S. 123f. In diesem „Transformationsprozess" vom blossen Postulat zum rechtlichen Prinzip spielt die Rechtsprechung eine wesentliche, wenn nicht gar entscheidende Rolle. Denn oft wird es schwierig sein, dem Prinzip wegen seiner offenen Struktur mehr oder weniger klare Anweisungen entnehmen zu können; die Lehre oder der Rückgriff auf gesetzliche Einzelregelungen mag hier klärend wirken. Vielfach wird das Prinzip indes erst durch und in der richterlichen Rechtsprechung, wobei eine „echte" Rechts-

2. *Canaris/Larenz*

Canaris erkennt insbesondere drei Möglichkeiten, einem allgemeinen Rechts-
grundsatz nicht nur als vorpositiver Grundsatz, sondern auch normativ als Prinzip
Geltung zu verschaffen: „Der Schluss, dass ein Prinzip als Bewertungs- oder innerer
Ordnungsgedanke dem *positiven Recht* immanent ist und in diesem nur unvollkommen
Verwirklichung gefunden hat [*Esser*], die Rückführung eines Prinzips auf die *Rechtsidee* [*H.J. Wolff*] und schliesslich seine Gewinnung aus der *Natur der Sache* [*Liver*].“[149]
Rechtsprinzipien dienen der Systembildung, lassen sich gleichsam als Bausteine des
Rechtssystem, als „inneres System" verstehen, welches die Einheit und Folgerichtig-
keit einer Rechtsordnung gewährleistet.[150] Solche grundlegenden Wertungselemente
und Orientierungsgesichtspunkte („ratio iuris") finden ihren Ausdruck häufig in Einzelregelungen. Als Mittel der Konkretisierung allgemeiner Prinzipien dient deshalb
zunächst das Verfahren der Induktion.[151] Dieses allgemeine, auf dem Wege der Induktion gewonnene Prinzip beansprucht Geltung für eine Vielzahl von Fällen; wegen
dieser Allgemeinheit und seines umfassenden Geltungsanspruchs handelt es sich dabei
weitgehend um „offene Prinzipien"[152].[153]
Im Weiteren wird die „Gewinnung" oder Schöpfung eines allgemeinen Prinzips
wesentlich unterstützt durch seine Rückführung auf die von *Canaris* dergestalt bezeichneten „Rechtsidee". *Canaris* schlägt hier ein an der Topik orientiertes Vorgehen
vor: „Eine Problemlösung wird an einem bestimmten Fall ,*entdeckt*', als Rechts*gedanke*
formuliert, sodann an einer Reihe von Beispielen in ihrer Typizität erkannt und zum
Prinzip verfestigt."[154] Diese Prinzipien lassen sich nicht selten auf oberste Prinzipien
des Rechts bzw. auf die „Rechtsidee" zurückführen, doch bleibt weitgehend offen,
was *Canaris* genau darunter versteht.[155] Allerdings, will man ein allgemeines Prinzip

---

schöpfung eher selten ist. Denn auch das Gericht argumentiert bei der Konkretisierung vorpositiver Prinzipien – vergleichbar zu Art. 1 Abs. 2 ZGB – mit Hilfe „inhaltlicher Orientierungsgesichtspunkte" wie
Lehre, Präjudizien, Rechtsvergleichung und Rückgriff auf die Wertungen einfachgesetzlicher Bestimmungen oder auf „ausserrechtliche" Hinweise aus der Philosophie, Soziologie oder Ökonomie; hierzu
insb. *Kramer* (Fn. 23), S. 184ff.

[149] *Canaris* (Fn. 33), S. 96 (Hervorhebung im Original).

[150] *Canaris* (Fn. 33), S. 97; *Larenz* (Fn. 39), S. 474ff.

[151] *Canaris* (Fn. 33), S. 97. Dabei wird aus mehreren gesetzlichen Vorschriften ein gemeinsamer Grund-
gedanke gewonnen, und diesem wird dann der Charakter eines allgemeinen Rechtsprinzips zugesprochen.

[152] *Canaris* (Fn. 33), S. 98f. Allerdings relativiert *Canaris* selbst diese technische oder mechanische Vorgehensweise bei der Schöpfung allgemeiner Prinzipien, denn die Annahme, man könne kurzerhand gesetzliche Regelungen verallgemeinern, um grundlegende Prinzipien des Rechts zu erkennen, beruht auf
einer naiven Betrachtungsweise des Rechtssystems. Bekanntlich ist für die Frage der Allgemeinheit eines
Rechtsgedankens und seiner Rechtsnormqualität eine *zusätzliche Bewertung notwendig*. Von grosser Bedeutung ist daher die Absicherung durch den Rückgriff auf die beiden anderen Geltungskriterien (Natur der
Sache und Rechtsidee); vgl. hierzu *Canaris*, aaO., S. 99.

[153] Dabei handelt es sich nicht um die Entwicklung eines deduktiv abgeleiteten Systems, sondern um
dessen Bildung durch einen Prozess „wechselseitiger Erhellung"; siehe *Larenz* (Fn. 39), S. 475.

[154] *Canaris* (Fn. 33), S. 107 (Hervorhebung im Original).

[155] Siehe insb. *Canaris* (Fn. 33), S. 108ff., wo er lediglich einige (konkrete) Beispiele aufführt. Anscheinend sind es insbesondere grundlegende Prinzipien der Verfassungsordnung wie Rechtsgleichheit oder
Selbstbestimmung der Person, welche *Canaris* als Ausdruck der Rechtsidee interpretiert; vgl. *Canaris*,
aaO., S. 113f.

tatsächlich als rechtsverbindlich postulieren, darf sich dieses nicht zu weit vom positiven Recht entfernen: „Denn wie die Beispiele zeigen, werden die Kriterien, je weiter sie sich vom Problem entfernen und je näher sie der Rechtsidee kommen, desto allgemeiner und formaler."[156] Grösseren Ertrag verspricht deshalb die Rückführung eines allgemeinen Prinzips auf die „Natur der Sache".[157] *Canaris* versteht darunter in Anlehnung an *Dernburg* die den Lebensverhältnissen und ihren Zwecken innewohnende Ordnung. Indes stellt für *Canaris* das Argument der „Natur der Sache" – vergleichbar mit demjenigen der Rechtsidee – eher eine Rechtserkenntnisquelle dar, die für sich selbst ein normatives Prinzip nicht zu begründen vermag.[158]

3. *Weitere Lehrmeinungen*

In der Literatur können zwei Tendenzen als vorherrschend bezeichnet werden: *Einerseits* wird relativ undifferenziert behauptet, dass allgemeine Rechtsgrundsätze normative Geltung haben. So lassen es beispielsweise *Wolff/Bachof/Stober* dabei bewenden, allgemeine Rechtsgrundsätze als Rechtsquellen zu definieren, die sich lediglich „aus der Anwendung des Prinzips der Gerechtigkeit auf deutliche Interessenlagen allgemeiner Art"[159] ergeben. Vielfach wird mit diesem (normativen) Verständnis allgemeiner Rechtsgrundsätze implizit die Bestätigung durch die Rechtsprechung verbunden. Verkürzt ausgedrückt sind allgemeine Rechtsgrundsätze diejenigen fundamentalen Prinzipien wie Verhältnismässigkeit, Treu und Glauben oder Rechtssicherheit, welche durch die Rechtsprechung anerkannt werden.[160] Dieses Verständnis allgemeiner Rechtsgrundsätze liegt insbesondere dem Völker- und Europarecht zugrunde. Zwar weisen sowohl das Völkerrecht durch Art. 38 Abs. 1 lit. c IGH-Statut wie auch das Europarecht durch Art. 6 Abs. 2 EUV, Art. 288 Abs. 2 EGV und Art. 188 Abs. 2 EAV Bezüge zu „allgemeinen Rechtsgrundsätzen" auf, doch handelt es sich weitgehend um gesetzgeberische Verweisungsnormen an die Rechtsprechung[161], notfalls, insbesondere zur Lückenfüllung und Konkretisierung, auf allgemeine Rechtsgrund-

---

[156] *Canaris* (Fn. 33), S. 113. Damit sinkt die Überzeugungskraft des aus der Rechtsidee „abgeleiteten" Prinzips und die Möglichkeit des Nachweises seiner rechtlichen Relevanz; vgl. *Canaris*, aaO., S. 114.

[157] *Canaris* (Fn. 33), S. 118 ff.

[158] *Canaris* (Fn. 33), S. 120.

[159] *H.J. Wolff/O. Bachof/R. Stober*, Verwaltungsrecht, Band I, 11. Auflage, 1999, S. 336 und S. 339; im Weiteren *H.P. Bull*, Allgemeines Verwaltungsrecht, 6. Auflage, 2000, Rz. 289; *H. Maurer*, Allgemeines Verwaltungsrecht, 14. Auflage, 2002, S. 75; *Rengeling* (Fn. 11), S. 103 ff.; ähnlich, wenn auch differenzierter *Lecheler* (Fn. 11), S. 45 ff.

[160] Hierzu z.B. *Koller* (Fn. 46), S. 18 f.; *Zeller* (Fn. 26), S. 20 f.

[161] Grundsätzlich dazu *Hoffmann-Becking* (Fn. 11), S. 349 ff.; siehe ebenso *Esser* (Fn. 1), S. 140: „Anschaulich ist wieder Art. 38 Ziff. 3 der Statuten des Haager Ständigen Gerichtshofes. Wenn er ihn [den Richter] ermächtigt und verpflichtet zur ‚Anwendung' der ‚principes généraux du droit reconnus par les nations civilisées', so ist das keine Rezeption und Transformation des positiven Rechts eines forum domesticum. Denn dieses forum gibt es bislang nicht. Es ist vielmehr die Umschreibung des Rechtsbildungsauftrags durch Verweisung auf die Prinzipien, aus denen heute alle Gerichte der Kulturnationen positive Rechtssätze bilden, und auf Art und Umfang einer solchen Bildung. Rechtsquelle ist hier nicht der Akt des Status, nicht die Bildung von Völkergewohnheitsrecht, und auch nicht die Vertragsschliessung, sondern die mit der Bildung positiver Völkerrechtssätze beauftragte Rechtsprechung der Cour."

sätze zurückzugreifen[162]. Heute wird zwar die Qualität der allgemeinen Rechtsgrundsätze als Rechtsquelle sowohl im Völker-[163] als auch im Europarecht[164] fast durchwegs – allerdings vielfach und typischerweise als „subsidiäre Rechtsquelle"[165] – bejaht, wobei bezüglich konkreter Beispiele bezeichnenderweise weitgehend auf die Rechtsprechung des EuGH bzw. IGH zurückgegriffen wird[166].

Andererseits wird die rechtliche Geltung der allgemeinen Rechtsgrundsätze und damit ihre „Rechtsquelleneigenschaft" überhaupt in Frage gestellt bzw. nur unter diversen Bedingungen bejaht. Zwar ist weitgehend unbestritten, dass sie der Rechtsordnung zugrunde liegen, ihnen der Charakter von Fundamentalnormen zukommt, doch bleibt nach *H. A. Wolff* beispielsweise weitgehend offen, „woran man erkennen soll, ob das Ergebnis einer Konkretisierungsüberlegung ein allgemeiner Rechtsgrundsatz oder nur ein Argumentationsgesichtspunkt einer längeren Ableitungskette aus der geschriebenen Verfassung ist"[167]. Aus ähnlichen Gründen verneint beispielsweise ebenso *Dürr* die Normativität allgemeiner Rechtsgrundsätze, wenn sie nicht in der positiven Rechtsordnung zum Ausdruck kommen.[168] Soweit die Praxis auf allgemeine Rechtsgrundsätze rekurriert, „tut sie dies weniger im Sinn einer Anwendung als vielmehr einer methodischen Argumentationsfigur im Rahmen von Auslegung oder Lückenfüllung"[169]. Allgemeine Rechtsgrundsätze sind deshalb eher Rechtserkenntnisquellen als eigentliche Rechtsquellen.[170] Sie werden erst durch Richter- oder Gesetzesrecht. Einhergehend damit herrscht in der Literatur teilweise die Meinung vor, dass allgemeine Rechtsgrundsätze eines Transformations- bzw. Inkorporationsaktes bedürfen.[171] Allgemeine Rechtsgrundsätze gelten demnach nicht aus sich selbst heraus, sondern bedürfen eines konkretisierenden Aktes anerkennender Entscheidung

---

[162] Deshalb war auch in der älteren Literatur die Frage der Rechtsquelle noch weitgehend umstritten, weil sich die Rechtsprechung dazu noch kaum geäussert hatte; siehe dazu die Übersicht bei *Jacoby* (Fn. 6), S. 190ff. (Völkerrecht) sowie S. 269ff. (Europarecht).

[163] *O. Kimminich/St. Hobe*, Einführung in das Völkerrecht, 7. Auflage, 2000, S. 183ff.; *K. Ipsen*, Völkerrecht, 4. Auflage, 1999, S. 200; *I. Seidl-Hohenveldern*, Völkerrecht, 9. Auflage, 1997, Rz. 505.

[164] *Th. Oppermann*, Europarecht, 2. Auflage, 1999, Rz. 482ff.; *Streinz* (Fn. 14), Rz. 354; *A. Bleckmann*, Europarecht, 6. Auflage, 1997, Rz. 572.

[165] *W. Vitzthum*, Geschichte und Quelle des Völkerrechts, in: ders. (Hrsg.), Völkerrecht, 2. Auflage, 2001, Rz. 142; *Ipsen* (Fn. 163), S. 200; *W. Kälin/A. Epiney*, Völkerrecht, 2003, S. 65; kritisch *Weiss* (Fn. 6), S. 411ff.; *K. Doehring*, Völkerrecht, 1999, Rz. 414f.

[166] Dies hervorhebend *Seidl-Hohenveldern* (Fn. 163), Rz. 512ff.; siehe im Weiteren *Ipsen* (Fn. 163), S. 201; *Zieger* (Fn. 11), S. 329ff.; *Oppermann* (Fn. 164), Rz. 486.

[167] *H. A. Wolff* (Fn. 34), S. 156. Im weitesten Sinne können allgemeine Rechtsgrundsätze im Rahmen der Verfassungskonkretisierung erkannt werden und sind nunmehr Konkretisierungshilfen, indes keine allgemeinen – als eigenständige Rechtsquelle anerkannte – Rechtsgrundsätze.

[168] *D. Dürr*, Vorbemerkungen zu Art. 1 und 4 ZGB, in: Gauch/Schmid (Hrsg.), Kommentar zum Schweizerischen Zivilgesetzbuch, Einleitung, 1. Teilband: Art. 1–1 ZGB, 3. Auflage, 1998, Rz. 35ff.

[169] *Dürr* (Fn. 168), Rz. 37.

[170] *Dürr* (Fn. 168), Rz. 40; ähnlich wohl ebenso die Meinung von *Meier-Hayoz* (Fn. 5), Rz. 411ff., auch wenn er sich zur Rechtsquelleneigenschaft allgemeiner Rechtsgrundsätze nicht explizit äussert.

[171] So insb. *U. Penski*, Rechtsgrundsätze und Rechtsregeln, JZ 44 (1998), S. 110ff.; auch *Esser* (Fn. 1), S. 74, ist der Meinung, dass Postulate ethischer oder politischer Natur erst durch einen Transformationsakt in ein positives System hineingetragen werden, wobei sich solche „nützlichen" Prinzipien, wie er sie nennt, dadurch auszeichnen, dass sie keine rechtliche Ordnungswahl erkennen lassen oder der geltenden Systematik der Rechtsordnung nicht zugrunde liegen.

(Richter-, Gesetzes- oder Gewohnheitsrecht).[172] Sie erlangen damit auch nicht als blosse Grundsätze Geltung, sondern immer nur in einer besonderen inhaltlichen Ausgestaltung, ansonsten sie blosse Rechtsgedanken oder Postulate bleiben.[173]

4. Fazit und Ausblick

(1) Weitgehend unbestritten ist heute, dass allgemeine Rechtsgrundsätze als Bausteine einer (europäischen) Rechtskultur, als Ableitungen aus dem Prinzip der Gerechtigkeit oder als zentrale sittliche Prinzipien der Rechtsordnung zugrunde liegen („man geht von ihnen aus"). Sie stellen Bauprinzipien des Rechts dar, starting points einer noch offenen Problementwicklung, erlangen derart – als „complex bundle" von Problemlösungen – ihre Fundamentalität und ihre allgemeine Geltung. Trotz diesem Verständnis allgemeiner Rechtsgrundsätze als Gerechtigkeitsgrundsätze oder kulturelle Grundnormen, als notwendige Voraussetzungen einer Rechtsordnung, sind sie eines Nachweises ihrer Normativität nicht enthoben. Wenn folglich geschriebene oder ungeschriebene Rechtsgedanken wie beispielsweise die Prinzipien der Fairness, Toleranz, Subsidiarität oder Verantwortung, die zumeist wichtige Erkenntnisse rechtsphilosophischer, rechtssoziologischer oder rechtspolitischer Forschung darstellen, als allgemeine Rechtsgrundsätze behauptet werden, darf diese Einkleidung nicht darüber hinweg täuschen, dass die Frage nach ihrer Rechtsnormqualität damit noch nicht entschieden ist, ja überhaupt die Lehre diese an und für sich zentrale Frage sehr kontrovers beantwortet.

(2) Allgemeine Rechtsgrundsätze können ganzen Komplexen von Rechtssätzen und den ihnen zugehörigen „Institutionen" bzw. Prinzipien zugrunde liegen. Sie ergänzen das Denken in der Institution, weil sie Wertungen und Einsichten in das positive Recht transformieren, die den formalen Quellen nicht entnommen werden können. Sie dienen in diesem Sinne als Argumentationstopos ihrer Zweckbestimmung, Erkenntnisquelle ihres Inhalts, massgebender Faktor ihrer Sinnbestimmung. Werden die Wertungen, die allgemeinen Rechtsgedanken wie beispielsweise denjenigen der Fairness, der Toleranz oder der Verantwortung zugrunde liegen, für die Zweckbestimmung eines anderen Prinzips derart bedeutsam, dass seine Funktion überhaupt in dem gegebenen Rechtssystem davon abhängig ist, stellt mit anderen Worten die diesen Prinzipien zugrunde liegenden Wertungen conditio sine qua non der Zweckbestimmung eines Instituts dar, kann von einer „institutionellen Verkörperung" des allgemeinen Rechtsgrundsatzes im Institut gesprochen werden. Damit sind allgemeine Rechtsgrundsätze des Streites um ihre Positivität enthoben; sie liegen ganzen Komplexen von Rechtssätzen und den ihnen zugehörigen Institutionen zugrunde, leiten Inhalt- und Zweckbestimmung in der Art an, dass ohne ihre Anerkennung der Sinn und Zweck eines Prinzips oder einer Regel verfehlt würde und keine der Einzelbestimmungen funktionieren könnte.

(3) Ein allgemeiner Rechtsgrundsatz wird zudem unabhängig von dieser Betrachtungsweise vom (politischen) Postulat zum normativen Prinzip, falls die ihm zugrunde

---

[172] *Penski* (Fn. 171) , S. 111.
[173] *Penski* (Fn. 171), S. 111.

liegenden Wertentscheidungen eine rechtliche Ordnungswahl in diesem Sinne erkennen lassen, dass eine adäquate Lösung einer fixierten Aufgabe oder eines ständig gleich abgrenzbaren Problems mit rechtlichen Mitteln denkbar ist. Mit anderen Worten stellt sich die Frage, ob ein allgemeiner Rechtsgrundsatz nicht nur Grundlage anerkannter Prinzipien, Rechtsinstitute oder Rechtsregeln darstellt und in diesem Rahmen Geltung erlangt, sondern als *eigenständiger Rechtsgrundsatz* eine rechtliche Lösung jeweils gleich abgrenzbarer Probleme erkennen lässt, welche mit Hilfe bisheriger Prinzipien oder Regeln noch nicht zufriedenstellend bewältigt werden konnten. Es ginge folglich, wie dies *H.J. Wolff* schlechthin als eigentliches Kennzeichen allgemeiner Rechtsgrundsätze bezeichnet hat, um die rechtliche Regelung konstanter, in jeder Rechtsgemeinschaft sich findender Interessen- oder Problemlagen durch einen allgemeinen Rechtsgrundsatz.

(4) *H.J. Wolff* hat im Weiteren darauf aufmerksam gemacht, dass wichtige Ergebnisse und Erkenntnisse rechtsphilosophischer, rechtssoziologischer, rechtspolitischer oder kulturwissenschaftlicher Forschung insbesondere dadurch in das positive Recht Eingang finden können, dass sie als geltende Fundamentalnormen, als allgemeine Rechtsgrundsätze nachgewiesen werden können. Zuvor stellen sie nach *H.J. Wolff* lediglich Postulate de lege ferenda dar.[174] Dieser Nachweis ist rein theoretisch, dies hat *Esser* durchgängig hervorgehoben, schwierig zu führen. Allerdings ist der Übergang vom blossen Postulat zum normativen Prinzip fliessend und die Chance, dass Lehre, Rechtsprechung, Verwaltungspraxis oder Gesetzgebung ein *allgemeines Prinzip anerkennen*, wächst nach der hier vertretenen Ansicht, falls es gelingt, es *umfassend im Kontext nachzuweisen und aus dem Kontext heraus zu begründen*.[175] Denn gerade *allgemeine* Rechtsgrundsätze verbinden in ihrer „materialen Allgemeinheit" (*Häberle*) das Juristische mit „konstitutiv-gesellschaftlichen Basiswertungen" (*Kramer*). Allgemeine Rechtsgrundsätze dienen mithin als Vehikel, zentrale Erkenntnisse, welche sich aus rechtsphilosophischer, kulturwissenschaftlicher oder rechtssoziologischer Sicht umfassend nachweisen lassen, in die Rechtsordnung zu integrieren und zum Rechtsprinzip zu verdichten. Erst auf der Grundlage des gesamten Kontextes kann somit ein Topoikatalog derjenigen Rechtsgedanken erstellt werden, die aus der Optik des je einzelnen Kontextfeldes als zentrales Prinzip anerkannt ist und erst auf dieser Basis ist nach der hier vertretenen These ein Vergleich durchführbar, welcher zur Erkenntnis beitragen soll, wann allgemeine Maximen sich zum Rechtsprinzip verdichten.

Zumeist reicht es folglich nicht, die normative Geltungskraft eines allgemeinen Rechtsgrundsatzes allein gestützt auf einen besonderen Geltungsgrund – sei dies die

---

[174] *H.J. Wolff* (Fn. 32), S. 36; ähnlich wohl auch die Vorstellung von *U. Zimmerli*, Der Grundsatz der Verhältnismässigkeit im öffentlichen Recht, ZSR 97 II (1978), S. 23f. Er begründet die Normativität des Verhältnismässigkeitsprinzips mit Postulaten wie Gerechtigkeit, Güterabwägung, Ausgewogenheit, individualisierende Betrachtungsweise bzw. des individualisiert Vernünftigen; siehe auch die Hinweise bei *Bydlinski* (Fn. 27), S. 121ff., allerdings vor allem auf die Unterscheidung zwischen Prinzip und Regel bezogen.

[175] Selbst *Canaris* glückt es nur partiell, *allein* unter Hinweis auf das positive Recht allgemeine Rechtsgrundsätze zu entwickeln. Aber auch der Rückgriff auf die von ihm derart bezeichnete „Rechtsidee" bedarf der Abstimmung mit dem positiven Recht. Zudem erhält die „Natur der Sache", der dritte Entstehungsgrund ungeschriebener Rechtsgrundsätze, den Rang eines juristischen Geltungsgrundes erst durch ihre Beziehung auf die Rechtsidee oder der Umsetzung in spezifisch rechtliche Regeln; siehe *Canaris* (Fn. 33), S. 99, S. 108 und S. 120.

„Natur der Sache", seine Rückführung auf die „Rechtsidee" oder rechtspolitische Überlegungen – nachzuweisen; vielmehr ist erforderlich, einen allgemeinen Rechtsgrundsatz, soll dieser tatsächlich als normatives Prinzip anerkannt werden, *umfassend im Kontext zu begründen, dabei zugleich seine Wertungsgrundlagen zu erschliessen, die diesem Prinzip zu Inhalt und Struktur verhelfen und eine rechtliche Ordnungswahl erkennen lassen.* Wird folglich Fairness, Toleranz oder Solidarität als allgemeiner *Rechts*grundsatz behauptet, muss versucht werden, diese Gehalte umfassend im Kontext nachzuweisen, die Erkenntnisse der je einzelnen Kontextfelder zu vergleichen und auf der Basis dieses Wissens die Wertungsgrundlagen, die diesem allgemeinen Prinzip zugrunde liegen, in der Art zu erschliessen, dass es als allgemeiner Rechtsgrundsatz anerkannt werden kann.

Souveränitätsperspektiven – entwicklungsgeschichtlich, verfassungsstaatlich, staatenübergreifend betrachtet

von

Privatdozent Dr. Markus Kotzur LL.M.

Bayreuth/Würzburg

Einleitung

Recht und Wirklichkeit der internationalen Gemeinschaft wirken im Zeitalter der Globalisierung auf alle Bereiche nationaler Staatsgewalt.[1] Die parlamentarische Demokratie des Grundgesetzes ist in einen „Europäisierungs- und Internationalisierungssog" geraten.[2] „Global Governance" lautet ein neues Stichwort.[3] Rechtsstaatlichkeit und „rule of law" werden in staatenübergreifenden Verfassungsräumen auf die Probe gestellt.[4] Die Frage nach dem Legitimationssubjekt von Herrschaft jenseits der Grenzen vertrauter nationaler Verfassungsstaatlichkeit wird immer drängender.[5] Ver-

---

[1] Dazu *P. Häberle*, Europäische Verfassungslehre, 2001/2002, S. 267 ff., 288 ff. und passim.

[2] *H. Bauer*, Die Verfassungsentwicklung des wiedervereinigten Deutschland, in: J. Isensee/P. Kirchhof (Hrsg.), HStR, Bd. I, 3. Aufl. 2003, § 14, Rn. 88. Im Gefolge der *Maastricht*-Entscheidung des BVerfG (E 89, 155 ff.) und seinen Erwägungen zu einem hinreichenden Legitimationsniveau auf Unionsebene hat sich der Streit um das „Demokratiedefizit" der EU bzw. EG immer weiter zugespitzt. Aus der kaum mehr überschaubaren Fülle der Lit. etwa *G. Lübbe-Wolff*, Europäisches und nationales Verfassungsrecht, VVDStRL 60 (2001), S. 246 ff. m. zahlreichen w. N.; *A. Bleckmann*, Das europäische Demokratieprinzip, JZ 2001, S. 53 ff.; *A. v. Bogdandy*, Das demokratische Prinzip vor den Herausforderungen der Globalisierung, in: H. Bauer/P. M. Huber/K.-P. Sommermann, Demokratie in Europa, 2004, i. E.; *Ch. Calliess*, Optionen zur Demokratisierung der Europäischen Union, in: ebd.; *M. Nettesheim*, Der unionsverfassungsrechtliche Grundsatz der Demokratie, in: ebd.; vorher schon *D. Thürer*, Demokratie in Europa. Staatsrechtliche und europarechtliche Aspekte, in: FS U. Everling, 1995, S. 1561 ff.; *M. Kaufmann*, Europäische Integration und Demokratieprinzip, 1997. Aus der Perspektive global vernetzter Wirtschaftsräume schließlich *M. Hilf*, New Economy – New Democracy?, in: FS für Th. Oppermann, 2001, S. 427 ff.

[3] *F. Nuscheler*, Globalisierung und Global Governance, in: FS W. Röhrich, 2000, S. 301 ff.; *Ch. Tietje*, Internationalisiertes Verwaltungshandeln, 2001, S. 660 ff. und öfter; *M. Ruffert*, Demokratie und Governance in Europa, in: H. Bauer/P. M. Huber/K.-P. Sommermann, Demokratie in Europa, 2004, i. E.

[4] *H.-D. Horn*, Über den Grundsatz der Gewaltenteilung in Deutschland und Europa, JöR 49 (2001), S. 287 ff., 288; *ders.*, Gewaltenteilige Demokratie, demokratische Gewaltenteilung. Überlegungen zu einer Organisationsmaxime des Verfassungsstaates, AöR 127 (2002), S. 427 ff., 431.

[5] *A. Peters*, Elemente einer Theorie der Verfassung Europas, 2001, S. 626 ff.; *A. Augustin*, Das Volk in der Europäischen Union, 2000; *M. Kaufmann*, Europäische Integration und Demokratieprinzip, 1997; jüngst *Th. Schmitz*, Das europäische Volk und seine Rolle bei einer Verfassunggebung in der Europäischen Union, EuR 2003, S. 217 ff., 228 ff.; *A. Benz*, Politikwissenschaftliche Modelle zur Wahrung demokrati-

fassungsstaatliche und ein System – noch immer nicht unumstrittener- internationaler Strafgerichtsbarkeit stehen einander ergänzend gegenüber.[6] Der Prozess der Europäischen Integration hat zu mancher „Auszehrung mitgliedstaatlicher Rechtsgestaltungsautonomie"[7] geführt, die Idee einer sich verfassenden Völkerrechtsgemeinschaft wirft neue Probleme der „überstaatlichen Bedingtheit des Staates" (*W. v. Simson*), der kooperativen Einbindung souveräner Verfassungsstaaten und der Verantwortungszurechnung auf.[8] Das klassische Souveränitätskonzept kann keine zureichenden Antworten mehr geben, doch eine „postnationale" Welt ohne souveräne Staatlichkeit ist weder realitätsnah noch wünschenswert. Was also sind die Souveränitätsperspektiven in multipel verflochtenen Verfassungsräumen?[9]

Das konstitutionelle Europa sucht hier ebenso nach einem tragfähigen Souveränitätskonzept wie andere regionale Verantwortungsgemeinschaften. Der Verfassungsentwurf des Konvents vom 20. Juni 2003[10] macht Neuorientierung umso drängender, da er belegt, dass eine „Europäische Verfassung" nicht final zu „Europäischer Souveränität" führt. Die Europäische Union kann allerdings dank des reichen Erfahrungsschatzes ihres Integrations- und Konstitutionalisierungsprozesses den Souveränitätswandel *wirklichkeitsnah* analysieren, zu *erfahrungswissenschaftlicher* Klärung beitragen.[11] So ist allen Europabürgern die Europäische Währungsunion einschließlich der Errichtung einer Europäischen Zentralbank sichtbares Zeichen von Souveränitätswandel[12]. Die Währungshoheit, ursprünglicher Ausdruck von Staatlichkeit, wurde Ele-

---

scher Legitimation im international und supranational verflochtenen Verfassungsstaat, in: H. Bauer/P.M. Huber/K.-P. Sommermann, Demokratie in Europa, 2004, i. E.

[6] *C. Stahn*, Zwischen Weltfrieden und materieller Gerechtigkeit: Die Gerichtsbarkeit des Ständigen Internationalen Strafgerichtshofs (IntStGH), in: EuGRZ 1998, S. 577 ff., 590 f.; vgl. auch *K. Ambos*, Der neue Internationale Strafgerichtshof – ein Überblick, NJW 1998, S. 3743 ff., 3746; *U. Fastenrath*, Der Internationale Strafgerichtshof, JuS 1999, S. 632 ff.; *W. Weiß*, Völkerstrafrecht zwischen Weltprinzip und Immunität, JZ 2002, S. 696 ff.; *G. Werle/F. Jeßberger*, Das Völkerstrafgesetzbuch, JZ 2002, S. 726 ff.

[7] *H. Bauer*, Die Verfassungsentwicklung des wiedervereinigten Deutschland, in: J. Isensee/P. Kirchhof (Hrsg.), HStR, Bd. I, 3. Aufl. 2003, § 14, Rn. 88; *H.-J. Rabe*, Europäische Gesetzgebung – das unbekannte Wesen, NJW 1993, S. 1 ff.

[8] *P.M. Dupuy*, The Constitutional Dimensions of the Charter of the United Nations Revisited, Max Planck Yearbook of International Law 1 (1997), S. 1 ff.; *B. Fassbender*, UN Security Council Reform and the Right to Veto. A Constitutional Perspective, 1998, S. 19 ff.; *ders.*, The United Nations Charter as Constitution of the International Community, Columbia Journal of Transnational Law 36 (1998), S. 529 ff.; den Kontext von Konstitutionalisierungsprozess und Gerechtigkeitsdenken beleuchtet *D. Thürer*, Modernes Völkerrecht: Ein System im Wandel und Wachstum – Gerechtigkeitsgedanke als Kraft der Veränderung, ZaöRV 60 (2000), S. 557 ff.

[9] *S. Hobe*, Der offene Verfassungsstaat zwischen Souveränität und Interdependenz. Eine Studie zu Wandlungen des Staatsbegriffs der deutschsprachigen Staatslehre im Kontext internationaler und internationalisierter Kooperation, 1998; zur Relativierung der Souveränität jüngst *J. Kokott* Die Staatsrechtslehre und die Veränderung ihres Gegenstandes = Konsequenzen von Internationalisierung und Europäisierung, VVDStRL 63 (2004), i.E..

[10] EU-Verfassungsentwurf/Entwurf i.d. Fassung von Thessaloniki vom 20.06. 2003, CONV 820/03, abgedruckt in EuGRZ 2003, S. 257 ff.

[11] Klassiker der wirklichkeits- bzw. erfahrungswissenschaftlichen Methode ist *H. Heller*, Staatslehre, 1934, S. 37 ff.; dazu *A. Dehnhard*, Dimensionen staatlichen Handelns, 1996, S. 50 ff. Weiterentwickelt wird *Hellers* Ansatz von *P. Häberle*, Verfassungslehre als Kulturwissenschaft, 2. Aufl. 1998, S. 176, 242 f., 343 f., 352, 392 und passim; siehe auch *H. Eidenmüller*, Rechtswissenschaft als Realwissenschaft, in: JZ 1999, S. 53 ff.

[12] Aus der Lit.: *H.J. Hahn/U. Häde*, Europa im Wartestand: Bemerkungen zur Währungsunion, FS U.

ment einer zentralen europäischen Herrschaftsgewalt.[13] Wer in Europa reist, erlebt die Freiheit des Schengener Abkommens hautnah.[14] Das sich verfassende Europa hat den Blick auf den Staat und die Souveränität grundlegend verändert, und das nicht als theoretisches Glasperlenspiel einer Verfassungsrechtslehre, die überkommener Staatlichkeit müde geworden wäre, sondern als schlichte Verarbeitung der geschichtlich gewandelten Wirklichkeit.[15] Damit mag das „alte Europa" nicht zuletzt der Neuen Welt ein Stück näher gekommen sein. In den USA, auch in Ibero-Amerika ist das Rechtsverständnis konzeptionell sehr viel weniger *staatsbezogen* als in Kontinentaleuropa. Rechte dienen eher dem horizontalen Interessenausgleich, weniger um Machtabhängigkeiten, Über- und Unterordnungsverhältnisse in der Vertikale auszudrükken.[16] Der Interessenausgleich erlaubt „public private partnership" und ein kooperatives Verhältnis zwischen Bürgern und Staat.[17]

Doch wo bleibt in einem solchen System die Souveränität, von *Th. Hobbes* und *J. Bodin* moderner Staatlichkeit kongenial in die Wiege gelegt?[18] Hat der Staat, zum bloßen Moderator privater Interessen reduziert, seine souveräne Gestaltungsmacht gänzlich verloren? Oder teilt er sie mit nicht-staatlichen Akteuren auf der einen, kooperativen Wirtschafts- und Verantwortungsräumen wie der EU/EG oder der NAFTA auf der anderen Seite? Gibt es gar eine Souveränität der WTO? Existiert ein faktisches Souveränitätsgefälle zwischen den wirtschaftlich starken Industrienationen und den Entwicklungsländern, das angesichts der Globalisierung immer stärker wird und den in der UN-Charta festgeschrieben Grundsatz der „souveränen Gleichheit" aller Staaten Lügen straft?[19] Oder sind die Veränderungen und Souveränitätsverluste weniger

---

Everling, Bd. I, 1995, S. 381 ff.; *I. Pernice*, Das Ende der währungspolitischen Souveränität Deutschlands und das Maastricht-Urteil des BVerfG, ebd., Bd. II, S. 1057 ff.; *M. Selmayr*, Aktuelle Rechtsfragen der Wirtschafts- und Währungsunion, in: B. Simma/C. Schulte (Hrsg.), Völker- und Europarecht in der aktuellen Diskussion, 1999, S. 125 ff.

[13] *G. Winkler*, Raum und Recht, 1999, S. 39; allg. auch Th. *Vesting*, Die Staatsrechtslehre und die Veränderung ihres Gegenstandes (...), VVDStRL 63 (2004), i.E.

[14] Zur „entgrenzenden" Wirkung von „Schengen" insbes. *G. Winkler*, Raum und Recht, 1999, S. 39; *P. Häberle*, Das Grundgesetz als Teilverfassung im Kontext der EU/EG – eine Problemskizze, FS H. Schiedermair, 2001, S. 81 ff., 81 und 88 f. (jeweils mit Nachweisen auf die kaum mehr überschaubare Lit. zu „Schengen").

[15] Programmatisch konstatiert *K. Hesse*, Die Welt des Verfassungsstaates – Einleitende Bemerkungen, in: M. Morlok (Hrsg.), Die Welt des Verfassungsstaates, 2001, S. 11 ff., 13: „Wir leben insoweit von dem Gedankengut einer Welt, die nicht mehr die unsere ist und, wie wir immer deutlicher sehen, in den tiefen Wandlungen des ausgehenden 20. Jahrhunderts ihren Untergang gefunden hat. Über ihre Grundlagen, bislang als gesichert geltende Bestandteile der Staats- und Verfassungslehre, ist die Geschichte hinweggegangen."

[16] *M. Rosenfeld*, Rule of Law versus Rechtsstaat, in: P. Häberle/J.P. Müller, Menschenrechte und Bürgerrechte in einer vielgestaltigen Welt, 2000, S. 49 ff., 50 ff. („antagonistic relationship between state and law"); *Ph. Mastronardi*, Recht und Kultur: Kulturelle Bedingtheit und universaler Anspruch des juristischen Denkens, ZaöRV 61 (2001), S. 61 ff., 66.

[17] Monographisch aufbereitet ist die Frage etwa von *L. Michael*, Rechtsetzende Gewalt im kooperierenden Verfassungsstaat, 2002; siehe auch *S. Storr*, Verfassungsrechtliche Direktiven des demokratischen Prinzips für die Nutzung privatrechtlicher Organisations- und Kooperationsformen durch die öffentliche Verwaltung, in: H. Bauer/P.M. Huber/K.-P. Sommermann, Demokratie in Europa, 2004, i.E.

[18] *U. di Fabio*, Das Recht offener Staaten, 1998, S. 16 ff.; *S. Oeter*, Souveränität – ein überholtes Konzept?, in: FS H. Steinberger, 2002, S. 259 ff.

[19] Siehe *A. Bleckmann/B. Fassbender*, Art. 2 (I), in: B. Simma (Hrsg.), The Charter of the United Nations. A Commentary, Vol. I, 2002, Rn. 1 ff.

dramatisch, als manche Kassandra-Rufe glauben machen möchten? Hatte denn der (Verfassungs-)Staat jemals *ungeteilte Souveränität*? Wer die Souveränität preisgibt, verkennt nicht nur die soziale Wirklichkeit, sondern auch den rechtlichen Gehalt des Souveränitätsbegriffs und die schlichte Notwendigkeit kompetenziell eindeutig abgesicherter Handlungs- und Gestaltungsfähigkeit politischer Gemeinschaften.[20] Wer auf der anderen Seite an der gängigen, aber fragwürdigen Gleichung von Souveränität, Volk, Staat und Nation festhält, ist nicht minder blind für die Realität und das Bedürfnis nach einem ihr *korrespondierenden* Souveränitätsverständnis.[21]

I. Die entwicklungsgeschichtliche Perspektive:
Souveränität im Wandel

Die innere und äußere Souveränität gehört zu den vielschichtigsten und gleichzeitig umstrittensten Zentralbegriffen der Staats-, Verfassungs- wie Völkerrechtslehre[22]. Im Laufe ihrer Entwicklungsgeschichte hat sie fast die Qualität eines *Mythos* angenommen.[23] Dabei scheint, wie manche anderen Mythen auch, die Souveränität schon von ihren Prämissen her nicht widerspruchsfrei. Denn – abstrakt formuliert – umschreibt sie einerseits das „Zuhöchst-Sein" einer Erscheinung, sei es im Sinne eines normativen Rechtsbegriffs oder einer soziologischen Kategorie.[24] Andererseits versteht sie sich als Konstitutionsprinzip der Völkerrechtsgemeinschaft und setzt damit selbstverständlich ein Mindestmaß notwendiger rechtlicher Bindungen an eine über-

---

[20] In diesem Sinne auch *Ch. Hillgruber*, Souveränität – Verteidigung eines Rechtsbegriffs, JZ 2002, S. 1072ff.

[21] *P. Lerche*, Europäische Staatlichkeit und die Identität des Grundgesetzes, FS K. Redeker, 1993, S. 131 ff., 141, spricht von „Schwebezonen", ihm folgend *U. di Fabio*, Das Recht offener Staaten, 1998, S. 94 von einer „Schwebelage" der Souveränität.

[22] Aus der Grundlagenliteratur: *H. Kelsen*, Stichwort: „Souveränität", in: Strupp (Hrsg.), Wörterbuch des Völkerrechts, Bd. II, 1925, S. 554ff.; *H. Heller*, Die Souveränität (1927), in: ders., Gesammelte Schriften, Bd. 2, 1971, S. 31 ff.; *C. Schmitt*, Politische Theologie. Vier Kapitel zur Lehre von der Souveränität, 5. Aufl. (Nachdruck der 2. Aufl.), 1990; *F.A. Freiherr von der Hydte*, Die Geburtsstunde des souveränen Staates, 1952; *J. Dennert*, Ursprung und Begriff der Souveränität, 1964; *G. Dahm*, Völkerrecht, Bd. 1, 1958, S. 153ff.; *P. Häberle*, Zur gegenwärtigen Diskussion um das Problem der Souveränität, AöR 92 (1967), S. 259ff.; *H. Quaritsch*, Staat und Souveränität, Bd. 1, 1970, S. 243ff.; *ders.*, Souveränität. Entstehung und Entwicklung des Begriffs in Frankreich und Deutschland vom 13. Jh. bis 1806, 1986; *L. Wildhaber*, Entstehung und Aktualität der Souveränität, in: FS K. Eichenberger, 1982, S. 131ff., 133ff.; *A. Verdross/B. Simma*, Universelles Völkerrecht, 3. Aufl. 1984, S. 25ff.; *H. Steinberger*, Sovereignty, EPIL, Bd. 10, 1987, S. 397ff.; *P. Saladin*, Wozu noch Staaten?, 1995, S. 28ff.; *A. Randelzhofer*, Staatsgewalt und Souveränität, in: HdBStR, Bd. I, 2. Aufl. 1995, § 15, Rn. 13ff.; *J.P. Müller*, Wandel des Souveränitätsbegriffs im Lichte der Grundrechte, in: Symposion L. Wildhaber, 1997, S. 45ff.; verfassungsgeschichtlich vorgehend *D. Klippel*, Staat und Souveränität, in: O. Brunner u.a. (Hrsg.), Geschichtliche Grundbegriffe, Bd. 6, 1990, S. 98ff.; *M. Stolleis*, Die Idee des souveränen Staates, in: Entstehen und Wandel verfassungsrechtlichen Denkens, Sonderheft 11 zu Der Staat, S. 63ff.; *D. Wyduckel*, La soberania en la historia de la dogmatica alemana, in: Fudamentos 1(1998), S. 203ff.

[23] *A. Bleckmann/B. Fassbender*, Art. 2 (I), in: B. Simma (Hrsg.), The Charter of the United Nations. A Commentary, Vol. I, 2002, Rn. 1

[24] *M. Baldus*, Zur Relevanz des Souveränitätsproblems, in: Der Staat 36 (1997), S. 381ff., 381; klassisch zum „soziologische(n) Problem der Souveränität" *H. Heller*, Die Souveränität (1927), in: ders., Gesammelte Schriften, Bd. 2, 1971, S. 31ff., 57ff.

staatliche Gemeinschaft voraus.[25] Absolutes „Zuhöchst-Sein" ist so denklogisch ausgeschlossen, Souveränität ein relativer Begriff. Damit wird aber noch nicht geklärt, woran sich dieses „Relative" misst, wozu und wie *relative Souveränitäten* in Beziehung zu setzen sind. Nur eines bleibt von Anfang an klar: Je intensiver der moderne Leistungsstaat seine Aufgaben nicht mehr alleine, sondern nur noch in gemeinsamem Zusammenwirken mit anderen Staaten wahrnehmen kann, umso prekärer wird die Kluft zwischen tatsächlicher Gemeinschaftsgebundenheit und der Doktrin souveräner Autarkie. Ein zeitgemäßes – nicht *zeitgeistgemäßes* – Souveränitätsverständnis muss daher aus dem immer komplexer werdenden Geflecht überstaatlicher Bindungen und zugleich anhand einer Vergewisserung über die historischen Wurzeln der „souveraineté" entwickelt werden.[26] *Empirische* und *entwicklungsgeschichtliche* Analyse laufen Hand in Hand. Schon die Antike kannte verschiedene voneinander unabhängige Staatsgebilde – vorsichtiger formuliert: „Herrschaften" oder organisierte Herrschaftsformen –, doch die Idee der staatlichen Souveränität entstand erst sehr viel später. Erste Ansätze finden sich im Mittelalter, als *Karl der Große* mit der Vision eines erneuerten Römischen Reiches den Anspruch auf Weltherrschaft verband und der konfliktreiche Dualismus von Kaiser und Papst der Frage nach der Legitimität staatlicher bzw. kirchlicher Macht seinen Stempel aufprägte.[27] Neben der Kompetenzverteilung zwischen weltlichem und geistlichem Herrscher war auch die auf *Cicero*, *Augustinus* und *Thomas von Aquin* zurückgehende Diskussion um ein „ius ad bellum iustum", um die Entscheidungsgewalt über Krieg und Frieden, ein früher Impetus für das europäische Souveränitätsdenken.[28] Die Diskussion um die Rechtfertigung des Kosovo- und Irakkrieges oder des Einsatzes in Afghanistan bestätigen die zeitlose Gültigkeit dieses Ansatzes, wenngleich sich im Syptom der UN die Vorzeichen geändert haben: nur der Frieden kann *gerecht*, bewaffnete Gewalt immer nur *Reaktion* auf die Ungerechtigkeit vorangegangener oder unmittelbar drohender friedenszerstörender *Aktion* sein. Doch zurück zu den Anfängen: Der französische Legist *J. Bodin* (1530–1596) schuf mit seinen „Les six livres de la république" einen weltweit rezipierten *Klassikertext* der modernen Souveränitätslehre.[29] Seine Definition der „souveraineté" respektive der „summa potestas" als „in cives ac subditos legibus soluta potestas" ist die theoretische Grundlage einer höchsten, dauernden, unteilbaren und rechtlich zunächst unverant-

---

[25] Siehe auch *W. Graf Vitzthum*. Die Organisation der Welt, in: FS für M. Schröder, 2003, S. 133 ff.

[26] *H. Quaritsch*, Staat und Souveränität, 1970; *ders.*, Souveränität. Entstehung und Entwicklung des Begriffs in Frankreich und Deutschland vom 13. Jahrhundert bis 1806, 1986; H. Kurz (Hrsg.), Volkssouveränität und Staatssouveränität, 1970; *F.H. Hinsley*, Sovereignty, 2nd ed. 1986; *S.D. Krasner*, Sovereignty. Organized Hypocrasy, 1999.

[27] *H. Steinberger*, Sovereignty, EPIL, Bd. 10, 1987, S. 397 ff., 399; *A. Verdross/B. Simma*, Universelles Völkerrecht, 3. Aufl. 1984, S. 25.

[28] Siehe auch *U. Bermbach*, Souveränität, Kirche und Staat: Frankreich und Spanien im 16. Jahrhundert, in: I. Fletscher/H. Münkler (Hrsg.), Pipers Handbuch der politischen Ideen. Bd. 3, 1985, S. 101 ff.

[29] Sechs Bücher über den Staat (Les six livres de la république), 1. Buch, 8. Kapitel: „Maiestas est summa in cives ac subditos legibus soluta potestas." Dazu *H. U. Scupin*, Der Begriff der Souveränität bei Johannes Althusius und Jean Bodin, Der Staat 4 (1965), S. 1 ff.; *H. Quaritsch*, Staat und Souveränität, Bd. 1, 1970, S. 243 ff.; *ders.*, Souveränität. Entstehung und Entwicklung des Begriffs in Frankreich und Deutschland vom 13. Jh. bis 1806, 1986, S. 46 ff.; *M. Imboden*, Johannes Bodinus und die Souveränitätslehre, in: Staat und Recht. Ausgewählte Schriften und Vorträge, 1971, S. 93 ff.; *H. Steinberger*, Sovereignty, EPIL, Bd. 10, 1987, S. 397 ff., 401 f.; *D. Engster*, Jean Bodin, Scepticism and Absolute Sovereignty, in: History of Political Thought 17 (1996), S. 469 ff.

wortlichen Hoheitsgewalt des Staates.[30] Aber *Bodin* betont auch nachdrücklich, dass nach seiner Konzeption die „summa potestas" auf der einen Seite dem göttlichen und natürlichen Recht[31], auf der anderen Seite der „lex omnium gentium communis"[32], also dem Völkerrecht unterworfen sei. Eine absolute, ungebundene „Höchstmächtigkeit"[33] im Inneren ebenso wie im Verhältnis zu anderen Staaten war seiner Lehre von Anfang an fremd. Gleiches gilt für die Völkerrechtstheoretiker der spanischen Spätscholastik, vor allen *F. de Vitoria* und *F. Suaréz*. Die Souveränität eines Staates garantiert zwar, dass er keiner höheren Entscheidungsinstanz oder Gerichtsbarkeit, gar eines anderen, potentiell mächtigeren Staates untergeordnet ist[34], sie ist aber nicht unumschränkt, sondern rechtlich begrenzt und nach außen auf das Wohl der Völkergemeinschaft hin ausgerichtet[35]. Die Radikalität des *Hobbes'schen* Weltbildes von im Naturzustand ungebundenen Staaten steht der *Schule von Salamanca* denkbar fern. Sie ist eher dem *Lockschen* Idealismus wahlverwandt. Die Neuordnung der europäischen Staatenwelt durch den Westfälischen Frieden im Jahre 1648 verband das Souveränitätsdenken mit dem Konzept des Territorialstaates.[36] Der Souveränität, gerade in Gestalt der Gebietshoheit, war eine friedensstiftende und freiheitssichernde Funktion zugesprochen, die in ersten Ansätzen zum Schutze religiöser Minderheiten – freilich begrenzt auf die christlichen Konfessionen – eine wichtige Ergänzung fand. Zudem sollten sichere Außengrenzen den Frieden sichern, Souveränität wurde *instrumental* zur Voraussetzung der Friedenssicherung. Später versuchte *E. de Vattel* eine umfassende Deutung der staatlichen Souveränität und differenzierte hinsichtlich der folgenden Merkmale: Selbstregierung, Unabhängigkeit von anderen Staaten und Völkerrechtsunmittelbarkeit.[37] Die *de Vattel'sche* Trias prägte und prägt bis heute die völkerrechtliche Souveränitätsdoktrin, die Staatenpraxis und die Judikatur zunächst des StIGH, dann des IGH. Ein Staat ist souverän, wenn er keiner anderen Autorität als der des Völkerrechts untersteht, für seine Angehörigen auf seinem Staatsgebiet letztverbindliche Entscheidungen treffen kann (innere Souveränität) und nach außen hin von jeder Einflussnahme durch andere Staaten unabhängig ist (äußere Souveränität).[38]

---

[30] De Republica (1601), I, 8; dazu auch *L. Wildhaber*, Entstehung und Aktualität der Souveränität, in: FS K. Eichenberger, 1982, S. 131 ff., 133 ff.; *H. Steinberger*, Sovereignty, EPIL, Bd. 10, 1987, S. 397 ff., 401/402; *H. Lindahl*, Sovereignty and Symbolization, in: Rechtstheorie 28 (1997), S. 347 ff., 351 f.

[31] Six livres de la république (1583), I, cap. IX.

[32] De Republica, I, 8.

[33] So der Terminus von *P. Saladin*, Wozu noch Staaten?, 1995, S. 29.

[34] Vgl. die Definition bei *H. Heller*, Die Souveränität (1927), in: ders., Gesammelte Schriften, Bd. 2, 1971, S. 31 ff., 65: „Souverän nennen wir nun jene Entscheidungseinheit, die keiner anderen wirksamen universalen Entscheidungseinheit untergeordnet ist." *H. Hellers* Souveränitätsverständnis reflektieren *G. Robbers*, Heller – Staat und Kultur, 1983, S. 52 ff., sowie *H.-P. Schneider*, Positivismus, Naturrecht und Souveränität. Über die Beziehungen zwischen Heller und Radbruch, in: Ch. Müller/I. Staff (Hrsg.), Staatslehre in der Weimarer Republik 1985, S. 176 ff.

[35] Dazu *A. Verdross/B. Simma*, Universelles Völkerrecht, 3. Aufl. 1984, S. 27; *J. Soder*, Die Idee der Völkergemeinschaft, 1955, S. 95 f.

[36] *H. Steinberger*, Sovereignty, EPIL, Bd. 10, 1987, S. 397 ff., 400; vgl. auch *H. Quaritsch*, Staat und Souveränität, Bd. 1, 1970, S. 32 ff.; *D. Kennedy*, A New Stream of International Law Scholarship, Wis. International Law Journal, Vol. 7 (1988), S. 1 ff., 14 f.

[37] *A. Verdross/B. Simma*, Universelles Völkerrecht, 3. Aufl. 1984, S. 28.

[38] Vgl. *H. Heller*, Die Souveränität (1927), in: ders., Gesammelte Schriften, Bd. 2, 1971, S. 31 ff., 141

Ein neues Souveränitätskonzept wurde im Völkerbund angelegt. Es führt zur Gestaltung der „souveränen Gleichheit" aller Staaten in der UN-Charta.[39] Das Recht zum Krieg wurde als Anachronismus empfunden. Die Idee eines Systems kollektiver Sicherheit gewinnt erste Konturen (Briand-Kellogg-Pakt von 1928). Die liberté de guerre, vordem herausgehobenes Attribut der Souveränität und gleichsam völkerrechtliche Variante der *Schmittschen* Bedingungsformel von *Souveränität* und *Ausnahmezustand*, gibt es nicht mehr. Das ist mehr als eine partielle Souveränitätseinbuße des Staates, das ist ein grundlegender Wandel im Souveränitätsdogma. Einen ebenso weitgehenden Entwicklungssprung markieren die supranationalen und sonstigen zwischenstaatlichen Einrichtungen, die zu einer mehr oder weniger starken Relativierung der Souveränität führen. Zu nennen sind an erster Stelle die EG/EU, aber auch die Organisation für Wirtschaftliche Zusammenarbeit und Entwicklung (OECD) mit ihrer informationellen und institutionellen Vernetzung[40], zu nennen sind der Europarat, die regionalen Verantwortungsgemeinschaften Afrikas, Asiens oder (Ibero-)Amerikas, gewiss auch die NAFTA. Die Kette der Beispiele ließe sich fortsetzen. Dieser fragmentarische historische Rückblick führt zu ersten Weichenstellungen. Da die Souveränitätsidee geschichtlich geworden ist, wäre jede ahistorische und damit wirklichkeitsfremde Betrachtung unfruchtbar, denn Souveränität ist Entwicklung und Wandel unterworfen, muss in der *Wirklichkeit* der heutigen Staatenwelt ihren Geltungsanspruch behaupten und ihre Grenzen erkennen.[41] Sodann ist dem Souveränitätsdenken ein Telos immanent, das einseitiger Verabsolutierung entgegensteht. Die Souveränität ist immer verbunden mit der Frage der *Kompetenzbegründung* und insoweit friedens- und freiheitssichernde *Ordnungsidee*. Souveränität will *Verantwortungszusammenhänge* transparent machen. Der Begriff stand und steht aber niemals für ein bloßes Herrschaftsprädikat oder Machtattribut. Er darf daher nicht auf „Unabhängigkeit" und „absolute Gewalt" verengt werden.

II. Die verfassungsstaatliche Perspektive: von der Volks- zur Bürgersouveränität

1. *Die Souveränität des Volkes*

(1) *Eine Vorfrage: Das Menschenbild „vor" bzw. „hinter" der Volkssouveränität*

Wer nach der Volkssouveränität fragt, muss sich über den Begriff des Volkes, des „demos" vergewissern. Aber das Volksbild[42] steht nicht am Anfang der Diskussion.

(„nach innen und außen wirksame universale Gebietsentscheidungseinheit"); *A. Verdross/B. Simma*, Universelles Völkerrecht, 3. Aufl. 1984, S. 29f.

[39] Dazu *W. Schaumann*, Die Gleichheit der Staaten. Ein Beitrag zu den Grundprinzipien des Völkerrechts, 1957; *G. Leibholz*, Die Gleichheit der Staaten, AVR 10 (1963/63), S. 69ff.; *P.H. Kooijmans*, The Doctrine of Legal Equality of States, 1964; *H. Steinberger*, Sovereignty, EPIL, Bd. 10, 1987, S. 397ff., 408.

[40] Dazu *D. Senghaas*, Weltinnenpolitik – Ansätze für ein Konzept, in: Europaarchiv 1992, S. 643ff., 643f.; weitere Beispiele bei *R. McCorquodale/R. Fairbrother*, Globalization and Human Rights, in: Human Rights Quarterly 21 (1999), S. 735ff., 753ff. (Multilateral Agreement on Investment, Internationaler Währungsfond etc.).

[41] Vgl. dazu *R. Lhotta*, Der Staat als Wille und Vorstellung, in: Der Staat 36 (1997), S. 189ff., 197; darüber hinaus *H. Lindahl*, Sovereignty and Symbolization, in: Rechtstheorie 28 (1997), S. 347ff., 347: sovereignty as a „‚historical' category".

Die Debatte um Volkssouveränität impliziert an erster Stelle vielmehr die Frage nach dem Menschenbild[43] – universal, nicht nationalstaatlich begrenzt, philosophisch-kulturell, nicht primär juristisch gestellt. Denkbare Antworten müssen sich von vorneherein über das gesicherte Terrain methodisch gebändigter Juristenkunst hinauswagen, nicht allein weil Anthropologie und Kulturwissenschaften der Jurisprudenz hier mit ihren Erkenntnissen vorausliegen, sondern auch, weil *erkenntnis-* und *bekenntnis*-hafte Elemente im Ringen um das Menschenbild kaum trennbar ineinander verschmelzen. Längst klassisch sind die zutiefst pessimistische Sichtweise eines *Th. Hobbes* und der optimistische Gegenentwurf eines *J. Locke*. Wo es um demokratische Herrschaftsorganisation und die ihr vorausliegende Volkssouveränität geht, finden die beiden Antagonismen zusammen. Die „Herrschaft des Volkes" rechtfertig sich nämlich aus dem Paradoxon eines widersprüchlichen Menschenbildes. Für die Demokratie ist der „Mensch dem Menschen ein Wolf", der dazu neigt, seine Macht zu missbrauchen, aus egoistischen Motiven die Freiheit des anderen zu beschneiden, ihn seiner sozialen Existenzgrundlage zu berauben. Deshalb darf die Ausübung staatlicher Gewalt nicht zeitlich unbegrenzt und an eine Person gebunden, darf das Zusammenwirken im politischen Prozess nicht auf eine bestimmte Person oder Personengruppe zugeschnitten sein, darf wessen Souveränität auch immer *nicht absolut* sein – auch nicht die des Volkes. Als Antwort auf das pessimistische Menschenbild, das im „guten Monarchen" zu Recht den potentiellen Tyrannen, in den bestqualifizierten Aristokraten zu Recht potentielle Oligarchen sieht[44], verlangt die Demokratie die „*Herstellung überpersonaler Kontinuität*"[45] (Hervorhebung im Original). Für *K. Hesse* ist die Kontinuität der politischen Ordnung deshalb auch „keine Frage einzelner Personen – dafür freilich eine solche stets erneuter Aktualisierung demokratischer Ordnung."[46]

Doch damit die Aktualisierung gelingen kann, bedarf es des „citoyen"[47], glaubt die Demokratie zusammen mit *J. Locke* an den vernunftbegabten, rational handelnden, gemeinwohlorientierten Aktivbürger.[48] Das von *K. Hesse* vorausgesetzte „tägliche

---

[42] *P. Häberle*, Das Menschenbild im Verfassungsstaat, 2. Aufl. 2001, S. 23 ff.; siehe auch *A. Baruzzi*, Europäisches „Menschenbild" und das Grundgesetz für die Bundesrepublik Deutschland, 1979, S. 95 ff.

[43] *P. Häberle*, Das Menschenbild im Verfassungsstaat, 2. Aufl. 2001; *J. Becker*, Das „Menschenbild des Grundgesetzes" in der Rechtsprechung des Bundesverfassungsgerichts, 1996; *P. M. Huber*, Das Menschenbild im Grundgesetz, JURA 1998, S. 505 ff.

[44] Die Herrschaft der Besten als „Scheinalternative" zur Demokratie bezeichnet *H. F. Zacher*, Freiheitliche Demokratie, 1969, S. 21.

[45] *K. Hesse*, Grundzüge des Verfassungsrechts der Bundesrepublik Deutschland, 20. Aufl. 1995 (Neudruck 1999), Rn. 137.

[46] Ebd.

[47] „Weimarer Klassikertext" zum Ideal des „citoyen" ist die berühmte Universitätsrede von *R. Smend*, gehalten in den letzten Tagen der Weimarer Republik am 18. Januar 1933 (Bürger und Bourgeois im deutschen Staatsrecht, abgedruckt in: *ders.*, Staatsrechtliche Abhandlungen, 2. Aufl. 1958, S. 309 ff.); vgl. auch *K. A. Schachtschneider*, Res publica res populi, 1994, S. 211 ff.; vorher schon *E. Grabitz*, Europäisches Bürgerrecht zwischen Marktbürgerschaft und Staatsbürgerschaft, 1970, S. 34 ff.; *J. Isensee*, Gemeinwohl und Staatsaufgaben im Verfassungsstaat, HStR, Bd. III, 1988, § 58, Rn. 84; jetzt mit Blick auf den Unionsbürger *U. K. Preuß*, Der EU-Staatsbürger – Bourgeois oder Citoyen, in: G. Winter (Hrsg.), Das Öffentliche heute, 2002, S. 179 ff.

[48] *K. Hesse*, Grundzüge des Verfassungsrechts der Bundesrepublik Deutschland, 20. Aufl. 1995 (Neudruck 1999), Rn. 152: „In allem ist Demokratie nach ihrem Grundprinzip eine Sache mündiger, informierter Staatsbürger, nicht einer unwissenden, dumpfen, nur von Affekten und irrationalen Wünschen

Plebiszit" im *Renanschen* Sinne[49] beruht nicht zuletzt auf der Prämisse der Freiheit und Gleichheit aller Bürger. Gleichheit fordert dabei Gleichberechtigung, die Meinung jedes Menschen ist gleichberechtig-konstitutiver Beitrag zum Werden des Gemeinwesens. Denn was den öffentlichen Interessen und dem *bonum commune* am besten dient, ist nicht a priori vorgegeben, sondern muss im demokratischen Diskurs ermittelt werden. Darin liegt nun allerdings ein kontrafaktisches Grundaxiom der Demokratie. Entgegen ihrem notwendig idealistischen Bild sind nicht alle Menschen gleich aufgeklärt, gleich rational, gleichermaßen verantwortungsfähig und verantwortungsbereit. Doch muss die Demokratie mit diesem Wirklichkeitsbefund leben und versuchen, in *öffentlichen Prozessen* bestmöglichen Ausgleich zwischen wohlinformierter Partizipationsbereitschaft und sehr wohl erlaubter Politikferne des egoistischen „bourgeois" zu schaffen. Weil sie auf diese Möglichkeit bauen kann, ist ihr die Volkssouveränität als *pluralistische Bürgersouveränität* selbstverständliche Legitimationsbasis.

(2) Die Hauptfrage: Volks- und Bürgersouveränität

Die freie Gestaltungsmacht von Volk und Nation gehören fraglos zu den Kernstücken verfassungsstaatlichen Souveränitätsdenkens.[50] Doch ist damit eine zwangsläufige Bindung der Souveränität an ein mehr oder weniger homogenes Staatsvolk vorausgesetzt, kann im demokratischen Verfassungsstaat nur der *demos* Träger souveräner Staatsgewalt sein oder ist sein eigenständiges „Entscheiden-Können" von vorneherein aufgrund staatenübergreifender Wirkungszusammenhänge ganz unterschiedlicher Formen politischer Einheitsbildung limitiert? Welche Rolle spielt die hinter der abstrakten Größe „Volk" verborgene pluralistische Vielfalt individueller Meinungen, Interessen, Werthaltungen?[51] Die Verbindung von Volk und Staat als auf dessen souveräner Entscheidung beruhender, konkreter Ordnung ist Kernstück demokratischer Legitimation. *J.-J. Rousseau* hat dafür den klassischen Begriff „*Volkssouveränität*" geprägt.[52] Er setzt das Volk voraus, ohne zu bestimmen, wer es ist und in welchen Abhängigkeiten tatsächlicher, rechtlicher und ethisch-moralischer Natur es lebt. In der von *Abbé Sieyès* durch die Unterscheidung von *pouvoir constituant* und *pouvoir constitué* zweistufige zugespitzten Legitimitätstheorie wird das Volk zum quasi-mythischen „Urgrund" vermeintlich ungebundener, überverfassungsrechtlich-konstituierender Souveränitätsakte, aus denen dann alle konstitutionell gebundenen hoheitlichen Handlungen ihre Legitimität ableiten.[53]

---

geleiteten Masse, die von wohl- oder übelmeinenden Regierenden über die Fragen ihres eigenen Schicksals im Dunkeln gelassen wird."

[49] *E. Renan*, Was ist eine Nation? (1882, Neudruck 1996, S. 34f.): „Das Dasein einer Nation ist – erlauben Sie mir dieses Bild – ein Plebiszit Tag für Tag, wie das Dasein des einzelnen eine dauernde Behauptung des Lebens ist."

[50] *Ch. Hillgruber*, Souveränität – Verteidigung eines Rechtsbegriffs, JZ 2002, S. 1072ff., 1073f.

[51] Vgl. *W. v. Simson*, Was heißt in einer europäischen Verfassung „Das Volk"?, EuR 1991, S. 1ff., 2; programmatisch *P. Häberle*, Verfassung als öffentlicher Prozess, 1. Aufl. 1978, 3. Aufl. 1998.

[52] Siehe dazu *E.-W. Böckenförde*, Demokratie als Verfassungsprinzip, HStR, Bd. I, 2. Aufl. 1995, § 22, Rn. 3; *B. Beutler*, Offene Staatlichkeit und europäische Integration, FS E.-W. Böckenförde, 1995, S. 109ff., 114; *E. Schmidt-Aßmann*, Das allgemeine Verwaltungsrecht als Ordnungsidee, 1998, S. 81ff.

[53] Dazu *U. Thiele*, Verfassunggebende Volkssouveränität und Verfassungsgerichtsbarkeit, Der Staat 39 (2000), S. 397ff., 391; *Ch. Möllers*, Globalisierte Jurisprudenz – Einflüsse relativierter Nationalstaatlichkeit

Tiefe Wahrheit und fundamentales Missverständnis liegen angesichts solcher *Nachbarschaft von Mythos und Legitimität* dicht zusammen. Nur der Staat, der in verfassung- wie gesetzgebender Volkssouveränität gründet, durch rechtliche Normierungen die politische Willensbildung des Volkes ermöglicht und auf demokratisch kontrolliertem Machtgebrauch baut, ist legitim. Doch die ungebundene, freie Entscheidung des Volkes wird gefährliche Fiktion. Sie pervertiert dann verfassungsstaatliche Freiheit, wenn sie wie bei *C. Schmitt* vollends zum *Schicksalsmythos* stilisiert und wenn demokratische Herrschaftsorganisation auf die simplifizierende Formel der „Identität von Regierenden und Regierten" reduziert wird.[54] Geleitet von einer „romantisierenden Fiktion"[55] überhöht *Schmitt* bis hin zum Ausschluss des Heterogenen die substantielle Homogenität des Volkes, bringt sie gegen die parlamentarischen Institutionen in Stellung[56] und negiert konsequent jede „Vermittlungs-, Organisations- und Formungsbedürftigkeit demokratischer Willensbildung".[57] Die Suche nach dem Absoluten, das hinter diesem Substanzhaften steht, entspricht einem tiefen metaphysischen Urbedürfnis menschlichen Denkens, dessen Unmöglichkeit jedoch Säkularisierung und Aufklärung belegen.[58] Diesseits transzendenter Welterklärungsmodelle weicht das Absolute dem Relativen, die absolute Wahrheit *K. Poppers* Stückwerktechnik von Versuch und Irrtum, weicht die voraussetzungslose Dezision menschenrechtlich gebundenen *Konstitutionalisierungsprozessen* in staatlichen wie staatenübergreifenden Verfassungsräumen. Schon die Französische Erklärung der Menschen- und Bürgerrechte weiß um die Unmöglichkeit der voraussetzungslosen verfassunggebenden Entscheidung. Sie proklamiert in Art. 3 und 6 zwar die volle Souveränität der Nation, die ihren Niederschlag in der volonté générale der Gesetze finden soll, nennt aber die unveräußerlichen, jedem staatlichen Belieben, jeder Entscheidung des Volkes entzogenen Menschenrechte den Endzweck aller politischen Vereinigung (Art. 2).[59] *J. Isensee* löst

---

auf das Konzept des Rechts und die Funktion seiner Theorie, ARSP, Beiheft 79, 2001, S. 41 ff., 44. Im Kontext der aktuellen Debatte um eine Europäische Verfassung *R. Bubner*, Gott und die Fürsten sind aus dem Spiel, FAZ vom 27. Oktober 2001, Bilder und Zeiten, S. I.

[54] *C. Schmitt*, Verfassungslehre, 1928, S. 234 ff.; in kritischer Auseinandersetzung damit *H. Hofmann*, Legitimität gegen Legalität, 1. Aufl. 1964, 2. Aufl. 1992, S. 147 ff.; *H. F. Zacher*, Freiheitliche Demokratie, 1969, S. 14; siehe auch *M. Stolleis*, Geschichte des öffentlichen Rechts in Deutschland, 3. Bd., 1999, S. 179; die „Irrationalität des Mythischen" bei *C. Schmitt* beklagte schon *R. Thoma*, Zur Ideologie des Parlamentarismus und der Diktatur, in: Archiv für Sozialwissenschaften und Sozialpolitik 53 (1925), S. 212 f., 217.

[55] *C. Schmitt*, Politische Romantik, 1919 (2. Aufl. 1925).

[56] Entlarvend ist der Versuch *C. Schmitts*, anhand des Gesetzgebungsverfahrens der Weimarer Reichsverfassung zu belegen, dass in einem pluralistischen Gemeinwesen mangels substanzhafter Einheit des Volkes die Willensbildung durch Mehrheitsvotum dem Demokratieprinzip widerspreche, siehe Legalität und Legitimität, 1932 (2. Aufl. 1968), S. 31; siehe *ders.*, Die geistesgeschichtliche Lage des heutigen Parlamentarismus, in: Bonner FS E. Zitelmann, 1923 (2. Aufl. 1926, 8. Aufl. – Nachdruck – 1996), 413 ff.

[57] *H. Dreier*, in: ders. (Hrsg.), Grundgesetz. Kommentar, Bd. I, 1996, Art. 20 (Demokratie), Rn. 60; siehe auch *B. Rüthers*, Carl Schmitt im Dritten Reich, 1989, S. 14 ff.; *E. Kennedy*, Politischer Expressionismus. Die kulturkritischen und metaphysischen Ursprünge des Politischen bei Karl Schmitt, in: H. Quaritsch (Hrsg.), Complexio Oppositorum, 1988, S. 233 ff., 245; *O. Lepsius*, Die gegensatzaufhebende Begriffsbildung, 1994, S. 359 ff.

[58] *Ph. Mastronardi*, Zur Legitimierung von Rechtsstaat und Demokratie, in: FS Th. Fleiner, 2003, S. 525 ff., 539.

[59] *E.-W. Böckenförde*, Demokratie als Verfassungsprinzip, HStR, Bd. I, 2. Aufl. 1995, § 22, Rn. 3; zur gebundenen Souveränität auch *P. Kirchhof*, Der demokratische Rechtsstaat – die Staatsform der Zugehörigen, HStR, Bd. IX, 1997, § 221, Rn. 8.

das Spannungsverhältnis mit der Idee der „menschenrechtlich fundierte(n) Nation"[60] und sprengt so die vom Nationalen her suggerierte Ausschließlichkeit.[61] Politische Einheitsbildung hat viele Bezugspunkte, den umfassendsten in der anthropologischen Prämisse der Menschenwürde[62], viele konkrete in Kultur und Geschichte, alltäglich erlebten Bedürfnissen, Freiheits- und Sicherheitsinteressen. Sie zu bündeln ist der Nationalstaat der vertraute, aber keineswegs ausschließliche Raum. Ein Grund, die Vertrautheit zu verabsolutieren, mag im Verständnis der Volkssouveränität als solcher liegen. Diese zu Recht unbestrittene Essentiale moderner Verfassungsstaatlichkeit impliziert – gewissermaßen in Form einer so gar nicht beabsichtigten „Nebenwirkung" – die begriffliche Gleichsetzung von Staat und Volk im „Staatsvolk", bestimmt durch das rechtliche Band der Staatsangehörigkeit[63]. „Staatsvolk" wird so eher zu einer Tautologie denn einer Erklärung für das Spannungsverhältnis von demos und ethnos.[64]

Staat und Volk sind aber nicht identisch, der Staat ist *eine* Konkretisierung des Volkes und seiner Rolle bei der Ausübung der Staatsfunktionen. Er ist ein Ordnungsmodell, das Volk politisch handlungsfähig zu machen.[65] Der rein rechtliche, auf die statusmäßige Zugehörigkeit zu einer staatlichen Herrschaftsorganisation reduzierte Volksbegriff bleibt unbefriedigend, um das Zuordnungssubjekt souveräner Entscheidungen zu qualifizieren. Was die Souveränität des Volkes vielmehr legitimiert, ist die Fähigkeit zur freien, nicht erzwungenen Willensbildung.[66] Hinter der Idee der Volkssouveränität steht ein anti-monarchisches, anti-absolutistisches, kein mythologisierendes oder dezisionistisches Grundmotiv: die freie Selbstbestimmung des Individuums.[67] Volkssouveränität wandelt sich damit in „*Bürgersouveränität*"[68]. Die res publica, der die Bürger angehören, die sie zu ihrer ureigenen „öffentlichen Sache" machen, gewinnt in verfassungsstaatlichen wie staatenübergreifenden Erscheinungsformen Wirklichkeit.

---

[60] *J. Isensee*, Die alte Frage nach der Rechtfertigung des Staates, JZ 1999, S. 265ff., 277; zur Problematik der „geschlossene(n) Nation" siehe *E. Grabitz*, Europäisches Bürgerrecht zwischen Marktbürgerschaft und Staatsbürgerschaft, 1970, S. 25ff.

[61] Die vermeintlich autonome verfassunggebende Gewalt des Volkes stößt auf viele heteronome Grenzen rechtlicher, aber auch vor- bzw. meta-rechtlicher Art: die Bindung an überpositives Recht, die Bindung an Völkerrecht, die Bindung an das Recht regionaler Verantwortungsgemeinschaften wie der EU, des Europarates mit der EMRK oder der OSZE.

[62] *P. Häberle*, Die Menschenwürde als Grundlage der staatlichen Gemeinschaft, HStR, Bd. I, 2. Aufl., 1995, S. 815ff.; *W. Graf Vitzthum*, Die Menschenwürde als Verfassungsbegriff, JZ 1985, S. 201ff.

[63] *R. Grawert*, Staatsvolk und Staatsangehörigkeit, HStR, Bd. I, 2. Aufl. 1995, § 14, S. 663ff.; *E.-W. Böckenförde*, Demokratie als Verfassungsprinzip, HStR, Bd. I, 2. Aufl. 1995, § 22, Rn. 26.

[64] Zum Verhältnis von demos und ethnos vgl. *J. M. Broekman*, A Philosophy of European Union Law, 1999, S. 281.

[65] *W. v. Simson*, Was heißt in einer europäischen Verfassung „Das Volk"?, EuR 1991, S. 1ff., 8.

[66] Ebd., S. 3.

[67] *H. Steinberger*, Der Verfassungsstaat als Glied einer europäischen Gemeinschaft, VVDStRL 50 (1991), S. 9ff., 23.

[68] *P. Häberle*, Europäische Verfassungslehre, 2001/2002, S. 355: „Man vergesse nicht: Volk ist vor allem ein Zusammenschluss von Bürgern. Demokratie ist ‚Herrschaft der Bürger', nicht des Volkes im *Rousseauschen* Sinne" (Hervorhebung im Original).

2. Souveränität und Nation

Bleibt der „demos" allzu abstrakte Chiffre für Einheit und Vielfalt, die hinter dem „Souverän" stehen, kommen andere Größen ins Spiel. Die gemeinsame Kultur, die gemeinsame Sprache, die gemeinsam erlebte, mitunter durchlittene Geschichte, kurz: das einigende Band der zu politischem Selbstbewusstsein erwachten Nation macht diese zum legitimen Träger der souveränen Entscheidungsgewalt. Nation und Staatsvolk gehen im politischen Denken des (deutschen) Nationalstaates eine Symbiose ein. In der Metapher vom Staatsvolk als personale, durch gemeinsame Herkunft, Sprache und Geschichte charakterisierte, (vor-)politische Schicksalsgemeinschaft unlösbar verknüpft mit dem Leben ihres Staates, findet sie sinnfälligen Ausdruck.[69] Nicht nur Volk und Souveränität, auch Nation und Souveränität scheinen auf diese Weise untrennbar verbunden. Ganz unterschiedliche Beispiele bestätigen diesen Konnex. So ist es kein Zufall, wenn der Amsterdamer Vertrag unter Berufung auf die „nationale Identität" (Art. 6 Abs. 3 EUV) einem nicht nur in Deutschland weit verbreiteten Unbehagen gegen die schleichende Erosion nationaler Souveränität vorbeugen möchte und *Souveränitätsverluste* implizit nationalen *Identitätsverlusten* gleichsetzt.[70] Die neue Schweizer Bundesverfassung verzichtet, dem bundesrätlichen Entwurf folgend, in ihrer Präambel auf den Terminus „schweizerische Nation". In den Verfassungsberatungen wurde der Vorgang kaum thematisiert, bei der Abstimmungskampagne vor dem obligatorischen Referendum von national-konservativer Seite allerdings nachdrücklich als „Verrat an der Schweiz" gebrandmarkt. Die Empörung versteht, wer sich den für die Schweiz spezifischen Zusammenhang von Nation und Souveränität bewusst vergegenwärtigt. Prägend für die „schweizerische Nation" sind angesichts sprachlicher und kultureller Heterogenität vor allem die Attribute ihrer souveränen Staatlichkeit, an deren Spitze die identitätsstiftende halbdirekte Demokratie.[71]

Ein drittes Beispiel: Das Bundesverfassungsgericht nennt im Grundvertrags- wie im Maastricht-Urteil den Souveränitätsbegriff in einem Atemzug mit Volk und Nation.[72] Das Bindeglied zwischen den drei Kategorien ist die bereits zitierte Metapher von der „personalen Schicksalsgemeinschaft". Das Volk als Nation ist passiv erduldendes Objekt gemeinsamen Schicksals, aber eben auch aktiv gestaltendes, souveränes Subjekt seines politischen Schicksals. Wenngleich es paradox klingen mag, die Idee der Schicksalsgemeinschaft ist Deutungsmodell für die Nation und weist zugleich über dieses hinaus. Sie ist in ihren Wurzeln staatenübergreifend. Zwar verschleiert das „Schicksalhafte", wie Staat und Staatsbürgergemeinschaft nicht naturhaft vorgegeben sind, sondern erst in demokratischen Prozessen ihre kollektive Identität gewinnen.

---

[69] BVerfGE 83, 37 (40, 50 ff.); *E.-W. Böckenförde*, Demokratie als Verfassungsprinzip, HStR, Bd. I, 2. Aufl. 1995, § 22, Rn. 26.

[70] *K. Hailbronner*, Aufgabe von Souveränitätsrechten als EU-Mitglied – deutsche Erfahrungen, FS H. Maurer, 2001, S. 97 ff., 101; *K. Doehring*, Die nationale „Identität" der Mitgliedstaaten der Europäischen Union, FS U. Everling, Bd. I, 1995, S. 263 ff., 271, befürchtet bei einer vollständigen Überordnung des Gemeinschaftsrechts sogar eine „hinkende Identität".

[71] *Y. Hangartner*, Schweizerische Nation und europäische Integration, FS H. Maurer, 2001, S. 949 ff., 950 f.

[72] BVerfGE 36, 1 (19, 31) – *Grundvertragsurteil*; E 89, 155 (182 ff.) – *Maastricht*; dazu *R. Grawert*, Der Deutschen supranationaler Nationalstaat, FS E.-W. Böckenförde, 1995, S. 125 ff., 137; *I. Pernice*, Carl Schmitt, Rudolf Smend und die europäische Integration, AöR 120 (1995), S. 100 ff.

Aber der Topos verweist doch eindrucksvoll auf die materialen, kulturellen Tiefenschichten, die solch prozesshaftem Werden vorausgesetzt sind. Allerdings ist so verstandenes *Schicksal* kein nationales, sondern ein jede Form menschlicher Kulturgemeinschaft beschreibendes Phänomen. Das gemeinsame Erleiden und Erdulden von Gefahren und die aktive Gegensteuerung beschränken sich nicht auf die Nation. Was vom Nationalstaat an Freiheitssicherung und Friedensgestaltung, Daseins- und Risikovorsorge, insgesamt also *nachhaltiger* Leistungsfähigkeit in der Generationenperspektive erwartet wird, ist nicht der Nation, sondern dem demokratischen Gemeinwesen als institutionalisierter, verfasster, sich staatenübergreifenden Verantwortungsräumen öffnender Wirkungseinheit überantwortet.[73] Das umso mehr, als künftige Generationen im „global village" immer intensiver ihre alltagsbestimmende Realität erleben werden.

III. Die völkerrechtliche Perspektive: geteilte Souveränitäten im Kooperationsvölkerrecht

1. *Souveränitätswandel angesichts der Dekolonialisierung*

Eine wichtige Akzentverschiebung in Sachen Souveränität verdankt das Völkerrecht zwei Phänomenen, die schon lange vor den Erscheinungen der „Internationalisierung" und „Globalisierung" – heute gerne eher auf ein modisches Schlagwort verkürzt als trennscharf abgegrenzt[74] – seine Wirklichkeit bestimmt haben: dem Prozess der Dekolonialisierung und dem konsequenten Ausbau des universellen Menschenrechtsschutzes. Wo die ehemaligen Kolonien in souveräne staatliche Unabhängigkeit entlassen wurden, waren die nun selbständigen „Handlungs- und Wirkungseinheiten" nicht von heute auf morgen gestaltungsmächtig, forderten blutige Bürgerkriege einen ungewollten Preis der Freiheit, blieb die „Volkssouveränität" oft unter Tyrannengewalt verschüttetes Ideal. Die „newly independent states" bedurften weiterhin der *freiheitssichernden Mitverantwortung* der internationalen Gemeinschaft, konnten sich nur schritt- oder stufenweise zu voller Souveränität emanzipieren.[75] Angesichts dieser komplexen Problemlage hätte sich bereits mit dem Beginn der Entkolonialisierungswelle ein Modell geteilter, verflochtener, kooperativ wahrgenommener Souveränitäten angeboten. Die um selbstbestimmte Freiheit ringenden „Neumitglieder" der Völkerrechtsgemeinschaft auf die nunmehr vermeintlich ungebundene verfassunggebende Dezision nach *C. Schmitt* zu verweisen, musste notwendig zu kurz greifen. Dieses

---

[73] *H. Heller*, Staatslehre, 6. Aufl. 1983, S. 228ff.; daran anknüpfend *R. Grawert*, Der Deutschen supranationaler Nationalstaat, FS E.-W. Böckenförde, 1995, S. 125ff., 135.

[74] Zum Versuch einer differenzierenden Einordnung von Globalisierung, Internationalisierung und Europäisierung *M. Kotzur*, Grenznachbarschaftliche Zusammenarbeit in Europa, 2003, i. E.; darüber hinaus *F. Gagano*, Die Globalisierung im Spiegel des Rechts, ZEuP 2003, S. 237ff.; spezifisch wirtschaftsrechtlich angelegt *R. Stober*, Globales Wirtschaftsverwaltungsrecht, 2001; *Th. Vollmöller*, Die Globalisierung des öffentlichen Wirtschaftsrechts, 2001; *H. Bauer*, Internationalisierung des Wirtschaftsrechts: Herausforderung für die Demokratie, in: FS R. Schmidt, 2002, S. 69ff.

[75] Siehe *L. Kühnhardt*, Stufen der Souveränität. Staatsverständnis und Selbstbestimmung in der „Dritten Welt", 1992.

Vorgehen folgte der überkommenen, vermeintlich zwingenden Logik, die Grundentscheidungen der Verfassung auf ein vorfindliches Legitimationssubjekt zurückzuführen. Damit fand *Abbé Sieyès*[76], der bereits erwähnte Klassiker europäischen Verfas-
sungsdenkens, seinen Weg in die ehemaligen Kolonien ausgerechnet zu einer Zeit, als
deren Freiheitsinteressen und das Selbstbestimmungsrecht der Völker[77] jeden selbstge-
wissen Eurozentrismus längst desavouiert hatten. Das ist freilich eine polemisch zuge-
spitzte These, die *Sieyès'* Klassikerrang weder relativieren noch die entwicklungsgeschichtliche Bedeutung der Lehre von *pouvoir constituant* und *pouvoir constitué* in Abre-
de stellen will. Doch das Missverständnis ungebundener verfassunggebender Gewalt
hat den Weg der newly independent states hin zu *verfassungsstaatlicher Identität* gewiss
nicht erleichtert. Wegbereiter waren vielmehr die vorbehaltlose Anerkennung des
menschenrechtlichen Legitimationsbedürfnisses jeder Form hoheitlicher Gewaltaus-
übung und damit auch die menschenrechtliche Ausrichtung der Souveränität. Hinzu
kommt ein wechselseitiger Dialog zwischen „alter" und „neuer" Staatenwelt, keine
Einbahnstrasse einseitiger Rezeption. Denn von den Bemühungen der unabhängig
gewordenen Staaten, die neu errungene Freiheit und Souveränität in zukunftsweisen-
den Verfassungstexten zu positivieren[78], konnten und können auch die klassischen
verfassungsstaatlichen Demokratien lernen. Die Einbindung der Kleinstaaten, der
Entwicklungsländer, der „neuen Staaten" in eine um konstitutionelle Strukturen rin-
gende Völkerrechtsgemeinschaft gleicht einem Lehrstück zum Thema kooperativer
Souveränitätsverflechtungen, geteilter Verantwortung, existentiellen Aufeinander-
Angewiesen-Seins von staatlich und staatenübergreifender verfasster politischer Gemeinschaft. Am allerwenigsten verträgt dieses Stück das Regiekonzept antagonisti-
scher Gegenüberstellung von Freund und Feind[79], von interessengeleiteten Unilatera-
lismen einer „Ersten", „Zweiten" und „Dritten" statt der „Einen" Welt. Ein abschließendes Beispiel: Umweltschutz ist der Natur der Sache nach global, formuliert Über-
lebensinteressen der Menschheit und setzt staatlichem Handeln-Dürfen eindeutige
Grenzen. Auf der anderen Seite untersteht die wirtschaftliche Nutzung ihres Territoriums der souveränen Entscheidung einzelner Staaten, sei es auch die Abholzung des
Regenwaldes. Prekär wird die Situation für die wesentlichen Industrienationen be-

---

[76] Siehe etwa *U. Thiele*, Verfassunggebende Volkssouveränität und Verfassungsgerichtsbarkeit, Der Staat
39 (2000), S. 397 ff., 391; *Ch. Möllers*, Globalisierte Jurisprudenz – Einflüsse relativierter Nationalstaatlichkeit auf das Konzept des Rechts und die Funktion seiner Theorie, ARSP, Beiheft 79, 2001, S. 41 ff., 44.
Nicht vergessen sei allerdings, dass die Lehre von der selbständigen verfassunggebenden Gewalt jedenfalls
für die deutsche Staatsrechtslehre keineswegs immer so selbstverständlich war, wie es heute scheint. Dazu
G. Anschütz, Die Verfassung des Deutschen Reiches, 14. Aufl. 1933, Art. 76, Anm. 1: „Der Gedanke einer
besonderen, von der gesetzgebenden Gewalt verschiedenen und ihr übergeordneten verfassunggebenden
Gewalt ist, im Gegensatz zu Nordamerika (...), dem deutschen Staatsrecht nach wie vor fremd."
[77] Dazu *K. J. Partsch*, Menschenrechte und „Rechte der Völker", in: VN 1986, S. 153 ff., 155 f., 157 f.;
R. Streinz, Selbstbestimmungsrecht, Volksgruppenrecht und Minderheitenschutz im Völkerrecht der Gegenwart, in: Literatur-Spiegel Nr. 36/1992, S. 1 ff.; *M. Nowak*, Inhalt, Bedeutung und Durchsetzungsme-
chanismen der beiden UNO-Menschenrechtspakte, in: W. Kälin u. a. (Hrsg.), Die Schweiz und die
UNO-Menschenrechtspakte, 2. Aufl. 1997, S. 3 ff., 16.
[78] *P. Häberle*, Die Entwicklungsländer im Prozess der Textstufendifferenzierung des Verfassungsstaates,
VRÜ 23 (1990), S, 225.
[79] *C. Schmitt*, Der Gegensatz von Parlamentarismus und moderner Massendemokratie, in: ders., Positionen und Begriffe im Kampf mit Weimar-Genf-Versailles, 1923–1940, 1940, S. 59; dazu *I. Staff*, Lehren
vom Staat, 1981, S. 385.

sonders dann, wenn sie unter Berufung auf das „common heritage of mankind"[80] den aufstrebenden Entwicklungsländern jene freie Nutzung der natürlichen Ressourcen versagen wollen, die ihnen erst zu wirtschaftlicher Prosperität verhelfen kann. Für viele der „neuen Staaten" ist das nichts anderes als der alte Kolonialismus unter dem neuen Etikett weltumspannender Umweltverantwortung. Sie fürchten ein „Klassensystem" der Souveränität, das den wirtschaftlichen Entwicklungsvorsprung der wirkungsmächtigen G-7 bzw. G-8 Staaten auf Dauer perpetuieren will. Solchem – ideologieanfälligen – *Souveränitätsabsolutismus* kann nur der Verweis auf ein *souveränitätsrelativierendes* „bonum commune generis humani" – schon bei *F. Suárez* theoretisch ausgeformt – wirksam begegnen.[81] Hier ist die Verantwortung der reicheren für die ärmeren Staaten, sind staatenübergreifende Bemühungen um Frieden und Sicherheit, um schonenden Umgang mit den Naturressourcen und wirtschaftlichen Erfolg angelegt. Gelingen kann das nur, wenn die Souveränität *jedes einzelnen Staates* auch im Dienste eines *jeden anderen Staates* respektive seiner Bürger steht, also *instrumental* verstanden und *kooperativ gemeinwohlorientiert* fortgedacht wird.

2. Die „Teilsouveränität" der Völkerrechtsgemeinschaft in Sachen Menschenrechtsschutz

Vor allem aber die Menschenrechte und ihre ebenendifferenzierten[82], nach Kohärenz strebenden Schutzsysteme lassen die Souveränität in einem neuen Licht erscheinen. Ein solcher Ansatz setzt allerdings voraus, dass Menschenwürde und Menschenrechte nicht nur wirklichkeitsfernes Ideal bleiben, sondern – manchen Rückschlägen zum Trotz – weltweit eine Realisierungschance haben. Die EMRK von 1950 konkretisierte erstmals das im Rahmen der Vereinten Nationen entworfene Konzept, die Menschenrechte zu einem festen Bestandteil der Völkerrechtsordnung zu machen. Angelegt war es bereits in der UN-Charta, noch deutlicher greifbar in der Allgemeinen Erklärung der Menschenrechte vom 10. Dezember 1948.[83] Nur zwei Jahre später wurde die EMRK zum „Versuchslabor, wo sich erweisen konnte und musste, ob es überhaupt realistisch und praktikabel ist, Menschenrechte mittels internationaler Verfahren zu schützen."[84] Die Weltpakte der Vereinten Nationen, Menschenrechtsverträ-

---

[80] Der Begriff *„common heritage"* geht zurück auf eine Formulierung des maltesischen Botschafters *A. Pardo* (1967), vgl. etwa *W.A. Kewenig*, Common Heritage of Mankind (...), in: FS Schlochauer, 1981, S. 385ff.

[81] Der Gedanke eines „Wohls der gesamten Menschheit", eines „Weltwohls" findet sich auch bei *F. de Vitoria, J. Soder*, Die Idee der Völkergemeinschaft, 1955, S. 58ff.; *C. W. Jenks*, The Common Law of Mankind, 1958, S. 17 et passim; *W. Friedman*, The Changing Structure of International Law, 1964; zu alldem auch *B. Fassbender*, Der Schutz der Menschenrechte als zentraler Inhalt des völkerrechtlichen Gemeinwohls, EuGRZ 2003, S. 1ff., 2f.

[82] Einschränkend sei mit *P. Häberle* darauf verwiesen, dass die Ebenen-Metapher nur relativen Wert hat; ihr eine hierarchische Stoßrichtung zu entnehmen, wäre ein Missverständnis, das auch in der „local remedies rule" keine Rechtfertigung findet.

[83] Resolution 217 A (III); zur Entstehungsgeschichte *P.-H. Teitgen*, Introduction to the European Convention on Human Rights, in: R. St. J. Macdonald/F. Matscher/H. Petzold (Hrsg.), The European System for the Protection of Human Rights, 1993, S. 3ff.

[84] *Ch. Tomuschat*, Individueller Rechtsschutz: das Herzstück des „ordre public européen" nach der Europäischen Menschenrechtskonvention, EuGRZ 2003, S. 95ff.

ge regionaler Verantwortungsgemeinschaften und zahlreiche Spezialkonventionen folgten, teils hinter dem Stand der EMRK zurückbleibend, teils mit neuen, weitergehenden Ideen. Sie alle haben den weltweiten Menschenrechtsdiskurs nachhaltig befruchtet und der Völkerrechtswissenschaft ganz neue Themenfelder eröffnet. Zu denken ist etwa an die Diskussion über die Legitimität der humanitären Intervention[85], an den Kosovo-Krieg, an den Kampf gegen den internationalen Terrorismus, die Beendigung des Taliban-Regimes in Afghanistan oder den Irak-Krieg, dessen völkerrechtliche Rechtfertigung nicht zuletzt auch deshalb so zweifelhaft erscheint, weil sich die Koalition gegen das Regime von *Saddam Hussein* nahezu ausschließlich auf die Existenz von Massenvernichtungswaffen stützte und Menschenrechtsfragen nicht (hinreichend) auf den Prüfstand einer kritischen internationalen Öffentlichkeit stellte.[86] Angesichts der möglichen Beispielsfülle müssen diese knappen Stichworte genügen. Sie bestätigen, was für die theoretische Einordnung und völkerrechtsdogmatische Bewertung der Souveränitätsfrage Prämisse ist: In der globalisierten Welt des 21. Jahrhunderts stehen nicht nur die Staaten, sondern auch die Individuen und gesellschaftlichen Gruppen in einem komplexen multinationalen Beziehungsgeflecht. Das Band, das „genuine link", zwischen Staatsangehörigem und „seinem" Staat wird dadurch nicht überflüssig, aber doch relativiert.[87] So wie der Begriff der Verfassung nicht rein staatsbezogen gedacht werden kann, ist die Souveränität nicht originär staatlich. Die Verfassung bzw. das Geflecht verfassender Teilordnungen, in das jedes Staatswesen eingebettet ist, schafft erst die Voraussetzungen für Souveränität. Daher ist die internationale Staatengemeinschaft in Sachen Menschenrechte selbst ein Stück weit souverän neben dem souveränen Nationalstaat. Für diese *verfassende Teilordnung* besitzt sie originäre Definitionsmacht, Handlungskompetenz und -verantwortung. Die Frage der effektiven Durchsetzung steht freilich auf einem anderen Blatt. Ist die Staatengemeinschaft in Sachen Menschenrechte selbst *„teilsouverän"*, so muss sie vor allem dort zum Schutz eben dieser Freiheiten und Rechte bereit sein, wo der nationale Verfassungsstaat versagt. Dem trägt die „local remedies rule" in den internationalen Menschenrechtspakten Rechnung: Sie will nicht nur die Entlastung der übernationalen Instanzen erreichen, sondern die vorrangige Zuständigkeit der nationalen Gerichte ist zudem Ausdruck von *Subsidiarität*. Die den Bürger unmittelbar betreffende Entscheidung soll vor Ort fallen. Nur wenn, soweit vorhanden, der innerstaatliche Rechtsweg erschöpft ist und hier – aus welchen Gründen auch immer – kein hinreichender Rechtsschutz ge-

---

[85] Aus der neueren Lit.: *H. Wilms*, Der Kosovo-Einsatz und das Völkerrecht, in: ZRP 1999, S. 227 ff.; *B. Laubach*, Angriffskrieg oder Humanitäre Intervention? Völkerrechtliche Aspekte der Nato-Luftschläge in Jugoslawien, in: ZRP 1999, S. 276 ff.; restriktiv *D. Blumenwitz*, Souveränität – Gewaltverbot – Menschenrechte, in: Politische Studien, Sonderheft 4/1999, S. 19 ff., 31 ff.; dagegen *A. Pradetto*, Die NATO, humanitäre Intervention und Völkerrecht, in: Aus Politik und Zeitgeschichte, B 11/99, S. 26 ff.; *D. Deiseroth*, „Humanitäre Intervention" und Völkerrecht, NJW 1999, S. 3084 ff.; monographisch aufgearbeitet ist der Diskussionsstand etwa bei *H. Endemann*, Kollektive Zwangsmaßnahmen zur Durchsetzung humanitärer Normen. Ein Beitrag zum Recht der humanitären Intervention, 1997, sowie *K. Ebock*, Der Schutz grundlegender Menschenrechte durch kollektive Zwangsmaßnahmen. Vom Interventionsverbot zur Pflicht zur humanitären Intervention?, 2000.

[86] Statt vieler *Ch. Tomuschat*, Völkerrecht ist kein Zweiklassenrecht. Der Irak-Krieg und seine Folgen, Vereinte Nationen 51 (2003), S. 41 ff.

[87] Vgl. *G. Nicolaysen*, Der Nationalstaat klassischer Prägung hat sich überlebt, in: FS U. Everling, Bd. II, 1995, S. 945 ff., 945.

währt wird, ist die Zuständigkeit der internationalen Instanz begründet. Die Völkergemeinschaft wird dann auf diesem Felde zum teilsouveränen Entscheidungsträger *im Dienste* des Menschen. Die Souveränität ist eine notwendige, auch im Zeitalter der Überstaatlichkeit unverzichtbare, in Art. 2 Nr. 1 SVN positivierte *Ordnungsidee* internationalen Zusammenlebens. Sie ist aber nicht als rechtfertigende Quelle gleichsam naturhaft vorgegeben, kein Zweck in sich selbst, nicht absolut, so wie die Freiheit niemals absolut sein kann.[88]

3. Die Idee eines Weltgesellschaftsvertrages

Die Idee, besser vielleicht: das konstruktive Ideal eines Weltgesellschaftsvertrages relativiert ebenfalls das überkommene Souveränitätsdenken. Ihre/seine historischen Wurzeln gehen zurück bis zur *civitas maxima* eines *Christian Wolff*: eine durch den Quasi-Vertrag konstituierte Menschheit, eine Gesellschaft der durch Menschenrechte und Menschenpflichten konstituierten Menschheit.[89] Die klassische, konsensorientierte Völkerrechtstheorie versteht demgegenüber die Souveränität als die entscheidende Grundlage zwischenstaatlichen Miteinanders und konzipiert die internationale Ordnung unter Rückgriff auf die Lehre vom contrat social als einen *Gesellschaftsvertrag zwischen souveränen Staaten*[90]. In der historischen Wirklichkeit greifbares Beispiel eines solchen – sonst oft nur fiktiv gedachten – Vertrages ist der Westfälische Friede. Er hat zugleich die Existenz einer souveränen europäischen Staatenwelt legitimiert und bezog doch seine eigene Legitimation wiederum aus der Doktrin von der souveränen Gewalt der vertragsschließenden Staaten.[91]

Diese Begründung trägt einen gewichtigen Widerspruch in sich, denn die Staaten haben ihren souveränen Status erst geschaffen und verweisen doch gerade auf eben diesen Status als legitimierende Quelle ihres Handelns.[92] Des Weiteren werden die Staaten im Sinne einer Analogie zum klassischen Gesellschaftsvertrag „vermenschlicht", den Individuen gleichgesetzt, die Beziehungen zwischen Staaten wie Beziehungen zwischen Individuen beschrieben. Die Souveränität der Staaten ist dabei Parallelbegriff zur Freiheit der Individuen[93], nämlich der freie Wille der Staaten, der durch nichts anderes gebunden werden kann als durch ihren *consensus*.[94] Das impliziert ohne jeden Zweifel die Idee einer einheitlichen Persönlichkeit des Staates, ein anthro-

---

[88] So auch die Kritik bei *N. Purvis*, Critical Legal Studies in Public International Law, in: Harvard International Law Journal 32 (1991), S. 81 ff., 100.

[89] *C. Wolff*, Jus naturae, VII, § 142; dazu *F. Cheneval*, Der präsumtiv vernünftige Konsens der Menschen und Völker – Christian Wolffs Theorie der civitas maxima, in: ARSP 85 (1999), S. 563 ff., 572.

[90] *N. Purvis*, Critical Legal Studies in Public International Law, in: Harvard International Law Journal 32 (1991), S. 81 ff., 93; vgl. auch *S. U. Pieper*, „The Clash of Civilizations" und das Völkerrecht, in: Rechtstheorie 29 (1998), S. 331 ff., 339f.

[91] Vgl. *M. Koskenniemi*, From Apology to Utopia, 1989, S. 73; *N. Purvis*, Critical Legal Studies in Public International Law, in: Harvard International Law Journal 32 (1991), S. 81 ff., 97.

[92] Ebd., S. 81 ff., 97; *D. Kennedy*, A New Stream of International Law Scholarship, Wis. International Law Journal, Vol. 7 (1988), S. 1 ff., 30f.

[93] Dazu *M. Koskenniemi*, From Apology to Utopia, 1989, S. 68f. und 262f.

[94] *Th. Franck*, Legitimacy in the International System, American Journal of International Law 82 (1988), S. 705 ff., 759; siehe auch *E. Grabitz*, Freiheit und Verfassungsrecht, 1976, S. 166.

pomorphes Bild vom Staat im *Jellinek*schen Sinne[95]. Einheitlicher Staatswillensbildung folgt ein einheitlicher Staatswille.[96] Die Nähe zum Bild des souveränen Herrschers, der den absolutistischen Staat personifiziert, ist nicht zufällig.[97] Ein solchermaßen in verpersonifizierter Staatlichkeit verorteter Souveränitätsbegriff verdeckt letztlich nur die pluralistische Vielfalt all derer, die den Staat konstituieren. So wie der Staat aus pluralistischer Vielheit entsteht, lebt auch die internationale Gemeinschaft nicht nur aus dem Wollen souveräner Staaten. An ihr sind vielmehr alle gesellschaftlichen Kräfte von den Wirtschaftsverbänden über die Massenmedien bis hin zum Individuum beteiligt. In gemeinwohlorientierter Verantwortung für gegenwärtige und künftige Generationen müssen sie ihre Gemeinschaft immer neu gestalten. Das Bild vom „Weltgesellschaftsvertrag" charakterisiert diesen Vorgang sehr viel besser als alle Staatswillenstheorien.

IV. Der Souveränitätsbegriff heute, eine Zusammenschau der Perspektiven

1. *Souveränität im Dienste des Menschen*

Die entwicklungsgeschichtlich, verfassungsstaatlich und völkerrechtlich angeleiteten Annäherungsversuche an den Souveränitätsbegriff müssen nun in thesenartiger Zuspitzung zusammengeführt werden. Dabei wird der Blick frei für den tieferen, gemeinsamen Bezugspunkt aller drei Dimensionen: den Menschen, der in verfasster Freiheit leben will. Nur ein dem Menschen *dienendes, instrumentales* Souveränitätsverständnis kann dieser menschenrechtlichen Prämisse jeder Form von Herrschaftsausübung gerecht werden. Souveränität meint weder die absolute Vollmacht des Monarchen noch umschreibt sie den Mythos von der bindungsfreien Urgewalt eines nur vermeintlich homogenen Volkes. Vielmehr gründet sie in der Selbstbestimmung des Einzelnen als einem zentralen Element seiner menschlichen Würde und seiner gestaltenden, aktivbürgerlichen Rolle im Verfassungsstaat und den ihn umhegenden politischen Gemeinwesen.[98] Die *Welt*-Karriere des europäisch-nordamerikanischen Verfassungsbegriffs nach der Amerikanischen und der Französischen Revolution wurzelt in dem Verständnis, dass Verfassung *an sich* die Einrichtung souveräner menschlicher Selbstbestimmung verheißt.[99] Die Selbstbestimmung des Individuums hat sich zur

---

[95] S. *H. Heller*, Die Souveränität (1927), in: ders., Gesammelte Schriften, Bd. 2, 1971, S. 31 ff., 120; *E. Grabitz*, Freiheit und Verfassungsrecht, 1976, S. 177; vgl. auch *D. Tsatsos*, Die Europäische Unionsgrundordnung, EuGRZ 1995, S. 287 ff., 290; *G.-C. von Unruh*, Grundgedanken zur Entwicklung des neuzeitlichen Verfassungsstaates, BayVBl. 1999, S. 11 ff., 13.

[96] Vgl. *H. Heller*, Die Souveränität (1927), in: ders., Gesammelte Schriften, Bd. 2, 1971, S. 31 ff., 63; dazu *M. W. Hebeisen*, Souveränität in Frage gestellt, 1995, S. 455 ff.

[97] *H. Preuß*, Gemeinde, Staat, Reich, 1899, S. 105.

[98] So *I. Pernice*, Europäisches und nationales Verfassungsrecht, VVDStRL 60 (2001), S. 148 ff., 162; vgl. auch *S. Oeter*, Souveränität – ein überholtes Konzept?, FS H. Steinberger, 2002, S. 259 ff.

[99] *H. Hofmann*, Von der Staatssoziologie zu einer Soziologie der Verfassung, JZ 1999, S. 1065 ff.: „Was die Menschen überwältigte, war das positive Gefühl, durch eine Verfassung in einem allumfassenden Sinne zu Herren des eigenen Schicksals zu werden, allein und gemeinsam, jeder für sich und alle zusammen (…)". Daneben sei verwiesen auf *G. F. Schuppert*, Überlegungen zur demokratischen Legitimation des eu-

Konstituente des post-revolutionären Verfassungs- und des modernen Souveränitätsbegriffs entwickelt. So wie der Staat um des Menschen willen da ist und zugleich
„menschlich" wie „menschheitsbezogen"[100] gedeutet werden muss, legitimiert sich
Souveränität aus Sicherung menschlicher Freiheit, zu der es eben durchsetzungsmäch-
tiger legislativer, exekutiver und judikativer Gewalt bedarf.[101] Der Staat ist „Realisa-
tionsform von Freiheit"[102], sein Rechtsdurchsetzungs- und Gewaltmonopol effekti-
viert den Menschenrechtsschutz.[103] Gebunden ist er dabei aber auch an die überstaatlichen Menschenrechtsgarantien, gegen die er Souveränität nicht mehr wie einen ex-
klusiven Schutzpanzer ins Feld führen kann. Die internationalen Menschenrechtspakte, die regionalen Pakte wie die AMRK und die EMRK, neuerdings die EU-Grund-
rechtecharta und bald – ist zu hoffen – eine Europäische Verfassung *konkretisieren* vielmehr den *Souveränitätsauftrag* des Staates. *Menschenrechtlich* war und ist die Souveränität
nie durch eine *uneingeschränkte* Gestaltungsmacht des Staates definiert. Die Menschenrechte selbst dirigieren Handlungsspielräume und Handlungsvollmachten staatlich
wie staatenübergreifend verfasster politischer Einheiten. Der tschechische Präsident *V.
Havel* hat dafür eine treffende Formel gefunden:

> „Die Souveränität der Gemeinde, der Region, des Volkes, des Staates, jegliche höhere Souverä-
> nität hat nur dann Sinn, wenn sie von der in der Tat einzigen originalen Souveränität abgeleitet
> ist, nämlich von der Souveränität des Menschen, die ihren politischen Ausdruck in der Souve-
> ränität des Bürgers findet."[104]

2. *Kooperative Souveränitätsverflechtungen*

Verfassungs- und Völkerrecht beleuchten gerade durch ihre mannigfachen Wech-
selwirkungen die Wirklichkeit des offenen, kooperativen Verfassungsstaates.[105] Das
Kooperationsmodell führt letztlich zu *kooperativen Souveränitätsverflechtungen*.[106] Schon
R. Smend hat die Beziehungen zwischen Staaten als solche „geistigen Austausch(es)

---

ropäischen Regierungssystems, FS D. Rauschning, 2001, S. 201 ff., 204; *A. Peters*, Elemente einer Theorie
der Verfassung Europas, 2001, S. 95 ff.

[100] *H. Heller*, Staatslehre, 6. Aufl. 1983, S. 36.

[101] Dazu *W. Hennis*, Das Problem der Souveränität, 1951, S. 37.

[102] *W. Pauly*, Hegel und die Frage nach dem Staat, Der Staat 39 (2000), S. 381 ff., 395.

[103] *H. Krüger*, Allgemeine Staatslehre, 1966, S. 528: „Der Staat ist daher nicht etwa das Gegenteil oder
der Gegner –, er ist die Wirklichkeit und die Voraussetzung von Recht und Freiheit." *P. Pernthaler*, Grund-
rechtsdogmatik und allgemeine Staatslehre, FS F. Ermacora, 1988, S. 605 ff., 606; *W. Brugger*, Menschenrechte im modernen Staat, AöR 114 (1989), S. 537 ff., 537 f., auch 557; *H. Hofmann*, Menschenrechtliche
Autonomieansprüche, JZ 1992, S. 165 ff., 170 f.; *ders.*, Geschichtlichkeit und Universalitätsanspruch des
Rechtsstaats, Der Staat 34 (1995), S. 1 ff.; *W. Schreckenberger*, Der moderne Verfassungsstaat und die Idee
der Weltgemeinschaft, Der Staat 34 (1995), S. 503 ff., 509; *J. Isensee*, Die alte Frage nach der Rechtfertigung des Staates, JZ 1999, S. 265 ff., 270; *H.-P. Schneider*, 50 Jahre Grundgesetz, NJW 1999, S. 1497 ff.,
1499; *E. Denninger*, Die Wirksamkeit der Menschenrechte in der deutschen Verfassungsrechtsprechung,
JZ 1998, S. 1129 ff., 1129.

[104] *V. Havel*, Die Herrschaft der Gesetze, in: *ders.*, Sommermeditationen, 2. Aufl. 1994, S. 14 ff., 27.

[105] *P. Häberle*, Der kooperative Verfassungsstaat (1978), in: *ders.*, Verfassung als öffentlicher Prozess,
3. Aufl. 1998, S. 407 ff.

[106] Zum Problem „der Verantwortungszurechnung in Kooperationsgeflechten" siehe *U. di Fabio*, Das
Recht offener Staaten, 1998, S. 126 f.

und Lebens, d.h. gegenseitiger Gestaltung und Selbstgestaltung"[107] beschrieben. Je intensiver der moderne Leistungsstaat seine Aufgaben nicht mehr allein, sondern nur noch im Zusammenwirken mit anderen Staaten wahrnehmen kann, umso prekärer wird – wie bereits ausgeführt – die Kluft zwischen tatsächlicher Gemeinschaftsgebundenheit[108] und der Doktrin souveräner Autarkie. Der Bereich der Wirtschaft gibt ein mustergültiges Beispiel. Auf Zusammenarbeit angewiesen, hat der Staat allenfalls noch „die Position eines regional wirksamen Widerlagers gegenüber globalen Verkehrsvorgängen" inne, er wird „regionales Verdichtungszentrum im Gefüge überstaatlicher Machtkonstellationen"[109]. Seine Einzigkeit, Ausschließlichkeit und Monopolstellung gehören der Vergangenheit an. Kann der Nationalstaat z.B. Maßnahmen der Wirtschaftspolitik oder des Umweltschutzes entweder nur in staatenübergreifender Kooperation oder überhaupt nicht wahrnehmen, so ist jede Form der Vergemeinschaftung dieser Materie ein schlichter Akt der *Souveränitätssicherung*. Für die Sicherheits- und Verteidigungspolitik, den weltweiten Kampf gegen den Terrorismus gilt das Gleiche. Das Parallelphänomen findet sich auch im Inneren des Staates. Öffnet er sich nicht der Kooperation mit der Bürgergesellschaft, verliert er auch hier ein Stück seiner „Souveränität" im Sinne souveräner Gestaltungsmacht:

„Die personale Einheit des Staates, seine Souveränität, wie sie in monarchischer Tradition genannt wird, wandelt sich nach innen und außen. Dieselben funktionalen Kräfte der industriell-bürokratischen Gesellschaft, die nach innen zur Aufgliederung der Gesellschaft in Gruppen, zu Pluralismus und einer ihm gemäßen Umbildung der staatsrechtlichen Institutionen drängen, führen nach außen zu neuen Zusammenfassungen, die die zwischenstaatlichen zu überstaatlichen Institutionen verdichten."[110]

Der kooperative Aspekt bedingt zwingende Konsequenzen. „Im staatsrechtlichen Begriffe der Souveränität muss die Tatsache der Neben- und Zusammenordnung der Staaten als materiales Moment so gut enthalten sein, wie ihm vom Eigenwert des Menschen seine Grenzen bestimmt werden."[111] Anders formuliert: Der materielle Souveränitätsbegriff baut auf einer doppelten Prämisse auf. Er gründet, wie der Verfassungsstaat selbst, in der Menschenwürde und dem Eigenwert der Person als „anthropologischer Prämisse"[112] und enthält zugleich die Dimension der Kooperation, da

---

[107] R. *Smend*, Verfassung und Verfassungsrecht, 1928, S. 65.

[108] H. *Mosler*, The International Society As a Legal Community, 1980; A. *Cassese*, International Law in A Divided World, 1986; A. *Paulus*, Die internationale Gemeinschaft im Völkerrecht, 2001; M. *Nettesheim*, Das kommunitäre Völkerrecht, JZ 2002, S. 569 ff.

[109] R. *Grawert*, Der Deutschen supranationaler Nationalstaat, FS E.-W. Böckenförde, 1995, S. 125 ff., 142; zu Wachstum und Wandel der Verwaltungsaufgaben R. *Mayntz*, Soziologie der öffentlichen Verwaltung, 4. Aufl. 1997, S. 45 ff.

[110] H. *Bülck*, Der Strukturwandel der internationalen Verwaltung, Recht und Staat in Geschichte und Gegenwart, Heft 247, 1962, S. 23.

[111] W. *Hennis*, Das Problem der Souveränität, 1951, S. 131. Verwiesen sei auch auf das erstmals von der Staatsrechtslehrertagung im Jahre 1959 zum Thema gemachte Spannungsverhältnis von Grundgesetz und durch internationale Staatengemeinschaft ausgeübte öffentliche Gewalt. G. *Erler*, Das Grundgesetz und die öffentliche Gewalt internationaler Staatengemeinschaften, VVDStRL 18 (1960), S. 7 ff., 8, sieht durch „die Möglichkeit der Ausübung einer öffentlichen Gewalt im Bundesgebiet (…), die nicht der deutschen Staatsgewalt entspringt" zu Recht den „Grundsatz der *Geschlossenheit* und *Ausschließlichkeit* der Staatsgewalt" in Frage gestellt.

[112] P. *Häberle*, Die Menschenwürde als Grundlage der staatlichen Gemeinschaft, HStR, Bd. I, 2. Aufl.

für den gegenwärtigen Staat weniger die abstrakte Größe der Souveränität kennzeichnend ist als vielmehr die Vielzahl seiner rechtlichen und tatsächlichen Bindungen.[113] War historisch die Souveränität ein Ergebnis von Herrschaftskonzentration in der einen Hand des Souverän[114], hat sie so ihre Inhalte gewonnen und wurde erst nach und nach verfassungsstaatlich aufgefangen, so muss heute die souveräne Macht wieder *dekonzentriert* werden. Maßgaben sind die „kollektive Wahrnehmung der Souveränität" und das Subsidiaritätsprinzip als „Bedingung der Souveränitätsverwirklichung".[115] Subsidiär-teilsouveräne Entscheidungseinheiten verschmelzen zu der Wirkungseinheit, aus der nicht nur Europa Inhalt, Form und Verfassung gewinnt.[116]

Der für die Verfassungs- wie für die Völkerrechtslehre gleichermaßen gültige Souveränitätsbegriff setzt dieses kooperative Element bereits voraus. Öffentliche Gewalt, heute gleichermaßen von staatlichen wie in Integrationsprozessen gewachsenen staatenübergreifenden Einheiten ausgeübt, kann nicht mit den eindimensionalen Kategorien einer positivistischen Staatslehre erklärt, sondern muss aus der Wirklichkeit der globalisierten Staatenwelt erschlossen werden.[117] Die nationalen Verfassungstexte leisten dazu ihren unverzichtbaren Beitrag. So weist das deutsche Grundgesetz in seiner Präambel, in Art. 23, 24 und 25, wie es *K. Hesse* pointiert zuspitzt, „über sich selbst hinaus".[118] Neue terminologische Versuche lösen das „absolute Zuhöchst-Sein" als Souveränitätscharakteristikum ab. Das Zusammenspiel relativer Kompetenzhoheiten, „geteilte Souveränität"[119], „internationale Organisationsgewalt", oder „supranationale Integrationsgewalt"[120] eröffnen in doppeltem Wortsinne *weitere* Perspektiven. Das gängige Bild von der „Überlagerung" staatlicher Souveränität durch das Völker- bzw.

1995, S. 815 ff.; für die internationale Gemeinschaft daran anknüpfend *M. Kotzur*, Theorieelemente des internationalen Menschenrechtsschutzes, 2001, S. 217 ff.

[113] Vgl. *Ch. Tomuschat*, Die internationale Gemeinschaft, Archiv des Völkerrechts 33 (1995), S. 1 ff., 20; *Ch. Walter*, Die Folgen der Globalisierung für die europäische Verfassungsdiskussion, DVBl. 2000, S. 1 ff., S. 7, spricht vom Wandel des souveränen Nationalstaates zum rechtlich gebundenen Mitgliedstaat. Neben den bereits angesprochenen menschenrechtlichen Bindungen spielen auch die umweltrechtlichen eine große Rolle, siehe z. B. *M. Haedrich*, Internationaler Umweltschutz und Souveränitätsverzicht, Der Staat 29 (2000), S. 547 ff.

[114] *W. Mößle*, Regierungsfunktionen des Parlaments, 1986, S. 6.

[115] *D. Th. Tsatsos*, Die Europäische Unionsgrundordnung im Schatten der Effektivitätsdiskussion, EuGRZ 2000, S. 517 ff., 520; siehe auch *K. Hailbronner*, Aufgabe von Souveränitätsrechten als EU-Mitglied – deutsche Erfahrungen, FS H. Maurer, 2001, S. 97 ff., 103.

[116] In der „Gründerzeit" der Europäischen Gemeinschaften sprach *W. Thieme*, Das Grundgesetz und die öffentliche Gewalt internationaler Staatengemeinschaften, VVDStRL 18 (1960), S. 50 ff., 55, von einer „partielle(n) Einschmelzung der Souveränität der Mitgliedstaaten durch die Errichtung der Gemeinschaft." Für den kooperativen Verfassungsstaat heutiger Entwicklungsstufe scheint das Bild einer „Verschmelzung" teilsouveräner Entscheidungsbefugnisse angemessener; dazu aus der Lit.: *P. Häberle*, Das Grundgesetz als Teilverfassung im Kontext der EU/EG – eine Problemskizze, FS H. Schiedermair, 2001, S. 81 ff., 82 f.; siehe schon *ders.*, Europa – eine Verfassungsgemeinschaft, in: *ders.*, Europäische Verfassungslehre in Einzelstudien, 1999, S. 84 ff., S. 100 ff.

[117] In diesem Sinne schon die „wissenschaftstheoretische Conclusion" bei *J. H. Kaiser*, Bewahrung und Veränderung demokratischer und rechtsstaatlicher Verfassungsstruktur in den internationalen Gemeinschaften, VVDStRL 23 (1966), S. 1 ff., 26.

[118] *K. Hesse*, Grundzüge des Verfassungsrechts der Bundesrepublik Deutschland, 20. Aufl. 1995 (Neudruck 1999), Rn. 11.

[119] *I. Pernice*, Europäisches Verfassungsrecht im Werden, in: H. Bauer u. a. (Hrsg.), Ius Publicum im Umbruch, 2000, S. 25 ff., 37.

[120] So *S. Hobe*, Der kooperationsoffene Verfassungsstaat, Der Staat 37 (1998), S. 521 ff., 545.

Europarecht ist letztlich nicht exakt. Nicht eine Hoheitssphäre überlagert die andere, sondern unterschiedliche Kompetenzbereiche und Hoheitsräume werden *einander zugeordnet*, zu einem *ineinandergreifenden Mechanismus* verbunden. Der typische Normenkanon, der die verfassungsstaatliche Entscheidung für die internationale Zusammenarbeit manifestiert, *strukturiert* Souveränität denn auch eher als er sie *verlagert*. Die Relativierung der Souveränität führt nicht zu ihrer Verabschiedung, vielmehr zu deren *struktursichernder* Neuinterpretation.

Ausblick und Schluss

Souveräne Gestaltungsmacht und das rechtliche Gewand, in das sie gefasst ist, werden von der Wirklichkeit politischer Gemeinschaftsbildung gesteuert, sie sind historisch bedingt. Die Diskussion um die Souveränität bleibt ein Kind ihrer jeweiligen Zeit, doch darf sie nicht dem Zeitgeist zum Opfer fallen: weder jenen Stimmen, die sie aus der juristischen Begriffswelt „postnational" dekonstruieren, gar verabschieden, noch jenen, die sie zum überzeitlichen Mythos homogener Einheit stilisieren wollen. Dass in unterschiedlichen Kultur- und Verfassungsräumen die kooperative Öffnung des Verfassungsstaates unterschiedlich stark fortgeschritten sein mag, bestätigt anhand der entwicklungsabhängigen „Ungleichzeitigkeiten" nur die Zeitlichkeit des Souveränitätstopos. *Überzeitlich* ist nur ein Bezugspunkt, auf den es allerdings in jeder Verfassungsordnung entscheidend ankommt: die „Souveränität des Menschen, die ihren politischen Ausdruck in der Souveränität des Bürgers findet."[121]

---

[121] Noch einmal *V. Havel*, Die Herrschaft der Gesetze, in: *ders.*, Sommermeditationen, 2. Aufl. 1994, S. 14ff., 27, siehe bereits Fn. 104.

Wo steht das Gewaltverbot heute?

Das Völkerrecht nach dem Irakkrieg[*]

von

Prof. Dr. Rudolf Streinz

Bayreuth/München

I. Einleitung:
Das Gewaltverbot in der Krise nach dem Irakkrieg

Nach dem 11. September 2001 wurde gesagt, nichts sei mehr wie es vorher war. Das Datum ist heute noch fast ein feststehender Begriff. Wie steht es mit dem 19./20. März 2003[1]? Nach anfänglichen beachtlichen, aber in Motivation und Dauerwirkung noch genauer zu analysierenden Protestwellen gegen den Irakkrieg scheint man nach dessen (vielleicht verdächtig) schnellem Ende – allerdings mit fortwirkenden Kampf-handlungen, deren Todesopfer nur noch beiläufig registriert werden[2] – zur Tagesord-nung überzugehen – in der Öffentlichkeit und (dies ist auch völkerrechtlich relevant) auch in der Staatenpraxis.

---

[*] Dieser Beitrag basiert auf Vorträgen des Autors beim Österreichischen Völkerrechtstag am 19. 6. 2003 in Schärding und an der Universität Bayreuth sowie einem Seminar zu Grundfragen des Völkerrechts an der Universität Bayreuth.

[1] Vgl. zum Beginn des Krieges *Sean D. Murphy*, Contemporary Practice of the United States relating to International Law, AJIL 97 (2003), S. 419 (425).

[2] Ausnahme: Das Überschreiten der Zahl der im Krieg getöteten US-Soldaten durch die seit dem 1. Mai 2003 getöteten (Kampfhandlungen oder Unfälle) US-Soldaten. An diesem Tag hatte US-Präsident Bush das Ende der „größeren Kampfhandlungen" („major combat over") erklärt (Rede an Bord des Flug-zeugträgers „Abraham Lincoln", in deutscher Übersetzung auszugsweise in: Internationale Politik 5/2003, S. 108 ff.). Seitdem wurden (bis 27. August 2003) 140 US-Soldaten getötet. Vgl. The Wall Street Journal Europe vom 27. 8. 2003, S. 1, 3 („U.S. deaths in Iraq topped a grim milestone") und Financial Times Deutschland vom 27. 8. 2003, S. 15 („Iraks Befriedung kostet USA mehr Opfer als der Krieg"). Zu-nehmend erleiden auch die im (schiitischen) Süden des Iraks stationierten Briten Verluste. Hinzu kommen Verluste der anderen Besatzungsmächte sowie die bei Kampfhandlungen oder „versehentlich", aber auch bei Terroranschlägen (bei einem Anschlag in Nadschaf am 29. 8. 2003 kamen 107 Menschen ums Leben, unter ihnen mit Mohammed Bakir Hakim einer der wichtigsten Führer der Schiiten) getöteten Iraker so-wie die bei einem Bombenanschlag (nach eigenem Bekunden der Terrororganisation Al-Kaida, vgl. Fi-nancial Times Deutschland vom 26. 8. 2003, S. 15) am 19. 8. 2003 getöteten Mitarbeiter der Vereinten Nationen.

Angesichts der Verlautbarungen der US-Regierung stand spätestens seit Herbst 2002[3] fest, dass gegen den von Saddam Hussein beherrschten Irak Krieg geführt werden wird, und zwar zu dessen Sturz („to topple Saddam"), unabhängig von den Ergebnissen der UN-Waffeninspektionen und notfalls auch ohne die Legitimation durch ein Mandat des Sicherheitsrats der Vereinten Nationen. Jüngste Erklärungen seitens der US-Regierung angesichts bislang fehlender Funde von „Massenvernichtungswaffen" bestätigen dies.[4] Ein eigenes Thema wäre die Motivation der Briten, während die Motivation der anderen „Willigen" auf der Hand liegen dürfte. Dies gilt zum Teil allerdings auch für die unterschiedlichen Motive der „Unwilligen", was aber eine genauere und differenzierte Analyse verdiente. Somit ist der Stand des Gewaltverbots „heute" mit einem großen Fragezeichen zu versehen. Denn nach einem Angriff, der nach fast einhelliger Ansicht, abgesehen von den unmittelbar Beteiligten, die sich auf die zugegeben bewusst kompromissbedingt unklar offen formulierte Resolution 1441[5], hilfsweise auch auf die alten Golfkriegsresolutionen 678[6] in Verbindung mit 687[7] und, so die USA, auch auf das Selbstverteidigungsrecht des Art. 51 SVN beriefen[8], der rechtlichen Argumentation aber kaum entscheidende Bedeutung zumaßen, sich immerhin aber um eine solche bemühten, weder durch einen Beschluss des Sicherheitsrats der Vereinten Nationen noch durch einen anderen anerkannten Ausnahmetatbestand vom Gewaltverbot gedeckt war, musste das Gewaltverbot in eine Krise

---

[3] Vgl. auch die Tendenz der Joint Resolution To authorize the use of United States Armed Forces against Iraq vom 16.10. 2002, ILM 41 (2002), S. 1440ff.; deutsche Übersetzung in Internationale Politik 12/2002, S. 93ff.

[4] Vgl. z.B. die Erklärungen des stellvertretenden US-Verteidigungsministers Paul Wolfowitz vom 30. 5. 2003 auf einer Sicherheitstagung in Singapur, Financial Times Deutschland vom 31. 5. 2003, und zuletzt *Michael Dobbs*, U.S. Adjusts Rationale for Iraq War, The Wall Street Journal Europe vom 9. 9. 2003, S. 12. Ungeachtet des Verhaltens des irakischen Diktators Saddam Hussein stellen sich die seitens der USA und des Vereinigten Königreichs den Vereinten Nationen und der Öffentlichkeit präsentierten Berichte als zumindest übertrieben heraus, wobei einzelne „Beweise" von Anfang an als (zum Teil plumpe) Fälschungen erkennbar waren. Vgl. z.B. zum Eingeständnis von US-Präsident Bush hinsichtlich des Berichts über angebliche Versuche des Irak, Uran in Afrika zu kaufen, The Wall Street Journal Europe vom 31. 7. 2003, S. 2; zu Manipulationen des US-Außenministers Colin Powell in seiner Rede vor dem Sicherheitsrat der Vereinten Nationen am 5. 2. 2003 Financial Times Deutschland vom 30. 7. 2003, S. 13. Vgl. zuletzt *David Rogers*, U.S. Case for War Overstated Drones, The Wall Street Journal Europe vom 10. 9. 2003, S. 1. Im Vereinigten Königreich läuft eine Untersuchung nach dem Freitod des Waffenexperten Kelly, vgl. The Wall Street Journal Europe vom 27. 8. 2003, S. 1 („Blair to Face Tough Hearing on Iraq") und vom 29. 8. 2003, S. 1 („Blair Stands Firm Over Iraq Dossier"). Vgl. generell dazu z.B. Financial Times Deutschland vom 2. 6. 2003 („Irak-Krieger kämpfen um Glaubwürdigkeit"); Neue Zürcher Zeitung vom 5. 9. 2003 („Der Irak als Mühlstein an Blairs Hals").

[5] Resolution 1441 (2002) des Sicherheitsrats vom 8. 11. 2002; ILM 42 (2003), S. 250ff.; deutsche Übersetzung in VN 2002, S. 232ff.

[6] Resolution 686 (1991) des Sicherheitsrats vom 2. 3. 1991; deutsche Übersetzung in VN 1991, S. 73f.

[7] Resolution 687 (1991) des Sicherheitsrats vom 3. 4. 1991; ILM 29 (1990), S. 1565ff.; deutsche Übersetzung in VN 1991, S. 74ff.

[8] Vgl. die Ansprachen von Präsident Bush vom 17. 3. 2003 an die Nation zum Irak-Ultimatum (Internationale Politik 5/2003, S. 82ff.) und vom 20. 3. 2003 zum Irak-Krieg (ebd., S. 92ff.), die Eröffnung der Irak-Debatte durch den britischen Premierminister Blair am 18. 3. 2003 (ebd., S. 86ff.) sowie die gemeinsame Stellungnahme von Bush und Blair zum Irak-Krieg vom 8. 4. 2003 in Hillsborough Castle (ebd., S. 100ff.). Schreiben der USA, des Vereinigten Königreichs und Australiens vom 21. 3. 2003 an den Präsidenten des Sicherheitsrats der Vereinten Nationen, UN Doc. S/2003/351 bzw. 350 bzw. 352. Vgl. dazu *Murphy* (Fn. 1), AJIL 2003, S. 427f.

geraten und mit ihm das System der Vereinten Nationen und des gegenwärtigen Völkerrechts überhaupt, baut dieses doch auf dem Gewaltverbot, dem der Charakter von ius cogens zuerkannt wird[9], auf.

Die Bedeutung der „Militäraktion" gegen den Irak wurde seitens der Völkerrechtler erkannt. Die ablehnenden und warnenden Reaktionen waren, was die professionellen Völkerrechtler betrifft, in Deutschland fast einhellig[10] und international überwiegend, in den USA selbst zumindest gespalten[11]. Die vereinzelte Stimme, die einen Bruch des Völkerrechts strikt verneinte, bestritt wegen ständig abweichender Staatenpraxis seit 1945 den Fortbestand des Gewaltverbots überhaupt, nahm dessen Desuetudo an. Und dies nicht etwa als rechtfertigendes Gutachten („Aber beeile Er sich, denn die Ordres an die Armee sind schon hinaus"[12]), sondern bedauernd[13]. Die strikt ablehnenden und warnenden Stimmen übersehen aber auch nicht, dass das Gewaltverbot angesichts der Defizite des Systems der Friedenssicherung der Vereinten Nationen und insbesondere angesichts neuer Herausforderungen, insbesondere massiver Menschenrechtsverletzungen, von Staaten ohne effektive Staatsgewalt („Failed State") und vor allem des Terrorismus, durchaus fragwürdig im Sinne einer Frage würdig war.

Diese Frage wird nicht erst anlässlich des Irakkriegs gestellt. Aktuelle Anlässe waren insbesondere die Intervention der NATO im Kosovo-Konflikt mit den Luftangriffen in Jugoslawien[14] und der Angriff auf Afghanistan zum Sturz des Taliban-Regimes

---

[9] Vgl. *Alfred Verdross/Bruno Simma*, Universelles Völkerrecht, 3. Aufl. 1984, § 96; *Georg Dahm/Jost Delbrück/Rüdiger Wolfrum*, Völkerrecht, Bd. I/3, 2. Aufl. 2002, S. 822 mwN; *Horst Fischer*, Gewaltverbot, Selbstverteidigungsrecht und Intervention im gegenwärtigen Völkerrecht, in: Knut Ipsen, Völkerrecht, 4. Aufl. 1999, § 59, Rn. 27. Zum Problem der Tragweite der gewohnheitsrechtlichen Geltung vgl. aber *Albrecht Randelzhofer*, in: Bruno Simma (Hrsg.), The Charter of the United Nations. A Commentary, 2. Aufl. 2002, Art. 2 (4), Rn. 61 ff., 66. Kritisch *E. N. Luttwark*, Give War a Chance, Foreign Affairs 78 (1999), S. 36 ff.

[10] Vgl. z.B. (vor dem bevorstehenden Krieg) *Dieter Murswiek*, Die amerikanische Präventivkriegsstrategie und das Völkerrecht, NJW 2003, S. 1014 (1015 ff.) mwN und gründlicher Auseinandersetzung mit möglichen Gegenargumenten; *Rainer Hofmann*, International Law and the Use of Military Force Against Iraq, GYIL 45 (2002), S. 9 (10 ff., 15 ff.) mwN und Untersuchung aller möglichen Rechtfertigungsgründe; ebenso *Christian Schaller*, Massenvernichtungswaffen und Präventivkrieg – Möglichkeiten der Rechtfertigung militärischer Intervention im Irak aus völkerrechtlicher Sicht, ZaöRV 62 (2002), S. 641 ff.; *Christian Tomuschat*, Der selbstverliebte Hegemon, Internationale Politik 5/2003, S. 39 (40 ff.) Die Deutsche Gesellschaft für Völkerrecht fasste auf ihrer Jahrestagung in Freiburg am 14.–17. März 2003 eine kritische Resolution.

[11] So nach einem Bericht von der 97. Jahrestagung der American Society of International Law vom 2.–5. April 2003 in Washington. Vgl. auch ASIL Insight, Armed Force in Iraq (March 2003), and Addendum (April 2003) mit Argumenten pro und contra. Vgl. zuletzt die Beiträge in AJIL 97 (2003), S. 553 ff. („Agora: Future Implications of the Iraq Conflict") von *Lori Fisler Damrosch/Bernard H. Oxman, Wiliam H. Taft IV/Todd. F. Buchwald, John Yoo, Ruth Wedgwood, Richard N. Gardner, Richard A. Falk, Miriam Shapiro, Thomas M. Franck, Tom J. Farer* und *Jane E. Stromseth*.

[12] Vgl. zu diesem Befehl Friedrichs des Großen an seinen Staatskanzler Podewils vor dem Ersten Schlesischen Krieg *Otto Kimminich/Stephan Hobe*, Einführung in das Völkerrecht, 7. Aufl. 2000, S. 41 f.

[13] *Michael J. Glennon*, The Fog of Law: Self-Defense, Inherence, and Incoherence in the United Nations Charter, Harvard Journal of Law and Public Policy 25 (2002), S. 539 ff.; *ders.*, Focus 13/2003, S. 43. Zur Gegenposition vgl. *Benjamin B. Ferencz*, Focus 13/2003, S. 42 sowie mit eingehender Argumentation *Mary Ellen O'Connell*, The Myth of Preemptive Self-Defense, ASIL Task Force on Terrorism, 2002, S. 14 f.

[14] Vgl. z.B. (aus der zahlreichen Literatur) *Daniel Thürer*, Der Kosovo Konflikt im Sinne des Völkerrechts: Von drei -echten und scheinbare- Dilemmata, AVR 38 (2000), S. 1 ff. (mit ausführlichen Literaturhinweisen auf S. 4 f., Fn. 10); *Michael Bothe/ Bernd Martenczuk*, Die NATO und die Vereinten Nationen

nach den Terrorangriffen des 11. September 2001[15]. Die Deutsche Gesellschaft für Völkerrecht widmete sich 1985 den Grenzen des völkerrechtlichen Gewaltverbots[16], 1996 dem Problem des „Failed State"[17]. Die einschlägige Literatur, auch von Monographien wie z.B. „Gewalt für den Frieden"[18], „Eingreifen auf Einladung"[19], „Humanitäre Intervention"[20], Krieg, Aggression und Selbstverteidigung[21], „Gewaltverbot und Selbstverteidigungsrecht nach der Satzung der Vereinten Nationen bei staatlicher Verwicklung in Gewaltakte Privater"[22], einseitige Gewaltanwendung durch Staaten im Völkerrecht[23] und „Der Schutz grundlegender Menschenrechte durch kollektive Zwangsmaßnahmen der Staatengemeinschaft. Vom Interventionsverbot zur Pflicht zur humanitären Intervention?"[24], ist fast unüberschaubar. Vieles ist in dieser Grund-

---

nach dem Kosovo-Konflikt, VN 1999, S. 125ff.; *Knut Ipsen*, Der Kosovo-Einsatz – Illegal? Gerechtfertigt? Entschuldbar?, Die Friedens-Warte 1999, S. 19ff.; *Louis Henkin*, Kosovo and the Law of „Humanitarian Intervention", AJIL 93 (1999), S. 824ff.; *Bruno Simma*, NATO, the UN and the use of force. Legal Aspects, EJIL 1999, S. 1ff.; *Christian Tomuschat*, Völkerrechtliche Aspekte des Kosovo-Konflikts, Die Friedens-Warte 1999, S. 33ff.; *Peter Hilpold*, Humanitarian Intervention: Is There a Need for a Legal Reapprisal?, EJIL 12 (2001), S. 437 (438ff.) *Christian Lange*, Zu Fragen der Rechtmäßigkeit des NATO-Einsatzes im Kosovo, EuGRZ 1999, S. 313ff.; *Rüdiger Zuck*, Der Krieg gegen Jugoslawien, ZRP 1999, S. 225ff.; *Heinrich Wilms*, Der Kosovo-Einsatz und das Völkerrecht, ZRP 1999, S. 227ff. Vgl. auch die in Fn. 24 zitierten Monographien. In historischer Perspektive *Christian Hillgruber*, Humanitäre Intervention, Großmachtpolitik und Völkerrecht, Der Staat 40 (2001), S. 165ff.

[15] Vgl. z.B. *Thomas Bruha*, Gewaltverbot und humanitäres Völkerrecht nach dem 11. September 2001, AVR 40 (2002), S. 383ff.; *ders./Matthias Bortfeld*, Terrorismus und Selbstverteidigung. Voraussetzungen und Umfang erlaubter Selbstverteidigungsmaßnahmen nach den Anschlägen vom 11. September 2001, VN 2001, S. 161ff.; *Jost Delbrück*, The Fight Against Global Terrorism: Self-Defence or Collective Security as International Police Action? Some Comments on the International Legal Implications of the „War Against Terrorism", GYIL 44 (2001), S. 9ff.; *Markus Kotzur*, „Krieg gegen den Terrorismus" – politische Rhetorik oder neue Konturen des Kriegsbegriffs im Völkerrecht?, AVR (40) 2002, S. 454ff.; *Markus Krajewski*, Selbstverteidigung gegen bewaffnete Angriffe nicht-staatlicher Organisationen – Der 11. September 2001 und seine Folgen, AVR 40 (2002), S. 183ff.; *Carsten Stahn*, International Law at a Crossroads? The Impact of September 11, ZaöRV 62 (2002), S. 183ff.; *Christian Tomuschat*, Der 11. September 2001 und seine rechtlichen Konsequenzen, EuGRZ 28 (2001), S. 535ff.

[16] *Dietrich Schindler/Kay Hailbronner*, Die Grenzen des völkerrechtlichen Gewaltverbots, BDGesVR 26 (1985), S. 11ff./ S. 49ff.

[17] *Daniel Thürer/Matthias Herdegen/Gerhard Holoch*, Der Wegfall effektiver Staatsgewalt: „The failed state", BDGesVR 34 (1996), S. 9ff., S. 49ff., S. 87ff.

[18] *Thomas Michael Menk*, Gewalt für den Frieden. Die Idee der kollektiven Sicherheit und die Pathognomie des Krieges im 20. Jahrhundert, 1992.

[19] *Georg Nolte*, Eingreifen auf Einladung, 1999.

[20] *Simon Chesterman*, Just War or Just Peace? Humanitarian Intervention and International Law, 2001; *Peter Malanczuk*, Humanitarian Intervention, 1993; *Ann Power*, Die humanitäre Intervention, 1985; *Fernando R. Tesón*, Humanitarian Intervention: An Enquiry into Law and Morality, 1988 (2. Aufl. 1997).

[21] *Yoram Dinstein*, War, Aggression and Self-Defence, 1988 (3. Aufl. 2001).

[22] *Claus Kreß*, Gewaltverbot und Selbstverteidigungsrecht nach der Satzung der Vereinten Nationen bei staatlicher Verwicklung in Gewaltakte Privater, 1995.

[23] *Constantine Antonopoulos*, The Unilateral Use of Force by States in International Law, 1997.

[24] *Kerstin Ebock*, Der Schutz grundlegender Menschenrechte durch kollektive Zwangsmaßnahmen der Staatengemeinschaft – Vom Interventionsverbot zur Pflicht zur humanitären Intervention?, 1999. Vom NATO-Einsatz im Kosovo angeregt wurden *Christoph Henke*, Die humanitäre Intervention. Völker- und verfassungsrechtliche Probleme unter besonderer Berücksichtigung des Kosovo-Konflikts, 2002; *Aigul Takushgina*, Die humanitäre Intervention am Beispiel des NATO-Einsatzes im Kosovo, 2000; *Malte Wellhausen*, Humanitäre Intervention. Probleme der Anerkennung des Rechtsinstituts unter besonderer Berücksichtigung des Kosovo-Konflikts, 2002.

frage des Völkerrechts, aber jeder Rechtsordnung, unter welchen Voraussetzungen Krieg und überhaupt Gewaltanwendung zulässig ist[25], strittig. Im Folgenden können daher allein mehr oder weniger Stichworte und Thesen als Anregung zur Diskussion geboten werden.

II. Das Gewaltverbot gemäß dem Völkerrecht der Satzung der Vereinten Nationen (SVN)

Grundlagen: Gewaltverbot, Selbstverteidigungsrecht und System der kollektiven Sicherheit

a) Gewaltverbot und System kollektiver Sicherheit als Konsequenzen aus dem Scheitern des „klassischen Völkerrechts" und des Systems des Völkerbundes

Die Schrecken des Ersten Weltkrieges führten zu den Bestrebungen des Völkerbundes (1919)[26] und des Briand-Kellogg-Pakts (1928)[27], das bis dahin grundsätzlich (Ausnahme: Verbot der Gewaltanwendung zur Eintreibung vertraglicher Schulden gemäß der Drago-Porter-Konvention von 1907[28]) allein durch das ius in bello „gehegte" ius ad bellum zu beseitigen und den Krieg als Mittel der Politik zumindest einzuschränken, ja zu ächten. Das Versagen dieses Systems und die Schrecken des Zweiten Weltkrieges bewogen zur Statuierung eines umfassenden nicht nur Kriegs-, sondern Gewaltverbots, das nur durch das „naturgegebene" Recht der Selbstverteidigung durchbrochen und durch ein System kollektiver Sicherheit im Rahmen der zur Wahrung des Weltfriedens berufenen und dazu mit einem „Gewaltmonopol" ausgestatteten Vereinten Nationen ergänzt wurde.

b) Das umfassende und sachlich („armed force") beschränkte Gewaltverbot des Art. 2 Abs. 4 SVN

Art. 2 Abs. 4 SVN[29] formuliert ein umfassendes Gewaltverbot:

„Alle Mitglieder unterlassen in ihren internationalen Beziehungen jede gegen die territoriale Unversehrtheit oder die politische Unabhängigkeit eines Staates gerichtete oder sonst mit den Zielen der Vereinten Nationen unvereinbare Androhung oder Anwendung von Gewalt."

Verboten wird nicht nur der „Krieg" an sich, sondern mit „Gewalt" eine Vielzahl weiterer Verhaltensweisen, z.B. die Unterstützung von bewaffneten Banden, Freischärlern oder Söldnern. Dabei soll jedoch eine nur finanzielle Unterstützung nach

---

[25] Vgl. *Dahm/Delbrück/Wolfrum* (Fn. 9), S. 817.
[26] Satzung des Völkerbundes, in Kraft als Art. 1–26 des Friedensvertrages von Versailles, RGBl. 1919, S. 701/717.
[27] RGBl. 1929 II, S. 97.
[28] RGBl. 1910, S. 59.
[29] Satzung der Vereinten Nationen (SVN) vom 26. 6. 1945, BGBl. 1973 II, S. 431. Quellennachweis und deutsche Übersetzung in Sartorius II, Internationale Verträge – Europarecht (Loseblatt, 1. 2. 2003), Nr. 1.

Ansicht des Internationalen Gerichtshofs (IGH) im Nicaragua-Fall[30] nicht genügen, was zu Problemen einer trennscharfen Abgrenzung führt. Auf den Willen, einen Krieg zu führen (animus belli gerendi), kommt es nicht an. Die Gewalt muss gegen einen anderen Staat gerichtet sein und einem Staat zuzurechnen sein. Verboten ist nicht nur die Anwendung, sondern bereits die Drohung mit Gewalt[31]. Um das umfassende Gewaltverbot nicht von vornherein uferlos und damit wirkungslos werden zu lassen, haben sich Bestrebungen, den Begriff der Gewalt auf die Ausübung politischen oder wirtschaftlichen Zwanges auszudehnen, nicht durchgesetzt. Erfasst wird allein die militärische Gewalt („armed force). Andere Formen des Zwanges werden jedoch durch das Interventionsverbot erfasst[32].

c) Ausnahmen vom Gewaltverbot

Das Gewaltverbot wird ausdrücklich allein durch das Recht auf kollektive und individuelle Selbstverteidigung (Art. 51 SVN) sowie zulässige Zwangsmaßnahmen der Vereinten Nationen gemäß Kapitel VII (Art. 39ff.) SVN durchbrochen. Die in Art. 51 SVN angesprochene „Naturgegebenheit" („the inherent right") sowie mehr oder weniger einsichtige praktische Bedürfnisse führten zur Frage nach weiteren Einschränkungen des Gewaltverbots.

aa) Das Recht auf kollektive und individuelle Selbstverteidigung (Art. 51 SVN)

(a) Tatbestandliche Voraussetzungen: Bewaffneter Angriff

Während Art. 2 Abs. 4 SVN von „Gewalt" spricht, knüpft das Recht zur Selbstverteidigung an einen „bewaffneten Angriff" („attack by the armed forces") an. Ein solcher liegt erst dann vor, wenn in massiver, koordinierter Form militärische Gewalt gegen einen anderen Staat eingesetzt wird. Für die Auslegung des Begriffs wird die Resolution 3314 (XXIX) der Generalversammlung der Vereinten Nationen über die Definition der Aggression von 1974[33] herangezogen. Der engere Begriff der „Aggression" erfasst jedenfalls auch bewaffnete Angriffe. Die Tatsache, dass der Begriff des bewaffneten Angriffs in Art. 51 SVN enger ist als der Begriff der Gewalt in Art. 2 Abs. 4 SVN, führt dazu, dass Fälle denkbar sind, in denen der verbotene Einsatz von Gewalt unterhalb der Schwelle eines bewaffneten Angriffs bleibt, was der betroffene Staat zwar nicht zu dulden braucht, ihn aber nicht zur Selbstverteidigung im Sinne von Art. 51 SVN berechtigt, was von der UN-Charta gewollt ist. Dem angegriffenen Staat bleibt die Möglichkeit, sich in solchen Fällen an den Sicherheitsrat zu wenden[34].

---

[30] IGH, Urt. vom 27. 6. 1986 (Nicaragua v. United States of America), Case concerning the military and paramilitary activities in and against Nicaragua, ICJ Reports 1986, S. 13 (119), §228 a.E; ILM 25 (1986), S. 1023 (1075f.).

[31] Vgl. *Michael Bothe*, Friedenssicherung und Kriegsrecht, in: Wolfgang Graf Vitzthum (Hrsg.), Völkerrecht, 2. Aufl. 2001, S. 603ff., Rn. 9 mwN.

[32] Vgl. dazu z.B. *Dahm/Delbrück/Wolfrum* (Fn. 9), S. 824; *Bothe* (Fn. 31), Rn. 17; *Fischer*, in: Ipsen, Völkerrecht (Fn. 9), §59, Rn. 14; *Randelzhofer*, in: Simma (Fn. 9), Art. 2 (4), Rn. 19.

[33] Anhang der Resolution 3314(XXIX) der Generalversammlung vom 14. 12. 1974; UNYB 1974, S. 846; deutsche Übersetzung in VN 1975, S. 120; Sartorius II (Fn. 29), Nr. 5.

[34] *Randelzhofer*, in: Simma (Fn. 9), Art. 51, Rn. 4.

(b) Menschenrechtsverletzungen als (fiktiver) bewaffneter Angriff

Neuerdings wird versucht, auch schwerwiegende und systematische Menschenrechtsverletzungen unter den Begriff des „bewaffneten Angriffs" zu subsumieren[35]. Wegen des erheblichen Missbrauchsrisikos und der Gefahr einer Aushöhlung des Gewaltverbots ist dies aber abzulehnen.

(c) Terroristische Anschläge als bewaffneter Angriff

Terroristische Anschläge, wie z.B. die des 11. Septembers 2001, können im Rahmen von Art. 3 lit. g der Aggressionsdefinition („armed hands, groups, irregulars or mercenaries") als „bewaffnete Angriffe" gelten, wofür auch die Friendly Relations-Deklaration (Grundsatz 1, Abs. 8 und 9)[36] spricht. Allerdings muss diese „private" Gewalt einem Staat zugerechnet werden können[37], wobei nach Ansicht des IGH[38] eine bloße Duldung oder finanzielle Unterstützung nicht ausreicht.

(d) Unmittelbarkeit des Angriffs

Selbstverteidigungsmaßnahmen müssen sich unmittelbar an den bewaffneten Angriff anschließen, was nicht ausschließt, zunächst zu versuchen, den Angreifer mit friedlichen Mitteln zum Einlenken zu bewegen[39]. Das Erfordernis der Unmittelbarkeit soll nur verhindern, dass ein Staat das Fehlverhalten eines anderen Staates zum Anlass nimmt, jede künftige Gewaltanwendung gegen diesen Staat als „Selbstverteidigung" zu deklarieren. Die ergriffenen Maßnahmen müssen sofort dem Sicherheitsrat angezeigt und eingestellt werden, sobald dieser selbst die zur Aufrechterhaltung des Friedens nötigen Maßnahmen ergriffen hat[40].

(e) Grundsatz der Proportionalität

Die auf Art. 51 SVN gestützten Maßnahmen dürfen nicht außer Verhältnis zur Schwere des Angriffs stehen und dürfen allein Verteidigungszwecken dienen. Insbesondere sind Vergeltungs- oder Bestrafungsaktionen nicht zulässig[41]. Die Gefahr, dass dieser Grundsatz missachtet wird, ist besonders groß.

---

[35] Vgl. *Karl Doehring*, Völkerrecht, 1999, Rn. 1013.

[36] Resolution 2625 (XXV) der Generalversammlung der Vereinten Nationen vom 24. 10. 1970; deutsche Übersetzung in VN 1978, S. 138 ff. und Sartorius II (Fn. 29), Nr. 4.

[37] Vgl. dazu *Joachim Wolf*, Die Haftung der Staaten für Privatpersonen nach Völkerrecht, 1997, S. 477 ff., ferner ebd., S. 387 ff., 401 ff., 434 ff., 444 ff.

[38] S. Fn. 30. Abweichende Meinungen der Richter *Schwebel* und *Jennings*, ICJ Reports 1986, S. 259 (346 ff.) bzw. S. 528 (543 ff.); ILM 25 (1986), S. 1146 (1189 ff.) bzw. S. 1280 (1288 ff.). Die Auffassung des IGH stieß verbreitet auf Kritik, vgl. zB. *Fischer* (Fn. 9), § 59, Rn. 31, *Matthias Herdegen*, Völkerrecht, 2. Aufl. 2002, § 34, Rn. 16 und -seine frühere Auffassung angesichts der „modern practice of international terrorism" aufgebend, *Randelzhofer*, in: Simma (Fn. 9), Art. 51, Rn. 33.

[39] Vgl. *Fischer*, in: Ipsen (Fn. 9), § 59, Rn. 39.

[40] Vgl. *Randelzhofer*, in: Simma (Fn. 9), Art. 51, Rn. 4.

[41] Vgl. *Fischer*, in: Ipsen (Fn. 9), § 59, Rn. 39.

(f) Das Problem der präventiven Selbstverteidigung

Die Frage, ob Art. 51 SVN das Recht zu präventiver Selbstverteidigung gibt, wurde in jüngster Zeit im Hinblick auf die besondere Variante der so genannten „Bush-Doktrin"[42] und generell im Hinblick auf die Herausforderungen des Terrorismus diskutiert. Das Problem stellte sich aber bereits zur Zeit des so genannten „Kalten Krieges". Da beim gegenwärtigen Stand der Waffentechnik bereits der erste Angriff zu weitreichenden Zerstörungen bis hin zur völligen Vernichtung des angegriffenen Staates führen kann, erscheint fraglich, ob ein Staat erst einen Angriff abwarten muss, bevor Gegenmaßnahmen durch das Selbstverteidigungsrecht gerechtfertigt sein können[43].

In der Zeit des Kalten Krieges entwickelte sich die Strategie der beiden Supermächte USA und UdSSR dahin, dass die eigenen Kernwaffen gegen den nuklearen Erstschlag gesichert waren, sodass ein Vergeltungsschlag (so genannte „second strike capability" möglich blieb[44]. Das „Gleichgewicht des Schreckens" verhinderte den Erstschlag „vernünftiger" Akteure. Andere waren nicht erstschlagfähig.

Dies ändert sich, wenn entsprechendes Zerstörungspotenzial in die Hände international operierender Terroristen oder unberechenbarer Machthaber (so genannter „Schurkenstaaten"[45]) gelangt. Ist dies geschehen, sind insbesondere solche Staaten im Besitz von Kernwaffen, werden sie immun gegen Interventionen. Prägnant wurde das Problem von André Glucksmann[46] zusammengefasst: „… it's always too early – Iraq has no nuclear weapons; there's no need to intervene – or too late – North Korea has nuclear weapons; it's too dangerous to take action". Die Gefahr von Präventivschlägen provoziert andererseits gerade dazu, rechtzeitig „immun" gegen solche Interventionen zu werden.

Präventive Selbstverteidigung muss in bestimmten Fällen zulässig sein, soll das Gewaltverbot nicht zur gänzlich unakzeptablen Zumutung werden. Davon geht auch die Möglichkeit der Umkehrung des Beweises des ersten Anscheins in Art. 2 der Aggressionsdefinition aus. Allerdings sind dafür enge Grenzen zu setzen, wofür ungeachtet der Vielzahl von Meinungen[47] einige Leitlinien entwickelt werden konnten:

Der bewaffnete Angriff muss unmittelbar bevorstehen; es besteht die dringende Notwendigkeit, sich gegen diesen Angriff (präventiv) zur Wehr zu setzen; der Sicherheitsrat hat keine Maßnahme nach Kap. 7 SVN getroffen; die übrigen Voraussetzungen des Art. 51 SVN werden verstärkt beachtet[48].

---

[42] S. dazu u. V.3.

[43] Vgl. zu diesem Problem *Ignaz Seidl-Hohenveldern / Torsten Stein*, Völkerrecht, 10. Aufl. 2000, Rn. 1813.

[44] Vgl. dazu *Hanspeter Neuhold*, Internationale Konflikte – verbotene und erlaubte Mittel ihrer Austragung, 1977, S. 240ff.

[45] Zu Recht kritisch zu solcher Rhetorik *Bruha / Bortfeld* (Fn. 15), VN 2001, S. 161f., die auf die Gefahr einer „Verwischung der Kategorien" hinweisen, was auch für den Begriff „Krieg gegen den Terror" gilt. Vgl. auch *Kotzur* (Fn. 15), AVR 2002, S. 454f.

[46] *André Glucksmann*, France's five cardinal sins over Iraq, International Herald Tribune v. 22. 2. 2003.

[47] Vgl. aus der Literatur z. B. *Fischer*, in: Ipsen (Fn. 9), § 59, Rn. 29f.; *Seidl-Hohenveldern / Stein* (Fn. 43), Rn. 1675, 1813.; *Doehring* (Fn. 35), Rn. 574; *Herdegen* (Fn. 38), § 34, Rn. 19; *Kimminich / Hobe* (Fn. 12), S. 314; *Randelzhofer*, in: Simma (Fn. 9), Art. 51, Rn. 39f.; *Verdross / Simma* (Fn. 9), §§ 470ff. mwN.

[48] *Hailbronner* (Fn. 16), S. 80. Vgl. auch *Murswiek* (Fn. 10), NJW 2003, S. 1017 mwN.

Für das Merkmal „unmittelbar bevorstehend" ist nach wie vor die vom damaligen US-Außenminister Daniel Webster im Caroline-Fall des Jahres 1837 gegebene Definition maßgeblich, wonach in der fraglichen Situation „the necessity of self-defence … instant, overwhelming, and leaving no choice of means, and no moment for deliberation" sein müsse[49]. Andernfalls würde das Gewaltverbot letztlich ausgehebelt, da Übergriffe auf andere Staaten unkontrolliert damit begründet werden könnten.

Die bisherige Staatenpraxis akzeptiert im Grundsatz die Doktrin des Caroline-Falles, ist im Hinblick auf die Konkretisierung aber uneinheitlich[50]. Ein wichtiger Fall, in dem die Berufung auf ein präventives Selbstverteidigungsrecht durch einstimmige Resolution (487/1981) des Sicherheitsrats abgelehnt wurde, ist der Angriff Israels auf einen irakischen Reaktor[51].

bb) Zwangsmaßnahmen der Vereinten Nationen gemäß Kapitel VII (Art. 39 ff.) SVN

Dem System kollektiver Sicherheit mit prinzipiellem Gewaltmonopol der Vereinten Nationen entsprechend sind Zwangsmaßnahmen gemäß Kapitel VII (Art. 39) SVN der legitime Weg zur gegebenenfalls erforderlichen Wiederherstellung des Friedens. Frieden schaffende und damit im wahrsten Sinne des Wortes pazi-fistische (pacem facere) Maßnahmen sollen von der Ermächtigung durch den Sicherheitsrat abhängig sein. Das Vetorecht der „Großmächte" (allerdings auf dem Stand von 1945) stellt einerseits eine Sicherung gegen Missbräuche (außer alle fünf sind sich einig; auch dann bedürfen sie freilich der Mitwirkung von vier weiteren)[52], andererseits wegen der möglichen Blockaden eine Gefahr für die Effizienz des Systems dar. Der Sicherheitsrat ist zwar an die Tatbestandsvoraussetzungen des Art. 39 SVN gebunden, jedoch ohne Kontrolle und ohne Sanktion. Er allein entscheidet, letztlich politisch, ob und wann eine Bedrohung oder ein Bruch des Friedens oder eine Angriffshandlung vorliegt und welche Maßnahmen (gewaltlose oder militärische Sanktionen) zu treffen sind, um den Weltfrieden und die internationale Sicherheit zu wahren oder wiederherzustellen. Der damit eröffnete Spielraum[53] zeigt sich in der – prinzipiell zu begrü-

---

[49] Diplomatische Note vom 24. 4. 1841, vgl. *Schaller* (Fn. 10), ZaöRV 2002, S. 659 mwN. Vgl. zur fortbestehenden Bedeutung des Caroline-Falles *Hans Norbert Götz*, Caroline-Fall, in: Karl Strupp/Hans-Jürgen Schlochauer (Hrsg.), Wörterbuch des Völkerrechts, 2. Aufl. 1960, S. 267; *Werner Meng*, The Caroline, in: Rudolf Bernhardt (Hrsg.), Encyclopedia of Public International Law (EPIL), Bd. I, 1992, S. 537f. mwN.

[50] Vgl. *Verdross/Simma* (Fn. 9), § 470ff. mwN; *Fischer*, in: Ipsen (Fn. 9), § 59, Rn. 30; *Murswiek* (Fn. 10), NJW 2003, S. 1016f.

[51] „The Security Council strongly condemns the military attack by Israel in clear violation of the Charter of the United Nations and the norms of international conduct". Resolution 487 (1981) des Sicherheitsrats vom 19. 6. 1981; deutsche Übersetzung in VN 1981, S. 136f. Vgl. dazu z.B. *Fischer*, in: Ipsen (Fn. 9), § 59, Rn. 30 und *Herdegen* (Fn. 38), § 34, Rn. 19.

[52] Vgl. Art. 27 Abs. 3 SVN (Fn. 29).

[53] Vgl. z.B. *Fischer*, in: Ipsen (Fn. 9), § 59, Rn. 8; *John F. Murphy*, Force and Arms, in: Oscar Schachter/Christopher C. Joyner (Hrsg.), United Nations Legal Order, Bd. 1, 1995, S. 254f.; *Hermann-Josef Blanke*, Menschenrechte als völkerrechtlicher Interventionstitel, AVR 36 (1998), S. 257 (269ff.). Zur Praxis des Sicherheitsrats vgl. *Martin Lailach*, Die Wahrung des Weltfriedens und der internationalen Sicherheit als Aufgabe des Sicherheitsrates der Vereinten Nationen, 1998, S. 49ff. Vgl., auch *Bernd Martenczuk*, Rechtsbindung und Rechtskontrolle des Weltsicherheitsrats. Die Überprüfung nichtmilitärischer Zwangsmaßnahmen durch den Internationalen Gerichtshof, 1996, S. 196ff., 288f.

ßenden – Subsumtion schwerwiegender interner Konflikte, insbesondere massiver Menschenrechtsverletzungen, unter das Merkmal der „Friedensbedrohung". Neben der wegweisenden Resolution 688/1991[54] zum Schutz von Teilen der irakischen Zivilbevölkerung (insbesondere, aber nicht allein Kurden) – die fehlende effektive Durchsetzung kann man an den jetzt gefundenen Massengräbern der irakischen Schiiten sehen – sind z.B. die Resolutionen zu Somalia[55], Haiti (940/1994)[56], Bosnien-Herzegowina (1992)[57] und Kosovo (1998)[58] zu nennen. Auch den internationalen Terrorismus mit staatlicher Unterstützung hat der Sicherheitsrat wiederholt als Bedrohung des Weltfriedens und der international Sicherheit qualifiziert (vgl. z.B. Resolution 1054/1996 zum Sudan[59] sowie die Resolutionen 1368 und 1373/2001 zu den Terroranschlägen vom 11. September 2001[60]).

Das Problem ist die uneinheitliche Anwendung über den (einsichtigen) Ausschluss von Zwangsmaßnahmen gegen die „Großmächte" (bald nur noch gegenüber der einzigen Supermacht?) hinaus.

d) Weitere Einschränkungen des Gewaltverbots?

Weitere Einschränkungen des Gewaltverbots wurden entweder generell zurückgewiesen oder allenfalls von einem Teil der Literatur und dann meist nur reserviert für zulässig erklärt[61].

aa) Zurückgewinnung eigenen Territoriums

Abgelehnt, da den Zielen und Zwecken des Gewaltverbots diametral zuwiderlaufend, wurden Versuche, Art. 2 Abs. 4 SVN für den Fall der „Wiedergewinnung" eigenen Territoriums durch den Einsatz von Gewalt für unanwendbar zu erklären (Beset-

---

[54] Resolution 688 (1991) des Sicherheitsrats vom 5. 4. 1991, ILM 30(1991), S. 858f.; deutsche Übersetzung in VN 1991, S. 77: Notlage der unterdrückten irakischen Zivilbevölkerung.

[55] Resolution 794 (1992) des Sicherheitsrats vom 3. 12. 1992; deutsche Übersetzung in VN 1993, S. 65f.

[56] Resolution 940 (1994) des Sicherheitsrats vom 31. 7. 1994; deutsche Übersetzung in VN 1994, S. 195.

[57] Resolution 781 (1992) des Sicherheitsrats vom 9. 10. 1992, ILM 31 (1992), S. 1477; deutsche Übersetzung in VN 1992, S. 219.

[58] Resolution 1203 (1998) des Sicherheitsrats vom 24. 10. 1998; deutsche Übersetzung in VN 1998, S. 185.

[59] Resolution 1054 (1996) des Sicherheitsrats vom 26. 4. 1996; deutsche Übersetzung in VN 1996, S. 132f.

[60] Resolution 1368 (2001) des Sicherheitsrats vom 12. 9. 2001; ILM 40 (2001), S. 1277; deutsche Übersetzung in VN 2001, S. 197f. Vgl. auch die Resolution 56/1 der Generalversammlung vom 12. 9. 2001; deutsche Übersetzung in VN 2001, S. 198; Resolution 1373 (2001) des Sicherheitsrats vom 28. 9. 2001; ILM 40 (2001), S. 1278ff.; deutsche Übersetzung in VN 2001, S. 198f. Vgl. dazu *Jurij Daniel Ston*, Die Bekämpfung abstrakter Gefahren für den Weltfrieden durch legislative Maßnahmen des Sicherheitsrats – Resolution 1373 (2001) im Kontext, ZaöRV 62 (2002), S. 257ff.

[61] Vgl. dazu z.B. *Dahm/Delbrück/Wolfrum* (Fn. 9), S. 823 mwN.

zung Kuwaits durch den Irak[62]; Besetzung der Falkland-Inseln/Malvinas durch Argentinien[63]).

bb) Rettung eigener Staatsangehöriger

Zurückgewiesen wurden auch mehrer Ansatzpunkte der Rechtfertigung militärischer Rettungsaktionen zum Schutz eigener Staatsangehöriger auf dem Territorium eines anderen Staates ohne dessen Zustimmung, insbesondere das Argument, es handele sich nicht um eine dauerhafte Beeinträchtigung der territorialen Unversehrtheit und politischen Unabhängigkeit[64]. Art. 2 Abs. 4 SVN wendet sich umfassend gegen jede Anwendung militärischer Gewalt. Staatsbürger im Ausland stellen keine geschützten Außenpositionen eines Staates dar. Auch ein häufig angeführtes gewohnheitsrechtliches allgemeines Selbstverteidigungsrecht oder Notrecht lässt sich angesichts der uneinheitlichen Staatenpraxis nicht nachweisen. Jedoch ist zuzugeben, dass eine Völkerrechtslehre, die einem Staat die gewaltsame Rettung eigener Staatsangehöriger vor völkerrechtswidriger Bedrohung an Leib und Leben versagt, unzumutbare Anforderung an die Opferbereitschaft des einzelnen Staates stellt und damit die Akzeptanz des Gewaltverbots gefährdet[65]. Dies führte dazu, dass jedenfalls in Fällen kollusiven Zusammenwirkens des Zielstaates mit den Entführern (Fall der Befreiungsaktion Israels in Entebbe/Uganda[66]) eine ernsthafte Verurteilung durch die Staatengemeinschaft unterbleibt (eine Art „völkerrechtlicher Entschuldigungsgrund“)[67]. Umgekehrt ist die Gefahr, dass die Berufung auf den Schutz eigener Staatsangehöriger als Freibrief für politisch motivierte Polizeiaktionen missbraucht wird (vgl. die Militärinterventionen der USA in Grenada 1983 und in Panama 1989[68]), nicht von der Hand zu weisen.

cc) Humanitäre Intervention

Nachdem sogenannte „humanitäre Interventionen“, d.h. das Eingreifen mit Gewalt oder Androhung von Gewalt zum Schutz von Personen, die nicht die Staatsangehörigkeit des eingreifenden Staates besitzen (so genannte humanitäre Intervention im weiteren Sinne zur Abgrenzung von der Rettung eigener Staatsangehöriger) auf-

---

[62] Vgl. dazu *Udo Fink*, Der Konflikt zwischen dem Irak und Kuwait und die internationale Friedensordnung, AVR 9 (1991), S. 452ff.

[63] Vgl. dazu *Rudolf Dolzer*, Falkland Islands (Malvinas), in: EPIL (Fn. 49), Bd. II, 1995, S. 352ff.

[64] Vgl. dazu die eingehende Untersuchung der Staatenpraxis durch *Werner Ader*, Gewaltsame Rettungsaktionen zum Schutz eigener Staatsangehöriger im Ausland, 1988. Vgl. auch *Bothe* (Fn. 31), Rn. 21; *Dahm/Delbrück/Wolfrum* (Fn. 9), S. 830f.; *Fischer*, in: Ipsen (Fn. 9), mwN.

[65] Zutreffend *Herdegen* (Fn. 38), § 34, Rn. 22.

[66] Vgl. dazu *Ulrich Beyerlin*, Die israelische Befreiungsaktion von Entebbe in völkerrechtlicher Sicht, ZaöRV 37 (1977), S. 213ff.

[67] Vgl. *Ader* (Fn. 64), S. 290f.

[68] Vgl. dazu *Bothe*, (Fn. 31), Rn. 21 mwN. in Fn. 73 bzw. 74. Zur unterschiedlichen Beurteilung vgl. einerseits *Anthony D'Amato*, The Invasion of Panama Was a Lawful Response to Tyranny, AJIL 84 (1990), S. 516ff., andererseits *Louis Henkin*, The Invasion of Panama under International Law: A Gross Violation, Columbia Journal of Transnational Law 1991, S. 293ff.; *Tom J. Farer*, Panama: Beyond the Charter Paradigm, AJIL 84 (1990), S. 503ff.; *Ved P. Nanda*, The Validity of the United States Intervention in Panama under International Law, AJIL 84 (1990), S. 494ff.

grund eines Mandats des Sicherheitsrates durch eine entsprechende Interpretation des Begriffs der „Friedensbedrohung" im Sinne des Art. 39 SVN völkerrechtlich zulässig wurde[69], stellte sich die Frage, ob dies bei einem „Versagen" der Vereinten Nationen, d.h. des Sicherheitsrats, auch ohne ein solches Mandat zulässig ist. Dies gehört nach dem NATO-Einsatz im Kosovo zu den am meisten umstrittenen Problemen des gegenwärtigen Völkerrechts[70]. Als Ansatzpunkte für eine Rechtfertigung eines solchen Vorgehens gegenüber dem Gewaltverbot des Art. 2 Abs. 4 SVN wird argumentiert, die humanitäre Intervention richte sich nicht gegen den Staat selbst, sondern diene lediglich der Rettung von Menschenleben. Das Integritätsinteresse eines jeden einzelnen Staates sei kein absoluter Wert, sondern sei in der wertgebundenen Rechtsordnung des Völkerrechts, die den Schutz des einzelnen Menschen in den Mittelpunkt stelle, mit diesem in Einklang zu bringen. Die Nothilfe zugunsten einer verfolgten Minderheit lasse sich neben die Nothilfe zugunsten eines angegriffenen Staates, die durch Art. 51 SVN legitimiert ist, stellen[71]. Die evidente Missbrauchsgefahr, dass die humanitäre Intervention zu einer Art Blanko-Vollmacht für einen „menschenrechtlichen Imperialismus" – oder für ganz andere Zwecke mit den „Menschenrechten" als bloßem Vorwand – missbraucht wird, wird auch von den Befürwortern gesehen. Daher soll die humanitäre Intervention einzelner oder mehrerer Staaten gegenüber Maßnahmen des Sicherheitsrats subsidiär sein und nur bei genozidartigen oder sonstigen systematischen Tötungen und Vertreibungen von Bevölkerungsgruppen als Ausdruck staatlicher Politik ein einseitiges Einschreiten mit Waffengewalt rechtfertigen. In der Literatur, aber auch in einer Entschließung des Europäischen Parlaments zum Recht auf Intervention aus humanitären Gründen von 1994[72] wurden dafür Kriterien entwickelt, deren Realitätsnähe nicht nur von Zynikern bezweifelt werden dürfte. So darf die Interventionsmacht kein besonderes Eigeninteresse an der Situation besitzen, so dass der Schutz der Menschenrechte das Hauptziel ist und keine politischen oder wirtschaftlichen Gründe mitspielen. Abgesehen vom Problem der objektiven Beurteilung und dem generellen Problem der Gewinnung gesicherter Fakten, das gerade die angeblichen Massenvernichtungswaffen im Irak offenbart haben, bleibt die uneinheitliche Anwendung und die große Missbrauchsgefahr, auch und gerade in Anlehnung an materiell wohl „unbedenkliche" Fälle wie der Intervention im Kosovo. Angesichts der Reaktion der universellen Staatengemeinschaft, insbesondere der blockfreien Staaten bzw. der Gruppe der 77[73], unter denen sich freilich mehrere pontenzielle „Interventionskandidaten" befinden, kann von der Entwicklung entsprechenden neuen Gewohnheitsrechts nicht ausgegangen werden[74]. Freilich wirft das Versagen

---

[69] Vgl. *Ebock* (Fn. 24), S. 231ff. mwN.

[70] Vgl. z.B. *Dahm/Delbrück/Wolfrum* (Fn. 9), S. 826ff.; *Bothe* (Fn. 31), Rn. 22; *Herdegen* (Fn. 38), § 34, Rn. 4 mwN.

[71] So insbes. *Doehring* (Fn. 35), Rn. 1013ff.; ihm folgend *Herdegen* (Fn. 38), § 34, Rn. 28.

[72] ABl. 1994 Nr. C 128/225. Zu früheren Versuchen vgl. *Hilpold* (Fn. 14), EJIL 2001, S. 455ff. mwN.

[73] Erklärungen des Außenministertreffens vom 23.9. 1999 bzw. des Gipfels der Gruppe der 77 vom April 2000, vgl. dazu *Dahm/Delbrück/Wolfrum* (Fn. 9), S. 829, Fn. 102.

[74] *Dahm/Delbrück/Wolfrum* (Fn. 9), S. 829f.; *Bothe* (Fn. 31), Rn. 22 mwN. Allerdings wird im Schrifttum zunehmend die Meinung vertreten, eine Norm des Gewohnheitsrechts sei im Entstehen begriffen, die in besonders schweren Fällen den Einsatz militärischer Gewalt zulässt, vgl. *Fischer*, in: Ipsen (Fn. 9), § 59, Rn. 26. Für eine entsprechende Fortentwicklung des Völkerrechts *Herdegen* (Fn. 38), § 34, Rn. 32. Ebenso *Doehring* (Fn. 35), Rn. 1015 mwN.

der Völkerrechtsordnung bei gravierenden und massiven Menschenrechtsverletzungen, gegenüber Massentötungen, wie z.B. in Ruanda und jetzt im Kongo, nach 1991 auch im Irak (in dem man damals, freilich aus einem anderen Grund, aber immerhin rechtmäßig interveniert hatte), dringende Fragen nach einer Reform des Völkerrechts auf.

dd) Intervention im Falle eines „Failed State"

Ein besonderer Fall ist der eines sogenannten „Failed State", d.h. eines Staates, in dem die staatliche Ordnung völlig zusammengebrochen ist[75]. Insoweit wird vertreten, das zwischenstaatliche Gewaltverbot zugunsten einer „humanitären Intervention" anderer Staaten teleologisch zu reduzieren[76]. An die Feststellung der Voraussetzungen, nämlich dauernde Lähmung elementarer Ordnungsfunktionen des Staates und schwerwiegende Menschenrechtsverletzungen, soll ein strenger Evidenzmaßstab angelegt werden, wobei den Feststellungen von Organen der Vereinten Nationen spezielle Bedeutung zukommt. Die Rechtspersönlichkeit auch eines „Failed State" als solche wird trotz des Wegfalls der Staatsgewalt aber nicht in Frage gestellt. Allerdings übernimmt die internationale Gemeinschaft in solchen Fällen eine stärkere Verantwortung in der Form der Errichtung transitorischer Verwaltungsregime, wobei die Eingriffsschwelle von Art. 39 und Art. 2 Abs. 7 SVN (Interventionsverbot, adressiert an die Vereinten Nationen) dahingehend gesenkt worden ist, dass ein Einschreiten des Sicherheitsrats in die innerstaatlichen Verhältnisse dann gerechtfertigt ist, wenn gravierende systematische Verletzungen der Menschenrechte vorliegen, darüber hinaus auch bei einer schwerwiegenden Missachtung des Gebots der demokratischen Regierungsform[77]. Die „humanitäre Intervention" durch Regionalorganisationen bedürfe dann keiner Ermächtigung durch den Sicherheitsrat nach Art. 53 Abs. 1 SVN[78]. Umstritten ist die Zulässigkeit der Intervention einzelner Staaten ohne Mandat.

ee) Bürgerkriege und Intervention auf Einladung

Art. 2 Abs. 4 SVN schützt nur die internationalen Beziehungen der Staaten, erfasst nicht die Gewaltanwendung eines Staates innerhalb seiner Grenzen, insbesondere bei einem Bürgerkrieg. Das Gewaltverbot wurde bewusst nicht auf Bürgerkriege erstreckt, da interne Konflikte sonst internationale Rückwirkungen verursachen würden[79]. Abgesehen vom umstrittenen Sonderfall der Dekolonisierung soll die Unterstützung von Sezessionsbewegungen unzulässig sein.

Umstritten ist, ob die Zustimmung eines Staates zu militärischen Maßnahmen, die ein anderer Staat auf seinem Gebiet durchführt, rechtfertigend wirkt. Da das Gewalt-

---

[75] Vgl. dazu *Daniel Thürer*, Der „zerfallene Staat" und das Völkerrecht, Friedens-Warte 74 (1999), S. 275ff.

[76] So *Herdegen* (Fn. 17), S. 58ff., 60f.

[77] So *Thürer* (Fn. 17), S. 37. Zur durch den Sicherheitsrat gedeckten humanitären Intervention vgl. *Jürgen Bartl*, Die humanitäre Intervention durch den Sicherheitsrat der Vereinten Nationen im „failed state". Das Beispiel Somalia, 1999.

[78] *Herdegen* (Fn. 17), S. 83, These 7.

[79] *Nolte* (Fn. 19), S. 198.

verbot nicht disponibles ius cogens ist, hat die Zustimmung nicht ohne weiteres recht-fertigende Wirkung. Allerdings kann man bei einer „Einladung" begrifflich kaum von der Anwendung militärischer Gewalt gegenüber diesem Staat sprechen[80]. Daher soll die Unterstützung einer Regierung gegen Aufständische, selbst wenn diese einen breiten Rückhalt in der Bevölkerung haben, nicht unter das Gewaltverbot fallen[81]. Al-lerdings wird zunehmend die Intervention im Bürgerkrieg auf Seiten einer Bürger-kriegspartei, auch der bisherigen Regierung, als Verstoß gegen das Interventionsver-bot angesehen[82]. Problematisch kann die Zuordnung der Regierungsgewalt bei unge-klärten Machtverhältnissen sein.

ff) Maßnahmen zum Sturz diktatorischer Regierungen

Völkerrechtlich unzulässig sind militärische Maßnahmen, um eine diktatorische Regierung abzulösen. Auch wenn das internationale System des Menschenrechts-schutzes dazu geführt hat, dass das Staatsorganisationsrecht nicht mehr einschrän-kungslos dem domaine reservé und daher der freien Selbstentscheidung der Staaten zuzuordnen ist, eröffnet dies nicht die Möglichkeit militärischer Aktionen einzelner Staaten, um eine bestimmte Regierungsform auf diese Art und Weise zu erzwingen. Selbst wenn mit einer militärischen Intervention die Ablösung einer diktatorischen oder die Menschenrechte verletzenden Regierung verbunden war, wurden bislang andere Legitimationsgründe vorgebracht[83]

e) Das System kollektiver Sicherheit (Kapitel VII, Art. 39ff. SVN) als notwendige Ergänzung des Gewaltverbots

Soll das Gewaltverbot eine Chance auf Akzeptanz haben, muss es durch ein effekti-ves Streitschlichtungssystem und ein System kollektiver Sicherheit ergänzt werden[84]. Wer das Gewaltmonopol für sich in Anspruch nimmt, muss effektive Möglichkeiten zur Durchsetzung legitimer Ansprüche zur Verfügung stellen. Der Verzicht auf Selbst-hilfe ist ansonsten (wie im innerstaatlichen Recht auch) nicht zumutbar. Dies ist auch das Konzept der Satzung der Vereinten Nationen.

Die Defizite der Streitschlichtungsmechanismen sind ein Grundproblem des Völ-kerrechts der Gegenwart und auch Ursache für die Krise des Gewaltverbots. Der An-satz des „friedlichen Wandels" („peaceful change") kann Art. 14 SVN nur mit Hilfe eines guten Kommentars entnommen werden[85]. Kapitel VII SVN leidet zum einen an

---

[80] *Bothe* (Fn. 31), Rn. 23.

[81] Vgl. *Fischer*, in: Ipsen (Fn. 9), § 59 Rn. 16f. Zur Zulässigkeit von Hilfeleistung für die Aufständischen vgl. ebd., Rn. 18.

[82] *Bothe* (Fn. 31); Rn. 23 mwN. A.A. *Fischer*, in: Ipsen (Fn. 9), § 59 Rn. 18.

[83] *Dahm/Delbrück/Wolfrum* (Fn. 9), S. 831 f.; *Oscar Schachter*, The Legality of Pro-Democratic Invasion, AJIL 78 (1984), S. 645 ff. A.A. *W. Michael Reismann*, Coercion and Self-Determination: Construing Char-ter Article 2(4), AJIL 78 (1984), S. 642 ff.; *ders.*, Article 2 (4): The use of force in contemporary Internatio-nal Law, ASIL Proceedings 78 (1984), S. 74 ff.

[84] Vgl. zu den Rahmenbedingungen des Gewaltverbots *Bothe* (Fn. 31), Rn. 31 ff. mwN.

[85] Vgl. *Otto Kimminich*, in: Bruno Simma (Hrsg.), Charta der Vereinten Nationen. Kommentar, 1991, Art. 14, Rn. 6 ff. mwN. Vgl. auch *Wilhelm G. Grewe*, Peaceful Change, in: EPIL (Fn. 49), Bd. III, 1997,

den möglichen Blockaden, der Ambivalenz des Sicherungssystems des Vetorechts, zum anderen an der uneinheitlichen, politisch motivierten Anwendung bzw. Nichtanwendung. Dies verleitet die Staaten dazu, nicht auf die Staatengemeinschaft, sondern lieber auf sich selbst zu vertrauen[86].

III. Die Praxis nach 1945

1. Verstöße gegen das Gewaltverbot

Gegen das Gewaltverbot wurde nach seiner Einführung durch die Satzung der Vereinten Nationen im Jahr 1945 häufig verstoßen, auch durch die Großmächte bzw. Supermächte und nicht nur durch die frühere Sowjetunion mit den bekannten „Interventionen" aufgrund der so genannten Breschnew-Doktrin oder z.B. 1980 in Afghanistan[87]. Allerdings hat kein Staat die Existenz des Gewaltverbots als solchem bestritten, vielmehr für jede seiner Maßnahmen angebliche Rechtfertigungsgründe bemüht[88]. Von einer Desuetudo hinsichtlich des Gewaltverbots kann daher nur ausgehen, wer die abweichende Praxis für genügend einheitlich und die postulierte Rechtsüberzeugung als vorgeschoben und damit irrelevant hält. Dies wird, von Einzelstimmen abgesehen, einheitlich abgelehnt[89].

2. Effizienz und Defizite des Systems kollektiver Sicherheit

a) Fakten

Die bald, insbesondere durch den Ost-West-Gegensatz, zu Tage tretenden Defizite des von der Satzung der Vereinten Nationen konzipierten Systems kollektiver Sicherheit führten einerseits zur Lähmung der Mechanismen des Kapitels VII SVN, andererseits zur Modifikation der Instrumente (Einsatzermächtigungen durch den Sicherheitsrat angesichts fehlender Sonderabkommen im Sinne von Art. 43 SVN) und der Herausbildung neuer Instrumente, z.B. der friedenssichernden Maßnahmen (peacekeeping operations) der so genannten Blauhelme[90]. Die Bilanz der Effektivität dieses Friedenssicherungssystems fällt durchaus gemischt aus, insbesondere, wenn man die Schwere der Aufgabe berücksichtigt.

S. 965 ff. mwN. Instruktiv *Albrecht Randelzhofer*, Die Bedeutung von „peaceful change" für die Kriegsverhütung im geltenden Völkerrecht, in: Festschrift für Karl Carstens, 1984, S. 465 ff.

[86] Vgl. dazu *Randelzhofer*, in: Simma (Fn. 9), Art. 2 (4), Rn. 70.

[87] Vgl. *Thomas M. Franck*, Who Killed Article 2 (4)? or: The Changing Norms Governing the Use of Force by States, AJIL 64 (1970), S. 809 ff.

[88] Vgl. z.B. zum (untauglichen) Rechtfertigungsversuch der sog. Breschnew-Doktrin *Randelzhofer*, in: Simma (Fn. 9), Art. 2 (4), Rn. 51 f.

[89] Zur Unterscheidung zwischen der Verletzung und der Abschaffung einer Völkerrechtsnorm vgl. *Verdross/Simma* (Fn. 9), § 489, § 823. Vgl. auch *Randelzhofer* , in: Simma (Fn. 9), Art. 2 (4), Rn. 70.

[90] Vgl. dazu z.B. *Fischer*, in: Ipsen (Fn. 9), § 59, Rn. 23 ff.; *Herdegen* (Fn. 38), § 41.

b) Insbesondere.: Der (zweite) Golfkrieg 1991 als Sonderfall

Die Feststellung des Sicherheitsrats, dass mit der irakischen Invasion Kuwaits ein Bruch des Weltfriedens und der internationalen Sicherheit vorliegt (Resolution 660/ 1990[91]) und die Ermächtigung der mit der Regierung von Kuwait zusammenarbeitenden Mitgliedstaaten, die Besetzung Kuwaits durch den Irak mit militärischen Mitteln zu beenden und die betreffenden Resolutionen des Sicherheitsrats durchzusetzen (Resolution 678/1990)[92], was im so genannten zweiten Golfkrieg 1991 realisiert wurde, erfolgte aufgrund besonderer politischer Konstellationen und stellt daher kaum den Beginn einer damals beschworenen „neuen Weltordnung", sondern einen Sonderfall dar. Der völkerrechtswidrige Angriff des Irak auf Kuwait war evident. Der zuvor nicht nur, aber auch und gerade vom Westen massiv aufgerüstete Irak hatte mit der Eindämmung der „islamistischen Gefahr" des von Ayatollah Khomeini beherrschten Iran seine Schuldigkeit getan und drohte selbst zur Gefahr, zumindest unbequem zu werden. Die Sowjetunion war als solche und damit auch als Supermacht zusammengebrochen, Russland suchte die Annäherung an den Westen. China wurde mit „Entscheidungshilfen" in verschiedenen anderen Bereichen gewonnen. Schließlich gab es unter den relevanten Mächten niemanden, der ein hinreichendes Interesse daran hatte, das Vorgehen gegen den Irak zu verhindern. Eine andere Frage ist, warum die Gelegenheit nicht genutzt wurde, das Saddam-Regime selbst zu stürzen.

c) Hintergründe: Politische Voraussetzungen für das Funktionieren eines Systems kollektiver Sicherheit

Das Funktionieren eines Systems kollektiver Sicherheit hängt von einer Reihe objektiver und subjektiver Bedingungen ab, die in der erforderlichen Kumulation nur schwer zu erreichen sind: eine gewisse Ausgewogenheit in der Verteilung politisch-militärischer Macht auf die einzelnen Teilnehmer; Universalität des Systems, d.h. insbesondere die Beteiligung sämtlicher Großmächte; eindeutiges Gewaltverbot mit Klarheit über den casus belli; Einigkeit über Art und Ausmaß der notfalls durchzuführenden Sanktionen; Verzicht auf nationale Handlungsfreiheit zugunsten einer internationalen Solidarität; Akzeptierung der Unparteilichkeit in der Anwendung des Systems und gleichmäßige Anwendung in allen Fällen; Ergänzung durch wirksame Mechanismen der friedlichen Streiterledigung und des peaceful change.

Aus dem Versagen des Völkerbundsystems wurden mit der Teilnahme aller maßgeblichen Siegermächte des Zweiten Weltkriegs, der umfassenden Ausgestaltung des Gewaltverbots und der Einsetzung eines zentralen Organs mit der Befugnis zur verbindlichen Anordnung der Gemeinschaftssanktionen, nämlich dem Sicherheitsrat, gemäß Kapitel VII der Satzung der Vereinten Nationen, die nötigen organisatorischen Konsequenzen gezogen. Auf die politischen Hintergründe der praktischen Defizite wurde bereits hingewiesen.

---

[91] Resolution 660(1990) des Sicherheitsrats vom 2.8.1990, ILM 29 (1990), S.1325; deutsche Übersetzung in VN 1990, S.146.

[92] Resolution 678(1990) des Sicherheitsrats vom 29.11.1990, ILM 29 (1990), S.1565; deutsche Übersetzung in VN 1990, S.218. Zur Tragweite („all necessary means") dieser Resolution vgl. *Hofmann* (Fn.10), GYIL 2002, S.16f. mwN.

IV. Spezifische Herausforderungen in jüngster Zeit

Die bereits in anderen Zusammenhängen angedeuteten spezifischen Herausforderungen der jüngsten Zeit sind folgende:

1. Terrorismus – Das Problem der Zurechenbarkeit

Die Bedrohung geht zunehmend nicht von Staaten als solchen, sondern von Terroristen aus, die sich zwar in irgendeinem Staat (wechselnd) befinden müssen, deren Aufenthalt Letzterem aber gar nicht bekannt sein muss. Das Völkerrecht ist als Recht zwischen Staaten auf diese Situation nicht zugeschnitten. Allerdings gibt es Grundsätze über die Staatenverantwortlichkeit für das Handeln Privater hinsichtlich der Zurechenbarkeit solchen Handelns[93] und hinsichtlich bestimmter Unterbindungspflichten, die im von der Generalversammlung der Vereinten Nationen beschlossenen Entwurf der International Law Commission über die Staatenverantwortlichkeit[94] festgehalten wurden. Problematisch bleiben die Maßstäbe der Zurechenbarkeit terroristischer Aktivitäten im Grundsatz, insbesondere aber die konkrete Feststellung („fact finding") der betreffenden Tatsachen bzw. (hinreichender) Anhaltspunkte.

2. Massenvernichtungswaffen

Als Hauptproblem der „Massenvernichtungswaffen" wurde deren Besitz in Händen „unverantwortlicher" Regierungen, sogenannter „Schurkenstaaten" („rogue States"), denen gegenüber Reziprozitätsinstrumente nur bedingt greifen, vor allem aber in den Händen von Terroristen, denen gegenüber Reziprozitätsinstrumente gänzlich fehlen, aufgezeigt. Auch wenn Atomwaffen in der Praxis bislang erst von einem Staat eingesetzt wurden, der sich nicht nur selbst als „verantwortlich" einschätzt, wobei diese Einschätzung nicht durch „unverantwortliche" Äußerungen hinsichtlich eines „begrenzten" Atomwaffeneinsatzes gefährdet werden sollte, sind die ernsten Gefahren nicht von der Hand zu weisen. Andererseits: die Tatsache, dass erst der Besitz von Atomwaffen vor gewaltsamen Interventionen zu schützen scheint, befördert das Bestreben nach diesen.

3. Massive Menschenrechtsverletzungen

Wenn massiven Menschenrechtsverletzungen mangels der erforderlichen Zustimmung des Sicherheitsrats, die am Vetorecht eines ständigen Mitgliedes scheitert, nicht

---

[93] Vgl. dazu *Wolf* (Fn. 37), S. 477 ff. Vgl. auch *Jochen Abr. Frowein*, Der Terrorismus als Herausforderung für das Völkerrecht, ZaöRV 62 (2002), S. 879 (883 ff.).

[94] Resolution 56/83 der Generalversammlung der Vereinten Nationen vom 12. 12. 2001, in die der Entwurf der International Law Commission (ILC) für eine Konvention über die Staatenverantwortlichkeit (Responsibility of States) aufgenommen wurde. Vgl. dazu *Dahm/Delbrück/Wolfrum* (Fn. 9), S. 864 ff. mwN.

begegnet werden kann, fungiert das Gewaltverbot als Schutzsystem für verbrecheri-
sche Regime. Dies stellt nicht nur das strikte Gewaltverbot in Frage, sondern generell
das System der Vereinten Nationen. Die Kritik an der grundsätzlich für eine universelle Ordnung gebotenen „Wertneutralität" des Völkerrechts nimmt zu[95].

4. Präventive Selbstverteidigung als Antwort?

Als Antwort auf diese Herausforderung wird das Konzept der präventiven Selbstverteidigung aufgegriffen und in der besonderen Variante der so genannten Bush-Doktrin
fortentwickelt. Dies wirft eine Reihe grundsätzlicher und praktischer Fragen auf.

5. Kritik an der „Wertneutralität" des Völkerrechts

Die Kritik an der „Wertneutralität" des Völkerrechts, das sich andererseits selbst als
wertgebundene Ordnung versteht (vgl. die Präambel[96] sowie die Ziele und Grundsätze der Satzung der Vereinten Nationen[97]), kann nicht übergangen werden, soweit absolut unerträgliche, insbesondere genozidartige Zustände betroffen sind[98]. Fraglich ist
aber, ob man hier überhaupt eine Grenze setzen kann und wenn ja, wo. Problematisch
ist im universellen Maßstab die Erstreckung auf die Herstellung der Demokratie, es sei
denn, es geht um die Sicherung etablierter demokratischer Systeme (vgl. den Fall der
Intervention in Haiti nach dem Putsch gegen die demokratisch gewählte Regierung)[99].

---

[95] Vgl. z.B. *Doehring* (Fn. 35), Rn. 1009ff.; *Herdegen,* (Fn. 38), §34, Rn. 27ff. mwN.

[96] Zur Bedeutung von Präambeln vgl. *Peter Häberle*, Präambeln im Text und Kontext von Verfassungen,
in: Festschrift für Johannes Broermann, 1982, S. 211ff.; *ders.*, Rechtsvergleichung im Kraftfeld des Verfassungsstaates, 1992, S. 176ff.

[97] S. Fn. 29. Zur Wertgebundenheit des Völkerrechts vgl. *Peter Häberle*, Das „Weltbild" des Verfassungsstaates – eine Textstufenanalyse zur Menschheit als verfassungsstaatlichem Grundwert und „letztem" Geltungsgrund des Völkerrechts, in: Festschrift für Martin Kriele, 1997, S. 1277ff. Vgl. auch *ders.*, Europäische Verfassungslehre, 2001/2002, S. 27ff.

[98] Vgl. bereits *Hailbronner* (Fn. 16), S. 99: „Rechtlich verständlich, wenn auch rechtspolitisch kaum erklärbar, ist, dem Genozid eines ganzen Volkes tatenlos zusehen zu müssen,..". *Ian Williams*, Nur das letzte
Mittel. Der Bericht der Axworthy-Kommission zur humanitären Intervention, VN 2002, S. 10 (10) zitiert
den Generalsekretär der Vereinten Nationen, Kofi Annan: „Wenn die humanitäre Intervention tatsächlich
einen nicht hinnehmbaren Angriff auf die Souveränität darstellt, wie sollen wir dann die Antwort auf ein
Rwanda, auf ein Srebrenica finden- auf grobe und systematische Menschenrechtsverletzungen, die jegli-
chem universellem Gebot der Mitmenschlichkeit hohnsprechen?" Die Kommission arbeitete Leitlinien
für humanitäre Interventionen mit Mandat des Sicherheitsrats aus, wobei bei einem „Versagen" des Sicherheitsrats Maßnahmen regionaler oder subregionaler Organisationen gemäß Kapitel VIII SVN, vorbehaltlich des nachfolgenden Ersuchens um Autorisierung durch den Sicherheitsrat, für zulässig gehalten
werden, wenn die Grundsätze für den Einsatz eingehalten werden.

[99] Die Intervention wurde mit Genehmigung des Sicherheitsrats durchgeführt, vgl. Resolution 940
(1994) vom 31. 7. 1994 (Fn. 56). Vgl. dazu (befürwortend) *W. Michael Reisman*, Haiti and the validity of international action, AJIL 89 (1995), S. 82 (84). Zu Recht kritisch aber wegen der uneinheitlichen Anwendung solcher Interventionen, nämlich nur dann, wenn sie im Eigeninteresse der intervenierenden Supermächte sind, *Michael J. Glennon*, Sovereingty and Community after Haiti: Rethinking the Collective Use
of Force, AJIL 89 (1995), S. 70 (74); *Falk*, The Haiti Intervention: A Dangerous World Order Precedent

V. Die kritischen Fälle aus jüngster Zeit: Jugoslawien/Kosovo, Afghanistan, Irak

1. Allgemeines

Die Intervention der NATO im Kosovo, der Angriff auf Afghanistan nach dem 11. September 2001 und zuletzt der Irakkrieg waren Anlass zur Diskussion möglicher Ausnahmen und Durchbrechungen des Gewaltverbots. Dies führte zu einer umfangreichen Literatur[100]. Während die völkerrechtliche Bewertung des Angriffs bzw. der Intervention der NATO im Kosovokonflikt sehr kontrovers diskutiert wird[101], wird der Angriff auf Afghanistan zumindest überwiegend für prinzipiell zulässig gehalten[102], während der Angriff der USA und des Vereinigten Königreichs auf den Irak 2003 seitens der Völkerrechtler in Deutschland, soweit ersichtlich, fast einhellig für rechtswidrig gehalten wird[103]. Die Zurückhaltung hinsichtlich der Frage der Völkerrechtswidrigkeit, die auch bei den Regierungen zu verzeichnen ist, die strikt gegen den Irakkrieg waren, hat allgemein politische, zum Teil auch verfassungsrechtliche Gründe. Wie sollte die Bundesregierung sonst die notgedrungene Unterstützung der USA im Hinblick auf Art. 26 GG, der auch Unterstützungshandlungen für Angriffskriege dritter Staaten untersagt[104], erklären? Der Fall beweist den programmatischen Charakter und die allenfalls beschränkte Direktionskraft dieser Verfassungsnorm[105].

2. Völkerrechtliche Bewertung

a) Der Angriff der NATO gegen Jugoslawien im Kosovokonflikt

Die Bombenangriffe der NATO gegen Jugoslawien im Kosovokonflikt waren nach bestehendem Völkerrecht rechtswidrig, es sei denn, man sieht eine „humanitäre Intervention" bei Vorliegen der entsprechenden Voraussetzungen als zulässige Ausnahme vom Gewaltverbot an. Dann stellt sich allein die Frage der Proportionalität. Die genozidartigen Menschenrechtsverletzungen führten zumindest zu einer Zurückhaltung bei der Verurteilung[106]. Das Problem des „guten Zwecks", der die Mittel heiligt,

---

for the United Nations, Harvard International Law Journal 36 (1995), S. 341 ff. Kritisch zur Praxis der „Duldung" einseitiger Interventionen *Peter Hilpold*, Sezession und humanitäre Intervention – völkerrechtliche Instrumente zur Bewältigung innerstaatlicher Konflikte?, ZÖR 54 (1999), S. 529 (580 ff.); zu kollektiven militärischen Zwangsmaßnahmen ebd., S. 590 ff. mwN.

[100] S. o. Fn. 10, 14, 15.

[101] Vgl. die in Fn. 14 zitierte Literatur.

[102] Vgl. die in Fn. 15 zitierte Literatur.

[103] Vgl. die Nachweise in Fn. 10. Zu den Reaktionen in den USA vgl. o. Fn. 11.

[104] Vgl. dazu *Rudolf Streinz*, in: Michael Sachs (Hrsg.), Grundgesetz. Kommentar, 3. Aufl. 2003, Art. 26, Rn. 21 mwN. Zu zulässigen Maßnahmen vgl. ebd., Rn. 20 mwN und *Karl-Andreas Hernekamp*, in: Ingo von Münch/Philip Kunig (Hrsg.), Grundgesetz-Kommentar, Bd. 2, 4./5. Aufl. 2001, Art. 26, Rn. 13 mwN. Zur völkerrechtlichen Würdigung der Gewährung von Überflug- oder Transitrechten für Angreiferstaaten vgl. *Theodor Schweisfurth*, Aggression, Frankfurter Allgemeine Zeitung (FAZ) vom 28. 4. 2003, S. 10.

[105] Vgl. *Streinz*, in: Sachs (Fn. 104), Art. 26, Rn. 30 mwN.

[106] Der Versuch, den NATO-Kosovo-Einsatz im Sicherheitsrat zu verurteilen (dem stand ein Veto von

bleibt bestehen, vor allem im Hinblick auf Folgeaktionen, die sich auf den Präzedenz-fall stützen. Die gegenteiligen Bekundungen, die teilweise seitens der beteiligten Par-teien selbst erfolgt sind[107], helfen hier wenig.

b) Der Angriff der USA auf Afghanistan nach dem 11. September 2001

Soweit der Terroranschlag des Al-Kaida-Netzwerks dem Taliban-Regime in Afghanistan zugerechnet werden kann, ist dessen Bekämpfung durch den Angriff auf Afghanistan seitens der USA durch das Selbstverteidigungsrecht (Art. 51 SVN) ge-deckt. Die Unterstützung, sogar lediglich die Tolerierung von terroristischen Aktio-nen, die sich gegen einen anderen Staat richten, ist völkerrechtswidrig. Zuzurechnen sind terroristische Aktionen einem Staat dann, wenn dieser den Terroristen aktive Unterstützung gewährt. Dabei ist entgegen der Ansicht des IGH nicht erforderlich, dass die terroristischen Aktivitäten einer Gruppe von diesem Staat im eigentlichen Sinne gesteuert werden, wie die Berufungskammer des Jugoslawien-Gerichtshofs im Tadic-Fall unter ausdrücklicher Zurückweisung der Rechtsprechung des IGH im Ni-caragua-Fall festgestellt hat[108]. Eine andere Frage ist die Wahrung des Grundsatzes der Verhältnismäßigkeit und vor allem die Beachtung des ius in bello. Die Ebenen der Zu-ordnung, der gerechtfertigten Reaktionen und der Verhältnismäßigkeit sind zu unter-scheiden[109].

c) Der Angriff der USA und des Vereinigten Königreichs auf den Irak 2003

Der Angriff der USA und des Vereinigten Königreichs auf den Irak ist weder durch Resolutionen der Vereinten Nationen noch durch Art. 51 SVN noch durch andere Rechtfertigungsgründe gedeckt. Die Resolutionen des Golfkriegsmandats waren auf die konkrete Situation der Besetzung Kuwaits beschränkt und haben sich mit dem vollständigen Rückzug der irakischen Truppen aus Kuwait und dem Inkrafttreten des Waffenstillstandes erledigt.[110] Die Resolution 1441 des Sicherheitsrats vom 8. 11. 2002[111] macht, ungeachtet der bewussten Kompromissformel, deutlich, dass die Kon-kretisierung der „ernsten Konsequenzen" eines weiteren Beschlusses des Sicherheits-

---

drei beteiligten ständigen Mitgliedern, nämlich Frankreich, USA und Großbritannien entgegen), schei-terte, vgl *Dahm / Delbrück / Wolfrum* (Fn. 9), S. 828 mwN. Vgl. aber die kritischen obiter dicta des IGH im Fall Concerning Legality of Use of Force (Yugoslavia v. Belgium), Request for the Indication of Provisio-nal Measures Order, Beschluss vom 2. 6. 1999, ICJ Reports 1999, S. 124(132), Nr. 17; ILM 38 (1999), S. 950 (955): „Whereas the Court is profoundly concerned with the use of force in Yugoslavia; whereas under the present circumstances such use raises very serious issues of international law".

[107] Vgl. *Dahm / Delbrück / Wolfrum* (Fn. 9), S. 830.

[108] International Criminal Tribunal for Yugoslavia – Appeals Chamber, Urt. v. 15. 7. 1999, Case No. 94–1-A, Prosecutor v. DuskoTadic, Nr. 116ff., insbes. Nr. 120ff.; ILM 38 (1999), S. 1518 (1540ff.).

[109] Zutreffend *Dahm / Delbrück / Wolfrum* (Fn. 9), S. 825 mwN.

[110] *Murswiek* (Fn. 10), NJW 2003, S. 1015 mwN. Eingehende Analyse bei *Schaller*, (Fn. 10), ZaöRV 2002, S. 656ff. Zur Kompetenz allein des Sicherheitsrats, mögliche Konsequenzen aus einer eventuellen Verletzung der Resolution 687(1991) über die Bedingungen des Waffenstillstands mit dem Irak (s. Fn. 7) zu ziehen und einer fehlenden Ermächtigung zu einseitiger Gewaltanwendung aus der Resolution 1154(1998) des Sicherheitsrats vom 2. 3. 1998 (ILM 37(1998), S. 503f.; deutsche Übersetzung in VN 1998, S. 82f.) vgl. *Hofmann* (Fn. 10), GYIL 2002, S. 16ff. mwN.

[111] S. Fn. 5.

rates bedarf[112]. Selbst wenn der Irak noch Massenvernichtungswaffen, die er dank Ausstattung auch durch den Westen einmal besaß[113], noch besessen haben sollte, ist allein dieser Besitz kein Angriff im Sinne von Art. 51 SVN[114]. Die massiven Menschenrechtsverletzungen des Irak erfolgten vor (Giftgaseinsatz gegen Kurden) und vor allem unmittelbar nach der Beendigung des Golfkriegs (Niederschlagung des zwar ermunterten, aber nicht unterstützten Aufstands der Schiiten) begangen. Als eigentliches Kriegsziel wurde mehr oder weniger offen der Regimewechsel genannt. Militärische Maßnahmen, um eine diktatorische Regierung abzulösen, sind aber völkerrechtlich unzulässig. Gegenteilige Auffassungen werden nur sehr vereinzelt vertreten[115].

3. Insbesondere: Probleme der so genannten Bush-Doktrin (National Security Strategy) der präventiven Selbstverteidigung

In seiner Rede vor der Militärakademie West Point am 1. Juni 2002 hat US-Präsident Bush erstmals die so genannte „Bush-Doktrin" verkündet[116], die dann in die National Security Strategy vom September 2002[117] eingegangen ist. Die neue Strategie wendet sich von den bisherigen Mitteln der Friedenssicherung, nämlich Eindämmung und Abschreckung, ab, da beides gegenüber internationalen Terroristen wirkungslos sei. Daher sei Angriff die beste Verteidigung. Freiheit und Leben der Amerikaner müssten, wenn nötig, gegen „Schurkenstaaten" durch „preemptive action" verteidigt werden. Das Konzept der unmittelbaren Bedrohung müsse an die Fähigkeiten und Ziele der heutigen Gegner angepasst werden. Das Kriterium der unmittelbaren Bedrohung sei bereits dann erfüllt, wenn so genannte „Schurkenstaaten" die bloße Möglichkeit hätten, Massenvernichtungsmittel irgendwann einmal zum Einsatz zu bringen.

Diese Doktrin, die das Unmittelbarkeitskriterium abschafft, und auf den hinreichenden Nachweis einer Angriffsabsicht verzichtet, ist völkerrechtswidrig. Sie ist auch ausdrücklich darauf angelegt, neues Völkerrecht zu schaffen.[118] Ob Letzteres gelingt, hängt von der Reaktion der Staatenpraxis ab. Insoweit ist deutlicher Protest geboten, will man verhindern, dass das Selbstverteidigungsrecht zu einem Recht auf Präventivkrieg in diesem Sinne ausgeweitet wird[119]. Dabei muss erkannt werden, dass

---

[112] Zutreffend *Murswiek* (Fn. 10), NJW 2003, S. 1015f. mwN; vgl. auch *Hofmann* (Fn. 10), GYIL 2002, S. 21ff., 29. *Karl M. Meessen*, Selbstverteidigung als werdendes Völkergewohnheitsrecht, Neue Zürcher Zeitung (NZZ) vom 18. 2. 2003, meint dagegen, dass die Resolution 1441 wegen der Ausklammerung der Streitfrage die Zulässigkeit eines einseitigen Vorgehens weder bestätige noch ausschließe. Dieses wäre dann allerdings an die Voraussetzungen des Art. 51 SVN gebunden (die nicht vorlagen).

[113] Vielleicht liegt das Problem darin, dass man –in Anlehnung an ein Zitat von Sir Winston Churchill– zu oft die „falschen Schweine" *füttert*.

[114] Vgl. *Schaller* (Fn. 10), ZaöRV 2002, S. 661ff.

[115] S. Fn. 83.

[116] Remarks by the President at 2002 Graduation Exercise of the United States Military Academy West Point, New York.

[117] The National Security Strategy of the United States. September 2002; ILM 41 (2002), S. 1478; deutsche Übersetzung in Internationale Politik 12/2002, S. 113ff.

[118] *Murswiek* (Fn. 10), NJW 2003, S. 1018.

[119] So *Murswiek* (Fn. 10), NJW 2003, S. 1018. Vgl. auch *Schweisfurth* (Fn. 104). An den erforderlichen

das postulierte Recht zum Präventivschlag nach der Bush-Doktrin keineswegs allen Staaten, sondern allein den USA zustehen soll.

4. Ergebnis

Die kritischen Fälle aus jüngster Zeit haben das bestehende Völkerrecht auf den Prüfstand gestellt. Völkerrechtsdoktrin und Staatenpraxis sind aufgefordert, nötige Fortentwicklungen voranzutreiben, aber auch gefährlichen Entwicklungen rechtzeitig entgegenzutreten.

VI. Folgen für das Gewaltverbot, das System der Vereinten Nationen und das Völkerrecht allgemein

1. Grundsätzliche Betrachtung

Die Situation nach dem Irak-Krieg erfordert das Überdenken folgender Grundfragen des Völkerrechts, die hier nur in Stichworten aufgeführt werden können:
– Effektivität und Normativität des Völkerrechts – Der Bruch des Völkerrechts als Voraussetzung für seine Fortentwicklung durch Gewohnheitsrecht[120]
– Die Bedeutung des Reziprozitätsprinzips für das Völkerrecht allgemein[121]
– Das Bestehen mehrerer „gleichgewichtiger" Mächte als Voraussetzung einer Völkerrechtsordnung (?)[122]
– Das Problem einer „Staatengemeinschaft"[123]
– Rückkehr zum „bellum iustum"(?)[124]
– Vom Völkerrecht der Koordination über das Völkerrecht der Kooperation zum Völkerrecht der Intervention(?)

Protest zur Verhinderung neuen Gewohnheitsrechts, das einem fundamentalen Prinzip des bestehenden Völkerrechts wie dem Gewaltverbot zumindest partiell derogiert, sind allerdings keine überzogenen Anforderungen zu stellen. Es genügt, wenn deutlich gemacht wird, dass man mit der Auffassung der USA nicht einverstanden ist. Vgl. zur Entstehung neuen Völkergewohnheitsrechts *Verdross/Simma* (Fn. 9), §§ 573 ff. mwN. Zur Vermeidung der Bindung durch „Verschweigen" („acquiescence") vgl. *Wolfgang Graf Vitzthum*, Begriff, Geschichte und Quellen des Völkerrechts, in: ders. (Hrsg.), Völkerrecht, 2. Aufl. 2001, S. 1 ff., Rn. 133.

[120] Vgl. dazu allgemein *Verdross/Simma* (Fn. 9), §§ 563, 574, 585 f. mwN.

[121] Vgl. dazu *Verdross/Simma* (Fn. 9), § 64 mwN.

[122] Vgl. zur „Pax Romana", die kein Völkerrecht zuließ (das „ius gentium" war alles andere als ein solches) *Kimminich/Hobe* (Fn. 12), S. 32 f.

[123] Vgl. dazu *Andreas L. Paulus*, Die internationale Gemeinschaft im Völkerrecht. Eine Untersuchung zur Entwicklung des Völkerrechts im Zeitalter der Globalisierung, 2001.

[124] Vgl. *Alois Riklin*, Gerechter Krieg? Die sechs Voraussetzungen, NZZ am Sonntag vom 23. 3. 2003. Vgl. auch bereits die Befürchtung von *Peter Hilpold*, The continuing modernity of Article 2(4) of the UN Charter, in: Festschrift für Rudolf Palme, 2002, S. 281 (294).

2. Legitimierung des Irakkriegs durch die „Staatengemeinschaft"? – Rückkehr zum Gewaltverbot oder Modifikation oder Ende des Gewaltverbots?

Wie bereits hinsichtlich der „Bush-Doktrin" betont, hängt die Durchsetzung der damit verbundenen Behauptungen neuen Völkerrechts von der Reaktion der Staatengemeinschaft ab. Dabei ist problematisch, dass die Proteste gegen den Irakkrieg nur anfänglich und auch da (aus unterschiedlichen Gründen) nur zurückhaltend erfolgten, insbesondere, was die deutliche Bezeichnung als „völkerrechtswidrig" angeht. Nach der Beendigung des Krieges haben die Vereinten Nationen das Besatzungsregime mehr oder weniger akzeptiert, was an sich gegenüber einem Aggressor unzulässig wäre, ohne allerdings den Krieg selbst ausdrücklich zu legitimieren[125]. Es stellt sich die Frage, welche Anforderungen an Proteste zu stellen sind, die die Entstehung neuen Völkergewohnheitsrechts verhindern sollen[126]. Es geht um die Frage nach der Rückkehr zum Gewaltverbot, zu seiner Modifikation oder zu seiner, möglicherweise asymmetrischen, d.h. für die USA hinsichtlich preemptive action nach der Bush-Doktrin nicht geltenden, Modifizierung.

3. Die USA als Hegemon einer „Weltgewaltordnung"?

Vereinzelt wurde die Vorstellung ausdrücklich begrüßt, die USA könnten als Hegemon einer „Weltgewaltordnung" das ansonsten drohende Abgleiten in die Anarchie verhindern. Die „Pax Americana" sei den Unsicherheiten einer multipolaren Welt vorzuziehen[127]. Einem solchen Ansatz wurde mehrheitlich mit guten Gründen entgegengetreten.[128] Er ist mit einer Völkerrechtsordnung, die auf der – natürlich faktisch, zum Teil auch rechtlich – eingeschränkten souveränen Gleichheit der Staaten beruht, nicht vereinbar[129].

---

[125] Die Resolution 1483(2003) des Sicherheitsrats vom 22. 5. 2003, ILM 42 (2003), S. 1016ff. (deutsche Übersetzung in Internationale Politik 8/2003, S. 91 ff.), enthält zwar keine Aussage zu den Differenzen, kann aber auch nicht als „stillschweigende" Billigung verstanden werden, weil es in ihr allein darum geht, für den Irak eine Zukunft nach dem Krieg zu ermöglichen. Sie ist allein zukunftsgerichtet. Viel schneller als erwartet müssen sich die Besatzungsmächte im Irak angesichts der dortigen Entwicklung (vgl. Fn. 2) an die früher für „irrelevant" erklärten Vereinten Nationen wenden. Die Staaten, die mit guten Gründen gegen den Krieg waren, müssen versuchen, das gemeinsame Ziel einer Zukunft für den Irak zu unterstützen, ohne nachträglich in die „Kriegsallianz" zu geraten. Eine führende Rolle der Vereinten Nationen könnte dies erleichtern.

[126] S. dazu Fn. 119.

[127] So ausdrücklich *Karl Otto Hondrich*, Auf dem Weg zu einer Weltgewaltordnung, NZZ vom 22. 3. 2003.

[128] Vgl. z.B. die Entgegnung von *Daniel Thürer*, Weltordnung durch Gewalt? Karl Otto Hondrich reitet mit dem Weltgeist, NZZ am Sonntag vom 30. 3. 2003. Ferner z.B. *Patrick Bahners*, Die Welt könnte so schön sein ohne Recht, Frankfurter Allgemeine Zeitung (FAZ) vom 24. 3. 2003, S. 41. Dokumente und Stellungnahmen zum Irakkrieg sind gesammelt im NZZ-Dossier „Krieg im Irak – Die USA, die UNO und das Völkerrecht".

[129] Zutreffend *Murswiek* (Fn. 10), NJW 2003, S. 1019f. Vgl. auch *dens.*, Das exklusive Recht zum Angriff, Süddeutsche Zeitung vom 20. 3. 2003, S. 2.

4. Reformbedarf des Völkerrechts

a) Allgemein: Reaktion auf die Herausforderung der veränderten Umstände

Die Ablehnung eines „freundlichen Hegemon" und der „Bush-Doktrin" entbindet freilich nicht davon, über angemessene Reaktionen auf die Herausforderung des Völkerrechts durch veränderte Umstände nachzudenken. Erforderlich sind die Präzisierung des Gewaltverbots und seiner Ausnahmen und die Effektivierung des Systems kollektiver Sicherheit der Vereinten Nationen.

b) Objektivierung der Maßstäbe – eine Illusion?

Für die universelle Akzeptanz des Völkerrechts wäre eine Objektivierung der Maßstäbe, die Präzisierung dessen, was universell geboten ist und was im Rahmen der „Anerkennungen des Anderen als Anderen" in Befolgung der in der Präambel der Satzung der Vereinten Nationen erwähnten „Duldsamkeit"[130] akzeptiert werden muss, geboten. Wenn schon die Etablierung eines vertrauenswürdigen Systems der Feststellung von Tatsachen (fact finding) so große Probleme bereitet, muss sich dann nicht erst das Ansinnen, Maßstäbe aktivieren zu wollen, als Illusion erweisen?

VII. Ergebnis und Ausblick:
Das Gewaltverbot – Scheitern einer Utopie?

Die Etablierung eines Gewaltverbots, um „künftige Geschlechter vor der Geißel des Krieges zu bewahren"[131], gehört zu den ehrgeizigen Zielen der Vereinten Nationen. Von einer „Errungenschaft" kann man freilich allenfalls partiell reden. Handelt es sich um das Scheitern einer Utopie?

Zum Titel seines jedenfalls in der theoretischen Wirkungsgeschichte bis hin zur Satzung der Vereinten Nationen wahrhaft bahnbrechenden Werks „Zum ewigen Frieden" (1795) ließ sich Immanuel Kant durch die satirische Überschrift auf dem Schilde eines holländischen Gastwirts, worauf ein Kirchhof gemalt war, inspirieren[132]. Ist das Gewaltverbot wie der ewige Frieden letztlich nicht doch allein etwas für ein

---

[130] Erwägungsgrund 5: „Duldsamkeit zu üben …"; („to practice tolerance …").

[131] Erwägungsgrund 1 der Präambel der SVN (Fn. 29).

[132] *Immanuel Kant*, Zum Ewigen Frieden. Ein philosophischer Entwurf 1795, Werke in sechs Bänden, Bd. 6, 1995, S. 279. Zum von Kant „utopisch vorweggenommenen" Friedensauftrag im Verfassungsrecht der Staaten vgl. *Häberle* (Fn. 97), S. 1284f. Zur Bedeutung Kants für das Völkerrecht vgl. *Olaf Asbach*, Internationaler Naturzustand und Ewiger Friede. Die Begründung einer rechtlichen Ordnung zwischen Staaten bei Rousseau und Kant, in: Dieter Hüning/Burkhard Tuschling (Hrsg.), Recht, Staat und Völkerrecht bei Immanuel Kant, 1998, S. 203ff.; *Otfried Höffe*, Kant als Theoretiker der internationalen Rechtsgemeinschaft, ebd., S. 233ff.; *Charles Covell*, Kant, die liberale Theorie der Gerechtigkeit und die Weltordnung, Der Staat 37 (1998), S. 361ff. Zum aktuellen Thema vgl. *Richard B. Lillich*, Kant und die Debatte über humanitäre Intervention im Völkerrecht der Gegenwart, in: Klaus Dicke (Hrsg.), Republik und Weltbürgerrecht. Kantische Anregungen zur Theorie politischer Ordnung nach dem Ende des Ost-West-Konflikts, 1998, S. 215ff.

reich, das nicht von dieser Welt ist, für diese Welt also eine mit der menschlichen Natur nicht erreichbare Utopie? Dies darf und soll uns nicht daran hindern, uns um Annäherung an diese Utopie zu bemühen, damit der Frieden auf Erden nicht auf den Friedhofsfrieden beschränkt bleibt.

„European and American Constitutionalism"

– Konferenz in Göttingen am 23. und 24. Mai 2003 –

von

Dr. Heike Krieger

Wissenschaftliche Assistentin am Institut für Völkerrecht der Universität Göttingen

I. Europäischer und amerikanischer Konstitutionalismus

Die Diskussion um die Zukunft der Europäischen Union ist zunehmend auf den europäischen Konstitutionalisierungsprozeß ausgerichtet. Welche Gemeinsamkeiten aber sind den europäischen Verfassungen zueigen, so daß es gerechtfertigt wäre, von einer eigenen europäischen Verfassungskultur zu sprechen? Der oft herangezogene Vergleich des Europäischen Verfassungskonvents mit der *Philadelphia Convention* von 1787 unterstreicht die europäischen Bemühungen, sich in eine verfassungspolitische Tradition mit den Vereinigten Staaten zu stellen. Zugleich aber nimmt das Bewußtsein für charakteristische Unterschiede zwischen den europäischen Verfassungen und ihrer Kultur auf der einen Seite und der amerikanischen Verfassung(-skultur) auf der anderen Seite zu. Zur Herausbildung eines gemeineuropäischen Verfassungsbewußtseins kann es beitragen, wenn bei einem Vergleich der europäischen Systeme mit dem amerikanischen System innereuropäische Gemeinsamkeiten festgestellt werden, die sich von amerikanischen Verfassungsgrundsätzen unterscheiden.

Eine der Institutionen, die zur Herausbildung eines besonderen europäischen Konstitutionalismus beitragen, ist die Europäische Kommission für Demokratie durch Recht, die sog. Venedig-Kommission des Europarates. Die Venedig-Kommission ist ein Expertengremium, das bei der Ausarbeitung neuer Verfassungen sowie grundlegender Gesetze vor allem mittel- und osteuropäische Mitgliedstaaten des Europarates berät. Sie bildet damit auch ein geeignetes Forum, europäischen und amerikanischen Konstitutionalismus miteinander zu vergleichen. Mit diesem Ziel hat die Venedig-Kommission am 23. und 24. Mai 2003 ein sog. UniDem- (*Universities for Democracy*) Seminar in Göttingen veranstaltet. Die Konferenz wurde von *Professor Georg Nolte (Institut für Völkerrecht der Universität Göttingen)* konzipiert und organisiert sowie von der Volkswagenstiftung und der Yale Law School finanziell unterstützt.

II. Das Seminar

Das Seminar war in fünf Themenkomplexe aufgeteilt, zu denen jeweils ein Europäer und ein Amerikaner einen Vortrag hielten. Zwei Kommentatoren reagierten auf
die Vorträge. Die Kommentatoren brachten nicht zuletzt Perspektiven aus anderen
Verfassungsrechtssystemen, nämlich aus Kanada, Indien, Israel, Japan, Peru bzw. Lateinamerika und Südafrika, ein.

Zunächst erläuterte *Professor Nolte* die Fragestellungen und die Zielsetzungen der
Konferenz. Bis zum Ende des Kalten Krieges hätten Verfassungsrechtler in Abgrenzung zur sozialistischen Rechtskonzeption die Gemeinsamkeiten der Verfassungs-
rechtssysteme im transatlantischen Raum betont. Das Ende des Kalten Krieges habe
den Blick auf die Unterschiede zwischen den westlichen Verfassungskonzeptionen eröffnet. *Nolte* erläuterte, warum es wichtig sei, den entstehenden europäischen mit
dem amerikanischen Konstitutionalismus zu vergleichen und nicht beim Verfassungsvergleich einzelner europäischer Staaten zu verharren. Zur Herausbildung eines besonderen europäischen Konstitutionalismus sei es erforderlich, nicht nur Einigung
über das genus proximum zu erreichen, also die Gemeinsamkeiten zu identifizieren,
sondern Klarheit müsse auch über die differentiae specificae, die charakteristischen
Unterschiede bestehen. Dabei müßten weitere Verfassungsstaaten als tertium compa-
rationis einbezogen werden, damit festgestellt werden könne, ob Europa einen spezifischen Konstitutionalismus entwickelt oder ob die USA eine besondere Ausnahmepo-
sition einnehmen.

Der erste Themenkomplex war der Meinungsfreiheit gewidmet. Der gerichtliche
Schutz der Meinungsfreiheit divergiert zwischen den USA und Europa in besonderem Maße. „Hate speech", d.h. aggressiv-rassistisch motivierte Formen der Meinungsäußerung, wird in den USA verfassungsrechtlich geschützt, solange dadurch
keine klare und gegenwärtige Gefahr für Gewalttaten begründet wird. Demgegenüber sind in Europa sowohl auf der Ebene der nationalen Verfassungen als auch auf der
Ebene der EMRK Einschränkungen der Meinungsfreiheit im Fall rassistischer Äußerungen zulässig. *Professor Roger Errera (Budapest / Paris)* beleuchtete den Schutz der Meinungsfreiheit aus der europäischen Perspektive. Er verortete die wesentlichen Unterschiede gegenüber dem amerikanischen Ansatz in den Schrankenbestimmungen und
führte eine Reihe von Gründen für diese Abweichungen an. Hierzu zählen laut *Errera*
der Wortlaut der verfassungsrechtlichen Verbürgung der Meinungsfreiheit, die spezifischen historischen Erfahrungen in der zurückhaltenden Bundesgesetzgebung in den
USA, die methodischen Ansätze bei der Abwägung betroffener Interessen und die Internationalisierung des Menschenrechtsschutzes in Europa. Schließlich liege ein erheblicher Unterschied darin, daß die USA die Meinungsfreiheit in erster Linie gegenüber Eingriffen des Staates schützten, während in Europa auch der umfassende Schutz
der Interessen privater Dritter gewährt werde. Dabei komme der Menschenwürde eine entscheidende Funktion zu.

Professor Lorraine Weinrib (Toronto) stellte in ihrem Kommentar die kanadische
Rechtslage dar und machte so deutlich, daß die Auslegung der Meinungsfreiheit in
den USA auch im Verhältnis zu außereuropäischen freiheitlich-demokratischen Verfassungsrechtssystemen eine Ausnahme bildet. *Professor Frederick Schauer (Harvard)* ana-
lysierte in seinem Vortrag die Ursachen dieser besonderen Stellung. Er unterschied

zwischen substantiellen und methodischen Gründen. Während die substantiellen Gründe die inhaltlich unterschiedlichen Ergebnisse der Abwägung zwischen Meinungsfreiheit und anderen Rechten bezeichneten, bezögen sich die methodischen Gründe auf das behauptete unterschiedliche Verständnis der Struktur des Grundrechtes. Wie *Errera* sah er den wesentlichen Gegensatz in der Behandlung von „hate speech" und beim Beleidigungsschutz. *Schauer* suchte dabei nach Ursachen, warum andere Staaten die amerikanische Interpretation nicht annähmen. So bestehe in den USA eine ausgeprägtere Kultur des Mißtrauens gegenüber der Regierung als in Europa. Diese Kultur führe zu einem liberaleren Grundrechtsverständnis. Hinzu träten allgemeinpolitische Einwirkungen. Zwar sei in allen demokratischen Staaten der politische Einfluß der Presse größer als der Einfluß anderer Interessenverbände, etwa solcher zum Schutz der Rechte Strafgefangener. Dem Einfluß der Presse in den USA komme aber ein besonderes Gewicht zu, weil Interessengruppen für die Meinungsfreiheit in den USA historisch deutlich früher als andere Interessengruppen entstanden seien. Ebenso wichtig seien die besonderen Erfahrungen der McCarthy-Ära, der Bürgerrechtsbewegung und die Auseinandersetzung mit dem Vietnam-Krieg. Schließlich spiele die amerikanische Ablehnung ausländischer und internationaler Einflüsse auf das eigene Rechtssystem eine entscheidende Rolle. Die innerstaatlichen Einschränkungen der Meinungsfreiheit seien im Fall von „hate speech" in Europa durch die völkerrechtlichen Verpflichtungen aus dem Übereinkommen zur Beseitigung jeder Form von Rassendiskriminierung von 1965 gerechtfertigt. Ein erheblicher methodischer Unterschied besteht laut *Schauer* nicht. Es sei nicht zutreffend, daß in den USA die meisten Fälle auf der Ebene des Schutzbereiches des Grundrechts entschieden würden, während in Europa der eigentliche Prüfungsschwerpunkt auf der Schrankenebene liege. Ebenso seien Unterschiede im Charakter der Verfassungsrechtsprechung seien unerheblich. Auch *Professor Winfried Brugger (Heidelberg)* lehnte in seinem Kommentar einen gewichtigen methodischen Unterschied zwischen dem europäischen und dem amerikanischen Schutz der Meinungsfreiheit ab und vertiefte die Analyse der inhaltlichen Unterschiede.

Zum weiterreichenden Schutz der Meinungsfreiheit in den USA trägt danach die Zurückhaltung des amerikanischen *Supreme Court* bei, Grundrechte anzuerkennen, die keine klare wörtliche oder historische Grundlage im Verfassungstext haben. *Professor Giovanni Bognetti (Mailand)* und *Professor James Whitman (Yale)* erörterten diese Problematik unter dem Aspekt des Schutzes der Menschenwürde. *Bognetti* verglich die juristische Funktion des Konzepts der Menschenwürde in Deutschland, Italien und Frankreich auf der einen Seite mit dem Konzept der Menschenwürde in den USA auf der anderen Seite. Er ging dabei von zwei grundsätzlich unterschiedlichen Verständnissen des Staates und seiner Verfassung aus und kontrastierte den interventionistischen, demokratischen und sozialen Staat in Europa mit dem liberalen Modell in den USA. Europäische Rechtssysteme seien eher bereit, soziale Werte verfassungsrechtlich zu schützen. Dies hänge eng mit dem rechtlichen Verständnis der Menschenwürde zusammen. *Bognetti* wies auf die hervorgehobene Stellung der Menschenwürde in einer Reihe von europäischen Verfassungen, wie der deutschen, ungarischen und der schweizerischen Verfassung sowie in der Europäischen Grundrechtecharta hin und beschrieb ihre unumstrittene Bedeutung in Fällen, in denen die physische oder geistige Freiheit des Individuums zerstört werden soll. Beim Vergleich des deutschen, französischen und italienischen Modells werde deutlich, daß der rechtliche Gehalt der Menschenwürde in Deutschland besonders weitreichend sei. Er erstrecke sich von der Gestaltung der Strafverfolgung, über den Schutz des Persönlichkeitsrechts und die Annahme von Schutzpflichten hin zum Recht auf einen sozialen Mindeststandard. Dabei spiegele sich die interventionistische Staatsauffassung bei den Schutzpflichten wider. Dem stehe das liberale Modell der USA gegenüber, in dem das Konzept der Menschenwürde nur eine untergeordnete Rolle spiele. Dies führt *Bognetti* auf die Änderung der Verfassungsgerichtsrechtsprechung in der Zeit des *New Deal* zurück. Hier habe der *Supreme Court* entschieden, nur noch eine überaus zurückhaltende verfassungsrechtliche Kontrolle über die wirtschaftlichen und sozialen Beziehungen auszuüben. Die Regelung von Wirtschaftsbeziehungen und sozialen Einrichtungen seien der politischen Gestaltung zu überlassen. Deshalb habe das Gericht kein Konzept der Menschenwürde entwickeln können, das als Abwehr für Eingriffe privater wirtschaftlicher Aktivitäten in die Rechte des Einzelnen hätte dienen oder den Einzelnen gegen unzulängliche soziale Dienste des Staates hätte schützen können. Daher erführen Rechte, die mit dem Konzept der Menschenwürde verbunden seien, in den USA einen geringeren Schutz als in Europa. *Bognetti* wies schließlich darauf hin, daß ein Staat, der weniger soziale Dienste anbiete, weniger bürokratisch, dafür aber effektiver sei, was sich im wirtschaftlichen Wettbewerb der Staaten als Vorteil herausstellen könne. Zudem warnte er vor der Gefahr, daß eine zu aktivistische Rechtsprechung im Bereich der Menschenwürde den Gesetzgeber bei der Entwicklung neuer sozialer Modelle zu weit einschränke.

Professor James Whitman (Yale) stellte der normativen Analyse *Bognettis* eine Analyse des Konzepts der Menschenwürde aus historischer und soziologischer Sicht entgegen. Er machte einen kulturellen Konflikt zwischen dem Verständnis der Menschenwürde auf beiden Seiten des Atlantiks aus. *Whitman* stellte die These auf, daß das europäische System seit dem 18. Jahrhundert bemüht gewesen sei, die historischen Privilegien der Oberschicht auf alle Bürger auszudehnen, während das amerikanische Modell die Abschaffung aristokratischer Privilegien zum Ziel gehabt habe. Daher müßten zwei Modelle des Staates in der Moderne unterschieden werden. *Whitman* belegte seine These u.a. an den Beispielen des Strafvollzugs und des Beleidigungsschutzes. Der Begriff der Würde sei in Europa zunächst nur der aristokratischen Führungsschicht zugekommen und im Laufe der Jahrhunderte auf alle Bürger ausgedehnt worden. Statusprivilegien seien generalisiert worden. So seien die für niedrigere Schichten üblichen Strafen, wie z.B. Zwangsarbeit und Formen der Verstümmlung, abgeschafft worden, während Strafen für aristokratische Stände, wie z.B. die Festungshaft, auf alle Stände ausgedehnt worden seien. Eine vergleichbare Entwicklung habe es den USA nicht gegeben. Vielmehr seien Privilegien im Strafvollzug abgeschafft worden, so daß heute eine höhere Akzeptanz gegenüber herabwürdigenden Formen der Bestrafung bestehe. Hierzu gehöre z.B. der Einsatz von Ketten bei Sträflingen. In vergleichbarer Weise sei der Schutz der persönlichen Ehre in Europa vom Adel auf die anderen gesellschaftlichen Schichten ausgedehnt worden.

Professor Eyal Benvenisti (Tel Aviv) betonte in seinem Kommentar demgegenüber den universellen Gehalt der Menschenwürde. Während in Europa das Konzept der Menschenwürde dazu diene, Gleichheit zwischen Individuen herzustellen und den verfassungsrechtlichen Schutz auch auf Ausländer auszudehnen, werde in den USA die Unterscheidung zwischen Staatsbürgern und Ausländern unter Ablehnung eines universellen Verständnisses der Menschenwürde weiterhin scharf gezogen. Professor *Hugh Corder (Kapstadt)* unterstrich, daß das südafrikanische Verfassungsrecht dem europäischen Ansatz näherstehe, weil man sich u.a. am Beispiel der deutschen Verfassung als einer Antwort auf ein totalitäres System orientiert habe.

Das von *Bognetti* herausgestellte unterschiedliche Staatsverständnis zwischen den USA und Europa wurde im dritten Themenbereich über die Schutzpflicht des Staates noch einmal besonders deutlich. Während der Staat in den USA dafür verantwortlich gehalten wird, den Bürgern die Prozeduren zur Verfügung zu stellen, ihre Interessen durch Mehrheitsbildungen zu wahren und durchzusetzen, finden sich in Europa Ansätze, nach denen es Bestandteil der Staatsaufgaben ist, die Voraussetzungen zu schaffen, die eine tatsächliche und wirksame Wahrnehmung der gewährten Freiheit ermöglichen. Auf Grundlage dieses Staatsverständnisses herrscht in den USA ein negatives abwehrrechtliches Freiheitsverständnis vor, während im kontinentaleuropäischen Kontext ein sog. positives Freiheitsverständnis hinzugetreten ist. *Professor Dieter Grimm (Berlin)* führte für den Unterschied zwischen dem europäischen und dem amerikanischen Verständnis der staatlichen Schutzfunktionen historische Gründe an. Ziel der amerikanischen Revolution sei es gewesen, die unter der existierenden Rechtsordnung bestehenden Freiheitsrechte gegenüber dem Parlament und der Regierung zu sichern. Zu diesem Zweck hätten die Schöpfer der amerikanischen Verfassung die Menschenrechte naturrechtlich fundiert und ihnen einen abwehrrechtlichen Gehalt gegeben. Die französische Revolution habe demgegenüber keine Freiheitsrechte in der existierenden Rechtsordnung vorgefunden. Sie habe daher zunächst die bestehende Rechtsordnung beseitigen müssen. Mit Verkündung der Französischen Menschenrechtserklärung hätten die Menschenrechte dabei als Leitvorgaben für die Legislative bei der Änderung der bestehenden Rechtsordnung gedient. Auch in den deutschen Monarchien seien die Grundrechte als politische Leitvorstellungen zunächst in ihrer objektiven Funktion zur Geltung gekommen. Zugleich habe in Deutschland das Grundverständnis geherrscht, daß der Staat für die Herstellung sozialer Gerechtigkeit zuständig sei. Demgemäß lasse sich sagen, daß Deutschland schon im 19. Jahrhundert Elemente eines sozialen Staates aufgewiesen habe, was sich auch an der Aufnahme sozialer Rechte in die Weimarer Verfassung ablesen lasse. *Grimm* wies des weiteren auf die besondere Funktion der Schutzpflicht angesichts zunehmender Privatisierung ehemals staatlicher Aufgaben hin. Mittels der Schutzpflichten könne ein wirksamer Grundrechtsschutz gegenüber den privaten Dritten erreicht werden, die nicht an die Grundrechte gebunden seien. *Grimm* lehnte die These ab, daß allein das größere Mißtrauen in demokratische Prozesse in Europa die Rechtsprechung zu den Schutzpflichten erkläre. Vielmehr komme auch der Wahrnehmung gemeinschaftlicher Werte gegenüber rein individuellen Interessen in Europa eine größere Bedeutung als in den USA zu.

Professor Frank Michelman (Harvard) erläuterte die Unterschiede zwischen dem amerikanischen und dem europäischen Verständnis der Schutzfunktion des Staates mittels einer Gegenüberstellung der vergleichbaren Fallkonstellationen *DeShaney v. Winnebago Country* und *Z and others v. the United Kingdom*. Im ersten Fall hat der *Supreme Court* entschieden, daß der Tod eines kleinen Jungen durch Mißhandlungen seitens des eigenen Vaters keine Verletzung der Verfassung darstelle, obwohl die zuständigen So-

zialbehörden trotz ihrer Kenntnis der Vorgänge untätig blieben. Die amerikanische
Verfassung enthalte nur negative Abwehrrechte, aber keine positiven Rechte, aus denen eine Schutzpflicht des Staates erwachse. Der Europäische Gerichtshof für Menschenrechte hatte demgegenüber im Fall Z festgestellt, daß das Unterlassen der Sozial-
behörden, kleine Kinder vor unmenschlicher und erniedrigender Behandlung durch
ihre Eltern zu bewahren, eine Verletzung von Art. 3 EMRK darstelle. *Michelman* sah
die Gründe für diese gänzlich entgegengesetzten Entscheidungen nicht im Wortlaut
der menschenrechtlichen Verbürgungen. Auch die amerikanische Verfassung könnte
seines Erachtens in einer Weise interpretiert werden, die einen Schutz vor privaten
Dritten zuließe. Ebensowenig liefere die Bundesstaatlichkeit der USA einen hinreichenden Unterscheidungsgrund. Zwar liege die staatliche Hauptverantwortung für
die Wohlfahrt beim Bundesstaat, aber dies sei auch bei den souveränen Mitgliedstaaten der EMRK der Fall. Im Ergebnis hielt *Michelman* die Gegensätze für ideologisch
begründet. Hier würden die im Laufe der Konferenz identifizierten Unterschiede
zwischen den USA und Europa eine entscheidende Rolle spielen, also die von *Grimm*
erläuterten historischen Gründe sowie die größere Betonung der Selbstverantwort-
lichkeit des Einzelnen in den USA gegenüber dem mehr an Gemeinschaftsbelangen
orientierten Bewußtsein in Europa. *Dr. Heike Krieger (Göttingen)* ordnete den Fall Z in
die umfangreiche Rechtsprechung des Europäischen Gerichtshofs für Menschenrechte zu staatlichen Schutzpflichten ein und betonte die Zurückhaltung des Gerichtes,
über die eigentlichen Schutzpflichten hinaus Leistungsrechte, z.B. in Form eines
Rechts auf ein Existenzminimum, anzuerkennen. Der Kommentar von *Professor
Upendra Baxi (Delhi/Warwick)* setzte sich mit den rechtstheoretischen Unterschieden
zwischen negativen Abwehrrechten und positiven Schutzpflichten auseinander.

Der vierte Themenkomplex hatte den Vergleich der Stellung und Funktion der
Verfassungsgerichtsbarkeit zum Gegenstand. In den USA wird die sog. „counter-majoritarian difficulty" als Kritik gegen eine zu aktivistische Rechtsprechung geltend gemacht. Wenn verfassungsgerichtliche Entscheidungen Parlamentsgesetze für verfassungswidrig erklären, führt dies aus amerikanischer Sicht zu einem Minderheitenschutz, der den vom Volk im demokratischen Prozeß festgelegten Mehrheiten im Parlament entgegenläuft. *Professor Michael Rosenfeld (New York)* erläuterte, daß die amerikanische Verfassungsgerichtsbarkeit gegenwärtig in einer Legitimationskrise sei, die
sich an der „counter-majoritarian difficulty" entzünde. Er betonte, daß die amerikanische Verfassungsgerichtsbarkeit zwar deutlich älter als die europäische sei, die europäische aber auf Grund der expliziten Verankerung in den Verfassungen besser legitimiert sei. Obwohl der anglo-amerikanische Richter anders als der europäische Richter in der Vergangenheit als unabhängig gegenüber der Exekutive bzw. dem Souverän
wahrgenommen worden sei, sei die Kritik an der Verfassungsgerichtsbarkeit in den
USA viel größer als in Europa. Hierin sah *Rosenfeld* auch deshalb ein Paradox, weil es
in den USA keine der europäischen Konzeption vergleichbare Souveränität des Parlamentes gebe und die amerikanische Verfassung das Modell der Gewaltenteilung besonders favorisiere, das durch eine gerichtliche Kontrolle angemessen verwirklicht
würde. *Rosenfeld* erklärte die heimische Kritik an der amerikanischen Verfassungsgerichtsbarkeit damit, daß die Verfassungsgerichtsbarkeit nur dann legitim erscheine,
wenn es einen Kernbestand an gemeinsamen Werten gebe. Die gegenwärtige Krise
folge daraus, daß in dem zunehmend pluralistischen amerikanischen Gemeinwesen

tiefe Differenzen aufträten. *Professor László Sólyom (Budapest)* begründete die geringere Bedeutung der „countermajoritarian difficulty" in Europa demgegenüber damit, daß in vielen postautoritären europäischen Staaten die Verfassungsgerichtshöfe mit umfassenden Kompetenzen eingerichtet worden seien, weil den Parlamenten, die zuvor von totalitären oder autoritären Regimen mißbraucht worden waren, ein erhebliches Mißtrauen entgegengebracht worden sei.

Für die Gesamtthematik der Konferenz war das Beispiel des Vereinigten Königreichs besonders illustrativ, da es zwar dem amerikanischen Modell näher steht, seit dem Zweiten Weltkrieg aber immer mehr Einflüsse aus Kontinentaleuropa aufnimmt. *Professor Jeffrey Jowell (London)* erläuterte den Wandlungsprozeß zu einer Verfassungsrechtsprechung im Vereinigten Königreich. Die gerichtliche Kontrolle habe sich seit dem 19. Jahrhundert auf die Befugnisse zur Ermessensausübung beschränkt, die der Exekutive auf Grundlage parlamentarischer Gesetze übertragen worden seien. Seit Mitte des 20. Jahrhunderts würden zwar strengere Anforderungen an die Ausübung des Ermessens gestellt, aber erst seit den neunziger Jahren hätten die englischen Gerichte u.a. unter dem Einfluß der EMRK begonnen, Entscheidungen der Verwaltung als Verletzungen verfassungsrechtlicher Rechte des Einzelnen für rechtswidrig zu erklären. Menschenrechte würden nunmehr als konstitutiver Bestandteil der Demokratie verstanden, so daß auch die Vorgaben des Parlamentes im Lichte einer menschenrechtsorientierten Verfassungsordnung auszulegen seien. Dabei hätten nicht nur die EMRK und das Europarecht zu Änderungen geführt, sondern auch die Rechtsprechung des amerikanischen *Supreme Court* zur Zeit der Präsidentschaft von Earl Warren. Eine ebenso große Bedeutung komme aber auch der Erfahrung mit den totalitären Regimen des 20. Jahrhunderts zu. Sie führe zur Erkenntnis, daß die Souveränität des Parlamentes in einer Verfassung durch Menschenrechte beschränkt seien müsse. Wesentliche Änderungen seien schließlich vom *Human Rights Act 1998* ausgegangen. Der *Human Rights Act* diene als Maßstab für die Überprüfung von Akten der Legislative. Eine solche Überprüfung sei bisher nur auf Grundlage des Europarechtes möglich gewesen. Dabei werde die Souveränität des Parlamentes dadurch bewahrt, daß die Gerichte parlamentarische Gesetze nur für rechtswidrig erklären, aber nicht aufheben dürften. *Professor César Landa (Lima)* betonte mit Blick auf Lateinamerika, daß die Verfassungsgerichtsbarkeit in dieser Region von der Stabilität der Regierung abhängig sei und den Konflikt zwischen einem demokratischen und einem autoritären Verfassungsverständnis widerspiegele.

Der letzte Komplex war schließlich dem Thema „Demokratie und internationale Einflüsse" gewidmet. *Professor Lech Garlicki (Richter am Europäischen Gerichtshof für Menschenrechte)* untersuchte die Materie unter dem Blickwinkel des von internationalen Instanzen beeinflußten Konstitutionalisierungsprozesses in den neuen und wiederhergestellten Demokratien in Mittel- und Osteuropa. Dabei beleuchtete *Garlicki* anhand der Beispiele des Instituts der Volksabstimmung, des Präsidialsystems und der Verfassungsgerichtsbarkeit, inwieweit amerikanische oder europäische Konzeptionen Eingang in die osteuropäischen Verfassungen gefunden haben. So hätten die osteuropäischen Staaten ganz überwiegend ein Präsidialsystem zugunsten eines parlamentarischen Regierungssystems abgelehnt und Regelungen eingeführt, die eine Fragmentierung des Parlamentes durch Splittergruppen verhindern sollten. Dabei spiele eine Rolle, daß Staaten wie die Tschechische Republik, Litauen und Polen schon vor dem

Zweiten Weltkrieg parlamentarische Regierungssysteme eingerichtet hatten. Jedoch fänden sich in einigen Nachfolgestaaten der UdSSR auch Systeme mit starken Elementen eines Präsidialsystems. Ebenso sei die Verfassungsgerichtsbarkeit überwiegend an den westeuropäischen Beispielen, vor allem dem deutschen Modell, orientiert. Auch dieser Rechtsexport trägt zur Herausbildung eines europäischen Verfassungsmodells bei.

Professor Jed Rubenfeld (Yale) sprach schließlich über mögliche Gründe für den amerikanischen Unilateralismus in der Verfassungsstaatlichkeit, den er mit dem europäischen Internationalismus bzw. Multilateralismus konstrastierte. Ausgehend von dem Paradox, daß die USA heute einem internationalen System kritisch gegenüber stehen, das sie unmittelbar nach dem Zweiten Weltkrieg selbst maßgeblich initiiert und mitgestaltet haben, sieht *Rubenfeld* Gründe für den amerikanischen Unilateralismus u.a. in einer unterschiedlichen Interpretation des Zweiten Weltkrieges. Während die europäischen Staaten als Reaktion auf diesen Krieg eine anti-nationalistische Haltung einnähmen, sähen die USA den Ausgang des Krieges als Bestätigung ihres Systems. Die USA verstünden die Völkerrechtsordnung der Nachkriegszeit als Übertragung der amerikanischen Prinzipien auf den Rest der Welt und damit als Rechtsordnung mehr für die anderen Staaten und als für sich selbst. Aus dieser Beobachtung leitete *Rubenfeld* zwei unterschiedliche Formen des Konstitutionalismus ab. Er stellte den „europäischen oder internationalen Konstitutionalismus" dem „amerikanischen oder demokratisch nationalen Konstitutionalismus" entgegen. Während der erste auf universellen Rechten und Prinzipien beruhe, die dem nationalen demokratischen Prozeß vorgelagert seien, verstehe die zweite Form die Verfassung eines Staates als die grundlegenden demokratischen selbstgegebenen politischen Verpflichtungen einer Nation. Grund- und Menschenrechte würden daher im ersten Fall von internationalen Gremien interpretiert, im zweiten Fall aber von den Akteuren des nationalen politischen Prozesses. Aus diesem Verständnis heraus gelangte *Rubenfeld* zu einer Ablehnung von internationalen Menschenrechtsverträgen und von Rechtskategorien wie dem *ius cogens*. Aus amerikanischer Sicht komme hinzu, daß internationale Menschenrechtsabkommen auch von Staaten unterschrieben seien, die systematisch Menschenrechte verletzten. Angesichts dieser Umstände nahm *Rubenfeld* an, das Völkerrecht bedrohe die Demokratie. Dies folge aus der undemokratischen Weise, in der internationale Verträge oft nur unter geringer Beteiligung des nationalen Gesetzgebers abgeschlossen würden. Zudem resultiere die Bedrohung aus der Entfernung internationaler Gerichte von den nationalen politischen Prozessen. Schließlich trage der undemokratische Aufbau internationaler Organisationen zu der Gefährdung bei.

An *Rubenfelds* Beitrag entzündete sich eine kontroverse Diskussion. *Professor Yasuaki Onuma (Tokyo/Cambridge)* betonte, daß die meisten Staaten der Welt Mechanismen vorsähen, um die Beteiligung der Parlamente am Abschluß völkerrechtlicher Verträge zu gewährleisten. Auch sei die Zuständigkeit internationaler Gerichte demokratisch legitimiert, da sich Staaten mittels völkerrechtlicher Verträge internationalen Gerichten unterwürfen. *Professor Armin v. Bogdandy (Heidelberg)* verwies gegen *Rubenfeld* auf die engen grenzüberschreitenden Verflechtungen in einer globalisierten Welt. Vor diesem Hintergrund biete nur das Völkerrecht eine Möglichkeit, die Auswirkungen demokratischer Entscheidungen eines Staates auf die Staatsbürger eines anderen Staates zu begrenzen und diene damit selbst demokratischen Grundsätzen, indem es Einflußmöglichkeiten eröffne. In der Tat übersieht der Ansatz von *Rubenfeld*, daß sich eine Vielzahl nationaler Entscheidungen unmittelbar in anderen Staaten auswirkt. Dies wird nicht nur deutlich, sobald es um grenzüberschreitende Gewaltanwendung mit ihren destabilisierenden Konsequenzen und Eskalationsgefahren geht, sondern betrifft eine Vielzahl grenzüberschreitender Sachverhalte, die von völkerrechtlichen Vertragsregimen geregelt werden. Es ist eine Erkenntnis der siebziger Jahre, daß Fragen des Umweltschutzes, zu denen z.B. das Kyoto-Protokoll zählt, nicht mehr allein auf der Entscheidungsebene nationaler Demokratien gelöst werden können. Aber auch der internationale Menschenrechtsschutz soll letztlich nicht nur die Rechte des Einzelnen, sondern auch die Stabilität der internationalen Ordnung und damit auch die friedliche Koexistenz demokratischer Nationen gewährleisten.

III. Fazit

Die Beiträge, die veröffentlicht werden sollen, haben wesentliche Gemeinsamkeiten einer europäischen Verfassungskultur identifiziert. In Europa haben gemeinsame historische Erfahrungen zur Herausbildung von Werten beigetragen, die in unterschiedlicher Ausprägung in den nationalen Verfassungen ebenso wie auf der Ebene der EMRK und des Europarechtes zum Ausdruck kommen. Hierzu gehört einerseits ein Staatsverständnis, das den Staat der Wohlfahrt und der größeren sozialen Gerechtigkeit verpflichtet sieht. Dieses Verständnis beeinflußt europäische Verfassungswerte bei der Auslegung des Konzepts der Menschenwürde ebenso wie bei der Frage, ob dem Staat positive Handlungspflichten obliegen, die sich aus den Grundrechten ableiten lassen. Andererseits ist das Verständnis der verfassungsrechtlichen Grundprinzipien europäischer Staaten in weitem Umfang von den Erfahrungen der totalitären Regime des 20. Jahrhunderts geprägt. Die Auslegung der Meinungsäußerungsfreiheit und des Konzepts der Menschenwürde spiegeln die historische Bedingtheit des europäischen Verfassungsverständnisses wider. Wie sehr diese Werte gemeinsame europäische Verfassungswerte bilden, wird im Vergleich mit den USA deutlich. Anders als Europa sind die USA einem individualistischen Gedanken der Leistungsgerechtigkeit verpflichtet und folgen einem liberalen Staatsverständnis. Sie konnten anders als die europäischen Staaten die Ereignisse des Zweiten Weltkriegs als Bestätigung ihres Systems interpretieren und stehen daher der europäischen Annahme skeptisch gegenüber, die Ausübung staatlicher Herrschaftsgewalt müsse auf internationaler Ebene beschränkt werden. Dies gilt nicht nur für die militärische Gewaltanwendung, sondern auch für den Menschenrechtsschutz, wie das Beispiel „hate speech" illustriert. Die europäischen Staaten haben in der Entwicklung internationaler und supranationaler Formen der Zusammenarbeit nicht nur die Antwort auf den Zweiten Weltkrieg gesehen, sondern halten diesen Weg auch für ein Mittel, die Folgen des Kalten Krieges und die Herausforderungen der Globalisierung in Europa zu bewältigen. Es mag dieses klare Bekenntnis zur Schaffung und Umsetzung einer internationalen Rechtsordnung sein, das die europäischen Staaten gegenwärtig in besonderem Maße von den USA trennt.

Vor dem Hintergrund stärker werdender politischer Spannungen zwischen den USA und Europa trug die Konferenz mit angeregten Diskussionen zum gegenseitigen

Verständnis für die charakteristischen Unterschiede der Verfassungssysteme und ihrer Gründe bei. Daß dabei Wertungsgegensätze aufeinandertreffen, konnte nicht ausbleiben. Wenn Rechtsvergleichung vor dem Hintergrund eines Wettbewerbs der Systeme in einer globalisierten Welt auch praktischen Zielen dienen soll, um die Angemessenheit eigener Rechtsregeln zu überprüfen und diese fortzuentwickeln, müssen Wertungen vorgenommen werden. Diese Wertungen müssen an den rechtlichen, politischen, historischen und soziologischen Vorgaben des eigenen Systems orientiert sein. Der Prozeß der europäischen Konstitutionalisierung bedient sich mittels der Verfassungssysteme der EU-Mitgliedstaaten schon lange solcher rechtsvergleichenden Wertungen. Eine vermehrte Würdigung außereuropäischer Verfassungssysteme kann helfen, herkömmliche Positionen auf ihre Tauglichkeit für die in der EU anstehenden Probleme, z.B. bei der Umgestaltung des Sozialsystems, zu überprüfen.

Alfred Kölz, 1944–2003

von

J.P. Müller

Am 29. Mai 2003 ist Alfred Kölz, seit 1983 Ordinarius für Verfassungsrecht, Verwaltungsrecht und Verfassungsgeschichte an der Universität Zürich, im Alter von 59 Jahren mitten im aktiven Leben gestorben. Er habilitierte sich im Jahre 1978 mit einer Kommentierung des Verwaltungsverfahrens im Kanton Zürich, einer Arbeit, die während Jahrzehnten für Praktiker und Wissenschaft wegweisend war dank ihrer sorgfältigen Analyse der Praxis, der überzeugenden Darstellung der Verfahrensgrundsätze und ganz besonders auch wegen einer einprägsamen, einfachen Sprache und einem didaktisch geglückten Stil. Später hat Alfred Kölz das Verwaltungsverfahren auch auf eidgenössischer Ebene in verschiedenen Formen bearbeitet. Während seiner Lehrtätigkeit wandte er sich zunehmend auch verfassungsgeschichtlichen und staatsphilosophischen Fragen zu. Auch hier war er ein sehr genauer Forscher und vermochte doch die wichtigen Zusammenhänge und grossen Linien herauszuheben. Während der letzten zwölf Jahre hatte er jedes Jahr mehrere Monate in den Archiven der Kantone, aber auch in der Bibliothèque Nationale in Paris Quellenforschung betrieben als Grundlage seines magistralen Werks über die „Neuere schweizerische Verfassungsgeschichte". Der erste Band, 1992 erschienen, erfasst die Jahre 1798 bis 1848, der zweite mit der Weiterführung bis in die Gegenwart ist zwar weit gediehen, aber noch unvollendet. Die materielle Darstellung begleiten zwei Quellenbände, die den Leser zu eigenem Denken und geschichtlichen Urteilen anregen. Zu den erstaunlichen Erkenntnissen von Kölz' Darstellung gehört, dass die später alls typisch schweizerisch bezeichneten Einrichtungen direkter Demokratie wie Verfassungsinitiative oder Gesetzesreferendum ihre Wurzeln nicht so sehr in einer autochthonen Tradition der Schweiz (Landsgemeinden, Gemeindeversammlungen) haben, sondern unmittelbar aus dem Gedankengut der französischen Revolution hervorgegangen sind. Das durfte aber nicht immer so deutlich ausgesprochen werden. Gerade die radikal-demokratischen Ideen der französischen Revolution waren zu Beginn des 19. Jahrhunderts auch in der Schweiz, jedenfalls nach 1814, ein Schrecken. Darum haben die entscheidenden Köpfe der Verfassungsgebung z.B. in den Kantonen Bern und Waadt die französische Herkunft mancher ihrer Ideen in der Öffentlichkeit eher verschwiegen oder vernebelt, obwohl man sich etwa in der Ausgestaltung der politischen Rechte auf die Vorbilder im Gironde -Verfassungsentwurf und in der Montagnard-Verfassung von

1793 stütze (illustrativ dazu Kölz, Verfassungsgeschichte 1992 S. 475 ff. und 484 ff.). Wie differenziert Kölz Wirkung und Gegenwirkung politischer Theorien analysieren und plastisch darstellen konnte, zeigen seine „Transatlantischen Kreisläufe moderner Staatsideen" S. 228 ff.): Nicht nur John Locke, auch die grossen Denker Frankreichs des 18. Jahrhunderts wirkten mächtig in der amerikanischen Revolution und bei der Schaffung der Unionsverfassung. Diese Bewegungen wirkten ihrerseits zurück auf die französische Revolution. Besonders eindrücklich ist die Gegenseitigkeit des Einflusses zwischen den USA und der Schweiz, namentlich in der Übernahme des mit dem Föderalismus verbundenen Zweikammersystems durch die Schweiz und anderseits die Verbreitung der schweizerischen Institutionen der direkten Demokratie in amerikanischen Einzelstaaten (dazu etwa Alfred Kölz, Der Weg der Schweiz zum mordernen Bundesstaat, 1998, S. 228 ff.).

Ein weiterer Schwerpunkt der wissenschaftlichen und beratenden Tätigkeit von Alfred Kölz lag im Recht des Umweltschutzes. Er setzte sich nicht nur auf allen Ebenen der Normsetzung in Bund und Kanton engagiert für die materiellen Zielsetzungen ein, sondern nahm sich in schöpferischer Weise auch der prozeduralen Probleme und der Koordination verschiedener Gestaltungsbereiche vom Verfassungs- bis zum Planungs-, Bau- und Polizeirecht an. Gerade auch in diesen Arbeiten war die Synergie mit dem juristischen Talent und Engagement seiner Frau Monika Kölz-Ott höchst beeindruckend.

Alfred Kölz hat in all seinen Wirkungsbereichen die Neugier und Sorgfalt des Forschers mit dem Weitblick eines politischen Denkers verbunden, sein unbeirrbares politisches Engagement war von einem pragmatischen nüchternen Sinn für die Möglichkeiten und Grenzen des Rechts begleitet. Mitten im schweizerischen politischen Geschehen aktiv, war er doch kein Politiker, sondern bewahrte seine Unabhängigkeit als Wissenschafter, als Verfassungsjurist, als politischer Gelehrter. Vertraut mit der politischen Praxis und geübt darin als Beobachter, Experte, Publizist und praktischer Jurist, hat ihn die Macht stets abgeschreckt. Er wollte nie ein politisches Amt und keine Parteizugehörigkeit, er vermochte aber mit dem ihm eigenen Mut die Politik sehr wohl zu bewegen, wenn es um ein tiefes Verfassungsanliegen ging, wie bei Fragen der Verfahrensgerechtigkeit bei Abstimmungen („doppeltes Ja") oder in zentralen Fragen der Umwelt.

Ausdauernd und substantiell hat Alfred Kölz den Prozess der Verfassungserneuerung in der Schweiz begleitet, der im Jahre 1999 zur Annahme der neuen Bundesverfassung führte. Ein entscheidender Beitrag war die Veröffentlichung eines eigenen Verfassungsentwurfs, den Alfred Kölz zusammen mit einem Berner Kollegen erarbeitet und im Jahre 1984 der Öffentlichkeit übergab aus der „Überzeugung, dass eine Grundreform unseres Verfassungsrechts heute im Landesinteresse geboten sei"(so im Vorwort von 1984). Ein erfreuliches Echo in Medien und Wissenschaft (s. Peter Häberle, Der private Verfassungsentwurf Kölz/Müller, in: Zeitschrift für schweizerisches Recht 1985 Bd. I S. 353–365) ermutigte zu überarbeiteten Neuauflagen in den Jahren 1990 und 1995 – einer Arbeit, die Dutzende von Wochenenden gemeinsamer Arbeit in Zürich oder Bern beanspruchte. In der letzten Auflage wurde etwa dem innerstaatlichen Verfahren eines Beitritts der Schweiz zur EU und der demokratischen Ausgestaltung ihrer späteren Mitarbeit besondere Beachtung geschenkt. Die praktischen Auswirkungen dieser Entwürfe auf die Gestaltung der neuen Bundesverfassung von

1999 wurden kürzlich durch Isabelle Häner in einer sorgfältigen wissenschaftlichen Studie dargestellt (Isabelle Häner, Nachdenken über den demokratischen Staat und seine Geschichte, Zürich 2003)

Auch auf der kantonalen Ebene war die wissenschaftliche und verfassungspolitische Beteiligung von Alfred Kölz an den Prozessen der Verfassungserneuerung, die etwa parallel zu den eidgenössischen Bemühungen verliefen oder davon angestossen wurden, beeindruckend. Sowohl für den Kanton Bern, dessen neue Verfassung von 1993 als vorbildlich gilt und auch für die Erneuerung auf Bundesebene wichtige Massstäbe setzte, als auch für den Kanton Zürich, der gegenwärtig (2003) noch an der Arbeit ist, hat Kölz wiederum in kollegialer Zusammenarbeit Entwürfe mit grosser Gestaltungskraft vorgelegt. Auch hier wissen wir über die tatsächlichen Auswirkungen wenig; es ist das Schicksal parteiungebundener Impulsgeber im öffentlichen Leben, dass ihre Namen nicht besonders propagiert werden, auch dann, wenn die Inhalte von den Parteien gern in ihren Ideenschatz aufgenommen und als solcher propagiert werden.

Das Herz des Autors schlug für die Sache der Demokratie, für ihre Institutionen unmittelbarer Bürgerbeteiligung und für die Integrität des Wahlrechts. Er glaubte, auch die Anliegen der Natur und der kommenden Generationen seien am besten und nachhaltigsten durch einen differenzierten Ausbau der Demokratie zu gewährleisten, sofern es gelinge, die Entscheidverfahren von der Manipulation durch Gruppen, Wirtschaft und Parteien relativ abzuschirmen. Kölz verfocht die Anliegen der Säkularisation; er teilte Montesquieus Skepsis gegen Macht ebenso wie Rousseaus Abneigung gegen jede Form von Unterwerfung und Fremdbestimmung des Menschen. „Je préfère une liberté agitée à une servitude tranquille" (Rousseau), hat Kölz als Motto über eines seiner Vorlesungsskripten geschrieben. Es könnte auch über dem gesamten Werk und Wirken stehen.

Bis einen Tag vor dem tödlichen Unfall hat Alfred Kölz – obwohl seit mehreren Monaten schwer und unheilbar krank – am abschliessenden Band seiner Verfassungsgeschichte gearbeitet. Den leidenschaftlichen, kühnen und – auch in der Erschliessung neuer Kletterrouten in obersten Schwierigkeitsgraden – innovativen Bergsteiger zog es nochmals in die Urner Alpen. Der Gipfel war erklommen, beim Abstieg meldete sich die Krankheit unerbittlich und führte zum tödlichen Absturz. Ein mutiger, unerschrockener, geistreicher, aufmerksamer Freund, ein liebenswürdiger und bescheidener Kollege , ein kompetenter und mit Ideen ansteckender Lehrer ist von uns gegangen.

Im Frühjahr 2003 hatte die Universität Genf beschlossen, Alfred Kölz auch für seine Verdienste als Mittler zwischen französischer und deutschsprachiger Kultur ein Ehrendoktorat zu verleihen. Der Staatsrat hatte den Beschluss bereits sanktioniert. Der förmliche Akt der Titelübergabe am ‚dies academicus' in Genf kam zu spät, die akademische Feier fand genau an dem Tag statt, an dem wir in der Kirche Sankt Peter in Zürich von Alfred Kölz Abschied nehmen mussten.

Entwicklungen des Verfassungsrechts im Europäischen Raum

I. Die Entwicklungen des Verfassungsrechts in den deutschen Bundesländern

Die Verfassung des Landes Brandenburg von 1992

von

Dr. Alexander v. Brünneck

Professor für Öffentliches Recht, insbesondere Staatsrecht und
Verfassungsgeschichte an der Europa-Universität Viadrina Frankfurt (Oder)

Inhalt

1. Genese und Konzeptionen der Verfassung

In der Verfassungsbewegung der neuen Bundesländer von 1990 bis 1993[1] spielte die Verfassung von Brandenburg eine zentrale Rolle. Helmut Simon bezeichnete ihren Entwurf als „wegweisendes Verfassungsmodell."[2]

Die Verfassung des Landes Brandenburg vom 20. August 1992 (GVBl. I S. 298)[3] führt die demokratische und rechtsstaatliche Verfassungstradition in Deutschland fort, wie sie in der Paulskirchenverfassung von 1849, in der Weimarer Verfassung von 1919 und im Grundgesetz von 1949 ihren Ausdruck gefunden hat. Bewußt wurde davon abgesehen, an die Verfassung für die Mark Brandenburg vom 6. Februar 1947 (GVBl. I S. 45) anzuknüpfen.[4]

Die brandenburgische Verfassung von 1992 geht aus von den allgemein anerkannten Bestimmungen des deutschen Verfassungsrechts, z. T. durch wörtliche Wiederholungen bewährter Regelungen des Grundgesetzes oder anderer Landesverfassungen. Die Verfassung ist gegründet „auf den friedlichen Veränderungen im Herbst 1989" (Präambel). Sie zielt vielfach darauf ab, die Ergebnisse dieses Umwälzungsprozesses dauerhaft zu sichern. Daher nimmt sie – mehr als die anderen Verfassungen der neuen Bundesländer – Formulierungen aus dem Verfassungsentwurf des zentralen „Runden Tisches" vom 4. April 1990[5] auf. Die brandenburgische Verfassung von 1992 setzt darüber hinaus viele weitere Schwerpunkte, die über den bisherigen Stand des Verfas-

---

[1] Zum Prozeß der Verfassunggebung in den neuen Bundesländern insgesamt: *Peter Häberle*, Das Problem des Kulturstaates im Prozeß der deutschen Einigung – Defizite, Versäumnisse, Chancen, Aufgaben, Jahrbuch des Öffentlichen Rechts der Gegenwart N. F., Bd. 40, 1992, S. 291–499; *ders.*, Die Verfassungsbewegung in den fünf neuen Bundesländern, Jahrbuch des Öffentlichen Rechts der Gegenwart N. F., Bd. 41, 1993, S. 69–307; *ders.*, Die Verfassungsbewegung in den fünf neuen Bundesländern Deutschlands 1991–1992, Jahrbuch des Öffentlichen Rechts der Gegenwart N. F., Bd. 42, 1994, S. 149–324; *ders.*, Die Schlußphase der Verfassungsbewegung in den neuen Bundesländern (1992/3), Jahrbuch des Öffentlichen Rechts der Gegenwart N. F., Bd. 43, 1995, S. 355–474 (jeweils mit Textanhängen); *Uwe Berlit*, Verfassunggebung in den neuen Bundesländern – ein Zwischenbericht, Kritische Justiz 1992, S. 437–462; *Konrad Hesse*, Der Beitrag der Verfassungen in den neuen Bundesländern zur Verfassungsentwicklung in Deutschland, Kritische Vierteljahresschrift für Gesetzgebung und Rechtswissenschaft 1993, S. 7–13; *Hans v. Mangoldt*, Die Verfassungen der neuen Bundesländer, 2. Aufl., Berlin 1997; *Christian Starck*, Die Verfassungen der neuen Länder, in: Josef Isensee/Paul Kirchhof (Hrsg.), Handbuch des Staatsrechts, Band IX, Heidelberg 1997, S. 353–402; *Nina Grunsky*, Konsens und Konkordanz – Die Entstehung der ostdeutschen Länderverfassungen im Kontrast zur Reform des Grundgesetzes, Baden-Baden 1998.

[2] *Helmut Simon*, Wegweisendes Verfassungsmodell aus Brandenburg, Neue Justiz 1991, S. 427–429.

[3] Abgedruckt in: Jahrbuch des Öffentlichen Rechts der Gegenwart N. F., Bd. 42, 1994, S. 201–218.

[4] Zum Prozeß der Verfassunggebung in Brandenburg: *Dietrich Franke/Reiner Kneifel-Haverkamp*, Die brandenburgische Landesverfassung, Jahrbuch des Öffentlichen Rechts der Gegenwart N. F., Bd. 42, 1994, S. 111–148; *Dietrich Franke/Reiner Kneifel-Haverkamp*, Entstehung und wesentliche Strukturmerkmale der Brandenburgischen Landesverfassung, in: Helmut Simon/Dietrich Franke/Michael Sachs (Hrsg.), Handbuch der Verfassung des Landes Brandenburg, Stuttgart usw. 1994, S. 57–69; *Werner Künzel*, Brandenburgs Verfassung in Geschichte und Gegenwart (mit Dokumenten), 2. Aufl., Potsdam 1995, im Textteil auch abgedruckt in: Hans-Georg Kluge/Boris Wolnicki (Hrsg.), Verfassungsgericht des Landes Brandenburg, 2. Aufl., Baden-Baden 1999, S. 183–209; *Steffen Johann Iwers*, Entstehung, Bindungen und Ziele der materiellen Bestimmungen der Landesverfassung Brandenburg, Band I und II, Aachen 1998.

[5] Abgedruckt in: Jahrbuch des Öffentlichen Rechts der Gegenwart N. F., Bd. 39, 1990, S. 350–372; dazu *Peter Häberle*, Der Entwurf der Arbeitsgruppe „Neue Verfassung der DDR" des Runden Tisches (1990), Jahrbuch des Öffentlichen Rechts der Gegenwart N. F., Bd. 39, 1990, S. 319–493.

sungsrechts in Bund und Ländern hinausgehen. Sie enthält für neue Entwicklungen, z.B. beim Umweltschutz oder der Datenverarbeitung, innovative Vorschriften.

Die verfassungssystematischen Besonderheiten der brandenburgischen Verfassung von 1992 lassen sich unter vier Gesichtspunkten zusammenfassen:

1. Ausgehend von den herkömmlichen Grundrechten werden neue Grundrechte geschaffen. Der Geltungsanspruch der Grundrechte wird durch ausdifferenzierte Regelungen ausgeweitet, insbesondere durch neue Ansätze zu ihrer Drittwirkung.

2. Es werden neue Staatsziele geschaffen, die z.T. detailliert ausformuliert sind. Sie sind teils als Gesetzgebungsaufträge konzipiert, teils so weit gefaßt, daß sie den Charakter von Politikaufträgen oder von Appellen an die staatlichen Institutionen oder an die Bürger haben.

3. Das Prinzip der Volkssouveränität wird in der Staatsorganisation besonders hervorgehoben, insbesondere durch plebiszitäre Verfahren der politischen Willensbildung ausgestaltet.

4. Die Regierung unterliegt einer verstärkten Kontrolle durch das Parlament, auch durch seine Minderheiten.

Insgesamt ist die brandenburgische Verfassung dadurch gekennzeichnet, daß sie die demokratischen und sozialstaatlichen Komponenten ausweitet. Mehr als andere Verfassungen erhebt sie den Anspruch, in die Gesellschaft hineinzuwirken. Vor allem wegen dieser Relativierung der herkömmlichen Trennung von Staat und Gesellschaft fand die brandenburgische Verfassung von Anfang an besondere Aufmerksamkeit in der politischen und wissenschaftlichen Diskussion.

Im folgenden werden die Systematik und die – im Vergleich zum sonstigen deutschen Verfassungsrecht – wichtigsten dogmatischen Besonderheiten der brandenburgischen Verfassung von 1992 herausgearbeitet. Es wird untersucht, wie die Verfassung in den ersten zehn Jahren ihrer Geltung von den dafür zuständigen Verfassungsorganen konkretisiert wurde, insbesondere wie der brandenburgische Gesetzgeber und das brandenburgische Verfassungsgericht sie ausgestaltet haben. Behandelt wird auch, wie die Literatur diesen Prozeß begleitet hat.

2. Präambel und Grundlagen (Art. 1 bis 4)

„Wir, die Bürgerinnen und Bürger des Landes Brandenburg, haben uns in freier Entscheidung diese Verfassung gegeben …" Mit diesen Eingangsworten bekräftigt die Präambel feierlich das 1989 in der DDR errungene Recht des Volkes, sich selbst seine Verfassung zu schaffen. Die brandenburgische Verfassung bekennt sich damit an herausragender Stelle zur Souveränität des Volkes, die die Grundlage aller freiheitlichen Demokratien ist. Unüberhörbar ist die Parallele zu den Eingangsworten der Präambel zur amerikanischen Verfassung von 1787: „We the People of the United States … do ordain and establish this Constitution …"

Die Präambel und die Art. 1 bis 4 enthalten grundsätzliche Festlegungen über die Struktur der Verfassung.[6] Sie formulieren in konzentrierter Form das Programm der

---

[6] Entspr.: *Peter Häberle*, Die Verfassungsbewegung in den fünf neuen Bundesländern Deutschlands 1991

Verfassung, das in den folgenden Artikeln entwickelt wird. Die Präambel und die Art. 1 bis 4 bringen das Selbstverständnis der brandenburgischen Verfassung zusammenfassend auf den Begriff.

Wie die Präambel formuliert, ist die Verfassung erlassen „im Geiste der Tradition von Recht, Toleranz und Solidarität in der Mark Brandenburg". Diese Tradition reicht bis in die Zeit der Reformation zurück. Ausdrücklich hebt die Präambel hervor, daß die Verfassung „auf den friedlichen Veränderungen im Herbst 1989" gegründet ist. Die Aussagen zu den Wurzeln und zur Genese der Verfassung bezeichnen treffend wesentliche Aspekte ihrer Grundentscheidungen.

Die Präambel ordnet die Verfassung in überregionale Zusammenhänge ein. Sie definiert „das Bundesland Brandenburg als lebendiges Glied der Bundesrepublik Deutschland in einem sich einigenden Europa und in der Einen Welt". Das Bekenntnis zur Europäischen Menschenrechtskonvention, zur Europäischen Sozialcharta und zu den Internationalen Menschenrechtspakten in Art. 2 Abs. 3 sichert die 1989 erkämpften Freiheitsrechte.[7]

Im Anschluß an den Einigungsprozeß von 1990 bestimmt die Verfassung zu Beginn ihres ersten Artikels: „Brandenburg ist ein Land der Bundesrepublik Deutschland." (Art. 1 Abs. 1) Daraus folgt ein förmliches Bekenntnis zum Grundgesetz in Art. 2 Abs. 3. Der Vorrang des Bundesrechts gemäß Art. 31 GG wird in Art. 2 Abs. 5 aufgenommen. In Vollzug des Homogenitätsgebotes von Art. 28 Abs. 1 Satz 1 GG bekräftigt die Verfassung die herkömmlichen, allgemein anerkannten Grundsätze der Staatsorganisation: Rechtsstaat (Art. 2 Abs. 1, Art. 2 Abs. 5 Satz 2), Sozialstaat (Art. 2 Abs. 1), Demokratie (Art. 2 Abs. 1), Volkssouveränität (Präambel, Art. 2 Abs. 2)[8], Gewaltenteilung (Art. 2 Abs. 4), Unabhängigkeit der Richter (Art. 2 Abs. 4 Satz 3).

Darüber hinaus treffen die Präambel und die Art. 1 und 2 weitere Grundentscheidungen, die die traditionellen Verfassungsprinzipien fortentwickeln. Gerade sie knüpfen an die „friedlichen Veränderungen im Herbst 1989" an. Diese – über das Grundgesetz hinausgehenden – Formulierungen schaffen neue verfassungsrechtliche Legitimationen für die freie Entfaltung des Individuums, für den sozialverträglichen Ausgleich zwischen divergierenden Interessen und für die Wahrung wichtiger Allgemeinwohlbelange. Im einzelnen sind als innovative Verfassungsprinzipien hervorzuheben:

1. Sicherung von Würde und Freiheit des Menschen (Präambel, Art. 2 Abs. 1),
2. Ordnung des Gemeinschaftslebens in sozialer Gerechtigkeit (Präambel, Art. 2 Abs. 1),
3. Förderung des Wohles aller (Präambel),
4. Bewahrung und Schutz von Natur und Umwelt (Präambel, Art. 2 Abs. 1),
5. Verpflichtung zum Schutz des Friedens (Art. 2 Abs. 1),
6. Verpflichtung zum Schutz der Kultur (Art. 2 Abs. 1),

---

bis 1992, Jahrbuch des öffentlichen Rechts der Gegenwart N.F., Bd. 42, 1994, S. 149–324 (153–157); *Michael Sachs*, Zur Verfassung des Landes Brandenburg, LKV 1993, S. 241–248 (242–245).

[7] Dazu *Eckart Klein*, Das Bekenntnis der Brandenburgischen Verfassung zu international garantierten Grundrechten, in: Peter Macke (Hrsg.), Verfassung und Verfassungsgerichtsbarkeit auf Landesebene, Beiträge zur Verfassungsstaatlichkeit in den Bundesländern, Herausgegeben im Auftrage des Verfassungsgerichts des Landes Brandenburg aus Anlaß seines 5jährigen Bestehens, Baden-Baden 1998, S. 33–50.

[8] Dazu im Hinblick auf Art. 116: LVerfGE 4, 114 = LKV 1996, S. 203; s.u. Ziff. 4.7.

7. Zusammenarbeit mit anderen Völkern, insbesondere mit dem polnischen Nachbarn (Art. 2 Abs. 1).

Die ersten Artikel der brandenburgischen Verfassung enthalten außerdem einzelne Bestimmungen zur Staatsorganisation, die durch ihre Erwähnung bei den „Grundlagen" der Verfassung einen besonderen Rang erhalten:

1. Gliederung des Landes in Gemeinden und Gemeindeverbände (Art. 1 Abs. 2),
2. Festlegung von Potsdam als Landeshauptstadt (Art. 1 Abs. 3),
3. Anerkennung der Gesetzgebung durch Volksentscheid (Art. 2 Abs. 4 Satz 1),
4. Definition des Staatsvolkes (Art. 3): Die brandenburgische Verfassung garantiert eigene Rechte nicht nur den Bürgern, d.h. allen „Deutschen i. S. des Art. 116 Abs. 1 GG mit ständigem Wohnsitz im Land Brandenburg", sondern auch den Einwohnern, d.h. allen „Personen mit ständigem Wohnsitz im Land Brandenburg, unabhängig von der Staatsangehörigkeit" (Art. 3 Abs. 1). Die Rechte nach der Verfassung werden durch die Gleichstellungsregelungen des Art. 3 Abs. 2 und 3 auf weitere Personengruppen ausgedehnt.

Zu den Grundlagen der Verfassung gehört schließlich die Regelung der Landessymbole in Art. 4. Hier wurde bewußt an alte Traditionen angeknüpft: Die rot-weißen Landesfarben und der rote märkische Adler gehen auf Überlieferungen zurück, die bis in das Mittelalter reichen. Im einzelnen sind die Landessymbole festgelegt im Hoheitszeichengesetz vom 30. Januar 1991 (GVBl. S. 26). Die Landesfarben und das Landeswappen haben in Brandenburg eine vergleichsweise breite Popularität erlangt. Das läßt auf eine Identifikation der Bevölkerung mit ihrem Land schließen, die weiter reicht als in manchen anderen Ländern der Bundesrepublik Deutschland.

Die meisten Formulierungen der Präambel und der Art. 1 bis 4 bedürfen einer Ausgestaltung durch die folgenden Verfassungsvorschriften, durch einfache Gesetze oder durch die Verwaltung und Rechtsprechung. In dem nie abgeschlossenen Prozeß der Konkretisierung der Verfassung haben die Festlegungen der Präambel und der Art. 1 bis 4 auf Grund ihrer Proklamation am Beginn der Verfassung ein besonderes Gewicht. Sie sind richtungweisend für die Auslegung der weiteren Bestimmungen der Verfassung und der einfachen Gesetze. In diesem Sinne haben die Präambel und die Art. 1 bis 4 ihre spezifische praktische Bedeutung.

3. Grundrechte und Staatsziele (Art. 5 bis 54)

Der zweite Hauptteil der Verfassung über die Grundrechte und Staatsziele in Art. 5–54 enthält die meisten dogmatischen Innovationen der brandenburgischen Verfassung.[9] Er steht im Mittelpunkt aller verfassungspolitischen und verfassungsdogmatischen Diskussionen über die Verfassung.

---

[9] Dazu zusammenfassend die oben Anm. 1 und Anm. 4 genannte Literatur sowie: *Helmut Simon*, Staatsziele, in: Simon/Franke/Sachs (Hrsg.), aaO, S. 85–94; *Michael Sachs*, Die Grundrechte der brandenburgischen Landesverfassung, in: Simon/Franke/Sachs (Hrsg.), aaO, S. 95–107; *Michael Sachs*, Zur Verfassung des Landes Brandenburg, LKV 1993, S. 241–248.

3.1. Strukturprinzipien, Geltung und Rechtsschutz (Art. 5 und 6)

Die Bestimmungen der Art. 5–54 über „Grundrechte und Staatsziele" gehen aus von den allgemein anerkannten Regelungen des deutschen Verfassungsrechts. Sie übernehmen zum Teil wörtlich bewährte Vorschriften des Grundgesetzes und anderer Landesverfassungen. Die Rechtsprechung des Bundesverfassungsgerichts wird oftmals kodifiziert (z.B. das Grundrecht auf informationelle Selbstbestimmung in Art. 11 Abs. 1 und 2, die Auslegung des Gleichheitssatzes in Art. 12 Abs. 1 Satz 2, das Streikrecht in Art. 51 Abs. 2).

Aufbauend auf diesem Fundament enthalten die Art. 5–54 erhebliche dogmatische Neuerungen. Sie lassen sich unter folgenden Gesichtspunkten zusammenfassen:

1. Viele Grundrechte sind differenzierter und anschaulicher ausgestaltet als vergleichbare Regelungen im Grundgesetz oder in anderen Landesverfassungen (z.B. die Meinungs- und Medienfreiheit in Art. 19).

2. Es werden neue Grundrechte eingeführt (z.B. das Recht auf politische Mitgestaltung in Art. 21 Abs. 1, das Recht auf Einsicht in Akten in Art. 21 Abs. 4).

3. Der Bereich der aus den Grundrechten Berechtigten wird erweitert. Träger von Grundrechten können nicht nur Individuen und juristische Personen sein (Art. 5 Abs. 1 und 3), sondern auch gesellschaftliche Gruppen (Art. 5 Abs. 1) oder Zusammenschlüsse von Betroffenen (Art. 21 Abs. 5 Satz 2).

4. Der Bereich der aus den Grundrechten Verpflichteten wird erweitert. Rechtstechnisches Mittel dafür ist die in Art. 5 Abs. 1 bestimmte Ausdehnung der Drittwirkung nach Maßgabe der Verfassung (z.B. bei der Meinungs- und Medienfreiheit in Art. 19 Abs. 1 Satz 2, bei den Rechten der Arbeitnehmer gegen die Arbeitgeber in Art. 48 Abs. 3).

5. Es werden neue Staatsziele formuliert. Sie verpflichten den Staat zum Schutz bedeutender Gemeinwohlbelange, insbesondere auf den Gebieten:
   − Rechte der Sorben (Art. 25),
   − Ehe, Familie, Lebensgemeinschaften und Kinder (Art. 26–27),
   − Bildung, Wissenschaft, Kunst und Sport (Art. 28–35),
   − Natur und Umwelt (Art. 39–40),
   − Eigentum, Wirtschaft, Arbeit und soziale Sicherung (Art. 41–51)

6. Die Staatsziele sind unterschiedlich konkret formuliert. Eine erste Gruppe sind Gesetzgebungsaufträge herkömmlicher Art, z.B. zur Ausgestaltung der Rechte der Sorben in Art. 25 Abs. 5 Satz 1. Eine zweite Gruppe sind Aufträge an die politischen Instanzen, eine bestimmte, oft genau spezifizierte Politik zu verfolgen, z.B. die Pflicht des Landes darauf hinzuwirken, daß auf seinem Gebiet keine ABC-Waffen entwickelt, hergestellt oder gelagert werden (Art. 39 Abs. 9), die Pflicht des Landes auf die zivile Nutzung militärischer Liegenschaften hinzuwirken (Art. 40 Abs. 5), die Pflicht des Landes zur Förderung des Beitrages der Land- und Forstwirtschaft zur Pflege der Kulturlandschaft, zur Erhaltung des ländlichen Raumes und zum Schutz der natürlichen Umwelt (Art. 43 Abs. 2). Eine dritte Gruppe von Staatszielen ist so weit gefaßt, daß sie den Charakter von Appellen haben, die sich nicht nur an den Staat, sondern auch an die Bürger richten, z.B. Art. 7 Abs. 2: „Jeder schuldet jedem die Anerkennung seiner Würde."

7. Durch die umfassenden Vorschriften über Grundrechte und Staatsziele im 2.

Hauptteil reicht der sachliche Geltungsanspruch der brandenburgischen Verfassung weiter als der des Grundgesetzes und anderer Landesverfassungen (z.B. Achtung der Würde im Sterben in Art. 8 Abs. 1 Satz 1, Förderung des Sports in Art. 35).

Der zweite Hauptteil der Verfassung beginnt in Art. 5 mit allgemeinen dogmatischen Bestimmungen über die Geltung der Grundrechte. Sie übernehmen die fundamentalen Regelungen des Grundgesetzes in Art. 1 Abs. 3 GG und Art. 19 GG. Über deren Formulierungen hinaus wird die Geltung der Grundrechte auch auf gesellschaftliche Gruppen erstreckt und ihre Drittwirkung angeordnet, „soweit diese Verfassung das bestimmt" (Art. 5 Abs. 1). Im Anschluß an die Rechtsprechung des Bundesverfassungsgerichts werden Grundrechtseinschränkungen an den Grundsatz der Verhältnismäßigkeit gebunden (Art. 5 Abs. 2 Satz 1).

Es ist auffällig, daß in der brandenburgischen Verfassung vergleichbare allgemeine Bestimmungen über die Geltung der Staatsziele fehlen. Sie sind dagegen in anderen neueren Landesverfassungen enthalten, z.B. in Art. 3 Abs. 3 der Verfassung von Sachsen-Anhalt von 1992. Weiter fehlen in der brandenburgischen Verfassung dogmatische Abgrenzungen zwischen Grundrechten und Staatszielen. Die einzelnen Abschnitte des zweiten Hauptteils in Art. 7–54 sind nach Lebenssachverhalten geordnet. Sie können sowohl Grundrechte als auch Staatsziele enthalten.

Die verfassungssystematische Einordnung als Grundrecht oder Staatsziel ist bei den herkömmlichen Bestimmungen zwar eindeutig, insbesondere soweit sachlich einschlägige Entscheidungen des Bundesverfassungsgerichts herangezogen werden können. Bei vielen neuartigen Regelungen der brandenburgischen Verfassung ist die Qualifizierung als Grundrecht oder Staatsziel jedoch problematisch. Insbesondere erweisen sich viele in ihrem Wortlaut als Rechte formulierte Bestimmungen bei näherer Prüfung nicht als Grundrechte, sondern als Staatsziele.

Der Verfassunggeber hat die Abgrenzung zwischen Grundrechten und Staatszielen bewußt offen gelassen, soweit er den herkömmlichen Bestand der Verfassungsnormen überschritten hat. Er hat auch bewußt darauf verzichtet, allgemeine Bestimmungen über den Geltungsbereich der Staatsziele zu formulieren. Das beruht nur vordergründig darauf, daß sich die Mitglieder der verfassunggebenden Institutionen über diese Fragen vielfach nicht hätten einigen können.

Entscheidend war, daß die in der brandenburgischen Verfassung formulierten Grundrechte und Staatsziele vielfach dogmatisch ohne Vorbild waren. Der Geltungsanspruch solcher innovativen Regelungen kann nicht im voraus abstrakt und allgemein definiert werden. Vor allem können die Grenzen zwischen neuartigen Grundrechten und neuartigen Staatszielen nicht allgemein definiert werden. Denn die Übergänge sind in weiten Bereichen fließend geworden. Die Grundrechte gewinnen durch die Lehre von der objektiven Wertordnung und durch die Schutzpflichtdogmatik zunehmend Elemente von Staatszielen. Die Staatsziele können – wie gerade die brandenburgische Verfassung zeigt – so konkret formuliert werden, daß die Gesetzgebung oder die Rechtsprechung daraus grundrechtsartige Rechtspositionen ableiten können. Die Auslegung einer Norm „im Lichte" eines Grundrechts[10] kann zu denselben Ergebnissen führen wie die Auslegung einer Norm „im Lichte" eines Staatszieles.

---

[10] Dazu grundlegend BVerfGE 7, 198.

Wieweit aus einem Grundrecht Staatszielbestimmungen und wieweit aus einem Staatsziel Grundrechtspositionen abzuleiten sind, kann heute nicht mehr allgemein und abstrakt festgelegt werden, sondern muß unter Berücksichtigung aller Aspekte des Einzelfalles in der jeweils konkreten historischen Konstellation ermittelt werden.

Unter diesen Umständen hat der Verfassunggeber zu Recht darauf verzichtet, durchgängig abschließende Einordnungen als Grundrechte oder Staatsziele zu treffen. Die Entscheidung, ob eine Verfassungsvorschrift in Zweifelsfällen als Staatsziel oder als Grundrecht anzusehen ist, muß von den zuständigen Organen der Gesetzgebung, Verwaltung und Rechtsprechung gemäß den materiellen und formellen Vorgaben der Verfassung im einzelnen Fall vorgenommen werden. Sie sind auch dazu befugt festzulegen, wie weit der Regelungsanspruch der neuartigen Grundrechte und Staatsziele reicht. Zu diesen Entscheidungen sind diese Verfassungsorgane auf Grund ihrer demokratischen Legitimation und ihrer Bindung an die übergeordneten Kernaussagen der Verfassung in weitem Umfang berechtigt. Der Verfassunggeber hat die Verfassung auf diese Weise offen gehalten für zukünftige Entwicklungen des Verfassungsrechts, die er selbst nicht überblicken und nicht vorhersehen konnte. Die Offenheit der brandenburgischen Verfassung bei der Abgrenzung und der Definition von Grundrechten und Staatszielen ist eine große Chance für die wirksame Umsetzung ihrer Postulate in die Praxis von Staat und Gesellschaft.

Die grundlegenden Vorschriften über den Rechtsschutz enthält Art. 6. Sie nehmen Art. 19 Abs. 4, 93 Abs. 1 Nr. 4a und 34 GG auf. Die allgemeine Rechtsschutzgarantie des Art. 6 Abs. 1 interpretiert das Landesverfassungsgericht im Sinne der Rechtsprechung des Bundesverfassungsgerichts zu Art. 19 Abs. 4 GG.[11] Näher ausgestaltet ist das System des Rechtsschutzes in Art. 52–54 sowie Art. 97–97. Im Hinblick auf die neueren Diskussionen zur Überlastung der Verfassungsgerichtsbarkeit wird in Art. 6 Abs. 2 Satz 2 ein besonderes Annahmeverfahren bei Verfassungsbeschwerden ermöglicht, das der brandenburgische Gesetzgeber in §§ 45–50 Verfassungsgerichtsgesetz i.d.F. vom 22. November 1996 (GVBl. I S. 343) aber nicht eingeführt hat.

Art. 6 Abs. 3 sieht eine unmittelbare Staatshaftung vor. Diese Regelung ist moderner als Art. 34 GG, der nur einen Übergang der Haftung auf den Staat oder die Anstellungskörperschaft vorschreibt. Art. 6 Abs. 3 könnte ein Vorbild für eine Reform des Staatshaftungsrechts im Grundgesetz sein.

3.2. Freiheit, Gleichheit und Würde (Art. 7 bis 20)

Der Abschnitt Freiheit, Gleichheit und Würde (Art. 7–20) enthält die wichtigsten persönlichen und politischen Freiheitsrechte. Er ist in besonderem Maße geprägt durch die Erfahrungen der friedlichen Revolution von 1989/90. Viele Bestimmungen der Art. 7–20 sind konzipiert als Bollwerk gegen eine Rückkehr zu den Verhältnissen vor 1989.

---

[11] LVerfGE 9, 88, 92ff.

3.2.1. Menschenwürde und Leben (Art. 7 und 8)

Die Freiheitsgarantien der brandenburgischen Verfassung beginnen in Art. 7 mit dem Schutz der Menschenwürde, die schon in der Präambel hervorgehoben wurde. Über Art. 1 Abs. 1 GG hinaus definiert Art. 7 Abs. 1 a.E. die Menschenwürde als „Grundlage jeder solidarischen Gemeinschaft". Diesen Ansatz erweitert Art. 7 Abs. 2 zu einer Drittwirkung mit dem viel zitierten Satz: „Jeder schuldet jedem die Anerkennung seiner Würde."

Eine besondere Ausgestaltung erhält die Garantie der Menschenwürde in Art. 8 Abs. 1 Satz 1, wo das Recht auf Achtung der eigenen Würde im Sterben anerkannt wird. Die Menschenwürde wird auch an weiteren Stellen der brandenburgischen Verfassung – anders als in sonstigen Verfassungen – durch spezielle Regelungen konkretisiert, nämlich in Art. 19 Abs. 3, 27 Abs. 1, 28 Abs. 1, 31 Abs. 2, 45 Abs. 1, 47 Abs. 2, 54 Abs. 1. Das Landesverfassungsgericht interpretiert die Menschenwürde des Art. 7 Abs. 1 im Sinne der Rechtsprechung des Bundesverfassungsgerichts zu Art. 1 Abs. 1 GG.[12] Verletzungen dieser fundamentalen Verfassungsnorm wurden bisher nicht festgestellt.

Die Vorschriften über das Recht auf Leben und Unversehrtheit in Art. 8 knüpfen an Art. 2 Abs. 2 Satz 1 GG an. Art. 8 Abs. 2 statuiert Schutzpflichten des Staates für das ungeborene Leben. Das Verbot grausamer, unmenschlicher, erniedrigender Behandlung oder Strafe und sowie unfreiwilliger medizinischer oder wissenschaftlicher Versuche in Art. 8 Abs. 3 würde sich schon aus Art. 8 Abs. 1 und Art. 9 Abs. 1 ergeben. Seine Ausformulierung ist eine Bekräftigung, die sich besonders gegen die Wiederholung entsprechender Praktiken in der Zeit vor 1989 richtet.

3.2.2. Freiheit und Gleichheit (Art. 9 bis 12)

Die Garantie der Freiheit der Person in Art. 9 nimmt Art. 2 Abs. 2 Satz 2 und Art. 104 GG auf. Das ausdrückliche Verbot von Mißhandlungen und Schikanen in Art. 9 Abs. 4 beruht ebenfalls auf historischen Erfahrungen.

Art. 10 garantiert das Recht auf freie Entfaltung der Persönlichkeit mit sachlich demselben Inhalt wie Art. 2 Abs. 1 GG.

Es folgen in Art. 11 Abs. 1 und 2 ausdifferenzierte Bestimmungen zum Datenschutz. Sie beruhen auf der Judikatur des Bundesverfassungsgerichts zum Recht auf informationelle Selbstbestimmung[13] und der daraus abgeleiteten Gesetzgebung des Bundes und der Länder. Art. 11 Abs. 1 garantiert das Recht, über die Preisgabe und Verwendung der eigenen persönlichen Daten selbst zu bestimmen. Diese Daten dürfen nur mit Zustimmung des Berechtigten „erhoben, gespeichert, verarbeitet, weitergegeben und sonst verwendet werden". Zur Sicherung dieser Garantien bestehen umfangreiche Rechte auf Auskunft und Einsicht in Akten. Gemäß dem Gesetzesvorbehalt in Art. 11 Abs. 2 Satz 1 ergingen dazu detaillierte Regelungen im Datenschutzgesetz i.d.F. vom 9. März 1999 (GVBl. I S. 66)[14] und im Akteneinsichts- und Informa-

---

[12] LVerfGE 2, 88, 92; 3, 141, 144; 5, 94, 104.
[13] Grundlegend BVerfGE 65, 1.
[14] Dazu *Alexander Dix*, Zehn Jahre Brandenburgisches Datenschutzgesetz, LKV 2002, S. 153–159.

tionszugangsgesetz vom 10. März 1998 (GVBl. I S. 46).[15] Letzteres weitet die Rechte des Einzelnen auf Akteneinsicht und Information erheblich über den bisher in Bund und Ländern vorgeschriebenen Umfang aus.

Da der Verfassungsschutz in größerem Umfang Daten sammelt und verarbeitet, sind seine Befugnisse und seine Kontrolle in Art. 11 Abs. 3 festgelegt. Die Einzelheiten sind im Verfassungsschutzgesetz vom 5. April 1993 (GVBl. I S. 78) geregelt.

Die Vorschriften über den verdeckten Einsatz technischer Mittel gemäß § 33 Polizeigesetz vom 19. März 1996 ermöglichen zwar Eingriffe in den Schutzbereich des Art. 11 Abs. 1, halten sich aber im Rahmen des Gesetzesvorbehaltes in Art. 11 Abs. 2.[16] In einem Verfahren wegen Anordnung einer DNA-Analyse gemäß § 81g StPO stellte das Landesverfassungsgericht eine Verletzung des Grundrechts auf informationelle Selbstbestimmung gemäß Art. 11 Abs. 1 fest.[17]

Die Gleichheitsgarantie kodifiziert in Art. 12 Abs. 1 Satz 2 die Grundsätze der Rechtsprechung des Bundesverfassungsgerichts. Sie enthält viele Ausdifferenzierungen der Gleichheitsrechte. Das Diskriminierungsverbot wird in Art. 12 Abs. 2 – über Art. 3 Abs. 3 Satz 1 GG hinausgehend – auch auf die sexuelle Identität erstreckt. Die Sorge für die Gleichstellung von Frau und Mann, sowie von Menschen mit und ohne Behinderungen ist gemäß Art. 12 Abs. 3 und 4 Pflicht des Landes und der Gemeinden. Dazu ergingen das Gleichstellungsgesetz vom 4. Juli 1994 (GVBl. I S. 254) und die Frauenförderverordnung vom 25. April 1996 (GVBl. II S. 354).[18] Das Landesverfassungsgericht orientiert sich bei der Interpretation des Gleichheitssatzes an der Rechtsprechung des Bundesverfassungsgerichts.[19]

3.2.3. *Persönliche Freiheitsrechte (Art. 13 bis 18)*

Art. 13 regelt die Gewissens-, Glaubens- und Bekenntnisfreiheit. Damit werden die Garantien des Art. 4 Abs. 1 und 2 GG aufgenommen. Art. 13 Abs. 2 und 3 enthält Aspekte der negativen Gewissens-, Glaubens- und Bekenntnisfreiheit, die Art. 140 GG i. V. m. Art. 136 Abs. 3 und 4 WRV entsprechen. Nach Art. 13 Abs. 4 ist die Nichterfüllung staatsbürgerlicher Pflichten nach Möglichkeit durch andere gleich belastende Pflichten zu kompensieren – ein Problem, das bisher nur auf der Ebene des Bundesrechts im Falle der Kriegsdienstverweigerung aus Gewissensgründen gemäß Art. 4 Abs. 3 GG entstanden ist. Art. 13 wird ergänzt durch die staatskirchenrechtlichen Vorschriften in Art. 36–38.

Der Schutz der Sonn- und Feiertage in Art. 14 folgt den Regelungen des Art. 140 GG i. V. m. Art. 139 WRV. Gemäß Art. 14 Abs. 3 erging das Feiertagsgesetz vom 21. März 1991 (GVBl. S. 44).

---

[15] Dazu *Rolf Breidenbach/Bernd Palenda*, Das neue Akteneinsichts- und Informationszugangsgesetz des Landes Brandenburg, LKV 1998, S. 252–258; Antonia Winterhager, Der Anwendungsbereich des Akteneinsichts- und Informationszugangsgesetzes des Landes Brandenburg, Frankfurt a. M. 2002.

[16] LVerfGE 10, 157, 162–178.

[17] VerfGBbg, Beschluß vom 15. 11. 2001, Strafverteidiger 2002, S. 57.

[18] Dazu *Monika Weisberg-Schwarz* (Hrsg.), Kommentar zum Landesgleichstellungsgesetz des Landes Brandenburg, Baden-Baden 1999.

[19] LVerfGE 2, 105, 110; 3, 141, 145; 6, 96, 98f.; 7, 105, 108–111; 7, 112, 116–118.

Die Vorschriften über die Unverletzlichkeit der Wohnung in Art. 15 entsprechen Art. 13 GG. Richterliche Durchsuchungsanordnungen müssen den äußeren Rahmen dieser Zwangsmaßnahme abstecken und dürfen nicht nur den gesetzlichen Tatbestand wiedergeben.[20] Die verdeckte Wohnraumüberwachung mit technischen Mitteln gemäß § 33 Abs. 3 Polizeigesetz vom 19. März 1996 (GVBl. I S. 74) ist vom Gesetzesvorbehalt des Art. 15 Abs. 3 gedeckt.[21]

Die Regelung über das Brief-, Post- und Fernmeldegeheimnis in Art. 16 orientiert sich an Art. 10 GG und der dazu ergangenen Gesetzgebung.

Das Recht auf Freizügigkeit gemäß Art. 17 Abs. 1 wird in Art. 17 Abs. 2 – über Art. 11 GG hinausgehend – im Anschluß an die Rechtsprechung des Bundesverfassungsgerichts[22] definiert als „das Recht, sich an jedem beliebigen Ort aufzuhalten und niederzulassen". Es steht nicht nur wie in Art. 11 Abs. 1 GG allen Deutschen, sondern allen Menschen zu. Der Gesetzesvorbehalt des Art. 17 Abs. 2 ist weiter gefaßt als in Art. 11 Abs. 2 GG.

Die Bestimmungen über das Asylrecht, Verbot der Auslieferung und Abschiebung in Art. 18 sind knapper als Art. 16a GG. Das Verbot der Auslieferung oder Abschiebung von Ausländern in ein Land, in dem für sie die Gefahr der Todesstrafe oder der Folter besteht, entspricht § 53 Ausländergesetz.

3.2.4. Politische Freiheitsrechte (Art. 19 und 20)

Die Regelungen über die Meinungs- und Medienfreiheit in Art. 19 gehen aus von den entsprechenden Formulierungen in Art. 5 Abs. 1 und 2 GG. Sie weisen jedoch erhebliche Besonderheiten auf. Art. 19 Abs. 1 Satz 2 ordnet eine Drittwirkung i.S.d. Art. 5 Abs. 1 a.E. an: In Dienst- und Arbeitsverhältnissen dürfen diese Rechte nur aufgrund eines Gesetzes eingeschränkt werden. Eine derartige Regelung enthält § 4 Pressegesetz vom 13. Mai 1993 (GVBl. I S. 162). Ein allgemeines Gesetz zu Art. 19 Abs. 1 Satz 2 ist bisher nicht ergangen. Mit einer sachlich treffenden Kodifikation der Rechtsprechung des Bundesverfassungsgerichts zum Schrankenvorbehalt des Art. 5 Abs. 2 GG sind Einschränkungen dieser Rechte zum Schutz aller wichtigen Rechtsgüter zulässig (Art. 19 Abs. 3 Satz 1). Insbesondere sind verboten Kriegspropaganda und öffentliche Diskriminierungen, die die Menschenwürde verletzen (Art. 19 Abs. 3 Satz 2).

Die Regelungen über die Freiheit der Presse, des Rundfunks, des Films und anderer Massenmedien gehen weit über den Wortlaut des Art. 5 GG hinaus. Sie übernehmen Grundgedanken der Rechtsprechung des Bundesverfassungsgerichts, führen diese aber selbständig weiter. Art. 19 Abs. 2 Satz 2 enthält den Gesetzgebungsauftrag, durch Verfahrensregelungen die Meinungsvielfalt in Presse und Rundfunk sicherzustellen. Diesen Auftrag hat der Gesetzgeber zwar im ORB-Gesetz i.d.F vom 17. August 1999 (GVBl. I S. 400) erfüllt, im Pressegesetz vom 13. Mai 1993 (GVBl. I S. 162) fehlen aber derartige Vorschriften. In Art. 19 Abs. 4 wird im Anschluß an die Recht-

---

[20] LVerfGE 9, 102, 107–110.
[21] LVerfGE 10, 157, 191–195.
[22] Vgl. BVerfGE 80, 137, 150.

sprechung des Bundesverfassungsgerichts[23] die Aufgabe von Hörfunk und Fernsehen festgelegt, durch eine „Vielfalt von Programmen zur öffentlichen Meinungsbildung beizutragen". Das Gesetz soll auch bei privaten Sendern ein Höchstmaß an Meinungsvielfalt gewährleisten. Die rechtmäßige journalistische Tätigkeit wird gegen Behinderungen durch Zeugnispflicht, Beschlagnahme und Durchsuchung geschützt (Art. 19 Abs. 5), wofür im einzelnen die §§ 53 Abs. 1 Nr. 5, 97 Abs. 5, 102ff. StPO einschlägig sind. Wie Art. 5 Abs. 1 Satz 3 GG lautet Art. 19 Abs. 6: „Eine Zensur findet nicht statt."

Die Bestimmungen über die Vereinigungsfreiheit in Art. 20 erweitern die Regelungen des Art. 9 Abs. 1 und 2 GG. Die Vereinigungsfreiheit steht nicht nur – wie in Art. 9 Abs. 1 GG – allen Deutschen, sondern allen Menschen zu. Die Freiheit der Gründung gemäß Art. 20 Abs. 1 erstreckt sich auf alle Arten von Vereinigungen, auch auf Parteien, deren Gründungsfreiheit im Grundgesetz nicht bei der Vereinigungsfreiheit, sondern in der Spezialregelung des Art. 21 Abs. 1 Satz 2 GG garantiert ist. Aus Art. 20 Abs. 3 Satz 1 ist zu entnehmen, daß auch Bürgerbewegungen unter die Vereinigungsfreiheit fallen. Alle Vereinigungen dürfen gemäß Art. 20 Abs. 1 Satz 2 ihre innere Ordnung autonom bestimmen. Parteien und politisch tätige Bürgerbewegungen müssen nach Art. 20 Abs. 3 Satz 1 demokratisch organisiert sein. Der Staat muß ihre Mitwirkung an der politischen Willensbildung gewährleisten (Art. 20 Abs. 3 Satz 2).

3.3. Politische Gestaltungsrechte (Art. 21 bis 24)

In Art. 21–24 sind die Rechte zusammengefaßt, die die Individuen und ihre Zusammenschlüsse als Subjekte des politischen Prozesses konstituieren. Sie konkretisieren das Prinzip der Volkssouveränität gemäß Art. 2 Abs. 2. Ihre Regelungen sind darauf gerichtet, im Land Brandenburg eine lebendige politische Kultur zu ermöglichen.

Die Art. 21–24 sichern ein zentrales Ergebnis der friedlichen Revolution von 1989/90. Sie gehen daher z. T. wörtlich auf Art. 21 und 35 des Verfassungsentwurfes des „Runden Tisches" vom 4. April 1990[24] zurück. Vergleichbare Vorschriften sind im Grundgesetz oder in anderen Landesverfassungen weit verstreut oder fehlen dort ganz. In den Art. 21–24 lassen sich elf Arten von politischen Gestaltungsrechten[25] unterscheiden:

1. In allgemeiner Form ist das Recht auf politische Mitgestaltung in Art. 21 Abs. 1 gewährleistet. Damit wird die Beteiligung am politischen Prozeß nicht nur in den von der Verfassung ausdrücklich zugelassenen Fällen, wie bei Wahlen und Abstimmungen, sondern auch in sonstigen Formen garantiert. Diese Rechte stehen nicht nur Individuen, sondern – wie Art. 21 Abs. 3 zeigt – auch Bürgerinitiativen und Verbänden zu. Im Ergebnis wird durch das umfassende Recht auf politische Mitgestaltung der Pluralismus als Prinzip der politischen Willensbildung anerkannt, wie er theoretisch insbesondere von Ernst Fraenkel[26] formuliert wurde. Praktische Bedeutung erhält Art. 21

---

[23] Grundlegend BVerfGE 12, 205.

[24] Abgedruckt in: Jahrbuch des Öffentlichen Rechts der Gegenwart N. F., Bd. 39, 1990, S. 350.

[25] Dazu im einzelnen *Alexander v. Brünneck/ F. Immanuel Epting*, Politische Gestaltungsrechte und Volksabstimmungen, in: Simon/Franke/Sachs (Hrsg.), aaO, S. 339–353.

[26] *Ernst Fraenkel*, Deutschland und die westlichen Demokratien, 8. Aufl., Frankfurt a. M. 1991.

Abs. 1 durch seine Konkretisierung in den folgenden Bestimmungen der Art. 21–24 und den dazu erlassenen Gesetzen.

2. Der Zugang zu öffentlichen Ämtern wird in Art. 21 Abs. 2 – über Art. 33 Abs. 2 GG hinaus – nicht nur allen Deutschen, sondern „jedem", d.h. auch Ausländern und Staatenlosen, garantiert. Für die Wahrnehmung hoheitlicher Befugnisse werden – den Regelungen des Beamtenrechts entsprechend – Ausnahmen zugelassen. Das Sanktionsverbot wegen politischer oder religiöser Betätigung in Art. 21 Abs. 2 Satz 2 sichert die politischen Gestaltungsrechte gegenüber öffentlichen Arbeitgebern oder Anstellungskörperschaften. Die Vorschrift könnte eine Rolle spielen bei der Anwendung disziplinarrechtlicher Vorschriften.

3. In Art. 21 Abs. 3 Satz 1 wird das schon aus Art. 20 Abs. 1 folgende Recht bekräftigt, „sich in Bürgerinitiativen oder Verbänden zur Beeinflussung öffentlicher Angelegenheiten zusammenzuschließen". Damit wird die praktisch wichtige Funktion dieser Organisationen in der Verfassungswirklichkeit anerkannt. Die politischen Betätigungsrechte von Bürgerinitiativen und Verbänden werden gesichert durch umfassende Informations- und Anhörungsrechte gemäß Art. 21 Abs. 3 Satz 2. Im einzelnen sind ihre Informationsrechte geregelt im Akteneinsichts- und Informationszugangsgesetz vom 10. März 1998 (GVBl. I S. 46), wie § 9 dieses Gesetzes bestimmt.

4. Art. 21 Abs. 4 garantiert ein umfassendes Recht auf Einsicht in die Akten der Behörden. Nach Art. 11 Abs. 1 Satz 1 hat bereits jeder das Recht auf Einsicht in die Akten, die ihn selbst betreffen. Gemäß Art. 21 Abs. 4 besteht darüber hinaus ein Recht auf Einsicht in alle sonstigen Akten. Dieses Recht hat im Grundgesetz und im einfachen Bundesrecht kein Vorbild. Es ist weit gefaßt, weil es der politischen Mitgestaltung dient, z.B. können Bürgerinitiativen oder Journalisten davon Gebrauch machen. Die Einzelheiten und Grenzen sind wiederum im Akteneinsichts- und Informationszugangsgesetz vom 10. März 1998 (GVBl. I S. 46) geregelt.

5. Das Recht auf Verfahrensbeteiligung gemäß Art. 21 Abs. 5 geht auf Art. 21 Abs. 4 des Verfassungsentwurfes des Runden Tisches zurück. Es dient dazu, die politische Mitgestaltung in der eigenen, rechtlich geschützten Interessensphäre zu erleichtern. Das Recht auf Verfahrensbeteiligung gemäß Art. 21 Abs. 5 reicht weiter als das Anhörungsrecht der Beteiligten gemäß § 28 VwVfGBbg. Ein besonderes Gesetz zu seiner Konkretisierung ist bisher nicht ergangen.

6. Art. 22 Abs. 1 garantiert allen Bürgern, d.h. nach Art. 3 Abs. 1 allen Deutschen mit ständigem Wohnsitz im Land Brandenburg, das aktive und passive Wahlrecht nach Vollendung des 18. Lebensjahres. Die Regelung entspricht Art. 38 Abs. 2 GG. Für das Wahlrecht von Ausländern und Staatenlosen wird auf das Grundgesetz, d.h. auf Art. 28 Abs. 1 Satz 3 GG Bezug genommen. Zu Art. 22 Abs. 1 ergingen das Landeswahlgesetz vom 2. März 1994 (GVBl. I S. 38) und das Kommunalwahlgesetz i.d.F. vom 10. Oktober 2001 (GVBl. I S. 198).

7. Als Ergänzung zum Wahlrecht gibt Art. 22 Abs. 2 allen Bürgern das Recht zur Beteiligung an Volksinitiativen, Volksbegehren und Volksentscheiden auf Landesebene, sowie an Einwohneranträgen, Bürgerbegehren und Bürgerentscheiden auf kommunaler Ebene. Die anderen Einwohner, d.h. die Ausländer und Staatenlosen, haben das Recht, sich an Volksinitiativen und Einwohneranträgen zu beteiligen. Bei Volksinitiativen und Einwohneranträgen kann der Gesetzgeber die Altersgrenze nach Art. 22 Abs. 2 Satz 3 auf sechzehn Jahre herabsetzen. Die ursprüngliche Einschrän-

kung, daß das nur für Vorhaben gilt, die „vornehmlich Jugendliche betreffen", wurde vom Landesverfassungsgericht eng ausgelegt.[27] Sie ist durch das Änderungsgesetz vom 7. April 1999 (GVBl. I S. 98) aufgehoben. Das Verfahren der Volksabstimmungen ist auf Landesebene in Art. 76 bis 78 sowie im Volksabstimmungsgesetz vom 14. April 1993 (GVBl. I S. 94), auf kommunaler Ebene in §§ 19 und 20 Gemeindeordnung i.d.F. vom 10. Oktober 2001 (GVBl. I S. 154) sowie in §§ 17 und 18 der Landkreisordnung vom 15. Oktober 1993 (GVBl. I S. 398, 433) geregelt.

8. Art. 22 Abs. 3 enthält wesentliche Grundsätze des Verfahrens bei Wahlen und Abstimmungen, die sich an Art. 38 und 43 GG orientieren. Sie gelten für die Landes- und für die kommunale Ebene. Die Teilnahme an Wahlen wird nicht nur Parteien, sondern auch politischen Vereinigungen, Listenvereinigungen und einzelnen Bürgern garantiert. Damit werden Erfahrungen aus der Wendezeit festgehalten und die Kritik an der Monopolisierung der politischen Willensbildung durch die Parteien aufgenommen. Anders als das Grundgesetz regelt die brandenburgische Verfassung in Art. 22 Abs. 3 Satz 3 Grundzüge des Wahlrechts. Die Verbindung von Persönlichkeitswahl und Verhältniswahl übernimmt bewährte Wahlrechtsgrundsätze des Bundeswahlgesetzes. Die Einzelheiten des Wahlverfahrens regeln wiederum das Landeswahlgesetz vom 2. März 1994 (GVBl. I S. 38) und das Kommunalwahlgesetz i.d.F. vom 10. Oktober 2001 (GVBl. I S. 198).[28] Durch das verfassungsändernde Gesetz vom 10. März 1997 (GVBl. I S. 4) wurden die Wahlrechtsgrundsätze durch einen neuen Art. 22 Abs. 5 Satz 3 ergänzt: Danach kann das Gesetz insbesondere vorsehen, „daß Beamte, Angestellte des öffentlichen Dienstes und Richter nicht zugleich Mitglied im Landtag oder in kommunalen Vertretungskörperschaften sein können". Diese Vorschrift hat ihre Legitimation im Gewaltenteilungsprinzip des Art. 2 Abs. 4. Die Verfassungsergänzung von 1997 geht zurück auf das Urteil des Landesverfassungsgerichts vom 25. Januar 1996[29]. Darin wurden einfachgesetzliche Inkompatibilitätsvorschriften im Kommunalwahlgesetz ohne ausdrückliche verfassungsrechtliche Grundlage für unvereinbar mit Art. 22 Abs. 1 Satz 1 und Art. 22 Abs. 3 Satz 1 erklärt. Nach der Verfassungsergänzung durch Art. 22 Abs. 5 Satz 3 erklärte das Landesverfassungsgericht die Inkompatibilitätsvorschriften im Kommunalwahlgesetz für verfassungsmäßig.[30]

9. Art. 22 Abs. 4 enthält die herkömmlichen Regelungen zum Schutz von Kandidaten und Abgeordneten gegen Benachteiligungen durch Dritte, insbesondere im Arbeitsleben. Sie entsprechen Art. 48 Abs. 1 und 2 GG. Einzelheiten sind in §§ 2 bis 4 des Abgeordnetengesetzes i.d.F. vom 18. Januar 2002 (GVBl. I S. 2) bestimmt.

10. Die Versammlungsfreiheit des Art. 23 wird unter den politischen Gestaltungsrechten aufgeführt, um ihre Bedeutung für den demokratischen Willensbildungsprozeß hervorzuheben, die das Bundesverfassungsgericht im Brokdorf-Beschluß[31] herausgearbeitet hat: Die Versammlungsfreiheit ermöglicht dem Einzelnen eine politische Mitgestaltung auch außerhalb von Wahlen und Abstimmungen und unabhängig

---

[27] LVerfGE 3, 177, 181ff.

[28] Dazu *Paul Schumacher*, Änderungen des Kommunalwahlrechts in Brandenburg in der Perspektive des Verfassungsrechts, LKV 2001, S. 489–493.

[29] LVerfGE 4, 85; dazu *Hans-Georg Kluge*, Verfassungs-Wortlaut als Kompetenzgrenze, NJ 1996, S. 356–358.

[30] LVerfGE 9, 111.

[31] BVerfGE 69, 315.

von „großen Verbänden, finanzstarken Geldgebern oder Massenmedien."[32] Im einzelnen entsprechen die Formulierungen des Art. 23 dem Art. 8 GG, dem Versammlungsgesetz und der Rechtsprechung des Bundesverfassungsgerichts.

11. Der politischen Mitgestaltung dient schließlich das Petitionsrecht des Art. 24. Seine Regelungen reichen über Art. 17 GG hinaus. Für die sachgerechte Erledigung von Petitionen an den Landtag trifft Art. 71 weitere Bestimmungen. Ausführungsvorschriften enthält das Petitionsgesetz vom 13. Dezember 1991 (GVBl. S. 643).

3.4. Rechte der Sorben (Wenden) (Art. 25)

Die Verfassung gewährleistet „das Recht des sorbischen Volkes auf Schutz, Erhaltung und Pflege seiner nationalen Identität und seines angestammten Siedlungsraumes" (Art. 25 Abs. 1 Satz 1).[33] Insbesondere haben die Sorben „das Recht auf Bewahrung und Förderung der sorbischen Sprache und Kultur" (Art. 25 Abs. 3). Zur Ausgestaltung dieser Rechte erging das Sorben(Wenden)-Gesetz vom 7. Juli 1994 (GVBl. I S. 294).

Das Landesverfassungsgericht entschied in dem Urteil zum Braunkohleabbau auf dem Gebiet der Gemeinde Horno vom 18. Juni 1998, daß Art. 25 Abs. 1 und 3 keine individuellen Grundrechte enthalten, sondern Staatszielbestimmungen sind.[34] Offen gelassen hat das Landesverfassungsgericht, ob bei einem „gezielt gegen das Sorbentum gerichteten Eingriff" aus Art. 25 ein „Grundrecht im Sinne eines Abwehrrechts" abzuleiten ist, weil dieser Fall beim Braunkohleabbau in Horno nicht vorliegt.[35] Das Gericht erkannte an, daß der Gesetzgeber die Staatsziele gemäß Art. 25 abwägen darf gegen andere Staatsziele, wie Arbeitssicherung (Art. 48 Abs. 1) oder regionale Strukturförderung (Art. 44). Er muß den Staatszielen aus Art. 25 aber „einen herausgehobenen Stellenwert" beimessen.[36] Die dem Gesetzgeber bei der Abwägung zustehende Einschätzungsprärogative unterliegt einer gesteigerten Kontrolle durch das Landesverfassungsgericht. Im Ergebnis wurde ein Verstoß gegen Art. 25 verneint.

Mit diesen Erwägungen, die sich an den einschlägigen Ansätzen des Bundesverfassungsgerichts orientieren, hat das Landesverfassungsgericht in LVerfGE 8, 97 verallgemeinerbare Maßstäbe für die Konkretisierung der im zweiten Hauptteil der Verfassung enthaltenen Staatsziele formuliert: Sie dürfen nicht leerlaufen, müssen aber mit anderen Staatszielen und sonstigen verfassungsrechtlich anerkannten Rechtsgütern zu einem sachgerechten Ausgleich gebracht werden, der ihrer jeweiligen Bedeutung entspricht. Der Gesetzgeber ist zur Verwirklichung der Staatsziele des zweiten Hauptteils verpflichtet, hat aber Spielräume, sie nach seinem politischen Ermessen zu konkretisieren.

---

[32] Ebda., S. 346.

[33] Dazu mwN: *Dietrich Franke/Reinhold Kier*, Die Rechte der sorbischen Minderheit, in: Simon/Franke/Sachs (Hrsg.), aaO, S. 171–178; *Alexander v. Brünneck*, Die Staatszielbestimmung über die Rechte der Sorben in der Brandenburgischen Verfassung, NJ 1999, S. 169–172.

[34] LVerfGE 8, 97 = LKV 1998, S. 395, 396 = EuGRZ 1998, S. 698; entspr. OVG Frankfurt (Oder), Beschluß vom 4. Dezember 2000, Az. 4 A 212/99.Z.

[35] LVerfGE 8, 97 LS 4.

[36] LVerfGE 8, 97 LS 4.

3.5. *Ehe, Familie, Lebensgemeinschaften und Kinder (Art. 26 und 27)*

Die Art. 26 und 27 enthalten differenzierte Regelungen über Ehe, Familie, andere Lebensgemeinschaften und Kinder,[37] die weit über Art. 6 GG hinausgehen. Die Verfassung reagiert damit auf neuere Entwicklungen und Gefahrenlagen: Die Schutzbedürftigkeit von Lebensgemeinschaften wird anerkannt (Art. 26 Abs. 2). Die Hausarbeit, die Erziehung der Kinder und die häusliche Pflege Bedürftiger werden mit der Berufsarbeit gleichgestellt (Art. 26 Abs. 4). Kindern und Jugendlichen ist ein eigener Verfassungsartikel gewidmet (Art. 27). Dort heißt es programmatisch: „Kinder haben als eigenständige Personen das Recht auf Achtung ihrer Würde." (Art. 27 Abs. 1). Ein Anspruch auf Erziehung und Betreuung in Kindertagesstätten wird in Art. 27 Abs. 7 nach Maßgabe des Gesetzes gewährleistet.

Die Art. 26 und 27 formulieren für Ehe, Familie, Lebensgemeinschaften und Kinder auf vielen Ebenen die Pflicht des Staates zum Schutz, zur Förderung, zur Hilfe oder zur Fürsorge. Dem Land werden aber weite Spielräume gelassen, wie es diese Pflichten durch Gesetze, Zuwendungen oder auf andere Weise erfüllt. Gerade auf diesen Gebieten sind weithin Grenzen durch das Bundesrecht gezogen. Bei der Ausfüllung der Art. 26 und 27 muß das Land auch andere Gemeinwohlbelange berücksichtigen, z.B. die finanzielle Leistungsfähigkeit des Staates. Unter diesem Gesichtspunkt durften die zunächst sehr weit gefaßten Ansprüche nach dem Kindertagesstättengesetz vom 10. Juni 1992 (GVBl. I S. 178) durch das Haushaltsstrukturgesetz vom 28. Juni 2000 (GVBl. I S. 90) eingeschränkt werden. Diese materielle Frage wurde in dem Urteil des Landesverfassungsgerichts vom 20. September 2001[38] über die Zulässigkeit einer Volksinitiative gegen die Änderung des Kindertagesstättengesetzes nicht entschieden.

Es ist auffällig, daß sich in den Art. 26 und 27 viele Formulierungen befinden, die sich direkt oder indirekt nicht an den Staat, sondern an die Betroffenen oder die Gesellschaft wenden. Diese Bestimmungen haben den Charakter von Appellen. Sie beruhen auf der Einsicht, daß der Staat in diesem Bereich nur beschränkte Möglichkeiten zur Verwirklichung der Verfassungspostulate hat. Weil sie in markanter Form an grundlegende und allgemein anerkannte Einsichten erinnern, haben auch diese Vorschriften eine legitime verfassungsrechtliche Funktion.

3.6. *Bildung, Wissenschaft, Kunst und Sport (Art. 28 bis 35)*

Die Art. 28–35 enthalten umfangreiche Regelungen über Bildung, Wissenschaft, Kunst und Sport,[39] die weit über die entsprechenden Bestimmungen in Art. 5 Abs. 3 und Art. 7 GG hinausgehen.

In dem Grundsatzartikel 28 werden die Aufgaben der Erziehung und Bildung festgelegt: Sie sollen die Entwicklung der Persönlichkeit zu Selbständigkeit und Toleranz

---

[37] Dazu *Ulrich Benstz/Dietrich Franke*, Schulische Bildung, Jugend und Sport, in: Simon/Franke/Sachs (Hrsg.), aaO, S. 109–129.

[38] Zusammenfassungen in: NJ 2002, S. 86–88 und LKV 2001, S. 550/1.

[39] Dazu mwN: *Ulrich Benstz/Dietrich Franke*, Schulische Bildung, Jugend und Sport, in: Simon/Franke/Sachs (Hrsg.), aaO, S. 109–129.

sowie die Anerkennung der Grundlagen der Verfassung, wie Demokratie, Freiheit, soziale Gerechtigkeit, Friedfertigkeit und Umweltschutz fördern. Mit der Definition dieser Bildungsziele werden auch die Geltungsvoraussetzungen der Verfassung gestärkt.

Die folgenden Artikel formulieren zu den jeweiligen Gebieten in verhältnismäßig detaillierter Weise einzelne Rechte (z.B. auf Bildung, Art. 29 Abs. 1), Pflichten (z.B. Schulpflicht, Art. 30 Abs. 1), Ansprüche (z.B. auf Finanzierungszuschuß der Schulen in freier Trägerschaft, Art. 30 Abs. 6), Schutzpflichten (z.B. für Denkmale der Kultur, Art. 34 Abs. 2) oder Förderaufträge (z.B. der Weiterbildung, Art. 33 Abs. 1 Satz 1). Die rechtliche Verbindlichkeit dieser Vorschriften ist unterschiedlich. Viele Formulierungen sind so weit, daß sie den Charakter von Politikaufträgen oder Appellen haben (z.B. Art. 35 Abs. 1 Satz 1: „Sport ist ein förderungswürdiger Teil des Lebens."). Weithin fassen die Art. 28 bis 35 den in der Gesetzgebung, Verwaltungspraxis und Rechtsprechung überwiegend konsentierten Stand in programmatischer Form zusammen.

In Art. 29 Abs. 1 ist ein allgemeines Recht auf Bildung anerkannt. Konkretisiert wird dieses Recht durch die folgenden Art. 30, 32 und 33 über Schulen, Hochschulen und Weiterbildung, sowie durch die dazu ergangene Gesetzgebung.

Aus dem allgemeinen Recht auf Bildung folgen Förderaufträge des Landes in Art. 29 Abs. 2 und Abs. 3 Satz 2. Im Anschluß an das Numerus-Clausus-Urteil des Bundesverfassungsgerichts[40] entschied das Landesverfassungsgericht: Der Einzelne hat nur einen Anspruch auf gleichen Zugang zu den vorhandenen Bildungseinrichtungen im Rahmen seiner Leistungen (Art. 29 Abs. 2 und Art. 30 Abs. 4). Aus Art. 29 folgt kein Anspruch auf Zugang zu bestimmten Bildungseinrichtungen oder auf Schaffung neuer Bildungseinrichtungen.[41]

Art. 30 über das Schulwesen nimmt einige Formulierungen aus Art. 7 GG auf, enthält aber Besonderheiten: In Konkretisierung der politischen Mitgestaltungsrechte der Art. 21–24 bestimmt Art. 30 Abs. 2 Satz 2 ein Mitgestaltungsrecht von Eltern, Lehrern und Schülern. Die Schulen in freier Trägerschaft haben Anspruch auf eine öffentliche Finanzierung (Art. 30 Abs. 6 Satz 2).

Besonders auffällig ist, daß Art. 30 keine Vorschriften über den Religionsunterricht – wie Art. 7 Abs. 2 und 3 GG – enthält. Das Schulgesetz vom 12. April 1996 (GVBl. I S. 102) führte als ordentliches Lehrfach in § 11 Abs. 2–4 und § 141 zwar das Fach Lebensgestaltung-Ethik-Religionskunde (LER) ein. Der Religionsunterricht wurde aber nicht als ordentliches Lehrfach anerkannt. Die Kirchen erhielten in § 9 Abs. 2 und 3 des Schulgesetzes nur das Recht, in den Räumen der Schule Religionsunterricht in eigener Verantwortung zu erteilen.

Ob diese Bestimmungen mit dem Grundgesetz vereinbar sind, ist umstritten.[42] Die Gegner der Regelung berufen sich auf Art. 7 Abs. 3 Satz 1 GG, wonach der Religions-

---

[40] BVerfGE 33, 303.

[41] LVerfGE 10, 151.

[42] Dazu mwN: *Christoph Link*, „LER", Religionsunterricht und das deutsche Staatskirchenrecht, in: Festschrift für Alexander Hollerbach, Berlin 2001, S. 747; *Bernhard Schlink/Ralf Poscher*, Der Verfassungskompromiß zum Religionsunterricht – Art. 7 Abs. 3 und Art. 141 GG im Kampf des Parlamentarischen Rates um die „Lebensordnungen", Baden-Baden 2000; *Martin Heckel*, Religionskunde im Lichte der Religionsfreiheit – Zur Verfassungsmäßigkeit des LER-Unterrichts in Brandenburg, ZevKR Bd. 44, 1999, S. 147–225; *ders.*, Religionsunterricht in Brandenburg, Berlin 1998; *Rosemarie Will*, Das Grundgesetz und

unterricht in den öffentlichen Schulen ordentliches Lehrfach ist. Die Befürworter verweisen auf die Ausnahme des Art. 141 GG. Das in dieser Sache angerufene Bundesverfassungsgericht entschied die Problematik nicht inhaltlich, sondern schlug einen Vergleich vor, in dem der Religionsunterricht zwar nicht zum ordentlichen Lehrfach erklärt, seine Stellung aber stark aufgewertet wurde.[43] Die Beteiligten nahmen diesen Vergleichsvorschlag an. Das Schulgesetz wurde durch das Änderungsgesetz vom 10. Juli 2002 (GVBl. I S. 55) im Sinne des Vergleichsvorschlages novelliert. Einen weiteren Antrag in dieser Sache lehnte das Bundesverfassungsgericht ab.[44]

Die Bestimmungen über die Wissenschaftsfreiheit und die Hochschulen in Art. 31 und 32 gehen von den herkömmlichen Regelungen in Art. 5 Abs. 3 GG und in den Hochschulgesetzen aus. Die Forschungsfreiheit des Art. 31 Abs. 1 ist nach den einschlägigen Grundsätzen des Bundesverfassungsgerichts zu Art. 5 Abs. 3 GG auszulegen, so daß daraus auch ein Anspruch auf eine finanzielle Mindestausstattung folgt.[45] Die Einschränkbarkeit der Forschungsfreiheit zum Schutz der Menschenwürde und der natürlichen Lebensgrundlagen gemäß Art. 31 Abs. 2 ist mit der bei Art. 5 Abs. 3 GG anwendbaren Schrankendogmatik vereinbar, weil sie der Sicherung von überragend wichtigen Verfassungsgütern dient. Über Art. 5 Abs. 3 GG hinausgehend wird den Hochschulen in Art. 32 Abs. 1 das Recht auf Selbstverwaltung garantiert. Dieses ist nach dem speziellen Gesetzesvorbehalt in Art. 32 Abs. 1 in weitem Umfang ausgestaltbar.[46] Der Gesetzgeber erließ dazu das Hochschulgesetz vom 20. Mai 1999 (GVBl. I S. 130).[47] Der Zugang zum Hochschulstudium steht nach Art. 32 Abs. 3 Satz 1 jedem offen, der die Hochschulreife besitzt. Diese Vorschrift ist nach den Grundsätzen der Entscheidung LVerfGE 10, 151 zu interpretieren, d.h. der Anspruch besteht nur im Rahmen einer sachgerechten Verteilung der vorhandenen Kapazitäten.

Art. 33 Abs. 1 Satz 1 über die Weiterbildung von Erwachsenen formuliert kein Grundrecht, sondern einen Förderauftrag. Zur Ausfüllung des Art. 33 erging das Weiterbildungsgesetz vom 15. Dezember 1993 (GVBl. I S. 498). Nach §§ 14 und 15 dieses Gesetzes haben Beschäftigte einen Anspruch auf bezahlte Freistellung zur Weiterbildung von zehn Tagen innerhalb von zwei Jahren. Wie das Landesverfassungsgericht entschieden hat, gewährt das Weiterbildungsgesetz keinen Anspruch auf unbezahlte

---

die Einführung des Unterrichtsfaches „Lebensgestaltung-Ethik-Religionskunde" (LER) im Land Brandenburg, in: Peter Macke (Hrsg.), aaO, S. 131–149; *Arnd Uhle*, Die Verfassungsgarantie des Religionsunterrichts und ihre territoriale Reichweite, DÖV 1997, S. 409–417; *Sighart Lörler*, Verfassungsrechtliche Maßgaben für den Religionsunterricht in Brandenburg, ZRP 1996, S. 121–124; *Holger Kremser*, Das Verhältnis von Art. 7 Abs. 3 Satz 1 GG und Art. 141 GG im Gebiet der neuen Bundesländer, JZ 1995, S. 928–934; *Bernhard Schlink*, Religionsunterricht in den neuen Ländern, NJW 1992, S. 1008–1013.

[43] BVerfGE 104, 305 = NVwZ 2002, S. 980 = LKV 2002, S. 371; dazu *Thorsten Ingo Schmidt*, LER – Der Vergleich vor dem BVerfG, NVwZ 2002, S. 925–932; *Sebastian Wolf*, Der Fall „LER" – ein Paradigmenwechsel im Selbstverständnis des Bundesverfassungsgerichts?, Kritische Justiz 2002, S. 250–253.

[44] BVerfG, NVwZ 2002, S. 981.

[45] Dazu mwN: *Rolf Mitzner/Boris Wolnicki*, Forschungsfreiheit und Anspruch auf Finanzausstattung nach der Brandenburgischen Verfassung, in: Peter Macke (Hrsg.), aaO, S. 93–111.

[46] Dazu mwN: *Alexander v. Brünneck*, Verfassungsrechtliche Probleme der öffentlich-rechtlichen Stiftungshochschule, Wissenschaftsrecht 2002, S. 21–44 (30–37).

[47] Dazu: *Peter Stahl*, Das neue Brandenburgische Hochschulgesetz vom 20. Mai 1999, Festschrift für Knut Ipsen, München 2000, S. 531–555.

Freistellung.[48] Der in Art. 33 Abs. 2 insoweit enthaltene Gesetzgebungsauftrag ist bisher nicht erfüllt worden.

Art. 34 beginnt mit der Garantie der Freiheit der Kunst i.S. des Art. 5 Abs. 3 GG. Danach formuliert Art. 34 weitreichende Förderaufträge und Schutzpflichten für die Kunst, die Künstler, das kulturelle Leben, das kulturelle Erbe, die Kunstwerke und die Kulturdenkmale. Dazu erging insbesondere das Denkmalschutzgesetz vom 22. Juli 1991 (GVBl. S. 311). Die Teilnahme am kulturellen Leben und der Zugang zu Kulturgütern werden gemäß Art. 34 Abs. 3 unterstützt. Art. 35 enthält detaillierte Vorschriften über die Sportförderung, die näher geregelt ist im Sportförderungsgesetz vom 10. Dezember 1992 (GVBl. I S. 498).

Die Art. 34 und 35 sind weit gefaßte Staatszielbestimmungen. Der Gesetzgeber und die Verwaltung haben für ihre Ausfüllung große Ermessensspielräume, bei denen sie alle einschlägigen Gemeinwohlbelange in Betracht ziehen dürfen. Die Konkretisierung steht insbesondere unter dem Vorbehalt des finanziell Möglichen. Evidente und sachwidrige Verletzungen dieser und anderer Förderaufträge oder Schutzpflichten könnten vom Landesverfassungsgericht beanstandet werden. Dafür können allerdings ex ante keine allgemein geltenden Kriterien benannt werden.

3.7. *Kirchen und Religionsgemeinschaften (Art. 36 bis 38)*

Während die individuelle Gewissens-, Glaubens- und Bekenntnisfreiheit in Art. 13 garantiert ist, regeln die Art. 36–38 die Rechtsverhältnisse zwischen den Kirchen bzw. Religionsgemeinschaften und dem Land.[49] Die Art. 36–38 übernehmen ohne wesentliche sachliche Abweichungen die staatskirchenrechtlichen Art. 137–138, 141 der Weimarer Reichsverfassung, die gemäß Art. 140 GG Bestandteil des Grundgesetzes sind.

Neu gegenüber den Bestimmungen der Weimarer Reichsverfassung ist die Anerkennung des Öffentlichkeitsauftrages der Kirchen und Religionsgemeinschaften in Art. 36 Abs. 3 Satz 1. Damit ist eine umfassende Beteiligung der Kirchen und Religionsgemeinschaften am öffentlichen Leben gewährleistet. Auf dem Öffentlichkeitsauftrag des Art. 36 Abs. 3 Satz 1 beruht z.B. die Entsendung von Vertretern der Kirchen in den Rundfunkrat gemäß § 16 Abs. 2 ORB-Gesetz i.d.F. vom 17. August 1999 (GVBl. I S. 400).

Neu ist darüber hinaus, daß Religionsgemeinschaften gemäß Art. 36 Abs. 3 Satz 3 nur dann Körperschaften des öffentlichen Rechts werden können, wenn sie den Grundsätzen des Art. 2 Abs. 1 und den Grundrechten der brandenburgischen Verfassung nicht widersprechen. Diese Anforderungen sind geringer als die Kriterien, die das Bundesverfassungsgericht im Jahre 2000 für die Rechtstreue von Religionsgemeinschaften entwickelte.[50] Nach diesem Urteil müssen die Kirchen und Religionsgemeinschaften dafür Gewähr bieten, daß ihr Verhalten die Verfassungsprinzipien

---

[48] LVerfGE 2, 117, 123.

[49] Dazu mwN: *Reinhold Kier*, Stellung der Kirchen und Religionsgemeinschaften, in: Simon/Franke/Sachs (Hrsg.), aaO, S. 131–140; *Claudio Fuchs*, Das Staatskirchenrecht der neuen Bundesländer, Tübingen 1999.

[50] BVerfGE 102, 370.

nicht gefährdet. Art. 36 Abs. 3 Satz 3 ist unter diesen Umständen im Lichte von BVerf-GE 102, 370 auszulegen.

In Art. 36 Abs. 4 wird das traditionelle System der Kirchensteuer anerkannt, wozu das Kirchensteuergesetz vom 25. Juni 1999 (GVBl. I S. 251) erging.[51] Ebenfalls in herkömmlicher Weise sieht Art. 37 Abs. 2 Staatskirchenverträge vor für Leistungen des Landes an die Kirchen und Religionsgemeinschaften, die der Bestätigung durch Landesgesetz bedürfen. Einen solchen Vertrag hat das Land mit den evangelischen Landeskirchen abgeschlossen (Zustimmungsgesetz vom 10. März 1997, GVBl. I S. 4).

3.8. Natur und Umwelt (Art. 39 und 40)

Die Bewahrung von Natur und Umwelt gehört nach der Präambel und Art. 2 Abs. 1 zu den grundlegenden Prinzipien der brandenburgischen Verfassung. Im einzelnen ist der Schutz von Natur und Umwelt in Art. 39 und 40 ausgestaltet. Diese Vorschriften werden ergänzt durch weitere Verfassungsbestimmungen zum Schutz von Natur und Umwelt, insbesondere in Art. 28, 31 Abs. 2, 42 Abs. 2, 43, 101 Abs. 1. Im gesamten Gefüge der Verfassung hat der Schutz von Natur und Umwelt einen höheren Stellenwert als im Grundgesetz oder in anderen Landesverfassungen.

Art. 39 und 40 enthalten zu vielen Problemen des Schutzes von Natur und Umwelt detaillierte Regelungen. Die rechtliche Bedeutung dieser Rechte, Staatszielbestimmungen, Gesetzgebungsaufträge, Verbote, Gebote, Politikaufträge und Appelle ist sehr unterschiedlich. Sie ist anhand von konkreten Fällen durch die Gesetzgebung, die Verwaltung, die Rechtsprechung und die Literatur zu ermitteln – eine Aufgabe, die noch weithin unbearbeitet ist.

Aus dem Wortlaut und Sinn der Art. 39 und 40 ergibt sich, daß die meisten ihrer Bestimmungen Staatszielbestimmungen sind, die einer Umsetzung durch den Gesetzgeber bedürfen. Wie bei allen Staatszielen darf der Gesetzgeber auch hier andere Staatsziele berücksichtigen. Die vom Landesverfassungsgericht in LVerfGE 8, 97 entwickelten Abwägungsgrundsätze zur Auslegung des Staatszieles des Schutzes der Sorben (Art. 25) sind dafür entsprechend anwendbar.

Der Abschnitt beginnt mit der allgemeinen Staatszielbestimmung des Art. 39 Abs. 1, die den Schutz der Natur, der Umwelt und der natürlichen Lebensgrundlagen zur Pflicht des Landes macht. In den letzten drei Worten dieses Absatzes wird diese Pflicht auf alle Menschen erstreckt. Damit formuliert die Verfassung in ungewöhnlicher Form einen Appell, mit dem sie für eines ihrer zentralen Prinzipien eine umfassende Drittwirkung beansprucht. Es folgen in Art. 39 Abs. 2 bis 9 Regelungen zu besonderen Problemen, unter denen die umfassende Schutzpflicht für die Unversehrtheit aller Menschen gemäß Art. 39 Abs. 2 und die Achtung für Tier und Pflanze gemäß Art. 39 Abs. 3 hervorzuheben sind.

Die praktische Bedeutung der einzelnen Regelungen des Art. 39 ist vielfach durch Bundes- oder Europarecht relativiert. Art. 39 wird weithin durch Bundesgesetze überlagert, z. B. auf den Gebieten des Naturschutzes (Art. 39 Abs. 1), des Immissions-

---

[51] Dazu *Matthias Gehm*, Das Kirchensteuersystem in den fünf neuen Bundesländern, LKV 2000, S. 173–179.

schutzes (Art. 39 Abs. 2), des Tierschutzes (Art. 39 Abs. 3), der Kreislauf- und Abfallwirtschaft (Art. 39 Abs. 4 und 6), der Umweltverträglichkeitsprüfung (Art. 39 Abs. 5) oder der Umweltinformation (Art. 39 Abs. 7). Das Verbot des Art. 39 Abs. 6, Abfälle, die nicht im Gebiet des Landes entstanden sind, in Brandenburg zu entsorgen, ist insoweit einschränkend auszulegen, als es gegen Bundesrecht oder Europäisches Recht verstößt.[52]

Im Rahmen dieser Vorgaben durch Bundes- oder Europarecht hat das Land einzelne Materien durch eigene Gesetze ausgestaltet, z.B. durch das Naturschutzgesetz vom 25. Juni 1992 (GVBl. I S. 208), das Immissionsschutzgesetz i.d.F vom 22. Juli 1999 (GVBl. I S. 386) oder das Abfallgesetz vom 6. Juni 1997 (GVBl. I S. 40). Das noch über das allgemeine Recht auf Information und Akteneinsicht gemäß Art. 21 Abs. 3 und 4 hinausgehende Umweltinformationsrecht gemäß Art. 39 Abs. 7 ist durch das Akteneinsichts- und Informationszugangsgesetz vom 10. März 1998 (GVBl. I S. 46) und durch § 67 Naturschutzgesetz konkretisiert. Das Recht auf Beteiligung von anerkannten Umweltschutzverbänden am Verwaltungsverfahren gemäß Art. 39 Abs. 8 Satz 2 wurde durch § 63 Abs. 2 Naturschutzgesetz ausgestaltet. Die nach Art. 39 Abs. 8 Satz 1 zulässige Verbandsklage wurde auf Grund der Öffnungsklausel des § 42 Abs. 2 VwGO durch § 65 Naturschutzgesetz eingeführt.[53]

Unabhängig von der Ausgestaltung durch den Gesetzgeber haben die Vorschriften des Art. 39 ihre spezifische Bedeutung für die Auslegung der Bundes- oder Landesgesetze. Auch auf diesem Gebiet ist das einfache Recht im Lichte der übergeordneten Regelungen der Verfassung zu interpretieren, was in der Rechtspraxis aber erst in Ansätzen geschieht.

Die in Art. 39 vielfach enthaltenen Politikaufträge, z.B. für die Umweltpolitik in Art. 39 Abs. 4, sind nur im Rahmen der geltenden Gesetze zu erfüllen. Die Pflicht des Landes gemäß Art. 39 Abs. 9, darauf hinzuwirken, daß auf seinem Gebiet keine atomaren, biologischen oder chemischen Waffen entwickelt, hergestellt oder gelagert werden, ist wegen seiner unbestimmten Formulierung noch mit den Kompetenzen des Bundes auf dem Gebiete der Verteidigung vereinbar. Für die Wahrnehmung der Politikaufträge des Art. 39 besteht ein weites Ermessen, bei dessen Ausübung auch andere Staatsziele angemessen berücksichtigt werden müssen. Für eine Überschreitung dieses Ermessens sind bisher keine Anzeichen ersichtlich geworden.

In Art. 40 sind die Verfassungsbestimmungen zusammengefaßt, die dem Schutz von Natur und Umwelt im Bereich von Grund und Boden dienen. Sie gehen davon aus, daß „die Nutzung des Bodens und der Gewässer in besonderem Maße den Interessen der Allgemeinheit und künftiger Generationen verpflichtet" sein muß (Art. 40 Abs. 1 Satz 1). Der gesamte Art. 40 dient der Durchsetzung der Sozialpflichtigkeit des Eigentums gemäß Art. 14 Abs. 2 GG, Art. 41 Abs. 2 Satz 2 auf speziellen Gebieten.

Auch bei Art. 40 sind viele Regelungen durch Bundesrecht überlagert, z.B. auf den Gebieten des Bodenschutzes (Art. 40 Abs. 1 Satz 1), des Wasserhaushalts (Art. 40 Abs. 1 Satz 1), des Bergrechts (Art. 40 Abs. 2) und des Naturschutzes (Art. 40 Abs. 4).

---

[52] Dazu *Martin Beckmann/Joachim Hagmann*, Das Verbot der Entsorgung landesfremder Abfälle in Brandenburg – Zur Unwirksamkeit des Art. 39 Abs. VI BbgVerf, LKV 2002, S. 351–356.

[53] Dazu: *Rolf Kemper*, Verbandsklage- und Mitwirkungsrechte anerkannter Umweltverbände in Brandenburg, LKV 1996, S. 87–90.

In diesem Rahmen hat das Land Brandenburg eigene Gesetze erlassen, z.B. das Wassergesetz vom 13. Juli 1994 (GVBl. I S. 302) und das Naturschutzgesetz vom 25. Juni 1992 (GVBl. I S. 208).

Die Bestimmung des Art. 40 Abs. 1 Satz 3, daß Grund und Boden, der dem Land gehört, nur nach Maßgabe eines Gesetzes veräußert werden darf, führte zum Erlaß des Grundstücksverwertungsgesetzes vom 26. Juli 1999 (GVBl. I S. 272). Es hat zum Ziel, bei der Veräußerung landeseigener Grundstücke auch nichtfiskalische Gemeinwohlbelange zu berücksichtigen.

Eine weitere Besonderheit ist der freie Zugang zur Natur, insbesondere zu Bergen, Wäldern, Seen und Flüssen gemäß Art. 40 Abs. 3. Die Regelung ist nicht als subjektives Recht des Einzelnen, sondern als Staatszielbestimmung in Form eines umfassenden Handlungsauftrages an die öffentliche Hand formuliert. Das Waldgesetz vom 17. Juni 1991 (GVBl. S. 213) erlaubt daher in seinen §§ 19ff. in weitem Umfang das Betreten des Waldes. Zutreffend unter Berufung auf die Staatszielbestimmung des Art. 40 Abs. 3 erklärte das Oberverwaltungsgericht Frankfurt (Oder) die Einzäunung einer Waldfläche gemäß § 22 WaldG für rechtswidrig.[54]

Art. 40 enthält viele Staatszielbestimmungen, die sich nicht nur an den Gesetzgeber, sondern unmittelbar an die politischen Instanzen im Land und in den Kommunen wenden. Hervorzuheben ist der Auftrag zur Förderung von Nationalparks, Natur- und Landschaftsschutzgebieten in Art. 40 Abs. 4 Satz 1 sowie die Pflicht des Landes, auf die zivile Nutzung von bisher militärisch genutzten Liegenschaften hinzuwirken in Art. 40 Abs. 5. Auch hier bestehen weite Spielräume, deren äußerste Grenzen das Landesverfassungsgericht im Einzelfall festzulegen hat.

3.9. Eigentum, Wirtschaft, Arbeit und soziale Sicherung (Art. 41 bis 51)

Der Abschnitt über Eigentum, Wirtschaft, Arbeit und soziale Sicherung (Art. 41–51)[55] hat zum Ziel, zentrale Grundrechte auf wirtschaftlichem Gebiet zu sichern, zugleich aber einen weitreichenden sozialen Ausgleich zu gewährleisten. Die Art. 41–51 regeln viele Aspekte der Wirtschafts- und Sozialordnung weit ausführlicher als das Grundgesetz und die meisten Landesverfassungen. Ihr besonderes Kennzeichen ist, daß sie in detaillierter Weise neuartige Staatsziele formulieren. Im Ergebnis erheben sie weithin den in der Gesetzgebung der Europäischen Union und des Bundes sowie den in der politischen Praxis der letzten Jahrzehnte erreichten Stand in den Rang von Landesverfassungsrecht. Aufgrund ihrer differenzierten Formulierungen eröffnen die Art. 41–51 aber vielfältige Möglichkeiten, im Bereich der Wirtschafts- und Sozialordnung besondere Akzente zu entwickeln.

Die Vorschriften der Art. 41–51 sind noch stärker als Art. 39 bis 40 über Natur und Umwelt durch Regelungen des Europa- oder Bundesrechts relativiert. Das Land hat auf dem Gebiet der Wirtschafts- und Sozialordnung kaum eigene Gesetzgebungskompetenzen. Für die Realisierung der meisten Staatszielbestimmungen der Art. 41–

---

[54] OVG Frankfurt (Oder), NuR 1999, S. 519.
[55] Dazu mwN: *Uwe Berlit*, Eigentum, Wirtschaft, Arbeit und soziale Sicherung, in: Simon/Franke/ Sachs (Hrsg.), aaO, S. 153–170.

51 fehlen dem Land auf Grund der gegenwärtigen Einnahmeverteilung zwischen Bund und Ländern die finanziellen Mittel. Dennoch haben die Art. 41–51 eine praktische Bedeutung für das Verfassungsleben: Sie eröffnen dem Einzelnen im herkömmlichen Umfang grundrechtliche Abwehrrechte. Sie sind spezifische Gesetzgebungs- und Politikaufträge. Sie enthalten verbindliche Auslegungsgrundsätze für die Interpretation des Europa-, Bundes- und Landesrechts durch alle Verwaltungen und Gerichte des Landes. Sie sind schließlich Appelle an jedermann, zur Verwirklichung der Ziele der Art. 41–51 beizutragen. Auch bei den Art. 41–51 ist allerdings festzustellen, daß diese Funktionen der brandenburgischen Verfassung in der Rechtspraxis erst am Beginn ihrer Realisierung stehen.

Art. 41 über Eigentum und Erbrecht übernimmt die entsprechenden Vorschriften der Art. 14 und 15 GG. Neu ist nur die Pflicht des Landes gemäß Art. 41 Abs. 3, eine breite Streuung des Eigentums zu fördern.

Während das Grundgesetz auf Grund einer bewußten Entscheidung des Parlamentarischen Rates wirtschaftspolitisch neutral ist,[56] enthält Art. 42 dezidierte Grundsätze zur Ordnung des Wirtschaftslebens. Sie stehen in deutlichem Gegensatz zur sozialistischen Planwirtschaft vor 1989. Art. 42 Abs. 1 Satz 1 garantiert für jeden ein Recht auf freie Entfaltung wirtschaftlicher Eigeninitiative. Dabei handelt es sich um ein Grundrecht, dessen Kern auf Bundesebene durch Art. 2 Abs. 1, Art. 12 und Art. 14 GG abgesichert ist. Art. 42 Abs. 1 Satz 1 konkretisiert die allgemeine Handlungsfreiheit des Art. 10 auf wirtschaftlichem Gebiet und tritt im Einzelfall hinter die Spezialregelung der Berufsfreiheit gemäß Art. 49 Abs. 1 zurück.[57]

Außerdem enthält Art. 42 mehrere weit gefaßte Staatsziele: Das Wirtschaftsleben ist nach Art. 42 Abs. 2 Satz 1 durch eine Ordnung zu gestalten, die zugleich sozial, ökologisch und marktwirtschaftlich ausgerichtet ist. Wettbewerb und Chancengerechtigkeit sind anzustreben (Art. 42 Abs. 1 Satz 2). Der Mißbrauch wirtschaftlicher Macht ist zu verhindern (Art. 42 Abs. 2 Satz 2).

Für die Land- und Forstwirtschaft formuliert Art. 43 Abs. 1 spezifische soziale Bindungen: Sie ist auf Standortgerechtigkeit, Stabilität der Ertragsfähigkeit und ökologische Verträglichkeit auszurichten. Dazu sind insbesondere das Naturschutzgesetz vom 25. Juni 1992 (GVBl. I S. 208) und das Waldgesetz vom 17. Juni 1991 (GVBl. S. 213) ergangen. Das Land fördert gemäß Art. 43 Abs. 2 den Beitrag der Land- und Forstwirtschaft zur Pflege der Kulturlandschaft, zur Erhaltung des ländlichen Raumes und zum Schutz der natürlichen Umwelt. Umgesetzt werden diese Staatsziele durch Förderprogramme des Landes, die überwiegend aus Europa- oder Bundesmitteln finanziert werden.

Art. 44 enthält eine Staatszielbestimmung zur Strukturförderung der Regionen mit dem Ziel, in allen Landesteilen gleichwertige Lebens- und Arbeitsbedingungen zu sichern. Zur Ausfüllung des Art. 44 sind insbesondere ergangen das Gesetz zur Regionalplanung und zur Braunkohlen- und Sanierungsplanung vom 13. Mai 1993 (GVBl. I S. 170), das Landesplanungsgesetz vom 20. Juli 1995 (GVBl. I S. 210) und der Landesplanungsvertrag zwischen den Ländern Berlin und Brandenburg (Gesetz zu dem Landesplanungsvertrag vom 20. Juli 1995 (GVBl. I S. 210). Das Landesverfassungsge-

---

[56] Z.B. BVerfGE 50, 290, 338.
[57] LVerfGE 10, 213, 231.

richt hat dem Staatsziel der Strukturförderung gemäß Art. 44 in seinem Urteil zum Braunkohlenabbau in Horno „als überörtliches Gemeinwohlinteresse" einen verfassungsrechtlich hohen Rang zugemessen, der in Konfliktfällen bei der Abwägung gegen andere Staatsziele entsprechend zu berücksichtigen ist.[58]

Art. 45 enthält Staatszielbestimmungen auf verschiedenen Gebieten der sozialen Sicherung. Diese ist allerdings ganz überwiegend durch die Gesetzgebung des Bundes ausgestaltet, so daß dem Land insoweit – insbesondere angesichts seiner begrenzten finanziellen Ressourcen – kaum eigene Handlungsmöglichkeiten verbleiben. Die Pflicht des Landes, für die Verwirklichung des Rechts auf soziale Sicherung zu sorgen, steht daher gemäß Art. 45 Abs. 1 Satz 1 ausdrücklich unter dem Vorbehalt „im Rahmen seiner Kräfte". Einzelne Bestimmungen des Art. 45 können trotzdem rechtliche Relevanz erlangen, z.B. die Pflicht zur Ermöglichung einer menschenwürdigen und eigenverantwortlichen Lebensgestaltung in allen Bereichen der sozialen Sicherung in Art. 45 Abs. 1 Satz 2, die Pflicht zur Förderung sozialer Einrichtungen unabhängig von ihrer Trägerschaft in Art. 45 Abs. 3 Satz 1 oder das Mitentscheidungsrecht für alle Heimbewohner in Art. 45 Abs. 3 Satz 2.

Die für eine Verfassung ungewöhnliche Vorschrift über die Nothilfe in Art. 46 beansprucht eine weitreichende Drittwirkung. Die Pflicht zur Nothilfe besteht für jeden Menschen, aber nur „nach Maßgabe der Gesetze", wobei es insbesondere ankommt auf §§ 323c, 34 StGB und §§ 228, 904 BGB.

Die Pflicht des Landes gemäß Art. 47 Abs. 1, für die Verwirklichung des Rechts auf eine angemessene Wohnung zu sorgen, ist kein Grundrecht,[59] sondern eine Staatszielbestimmung. Sie steht ebenfalls unter dem ausdrücklichen Vorbehalt „im Rahmen seiner Kräfte". Demgegenüber hat das Landesverfassungsgericht zu Recht anerkannt, daß Art. 47 Abs. 2 über die Wohnungsräumung „eine grundrechtliche Gewährleistung" enthält.[60] Ihr Schutzbereich erfaßt jedoch nicht schon den Erlaß eines Räumungstitels, sondern erst den Vollzug der Räumung. Den in Art. 47 Abs. 2 genannten Gesichtspunkten ist bei der Entscheidung über die Wohnungsräumung ein großes Gewicht beizumessen, weil sie der Wahrung der Menschenwürde dienen.

Art. 48 Abs. 1 verpflichtet das Land, „im Rahmen seiner Kräfte … für die Verwirklichung des Rechts auf Arbeit zu sorgen". Wie das Landesverfassungsgericht zutreffend festgestellt hat, ist diese Vorschrift nach ihrem eindeutigen Wortlaut kein Grundrecht, sondern eine Staatszielbestimmung.[61] Staatszielbestimmungen wie Art. 48 Abs. 1 „begründen keine subjektive Berechtigung auf Seiten des Bürgers; sie gewähren – anders als Grundrechte – keine individuellen Rechte, auf die sich der Einzelne gegenüber der öffentlichen Gewalt berufen kann, sondern stellen lediglich (objektive) Verfassungsnormen dar, die der Staatstätigkeit die fortdauernde Beachtung oder Erfüllung bestimmter Aufgaben und in diesem Sinne sachlich umschriebene Ziele vorschreiben."[62]

Art. 48 Abs. 2–4 enthält Bestimmungen zum individuellen Arbeitsrecht über die Berufsberatung, die Arbeitsvermittlung, die Arbeitsbedingungen, die gleiche Vergü-

---

[58] LVerfGE 8, 97, 142 = LKV 1998, S. 395, 401.
[59] LVerfGE 2, 105, 111f.
[60] LVerfGE 2, 105, 110f.
[61] LVerfGE 5, 94, 104.
[62] LVerfGE 5, 94, 104.

tung für Männer und Frauen sowie über den Kündigungsschutz. Diese Vorschriften entsprechen dem heutigen Stand des Arbeitsrechts, wie er durch die Gesetze des Bundes und die Rechtsprechung des Bundesarbeitsgerichts ausgestaltet ist. Als arbeitsrechtliche Mindestgarantien haben die Regelungen des Art. 48 Abs. 2–4 dennoch eine eigene sachliche Bedeutung.

Die Garantie der Berufsfreiheit in Art. 49 entspricht Art. 12 Abs. 1 und 2 GG. Anders als gemäß Art. 12 Abs. 1 GG steht die Berufsfreiheit nicht nur allen Deutschen, sondern jedem zu. Art. 49 Abs. 1 ist ein Grundrecht, „das in erster Linie als Abwehrrecht konzipiert" ist.[63] Wie das Bundesverfassungsgericht im Numerus-Clausus-Urteil[64] hat das Landesverfassungsgericht offen gelassen, ob die Berufsfreiheit des Art. 49 Abs. 1 teilhaberechtliche Komponenten enthält. Jedenfalls ergibt sich aus Art. 49 Abs. 1 nicht, daß die Landesregierung oder der Landtag den Arbeitsuchenden dauerhafte Beschäftigungsmöglichkeiten zur Verfügung stellen muß.[65] Die in Art. 49 Abs. 1 enthaltene Berufsausübungsfreiheit interpretiert das Landesverfassungsgericht im Anschluß an das Bundesverfassungsgericht nach Verhältnismäßigkeitskriterien. Unter dem Gesichtspunkt des Übermaßverbotes erklärte es § 74 Abs. 8 Satz 3 der Bauordnung vom 1. Juni 1994 (GVBl. I S. 126) für teilweise verfassungswidrig.[66] Gegenüber der allgemeinen wirtschaftlichen Betätigungsfreiheit des Art. 42 Abs. 1 ist die Berufsfreiheit des Art. 49 Abs. 1 das speziellere Grundrecht.[67]

Art. 49 und 50 enthalten Vorschriften zum kollektiven Arbeitsrecht über die Mitbestimmung, die Koalitionsfreiheit und das Streikrecht. Sie entsprechen Art. 9 Abs. 3 GG, der Gesetzgebung des Bundes (z. B. bei der Mitbestimmung) und der Rechtsprechung des Bundesverfassungsgerichts sowie des Bundesarbeitsgerichts (z. B. beim Streikrecht). Auch hier werden allgemein anerkannte Mindeststandards in den Rang von Landesverfassungsrecht erhoben.

3.10. *Gerichtsverfahren und Strafvollzug (Art. 52 bis 54)*

Die Art. 52 und 53 übernehmen aus Art. 101 und 103 GG die herkömmlichen Justizgrundrechte. Sie werden durch Prinzipien des Prozeßrechts ergänzt. Die Regelungen über den Strafvollzug in Art. 54 gehen über das Grundgesetz hinaus. Der Schutz der Menschenwürde wird auch an dieser Stelle – in konsequenter Konkretisierung des Art. 7 Abs. 1 – hervorgehoben. Die Resozialisierung ist – wie gemäß § 1 Abs. 1 Satz 1 Strafvollzugsgesetz – das Ziel des Vollzuges.[68]

Für die Landesgesetzgebung bestehen in diesem Bereich wegen der erschöpfenden bundesrechtlichen Regelungen in den Prozeßordnungen und im Strafvollzugsgesetz nahezu keine Gestaltungsmöglichkeiten. Sie beschränken sich auf die Festlegung des

---

[63] LVerfGE 5, 94, 106.

[64] BVerfGE 33, 303.

[65] LVerfGE 5, 94, 109.

[66] LVerfGE 10, 213, 220.

[67] LVerfGE 10, 213, 231.

[68] Dazu *Konrad Kruis*, Vitalisierung der Landesverfassung am Beispiel des Resozialisierungsgebots, in: Peter Macke (Hrsg.), aaO, S. 67–76.

gesetzlichen Richters gemäß Art. 52 Abs. 1 Satz 2 durch die Gesetze zur Gerichtsorganisation.[69]

Die Rechtsprechung des Landesverfassungsgerichts zu den Art. 52 und 53 orientiert sich an der einschlägigen Judikatur des Bundesverfassungsgerichts, z.B. beim Begriff des gesetzlichen Richters gemäß Art. 52 Abs. 1 Satz 2,[70] beim Anspruch auf rechtliches Gehör gemäß Art. 52 Abs. 3,[71] beim Rückwirkungsverbot des Art. 53 Abs. 1[72] oder bei der Unschuldsvermutung des Art. 53 Abs. 2.[73]

Hervorzuheben ist in diesem Abschnitt nur Art. 52 Abs. 4 Satz 1, wonach jeder einen Anspruch auf ein faires und zügiges Verfahren hat. Diese Regelung übernimmt die Grundsätze des Art. 6 Abs. 1 Satz 1 EMRK.

Den Anspruch auf ein faires Verfahren sieht das Landesverfassungsgericht als Grundrecht an. Es ist nicht verletzt bei einer willkürfreien Anwendung des materiellen und des Prozeßrechts.[74]

Häufig wurde das Landesverfassungsgericht wegen einer Verletzung des Anspruchs auf ein zügiges Verfahren gemäß Art. 52 Abs. 4 Satz 1 angerufen. Auch diese Garantie ist ein Grundrecht.[75] Ein Rechtsschutzbedürfnis für eine Entscheidung über die Verfahrensdauer besteht nicht, wenn das Verfahren abgeschlossen ist.[76] Der Schutzbereich des Art. 52 Abs. 4 Satz 1 umfaßt auch die Freiwillige Gerichtsbarkeit, wie sich aus einer Entscheidung zu einem Zwangsversteigerungsverfahren ergibt.[77] Inhaltlich orientiert sich das Landesverfassungsgericht wiederum an der einschlägigen Judikatur des Bundesverfassungsgerichts. Danach hängt die Einhaltung des Rechts auf ein zügiges Verfahren von den Umständen des Einzelfalles ab.[78] In der Anfangszeit wurden Verstöße gegen das Grundrecht auf ein zügiges Verfahren mit der Begründung verneint, daß wegen des Neuaufbaus der Justiz eine besonders hohe Arbeitsbelastung der brandenburgischen Gerichte hingenommen werden müsse.[79] Dieser Gesichtspunkt kann heute nicht mehr geltend gemacht werden.[80] Ob das Grundrecht auf ein zügiges Verfahren verletzt ist, hängt auch von dem Prozeßverhalten des Beschwerdeführers und von der nach objektiven Maßstäben zu beurteilenden Dringlichkeit der Entscheidung ab.[81] Dieser Rechtsprechung hat sich das Oberverwaltungsgericht Frankfurt (Oder) angeschlossen.[82] Eine Verfahrensdauer vor einem Verwaltungsgericht von drei Jahren

---

[69] Gesetz zur Errichtung der Arbeitsgerichtsbarkeit im Land Brandenburg vom 21.06. 1991, GVBl. S. 186; Gesetz zur Errichtung der Sozialgerichtsbarkeit im Land Brandenburg vom 03.03. 1992, GVBl. I S. 86; Brandenburgisches Verwaltungsgerichtsgesetz i.d.F. vom 22.11. 1996 (GVBl. I S. 317); Brandenburgisches Finanzgerichtsgesetz vom 10.12. 1992, GVBl. I S. 504; Brandenburgisches Gerichtsneuordnungsgesetz vom 14.06. 1993, GVBl. I S. 198.

[70] LVerfGE 3, 171, 174.

[71] LVerfGE 2, 179, 182; 4, 175, 178; 4, 201, 205; 8, 82, 85; 9, 95, 98.

[72] LVerfGE 5, 74, 78.

[73] LVerfGE 5, 74, 76ff.

[74] LVerfGE 2, 179, 182f. = DÖV 1995, S. 331; 4, 175, 178; 5, 67, 72f.

[75] LVerfGE 2, 105, 112; 2, 115, 116; VerfGBbg, LKV 2001, S. 409.

[76] LVerfGE 5, 125, 128f.; 5, 130, 133.

[77] LVerfGE 2, 115.

[78] VerfGBbg, LKV 2001, S. 409, im Anschluß an BVerfGE 55, 349, 369.

[79] LVerfGE 2, 105, 112; 2, 115, 116; 3, 129, 133.

[80] VerfGBbg, LKV 2001, S. 409.

[81] VerfGBbg, LKV 2001, S. 409.

[82] OVG Frankfurt (Oder) vom 26. November 2001, Az. 4 B 329/01.Z.

und fünf Monaten in einer Einbürgerungssache verstieß nicht gegen das Grundrecht auf ein zügiges Verfahren gemäß Art. 52 Abs. 4 Satz 1.[83] Die durch Art. 52 Abs. 4 eröffneten Möglichkeiten zur Beschleunigung von überlangen Verfahren haben die Betroffenen und die Gerichte bisher nicht mit erkennbaren Erfolgen genutzt.

4. Staatsorganisation (Art. 55 bis 117)

Der dritte Hauptteil der Verfassung über die Staatsorganisation in Art. 55–117 orientiert sich am Grundgesetz und den neueren Landesverfassungen. Er enthält zugleich viele für Brandenburg spezifische Regelungen. Sie verfolgen das Ziel, die demokratischen Entscheidungs-, Mitbestimmungs- und Kontrollrechte zu stärken.

In den Diskussionen der politischen und der Fachöffentlichkeit fanden die Bestimmungen über die Staatsorganisation in Art. 55–117 weniger Aufmerksamkeit als die über die Grundrechte und Staatsziele in Art. 5–54. Umgekehrt entschied das Landesverfassungsgericht materiell – ganz anders als das Bundesverfassungsgericht – häufiger Probleme der Staatsorganisation als Fragen der Grundrechte und Staatsziele. Das beruht formal auf einem entsprechenden Antragseingang. In der Sache folgt die auffällig ungleichmäßige Verteilung der vom Landesverfassungsgericht entschiedenen Fälle daraus, daß die am Verfassungsleben beteiligten Personen und Institutionen den Regeln über die Staatsorganisation große Bedeutung zumessen. Demgegenüber sind die Grundrechte und Staatsziele noch nicht in vergleichbarer Weise in das Bewußtsein ihrer Adressaten gelangt.

4.1. *Der Landtag (Art. 55 bis 74)*

Die Vorschriften über den Landtag in Art. 55–74 folgen den Regelungen des Grundgesetzes, anderer Landesverfassungen und den neueren Entwicklungen des Parlamentsrechts.[84] Sie weisen zwei Besonderheiten auf: Die Rechte der parlamentarischen Minderheiten werden erweitert. Dadurch und auf andere Weise werden die Kontrollrechte des Parlaments über die Regierung vergrößert.

Art. 55 Abs. 1 und Art. 56 Abs. 1 dokumentieren die Repräsentation als Verfassungsprinzip. Anders als das Grundgesetz erkennt Art. 55 Abs. 2 die Opposition ausdrücklich als wesentlichen Bestandteil der parlamentarischen Demokratie an. Ihr förmlich verbrieftes Recht auf Chancengleichheit wird in der gemäß Art. 68 erlassenen Geschäftsordnung des Landtages Brandenburg vom 30. Juni 1994 (GVBl. I S. 266) und in den einschlägigen Gesetzen ausgestaltet. Verstöße gegen das Recht der Opposition auf Chancengleichheit hat das Landesverfassungsgericht bisher nicht festgestellt.[85]

Die Garantie des freien Mandats in Art. 56 Abs. 1 entspricht Art. 38 GG. Die Rechte der parlamentarischen Minderheiten und die Kontrolle des Landtages über die Re-

---

[83] VerfGBbg, LKV 2001, S. 409.
[84] Dazu mwN: *Carola Schulze*, Der Landtag, in: Simon/Franke/Sachs (Hrsg.), aaO, S. 181–191.
[85] VerfGBbg, NJ 2001, S. 308/9; LVerfGE 10, 143, 148; 2, 201, 210f.

gierung werden konkretisiert durch die umfassenden Antrags-, Frage-, Zugangs-, Auskunfts- und Vorlagerechte der Abgeordneten gemäß Art. 56 Abs. 2–4.[86] Sie stellen eine Besonderheit im deutschen Parlamentsrecht dar. Alle diese Rechte stehen bereits jedem einzelnen Abgeordneten zu, nicht nur Gruppen von Abgeordneten. Das Antragsrecht der Abgeordneten erstreckt sich nur auf Angelegenheiten, die nach der Kompetenzverteilung des Grundgesetzes zu den Aufgaben des Landes gehören, z.B. nicht auf die Parteienfinanzierung nach Bundesrecht oder auf die Verteidigungspolitik.[87] In diesem Rahmen hat das Landesverfassungsgericht die Frage-, Auskunfts- und Vorlagerechte der Art. 56 Abs. 2–4 in mehreren Verfahren ausgeweitet. Es stellt hohe Anforderungen an die vollständige und unverzügliche Erfüllung dieser Pflichten durch Regierung und Verwaltung.[88]

Die Vorschrift über die Indemnität in Art. 57 entspricht Art. 46 Abs. 1 GG. Demgegenüber ist die Immunität anders als im Grundgesetz geregelt: Art. 58 dreht das Regel-Ausnahme-Verhältnis um: Die Strafverfolgung ist nicht wie nach Art. 46 Abs. 2 GG nur mit Genehmigung des Bundestages zulässig, sondern sie ist grundsätzlich zulässig, aber auf Verlangen des Landtages auszusetzen.[89]

Zur Sicherung ihrer Aufgabenerfüllung erhalten die Abgeordneten gemäß Art. 60 entsprechend Art. 48 Abs. 3 GG eine angemessene Entschädigung, die im Abgeordnetengesetz i.d.F. vom 18. Januar 2002 (GVBl. I S. 2) geregelt ist. Die Abgeordneten haben gemäß Art. 59 wie nach Art. 47 GG ein Zeugnisverweigerungsrecht. Anders als nach dem Grundgesetz ist bei einem Mißbrauch der Abgeordnetenrechte gemäß Art. 61 eine Anklage vor dem Landesverfassungsgericht möglich.

Die Wahlperiode des Landtages beträgt nach Art. 62 Abs. 1 fünf Jahre. Der Landtag kann sich nach Art. 62 Abs. 2 mit Zweidrittelmehrheit selbst auflösen. Im Vergleich zum Grundgesetz wird damit die Kontinuität der Parlamentsarbeit vergrößert, zum Ausgleich aber der Appell an den Souverän erleichtert. Die vom Landtag gemäß Art. 63 vorzunehmende Wahlprüfung unterliegt der Kontrolle des Landesverfassungsgerichts, das sich dabei an der Rechtsprechung des Bundesverfassungsgerichts orientiert.[90]

Bei den Art. 64–74 über die Organisation der Parlamentsarbeit fällt auf, daß zur Ausübung von parlamentarischen Rechten mehrfach das – gegenüber dem Grundgesetz – geringere Quorum von einem Fünftel der Abgeordneten ausreicht. Damit werden die Rechte der Minderheiten im Landtag gestärkt. Ein Fünftel der Abgeordneten kann die Einberufung des Landtages durchsetzen (Art. 64 Abs. 1 Satz 2), die Anwesenheit eines Mitgliedes der Landesregierung verlangen (Art. 66 Abs. 1), die Einsetzung eines Untersuchungsausschusses erzwingen (Art. 72 Abs. 1 Satz 1) oder die Erhebung von Beweisen im Untersuchungsausschuß erreichen (Art. 72 Abs. 3).

---

[86] Dazu mwN: *Rolf Breidenbach / Reiner Kneifel-Haverkamp*, Informationsverfassung, in: Simon/Franke/Sachs, aaO, S. 313 -337 (329–334).

[87] VerfGBbg, NJ 2001, S. 308; LVerfGE 10, 143, 149.

[88] VerfGBbg, DÖV 2001, S. 164 = LKV 2001, S. 167 = NJ 2001, S. 138; LVerfGE 7, 123; 4, 179; s.a. 7, 138; 4, 109.

[89] Dazu mwN: *Klaus Finkelnburg*, Die Verantwortlichkeit des Abgeordneten, in: Simon/Franke/Sachs, aaO, S. 193–200.

[90] VerfGBbg, LKV 2001, S. 267; LVerfGE 10, 235.

Im Gegensatz zum Grundgesetz enthält Art. 67 Bestimmungen über die Rechte und die Finanzierung der Fraktionen. Dazu erging das Fraktionsgesetz vom 29. März 1994 (GVBl. I S. 86). Nach seinem § 1 Abs. 1 Satz 1 bestehen Fraktionen aus mindestens vier Mitgliedern des Landtages, die derselben politischen Partei, politischen Vereinigung oder Listenvereinigung angehören müssen. Ausnahmen bedürfen nach § 1 Abs. 1 Satz 3 der Zustimmung des Landtages. Das Landesverfassungsgericht hielt diese Regelung für verfassungsmäßig.[91] Den Ausschluß eines Abgeordneten aus einer Fraktion wegen Tätigkeit als inoffizieller Mitarbeiter beim Ministerium für Staatssicherheit billigte das Landesverfassungsgericht auch unter dem Gesichtspunkt des freien Mandates des Abgeordneten gemäß Art. 56 Abs. 1.[92] Das ausdrückliche Verbot des Fraktionszwanges in Art. 67 Abs. 2 konkretisiert die Freiheit des Mandates gemäß Art. 56 Abs. 1.

Das Präsidium hat innerhalb des Landtages eine starke Stellung, weil seine Mitglieder gemäß Art. 69 Abs. 2 Satz 2 nur mit Zweidrittelmehrheit abgewählt werden können. Bei der Entscheidung über die Tagesordnung hat das Präsidium kein materielles Prüfungsrecht, weil dieses unter dem Gesichtspunkt des Antragsrechts nach Art. 56 Abs. 2 Satz 1 ausschließlich dem Plenum zusteht.[93]

Fraktionslosen Abgeordneten ist in Art. 70 Abs. 2 Satz 3 garantiert, daß sie jedenfalls in einem Ausschuß stimmberechtigt mitarbeiten können. Der Petitionsausschuß hat nach Art. 71 umfangreiche Zutritts-, Auskunfts- und Vorlagerechte, so daß er die Möglichkeit hat, eigene Kontrollfunktionen gegenüber der Regierung auszuüben. Sein Verfahren ist im Petitionsgesetz vom 13. Dezember 1991 (GVBl. S. 643) geregelt.

Die Aufgaben und das Verfahren der Untersuchungsausschüsse gemäß Art. 72 sind im Untersuchungsausschußgesetz vom 17. Mai 1991 (GVBl. S. 86) konkretisiert. Insgesamt ist das Recht der Untersuchungsausschüsse vergleichsweise „oppositions- und minderheitenfreundlich ausgestaltet".[94]

Anders als das Grundgesetz sieht Art. 73 Enquete-Kommissionen vor, die nach § 1 Abs. 1 des dazu ergangenen Gesetzes vom 8. Juli 1993 (GVBl. I S. 341) die Aufgabe haben, umfangreiche Sachverhalte zu ermitteln, die für Entscheidungen des Landtages wesentlich sind.

Da die Verfassung insbesondere in Art. 11 dem Datenschutz große Bedeutung zumißt, ist es konsequent, daß in Art. 74 ein Datenschutzbeauftragter des Landtages vorgeschrieben wird, der weisungsunabhängig ist, sich jederzeit an den Landtag wenden kann und weitreichende eigene Aktenvorlage-, Auskunfts- und Zutrittsrechte hat, die in §§ 22–27 des Datenschutzgesetzes i.d.F. vom 9. März 1999 (GVBl. I S. 66) geregelt sind.

---

[91] LVerfGE 2, 201 = DÖV 1995, S. 377 = NJ 1995, S. 143.
[92] LVerfGE 4, 190.
[93] LVerfGE 10, 143, 146ff.
[94] Dazu mwN: *Wolfgang Knippel*, Der Minderheitenschutz im Untersuchungsrecht des Landtages Brandenburg, in: Peter Macke (Hrsg.), aaO, S. 51–66, Zitat S. 63.

4.2. Die Gesetzgebung (Art. 75 bis 81)

Nach Art. 2 Abs. 4 Satz 1 können Gesetze sowohl durch den Landtag wie durch Volksentscheid beschlossen werden. Das Verfahren der Gesetzgebung ist in Art. 75–81 geregelt.

Das parlamentarische Gesetzgebungsverfahren wird in der brandenburgischen Verfassung nicht so detailliert wie im Grundgesetz festgelegt.[95] Es ist im einzelnen in §§ 40–57 der Geschäftsordnung des Landtages Brandenburg (GO) vom 30. Juni 1994 (GVBl. I S. 266) nach herkömmlichen Grundsätzen ausgestaltet. Hervorzuheben ist, daß wegen Art. 56 Abs. 2 Satz 1 schon ein einzelner Abgeordneter gemäß Art. 75, § 40 GO das Recht zur Gesetzesinitiative hat. Im Gegensatz dazu können Gesetzentwürfe im Bundestag nur von einer Fraktion oder von 5% der Mitglieder des Bundestages eingebracht werden gemäß §§ 75, 76 der Geschäftsordnung des Deutschen Bundestages i.d.F vom 2. Juli 1980 (BGBl. I S. 1237). Auch hier zeigt sich wieder, daß die staatsorganisatorischen Bestimmungen in Brandenburg besonders minderheitenfreundlich sind. Im übrigen ist anzumerken, daß im Plenum des Landtages nach §§ 44 und 45 GO in der Regel nur zwei Lesungen eines Gesetzentwurfes erforderlich sind.

Für die Volksgesetzgebung sehen die Art. 76–78 ein dreistufiges Verfahren vor – nach dem Vorbild von Art. 41 und 42 der Verfassung des Landes Schleswig-Holstein i.d.F. vom 13. Juni 1990 (GVOBl. S. 391) und anderer neuerer Landesverfassungen.[96] Art. 76–78 konkretisieren die in Art. 22 Abs. 2 garantierten individuellen Rechte der Bürger (z. T. der Einwohner), sich an Volksabstimmungen zu beteiligen. Im einzelnen ist das Verfahren ausgestaltet im Volksabstimmungsgesetz vom 14. April 1993 (GVBl. I S. 94).

Das Verfahren beginnt mit der Volksinitiative gemäß Art. 76. Da sie gemäß Art. 76 Abs. 1 Satz 1 nur zum Ziel hat, dem Landtag bestimmte Gegenstände der politischen Willensbildung zu unterbreiten, kann sie nicht nur von Bürgern, sondern von allen Einwohner des Landes i.S. von Art. 3 Abs. 1 unterzeichnet werden. Das Quorum ist mit 20.000 Einwohnern verhältnismäßig gering. Gegenstand der Volksinitiative können alle der Landesgesetzgebung zugänglichen Anliegen sein.[97] Ausgeschlossen sind insbesondere Gegenstände der Bundesgesetzgebung sowie der Landesregierung und den Kommunen vorbehaltene Entscheidungen.

Praktisch bedeutsam ist die Einschränkung des Art. 76 Abs. 2, wonach Volksinitiativen zum Landeshaushalt, zu Dienst- und Versorgungsbezügen, Abgaben und Personalentscheidungen unzulässig sind. Das Landesverfassungsgericht interpretiert diese auf Art. 73 Abs. 4 WRV zurückgehende Bestimmung in Anlehnung an die Entscheidung des Bundesverfassungsgerichts BVerfGE 102, 176. Wie das Landesverfassungsgericht formuliert, sind Volksinitiativen unzulässig, „die zu gewichtigen staatlichen Ausgaben führen und sich (...) als wesentliche Beeinträchtigung des parlamentarischen Budgetrechts darstellen".[98] Diese Beschränkung ist dadurch gerechtfertigt, daß

---

[95] Dazu mwN: *Hasso Lieber*, Die Gesetzgebung, in: Simon/Franke/Sachs (Hrsg.), aaO, S. 201–212.

[96] Dazu mwN: *Alexander v. Brünneck/ F. Immanuel Epting*, Politische Gestaltungsrechte und Volksabstimmungen, in: Simon/Franke/Sachs, aaO, S. 339–353.

[97] LVerfGE 2, 164.

[98] VerfGBbg, NJ 2002, S. 86 = LKV 2001, S. 550.

die Zuweisung von Haushaltmitteln komplexe Abwägungsprozesse erfordert, die nach der Funktionsverteilung der Verfassung dem Landtag vorbehalten sind.

Stimmt der Landtag dem Gesetzentwurf einer Volksinitiative nicht zu, findet gemäß Art. 77 Abs. 1 ein Volksbegehren statt, bei dem nur Bürger i.S. des Art. 3 Abs. 1 Satz 1 stimmberechtigt sind. Wenn das wiederum verhältnismäßig niedrige Quorum von 80.000 Stimmen erreicht ist, und wenn der Landtag dem Volksbegehren nicht zustimmt, kommt es gemäß Art. 78 Abs. 1 zum Volksentscheid. Zur Annahme eines Gesetzentwurfes ist nach Art. 78 Abs. 2 die Mehrheit der abgegebenen Stimmen erforderlich, mindestens ein Viertel aller Stimmberechtigten.

Das Volk als Träger der Staatsgewalt gemäß Art. 2 Abs. 2 kann in diesem Verfahren auch den Landtag auflösen, wobei allerdings höhere Quoren vorgesehen sind. Ebenso sind Verfassungsänderungen im Wege der Volksgesetzgebung möglich – mit höheren Quoren beim Volksentscheid gemäß Art. 78 Abs. 3. Durch diese Verfahren werden die plebiszitären Komponenten der Verfassung in wichtigen Fällen besonders ausgestaltet.

Bis zum 31. Dezember 2001 kam es in Brandenburg zu 21 Volksinitiativen. Aus unterschiedlichen Gründen führten sie nur in fünf Fällen zu Volksbegehren. Da kein Volksbegehren die erforderlichen 80.000 Stimmen erreichte, fand bisher kein Volksentscheid über einen Gesetzentwurf statt.[99] Im Ergebnis zeigt sich, daß die Bürger des Landes bisher keinen hinreichenden Bedarf zur Korrektur oder Ergänzung der Landesgesetzgebung gesehen haben. Die Art. 76–78 haben dennoch ihre praktische Bedeutung: Offenbar gehen schon von der Möglichkeit der Volksgesetzgebung Vorwirkungen auf die Gesetzgebungstätigkeit des Landtages aus, die spätere Verfahren nach Art. 76–78 entbehrlich machen.

Für Verfassungsänderungen durch den Landtag wird in Art. 79 Satz 2 – wie in Art. 79 Abs. 2 GG – die Zweidrittelmehrheit vorgeschrieben.

Die Regelungen über Verordnungsermächtigungen in Art. 80 entsprechen dem Art. 80 GG. Sie sind anhand der Rechtsprechung des Bundesverfassungsgerichts zu Art. 80 GG zu interpretieren. Das Landesverfassungsgericht fordert – wie das Bundesverfassungsgericht – eine hinreichend bestimmte parlamentarische Grundsatzentscheidung. Außerdem muß der Verordnungsgeber einen eigenen Gestaltungsspielraum haben und darf nicht von fremden Entscheidungen abhängig sein.[100]

Art. 81 Abs. 1 beseitigt ein Relikt aus dem Konstitutionalismus des 19. Jahrhunderts: Die vom Landtag beschlossenen Gesetze werden nicht – wie in den deutschen Verfassungen vor 1992 allgemein vorgeschrieben – von der Landesregierung, sondern vom Landtagspräsidenten ausgefertigt und verkündet.

4.3. Die Landesregierung (Art. 82 bis 95)

Die Bestimmungen über die Landesregierung in Art. 82–95 entsprechen weithin den Regelungen über die Bundesregierung in Art. 62–69 GG.[101] Die Landesregie-

---

[99] Übersicht in: Präsident des Landtages Brandenburg – Herbert Knoblich – (Hrsg.), 10 Jahre Verfassungswirklichkeit im Land Brandenburg, Potsdam 2002, S. 215–223.

[100] VerfGBbg, LKV 2000, S. 397.

[101] Dazu mwN: *Helga Jahn*, Die Landesregierung, in: Simon/Franke/Sachs (Hrsg.), aaO, S. 213–230.

rung oder der Ministerpräsident nehmen zusätzlich Befugnisse wahr, die nach dem Grundgesetz dem Bundespräsidenten zustehen, nämlich die Vertretung des Landes nach außen (Art. 91), die Ausübung des Begnadigungsrechts (Art. 92) und die Ernennung von Beamten (Art. 93).

Der Ministerpräsident hat – wie der Bundeskanzler nach dem Grundgesetz – eine gesicherte Rechtsstellung gegenüber dem Landtag und weitreichende Kompetenzen gegenüber den Ministern. Der Ministerpräsident wird vom Landtag nach Art. 83 gewählt, kann aber nur im Wege des konstruktiven Mißtrauensvotums gemäß Art. 86 abgewählt werden. Der Ministerpräsident ernennt und entläßt die Minister gemäß Art. 84 ohne Mitwirkung des Landtages. Sie sind damit ausschließlich von seinem Vertrauen abhängig. Die Amtszeit der Minister endet nach Art. 85 Abs. 1 zusammen mit der Amtszeit des Ministerpräsidenten. Der Ministerpräsident bestimmt die Richtlinien der Regierungspolitik (Art. 89 Satz 1) und führt den Vorsitz in der Landesregierung (Art. 90). Innerhalb der vom Ministerpräsidenten bestimmten Richtlinien leitet jeder Minister nach dem Ressortprinzip seinen Geschäftsbereich in eigener Verantwortung (Art. 89 Satz 2).

Bei der Eidesformel des Art. 88 ist die religiöse Beteuerung nicht wie in Art. 56, 64 Abs. 2 GG die Regel, sondern die Ausnahme. Im einzelnen sind die Rechtsverhältnisse der Mitglieder der Landesregierung geregelt im Ministergesetz i.d.F. vom 22. Februar 1999 (GVBl. I S. 58).

Konflikte mit dem Landtag können durch das Verfahren der Vertrauensfrage gemäß Art. 87 gelöst werden. Verweigert der Landtag dem Ministerpräsidenten das Vertrauen, so ist der Appell an den Souverän im Vergleich zu Art. 68 GG erleichtert: Der Landtag kann sich innerhalb von 20 Tagen selbst auflösen oder er kann nach weiteren 20 Tagen vom Ministerpräsidenten aufgelöst werden.

Der Ministerpräsident und die Minister sind für ihre Politik gemäß Art. 89 gegenüber dem Landtag verantwortlich. Daraus folgen zwar keine Sanktionsrechte des Landtages, die über die an anderen Stellen geregelten Rechte des Parlaments hinausreichen. Das Landesverfassungsgericht hat aus dem Grundsatz der Verantwortlichkeit der Regierung aber zutreffend abgeleitet, daß die Landesregierung beim Erlaß von Rechtsverordnungen nicht an die Entscheidungen von Gremien gebunden werden darf, die ihrerseits keiner parlamentarischen Kontrolle unterliegen.[102]

Erheblich über das Grundgesetz hinaus geht nur Art. 94, wonach die Regierung den Landtag über alle wichtigen Gesetzgebungsprojekte und Planungsvorhaben sowie über ihre Tätigkeit im Bund und auf internationaler Ebene frühzeitig und vollständig unterrichten muß. Damit wird der Rechtsgedanke des Art. 23 Abs. 2 Satz 2 GG auf Landesebene verallgemeinert. Zusammen mit den Frage-, Zugangs-, Auskunfts- und Vorlagerechten des Art. 56 Abs. 2–4 ergeben sich damit umfassende Kontrollmöglichkeiten des Landtages über die Politik der Landeregierung, die weiter sind als die entsprechenden Rechte des Bundestages.

---

[102] VerfGBbg, LKV 2000, S. 397.

4.4. Die Verwaltung (Art. 96 bis 100)

In diesem Abschnitt behandelt Art. 96 die staatliche Verwaltungsorganisation, Art. 97–100 betreffen die kommunale Selbstverwaltung.

Die Organisation der staatlichen Landesverwaltung[103] ist gemäß Art. 96 Abs. 1 Satz 1 durch das Landesorganisationsgesetz (LOG) i.d.F. vom 12. September 1994 (GVBl. I S. 406) festgelegt. Das Hauptmerkmal der brandenburgischen Landesverwaltung ist ihre Zweistufigkeit gemäß § 2 LOG, d.h., es fehlen die in anderen Bundesländern üblichen Mittelbehörden. Art. 96 Abs. 1 Satz 2 schreibt eine weitreichende Delegation von Aufgaben an nachgeordnete Behörden vor. Dazu erging insbesondere das Erste Funktionalreformgesetz vom 30. Juni 1994 (GVBl. I S. 230).

Bei der Wahrnehmung von Verwaltungsaufgaben werden Beamte und Verwaltungsangehörige in Art. 96 Abs. 3 Satz 1 gleichgestellt. Der Vorrang für Beamte bei der Ausübung hoheitsrechtlicher Befugnisse gemäß Art. 33 Abs. 4 GG bleibt davon unberührt. Die Rechtsverhältnisse der Beamten sind – im Rahmen der Vorgaben des Bundesrechts – insbesondere geregelt im Landesbeamtengesetz i.d.F. vom 8. Oktober 1999 (GVBl. I S. 446) und im Landesdisziplinargesetz vom 18. Dezember 2001 (GVBl. I S. 254).

Die Bestimmungen der Art. 97–100 über die kommunale Selbstverwaltung[104] folgen den Vorgaben des Art. 28 GG und bewegen sich im Rahmen der Regelungen der übrigen Landesverfassungen. Sie sind ausgestaltet durch die Kommunalverfassung i.d.F. vom 10. Oktober 2001 (GVBl. I S. 154).

Das Landesverfassungsgericht hat zur kommunalen Selbstverwaltung eine umfangreiche Rechtsprechung entwickelt. Sie beruht auf der Zulässigkeit der kommunalen Verfassungsbeschwerde gemäß Art. 100. Diese bildet einen Schwerpunkt der Judikatur des Landesverfassungsgerichts: 18 von 91, d.h. fast 20% aller in Band 1 bis 10 der Sammlung der Entscheidungen der Verfassungsgerichte der Länder Berlin, Brandenburg, Bremen, Hamburg, Hessen, Mecklenburg-Vorpommern, Saarland, Sachsen, Sachsen-Anhalt, Thüringen (LVerfGE) publizierten Entscheidungen des brandenburgischen Verfassungsgerichts betreffen die kommunale Selbstverwaltung.

Inhaltlich orientiert sich das Landesverfassungsgericht an der einschlägigen Judikatur des Bundesverfassungsgerichts und der anderen Landesverfassungsgerichte. Im Ergebnis hat das Landesverfassungsgericht die Rechte der kommunalen Selbstverwaltung in einer größeren Anzahl von Fällen erweitert und häufiger als auf allen anderen Gebieten gesetzliche Regelungen für verfassungswidrig erklärt.[105]

Das Landesverfassungsgericht legt den Schutzbereich des Rechts der Selbstverwaltung gemäß Art. 97 Abs. 1 und 2 weit aus – wie das Bundesverfassungsgericht und die anderen Landesverfassungsgerichte. Einschränkungen durch Gesetze oder Verordnungen werden an strengen formellen und materiellen Kriterien gemessen. Insbeson-

---

[103] Dazu mwN: *Sighart Lörler*, Die Verwaltungsorganisation, in: Simon/Franke/Sachs (Hrsg.), aaO, S. 231–238.

[104] Dazu mwN: *Ulrich Jahn*, Kommunale Selbstverwaltung, in Simon/Franke/Sachs (Hrsg.), aaO, S. 239–252.

[105] Dazu die Übersicht bei: *Joachim Buchheister*, Die Rechtsprechung des Verfassungsgerichts des Landes Brandenburg zur kommunalen Selbstverwaltung, LKV 2000, S. 325–330.

dere ist eine Anhörung erforderlich.[106] Der Gesetzgeber muß eine hinreichende Sach-
verhaltsermittlung durchführen und eine nachvollziehbare Abwägung zwischen den
verschiedenen Interessen vornehmen.[107] Dabei steht ihm eine Einschätzungsprärogative zu.[108] Im Ergebnis kommt es auf den Schutz des Kernbereichs der Selbstverwaltung und auf die Wahrung des Verhältnismäßigkeitsgrundsatzes an.[109] Rechtsvorschriften, die in das Recht der kommunalen Selbstverwaltung eingreifen, müssen
auch im übrigen verfassungsmäßig sein, z.B. den Anforderungen des Art. 80 entsprechen.[110]

Wie im Kommunalrecht üblich können die Kommunen nach Art. 97 Abs. 3 Satz 1
verpflichtet werden, Aufgaben des Landes wahrzunehmen, wobei sie den gesetzlich
vorgeschriebenen Weisungen unterliegen. Nach der ursprünglichen Fassung des
Art. 97 Abs. 3 mußten bei der Übertragung von Angelegenheiten des Landes auf die
Kommunen nur „gleichzeitig Festlegungen über die Deckung der Kosten getroffen
werden." Das Landesverfassungsgericht legte diese Bestimmung zugunsten der Kommunen aus: Sie fordere zwar keine vollständige Erstattung der durch die Aufgabenübertragung entstandenen Kosten, aber einen nachprüfbaren gesonderten Ansatz der
Kosten für die übertragenen Aufgaben.[111] Durch diese Entscheidung wurde der Verfassunggeber veranlaßt, Art. 97 Abs. 3 in dem Gesetz vom 7. April 1999 (GVBl. I
S. 98) neu zu fassen: Gemäß Art. 97 Abs. 3 Satz 3 ist seitdem für jede Übertragung
neuer Aufgaben „ein entsprechender finanzieller Ausgleich zu schaffen". Das Landesverfassungsgericht interpretiert diese Vorschrift als „striktes Konnexitätsprinzip", das
einen vollständigen Ausgleich von Mehrbelastungen erfordere, der auf sorgfältig begründeten Prognosen beruhen müsse.[112] Mit diesen Entscheidungen leistete das Landesverfassungsgericht praktisch wichtige Beiträge zur Sicherung der kommunalen
Selbstverwaltung.

Gebietsänderungen von Gemeinden und Gemeindeverbänden sind unter den Voraussetzungen des Art. 98 zulässig. Das Erfordernis der Anhörung gemäß Art. 98 Abs. 2
Satz 3 wird vom Landesverfassungsgericht und vom Oberverwaltungsgericht Frankfurt (Oder) weit interpretiert.[113] Entscheidend ist, daß Gebietsänderungen gemäß
Art. 98 Abs. 1 nur „aus Gründen des öffentlichen Wohls" möglich sind. Von Anfang
an hat das Landesverfassungsgericht im Anschluß an das Bundesverfassungsgericht zu
Recht betont, daß der Begriff des öffentlichen Wohls nur eingeschränkt der verfassungsgerichtlichen Kontrolle unterliegt. Der Begriff ist vom Gesetzgeber auszufüllen.
Das Verfassungsgericht darf seine Wertung nicht an die Stelle der des Gesetzgebers setzen. Es ist auf die Nachprüfung des Verfahrens beschränkt und darf nur offensichtlich
fehlerhafte oder eindeutig widerlegbare Entscheidungen des Gesetzgebers beanstan-

---

[106] VerfGBbg, NJ 2002, S. 417, 420; LVerfGE 7, 74, 89; 5, 79, 90.
[107] LVerfGE 2, 93, 104.
[108] Ebda.
[109] LVerfGE 7, 74, 89ff.; 5, 79, 90ff.; VerfGBbg, LKV 2000, S. 199; VerfGBbg, NJ 2002, S. 417.
[110] VerfGBbg, LKV 2000, S. 397 = DÖV 2000, S. 870.
[111] LVerfGE 7, 144 = LKV 1998, S. 195.
[112] VerfGBbg, LKV 2002, S. 323.
[113] LVerfGE 2, 125, 135; 2, 143, 156ff.; OVG Frankfurt (Oder), Urteil vom 30. Juni 1999, Az. 1 D 14/
98.NE.

den.[114] Gebietsänderungen nach Art. 98 dürfen weithin nur durch Gesetz erfolgen. Ein Gesetz ist auch erforderlich für Maßnahmen, die eine Gemeinde zwar nicht förmlich auflösen, die aber im Ergebnis dazu führen, daß sie aufhört zu existieren, wie die vollständige Inanspruchnahme des Gemeindegebietes von Horno für den Braunkohletagebau.[115]

Nach Art. 99 Satz 1 haben die Gemeinden das Recht, nach Maßgabe der Gesetze Steuern zu erheben. Dazu erging das Kommunalabgabengesetz i.d.F. vom 15. Juni 1999 (GVBl. I S. 231). Gemäß Art. 99 Satz 2 und 3 hat das Land den Gemeinden durch einen Finanzausgleich die Erfüllung ihrer Aufgaben zu ermöglichen. Das Landesverfassungsgericht hat die Gemeindefinanzierungsgesetze für 1997 und 1998 im wesentlichen gebilligt.[116] Die Gemeinden haben zwar einen Anspruch auf finanzielle Mindestausstattung, der aber unter dem Vorbehalt der finanziellen Leistungsfähigkeit des Landes steht. Nach diesen Kriterien waren die für 1998 zur Verfügung gestellten Mittel „nicht evident unzureichend".[117] Beanstandet wurden Detailregelungen, außerdem wurden für die Zukunft neue Berechnungsmaßstäbe festgelegt.[118]

Kommunale Verfassungsbeschwerden nach Art. 100 dürfen nur Gemeinden und Kreise erheben, Ämter sind nicht beschwerdebefugt.[119] Beschwerdegegenstand kann auch eine Rechtsverordnung sein.[120]

4.5. Das Finanzwesen (Art. 101 bis 107)

Die Vorschriften über das Finanzwesen in Art. 101–107[121] entsprechen den Art. 109–115 GG und vergleichbaren Abschnitten in anderen Landesverfassungen.

Die verfassungssystematisch einzige Besonderheit enthält Art. 101 Abs. 1: Über Art. 109 Abs. 2 GG hinausgehend hat die Haushaltswirtschaft des Landes auch „dem Schutz der natürlichen Lebensgrundlagen gegenwärtiger und künftiger Generationen Rechnung zu tragen". Damit werden die Grundentscheidungen der Verfassung in der Präambel und in Art. 2 Abs. 1 sowie die Staatszielbestimmungen der Art. 39 und 40 zum Schutz von Natur und Umwelt auf dem zentralen Gebiet der Staatsfinanzen konkretisiert. Die Klausel ist eine Staatszielbestimmung besonderer Art: Sie enthält einen Verfassungsauftrag zur inhaltlichen Ausgestaltung der Haushaltswirtschaft, sowohl auf dem Gebiet der Einnahmen wie auf dem der Ausgaben. Für seine Ausfüllung stehen dem Parlament weite Spielräume zu, weil dieses Staatsziel regelmäßig gegen vergleichbar wichtige andere Staatsziele abzuwägen ist. Relativiert ist die Bedeutung dieses Staatszieles weiter dadurch, daß es nur „im Rahmen der Erfordernisse des gesamt-

---

[114] LVerfGE 2, 125, 136; 2, 143, 158.
[115] LVerfGE 3, 157 = NJ 1995, S. 529; dazu auch VerfGBbg, LKV 2000, S. 397, 398.
[116] Dazu mwN *Michael Nierhaus*, Der kommunale Finanzausgleich – die Maßstäbe des Verfassungsgerichts des Landes Brandenburg, in: Festschrift für Hartmut Maurer, München 2001, S. 239–254; *Franz Cromme*, Besteht ein Rechtsanspruch von Gemeinden auf Bedarfszuweisungen?, DVBl. 2000, S. 459–466.
[117] LVerfGE 10, 237 LS 1.
[118] LVerfGE 10, 237; s.a. 9, 121; 8, 88.
[119] LVerfGE 8, 71 = NJ 1998, S. 197.
[120] LVerfGE 1, 214.
[121] Dazu mwN: *Eberhard Fricke*, Das Finanzwesen, in: Simon/Franke/Sachs (Hrsg.), aaO, S. 253–273.

wirtschaftlichen Gleichgewichtes" Geltung beanspruchen kann. Die Einordnung in das gesamtwirtschaftliche Gleichgewicht beruht auf dem Vorrang des Art. 109 Abs. 2 GG.

Die Einzelheiten des Finanzwesens sind in der Landeshaushaltsordnung i.d.F. vom 21. April 1999 (GVBl. I S. 106) geregelt. Zu Art. 109 erging das Landesrechnungshofgesetz vom 27. Juni 1991 (GVBl. S. 256).

4.6. Die Rechtspflege (Art. 108 bis 113)

Auch die Art. 108–113 über die Rechtspflege orientieren sich an den entsprechenden Vorschriften des Grundgesetzes und anderer Landesverfassungen. Die Rechtsstellung, die Wahl und die Vertretungen der Richter gemäß Art. 108 Abs. 1, 109 und 110 Abs. 2 sind im Richtergesetz i.d.F. vom 22. November 1996 (GVBl. I S. 322) geregelt. Das Verfahren der Richterwahl gemäß Art. 109 Abs. 1 knüpft an Art. 95 Abs. 2 GG an. Im Richterwahlausschuß sind aber nicht nur Abgeordnete, sondern zu einem Drittel auch Richter und ein Anwalt vertreten. Sie werden sämtlich vom Landtag gewählt (Art. 109 Abs. 1 i. V.m. § 13 Richtergesetz). Damit haben auch die nicht-parlamentarischen Mitglieder des Richterwahlausschusses die nach Art. 2 Abs. 2 erforderliche demokratische Legitimation. Das Verfahren der Richteranklage gemäß Art. 111 beruht auf Art. 98 Abs. 2 und 5 GG.

Über das Grundgesetz hinaus ist in Art. 108 Abs. 2 die Beteiligung von ehrenamtlichen Richtern an der Rechtsprechung vorgeschrieben. Sie wird durch die einschlägigen bundesrechtlichen Regelungen ausgestaltet. Neu gegenüber dem Grundgesetz ist auch das Diskriminierungs- und Entlassungsverbot von ehrenamtlichen Richtern gemäß Art. 110 Abs. 1. Das Landesverfassungsgericht hat die Frage aufgeworfen, aber nicht entschieden, ob Art. 110 Abs. 1 mit der Kompetenzordnung des Grundgesetzes vereinbar ist.[122]

Das Verfassungsgericht des Landes[123] wird in Art. 112 Abs. 1 – anders als im Grundgesetz – ausdrücklich als Verfassungsorgan bezeichnet. Damit wird die entsprechende Judikatur des Bundesverfassungsgerichts[124] aufgenommen. Die Stellung und das Verfahren des Landesverfassungsgerichts sind im einzelnen im Verfassungsgerichtsgesetz i.d.F. vom 22. November 1996 (GVBl. I S. 343) geregelt.

Das Gericht besteht gemäß Art. 112 Abs. 2 aus neun Mitgliedern. Drei Mitglieder müssen Richter, drei weitere sonstige Juristen sein. Die restlichen drei Mitglieder müssen diese Voraussetzungen nicht erfüllen. Im Gegensatz zum Bundesverfassungsgericht sind damit im Landesverfassungsgericht in relevantem Umfang Richter tätig, die eine andere als die juristische Sozialisation haben.

---

[122] LVerfGE 6, 91, 93.

[123] Dazu *Hans-Georg Kluge/ Boris Wolnicki* (Hrsg.), Verfassungsgericht des Landes Brandenburg, 2. Aufl., Baden-Baden 1999; *Peter Macke* (Hrsg.), Verfassung und Verfassungsgerichtsbarkeit auf Landesebene – Beiträge zur Verfassungsstaatlichkeit in den Bundesländern – Herausgegeben im Auftrag des Verfassungsgerichts des Landes Brandenburg aus Anlaß seines 5jährigen Bestehens, Baden-Baden 1998; *Dietrich Franke*, Die Verfassungsgerichtsbarkeit des Landes, in: Simon/Franke/Sachs (Hrsg.), aaO, S. 275–288.

[124] BVerfGE 7, 1, 14; 65, 152, 154.

Die Richter des Landesverfassungsgerichts werden gemäß Art. 112 Abs. 4 vom Landtag gewählt. Dabei sollen alle politischen Kräfte des Landes angemessen vertreten sein. Nach der ursprünglichen Fassung des Art. 112 Abs. 4 Satz 5 reichte für die Wahl der Verfassungsrichter die Mehrheit der Mitglieder des Landtages aus. Das verfassungsändernde Gesetz vom 24. Juni 1997 (GVBl. I S. 68) führte in Art. 112 Abs. 4 Satz 5 n.F. die Zweidrittelmehrheit ein, die auch in §§ 6 und 7 BVerfGG vorgeschrieben ist.

Art. 113 benennt in Anlehnung an Art. 93 und 100 GG die wichtigsten Zuständigkeiten des Landesverfassungsgerichts: den Organstreit, die abstrakte Normenkontrolle, die konkrete Normenkontrolle und die Verfassungsbeschwerde. Letztere ist in den Grundzügen schon in Art. 6 Abs. 2 geregelt. Unter den sonstigen Zuständigkeiten sind am wichtigsten die Wahlprüfung gemäß Art. 63 Abs. 2, die Prüfung der Zulässigkeit von Volksbegehren gemäß Art. 77 Abs. 2 und die kommunale Verfassungsbeschwerde gemäß Art. 100. In prozessualer Hinsicht orientiert sich das Landesverfassungsgericht an der einschlägigen Rechtsprechung des Bundesverfassungsgerichts. Bei Verfassungsbeschwerden stellt das Landesverfassungsgericht zu Recht hohe Anforderungen an das Erfordernis der Erschöpfung des Rechtsweges.[125]

4.7. *Verfassungsgebende Versammlung und Fusion mit Berlin (Art. 115 und 116)*

Nach Art. 115 Abs. 1 verliert die Verfassung ihre Gültigkeit, wenn eine verfassungsgebende Versammlung mit Zweidrittelmehrheit eine neue Verfassung beschließt und wenn diese Verfassung in einem Volksentscheid mit einer Mehrheit der Abstimmenden angenommen wird. Die Wahl einer verfassungsgebenden Versammlung kann entweder vom Landtag gemäß Art. 115 Abs. 4 mit Zweidrittelmehrheit angeordnet oder von den Bürgern gemäß Art. 115 Abs. 2 und 3 in einem besonderen Verfahren der Volksinitiative und des Volksentscheides mit höheren Quoren als nach Art. 77 und 78 beschlossen werden. Das Volk hat damit – unabhängig von seinen Repräsentanten – selbst das Recht, die Verabschiedung einer neuen Verfassung durchzusetzen. Auch wenn die Durchführung eines solchen Verfahrens wenig wahrscheinlich erscheint, ist seine bloße Möglichkeit Ausdruck für die Souveränität des Volkes auch über die Verfassung.

Große Bedeutung haben die Vorschriften des Art. 116 über die Neugliederung des Raumes Brandenburg-Berlin. Sie beruhen auf der gegenüber Art. 29 GG spezielleren Regelung des Art. 118a GG. Zur Vereinigung der Länder Brandenburg und Berlin ist nach Art. 116 Abs. 1 eine Vereinbarung nötig, an deren Gestaltung der Landtag – über die Unterrichtungspflicht des Art. 94 hinaus – frühzeitig und umfassend zu beteiligen ist. Eine solche Vereinbarung wurde nach langen Verhandlungen abgeschlossen durch den Staatsvertrag der Länder Berlin und Brandenburg über die Bildung eines gemeinsamen Bundeslandes (Neugliederungs-Vertrag) vom 27. April 1995 (GVBl. I S. 151). Der Landtag stimmte dem Vertrag in dem Neugliederungsvertragsgesetz vom 27. Juni 1995 (GVBl. I S. 150) mit der nach Art. 116 Abs. 1 erforderlichen Zweidrittelmehrheit zu. Anhang 1 zum Neugliederungs-Vertrag enthielt ein Organisationsstatut für

---

[125] Z.B. LVerfGE 9, 83; 6, 111; 5, 112; 4, 170; 3, 148.

das gemeinsame Land, das den Charakter einer – auf die Staatsorganisation beschränkten – vorläufigen Verfassung hatte.

Das Landesverfassungsgericht billigte mit Urteil vom 21. März 1996 das Neugliederungsvertragsgesetz.[126] Das auf Grund des Art. 116 eingeschlagene Verfahren sei nicht an den Regeln für die Verfassungsänderung des Art. 79 oder für die Verfassungsrevision des Art. 115 zu messen, weil diese Verfahren den Fortbestand des bisherigen Landes voraussetzten. Einschlägig seien allein die Spezialvorschriften für die Neugliederung des Raumes Brandenburg-Berlin in Art. 116. Im Kern stellt das Landesverfassungsgericht zutreffend auf den Grundsatz der Volkssouveränität gemäß Art. 2 Abs. 2 ab: Bei der Schaffung eines neuen Landes übe das Volk seine pouvoir constituant aus. Dabei sei es nicht an bisheriges Verfassungsrecht gebunden, sondern mache von seinem Recht Gebrauch, im Wege einer „Verfassungsablösung" eine neue Form der staatlichen Organisation mit neuem Verfassungsrecht zu schaffen. Mit diesen, weit über das Südwest-Staat-Urteil BVerfGE 1, 14, 61f. hinausführenden Begründungen hat das Landesverfassungsgericht verallgemeinerbare Maßstäbe für die Länderneugliederung unter dem Grundgesetz entwickelt.

Bei der Volksabstimmung über den Neugliederungs-Vertrag am 5. Mai 1996 wurde die erforderliche einfache Mehrheit der Abstimmenden nur im Land Berlin, nicht aber im Land Brandenburg erreicht.[127] Die deutliche Ablehnung der Fusion mit 814.936 Nein-Stimmen gegen 475.208 Ja-Stimmen war auch Ausdruck für die hohe Identifikation der Bürger von Brandenburg mit ihrem Land.

Seit dem Scheitern der Fusion im Jahre 1996[128] wird auf vielen Gebieten versucht, die Zusammenarbeit zwischen Brandenburg und Berlin auf unterverfassungsrechtlichen Ebenen auszudehnen, z.B. auf den Gebieten der Landesplanung oder des Rundfunkwesens.[129] In beiden Ländern gibt es weiter starke Strömungen, die eine Fusion befürworten. Ob und wann sie sich durchsetzen, ist zur Zeit nicht absehbar.

5. Ergebnisse

Die brandenburgische Verfassung von 1992 hat sich in den ersten elf Jahren ihrer Geltung bewährt.

Im Bereich der Staatsorganisation (Art. 55–117) ist festzustellen, daß die von der Verfassung geschaffenen Institutionen ihre vorgesehenen Funktionen erfüllten. Das gilt für so unterschiedliche politische Konstellationen wie der Koalition von SPD,

---

[126] LVerfGE 4, 114 = LKV 1996, S. 203; dazu *Peter Macke*, Länderneugliederung und Volkssouveränität, Nachlese zu VfGBbg 18/95 (BVerfGE 4, 114), in: Peter Macke (Hrsg.), aaO, S. 77–91; *Christoph Vedder*, Berlin und Brandenburg – 300 Jahre Königreich Preußen?, in: Festschrift für Dietrich Rauschning, Köln usw. 2001, S. 73–88.

[127] Bekanntmachung der Ergebnisse der Volksabstimmungen über den Neugliederungs-Vertrag vom 21. Mai 1996, GVBl. I S. 168.

[128] Dazu zusammenfassend: *Ulrich Keunecke*, Die gescheiterte Neugliederung Berlin-Brandenburg, Berlin 2001.

[129] Dazu *Martin Wormit*, Kooperation statt Zusammenschluß – Die Region Berlin-Brandenburg nach der gescheiterten Länderfusion, Berlin 2001; *Rolf-W. Bauer/ Thomas Seidel*, Zusammenarbeit der Länder Brandenburg und Berlin nach der Volksabstimmung über die Fusion beider Länder am 5. Mai 1996, LKV 1999, S. 343–347.

Bündnis 90 und FDP der Jahre 1990 bis 1994, der absoluten Mehrheit der SPD von 1994 bis 1999 sowie der Großen Koalition von SPD und CDU seit 1999. Die besonderen Mechanismen und Verfahren der Verfassung zur verstärkten Verwirklichung des Demokratieprinzips wurden in Ansätzen genutzt, bergen aber noch viele bisher nicht ausgeschöpfte Möglichkeiten. Kleinere Mängel der Staatsorganisation wurden durch vier Verfassungsänderungen behoben. Die Entscheidungen des Verfassungsgerichts zur Staatsorganisation sicherten die Funktionsfähigkeit der Verfassungsinstitutionen auch in komplizierten Fällen.

Im Bereich der Grundrechte und Staatsziele (Art. 7–54) ist die Bilanz weniger deutlich: Die Geltung gerade dieser Verfassungsbestimmungen ist begrenzt durch den Vorrang des Bundesrechts gemäß Art. 2 Abs. 5 Satz 1, Art. 31 GG. Wegen der weitreichenden Überlagerung durch Bundesrecht können viele dieser Vorschriften nur schwer ihre spezifische Bedeutung entwickeln. Innerhalb dieses Rahmens haben die Regelungen über Grundrechte und Staatsziele aber praktische Relevanz auf mehreren Ebenen: Sie sind selbständige Grundrechtsgarantien und Anspruchsgrundlagen für die Bürger, Leitlinien und Grenzen für die Landesgesetzgebung sowie Auslegungsmaxime für Ermessensentscheidungen von Verwaltung und Rechtsprechung. In diesem Sinne hat das Landesverfassungsgericht viele Regelungen über Grundrechte und Staatsziele zweckentsprechend ausgelegt.

Über ihre rechtliche Bedeutung im engeren Sinn hinaus haben die Artikel über Grundrechte und Staatsziele eine spezifische Relevanz als Bezugspunkt in politischen Auseinandersetzungen. Ihnen kommt insbesondere die Funktion zu, an die Erfahrungen und Errungenschaften der Wende von 1989/90 zu erinnern. Auch als Politikaufträge oder als Appelle an die öffentlichen Institutionen, die Gesellschaft und den Einzelnen haben diese Vorschriften der brandenburgischen Verfassung ihre legitime verfassungsrechtliche Aufgabe.

Die verfassungsdogmatischen Besonderheiten der brandenburgischen Verfassung von 1992 sind bisher nur begrenzt in die Praxis umgesetzt worden. Am weitesten ging der Gesetzgeber bei der Verwirklichung der spezifischen Regelungen der Verfassung, z.B. beim Akteneinsichts- und Informationszugangsgesetz oder beim Schutz von Natur und Umwelt. In der Alltagsarbeit von Verwaltung und einfacher Gerichtsbarkeit spielen die Besonderheiten der Verfassung von 1992 weithin eine zu geringe Rolle, die den Ansprüchen der Verfassung nicht gerecht wird.

Das Landesverfassungsgericht orientiert sich bei der Auslegung der Verfassung zutreffend an der Judikatur des Bundesverfassungsgerichts. Es hatte bisher nur selten Gelegenheit, die spezifischen Ansätze der brandenburgischen Verfassung in rechtsschöpferischer Weise, die auch überregional innovative Wirkungen hätte, fortzuentwickeln. Das liegt zum Teil daran, daß ihm entsprechende Fallkonstellationen nicht unterbreitet wurden, zum Teil daran, daß von den Beschwerdeführern und Antragstellern kein entsprechend begründeter Sachvortrag erfolgte.

Die Literatur hat zwar Einzelfragen der Verfassung detailliert und praxisorientiert bearbeitet. Seit den Aufsätzen im Zusammenhang mit der Entstehung der Verfassung, die im Jahre 1994 endeten,[130] fehlen aber systematische wissenschaftliche Auseinandersetzungen mit dem brandenburgischen Verfassungsrecht.

---

[130] S. o. Anm. 1 und 4.

Objektiv sind zwar viele der im Interesse der Bürger oder zum Schutz wichtiger Gemeinwohlbelange geschaffenen Verfassungsbestimmungen von 1992 häufig relevant. Aus ihnen können gerade in neuartigen und komplexen Situationen sachdienliche Begründungen abgeleitet werden. Es scheint aber, daß diese Bedeutung der brandenburgischen Verfassung von 1992 erst in Ansätzen in das Bewußtsein der Öffentlichkeit, der juristischen Fachwelt und der Rechtsuchenden gelangt ist.

Zusammenfassend zeigt sich, daß das Wirkungspotential der brandenburgischen Verfassung nicht ausgeschöpft ist. In ihren Regelungen stecken viele Ansätze, deren praktische Bedeutung noch nicht entfaltet wurde. Viele ihrer Artikel werden von der rechtlichen und politischen Praxis wie von der öffentlichen Diskussion nicht hinreichend beachtet, obwohl aus ihnen weiterführende Argumentationen zu entwickeln wären. Insgesamt ist bei der brandenburgischen Verfassung ein Vollzugsdefizit festzustellen.

Die praktische Bedeutung der brandenburgischen Verfassung von 1992 kann nicht abstrakt und generell bestimmt werden. Sie erweist sich im Laufe der historischen Entwicklung als Ergebnis konkreter rechtlicher und politischer Diskussionen und Verfahren. Auch andere Verfassungen wie die amerikanische Verfassung von 1787 oder das Grundgesetz von 1949 haben ihre spätere Bedeutung erst im Laufe eines langen historischen Prozesses gewonnen.

In dem komplexen Prozeß der Konkretisierung der Verfassung wirken die politische und die Fachöffentlichkeit, die Bürger und die staatlichen Funktionsträger, vor allem die von der Verfassung geschaffenen demokratisch legitimierten Institutionen in unterschiedlichen Rollen und Verfahren mit. Von ihrem Einfallsreichtum, ihrer Initiative und ihrer fachlichen Kompetenz hängt die tatsächliche Wirkung der Verfassung ab.

In der pluralistischen Gesellschaft ist die Umsetzung einer Verfassung in die Praxis ein nie endender Vorgang, an dem die gesamte „Gesellschaft der Verfassungsinterpreten" mitwirkt.[131] Bei der brandenburgischen Verfassung von 1992 hat dieser Prozeß gerade erst begonnen.

---

[131] *Peter Häberle*, Die offene Gesellschaft der Verfassungsinterpreten, Ein Beitrag zur pluralistischen und „prozessualen" Verfassungsinterpretation, JZ 1975, S. 297–305; wiederabgedruckt in: ders., Die Verfassung des Pluralismus, Frankfurt a. M. 1980, S. 79–105.

Die Verfassungsentwicklung in Bremen

von

Prof. Dr. B. Beutler

Bremen

I. Die bremische Landesverfassung im Spiegel der Verfassungsliteratur und Kommentierung

Die Bedeutung der Verfassungsentwicklung in Bremen im „Laboratorium" der Landesverfassungen[1] scheint auf den ersten Blick eher gering. 1947 nach dem Wechsel „in letzter Minute" von der britischen in die amerikanische Besatzungszone als Vollverfassung verabschiedet[2], wurde die Verfassung 1954 von Kulenkampf/Coenen im Jahrbuch für öffentliches Recht erstmals auführlich gewürdigt[3]. 1960 erschien ein erster Kommentar von ihrem „Vater", dem damaligen Justizsenator Spitta[4], der schon 1920 die Vorgängerverfassung mitgeschaffen hatte.

Zwischenzeitlich war 1949 das Grundgesetz in Kraft getreten und hatte wie in vielen anderen Landesverfassungen so auch die materiellen Regelungen in der Bremischen Landesverfassung in ihrer Bedeutung zurücktreten lassen. Das war jedenfalls offenbar auch das Ergebnis eines 1971 von Böckenförde/Grawert im Auftrag des Senats erstatteten Gutachtens über die Bedeutung und Fortgeltung einzelner Verfassungbestimmungen[5], von dem daher in Aufsatzform nur die allgemeinen Überlegungen zum Verhältnis von Bundes- und Landesverfassungsrechts veröffentlich wurden[6].

---

[1] Dazu *A. Stiens*, Chancen und Grenzen der Landesverfassungen im deutschen Bundesstaat der Gegenwart, Berlin 1997.

[2] Zu den Landesverfassungen nach 1945 s. *B. Beutler*, Das Staatsbild in den Länderverfassung nach 1945, Berlin 1972 und dort zur Bremischen Verfassung aaO. S. 158 ff. zur Entstehungsgeschichte *I. Marßolek*, Entstehung der bremischen Landesverfassung vom 21. Oktober 1947 in: Hdb. Brem LV (Fn. 9) S. 43 ff. m. w. N.

[3] *E. Kulenkampff/H. Coenen*, Die Landesverfassung der Freien Hansestadt Bremen vom 1. Oktober 1947, JöR NF Bd. 3/1954, S. 179 ff.

[4] *T. Spitta*, Kommentar zur Bremischen Verfassung von 1947, Bremen 1960.

[5] *E. W. Böckenförde/R. Grawert,* Rechtsgutachten zu der Frage, inwieweit Bestimmungen der Bremischen Landesverfassung durch das Grundgesetz oder Bundesrecht außer Kraft getreten sind, maschinenschr. Gutachten Bielefeld 1970.

[6] *E. W. Böckenförde/R. Grawert* Kollisionsfälle und Geltungsprobleme im Verhältnis von Bundesrecht und Landesverfassung, DÖV 1971, S. 119 ff.

Noch 1991 konstatierte Günter Pottschmidt, der Präsident des Staatsgerichtshofs, „Weite Teile der Landesverfassung sind gleichsam abgestorben – rechtsunwirksam oder von der Entwicklung überholt – und bewirken nichts mehr"[7]. Gleichwohl oder auch deshalb gab es bis zu diesem Zeitpunkt nur geringfügige und insgesamt 6 Verfassungsänderungen[8].

Der Beitrag von Pottschmidt in dem von ihm mit herausgegebenen Handbuch der Bremischen Verfassung[9] fällt indes in eine Zeit, in der die Verfassungsentwicklung grössere Aufmerksamkeit gewinnt: 1989 erscheint das vom Bremer Senat mit in Auftrag gegebene Gutachten der Stadtstaatenkommission zur Senatsreform[10]. 1994 kam es dann zu der bis heute umfassendsten Verfassungsänderung[11], der bis heute sieben weitere Verfassungsänderungen gefolgt sind. Ebenfalls 1994 erscheint ein Beitrag des damaligen Vizepräsidenten des Staatsgerichtshofs, Alfred Rinken, über die Rspr. des Staatsgerichtshofs[12]. 1996 erscheint ein neuer Kommentar zur Landesverfassung von Neumann[13]. Und zum 50jährigen Jubiläum der Landesverfassung 1997 hält Häberle im Haus der Bremischen Bürgerschaft einen Festvortrag, der die identitätsstiftende Wirkung bremischer Verfassungsentwicklung in den grösseren Zusammenhang nationaler und europäischer Verfassungsentwicklung und Verfassungstheorie stellt[14]. 2000 erscheint zum 50jährigen Bestehen des Staatsgerichtshofs eine umfassende Würdigung von Rinken[15] und zum Jubiläum der Juristischen Gesellschaft ein Beitrag von Schefold zu hunderfünfzig Jahren Bremische Verfassung[16].

Das zunehmende landesvefassungsrechtliche Interesse ist aber nicht allein auf die bremische Verfassung beschränkt. Es entspricht einem Zuwachs an allgemeinem Interesse an den Landesverfassungen vor allem in den letzten Jahren[17], in deren vergleichender Darstellung die bremische Landesverfassung ebenfalls ihren eigenen und selbständigen Platz gefunden hat[18].

---

[7] *G. Pottschmidt*, Gedanken über eine Reform der Landesverfassung, in: *Kröning/Pottschmidt/Preuß/Rinken*, (Hrsg.), Handbuch der Bremischen Verfassung, Baden-Baden 1991. 596.

[8] S. dazu *D. Schefold*, Hunderfünfzig Jahre Bremische Verfassung, Jahrbuch der Juristischen Gesellschaft Bremen, Bremen 2000, S. 7ff.; *ders.* Verfassunggebung in Bremen und Bremerhaven, Manuskript eines öffentlichen Vortrags am 7. 11. 2000.

[9] *V. Kröning/G. Pottschmidt/U.K. Preuß/A. Rinken*, (Hrsg.), Handbuch der Bremischen Verfassung, Baden-Baden 1991.Im folgenden als Hdb. BremLV zitiert.

[10] Bericht der Kommission zur Überprüfung der Regierungsstrukturen in den Stadtstaaten Berlin, Bremen und Hamburg – *Stadtstaaten-Kommission* – März 1988, Bürgerschaft der Freien und Hansestadt Hamburg, Drs. 13/1345 vom 17.3. 1988.

[11] Brem GBl. 1994, S. Dazu *Schefold*, Hundertfünfzig Jahre (Fn. 6) S. 20ff.

[12] *A. Rinken*, Die Rechtsprechung des Staatsgerichtshofs der Freien Hansestadt Bremen JöR NF. 42 (1194), S. 325ff.

[13] *H. Neumann*, Die Verfassung der Freien Hansestadt Bremen, Kommentar, Stuttgart u.a. 1996.

[14] *P. Häberle*, Die Zukunft der Landesverfassung der Freien Hansestadt Bremen im Kontext Deutschlands und Europas, in: 50 Jahre Landesverfassung der Freien Hansestadt Bremen, hrsg. von der Bremischen Bürgerschaft, Bremen 1997; auch in JZ 1998, S. 57ff.

[15] *A. Rinken*, Landesverfassungsgerichtsbarkeit im Bundesstaat, NordÖR 2000, S. 89ff.

[16] *Schefold*, Hundertfünfzig Jahre Bremische Verfassung (Fn. 8).

· [17] S. dazu *Stiens*, Chancen und Grenzen der Landesverfassungen (Fn. 1) und zuletzt *J. Menzel*, Landesverfassungsrecht, Stuttgart u.a. 2002.

[18] Für die Landesverfassungen nach 1949 s. *Beutler*, Das Staatsbild in den Länderverfassungen nach 1945 (Fn. 2) und dort zu Bremen S. 158ff.

II. Europäische und nationale Rahmenbedingungen der Verfassungsentwicklung

Nun sind weder Jubiläen welcher Art auch immer noch der Zuwachs von Veröffentlichungen für sich genommen ein Nachweis für die Bedeutung ihres Anlasses. Und gerade die Frage nach der Bedeutung der Landesverfassungen läßt sich nicht unabhängig von den Vereinheitlichungstendenzen in Deutschland wie zunehmend auch in Europa erörtern, die die Selbstverständlichkeit gewachsene Lebensordnungen in Frage stellen.

Über Überlegungen einer grundsätzlichen Neuordnung der Bundesländer hinaus spitzt sich diese Frage im Fall Bremens auf die Frage seiner Überlebensfähigkeit als selbständiges Bundesland noch einmal zu[19]. Trägt eine zusätzliche Darstellung der Verfassungsentwicklung in Bremen vor einem solchen Hintergrund nicht schon oder nur noch nostalgische Züge – oder entspricht die gewachsene Aufmerksamkeit für die Bremische Landesverfassung einem tiefer begründeten und auch zeitgemässeren Verfassungsverständnis ?

Zwar läßt sich weder leugnen, daß die Vereinheitlichung der Lebensverhältnisses in Deutschland wie auch die europäische Einigung die Frage nach der Bedeutung regionaler Gliederungen neu stellen. Es wäre aber einseitig, die Auswirkungen nur am Maßstab effizienter Organisation und eines entsprechenden quantitativen Zuschnitts zu messen[20]. Denn sowohl das Grundgesetz wie der europäische Unionsvertrag setzen auf den Verfassungsauftrag der Anerkennung gewachsener bundesstaatlicher bzw. regionaler Identität als eine entscheidende Grundlage nationaler Identität und europäischen Integration.

In der Rspr. des Bundesverfassungsgerichts bilden die Bundesstaaten eine Solidargemeinschaft, zu deren besonderen Elementen des Gericht gerade auch die Stadtstaaten zählt[21].

Dieser Aufbau von unten wird in der europäischen Entwicklung noch an Bedeutung gewinnen. Der Europäische Unionsvertrag von 1992 nennt in Art. 1 ausdrücklich die Bürgernähe als konstitutives Element der weitergehenden Integration und enthält Elemente auch eines Europa der Regionen[22]. Insoweit ist der zeitliche Zusammenhang zwischen Verabschiedung und Inkrafttreten des Vertrags 1992 und der Wiederbelebung landesverfassungsrechtlicher Aktivitäten und Darstellungen in diesem zeitlichen Umfeld sicher nicht nur zufällig. Und es ist umgekehrt gewiss auch kein Zufall, daß im Rahmen einer europäischen Verfassungslehre das Bundesstaatsprinzip nach Art. 29 GG einen besonderen Stellenwert hat[23]. Das kann zwar nicht bedeuten, dieses Prinzip für ein künftiges Europa der Regionen als nationales Prinzip für allgemein verbindlich zu erklären. Es bedeutet aber, die europäische Forderung nach Anerkennung regionaler Identität mit den gewachsenen nationalen bundesstaatlichen Strukturen auch verfassungsrechtlich angemessen zu verbinden.

---

[19] Dazu zuletzt *E. Röper*, Bremen – Zentrum Westniedersachsens nach 2005 NdsVBl. 2002, S. 64ff.

[20] Dazu *Menzel* (Fn. 17) S. 561 m.w.N.

[21] BVerfGE 72, S. 406, 415.

[22] S. dazu *B. Beutler*, Bringt das Konzept des „Europa der Regionen" mehr Selbstverwaltung und Demokratie ? in: Bovenschulte u.a. Fs. für D. Schefold, Baden-Baden 2001, S. 19ff.

[23] *P. Häberle*, Europäische Verfassungslehre, Baden-Baden 2001/2002, S. 42ff., 51ff.

Das Auseinanderfallen von grossräumiger ökonomischer Entwicklung und regionaler bzw. bundesstaatlicher Identität ist daher weder in Deutschland noch in Europa ein Datum, das es zu Lasten gewachsener Identität bloss nachzuvollziehen gilt, sondern eine verfassungsrechtlich zu lösende Aufgabe, bei deren Lösung regionale Identität einen Gegenpol gegen die blosse Vereinheitlichung der Lebensverhältnisse bildet.

III. Maßstäbe und Folgerungen

Die eben skizzierten Rahmenbedingungen wirken sich auf die Verfassungsentwicklung in mehrfacher Weise aus: Sie verändern die Verfassungs*konzeption*, aber auch die Verfassungs*rezeption* und damit die Maßstäbe der Verfassungsentwicklung im nationalen, aber auch im über- und innerstaatlichen Maßstab.

Die Veränderung der Verfassungs*konzeption* zeigt sich in der europäischen Entwicklung insbesondere in der Lockerung der Beziehungen zwischen dem Verfasssungs- und traditionellen Staatsbegriff[24]. An die Stelle einer der Verfassung vorausgesetzten nationalen Staatlichkeit tritt die Verfassung als Konstitutionselement von staatlicher, überstaatlicher und innerstaatlicher Ordnung durch die Anerkennung des anderen[25] und ihre wechselseitige Vernetzung. Wesentliches Merkmal der Verfassung wird ihre Offenheit. Dem entspricht auch in der Verfassungslehre eine Erweiterung ihres Methodenbewusstseins[26].

Die Verfassungskonzeption der Bremischen Verfassung von 1947 war noch von anderen Koordinaten bestimmt: dem staatlichen Aufbau von der Länderebene im Rahmen der von den Besatzungsmächten gesetzten Vorgaben. Die staatliche Einheit des Landes, auf die sich für Bremen Art. 49 der Bremischen Landesverfassung bezieht, war daher noch nicht relativiert und in Teilen aufgehoben wie bei den dem Grundgesetz 1949 nachfolgenden Verfassungen. Dem mag das Abstellen auf Befehl und Gehorsam eher entsprechen als in der Gegenwart[27], in der sich auch die staatliche Einheit der Länder in der Verfassungsrealität zu einer vernetzten Einheit in Vielfalt entwickelt hat. Allerdings wird schon in der Kommentierung von Spitta die Bedeutung von Rechtsvergleichung und Geschichte als konzeptionellen Elementen in der Kommentierung des Verfassungsrechts deutlich und jüngst von Schefold nachdrücklich aufgenommen und belegt[28].

Dieser Paradigmenwechsel von vorausgesetzter zu konstituierender Einheit im Horizont von Verfassungsgeschichte und Offenheit für künftige Aufgaben entspricht dem Wandel des modernen Verfassungsstaats überhaupt. Er wird in einem stadtstaatlichen Gemeinwesen insoweit beispielhaft, als sich die gesellschaftliche Entwicklung hier besonders verdichtet. Sie kann daher auch zu einem Gegenpol in der Vision und Praxis einer Neuzuordnung nationalstaatlicher Ordnungsfunktionen im europäischen Zusammenhang werden.

---

[24] *B. Beutler*, Offene Staatlichkeit und Europäische Integration, in *R. Grawert* u.a. FS Böckenförde, Berlin 1995, S. 109ff.

[25] *J. Habermas*, Die Einbeziehung des Anderen, Frankfurt/M. 1999.

[26] S. *P. Häberle*, Verfassungslehre als Kulturwissenschaft, 2. Aufl. Berlin 1998.

[27] S. dazu *Neumann*, Kommentar (Fn. 11) Rn. 5 zu Art. 66.

[28] *Schefold*, Hundertfünfzig Jahre Bremische Verfassung (Fn. 8).

Das hat auch Auswirkungen auf die Verfassungs*rezeption*, die zu einem entscheidenden Element einer offenen Verfassungskonzeption wird. Schon Pottschmidt hatte auf
die Notwendigkeit, aber auch die Bedeutung, einer Verfassung verwiesen, die jenseits
modischer Zeitströmungen im Wertebewusstsein ihrer Bürger als Voraussetzung normativer Geltung verankert ist[29]. Die angemessen Beteiligung der Bürger eröffnet aber
gerade in den stadtstaatlichen Verfassungen neue Möglichkeiten und Verpflichtungen
in die Richtung einer *deliberativen* Demokratie.

Offene Verfassungskonzeption und – rezeption bilden damit einen Rahmen, der an
die Verfassungsentwicklung über die handwerklich gebotene juristische Dogmatik
hinaus Maßstäbe für künftige Problemlösungen legt[30]. Sie stellen die Frage nach der
Verfassungsidentität neu, die zwischen Verfassungskonzeption und Verfassungsrezeption Grundlage *und* Rechtfertigung verfasster Gemeinschaft ist. Dieser Legitimations-
aspekt kann gerade auch bei der Diskussion der Selbständigkeit Bremens nicht ausser
Acht gelassen werden.

Im folgenden sind daher der Text der bremischen Landesverfassung, seine Entwicklung und seine Auslegung darzustellen, um vor dem Hintergrund von Verfassungskonzeption und Verfassungsrezeption zu verdeutlichen, wie weit die bremische Verfassungsidentität zukunftsfähige Lösungen anbietet. Abschliessend bleiben Fragen der
angemessenen Verfassungsentwicklung und Verfassungspolitik zu erörtern.

Am Anfang der Darstellung soll aber ein Überblick über die Besonderheiten bremischer Verfassungentwicklung stehen. Von dem besonderen Wert ihrer Erhaltung für
die Lösung gegenwärtiger und künftiger Verfassungs- und Gesellschaftsprobleme in
Deutschland und Europa geht die vorliegende Darstellung aus. Besonderheit und Einmaligkeit in allgemeinen Zusammenhängen darzustellen ist Ziel und Aufgabe einer
juristischer Hermeneutik, die „Wahrheit und Methode" in einem wissenschaftsbe-
wussten Sinn verknüpft[31]. Dazu gehört auch die Offenlegung der eigenen Prämissen
und Interessen.

IV. Die Besonderheiten bremischer Verfassungsentwicklung

Die Besonderheiten bremischer Verfassungsentwicklung sind in der vergleichenden Darstellung mit den anderen Landesverfassungen erst jüngst von Menzel jenseits
von Staatsfolklore[32] nachdrücklich verarbeitet worden[33].

Einen anschaulichen Einstieg in die Besonderheiten der bremischen Verfassungsentwicklung kann darüber hinaus auch eine nur scheinbar blosse Bremensie bilden:
die sog. Bremer Klausel im GG. Nach Art. 142 bleiben vorgrundgesetzliche Regelungen des Religionsunterrichts in den Länderverfassung entgegen der Vorrangregelung
von Art. 31 GG unberührt. Diese Regelung bezieht sich allein auf die Erteilung des

---

[29] *Pottschmidt* in Hdb.Brem. LV. (Fn. 9).

[30] Zum Verhältnis juristischer Dogmatik zu einer kritischen Wissenschaftstheorie schon *H. Albert*, Erkenntnis und Recht, Die Jurisprudenz im Lichte des Kritizismus, neu abgedruckt in: Hans Albert Lese-
buch, Tübingen 2001, S. 239 ff.

[31] Grundlegend *H. G. Gadamer*, Wahrheit und Methode, 6. Aufl. Tübingen 1986, S. 330 ff.

[32] So *Menzel*, Landesverfassungsrecht (Fn. 17), S. 543.

[33] *Ders.* S. 342 ff.

„bekentnismässig nicht gebundenen Unterricht in Biblischer Geschichte auf allgemein christlicher Grundlage" in Art. 32 der Bremischen Landesverfassung. Diese Formulierung ist das Ergebnis einer historisch gesellschaftlichen Sondersituation zur Ent-
spannung konfessioneller Konflikte, die die Gesellschaft seinerzeit zu zerreissen drohte[34] und deren Lösung in ihrer zeitgemässen Form nicht auf den evangelischen Bereich beschränkt ist[35]. Diese Form der Entflechtung konfessioneller Konflikte ist bis
heute Grundlage der in Deutschland einmaligen Gemeindeautonomie in der bre-
misch-evangelischen Kirche geblieben, deren Regelungen 1975 /1976 im „Bremer
Mandatsstreit"[36] Gegenstand verfassungsrechtlicher Prüfung vor dem Staatsgerichtshof[37] und der abweichenden Entscheidung des BVerfG[38] waren.

Dieses Beispiel verdeutlicht den weiten Weg, den landesverfassungsrechtliche Regelungen nur bis zur scheinbaren Unkenntlichkeit ihrer historischen Grundlagen in
Anbetracht einer ungeahnten Aktualität gehen können. Es macht aber auch deutlich,
daß im Rahmen der grossräumigen Vorgaben des Grundgesetzes die Grundlinien bremischer Verfassungsentwicklung durchaus ein unverwechselbares Profil zeigen können[39].

Diese Sicht gilt für die verfassungsgeschichtliche Perspektive Bremens insgesamt.
Das Land Bremen war neben Bayern eines der wenigen geschichtsidentischen Bundesländer nach 1945[40]. Es kann auf eine eigene Identität aus der Hansezeit bis in die
Gegenwart – und bis auf eine kurze Unterbrechung im dritten Reich – zurückblik-
ken[41].

Dabei zeigt sich als ein zweiter Aspekt die Verflochtenheit mit der internationalen
Entwicklung, von der Hanse bis in den Seehandel der Neuzeit, allerdings nicht nur
wirtschaftlich, sondern auch kulturell vom „Rom des Nordens" zu Zeiten Ansgars bis
zur kulturpolitischen Diskussion der Gegenwart[42].

Die stadtstaatliche Verfasstheit hat nach dem Kriege eine Sonderform durch die institutionelle Garantie der zwei Stadtgemeinden Bremen und Bremerhaven gefunden:
nach Art. 144 LV hat Bremerhaven eine eigene Verfassung. Nach der Verfassung von
1947 hat sich die Stadt 1971 eine eigene Verfassung gegeben, die in vielem Anklänge
an die Bremische Verfassung aufweist[43]. Demgegenüber gilt die Landesverfassung mit
den entsprechenden Anpassungen auch für die Stadt Bremen und die stadtbremische
Bürgerschaft ist Teil der gesamten Bürgerschaft. Diese Teilidentität von Stadt- und
Gesamtbürgerschaft hat die Verfassungsentwicklung und – identität bis in die Gegen-

---

[34] S. dazu *Spitta*, Kommentar (Fn. 4), S. 81 ff.

[35] BremStGHE 1, S. 125 ff. mit Kommentierung von *Rinken* und w. N. im Hdb.Brem.LV (Fn. 9) S. 518.

[36] Dazu *Menzel*, Landesverfassungsrecht (Fn. 17) S. 344 m.w.N.

[37] BremStGHE 2, S. 77 ff.

[38] BVerfG 42, S. 312, 326 ff.

[39] Insoweit geht die Bremer Klausel auch über ein persönliches Geburtstagsgeschenk für Theodor Spitta im Verfassungskonvent, wie es Bürgermeister Kaisen in einem Gespräch gegenüber dem Verf. geschil-
dert hat, hinaus.

[40] S. *Beutler*, Das Staatsbild (Fn. 2) S. 156 ff.

[41] S. den Überblick bei *C. U. Schminck-Gustavus*, in Hdb. BremLV (Fn. 9) S. 15 ff.

[42] *Ders.* S. 1 ff. und *K. Holl / H. Müller / P. Reischauer*, in Hdb. Brem.LV (Fn. 9) S. 66 ff.

[43] Dazu *Brandt / Schefold*, in Hdb. BremLV (Fn. 9) S. 547 ff.

wart geprägt[44] und ihren Niederschlag z.B. in der für Bremen und Bremerhaven nach Art. 75 Abs. 4 getrennt geltenden 5% Klausel gefunden[45].

Die besonderen Kennzeichen bremischer Verfassungsgeschichte spiegeln sich aber auch in anderen organisatorischen Besonderheiten wie in der gesellschaftlichen Entwicklung insgesamt wieder: Die Kooperation als prägendes Merkmal von Politik und Gesellschaft zeigt sich bis heute in der Kollegialverfassung des Senats und hat bis zur Verfassungsänderung 1994 in der umstrittenen Zusammensetzung der Bürgeschaftsdeputationen auch mit nicht in die Bürgerschaft gewählten Mitgliedern seinen Ausdruck gefunden[46].

Die gesellschaftlichen Grundlagen dieser Verfassung haben sich gewandelt von einer feudal-städtischen über eine besitzbürgerlich geprägte Gesellschaft bis zur Integration der Arbeitsgesellschaft, deren verfassungsrechtliche Formulierung vor allem in den vorgrundgesetzlichen Abschnitt Arbeit und Wirtschaft ihren Niederschlag gefunden hat[47]. Die Verbindung privater Initiative und öffentlicher Förderung der Jahrhundertwende insbesondere im kulturellen Bereich aber hat sich bis in die Gegenwart erhalten und scheint insoweit durchaus Modellcharakter für die Rückverlagerung öffentlicher Aufgaben in Formen privatrechtlicher Organisation zu haben, wie sie gegenwärtig in der Perspektive der Verschlankung und Sanierung zur Erhaltung der Selbständigkeit Bremens zu beobachten sind[48]. Bemerkenswert ist, daß diese Entwicklung sich auch im Wissenschaftsbereich mit der Entwicklung Bremens zu einem Wissenschaftsstandort fortgesetzt hat.

Diese Entwicklung überlagert eine Bildungs- und Kulturdebatte, die kontrovers verlaufen ist und in einen Problemkern stadtstaatlicher Verfasstheit zurückführt. Die verfassungsrechtlichen Bildungsziele Art. 26 ff. der Landesverfassung sind von einem laizistisch-sozialen Staatsbild geprägt[49], unterhalb dessen verfassungsrechtlicher Formulierung aber eine erbitterte Auseinandersetzung um die Organisation des Bildungswesens offenbar nicht nur zum Nutzen des Gemeinwesens im nationalen wie internationalen Maßstab geführt wurde. Wenn Gegenreformen heute von einem internationalen Bildungsvergleich ausgehen, so sollte nicht vergessen werden, daß als Korrektiv schon früher und erstmals 1986 Volksbegehren initiiert worden sind, deren Anwendungsbereich auch nach der Erleichterung der Volksbegehren durch die Verfassungsänderung 1994 überwiegend Schul- und Bildungsfragen waren. Zwischen urbaner Öffnung und provinzieller und parteilicher Borniertheit wäre daher eine Bildungs- und Kulturdebatte im Hinblick auf Ausbildung und Erhaltung von Verfassungsidentität und Erhaltung der Selbstständigkeit erst noch zu führen. Hier wird die stadtstaatliche Entwicklung als Gradmesser des Misslingens oder Gelingens einer föderalen Kulturhoheit deutlich, die den Begriff der Kultur jenseits ideologischer oder Besitzstandsinteressen noch zu einem konstitutiven Element der Gesellschaft entwickeln muss.

---

[44] BremStGHE 6, S. 253 ff.

[45] Zur Zulässigkeit s. BremStGHE 1, S. 205, 211 ff. und 4, S. 111 (130 f.).

[46] *Schefold*, Hundertfünfzig Jahre Bremische Verfassung (Fn. 8) S. 29 m.w.N.

[47] *R. Großmann* in: Hdb.BremLV (Fn. 9) S. 208 ff.

[48] S. dazu *H. Müller/P. Reischauer*, in Hdb. Brem.LV (Fn. 9) S. 110 ff.

[49] S. *Beutler*, Das Staatsbild (Fn. 2) S. 162 ff.

Bereits dieser kurze Überblick macht die Vielzahl von Elementen deutlich, die sich in der bremischen Verfassungsentwicklung zu einer unverwechselbaren Einheit verbunden haben. Bei der Diskussion um den Wert ihrer Verfasstheit für die künftige Selbständigkeit sollte man sich vor einem falschen Provinzialismus hüben wie drüben hüten. Die Frage ist vielmehr, wie weit diese Elemente sich im Text der Verfassung und ihrer Auslegung zu einer unverwechsel – und damit auch unverzichtbaren Verfassungsidentität verdichtet haben.

V. Verfassungstext und -entwicklung

1. Überblick

Die Systematik der Landesverfassung ist massgeblich von der 1947 verabschiedeten Verfassung geprägt.

Zwischen Präambel und Übergangs- und Schlussbestimmungen (Art. 150 bis 155) werden in drei Hauptteilen „Grundrechte und Grundpflichten" (Art. 1 bis Art. 20), „Die Ordnung des sozialen Lebens" (Art. 21 bis 63) und „Aufbau und Aufgaben des Staates" (Art. 64 bis 149) normiert.

Der erste Hauptteil „Grundrechte und Grundrechtpflichten" ist neben den durch das Grundgesetz verbürgten Rechten durch ein besonderes Menschenrechtspathos gekennzeichnet, wie die Bindung von Gesetzgebung, Verwaltung und Rechtsprechung an „die Gebote der Sittlichkeit und Menschlichkeit" in Art. 1, das Widerstandsrecht in Art. 19, wenn „die in der Verfassung festgelegten Menschenrechte durch die öffentliche Gewalt verfassungswidrig angetastet werden", und die Unzulässigkeit von Verfassungsänderungen, „die die in diesem Abschnitt enthaltenen Grundgedanken der allgemeinen Menschenrechte verletzen". Daneben ist der Gleichheitsgrundsatz in seinen besonderen Ausformungen der Gleichstellung der Behinderten und er Geschlechter in Art. 2 hervorgehoben. Besonders hervorgehoben sind auch die Erhaltung der natürlichen Lebensgrundlagen, die als Bildungsziele in Art. 26 Ziff. 5 aufgegriffen sind, in Art. 11 a, der Tierschutz in Art. 11 b, und der Datenschutz in Art. 12 Abs. 3, dessen Abs. 1 prophetisch fordert „Der Mensch steht höher als Maschine und Technik".

An dem anschliessenden Hauptteil „Ordnung des sozialen Lebens" ist bemerkenswert, daß alle Lebensbereiche erfasst werden, nämlich „Die Familie" (Art. 21 bis 25), „Erziehung und Unterricht" (Art. 26 bis 36 a), „Arbeit und Wirtschaft" (Art. 37 bis 58) und „Kirchen und Religiongsgesellschaften" (Art. 59 bis 63). Davon hat allein der Abschnitt „Arbeit und Wirtschaft" an Bedeutung verloren, während in allen anderen Bereichen zeitgemässere Akzente gesetzt wurden. Das Verhältnis zu den Kirchen wurde zuletzt durch den Vertrag der Freien Hansestadt Bremen mit den Evangelischen Kirchen in Bremen vom Dezember 2001 geregelt[50].

Der dritte Hauptteil umfasst die Abschnitte „Allgemeines" (Art. 64 bis 68), „Volksentscheid, Landtag und Landesregierung" (Art. 69 bis 121) mit den Unterabschnitten

---

[50] S. Bremische Evangelische Kirche, Gesetze, Verordnungen und Mitteilungen 2001/3 S. 4ff. und BremGBl. 2002, S. 15ff.

„Der Volksentscheid", „Der Landtag (Bürgerschaft)" und „Die Landesregierung", und anschliessend die Abschnitte „Rechtsetzung", „Verwaltung", „Rechtspflege" und „Gemeinden".

Neben der stolzen Bekundung in Art. 64 „Der bremische Staat führt den Namen „Freie Hansestadt Bremen" und ist ein Glied der deutschen Republik" erscheint die vorrangige Stellung des Volksentscheids bemerkenswert. Bei der Stellung der Bürgerschaft ist die ausdrückliche Regelung der Parlamentarischen Opposition und ihrer Rechte in Art. 78, die Unterrichtungspflicht des Senats, das Zitierungsrecht der Senatsvertreter, die Richtlinienkompetenz gegenüber dem Senat (Art. 118) und die ausführliche Regelung des Ausschusswesens auffällig. Die Zahl der Mitglieder der Landesregierung, dem Senat, wird durch Gesetz bestimmt. Die Mitglieder werden von der Bürgerschaft gewählt, der Präsident des Senats in einem gesonderten Wahlgang vorab. Er hat keine Richtlinienkompetenz, aber nach Art. 115 die Leitung der Geschäfte des Senats. Der Senat führt die Verwaltung nach den Gesetzen und den von der Bürgerschaft gegebenen Richtlinien (Art. 118).

Im Abschnitt Rechtsetzung entspricht bei der Gesetzesinitiative die Reihenfolge Volksbegehren, Bürgerantrag, Senat und Mitte der Bürgerschaft der besonderen Bedeutung des Volksbegehres. Eine Verfassungsänderung ist ausser durch Volksentscheid mit 2/3 der Stimmen der Bürgerschaft zulässig (Art. 125). Im Abschnitt Verwaltung besteht die Möglichkeit, Deputationen auch mit Mitgliedern, die der Bürgerschaft nicht angehören, zu besetzen. Im übrigen umfasst der Abschnitt auch das Haushaltsrecht, wobei besonders auf Art. 131 a und die Beschränkung der Aufnahme von Krediten hinzuweisen ist. Die Rechtspflege ist „im Geiste der Menschenrechte und sozialen Gerechtigkeit" auszuüben[51]. Die Richter werden von einem Richterwahlausschuss gewählt. Art. 139 sieht die Errichtung eines Staatsgerichtshofs vor, der nach Art. 140 für die Entscheidung von Zweifelsfragen über die Auslegung der Verfassung oder andere staatsrechtliche Fragen zuständig ist. Die Zuständigkeiten können durch Gesetz erweitert werden.

Nach Art. 143 bilden die Stadt Bremen und Bremerhaven jede für sich eine Gemeinde des bremischen Staates. Die Stadtbürgerschaft und der Senat sind die gesetzlichen Organe der Stadtgemeinde Bremen. Die Stadtbürgerschaft besteht aus den von den stadtbremischen Wählern im Wahlbereich Bremen gewählten Vertretern. Diese Formulierung trägt der EU-Richtlinie zum Kommunalwahlrecht von Unionsbürgern Rechnung.

Bei der Einordnung und Bewertung der Verfassung ist zu berücksichtigen, daß 1994 eine umfassende Änderung einschliesslich der Erleichterung von Verfassungsänderung erfolgte, sodaß insoweit mit Recht von 1994 als einem „Verfassungsjahr" gesprochen werden kann[52]. Im folgenden sind daher die Verfassungsänderungen vor 1994, von 1994 und nach 1994 dargestellt.

---

[51] Dazu *H. Wrobel*, in Hdb.BremLV (Fn. 9) S. 471 ff.
[52] Auf die zeitliche Nähe zum Abschluss und Inkrafttreten des Europäischen Unionsvertrags wurde bereits hingewiesen.

2. Die Verfassungsänderungen vor 1994

Die Verfassungsänderungen vor 1994 betreffen nicht nur aus der Perspektive der Verfassungsänderung 1994 eher weniger gewichtige Teilbereiche:

– Durch die erste Verfassungsänderung vom 16.01. 1953[53] wurde durch den neu eingefügten Abs. 4 in Art. 92 Abs. 4 dem Vorstand der Bürgerschaft die Personalhoheit übertragen[54].

– Durch die Verfassungsänderung vom 29.3. 1960[55] wurde Art. 131 erstmals abgeändert und das Haushaltsjahr neu festgesetzt[56].

– Durch die Verfassungsänderung vom 8.9. 1970[57] wurden die Wahlvorschriften verschlankt und ihre nähere Ausgestaltung in das Wahlgesetz verlagert. Die dadurch entfallenen Art. 76 bis 78 wurden im Zuge der Verfassungsreform 1994 durch Regelungen von Fraktion und Opposition ersetzt.

– Durch die Verfassungsänderung vom 13.3. 1973[58] wurde das Anfragerecht auf die Fraktionen und gegebenenfalls einzelne Abgeordnete verlagert.

– Erste wegweisende Orientierungen in diesem Fall zum Umweltschutz brachte die Verfassungsänderung vom 9.12. 1986[59] durch den neu eingefügten Art. 11 a, nach dem die natürlichen Lebensgrundlagen zu schützen sind, und die Ergänzung von Art. 26 Abs. 5, in den als Erziehungsziel das Verantwortungsbewusstsein für Natur und Umwelt eingefügt wurde. Ausserdem wurde die institutionelle Garantie der beiden Stadtgemeinden durch die Neufassung von Art. 65 bestätigt[60].

– Die Verfassungsänderung vom 8.9. 1987[61] verdichtete die bisher allein bestehende Möglichkeit der Bürgerschaft, auf Antrag einen Untersuchungsausschuss einzusetzen, zu einer Verpflichtung zur Einsetzung bei einem Antrag von einem Viertel der Bürgerschaftsabgeordneten[62].

3. Die Verfassungsänderung 1994

Die Verfassungsänderung vom 1994 setzt schon weiter zurückreichende Verfassungsreformbemühungen in die Tat um[63]. Vorausgegangen ist der Bericht der Kommission zur Überprüfung der Regierungsstrukturen in den Stadtstaaten Berlin, Bremen und Hamburg vom März 1988[64]. Die Verfassungsänderung selbst geht auf die

---

[53] Brem.GBl.1953 S.7.

[54] S. dazu *Neumann*, Kommentar (Fn. 11) Rn. 9 zu Art. 92.

[55] Brem.GBl. 1960 S.41.

[56] S. dazu *Spitta*, Kommentar (Fn. 4), S.242.

[57] Brem.GBl. 1970 S.93.

[58] Brem.GBl. 1973 S.17.

[59] Brem.GBl. 1986 S.283.

[60] *Neumann*, Kommentar (Fn. 11) Rn. 11 zu Art. 65.

[61] Brem.GBl. 1987 S.233.

[62] S. *E. Röper*, in Hdb. BremLV (Fn. 9) S.428ff.

[63] S. die Nachweise bei *Pottschmidt* in: Hdb. BremLV (Fn. 9) S.594, 598ff.

[64] Bericht der Kommission zur Überprüfung der Regierungsstrukturen in den Stadtstaaten Berlin, Bremen und Hamburg – *Stadtstaaten-Kommission* – März 1988, Bürgerschaft der Freien und Hansestadt Hamburg, Drs. 13/1345 vom 17.3. 1988.

Anträge und den Bericht eines eigens eingesetzter Verfassungsausschusses zurück[65]. Die Änderung wurde selbst durch Volksentscheid gebilligt, der gleichzeitig mit der Bundestagswahl stattfand[66]. Die Verfassungsmässigkeit dieses Verfahrens wurde vor dem Staatsgerichtshof angegriffen und ist von diesem bejaht worden[67].

Die Verfassungsänderung berührt 30 Artikel. Die blosse Zahl mag den Eindruck vor allem technischer Einzelregelungen erwecken. Bei genauerer Analyse werden aber wichtige allgemeine und besondere Schwerpunkte für die künftige Verfassungsentwicklung gesetzt.

Für die Darstellung und Bewertung der Verfassungsentwicklung am Maßstab der Verfassungsfähigkeit und identitätsstiftender Verfassungsbildung fallen zwei Änderungen ins Auge:

Art. 64 und 65 ergänzen den Gliedstatus des Landes durch die Bezugnahme auf eine entsprechende Stellung in Europa und die Zusammenarbeit der Gemeinden über die Bundesrepublik hinaus nach Europa und ziehen damit die Konsequenzen daraus, das Bremen ein Land in Europa ist[68]. Dem entspricht eine Ergänzung von Art. 101 über die Rechte der Bürgerschaft bei der Benennung von Mitgliedern in Europäischen Organen.

Art. 125 erleichtert das Verfahren der Verfassungsänderung: Bis zur Änderung der Verfassung und des einschlägigen Art. 125 war ein einstimmiger Bürgerschaftsbeschluss oder ein Volksentscheid erforderlich. Das wurde damit begründet, den Willen der Repräsentanten und Repräsentierten möglichst weitgehend zu identifizieren[69]. Diese Regelung hatte von Beginn an zum Einwand der Verfassungswidrigkeit bis zu Verfahren vor dem Staatsgerichtshof geführt[70]. Nunmehr ist für Verfassungsänderung durch die Bürgerschaft eine 2/3 Mehrheit der Mitglieder der Bürgerschaft ausreichend. Bei einer Verfassungsänderung durch Volksentscheid sind wie bisher 1/5 der Stimmberechtigten für das Volksbegehren und die Mehrheit der Stimmberechtigten für einen Volksentscheid erforderlich.

Vor diesem Hintergrund verstärkt die Verfassungsänderung die Handlungsfähigkeit der Organe und stärkt die Stellung des Parlaments und seiner Organisation.

Die Rechte der Bürgerschaft werden in mehrfacher Hinsicht verändert und verstärkt. Der neu eingefügte Art. 76 sieht neben der Auflösung durch Volksentscheid die Möglichkeit der Selbstauflösung vor. Während die Möglichkeit von Anfragen an den Senat schon durch die Verfassungsänderung 1973 eingeführt wurde, sieht Art. 79 nunmehr die Unterrichtung der Bürgerschaft durch den Senat und Art. 98 die Anwesenheit von Senatsvertretern bei Sitzungen auf Verlangen der Bürgerschaft vor. Im Gegenzug sind das Antragsrecht in Art. 99 und das Widerspruchsrecht des Senats in Art. 104 entfallen. Bei der internen Organisation der Bürgerschaft ist vor allem das Recht der Fraktionen und der Opposition auf Unterrichtung in den neu eingeführten

---

[65] Bericht und Antrag des am 19. 8. 1993 eingesetzten Ausschusses, BremBürgDrs. 13/897 vom 3. 5. 1994, dessen Beratungen auf der Arbeit des am 11. 12. 1991 eingesetzten Ausschusses „Reform der Landesverfassung", Bericht und Antrag, BremBürgDrs. 13/592 vom 21. 6. 1993 beruhen.

[66] Zum Ablauf s. BremStGHE 6, S. 30, 31 ff.

[67] BremStGHE aaO.

[68] S. *B. Beutler* in Hdb. BremLV (Fn. 9) S. 714 ff.

[69] *Schefold*, Hundertfünfzig Jahre Landesverfassung (Fn. 7) S. 19, unter Hinweis auf Spitta, S. 231.

[70] *Schefold*, aaO. S. 20, unter Hinweis auf *Kulenkampff/Coenen*, S. 187.

Art. 77 und 78 zu nennen. Art. 82 sieht die Aufwandsentschädigung der Abgeordneten, Art. 86 ff. ergänzende organisationsrechtliche Regelungen über Beschlussfassung, Öffentlichkeit der Verhandlungen und Voraussetzungen einer Durchsuchung vor.

Art. 87 sieht nunmehr zusätzlich die Beschlussfassung der Bürgerschaft auf einen Bürgerantrag vor, der von 2 % der Wahlberechtigten unterzeichnet sein muss.

Die Stellung des Senats als Kollegial- und Kooperationsorgan wird in Art. 107 insoweit verändert, als der Präsident des Senats nicht mehr zusammen mit diesem, sondern jetzt vorab gesondert vom Parlament gewählt wird.

Eine weitere wichtige Änderung betrifft die Änderung des bisherigen Status der Deputationen und ihre Trennung von den Ausschüssen der Bürgerschaft.

Die Bildung von Ausschüssen durch die Bürgerschaft aus Vertretern der Bürgerschaft und des Senats gehörte zum Altbestand stadtstaatlicher Verfassung. Ob es sich bei den in Art. 105 genannten Ausschüssen (im Rahmen des Abschnitts Rechtsetzung) und den in Art. 129 genannten Deputationen (im Rahmen des Abschnitts Verwaltung) um identische oder unterschiedliche Ausschüsse handelte, war von Beginn umstritten und führte zu heftigen Kritiken an den Vertretern einer Einheitsthese[71]. Der Verfassunggeber hat die Konsequenzen aus dieser Auseinandersetzung insoweit gezogen, als durch die Aufhebung der entsprechenden Abs. von Art. 105 die Befugnisse der Bürgerschaft auf die Bildung eigener Ausschüsse beschränkt wurde, während Art. 129 nunmehr ausdrücklich im Rahmen der Verwaltung die Befugnis zur Errichtung von Deputationen und ihre Besetzung auch mit Nicht-Mitgliedern der Bürgerschaft zulässt. In der Bewertung dieser ausdrücklichen Trennung halten sich Befürworter der Modernität[72] und historisch bewährter Kooperation[73] die Waage.

Für einen Volksentscheid ist künftig ein Antrag der Mehrheit der Bürgerschaft oder von einem Zehntel der Stimmberechtigten (bisher ebenfalls ein Fünftel, das für Verfassungsänderungen weiterhin gilt) erforderlich. Für die Annahme ist die einfache Mehrheit der abgegebenen Stimmen, jedoch mindestens ein Viertel der Stimmberechtigten, bei Verfassungsänderungen die Hälfte der Stimmberechtigten erforderlich. Ausgenommen sind wie schon zuvor Entscheidungen mit finanziellen Auswirkungen (über den Haushaltsplan, über Dienstbezüge und über Steuern, Abgaben und Gebühren).

Dem steht die eingang erwähnte neu eingeführte Möglichkeit der Bürgerschaft gegenüber, Verfassungsänderungen nunmehr mit 2/3 Mehrheit zu beschliessen, während nach der bisherigen Regelung Verfassungsänderungen, die mehrheitlich, aber nicht einstimmig gefasst waren, der Bestätigung durch einen Volksentscheid bedurften.

Weitere Änderungen betreffen die Aufhebung des Höchstbetrag der Kassenkredite in Art. 131, die Einführung des Rechnungshofs in die Verfassung in Art. 133a, die Zuständigkeit des BVerfG für die Entscheidung über den Amtsverlust von Richtern in Art. 136 Abs. 3, die Erweiterung des Antragsrechts für Verfahren vor dem Staatsgerichtshof und die Möglichkeit, dessen Zuständigkeiten gesetzlich zu erweitern sowie

---

[71] S. schon *Spitta*, Kommentar (Fn. 4) S. 197 ff.
[72] *Röper* Hdb. BremLV (Fn. 9), S. 428 f.
[73] *Schefold*, Hundertfünfzig Jahre Landesverfassung (Fn. 8) S. 29 f.

die Richtervorlage bei verfassungswidrigen Gesetzen und schliesslich die Änderung von Art. 148 Abs. 1.

Materielle Regelungen sind durch die Änderung 1994 eher beiläufig betroffen. Zur erwähnen ist die Aufhebung des seit 1949 bedeutungslosen Art. 121 Abs. 2, der die – noch vorgrundgesetzliche – Möglichkeit der Todesstrafe voraussetzte[74].

4. Die Verfassungsänderungen seit 1994

– Die Verfassungsänderung vom 26. 3. 1996[75] mit der Änderung oder Aufhebung der Art. 41 bis 43 und 46 hatte allein den Zweck, die in der Verfassung von 1947 vorgesehenen Wirtschaftskammern aufzuheben. Sie sind ein Relikt eines kooperativen Staatsverständnisses. Ihre Aufhebung ist insoweit der des Senats in Bayern vergleichbar. Die Aufhebung kann im einen wie im anderen Fall ist als notwendige Folgerung aus der Realpolitik gesehen werden. Auf der anderen Seite scheint sie bemerkenswert in einer Zeit, in der der runde Tisch für die die Wirtschaft zunehmende Bedeutung zu gewinnen scheint[76]. Die Frage nach zeitgemässen Kooperationsformen ist damit nicht beantwortet, sondern stellt sich umso dringlicher.

– Die Verfassungsänderung vom 1. 10. 1996[77] berührte eine Kernfrage des Verfassungs- und Organisationsrechts[78] durch die Einführung des Kommunalwahlrechts im Hinblick auf die Umsetzung von Art. 8 b, jetzt Art. 19 EGV und der EG-Richtlinie 94/80[79].

Die daraus folgenden Probleme wegen der bisherigen Teilidentität von Staats- und Stadtbürgerschaft werden durch die Änderung von Art. 148 Abs. 1 und gleichzeitig des Wahlgesetzes gelöst. Art. 148 Abs. 1 Satz 3 lautet jetzt: Die Stadtbürgerschaft besteht aus den von den stadtbremischen Wählern *mit der Wahl zur Bürgerschaft im Wahlbereich Bremen* (bisher: *in die Bürgerschaft*) gewählten Vertretern. Der Staatsgerichtshof hat diese Regelung gegen den Einwand der Verfassungswidrigkeit für verfassungsmässig erklärt[80].

– Die Verfassungsänderung vom 9. 10. 1997[81] und vom 16. 12. 1997[82] betrafen vor allem Änderungen und Ergänzungen der Grundrechte und Grundordnungen: in Art. 2 wurde die Geschlechtergleichstellung im Hinblick auf die europäischen Regelungen geändert und die Gleichstellung der Behinderten ausdrücklich verankert, in Art. 22 wird die Kinderbetreuung der Hausarbeit gleichgestellt, in Art. 12 Abs. 3 der Datenschutz verfassungsrechtlich abgesichert.

Von nicht zu unterschätzender Bedeutung ist der neu eingefügte Verfassungsauftrag des Art. 11 Abs. 3, nach dem der Staat das kulturelle Leben schützt und fördert. Die

---

[74] S. dazu die vehemente Kritik von *Pottschmidt* in Hdb. BremLV (Fn. 9) S. 596.

[75] Brem. GBl. 1996 S. 81

[76] Kritisch dazu *Schefold*, Hundertfünfzig Jahre Bremische Verfassung (Fn. 8), S. 23.

[77] Brem. GBl. 1996 S. 303

[78] Dazu *Schefold* Landesverfassungsgerichtsbarkeit im Bundesstaat (Fn. 15), S. 24.

[79] ABl. EG Nr. L 368, S. 38

[80] Brem StGHE 6, S. 253ff.

[81] Brem. GBl. 1997 S. 353.

[82] Brem. GBl. 1997 S. 629.

damit angesprochene komplexe Regelungproblematik von Kultur als Voraussetzung und Gegenstand verfassungsrechtlicher Regelungen kann hier nicht vertieft werden. Dogmatisch handelt es sich sicher nicht um ein Recht, sondern um einen Auftrag, der sich aber zu einem Recht verdichten könnte, wenn der Kernbestand kultureller Förderung in Frage gestellt ist. Im Hinblick auf die Selbständigkeit Bremens dürfte es sich aber in jedem Fall um eine Selbstverpflichtung für die Erhaltung der Voraussetzungen dieser Selbständigkeit handeln, zu denen unter Standortgesichtspunkten sicher ein kulturelles Angebot gehört, das bisher auf eine lange und erfolgreiche bürgergesellschaftliche Tradition zurückblicken kann.

Weitere Änderungen betreffen in Art. 36 a den ausdrücklichen Schutz der Jugendorganisationen, in Art. 72 die Mehrheitsvoraussetzungen beim Volksscheid, in Art. 83 die Unabängigkeit der Abgeordneten frei von Weisungen und in Art. 139 das Antragsrecht beim Staatsgerichtshof bei Fraktionsstärke.

– Der durch die Verfassungsänderung vom 16. 12. 1997[83] neu eingefügte Tierschutz in Artikel 11 b erfüllt auch ein von der Wissenschaft gefordertes Desiderat[84].

– Die Verfassungsänderung vom 3. 3. 1998[85] stellt mit den Änderungen bzw. Einfügungen von Art. 131, Art. 131 a und Art. 132 a sowie entsprechend Art. 146 Maßnahmen bei verspäteter Feststellung des Haushaltsplans eine Reaktion auf die aktuelle haushaltspolitische Entwicklung und die Entscheidung des Staatsgerichtshofs vom 10. 10. 1997 zu den Grundsätzen einer vorläufigen Haushaltsführung[86] dar und erschwert die Voraussetzungen einer Kreditaufnahme[87].

Darüber hinaus wurde zum dritten Mal Art. 105 und entsprechend Art. 101 Abs. 3 verändert und den Bürgerschaftsausschüssen Untersuchungsbefugnisse eingeräumt. Darin ist zurecht eine Vorausschau auf die Novellierung des Haushaltsgrundsätzegesetz vom 22. 12. 1998 gesehen worden[88].

– Die bisher letzte Verfassungsänderung vom 1. 2. 2000[89] führte durch Änderung von Art. 107 Abs. 1 Nr. 2 zu einer Erweiterung des Senats durch die Möglichkeit, zu weiteren Mitgliedern des Senats Staatsräte zu wählen, deren Zahl ein Drittel der Zahl der Senatoren nicht übersteigen darf. Sie werden auf Vorschlag des Senats gewählt.[90] Das ist eine einmalige, aber nicht unumstrittene Regelung, deren praktischer Nutzen zudem als gering eingeschätzt wird[91]. Das neugefasste Gesetz über die Mitgliederzahl des Senats nennt zwar, wie von Art. 107 Abs. 2 Satz 2 der Verfassung gefordert, die Zahl der Senatoren, nicht aber, wie vom Titel des Gesetzes versprochen, die der (weiteren) Mitglieder [92]. Nach dem ergänzten Art. 117 sind Staatsräte als weitere Mitglieder des Senats bei Abstimmungen an Weisungen des Senators, dem sie zugeordnet sind, nicht gebunden.

---

[83] Brem.GBl. 1997 S. 629.
[84] S. noch *Häberle*, Die Zukunft der Landesverfassung (Fn. 13) JZ 98, S. 63.
[85] Brem.GBl. 1998 S. 83,85.
[86] Brem StGHE 6, S. 149.
[87] Dazu *Menzel* (Fn. 17) S. 344.
[88] BremGBl. S. 362. Dazu *Schefold,* Hundertfünfzig Jahre Bremische Verfassung (Fn. 8) S. 29f.
[89] Dazu Bericht und Antrag des nichtständigen Ausschusses gemäß Art. 125 LV Brem.GBl. S. 31.
[90] Bremische Bürgeschaft Drs. 15/117
[91] S. dazu *Schefold*, Hundertfünfzig Jahre Bremische Verfassung (Fn. 8), S. 28.
[92] Gesetz vom 23. 2. 2000 BremGBl. S. 43.

VI. Die Verfassungsauslegung

1. Die Rolle des Staatsgerichtshofs

Die Auslegung der Verfassung ist massgeblich durch die Rspr. des Staatsgerichtshofs bestimmt und der Staatsgerichtshof selbst „ein identitätsbildendes Element der Absicherung der Eigenständigkeit der Freien Hansestadt Bremen"[93]. Seine Errichtung war bereits in der Verfassung vorgesehen. Er wurde aber erst 1949 nach längeren Auseinandersetzungen konstituiert[94].

Zuständigkeit, Zusammensetzung und Verfahren zeichnen sich durch mehrere Besonderheiten aus.

Das Gericht ist nur auf Antrag von Senat oder Bürgerschaft bzw. ihrer Teile und jetzt auch auf Richtervorlage zuständig. Die Möglichkeit einer Verfassungsbeschwerde sieht die Verfassung – mittlerweile zwischenzeitlich damit mit anderen Verfassungen in der Minderheit der Landesverfassungen – nicht vor. Ob von der durch Verfassungsänderung 1994 ermöglichten Erweiterung der Zuständigkeit durch Gesetz in der Zukunft auch im Hinblick auf die Entlastung des Bundesverfassungsgerichts Gebrauch gemacht werden wird, bleibt abzuwarten[95].

Eine Besonderheit bildet auch die Zusammensetzung des Gerichts, die nach Artr. 139 Abs. 2 der Landesverfassung die Stärke der in der Bürgerschaft vertretenen Fraktionen zu berücksichtigen hat. Dieses „Bremer Modell" eines „politischen" Verfassungsgericht ist nicht unumstritten[96].

Das Verfahren, das bis zur gesetzlichen Regelung 1996 im Rahmen seiner Verfahrensautonomie vom Staatsgerichtshofs selbst geregelt wurde, ist durch einige Besonderheiten wie die Möglichkeiten von Gutachten und dissenting opinion gekennzeichnet[97].

2. Die Rechtsprechung des Staatsgerichtshofs

Mag auch die Quantität der Entscheidungen des Gerichts am Ende eines Ländervergleiches stehen[98], so gilt für ihre Bedeutung offenbar eher das umgekehrte Verhältnis. Die Entscheidungssammlung umfasst bis einschliesslich 2000 sechs Bände. Auffällig ist der Umfang des 6. Entscheidungsbandes, der Entscheidungen von 1996 bis 2000 enthält.

Umfassend wurden Umfang und Gewicht erstmals von Rinken 1991 im Handbuch der Bremischen Verfassung[99] und 1994 im JöR ausführlich gewürdigt[100]. Aus Anlass

---

[93] *Rinken*, Landesverfassungsgerichtsbarkeit im Bundesstaat (Fn. 15) S. 94.

[94] S. dazu *Rinken*, Hdb.BremLV (Fn. 9) S. 484f.

[95] Dazu *Rinken* Landesverfassungsgerichtsbarkeit im Bundesstaat (Fn. 15) S. 90ff.

[96] S. *Menzel*, Landesverfassungsrecht (Fn. 17), S. 345 m.w.N.

[97] *Rinken*, Hdb. BremLV (Fn. 9), S. 493ff. und zuletzt *Menzel*, Landesverfassunsrecht (Fn. 17) S. 345f. m.w.N.

[98] S. dazu *Menzel* aaO. S. 346 m.w.N.

[99] *Rinken* in Hdb.Brem.LV (Fn. 9), S. 513ff.

[100] *Rinken*, Die Rechtsprechung des Staatsgerichtshofs der Freien Hansestadt Bremen (Fn. 12) S. 325ff.

des 50jährigen Bestehens des Staatsgerichtshofs hat Rinken diesen Überblick bis 2000 fortgesetzt[101]. In seinem Überblick im Handbuch listet er 58 Entscheidungen auf, die er in dem Überblick 2000 auf 20 Entscheidungen eingrenzt.

Die von ihm in der Gesamtwürdigung 2000 dazu als Beleg zitierten Entscheidungen spannen sich von 1952 bis 1998 und umfassen die Entscheidung vom 3. 5. 1957 zum Bremischen Personalvertretungsgesetz[102]; die Entscheidung vom 23. 9. 1974 zum Bremischen Juristenausbildungsgesetz[103]; die Entscheidung zur Universität vom 6. 6. 1977[104]; die Entscheidung zum studentischen Mandat vom 15. 1. 1975[105]; die Entscheidung vom 29. 3. 1982 zum Beiratsgesetz[106]; die Entscheidung vom 8. 7. 1991 zum Ausländerwahlrecht zu den Beiräten[107]; die Entscheidungen zur 5% Klausel vom 29. 10. 1952[108], vom 22. 11. 1953[109], vom 23. 7. 1964[110] und vom 4. 5. 1981[111]; die Entscheidungen zum parlamentarischen Untersuchungsrecht vom 17. 4. 1970[112], vom 13. 3. 1978[113] und vom 1. 3. 1989[114]; die Entscheidung zum Informationsrecht des Petitionsausschusses der Bremischen Bürgerschaft vom 22. 1. 1996[115]; die Entscheidung zu den Grundsätzen einer vorläufigen Haushaltsführung vom 10. 10. 1997[116] und die Entscheidungen über die Zulässigkeit von Volksbegehren vom 29. 7. 1996[117] – als Wahlprüfungsgericht 2. Instanz –, vom 17. 6. 1997[118] sowie vom 11. 5. 1998[119].

Ergänzend sollten auch die zeitlich nachfolgenden Entscheidungen, die fast alle Schwerpunkte der Verfassungsauslegung berühren, erwähnt werden.

– die beiden Entscheidungen zum Volksbegehren und Volksentscheid vom 14. 2. 2000[120]/[121].

– die Entscheidung vom 9. 8. 2000 über die Einführung des Kommunalwahlrechts für Unionsbürger[122].

---

[101] *Ders.*, Landesverfassungsgerichtsbarkeit im Bundesstaat (Fn. 15) S. 89ff.

[102] BremStGHE 1, S. 96 = ZBR 1957, S. 234.

[103] BremStGHE 2, S. 38 = DÖV 1975, S. 352 = DVBl. 1975, S. 429 = NJW 1974, S. 2223.

[104] BremStGHE 3, S. 41 = DöV 1977, S. 595 = DVBl. 1977, S. 617.

[105] BremStGHE 2, S. 77 = DÖV 1975, S. 492 = DVBl. 1975, S. 446 = JZ 1975, S. 365 = NJW 1975, S. 635.

[106] BremStGHE 4, S. 19 = DVBl. 1982, S. 497.

[107] Brem StGHE 5, S. 36 = DVBl. 1991, S. 1074.

[108] BremStGHE 1, S. 173.

[109] BremStGHE 1, S. 186.

[110] BremStGHE 1, S. 205.

[111] BremStGHE 4, S. 111.

[112] BremStGHE 2, S. 11 = DÖV 1070, S. 386 = DVBl. 1970, S. 510 = NJW 1970, S. 1309.

[113] BremStGHE 3, S. 75.

[114] BremStGHE 5, S. 15 = DVBl. 1989, S. 453.

[115] BremStGH E 4, S. 211, S. 217ff.

[116] BremStGHE 6, S. 149. LVerfGE 7, 167, S. 180ff.

[117] BremStGHE 6, S. 30.

[118] BremStGHE 6, S. 115.

[119] BremStGHE 6, S. 180.

[120] BremStGHE 6, S. 203.

[121] BremStGHE 6, S. 203 bzw. 228.

[122] BremStGHE 6, S. 253.

– und schliesslich die Entscheidung vom 15. 1. 2002 betreffend die Verfassungsmässigkeit des Gesetzes zur Übertragung von Aufgaben staatlicher Förderung auf juristische Personen des privaten Rechts[123].

3. Einordnung und Entwicklungslinien

Rinken sieht das Profil der Rechtsprechung des Staatsgerichtshofs in der Stärkung
des Parlaments im Rahmen des demokratischen Legitimations- und Verantwortungszusammenhangs, in der Öffentlichkeit des politischen Prozesses gegenüber der Verselbständigung der bürokratischen Exekutivapparate, im Arrangement mit überregio-
nalen und regionalen Politik"arenen", das sich durch die überschaubare Stadtstaatlichkeit bei praktizierter Bürgernähe und „bessere Politik" rechtfertigt, und in der Ergänzung der lebendigen Demokratie nicht nur als Staatsform durch demokratieadäquate
Strukturen und Prozesse im gesellschaftlichen Raum[124].

Diese Maßstäbe lassen sich mit geringfügiger Akzentverschiebung auch für die
Darstellung der bremischen Verfassungsidentität fruchtbar machen.

VII. Bremische Verfassungsidentität zwischen Verfassungskonzeption und -rezeption

Text und Auslegung der Bremischen Landesverfassung lassen zwischen offener Verfassungskonzeption und Verfassungsrezeption durchaus die Konturen einer eigenen
bremischen Verfassungsidentität als entscheidendem Merkmal bremischer Selbständigkeit erkennen.

Der Verfassungstext entspricht insoweit einer fortschrittlichen Verfassungskonzep-
tion als auch -rezeption, als er den Bogen von der Stellung Bremens als Land in
Deutschland und in Europa über traditionell geprägte kooperative Regierungsformen
mit zeitgemäss strukturierten Erfordernissen parlamentarischer Demokratie zwischen
Richtlinienkompetenz gegenüber dem Senat und Informationsbefugnissen auch der
Ausschüsse über besondere Rechte der Opposition bis hin zur besonderen unmittelbaren bürgerschaftlichen Beteiligung in Volksbegehren und Volksentscheid sowie der
Möglichkeit von Bürgeranfragen schlägt. Die inhaltliche Orientierung umfasst zeitge-
mässe Forderungen wie Gleichbehandlung, Umwelt- Tier und Datenschutz so wie
das Neutralitätsgebot in der Erziehung und die Verpflichtung auf Menschenrechte
und soziale Gerechtigkeit auch in der Justiz. Auch der Abschnitt „Arbeit und Wirtschaft" prägt trotz der teilweisen Überlagerung durch das Grundgesetz das Profil der
Landesverfassung[125]. Mit Art. 31 GG nicht vereinbare Bestimmungen sind allerdings
unwirksam. Die Vereinbarkeit einzelner organisatorischer stadtstaatlicher Besonder-

---

[123] St. 1/01, noch nicht veröffentlicht. Die folgenden Zitierungen folgen der Seitenangabe in der hek-
tographierten Veröffentlichung.
[124] *Rinken*, Landesverfassungsgerichtsbarkeit im Bundesstaat (Fn. 15) S. 90.
[125] *Häberle*, Die Zukunft der Landesverfassung (Fn. 14), JZ 98, S. 64.

heiten mit Art. 28 GG wie die schon erwähnte getrennte Geltung der 5% Klausel[126] und den Ausschluss von Bürgerschaftsabgeordneten im Fall von Interessenkollisionen[127] hat der Staatsgerichtshof bejaht.

Bemerkenswert ist, daß der Eindruck von Zeitgemässheit und Offenheit vor dem Hintergrund von Verfassungstext und Verfassungsänderungen gleichermassen neues wie altes verbindet. Ob die Balance immer richtig getroffen ist, bleibt in einzelnen Bereichen umstritten: prominenteste Beispiele sind die Trennung von Bürgerschaftsausschüssen und Verwaltungsdeputationen und die Erleichterung der Verfassungsänderung selbst[128].

Die Verfassungs*auslegung* durch den Staatsgerichtshof hat gerade in jüngster Zeit deutliche Akzente auch im Hinblick auf die Selbständigkeitsdiskussion in der Perspektive historischer Gewachsenheit und Zukunftsoffenheit gesetzt.

Am ausdrücklichsten wird dies in der Entscheidung des Staatsgerichtshofs vom 9. 8. 2000 über Gültigkeit der Wahlen zur Bremischen Stadtbürgerschaft nach der Einführung des Kommunalwahlrechts für Unionsbürger durch Änderung der Verfassung und des Wahlgesetzes[129]. Dabei wurde die traditionelle Teilidentität von bremischer Stadtbürgerschaft und Bürgerschaft durch die Wahlmöglichkeit von Unionsbürgern zur Bürgerschaft beibehalten. Der Staatsgerichtshof stellt ausdrücklich fest, daß es „im staatsorganisatorischen Gestaltungsspielraum des bremischen Gesetzgebers (lag), auch nach Einführung des Kommunalwahlrechts für Unionsbürger am traditionellen Modell der Stadtstaatlichkeit Bremens festzuhalten". Dabei sei es „unter dem Blickwinkel des die Verfassungsautonomie der Länder achtenden Homogenitätsgebots des Art. 28 Abs. 1 Satz 1 GG von besonderer Bedeutung, daß diese stadtstaatliche Struktur durch Art. 148 BremLV abgesichert ist und somit auf einer Entscheidung des bremischen Verfassunggebers beruht"[130]. Das Gericht kann dabei auf seine vorhergehende Entscheidung vom 4. Mai 1981 zur getrennten Geltung der 5% Klausel in Bremen und Bremerhaven zurückgreifen, nach der dem Gesetzgeber „bei der Regelung der demokratischen Organisation der Staatsgewalt ein Ermessensspielraum im Rahmen der Verfassung eingeräumt sei, bei dessen Ausfüllung auch die historisch bedingten tatsächlichen Gegebenheiten innerhalb eines Landes zu berücksichtigen seien". „Die Zusammenfassung von staatlichen und kommunalen Elementen (könne) auf eine landes- und durchgehende bremische Tradition verweisen"[131].

Die in gewisser Weise spiegelbildliche Frage nach dem Spielraum eigener Wege als fruchtbarer Wettbewerb im Wettstreit föderaler Möglichkeiten wird vom Staatsgerichtshof in seiner Entscheidung vom 14. 2. 2000 zur Zulässigkeit eines Volksbegehrens zur Rechtschreibereform bejaht, aber, wohl auch bedingt durch die zu entscheidenden Verfassungsfragen, eher nur gestreift[132].

Eine zentrale Frage der Verfassungsfähigkeit im Sinn der stadtstaatlichen Überlebensfähigkeit betrifft die Entscheidung zur Verfassungsmässigkeit des Gesetzes zur

---

[126] BremStGHE (Fn. 108–111).

[127] BremStGHE 3, S. 17 = NJW 1977, S. 2307.

[128] Dazu zuletzt *Schefold*, Hundertfünfzig Jahre Bremische Landesverfassung (Fn. 8) S. 29 m.w.N.

[129] Brem StGHE 6, S. 253ff.

[130] Brem StGHE aaO. S. 267.

[131] BremStGHE 4, S. 111, 136ff.

[132] BremStGHE 6, S. 228, 243f.

Übertragung von Aufgaben staatlicher Förderung auf juristische Personen des privaten Rechts vom 15. 1. 2002. Diese Übertragung ist Teil eines das gesamte Land umfassenden Sanierungskonzepts zur Auslagerung bisher öffentlich-rechtlich organisierter Aufgabenerfüllung auf private Formen bis zum Kulturmanagement. Gegen die damit verbundene Privatisierung öffentlicher Aufgaben im Wirtschaftsbereich durch das oben genannte Gesetz war der Staatsgerichtshof angerufen worden. Der Gerichtshof bejaht die Zulässigkeit der getroffenen gesetzlichen Regelung, sofern seine Auslegung des Gesetzes beachtet werde[133]. Nach dieser Auslegung ist die öffentliche Kontrolle im Spannungsverhältnis zwischen der nach wirtschaftlicher Effizienz gebotenen Organisation öffentlicher Aufgaben und ihrer demokratischen Kontrolle durch einen Gesetzesvorbehalt bestimmt, der keine kontrollfreien Räume[134] auch gegenüber den grundrechtlichen Abwehrrechten Privater[135] zulasse. Dazu sei die gesetzlich vorgesehene Kontrolle durch die beleihende Behörde und deren Kontrolle durch die Bürgerschaft notwendig und ausreichend, in deren Rahmen dieselben Befugnisse bestünden wie gegenüber jeder nachgeordneten Verwaltungsstelle. Entlastungseffekt und praktische Wirksamkeit dieser Regelung müssten sich sowohl im Hinblick auf die Voraussetzungen der Selbständigkeit wie die Grenzen der Privatisierung öffentlicher Aufgaben[136] erst noch erweisen.

Die beiden Grundelemente dieses Konzeptes: Gesetzesvorbehalt der Bürgerschaft *und* ihre umfassenden Informationsmöglichkeiten entsprechen der hervorgehobenen Stellung der Bürgerschaft gegenüber dem Senat nach dem Text der Verfassung. Ihr Profil hatte Rinken als Stärkung des Parlaments im Rahmen des demokratischen Legitimations- und Verantwortungszusammenhangs und in der Öffentlichkeit des politischen Prozesses gegenüber der Verselbständigung der bürokratischen Exekutivapparate diganostiziert[137]. Der Notwendigkeit ausreichender Informations und Kontrollmöglichkeiten sollen auch die durch Änderung der Landesverfassung 1997 eingeräumten Informationsbefugnisse der Bürgerschaftsausschüsse dienen[138], die von Schefold zu Recht als Vorgriff und im Zusammenhang mit der jetzt erfolgten gesetzlichen Regelung gesehen werden, und die die Konzeption und Entwicklung einer künftigen Bürgergesellschaft ingesamt betreffen[139]. Sie werden ergänzt durch die Entscheidung des Gerichts zu den Untersuchungsbefugnissen des Petitionsausschusses, über die das Gericht ebenfalls im Hinblick auf die Kontrolle öffentlicher Aufgabenerfüllung in privatrechtlicher Form zu entscheiden hatte[140]. Diese Verbindung von Demokratie und Transparenz entspricht europäischer Verfassungsentwicklung[141]. Auch in ihrer Perspektive gemischter und effektiver Beteiligungsformen liesse sich die Angemessenheit der Trennung von Ausschüssen und Deputationen und damit die Einschränkung bür-

---

[133] BremStGH, Entscheidung vom 15. 01. 2002, S. 18.
[134] AaO. S. 27/28 und 22.
[135] AaO. S. 23/24.
[136] S. dazu auch den Hinweis bei *Häberle*, Die Zukunft der Landesverfassung (Fn. 14), S. 64.
[137] *Rinken* zuletzt in Landesverfassungsgerichtsbarkeit (Fn. 15) S. 90.
[138] Art. 105 Abs. 4 LV i.d.F. des Gesetzes vom 3. 3. 1998 (BremGBl. 85).
[139] S. *Schefold*, Hundertfünfzig Jahre Bremische Verfassung (Fn. 8), S. 30.
[140] S. die Entscheidung BremStGHE 6, S. 11 ff.
[141] Dazu *B. Beutler* in *Groeben / Thiesing / Schwarze*, Kommentar zum EUV und EGV, 6. Aufl. (erscheint demnächst) Rn. 27 ff. zu Art. 6 EUV.

gerschaftlicher Beteiligung ausserhalb der Bürgerschaft durch die Verfassungsänderung 1994 noch einmal hinterfragen[142].

Die Entscheidung des Staatsgerichtshofs vom 14. 2. 2000 bestätigt eine weitere Besonderheit bremischer Verfassungsentwicklung: die Kollegialverfassung des Senats.
Sie gilt nach der Entscheidung dese Staatsgerichtshofs auch gegenüber der in einem
Volksbegehren gewünschte Bindung eines einzelnen Senators[143]. Das Gebot der verfassungsrechtlichen Beachtung der Kollegialverfassung ist ein wichtiger Hinweis auch
durch den engen zeitlichen Zusammenhang mit der Verfassungsänderung zur Zusammensetzung des Senats durch die Verfassungsänderung 2000, an deren Vereinbarkeit
mit dem Grundsatz der Kollegialverfassung Zweifel geäussert wurden[144].

Problematisch bleibt das Verhältnis fortschrittlicher Verfassungskonzeption und –
rezeption als Merkmal beispielhafter Verfassungsidentität vor allem bei der der auch
im Schrifttum insgesamt am meisten umstrittenen Auslegung und Praxis des Volksbegehrens. Unabhängig von der Diskussion über seine grundsätzliche Ausweitung und
deren Grenzen muss man Formen unmittelbarer bürgerschaftlicher Beteiligung jedenfalls in einer stadtstaatlichen Verfassung einen besonderen Stellenwert zubilligen.

Die Verfassungsänderung 1994 ist insoweit ambivalent, als sie auf der einen Seite die
Voraussetzungen eines Volksbegehrens erleichtert, auf der anderen Seite aber dessen
Bedeutung bei Verfassungsänderungen einschränkt.

In der Verfassungsentwicklung ist die Zahl der Volksbegehren insgesamt begrenzt
geblieben. Auffällig ist allerdings die Zunahme nach der Erleichterung ihrer Zulässigkeit durch die Verfassungsänderung 1994[145].

Besonders kontrovers diskutiert ist die Entscheidung des Gerichts vom 14. 2. 2000
zur Zulässigkeit eines Volkbegehrens mit dem Ziel, die Durchführung von Volksbegehren zu erleichtern. Der Gesetzentwurf sah dazu die sich bedingenden Stufen einer
Volksinitiative, eines Volksbegehrens und eines Volksentscheides vor. Voraussetzung für
das Zustandekommen einer Volksinitiative wäre die Unterstützung von 1,5% der
Stimmberechtigten der letzten Bürgerschaftswahl und für ein Volksbegehren von 5%
gewesen. Für das Zustangekommen eines Volksentscheids hätte die Mehrheit der abgegebenen Stimmen ausgereicht . Das Gericht sah in diesem Fall durch die Verbindung
„eines extrem niedrigen Unterstützungsquorums für ein Volksbegehren mit dem Fehlen eines Teilnahme- oder Zustimmungsquorums für den Volksentscheid" den Maßstab „demokratischer Verallgemeinerungsfähigkeit" als verletzt an[146]. Dazu wäre anzumerken, daß im Hinblick auf die Besonderheiten einer stadtstaatlichen Bürgergesellschaft und ihrer Verfassung der Maßstab demokratischer Verallgemeinerungsfähigkeit
unbeschadet seiner grundsätzlichen Berechtigung durchaus einer differenzierten ver-
fahrensmässigen Lösung und entsprechender Hinweise und Ermutigungen bedürfte[147].

---

[142] S. dazu die Hinweise bei *Schefold*, Hundertfünfzig Jahre Bremische Verfassung (Fn. 8), S. 29f.

[143] *Ders.* aaO. S. 244 ff.

[144] *Schefold*, Hundertfünfzig Jahre Bremische Verfassung (Fn. 8), S. 28 f.

[145] So können bei *Stiens* (Fn. 1) S. 211 ff. in einer Würdigung der praktischen Erfahrungen mit plebiszitären Elementen die bremischen Beispiele noch keine Berücksichtigung finden.

[146] BremStGHE 6, S. 223.

[147] Unbeschadet jeden Restes von Dezisionismus in einer endgültigen Entscheidung. Zu den damit
verbundenen grundsätzlichen Fragen s. zuletzt *Menzel* (Fn. 17) S. 396 ff. m. w. N. s. auch den Ausblick bei
Rinken, Landesverfassungsgerichtsbarkeit (Fn. 15) S. 94 ff., 96.

Das gilt umso mehr, als der Staatsgerichtshof in seinen vorangehenden Entscheidungen vom 17. 6. 1997 und vom 11. 5. 1998 die beantragten Volksbegehren wegen unzulässiger Einschränkungen der haushaltsrechtlichen Entscheidungshoheit des Parlaments[148] aufgrund eigener differenzierter Abwägungen für unzulässig gehalten hatten[149]. Die an dieser Rechtsprechung geäusserte Kritik, solche Kontrollen auf den abschliessenden Volksentscheid zu beschränken und demgegenüber das grundsätzliche und einleitende Volksbegehren zu erleichtern[150], erscheinen nicht ganz unberechtigt. Bemerkenswert ist insoweit auch die abweichende Meinung der Richter Preuß und Rinken zu der ersten Entscheidung vom 14. 2. 2000[151]. Geht man überdies richtigerweise von der Notwendigkeit des „judicial restraints" des Gerichts gegenüber politischen Entscheidungen aus[152], so müsste dieser auch für die Befugnisse einer Bürgergesellschaft über den Wahlakt ihrer Repräsentanten hinaus für plebiszitäre Beteiligungsformen gelten.

Die dabei massgebliche Position aufgeklärter „Stimmbürger" wird beispielhaft in der Entscheidung des Staatsgerichtshofs vom 29. 7. 1996[153] zur Verfassungsmässigkeit des Verfahrens der Verfassungsänderung 1994 formuliert. „Um der Verantwortung, die Bürgerinnen und Bürger mit ihrer Teilnahme an einem Volksentscheid übernehmen, gerecht werden, also eine sachgerechte Entscheidung treffen zu können, müssen diese den Inhalt des des Gesetzentwurfs verstehen, seine Auswirkungen überblicken und die wesentlichen Vor- und Nachteile abschätzen können"[154]. Der Staat habe mit der Überlassung des Gesetzestextes zur Verfassungsänderung und der Zugangsmöglichkeit zu zusätzlichen eigenen Informationen der Stimmbürgerinnen und -bürger seiner Informationspflicht genügt. Die Bildung eines eigenen Urteils entspreche der Rolle des Stimmberechtigten „als Akteur in der direkten Demokratie". Es sei widersprüchlich, „als „Souverän" auftreten zu wollen und gleichzeitig jede Bemühung um nähere Information nicht als eigene Aufgabe zu verstehen, sondern auf den Staat abzuwälzen"[155]. Dem liesse sich hinzufügen, daß das, was für den „Souverän" für billig gehalten wird, ihm andererseits auch Recht sein müsste.

Die Ergänzung der lebendigen Demokratie nicht nur als Staatsform durch demokratieadäquate Strukturen und Prozesse im gesellschaftlichen Raum, wie sie Rinken durch die Rechtsprechung des Staatsgerichtshofs profiliert sieht[156], wird in einer Entscheidung vom 23. 12. 1996[157] zur Freiheit des Rundfunks zur Programmgestaltung im Verhältnis zur Freiheit und Gleichheit der Parteien aufgegriffen. Die Entscheidung stellt als Leitsatz die Notwendigkeit der „praktischen Konkordanz" der Freiheiten des Rundfunks und der Freiheit und Gleichheit der Parteien voran[158]. Sie verdeutlicht beispielhaft Bedeutung und vor allem Aufgabe der Medien für den öffentlichen Mei-

---

[148] Brem StGHE 6, S. 180, 191/193.
[149] Brem StGHE 6, S. 140ff.
[150] *D. Schefold*, Hundertfünfzig Jahre Bremische Verfassung (Fn. 7), S. 22/23.
[151] *Ders.* aaO. S. 194ff.
[152] S. dazu *A. Rinken* Landesverfassungsgerichtsbarkeit im Bundesstaat (Fn. 15) S. 90ff.
[153] Brem StGHE 6, S. 30ff., 47ff.
[154] Brem StGHE aaO. S. 47 mit Bezug auf BayVerfGH BayVBl. 1994, S. 203/206.
[155] BremStGH (Fn. 146) aaO.
[156] *Rinken*, Landesverfassungsgerichtsbarkeit im Bundesstaat (Fn. 15) S. 90.
[157] Brem StGHE 6, S. 89.
[158] Brem StGHE 6, S. 89 1. Leitsatz.

nungsbildungsprozess als Kernelement der Demokratie. Nach Auffassung des Staatsgerichtshofs war Radio Bremen dem im wesentlichen nachgekommen. Bei einer Rüge allerdings war nach Auffassung des Gerichts die erforderliche Chancengleichheit gerade noch gewahrt[159].

VIII. Ausblick

Die Darstellung der bremischen Verfassungsentwicklung bestätigt die gewachsene und wachsende Bedeutung bremischer Verfassungsidentität zwischen Verfassungskonzeption und – rezeption auch vor dem Hintergrund und gerade im Zusammenhang mit den Überlegungen zur Selbständigkeit Bremens: die dabei gewonnene Verfassungsidentität läßt sich als eine ihrer Voraussetzungen von der Selbständigkeit nicht trennen. Eine angemessene Auseinandersetzung müsste vor allem diesen Zusammenhang deutlich machen.

Bezüglich der Verfassungs*konzeption* wäre der Entwicklung der Verfassungsdiskussion im nationalen und europäischen Kontext punktgenau Rechnung zu tragen. Bremen als Land in Deutschland wird künftig immer auch Bremen als Land in Europa sein. Das erfordert vor allem auch, die Ergebnisse der Verfassungdiskussion und – entwicklung post Nizza zu berücksichtigen. Daß in der Demokratiediskussion im Konvent der regionale Beitrag eine wichtige Rolle spielt, verweist auf die Bedeutung vor allem auch der Verfassungs*rezeption*. Bürgeschaftliche Beteiligungen sollten und müssten ermutigt werden. Das gilt sowohl verfassungsrechtlich wie verfassungspolitisch.

Rechtlich wäre z.B. die unmittelbare Wahl der bremischen Vertreter in den Regionalausschuss zu bedenken[160]. Aber auch andere Formen bürgerschaftlicher Beteiligung im bremischen Wahlverfahren durch die Einbeziehung parteiunabhängiger Kandidaten oder die Möglichkeit, Kandidaten unabhängig von der parteiinternen Reihenfolge zu wählen, sollten gerade im Rahmen stadtstaatlicher Verfassung ernsthafter geprüft werden. Auch die Diskussion um die Zulässigkeitsvorausetzungen von Volksbegehren gewinnt in diesem Zusammenhang eine neue und zusätzliche Dimension. Das Verhältnis staatlicher Einheit und demokratischer Beteiligung müsste noch besser austariert werden. Es bleibt zu fragen, ob über die Frage der Verfassungskonzeption hinaus daraus nicht Folgerungen für das Selbstverständnis, gegebenenfalls auch Modifikationen des Wahlverfahrens[161] oder sogar die Benennung auch des Staatsgerichtshofs im Hinblick auf seine Bedeutung als Verfassungsgericht zu ziehen sind.

Zu denken geben sollte aber auch in diesem Zusammenhang, daß über den Umstand, daß bisher alle Volksbegehren als unzulässig abgelehnt wurden, hinaus auch von der durch Verfassungsänderung 1994 eingeführten Möglichkeit von Bürgeranfragen bisher wenig und jedenfalls kein durchschlagender Gebrauch gemacht wurde.

---

[159] AaO. S. 105.

[160] S. *B. Beutler*, Bringt das Konzept des „Europa der Regionen" mehr Selbstverwaltung und Demokratie ? (Fn. 21) S. 19ff.

[161] S. den Hinweis bei *P. Häberle*, Die Zukunft der Landesverfassung (Fn. 13) JZ 1998, S. 65 (öffentliches Kandidaten-Hearing).

Das hängt möglicherweise mit noch zu leistenden (Selbst)Klärungsfragen über den Status einer Bürgergesellschaft und ihrer Mitglieder ab. Es sollte zu denken geben, daß die bisherigen Volksbegehren überwiegend zu Bildungsfragen eingeleitet werden sollten. Eine Bürgergesellschaft als Grundlage von Verfassungsselbständigkeit und Verfassungsidentität erfordert ein politisches Selbstverständnis, das Selbständigkeit und Verfassung jenseits individuellen politischen Desinteresses und der Vertretung blosser Gruppeninteressen mit konstituiert. Ansätze für ein solches Verständnis sind in der neueren Verfassungsentwicklung Bremens durchaus erkennbar, müssten aber über aktuelle parteipolitische Konstellationen hinaus bleibend sein. Verfassungspolitik erfordert in diesem Sinn auch eine partei- und politikübergreifende Verfassungskultur als Teil einer föderalen kulturellen Identität, die wiederum gerade in Europa gefordert wird. Erst in dieser Perspektive gewinnt im Zentrum europäischer Rechtspolitik die Diskussion um die Selbständigkeit Bremens die notwendige Tiefenschärfe.

Das alles wären Feinabstimmungen der Formulierung des Verfassungstextes, seiner Auslegung und einer künftigen Verfassungspolitik auf der Grundlage einer vertieften Verfassungskonzeption und -rezeption. Diese Vertiefung scheint der Selbständigkeit Bremens und seiner Verfassungsidentität eher dienlich als eine Totalrevision der Verfassung[162]. Diese enthält gerade vor dem Hintergrund gewachsener Strukturen ausreichend Substanz, auch künftig die angemessene Grundlage und Form bremischer Selbständigkeit zu bilden.

---

[162] Dagegen auch *P. Häberle*, Die Zukunft der Landesverfassung (Fn. 13) JZ 1998, S. 64 unter Hinweis auf Bericht und Antrag des nichtständigen Ausschusses „Reform der Landesverfassung" Drs. 13/592 vom 21. 6. 1993 S. 2.

Entwicklung des Landesverfassungsrechts in Thüringen[1]

von

Professor Dr. Peter M. Huber

München

Inhalt

I. Einleitung

Zwölf Jahre sind seit der Wiederentstehung Thüringens als eigenständiges (neues) Land vergangen, neun seit der feierlichen Verabschiedung der Thüringer Verfassung (ThürVerf.) am 25. Oktober 1993 auf der Wartburg bei Eisenach. Hält man sich vor

---

[1] Meiner Assistentin *Kirstin Butzke* danke ich für die Unterstützung.

Augen, welch epochale Umwälzungen diesen Ereignissen vorausgegangen waren – die Gleichschaltung der Länder 1934, ihre Neukonstituierung nach dem II. Weltkrieg, freilich schon unter den Auspizien der SED-Diktatur, ihre faktische Beseitigung durch den Aufbau des sog. demokratischen Zentralismus in der DDR ab 1952, der Fall der Mauer 1989 und schließlich die Wiedervereinigung am 3. 10. 1990 – so kann es nicht verwundern, dass sich die Thüringerinnen und Thüringer für ihr Staatswesen in ihrer großen Mehrheit vor allem eines wünschten: Ruhe und Konsolidierung der Verhältnisse.

Ein Blick zurück auf die vergangenen 10 Jahre zeigt zudem, dass die „großen Schlachten" die – wie bei allen Landesverfassungen im wesentlichen in der Fixierung des konkreten Ausmaßes an Bundesfreundlichkeit bestanden (Stichwort: die Landesverfassung als „Gegenentwurf" zum Grundgesetz), in der Entscheidung über die Aufnahme sozialer Grundrechte und im Ausmaß der Öffnung für plebiszitäre Verfahren der staatlichen Willensbildung, in den Fußstapfen westdeutscher „Vor"-Denker und Ratgeber – 1993 im wesentlichen geschlagen waren[2].

Allerdings ist die Verfassung bekanntlich nichts Statisches, sondern Prozess. Sie verändert ihren Gehalt dadurch, dass ihre Regelungen auf sich ständig wandelnde politische, wirtschaftliche und soziologische Verhältnisse treffen. Aber für einen vertiablen „Verfassungswandel" sind neun Jahre (ohne Revolution) wohl doch eine zu kurze Zeit. Vor diesem Hintergrund kann die Verfassungsentwicklung in Thüringen nicht seriös beschrieben werden, ohne die Anfänge nach der friedlichen Revolution noch einmal in den Blick zu nehmen[3].

II. Der Weg zur Thüringer Verfassung 1993

1. Vorgeschichte

Als sich im Sommer 1989 der politische Umsturz in der DDR ankündigte, wurde auch der Ruf nach einer Wiederherstellung der Länder laut[4]. Um diesen Forderungen Rechung zu tragen und den Beitritt einer föderal gegliederten DDR zur Bundesrepublik Deutschland nach Art. 23 GG a. F. vorzubereiten, beschloss die (frei gewählte) Volkskammer der DDR am 22. Juli 1990 das „Verfassungsgesetz zur Bildung von Ländern in der Deutschen Demokratischen Republik – Ländereinführungsgesetz"[5]. Dieses sah in seinem § 1 Abs. 1 5. Spiegelstrich u. a. die Bildung des Landes Thüringen

---

[2] Mit eher kritischen Konnotationen zur drohenden „Anpassung" der Thüringer Verfassungsentwürfe *P. Häberle*, Die Verfassungsbewegung in den fünf neuen Bundesländern Deutschlands, 1991 bis 1992, JöR 42 (1994), 149, 188; optimistischer dann *ders*, Die Schlussphase der Verfassungsbewegung in den neuen Bundesländern, JöR 43 (1995), 355, 386.

[3] Zu den wesentlichen Inhalten der ThürVerf. siehe *P. Häberle*, JöR 43 (1995), 355, 370ff.; *P.M. Huber*, Die neue Verfassung des Freistaats Thüringen, LKV 1994, 121ff.; *ders.*, Gedanken zur Verfassung des Freistaates Thüringen, in: ThürVBl, Sonderheft, B 4ff.; *ders.*, Staatsrecht, in: ders. (Hrsg.), ThürStVerwR, 1. Teil, 2000; *S. Jutzi*, Staatsziele in der Verfassung des Freistaats Thüringen, ThürVBl 1995, 25ff.; *U. Rommelfanger*, Die Verfassung des Freistaats Thüringen des Jahres 1993, ThürVBl 1993, 145ff., 173ff.

[4] *U. Rommelfanger*, Das Werden des Freistaats Thüringen, in: Schmitt (Hrsg.), Thüringen 1996, S. 20.

[5] GBl. DDR I 1990, 955; geändert durch das Gesetz vom 20. September 1990, GBl. DDR I 1990, 1890, das den Zeitpunkt seines Inkrafttretens auf den 3. Oktober 1990 vorverlegte.

vor, das durch die Zusammenlegung der DDR-Bezirke Erfurt, Gera und Suhl sowie der Kreise Artern, Schmölln und Altenburg entstehen sollte.

Selbst wenn man also in der faktischen Suspendierung der Länder durch die Gesetze zur Einführung des demokratischen Zentralismus in der DDR (1952) keine Beseitigung der damals bestehenden Länder erkennen wollte, so sind sie – und mit ihnen das Land Thüringen – doch spätestens mit dem Ländereinführungsgesetz aufgehoben und als juristische Personen und Gebietskörperschaften neu begründet worden.[6] Nicht von ungefähr sprach das Ländereinführungsgesetz denn auch von der „Bildung" der (neuen) Länder.[7]

Der am 14. Oktober 1990 auf der Grundlage von § 23 Ländereinführungsgesetz gewählte 1. Thüringer Landtag hatte zugleich die Funktion einer „verfassungsgebenden Landesversammlung" (§ 23 Abs. 2 Satz 1). In dieser Eigenschaft verabschiedete er bereits am 7. November 1990 die „Vorläufige Landessatzung für das Land Thüringen" (ThürVLS)[8], ein 18 Paragraphen umfassendes Organisationsstatut ohne Grundrechtsteil. Gleichwohl stellte es eine hinreichende Grundlage dar, um die schwierigen Aufgaben der Transformation und des Neuaufbaus funktionsfähiger Landesstrukturen zu bewältigen[9]. Das wird auch daran deutlich, dass die Geltung der ThürVLS, nachdem sie ursprünglich bis zum 31. Dezember 1992 befristet worden war (§ 18 Abs. 2 Satz 1 ThürVLS a. F.), durch das 2. Änderungsgesetz vom 15. Dezember 1992[10] auf unbestimmte Zeit verlängert wurde, nämlich bis zum Inkrafttreten der (endgültigen) Thüringer Verfassung (§ 18 Abs. 2 ThürVLS).

Der Landtag wollte es freilich nicht bei dieser „Rumpfverfassung" bewenden lassen. Das neu erwachte Selbstbewußtsein der Länder bzw. ihrer Repräsentanten[11], das Bedürfnis, in der (üppigen) Ausgestaltung der eigenen Verfassungsordnung mit manch alten Ländern gleichzuziehen, und nicht zuletzt der Drang, der historisch gewachsenen, eigenständigen Thüringer Identität auf diese Weise auch sichtbaren Ausdruck zu verleihen, legte die Ausarbeitung einer „Vollverfassung" nahe.[12]

---

[6] ThürVerfGH, LVerfGE 5, 391, 409: „Wiederentstehen Thüringens als (neues) Bundesland"; *P.M. Huber*, in: ders. (Hrsg.), ThürStVerwR, 2000, 1. Teil Rdnr. 20; a. A. *K. Sobota*, Der Staat 1998, 57, 71f., mit der These, das (politische) Festhalten an der Wiedervereinigung habe sich auch auf die Nichtanerkennung der territorialen Neugliederung in der DDR erstreckt. Dann aber hätte nicht die DDR nach Art. 23 GG a. F. der Bundesrepublik Deutschland beitreten können, sondern lediglich die auf ihrem Gebiet 1952 bestehenden Länder. Das war gerade nicht der Fall.

[7] Zum Begriff *P.M. Huber*, Allgemeines Verwaltungsrecht, 2. Aufl., 1997, S. 60; *M. König*, Kodifikation des Landesorganisationsrechts – dargestellt am Beispiel Thüringens, 2000, S. 125; *H.J. Wolff / O. Bachof*, Verwaltungsrecht II, 4. Aufl., 1976, § 74 IIIb.

[8] GVBl.1990, 1. ; abgedruckt auch unter JöR 40 (1991/92), 455ff.; JöR 42 (1994), 319ff.

[9] *P.M. Huber*, Die neue Verfassung des Freistaats Thüringen, LKV 1994, 121; *J. Linck*, Die Vorläufige Landessatzung für das Land Thüringen, ThürVBl 1992, 1, 8ff.

[10] GVBl. 1992, 575.

[11] Paradigmatisch etwa Gemeinsamer Beschluß der Ministerpräsidenten vom 5. Juli 1990, der sogar in Art. 5 EV Eingang gefunden hat; zu Recht kritisch *P. Badura*, Die „Kunst der föderalen Form", in: FS für Lerche, 1993, S. 369, 370.

[12] *P.M. Huber*, LKV 1994, 121.

2. Das Verfahren der Verfassungsgebung

Alle im 1. Thüringer Landtag vertretenen Fraktionen warteten im Sommer 1991 denn auch mit eigenen Verfassungsentwürfen auf.[13] Anlässlich der ersten Lesung dieser unterschiedlichen Verfassungsentwürfe setzte der Landtag am 12. September 1992 einen zehnköpfigen Verfassungs- und Geschäftsordnungsausschuss ein,[14] der von einem fünfköpfigen Unterausschuss im Sinne einer möglichst breiten Konsensförderung beraten wurde.[15]

Zu einer öffentlichen Debatte über die Verfassung kam es allerdings nicht. Nach der zweiten Lesung[16] hatte der Landtagspräsident den vom Verfassungs- und Geschäftsordnungsausschuß vorgelegten Verfassungsentwurf zwar als Zeitungsbeilage mit einer Auflage von 800.000 Stück an die Thüringer Bevölkerung verteilen lassen. Die Resonanz darauf blieb jedoch dürftig. Bis zum August 1993 gingen nicht einmal 400 Stellungnahmen aus der Bevölkerung ein. Sie haben aber immerhin bewirkt, dass die für den Bürgerantrag (Art. 68 Abs. 3 ThürVerf.) und das Volksbegehren (Art. 82 Abs. 3 ThürVerf.) zunächst vorgesehenen Quoren etwas herabgesetzt wurden.[17]

Neben der Fixierung des politischen Interesses auf die nationale Ebene mag zu dieser Abschottung auch beigetragen haben, dass die Verhandlungen des Verfassungs- und Geschäftsordnungsausschusses wie seines Unterausschusses nicht öffentlich waren und von der Öffentlichkeit deshalb auch nicht so wahrgenommen werden konnten, dass sich eine größere Debatte daran hätte entzünden können.[18] Eigentümlicherweise hat sich der Thüringer Landtag bis heute nicht dazu entschließen können, die Protokolle der Verfassungsberatungen der Öffentlichkeit zugänglich zu machen. Das erschwert nicht nur den Umgang mit der ThürVerf., weil die – allerdings nachrangige – historische Auslegungsmethode insoweit nur bedingt Verwendung finden kann; es widerspricht auch einem gesamteuropäischen, wenn nicht globalen Trend zu einer öffentlichen-transparenten – Staats- und Verwaltungstätigkeit[19].

---

[13] Entwurf der CDU-Fraktion vom 10. April 1991, LT.-Drucks. 1 / 285 (siehe auch JöR 40 (1991/92), 481 ff.; Entwurf der F.D.P.-Fraktion vom 25. April 1991, LT.-Drucks. 1 / 301 (siehe auch JöR 40 (1991/ 92), 470 ff.); Entwurf der SPD-Fraktion vom 9. Juli 1991, LT.-Drucks. 1/ 590 (siehe auch JöR 41 (1993), 260 ff.; Entwurf der Fraktion NF/GR/DJ vom 23. August 1991, LT.-Drucks. 1 / 659 (siehe auch JöR 41 (1993), 272 ff.); Entwurf der LL-PDS-Fraktion vom 9. September 1991, LT.-Drucks. 1 / 678 (siehe auch JöR 41 (1993), 287 ff.). Siehe ferner Entwurf einer Verfassung des Landes Thüringen (Privatentwurf *Riege*), JöR 39 (1990), 468 ff.; Entwurf der Verfassung des Landes Thüringen (Unterausschuss Verfassung des politisch-beratenden Ausschusses zur Bildung des Landes Thüringen), JöR 39 (1990), 480 ff.; Entwurf einer Verfassung des Landes Thüringen (Ministerium der Justiz Rheinland-Pfalz), JöR 40 (1991/92), 459 ff.

[14] Plen.Prot. 1 / 94, S. 1707.

[15] Im einzelnen *U. Rommelfanger*, Die Verfassung des Freistaats Thüringen des Jahres 1993, ThürVBl 1993, 145, 149 f.; *ders.*, Ausarbeitung und Werdegang der Thüringer Landesverfassung, in: Schmitt (Hrsg.), Die Verfassung des Freistaats Thüringen, 1995, S. 55 ff.

[16] Plen.Prot. 1 / 94, S. 7156.

[17] Abg. *Stauch*, Plen.Prot. 1 /94, S. 7156.

[18] *P.M. Huber*, in: ders. (Hrsg.) ThürStVerwR, 1. Teil Rdnr. 24.

[19] Siehe insoweit Art. 42 Charta der Grundrechte der Europäischen Union; Art. 255 EG; EUV-Erklärung Nr. 17 zum Recht auf Zugang zu Informationen; Verhaltenskodex für den Zugang der Öffentlichkeit zu Rats- und Kommissionsdokumenten (93 / 70 / EG, ABl. EG 1993 Nr. L 340 / 41; EuGH, Urt. vom 6. 12. 2001, Rs. C 353 / 99 P – Hautala / Rat; EuG, Urt. vom 17. 6. 1998, Rs. T 174 / 95; Urt. v. 7.2.

In seiner Sitzung vom 22. Oktober 1993 hat der Thüringer Landtag die Beschluss-
empfehlungen des Verfassungs- und Geschäftsordnungsausschusses[20] angenommen[21]
und die Thüringer Verfassung dann in jener eindrucksvollen Sitzung auf der Wartburg
am 25.Oktober 1993 mit der von Art. 106 Abs. 1 S. 1 ThürVerf vorgesehenen Mehrheit von zwei Dritteln der Mitglieder des Landtags verabschiedet[22]. Für die Annahme
der Verfassung stimmten die Fraktionen von CDU, F.D.P. und SPD, gegen sie die
Fraktionen von NF/GR/DJ sowie der LL-PDS[23]. Die ThürVerf. ist sodann am 30.
Oktober 1993 vorläufig und am 16. Oktober 1994 endgültig in Kraft getreten, nachdem sie in einem Volksentscheid mit 70, 1% der gültigen Stimmen bestätigt worden
war[24].

III. Die verfassungsrechtliche Entwicklung seitdem

1. *Verfassungsänderungen*

Seit ihrer Verabschiedung wurde die ThürVerf. nur ein einziges Mal geändert – und
dies aus unbedeutendem Anlass. Durch Gesetz vom 12. Dezember 1997 wurde
Art. 105a aufgenommen, der die in Art. 54 Abs. 2 Halbs. 1 verfassungsrechtlich fixierte
„Scala mobile" für die Abgeordnetendiäten für die Zeit zwischen dem 1. 1. 1997 und
dem Herbst 1999 – dem Ende der 2. Wahlperiode – aussetzte[25].

Der Vollständigkeit halber sei erwähnt, dass seit dem Scheitern des Volksbegehrens
„Mehr Demokratie in Thüringen" vor dem ThürVerfGH im September 2001[26]
Überlegungen zu einer Änderung des Art. 82 ThürVerf. angestellt werden, die die als
prohibitiv empfundenen Hürden für Bürgerantrag, Volksbegehren und Volksentscheid senken soll[27].

Dieses für den verfassungsändernden Gesetzgeber gezeichnete Bild der Ruhe ändert sich freilich, wenn man auf die Rechtsprechungstätigkeit des 1995 errichteten
Thüringer Verfassungsgerichtshofes blickt. In ihr spiegeln sich nicht nur die Jahre des
Aufbaues nach 1990 und die Probleme, die hier zu bewältigen waren. Auch die allgemeine rechtspolitische Entwicklung hat ihre Spuren hinterlassen.

2002, Rs. T 211 / 00 – Kuijel / Rat; *P.M. Huber*, Recht der Europäischen Integration, 2. Aufl., 2002, § 11
Rdnr. 25; *A. Scherzberg*, Die Öffentlichkeit der Verwaltung, 2000.

[20] LT.-Drucks. 1 / 2660.

[21] Zahlreiche Abänderungsanträge wurden hingegen abgelehnt, Plen.Prot. 1 /7145ff.

[22] GVBl. 1993, 625ff. (siehe auch JöR 43 (1995), 432ff.).

[23] Plen.Prot. 1 / 7265ff.

[24] Zu diesem Verfahren *P.M. Huber*, Gedanken zur Verfassung des Freistaats Thüringen, ThürVBl
1993, Sonderheft B 4f.; *O. Jung*, Abschluß und Bilanz der jüngsten plebiszitären Entwicklung in Deutschland auf Landesebene, JöR 48 (2000), 39, 57; *K. Schmitt* (Hrsg.), Die Verfassung des Freistaats Thüringen,
1995, S. 396f.

[25] GVBl. 1997, 525.

[26] Dazu im folgenden.

[27] Siehe zu den Vorschlägen für eine Verfassungsänderung Gesetzentwurf der Landesregierung, LT.-
Drucks. 3 / 2237; Gesetzentwurf der Fraktionen von SPD und PDS LT.-Drucks. 3 /1911; zu den Entwürfen zur Änderung des Thüringer Gesetzes über das Verfahren bei Bürgerantrag, Volksbegehren und Volksentscheid (ThürBVVG) vom 19. Juli 1994, GVBl. 1994, S. 918 siehe Gesetzentwurf der Landesregierung,
LT.-Drucks. 3 / 2238; Gesetzentwurf der Fraktionen von SPD und PDS LT.-Drucks. 3 /2196.

2. Landesgrundrechte und Bundesrecht

Das gilt zunächst für die Überprüfung auf der Anwendung von Bundesrecht beruhender Verwaltungs- und Gerichtsentscheidungen. Seit der *BerlVerfGH* u. a. in seinem berühmt-berüchtigten *Honnecker-Beschluss*[28] für sich in Anspruch genommen hat, auch Akte der Landesstaatsgewalt beim Vollzug von Bundesrecht am Maßstab der Landesverfassung zu messen und dafür – nach anfänglichen Irritationen – nicht nur die Unterstützung des *SächsVerfGH*[29], sondern auch den Segen des *BVerfG*[30] erhalten hat, misst auch der ThürVerfGH Akte der Landesstaatsgewalt, die im Vollzug von Bundesrecht ergehen, an den Art. 1–43 ThürVerf.[31].

In seiner insoweit grundlegenden Entscheidung vom 15. Oktober 1997 hat das *BVerfG* allerdings dafür zahlreiche Bedingungen formuliert und den Landesverfassungsgerichten eine komplizierte – mehrstufige – Prüfung abgefordert, bevor sie tatsächlich die in der Anwendung von Bundesrecht ergehende Entscheidung eines Landesorgans aufheben können.

So kommt eine Landesverfassungsbeschwerde gegen die Entscheidung des Gerichts eines Landes nicht in Betracht, wenn diese Entscheidung durch ein Bundesgericht in der Sache ganz oder teilweise bestätigt oder die Sache unter Bindung an die Maßstäbe des Bundesgerichts zurückverwiesen worden ist. Sie darf erst nach Erschöpfung des bundesrechtlich abschließend geregelten Rechtswegs zugelassen werden, und auch nur, wenn es um die Verletzung von mit dem GG inhaltsgleichen Landesgrundrechten geht. Denn nur dann lässt sich der Konflikt mit der Bindung des Richters an das Bundesrecht vermeiden[32].

Nur unter diesen engen Voraussetzungen haben die Landesverfassungsgerichte – gleichsam auf der ersten Stufe – zu prüfen, ob die von einem Beschwerdeführer gerügte fehlerhafte Verfahrensgestaltung einen Anwendungsfall für ein Landesgrundrecht begründen kann. Um festzustellen, ob das als verletzt gerügte Grundrecht mit einem entsprechenden Recht des Grundgesetzes tatsächlich inhaltsgleich i.S.v. Art. 142 GG ist, muss das Landesverfassungsgericht in einem zweiten Schritt sodann klären, zu welchem Ergebnis die Anwendung des Grundgesetzes in dem Fall führen würde. Schließlich hat es, und das ist die dritte Stufe, zu entscheiden, ob das gerügte Landesgrundrecht zu demselben Ergebnis führt wie das Grundgesetz[33]:

„Bejaht es dies, so steht fest, daß es sich um ein inhaltsgleiches Landesrecht handelt, das gemäß Art. 142, 31 GG zu beachten war und Prüfungsmaßstab einer zulässigen Verfassungsbeschwerde sein kann. Zugleich steht aber auch das Ergebnis der landesverfassungs-gerichtlichen Überprüfung fest:

Hält die angegriffene Entscheidung grundrechtlichen Maßstäben stand, genügt sie auch der inhaltsgleichen landesverfassungsrechtlichen Gewährleistung (…).

---

[28] BerlVerfGH, LVerfGE 1, 56, 62f.; siehe ferner LVerfGE 1, 44, 52 – StPO; 3, 38, 40 – ZPO.

[29] SächsVerfGH, NJW 1996, 1736 – Vorlagebeschluss.

[30] BVerfGE 96, 345ff.

[31] Erstmals ThürVerfGH, Beschluss vom 24.6. 1999 – VerfGH 11/98, Umdr. S. 8; ThürVerfGH, ThürVBl 2001, 129f. – ZPO; ThürVBl. 2001, 182f. – VwGO.

[32] BVerfGE 96, 345, 371ff.

[33] BVerfGE 96, 345, 374.

Verletzt der richterliche Hoheitsakt hingegen ... Gewährleistungen des Grundgesetzes, so verstößt er auch gegen entsprechende inhaltsgleiche Landesverfassungsrechte.

...

Ist das Landesverfassungsgericht der Auffassung, das ... Landesverfassungsrecht führe in der konkreten Fallgestaltung nicht zu demselben Ergebnis, ... so ist die ... Verfassungsbeschwerde zum Landesverfassungsgericht ... unzulässig... .

Bei der Prüfung..., zu welchen Ergebnissen die Anwendung des Grundgesetzes ... führen muß, hat das Landesverfassungsgericht das Grundgesetz auszulegen, ohne daß dieses Prüfungsmaßstab ist (...). Dabei ist das Landesverfassungsgericht im Rahmen des § 31 BVerfGG an die Rechtsprechung des Bundesverfassungsgerichts gebunden"[34].

Will ein Landesverfassungsgericht dagegen von der entsprechenden Judikatur des *BVerfG* abweichen, so hat es diesem die Sache nach Art. 100 Abs. 3 GG vorzulegen[35] – ein Schritt, den manches Landesverfassungsgericht – zu Unrecht (!) –ebenso als „Kotau" empfinden mag[36] wie das *BVerfG* eine Vorlage an dem EuGH nach Art. 234 EG[37].

Vor diesem Hintergrund prüft auch der ThürVerfGH mittlerweile

„ob ein Landesgericht Bundesrecht in einer Weise fehlerhaft angewendet hat, dass der von dem Landesgericht zur Geltung gebrachte Rechtssatz nicht mehr Bestandteil des Bundesrechts ist, sodass für diese Ausübung öffentlicher Gewalt durch ein Gericht des Freistaats Thüringen die Prüfungskompetenz des Thüringer Verfassungsgerichtshofs am Maßstab der Landesverfassung eröffnet ist".[38]

Richtigerweise dürfte die Fortgeltung von Landesgrundrechten allerdings nicht nur die *rechtswidrige* Anwendung von Bundesrecht betreffen[39], sondern auch die Fälle, in denen das Bundesrecht Ermessens- und Gestaltungsspielräume für die Behörden und Gerichte der Länder eröffnet, wie dies insbesondere beim Vollzug bundesrechtlicher *Verfahrensregelungen* – von ZPO, StPO oder VwGO – typischerweise der Fall ist.

Gehen die Gewährleistungen der Landesgrundrechte dabei über das Niveau des Grundgesetzes hinaus – und das ist ausweislich des Art. 142 GG grundsätzlich möglich[40] – dann mündet der Ansatz der Rechtsprechung letztlich in einem regional differenzierten Vollzug der bundesrechtlichen Verfahrensvorschriften.

Ob und inwieweit dies auch für das *materielle* Bundesrecht gilt, hat das BVerfG ausdrücklich offen gelassen. Der ThürVerfGH ist hier zurückhaltend. Zur Überprüfung einer das nachbarschaftliche Gemeinschaftsverhältnis betreffenden Gerichtsentscheidung hat er jedenfalls festgestellt:

---

[34] BVerfGE 96, 345, 374.

[35] *P.M. Huber*, in: Sachs (Hrsg.), GG, 3. Aufl., 2003, Art. 142 Rdnr. 14.

[36] Krit. zur Rolle des BerlVerfGH *K. Lange*, Das Bundesverfassungsgericht und die Landesverfassungsgerichte, in: FS 50 Jahre Bundesverfassungsgericht, I, 2001, S. 287, 295.

[37] *P.M. Huber*, Recht der Europäischen Integration, 2. Aufl., 2002, § 21 Rdnr. 36 m.w.N.

[38] ThürVerfGH, ThürVBl 2001, 129 – ZPO (Beschluss vom 11. 1. 2001 – VerfGH 3/99); zuvor schon Beschluss vom 24. 6. 1999 – VerfGH 11/98; Beschluss vom 11. 1. 2001 – VerfGH 3/99; Beschluss vom 15. 3. 2001 – VerfGH 1/00.

[39] Dazu zutreffend ThürVerfGH, Beschluss vom 11. 1. 2001 – VerfGH 3/99, S. 9, in: ThürVerfGH Jahrbuch 2001 Nr. 1 S. 13; Beschluss vom 15. 3. 2001 – VerfGH 19/00, in: ThürVerfGH Jahrbuch 2001, Nr. 4 S. 99, 108; siehe auch *P.M. Huber*, in: Sachs (Hrsg.), GG, 3. Aufl., 2003, Art. 31 Rndr. 3a.

[40] *B. Pieroth*, in: Jarass / Pieroth, GG, 6. Aufl., 2002, Art. 142 Rdnr. 3 m.w.N.; *P.M. Huber* , in: Sachs (Hrsg.), GG, 3. Aufl., 2003, Art. 142 Rdnr. 9.

„Materielles Bundesrecht kann aber schon wegen seines gegenüber dem Landesrecht höheren Rangs nicht am Maßstab der Thüringer Verfassung gemessen werden. Daher darf sich der Thüringer Verfassungsgerichtshof weder mit der Frage der Vereinbarkeit des Rechtsinstituts des nachbarschaftlichen Gemeinschaftsverhältnisses mit der Eigentumsgarantie des Art. 34 ThürVerf noch damit befassen, ob die von einem Landesgericht in Anwendung der Grundsätze des nachbarschaftlichen Gemeinschaftsverhältnisses auf den Einzelfall zur Geltung gebrachten Rechtsfolgen die Eigentumsgewährleistung der Landesverfassung verletzen"[41].

Das überzeugt für den konkreten Fall, in dem die abschließende bundesrechtliche Regelung des nachbarschaftlichen Gemeinschaftsverhältnisses keinen Spielraum für eigenständige Wertungen von Landesorganen enthält. Anders dürften die Dinge hingegen dort liegen, wo bundesrechtliche Regelungen des Verwaltungsrechts den Landesbehörden Beurteilungs- und Ermessensspielräume eröffnen.

Die so skizzierte „Kooperation" von Bundes- und Landesverfassungsgerichtsbarkeit bei der Kontrolle des Bundesrechts verschafft den Landesgrundrechten zwar keine eigenständige materiell-rechtliche Bedeutung. Angesichts der weitreichenden Eröffnung der Landesverfassungsbeschwerde hat sie jedoch wichtige prozessuale Konsequenzen. Denn sie erweitert – vorbehaltlich anderweitiger landesgesetzlicher Regelungen[42] – die Rechtsschutzmöglichkeiten der Bürger um eine zusätzliche Instanz. Das fällt insbesondere dort ins Gewicht, wo die jeweilige Verfahrensordnung für das Landesverfassungsgericht – wie in Thüringen (Art. 80 Abs. 3 ThürVerf., §§ 31 ff. ThürVerfGHG) – ein Annahmeverfahren nicht vorsieht oder, was für Thüringen nicht zutrifft, wenn die Annahmevoraussetzungen weniger restriktiv sind als die des Bundesverfassungsgerichts[43].

Freilich gibt diese Rechtsprechung dem Landesverfassungsrecht letztlich Steine statt Brot. Ungeachtet der länderfreundlichen Floskeln von den nebeneinander stehenden Verfassungsräumen und der Unabhängigkeit von Bundes- und Landesverfassungsgerichtsbarkeit läuft das auf diese Weise begründete Kooperationsverhältnis zwischen dem Bundesverfassungsgericht und den Landesverfassungsgerichten im Ergebnis doch darauf hinaus, die Karlsruher „Erfüllungsverantwortung" für den Grundrechtsschutz in Deutschland in eine Art „Gewährleistungsverantwortung"[44] umzuwandeln und die Landesverfassungsgerichte zur eigenen Entlastung in die Pflicht zu nehmen. Mit Respekt vor der Verfassungsautonomie der Länder hat dies eher weniger zu tun[45].

---

[41] Beschluss vom 15. 3. 2001 – VerfGH 19/00, in: ThürVerfGH Jahrbuch 2001, Nr. 4 S. 99, 108.

[42] Dazu *K. Lange*, Das Bundesverfassungsgericht und die Landesverfassungsgerichte, in: FS 50 Jahre Bundesverfassungsgericht, 2001, Band I, S. 289, 306 ff.

[43] BVerfGE 96, 345, 374.

[44] Die Begriffe stammen aus der Privatisierungsdiskussion; siehe dazu *P.M. Huber*, in: ders. (Hrsg.), ThürStVerwR, 1. Teil Rdnr. 208 m.w.N. Fn. 329. Dasselbe gilt für das in BVerfGE 89, 155 ff. reklamierte „Kooperationsverhältnis" zum EuGH.

[45] *K. Lange*, Kontrolle bundesrechtlich geregelter Verfahren durch die Landesverfassungsgerichte?, NJW 1998, 1278, 1280; milder nun *ders.* , Das Bundesverfassungsgericht und die Landesverfassungsgerichte, S. 289, 308, mit dem Hinweis, dass das BVerfG nie ausdrücklich von der Subsidiarität der Bundes- gegenüber der Landesverfassungsbeschwerde gesprochen habe.

3. Einzelne Landesgrundrechte

Fragt man nach den spezifischen landesverfassungsrechtlichen Grundrechtsgarantien, die den ThürVerfGH im vergangenen Jahrzehnt beschäftigt haben, so sind hier neben der Habeas Corpus Garantie des Art. 3 Abs. 2 ThürVerf. insbesondere die Garantie der Unverletzlichkeit der Wohnung nach Art. 8 Abs. 1 ThürVerf., der Schutz von Ehe und Familie nach Art. 17 Abs. 1 und 2 ThürVerf.[46], die Eigentumsgarantie des Art. 34 ThürVerf., die Garantie effektiven Rechtsschutzes nach Art. 42 Abs. 5 ThürVerf. und die Gewährleistung rechtlichen Gehörs gemäß Art. 88 Abs. 1 Satz 1 ThürVerf. zu nennen.

a) Unverletzlichkeit der Wohnung

Zu Art. 8 Abs. 1 ThürVerf. (Unverletzlichkeit der Wohnung) hat der ThürVerfGH unter Übernahme der Rechtsprechung des BVerfG betont, dass Wohnungsdurchsuchungen die Bestimmtheit und Begrenztheit des Eingriffs voraussetzen, die Verhältnismäßigkeit von Eingriffsanlass und eingreifender Maßnahme, das Vorliegen von sachgerechten Gründen und insbesondere „die Verlagerung der Durchsuchungsanordnung in die Zuständigkeit des Richters zur Gewährleistung einer unabhängigen, neutralen Prüfung der Durchsuchungsvoraussetzungen"[47]. Aus letzterem folge eine materielle Prüfpflicht des Ermittlungsrichters, der das ihm unterbreitete Tatsachenmaterial auf das Vorliegen der gesetzlichen Voraussetzungen überprüfen müsse und eine Durchsuchung erst anordnen dürfe, wenn er davon überzeugt ist, „dass dieses Material der Wirklichkeit entspricht und dass es den rechtlichen Anforderungen an den Erlass der Anordnung genügt"[48]. Dabei hat er zu berücksichtigen, dass sich die gesetzlichen Voraussetzungen erheblich unterscheiden, je nachdem, ob es um sich um die Wohnung eines Beschuldigten oder eines Dritten handelt. Werde letzterem das Gehör vor dem Erlass der Durchsuchungsanordnung versagt, so würden die Anforderungen an die Prüfpflicht noch weiter erhöht:

„Hieraus folgt eine verschärfte Prüfpflicht des Richters, wie sie im Verfahren nach §§ 916 ff. ZPO betr. den Erlass eines Arrestbefehls zur Sicherung einer Geldforderung dazu führt, dass der Antragsteller die volle Darlegungs- und Beweislast nicht nur für das Bestehen des zu sichernden Anspruchs und des Zugriffsgrundes hat, sondern auch für das Nichtbestehen von Einwendungen und Einreden gegen seine Forderung, welche der Antragsgegner dann wiederum darzulegen und zu beweisen hat, wenn er im Rahmen einer mündlichen Verhandlung rechtliches Gehör erhält …"[49].

---

[46] Näheres dazu unter c).

[47] ThürVerfGH, Beschluss vom 3. 5. 2001 – VerfGH 6/98, in: ThürVerfGH Jahrbuch 2001, Nr. 5 S. 115/134.

[48] ThürVerfGH, Beschluss vom 3. 5. 2001 – VerfGH 6/98, in: ThürVerfGH Jahrbuch 2001, Nr. 5 S. 115/135, unter Hinweis auf BVerfGE 57, 346, 356.

[49] ThürVerfGH, Beschluss vom 3. 5. 2001 – VerfGH 6/98, in: ThürVerfGH Jahrbuch 2001, Nr. 5 S. 115/138.

b) Eigentumsgarantie

Die Eigentumsgarantie des Art. 34 Abs. 1 ThürVerf. hat der ThürVerfGH dagegen nur einmal kurz gestreift und das in § 21 ThürNachbG geregelte sog. Hammerschlags- und Leiterrecht als Inhalts- und Schrankenbestimmung i.S.v. Art. 34 Abs. 1 Satz 2 ThürVerf. qualifiziert[50].

c) Effektiver Rechtsschutz

Die Garantie effektiven Rechtsschutzes nach Art. 42 Abs. 5 ThürVerf. hat den ThürVerfGH im Rahmen einer Klage nach § 75 VwGO beschäftigt[51]. Hier hatte der Bf. 1993 u.a. eine Untätigkeitsklage gegen den Freistaat erhoben, weil die zuständigen Ämter zur Regelung offener Vermögensfragen bis 1996 nicht über seinen Antrag auf Gewährung einer Entschädigung bzw. Ausgleichsleistung nach dem EALG entschieden hatten. Auf Anfrage des VG teilte der Beklagte 1999 (!) mit, dass nicht genügend Kapazitäten zur Bearbeitung des Antrags zur Verfügung stünden, dieser jedoch einen erheblichen Rechercheaufwand und das Zusammenwirken zahlreicher Stellen erfordere. Daraufhin hatte das VG am 1. 12. 1999 beschlossen, das Verfahren bis Ende Juni 2001 auszusetzen.

Der ThürVerfGH sah hierin zu Recht einen Verstoß gegen das Gebot effektiven, und d.h. rechtzeitigen Rechtsschutzes, wie es Art. 42 V ThürVerf. in Übereinstimmung mit Art. 19 Abs. 4 GG verbürgt[52]. Das VG habe bei der Anwendung von § 75 Abs. 3 VwGO Bedeutung und Tragweite dieses Gebotes verkannt[53], und auch die sonstigen Umstände des Falles rechtfertigten die Aussetzungsentscheidung nicht. Das betraf namentlich den vom Beklagten reklamierten „hohe Rechercheaufwand", hatte die zuständige Behörde doch sechs Jahre nach der Antragstellung noch nicht einmal mit der Bearbeitung des Antrags begonnen[54].

d) Faires Verfahren

Auf eine Verletzung des Grundrechtes auf ein faires Verfahren nach Art. 3 Abs. 2 i.V.m. 44 Abs. 1 Satz 2 ThürVerf. hat der ThürVerfGH hingegen in einem Fall erkannt, in dem ein Angeklagter in der vom Landgericht veranlassten Aussicht auf ein freisprechendes Urteil auf weitere Beweiserhebungen verzichtet hatte, danach jedoch gleichwohl verurteilt worden war[55].

---

[50] ThürVerfGH, Beschluss vom 15. 3. 2001 – VerfGH 19/00, in: ThürVerfGH Jahrbuch 2001, Nr. 4 S. 99/110 unter Bezugnahme auf *Bauer / Hüllbusch / Schlick / Rottmüller*, Thüringer Nachbarrecht, 3. Aufl., 1997, § 21 Anm. 1.

[51] ThürVerfGH, Beschluss vom 15. 3. 2001 – VerfGH 1/00, in: ThürVerfGH Jahrbuch 2001, Nr. 3 S. 73ff. = ThürVBl 2001, 182ff.

[52] Dazu *P.M. Huber*, in: v. Mangoldt / Klein / Starck (Hrsg.), GG, Band I, 4. Aufl., 1999, Art. 19 Abs. 4 Rdnr. 483ff.

[53] ThürVerfGH, Beschluss vom 15. 3. 2001 – VerfGH 1/00, in: ThürVerfGH Jahrbuch 2001, Nr. 3 S. 73, 89ff. = ThürVBl. 2001, 182ff.

[54] ThürVerfGH, Beschluss vom 15. 3. 2001 – VerfGH 1/00, in: ThürVerfGH Jahrbuch 2001, Nr. 3 S. 73, 93ff. = ThürVBl. 2001, 182ff.

[55] ThürVerfGH, NJW 2003, 740.

e) Rechtliches Gehör

Häufigster Rügegegenstand vor dem ThürVerfGH ist allerdings die Verletzung rechtlichen Gehörs gem. Art. 88 Abs. 1 Satz 1 ThürVerf. Sie hat den ThürVerfGH im Zusammenhang mit den Verspätungsvorschriften der ZPO beschäftigt[56], aber auch im Hinblick auf die Zustellungsvorschriften, in deren unrichtiger Anwendung er einen Verstoß gegen Art. 88 Abs. 1 Satz 1 ThürVerf. sah[57].

4. Passives Wahlrecht und Rechtsstellung der Abgeordneten

Von zentraler Bedeutung für das Thüringer Verfassungsrecht im 1. Jahrzehnt nach der Verabschiedung der ThürVerf. waren Fragen der Wählbarkeit und der Rechtsstellung der Abgeordneten, in denen sich nicht zuletzt auch die Zeitgeschichte widerspiegelt:

a) Wohnsitz

Das gilt zunächst für die Rs. *Schuster*, die einen im Rheinland wohnenden Landesminister betraf, der, wie so viele, in die neuen Bundesländer gegangen war – freilich nur als Pendler. Voraussetzung für die Wählbarkeit zum Landtag war nach Art. 46 Abs. 2 ThürVerf, § 16 Nr. 2 ThürLWG a. F. jedoch, dass der Kandidat seinen Wohnsitz seit mindestens einem Jahr im Wahlgebiet hatte. Da nach dem § 13 ThürLWG a. F. insoweit die außerhalb Thüringens gelegene Hauptwohnung maßgebend war, war außerordentlich zweifelhaft, ob Herr *Schuster* über das passive Wahlrecht verfügte.

Auf eine von der SPD-Fraktion im Thüringer Landtag gem. §§ 48 ThürVerfGHG, 64 ThürLWG eingelegte Beschwerde gegen den Beschluss des Landtages, mit dem der Einspruch des Präsidenten gegen die Gültigkeit seiner Wahl zurückgewiesen worden war, hat der ThürVerfGH[58] jedoch auf eine – dem Schutz von Ehe und Familie Rechnung tragende – extensive Auslegung des „Wohnsitz" – Begriffs erkannt:

„… Der Begriff ‚Wohnsitz' in Art. 46 Abs. 2 ThürVerf ist nicht inhaltsgleich mit dem Wohnsitzbegriff des § 7 BGB. Es handelt sich um einen ausfüllungsbedürftigen Begriff, dessen Konkretisierung unter Beachtung sämtlicher Verfassungsnormen der Verfassungsgeber in Art. 46 Abs. 3 ThürVerf dem einfachen Gesetzgeber überlassen hat. … Der Gesetzgeber des Thüringer Landeswahlgesetzes hat sich in grundsätzlich zulässiger Weise bei der Bestimmung des wahlrechtlichen Wohnsitzbegriffs an der Regelung des Melderechts orientiert. … Würde § 13 Satz 2 ThürLWG für den zur Begründung des aktiven und passiven Wahlrechts erforderlichen Wohnsitz jedoch uneingeschränkt und zwingend den Begriff der melderechtlichen Hauptwohnung übernehmen, wäre er mit dem Grundsatz der Allgemeinheit der Wahl und dem Gebot des Schutzes von Ehe und Familie nicht vereinbar (Art. 46 Abs. 1, 17 Abs. 1 und 2 Abs. 1 ThürVerf).
…

Denn auch wenn der Gesetzgeber die Allgemeinheit der Wahl durch die Seßhaftigkeitsvoraussetzung einschränken darf, hat er die Beschränkung so vorzunehmen, daß in sonstige Verfas-

---

[56] ThürVerfGH, Beschluss vom 24. 6. 199 – VerfGH 11/98, Umdr. S. 9.

[57] ThürVerfGH, Beschluss vom 11. 1. 2001 – VerfGH 3/99, in: ThürVerfGH Jahrbuch 2001, Nr. 1 S. 1, 15f. = ThürVBl. 2001, 129ff.

[58] ThürVerfGH, ThürVBl. 1997, 204ff.

sungsnormen nicht mehr eingegriffen wird, als es der Zweck des Seßhaftigkeitserfordernisses verlangt. Mit der uneingeschränkten Übernahme des Hauptwohnungsbegriffs des § 12 Abs. 2 Satz 2 MRRG würde § 13 Satz 2 ThürLWG [a. F.] in die Allgemeinheit der Landtagswahl in einer Weise eingreifen, die den Schutzbereich der Art. 17 Abs. 1 und 2 Satz 1 ThürVerf betrifft und durch das berechtigte Anliegen des Seßhaftigkeitskriteriums nicht gerechtfertigt wird. …

Die Erscheinungsform der Familie hat sich … nicht nur infolge stärkerer Individualisierung gewandelt, sondern ist auch durch eine zunehmende Differenzierung und Vielfalt ihrer sozialen Ausprägungen gekennzeichnet. Das ‚Familienbild' ist in den letzten Jahrzehnten nicht zuletzt durch Berufstätigkeit der Ehegatten bedingt „auf Distanz gegangen", ohne daß der räumlichen Entfernung eine emotionale Entfernung der Ehegatten entspräche. Das Bild des sich in *einer* Wohnung und von dort aus entfaltenden Familienlebens prägt zwar weithin die Vorstellung dessen, was im Alltag wie im Recht zu einer Familie gehört. Es trifft jedoch dann nicht mehr zu, wenn beide Ehegatten oder nur einer von ihnen seinen Beruf an einem Ort ausübt, von dem aus er nicht täglich zur „Stammwohnung" zurückkehren kann ….

Bei uneingeschränkter Übernahme des Hauptwohnungsbegriffs des § 12 Abs. 2 Satz 2 MRRG in das Wahlrecht würde § 13 Satz 2 ThürLWG … einseitig eine familiäre Lebensgestaltung berücksichtigen, die möglicherweise das Bild von Ehe und Familie nach wie vor maßgebend bestimmt, jedoch keineswegs mehr das Gewicht hat, andere Formen familiären Lebens zu verdrängen."

Dieses Auslegungsergebnis mag überzeugen, die Begründung tut es nicht. Schon der Maßstab, den der ThürVerfGH seiner Beurteilung zugrunde legt, bleibt diffus. Mit der Verknüpfung der Grundsätz der Allgemeinheit der Wahl und des Schutzes von Ehe und Familie bereitet er einer ehe- und familienfreundlichen Auslegung das Terrain, die letztlich auf eine Privilegierung Verheirateter und Familienzugehöriger im Bereich der staatsbürgerlichen Rechte hinausläuft, die in dem auf formale Gleichheit ausgerichteten Bereich staatsbürgerlicher Mitwirkungsrechte geradezu systemsprengend wirkt. Denn ein Lediger mit Zweitwohnsitz in Thüringen hätte insoweit keinen entsprechenden grundrechtlich radizierten Anspruch geltend machen können. Im Bereich des Wahlrechts kommen Förmlichkeit und Rechtssicherheit im übrigen besonderes Gewicht zu. Deshalb kann das bei der Grundrechtsinterpretation im Prinzip durchaus beachtliche Selbstverständnis der Grundrechtsberechtigten[59] hier nicht der allein entscheidende Maßstab für die Interpretation sein. Es muß vielmehr gegen die – gleichheitsrechtlich geforderte – Standardisierungskompetenz des Gesetzgebers überzeugend abgewogen werden und dieser ggf. auch weichen[60]. Zu Recht hat das Sondervotum zu dieser Entscheidung denn auch kritisiert, dass das Urteil den Grundsatz der Allgemeinheit der Wahl missdeute und die Typisierungs- und Standardisierungsbefugnis des Gesetzgebers verkenne[61].

Der Gesetzgeber hat § 13 ThürLWG durch das Zweite Änderungsgesetz zum Landeswahlgesetz vom 23. 12. 1998[62] im Gefolge dieser Entscheidung jedoch neu gefasst und das passive Wahlrecht auch solchen Bürgern zugesprochen, die nur mit einem Nebenwohnsitz in Thüringen leben, vorausgesetzt, sie verlegen ihren Lebensmittelpunkt mindestens drei Monate vor der Wahl hierher.

---

[59] Grundlegend *M. Morlok*, Selbstverständnis als Rechtskriterium, 1993.
[60] *P.M. Huber*, in: ders. (Hrsg.), ThürStVerwR, 2000, Staatsrecht, 1. Teil Rdnr. 164.
[61] Sondervotum der Richter *Becker* und *Morneweg*, ThürVBl. 1997, 209f.
[62] GVBl 1998, 451ff.

b) MfS – Probleme

Das Erbe der DDR spiegeln dagegen die Entscheidungen zur Überprüfung und Wählbarkeit von Abgeordneten und Fraktionsmitarbeitern[63], die in besonderer Weise mit dem SED-Regime verstrickt waren, insbesondere mit dem früheren MfS/ANS zusammengearbeitet hatten[64]. So galt für die beiden ersten Legislaturperioden (1990–1999) zunächst, dass nicht wählbar war, wer gegenüber dem Landeswahlleiter die Abgabe einer schriftlichen Erklärung zu der Frage verweigerte, ob er wissentlich als hauptamtlicher oder inoffizieller Mitarbeiter mit dem Ministerium für Staatssicherheit, dem Amt für nationale Sicherheit oder Beauftragten dieser Einrichtungen zusammengearbeitet hatte (16 Nr. 3, 17 Nr. 3 ThürLWG a. F.). Diese Regelungen sind durch das 2. ThürLWÄndG vom 23. 12. 1998[65] aufgehoben worden.

Eng damit zusammen hing die Überprüfung der Abgeordneten auf Mitgliedschaft bzw. Zusammenarbeit mit dem MfS/ANS, die Gegenstand einer rechtlichen Kontroverse wurde. In einem Organstreitverfahren hatte der ThürVerfGH – ähnlich wie das BVerfG[66] – darüber zu entscheiden, ob ein Beschluss des Thüringer Landtags[67], mit dem eine Überprüfung von Abgeordneten auf eine wissentliche, hauptamtliche oder inoffizielle Zusammenarbeit mit dem MfS/ANS gegen oder ohne deren Willen eingeleitet wurde, mit dem freien Mandat (Art. 53 Abs. 1 ThürVerf) vereinbar ist. Er hat dies – ähnlich wie das BVerfG[68] – nur unter der Voraussetzung bejaht, dass der betroffene Abgeordnete seine Rechtsstellung im Verfahren hinreichend wahrzunehmen imstande ist (Gedanke des *due process*):

„Eine parlamentarische Untersuchung, welche auf die Aufdeckung einer möglichen Zusammenarbeit eines Landtagsabgeordneten mit dem MfS/AfNS der ehemaligen DDR abzielt und ohne oder gegen den Willen des Abgeordneten eingeleitet wird, betrifft unmittelbar dessen verfassungsrechtlichen Status. ... (D)er besondere politische und historische Anlaß, den der Übergang von der Diktatur zur Demokratie in der ehemaligen DDR und die Vereinigung Deutschlands in Folge des Umbruchs in Europa im Jahre 1989 darstellen, (kann) auch ein parlamentarisches Verfahren zur Überprüfung (...) rechtfertigen. ...

Voraussetzung für die Verfassungsmäßigkeit eines solchen Überprüfungsverfahrens ist jedoch, daß dessen verfahrensrechtliche Ausgestaltung der verfassungsrechtlichen Stellung der Abgeordneten ausreichend Rechnung trägt. Der verfassungsrechtlich gewährleistete Mandatsstatus gebietet verfahrensrechtliche Maßnahmen zum Schutz des Mandatsträgers vor (politischem) Mißbrauch der den am Überprüfungsverfahren Beteiligten zur Kenntnis gelangenden Informationen und persönlichen Daten. Ferner müssen den von einer Überprüfung auf Zusammenarbeit mit dem MfS/ANS betroffenen Abgeordneten vor allem Beteiligungsrechte am Verfahren eingeräumt sein, die nicht nur das rechtliche Gehör gewährleisten, sondern ihnen gestatten, aktiv an der Herstellung des Beweisergebnisses mitzuwirken"[69].

---

[63] ThürVerfGH, Beschluss vom 11. 3. 1999 – VerfGH 12/98 – unzulässig.

[64] Für die Beamten siehe insoweit nur Art. 96 Abs. 2 ThürVerf; für Fraktionsmitarbeiter § 48 Abs. 1 ThürAbgG; ThürVerfGH, ThürVBl. 1999, 158.

[65] GVBl. 1998, 451.

[66] BVerfGE 94, 351, 367 – § 44b AbgG.

[67] Beschluß vom 18. Mai 1995, Drs. 2/306.

[68] BVerfGE 94, 351, 369ff. – § 44b AbgG.

[69] ThürVerfGH, LVerfGE 7, 337ff. – Abgeordnetenüberprüfung.

Im Gefolge dieser Entscheidung hat der Landtag das Thüringer Gesetz zur Überprüfung von Abgeordneten (ThürAbgÜG) erlassen, das zunächst nur eine Überprüfung auf Zusammenarbeit mit dem MfS/ANS und die Feststellung der Parlamentsunwürdigkeit vorsah[70], später[71] jedoch um die Möglichkeit ergänzt wurde, auf einen Mandatsverlust zu erkennen (§ 8). Der Thüringer Landtag hat von dieser Ermächtigung im Frühjahr 1999 mit Blick auf die Abgeordnete *Beck* der PDS-Fraktion Gebrauch gemacht[72].

Diese Entscheidung hat der ThürVerfGH mit Urteil von 25. Mai 2000[73] kassiert und in dem ihr zugrunde liegenden § 8 ThürAbgÜG einen Verstoß gegen das in Art. 52 Abs. 2 und 3 ThürVerf. garantierte freie Mandat gesehen. Für Eingriffe in dieses Rechtsgut hat der Gerichtshof einen „Vorbehalt der Verfassung" behauptet und – insoweit konsequent – festgestellt, dass der Entzug des Abgeordnetenmandats eines verfassungsändernden Gesetzes bedurft hätte.

Freilich ist der „Vorbehalt der Verfassung" alles andere als eine anerkannte Rechtsfigur[74]. Bei genauerem Hinsehen ging es dem ThürVerfGH wohl auch weniger um den „Vorbehalt" der Verfassung, denn um ihren – allgemein anerkannten – „Vorrang". Ist die Rechtsstellung des Abgeordneten aber wirklich dermaßen unentziehbar?

Zu den verfassungsrechtlich anerkannten Verlustgründen für ein Abgeordnetenmandat gehört das Wegfallen der Wählbarkeit (Art. 52 Abs. 3 ThürVerf.). Für die in § 46 Abs. 1 Nr. 3 i. V.m. § 14 ThürLWG genannten Gründe – Verlust des Wahlrechts infolge Richterspruchs, Betreuung, Unterbringung in einem psychatrischen Krankenhaus, Richterspruch über den Verlust der Wählbarkeit oder der Fähigkeit, öffentliche Ämter zu bekleiden – ist dies allgemein anerkannt und auch vom ThürVerfGH als einfach – gesetzliche Konkretisierung des Art. 52 Abs. 3 ThürVerf. akzeptiert worden. Obwohl auch diese Gründe in der Verfassung nicht geregelt sind, sondern, wie der ThürVerfGH formuliert, „stillschweigend traditionell zugelassen werden"[75], soll der Gesetzgeber zur Festlegung weiterer Tatbestände jedoch nicht befugt sein[76].

Das vermag nicht zu überzeugen, weil zu den Wählbarkeitsvoraussetzungen im Gefolge der Revolution von 1989/90 legitimerweise auch die Offenlegung einer Verstrickung mit dem MfS/ANS erhoben werden durfte. Soll die Offenlegung nicht bloße Ordnungsvorschrift sein, kann es gegen die Normierung eines entsprechenden Verlustgrundes nichts zu erinnern geben, wenn sich die Verstrickung des Abgeordenten erst im Laufe des Überprüfungsverfahrens herausstellt. Hinter dieser Regelung

---

[70] *Kulke*, Länderreport: Thüringen, LKV 1999, 16.

[71] Gesetz vom 15. Dezember 1998, GVBl. 1998, 423.

[72] Siehe dazu Bericht des erweiterten Gremiums zu dem Ergebnis der Überprüfung der Abgeordneten Almuth Beck nach dem Thüringer Gesetz zur Überprüfung von Abgeordneten (ThürAbgÜpG), LT-Drucks. 2/3581; Entscheidung über den Mandatsverlust gem. § 8 Abs. 1 und 2 ThürAbgÜpG vom 29. April 1999, Plen.Prot. 2/97.

[73] ThürVerfGH, VerfGH 2/99, ThürVBl 2000, 180 mit Anmerkung *W. Löwer*, ThürVBl. 2000, 206ff.

[74] Zu Recht krit. *W. Löwer*, ThürVBl 2000, 206, 211.

[75] ThürVerfGH, ThürVBl. 2000, 180, 183.

[76] ThürVerfGH, ThürVBl. 2000, 180, 181, LS. 5: „Als Übergangsrechtsprinzipien" im Verfassungsstaat lassen sich feststellen: In Zeiten des Verfassungsumbruchs sind für den Übergang, d.h. befristet, Einschränkungen demokratischer Rechte zulässig. Diese Einschränkung kann nur die Verfassung selber vornehmen".

steht das verfassungsrechtlich legitime[77] Interesse des Gesetzgebers, Integration und Identifikation der Bürger mit den staatlichen Institutionen zu ermöglichen und zu befördern und die Funktionsfähigkeit des Verfassungsorgans Landtag, seine „Repräsentations- und Funktionsfähigkeit", zu sichern. Das ist ein überragender Gemeinwohlbelang, der letztlich auch dem Demokratieprinzip und dem aus Art. 9 ThürVerf ableitbaren Mitwirkungsrecht der Bürger dient, die ihre Wahl in Kenntnis aller entscheidungserheblichen Gesichtspunkte treffen können sollen. Und die Frage, inwieweit Abgeordnete Stasi-Mitarbeiter waren, gehörte in der Zeit nach 1990 zweifellos hierzu. Mit zunehmendem Abstand von 1989/90 verliert der Gesichtspunkt freilich an Gewicht.

Anders wäre die Lage nur dann zu beurteilen, wenn die Wähler den Abgeordneten in Kenntnis seiner MfS-Mitarbeit gewählt hätten; dann hätte es an einem zwingenden Grund für den Mandatsverlust gefehlt[78]. Doch so lagen die Dinge im Fall der Abgeordneten *Almuth Beck* nicht[79].

c) Diätenregelung

Eine Besonderheit des Thüringer Staatsrechts stellt die Regelung der Abgeordnetendiäten in Art. 54 ThürVerf dar[80]. Soweit dort eine angemessene, die Unabhängigkeit des Abgeordneten sichernde Entschädigung vorgeschrieben wird (Abs. 1 S. 1), auf die auch nicht verzichtet werden kann (S. 2)[81], bewegt sich Thüringen allerdings in eingefahrenen Gleisen, und auch die in Art. 54 Abs. 3 ThürVerf verankerte Kostenpauschale ist bundesdeutscher Standard.

Aufmerksamkeit verdient und gefunden hat hingegen die Indexierungsregelung des Art. 54 Abs. 2 ThürVerf. Sie sieht vor, dass sich die Höhe der *Entschädigung* nach der allgemeinen Einkommensentwicklung bemisst, während für die Höhe der *Kostenpauschale* die allgemeine Preisentwicklung im Freistaat maßgeblich ist. Die Regelung ist ein Versuch des Verfassungsgebers, die wegen des verfassungsrechtlichen *Transparenzgebotes* vom Parlament zu entscheidende[82], politisch gleichwohl stets prekäre Frage der „Diätenerhöhung" der tagespolitischen Auseinandersetzung zu entziehen[83]. Öffentlichkeitswirksam lässt sich dabei auch herausstellen, dass dieses Modell (theoretisch) sogar zu einer *Senkung* von Entschädigung und Kostenpauschale führen kann.

Allerdings wird der Landtag damit nicht vollständig aus der Pflicht entlassen. Statt um die Höhe der Entschädigung muss er sich jedoch nur um die *richtige Bestimmung der*

---

[77] BVerfGE 70, 324, 383; ThürVerfGH, ThürVBl. 2000, 180, 183.

[78] *P.M. Huber*, in: ders. (Hrsg.), ThürStVerwR, 2000, 1. Teil Rdnr. 168.

[79] Zum Überprüfungsverfahren LT.-Drucks. 2/3581.

[80] *P.M. Huber*, Zur Diätenregelung in Thüringen, ThürVBl. 1995, 73ff.

[81] Der Verfassungsgeber trägt damit seiner Verpflichtung aus Art. 28 Abs. 1 i.V.m. Art. 48 Abs. 3 GG Rechnung.

[82] In seiner Entscheidung zur saarländischen Diätenregelung hat das BVerfG Art. 48 Abs. 3 GG entnommen, daß über die Höhe der Diäten durch Gesetz entschieden wird, weil nur so die Transparenz hergestellt werden kann, die für eine demokratische Kontrolle der Diätenfestsetzung unverzichtbar ist, BVerfGE 40, 296, 327; *P.M. Huber*, ThürVBl. 1995, 73, 83.

[83] *P.M. Huber*, Die Verfassung des Freistaats Thüringen – ein Überblick, in: Schmitt (Hrsg.), Die Verfassung des Freistaats Thüringen, S. 69, 96.

Bemessungsgrundlage und die konkrete Festlegung der Einkommens- und Preissteige-
rungsraten kümmern und diese gegenüber der Öffentlichkeit verantworten[84]. Das hat
der ThürVerfGH grundsätzlich gebilligt und zur Konkretisierungsbedürftigkeit des
unbestimmten Verfassungsbegriffs „allgemeine Einkommensentwicklung" in Art. 54
Abs. 2 ThürVerf festgestellt:

„Dieser Begriff ist inhaltlich faßbar, durch den Gesetzgeber konkretisierbar und damit umsetz-
bar. Er entspricht dem Transparenzgebot. … Der Wortsinn der Verfassungsvorschrift spricht
dafür, als Maßstab der Diätenanpassung die Entwicklung des allgemeinen Einkommens heranzuziehen, d.h. die Entwicklung des Durchschnitts aller Einkommen unter Berücksichtigung
aller Einkünfte. Art. 54 Abs. 2 ThürVerf enthält mithin eine Verpflichtung zu einer möglichst
umfassenden, jedenfalls aber hinreichend repräsentativen Berücksichtigung aller Einkommen
bei der Festlegung der Anpassung. … Dies stellt den Landesgesetzgeber nicht vor eine unlösbare
Aufgabe. Er hat dabei zwei Aspekte zu beachten, einerseits die allgemeinen Einkommensver-
hältnisse auf möglichst breiter Basis festzustellen, andererseits diese Basis doch aus allgemein
verfügbaren statistischen Daten zu ermitteln. … Soweit der Verfassungsgerichtshof die Außerachtlassung von bestimmten Einkommen deshalb für gerechtfertigt hält, weil etwa hinsichtlich
der Nettoeinkommen und der Einkommen der Selbständigen, Freiberufler, Rentner und Pen-
sionsberechtigten derzeit eine hinreichende statistische Erfassung nicht möglich ist, können
Verbesserungen der statistischen Erhebungsmethoden Anlaß geben, das geltende Recht zu
überprüfen. Es wird dem Gesetzgeber obliegen, die notwendigen Vorkehrungen im Wege der
Nachbesserung zu treffen …"[85].

Von einer allgemeinen oder auch nur weitgehenden Akzeptanz dieser über den
Freistaat Thüringen hinaus bekannten Indexierungsregelung kann gleichwohl keine
Rede sein. Im Gegenteil: ihre temporäre Aussetzung durch die – bislang einzige –
Verfassungsänderung von 1997 (Art. 105a ThürVerf)[86] deutet eher darauf hin, dass
dem Landtag der Anflug von „Bauernschläue", den der Verfassungsgeber hier gezeigt
hat, doch irgendwie mulmig ist[87]. Ob sich die Verfassung an diesem Punkt dauerhaft
bewähren wird, ist deshalb auch 10 Jahre nach ihrer Verabschiedung noch nicht ausgemacht.

5. *Volksgesetzgebung*

Das wichtigste verfassungsrechtliche und -politische Ereignis nach der Verabschiedung der ThürVerf. war jedoch die Auseinandersetzung um das Volksbegehren

---

[84] Siehe hierzu die Unterrichtungen durch den Präsidenten des Landtags gemäß § 26 Abs. 3 Satz 3 des
Thüringer Abgeordnetengesetzes über die Veränderung der Grund- und Aufwandsentschädigung vom
26. Januar 1996 (GVBl 1996 S. 15), vom 27.Januar 1997 (GVBl 1997 S. 73), vom 6.Februar 1998 (GVBl
1998 S. 24).

[85] ThürVerfGH, Urt. vom 16. Dezember 1998, VerfGH 20/95, Umbr. S. 31; *P.M. Huber*, ThürVBl.
1995, 73; i.E. ebenso: *J. Linck*, Zur Verfassungsmäßigkeit des Thüringer Modells einer Indexierung der
Abgeordnetendiäten, ThürVBl. 1995, 104ff.; *St. Storr*, Verfassunggebung in den Ländern, 1995, S. 245ff.;
ders., Staats- und Verfassungsrecht Thüringen, Rdnr. 524ff.

[86] Gesetz zur Änderung der Verfassung des Freistaats Thüringen vom 12. Dezember 1997, GVBl.
S. 525.

[87] So *St. Storr*, Staats- und Verfassungsrecht Thüringen, Rdnr. 547.

„Mehr Demokratie in Thüringen"[88], dessen Nachbeben bis heute noch nicht abge-klungen sind[89].

Die Erfahrungen der friedlichen Revolution von 1989/90, das Vertrauen in die über 50 Jahre stabile Demokratie nach dem II. Weltkrieg sowie nicht zuletzt die sozia-le und bildungsmäßige Emanzipation weiter Bevölkerungsschichten haben die noch im Parlamentarischen Rat artikulierten Vorbehalte gegen alle Formen unmittelbarer Demokratie spürbar entkräftet und auch den Thüringer Verfassungsgeber bewogen, neben einem Bürgerantrag an den Landtag (Art. 68 ThürVerf.) auch die Instrumente des Volksbegehrens und des Volksentscheids vorzusehen (Art. 82 ThürVerf.)[90]. Wie dargelegt, war dies auch der einzige Punkt, an dem der Diskurs mit der Öffentlichkeit zu Änderungen am ursprünglichen Verfassungsentwurf geführt hat.

Die Hoffnungen auf eine lebendige unmittelbare Demokratie blieben freilich lange Zeit theoretischer Natur. Sieben Jahre nach der Verabschiedung der ThürVerf. waren die entsprechenden Instrumente noch immer gegenstandslos geblieben, „law in the books" statt „law in action"[91]. Deshalb formierte sich nach mehrjähriger Vorberei-tungszeit ein parteiübergreifendes Bündnis für ein Volksbegehren „*Mehr Demokratie in Thüringen*", das eine Reihe von Verfassungsänderungen zum Ziel hatte:

- Für den Bürgerantrag sollten 25.000 Unterschriften genügen, statt wie bisher 6% der Stimmberechtigten; die Flächenklausel sollte entfallen.
- Die bisherige Regelung des Art. 82 Abs. 2 ThürVerf., wonach Volksbegehren zum Landeshaushalt, zu Dienst- und Versorgungsbezügen, Abgaben und Personalent-scheidungen unzulässig sind, sollte (geringfügig) verschärft werden: Bei finanz-wirksamen Volksbegehren sollte es eines Kostendeckungsvorschlags bedürfen. Dar-über hinaus wurden Volksbegehren für unzulässig erklärt, die den Erfordernissen des gesamtwirtschaftlichen Gleichgewichts nicht Rechnung getragen hätten.
- Das Unterstützungsquorum sollte von 14% der Stimmberechtigten auf 5% gesenkt, die Frist von vier auf sechs Kalendermonate verlängert werden.

---

[88] Dazu einerseits *P. Neumann* (Hrsg.), Sachunmittelbare Demokratie im Freistaat Thüringen, 2002, mit Beiträgen von *P. Neumann, Chr. Degenhart, P.M.Huber / St. Storr / M. Koch, G. Kirchgässner, R. Schiffers, H. Siekmann* sowie einem Urteilsabdruck; *Chr. Degenhart*, Volksgesetzgebungsverfahren und Verfassungs-änderung nach der Verfassung des Freistaats Thüringen, ThürVBl. 2001, 201 ff.; *P.M. Huber*, Volksgesetz-gebung und Ewigkeitsgarantie, 2003; andrerseits *R. Gröschner*, Unterstützungsquoren für Volksbegehren: eine Frage des Legitimationsniveaus plebiszitärer Gesetzesinitiativen, ThürVBl. 2001, 193 ff.; andrerseits *J. Isensee*, Rechtsgutachten zur Verfassungsmäßigkeit des Entwurfs eines „Gesetzes zur Änderung der Verfas-sung des Freistaates Thüringen (Gesetz zur Stärkung der Rechte der Bürger)", 2001, Typoskript.

[89] Siehe dazu Gesetzentwurf der Landesregierung. Zweites Gesetz zur Änderung der Verfassung des Freistaats Thüringen, LT.-Drucks. 3/2237; Gesetzentwurf der Fraktionen der SPD und PDS. Zweites Ge-setz zur Änderung der Verfassung des Freistaats Thüringen (Gesetz zur Entwicklung direkter Demokratie im Freistaat Thüringen), LT.-Drucks. 3/1911; Gesetzentwurf der Landesregierung. Erstes Gesetz zur Än-derung des Thüringer Gesetzes über das Verfahren bei Bürgerantrag, Volksbegehren und Volksentscheid, LT.-Drucks. 3/2238; Gesetzentwurf der Fraktionen der PDS und SPD. Erstes Gesetz zur Änderung des Thüringer Gesetzes über das Verfahren bei Bürgerantrag, Volksbegehren und Volksentscheid, LT.-Drucks. 3/2196.

[90] Zu den Anfängen *O. Jung*, Jüngste plebiszitäre Entwicklungstendenzen in Deutschland auf Landes-ebene, JöR 41 (1993), 29, 61 ff.; *ders.*, Abschluß und Bilanz der jüngsten plebiszitären Entwicklung in Deutschland und auf Landesebene, JöR 48 (2000), 39, 54 ff.

[91] *P.M. Huber*, Volksgesetzgebung und Ewigkeitsgarantie, 2003, S. 11; negative Bewertung auch bei *O. Jung*, JöR 48 (2000), 39, 60.

– Bei Volksentscheiden über einfache Gesetze sollte das Zustimmungsquorum, das bisher ein Drittel der Stimmberechtigten ausmacht, gestrichen werden, bei Volksentscheiden über Verfassungsänderungen sollte es von bisher 50% der Stimmberechtigten auf 25% gesenkt werden.

Die Präsidentin des Thüringer Landtags stellte mit Bescheid vom 17. Juli 2000 die Zulässigkeit des Antrags gem. § 11 ThürBVVG fest[92]. Zuvor hatte sie gemäß § 11 Abs. 1 Satz 2 ThürBVVG die Stellungnahme der Thüringer Landesregierung eingeholt, die den Antrag zwar nicht in formeller Hinsicht beanstandet, jedoch erhebliche Zweifel angemeldet hatte, ob die angestrebten Änderungen mit landes- und bundesrechtlichen Vorgaben in Einklang stünden[93].

Das Volksbegehren hatte sodann die von Art. 82 Abs. 3 ThürVerf. und § 17 Abs. 1 ThürBVVG gestellten Bedingungen erfüllt: die Zustimmung von mindestens 14 v.H. der Stimmberechtigten innerhalb von vier Monaten, und war damit zustande gekommen. Die Landtagspräsidentin hat dies nach Einreichung der Unterschriftsbögen mit Bescheid vom 20. März 2001 festgestellt und der Vertrauensperson sowie der Stellvertretenden Vertrauensperson mitgeteilt, § 17 Abs. 2 und 3 ThürBVVG[94]. Die Thüringer Landesregierung, die nach Art. 82 Abs. 4 ThürVerf. zu einem Volksbegehren gegenüber dem Landtag unverzüglich Stellung zu nehmen hat, hielt dieses auch nach einer weiteren Prüfung und der Einholung zweier Rechtsgutachten für verfassungswidrig und beantragte im April 2001 deshalb beim ThürVerfGH, die Unzulässigkeit des Volksbegehrens „Mehr Demokratie in Thüringen" festzustellen.

Dem hat der ThürVerfGH mit Urteil vom 19. September 2001 entsprochen und das Volksbegehren in Bausch und Bogen für unzulässig erklärt[95].

Von der Annahme ausgehend, dass die Art. 79 Abs. 3 GG nachgebildete „Ewigkeitsgarantie" des Art. 83 Abs. 3 ThürVerf. immer schon dann verletzt wird, „wenn das zur verfassungsrechtlichen Prüfung stehende Gesetz das Demokratieprinzip einschließlich des Prinzips der Volkssouveränität, das Rechtsstaatsprinzip oder einen der anderen in Art. 83 Abs. 3 ThürVerf. genannten Grundsätze ganz oder in einem Teilbereich außer Acht lässt, sofern dieser Teilbereich zu den konstituierenden Elementen eines der Grundsätze gehört und wenn seine Außerachtlassung den Grundsatz einem allmählichen Verfallsprozess aussetzt"[96], sah der ThürVerfGH in den angestrebten Regelungen durchwegs Einfallstore für den befürchteten „Verfallsprozess": In der angestrebten Senkung der Unterstützungsquoren von 14 auf 5% der Stimmberechtigten bei gleichzeitiger Verlängerung der Sammlungsfrist sah er eine „Berührung" des Demokratieprinzips, weil auch die Durchführung eines Volksbegehrens Ausübung von Staatsgewalt sei und insofern einer „besonderen, materiellen Legitimation" bedürfe[97]. Auch der Volksentscheid bedürfe eines „Sachverhalts, der seine Rückbeziehung zum Volkswillen indiziert"[98], so dass ein Verzicht auf Zustimmungsquoren für Volksentscheide nicht in Betracht kommen könne. Für verfassungsändernde Volksentscheide

---

[92] Az. 177913/00.
[93] Stellungnahme vom 4. Juli 2000.
[94] LT.-Drucks. 3/1449, Hinweis S. 1 unten.
[95] ThürVerfGH, VerfGH 4/01, ThürVBl 2002, 31 ff.
[96] ThürVerfGH, ThürVBl 2002, 31, 32 f.
[97] ThürVerfGH, ThürVBl 2002, 31, 35.
[98] ThürVerfGH, ThürVBl 2002, 31, LS. 4.

komme hinzu, dass das Rechtsstaatprinzip ein erschwertes Gesetzgebungsverfahren verlange und ein Zustimmungsquorums von 25% der Stimmberechtigten insoweit nicht ausreichend sei.

Die Entscheidung ist zu Recht überwiegend kritisiert worden[99]. Ohne dass hier alle Argumente ausgebreitet werden könnten[100], scheinen drei Anmerkungen wichtig:

Die erste betrifft die Reichweite der sog. Ewigkeitsgarantie. Grundlegend für die Entscheidung ist deren extensives Verständnis, das in Anlehnung an das Sondervotum der Richter *Geller, v. Schlabrendorff* und *Rupp* zu der Abhör-Entscheidung des BVerfG formuliert wird, der bislang einzigen Entscheidung, die sich eingehender mit Art. 79 Abs. 3 GG beschäftigt hat. Dieser Vorschrift ist Art. 83 Abs. 3 ThürVerf. auch nach Feststellung des ThürVerfGH nachgebildet. Art. 83 Abs. 3 ThürVerf. soll die dort aufgeführten Verfassungsprinzipien – bei genauerem Hinsehen ist in Art. 83 Abs. 3 Thür-Verf. wie in Art. 79 Abs. 3 GG freilich nur von den „Grundsätzen" jener Prinzipien die Rede, nicht von der konkreten Ausgestaltung, die sie in der Verfassung erfahren haben – nicht nur in ihrem Kern schützen, sondern auch vor einem „allmählichen Verfallsprozess" bewahren. Das läuft in der Sache auf eine „Versteinerung" der Thür-Verf. hinaus und nimmt ihr die Möglichkeit, sich den wandelnden gesellschaftlichen, politischen und wirtschaftlichen Gegebenheiten anzupassen.

Dass dies weder vom deutschen noch vom Thüringer Verfassungsgeber gewollt ist und gar nicht gewollt sein kann, erhellt ein flüchtiger Blick auf das in Art. 20 Abs. 1 und 2 GG niedergelegte Demokratieprinzip und seine Europäisierung. Es steht nämlich außer Frage, dass dieses durch die Einbindung Deutschlands in die EU und die im Rat der EU typischen Mehrheitsentscheidungen (Art. 205 EG) einem kontinuierlichen, sich beschleunigenden Erosionsprozess ausgesetzt ist, weil in Deutschland immer mehr Akte öffentlicher Gewalt zur Anwendung gelangen, die nicht (mehr) über eine personelle Legitimation durch das Deutsche Volk verfügen. Und obwohl auch in diesem Zusammenhang Art. 79 Abs. 3 GG gilt[101], hat das BVerfG diese Erosion nicht beanstandet, sondern sie als notwendige Folge des (politisch gewollten und verfassungsrechtlich legitimierten) Integrationsprozesses angesehen[102]. Die Ewigkeitsgarantie bildet hier m. a. W. nur eine letzte verfassungsrechtliche „Brandmauer"; einer Änderung und Fortentwicklung der in Rede stehenden Verfassungsprinzipien, einem „allmählichen Verfallsprozess" in der Terminologie des ThürVerfGH, steht sie dagegen nicht entgegensteht, schon gar nicht an dessen Beginn. Veränderungen der konkreten Ausgestaltung von Verfassungsprinzipien wie der Demokratie, des Rechtsstaats, des Sozialstaats, des Umweltstaats, aber auch der in der Verfassung niedergelegten Funktionenordnung müssen möglich bleiben, will die Verfassung ihre Steuerungsfähigkeit nicht einbüßen. Genau dies aber droht die Formel des ThürVerfGH zu verhindern.

Die zweite Anmerkung bezieht sich auf die Höhe des Zustimmungsquorums für Verfassungsänderungen. Hier hat der ThürVerfGH 25% der Stimmberechtigten für nicht ausreichend gehalten, um das rechtsstaatlich gebotene erschwerte Abänderungs-

---

[99] Anmerkung *M. Koch*, ThürVBl. 2002, 46f.; Weitere Anmerkung *J. Rux*, ThürVBl. 2002, 48ff.
[100] Ausführlich *P. M. Huber*, Volksgesetzgebung und Ewigkeitsgarantie, 2003.
[101] Siehe den ausdrücklichen Verweis in Art. 23 Abs. 1 Satz 3 GG.
[102] BVerfGE 89, 155, 183f.

verfahren sicherzustellen. Das steht in deutlichem Widerspruch zu der zwei Jahre zuvor ergangenen Entscheidung des BayVerfGH, der aus der BayVerf. zwar ein Zustim-
mungserfordernis von 25% geschöpft[103], dieses jedoch gerade nicht als sub specie der
Ewigkeitsgarantie (des Art. 75 Abs. 1 Satz 2 BayVerf.) als verfassungsrechtlich unab-
dingbar eingestuft hatte[104]. Die hier aufscheinende Unterscheidung zwischen einfacher Verfassungsauslegung und der Bestimmung der äußersten Grenzen einer Verfassungsänderung blieb dem ThürVerfGH dagegen verschlossen; statt dessen hat er sich
in eine diffuse „Gesamtbetrachtung" geflüchtet, in der politische und rechtliche Erwägungen bzw. Maßstäbe ununterscheidbar verschwimmen[105].

Seit langem und grundsätzlich umstritten ist, drittens, die Frage, ob die Ausübung
staatlicher Gewalt durch Volksbegehren und Volksentscheide einer besonderen Legitimation bedarf, d.h. konkret bestimmter Beteiligungs- und Zustimmungsquoren, oder
ob hier die individualrechtliche Dimension staatsbürgerlicher Mitwirkungsrechte im
Vordergrund steht. Der ThürVerfGH hat sich dezidiert für die erste Variante entschieden und einen Vergleich mit den verfassungsrechtlichen Rahmenbedingungen von
Wahlen ausdrücklich abgelehnt. Seine wesentliche Begründung dafür ist, dass Wahlen
auf die Begründung eines verfassungsrechtlichen Status der Mandatsträger zielten, die
bei der Einbringung von Gesetzesinitiativen etc. im Landtag später dem Mehrheits-
prinzip unterlägen und deshalb ein aliud zu plebiszitären Formen der Willensbildung
seien[106].

Das verkennt jedoch, dass Wahlen und Abstimmungen nur unterschiedliche Stufen
der „Repräsentation" darstellen[107], dass das Wahl- wie das Abstimmungsrecht im Status activus des Staatsbürgers wurzeln und insoweit Ausprägungen desselben Verfas-
sungsprinzips sind[108], und dass Wahlen nach modernem Verfassungsverständnis eine
real- und personalplebiszitäre Dimension besitzen, die durch das BVerfG sogar eine
besondere Akzentuierung erfahren hat[109].

6. Kommunalrecht

a) Gebietsreform

Mit Blick auf die nach 1990 anstehenden kommunalen Gebietsreformen hatten vor
allem die Landesverfassungsgerichte der neuen Länder Pionierarbeit zu leisten. Die
ersten wichtigen Entscheidungen des ThürVerfGH betrafen denn auch die Gebietsreformen auf Kreis- und Gemeindeebene, die notwendig waren, um in dem historisch
stark zersplitterten Land mit nicht einmal 2,5 Mio Einwohnern leistungsfähige Ver-
waltungsstrukturen zu schaffen. Entscheidungen zur Festlegung des Kreissitzes eines

---

[103] BayVerfGH, BayVBl. 1999, 719, 724ff.
[104] BayVerfGH, BayVBl. 2000, 397, 398.; *P.M. Huber*, Volksgesetzgebung und Ewigkeitsgarantie, S. 93.
[105] ThürVerfGH, ThürVBl. 2002, 31, 44.
[106] ThürVerfGH, ThürVBl. 2002, 31, 36.
[107] Überzeugend *H. Dreier*, Landesverfassungsänderung durch quorenlosen Volksentscheid aus der
Sicht des Grundgesetzes, BayVBl. 1999, 513ff.
[108] BVerfGE 5, 85, 204f. – KPD; 8, 104, 114; 60, 175, 201; 96, 139, 148; 96, 231, 239f.
[109] BVerfGE 89, 155, 171f.

neu gebildeten Landkreises[110] und zur Eingliederung von Umlandgemeinden in eine kreisfreie Stadt[111] betreffen die Kreisgebietsreform. Daneben gibt es eine Fülle von Entscheidungen zur Gemeindegebietsreform – auch im Verfahren des einstweiligen Rechtsschutzes[112].

Furore gemacht hat insbesondere die Entscheidung zum ThürNGG: zum einen, weil sie das Gesetz mit einem nicht ganz unanfechtbaren[113] Kunstgriff teilweise an Art. 28 Abs. 2 GG scheitern ließ, ohne die Sache nach Art. 100 Abs. 1 Satz 2 GG dem *BVerfG* vorzulegen, wo sie – vor Errichtung des *ThürVerfGH* – freilich schon einmal anhängig gewesen war[114]. Zum andern, weil der *ThürVerfGH* dort eine „Drei-Stufen-Theorie" für die Durchführung umfassender Gebietsreformen entwickelt hat, an der seitdem kein Gericht in Deutschland mehr vorbeigehen kann. Wörtlich heißt es insoweit:

„... Bei umfassenden Gemeindegebietsreformen lassen sich drei Stufen der gesetzgeberischen Entscheidung unterscheiden. Auf jeder dieser Stufen erfolgt eine Gemeinwohlkonkretisierung durch den Gesetzgeber, der jeweils eine adäquate verfassungsgerichtliche Überprüfung zuzuordnen ist. Die erste Stufe umfaßt den Entschluß, überhaupt eine grundlegende Umgestaltung der kommunalen Ebene vorzunehmen. Auf der zweiten Stufe werden die Leitbilder und Leitlinien der Neuordnung festgelegt, die die künftige Struktur der Selbstverwaltungskörperschaften bestimmen und die Umgestaltung in jedem Einzelfall dirigieren sollen. Auf der dritten Stufe erfolgt die Umsetzung der allgemeinen Leitbilder und Leitlinien im konkreten einzelnen Neugliederungsfall.

...

Bei der Bestimmung der abstrakt-generellen Leitlinien einer gesetzlichen Gebietsreform kommt dem Gesetzgeber ein weiter Spielraum zu.

...

Auf der dritten Stufe seiner Entscheidung, in den Bestand oder das Gebiet einer Gemeinde einzugreifen, unterliegt der Gesetzgeber einer intensiveren verfassungsgerichtlichen Kontrolle als bei den beiden vorangegangenen Stufen. Dies ergibt sich aus dem planerischen Einschlag der gesetzgeberischen Entscheidung, bei der die Abwägung der für und gegen eine Neugliederungsmaßnahme streitenden Belange im wesentlichen durch die vom Gesetzgeber entwickelten Leitlinien und Leitbilder gesteuert wird. Deren Konkretisierung erfordert, die spezifischen örtlichen Gegebenheiten in den Blick zu nehmen.

... Der Verfassungsgerichtshof hat insbesondere umfassend nachzuprüfen, ob der Gesetzgeber den entscheidungserheblichen Sachverhalt zutreffend und vollständig ermittelt und dem Neugliederungsgesetz zugrunde gelegt hat."[115]

---

[110] ThürVerfGH, LVerfGE 4, 426 ff. = ThürVBl 1996, 209 ff. – Kreissitz.

[111] ThürVerfGH, LVerfGE 5, 391 ff. – Thüringer Neugliederungsgesetz; 7, 361 ff.

[112] ThürVerfGH 6, 373 ff.; 6, 381 ff.; 7, 392 ff.

[113] Zur Rechtfertigung ThürVerfGH, ThürVBl 1997, 276 ff.; *K. U. Meyn*, in: Huber (Hrsg.), ThürStVerwR, 3. Teil Rdnr. 22; krit. *St. Storr*, Grundgesetz als „mittelbare Landesverfassung"?, ThürVBl. 1997, 121, 123 f.

[114] ThürVerfGH, LVerfGE 5, 391 ff.; ThürVBl 1997, 276 ff.; *P.M. Huber*, in: ders. (Hrsg.), ThürStVerwR, 1. Teil Rdnr. 207.

[115] ThürVerfGH, LVerfGE 5, 391.

b) Kommunaler Finanzausgleich

Die Substanz kommunaler Selbstverwaltung und der Wert ihrer verfassungsrechtlichen Garantie bemisst sich heute – um einen weiteren Aspekt des Kommunalrechts zu nennen – mehr und mehr nach den den Kommunen zur Verfügung stehenden Mitteln. Angesichts der Neigung von Bund und Ländern, Aufgaben auf die kommunale Ebene zu verschieben, ohne für eine entsprechende Finanzierung zu sorgen, ist Kreisen und Gemeinden die Luft zum Atmen schon weitgehend genommen. Seit 1949 war ihre finanzielle Lage noch nie so dramatisch wie jetzt. Geschlossene Schwimmbäder und Kindertagesstätten künden davon ebenso wie der immer schlechtere Zustand vieler Gemeindestraßen. Der *NdsStGH*[116] und – in geringerem Umfang – auch das *BrbVerfG*[117], der *SächsVerfGH*[118], das *VerfG LSA*[119], der *BayVerfGH*[120], der *VerfGH NW*[121] und der *StGH BW*[122] haben versucht, diesem Trend durch die Herausbeitung einer dualistischen Finanzgarantie, eines begrenzten Konnexitätsprinzips und der Garantie einer finanziellen Mindestausstattung ein wenig zu wehren, auch wenn sie den Kommunen letztlich nicht mehr Geld verschaffen konnten.[123] Der *ThürVerfGH* hat dagegen fast 4 Jahre gebraucht, um auf 33 Seiten zu begründen, warum er sich mit dieser Materie nicht beschäftigen will[124].

IV. Resümee und Ausblick

Seit der Landtag die ThürVerf. in seiner Eigenschaft als verfassungsgebende Landesversammlung auf der Wartburg bei Eisenach am 25. Oktober 1993 mit der notwendigen Zwei-Drittel-Mehrheit[125] verabschiedet hat, ist es im Verfassungsrecht des Freistaats Thüringen – wie der notwendigerweise kursorische Überblick gezeigt hat – keineswegs still geworden. Zwar zeugt die Tatsache, dass es während einer Dauer von fast 10 Jahren bislang lediglich zu einer einzigen Verfassungsänderung gekommen ist[126], davon, dass die ThürVerf. ihre „Bestandssicherungsfunktion"[127] geradezu mustergül-

---

[116] NdsStGH, DVBl. 1995, 1175ff.; 1998, 185ff.

[117] BrbVerfG, DÖV 1998, 336ff.

[118] SächsVerfGH, Urt. v. 23.11. 2000 – Vf. 53 – II – 97; 49 – VIII – 97.

[119] VerfG LSA, DVBl. 1998, 1288; NVwZ – RR 1999, 393ff.

[120] BayVerfGH, BayVBl. 1997, 303ff.; 1998, 207ff.

[121] VerfGH NW, DVBl. 1999, 391ff.

[122] StGH BW, VBlBW 1998, 295; DVBl. 1998, 1276ff.; 1999, 1351ff.; VBlBW 2000, 220f.

[123] *M.E. Geis*, „Political – question – doctrine" im Recht des kommunalen Finanzausgleichs?, FS für Maurer, 2001, S. 79ff.

[124] ThürVerfGH, Urt. vom 6.6. 2002 – VerfGH 14 / 98.; zu den verfassungsrechtlichen Problemen siehe *P.M. Huber / St. Storr*, Der kommunale Finanzausgleich als Verfassungsproblem, 1999.

[125] Plen.Prot. 1 / 7265ff. Für die Verfassung stimmten die Fraktionen von CDU, F.D.P. und SPD, gegen sie die Fraktionen von NF/GR/DJ sowie LL-PDS.

[126] Die Verfassungsänderung zur Erleichterung von Bürgeranträgen, Volksbegehren und Volksentscheiden ist bislang noch nicht beschlossen; vgl. insoweit Gesetzentwurf der Landesregierung, Zweites Gesetz zur Änderung der Verfassung des Freistaats Thüringen, LT.-Drucks. 3 / 2237; Gesetzentwurf der Fraktionen der SPD und PDS; Zweites Gesetz zur Änderung der Verfassung des Freistaats Thüringen (Gesetz zur Entwicklung direkter Demokratie im Freistaat Thüringen), LT.-Drucks. 3 / 1911.

[127] *H. Schulze-Fielitz*, Die deutsche Wiedervereinigung und das Grundgesez. Zur Theorie und Praxis

tig erfüllt. Die heterogenen Entscheidungen des ThürVerfGH belegen jedoch, dass sich im Rahmen dieser Verfassung ein buntes Leben entfaltet, auf das sie begrenzend und steuernd einwirkt.

Dieser Befund kann freilich nicht darüber hinweg täuschen, dass das Bild der Verfassungsentwicklung in Thüringen eher bescheiden ausfällt, wenn man es mit der Bundesebene oder gar der Ebene der EU vergleicht. Das Grundgesetz ist zwischen Oktober 1993 und Dezember 2002 an 35 Stellen 10 mal geändert worden, wobei es um so wichtige Dinge wie die Aufnahme von Staatszielen ging (Art. 3 Abs. 2 Satz 2, 20a), eine Reform der Kompetenzverteilung zwischen Bund und Ländern, die Privatisierung der großen Infrastrukturunternehmen (Art. 87e, 87f, 143a, 143b GG), die kommunale Selbstverwaltung, die Wehrverfassung (Art. 12a Abs. 4 S. 2 GG) u.v.a.m. Der EU-V ist immerhin 4 mal geändert worden, einschließlich der Einschaltung zweier Konvente.

Für diese Diskrepanz gibt es freilich einen Grund: Wie alle Landesverfassungen ist auch die ThürVerf. für die Lebenswirklichkeit der Menschen, für die Bewältigung der existentiellen Probleme unserer Gesellschaft, von eher untergeordneter Bedeutung. Die Länder sind, um ein Wort von *Josef Isensee* aufzugreifen, letztlich doch „Staaten ohne Ernstfall". Die „großen" Entscheidungen über Krieg und Frieden, Sicherheit, Wirtschaft, Umweltschutz, soziale Gerechtigkeit etc. werden auf nationaler, unionaler oder gar internationaler Ebene getroffen[128], jedoch kaum (noch) auf der Ebene der Länder.

Fehlen den Ländern aber die Kompetenzen zur Lösung dieser Fragen, so hat dies notgedrungen auch Auswirkungen auf ihr Verfassungsrecht und seine Steuerungsfunktion[129]. Wo eine Verfassung mangels Verbandskompetenz ihre programmatischen Funktionen nicht einzulösen vermag, wo sie nicht als Zukunftsentwurf einer Gesellschaft über sich hinaus wachsen kann[130], verliert sie an praktischer Bedeutung. Überspitzt formuliert: Die verhältnismäßig seltenen Änderungen deutscher Landesverfassungen können nicht nur als Ausdruck besonderer Stabilität und Rigidität gewertet werden, sondern auch als Konsequenz einer nur begrenzten Relevanz. Die Entwicklung des Landesverfassungsrechts in Thüringen seit 1993 ist hierfür ein gutes Beispiel.

---

von Verfassungsentwicklungsprozessen, in: Hesse / Schuppert / Harms (Hrsg.), Verfassungsrecht und Verfassungspolitik in Umbruchsituationen, 1999, S. 65, 66ff.

[128] Beitrag Symposion für *H. Schäffer* zum 60. Geburtstag, 26. 04.2001.

[129] Siehe dazu *G. F. Schuppert*, Rigidität und Flexibilität von Verfassungsrecht. Überlegungen zur Steuerungsfunktion von Verfassungsrecht in normalen wie in „schwierigen Zeiten", AöR 120 (1995), 32, 61f.

[130] Zu diesem Gedanken *P. Badura*, Verfassung und Verfassungsgesetz, FS für Scheuner, 1973, 19, 21; ihm folgend *G. F. Schuppert*, AöR 120 (1995), 32, 50.

La Cinquième République au miroir de la responsabilité des gouvernants[1]

von

Olivier Beaud

Professeur de droit public à l'Université de Paris II
Détaché au Centre Marc Bloch de Berlin

Après un long feuilleton politico-judiciaire, qui a tenu en haleine une fraction de l'opinion publique, la Cour de cassation française a dû trancher l'importante et inédite question de savoir si la responsabilité pénale du Président de la République pouvait être engagée pour des faits antérieurs et étrangers à sa fonction. Il s'agissait en l'espèce de savoir si, à propos du financement de son parti politique sur les fonds publics, M. Chirac, en sa qualité d'ancien maire de la ville de Paris, n'avait pas pris quelques libertés avec la loi pénale. Dans son arrêt Breisacher du 10 octobre 2001, la juridiction judiciaire suprême a clos le débat constitutionnel en estimant que le Président de la République en exercice ne pouvait pas être poursuivi par les juridictions répressives, ni même être entendu comme témoin sans son consentement, pour des faits commis antérieurement à l'exercice de ses fonctions[2].

Si l'on tient à commencer un article portant sur la responsabilité politique sous la Vème République par la mention de cette décision juridictionnelle qui concernait le cas du président Chirac, c'est parce qu'une telle péripétie est révélatrice de plusieurs tendances à l'œuvre dans le droit constitutionnel positif français. Elle nous apprend que l'article 68 de la Constitution consacré à la Haute Cour de justice – jadis complètement ignoré – est devenu un article important, sinon fondamental, de la Constitution de la Vème République, *telle qu'elle est pratiquée aujourd'hui*. Ceci signifie que le problème de la responsabilité pénale du Président (ou inversement de son immunité pénale) est devenu une question importante de droit constitutionnel. Il s'agit d'une nouveauté qui s'inscrit cependant dans une tendance lourde, depuis quelques années, qu'on peut désigner sous le nom de la *criminalisation de la responsabilité des gouvernants*.

---

[1] Ce texte est une version, remaniée et actualisée, d'une conférence prononcée à l'Université Waseda de Tokyo, en avril 2001, à la suite d'une aimable invitation du professeur Yoichi Higuchi que nous remercions ici vivement pour sa grande hospitalité.

[2] V. pour cet arrêt et les commentaires, les deux numéros spéciaux de la *Revue Française de droit administratif*, (nov.–déc. 2001) et de la *Revue française de droit constitutionnel*, n° 51, 2002.

Phénomène à double face, dans la mesure où il n'est que l'autre face de *l'affaissement in-quiétant de la responsabilité politique sous la Vème République*. Qu'est-ce qui permet d'établir un tel constat? Que signifie-t-il pour la compréhension de la Vème République? Telles sont les questions auxquelles on essaiera ici de répondre dans cet essai.

Une telle étude suppose non seulement de s'attaquer au problème de la définition de la responsabilité politique, mais aussi de réfléchir à la manière de faire du droit constitutionnel à une époque où le contentieux constitutionnel – l'étude de la jurisprudence constitutionnelle – semble épuiser à lui seul les ressources de la discipline. Certes, nul ne peut nier que l'intervention du juge donne une »interprétation authentique« (au sens de Kelsen), et donne au droit constitutionnel une certitude juridique qu'il n'avait jamais eu avant ce processus. Mais, de l'existence d'une jurisprudence constitutionnelle de plus en plus abondante, on ne peut pas soutenir, du moins pour le cas français, la thèse d'une identification du droit constitutionnel au contentieux constitutionnel, et ceci pour deux raisons. D'une part, le juge constitutionnel (ou administratif) n'est pas toujours compétent pour trancher des cas de droit constitutionnel. Ainsi, l'inexistence d'un contrôle incident de constitutionnalité (par voie d'exception) laisse apparaître des lacunes dans le contrôle du Conseil constitutionnel qui n'est quelquefois même pas saisi pour des lois pourtant fort contestables. D'autre part, le droit constitutionnel, tout comme le droit international, connaît une interprétation authentique qui est donnée par les acteurs non juridictionnels (acteurs politiques, en droit constitutionnel et les Etats en droit international). Le fait que le problème juridique n'est pas résolu par un juge n'enlève rien au caractère juridiquement valide de l'interprétation authentique de ces acteurs. »La pratique fournit en matière constitutionnelle l'équivalent ordinaire de la jurisprudence«, note très justement Pierre Avril[3]. De ce point de vue, le problème de la responsabilité politique, qui échappe très largement à la saisie du contentieux constitutionnel, illustre la possibilité de faire du droit constitutionnel en s'appuyant sur l'étude de la pratique politique.

Mais est-il vraiment légitime de prendre la responsabilité politique comme seul angle d'observation d'un régime comme celui de la Vème République? N'est-ce pas exagérer son importance? On commencera néanmoins par souligner le rôle crucial qu'elle joue dans le bon fonctionnement d'un système politique démocratique. »Le principe de la responsabilité – a-t-on écrit – est la clef de voûte de l'édifice constitutionnel démocratique dont il inspire l'organisation au niveau des pouvoirs publics, comme il commande le comportement des citoyens.«[4] Certes, mais pour comprendre ce problème, il faut aussi et surtout dégager la signification de l'expression de responsabilité politique. La définition de la notion détermine largement la manière de traiter ce problème.

Pour ce faire, nous partirons de la réflexion de René Capitant[5] amorcée dans son article des *Mélanges Carré de Malberg (1933)*. Il mettait l'accent sur un changement de signification de la responsabilité politique qui ne se borne plus à être une »responsabilité morale«, ni la simple obligation pour les membres du pouvoir exécutif de l'obligation

---

[3] *Les conventions de la Constitution*, PUF, p. 124.

[4] P. Avril, »Pouvoir et responsabilité«, in *Le Pouvoir. Mélanges offerts à Georges Burdeau*, Paris, LGDJ, 1977, p. 23.

[5] Sur cet auteur, nous nous permettons de renvoyer à notre récente étude: »Découvrir un grand juriste: le premier René Capitant (1928–1940)«, *Droits*, n° 35 (2002), pp 163–193.

de »répondre (de leurs actes) devant l'assemblée«. Selon lui, »si la responsabilité ministérielle ne signifiait aujourd'hui rien de plus, il serait bien erroné d'y voir l'institution
caractéristique du régime parlementaire. Le mot a changé de sens et désigne, nous
l'avons dit, une nouvelle prérogative du Parlement, le droit pour celui-ci d'obliger à la
retraite les ministères, qui ont perdu sa confiance.«[6]. Dans ce dernier sens, la responsabilité politique signifie concrètement »*l'obligation juridique pour ceux-ci* [des gouver-
nants] *de se démettre s'ils perdent la confiance de l'assemblée.*«[7].

Après avoir rappelé cette définition usuelle, Capitant la critique de manière très sub-
tile en proposant un commentaire qui nous paraît encore d'actualité:

> »On ne remarque pas toujours à quel point cette appellation est mal choisie. Elle fait penser à
> un diminutif de la responsabilité pénale, elle évoque l'idée de faute et de sanction, comme si la
> perte du pouvoir était pour le ministre une première et légère peine que viendra renforcer, si la
> gravité de l'infraction l'exige, la mise en jeu d'une responsabilité pénale véritable.
>
> Or, rien ne serait plus faux qu'une telle interprétation. Responsabilité pénale et responsabili-
> té politique se développent, en réalité, malgré la similitude des dénominations dans des plans
> bien distincts. La responsabilité politique a pour but de maintenir l'accord entre la politique mi-
> nistérielle et la politique de la majorité de l'assemblée: elle entre en jeu dès qu'un désaccord se
> manifeste et ce serait évidemment méconnaître profondément la réalité politique que d'aperce-
> voir une faute en une telle divergence. *Le premier devoir d'un gouvernement parlementaire est de rester
> fidèle à son programme* ; il n'y aurait de faute de sa part qu'à vouloir l'imposer à une majorité hos-
> tile et, s'il se retire devant un vote de défiance, c'est pour se conformer à la règle, non pour subir
> une peine, ni pour la prévenir.«[8]

Par là même, René Capitant dégage deux leçons très importantes pour notre propos. La première, de portée générale, concerne la théorie constitutionnelle de la responsabilité. Il y a une *autonomie de la responsabilité politique par rapport à la responsabilité
pénale*. Ces deux responsabilités obéissent à des »ressorts différents«, pour parler
comme Montesquieu. La responsabilité politique a pour fondement l'idée de la
»confiance« ou de la défiance, et c'est seulement par métaphore qu'on parle de »faute«
ou de »sanction«. Elle »n'est rien d'autre que l'obligation pour les ministres d'être en
possession de la confiance de la majorité parlementaire«[9]. On a même pu la définir récemment comme ayant pour »finalité (…) d'assurer la persistance de l'identité de volonté politique entre le gouverné, ou son représentant, et le gouvernant«[10]. En revanche, la responsabilité pénale a pour fondement l'idée d'une infraction (à la légalité
pénale) – et c'est la notion de faute qui resurgit – qu'il faut donc punir, comme l'indique la notion particulière de sanction pénale. Par voie de conséquence, les deux responsabilités, politique et pénale, obéissent à des régimes juridiques distincts[11].

---

[6] R. Capitant, »Régimes parlementaires«, *Mélanges Carré de Malberg*, 1933, in R. Capitant, *Ecrits constitutionnels*, Paris, CNRS, 1982, pp. 241–242.

[7] *Ibid.* p. 241

[8] R. Capitant, »Régimes parlementaires«, p. 241.

[9] »Le conflit de la souveraineté parlementaire et de la souveraineté populaire en France depuis la Libéra-
tion« (1954) in *Ecrits constitutionnels*, p. 292.

[10] D. Baranger, *Le droit constitutionnel*, PUF, coll. Que-sais-je, 2002, p. 91.

[11] Sur lesquels nous avons déjà attiré l'attention dans notre ouvrage: *Le sang contaminé. Essai critique sur la
criminalisation de la responsabilité des gouvernants*, Paris, PUF, coll. Béhémoth, 1999, chap. 5.

La seconde leçon, tout aussi importante, porte sur le rapport entre la responsabilité politique et la notion de régime parlementaire. Selon René Capitant, »le régime parlementaire est (…) le gouvernement d'un cabinet responsable devant l'assemblée. Gouvernement de cabinet et responsabilité ministérielle en sont les traits essentiels.«[12]. Conception qui répond à l'idée selon laquelle »le nœud du modèle du gouvernement parlementaire réside dans le contrôle de la politique gouvernementale (*policy control*)«[13]. On en déduit souvent que le mécanisme de la responsabilité politique du gouvernement profite au pouvoir du Parlement, puisque ce dernier jouit du droit de révoquer les titulaires du pouvoir gouvernemental. Toutefois, on a pu montrer qu'en Grande-Bretagne le progressif assujettissement de l'Exécutif à l'obligation de responsabilité, loin de marquer son affaiblissement, a permis la concentration du pouvoir exécutif et l'a donc renforcé[14]. Par ailleurs, Capitant a compris en observant d'ailleurs les régimes parlementaires étrangers, notamment britannique, que *le gouvernement, quoique responsable devant le Parlement, ne lui est pas inférieur hiérarchiquement*. Autrement dit, il bénéficie d'une large autonomie constitutionnelle. »La responsabilité signifie très exactement le contraire d'une subordination – résume ici Pierre Avril – (…); elle désigne le droit et même le devoir pour un Gouvernement d'avoir une politique qui lui soit propre, de la défendre et de s'en aller plutôt que d'en changer si elle vient à être désavouée par la chambre.«[15] Contrairement à ce qu'ont longtemps cru les Français, un régime parlementaire n'est pas celui d'un gouvernement dépendant du Parlement. Bien au contraire, il y a véritablement régime parlementaire lorsque l'Exécutif est »le siège d'une volonté autonome«. Cette autonomie constitutionnelle du gouvernement a pour effet de réintroduire le peuple dans le mécanisme constitutionnel. Comme l'a expliqué Pierre Avril, cette faculté du gouvernement d'avoir une politique autonome »contribue à transférer la responsabilité collective des gouvernants devant le suffrage universel en clarifiant les compétitions électorales auxquelles elle assigne des enjeux décisifs. Elle permet en effet de situer ceux-ci au niveau de la politique gouvernementale et du choix des équipes dirigeantes, donc à redresser les tentations du parlementarisme ultra-représentatif en stimulant l'influence directe du corps électoral«[16].

Mais, on devine le problème que suscite une telle présentation de la responsabilité politique des gouvernants: elle correspond au régime parlementaire des IIIème et IVème Républiques et serait donc anachronique. En effet, comme on le sait, la fondation de la Vème République visait notamment à rompre avec ces deux précédents régimes. *Cette modification n'a-t-elle pas eu quelques répercussions sur la manière de concevoir le problème de la responsabilité des gouvernants?*

On commencera d'abord par observer que la volonté de rupture des constituants de 1958 avec les régimes antérieurs ne porte pas seulement sur les institutions, mais aussi sur l'esprit public, sur les mœurs politiques, et donc sur la responsabilité. Le général de Gaulle n'a eu de cesse de vouloir rétablir non seulement l'Etat, mais ce qui, selon lui, allait de concert avec lui: *un certain sens de l'Etat* (une éthique, dirait-on aujourd'hui).

---

[12] »Régimes parlementaires« p. 242.

[13] K. Loewenstein, *Political Power and Governmental Process*, The University of Chicago Press, 1957, p. 89.

[14] V. sur ce point, D. Baranger, *Parlementarisme des origines*, PUF, coll. Léviathan, 1999, p. 139.

[15] P. Avril, »Pouvoir et responsabilité«, pp. 17–18.

[16] P. Avril, »Pouvoir et responsabilité«, p. 18.

Or, si l'on en croit son mémorialiste Alain Peyrefitte, il »n'admet pas qu'un ministre plaide l'impuissance, sur l'air de »ceux qui dépendent de moi, ne m'obéissent pas.« Il place par-dessus tout la notion de responsabilité. »Il faut un responsable. On n'a pas le droit de dire comme sous la IV°: »Moi je voudrais bien, mais les autres …«.«[17] Telle est aussi la critique adressée par René Capitant au système de la IVème République. Ce régime des partis était à ses yeux »un régime d'irresponsabilité généralisée« dans la mesure où les électeurs ne pouvaient pas demander des comptes aux gouvernants qui incriminaient toujours l'autre parti de la coalition pour expliquer la raison pour laquelle telle politique n'avait pas été suivie[18].

On peut alors mieux tracer le lien avec l'intention des constituants de 1958: ils veulent élaborer une Constitution qui »veut – désespérément en un sens – qu'il [le chef de l'Etat] fasse le bien (…) et qui trouve son expression hyperbolique mais adéquate dans le devoir de sauver la patrie[19]. L'objectif ici visé est de »construire un régime efficace susceptible de faire face en cas de péril, autrement dit un bon gouvernement«[20]. Ce dernier signifie concrètement des gouvernants à la fois capables de décider et d'assumer la responsabilité de leurs décisions, c'est-à-dire de devoir rendre des comptes à la nation. Dans l'architecture du régime institué, le président de la République jouait un rôle central dès 1958. Cette réévaluation de la fonction de chef d'Etat, qui constituait le changement majeur par rapport aux constitutions antérieurs, n'était donc pas sans incidences sur la façon d'envisager la responsabilité politique. Pour s'en convaincre, il suffit de rappeler qu'à propos du régime parlementaire (décrit ici en 1935), Capitant écrivait: »Le chef de l'Etat, (…) vestige du régime de séparation des pouvoirs, sans doute arrive encore à s'y faire place, mais n'est plus qu'une institution accessoire qui va déclinant et puis disparaissant à mesure qu'évolue le régime.«[21]

Or, – chacun le sait – le statut du Président de la République sous la Vème République n'avait, à l'origine, plus rien de comparable avec celui qui existait sous la III° ou la IVème République. Il a même été renforcé par la révision constitutionnelle de 1962 qui lui a conféré une légitimité supplémentaire en transformant son élection en une élection au suffrage universel *direct*. Il n'est donc pas étonnant que l'on caractérise le régime politique de la Vème de »présidentialisme majoritaire« pour désigner, d'une part, la pratique selon laquelle »le chef de l'Etat exerce ou a exercé un pouvoir d'orientation politique«[22] – c'est le *présidentialisme* – et d'autre part, le fait que celui-ci »repose sur la conjonction entre scrutin présidentiel et scrutin législatif majoritaire avec ballottage«[23] – c'est le présidentialisme »*majoritaire*«. Du point de vue constitutionnel, cela signifie la résurgence d'un parlementarisme dualiste, mais d'origine démocratique, ce qui explique le parallèle souvent tracé avec la constitution de la République de Weimar. Il va de soi qu'une telle construction a des effets indirects sur la responsabilité des gouvernants qui ne peut plus se borner à être une responsabilité de type parlementaire, c'est-à-dire une responsabilité du gouvernement devant le Parlement (v. *infra*).

---

[17] A Peyrefitte, *C'était de Gaulle*, tome I, Fayard, 1994, p. 456.

[18] »Le conflit de la souveraineté parlementaire …« p. 301.

[19] J.M. Denquin, *La monarchie aléatoire*, PUF, 2001, p. 54.

[20] *Ibid.*, p. 55.

[21] »Régimes parlementaires«, p. 242.

[22] Ph. Lauvaux, *Destins du présidentialisme*, Paris, PUF, 2002, p. 10.

[23] *Ibid.*, p. 100.

Mais l'autre originalité de la constitution française de la Vème République, c'est qu'elle recouvre désormais deux hypothèses, deux »sous-systèmes constitutionnels largement antithétiques: d'un côté, le présidentialisme majoritaire, et de l'autre, la »cohabitation«, au sens d'une coexistence au sommet de l'Etat, d'un Président de la République et d'un Premier ministre issus de deux majorités politiques opposées. Or, dans ces deux cas, la situation du Président de la République change du tout au tout. Pendant très longtemps (de 1962 à 1986), on a confondu sa situation avec celle qu'il détenait au temps du présidentialisme majoritaire. Mais l'épisode, devenu fréquent de la cohabitation (puisqu'il s'est renouvelé trois fois: 1986, 1993, 1997), témoigne d'une autre réalité: un Président qui n'est plus le chef de l'Exécutif, même s'il n'est pas aussi effacé que le Président allemand ou le président italien. Dans ces conditions, on comprend que le problème de la responsabilité politique ne se pose pas dans les mêmes termes selon les différentes configurations de la Vème République, c'est-à-dire selon les différents régimes qui sont issus de la pratique constitutionnelle.

Mais, en dépit de cette hétérogénéité de la responsabilité politique due à cette variation de configurations constitutionnelles, il nous semble que l'on peut aussi trouver des éléments d'homogénéité. Ceux-ci d'ailleurs inclinent à adopter un regard plutôt critique sur le fonctionnement de la responsabilité politique qui n'a pas répondu, selon nous du moins, aux attentes des fondateurs de la Vème République. Notre étude de la crise de la responsabilité politique reste cependant limitée car elle ne prend pas en compte un élément essentiel de cette crise: l'effet pervers de la construction européenne qui a largement contribué à l'affaissement de la responsabilité politique, les gouvernants français se déchargeant bien souvent sur Bruxelles de décisions impopulaires[24].

§ 1) L'effacement progressif de la responsabilité politique du Président de la République et sa signification

A la fin des années 1970, après plus d'une décennie de pratique gaullienne, la doctrine constitutionnelle française, par la voix de Pierre Pactet, émettait des doutes sur l'effectivité, dans les régimes parlementaires contemporains, de la règle classique de la responsabilité politique. Il observait, dans un article souvent cité, qu'elle avait »pratiquement disparu en tant que procédure parlementaire«[25]. Autrement dit, le Parlement aurait perdu sa fonction de contrôle politique puisque la mise en œuvre de la responsabilité politique ne sanctionnerait plus »les désaccords survenus (…) entre les as-

---

[24] Le problème a été excellemment posé par Olivier Jouanjan qui synthétise un fameux article de Ernst Wolfgang Böckenförde: »(…) La responsabilité de la politique économique et monétaire en Europe a ainsi été dissociée de la responsabilité politique globale. (…). C'est cette scission qui fait le »problème structurel spécifique« d'une Union dans laquelle les politiques sociales, environnementales, judiciaires, extérieurs, etc. … sont largement laissées aux Etats (les politiques de l'Union en ces domaines restent limitées) tandis que la politique économique et monétaire est largement déterminée par l'Union.« C'est ici la fin de la souveraineté conçue comme »l'assignation à l'Etat d'une responsabilité politique globale pour la société globale. La Constitution de l'Etat souverain définissait le cadre d'exercice de cette responsabilité.« O. Jouanjan, »Ce que« donner une constitution à l'Europe »veut dire«, in *Cités*, n° 13, 2003, pp. 34–35.

[25] P. Pactet, »L'évolution contemporaine de la responsabilité gouvernementale dans les démocraties pluralistes« *Mélanges Burdeau*, p. 202.

semblées et le gouvernement«, c'est-à-dire »les divergences politiques entre l'assemblée et le gouvernement«[26]. Cette évolution serait due à l'influence déterminante des partis politiques et d'un système de partis cohérent. En effet, si »les régimes parlementaires contemporains sont des régimes de partis«, si donc les élections, sont des affrontements entre des partis, et non entre des candidats individuels, alors »on ne peut s'étonner que la stabilité ou l'instabilité gouvernementale soient désormais fonction des positions prises par les partis, bien plus que des votes émis par les parlementaires. Aussi bien, les premiers commandent les seconds«[27]. Par conséquent, les procédures rationalisées prévues par le constituant de 1958 s'avèrent inutiles dans la mesure où la stabilité du système de partis assurerait, à leur place, une majorité sans faille[28]. Prévu pour pallier l'absence de majorité politique, le subtil *»engeenering«* constitutionnel du texte de 1958 aurait perdu une grande partie de son intérêt en raison de la formation progressive d'une majorité politique stable due à l'élection présidentielle et à la bipolarisation partisane qu'elle a impliquée. Mais le constat vaudrait aussi pour d'autres démocraties européennes. L'exemple manifeste serait la faible utilisation de la motion de défiance constructive en Allemagne (art. 67 LF), et *a contrario*, la poursuite de l'instabilité ministérielle en Italie, en dépit de procédures rationalisées.

Toutefois, la seconde conséquence institutionnelle la plus importante serait le basculement de la responsabilité politique: celle-ci aurait lieu non plus devant le Parlement, mais devant le peuple[29]. Pour ce qui concerne plus particulièrement la Vème République, ce mouvement se traduirait par deux phénomènes étrangers aux régimes parlementaires normaux: d'une part, l'émergence d'une responsabilité politique du Président de la République devant le peuple, par opposition à la lettre de l'article 68 de la Constitution, et d'autre part, la résurgence d'un dualisme de la responsabilité, dans la mesure où, dans la pratique de la Vème présidentialiste, le gouvernement serait responsable à la fois devant le Président de la République et l'Assemblée nationale.

En fait, cette analyse de Pierre Pactet, qui se veut critique, correspond point pour point à celle (non point critique, mais objective) que Capitant fait du système constitutionnel de 1958. En d'autres termes, le juriste gaulliste ne voit pas de discordance entre le texte de 1958 et son interprétation par le général de Gaulle. Il considère plutôt que cette interprétation a renforcé des caractéristiques virtuelles présentes dans le texte de 1958 et a gommé des aspects gênants. Alors que tout le monde craint, en 1958, le »pouvoir personnel« et le fascisme, il craint l'inverse: l'émiettement du pouvoir et de la responsabilité. Il a voulu interpréter le système de la responsabilité comme un moyen de redonner de l'unité au pouvoir. Celle-ci est conçue moins pour »sanctionner« les abus de pouvoir, que pour produire une unité de pouvoir, une unité de décision. »Le système de responsabilité et de confiance a pour but de réaliser une harmonie«[30]. Au-

---

[26] »L'évolution contemporaine de la responsabilité …« p. 207, et p. 208.

[27] »L'évolution contemporaine de la responsabilité …«, p. 198.

[28] »Dans certains pays, l'équilibre politique était tel que la stabilité gouvernementale a été assurée sans qu'il ait été besoin d'appliquer les procédures complexes et souvent ingénieuses prévues par la constitution et qui sont donc demeurées inutilisées.« »L'évolution contemporaine de la responsabilité …«, p. 199.

[29] En effet, en tant que responsabilité collective, la responsabilité politique du gouvernement »est désormais le plus souvent appréciée par le peuple lui-même, lors du renouvellement des assemblées.« »L'évolution contemporaine de la responsabilité …«, p. 203.

[30] *Démocratie et participation*, (1970), in *Ecrits constitutionnels* p. 430.

trement dit, la responsabilité produit de l'arbitrage, et donc de l'unité. Elle est »le régulateur nécessaire du pouvoir«[31]. On est loin ici de la philosophie libérale classique qui voit dans la responsabilité un contre-pouvoir, et une sanction des abus de pouvoir, et la face négative de l'exercice du pouvoir. Elle est ici, au contraire, perçue comme le corollaire positif de l'exercice du pouvoir, de sorte que responsabilité et de pouvoir varient de façon proportionnelle. Plus grand est le pouvoir accordé à un détenteur d'une fonction étatique, plus grande doit être sa responsabilité. Inversement, l'absence de responsabilité est signe de faiblesse, et non de force. La doctrine de Capitant est donc aussi intéressante par la philosophie de la responsabilité qu'elle révèle. C'est à partir de sa grille de lecture qu'on essaiera ici de déchiffrer les avatars de la responsabilité politique.

A) *La période gaullienne ou un cas atypique, mais cohérent, de responsabilité politique*

Dans la première interprétation qu'il a donnée du texte de 1958, alors qu'il était au Japon, René Capitant hésite encore un peu en ce qui concerne la manière de décrire le système de responsabilité. Certes, l'éminent juriste qualifie, sans difficulté, le régime constitutionnel de la Vème République de régime parlementaire au sens neutre du terme – non au sens polémique de souveraineté du Parlement – en raison de l'existence constitutionnelle de la responsabilité du gouvernement devant le Parlement (art. 49 Const.). Mais il est peu disert sur la question clé du rapport entre le Premier ministre et le Président. Celui-ci – écrit-il – ne pourra pas révoquer celui-là, mais en même temps, il comprend que »tout en étant responsable devant le Parlement, le Cabinet cesse d'être le simple Comité parlementaire, délégué au gouvernement, qu'il était dans le régime précédent. Il tire son origine du choix du Président de la République, et non de l'investiture de l'Assemblée.«[32]

En réalité, son interprétation globale du texte constitutionnel est plutôt négative. Selon lui, »la Constitution de 1958, est d'inspiration libérale. Elle ne cherche pas à concentrer les pouvoirs entre les mains d'un parti ou d'un dictateur. Elle cherche, au contraire, à les diviser. Le reproche qu'on pourrait lui faire est de conduire à un Etat faible, où les responsabilités seront trop divisées, et où le grand principe de l'unité du souverain aura été méconnu.«[33]. En ce qui concerne plus particulièrement la responsabilité, il regrette surtout que »l'idée d'arbitrage populaire a été en fait remplacée par celle de l'arbitrage du chef de l'Etat«[34]. Son effort de juriste engagé ou militant visera à redresser ce qu'il considère comme une erreur initiale de jugement, et à montrer que la Vème République obéit à l'idée d'un arbitrage du peuple souverain. En effet, après quelques années de pratique constitutionnelle, il propose une théorie du régime politique qui s'appuie sur un double pilier: la responsabilité ministérielle et l'arbitrage po-

---

[31] Avril, »Pouvoir et responsabilité«, p. 4.
[32] p. 365.
[33] Préface à Léo Hamon, *De Gaulle et la République*, in *Ecrits constitutionnels*, p. 369.
[34] Préface à Léo Hamon, p. 367.

pulaire, conformément à cette idée directrice selon laquelle la Vème République aurait réussi à concilier la démocratie directe et le régime parlementaire:

>L'expérience en cours depuis 1958, est bonne. Ce qui distingue le régime actuel de la IIème
République, c'est que le Président et l'Assemblée, tous deux issus, comme alors du suffrage universel, y sont l'un et l'autre responsable devant le peuple grâce aux procédures de la dissolution
et du référendum, par lesquels le corps électoral exerce sur la vie politique un arbitrage souverain. les Ministres y gouvernent, mais sous le double contrôle du Président de la République et
de la majorité parlementaire; dont la confiance leur est également nécessaire et dont l'harmonie
est assurée par leur commune dépendance de la majorité électorale. Ce système repose sur la responsabilité ministérielle et sur l'arbitrage populaire.«[35]

Ainsi, Capitant se rallie à l'idée que, dans le cadre de la Constitution de la Vème République, le Premier ministre soit doublement responsable devant le chef d'Etat et devant le peuple. Il se fonde sur les articles 5 et 12 de la Constitution pour estimer que »le
Premier ministre ne peut gouverner qu'en accord avec le Président de la République,
devant qui il est donc responsable, comme il l'est, d'autre part, devant la majorité de
l'Assemblée«[36]. Il tire la conséquence théorique de cette analyse dans son livre«sur *Démocratie et participation*, puisqu'il caractérise le régime comme un régime parlementaire
dualiste. En effet, à partir du moment où »la constitution de 1958 a instauré un système
de double responsabilité: les ministres restent responsables devant le Parlement, tout en
l'étant devant le Président«, il faut alors admettre que le régime institué en 1958,
»parlementaire en fait comme en droit« (...) se rattache à la forme dualiste du parlementarisme«[37]. Ainsi, selon cette analyse, valable en période de concordance des majorités, le cabinet, ou si l'on veut le gouvernement, joue ce rôle classique de »trait
d'union« qui est assigné au cabinet dans le parlementarisme dualiste«. En d'autres
termes, »Président et chambres gouvernent, en somme, par l'intermédiaire d'un instrument commun, qui est le Premier ministre, sans le concours duquel ni l'un, ni l'autre ne peuvent agir«[38].

Le point le plus intéressant de la démonstration effectuée par Capitant réside précisément dans cette description de la relation particulière entre le chef de l'Etat et le Premier ministre dans la Vème République naissante. A la différence de ceux qui, de manière récurrente, veulent instaurer un régime présidentiel en France, il entend conser-
ver ce dualisme de l'Exécutif. Pour analyser les rapports entre ces deux membres de
l'Exécutif (Président et Premier ministre), il part d'une étude des »actes« qu'ils peuvent
prendre et donc de la répartition des compétences établie entre eux par la Constitution. Il constate l'existence non seulement d'un »domaine réservé« pour chacun d'entre eux, mais aussi d'un »domaine commun«, où chaque autorité dispose d'un droit de
veto par rapport à l'autre. D'où l'hypothèse d'un conflit potentiel entre les deux autorités. La question constitutionnelle pertinente est donc de savoir »comment se résout
dans ce cas le conflit entre les deux organes« (p. 389). Plus concrètement, Capitant va

---

[35] »Intervention à l' Assemblée Nationale le 27 juin 1963 , reprise dans le rapport de Coste-Floret,
(J.O. .AN., deuxième session ord. de 1962–1963, n° 410) in *Ecrits constitutionnels*, p. 379.

[36] Intervention à l' Ass. Nat., le 27 juin 1963, in *Ecrits constitutionnels* p. 375.

[37] »L'aménagement du pouvoir exécutif et la question du Chef de l'Etat«, *Encyclopédie française*, tome X,
(1964) in *Ecrits constitutionnels* p. 395.

[38] »L'aménagement du pouvoir exécutif« p. 399.

démontrer que la signature, jadis formelle, du chef de l'Etat, témoigne sous l'empire de la Constitution de 1958, d'un véritable pouvoir de décision. Selon lui, si la situation de celui-ci »par rapport au chef de gouvernement a changé, c'est parce que sa position face au Parlement s'est transformée.« (p. 391). Désormais, il est en mesure de s'opposer au Parlement de lui opposer une »politique personnelle«, sous réserve évidemment de »l'arbitrage souverain du peuple« (p. 392). D'où la logique institutionnelle qu'il dessine: »s'il peut s'opposer celle-ci [une politique personnelle] au Parlement, *a fortiori* peut-il l'opposer au Premier ministre qu'il a lui-même nommé« (p. 392). Et la seule ressource du Premier ministre pour résister au Président serait de s'appuyer sur le Parlement, et l'on retombe dans la première hypothèse d'un conflit Président/Parlement. D'où le bilan tiré, en forme de conclusion sur les rapports entre les deux têtes de l'Exécutif:

> »Il résulte de cette analyse que le jeu même des dispositions constitutionnelles fait du chef du gouvernement une autorité subordonnée au chef de l'Etat. Cette subordination n'est pas une subordination hiérarchique – et c'est sans doute pour cette raison que la constitution n'a pas donné au Président de la République le droit de révoquer le Premier ministre. Elle est une subordination politique. Elle est comparable à celle qui, en régime parlementaire, place, du fait de la responsabilité ministérielle, le cabinet, dans la dépendance politique du Parlement. Le Parlement ne révoque pas les ministres, il les renverse: ceux-ci ne pouvant gouverner qu'avec la confiance des chambres, le retrait de cette confiance les contraint à se démettre. De la même façon, le Premier ministre de la V° République doit avoir la confiance du chef de l'Etat; sans cette confiance, il est dans l'impossibilité de gouverner, puisque les actes de gouvernement les plus importants exigent l'accord du Président. De même encore que les ministres censurés par le Parlement doivent se retirer (…), de même, on doit admettre que le Premier ministre est constitutionnellement responsable devant le chef de l'Etat.«[39]

Il faut préciser que cette »subordination politique« du Premier ministre au chef de l'Etat est »générale« et vaut donc pour tous les actes, y compris pour ceux du domaine réservé Par voie de conséquence, la constitution interdit au Premier ministre d'avoir une »politique personnelle«, une »politique propre«, indépendante de celle du chef de l'Etat. Capitant transpose cette analyse de la responsabilité du domaine parlementaire au domaine exécutif pour mieux faire ressortir la dépendance du Premier ministre. Selon lui, »la subordination, qui en résulte répond, ici encore, à la notion de responsabilité. Le Premier ministre est responsable à l'égard du Président de la République de la façon dont il use de ses prérogatives propres; il est responsable de l'efficacité et de la loyauté de son action personnelle. Et si le chef de l'Etat vient à en mettre ces qualités, il lui retirera sa confiance et l'obligera ainsi à se démettre«[40]. Dans les deux cas, c'est-à-dire responsabilité devant le Parlement et responsabilité devant le Président de la République, on se trouve en présence de deux types de contrôles différents: l'un sur les *actes* – qui se manifeste par le refus de signer un texte –, et l'autre sur les *personnes*, qui se manifeste par un blâme personnel.

Cette idée d'une subordination du Premier ministre, c'est-à-dire d'une responsabilité politique devant le Président de la République, est largement confirmée par la pratique du régime »gaulliste«. On ne prendra qu'un exemple tiré encore des entretiens

---

[39] »L'aménagement du pouvoir exécutif …«, pp. 392–393.
[40] »L'aménagement du pouvoir exécutif« pp. 393–394.

du chef de l'Etat avec Peyrefitte. Ce dernier observe le 12 décembre 1962 que, après avoir nommé une seconde fois Georges Pompidou au poste de Premier ministre, le Général de Gaulle entend fixer la doctrine constitutionnelle et cela en pleine séance du Conseil des ministre; il évoque le principe suivant, censé constituer un précédent: »Il est indispensable, naturellement, que le Premier ministre développe devant le Conseil les grandes lignes, et presque le mot à mot de la déclaration de politique générale qu'il va prononcer devant l'Assemblée nationale. Cette déclaration engagera le gouvernement, et donc le Président, puisque le gouvernement n'existerait pas si le Président ne l'avait pas nommé et maintenu en place«.«[41] Peyrefitte ajoute ce commentaire: »Sept ans plus tard, Pompidou me resservira cet exemple pour stigmatiser le grand discours-programme de Chaban du 16 septembre 1969 sur la »société bloquée« et la »nouvelle société«: »Chaban n'a pas encore assimilé l'esprit de la V° République. Il lui manque une expérience irremplaçable, celle d'avoir fait ses classes en étant ministre du Général. Il aurait compris qu'il n'était pas possible que le Premier ministre fasse une déclaration de politique générale sans que le Conseil des ministres l'ait entendue au préalable et ait été appelé à en délibérer; à plus forte raison, sans que le Président en ait été informé.«[42]

On pourrait alors se demander ce qui distingue alors ce régime de la Vème République de la Monarchie de Juillet (1830–1848) – dont on se sert parfois comme d'un repoussoir[43] – qui est l'exemple classique, en France, d'un régime parlementaire dualiste. La réponse provient du caractère »démocratique« du régime, c'est-à-dire au fait que, depuis 1962, le Président et la chambre basse sont élus au suffrage universel direct. Mais ces deux organes ne sont plus des »représentants« souverains au sens de la III° République, mais des »mandataires du peuple«, ce dernier gardant donc le dernier mot. Capitant a ici aussi, une belle formule pour résumer cette idée: dans la constitution de 1958, »le Président et la majorité parlementaire doivent marcher de concert«. Et ce concert n'est pas garanti seulement par des *checks and balances*, mais de »façon plus positive, plus dynamique, par l'obligation faite à chacun d'eux de gouverner en accord avec la volonté populaire. Tous deux sont liés à la confiance du peuple, comme les ministres, en régime parlementaire, le sont par la confiance du Parlement. L'unité d'action est imposée par cette dépendance commune«[44]. En d'autres termes, le dualisme du régime est »couronné par le monisme de la souveraineté populaire«, de sorte que la double responsabilité ne débouche pas sur l'anarchie puisque, en dernier ressort, le peuple est censé arbitrer d'éventuels conflits entre les pouvoirs publics.

On comprend ainsi que la différence manifeste avec la Monarchie de Juillet réside surtout dans l'existence *d'une responsabilité du Président de la République devant le peuple*. Celle-ci serait attestée, selon Capitant, de deux manières: la mise en accusation de l'article 68 de la Constitution, qui fait fonction de »motion de censure, prononcée dans des formes particulièrement solennelles«[45], et la »démission forcée« du Président de la

---

[41] Cité par A Peyreffitte, *C'était de Gaulle*, tome I, p. 439.

[42] A. Peyrefitte, *C'était de Gaulle*, tome I, pp. 439–440. Chaban-Delmas fut premier ministre du 20 juin 1969 au 5 juillet 1972.

[43] V. l'article incisif de M. Duverger, »Les Institutions de la Vème République« in N. Wahl (dir.), *Naissance de la Vème République*, (1959) rééd. Presses FNSP, 1990, p. 101 et s.

[44] »L'aménagement du pouvoir exécutif …«, p. 398.

[45] »L'aménagement du pouvoir exécutif …«, p. 396.

République à la suite d'un conflit entre l'assemblée et le chef de l'Etat, tranché par un arbitrage populaire[46]. L'une des particularités de cette époque gaullienne tient à ce que la responsabilité classique du gouvernement devant le Parlement peut potentiellement toujours être transformée, en raison d'une interprétation particulière et des circonstances, en une responsabilité *indirecte* du Président devant le Parlement. Le cas emblématique de cette potentialité fut son actualisation par la seule motion de censure votée sous la Vème République qui eut lieu lors de la révision constitutionnelle de 1962. Cette censure du gouvernement Pompidou fut provoquée par la vive opposition des députés au projet gaullien de modifier l'élection du président de la République. Il était clair pour tous les acteurs et observateurs de l'époque que cette motion de censure visait moins le gouvernement que le chef de l'Etat (qui était à l'origine du référendum de révision, art. 11 Const.). Ce dernier le comprit d'ailleurs fort bien puisqu'il procéda à la dissolution de l'Assemblée nationale et fit donc arbitrer le conflit entre lui et les représentants de la nation par le peuple. Celui-ci trancha en faveur du président de la République en approuvant le référendum et en renvoyant à la chambre basse une majorité clairement »gaullienne« (c'est-à-dire présidentielle). Paradoxalement, la responsabilité gouvernementale s'est ici muée en une sorte de responsabilité du président devant le peuple.

Sur ce point, note encore Capitant, la réforme de 1962 n'aurait pas vraiment modifié le système de 1958, mais l'aurait plutôt »confirmé dans sa logique, en abrogeant une anomalie qui portait atteinte à sa cohérence interne. Il était en effet anormal que le Président responsable devant le suffrage universel fût élu au suffrage restreint«[47]. Dans une telle conception, l'arbitrage populaire joue un rôle majeur: il tranche un différend entre les deux politiques voulues, par le Président ou par l'assemblée (la majorité parlementaire). Et c'est son arbitrage qui rétablit cette »concordance«, cette »harmonie« entre les deux instances.

La pratique gaullienne de la mise en jeu de la responsabilité politique du Président concorde avec cette analyse, du moins pour la seconde modalité de responsabilité présidentielle. Il suffit de mentionner les deux faits les plus significatifs. Le premier, c'est la rupture de 1962 qui, en conférant au Président élu une légitimité pleinement démocratique, lui permet d'engager une véritable responsabilité politique. La réforme sur l'élection au suffrage universel direct ne fait que »régulariser« la pratique des quatre premières années et vient renforcer sa prééminence et sa responsabilité. Le second fait concerne la manière dont cette responsabilité fut mise en œuvre devant les électeurs. Trois facultés constitutionnelles permettent en effet de la mettre en œuvre: d'abord, la dissolution, considérée comme un appel au peuple, passible de sanction, ensuite, l'élection présidentielle lorsque le président sortant s'y présente, enfin le référendum lorsque, en vertu de ses pouvoirs propres, le Président décide de poser la question de confiance au pays. On sait d'ailleurs que c'est à la suite de la désapprobation populaire de 1969 (rejet du référendum sur les régions) que le général de Gaulle quitta le pouvoir.

---

[46] »L'Assemblée Nationale ne peut renverser le chef de l'Etat que si le corps électoral lui en a donné mandat. Ce qui nous autorise à conclure que le Président de la République est en réalité responsable devant le peuple«. In »L'aménagement du pouvoir exécutif …«, p. 397.

[47] »L'aménagement du pouvoir exécutif …«, p. 397.

D'une certaine manière, René Capitant »théorise« cette pratique constitutionnelle du gaullisme. Mais, quels que soient les mérites de sa doctrine, on doit se demander si l'on peut aujourd'hui encore accréditer cette thèse selon laquelle »c'est par la subordination commune du président et de la majorité parlementaire à la volonté populaire que se rétablit finalement l'unité de l'Etat et la cohérence de la politique nationale«[48] . On observera qu'une telle opinion (selon laquelle la responsabilité politique du Président découle de l'esprit démocratique du régime) – c'est-à-dire n'est qu'une autre manière de traduire la responsabilité devant les citoyens – est restée largement minoritaire en doctrine. L'opinion dominante se retranche derrière »l'absence de mécanismes propres de responsabilité du chef de l'Etat«[49], pour dénier toute validité juridique à cette pratique constitutionnelle. Attachée à une lecture exégétique du texte constitutionnel, elle refuse qu'un principe constitutionnel, comme celui de la responsabilité politique, détermine une pratique qui n'est pas prévue par une règle écrite, par le texte constitutionnel. Dans la mesure où l'article 68 prohibe toute responsabilité politique du Président (sauf haute trahison), elle considère que la pratique gaullienne est *praeter legem*, sinon *contra legem*, et ne constitue pas en tout cas une règle constitutionnelle. Mais surtout, la thèse de Capitant bute sur une difficulté majeure: il est très difficile de *contraindre* le Président de la République à mettre en cause sa propre responsabilité politique. Il est certain que le général de Gaulle a voulu créer des précédents pour créer une sorte de coutume constitutionnelle de la responsabilité politique du président de la République. Mais, l'évolution historique de la Vème République a démenti cette espérance dans la mesure où ses les successeurs à la fonction présidentielle ne se sont pas tenus d'engager leur propre responsabilité devant le peuple, tout comme cette même évolution a fait advenir une hypothèse jugée inacceptable par le fondateur de la Vème, celle d'une discordance entre la majorité présidentielle et la majorité parlementaire.

B) *Les transformations de la responsabilité politique du présidentialisme majoritaire à la cohabitation*

Selon notre hypothèse, la responsabilité politique a perdu cette fonction »régulatrice« ou »structurante« du pouvoir sous la Vème République à partir du moment où les successeurs du général de Gaulle ont rompu l'équilibre antérieur du système qui tenait au fait non seulement que le pouvoir exercé par le Président était toujours associé à sa responsabilité, mais aussi que le peuple pouvait arbitrer les conflits constitutionnels. Il en a résulté un infléchissement du régime dans un sens différent de celui voulu par le fondateur de la Vème, et qui a réveillé le réflexe »représentatif« propre aux élites politiques françaises qui n'estiment pas devoir rendre des comptes à la nation. De ce point de vue, la »cohabitation« n'a fait qu'aggraver la déformation enregistrée ici dans la mesure où sa survenance témoignait d'un refus manifeste de la part du président désavoué de démissionner, et aï son existence avalise la reconnaissance d'une dyarchie exécutive qui est aux antipodes de l'esprit initial du système.

---

[48] *Démocratie et participation*, (1970), in *Ecrits constitutionnels* , p. 431.
[49] M. Bélanger, »La responsabilité politique du chef de l'Etat«, *Revue du droit public*, 1979, p. 1271.

L'après-gaullisme ou l'oubli de l'arbitrage populaire – La règle selon laquelle le chef de l'Etat était en général »irresponsable« juridiquement n'avait guère d'impact tant que le Président de la Vème mettait lui-même en cause sa responsabilité politique. On peut dire que l'article 68 était quasiment lettre-morte tant il était éclipsé par l'article 5, ou plus exactement par l'interprétation *présidentialiste* de l'article 5 de la Constitution[50]. Mais depuis que le Président de la Vème République ne s'estime plus politiquement responsable devant les citoyens – c'est-à-dire concrètement depuis le départ du général de Gaulle (1969) – , cet article 68 a été invoqué par divers Présidents pour leur permettre de ne pas rendre compte de ses actes ni devant le Parlement, ni devant des juges (v. *infra* §2). Ainsi en est-il du destin des dispositions constitutionnelles: elles sont étroitement dépendantes des circonstances politiques.

L'exemple qui illustre le mieux cette nouvelle pratique de l'irresponsabilité présidentielle est tiré de la pratique parlementaire. En 1984, l'ancien Président de la République Valéry Giscard d'Estaing avait été convoqué par une commission d'enquête de l'Assemblée Nationale pour une audition. Au lieu de s'y rendre, il écrivit à son successeur, le président Mitterrand, pour savoir s'il devait, ou non, déférer à une telle convocation. Ce dernier, s'appuyant sur les pouvoirs d'interprétation du Président de la République, a *dispensé* son prédécesseur de se soumettre à cette audition au motif – je cite – »que, *en vertu d'une longue et constante tradition républicaine et parlementaire*, confirmée par la Constitution du 4 octobre 1958, et notamment par ses articles 18 et 68 premier alinéa, la responsabilité du Président de la République ne peut être mise en cause devant le Parlement. Cette *immunité* s'applique au Président de la République non seulement pendant toute la durée des fonctions, mais également au-delà pour les faits qui se sont produits pendant qu'il les exerçait.«[51]. Non seulement, le Président bénéficie d'une totale irresponsabilité à l'égard du Parlement, mais ses conseillers (les membres de l'Elysée) aussi. En effet, M. Gilles Ménage, directeur de cabinet de Mitterrand, a invoqué cette tradition de l'irresponsabilité présidentielle pour refuser de répondre aux questions de la Commission d'enquête sénatoriale lors de l'affaire Habache. Le Président de cette Commission a simplement donné pris acte de cette décision en donnant lecture de sa lettre[52]. Cette extension de l'irresponsabilité est considérable quand on songe à l'importance des services de l'Elysée. C'est tout un pan entier, et non le moindre de la structure du pouvoir sous la Vème République, qui échappe à la responsabilité politique devant le Parlement.

Mais parallèlement à cette renaissance de l'irresponsabilité juridique (redécouverte de l'artcle 68), on assiste à un autre phénomène convergent qui est *la fin de l'engagement de sa responsabilité politique par le Président de la République lui-même*. Il s'agit là d'un des faits les plus marquants de l'ère post-gaullienne. Il se manifeste par trois faits d'importance. Le premier est le déclin du référendum. Déclin quantitatif, statistique dans la mesure où le nombre de »votations référendaires« a considérablement chuté depuis le

---

[50] »Le Président de la République veille au respect de la Constitution. Il assure, par son arbitrage, le fonctionnement régulier des pouvoirs publics, ainsi que la continuité de l'Etat.

Il est le garant de l'indépendance nationale, de l'intégrité du territoire et du respect des traités.«

[51] Lettre du 3 août 1984. Citée in C. Le Mong Nguyen, *La Constitution de la Vème République*, 3° éd. p 320.

[52] *Rapport de la Commission d'enquête du Sénat*, seconde session ordinaire, 1991–1992, J.O. Doc. Parl. Sénat, p. 237.

général de Gaulle. Déclin qualitatif, aussi, dans la mesure où ses successeurs ont toujours pris soin de préciser qu'ils ne liaient pas leur destin personnel au sort réservé au référendum. Ainsi, en 1992, lors de la campagne mouvementée relative au référendum portant sur la ratification du Traité de Maastricht, le président Mitterrand a souligné qu'il ne démissionnerait pas dans l'hypothèse où le scrutin serait contraire à ses vœux.

Le second fait important, c'est évidemment la « cohabitation qui résulte du refus de la part du Président de tirer les conséquences de l'échec de sa majorité aux élections législatives. Il reste au pouvoir, mais ne gouverne plus, ou du moins, ne gouverne plus comme avant. Ce n'est pas tout à fait le monarque selon Thiers – »le roi règne, mais ne gouverne pas« – mais cela s'en rapproche plus que du président gouvernant. C'est un autre régime constitutionnel qui se met en place[53]. Pourtant, les deux premières cohabitations ont été minées, selon nous, par une contradiction interne. Dans la mesure où, dans ces deux hypothèses, le Président avait, immédiatement après sa victoire à l'élection présidentielle (1981, 1988), dissous l'Assemblée nationale de manière à avoir une majorité parlementaire, la défaite aux élections législatives suivantes de celle-ci (1986, 1993) représentait une sanction de l'électorat atteignant, indirectement mais nécessairement, le Président. Mais le propre du magistère mitterrandien réside justement de n'avoir tiré aucune conséquence de ce double désaveu électoral. Quant à la troisième cohabitation, elle a causé un véritable choc dans l'opinion: elle a duré cinq ans au lieu de deux ans, et au lieu d'être un simple »round d'attente« entre deux élections (Vedel), elle devenait, en raison de sa longueur, une sorte de »seconde normalité«[54].

Quant au troisième fait, c'est le précédent très important de la dissolution de juin 1997, effectuée par le président Chirac, qui a conduit à la défaite de sa majorité parlementaire. Pour la première fois sous la Vème République, le Président n'a pas tiré de conséquences de l'échec d'une dissolution qu'il avait lui-même provoquée: il est resté au pouvoir, quoique dans l'opposition politique. La troisième cohabitation, la plus longue (1997–2002), est née de cet échec. Pourtant, dans un cas de ce genre, François Goguel écrivait en 1968 . »Le schéma du régime tel qu'il faut le concevoir pour qu'il soit équilibré et démocratique, c'est qu'après une dissolution malheureuse pour la politique que veut faire par son gouvernement, le président de la république, celui-ci doit s'en aller.«[55] Pourtant, à l'époque, en 1997, un silence pudique et pesant a suivi la défaite électorale de la majorité présidentielle et parlementaire. A l'exception du parti d'extrême-droite, le Front national, nul n'a osé réclamer le départ du Président de la République. Quant à la doctrine constitutionnelle, elle fut aussi très discrète. Dans la presse, quelques rares voix se firent entendre, dont l'une énonça un aphorisme pertinent: »Ne pas démissionner (…), c'est revendiquer l'irresponsabilité politique du Président. Et, dans la mesure où pouvoir et irresponsabilité vont de pair, c'est affaiblir gravement la fonction présidentielle.«[56]

---

[53] C'est pourquoi quarante ans après 1958, il nous semble littéralement impossible de parler du régime politique de la Vème République. Il y a *des* régimes politiques.

[54] Selon l'expression de J.M. Denquin, »La VIème République a-t-elle un avenir?« dans *cette Revue*, pp. 375 et s.

[55] F. Goguel, *Cours sur les institutions politiques française*, IEP, 1967–1968, cité par F. Thiriez, »Touche pas à mon président!«, *Le Monde* 17; VI. 1997.

[56] F. Thiriez, *loc. cit.*

Quoi qu'il en soit, ces trois hypothèses convergent dans le même sens, celui d'un Président qui revendique son irresponsabilité politique et ne se sent plus tenu de solliciter le peuple, ni de tirer les conséquences de son suffrage. On comprend alors qu'une irresponsabilité, aussi entendue aussi largement, et pour un interprète aussi important que le président de la République, a été l'un des arguments majeurs de ceux qui ont milité victorieusement pour raccourcir le mandat présidentiel de sept à cinq ans. Ils ont prétendu que le quinquennat permettrait de réduire la durée de cette irresponsabilité, jugée anormale au regard des critères de l'Etat de droit. En d'autres termes, l'adoption du quinquennat par la voie d'une révision constitutionnelle et référendaire[57] a été justifiée, en partie, par la volonté de lutter contre ce statut d'irresponsabilité.

La cohabitation vue sous l'angle de la responsabilité – La cohabitation, c'est -on l'a vu plus haut – la présence à l'Assemblée nationale (chambre basse) d'une majorité parlementaire hostile politiquement au président de la République. Elle résulte à l'origine de la discordance de la durée des mandats présidentiel (7ans) et parlementaire (5 ans) qui a provoqué, pour la première fois en 1986, l'apparition d'une majorité parlementaire hostile politiquement au président Mitterrand. On sait que la cohabitation a pour principal effet »d'entraver l'action de l'exécutif«[58], mais on peut aussi soutenir que le fait de l'étudier sous l'angle de la responsabilité politique permet de l'éclairer autrement, ou en tout cas d'apporter quelques autres éléments utiles d'information.

– D'un côté, la cohabitation est souvent considérée comme l'occasion de revenir à une lecture »normale« de la Constitution de la Vème République. On lit souvent qu'elle est le résultat d'une »application littérale de la Constitution«[59] ou encore »le retour au texte de la Constitution«[60]. Il faut entendre par là qu'on se félicite de la résurgence d'une interprétation parlementaire du régime dans lequel le Président redevient ce qu'il aurait toujours dû être, un simple »arbitre«, et cesse d'être ce qu'il n'aurait jamais dû être, c'est-à-dire un »capitaine«, un véritable »chef de l'Exécutif« qui ne doit être que le Premier ministre (art. 20 et art .21)[61]. Par voie de conséquence, ce dernier ne peut pas se passer du soutien actif et permanent de sa majorité parlementaire qui constitue la base de son pouvoir. Ce qui conduit à une sorte de réactivation de l'investiture dans la mesure où l'article 49 al.1 de la Constitution – l'engagement de la responsabilité – est interprété comme donnant au nouveau gouvernement sa véritable légitimité. Ce n'est plus du Président de la République, mais de l'Assemblée nationale que le Gouvernement procède. L'article 49 alinéa 1 prévaut sur l'article 8 alinéa 1. En revanche, les choses ne changent pas fondamentalement concernant la motion de censure. Il en résulte que, selon nombre d'observateurs, la cohabitation a l'avantage de faire rallier la France aux »standards européens: un régime classiquement parlementaire, un chef de gouvernement qui le conduit, une majorité franche lui donne les moyens d'avancer, mais de coalition ce qui l'oblige à composer«[62]. Bref, la cohabita-

---

[57] Désormais, selon la loi constitutionnelle du 2 octobre 2000, l'article 6 dispose: »Le Président de la République est élu pour cinq ans [au lieu de sept] au suffrage universel direct.«

[58] J.M. Denquin, »La VIème République a-t-elle un avenir?«, p. 375 et s.

[59] F. Luchaire, »Réformer la Constitution pour éviter la cohabitation«, *Pouvoirs* n° 91, (2000) p. 122.

[60] M.-A. Cohendet, *Droit constitutionnel*, 2° éd. Montchrestien, 2002, p. 21.

[61] Article 20 alinéa 1: »Le gouvernement détermine et conduit la politique de la nation«. Article 21 al. 1 première phrase: »Le Premier ministre dirige l'action du Gouvernement.«

[62] G. Carcassonne, »La cohabitation, frein ou modèle?« *Pouvoirs*, n° 91 (2000) p. 106.

tion redonne vie et effectivité à l'article 20 (al. 1) de la Constitution: le »Gouvernement détermine et conduit la politique de la nation.«

– Mais d'un autre côté, on peut considérer que la cohabitation, en créant une dyarchie au sommet de l'Exécutif, porte gravement atteinte à l'esprit des fondateurs de la Vème République. En effet, même si l'on parle de »dyarchie inversée«, cette dyarchie existe; selon le nouvel équilibre des pouvoirs interne à l'Exécutif qu'elle institue, le »pouvoir du président de la République n'est pas tout à fait nul, (…) celui du Premier ministre (est) tout à fait considérable«[63]. Il convient d'adhérer à la formule suivante: »sur le fond, le Premier ministre devient premier décideur. A ceci près qu'en matières partagées, notamment pour les politiques étrangères et européennes, président et Premier ministre sont co-décideurs.«[64] En effet, pour ces deux fonctions régaliennes de l'Etat que sont la conduite des affaires extérieures et celle des affaires de défense nationale, il faut un accord – un consensus – entre les deux têtes de l'Exécutif pour qu'il y ait une politique nationale. Pour ne prendre qu'un exemple, en septembre 1994, le premier Ministre de l'époque (M. Balladur) avait clairement laissé entendre que la politique étrangère était son affaire. Cette revendication des prérogatives diplomatiques avait donné lieu à une vive réplique du président de la République (M. Mitterrand) qui, recevant quelques jours plus tard les ambassadeurs à l'Elysée, avait fait une vigoureuse mise au point: »les affaires étrangères sont, parmi les fonctions qui sont les miennes, parmi les plus importantes et les plus clairement définies par la Constitution. J'entends préserver exactement les différentes répartitions des tâches de l'exécutif«[65]. Malgré ce rappel à l'ordre, le premier Ministre a ouvert son allocution devant les ambassadeurs par la formule: »Voici maintenant près d'un an et demi que mon gouvernement, *en accord*, avec le président de la République, a conduit les relations extérieures de la France.« Mais, comme l'a vu après l'attentat du 11 septembre 2001, la diplomatie française fut la scène d'une rivalité et d'une concurrence entre le président et le Premier ministre, concurrence d'autant plus forte que l'on était entré dans la phase de la campagne électorale.

Ainsi, la cohabitation pose un problème très sérieux au constitutionnaliste dans la mesure où, dans certains domaines d'action, elle laisse non résolue la question de savoir *qui décide réellement de la politique de l'Etat*[66]. Plus exactement, elle laisse irrésolue la question de savoir qui décide (du Président ou du Premier ministre?) en cas de conflit entre leurs positions respectives. De ce point de vue, il y a une différence majeure avec la période de concordance des majorités, qui se caractérise par une »subordination politique« du Premier ministre. A cet égard, le principal défaut de la cohabitation n'est pas tant la paralysie – cliché tenace, mais faux si on en juge selon les faits – que l'absence de clarification des responsabilités, ou si l'on veut *l'opacification des responsabilités*«[67]. Dans les démocraties majoritaires d'aujourd'hui, il y a partout un responsable

---

[63] Ph. Ardant, O. Duhamel, »La dyarchie«, in *Pouvoirs* n° 91, p. 9.

[64] Ph. Ardant, O. Duhamel, »La dyarchie«, p. 13.

[65] *Le Monde* du 2.IX 1994.

[66] Il faudrait même ajouter un élément fondamental: en 1993, début de la seconde cohabitation, François Mitterrand est très affaibli par la maladie qui finira par l'emporter en 1996. Mais l'opinion publique ne connaîtra pas l'état dramatique de sa santé qui l'empêchait partiellement de gouverner lors de la seconde cohabitation.

[67] G. Carcassonne, »La cohabitation, frein ou modèle?« p. 106.

politique qu'on peut identifier: il a les moyens de gouverner et doit rendre des comptes. *Or, le problème de la cohabitation, c'est qu'elle interdit quelquefois de déterminer, au sein de l'Exécutif, l'autorité qui décide et donc l'autorité responsable.*

L'exemple qui illustre cette difficulté est celui de la politique européenne. A qui doit-on réellement l'imputer? Au Président, ou au Premier ministre, ou bien aux deux? Mais alors, qui le citoyen mécontent de cette politique peut-il sanctionner lorsqu'il vote? On pourrait d'ailleurs adjoindre un second défaut qu'on pourrait qualifier de la primauté de l'opportunisme politique dans le contenu de l'action décidée. Au lieu de se demander si une mesure est nécessaire en termes d'intérêt général, et bénéfique en termes d'intérêt politique, les acteurs de la cohabitation se demandent: »quel comportement sera le plus profitable dans le face-à-face avec l'adversaire/partenaire?«[68]. Les petits jeux de la cohabitation parasitent le jeu politique normal.

Comme on le voit, cette dyarchie est aux antipodes de ce que voulaient les fondateurs de la Vème. Michel Debré a rappelé en 1990 que les constituants visaient le rétablissement de l'unité de décision dans l'Etat. Ils voulaient que la France fût »une démocratie gouvernée«, ce qui impliquait notamment que »la décision, c'est-à-dire le gouvernement (fût) établie dans des conditions qui assurent la marche des affaires et la destinée de la nation«[69]. En ce sens, on a parfaitement raison de définir cette Vème République comme une République »gouvernementale« qui, par là »réalise l'ambition des Pères fondateurs de la Troisième qui voulait »donner à la République figure de gouvernement«.«[70] En instaurant la dyarchie, la cohabitation rompt cette logique de la décision. Cette fragmentation de la décision rend inapplicable la responsabilité: ne sachant pas qui décide, on ne peut plus déterminer qui est responsable des décisions politiques.

Ainsi, dans les deux hypothèses qui se sont succédées depuis 1969 – concordance de majorité et cohabitation – on voit apparaître une progressive dissolution de la responsabilité politique. Dans les deux cas, le Parlement reste largement ligoté par l'exécutif, de sorte que – rationalisation des procédures et rigidité du système partisan aidant – la responsabilité politique de type parlementaire reste largement platonique. Le »présidentialisme majoritaire« présente alors le très gros inconvénient d'instituer un président véritablement gouvernant, et même omnipotent, sans aucune contre-partie de responsabilité, et l'on connaît par exemple la dérive très monarchique du double septennat de Mitterrand. La cohabitation illustre un autre mal qui est l'émiettement du pouvoir, et donc l'opacification de la responsabilité.

§2) Le double glissement vers la responsabilité pénale des gouvernants et vers la responsabilité des agents de l'administration

Ce double constat, préoccupant par lui -même, explique la recherché d'autres formes de responsabilité. On s'est progressivement tourné vers une autre forme de re-

---

[68] G. Carcassonne, »La cohabitation, frein ou modèle?« p. 103.

[69] Préface, N. Wahl, *Naissance de la Constitution*, Presses FNSP, 1990, p. XIII.

[70] P. Avril, »La nature de la V° République«, in La V° République, permanence et mutations, *Cahiers français*, n° 300, janv.–fév. 2001, p. 4.

sponsabilité, la responsabilité pénale, pour tenter de contraindre les gouvernants à rendre des comptes, mais devant des juges cette fois. Par ailleurs, pour satisfaire l'opinion publique, les mêmes gouvernants ont eu tendance à faire endosser la responsabilité de certains faits ou certaines actions, aux fonctionnaires ou aux conseillers ministériels (membres des cabinets ministériels) placés sous leurs ordres, ce que nous avons ici appelé, sans grande rigueur, les »agents de l'administration«.

A) La montée d'une responsabilité criminelle des gouvernants

Selon notre hypothèse, le mouvement de *la criminalisation de la responsabilité des gouvernants*, très caractéristique des dix dernières années – depuis 1993 – est une conséquence presque mécanique de l'impossible mise en œuvre d'une responsabilité politique. On a recherché la responsabilité criminelle (ou pénale) des gouvernants à propos de certaines »affaires« ou »scandales« qui ont défrayé la chronique. Il conviendrait en réalité, de distinguer deux types d'affaires qui ont servi de tremplin à la justice pénale.

Il y a eu, d'un côté, les affaires dites »*politico-administratives*«, qui résultent d'une mauvaise gestion des ministères ou d'une mauvaise gestion administrative. Le prototype en a été l'affaire du sang contaminé qui a conduit à la création de la Cour de la justice de la République, par une révision de la Constitution (1993) et, ensuite, à la mise en cause de la responsabilité pénale des membres du gouvernement qui ont été jugés en 1999. Par l'expression de »criminalisation de la responsabilité« des gouvernants, nous avons essayé de décrire – et de critiquer – ce mouvement général tendant à subsumer *les faits politiques sous les normes pénales*, ce qui nous paraît une évolution dangereuse, inefficace et – finalement – fort peu libérale[71]. On assiste également à une évolution parallèle pour ce qui concerne la mise en cause pénale de fonctionnaires et élus en raison du surgissement de catastrophes naturelles ou non (les inondations de Vaison- - la Romaine, l'effondrement d'une tribune au stade de Furiani à Bastia, etc.) qui ont entraîné leur responsabilité pénale.

D'un autre côté, on peut parler d'affaires »*politico-financières*«, lorsque des gouvernants ou des fonctionnaires sont mis en cause pour des faits de »criminalité gouvernante«[72]. La multiplication des »affaires« et de divers scandales politico-financiers – dont l'affaire Elf et Roland Dumas n'est pas la moindre – a probablement été l'un des événements marquants des quinze dernières années de la vie politique. La lutte contre la corruption et pour la »moralisation« de la vie publique a conduit plusieurs hommes politiques à être mis en examen par les juges d'instruction et les a contraints, pour la plupart d'entre eux, à démissionner de leurs fonctions de ministre[73] ou même de président du Conseil constitutionnel (M. Dumas). Elle a conduit, comme on le verra, l'ac-

---

[71] V. notre essai précité, *Le sang contaminé*. Contra: M. Degoffe, »La responsabilité pénale du ministre pour fait d'autrui«, *Revue du droit public*, 1998, pp. 433 s.

[72] L'expression est de L.-M. Diez-Picazo dans son intéressant ouvrage, *La criminalidad de lors gobernantes*, Barcelona, 1997.

[73] Démission de MM. Tapie, Carignon, Roussin Longuet, et plus tard de M.Strauss-Kahn. Dans le second gouvernement Raffarin, R. Donnedieu de Vabres pressenti n'a pas pu devenir membre du gouvernement à cause de sa mise en examen .

tuel Président Chirac à une lutte directe et frontale avec certains juges d'instruction
qui voulaient l'entendre sur certaines affaires. Quelquefois, des hommes politiques ont
été condamnés, et même emprisonnés (A. Carignon, ministre de la Communication
et maire de Grenoble) mais d'autres fois, ils ont été relaxés. Récemment, en 2002, la
double relaxe de l'ancien ministre de l'Economie Dominique Strauss-Kahn, et surtout, de l'ancien ministre et ancien président du Conseil constitutionnel, Roland Dumas, a jeté le trouble dans une opinion publique, plutôt encline à soutenir les juges
d'instruction dans leur lutte contre les délits financiers.

Cette autre forme de contrôle judiciaire, qui engage une responsabilité personnelle
du gouvernant, prend la forme d'un »contrôle de la vertu«. Le juge contrôle alors
moins les actes du gouvernant que sa vertu, son honnêteté, indépendamment des
fonctions politiques qu'il exerce, car le plus souvent les actes reprochés ont été accomplis en dehors des fonctions publiques. Comme l'a bien expliqué un auteur italien,
c'est l'absence de grande alternative politique et le déclin du Parlement comme forum
d'espace public qui ont conduit à accorder une telle attention à la »moralité« des
hommes politiques. Un ersatz politique en quelque sorte[74]. ...

Bien que ces deux types d'affaires soient, en réalité, très différentes, la justification
est le même: les gouvernants devraient être jugés comme des citoyens ordinaires, au
nom du principe d'égalité devant la loi pénale, promu au rang de norme fondamentale
du constitutionnalisme moderne. Le résultat de cette évolution est double: il signifie,
d'un côté, un mouvement d'assujettissement des gouvernants au droit pénal, et d'un
autre côté, la substitution de la justice pénale au contrôle parlementaire. Nous en
donnerons deux exemples à travers le sort différent des ministres et du Président de la
République.

L'affaire du sang contaminé et l'institution de la Cour de justice de la République - L'affaire
du sang contaminé est ce drame qui a provoqué la contamination (le plus souvent mor-
telle) par le virus du sida de quelques centaines de personnes, – principalement des hé-
mophiles receveurs de produis sanguins dérivés et des personnes transfusées lors d'interventions chirurgicales. A la suite de l'échec de la procédure entamée devant la
Haute Cour de justice contre eux, les trois membres du gouvernement impliqués dans
cette affaire du sang contaminé (Laurent Fabius, ancien premier Ministre), Georgina
Dufoix (ancien ministre des affaire sociales), et Edmond Hervé (ancien secrétaire
d'Etat à la Santé) ont été renvoyés en juillet 1998 devant la Cour de justice de la République et jugés par elle en février-mars 1999.

Pour arriver à un tel jugement, fort exceptionnel, il a fallu quand même opérer une
réforme constitutionnelle *ad hoc*, celle du 27 juillet 1993 qui a créé la Cour de justice
de la République, et institué le nouveau Titre X de la Constitution de intitulée (»De la
responsabilité pénale des membres du Gouvernement«). Selon l'article 68–1, les membres du Gouvernement sont pénalement responsables des actes accomplis dans l'exercice de leurs fonctions et qualifiés crimes ou délits au moment où ils ont été commis.«
et (al. 2), »ils sont jugés par la Cour de Justice de la République.« Pour dégager l'esprit
de cette réforme, il suffit de se référer à l'interprétation en quelque sorte autorisée, for-
mulée par Georges Vedel, à mains égards, le principal inspirateur de cette réforme. Se-

---

[74] V. le livre excellent de A. Pizzorno, *Il potere dei giudici. Stato democratico e controllo della virtù*, Laterza,
Bari, 1998.

lon lui, »le grand changement réside (…) dans le fait que désormais l'action contre les ministres n'est aux mains ni de l'Assemblée nationale, ni du Sénat, ni d'aucun organe politique. On a complètement dépolitisé le rassemblement des plaintes et des demandes et l'instruction. Le Parlement n'apparaît plus que dans la dernière phase qui est la phase du jugement par une Cour composée en majorité de parlementaires. La solution adoptée en France en 1993 est donc un compromis entre les vues de la classe politique et celle des magistrats. Les politiques auraient voulu se tailler une part plus importante dans la décision de poursuivre ou de ne pas poursuivre; les magistrats espéraient disposer de plus de membres au sein de la juridiction de jugement.«[75]

La loi constitutionnelle de 1993 sur la Cour de justice de la République obéit à cette volonté de »judiciariser« la procédure – pour éviter la justice politique – tout en conservant certains privilèges pour les membres du gouvernement. Mais ce compromis a volé en éclats lors du procès des ministres dans l'affaire du sang contaminé, au cours duquel comparaissaient les trois prévenus cités ci-dessus. Le procès a abouti à la relaxe de l'ancien Premier ministre (Fabius) et à celle de l'ancien ministre des Affaires sociales (Dufoix), et à une condamnation platonique du secrétaire d'Etat à la santé (Hervé). Cet arrêt rendu le 9 mars 1999 par la Cour de justice de la République est doublement insatisfaisant. D'un côté, il constitue une reconnaissance officielle du processus de la criminalisation de la responsabilité des gouvernants. Pour la première fois sous la V° République des membres du gouvernement, dont – notons le bien-, le Premier ministre de l'époque, ont été traduits en justice pour répondre, sur *le fondement d'un responsabilité purement pénale*, d'actes accomplis *pendant l'exercice de leur mandat ministériel et dans le cadre de leurs fonctions ministérielles*. En examinant au fond, et *in concreto*, si les trois membres du gouvernement, avaient ou non violé des dispositions de droit pénal, la Cour a estimé que la mauvaise gestion de leur activité ministérielle, c'est-à-dire de la santé publique, pouvait être constitutive d'un délit pénal. La Cour a créé un précédent constitutionnel d'importance en usurpant, selon nous, un contrôle qui devrait relever seulement du Parlement au nom de sa fonction du contrôle de l'activité gouvernementale.

Mais pire encore, en dispensant de peine le seul membre du gouvernement jugé coupable, la Cour de justice de la République a fait resurgir, de manière plus imprévue, le spectre de la justice politique qu'on avait voulu conjurer en 1993 en calquant le procès des ministres sur le droit pénal commun. En effet, comme on a pu le montrer ailleurs[76], cet arrêt obéit, en dernière analyse, à cette logique du politique qui est venue parasiter la logique judiciaire du procès. Depuis lors, l'activité de la Cour de justice de la République s'est passablement ralentie. Elle a eu l'occasion de juger un ministre (Mme Ségolène Royal) accusé d'avoir prononcé des propos diffamatoires à l'égard d'enseignants, alors qu'elle condamnait la pratique déplorable du bizutage dans une école vétérinaire. Beaucoup de juristes contestent la viabilité d'une telle institution, mais son existence, désormais reconnue par la Constitution, semble bien établie.

---

[75] G. Vedel, »La poursuite des infractions commises par les ministres en droit français« in F. Delpérée, M. Verdussen (dir.) *La responsabilité pénale des ministres fédéraux, communautaires et régionaux*, Bruylant, 1997, p. 37.

[76] »Du double écueil de la criminalisation de la responsabilité et de la justice politique«, *Revue du droit public*, 1999, n° 2, pp. 419–456.

Une résistance constitutionnelle: le maintien d'une immunité pénale pour le Président de la République – Alors que le statut pénal des membres du gouvernement est désormais encadré par le nouvel article 68–1 de la Constitution et les soumet à la juridiction spéciale de la Cour de justice de la République, le chef de l'Etat bénéficie, par rapport à eux, d'un statut nettement privilégié.

Le problème de la responsabilité pénale du chef de l'Etat est devenu un thème d'actualité depuis que l'actuel Président, M. Jacques Chirac apparaît comme étant personnellement menacé dans le cadre d'une enquête judiciaire à propos de l'affaire des emplois fictifs à la mairie de Paris qu'il dirigeait avant son élection à la tête de l'Etat. Le problème juridique qui se posait était de savoir si le Président de la République pouvait être appelé à *témoigner*, voire à être mis en examen durant le temps de sa présence à l'Elysée. Si la doctrine était divisée quant à savoir si le Président bénéficie ou non d'une immunité juridictionnelle, et s'il en bénéficiait, de déterminer sa portée: est-elle générale (immunité absolue) ou limitée (immunité relative), la réponse du droit positif est pour l'instant, sans ambiguïté. Les juges judiciaires du fond concernés par cette affaire – juge d'instruction et chambre d'accusation – se sont déclarés incompétents pour poursuivre l'actuel président de la République qui serait couvert pendant la durée de son mandat par une immunité pénale. Ils se sont principalement appuyés sur une décision du Conseil constitutionnel en date du 22 janvier 1999 (à propos du traité relatif à la Cour pénale internationale) qui se fonde sur une certaine exégèse de l'article 68 de la Constitution[77]. Selon l'interprétation de Michel Troper, le Président de la République n'est pas irresponsable car il peut être poursuivi pour tous les actes qui ne sont pas liés à l'exercice des fonctions, mais, conformément au principe de séparation des pouvoirs, il ne peut l'être que par les Assemblées. Ainsi, la Constitution de 1958 conférerait une compétence exclusive à la Haute Cour (art. 67 et 68) pour juger des actes extérieurs aux fonctions du Président de la République.

Mais, dans son désormais célèbre arrêt Breisacher du 10 octobre 2001, la Cour de cassation française a estimé que le Président de la République en exercice bénéficiait d'une véritable immunité pénale pendant la durée de ses fonctions[78]. Cette inviolabilité présidentielle contraste fortement avec le statut juridictionnel, moins protecteur, reconnu par la Cour suprême des Etats-Unis au Président américain. La Cour de cassation s'est fondée sur une interprétation très »constructive« de l'article 68 de la Constitution – en partie différente de celle donnée par le Conseil constitutionnel dans sa décision précitée pour en déduire que le chef d'Etat jouissait, pendant la durée de ses fonctions, d'une protection pénale pour les faits qui lui étaient reprochés. A la différence du Conseil constitutionnel, elle a considéré que la Haute Cour de justice n'était pas compétente pour juger des actes extérieurs aux fonctions. Pour espérer voir l'actuel président jugé pour les faits qui lui sont reprochés, il faudra donc attendre la fin de son second mandat (s'il n'en brigue pas un troisième). Cette immunité présidentielle

---

[77] »Le Président de la République n'est responsable des actes accomplis dans l'exercice de ses fonctions qu'en cas de haute trahison. Il ne peut être mis en accusation que par les deux assemblées statuant par un vote identique au scrutin public et à la majorité absolue des membres les composant; il est jugé par la Haute Cour de justice.«

[78] Jacques Chirac était soupçonné d'avoir organisé, en tant qu'ancien maire de Paris, un système d'emplois fictifs lui permettant de rétribuer des permanents de son ancien parti politique (le RPR) qu'il dirigeait à l'époque.

qui choque l'opinion publique a conduit le président, fraîchement élu (mai 2002), à instituer une *Commission de réflexion sur le statut pénal du Président de la République* – dite Commission Avril du nom de son président –dont le rapport a été rendu public le 12 décembre 2002. Il concluait lui aussi, en faveur d'une reconnaissance d'une immunité constitutionnelle, mais proposait un aménagement de l'article 68 de façon à rendre possible une sorte d'*impeachment* à la française.

Pour notre part, on se bornera ici à faire part de deux remarques. Selon la première, l'argumentation généralement suivie occulte le problème suivant: de quelle responsabilité parle-t-on lorsqu'on évoque la »responsabilité« de l'article 68 de la Constitution? Est-on bien sur qu'il s'agisse encore d'une responsabilité pénale du Président? La signification de l'article 68 de la Constitution n'est-elle pas au contraire de prévoir une responsabilité politique, plutôt une responsabilité politico-pénale, – ou »responsabilité criminelle politique« (Hauriou) pour cas de »haute trahison«, précise le texte? Or, si cette dernière hypothèse est la bonne – ce que nous croyons – l'article 68 ne permet pas de trancher la question de savoir si une éventuelle responsabilité pénale »ordinaire« (de droit pénal commun) peut être imputée au Président de la République pour des faits *antérieurs* à ses fonctions (donc extérieures à elle) car il met en jeu une notion particulière de la responsabilité – politico-pénale – et une institution de justice politique – la Haute Cour – qui échappe à la dichotomie responsabilité politique/pénale[79].

En outre, la résolution du cas Chirac en faveur de son immunité marque indéniablement un coup d'arrêt à l'expansion de la criminalisation de la responsabilité. Un simple juge d'instruction ne dispose pas des prérogatives nécessaires pour paralyser le pouvoir exécutif en mettant en examen le chef d'Etat et en faisant planer sur sa tête la menace d'un procès pénal (et donc la menace d'un emprisonnement). Mais, si l'on peut approuver cette solution, on doit tout autant noter l'incohérence du régime actuel de la responsabilité pénale des gouvernants. La première incohérence tient au fait qu'il y a une différence manifeste de traitement entre les ministres et le chef de l'Etat pour ce qui concerne cette responsabilité: privilège de juridiction pour les premiers, et très large immunité pour le second. Le statut du Premier ministre est-il tellement différent, en droit constitutionnel, qu'il mérite un statut moins protecteur que le Président? La seconde incohérence tient à la différence de régime entre le statut pénal des gouvernants – protégés d'une certaine manière – et le statut pénal de leurs collaborateurs (notamment les conseillers ministériels ou hauts fonctionnaires) soumis à la justice pénale ordinaire, sans protection donc[80]. On voit ici apparaître une tendance très contestable: faire payer la faute aux »lampistes«.

B) La fin de la responsabilité politique pour fait de l'administration?

Partons d'un problème simple: *en cas de dysfonctionnement du ministère, quelle est la personne responsable?* Est-ce le Ministre ou sont-ce ses plus proches subordonnés? Une telle question pose le problème de ce qu'on appelle *la responsabilité politique du Ministre du*

---

[79] Pour une argumentation plus ample, v. notre article: »Pour une autre interprétation de l'article 68 de la Constitution«, *Revue française de droit administratif*, nov.déc. 2001.

[80] V. F. Blondeau, *La responsabilité pénale des conseillers ministériels*, Mémoire DEA Paris II, 2001.

fait de son administration. La réponse classique du droit constitutionnel français corre-
spondait à celle propre à tout régime parlementaire: le Ministre *doit endosser* la responsabilité des faits commis dans son administration. Ce dernier doit être politiquement
responsable car, en tant que membre du Gouvernement, il est censé rendre des
comptes au Parlement. Dès lors, sa responsabilité politique absorbe celle de ses subordonnés qui, en contrepartie lui doivent obéissance. Comme l'écrit classiquement
Pierre Avril, »la responsabilité du ministre parlementaire, (…), lui fait assumer les comportements des fonctionnaires de son département, et les actes de chacun d'eux étant
considérés comme les siens propres , il s'ensuit à sa charge une obligation de surveillance: l'idée de faute apparaît dans la négligence à s'en acquitter. Mais de la négligence
effectivement fautive, on glisse aisément à la présomption de défaut de diligence, c'est-
à-dire à l'idée de risque.«[81]

Or, en réalité, cette règle coutumière et structurante est doublement niée par les
faits. D'une part, comme on l'a vu, on constate l'émergence d'une nette tendance vers
une responsabilité *pénale* du Ministre pour fait d'autrui qui se substitue à sa responsabilité *politique*. D'autre part, même au cas où la responsabilité pénale ne vient pas parasiter la responsabilité politique, on voit se multiplier l'étrange pratique du »*fusible*« politique. Comme l'indique cette métaphore, en cas de problème – de court-circuit – c'est
le proche subordonné du ministre qui fait office de fusible: il »saute«, c'est-à-dire
qu'on lui fait payer la ou les fautes commises par le ministère (et éventuellement même
par le ministre). Deux exemples attestent de cette étrange pratique (quoique déjà courante sous les autres Républiques): l'affaire Habache et l'affaire dite des »paillottes«.

L'affaire Habache a éclaté en 1992, lorsque la presse a révélé l'admission sur le territoire français, du responsable palestinien Georges Habache venu se faire soigner à Paris
dans un hôpital de la Croix-Rouge. Elle s'est soldée par la démission des deux directeurs de cabinet du ministère des Affaires étrangères et de l'Intérieur, et surtout celle
du secrétaire du Quai d'Orsay, véritable vice-ministre. Les ministres concernés – celui
des Affaires étrangères (Roland Dumas) et de l'Intérieur (Philippe Marchand) n'ont
pas été inquiétés parce que le Premier ministre de l'époque qui voulait les sanctionner
s'est vu opposer un veto présidentiel.

Une crise *mineure* de ce genre se résout par la mise en cause des fonctionnaires ou
membres du Cabinet devant le Ministre. Ainsi, la *réalité constitutionnelle* a renversé l'ordre de la constitution écrite en remplaçant la responsabilité des Ministres devant le
Parlement par celle des fonctionnaires devant le Ministre. En effet, cette pratique du
transfert de responsabilité des ministres vers leurs proches collaborateurs ou les fonctionnaires de leur département[82] contredit la règle ci-dessus rappelée selon un ministre
endosse politiquement la responsabilité des erreurs ou fautes de son Administration,
afin de garantir la cohésion de l'action de l'Etat et de protéger l'impartialité politique
de la fonction publique. Comme l'a très bien exprimé le Doyen Vedel, »en régime
parlementaire, le ministre fait écran entre le Parlement et les fonctionnaires. Il ne faut
pas renverser les rôles en faisant des fonctionnaires l'écran qui protège le ministre du

---

[81] P. Avril, »Pouvoir et responsabilité«, in *Le Pouvoir. Mélanges offerts à Georges Burdeau*, Paris, LGDJ,
1977, p. 9.

[82] V. ici notre article: »Le transfert de la responsabilité politique du Ministre vers ses proches subordonnés«, in O. Beaud, J.-M. Blanquer (dir.), *La responsabilité des gouvernants*, Paris, Descartes & Cie, 1999,
pp. 203 et s.

Parlement − et des citoyens.«[83] Plutôt amers, nombre de hauts fonctionnaires ou conseillers ministériels, se sentent abandonnés, sinon trahis, par leurs ministres auxquels ils reprochent d'esquiver leurs obligations constitutionnelles. Il en résulte que la question de la responsabilité est traitée dans les »coulisses du pouvoir« et non pas sur la scène de l'espace public.

Cette affaire Habache illustre la tendance, très fâcheuse, de ce régime selon laquelle l'autorité politique peut faire retomber sa responsabilité sur ses subordonnés. La Vème République obéit alors à la *loi non écrite* qui est la suivante: celui qui détient le pouvoir est celui qui peut échapper à sa responsabilité en cas de problème. Le Président de la République peut se défausser de sa responsabilité sur le Premier Ministre ou, le cas échéant, sur les Ministres, et à son tour, le Premier Ministre sur les Ministres qui, à leur tour, peuvent se décharger de leur responsabilité sur les membres du Cabinet ou sur les directeurs d'administration centrale. Il en résulte que la hiérarchie *effective* des pouvoirs se dessine en fonction de la hiérarchie parallèle et inférieure des »fusibles« qui la dédouble. Il est clair que cette double hiérarchie crée une responsabilité qui est malsaine puisqu'elle retombe toujours sur celui qui ne devrait pas, normalement, rendre compte des actes commis.

L'autre affaire, celle dite des »paillottes« résulte d'un litige juridique relatif à l'occupation illégale du domaine public maritime par un restaurateur qui avait installé des installations (des »paillotes«) sur une plage en Corse. Ces constructions qui devaient être démolies en exécution de décisions de justice, firent l'objet d'un incendie criminel, le 20 avril 1999. Or, l'enquête judiciaire a établi que c'étaient des gendarmes − des agents de l'Etat donc − qui avaient effectué cette opération de commando. L'enquête a remonté jusqu'aux niveaux du lieutenant-colonel de gendarmerie, du directeur de cabinet du préfet et du préfet lui-même qui ont été mis en examen, et qui ont été jugés. Le préfet lui-même M. Bernard Bonnet avait été nommé pour remplacer le préfet Erignac assassiné le 6 février 1998, et il avait mené une politique extrêmement active contre les nationalistes corses, bénéficiant de prérogatives exceptionnelles.

Comment cette »affaire« singulière fut-elle traitée en termes de responsabilité des gouvernants? Elle a fait l'objet des procédures classiques en régime parlementaire: des questions parlementaires, la création d'une Commission d'enquête aussi bien devant l'Assemblée nationale que devant le Sénat, et enfin dépôt d'une motion de censure n'a pas recueilli la majorité constitutionnelle requise, et a donc été rejetée. On pourrait estimer que les procédures constitutionnelle ayant été utilisées très normalement, la responsabilité politique aurait ici correctement fonctionné. Mais, à cette occasion, les débats ont fait ressortir et émerger une *nouvelle* doctrine en matière de responsabilité des gouvernants. Mis en cause dans cette affaire par l'opposition parlementaire, les gouvernants ainsi interpellés (Premier ministre, ministre de l'Intérieur, garde des Sceaux et ministre de la Défense) ont élaboré une argumentation ingénieuse qui a pour principale originalité d'attribuer à la justice le rôle prééminent dans la recherche des responsabilités. Il ressort d'innombrables déclarations des ministres concernés que la seule obligation incombant aux membres du Gouvernement dans un dysfonctionnement de ce genre consiste à ne pas entraver l'action de la justice pénale qui devient la seule instance compétente pour démêler les responsabilités. La Garde des

---

[83] »Haute Cour et déficit juridique«, *Le Monde* 30.X.1992.

Sceaux (Mme Guigou), par exemple, n'a cessé de marteler cette thèse. Elle déclare à l'Assemblée le 28 avril 1999: »Cette enquête [judiciaire] a été et continuera à être conduite en toute indépendance, conformément à la loi et à la procédure pénale, sans que rien ne vienne freiner, détourner ou entraîner l'action de la justice.« Cette nouvelle doctrine de la responsabilité politique – c'est le terme qu'il convient – est le mieux exprimée par le Premier ministre (M. Jospin) dans sa réponse, le 4 mai 1999, à un député de l'opposition qui lui demandait comment le »Gouvernement entend(ait) assumer politiquement« cette affaire«. Il a ainsi justifié »la position du Gouvernement dans cette affaire« qui est, selon lui »de faire toute la vérité. C'est l'objet de l'enquête judiciaire en cours. Le Gouvernement laisse travailler la justice en toute indépendance. (…) Par respect pour la présomption d'innocence (…), il ne convient pas que le Gouvernement précède la justice et porte des jugements à sa place«. Il en résulte inévitablement une nouvelle définition de la responsabilité politique, donnée par le Premier ministre lors du débat sur la motion de censure (le 25 mai 1999): »*assumer ses responsabilités, c'est faire pleinement confiance à la justice pour l'établissement de la vérité*« [84].

Mais dans la mesure où les auteurs des actes contestés étaient des fonctionnaires (civils et militaires), une telle position revient immanquablement à privilégier la responsabilité pénale (et individuelle) des fonctionnaires. Dans la même affaire, le Premier ministre en exercice a déclaré du haut de la tribune de l'Assemblée nationale: »la responsabilité d'un gouvernement se mesure donc à l'aune de sa politique et des actes qu'il accomplit lui-même ou ordonne, et non d'après des manquements individuels qui les contredisent«[85]. La double invocation du principe de séparation des pouvoirs (qui acquiert une nouvelle et intéressante signification), et du principe de la responsabilité personnelle des fonctionnaires permet au chef du Gouvernement de se désolidariser entièrement non seulement du préfet (qu'il a choisi et nommé un an auparavant), mais aussi des gendarmes, auxquels il rappelle que tout fonctionnaire a le devoir de désobéir à un ordre manifestement illégal.

On peut cependant douter de la validité constitutionnelle d'une telle »doctrine« de l'exclusivité de la responsabilité personnelle (ie. *pénale*) des hauts fonctionnaires, justifiée désormais par l'indépendance du pouvoir judiciaire. Elle signifie, en dernier ressort, qu'en cas d'un grave dysfonctionnement de l'Etat (le préfet Bonnet représentait l'Etat en Corse), ce n'est plus le Parlement, mais un juge d'instruction qui est principalement compétent pour exiger des comptes de la part des administrateurs et des conseillers ministériels (et pourquoi pas des ministres?). Grâce à une telle »doctrine«, aussi vertueuse qu'elle puisse paraître, les gouvernants éludent, une fois de plus, leur propre responsabilité *politique*, en tant que chefs de l'Administration ou en tant qu'autorité de nomination. On voit bien comment en invoquant la responsabilité pénale mise en œuvre par les juges, les gouvernants éludent leur propre responsabilité politique du fait de l'administration.

★ ★ ★

---

[84] *J. O. Déb. Parl. A. N.*, 25.V.1999, p. 4843.

[85] Déclaration le 25 mai 1999 à l'Assemblée nationale, à l'occasion de la discussion de la motion de censure déposée par l'opposition.

Dans sa fameuse conférence sur le métier de politique (*Politk als Beruf*), Max Weber s'interroge sur les qualités personnelles qu'il faut posséder pour se sentir appelé à devenir un homme politique. Sa réponse est exigeante: »On peut dire – déclare-t-il – qu'il y a trois qualités déterminantes qui font l'homme politique: la passion – le sentiment de la responsabilité – le coup d'œil.« La seconde de ces qualités, »le sentiment de la responsabilité« doit épauler la seconde car »la passion seule, si sincère soit-elle, ne suffit pas. Lorsqu'elle est au service d'une cause *sans que nous fassions de la responsabilité correspondante l'étoile polaire qui oriente d'une façon déterminante notre activité,* elle n'en fait pas d'un homme un chef politique.«[86] Pour illustrer son propos, le grand sociologue opposait deux types d'honneurs professionnels: celui du fonctionnaire et celui du chef politique. »*L'honneur du chef politique* – écrivait-il –, celui de l'homme d'Etat dirigeant, consiste justement dans la *responsabilité personnelle* exclusive pour tout ce qu'il fait, responsabilité qu'il ne peut ni ne doit répudier ou rejeter sur un autre«[87] C'est parce qu'il est légitime que l'homme politique est responsable, et inversement d'ailleurs. »La responsabilité politique est perçue comme »épreuve et garantie de la légitimité«[88]. Or, dans les démocraties modernes, un homme politique, est légitime parce qu'il est »choisi par les gouvernés« (légitimité démocratique). Quant au fonctionnaire, son irresponsabilité politique est le corollaire logique de l'impartialité et de la neutralité de son activité administrative.

Mais, il ressort des différents cas ici étudiés que »l'honneur du chef politique« sous la Vème République n'est plus ce qu'elle était à ses débuts. On constate en effet que les hommes politiques fuient leurs responsabilités, et laissent leurs collaborateurs et leurs subordonnés aux prises avec la justice. La responsabilité politique, qu'on pourrait caractériser comme le droit constitutionnel de l'honneur politique, est donc en panne parce que justement ce »sentiment de la responsabilité« a déserté largement la classe politique. Le lien entre droit constitutionnel et mœurs politiques trouve ici une application particulière.

Ainsi, étudiée au prisme de la responsabilité politique des gouvernants, la Vème République apparaît sous un jour un peu différent. On voit combien la structure politique dominante, n'est plus ici »parlementaro-gouvernementale«, mais »gouvernementale« ou »exécutive«. Entendons par là que les autorités qui décident sont essentiellement les autorités politiques de l'Exécutif, – de l'Elysée de Matignon et des Ministres, cabinets compris – et les autorités administratives. Mais plus encore que le pouvoir de décision, la seule responsabilité effective est celle qui a lieu *au sein* de ses structures: le ministre est responsable devant son Premier ministre qui peut l'être devant le Président de la République. Le grand absent est évidemment le Parlement, de sorte que l'on peut comprendre l'appel au juge judiciaire (et aux médias) pour exiger des comptes aux hommes politiques. Mais si l'on estime que l'esprit initial de la Vème République visait, d'une part, à la »réhabilitation de la fonction gouvernementale« et d'autre part, à placer la »légitimité de suprématie de l'Etat comme lieu de l'intérêt général« au-dessus de la »légitimité purement représentative« et de la »légitimité juridic-

---

[86] »Le métier de politique« *in Le savant et le politique*, trad. fr. , Paris, Plon, p. 163.
[87] *Le savant et le politique*, p. 129.
[88] D. Baranger, *Parlementarisme des origines*, p. 8.

tionnelle«[89], il est indéniable que l'actuelle promotion de la justice tourne le dos à cet esprit. Le pouvoir judiciaire disqualifie la légitimité de type »étatique« – c'est-à-dire exécutive – et contredit l'idée même d'une réhabilitation de la fonction exécutive, telle qu'elle avait été pensée par les constituants de 1958[90].

Ainsi, l'étude de la Vème République à travers le prisme de la responsabilité politique montre une dérive vers l'irresponsabilité qui devrait inquiéter autant les partisans libéraux d'une balance des pouvoirs que les défenseurs d'un Etat efficace. Les premiers ont raison de craindre l'émergence d'un pouvoir non responsable, tandis que les seconds savent que l'irresponsabilité renforce et garantit l'existence des dysfonctionnements de la machine étatique. En tout état de cause, les Pères fondateurs de 1958 ne reconnaîtraient pas dans cette pratique constitutionnelle de la responsabilité politique leur intention profonde.

---

[89] L. Jaume, »La réhabilitation de la fonction gouvernementale dans la Constitution de 1958«, in *Esprit*, janv. 2002, pp. 96–97.

[90] V. notre diagnostic: »L'émergence d'un pouvoir judiciaire sous la Vème République: un constat critique«, in *Esprit*, janvier 2002, pp. 108–121.

La VIème République a-t-elle un avenir?

von

Jean-Marie Denquin

Professeur à L'Université de Paris X Nanterre

Parmi les traits qui caractérisent la culture politique française, l'un des plus remarquables est certainement une tendance récurrente à faire du régime l'enjeu et non le cadre des luttes politiques. La démocratie implique certes une rivalité des équipes partisanes pour l'exercice du pouvoir. Mais cette rivalité peut fonctionner sans que les institutions soient mises en cause. En un sens, c'est même parce que cette question n'est pas posée que la compétition acquiert les caractères propres à une démocratie authentique, autrement dit qu'elle se déroule selon des règles acceptées et respectées par les adversaires. L'accord de ceux-ci sur celles-là garantit en effet que l'affrontement, organisé et limité, ne va pas dégénérer en conflit majeur où l'un des camps aurait tout à perdre. Il ouvre au contraire la perspective d'une revanche puisque la pérennité du système rend l'alternance certaine: perdre une bataille n'est jamais perdre la guerre, et donc il n'y a pas de guerre susceptible d'être gagnée ou perdue. Or la France a rarement connu une telle configuration. L'instabilité des régimes politiques depuis la Révolution – rappelons qu'aucun de ceux-ci n'a égalé la durée du seul règne de Louis XIV – s'est accompagnée d'une tendance à conjuguer les luttes *contre* le système politique aux luttes *dans* le système politique. Les rapports entre les deux phénomènes sont d'ailleurs complexes: car si la destruction des institutions existantes constitue un but qui dépasse les affrontements quotidiens, elle leur sert aussi de moyens. Même si les gouvernants gèrent les affaires du pays de manière globalement satisfaisante, la volonté de changer le régime justifie a priori l'opposition dont ils sont l'objet; inversement la nécessité de défendre le régime permet de minimiser des critiques qui paraîtraient, dans un autre contexte, difficiles à désarmer. De ce point de vue, les périodes de consensus relatif autour des institutions ont été l'exception plutôt que la règle: sans doute en fut-il ainsi sous la IIIème République après le déclin de l'opposition monarchiste et avant la montée des périls qui, dans l'entre-deux-guerres, alimentèrent les campagnes révisionnistes. Plus nettement encore, les vingt dernières années ont suscité l'impression que la question du régime n'était plus posée. Jusqu'à 1981 l'absence d'alternance donnait une certaine crédibilité à l'idée selon laquelle les institutions de 1958, mises en place par et pour la droite, n'étaient qu'un moyen pour celle-ci de se maintenir au pouvoir. Il était donc envisageable que la gauche, si elle l'emportait, commençât par les supprimer. Ce fut l'inverse qui se produisit: non seulement François Mitterrand ne modifia pas les institutions dont il avait été le plus féroce critique, mais il les utilisa sans complexe, montrant ainsi qu'elles pouvaient servir aux deux camps. Parallèlement l'élaboration d'une jurisprudence constitutionnelle par le Conseil constitutionnel entraîna d'importantes conséquences. Outre un renouveau du droit constitutionnel français, elle provoqua un déplacement du débat. D'une part elle rendait possible une véritable garantie juridique des droits fondamentaux, assurée jusqu'ici seulement, en principe, par la rhétorique sublime des Déclarations de droits. D'autre part elle mettait l'accent non sur la mécanique institutionnelle, qui peut toujours être autre qu'elle n'est, mais sur le contenu même du droit, sur le produit plus que sur la machine. Or cette juridicisation est aussi une dépolitisation. Elle situe les enjeux majeurs du système politique non dans les institutions définies par la Constitution et dont les titulaires sont désignés par les élections mais dans l'appréciation que des juges non élus portent sur les choix effectués par ceux-ci. Si bien que l'organisation constitutionnelle cesse d'être un enjeu majeur, sauf dans la mesure où la compétence des juges constitutionnels est en cause. Le produit du système est en effet largement indépendant des hommes – exception faite des juges constitutionnels – et des procédures qui aboutissent à la formulation de celui-ci. Dans ce système les gouvernants sont censés moins qu'auparavant définir et atteindre des objectifs: on attend surtout d'eux qu'ils respectent des règles définies par les juges. Une telle conception n'est pas sans inconvénients, mais ceux-ci ne sauraient être examinés ici. Il suffit de constater qu'elle s'avère favorable à la stabilité constitutionnelle: en donnant, au moins partiellement, le dernier mot au juge, en mettant à la charge des gouvernants une obligation de moyens plus que de résultat, on vide d'enjeu des questions constitutionnelles telles qu'elles étaient traditionnellement formulées en terme de légitimité et d'efficacité.

Le régime de la Vème République paraissait donc doublement renforcé, politiquement parce qu'il devenait acceptable par les deux grandes coalitions qui structurent la vie politique française, juridiquement parce que son évolution interne aboutissait à mettre l'accent moins sur les institutions, toujours imparfaites, donc révisables, que sur la production normative dont le contrôle peut être assuré par un juge dont le statut apparaît – assez mystérieusement – soustrait à toute contingence. Et pourtant depuis quelques mois le thème de la VIème République a ressurgi dans le débat politique[1]. Alors qu'en 1998 la *Revue du droit public* avait publié un numéro spécial consacré aux *40 ans de la Vème République* où des spécialistes renommés de la discipline prenaient acte de la stabilisation du système, cette même revue a jugé pertinent de publier en 2002 un autre numéro spécial, intitulé La *VIème République?* Même si le point d'interrogation relativise la modification de chiffre, on ne peut qu'être frappé par le changement d'accent. L'optique de 1998 était récapitulative: elle n'excluait nullement la critique et les propositions de réformes, nécessaires et probables, mais elle tenait le régime pour un acquis. La seconde renoue au contraire avec la rhétorique de la révolution juridique, condition nécessaire à la solution de tous les problèmes de la société française.

---

[1] Le 2 mai 2001, le député Arnaud Montebourg (PS) a créé une »Convention pour la VIème République« qui allait beaucoup contribuer à la diffusion de ce thème. On ne saurait d'autre part dresser ici une liste exhaustive des travaux portant sur ce thème. Notons cependant, comme particulièrement révélateurs: O. Duhamel, *Vive la VIème République!*, Le Seuil, 2002, 163 p., et Marie-Anne Cohendet »Quel régime pour la VIème République?«, *RDP*, 2002, p. 172–193.

L'exercice présente ses vertus et limites habituelles : il témoigne d'une inventivité toujours renouvelée mais engendre parfois un sentiment de gratuité voire d'arbitraire: pourquoi ceci plutôt que cela?

Notre objet n'est cependant pas ici d'opérer une revue critique des solutions proposées mais plutôt de nous interroger sur la question elle-même. Le thème de la VIème République peut être considéré à la fois comme un symptôme et comme une problématique. En tant que symptôme, il incite à se demander pourquoi ressurgit une interrogation sur le régime, certes traditionnelle, mais apparemment dépassée. On peut se contenter ici de rappeler en quelques mots les événements qui ont présidé à ce nouvel épisode. Schématiquement deux facteurs ont joué, l'un d'ordre institutionnel, l'autre d'ordre conjoncturel. Le premier tient évidemment au phénomène de cohabitation, c'est-à-dire l'élection successive (dans un ordre ou un autre) et donc la présence simultanée au pouvoir d'un président de la République et d'une majorité parlementaire politiquement opposés. Le second facteur, qui précipita la crise de confiance dans les institutions fut non le principe mais les circonstances de la troisième cohabitation. Les deux premières cohabitations (1986–1988 et 1993–1995) n'avaient pas suscité de doutes sur la pérennité du régime. Elles constituaient la réalisation d'un cas de figure depuis longtemps décrit, prédit et redouté. Qu'il se soit enfin réalisé sans convulsions majeures fut même reçu, paradoxalement, comme une preuve de la solidité des institutions. En revanche la dernière cohabitation fut ressentie comme mettant en cause la nature même de la Vème République. Deux raisons évidentes l'expliquent: d'une part le phénomène se produisait pour la troisième fois, et donc se banalisait. Il n'était plus une exception passagère, promise à un oubli rapide et mérité. D'autre part l'échec de la dissolution, opérée en 1997 par M. Chirac, inaugurait une cohabitation de cinq ans, alors que les précédentes n'excédaient pas deux ans. La cohabitation devenait ainsi une sorte de seconde normalité. Mais l'idée de seconde normalité n'est-elle pas une contradiction dans les termes? Et peut-on concevoir un système politique où alternent non les majorités mais des Constitutions?[2]

Ces questions n'ont pas reçu de réponse directe. Elles ont en revanche reçu une réponse indirecte, car le symptôme s'est changé en problématique par substitution au problème de fait d'un problème de droit: non plus »la cohabitation est-elle possible?« mais bien »la cohabitation doit-elle exister?«. On s'était d'abord inquiété de savoir si la cohabitation n'allait pas faire exploser le régime et, une fois constaté qu'il n'en était rien, on avait entrepris de célébrer le phénomène dans les termes les plus lyriques. A l'extrême fin des années quatre-vingt-dix, il apparaissait franchement intolérable sans que rien n'ait changé dans le dispositif institutionnel. Pourquoi la cohabitation, si vantée naguère, devenait-elle soudain odieuse?

Deux questions donc, dont la première n'est pas la moins obscure. En l'absence d'une véritable enquête scientifique sur la popularité de la cohabitation, seules quelques hypothèses peuvent être formulées. Il faut d'abord observer qu'il n'est pas exact de dire que les électeurs aient approuvé la cohabitation. D'une part ils ne votent aux élections législatives que pour un candidat, dans une circonscription, sans savoir quelle tendance va globalement l'emporter; d'autre part il n'est pas exclu qu'en votant pour

---

[2] Pour une tentative d'analyse de cette question, nous nous permettons de renvoyer à notre ouvrage *La monarchie aléatoire. Essai sur les Constitutions de la Vème République*, PUF, 2001.

l'opposition ils manifestent le souhait de voir le chef de l'Etat non cohabiter mais démissionner. L'ambiguïté n'aurait été levée que si le Président désavoué avait démis-
sionné, s'était représenté, avait été réélu. Mais cette épreuve décisive n'a pas eu lieu.
Comme elle aurait peut-être abouti au rejet de la cohabitation, on peut dire que la
possibilité même de celle-ci tenait à ce que la question ne soit pas posée au pays. L'idée
que l'opinion publique approuve la cohabitation ne repose donc que sur des sondages,
avec les multiples ambiguïtés que ceux-ci comportent dans une matière de ce genre:
non seulement le soupçon de manipulation n'est jamais totalement écarté, mais on
peut se demander si des réponses sans engagement, plus ou moins machinales, à une
question aussi ésotérique et controversée présentent une signification. La seule chose
vraiment connue en la matière est donc le sentiment des élites politiques et médiati-
ques. Les raisons qui les ont poussées à se prononcer massivement, en un premier
temps, pour la cohabitation sont loin d'être claires. Des raisons conjoncturelles et tacti-
ques ont joué. En 1986, M. Chirac, devancé dans les sondages par M. Barre, préférait
remettre l'épreuve à plus tard. Les partis qui espéraient gagner les législatives crai-
gnaient, en laissant présager l'épreuve de force, d'effaroucher l'électeur. Il semble cependant que des facteurs plus profonds soient à l'œuvre: une certaine fuite devant l'affrontement et la prise de risque, une tendance à préférer le compromis aux solutions
tranchées – toute chose qui peuvent évidemment être louées comme un progrès de la
civilisation.

Mais cette explication ne fait que rendre plus obscure la question symétrique: pourquoi la cohabitation devient-elle exécrable? On en est ici réduit aux suppositions, car
les acteurs se sont fort peu expliqués sur le renversement, pourtant complet, de leurs
positions. Un consensus hostile s'est substitué à un consensus favorable, mais les motifs
n'en ont pas été explicités: seul le résultat fut visible. Pudeur bien compréhensible
quand on s'apprête à brûler ce que l'on a encouragé? Difficulté à formuler discursive-
ment ce que chacun ressent pourtant avec force? Inversion des arrière-pensées tacti-
ques liées à la simultanéité des échéances? Il est vrai qu'en 2002 les deux camps pouvaient espérer tout gagner et n'avaient aucun intérêt – du moins avant les élections présidentielles – à faire la part du feu. Là encore il semble que les causes soient plus pro-
fondes: à la longue le système de la cohabitation a manifesté une perversité prévisible,
mais que l'on s'évertuait en raison des postulats antérieurs à occulter ou du moins à
minimiser.

La cohabitation a en effet pour principale conséquence, sinon de paralyser, du
moins d'entraver l'action de l'exécutif. Ce résultat est directement contraire aux intentions des rédacteurs de la Constitution de 1958 qui entendaient rompre avec l'inefficа-
cité chronique prêtée, à tort ou à raison, aux deux Républiques antérieures. Il est vrai
que le texte de 1958 ne semblait pas non plus appeler le phénomène de présidentialisation radicale observable dès le début du régime mais encore accentué chez les successeurs du général de Gaulle. Mais si l'article 20 confie au Gouvernement, et non au chef
de l'Etat, le soin de déterminer et conduire la politique de la Nation, il ne s'ensuit évidemment pas que les concepteurs du système aient envisagé que l'action du premier
s'exerce contre la volonté du second. Or c'est bien ce que l'on observe dans les diverses
expériences de cohabitation, même si celles-ci ont chacune présenté une physionomie
propre due à divers facteurs conjoncturels (état physique et personnalité du chef de
l'Etat, rapport des forces politiques, spéculations sur le résultat des futures échéances

électorales, etc …). Le Premier ministre a les moyens de gouverner. (Si d'ailleurs il ne les avait pas il n'accepterait pas de se lancer dans l'entreprise qui implique, il faut le rappeler, l'accord des protagonistes: sans cet accord, et donc sans des supputations contraires quant à l'issue de l'aventure, celle-ci n'aurait pas lieu et le différend serait immédiatement vidé.) Mais juridiquement il doit négocier avec le chef de l'Etat chaque fois que l'accord de celui-ci est nécessaire. Politiquement il doit affronter l'opposition du Président qui, libéré des charges de la gestion quotidienne, nullement contraint de s'exprimer sur les questions délicates, peut prendre les poses décoratives, démagogiques et morales qui stimulent les cotes de popularité. Les deux hôtes de l'Elysée qui ont joui de ces privilèges en ont usé avec une virtuosité très inégale. Avant les élections de 2002, on ne savait pas encore que le moins habile obtiendrait d'aussi bons résultats que l'autre. Mais il apparaissait déjà que la cohabitation est une course à handicap et que le Premier ministre, quelle qu'ait été son action, n'y part pas nécessairement favori. Il est donc certain que la capacité d'action de l'exécutif se trouve globalement restreinte en cas de cohabitation. Ceci est particulièrement vrai dans le domaine international, où les deux têtes de l'exécutif se livrent à une compétition ouverte tandis que les puissances étrangères s'étonnent non sans motif de ces étranges comportements. Il est clair que la cohérence, la constance et la lisibilité de l'action gouvernementale n'en sortent pas indemnes.

Il faut toutefois remarquer que ce constat ne constitue pas un verdict. Pour passer de l'un à l'autre et condamner la cohabitation, une condition supplémentaire est nécessaire: il faut poser qu'un régime qui gouverne plus est en soi préférable à un régime qui gouverne moins. Cette remarque est peut-être la clé des étranges variations des opinions sur la cohabitation. Autrement dit on peut se demander si la popularité de la cohabitation ne s'explique pas simplement par le fait qu'en entravant l'exécutif elle aboutissait à réduire les tensions que la présidentialisation du régime faisait naître. Non que cette perte d'influence se traduise par des changements juridiques. Le Parlement ne recouvre aucune des prérogatives perdues en 1958 et le Gouvernement conserve les capacités d'intervention dans le processus législatif que lui offre la Constitution. Pourtant le Parlement est valorisé par le fait qu'il redevient, en cohabitation, le vecteur de la légitimité. L'équipe qui gouverne le pays doit sa désignation à la volonté de la majorité *parlementaire*, alors qu'en temps de présidentialisation celle-ci trouve sa définition et sa source, en tant que majorité *présidentielle*, dans la personne du chef de l'Etat. Il n'en résulte pas seulement chez les députés un compréhensible sentiment de satisfaction. Les relations avec le Gouvernement, qui trouve en eux sa source, ne sauraient avoir le caractère disciplinaire qu'elles revêtent parfois en période de présidentialisation. Les règles demeurent identiques , mais le contexte psychologique où elles fonctionnent s'avère différent. *Mutatis mutandis*, les mêmes phénomènes s'observent dans les relations entre le Gouvernement et les groupes avec lesquels il est en relation, depuis l'administration jusqu'aux citoyens. D'où un style moins hautain, une plus grande souplesse dans les négociations, un sentiment général d'amoindrissement des contraintes. Si cette analyse est exacte, elle permet de comprendre à la fois l'adhésion initiale et la montée progressive du rejet. Car d'une part un sentiment est par nature relatif, donc précaire: une détente ne se ressent que par rapport à une tension antérieure et, quand le souvenir de celle-ci s'efface, le charme de la nouvelle conjoncture s'épuise. D'autre part le temps laisse peu à peu percevoir les effets pervers du système, oblitérés d'abord par le soulagement qu'il engendre. Il est alors logique que le consensus favorable se change, sans rupture marquée et sans que personne doive reconnaître une erreur de jugement, ni même un changement d'attitude, en consensus hostile.

Ce retournement importe plus d'ailleurs par ses conséquences que par ses causes, dont la généalogie ne saurait en toute hypothèse être établie avec certitude. Or ces conséquences vont être doubles, et contrastées. Dans un premier temps la volonté de proscrire la cohabitation va remettre en crédit le thème, tombé en désuétude, de la VIème République. Dans un second temps il va au contraire conduire à l'abandonner.

Il est clair en effet que l'épouvantail de la cohabitation constitue l'argument principal en faveur de la VIème République. Cet argument s'articule autour de trois thèses: la première pose que la cohabitation est un mal radical; la seconde voit en elle une conséquence nécessaire du régime de 1958; la troisième affirme que le phénomène ne peut être éliminé. La conclusion qui paraît s'ensuivre de manière nécessaire est qu'il faut changer le régime. Or ces trois thèses ne vont pas de soi, et la conclusion n'en découle pas aussi nécessairement que l'on pourrait le penser. Montrer ceci suppose la prise en compte de facteurs divers, et aussi quelques détours.

La première thèse présente la difficulté de tout jugement de valeur: elle assume nécessairement une dimension subjective. Nous la partageons mais, ne pouvant apporter une preuve rationnelle de sa pertinence, nous la poserons seulement comme un postulat. Sans elle en effet le reste de l'argumentation perdrait immédiatement toue signification.

La seconde thèse passe, aux yeux des partisans de la VIème République, pour une évidence qui n'a pas besoin d'être explicitée: les IIIème et IVème Républiques, les régimes politiques européens comparables au régime français ont-il connu la cohabitation? Celle-ci manifeste seulement, dans une certaine conjoncture politique, le bicéphalisme de l'exécutif: conséquence non voulue, elle en découle pourtant logiquement.

Dès lors la troisième thèse paraît inéluctable: puisque la cohabitation trouve sa source dans le principe même de la Vème République, c'est-à-dire dans l'idée de faire coexister un Président fort avec un régime parlementaire, il est clair qu'aucune réforme ne pourra remédier à une malfaçon qui tient à sa conception même, au rêve chimérique de marier des logiques incompatibles. La seule issue consiste donc à instaurer une VIème République, fondée sur des principes totalement différents.

A ce raisonnement, qui peut sembler décisif, les partisans du maintien du système ont opposé une démarche pragmatique: sans prétendre éliminer toutes les difficultés, ils ont affirmé les vertus de trois réformes, à la fois efficaces et possibles: la réduction du mandat présidentiel, la simultanéité des scrutins et la priorité de l'élection du chef de l'Etat. La cause la plus immédiatement évidente de la cohabitation n'est-elle pas en effet le décalage dans le temps entre les élections? Si un Président élu pour cinq ans ne dissout pas l'Assemblée en place, l'échéance normale du mandat parlementaire va provoquer son renouvellement à terme plus ou moins bref; s'il la dissout au contraire et dans l'hypothèse où les partis qui le soutiennent l'emportent, l'échéance est reportée à cinq ans mais n'en demeure pas moins. Pour empêcher une telle situation, la première condition est évidemment de donner aux deux mandats la même durée, ce qui fut opéré par la révision constitutionnelle du 24 septembre 2000.

D'autre part, la quasi simultanéité des scrutins se trouvait réalisée par l'effet d'un pur hasard: la dissolution prononcée par M. Chirac le 21 avril 1997 a eu non pour but mais pour résultat de faire tomber la date du renouvellement normal de l'Assemblée en 2002, quelques semaines avant la date de l'élection présidentielle. Cette quasi simultanéité aurait pu être transformée en simultanéité. Il est significatif que personne ne l'ait proposé: car si l'annulation de tout décalage temporel peut sembler de nature à rendre plus probable la convergence des résultats, en revanche elle neutralise, parce que la décision se fait à l'aveugle, l'effet d'entraînement qu'un scrutin peut exercer sur l'autre. Les scrutins législatifs intervenus immédiatement après une élection présidentielle – par la grâce d'une dissolution – ont vu en 1981 et 1988 la victoire – seulement relative dans le second cas – d'une »majorité présidentielle« – et en l'espèce la formule est vraiment à prendre au pied de la lettre: majorité constituée grâce au Président et autour du Président. On peut donc conjecturer que, là où une simultanéité à l'aveugle reflète seulement la cohérence des choix opérés par les électeurs, la quasi simultanéité, avec priorité du scrutin présidentiel (on ne saurait faire de conjecture sur l'hypothèse inverse, dont aucun exemple n'a été observé) apporte des voix supplémentaires aux partis du Président. Si l'on vise à maintenir la Vème République en évitant la cohabitation, il convient à l'évidence de solliciter cet effet. D'où la décision prise par la majorité parlementaire socialiste d'inverser l'ordre des scrutins en prolongeant par la loi de quelques semaines le mandat des députés. Certes des considérations intéressées ont joué en l'espèce: depuis 1978, soit un quart de siècle, aucune majorité parlementaire sortante n'est en effet parvenue à gagner les élections; il pouvait donc sembler aux partis de gauche que seul l'effet d'entraînement lié à une victoire possible de leur candidat à l'élection présidentielle serait de nature à compenser ce handicap. Mais ce calcul, que les faits ont déjoué, ne conditionne en rien l'efficacité institutionnelle du procédé: la victoire du candidat de droite écartait plus sûrement encore la cohabitation, puisque dans ce cas le rejet de celle-ci coïncidait avec l'alternance parlementaire.

La convergence des majorités a ainsi été restaurée par les élections présidentielles et législatives de 2002. Le mécanisme est en outre pérennisé puisque la nouvelle rédaction de l'article L0 129 du Code électoral, issu de la loi organique du 15 mai 2001, fait expirer les pouvoirs de l'Assemblée nationale le troisième mardi de juin de la cinquième année qui suit son élection tandis que les élections présidentielles ont lieu fin avril et début mai – conséquence à long terme de la mort de Georges Pompidou le 2 avril 1974. Il en résulte un sentiment de retour à la normale, dont le revers et un reflux brutal du thème de la VIème République. L'avenir du régime paraît assuré, autant du moins que ce genre de chose peut l'être: la VIème République s'est avérée soluble dans l'absence de cohabitation[3].

A l'évidence d'une fin prochaine du régime de la Vème République s'est substituée l'évidence de sa pérennité. Il n'est pas douteux que la seconde évidence peut s'avérer aussi sujette à caution que la première. Des difficultés conjoncturelles feront sans doute ressurgir le thème qu'une conjoncture – favorable du point de vue des institutions – a écarté. La question reste donc posée: au delà d'un slogan qui assure, sans grands frais d'imagination, un fonds de polémique, est-il ou non vraisemblable de voir à court ou moyen terme l'instauration d'une VIème République? Or, si l'on passe de l'agitation

---

[3] Ce qui constitue une sorte de réponse, au moins provisoire, à la question posée par Jean Massot: »La Vème République est-elle soluble dans la cohabitation?« *Mélanges Philippe Ardant*, LGDJ, 1999, p. 163–172.

politique aux réalités constitutionnelles, l'avenir de la VIème République paraît mal assuré parce qu'aucune alternative cohérente et accessible n'est proposée. Mais, au-delà de ces considérations d'opportunité, la question de la VIème République pose le problème du changement en soi, c'est-à-dire de l'identité.

★ ★ ★

Une vision convenue mais fréquente de l'histoire constitutionnelle veut que les régimes politiques meurent de leurs faiblesses, malfaçons ou contradictions internes. Pour éviter l'issue fatale, il serait donc nécessaire de prendre les devants: la réforme serait la seule thérapie, préventive, susceptible d'éviter l'effondrement. Il va de soi qu'une telle vision des choses est simpliste, pour ne pas dire naïve. A supposer même qu'on la tienne pour exacte, il n'est pas douteux que des régimes durent, alors que les réformes opportunes s'avèrent inaccessibles et qu'un régime efficace est parfois mis en pièce par des changements intempestifs. Le rationnel ne détermine pas le réel et l'on ne peut donc apprécier la probabilité d'une VIème République en analysant la pertinence de son projet. Pourtant l'idée d'une alternative crédible renforce globalement la thèse réformiste: il est donc nécessaire de faire le point à ce sujet.

Les partisans de celle-ci font d'abord valoir que la solution apportée au problème de la cohabitation n'est que provisoire, donc seulement apparente. D'une part la quasi simultanéité des élections présidentielles et législatives est précaire: toute interruption d'un des mandats – décès ou démission du chef de l'Etat, dissolution de l'Assemblée – mettra fin à la coïncidence des scrutins. On peut certes objecter qu'un nouveau Président dissoudra automatiquement l'Assemblée, et qu'à l'inverse une majorité élue dans la foulée de l'élection présidentielle n'aura jamais besoin d'être dissoute. Il faut observer que ce raisonnement implique un changement du sens même de la dissolution. Celle-ci ne serait plus qu'un moyen de déduire mécaniquement les conséquences parlementaires de l'élection présidentielle. Elle ne pourrait plus constituer un moyen indirect de consulter le pays. Elle n'offrirait plus au Président de la République la possibilité de déterminer l'échéance électorale. Elle cesserait de constituer pour l'exécutif une arme de dernier recours dans un conflit avec le législatif. On dira qu'un tel conflit cesse d'être possible avec le fait majoritaire. Mais si celui-ci rend la dissolution inutile en fait, il ne l'exclut pas en droit dans l'hypothèse où un conflit surviendrait néanmoins. Garantir la concordance des majorités suppose au contraire de l'exclure en droit, même si c'est de manière coutumière – le précédent de la IIIème République montre qu'il n'y a là rien d'impossible. Or ce passage du fait au droit entraînerait une conséquence majeure et qui dépasse de loin l'objectif théoriquement poursuivi: le gouvernement cesserait d'être responsable devant l'Assemblée. A l'inverse la concordance des majorités suppose l'absence de conflit mais ne l'implique pas: pourquoi une majorité ne déciderait-elle pas d'engager – sans risque – une épreuve de force avec le gouvernement? Autrement dit le maintien de ce système revient à poser que tout restera normal si rien d'anormal ne survient: raisonnement indubitable et pourtant peu rassurant.

Mais il y a pire: le risque de voir l'élection d'une Assemblée majoritairement hostile au chef de l'Etat ne peut être totalement écarté. Cette impossibilité est la conséquence directe de ce que les deux autorités concernées ont une origine différente. Elles sont certes élues toutes deux au suffrage universel direct. Mais l'une est monopersonnelle alors que l'autre est composée d'une pluralité d'individus. Or, quel que soit le mode de scrutin utilisé aux élections législatives, rien ne peut garantir que la résultante de 577 choix, effectués en outre à l'aveugle puisque dans l'ignorance des résultats cumulés, soit convergente avec le choix, même préalable, portant sur un homme seul. Cette hypothèse demeure la plus probable, mais de nombreux phénomènes sont susceptibles d'engendrer un effet inverse: vote d'adhésion ou de rejet à une personnalité qui n'implique pas de solidarité idéologique, effet pervers du mode de scrutin, voire – si la cohabitation est aussi populaire qu'on nous l'affirmait naguère – volonté consciente de ne pas »mettre tous ses œufs dans le même panier«. Il en résulte que seules deux méthodes sont de nature à éviter la cohabitation dans tous les cas: la première est de supprimer l'un des deux pouvoirs, la seconde de faire en sorte que l'un soit désigné et révocable par l'autre. Dans le premier cas le problème est supprimé, dans le second la discordance, si elle se produit, est rapidement résorbée. Un régime parlementaire met en œuvre ces deux méthodes: il confine le chef de l'Etat dans un rôle protocolaire et permet au législatif de désigner l'exécutif et de le remodeler à son gré s'il s'avère récalcitrant.

En apparence, ces conclusions apportent de l'eau au moulin de la VIème République. Elles semblent en effet impliquer que le retour à la normale – formule d'ailleurs discutable – opéré en 2002 n'a rien résolu. L'équilibre actuel n'est pas seulement précaire: il dissimule une contradiction principielle, qui fragilise et, à terme, condamne sans doute le système entier. Il paraît donc souhaitable, et même nécessaire, d'instaurer un régime nouveau. La difficulté est toutefois de savoir lequel. En cette matière, comme on le sait, les options disponibles sont peu nombreuses. On n'a guère le choix qu'entre un régime présidentiel et un régime parlementaire, puisque la volonté de rompre avec la Vème République a pour justification les impasses supposées de la variante intermédiaire, dite faute de mieux semi-présidentielle.

Examinons d'abord la première branche de l'alternative. Celle-ci se subdivise en deux hypothèses, conventionnellement dénommées »vrai régime présidentiel« et »présidentialisme à la française«. Philippe Lauvaux a montré de manière décisive l'inanité de ces deux thèmes. Le »vrai« régime présidentiel – c'est-à-dire le régime américain – est incompatible avec le système des partis français. A supposer même que les deux coexistent, ce régime aboutirait à institutionnaliser la cohabitation, ce qui constitue le résultat inverse du but en principe recherché. Quant au »régime présidentiel à la française«, il prétend concilier le principe présidentiel avec un mécanisme permettant de trancher les conflits de majorité. Ce second système prétend ainsi déjouer les pièges du premier, mais c'est au prix d'une incohérence manifeste[4].

L'autre solution concevable est le retour pur et simple au parlementarisme moniste. Elle présente l'avantage d'apporter une réponse, la seule réponse totalement satisfaisante, à la question de la cohabitation. Mais il faut bien voir qu'elle recouvre deux hypothèses fort différentes: l'instauration d'un parlementarisme majoritaire à l'anglaise et un retour à la IVème République. Officiellement, personne ne soutient le second projet: la Vème République a réussi au moins en ceci qu'elle a rendu impossible toute apologie ouverte du régime dont elle a triomphé. On peut se demander toutefois si,

---

[4] Philippe Lauvaux, *Destins de présidentialisme*, PUF, 2002, p. 105–108.

sans l'avouer jamais, tel n'est pas le but poursuivi en fait par une partie importante de la classe dirigeante française. Car du point de vue de celle-ci, le régime présente un vice bien plus grave que ceux dont il est habituellement accusé. Ce vice – qui peut évidemment, dans une perspective autre, être tenu pour une vertu – tient dans la capacité donnée aux électeurs, capacité limitée mais plus affirmée que dans le régime antérieur, de peser sur la marche des affaires publiques. L'élection présidentielle au suffrage universel et le fait majoritaire donnent en effet deux occasions au peuple d'effectuer un choix clair, tranché et contraignant entre des homme et des équipes politiques. On peut soutenir que ces opportunités sont loin d'épuiser l'idéal démocratique (dans sa définition traditionnelle, ni »participative«, ni »continue«), mais il n'est pas douteux qu'elles permettent de s'approcher plus de celui-ci que ne le faisaient la IIIème et la IVème Républiques, où les majorités politiques se constituaient, se défaisaient et se reconstituaient sans que les électeurs aient leur mot à dire. Le régime de négociation et de compromis permanents ainsi rendu possible n'est peut-être pas de nature à produire une politique efficace et transparente, mais il est en revanche d'une commodité sans pareille pour les professionnels de la politique. Toutes les contraintes, tous les devoirs, tous les aléas ou accidents de carrières se trouvent fortement minimisés, surtout si le système est combiné avec un mode de scrutin proportionnaliste et la désuétude du droit de dissolution. Aujourd'hui comme toujours – voire plus que jamais – l'aspiration des dirigeants est d'accroître leur pouvoir tout en diminuant leur responsabilité. Il ne paraît donc pas douteux qu'une grande partie des acteurs politiques souhaitent le changement du régime. Vu sous cet angle l'éloge de la cohabitation cesse d'être contradictoire avec l'appel à une VIème République, officiellement fondée pourtant sur la nécessité de supprimer celle-ci. Car les deux phénomènes ont en commun de desserrer les contraintes engendrées par la Vème République en permettant un mode d'exercice du pouvoir plus discret, plus convivial, moins soumis aux humeurs intempestives de l'électeur. Un tel programme ne peut toutefois être ouvertement annoncé. L'alternative théorique au système actuel demeure donc un parlementarisme à l'anglaise, avec alternance et majorité. Moins confortable que la IVème République, ce système aurait du moins le mérite, aux yeux de ses partisans, d'écarter l'encombrante élection présidentielle. La disparition de celle-ci n'entraînerait-elle pas d'ailleurs la décadence du fait majoritaire? Celui-ci a manifesté une vitalité supérieure à celle de la présidentialisation puisqu'il a permis la cohabitation, mais c'est néanmoins en celle-la qu'il a trouvé sa cause première: c'est bien par rapport à la personne des Présidents successifs que les majorités se sont formées, pour eux en 1962, 67, 68, 73, 78, 81, 88 et 2002, contre eux en 1986, 93 et 97. Ce pôle de référence disparu, les forces partisanes trouveraient-elles dans leurs seules ressources les capacités nécessaires au maintien de la structure majoritaire? Un essai de réponse à cette question excèderait le cadre de cet article et ne saurait présenter en toute hypothèse qu'un caractère conjectural. Mais on ne peut du moins exclure que l'abolition de l'élection présidentielle aboutisse en fait, même si tel n'est pas officiellement le but recherché, à un retour au système hyper-représentatif de 1875.

La différence entre ces deux formes de parlementarisme peut d'ailleurs être négligée, dans l'optique ici retenue, pour la simple raison qu'elles apparaissent aussi inaccessibles l'une que l'autre. Elles impliqueraient en effet toutes deux une réforme de la Constitution. Celle-ci pourrait certes être accomplie par la procédure du Congrès et donc de manière que les citoyens, qui ne voteraient certainement pas l'abandon du suffrage universel à l'élection présidentielle, soient mis devant le fait accompli. N'est-il pas notoire qu'ils se désintéressent des référendums? Mais une telle manœuvre supposerait, de la part des dirigeants politiques, une audace, un esprit de décision, voire de provocation, que leur comportement habituel rend pour le moins improbable.

De tout ceci une conclusion semble se dégager. Rien n'est exclu, mais ni le projet d'une VIème République présidentielle, qu'elle soit »vraie« ou »à la française«, ni celui d'une VIème République parlementaire, avec ou sans majorité, ne semblent accroître la probabilité d'une VIème République tout court. Il pourrait en être autrement: le passage de la IVème à la Vème supposait, entre autres conditions nécessaires mais non suffisantes, l'existence d'un projet structuré et alternatif, le projet d'une autre République, caractérisée par des intentions, des techniques constitutionnelles et des équipes politiques différentes. Dans la conjoncture actuelle, le troisième point manque, puisque les élites au pouvoir n'envisagent de changer les institutions que pour s'y maintenir tout en s'y sentant plus à l'aise. Pour la même raison, le premier point manque aussi: les dirigeants ne prétendent pas faire autre chose, et à fortiori faire mieux, si du moins l'on tient pour conjuré le démon (naguère ange) de la cohabitation. Quant au second point, les trop brèves remarques précédentes montrent qu'il est loin d'être acquis: non seulement il n'existe aucun consensus autour d'un plan cohérent, mais les diverses variantes imaginables se heurtent toutes à des obstacles majeurs. Inadéquates ou inapplicables, elles ne sauraient en toute hypothèse être regardées comme des alternatives. Dans ces conditions le parallèle plus ou moins implicite au thème de la VIème République, autrement dit l'idée que l'on pourrait passer de la Vème à celle-ci comme on est passé de la IVème à celle-là perd pour le moins beaucoup de sa crédibilité.

On observera cependant que l'idée de VIème République ne s'épuise pas avec la liste des VIème possibles. La VIème pourrait en effet être seulement n'importe quelle République, c'est-à-dire la pure négation de la Vème. C'est donc la probabilité d'un changement pur, indépendamment de tout contenu, qui doit être maintenant considéré.

★ ★ ★

Apprécier la probabilité d'un changement de régime indépendamment de tout contenu suppose d'abord de s'entendre sur ce que l'on entend pas ces mots. Tout changement implique un substrat qu'il modifie mais ne supprime pas (sinon il y aurait non changement mais destruction) et au moins deux états, l'un de départ et l'autre d'arrivée. Dans ce concept général il convient d'introduire deux distinctions.

La première oppose le changement intransitif (»x change« – par exemple: »le temps change«) au changement transitif (»y devient z« – »la chenille devient papillon«). On remarque que, si la première formule n'explicite que le substrat, la seconde n'explicite que le états de départ et d'arrivée. On remarque aussi qu'en français courant, la seconde formule exige le recours à un autre terme que le verbe »changer«. Cette substitution est rendue nécessaire par le fait que dans »x change y« (»le décorateur change le mobilier«), x cesse d'être le substrat affecté par le changement pour devenir l'agent du changement appliqué à y, qui occupe maintenant la position de substrat. (Pour neutraliser ce déplacement en conservant le verbe changer, il faudrait dire »x *se* change en y«, ou »se« fait de x à la fois l'agent et le substrat du changement.) Certes il ne s'agit là que d'un hasard linguistique lié à l'emploi en français du verbe »changer«: on peut très bien imaginer une langue où un même verbe ne saurait être utilisé dans les deux cas. Mais ce hasard manifeste que l'opposition entre changement transitif et intransitif demeure, à ce niveau, de pure apparence: »x change« et »y devient z« disent en réalité la même chose: ils sont l'avers et le revers d'une seule médaille car x ne peut changer sans passer d'un état à un autre, et l'on ne peut passer d'un état à un autre sans changer. Les deux formules sont donc en réalité des parties de la formule complète »x change en ce que, de y, il devient z«. La vraie différence n'est pas entre l'usage transitif et intransitif du verbe changer, mais entre l'usage intransitif et passif d'une part et l'usage transitif et actif d'autre part, autrement dit entre

> x change et passe de l'état y à l'état z
>
> et
>
> p change x de y en z.

La première formule dit que le substrat x a subi un changement d'état *déterminé*, la seconde spécifie en outre l'*agent* de ce changement. L'agent peut être une force impersonnelle. S'il est une conscience le changement devient intentionnel au sens phénoménologique. Si le résultat atteint est conforme au but recherché, il est volontaire (ou intentionnel au sens banal).

La deuxième distinction implique non plus seulement un substrat mais une théorie de l'identité (au sens de l'identité *numérique* – cas de l'objet un et identique dans le temps – par opposition à l'identité *qualitative*, qui désigne une ressemblance entre plusieurs individus et l'identité *spécifique* de deux objets appartenant à la même espèce)[5]. On distinguera alors un changement de type 1, qui préserve l'identité (l'arbre grandit mais demeure le même) et un changement de type 2 qui ne préserve pas l'identité (l'arbre débité en planches n'est pas le même que l'arbre entier)[6]. Dans le dernier cas le substrat subsiste – c'est la matière – mais peut cesser d'être perceptible comme tel.

Appliquons maintenant ces notions à l'idée de Constitution. Une autre distinction doit immédiatement être faite: les mêmes types de changement ne s'appliquent pas, à l'évidence, à la Constitution en tant que texte et à la Constitution matérielle (ou régime politique). La première en effet ne saurait être affectée que par des changements transitifs impliquant l'intentionnalité d'un agent, et sur lesquels on va revenir. En revanche la Constitution matérielle peut subir des changements intransitifs passifs[7].

La Constitution peut en effet changer, intransitivement, sans que l'on change *la* Constitution, a fortiori *de* Constitution. Autrement dit la Constitution est modifiée par le passage du temps, sans qu'une lettre de son texte soit changée. Plusieurs facteurs

---

[5] Voir Stéphane Ferret, *Le bateau de Thésée. Le problème de l'identité à travers le temps*, Editions de minuit, 1996, p. 15.

[6] *Ibid.*, p. 32–39. Cette distinction est d'origine aristotélicienne.

[7] On ne saurait réduire cette opposition à celle d'un changement *extrinsèque* et d'un changement *intrinsèque* (cf. *ibid.* p. 40–49) sans assimiler la Constitution matérielle à un organisme. En disant »la Constitution change«, on ne dit donc pas la même chose qu'en affirmant qu'un enfant ou un arbre changent avec le temps. La formule n'est cependant pas dépourvue de sens: elle montre que la Constitution matérielle évolue sous la pression de facteurs multiples, intentionnels ou non, conceptualisables ou non – comme un objet naturel ou un artefact.

y concourent. Des faits extérieurs à l'ordonnancement juridique, en modifiant le contexte où celui-ci fonctionne, modifient celui-ci: ainsi en fut-il en France de l'apparition, en 1962, d'une majorité parlementaire puisque le texte de 1958, conçu pour fonctionner en absence de majorité, devait intégrer à sa logique ce facteur imprévu. Des circonstance nouvelles, ou une évolution des mentalités, induisent des pratiques inédites, que le texte n'interdit ni n'implique: ainsi la pratique de la cohabitation ou, dans un autre registre, le développement de la jurisprudence constitutionnelle après 1971. A long terme, les mots eux-mêmes changent de sens. La somme de ces transformations peut aboutir à un régime politique entièrement différent de ce qu'il était au départ – sans que pourtant le texte ait fait l'objet d'aucune modification et, sans par conséquent que le nom du régime soit modifié: les exemples que l'on vient d'évoquer suffiraient, s'il en était besoin, à établir ce point. On a déjà vu, sous le nom de Vème République, au moins trois régimes différents: un présidentialisme sans majorité (jusqu'en 62), un système présidentialiste et majoritaire (de 62 à 86), un régime d'alternance entre deux interprétations de la Constitution (de 1986 à 2002), avec retour au second type depuis cette date. A quoi il faut ajouter que d'autres évolutions pourraient se produire, par exemple – hypothèse jamais évoquée mais nullement impossible – un retour au système antérieur à 1962 par désuétude du phénomène majoritaire. Le point remarquable est ici que, aussi grande soit l'amplitude des changements intervenus, ils ne sont jamais présumés mettre en cause l'identité du régime à lui-même. La continuité du texte est censés garantir celle-ci. Elle se résume dans la continuité du nom, qui fonctionne ainsi comme présomption irréfragable par laquelle, dans un système de Constitution écrite, le régime se confond avec le texte qui est censé le fonder, même si, comme c'est le cas sous la Vème République, le texte est loin de déterminer en fait le régime.

Le texte, quant à lui, ne *change* pas intransitivement pas plus qu'il ne s'*écrit*. Il *est* changé, comme il *est* au départ écrit, par un auteur. Celui-ci ne pratique pas l'écriture automatique. D'autre part, si rien ne s'oppose en théorie à ce que des singes dactylographes composent Madame Bovary, ils ne sauraient en revanche écrire une Constitution dans la mesure où celle-ci n'est pas seulement rédigée, mais aussi adoptée selon des procédures ad hoc, qui dépassent la dactylographie et sont en principe inaccessibles aux primates. A ce niveau, la question est donc de savoir jusqu'à quel point des changements intentionnels, introduits selon des procédures spécifiées par la Constitution elle-même, préservent l'identité de celle-ci et à l'inverse comment une volonté consciente peut, si elle le souhaite, provoquer un changement d'identité.

La réponse à la première question implique une analyse complexe, qu'on ne saurait mener à son terme ici. Pour s'en tenir à l'essentiel, il semble d'abord que le problème soit de même nature que celui posé par les êtres naturels (l'enfant est-il le même que l'adulte?) ou les artefacts (l'édifice reconstruit est-il le même édifice?). Il peut sembler aussi que la question se ramène à celle des changements intransitifs passifs précédemment considérés. Or il n'en est rien. Car dans ce cas l'identité était présumée à partir de l'invariance des mots, situation que les modifications du texte constitutionnel excluent par hypothèse. D'autre part le texte fait référence à des objets artificiels abstraits, que l'on nomme des institutions, qu'il crée, supprime ou modifie. Le problème posé par l'identité dans le temps de ces objets est affecté par le fait que l'institution existe pour ainsi dire deux fois: comme objet idéal, non actualisé, et comme objet actualisé[8]. L'As-

semblée nationale, en France, est une institution pourvue d'une organisation, de prérogatives, etc…, définies par le droit; mais c'est aussi une réunion d'individus concrets. Ce
second objet est par nature transitoire. Le premier, en revanche, a été créé, comme toute
institution, dans l'intention de pallier la finitude biologique des individus: abstraite elle
est potentiellement immortelle. Les changements qui l'affectent ne sont que des changements dans les mots. Réciproquement l'identité de l'institution repose sur le mot: s'il
y a *un* Conseil constitutionnel depuis 1959, alors que sa composition a changé sans
cesse, que ses pouvoirs ont été modifiés, que son rôle dans le système politique a profondément évolué, c'est d'abord parce que son *nom* est demeuré le même.

Dès lors la réponse à la seconde question paraît simple. Le changement d'identité
d'une institution et donc d'une Constitution (considérée comme ensemble d'institutions) est d'une part constaté lorsque, un texte constitutionnel ayant été aboli par voie
révolutionnaire, un autre lui est substitué. Il est d'autre part produit, pour des raisons
symboliques, lorsque, en l'absence d'une solution de continuité juridique, les auteurs
du texte tiennent à manifester une novation: l'exemple du passage de la IVème à la
Vème République s'impose ici. Toutefois, à la réflexion, les deux termes de l'alternative se réduisent au second: car, puisque la Constitution peut changer en fait sans que
son nom soit modifié, rien n'empêche théoriquement que le texte comme la pratique
soient entièrement modifiés sans qu'une rupture symbolique soit assumée. La discontinuité est donc toujours choisie et jamais constatée.

Cette analyse suscite néanmoins une objection. En introduisant l'idée d'institution,
même au sens restrictif ici retenu, on pose implicitement que les noms de celle-ci ren-
voient à des objets, d'un genre certes particulier, mais qui ne se réduisent pas à un pur
signifié. Dès lors il existe une possibilité non seulement que le même nom dénote
deux objets différents – ce que l'analyse du changement intransitif a montré – mais
aussi qu'un même objet soit désigné par deux noms différents. Or s'il existe une définition extensionnelle des objets, leur identité ne peut se réduire à la libre détermination
du législateur: l'affirmation d'une discontinuité est aussi sujette à caution que celle
d'une continuité. Il sera possible par exemple d'affirmer que le Président du Conseil
(des IIIème et IVème Républiques) est identique au Premier ministre (de la Vème),
tout comme on peut établir que l'étoile du soir, l'étoile du matin et la planète Vénus
sont un seul et même astre[9]. La discontinuité affirmée par le nom est donc peut-être il-
lusoire. Si l'on admet des conclusions de ce genre, la distinction entre la Constitution
matérielle (en tant que régime) et la Constitution formelle (en tant que texte) doit être
réexaminée. Car si le texte décrit une réalité objective, bien qu'abstraite, c'est cette
réalité, non le texte, qui est la Constitution. Donc le changement est le changement de
cette réalité et l'appréciation de celui-ci cesse d'être dépendante des mots utilisés. Si
d'ailleurs la Constitution était entièrement réécrite avec des synonymes, ne resterait-
elle pas identique à elle-même, bien que tous ses mots soient changés?

---

[8] Nous avons esquissé une description du phénomène dans notre article »Approches philosophiques du
Droit constitutionnel«, *Droits*, 2000, p. 33–46.

[9] »Identité« est pris ici au sens d'identité numérique. Mais le fait de considérer les institutions comme
des objets permet également d'interpréter cette notion au sens d'identité qualitative (le Premier ministre
ressemble à un Président du Conseil au point de ne pouvoir en être discerné) ou d'identité spécifique (ils
sont des spécimen d'une même espèce). Les implications de ces interprétations et leur combinaison avec les
deux états, non actualisé et actualisé, de l'institution, sont trop complexes pour être évoquées ici.

Ce n'est pas le lieu de pousser à son terme l'exploration de cette thèse. Notons pourtant que l'argument de la synonymie suppose la question résolue: il n'y a de synonyme (au sens d'identique en extension) que si précisément il est possible de définir les termes extensionnellement, ce qui est le problème et non sa solution. D'un point de vue ontologique la question est bien de savoir si l'on peut trouver des critères d'identité pour ces objets artificiels abstraits qui ne sont pas axiomatiquement définis (comme des objets mathématiques) ou dont la définition est sans cesse modifiée, débordée, subvertie par les réalités concrètes qui l'incarnent. Peut-être est-il possible d'aller plus loin dans le sens d'une identification des objets artificiels abstraits qu'on ne le suppose généralement. Mais en l'absence de procédure de preuve universellement valables et admises, tout se passe en fait comme si l'identité constitutionnelle, au sens d'identité numérique, bien qu'intégrant en fait des aspects objectifs, avait pour critère ultime les dénominations[10].

Quels enseignements peut-on tirer de ces observations quant à la probabilité d'une VIème République? Il apparaît clairement que celle-ci ne saurait procéder d'un changement intransitif puisque la Vème a profondément changé sans cesser d'être la Vème. On pourrait soutenir que ce régime, comme un organisme vivant, ne dure que par ses métamorphoses – qui ne peuvent donc être opposées à son identité. Affirmer sa permanence devient alors une constatation de fait. C'est aussi, du moins pour une partie des dirigeants politiques, une proposition à l'optatif: on souhaite affirmer la continuité du régime parce que celle-ci apparaît un gage de stabilité et d'efficacité, donc de légitimité des institutions et des hommes qui les incarnent. Jusqu'à notre siècle cet argument fut essentiel dans la justification des gouvernants: la durée engendrait la durée. Aujourd'hui, le sentiment inverse, qui privilégie la nouveauté et exige une mise au goût du jour perpétuelle de toute chose, coexiste avec le précédent. Il n'est plus évident que »l'essentiel (soit) d'inspirer aux institutions nouvelles le caractère de permanence et de stabilité qui puisse leur garantir le droit de devenir anciennes«, comme disait Portalis dans son *Discours préliminaire* au projet de Code civil. La crainte de paraître désuet constitue, chacun le sait, un puissant ressort dans la vie sociale contemporaine. Il n'en résulte pas moins que, si les phénomènes de mode jouent un rôle considérable dans la doctrine constitutionnelle, comme en témoigne entre autre la promotion du thème de la VIème République, ils ne sauraient à eux seuls déterminer les changements transitifs, où s'exprime une volonté subjective et consciente de briser une identité symbolique. (L'identité non symbolique, si cette notion a un sens, pose des questions toutes différentes, d'ordre qualitatif: comment aurait-on pu faire pour que la IVème ne soit pas identique à la IIIème République?).

Que montre en effet un rapide coup d'œil sur les ruptures opérées dans l'histoire constitutionnelle française? On peut être tenté de classer ces phénomènes en deux catégories. Certains régimes sont abattus par une révolution interne (la monarchie d'ancien régime, la monarchie constitutionnelle, la Ière République (ou plutôt les divers régimes réunis par commodité sous ce nom), la Restauration, la Monarchie de juillet, la

---

[10] Ce qui n'implique d'ailleurs aucun pouvoir démiurgique du langage. Le nom semble plutôt le revers d'une médaille dont l'avers est le flux incessant, et par là insignifiant, des phénomènes. On a vu qu'ont existé plusieurs Vème Républiques. Mais combien? L'impossibilité de donner une réponse objective à cette question constitue la cause réelle, quoique négative, du succès de la périodisation traditionnelle: c'est par défaut que le nom s'impose comme critère de l'identité.

IIème République). D'autres au contraire sont renversés par le contre-coup d'une guerre perdue: c'est le cas des deux Empires et (en fait) de la IIIème République. La IVème se trouve pour ainsi dire au croisement de ces deux séries, à la fois révolution et conséquence d'une guerre coloniale, dont l'enjeu est précisément de savoir si elle est étrangère ou civile. Cette typologie n'est pas sans intérêt, notamment en ce qu'elle montre que la dernière révolution – si l'on entend par là une insurrection victorieuse – remonte à 1848. Toutefois elle apparaît manifestement superficielle. Si l'on excepte en effet le cas de 1814, où la restauration de la monarchie fut imposée par les alliés victorieux et par les circonstances, on voit bien que si la défaite militaire eut des conséquences déconstituantes[11], ce fut par l'effet d'une volonté de rupture interne et non par l'effet mécanique d'un désastre militaire: c'est la révolution du 4 septembre, en 1870, et le coup d'Etat de Pétain en 1940, qui provoquèrent le changement des régimes. Si ces faits n'étaient pas intervenus, rien n'aurait empêché la survie de ceux-ci puisque leur légalité interne n'étaient pas altérée. Rien n'implique nécessairement qu'un régime soit tenu responsable d'une défaite militaire: pour que celle-ci l'abatte, il faut à l'évidence que sa légitimité soit déjà problématique. C'est d'ailleurs pourquoi, le régime de Pétain étant lui-même abattu par la victoire des alliés, la IIIème République ne disparut en droit que par l'effet du référendum de 1945. La rupture est donc toujours une rupture voulue et fondée sur une visée symbolique, quelle qu'en soit d'ailleurs la cause. Cette constatation est bien mise en valeur par le fait que de 1804 à 1958, le régime abattu et le régime victorieux sont toujours de nature différente. En revanche le caractère symbolique du phénomène se manifeste pour ainsi dire à découvert lorsque deux régimes de même nature su succèdent: quand à la dictature des comités est substituée la Constitution de l'An III, celle de l'an VIII à cette dernière, la IVème à la IIIème (en droit) et la Vème à la IVème République.

Ce dernier cas est le plus remarquable, en ce qu'il pousse au paroxysme la divergence entre la dimension juridique et la dimension symbolique de l'événement. Il convient en effet de se souvenir que le passage d'une République à l'autre se fit sans révolution, c'est-à-dire sans discontinuité juridique. Tout fut fait au contraire pour que la continuité soit préservée: révision du mode de révision de la Constitution de la IVème République dans les formes prévues par celle-ci, puis révision effective, mais qui maintient en vigueur le préambule de 1946. Si bien qu'il est vrai à la lettre de dire qu'il n'existe pas de Constitution de 1958, mais seulement une révision de la Constitution de 1946. La question de savoir si l'on est en présence d'un texte ou de deux se réduit donc, objectivement, à un problème délicat, mais classique, d'identité à travers le temps. Inversement la volonté de rupture n'est pas moins affirmée : le choix d'un nouveau chiffre pour la République – alors qu'aucun régime non républicain ne s'est, ni en fait ni en droit, intercalé entre les deux – et le choix d'une promulgation solennelle dont la date est retenue comme point de départ d'un régime *nouveau* en sont les marques les plus visibles. Elles traduisent fidèlement la volonté des promoteurs du régime de 58: une République différente, dans ses institutions, ses valeurs, ses comportements, ses objectifs et, au moins pour une part, sou personnel dirigeant. Si l'on peut soutenir l'idée d'une continuité du texte à travers ses métamorphoses, en revanche la Constitution matérielle est incontestablement modifiée. Certes des institutions persé-

---

[11] Sur cette notion, voir Olivier Beaud, *La puissance de l'Etat*, PUF, 1994, p. 224–227 et 269–276.

vèrent, en un sens, dans leur être: il subsiste une Assemblée nationale, une seconde chambre, etc ... Mais nul doute que la résultante globale soit autre.

L'important est cependant de voir que la divergence de ces deux optiques interdit a priori d'expliquer l'une par l'autre. Ce n'est pas parce que la Constitution est autre que la République change de nom: comme elle peut rester la même en devenant autre, elle aurait pu devenir autre sans changer de nom. La vraie cause est symbolique en un sens précis: elle vise simultanément à créer et à constater une rupture en suscitant, chez les acteurs et les spectateurs du jeu politique, le sentiment que rien ne doit être, ne peut être et n'est comme avant.

On voit, si cette analyse est exacte, les conséquences qu'elle entraîne sur la probabilité d'une VIème République. La VIème n'est pas une »nouvelle Vème« ou une »Vème bis«: ces formules journalistiques, où confluent changements intransitifs et changements transitifs partiels (quinquennat, etc ...) ne sont pas vides de sens: elles désignent bien quelque chose, même si ce quelque chose est difficile à définir avec précision, comme du reste toute modification de la Constitution au sens matériel. Pour qu'il y ait VIème, un changement transitif actif portant sur le texte est nécessaire – »texte« étant d'ailleurs à prendre simultanément en deux sens: au sens large le mot désigne ici la pratique discursive courante, non juridique, mais qui conditionne l'intelligibilité des phénomènes aux yeux du public; à ce niveau, il faudrait que »VIème« remplace »Vème« pour désigner la République. Mais cela suppose aussi le changement du texte au sens étroit. Condition paradoxale, puisque la Constitution de la Vème République ne contient pas les mots »Vème République«. Condition néanmoins car seul un changement de texte, ou du moins de son titre – »Constitution du n x 20..« remplaçant »Constitution du 4 octobre 1958« – justifierait et pérenniserait – au delà de la boutade optative ou polémique – le changement de numéro.

D'autre part ce changement n'entretient que des rapports faiblement déterminés avec le changement des institutions. Le contenu du régime peut changer sans que son nom soit modifié: on l'a dit de la Vème, mais ou pourrait aussi faire valoir que la IIIème de 1936 n'était pas celle de 1877. Inversement les institutions peuvent être regardées comme des objets persistants à travers les régimes et les textes différents qui les visent: c'est ce qui donne sens à une formule telle que »la seconde chambre depuis 1875«. On peut aussi soutenir que, malgré le changement de numéro de la République, la IVème ne se distingue que superficiellement de la IIIème, pas plus en tout cas que l'adulte de l'enfant.

Aucune contrainte de fond n'est donc de nature à imposer ou à exclure un changement puisque l'un et l'autre objectifs peuvent être atteints avec ou sans changement formel. Mais il n'existe pas non plus de contrainte de forme: le thème de la VIème République repose en effet sur le postulat implicite d'un changement constitutionnel qui ferait passer d'une République à l'autre sans passer par une nouvelle restauration, un IIIème empire ou un »Etat français« fantoche. Une nouvelle République ne pourrait donc être que le résultat d'une révision de la Constitution gérée selon les procédures de l'article 89 et, dans le respect de ces formes par les élites au pouvoir, elle pourrait aussi bien être une Vème complètement transformée qu'une VIème identique à la précédente République. Dès lors la rupture de l'identité nominale ne saurait se réduire à un objectif fonctionnel ni à une contrainte juridique. Plus encore qu'en 1958 la portée de l'opération serait exclusivement symbolique. D'où la question essentielle: pour-

quoi rejouerait-on le scénario de 1958, une rupture révolutionnaire étant par hypothèse exclue? On ne voit se profiler ni général de Gaulle, ni guerre d'Algérie, ni équipe
de rechange, ni alternative institutionnelle urgente et structurée. Tout, certes, peut arriver. Mais, au delà des projets constitutionnels possibles que l'imagination des consti-
tutionnalistes peut évidemment multiplier à l'infini, il ne semble pas que personne ait
encore formulé l'esquisse d'un *scénario* crédible par lequel la Vème République serait
transformée en VIème République, car personne n'imagine un *objectif* symbolique
susceptible de justifier une telle opération. Or seul un tel objectif pourrait transformer
le slogan en projet, et la »Vème République« en VIème République.

Verfassung und Marktwirtschaft[*]

Rechtsvergleichende Betrachtungen zur verfassungsrechtlichen Verankerung und Absicherung ordnungspolitischer Grundentscheidungen in Spanien, in der Schweiz und in der Europäischen Union

von

Prof. Dr. iur. Giovanni Biaggini

Ordentlicher Professor für Staats-, Verwaltungs- und Europarecht an der Rechtswissenschaftlichen Fakultät der Universität Zürich

Inhalt

I. Fragestellung

Neuere Verfassungen äussern sich meist ausführlich zum Verhältnis von Staat und Wirtschaft. Die entsprechenden Verfassungsnormen werden üblicherweise unter dem

[*] Im Anmerkungsteil leicht ergänzte Fassung des Beitrags für die von Prof. *Francisco Fernandez Segado* (Madrid) in spanischer Sprache herausgegebene Festschrift zum 25-jährigen Jubiläum der spanischen Verfassung, 2003 i.E. – Der Verfasser dankt seinem Assistenten lic.iur. *Philipp Mäder* (Zürich) für die wertvolle Mithilfe bei der Beschaffung und Sichtung von Literatur und Judikatur.

Titel „Wirtschaftsverfassung" oder „Wirtschaftsverfassungsrecht" zusammengefasst. Das Wirtschaftsverfassungsrecht steht im Ruf, ein stark national geprägtes Rechtsgebiet zu sein. Nicht zuletzt aus diesem Grund hat es die Aufmerksamkeit der Verfassungsvergleichung bisher kaum auf sich gezogen.[1] Die folgenden rechtsvergleichenden Betrachtungen möchten am Beispiel der spanischen, der schweizerischen und der europäischen Wirtschaftsverfassung aufzeigen, dass Verfassungsvergleichung gerade auch in diesem Bereich sehr lohnend sein kann.

II. Unternehmensfreiheit und Marktwirtschaft in der spanischen Verfassung

Die spanische Verfassung (CE) von 1978[2] anerkennt in Art. 38 die Unternehmensfreiheit, dies mit folgenden Worten:

> Se reconoce la libertad de empresa en el marco de la economía de mercado. Los poderes públicos garantizan y protegen su ejercicio y la defensa de la productividad, de acuerdo conlas exigencias de la economía general y, en su caso, de la planificación.

Diese Bestimmung – ein „Pfeiler der Wirtschaftsverfassung"[3] – ist aus verfassungsvergleichender Sicht in zweifacher Hinsicht bemerkenswert.

1. Gewährleistung der Unternehmensfreiheit

Zum einen gehört die spanische Verfassung zu den wenigen Verfassungen, die *ausdrücklich* die Unternehmensfreiheit gewährleisten. Die Unternehmensfreiheit gemäss Art. 38 CE ist als echtes verfassungsmässiges *Individualrecht* ausgestaltet, das die öffentliche Gewalt bindet und subjektive Rechte begründet, auf die sich die Bürgerinnen und Bürger vor Gericht berufen können (Art. 53 Abs. 1 CE)[4] – wenn auch nicht vor dem Verfassungsgericht, da der *recurso de amparo* nicht offen steht (Art. 161 Abs. 1 b CE).

Gemäss Rechtsprechung des Verfassungsgerichts verleiht die Unternehmensfreiheit dem Einzelnen das Recht, unternehmerisch tätig zu werden und zu bleiben[5] und die unternehmerische Tätigkeit in „libera competencia" auszuüben[6]. Dem Grundrecht der Unternehmensfreiheit wird dabei auch ein *institutioneller* Charakter zuge-

---

[1] Vgl. immerhin *Peter Häberle*, Europäische Verfassungslehre, Berlin 2001, S. 535ff.

[2] Dazu z.B. *Pedro Cruz Villalón*, Zehn Jahre spanische Verfassung, JöR 37 (1988), S. 87ff.; *ders.*, Weitere zehn Jahre spanische Verfassung, JöR 48 (2000), S. 311ff.; sowie die Würdigung durch *Peter Häberle*, Die Vorbildlichkeit der Spanischen Verfassung von 1978 aus gemeineuropäischer Sicht, JöR 51 (2003), S. 587ff.

[3] So *Karl-Peter Sommermann*, Der Schutz der Grundrechte in Spanien nach der Verfassung von 1978, Berlin 1984, S. 181.

[4] Vgl. statt vieler *Luis Cazorla Prieto*, Kommentar zu Art. 38, in: *Fernando Garrido Falla* et al., Comentarios a la Constitución, tercera edición, Madrid 2001, S. 830ff. Aus der neueren Rechtsprechung des Verfassungsegrichts vgl. STC 96/2002, FJ 11.

[5] Vgl. STC 83/1984, FJ 3.

[6] Vgl. STC 88/1986, FJ 4; STC 135/1992, FJ 8.

schrieben.[7] Manche Autoren sprechen von einem Grundrecht *sui generis*.[8] In der Rechtslehre beklagt man, dass es nicht leicht sei, die inhaltliche Tragweite der Unternehmensfreiheit genau zu bestimmen.

Dass eine gewisse Unsicherheit in Bezug auf die inhaltliche Tragweite der Unternehmensfreiheit gemäss Art. 38 CE besteht, hat verschiedene Gründe. Eine gewisse Rolle dürfte dabei spielen, dass die ausdrückliche Gewährleistung der Unternehmensfreiheit im internationalen Verfassungsvergleich eine Ausnahmeerscheinung ist. Andere in der Tradition des freiheitlich-demokratischen Rechtsstaates stehende Verfassungen begnügen sich gewöhnlich damit, die Berufsfreiheit und das Eigentum zu gewährleisten. Dies gilt zum Beispiel für das deutsche Grundgesetz von 1949. Oder sie kennen nicht einmal ein spezifisch auf die Wirtschaft bezogenes Freiheitsrecht. Dies trifft beispielsweise auf die Verfassungsurkunden zweier Verfassungsstaaten der ersten Stunde (USA und Frankreich) zu, was natürlich nicht heisst, dass dort ökonomische Interessen ohne jeden verfassungsrechtlichen Schutz sind. Die italienische Verfassung von 1947 gewährleistet in Art. 41 die „privatwirtschaftliche Initiative". In der neuen schweizerischen Bundesverfassung von 1999 ist die Unternehmensfreiheit im Rahmen des allgemeineren Grundrechts der Wirtschaftsfreiheit (Art. 27 BV) enthalten.[9]

Welches sind die Gründe für die geringe Präsenz der Unternehmensfreiheit in den Grundrechtskatalogen heutiger Verfassungen? Die Frage kann hier nicht vertieft werden. Eine Rolle dürfte spielen, dass die Unternehmensfreiheit und – ganz allgemein – Freiheitsrechte, die das wirtschaftliche Tätigsein betreffen, nicht Aufnahme in die Menschenrechtserklärungen des ausgehenden 18. Jahrhunderts fanden. Die Unternehmensfreiheit figuriert auch nicht in den wichtigsten internationalen Menschenrechtsübereinkommen. So fehlt sie sowohl in der Europäischen Konvention zum Schutz der Menschenrechte und Grundfreiheiten (EMRK) von 1950[10] als auch in den beiden Internationalen Menschenrechtspakten von 1966, was wiederum damit zusammenhängt, dass zur Zeit der Ausarbeitung dieser völkerrechtlichen Instrumente von Land zu Land recht unterschiedliche Ordnungsvorstellungen über das Verhältnis von Staat und Wirtschaft herrschten (und trotz fortschreitender wirtschaftlicher Verflechtung und Liberalisierung noch immer herrschen). Immerhin fand die Unternehmensfreiheit vor kurzem Aufnahme in die am 7. Dezember 2000 feierlich proklamierte Charta der Grundrechte der Europäischen Union.[11] Die Charta der Grundrechte ist allerdings vorerst rechtlich nicht verbindlich.

2. *Ausdrückliche Erwähnung der Marktwirtschaft*

Bemerkenswert ist Art. 38 CE auch deshalb, weil die spanische Verfassung in dieser Bestimmung nicht nur die Unternehmensfreiheit ausdrücklich anerkennt, sondern

---

[7] STC 225/1993, FJ 3 („carácter de garantía institucional").

[8] Vgl. z.B. *Javier Pérez Royo*, Curso de Derecho Constitucional, sexta edición, Madrid 1999, S. 555f.

[9] Vgl. *Giovanni Biaggini*, Wirtschaftsfreiheit, in: Daniel Thürer et al. (Hrsg.), Verfassungsrecht der Schweiz, Zürich 2001, S. 779ff. – Näher dazu hinten Ziffer IV.

[10] Aus einzelnen Grundrechtsgarantien ergibt sich ein punktueller Schutz für wirtschaftliche Tätigkeiten (so beispielsweise für die Werbung im Rahmen von Art. 10 EMRK).

[11] Amtsblatt der Europäischen Gemeinschaften C 364/1 vom 18. 12. 2000.

zugleich auch den Begriff der „Marktwirtschaft" verwendet. Wie bei der Unternehmensfreiheit spielt die spanische Verfassung von 1978 auch in dieser Hinsicht verfassungsvergleichend eine Pionierrolle.[12] Zwar kann man, zumindest mit Blick auf Europa, von einem eigentlichen „Siegeszug" der Marktwirtschaft im 20. Jahrhundert sprechen. In den Verfassungsurkunden hat sich dieser „Siegeszug" aber zunächst kaum sichtbar niedergeschlagen. So sucht man das Wort „Marktwirtschaft" im deutschen Grundgesetz vergeblich. Nach einer verbreiteten Auffassung soll das Grundgesetz, im Gegenteil, „ordnungspolitisch neutral" sein.[13] In der Schweiz gehen Rechtsprechung und Rechtswissenschaft davon aus, dass die schweizerische Wirtschaftsverfassung klar „marktwirtschaftsorientiert" ist.[14] Der Begriff „Marktwirtschaft" taucht jedoch in der neuen Bundesverfassung von 1999 nicht auf.[15]

Erst in den Jahren nach 1989 hat das Beispiel der spanischen Verfassung Schule gemacht, so etwa in der Slowakei (Art. 55 der Verfassung von 1992[16]) oder in Polen (Art. 20 der Verfassung von 1997[17]). Mit dem am 7. Februar 1992 abgeschlossenen Vertrag von Maastricht fand sodann der „Grundsatz einer offenen Marktwirtschaft mit freiem Wettbewerb" Eingang in das Primärrecht der Europäischen Union (Art. 4, Art. 98 und Art. 105 EG-Vertrag) – als „Leitprinzip" der europäischen Wirtschaftsverfassung.[18]

3. Zum Stellenwert des verfassungsrechtlichen Bekenntnisses zur Marktwirtschaft

Vor dem Hintergrund der neueren Rechtsentwicklung in Europa interessiert es natürlich sehr, welchen Stellenwert die in Art. 38 CE erwähnte „Marktwirtschaft" in der spanischen Verfassungspraxis erlangt hat.

Dem ausländischen Betrachter fällt als erstes auf, dass das spanische Verfassungsgericht – als „intérprete supremo de la Constitución" – bisher wenig zur Klärung des Verfassungsbekenntnisses zur Marktwirtschaft (Art. 38 CE) beitragen konnte. Dies

---

[12] Vgl. schon *Oscar Alzaga Villaamil*, Comentario sistematico a la Constiución española de 1978, Madrid 1978, S. 307. Vgl. auch *Häberle* (Anm. 2), S. 594.

[13] Vgl. z.B. *Hans-Jürgen Papier*, Grundgesetz und Wirtschaftsordnung, in: *Ernst Benda et al.* (Hrsg.), Handbuch des Verfassungsrechts der Bundesrepublik Deutschland, 2. Aufl., Berlin/New York 1994, S. 800. – Ein Bekenntnis zur „sozialen Marktwirtschaft" enthält der 1990 zwischen der Bundesrepublik Deutschland und der damaligen DDR abgeschlossene Staatsvertrag über die Schaffung einer Währungs-, Wirtschafts- und Sozialunion.

[14] Vgl. z.B. BGE 124 I 25 (31); *René Rhinow/Gerhard Schmid/Giovanni Biaggini*, Öffentliches Wirtschaftsrecht, Basel/Frankfurt a.M. 1998, S. 79ff.; *Fritz Gygi/Paul Richli*, Wirtschaftsverfassungsrecht, S. 41ff.; *Klaus A. Vallender*, Grundzüge der „neuen" Wirtschaftsverfassung, 2. Aufl., Bern 1997, Aktuelle Juristische Praxis 1999, S. 682ff.

[15] Dies galt schon für ihre Vorgängerin, die Bundesverfassung von 1874.

[16] Art. 55 Abs. 1 lautet: „The economy of the Slovak Republic is based on the principles of a socially and ecologically oriented market economy."

[17] Art. 20 lautet: „A social market economy, based on the freedom of economic activity, private ownership, and solidarity, dialogue and cooperation between social partners, shall be the basis of the economic system of the Republic of Poland." – Weitere Hinweise zur diesbezüglichen Verfassungsentwicklung in Mittel- und Osteuropa bei *Häberle* (Anm. 1), S. 551ff.

[18] So die Charakterisierung bei *Armin Hatje*, Wirtschaftsverfassung, in: *Armin von Bogdandy* (Hrsg.), Europäisches Verfassungsrecht, Berlin usw. 2003, S. 693.

mag damit zusammenhängen, dass es wegen der bei Art. 38 CE fehlenden Möglichkeit der Verfassungsbeschwerde (*recurso de amparo*, Art. 161 Abs. 1 b CE) recht wenig höchstrichterliche Urteile zum Thema gibt.

Aber auch in der rechtswissenschaftlichen Literatur hat Art. 38 CE noch keine sehr klaren Konturen erlangt. Die Frage nach dem Wirtschaftsmodell, das der spanischen Verfassung von 1978 zugrunde liegt, hat unterschiedliche, ja gegensätzliche Stellungnahmen hervorgerufen.[19] Auf der einen Seite betont man das marktwirtschaftliche Element. Andere Autoren weisen auf die in der Verfassung ausdrücklich vorgesehene Möglichkeit planwirtschaftlicher Lenkung hin. Diese gegensätzlichen Beurteilungen setzen sich fort in der schwankenden Charakterisierung des ebenfalls in Art. 38 CE verankerten Grundrechts der Unternehmensfreiheit.[20]

Diese Unsicherheiten, die man auch aus vergleichbaren Diskussionen in anderen Verfassungsstaaten kennt, haben zweifellos damit zu tun, dass der Begriff „Marktwirtschaft" für viele Deutungen und Konzepte offen ist.[21] So kennt man neben der „freien" Marktwirtschaft auch die „soziale", die „gelenkte", die „kontrollierte" Marktwirtschaft usw.[22] Art. 38 CE ist nicht zuletzt deshalb bemerkenswert und interessant, weil die Marktwirtschaft hier – anders als in den Wirtschaftswissenschaften oder in neueren Rechtstexten üblich – nicht durch ein Adjektiv näher bestimmt wird. Was ist mit dieser „Marktwirtschaft ohne Adjektiv" gemeint? Schon der Wortlaut des Art. 38 CE stellt klar, dass die „Marktwirtschaft" (wie die Unternehmensfreiheit) nicht als etwas Absolutes zu verstehen ist. Art. 38 CE muss zudem im Einklang mit anderen Verfassungsbestimmungen wie Art. 128 CE und Art. 131 CE betrachtet und ausgelegt werden[23], welche von der grundsätzlichen Zulässigkeit von Planungs- und Lenkungsmassnahmen ausgehen (heute unter dem Vorbehalt der Vereinbarkeit mit dem Gemeinschaftsrecht[24]). Die spanische Verfassung anerkennt im Wirtschaftsbereich nicht nur die private, sondern auch die staatliche Initiative.[25] Aber neben der Planung wird im Verfassungstext eben auch, als Gegengewicht, die Marktwirtschaft ausdrücklich genannt. Gerade auch an diesem Punkt zeigt sich, dass die spanische Verfassung „ein Werk des Kompromisses" zwischen den Positionen der politischen Linken und der

---

[19] Zur Deutung der Wirtschaftsverfassung vgl. z.B. *Miguel Herrero de Miñón*, La Constitución económica: Desde la ambigüedad a la integración, Revista Española de Derecho Constitucional 57 (1999), S. 11 ff.; *Francisco Fernandez Segado*, El Sistema Constitutcional Español, Madrid 1992, S. 513 ff.

[20] Vgl. *Herrero de Miñón* (Anm. 19), S. 17 ff.

[21] Darauf wurde zu Recht schon früh hingewiesen. Vgl. zum Beispiel *Luis López Guerra*, in: *Jorge de Esteban/Luis López Guerra*, El régimen constitucional español, tomo I, Barcelona 1980, S. 337 f.

[22] Bei der „sozialistischen Marktwirtschaft" der Volksrepublik China handelt es sich nicht um eine Marktwirtschaft im europäischen Sinn. Vgl. dazu ein Urteil des Europäischen Gerichts erster Instanz vom 25. September 1997, T-170/94, Rn. 111 ff.

[23] Vgl. zum Beispiel STC 227/1993, FJ 1; STC 37/1981, FJ 2; STC 96/2002, FJ 11; *Antonio Torres del Moral*, Principios de Derecho Constitucional español, segunda edición, Madrid 1988, S. 316.

[24] Weshalb eine Anwendung von Art. 131 CE heute wohl ausgeschlossen ist. In diesem Sinne *Cruz Villalón* (Anm. 2), JöR 48 (2000), S. 320.

[25] Vgl. *Luis Cazorla Prieto*, Kommentar zu Art. 128, in: *Fernando Garrido Falla* et al., Comentarios a la Constitución, tercera edición, Madrid 2001, S. 2173. Allerdings mehren sich die Stimmen, die sich gegen das Fortbestehen eines öffentlichen Wirtschaftssektors aussprechen. Vgl. *Cruz Villalón* (Anm. 2), JöR 48 (2000), S. 319.

politischen Rechten ist. Die Mehrdeutigkeit des Verfassungstextes war den Schöpfern der Verfassung von 1978 nicht unwillkommen.[26]

Aus heutiger Sicht spricht vieles für eine Deutung der spanischen Wirtschaftsverfassung als „economía social de mercado"[27]. Mit dieser Charakterisierung ist allerdings nicht sehr viel gewonnen. Denn beim Terminus „soziale Marktwirtschaft" handelt es sich nicht um einen eindeutig feststehenden Begriff. Dessen wird man sich schnell bewusst, wenn man den Begriff aus juristischer Sicht zu definieren versucht. Fast kommt man sich dabei vor wie Augustinus, der – in Bezug auf den Begriff der Zeit – sagte: „Wenn mich niemand darnach fragt, weiss ich es, wenn ich es aber einem, der mich fragt, erklären sollte, weiss ich es nicht."[28] Heisst dies nun, dass die Erwähnung der „Marktwirtschaft" in der Verfassung – obgleich sie im Grundrechtsteil, sozusagen in einem Atemzug mit dem Individualrecht der Unternehmensfreiheit erfolgt (Art. 38 CE) – ohne „normativen Wert"[29] ist? Oder gibt es doch einen Weg, um dem Begriff „Marktwirtschaft" einen juristisch-normativen Gehalt abzugewinnen?

III. Das Marktwirtschaftsprinzip in der EU-Wirtschaftsverfassung

1. *Das Marktwirtschaftsprinzip als wirtschaftsverfassungsrechtliches Leitprinzip*

Wie verhält es sich mit dem Stellenwert des Marktwirtschaftsprinzips (Art. 4 EGV) in der Wirtschaftsverfassung der Europäischen Gemeinschaft?[30]

In der neueren Europarechtsliteratur wird der in Art. 4 EGV verankerte „Grundsatz einer offenen Marktwirtschaft mit freiem Wettbewerb" gerne als „Systementscheidung" charakterisiert. Deren rechtliche Tragweite ist allerdings umstritten.[31] Dies hängt damit zusammen, dass die europäische Wirtschaftsverfassung, obwohl sie die wesentlichen Funktionsgarantien einer marktwirtschaftlichen Ordnung beinhaltet und primär wettbewerbsgesteuert ist[32], zugleich auch Interventionsmöglichkeiten eröffnet. Schon eine oberflächliche Lektüre des EG-Vertrages zeigt, dass nicht-marktkonforme Eingriffe in den Wirtschaftsablauf nicht generell ausgeschlossen sind. Immerhin geht man in der neueren Lehre davon aus, dass Interventionen der öffentlichen Hand die – begründungs- und rechtfertigungsbedürftige – Ausnahme bilden sollen.[33] Und der Übergang zu einem grundlegend anderen Wirtschaftssystem – Plan-

---

[26] Zur Mehrdeutigkeit vgl. *Herrero de Miñón* (Anm. 19), S. 11 ff. – Zum Kompromisscharakter vgl. auch *Häberle* (Anm. 2), S. 591.

[27] So zum Beispiel *Fernandez Segado* (Anm. 19), S. 519. Vgl. auch *Sommermann* (Anm. 3), S. 101.

[28] Bekenntnisse, 11. Buch, 14. Kapitel.

[29] Der Begriff ist dem Titel des viel zitierten Beitrags von *Eduardo García de Enterría* „Der normative Wert der spanischen Verfassung" (deutsch in: Antonio López Pina (Hrsg.), Spanisches Verfassungsrecht, Heidelberg 1993, S. 63 ff.) entlehnt. Zur weitgehenden Erfüllung der normativen Ansprüche vgl. die in Anmerkung 2 genannten Arbeiten.

[30] Das Unionsrecht spielt in diesem Zusammenhang keine wesentliche Rolle. Vgl. *Hatje* (Anm. 18), S. 708.

[31] *Hatje* (Anm. 18), S. 691f.

[32] Näher *Hatje* (Anm. 18), S. 691 ff. (Privatautonomie, Zusammenspiel von Angebot und Nachfrage, Wettbewerb als Instrument der Koordination).

[33] Vgl. z.B. *Ulrich Häde*, in: *Christian Calliess/Matthias Ruffert* (Hrsg.), Kommentar des Vertrages über

wirtschaft, Zentralverwaltungswirtschaft – wird allgemein als unzulässig angesehen. Allerdings relativiert der EG-Vertrag die Tragweite des Bekenntnisses zur Marktwirtschaft selbst, indem er die Grundlage für grössere Bereichsausnahmen schafft (insb. auf dem Gebiet der gemeinsamen Agrarpolitik).

Vor diesem Hintergrund könnte man das europäische Marktwirtschaftsprinzip – wie dies in der Literatur vorgeschlagen wird – als „Leitprinzip der Auslegung wirtschaftlich relevanter Normen des Primär- und Sekundärrechts" deuten.[34] Wenn man sich in der Rechtspraxis umsieht, erscheint es allerdings eher zweifelhaft, ob das Marktwirtschaftsprinzip zur Zeit eine derartige Funktion erfüllt. In Dokumenten der Kommission wird der Grundsatz einer offenen Marktwirtschaft mit freiem Wettbewerb nur vereinzelt erwähnt[35], ohne dass dabei der Begriff inhaltlich näher bestimmt oder als Leitprinzip fruchtbar gemacht würde.[36] Auch in der Rechtsprechung des Europäischen Gerichtshofes (EuGH) spielt der Grundsatz nur eine marginale Rolle. Im Urteil *Échirolles Distribution SA* führte der EuGH aus:

> „Die Artikel 3a, 102a und 103 EG-Vertrag [heute Art. 4, 98 und 99 EGV], die sich auf die Wirtschaftspolitik beziehen, die im Einklang mit dem Grundsatz einer offenen Marktwirtschaft mit freiem Wettbewerb stehen muss (Artikel 3a und 102a) sind keine Bestimmungen, die den Mitgliedstaaten klare und unbedingte Verpflichtungen auferlegen, auf die sich die Einzelnen vor den nationalen Gerichten berufen können. Es handelt sich dabei nämlich um einen allgemeinen Grundsatz, dessen Anwendung komplexe wirtschaftliche Beurteilungen erfordert, die in die Zuständigkeit des Gesetzgebers oder der nationalen Verwaltung fallen."[37] – Die genannten Bestimmungen stehen daher gemäss EuGH der Anwendung einer nationalen Regelung nicht entgegen, die im Buchhandel eine Preisbindung vorsieht.

Der Gerichtshof spricht hier dem europäischen Marktwirtschaftsprinzip die Justiziabilität schlicht ab. Muss das Marktwirtschaftsprinzip somit ohne praktischen Wert für die gerichtliche Rechtspraxis bleiben? Die Dinge erscheinen in einem etwas anderen Licht, wenn man sich den historischen Werdegang der europäischen Wirtschaftsverfassung vergegenwärtigt.[38]

---

die Europäische Union und des Vertrages zur Gründung der Europäischen Gemeinschaft (EUV/EGV), 2. Aufl. 2002, Neuwied/Kriftel, Kommentar zu Art. 4 EGV, N. 8ff.

[34] So *Hatje* (Anm. 18), S. 693.

[35] Vgl. zum Beispiel den Beschluss der Kommission vom 6. Juni 2001 zur Einsetzung des Europäischen Wertpapierausschusses (ABl. 2001, L 191, S. 45 und 46) sowie die auf Art. 85 EGV gestützte Entscheidung der Kommission vom 30. April 1999 (ABl. 1999, Nr. L 193, S. 23 ff.).

[36] Eine gewisse Bedeutung hat der Begriff „Marktwirtschaft" im Antidumpingrecht, wo die Unterscheidung von Ländern *mit* und Ländern *ohne* Marktwirtschaft eine Rolle spielt. Vgl. etwa die Verordnung (EG) Nr. 575/2002 der Kommission vom 3. März 2002 (ABl. 2002, L 087, S. 28 ff.); Urteil des Europäischen Gerichts erster Instanz vom 25. September 1997, T-170/94, Rn. 100 ff.

[37] Urteil vom 3. Oktober 2000, C-9/99, *Échirolles Distribution SA*, Slg. 2000, I-8207, Rn. 25.

[38] Überblick bei *Giovanni Biaggini*, Schweizerische und europäische Wirtschaftsverfassung im Vergleich, Schweizerisches Zentralblatt für Staats- und Verwaltungsrecht (ZBl) 1996, S. 62 ff.

2. Zum Werdegang der europäischen Wirtschaftsverfassung

Eine Leitidee des 1957 in Rom abgeschlossenen *EWG-Vertrages* war die Zusammenführung der Volkswirtschaften der ursprünglich sechs Mitgliedstaaten zu einem Gemeinsamen Markt, einem „Markt ohne Staat" gewissermassen.[39] Dies geschah nicht nur aus wirtschaftlichen Motiven, sondern vor allem auch zum Zweck der Friedens- und Freiheitssicherung in Europa. Zentrale Elemente dieses Gemeinsamen Marktes sind die Warenverkehrsfreiheit, die Freizügigkeit der Arbeitnehmer, die Niederlassungsfreiheit, die Dienstleistungsfreiheit und die Freiheit des Kapital- und Zahlungsverkehrs. In einer Reihe von grundlegenden Entscheidungen hat der Europäische Gerichtshof diese Grundfreiheiten des Gemeinsamen Marktes als *individuelle Marktzugangsgarantien* gedeutet, auf die sich die Angehörigen der Mitgliedstaaten, ähnlich wie im Fall der verfassungsmässigen Individualrechte, vor Gericht unmittelbar berufen können.[40] Den Grundfreiheiten zur Seite stehen ein allgemeines Diskriminierungsverbot (heute Art. 12 EGV) sowie gemeinschaftsrechtliche Wettbewerbsregeln (heute Art. 81ff. EGV).

Die *Deutung* der europäischen Wirtschaftsverfassung, wie sie der EWG-Vertrag einrichtete, blieb lange umstritten.[41] Ein Teil der Lehre stufte die europäische Wirtschaftsverfassung als ordnungspolitisch offen und insoweit „*neutral*" ein. Nach einer anderen Auffassung lag dem EWG-Vertrag von Beginn an die ordnungspolitische Entscheidung zu Gunsten einer Wirtschaftsordnung auf *marktwirtschaftlicher* Basis zugrunde. Andere Autoren qualifizierten die europäische Wirtschaftsverfassung als „*gemischte Wirtschaftsverfassung*" mit allerdings gewichtiger marktwirtschaftlicher Komponente. In ein neues Stadium trat die Diskussion mit dem Vertrag von Maastricht, der nicht nur den Grundstein für die *Wirtschafts- und Währungsunion* (WWU) legte, sondern, wie erwähnt, auch die Aufnahme des „Grundsatz(es) einer offenen Marktwirtschaft mit freiem Wettbewerb" mit sich brachte. In der Literatur wurde der erneuerte Römer Vertrag (neu: EG-Vertrag) bisweilen als „Magna Charta" moderner Marktwirtschaftlichkeit apostrophiert und lebhaft begrüsst. Gut zehn Jahre nach „Maastricht" fällt die allgemeine Einschätzung weit nüchterner aus. Die Verankerung des Marktwirtschaftsprinzips hat (wie zu erwarten war) den immer wieder aufkommenden interventionistischen und protektionistischen Tendenzen in der Praxis der Gemeinschaftsorgane (etwa in der Agrarpolitik oder in gewissen Bereichen der Aussenhandelspolitik) kein Ende bereitet.

Die Gründe dafür sind vielfältig. Gewollte Mehrdeutigkeiten in Text und Systematik des revidierten EG-Vertrages spielen eine nicht geringe Rolle. Zwar wurde das Marktwirtschaftsprinzip mit der Verankerung im Primärrecht zum verbindlichen *Rechtsgrundsatz* erhoben. Bis heute fehlen jedoch anerkannte Kriterien für die Konkretisierung des Prinzips. Hinzu kommt ein bis heute zu wenig beachteter Aspekt, nämlich ein *Grundrechtsdefizit* im Bereich der *wirtschaftlichen* Grundrechte. Diese Feststellung mag überraschen. Leisten denn nicht die *Grundfreiheiten* des *Binnenmarktes*

---

[39] Vgl. *Christian Joerges*, Markt ohne Staat? – Die Wirtschaftsverfassung der Gemeinschaft und die regulative Politik, in: *Rudolf Wildenmann* (Hrsg.), Staatswerdung Europas? Baden-Baden 1991, S. 225ff.

[40] Überblick bei *Rudolf Streinz*, Europarecht, 5. Aufl., Heidelberg 2001, N. 652ff.

[41] Zum Folgenden mit Nachweisen *Biaggini* (Anm. 38), S. 62ff.

(Warenverkehrsfreiheit, Dienstleistungsfreiheit usw.) einen substanziellen Beitrag zur Verwirklichung eines freiheitlichen und wettbewerbsgeprägten gesamteuropäischen Marktes? Dies ist nicht zu leugnen. Aber man vergisst dabei leicht, dass der Wirkungsradius dieser Binnenmarktfreiheiten begrenzt ist. Denn die Grundfreiheiten beziehen sich auf Behinderungen des *grenzüberschreitenden* Wirtschaftsverkehrs *zwischen den Mitgliedstaaten*. Hier sorgen die Binnenmarktfreiheiten – wirksam geschützt durch das Zusammenspiel der nationalen und der europäischen Justiz – dafür, dass sich der Grundsatz einer offenen Marktwirtschaft mit freiem Wettbewerb entfalten kann. Das Marktwirtschaftsprinzip wird durch die Binnenmarktfreiheiten *grundrechtlich abgesichert*.

3. Grundrechtsdefizite in der europäischen Wirtschaftsverfassung

Das wirtschaftsregulierende Handeln der *Gemeinschaftsorgane* wird dagegen durch die Binnenmarktfreiheiten nur am Rande erfasst und kaum diszipliniert.[42] Dank der schöpferischen Rechtsprechung des Europäischen Gerichtshofes gibt es in diesem Bereich immerhin eine *andere* Form von Grundrechtsschutz. Denn ab dem Jahr 1969 anerkannte der EuGH nach und nach eine ganze Reihe von ungeschriebenen Gemeinschaftsgrundrechten.[43] Zu diesen ungeschriebenen Gemeinschaftsgrundrechten gehören nicht zuletzt auch *wirtschaftliche Grundrechte* wie (in der Terminologie des EuGH) die Handelsfreiheit, das Recht auf freie Berufsausübung oder die Wettbewerbsfreiheit. Die Charta der Grundrechte der Europäischen Union fasst diese Freiheiten (in noch nicht rechtsverbindlicher Weise) in zwei Bestimmungen mit den Titeln „Berufsfreiheit und Recht zu arbeiten" (Art. 15) sowie „Unternehmerische Freiheit" (Art. 16) zusammen.

Die Schutzwirkung der (ungeschriebenen) wirtschaftlichen Gemeinschaftsgrundrechte ist bisher bescheiden geblieben. Als Achillesferse erweist sich die grosszügige Rechtsprechung des EuGH hinsichtlich der Möglichkeit, die wirtschaftlichen Grundrechte *einzuschränken*. Der Gerichtshof billigt dem Gemeinschaftsgesetzgeber einen sehr *weiten Gestaltungs- und Prognosespielraum* zu. Das allgemeine Diskriminierungsverbot und der Verhältnismässigkeitsgrundsatz entfalten kaum begrenzende Wirkungen. Als gemeinschaftsrechtswidrig gelten Massnahmen der Gemeinschaft nur dann, wenn sie offensichtlich ungeeignet oder eindeutig nicht erforderlich sind. In der Rechtsprechung des EuGH zur Berufsfreiheit wurde bezeichnenderweise bisher noch keine Massnahme als gemeinschaftsrechtswidrig eingestuft.[44] Der EuGH scheint unausgesprochen eine Art „*economical question*"-Doktrin zu befolgen. Aus der Sicht der Wirtschaftssubjekte zeigt sich eine merkwürdige Diskrepanz: Gegen wettbewerbsverzerrende, marktabschliessende Regulierungen der *Mitgliedstaaten* kann man sich (ge-

---

[42] Vgl. *René Barents*, The Community and the Unity of the Common Market, German Yearbook of International Law, 33, Berlin 1990, S. 9 ff.

[43] Erstmals im Urteil *Stauder*, EuGH, 12. November 1969, 29/69, Slg. 1969, 419. – Zum Grundrechtsschutz auf Gemeinschaftsebene eingehend *Dirk Ehlers* (Hrsg.), Europäische Grundrechte und Grundfreiheiten, Berlin 2003.

[44] Vgl. *Matthias Ruffert*, Grundrecht der Berufsfreiheit, in: *Dirk Ehlers* (Hrsg.), Europäische Grundrechte und Grundfreiheiten, Berlin 2003, S. 379 (mit Hinweisen zur Rechtsprechung).

stützt auf die Binnenmarktfreiheiten) wirksam zu Wehr setzen; gegen marktwirtschaftswidrige Massnahmen des Gemeinschaftsgesetzgebers ist dies nahezu ausgeschlossen. Gegenüber den Mitgliedstaaten ist das wirtschaftsverfassungsrechtliche Leitprinzip der Marktwirtschaft grundrechtlich abgesichert, im Verhältnis zur Gemeinschaft bleibt die grundrechtliche Absicherung des Marktwirtschaftsprinzips prekär. Dem „Grundsatz einer offenen Marktwirtschaft mit freiem Wettbewerb" fehlt ein Unterbau in Gestalt von grundrechtlichen Funktionsgarantien, welche das Marktwirtschaftsprinzip stützen und absichern. Der EuGH versteht sich offensichtlich primär als „Integrationsgerichtshof" und übt gegenüber der Gemeinschaftsgewalt mehr Zurückhaltung als gegenüber den Mitgliedstaaten.

Wird sich dies ändern, wenn die Charta der Grundrechte Rechtsverbindlichkeit erlangt? Die zurückhaltende Formulierung der Unternehmensfreiheit lässt dies fraglich erscheinen.[45]

IV. Wirtschaftsfreiheit und Marktwirtschaft in der schweizerischen Wirtschaftsverfassung

1. *Die Wirtschaftsfreiheit und ihre Beschränkungen*

Die schweizerische Wirtschaftsverfassung ist ein interessantes Vergleichsbeispiel, weil sie – im Unterschied zur spanischen und zur europäischen Wirtschaftsverfassung – *keine ausdrückliche* Bezugnahme auf die Marktwirtschaft enthält, aber von der schweizerischen Verfassungspraxis und Rechtslehre gleichwohl einhellig als *marktwirtschaftsorientiert* eingestuft wird.[46]

Wie ist es zu erklären, dass Lehre und Rechtsprechung – ohne sich auf einen förmlichen Systementscheid abstützen zu können – zu diesem Schluss gelangen?

Die neue schweizerische Bundesverfassung (BV) von 1999[47] gewährleistet in Art. 27 in allgemeiner Weise das *Grundrecht* der Wirtschaftsfreiheit:

Art. 27 Wirtschaftsfreiheit
[1] Die Wirtschaftsfreiheit ist gewährleistet.
[2] Sie umfasst insbesondere die freie Wahl des Berufes sowie den freien Zugang zu einer privatwirtschaftlichen Erwerbstätigkeit und deren freie Ausübung.

Die Wirtschaftsfreiheit schützt – wie schon ihre Vorgängerin in der Bundesverfassung von 1874, die Handels- und Gewerbefreiheit – jede privatwirtschaftliche Tätigkeit, die der Erzielung eines Gewinns oder eines Erwerbseinkommens dient.[48] Neben der

---

[45] Art. 16 der Charta der Grundrechte lautet: „Die unternehmerische Freiheit wird nach dem Gemeinschaftsrecht und den einzelstaatlichen Rechtsvorschriften und Gepflogenheiten anerkannt." – Der Konvents-Entwurf für einen „Vertrag über eine Verfassung für Europa" übernimmt diese Grundrechtsgarantie (mit Ausnahme einer redaktionellen Anpassung: „Unionsrecht" statt „Gemeinschaftsrecht") wörtlich (vgl. Art. II-16).

[46] Vgl. vorne Anmerkung 14.

[47] Dazu statt vieler *Rainer J. Schweizer*, Die erneuerte schweizerische Bundesverfassung, JöR 48 (2000), S. 263ff.; *Heinrich Koller/Giovanni Biaggini*, Die neue schweizerische Bundesverfassung – Neuerungen und Akzentsetzungen im Überblick, Europäische Grundrechte-Zeitschrift (EuGRZ) 2000, S. 337ff.

[48] Vgl. BGE 124 I 310 (313); *Biaggini* (Anm. 9), S. 781ff.

selbständigen (unternehmerischen) Erwerbstätigkeit ist auch die *unselbständige* Tätigkeit geschützt. Die Wirtschaftsfreiheit bietet, wie die anderen Freiheitsrechte, keinen absoluten Schutz gegen staatliche Freiheitsbeschränkungen. Nach den allgemeinen, für alle Freiheitsrechte geltenden Voraussetzungen müssen Beschränkungen der Wirtschaftsfreiheit auf einer genügenden gesetzlichen Grundlage beruhen, im öffentlichen Interesse liegen und verhältnismässig sein sowie den unantastbaren Kerngehalt[49] des Grundrechts wahren (Art. 36 BV). Zu diesen vier allgemeinen Voraussetzungen tritt bei der Wirtschaftsfreiheit – im Regelfall – eine weitere Voraussetzung hinzu: Staatliche Massnahmen müssen den *Grundsatz der Wirtschaftsfreiheit* wahren (Art. 94 Abs. 1 BV), es sei denn, die Bundesverfassung lasse eine *Abweichung* von diesem Grundsatz zu. Dies ist der sog. Verfassungsvorbehalt für „abweichende Massnahmen" (zu denen beispielsweise die Errichtung von Monopolen oder die Wirtschaftslenkung durch Planung gehören).

2. *Gebot der Gleichbehandlung der Konkurrenten und Grundsatz der Wirtschaftsfreiheit*

Das schweizerische Bundesgericht, das als oberstes Gericht des Landes auch die Funktion eines Verfassungsgerichts wahrnimmt, hat in seiner Rechtsprechung zur Bundesverfassung von 1874 entschieden, dass für Eingriffe in die Handels- und Gewerbefreiheit (heute: Wirtschaftsfreiheit) „nicht jedes irgendwie geartete öffentliche Interesse" genügt[50]; grundsätzlich untersagt sind gemäss Bundesgericht Massnahmen, die „den freien Wettbewerb behindern", um gewisse Wirtschaftszweige oder Wirtschaftsformen zu begünstigen.[51] In seiner neueren Rechtsprechung stellt das Bundesgericht in diesem Zusammenhang vor allem den Gedanken der *Gleichbehandlung der Konkurrenten* heraus: Grundsätzlich unzulässig sind Massnahmen, „welche den Wettbewerb unter direkten Konkurrenten verzerren (...) beziehungsweise nicht wettbewerbsneutral sind (...)."[52] Staatliches Handeln im Wirtschaftsbereich muss demnach den *Grundsatz der Wettbewerbsneutralität* beachten. Direkte Konkurrenten besitzen gemäss Bundesgericht einen *Anspruch auf Gleichbehandlung* (in Rechtsprechung und Lehre auch „Grundsatz der Gleichbehandlung der Konkurrenten" bzw. der „Gewerbegenossen" genannt).[53]

Das Besondere an diesem *wirtschaftsverfassungsrechtlichen* Anspruch auf Gleichbehandlung ist, dass er (aus der Sicht des Staates) *strenger* ist und (aus der Sicht der priva-

---

[49] Über die Tragweite der Kerngehaltsgarantie im Bereich der Wirtschaftsfreiheit ist man sich in der Schweiz nicht einig. Vgl. *Rhinow/Schmid/Biaggini* (Anm. 14), S. 127f.

[50] So z.B. BGE 109 Ia 33 (36).

[51] Das Bundesgericht spricht in diesem Zusammenhang oft von (grundsätzlich unzulässigen) „wirtschaftspolitischen" Massnahmen, die es den (grundsätzlich zulässigen) „wirtschaftspolizeilichen" und „sozialpolitischen" Massnahmen gegenüberstellt. – Zur Problematik dieser Terminologie und der ihr zugrundeliegenden Konzeption vgl. *Rhinow/Schmid/Biaggini* (Anm. 14), S. 112ff.

[52] BGE 121 I 129 (132).

[53] Als direkte Konkurrenten gelten gemäss Bundesgericht „Angehörige der gleichen Branche, die sich mit dem gleichen Angebot an dasselbe Publikum richten, um das gleiche Bedürfnis zu befriedigen" (BGE 125 I 436).

ten Wirtschaftssubjekte) *stärkeren Schutz* bietet als das allgemeine Rechtsgleichheitsgebot (Art. 8 Abs. 1 BV). Der Grundsatz gewährt gemäss Bundesgericht „Schutz vor staatlichen Ungleichbehandlungen, die zwar auf ernsthaften, sachlichen Gründen beruhen mögen" und somit in Einklang mit dem allgemeinen Rechtsgleichheitsgebot stehen, „gleichzeitig aber (...) einzelne Konkurrenten namentlich durch unterschiedliche Belastungen oder staatlich geregelten Marktzugang bzw. -ausschluss begünstigen oder benachteiligen".[54]

Das wirtschaftsverfassungsrechtliche Gleichbehandlungsgebot ist zwar streng, gilt jedoch nicht absolut. Das Bundesgericht lässt unter bestimmten Voraussetzungen eine Bevorzugung von Konkurrenten oder Konkurrentengruppen zu, wenn dies durch gewichtige öffentliche Interessen, etwa Gründe des Umweltschutzes, gerechtfertigt erscheint.[55] Nicht vermeiden lassen sich gewisse systemimmanente Ungleichheiten, so etwa bei der Regelung des Zugangs zu staatlich verwalteten knappen Gütern (wie zum Beispiel Sendefrequenzen, öffentlicher Grund und Boden). Eine strikte Gleichbehandlung kann hier von vornherein nicht erreicht werden. Das Bundesgericht verpflichtet die Behörden aber dazu, in diesen Bereichen „dem institutionellen Gehalt" der Wirtschaftsfreiheit Rechnung zu tragen, das heisst Ungleichheiten zu minimieren und „möglichst faire Wettbewerbsverhältnisse" zu schaffen. So muss die Zuteilung von öffentlichem Grund und Boden für Erwerbszwecke – zum Beispiel für Zirkusvorführungen oder für Taxi-Standplätze – gemäss Bundesgericht „regelmässig überprüft werden, um eine Zementierung einmal geschaffener Privilegien zu vermeiden".[56]

Der Gleichbehandlungsanspruch ergibt sich gemäss Bundesgericht aus dem Individualrecht der Wirtschaftsfreiheit.[57] Neuerdings stellt das Bundesgericht auch eine direkte Verbindung zwischen dem Gleichbehandlungsanspruch und dem „Grundsatz der Wirtschaftsfreiheit" (Art. 94 BV) her, der die öffentliche Gewalt der gesamtstaatlichen (Bund) wie der gliedstaatlichen Ebene (Kantone) bindet, soweit sich aus der Bundesverfassung keine Ermächtigung ergibt, vom Grundsatz abzuweichen.[58]

Was heisst „Bindung an den Grundsatz der Wirtschaftsfreiheit" im Sinn des Art. 94 BV? In *ökonomischen* Begriffen gesprochen steht der „Grundsatz der Wirtschaftsfreiheit" für eine auf marktwirtschaftliche Prinzipien abgestützte Wirtschaftsordnung. Bindung an den „Grundsatz der Wirtschaftsfreiheit" bedeutet: Verpflichtung zur Respektierung der zentralen Voraussetzungen und Elemente des Marktmechanismus, Verbot einer Verzerrung oder gar Ausschaltung des Spiels von Angebot und Nachfrage durch den Staat.[59] Darüber ist man sich heute in Lehre und Praxis weitgehend einig. In der Schweiz spricht man in diesem Zusammenhang auch von einem ordnungspolitischen „Grundentscheid" für eine „marktorientierte Privatwirtschaft" oder – so das Bundesgericht – von einer „Grundentscheidung für ein System des freien Wettbe-

---

[54] BGE 125 I 431 (436). – Diese Beschränkungen gelten nicht in gleicher Weise, wenn die Verfassung den Staat ermächtigt, vom Grundsatz der Wirtschaftsfreiheit *abzuweichen* (Art. 94 Abs. 4 BV).

[55] Vgl. BGE 125 II 129 (150).

[56] BGE 121 I 279 (287 und 289). Vgl. auch BGE 125 I 431 (439).

[57] So erstmals deutlich – nach längerem Zögern – BGE 121 I 129 (135).

[58] Vgl. BGE 128 II 292 (297).

[59] Vgl. *René Rhinow*, Die Bundesverfassung 2000, Basel/Genf/München 2000, S. 314; vgl. auch *Vallender* (Anm. 14), S. 682ff.

werbs".[60] *Juristisch* handelt es sich beim „Grundsatz der Wirtschaftsfreiheit" (Art. 94 BV) um einen *Verfassungsgrundsatz*, der recht vage und unbestimmt und daher in hohem Masse konkretisierungsbedürftig ist.

Angesichts der Erfahrungen in anderen Verfassungsordnungen überrascht es nicht, dass Praxis und Lehre Mühe damit bekunden, präzise zu umschreiben, was der rechtliche Gehalt dieses Verfassungsgrundsatzes der Wirtschaftsfreiheit ist. Immerhin ergeben sich aus Verfassung und Verfassungspraxis zahlreiche Anhaltspunkte für die Konkretisierung des Grundsatzes. Hilfreich ist namentlich die umfangreiche höchstrichterliche Rechtsprechung zum Grundsatz der Gleichbehandlung der wirtschaftlichen Konkurrenten sowie zum Verhältnismässigkeitsprinzip und zum Erfordernis des öffentlichen Interesses (Art. 36 BV) im Bereich der Wirtschaftsfreiheit.

3. Funktionenvielfalt der Wirtschaftsfreiheit

Die besondere Schrankenordnung im Bereich der Wirtschaftsfreiheit – Grundsatz der Wirtschaftsfreiheit, Verfassungsvorbehalt für „systemabweichende" Massnahmen, Grundsatz der Wettbewerbsneutralität, strikte Gleichbehandlung der Konkurrenten – hat zur Folge, dass das Grundrecht neben den klassischen individualrechtlichen Schutzgehalten auch *wirtschaftssystembezogene* (oder „ordnungspolitische") Schutzgehalte umfasst. Diese verleihen der schweizerischen Wirtschaftsverfassung eine marktwirtschaftliche Grundausrichtung, ohne allerdings ein ganz bestimmtes theoretisches Wirtschaftsmodell verfassungsrechtlich festzuschreiben.[61] Das Bundesgericht spricht auch von einer besonderen *institutionellen* Komponente[62] der Wirtschaftsfreiheit: Als „Hüterin einer privatwirtschaftlichen Ordnung" sichert die Wirtschaftsfreiheit auch den „freien Wettbewerb"[63], indem sie Schutz gegen wettbewerbsverzerrende Massnahmen des Staates bietet. Diese Schutzwirkung ist allerdings nur eine gewissermassen „negative". Eine umfassende „positive" Wettbewerbsgarantie kann dem Grundrecht der Wirtschaftsfreiheit nicht entnommen werden. Die Gewährleistung des Wettbewerbs *zwischen Privaten* ist Sache der Kartellgesetzgebung, die der Bundesgesetzgeber entsprechend dem Verfassungsauftrag in Art. 96 BV[64] erlassen hat. Immerhin resultiert aus der Wirtschaftsfreiheit eine Verpflichtung des Staates, für möglichst *wettbewerbsfreundliche* Verhältnisse zu sorgen (Wettbewerbsoptimierungsgebot).[65]

Zusammenfassend kann man sagen, dass die Wirtschaftsfreiheit ein ganz zentrales Element der freiheitlichen, sozialverpflichteten und wettbewerbsorientierten schwei-

---

[60] Vgl. BGE 116 Ia 237 (240) bzw. *Vallender* (Anm. 14), S. 682.

[61] Der Wirtschaftsfreiheit wird darüber hinaus auch eine *bundesstaatliche* (oder föderative) Funktion zugeschrieben, die (ähnlich wie die Binnenmarktfreiheiten des Gemeinschaftsrechts) das Anliegen eines *einheitlichen Wirtschaftsraums* (Art. 95 Abs. 2 BV) schützen soll. – Zu dieser und weiteren Funktionen der Wirtschaftsfreiheit vgl. *Rhinow/Schmid/Biaggini* (Anm. 14), S. 89 ff.

[62] Vgl. BGE 124 I 25 (31); BGE 122 I 130 (136).

[63] Vgl. BGE 124 I 11 (18 f.) und BGE 125 I 417 (422).

[64] Art. 96 Abs. 1 BV lautet: „Der Bund erlässt Vorschriften gegen volkswirtschaftlich oder sozial schädliche Auswirkungen von Kartellen und anderen Wettbewerbsbeschränkungen."

[65] Vgl. BGE 121 I 279 (287); *Rhinow/Schmid/Biaggini* (Anm. 14), S. 520; vgl. auch Text bei Anmerkung 56.

zerischen Wirtschaftsverfassung ist.[66] Als verfassungsmässiges Individualrecht dient die Wirtschaftsfreiheit zugleich auch der Durchsetzung des grundsätzlichen Verbotes von wettbewerbsverzerrenden staatlichen Massnahmen. Der spezifische Gleichbehandlungsanspruch der wirtschaftlichen Konkurrenten dient als Vehikel zur Verwirklichung des „Grundsatzes der Wirtschaftsfreiheit" (94 BV) beziehungsweise des darin enthaltenen Grundsatzes der staatlichen Wettbewerbsneutralität.

4. *Defizite der schweizerischen Wirtschaftsverfassung*

Auch die schweizerische Wirtschaftsverfassung zeigt gewisse Defizite. Aus marktwirtschaftlicher Perspektive fällt auf, dass die Bundesverfassung den Gesetzgeber in vielen Politikbereichen dazu ermächtigt, „nötigenfalls" vom Grundsatz der Wirtschaftsfreiheit abzuweichen. Darunter befinden sich so wichtige Gebiete wie die Agrarpolitik, die regionale Strukturpolitik und die Aussenwirtschaftspolitik. Das von der Verfassung mit Hilfe des „Grundsatzes der Wirtschaftsfreiheit" eingerichtete marktwirtschaftliche Schutzdispositiv greift hier nicht voll.[67]

Trotz bundesweit verbürgter Wirtschaftsfreiheit behindern noch immer gewisse gliedstaatliche (kantonale) Regelungen den Wirtschaftsverkehr über die Kantonsgrenzen hinweg. Der von der Verfassung angestrebte einheitliche schweizerische Wirtschaftsraum (Art. 95 BV) war in der Rechtspraxis lange Zeit nur mangelhaft gesichert. Um die Verfassungsrechtsprechung vermehrt für die vernachlässigte „Binnenmarktdimension" der Wirtschaftsfreiheit und das Anliegen eines einheitlichen Wirtschaftsraumes zu sensibilisieren, erliess der Bundesgesetzgeber im Jahr 1995 das *Binnenmarktgesetz*.[68] Vom europarechtlichen *Cassis-de-Dijon*-Prinzip[69] inspiriert, will das Binnenmarktgesetz durch gesetzliche Verdeutlichung der aus dem Grundrecht der Wirtschaftsfreiheit fliessenden Ansprüche sicherstellen, dass Personen mit Niederlassung oder Sitz in der Schweiz landesweit gleichberechtigten, diskriminierungsfreien Zugang zum Markt haben. Wie man aus dem europäischen Integrationsprozess weiss, stösst die Einheitsstiftung mittels (Verfassungs-) Rechtsprechung rasch an Grenzen. Homogenität und Rechtssicherheit können vielfach nur durch rechtsangleichende Regulierung erzielt werden.[70] Diese Erfahrung blieb auch der Schweiz nicht erspart.

Schliesslich ist auf eine bedauerliche Lücke im System der sonst gut ausgebauten schweizerischen *Verfassungsgerichtsbarkeit* hinzuweisen. Gemäss Art. 191 BV sind die *Bundesgesetze* – die in der Schweiz dem fakultativen Referendum (Art. 141 BV) unterliegen, d.h. zumindest mittelbar „Volksgesetzgebung" darstellen – für das Bundesgericht und für alle weiteren Rechtsanwendungsorgane *massgebend*. Die Bundesverfassung stellt hier das demokratische Prinzip über das rechtsstaatliche Prinzip. Bundesge-

---

[66] Vgl. *Rhinow/Schmid/Biaggini* (Anm. 14), S. 71ff. Vgl. auch *Gygi/Richli* (Anm. 14), S. 41ff.

[67] Gemäss neuerer Rechtslehre ist auch bei der Ausgestaltung einer vom Grundsatz der Wirtschaftsfreiheit abweichenden „Ausnahmeordnung" so freiheitlich und marktwirtschaftlich wie möglich vorzugehen. Vgl. *Rhinow/Schmid/Biaggini* (Anm. 14), S. 83 (mit Hinweisen).

[68] Bundesgesetz vom 6. Oktober 1995 über den Binnenmarkt (in Kraft seit dem 1. Juli 1996).

[69] Vgl. Urteil des EuGH vom 20. Februar 1979, 120/78, *Rewe*, Slg. 1979, 649ff.

[70] Vgl. *Joerges* (Anm. 39), S. 253ff.

setze müssen daher angewendet werden, selbst wenn sie sich als verfassungswidrig erweisen sollten, beispielsweise wegen Unvereinbarkeit mit der Wirtschaftsfreiheit (Art. 27 BV) oder mit dem Grundsatz der Wirtschaftsfreiheit (Art. 94 BV). Dies gilt in allen Rechtsschutzverfahren, auch im Verfahren der staatsrechtlichen Beschwerde (Verfassungsbeschwerde) gemäss Art. 189 Abs. 1 Buchstabe a. BV. Festgestellte verfassungsrechtliche Mängel sollen nicht durch die Justiz, sondern durch den Gesetzgeber behoben werden. Damit bleibt das grundrechtlich abgesicherte Wettbewerbsverzerrungsverbot gegenüber der Bundesgewalt *lex imperfecta*.[71]

V. Schlussbetrachtung

Eine detaillierte Gegenüberstellung der spanischen, europäischen und schweizerischen Wirtschaftsverfassung würde den Rahmen dieses Beitrags sprengen. Immerhin sei abschliessend auf einige besonders auffällige Punkte hingewiesen.

Die *schweizerische Wirtschaftsverfassung* enthält zwar kein ausdrückliches Bekenntnis zur Marktwirtschaft, sie ist aber im Ergebnis klar marktwirtschaftlich orientiert. Zu verdanken ist dies vor allem der Verfassungsgarantie der Wirtschaftsfreiheit und der mit ihr verbundenen besonderen Schrankenordnung, welche staatlichen Massnahmen, die den wirtschaftlichen Wettbewerb verzerren, eine Grenze zieht. Das Rechtsschutzsystem und nicht zuletzt das Rechtsmittel der Verfassungsbeschwerde erlauben es den betroffenen Wirtschaftssubjekten, nicht nur die Respektierung der individuellen Freiheit, sondern auch ein wettbewerbsneutrales, marktwirtschaftskonformes Verhalten des Staates einzufordern. Rechtsprechung und Lehre haben diese „systembezogenen" Schutzgehalte nicht aus einem vagen „Marktwirtschaftsprinzip" abgeleitet, sondern gestützt auf justiziable Rechtsgrundsätze wie das Gebot der Gleichbehandlung wirtschaftlicher Konkurrenten, den Grundsatz der Wettbewerbsneutralität beziehungsweise das grundsätzliche Verbot wettbewerbsverzerrender staatlicher Massnahmen entfaltet. Das Bundesgericht hat es verstanden, mit Augenmass und ohne in problematischen richterlichen Aktivismus zu verfallen, individuellen Rechtsschutz zu gewähren und zugleich die marktwirtschaftliche Ausrichtung der schweizerischen Wirtschaftsverfassung grundrechtlich abzusichern.

Im Vergleich mit der schweizerischen Wirtschaftsverfassung tritt deutlicher hervor, dass die *europäische Wirtschaftsverfassung* zwei unterschiedlich entwickelte Schichten aufweist. Die EU-Mitgliedstaaten werden durch das Gemeinschaftsrecht, speziell die Binnenmarktfreiheiten, in die Schranken gewiesen und wirksam diszipliniert. Ähnlich wie in der Schweiz wird dabei das europäische Marktwirtschaftsprinzip gegenüber Massnahmen der Mitgliedstaaten gewissermassen grundrechtlich abgesichert. Anders verhält es sich bei wirtschaftsrelevanten Massnahmen der Gemeinschaft: Auch hier fungiert zwar der „Grundsatz einer offenen Marktwirtschaft mit freiem Wettbewerb" als Leitprinzip. Doch um die grundrechtliche Absicherung ist es zur Zeit eher schlecht bestellt. Die Rechtsprechung des EuGH zu den einschlägigen (ungeschrie-

---

[71] Vgl. *Biaggini* (Anm. 38), S. 79. Neben Art. 191 BV sind auch weitere Faktoren dafür verantwortlich, dass sich die höchstrichterliche Kontrolle im Wirtschaftsbereich nicht immer voll entfaltet. Vgl auch *Rhinow/ Schmid/Biaggini* (Anm. 14), S. 347 ff.

benen) *wirtschaftlichen Gemeinschaftsgrundrechten* lässt Grundrechtsbeschränkungen grosszügig zu. Eine differenzierende, marktwirtschaftsgerechte Schrankenordnung, die das gemeinschaftsrechtliche Marktwirtschaftsprinzip (Art. 4 EGV) stützt, hat sich noch nicht herausgebildet. Ein gemeinschaftsrechtliches Pendant zum (streng verstandenen) Grundsatz der Gleichbehandlung wirtschaftlicher Konkurrenten oder zum Grundsatz der Wettbewerbsneutralität der schweizerischen Wirtschaftsverfassung existiert nicht. Der EuGH praktiziert stillschweigend eine Art „*economical question*"-Doktrin. Ein aus wirtschaftsverfassungsrechtlicher Sicht wünschenswertes Abrücken von dieser sehr zurückhaltenden Praxis müsste, wie das schweizerische Beispiel zeigt, nicht zwangsläufig zu einem (unerwünschten) richterlichen Aktivismus führen. Es wäre sehr zu begrüssen, wenn der EuGH die Chance ergreift, auf einem ihm an sich vertrauten Terrain – jenem der Grundrechte – einen Beitrag zur Disziplinierung und besseren Legitimierung der Gemeinschaftsgewalt zu leisten.

Bei der Gegenüberstellung der *europäischen* und der *schweizerischen* Wirtschaftsverfassung fällt etwas weiteres auf: In der Schweiz konnte die Rechtsprechung massgeblich zu einer *Verknüpfung von Wirtschaftsverfassung und Grundrechtsordnung* beitragen, weil die betroffenen Wirtschaftssubjekte die Möglichkeit besitzen, eine Verletzung der Wirtschaftsfreiheit mittels *Verfassungsbeschwerde* bis vor das Bundesgericht zu bringen.[72] Heute gehört die Wirtschaftsfreiheit zu den vor Bundesgericht am häufigsten angerufenen verfassungsmässigen Freiheitsrechten. Entsprechend vielfältig ist das Fallmaterial, das vom Bundesgericht zu beurteilen ist. Dies ermöglicht es dem Bundesgericht, seine Rechtsprechung und damit auch das Grundrecht der Wirtschaftsfreiheit sukzessive zu entfalten. Im Rechtsschutzsystem der EU/EG fehlt ein der schweizerischen Verfassungsbeschwerde vergleichbares Rechtsmittel. Zudem musste sich der EuGH in seiner Rechtsprechung betreffend die wirtschaftlichen Gemeinschaftsgrundrechte vor allem mit Streitigkeiten aus dem Bereich der gemeinsamen Agrarpolitik auseinandersetzen[73], was der Entwicklung einer am Marktwirtschaftsprinzip orientierten Grundrechtspraxis nicht gerade förderlich war.

Die *spanische* Wirtschaftsverfassung mit ihrem in zweifacher Hinsicht bemerkenswerten Art. 38 CE nimmt im europäischen Vergleich eine Pionierrolle ein. Wie die europäische Wirtschaftsverfassung beinhaltet sie ein ausdrückliches Bekenntnis zur Marktwirtschaft. Anders als in der EU findet sich dieses Marktwirtschaftsbekenntnis im *Grundrechtskatalog*. Stärker als in der EU hat sodann die höchstrichterliche Rechtsprechung in Spanien die *Systemrelevanz* des Grundrechts der Unternehmensfreiheit herausgearbeitet. Das Verfassungsgericht erkennt dem Grundrecht den „Charakter einer institutionellen Garantie" zu[74], was man aus schweizerischer Sicht mit Interesse zur Kenntnis nimmt. Diese institutionelle Komponente der Unternehmensfreiheit hat sich jedoch bisher weniger entfaltet als in der Schweiz. Ein Pendant zum schweizerischen Grundsatz der Wettbewerbsneutralität oder zum Anspruch der wirtschaftlichen Konkurrenten auf strikte Gleichbehandlung hat sich nicht herausgebildet. Im-

---

[72] Dies war im schweizerischen Bundesstaat nicht immer so: Bis zu einer 1911 beschlossenen Neuordnung des Rechtsschutzsystems blieb der Rechtsweg an das Bundesgericht verschlossen; die Beurteilung von Beschwerden wegen Verletzung der damaligen Handels- und Gewerbefreiheit lag in der Zuständigkeit des Bundesrates (Regierung). Vgl. *Rhinow/Schmid/Biaggini* (Anm. 14), S. 346f.

[73] Vgl. *Ruffert* (Anm. 44), S. 377ff.

[74] STC 225/1993, FJ 3 („carácter de garantía institucional").

merhin klingt auch in der spanischen Rechtsprechung und Lehre der Gedanke der Gleichbehandlung der im wirtschaftlichen Wettbewerb stehenden Konkurrenten immer wieder an, so wenn das Verfassungsgericht die wichtige Rolle der „igualdad de las condiciones básicas de ejercicio de la actividad económica"[75] hervorhebt oder das Anliegen der Einheit des Wirtschaftsraumes („unidad de mercado")[76] berücksichtigt.

Angesichts der schweizerischen Erfahrungen ist es zu bedauern, dass die Unternehmensfreiheit gemäss Art. 38 CE aus dem Anwendungsbereich der Verfassungsbeschwerde (*recurso de amparo*; Art. 161 Abs. 1 b CE) ausgeklammert bleibt. Dadurch verringert sich die Chance einer sukzessiven höchstrichterlichen Klärung der in Art. 38 CE verankerten Verfassungsbegriffe beträchtlich.

Steht im spanischen Verfassungssystem ein anderer Weg offen, um das Verfassungsgericht vermehrt ins Spiel zu bringen? Eine Möglichkeit bestünde darin, dass man die dem *Marktwirtschaftsprinzip* eingeschriebenen spezifischen *Gleichheitsaspekte* - strikte Gleichbehandlung der Konkurrenten im Wettbewerb, Verbot wettbewerbsverzerrender staatlicher Massnahmen – nicht primär als Teilgehalte des wirtschaftlichen Freiheitsrechts der Unternehmensfreiheit (Art. 38 CE) auffasst, sondern vielmehr – anders als in der Schweiz – beim *allgemeinen Rechtsgleichheitsgebot* einordnet, d.h. bei Art. 14 CE, der dem *recurso de amparo* zugänglich ist (Art. 53 Abs. 2 CE). Könnte es vielleicht auf diesem Weg gelingen, dem Begriff „Marktwirtschaft"- der auf dem Weg ist, sich von einem ökonomischen Konzept (und politischen „Kampfbegriff") zu einem gemeineuropäischen Verfassungsprinzip[77] zu wandeln – klarere Konturen zu verleihen?

Wer die spanische Wirtschaftsverfassung primär aus der entstehungsgeschichtlichen Perspektive betrachtet, mag an dieser Stelle zögern. Führt die Anreicherung wirtschaftlicher Freiheitsrechte oder des Rechtsgleichheitsgebotes durch marktwirtschaftliche Gehalte nicht zu einer Überhöhung des Marktwirtschaftprinzips, die der historische Verfassungsgeber nicht wollte?[78]

Hierzu ist einerseits zu bemerken, dass sich das rechtliche Umfeld der nationalen Wirtschaftsverfassung durch den Beitritt Spaniens zur EG/EU grundlegend geändert hat.[79] Die Einbettung der spanischen Wirtschaftsverfassung in die dem Marktwirtschaftsprinzip verpflichtete *europäische* Wirtschaftsverfassung rückt Einzelnormen der spanischen Verfassung in ein verändertes Licht. Muss man eine Bestimmung wie Art. 131 CE (Planwirtschaft) heute nicht als eine mehr oder weniger „überholte Norm"[80] einstufen?

Andererseits sind allfällige Befürchtungen, dass es zu einseitigen Entwicklungen und Überhöhungen kommen könnte, zu relativieren. Oberste Gerichte verstehen

---

[75] STC 88/1986, FJ 6. Vgl. auch STC 37/1981, FJ 2 und STC 96/2002, FJ 11; *Luis Cazorla Prieto*, Kommentar zu Art. 128, in: *Fernando Garrido Falla* et al., Comentarios a la Constitución, tercera edición, Madrid 2001, S. 2171.

[76] So bereits STC 1/1982, FJ 2. Vgl. auch STC 225/1993, FJ 3 C; STC 64/1990, FJ 3; *Luis Cazorla Prieto*, Kommentar zu Art. 38, in: *Fernando Garrido Falla* et al., Comentarios a la Constitución, tercera edición, Madrid 2001, S. 842.

[77] Zum Phänomen des gemeineuropäischen Verfassungsrechts im Allgemeinen sowie im Bereich des Wirtschaftsverfassungsrechts *Häberle* (Anm. 1), S. 103ff. und S. 535ff.

[78] Vgl. z.B. *Alzaga Villaamil* (Anm. 12), S. 306ff.

[79] Vgl. z.B. *Francisco Balaguer Callejón*, Das System der Rechtsquellen in der spanischen Verfassungsrechtsordnung, JöR 49 (2001), insb. S. 435ff.

[80] Zu dieser Frage differenzierend *Cruz Villalón* (Anm. 2), JöR 48 (2000), S. 319.

sich im Allgemeinen recht gut darauf, die Gestaltungs- und Prognosespielräume des demokratischen Prozesses zu respektieren, wie ein Blick auf die differenzierende Rechtsprechung des schweizerischen Bundesgerichts zum Verbot wettbewerbsverzerrender Massnahmen und zum Grundsatz der Gleichbehandlung der Konkurrenten zeigt. Nicht verschwiegen sei hier, dass es in der Geschichte des demokratischen Verfassungsstaates auch Beispiele für richterlichen Interventionismus im Bereich der Wirtschaftspolitik gibt. Erinnert sei an das im Jahr 1905 ergangene, berühmt gewordene Urteil des US-amerikanischen Supreme Court im Fall *Lochner v. New York*, 198 U.S. 45 (1905)[81], dem ein – jedenfalls aus heutiger Sicht – merkwürdig anmutendes ultraliberales Verständnis des Verhältnisses von Staat und Wirtschaft und auch eine Geringschätzung des demokratischen Entscheidungsprozesses zugrunde liegt. Die Verfassungsvergleichung, die sich noch vermehrt des Wirtschaftsverfassungsrechts annehmen sollte, kann einen wichtigen Beitrag dazu leisten, dass Urteile wie jenes im Fall *Lochner* nicht Schule machen und uns nur als Gegenstand der Verfassungsgeschichte erhalten bleiben.

---

[81] Der Supreme Court erklärte im Urteil *Lochner* ein Gesetz des Staates New York für verfassungswidrig, das die Höchstarbeitszeit für Angestellte in Bäckereien auf maximal 10 Stunden pro Tag und 60 Stunden pro Woche beschränkt hatte. Eingehend dazu *Laurence H. Tribe*, American Constitutional Law, third edition, Vol. I, New York 2000, S. 1343 ff.

Zu welchem Zweck haben wir ein Verfassungsgericht?

Überlegungen zur Rolle des spanischen Verfassungsgerichts bei der Kontrolle von Legislativakten

von

Héctor López Bofill[*]

Professor an der Universität Pompeu Fabra (Barcelona)

Inhalt

I. Einleitung

Die Kontrolle der Gesetzgebung gehört zu den klassischen Aufgaben der Verfassungsgerichtsbarkeit, sie steht im Mittelpunkt eigenständiger Verfassungsgerichtsbarkeit. Diese herausgehobene Funktion ist seit *H. Kelsen* in der Literatur immer wieder beschrieben worden.[1] Auch im spanischen Schrifttum bildet sie noch heute für

---

[*] Ich danke Herrn Dr. Markus Kotzur, LL.M. für seine sprachlichen Hinweisen und Korrekturen.

[1] *H.Kelsen*, La garantie jurisdictionnelle de la Constitution (La justice constitutionnelle), Revue du Droit Public, XLV, 1928, S.253. Vgl. aus der deutschen Literatur der Gegenwart z.B. *F.Ossenbühl*, Bundesverfassungsgericht und Gesetzgebung in: P. Badura/H.Dreier (Hrsg.), Festschrift 50 Jahre Bundesverfassungsgericht, 2001, S.33, oder *K. Stern*, Verfassungsgerichtsbarkeit und Gesetzgebung, in: Festschrift für Martin Kriele, 1997, S.412.

die Mehrheit der Autoren den Schwerpunkt verfassungsgerichtlicher Überprüfung.[2].

Zunächst aber sollten wir ein anderes Phänomen betrachten: In verfassungsgerichtlichen Kontrollsystemen nach deutschem oder spanischem Modell, wo Verfahren wie
die Verfassungsbeschwerde vorgesehen sind, besteht die wichtigste Rolle des Verfassungsgerichts – wenigstens aus qualitativer Perspektive – nicht in der direkten Gesetzeskontrolle, sondern vielmehr in der Überprüfung der *Art und Weise, wie* die Normen angewandt und umgesetzt werden. Das ist als eine „Verschiebung" des Vorbilds
von der Normenkontrolle hin zu einer effektiven Garantie der Grundrechte bezeichnet worden[3], oder, anders formuliert, als ein Verschiebung der verfassungsgerichtlichen Überprüfung von Gesetzen hin zur Überprüfung von deren *Auslegung*.

Die direkte Normenkontrolle wird in Spanien durch zwei Verfahren ausgeübt, entweder auf Antrag der politischen Organe, *recurso de inconstitucionalidad,* oder auf Rich-
tervorlagen hin, *cuestión de inconstitucionalidad*. Die Praxis zeigt, dass das spanische Verfassungsgericht in seiner Rechtsprechung nur selten Gesetze wegen Grundrechtsver-
stoßes für verfassungswidrig erklärt hat.

Solch eine Würdigung, die wir sogleich mit einer Statistik belegen werden, relativiert vor allem die Legitimation des Verfassungsgerichts als Beschützer von Minder-
heiten(grund)rechten, wenn die parlamentarische Mehrheit durch ein Gesetz den
Freiheitsraum der Minderheiten einzuschränken versucht.[4] Insoweit die normprüfen-
de Tätigkeit des spanischen Verfassungsgerichts sich nicht aus der Grundrechtssiche-
rung in dialektischem Gegeneinander von Mehrheit und Minderheit rechtfertigt,
müssen wir nach weiteren Legitimationsgründen für die Normenkontrolle in unserer
Verfassungsarchitektur fragen. Wofür haben wir in Spanien schließlich ein Verfassungsgericht mit Normkontrollbefugnissen? Zur Beantwortung dieser Frage sei zunächst auf die Normenkontrolle im Kontext der Streitigkeiten zwischen Zentralstaat
und den Autonomen Gebietskörperschaften (Comunidades Autónomas) verwiesen.
Meinungsverschiedenheiten über die Verteilung der Gesetzgebungskompetenzen
zwischen Zentralstaat und Autonomen Gebietskörperschaften bilden eine *Eckstein*
der Normenkontrolle in Spanien. Auffällig ist, dass trotz der reichen Kommentarlite-
ratur zu den Entscheidungen des Verfassungsgerichtes dieser Aspekt bislang nur selten
hervorgehoben wurde. Das spanische Verfassungsgericht versieht und versteht seine
Normenkontrollaufgabe denn auch weniger als Garant der Grundrechtsbestimmun-

---

[2] Vgl. *P. Cruz Villalón*, Justicia Constitucional y jurisdicción constitucional, in *P. Cruz Villalón*, La cu-
riosidad del jurista persa y otros escritos sobre la Constitución, 1999, S. 490; *V. Ferreres Comella*, Justicia
constitucional y democracia, 1997, S. 17; *J. Jiménez Campo*, Sobre los límites del control de constitucionalidad de la ley in: E. Aja (Hrsg.), Las tensiones entre el Tribunal Constitucional y el Legislador en la Europa
actual, 1998, S. 172ff.; *F. Rubio Llorente*: La jurisdicción constitucional como forma de creación de Derecho, in *F. Rubio Llorente*, La forma del Poder, 1993, S. 495.

[3] Dazu *F. Rubio Llorente*, Tendencias actuales de la jurisdicción constitucional en Europa in: F. Rubio
Llorente/J. Jiménez Campo, Estudios sobre jurisdicción constitucional,1998, S. 160.

[4] Schon García Pelayo (der erste Verfassungsgerichtspräsident des spanischen Verfassungsgerichts) hatte
diese Funktion zu Beginn der Tätigkeit des Verfassungsgerichts als eine seiner typischen Zuständigkeiten
gewertet. Jedoch hat die künftige Entwicklung der Normenkontrolle diese Progonse nicht bestätig. *Vid.*
M. García Pelayo, El „status" del Tribunal Constitucional in: Revista Española de Derecho Constitucional,
1 (1981) S. 21.

gen, sondern als Garant der Organisationsnormen in einem dezentralisierten Staat.[5] Daraus ergeben sich verschiedene Folgen für die Struktur der Verfassungsmäßigkeitsprüfung. Diese „Lücke" in der kommentierenden Literatur mag manche Gründe haben. Vor allem bedarf es eines längeren Zeitraumes, um eine solche Beobachtung untermauern zu können. Man brauchte die Retrospektive und das Erfahrungswissen von fünfundzwanzig Jahren gelebter Verfassung und zweiundzwanzig Jahren praktizierter Verfassungsgerichtsbarkeit.

II. Statistische Angaben zur Normenkontrolltätigkeit

Wie bereits einleitend angemerkt, sind die Fälle, in denen das Verfassungsgericht eine Gesetzesbestimmung wegen Unvereinbarkeit mit dem Wesenhalt der Grundrechte für verfassungswidrig erklärt hat, selten. Wenn man alle Entscheidungen betrachtet, in denen ein Gesetz insgesamt oder einige Abschnitte eines Gesetzes als verfassungswidrig befunden wurden (bis März 2002 gibt es 219 Verfassungsverfahren, die mit einer solchen Nichtigerklärung endeten), so bemerkt man, dass nur in 66 von diesen Entscheidungen ein Widerspruch zwischen den Gesetzesbestimmungen und den Grundrechten Anlass zur Normverwerfung gab. Das sind kaum 30 Prozent der relevanten Urteile.[6]. Andererseits machen die Fälle, in denen Gesetze wegen Kompetenzstreitigkeiten zwischen dem Zentralstaat und den Autonomen Gebietskörperschaften vom Verfassungsgericht für verfassungswidrig erklärt worden sind, fast 56 Prozent aus. Darüber hinaus gibt es noch Entscheidungen, die weder auf die Gruppe der territorialen Organisation noch auf die Gruppe der Grundrechten entfallen. Zu dieser Kategorie gehören

a) die Normverwerfungserklärungen, bei denen das Verfassungsgericht einen Widerspruch zwischen dem geprüften Gesetz und dem verfassungsrechtlichen System der Rechtsquellen festegestellt hat (dafür gibt es zahlreiche Beispiele aus dem Bereich der Zustimmung zu einem Haushaltsgesetz, die nicht den Bedingungen des Artikels 134.2 Spanische Verfassung genügt – in diesem Artikel steht, welchen Inhalt Haushaltsgesetze haben sollen)

b) die Normverwerfungserklärungen, in denen das Verfassungsgerichts einen Verstoß gegen die Struktur eines Staatsorgans festgestellt hat (das hat bisweilen Bezug zu den unter a) erwähnten Fällen, wenn der Verstoß gegen die Organstrukturen und -kompetenzen zugleich einen Verstoß gegen den verfassungsrechtlichen Gesetzesvorbehalte darstellt)

c) die Normverwerfungserklärungen, in denen das Verfassungsgericht zu der Überzeugung kommt, dass das geprüfte Gesetz mit den Prinzipien des Artikels 9.3 Spanische Verfassung unvereinbar ist. Dieser Artikel umfasst zum Beispiel das Gebot der Rechtssicherheit und das Willkürverbot der öffentliche Gewalt.

---

[5] Auch in diesem Sinne *J. García Roca*: Encuesta, El Tribunal Constitucional in: Teoría y Realidad constitucional, 4 (1999) S. 33ff., und auch *J. García Roca*, Una teoría de la sentencia en el conflicto constitucional de competencia entre entes territoriales in: Actas de las III Jornadas de la Asociación de Letrados del Tribunal Constitucional, 1998, S. 18ff.

[6] Dazu *H. López Bofill*, Formas interpretativas de decisión en el juicio de constitucionalidad de las leyes, S. 441, Diss. Barcelona, 2002.

Diese eben unter a)–c) umrissene dritte und vielgestaltigen Gruppe umfasst etwa 14 Prozent der Normverwerfungsentscheidungen.

III. Vorkonstitutionelle Gesetze

Eine klarstellende Ergänzung ist zu machen. Eine große Anzahl der Fälle, in denen das Verfassungsgericht ein Norm wegen Grundrechtsverletzung verworfen hat, betrifft *vorkonstitutionelle* Gesetze. Das Verfassungsgericht scheint gegenüber vorkonstitutionellen Gesetzen „mutiger" als gegenüber dem nachkonstitutionellen Gesetzgeber. Diese Tendenz ist bis hin in die Gegenwart bemerkbar, obwohl fast fünfundzwanzig Jahre seit dem Inkrafttreten der spanischen Verfassung vergangen sind. Zwei wichtige Entscheidungen aus dem Jahre 2002 (STC 10/2002 vom 17. Januar und STC 39/ 2002 vom 14. Februar) mögen als anschauliche Beispiele dienen. Das Verfassungsgericht hat Bestimmungen der zu überprüfenden Gesetze aufgehoben, zum einen wegen Verstoßes gegen die Unverletzlichkeit der Wohnung (STC 10/2002), zum anderen wegen Verstoßes gegen den Grundsatz der Gleichberechtigung von Frauen und Männern (STC 39/2002). Hervorzuheben ist, dass die Bestimmungen beider Gesetze noch zum vorkonstitutionellen Recht gehörten. Dieser Befund weckt Neugier, weil in unserem System das Verfassungsgericht nicht das Verwerfungsmonopol über vorkonstitutionelle Gesetze ausübt. Das Verwerfungsmonopol gilt nur in Bezug auf die Gesetze, die nach dem Inkrafttreten der Verfassung erlassen wurden. Die Normverwerfungskompetenz im Blick auf vorkonstitutionelle Gesetze teilt sich in Spanien das Verfassungsgericht mit den einfachen Gerichten. Diese haben bei Zweifelsfragen hinsichtlich der Verfassungsmäßigkeit die Wahlmöglichkeit: Entweder lassen sie die fraglichen Regelungen unangewendet, wenn sie der Überzeugung sind, diese seien durch entgegenstehendes Verfassungsrecht aufgehoben worden, oder sie legen die Frage dem Verfassungsgericht vor und holen dessen Entscheidung ein.[7] Die Erfahrung zeigt allerdings, dass die einfachen Gerichte zumeist eine Entscheidung des Verfassungsgerichts einholen, selbst wenn sie von der Verfassungswidrigkeit der vorgelegten vorkonstitutionellen Normen überzeugt sind.

Unter diesem Gesichtspunkt ist die Frage aufzuwerfen, ob das Verfassungsgericht bei Normenkontrollverfahren seine Aufgaben in einer Art und Weise ausübt, die seiner verfassungsrechtlichen Stellung, Aufgabenzuweisung und Legitimation entspricht. Das Verfassungsgericht wurde stets als Beschützer der Grundrechte gegen Angriffe des nachkonstitutionellen Gesetzgebers begriffen. Eine Konsequenz daraus ist das verfassungsgerichtliche Verwerfungsmonopol bezüglich nachkonstitutionellen Rechts, eine andere die Vermutung der Verfassungsmäßigkeit zugunsten aller vom demokratischen Gesetzgeber erlassener Gesetze[8], wieder eine andere das Prinzip vom Vorrang des Gesetzgebers bei der Konkretisierung der Verfassung.[9] Doch bräuchten wir solche vorsichtigen Beschränkungen verfassungsgerichtlicher Handlungs- und

---

[7] Vgl. in diesem Zusammenhang, STC 4/1981 vom 2. Februar, FJ 1; STC 126/1997 vom 14. Juli, FJ 3; STC 159/2001 vom 5 Juli, FJ 1, und auch STC 10/2002 vom 17. Januar, FJ 2.

[8] Zur Vermutung der Verfassungsmäßigkeit des demokratischen Gesetzgebers vgl. *V. Ferreres Comella*, op. cit., S. 141ff.

[9] Dazu *K. Hesse*, Grundzüge des Verfassungsrechts der Bundesrepublik Deutschland, 1995, S. 32.

Gestaltungsmöglichkeiten denn überhaupt, wenn „nur" vorkonstitutionelle Gesetze in Rede stehen, die gerade von *keinem demokratischen Gesetzgeber* verabschiedet wurden? Solche Sicherungsmechanismen spielen bei der Verwerfung vorkonstitutionellen Rechts schon deshalb keine Rolle, weil das Verfassungsgericht diese Gesetze gar nicht prüfen müsste. Die meisten dieser Bestimmungen müssten die einfachen Gerichte, nicht das Verfassungsgericht prüfen. Sie müssten diese Bestimmungen schlichtweg unangewendet lassen, soweit sie von ihrer Verfassungswidrigkeit überzeugt sind. Durch einen solch effizienteren Weg würden auch unnötige Verzögerungen bei der Verfassungsmäßigkeitskontrolle verhindert – Verzögerungen, die der Effektivität der Grundrechte Schaden zufügen könnten. In der soeben erwähnten Entscheidung STC 10/2002 finden wir ein gutes Beispiel für solche Gefahren: Dort wurde ein altes Gesetz geprüft, genauer ein Artikel der Strafprozessordnung aus dem 19. Jahrhundert. Das Gesetz gestattet der Polizei den Zutritt zu einem Hotelzimmer ohne richterliche Genehmigung. Das Verfassungsgericht erklärte, der Artikel sei wegen seiner Unvereinbarkeit mit der Unverletzlichkeit der Wohnung gem. Artikel 18.2 Spanische Verfassung nach deren Inkrafttreten automatisch außer Kraft gesetzt. Es ist aber wichtig zu bemerken, dass das Verfahren sich bezüglich der Frage der Verfassungswidrigkeit (*cuestión de inconstitucionalidad*) über acht Jahre hinzog. Die Polizisten, die ohne richterliche Genehmigung in ein Hotelzimmer eingedrungen waren, sollten 8 Jahre auf eine strafrichterliche Entscheidung warten. Denn wie auch nach Art. 100 GG in Deutschland wird mit Beginn des Normenkontrollverfahrens das Strafverfahren vor den einfachen Gerichten ausgesetzt. Solch eine Verfahrensverzögerung verletzt übrigens zudem das Recht der Angeklagten auf einen unverzüglichen Strafprozess gemäß Artikel 24.2 Spanische Verfassung und auch gemäß Artikel 6 EMRK, wie ihn der EGMR auslegt.[10]

Soweit zur verfassungsgerichtlichen Kontrolle vorkonstitutionellen Rechts. Am Ende dieser Betrachtung steht noch einmal ein Blick auf die Statistik, der die kritische Bewertung stützt. Mehr als *ein Drittel* der Entscheidungen, in denen ein Gesetz vom Verfassungsgericht für nichtig erklärt wird (*rectius*-Entscheidungen, das Verfassungsgericht hebt das Gesetz selbst auf), betrifft vorkonstitutionelles Recht. In der Zeit von 1981 bis 1985 bzw. zwischen 1993 und 1998 erhöht sich der Anteil sogar auf 50 Prozent.

IV. Zurückhaltung bei der Prüfung von Gesetzen

Niemand bestreitet, dass das Verfassungsgericht in Normenkontrollverfahren große Selbstbescheidung und Zurückhaltung üben soll. Die Frage ist vielmehr, ob diese Zurückhaltung insbesondere bei der Überprüfung nachkonstitutionellen Rechts nicht bisweilen übermäßig wirkt. Bei der abstrakten und konkreten Normenkontrolle nutzt das Verfassungsgericht häufig den Weg der sog. *verfassungskonformen Auslegung*, um eine Nichtigerklärung der Legislativakte zu vermeiden. Das zeigt, in welch hohem Maße eine den konstitutionellen Gesetzgeber korrigierende Normverwerfung die Ausnahme bleibt, zum Teil auch bleiben muss. Es ist nicht schwer, Entscheidungen zu fin-

---

[10] Vgl. in letzter Zeit *Iorillo gegen Italien* (vom 16. Januar 2001) und *G.B gegen Italien* (vom 27. Februar 2001).

den, die den Weg einer verfassungskonformen Auslegung des Gesetzeswortlauts gehen. Bei den Fällen, in denen das Verfassungsgericht ein Gesetz wegen Grundrechts-
verstoßes zu überprüfen hatte, finden wir 65 Beispiele der Nichtigerklärung oder
Aufhebung. Demgegenüber stehen 36 Entscheidungen, die eine Lösung über die verfassungskonforme Auslegung suchen. Bisweilen gibt es auch Kombinationen. Das
Gericht erklärt nur einen Teil der kontrollierten Norm für verfassungswidrig, sucht
im übrigen dem gesetzgeberischen Willen durch verfassungskonforme Auslegung der
in Kraft bleibenden Normteile gerecht zu werden. Auch im Rahmen von Normenkontrollverfahren, die die Kompetenzverteilung zwischen Zentralstaat und autonomen Gebietskörperschaften betreffen, bedient sich das Verfassungsgericht oft der verfassungskonformen Auslegung, ist mit einer etwaigen Normverwerfung sehr zurückhaltend. Und das geschieht, obwohl solche Streitigkeiten eine andere Struktur als die
sonstigen Normenkontrollverfahren aufweisen. Bei Kompetenzkonflikten richtet sich
eine Verwerfungsentscheidung nicht gegen „*den*", sondern gegen „*einen*" Gesetzgeber. Die einzige „Alternative" zu einem Urteil, das eine Norm wegen Grundrechts-
verstoßes für verfassungswidrig erklärt, wäre – wollte denn die Legislativgewalt die
Norm retten – eine Verfassungsrevision. Diese scheint in der Praxis fast unmöglich.
Gem. 168 Spanische Verfassung bedarf jede Änderung der Verfassung im grundrechts-
relevanten Bereich der Zustimmung von zwei Drittel der Abgeordneten und Senatoren, danach der Auflösung des Parlaments, einer Neuwahl, einer neuerlichen Zustimmung zur Verfassungsänderung wiederum von zwei Drittel der Mitglieder jeder der
neugewählten Kammern und schließlich eines Referendums.

Wenn nun das Verfassungsgerichts ein zentralstaatliches Gesetz oder ein Gesetz einer der Autonomen Gebietskörperschaften für verfassungswidrig erklärt, weil eine
Verletzung der Kompetenzvorschriften vorliegt, wäre die Antwort keine Verfassungsänderung, sondern das bloße Tätigwerden des zuständigen Gesetzgebers. Bei all den
Streitigkeiten zwischen Zentralstaat und einer der Autonomen Gebietskörperschaften, die die Verfassungsmäßigkeit eines Gesetzes zum Gegenstand haben (wie wir gesehen haben, ist das im spanischen System der abstrakten Normenkontrolle die Mehr-
zahl), bringt die verfassungsrichterliche Entscheidung und etwaige Normverwerfung
einen Gesetzgeber „zum Schweigen", um einen anderen „sprechen zu lassen". Das
bedingt nach meiner Ansicht einen unterschiedlichen Prüfungsmaßstab bei grund-
rechtsrechtsspezifischen Normenkontrollverfahren auf der einen, kompetenzrechtli-
chen auf der anderen Seite. „Judicial self restraint" zugunsten des demokratisch legitimierten Gesetzgebers und der verfassungskonformen Auslegung seiner Normbefehle
ist in unterschiedlich hohem Maße geboten. Schließlich divergieren auch die Folgen
in ganz erheblichem Maße. Übt das Verfassungsgericht bei einer Kompetenzstreitig-
keit zwischen Zentralstaat und einer Autonomen Gebietskörperschaft übergroße Zurückhaltung, behauptet es beispielsweise im Wege der verfassungskonformen Auslegung eine Vermutung der Verfassungsmäßigkeit der demokratisch legitimierten Entscheidung des einen Gesetzgebers, so kann diese Vermutung die Entscheidungsmacht
des jeweils *anderen demokratisch legitimierten Gesetzgebers beschädigen*, seine Kompetenzen aushöhlen. Je stärker im verfassungsgerichtlichen Verfahren die eine gesetzgeberische Entscheidung vorbehaltlos unangetastet bleiben soll, desto weniger effektiver
Rechtsschutz verbleibt für die gesetzlichen Befugnisse des anderen Gesetzgebers, sei
es nun der Zentralstaat oder eine Autonome Gebietskörperschaft.

Das spanische Verfassungsgericht hat niemals die eben erläuterten Unterschiede in den beiden Typen von Normenkontrollverfahren deutlich gemacht, niemals deren strukturellen Unterschiede und das unterschiedliche Maß an gebotener richterlicher Zurückhaltung unzweideutig herausgearbeitet. Im Gegenteil, seit 1994 wird in Streitigkeiten zwischen dem Gesamtstaat und den Autonomen Gebietskörperschaften eine unzweideutige Tendenz erkennbar. Das Verfassungsgericht hat der Vermutung verfassungsmäßiger Entscheidungen des demokratisch legitimierten Gesetzgebers mit Blick auf die Gesetze der Autonomen Gebietskörperschaften immer stärkeres Gewicht beigemessen, um die Aufhebung der angefochtenen Bestimmungen und alle damit verbundenen Auswirkungen möglichst zu vermeiden.[11] [Es gilt hier zu bedenken: Nach Artikel 161.2 der Spanischen Verfassung hat die gesamtstaatliche Regierung die Möglichkeit, von den autonomen Gebietskörperschaften erlassene Bestimmungen automatisch aufzuheben, sobald sie deren Verfassungsmäßigkeit vor dem Verfassungsgericht angefochten hat. Innerhalb von fünf Monaten soll das Gericht entscheiden, ob es der Aufhebung des Rechtssetzungsaktes stattgibt oder dieser weiterhin Geltung hat. Wegen der *Doktrin* einer Vermutung zugunsten der Verfassungsmäßigkeit aller vom demokratisch legitimierten Gesetzgeber der Autonomen Gebietskörperschaften erlassenen Gesetze wird die Aufhebung zumeist nicht aufrechterhalten, das Gesetz bleibt vielmehr in Kraft.]

Anhand der dargelegten Kriterien wird ersichtlich, wie stark das Verfassungsgericht die verfassungskonforme Auslegung der Gesetze, gleichsam unter Berufung auf sein *judicial self restraint*, bei allen Streitigkeiten zwischen Gesamtstaat und Autonomen Gebietskörperschaften favorisiert, obwohl diese Verfahren zahlreiche Besonderheiten aufweisen, die zu weniger Zurückhaltung Anlass gäben und einer Überbetonung der verfassungskonformen Auslegung widersprechen.

Weiterhin beruft sich das Verfassungsgericht auch bei vorkonstitutionellen Gesetzen auf die verfassungskonforme Auslegung, obwohl hier keine wohlverstandenen Schutzinteressen des demokratisch legitimierten Gesetzgebers in Rede stehen. Diese Zurückhaltung des Verfassungsgerichts wird dann nicht mit dem demokratischen Ursprung des Gesetzes gerechtfertigt, sondern folgt dem Prinzip, einen Akt der öffentliche Gewalt möglichst aufrecht zu erhalten, um so eine Lücke in der Rechtsordnung zu vermeiden.[12] Die Angst vor einer solchen Lücke und vor den anderen möglichen Folgen einer Normverwerfung erklärt, warum auch im allgemeinen und ganz unabhängig vom Respekt vor dem Gesetzgeber die verfassungskonforme Auslegung so häufig zum Tragen kommt und auch sonstige selbstauferlegte Restriktionen die Überprüfung von Gesetzen prägen. Das gilt gleichermaßen für Verfahren, die vorkonstitutionelle Gesetze betreffen, wie für solche, bei denen nachkonstitutionelles Recht Prüfungsgegenstand ist. Dazu sollen unter dem nächsten Gliederungspunkt einige kommentierende Ausführungen gemacht werden. An dieser Stelle wollen wir nur hervor-

---

[11] Vgl. in diesem Zusammenhang ATC 46/1994; ATC 103/1994; ATC 154/1994. In letzter Zeit vgl. ATC 132/2001. Dazu *R. Jiménez Asensio*, La ley autonómica en el sistema constitucional de fuentes del Derecho, 2001, S. 88.

[12] Schon GARCIA DE ENTERRIA hatte diesen Unterschied zwischen dem Prinzip der Vermutung der Verfassungsmäßigkeit des demokratischen Gesetzgebers und der Bewahrung eines jeden Aktes der öffentlichen Gewalt als Rechtfertigung der verfassungskonformen Auslegung angeregt. Dazu *E. García de Enterría*, La Constitución como norma y el Tribunal Constitucional, 1994, S. 96.

heben, dass die Anwendung und auch die Bindungswirkung der verfassungskonformen Auslegung manchmal fragwürdig sind, diese Fragwürdigkeit aber gerade bei der Entscheidung über vorkonstitutionelle Gesetze besonders schwer wiegt.

Das Privileg, dass nachkonstitutionelle Gesetze nur vom Verfassungsgericht verworfen werden können, hat folgende Konsequenz: die Gesetze können nur aufgrund eines Normenkontrollantrages der politischen Organe (*recurso de inconstitucionalidad*) oder nach einer Richtervorlage (*cuestión de inconstitucionalidad*) vom Plenum des Verfassungsgerichts für nichtig erklärt werden. Verzichtet das Verfassungsgericht auf eine Normverwerfung, sondern differenziert nur zwischen verfassungskonformen und verfassungswidrigen Auslegungsvarianten, so macht es üblicherweise die von ihm präferierte Auslegung zum Tenor seiner Entscheidung oder der Tenor enthält eine konkrete Verweisung auf die Urteilsbegründung. So will das Verfassungsgericht für die einfachen Gerichten und alle, die sonst das Gesetz auszulegen und anzuwenden haben, Rechtssicherheit über die „richtige" Art der Interpretation schaffen.

Es kommt jedoch auch vor, das vorkonstitutionelle Gesetze im Rahmen von Verfassungsbeschwerdeverfahren überprüft werden. Hier obliegt die vollständige Kontrolle des Gesetzes nicht dem Plenum des Verfassungsgerichts, sondern nur einem Senat. Inwieweit die verfassungskonforme Auslegung solche Senatsentscheidungen prägt, ist nicht leicht zu bestimmen, weil deren Ergebnis nicht expliziten Niederschlag im Entscheidungstenor findet. Die Argumente für eine verfassungskonforme Auslegung sind vielmehr über die gesamten Urteilsgründe verstreut. Es ist dabei schwierig, zwischen den maßgeblichen, die Entscheidung tragenden Auslegungsfolgerungen und bloßen *obiter dicta* zu unterscheiden. Außerdem gilt es zu bedenken, dass im spanischen Normenkontrollsystem die Verfassungsbeschwerde die Überprüfung und gegebenenfalls Verwerfung von Gesetzen nicht zu ihrem Hauptgegenstand hat. Die Kontrolle erfolgt nur mittelbar, denn das Verfassungsgericht prüft im Rahmen der Verfassungsbeschwerde mögliche Grundrechtsverletzungen bei der Gesetzesanwendung durch den Richter oder die öffentliche Verwaltung. Werden hier nun vorkonstitutionelle Gesetze überprüft, so bleibt die Bindungswirkung der verfassungsrichterlichen Auslegung für die einfachen Gerichte allzu stark im Dunkeln, was letzteren freilich einen relativ weiten eigenständigen Entscheidungsspielraum lässt. Zu dieser Verwirrung trägt Artikel 40.2 des Verfassungsgerichtsgesetzes bei, der eine zusätzliche Schwierigkeit beinhaltet. Die Regelung sagt, dass die Rechtsprechung der einfachen Gerichte bezüglich der Gesetzesauslegung durch die verfassungsgerichtliche Doktrin – wenn nötig korrigierend – bestimmt werden soll. Das gilt aber nur für solche Verfassungsrichtersprüche, die aus Anlass einer Normenkontrollklage (*recurso de inconstitucionalidad*) oder aufgrund einer Richtervortrage (*cuestión de inconstitucionalidad*) gefällt worden sind. Die Entscheidungen, in denen aus Anlass einer Verfassungsbeschwerde eine bestimmte Gesetzesauslegung festgeschrieben wird, sind von Artikel 40.2 des Verfassungsgerichtsgesetzes als Korrektur der einfachgerichtlichen Rechtsprechung im Prinzip ausgeschlossen. Folglich ist in all diesen Fällen die Bindungswirkung höchstrichterlicher Gesetzesinterpretation im Verhältnis zu den einfachen Gerichten sehr schwach. Ohnehin nutzt das Verfassungsgericht die Verfassungsbeschwerde weitegehend, um die Gesetze verfassungskonform auszulegen – insbesondere, wenn es sich um vorkonstitutionelles Recht handelt.

Ein anderes Beispiel sei der Strafprozessordnung entnommen: Artikel 301 der spanischen Strafprozessordnung (die Norm stammt bereits aus dem 19. Jahrhundert) besagte, dass die Gerichtsakten des Ermittlungsverfahrens im Strafprozess bis zur Urteilsverkündung geheim bleiben müssen. Das war natürlich unvereinbar mit dem Prinzip der Öffentlichkeit des Verfahrens gem. Artikel 24.2 Spanische Verfassung. Aber anstatt den alten Artikel 301 der Strafprozessordnung für nicht zu erklären (*rectius* – Aufhebung), versuchte das Verfassungsgericht eine verfassungskonforme Auslegungsvariante zu finden: die spezifische Geheimhaltung der Ermittlungsakten solle im Strafprozess nur als eine Ausnahme zum Prinzip der Öffentlichkeit des Verfahrens berücksichtig werden. Aus Anlass dieses Falles[13] kehrte das Verfassungsgericht die Geheimhaltungspflichten während des Ermittlungsverfahrens quasi in ihre Gegenteil um: in das verfassungsmäßige Prinzip grundsätzlicher Öffentlichkeit. Allerdings relativierte das Gericht seinen eigenen Befund in einer späteren Urteilsverfassungsbeschwerde. An die bereits geschilderten Unsicherheiten bezüglich der Rechtsverbindlichkeit solcher Wertungen im Verfassungsbeschwerdeverfahren gegenüber den einfachen Gerichten gilt es nachdrücklich zu erinnern. Wäre es im Interesse der Rechtssicherheit und für die effektive Verteidigung grundlegender Verfassungsprinzipien, vor allem der Grundrechte (wie das Recht auf ein öffentliches Strafverfahren, Art. 24.2 Spanische Verfassung), nicht besser gewesen, das Verfassungsgericht hätte Artikel 301 der Strafprozessordnung insgesamt aufgehoben? Wäre es nicht angemessener gewesen, das Verfassungsgericht hätte in einer *erga-omnes*-Erklärung (nach einer formellen Kontrolle des Gesetzes) seinen ursprünglichen Standpunkt gestützt? Diese Beispiele belegen, dass auch die sorgfältige Zurückhaltung des Verfassungsgerichts Risiken herbeiführen kann, insbesondere, wenn wir die prekäre Wirkung dieser „sprengenden" verfassungskonformen Auslegung im Rahmen der Urteilsverfassungsbeschwerde und die Ungewissheit bezüglich der Anwendung vorkonstitutioneller Gesetze betrachten.

V. Materielle Gründe für die Zurückhaltung bei der Überprüfung von Gesetzen

Der Respekt vor der Entscheidung des demokratisch legitimierten Gesetzgebers einschließlich der gesetzgeberischen Freiheit zur sachgemäßen Ausgestaltung eines Rechtsgebietes ist ein, aber gewiss nicht der einzige Grund, die große Zurückhaltung des Verfassungsgerichts bei der Normenkontrolle zu erklären. Wie wir schon festgestellt haben, gibt es noch andere Rechtfertigungsmuster, die das Verhalten des Verfassungsgerichts wenigstens mitsteuern, sogar dann, wenn der Schutz des Gesetzgebers nicht in besonders intensiver Weise die Entscheidung bedingt.

Zu nennen sind bei typisierender Betrachtungsweise drei weitere Gründe:

a) die Notwendigkeit, eine Lücke in der Rechtsordnung zu verhindern

b) das Verbot, einer Zunahme der öffentlichen Aufgaben und Aufwendungen ohne die Mitwirkung des Gesetzgebers zuzustimmen und

---

[13] STC 13/1985 vom 31. Januar, FJ 3. Über diese Entscheidung vgl. *L. Escobar Sierra*: Derecho a la información, 2001, S. 462.

c) die Angst vor eine hastige Nichtigerklärung der fraglichen Gesetze, die andere verfassungskonforme Auslegungsmöglichkeiten von vorneherein ausschließen könnte.

In all diesen Fällen zieht das Verfassungsgericht es vor, ein Gesetz aufrecht zu erhalten, weil es auf dessen verfassungskonforme Umsetzung durch die einfachen Gerichte nach den konkreten Prozessumständen vertraut. Das ist im Übrigen auch ein typischer Lösungsversuch bei der abstrakten Normenkontrolle auf Antrag eines politischen Organs, wenn es vorher noch keine Anhaltspunkte dafür gibt, wie die einfachen Gerichte die relevante Norm anwenden respektive praktisch umsetzen könnten.[14] Ein anderer, sozusagen, „struktureller" Grund für die große Zurückhaltung des Verfassungsgerichts bei der Normenkontrolle wäre noch hervorzuheben. Er soll wegen seiner besondern Bedeutung im folgenden Abschnitt eigens behandelt werden. Vorher noch zu den bereits angerissenen Aspekten. Mit besonderer Intensität sucht das Verfassungsgericht eine durch Normverwerfung drohende Lücke zu vermeiden, die die Rechtsordnung insgesamt auf eine Zerreißprobe stellen könnte. Das hat insbesondere dann ausschlaggebende Bedeutung, wenn es eine für die öffentliche Sicherheit notwendige Institution zu bewahren gilt. Ein Beispiel: Hält das Verfassungsgericht einen Vergehens- oder Verbrechenstatbestand für grundrechtswidrig, zieht es die normerhaltende verfassungskonforme Auslegung im Regelfall einer Nichtigerklärung vor. Andernfalls käme es zu einer ungewollten vollständigen Entkriminalisierung der Straftat mit der Folge eines Freispruchs auch bei solchen rechtsverletzenden Handlungen, die der Gesetzgeber im Rahmen der ihm eröffneten Handlungsmöglichkeiten unzweifelhaft pönalisieren wollte. Diesen Ausweg verfassungskonformer „Normerhaltung" wählt das Gericht auch in den Fällen, wo die Bewahrung einer Institution in Rede steht, durch die der Staat seine Strafmacht ausüben kann. Zu nennen wären hier etwa das Beispiel der Untersuchungshaft[15], besondere prozessuale Gestaltungsformen des Jugendstrafrechts[16] oder die Sicherheitsverwahrung Geisteskranker, die einen Straftatbestand verwirklicht haben.[17] Auch wenn ein Aspekt der Regelungen zur Untersuchungshaft oder aus dem Bereich des Jugendstrafrechts als Grundrechtsverstoß qualifiziert werden müsste, würde Verfassungsgericht niemals das Gesamtsystem der Untersuchungshaft oder der prozessualen Sonderregelungen des Minderjährigenstrafrechts abschaffen. Das hätte zweifelsohne katastrophale Folgen für die gesamte Strafrechtspflege. Daraus können wir unschwer entnehmen, dass bisweilen die Folgenabwägung das Auslegungsergebnis und die Entscheidungsumsetzung das Ergebnis bedingt – auch wenn das Verfassungsgericht die Idee einer ergebnisorientierten Norminterpretation immer wieder ausdrücklich verneint hat. Die Folgen des Verfassungsurteils können den Auslegungsvorgang in der Praxis mitunter nachhaltig beeinflussen.

Der Bedingungszusammenhang von Auslegung und Auslegungsergebnis ist auch in der Literatur immer wieder bestritten worden. Man unterschied zwischen der Normenkontrolle und der Umsetzung des Kontrollergebnisses als zwei unabhängigen Stufen. Ein Hauptgewicht der gegenwärtigen verfassungsrechtswissenschaftlichen Dis-

---

[14] Vgl. zum Beispiel STC 5/1981 vom 13. Februar.
[15] STC 47/2000 vom 17. Februar und STC 71/2000 vom 13. März.
[16] STC 36/1991 vom 14. Februar.
[17] STC 24/1993 vom 21. Januar.

kussion in Spanien liegt daher auf der Frage nach Alternativen zwischen Normverwerfung und Normerhalt. Es könnte etwa das deutsche Modell der „bloßen Unvereinbarkeit" oder das österreichische „Fristenmodell" importiert werden. Allerdings
vergessen all diese Ansätze, dass die Ausführung der im verfassungsgerichtlichen Urteil gefundenen Ergebnisse von der vorherigen Stufe, nämlich dem Auslegungsprozess
abhängen, und ergebnisorientiertes Denken beim Auslegungsprozess wenigstens mit-
bewusst und mitsteuernd ist.

VI. Indirekte Normenkontrolle – Gründe verfassungsrichterlicher Zurückhaltung in Bezug auf die verfassungsprozessualen Verfahrensarten

Die dargestellte Rechtsprechung zeigt, dass die formale Gesetzesüberprüfung im
Wege der abstrakten Normenkontrolle nurmehr selten erfolgt. Aber dies bedeutet
keineswegs, dass wir die Gesetzeskontrolle im Rahmen der Grundrechtsprüfung als
eine Besonderheit des spanischen verfassungsgerichtlichen Verfahrens bezeichnen
könnten. Die Normenkontrolle ist von unserem Verfassungsgericht wesentlich *im Wege der Verfassungsbeschwerde* entfaltet worden. Diese Kontrolle ist aber keine direkte,
sondern aufgrund der Struktur der spanischen Verfassungsbeschwerde eine *indirekte*.
Im Verfassungsbeschwerdeverfahren ist eine unmittelbare Prüfung der (nachkonstitutionellen) Gesetze nicht gestattet. In diesem Punkt weicht das spanische Verfassungs-
beschwerdemodell der von seinem deutschen Vorbild ab. Das hat seinen Grund in der
differenziert gestalteten Prüfungsbefugnis des Verfassungsgerichts (*rectius* eines Senates
des Verfassungsgerichts). Gemäss Artikel 55.2 des spanischen Verfassungsgerichtsgesetzes soll ein Senat des Verfassungsgerichts, wenn er im Verlauf eines Verfassungsbeschwerdeverfahrens Zweifel an der Verfassungsmäßigkeit eines Gesetzes hat, diese Frage dem Plenum vorlegen und dessen Votum einholen.[18] Während die Senate des
deutschen Bundesverfassungsgerichts (vgl. § 95 Abs. 2 und § 95 Abs. 3 BVerfGG) zuständig sind, die fraglichen Gesetze umfassend zu kontrollieren und gegebenenfalls zu
verwerfen (viele der wirkmächtigsten Urteile des BVerfG wurden in den letzten Jahren im Wege der Verfassungsbeschwerde gefällt)[19], ist diesbezüglich die Prüfungskompetenz des spanischen Verfassungsgerichts begrenzt. Gewiss, die Normenkontrolle aus
Anlass einer Verfassungsbeschwerde wird auch in Deutschland (Art. 95 Abs. 3
BVerfGG) als „inzident" beschrieben[20], aber nichtsdestoweniger hat der entscheidende Senat die Normverwerfungskompetenz mit Wirkung über die Parteien hinaus.
Hält er das fragliche Gesetz für nichtig, kann er es ohne weitere Vorlagepflichten verwerfen. Das Gegenteil ist in Spanien der Fall. Hält im Verfassungsbeschwerdeverfahren der erkennende Senat ein Gesetz für verfassungswidrig, weil seine Anwendung zu

---

[18] Dazu *L. J. Mieres Mieres*, El incidente de constitucionalidad en los procesos constitucionales (especial
referencia al incidente en el recurso de amparo), 1998; *J. P. Urías*, La cuestión interna de inconstitucionalidad, 1996.

[19] *H. Lechner/R. Zuck*, Bundesverfassungsgerichts, 1996, § 95 Abs. 3 Rdnr. 19 ff.; *Ch. Pestalozza*, Ver-
fassungsprozeßrecht, 1991, § 12 IV Rdnr. 67–72; *M. Bender*, Die Befugnis des Bundesverfassungsgerichts
zur Prüfung gerichtlicher Entscheidungen, 1991, S. 6 ff.

[20] *M. Bender*, op. cit., S. 7.

einer Grundrechtsverletzung führt, bleibt die Normverwerfung dennoch dem Plenum vorbehalten. Das führt zu mancherlei Verzögerung. Nicht selten lässt die Eröffnung des Plenarverfahrens, geschweige denn die Plenarentscheidung, zwei oder drei Jahre auf sich warten. In der Zwischenzeit kann das möglicherweise verfassungswidrige Gesetz ungehindert angewendet werden. Infolgedessen überrascht es nicht, dass die Senate nur außerordentlich selten eine Plenarentscheidung über die Frage der Verfassungsmäßigkeit einholen. Sie ziehen es vielmehr vor, ihre Kontrollbefugnis im Wege verfassungskonformer Auslegung *effektiver* auszuüben. Denn diese Entscheidung wirkt sich unmittelbar im Rahmen des Verfassungsbeschwerdeverfahrens zugunsten des Beschwerdeführers aus und bedarf nicht eines zeitaufwendigen anschließenden Plenarverfahrens. Die so umrissene Struktur des Verfassungsbeschwerdeverfahrens in Spanien und das Verhältnis zur Normwerfung erklären, warum im Rahmen der Verteidigung von Grundrechten letztlich nur wenig Gesetze für nichtig erklärt werden. Die Kontrolle der Gesetze erfolgt vielmehr im Wege verfassungskonformer Auslegung, auch wenn ihre Methoden und Grenzen, ihre inhaltlichen Präzisierungen und manch bewusste oder unbewusste Ergebnisorientierung selbst in diesem Kontext nur schwer zu fixieren sind.

Das Verfassungsgericht nutzt die Verfassungsbeschwerde, um die Gesetze verfassungskonform zu interpretieren und auf diese Weise auch zu konkretisieren.[21] Die Urteilsverfassungsbeschwerde weist einen gangbaren Weg der Gesetzeskontrolle ohne eine weiteres, abstrakteres Kontrollverfahren im Plenum durchführen zu müssen. Gleichwohl birgt diese Strategie des Verfassungsgerichts aber auch fundamentale, gefährliche Probleme.

Die Inhalte verfassungskonformer Auslegung haben keine Gesetzeskraft, sind schwerer identifizierbar als gesetzgeberische Entscheidungen, sie finden sich nur in den Entscheidungsgründen, nicht im Entscheidungstenor wieder. Zudem erfolgt auf diese Weise eine „mittelbare" Normkorrektur in einem Verfahren, dem theoretisch die Normenkontrolle gar nicht offen steht. Daraus folgt, dass der Gesetzgeber seinen steuernden Einfluss auf die Handhabung der verfassungskonformen Auslegung verliert, die verfassungsgerichtliche Sichtweise sich bei Erlass des Gesetzes kaum bewusst gemacht hat. Er verliert schlicht die Kontrolle darüber, wie *seine* Gesetze durch die Auslegung des Verfassungsgerichts neu determiniert werden. Der Dialog zwischen Gesetzgeber und Verfassungsgericht kann hierbei Unstimmigkeiten enthalten. Dies ist besonders riskant, wenn wir daran denken, dass der Gesetzgeber und das Verfassungsgericht ja nicht nur über die verfassungskonforme Auslegung allgemein, sondern gerade auch über Grundrechtskonzeptionen und andere grundlegende Verfassungsbegriffe trefflich streiten können. Auf einer Art dialogischer Brücke zwischen Gesetzgeber und Verfassungsgerichts müssten sowohl das Thema der Verfassungsmäßigkeit der Gesetze als auch das Thema der Auslegung der Verfassung ruhen.

Jedoch zeigt sich die geringe Aufmerksamkeit, die der Gesetzgeber verfassungsgerichtlicher Auslegung entgegenbringt, in der großen zeitlichen Verzögerung, mit der er auf Entscheidungen des Gerichts reagiert. Der Gesetzgeber brauchte zum Beispiel elf Jahre, um das Sozialversicherungsgesetz an die vom Verfassungsgericht entwickel-

---

[21] *Vid.* auch *J. P. Urías*, La Tutela frente a leyes, 2001.

ten Verfassungsmäßigkeitskriterien anzupassen.[22] Ebenso wenig hat er die gesetzlichen Bestimmungen im Zusammenhang mit der höchstrichterlichen Deutung des Fernmeldegeheimnisses geändert.[23] Das Fernmeldegeheimnis wird noch immer allein durch die Auslegung des Verfassungsgerichts *in einer Verfassungsbeschwerdeentscheidung* präzisiert und reguliert. Solange das Fernmeldegeheimnisrecht nicht durch ein Gesetz bestimmt, eventuell auch beschränkt wird, können wir behaupten, dass der Vorbehalt einer gesetzlichen Regelung im Sinne von Artikel 53.1 Spanische Verfassung deutlich berührt ist.

VII. Die Vorrangstellung einer Verfassungskontrolle durch formale und prozessuale Grundrechte statt einer Kontrolle durch substantielle Grundrechte

Die vorstehenden Ausführungen zur Normenkontrolle in Spanien müssen um einen weiteren Aspekt ergänzt werden. Wir haben gesehen, dass die Verfassungskontrolle und die Nichtigerklärungen nachkonstitutionellen Rechts im untersuchten Zeitraum verfassungsgerichtlicher Tätigkeit relativ gering war, dass Kompetenzstreitigkeiten zwischen Zentralstaat und Autonomen Gebietskörperschaften sehr viel häufiger vorkamen als Grundrechtsstreitigkeiten. Wir haben ebenso die Technik und die materiellen wie theoretischen Rechtfertigungsgrundlagen beleuchtet, die die große Zurückhaltung des spanischen Verfassungsgerichts bei der Normenkontrolle erklären und wir haben gezeigt, dass effektive Korrekturen vor allem auf indirektem Wege durch die verfassungskonforme Auslegung vorgenommen werden. Wir sollen aber noch eines hinzufügen: Wenn gelegentlich abstrakte Normenkontrollverfahren mit Grundrechtsbezug durchgeführt werden (etwa durch „*recurso de inconstitucionalidad*" oder durch „*cuestión de inconstitucionalidad*"), so neigt das Gericht – gleichsam auf letzter Stufe seines *self restraint* – eher dazu, ein Gesetz wegen Verstoßes gegen formale und prozessuale Grundrechte wie das Recht auf effektiven Rechtsschutz (Art. 24.1 Spanische Verfassung), den gesetzlichen Richter oder den strafrechtlichen Bestimmtheitsgrundsatz (Art. 25.1 Spanische Verfassung) für verfassungswidrig zu erklären als wegen einer Verletzung substantieller Grundrechte wie der Glaubensfreiheit (Art. 16.1 Spanische Verfassung) oder des Rechts auf Leben (Art. 15.1 Spanische Verfassung).

In der gesamten Rechtsprechung des Gerichts wird ein Bestreben erkennbar, diese substantiellen Grundrechte aus der Entscheidungsbegründung auszuklammern, insbesondere wenn der grundrechtliche Prüfungsmaßstab andernfalls zu einer Nichtigkeit des Gesetzes führen könnte. Nur als letzte Alternative greift das Verfassungsgericht bei der Normenkontrolle auf solche substantiellen Grundrechte zurück und gründet eine Normverwerfung auf deren Verletzung. Ausschlaggebend ist die Furcht, unter Anrufung solcher Grundrechte würden teilweise außerjuristische Aspekte (wie ethische, moralische oder politische Erwägungen) in die Argumentation einfließen und die Rolle des Verfassungsgerichts als eines bloßen *Gesetzes*interpreten ausufern

---

[22] STC 103/1983 vom 22. November.
[23] STC 49/1999 vom 5. April.

lassen. Solche Anmaßung könnte auch die pluralistische Diskussion in der Gesellschaft blockieren. Dennoch gibt es einzelne Fälle, wie in der Schwangerschaftsabbruchentscheidung, in denen das Verfassungsgerichts ein substantielles Grundrechte maßgeblich beachtet hat. Darin wurde es heftig kritisiert.[24] Es besteht aber die unverkennbare allgemeine Tendenz, die Verfassungsmäßigkeit eines Gesetzes an den formalen Grundrechten zu messen und eine mögliche Verwerfungsentscheidung auf deren Verletzung zu stützen. Erwähnt sei das Beispiel einer Entscheidung zum Embryonenschutzgesetz.[25] Das Verfassungsgericht ließ offen, ob die Zerstörung der gefrorenen Embryonen nach einer Frist von fünf Jahren dem absoluten Lebensschutz widersprechen könnte. Aber es erklärte einen Teil des Gesetzes für nichtig, weil die Strafen, die das Gesetz selbst gegen Zuwiderhandlungen vorgesehen hatte, gegen den Bestimmtheitsgrundsatz verstießen. Nach der Meinung des Verfassungsgericht hatte diese Unbestimmtheit das Recht auf die Gewissheit der Strafe und das Legalitätsprinzip aus Artikel 25.1 Spanische Verfassung verletzt. Die Diskussion bei der Prüfung des Embryonenschutzgesetzes drehte sich also nicht um Artikel 15.1 (Schutz des *nasciturus*), sondern schlichtweg um das Legalitätsprinzip. Einen Beleg für die Große Zurückhaltung des Verfassungsgerichts, substantielle Grundrechte als Parameter der Verfassungsmäßigkeitsprüfung heranzuziehen, liefert auch ein historischer Rückblick. In seiner gesamten Geschichte (seit 1981) hat das Gericht *niemals* ein Gesetz wegen einer Verletzung der Glaubensfreiheit aus Artikel 16.1 Spanische Verfassung für nichtig erklärt. Ein solcher Befund stimmt nachdenklich, insbesondere im Vergleich zu anderen Verfassungssystemen wie dem US-amerikanischen oder dem deutschen. Dort ist der Gesetzgeber wegen einer Verletzung der Glaubenfreiheit häufig durch eine strenge Kontrolle der jeweiligen Verfassungsgerichte in seine Schranken verwiesen worden.

VIII. Ausblick und Schluss

Rückblickend sehen wir, dass der spanische Verfassungsgerichtshof sich vorzugsweise mit der Normenkontrolle im Kontext von Kompetenzstreitigkeiten zwischen Zentralstaat und Autonomen Gebietskörperschaften befasst hat. Die Normenkontrolle, insbesondere die Überprüfung nachkonstitutioneller Gesetze im Hinblick auf einen möglichen Grundrechtsverstoß blieb die Ausnahme.[26] Damit besteht eine unverkennbare Notwendigkeit, eine Theorie über die Rolle des spanischen Verfassungsgerichts als Hüter der Kompetenzverteilung zwischen Zentralstaat und Autonomen Gebietskörperschaften zu entwickeln, die die klassische Sichtweise korrigieren könnte, wonach das Verfassungsgericht die Grundrechte gegen Eingriffe des Gesetzgebers zu schützen habe.

---

[24] STC 53/1985 vom 11. April, vgl. die Sondervoten zu dieser Entscheidung.

[25] STC 212/1996 vom 19. Dezember.

[26] Es ist darauf hinzuweisen, dass politische Organe aus Anlass eines Verfassungsstreites ihren Antrag auch auf kompetentielle Argumente stützten. Dennoch muss die Verfassungswidrigkeit eines Gestzes hauptsächlich auf die Verletzung eines Grundrechts gestützt werden. Dazu vgl. die letzte Normenkontrollklagen gegen das Zuwanderungsgesetz oder gegen das Universitätsgesetz. *M. Carrillo/H. López Bofill*, Tramitación de nuevos conflictos ante el Tribunal Constitucional in: Informe de Comunidades Autónomas 2001, 2002.

Die statistisch belegte Zurückhaltung des Verfassungsgerichts in Sachen Normverwerfung muss aber nicht zwingend zu einer negativen Bewertung seiner Tätigkeit führen. Sicher könnten wir einerseits fragen, wozu wir überhaupt ein Verfassungsgericht haben, wenn es nur gelegentlich eingreift, um Grundrechtsverletzungen zu unterbinden. Andererseits gilt es hervorzuheben, dass Grundrechtsschutz nicht nur im Wege direkter Kontrolle, sondern auch indirekt im Wege verfassungskonformer Auslegung erreicht werden kann. Darüber hinaus gilt es zu unterstreichen, dass die vorsichtige Zurückhaltung des Gerichts (z.B. gegenüber den substantiellen Grundrechten als Wertparametern) eines beweist: Es ist Mittlerinstanz in der „offenen Gesellschaft der Verfassungsinterpreten" und nicht „Hüter der Verfassung"[27]. Jedenfalls die fundamentalen Entscheidungen über den Lebensschutz oder die Glaubenfreiheit sind vielleicht letztlich nicht verfassungsgerichtlichen Korrekturmechanismen, sondern gesellschaftlicher Wertentscheidung überantwortet. Vieles spricht dafür, dass der spanische Verfassungsgerichtshof mit seiner zurückhaltenden Rechtsprechung diese Idee längst schon erkannt hat.

---

[27] Dazu *P. Häberle*, Das BVerfG als Muster einer selbständigen Verfassungsgerichtsbarkeit in: P. Badura/ H. Dreier (Hrsg.) Festschrift 50 Jahre Bundesverfassungsgericht, Erster Band, 2001, S. 316; auch in diesem Sinn *M. Kotzur*, Der „Vergleich" im verfassungsgerichtlichen Verfahren, JZ 2002, i.E.

Die Stellung des Völkerrechts in der polnischen Rechtsordnung[1]

von

Mgr Magdalena Jankowska-Gilberg

LL.M., Regensburg

Inhalt

---

[1] Für wertvolle Unterstützung danke ich Prof. Dr. Rainer Arnold und Prof. Dr. Robert Uerpmann.

I. Einleitung

Das Problem des Verhältnisses, in das sich eine nationale Rechtsordnung zur Völkerrechtsordnung setzt, stand bereits im Zentrum zahlreicher Erörterungen. In den Auseinandersetzungen im 19. und Anfang des 20. Jahrhunderts wurden dogmatische Grundlagen formuliert. In der Gegenwart haben die damals entstandenen Theorien ihre Lösungsfunktion verloren, aber die eigentliche Problematik des Verhältnisses zwischen innerstaatlichem Recht und Völkerrecht ist nicht bedeutungslos geworden.

Nach den Erfahrungen des Zweiten Weltkrieges kann ein Prozess der Veränderung des Völkerrechts und seines Verhältnisses zum nationalen Recht beobachtet werden. Völkerrecht und nationales Recht sind nicht mehr zwei voneinander getrennte Rechtsordnungen, vielmehr stehen sie in verschiedenen Wechselbeziehungen und durchdringen einander. Mit der Verdichtung der internationalen Beziehungen ändert sich die Rolle des souveränen Staates in der Staatengemeinschaft ebenso wie der Inhalt des Völkerrechts. Viele Interessen eines Staates beschränken sich nicht nur auf seine eigenen Angelegenheiten, sondern bedürfen als Staatengemeinschaftsinteressen einer internationalen Zusammenarbeit. Eine Öffnung der Staaten für internationale Kooperation ist besonders im Bereich der Wirtschaft sichtbar. Aber auch in anderen Gebieten, wie Friedenssicherung, Umweltverschmutzung, grenzenüberschreitende Kriminalität oder Migration, können die Aufgaben nicht mehr allein von einzelnen Staaten bewältigt werden. Dies gilt auch für die Republik Polen, die „im Bewusstsein der Notwendigkeit, mit allen Ländern für das Wohl der Menschheitsfamilie arbeiten zu müssen"[2] eine Verfassung geschaffen hat, die als Grundlage der zwischenstaatlichen Zusammenarbeit dienen wird.

Im Folgenden werden die völkerrechtlichen Entscheidungen der neuen polnischen Verfassung vom 2. April 1997[3] dargestellt (III–VI). In diesem Zusammenhang wird analysiert, wie sich die polnische Verfassungsordnung zum Völkerrecht und seinen einzelnen Rechtsquellen verhält und welchen Rang die polnische Rechtsordnung völkerrechtlichen Vorschriften innerhalb der von ihr eingerichteten Normenhierarchie beimisst. Anschließend wird untersucht, ob die Beziehungen zwischen Völkerrecht und polnischer Rechtsordnung in die theoretischen Grundkonzepte zum Verhältnis von Völkerrecht und nationalem Recht eingeordnet werden können (VII). Die Untersuchung wendet sich der aktuellen Rechtslage in der Republik Polen zu, wobei zu Beginn einige Anmerkungen zu der Lage vor dem Inkrafttreten der Verfassung vom 1997 gemacht werden (II).

II. Die Rechtslage nach der Verfassung von 1952

Die polnische Verfassung vom 22. Juli 1952 schwieg über das Problem des Verhältnisses des Völkerrechts zum internen Recht. Die einzige Vorschrift, die sich mit dem internationalen Recht beschäftigte, war Art. 30 Abs. 1 Ziff. 8. Diese Norm verlieh dem Staatsrat das Recht zur Ratifizierung der völkerrechtlichen Verträge. Einerseits

---

[2] Präambel der polnischen Verfassung.
[3] Konstytucja Rzeczypospolitej Polskiej, Dziennik Ustaw (polnisches Gesetzblatt, weiter Dz.U.) 1997, Nr. 78, Pos. 483.

hatte der Sejm also die ausschließliche Gesetzgebungskompetenz, andererseits hat der Staatsrat völkerrechtliche Verträge ohne parlamentarische Zustimmung ratifiziert, die auch Gegenstände der Gesetzgebung betreffen konnten[4]. Diese Regelung verursachte heftige Diskussionen in der Lehre. Einige Autoren waren der Ansicht, dass die ratifizierten und veröffentlichten Verträge durch eine Transformation die Kraft und den Rang des Gesetzes erwerben[5]. Für andere Repräsentanten der polnischen Rechtslehre war diese Auffassung nicht vertretbar. Der Ratifizierungsakt könne nicht als „*law-making act*" angesehen werden[6]. Die Verfassung fordere auch nicht die Transformation der Völkerrechtsnormen in innerstaatliche Normen und deshalb sollen völkerrechtliche Verträge unmittelbar angewendet werden[7]. Diese völkerrechtsfreundlichen Positionen hatten jedoch keine Bedeutung in der Rechtspraxis[8].

Die Rechtsprechung war uneinheitlich, aber grundsätzlich lehnten die Gerichte die Möglichkeit der direkten Anwendung völkerrechtlicher Verträge ab[9]. Folglich konnten sich einzelne Personen nicht auf Rechte, die in Menschenrechtsabkommen garantiert werden, berufen. Diese Rechtsprechungspraxis wurde in einem, politisch gesehen, spannenden Beschluss des Obersten Gerichts vom 25. August 1987 besonders deutlich. Dieser Beschluss bezog sich auf die Frage der Unvereinbarkeit des Gesetzes vom 12. Oktober 1982 über die Gewerkschaften mit völkerrechtlichen Konventionen. Das Oberste Gericht schloss darin die direkte Anwendung der ILO-Konvention 87 und des Art. 22 des Internationalen Paktes über bürgerliche und politische Rechte aus. Gestützt auf die Verfassungsvorschrift, dass Richter nur der Verfassung und den Gesetzen unterworfen sind, stellte das Gericht fest, dass Verträge, die nicht durch einen Akt des Parlaments in innerstaatliches Recht transformiert wurden, nicht durch Gerichte angewandt werden dürfen. Das Gericht hat deutlich erklärt, dass die Ratifizierung ausschließlich eine Verpflichtung der Staatsorgane bewirkt, den völkerrechtlichen Vertrag in innerstaatliches Recht umzusetzen[10].

III. „Völkerrechtsfreundlichkeit" der polnischen Rechtsordnung

1. *Die Rechtslage nach 1989*

Die Änderung des politischen Systems nach 1989[11] wurde von der Öffnung der nationalen Rechtsordnung für fremde Rechtsquellen begleitet. Die neue Haltung zum

---

[4] *Barcz*, Das Verhältnis zwischen Völkerrecht und innerstaatlichem Recht in Polen nach der politischen Wende, ZöR 52 (1997), 91 (95).

[5] *Gelberg*, Miejsce umów międzynarodowych w prawie PRL, Prawo i Życie 1956, Nr. 18, S. 3.

[6] *Berezowski*, Wzajemny stosunek prawa międzynarodowego i prawa krajowego, Państwo i Prawo 1964, Nr 8–9, S. 218ff.

[7] *Rozmaryn*, Ustawa w Polskiej Rzeczypospolitej Ludowej, Warszawa 1964, S. 312ff.

[8] *Barcz* (Fn. 4), S. 99.

[9] *Czapliński*, Wzajemny stosunek prawa międzynarodowego i polskiego prawa wewnetrznego w świetle przepisów Konstytucji z 1997 roku oraz orzecznictwa, in: Wyrzykowski (Hrsg.), Konstytucyjne podstawy systemu prawa, Warszawa 2001, S. 55 (56f.).

[10] I PRZ 8/87, OSNCP 12/1987, S. 199.

[11] Dazu *Bałaban*, Polens Verfassung nach den Änderungen von 1989 und 1992, JöR 44 (1996), S. 307ff. Siehe auch die Dokumentation der Verfassungsentwürfe in JöR 43 (1995), 184ff.

internationalen Recht wurde zum ersten Mal auf internationaler Ebene bestätigt: 1990 ist Polen dem Wiener Übereinkommen über das Recht der Verträge von 1969 beigetreten. Jedoch blieb während der Geltung der sogenannten *„Kleinen Verfassung"*[12] von 1992 immer noch die Frage des Verhältnisses des Völkerrechts zur polnischen Rechtsordnung der Rechtspraxis überlassen[13].

Die erste Entscheidung des polnischen Verfassungsgerichtshofes, welche die neue Konzeption repräsentierte, erging am 7. Januar 1992[14]. Gegenstand des Verfahrens war der Ausschluss des Rechtsweges bei Geltendmachung eines Anspruchs aus dem Dienstverhältnis der Beamten des Grenzschutzes und somit auch die Einschränkung der Kompetenzen des Höchsten Verwaltungsgerichts zur Kontrolle verschiedener Entscheidungen, die Funktionäre des Grenzschutzes betrafen. Die Antragsteller – der Vorsitzende des Höchsten Verwaltungsgerichts und der Ombudsmann – wiesen darauf hin, dass internationale Menschenrechtsverträge allen Menschen ohne Diskriminierung und ohne Ausnahmen Zugang zu den Gerichten und das Recht auf einen Rechtsbehelf gegen jede Entscheidung, die sie betrifft, garantieren. Die angefochtene Regelung verletzte somit unter anderem den Internationalen Pakt über bürgerliche und politische Rechte. Der Verfassungsgerichtshof soll folglich, nach Meinung der Antragsteller, die Vereinbarkeit eines Gesetztes mit diesem für Polen bindenden völkerrechtlichen Vertrag prüfen. Die Zulässigkeit der Prüfung der Vereinbarkeit des nationalen Rechts mit dem Völkerrecht durch den Verfassungsgerichtshof war allerdings nicht eindeutig geregelt. Die Antragsteller äußerten dazu die Auffassung, dass die Novellierung der Verfassung vom Dezember 1989 eine Änderung der Auslegung des Art. 1 des Gesetzes über den Verfassungsgerichtshof vom 29. April 1985 zur Folge haben müsse. Die Tatsache, dass Polen seit 1989 Rechtsstaat ist, verpflichte dazu, den Rechtsinhalt und seine Auslegung den Standards eines demokratischen Rechtsstaates anzupassen. Zu diesen Standards gehöre auch „eine Gestaltung des innerstaatlichen Rechts entsprechend den das Land bindenden völkerrechtlichen Verträgen (Pakten)"[15]. Somit bestehe nach der neuen Rechtslage die Möglichkeit, Gesetze auf ihre Vereinbarkeit mit den Polen bindenden Völkerrechtsverträgen zu überprüfen.

Der Verfassungsgerichtshof befand sich – auf Grund des Gesetzes über den Verfassungsgerichtshof – als nicht kompetent zur Kontrolle der Vereinbarkeit des nationalen Rechts mit dem internationalen Recht. Der Verfassungsgerichthof gab jedoch der Auffassung Ausdruck, dass, obwohl die Verträge nicht als eigenständiger Prüfungsmaßstab der Verfassungsmäßigkeit des Rechts anerkannt werden können[16], Polen durch die Ratifizierung der Verträge an diese gebunden sei. Die Verträge sollen nach

---

[12] Abgedruckt in JöR 43 (1995), S. 247 ff.

[13] Zur Rechtsprechung polnischer Gerichte siehe *Czaplinski*, International Law and Polish Domestic Legal Order, in: Mullerson/Fitzmaurice/Adenas, Constitutional Change in Central and Eastern Europe and the USSR and International Law, London 1998; *Oniszczuk*, Umowy międzynarodowe w orzecznictwie Trybunału Konstytucyjnego, Państwo i Prawo 1995, Nr. 7, S. 14.

[14] K 8/91, OTK 1992 I, Pos. 5, S. 76; Übersetzung in die deutsche Sprache *Brunner/Garlicki*, Verfassungsgerichtsbarkeit in Polen, Analysen und Entscheidungen 1986–1997, Baden-Baden 1999, S. 138.

[15] Zitiert nach *Brunner/Garlicki* (Fn. 14), S. 140.

[16] Der Verfassungsgerichtshof stellte fest, dass die internationalen Verträge eine wichtige Hilfe bei der Auslegung der Verfassung und Gesetze sind. In diesem Fall hat er sich auf den Internationalen Pakt über bürgerliche und politische Rechte (Art. 14 Recht auf rechtliches Gehör) berufen, den er zur Bestimmung des Inhalts des Rechtsstaatsprinzips (Art. 1 der alten Verfassung) voranzog.

dem Grundsatz *ex proprio vigore* („aus eigener Kraft") angewendet werden, es sei denn, dass aus dem Inhalt und der Formulierung des Vertrages folgt, dass es sich um keinen *self-executing* Akt handele. Die völkerrechtlichen Verträge würden im Augenblick der Ratifikation Bestandteil des polnischen Rechts[17]. Angesichts dessen dürfen die Normen nicht aufgrund ihres Ursprungs differenziert werden. Mit dieser Entscheidung trug der Verfassungsgerichtshof deutlich der völkerrechtsfreundlichen Entwicklung Rechnung und bestätigte sie ausdrücklich.

2. Die Rechtslage nach der Verfassung vom 2. April 1997

Die demokratische Republik Polen hat seit 1997 eine neue Verfassung, die *Konstytucja Rzeczypospolitej Polskiej*, die die drei vorher geltenden Verfassungsgesetze ersetzt hat. Die neue Verfassung wurde von der Generalversammlung des Polnischen Parlaments am 2. April 1997 verabschiedet und in der Volksabstimmung am 25. Mai 1997 angenommen. Am 16. Oktober 1997 trat sie in Kraft.

Einen verfassungsrechtlichen Beitrag zum Thema des Verhältnisses Polens zur Außenwelt leistet bereits die Präambel. Dort findet sich die Feststellung der Notwendigkeit der Zusammenarbeit der Republik Polen mit allen Ländern zum Wohle der Menschheitsfamilie. Sie verpflichtet die Organe zur Führung einer aktiven Außenpolitik.

Die Verfassung beschäftigt sich viel mit dem Problem des Verhältnisses des Völkerrechts zum nationalen Recht, so dass sie sogar die „*moyenne européene*"[18], den europäischen Durchschnitt, überholt. Die Regelung dieser Problematik war nicht nur aus innerstaatlicher Sicht wichtig. Für Staaten mit einer totalitären Vergangenheit dient die konstitutionelle Verpflichtung, die Völkerrechtsregeln zu beachten, auch als eine Art Garantie für die Treue zu den rechtlichen Werten der Menschheit[19]. Deshalb war die eindeutige Erklärung der polnischen Rechtsordnung in der internationalen Gemeinschaft so wichtig. Ähnlich wurden in den ersten Jahren die Integrationsprozesse mit der EU als symbolische Rückkehr zu Europa und die Wiedergewinnung eigener Identität angesehen[20].

In dem ersten Kapitel der Verfassung, der die grundlegenden Prinzipien für die polnische Rechtsordnung[21] enthält, befindet sich Artikel 9[22]. Gemäss dieser Vorschrift achtet die Republik Polen das sie bindende Völkerrecht. Inhaltlich bezieht sich Art. 9 auf die Wiener Vertragsrechtskonvention. Jedoch ist der Umfang dieser Norm viel breiter als *pacta sunt servanda* (Art. 26 WVRK). Sie umfasst alle Quellen des Völker-

---

[17] Bei der Begründung der Entscheidung stützte sich der Verfassungsgerichtshof nur auf Art. 1 der damaligen Verfassungsvorschriften, also auf das Rechtsstaatsprinzip.

[18] *Wasilkowski*, La nouvelle constitution polonaise: les aspects internationaux, Polish Contemporary Law 1997, Nr. 1–4, S. 71(75).

[19] In ähnlicher Formulierung *Vereshchetin*, New Constitutions and the Old Problem of the Relationship between International Law and National Law, EJIL 7 (1996), 29 (30).

[20] *Safjan*, Konstytucja a członkostwo Polski w Unii Europejskiej, Państwo i Prawo 2001, Nr. 3, S. 3.

[21] Diese Prinzipien dürfen nur unter erschwerten Bedingungen im Vergleich zu anderen Verfassungsvorschriften geändert werden – siehe Art. 235.

[22] Bloße Artikelverweise beziehen sich im Folgenden auf die Bestimmungen der Polnischen Verfassung vom 2. April 1997.

rechts also nicht nur internationales Vertragsrecht, sondern auch Gewohnheitsrecht und allgemeine Rechtsgrundsätze.

IV. Völkergewohnheitsrecht

In der Staatengemeinschaft stellt das Völkergewohnheitsrecht eine anerkannte Rechtsquelle dar. Sein Ursprung wird in „einer allgemeinen, als Recht anerkannten Übung" (Art. 38 Abs. 1 lit. b StIGH) gesehen. Eine Kultur des geschriebenen Rechts, zu der die Republik Polen gehört, kennt das Gewohnheitsrecht nur als Ausnahme. Der Richter entscheidet vor allem auf der Grundlage des geschriebenen Rechts. Dennoch ist das Gewohnheitsrecht in der polnischen Rechtsordnung nicht ohne Bedeutung.

1. Problemstellung

Art. 9, der auf den ersten Blick eine leicht begreifliche Norm ist, hat viele Auslegungsprobleme hervorgebracht. Wie schon erwähnt wurde, umfasst die Verpflichtung, die Völkerrechtsregeln zu beachten, auch das Völkergewohnheitsrecht. Hinter diesem Befund steht die Frage, was es bedeutet, dass die Republik Polen Völkergewohnheitsrecht beachtet. Insbesondere ist das Verhältnis dieser Vorschrift zu Artikel 87 nicht klar.

Art. 87 eröffnet das Kapitel „Rechtsquellen" und zählt die allgemeinverbindlichen Rechtsquellen auf, die im Hoheitsgebiet Polens gelten: die Verfassung, Gesetze, ratifizierte Völkerrechtsverträge und Rechtsverordnungen. Bei den hier genannten Rechtsquellen fehlen die nicht ratifizierten Völkerrechtsverträge, Gewohnheitsrecht und allgemeine Rechtsgrundsätze. Im vorliegenden Zusammenhang stellt sich die Frage, ob das Völkergewohnheitsrecht auch eine Rechtsquelle in der polnischen Rechtsordnung darstellt und vor allem ob ein Richter auf dieser Grundlage entscheiden kann.

2. Lösungsansätze im Schrifttum

Das Verhältnis der beiden Vorschriften Art. 9 und Art. 87 lässt sich unterschiedlich deuten. Es ist die Meinung vertretbar, dass Art. 9 normativen Charakter hat. Es ist aber auch die Auffassung denkbar, dass Art. 9 eine nicht-bindende Deklaration ist, die erst die Konkretisierung in weiteren Verfassungsvorschriften benötigt[23]. Diese letztgenannte Auffassung führt zu dem Ergebnis, dass das Völkerrecht durch diesen Artikel nicht Bestandteil der inneren polnischen Rechtsordnung wird und nicht unmittelbar wirkt[24]. Damit es unmittelbare Wirksamkeit hat, sollen noch zusätzliche Maßnahmen,

---

[23] *Czapliński* (Fn. 9), S. 55 (62).
[24] So *Complak*, Die Prinzipien des Systems der Republik Polen und der Beitritt zur Europäischen Union, in: Maciejewski (Hrsg.), Społeczeństwo w przełomie. Polska, Niemcy i Unia Europejska. Die Ge-

wie z.B. die Ratifizierung erforderlich sein[25]. Aber hier stellt sich die Frage, ob der Gesetzgeber in Art. 9 – der unter den wichtigsten Verfassungsnormen über Staatsform und Staatsziele erscheint – nur die Absicht hatte zu bestätigen, dass Polen sich an das sie bindende Völkerrecht hält, ohne dem Einzelnen die Möglichkeit zu geben sich auf eine Völkerrechtsnorm berufen zu können. Es ist bereits in Art. 2 festgelegt, dass Polen als Rechtsstaat das Völkerrecht beachtet[26]. Auch Art. 8 Abs. 2[27] deutet darauf hin, dass Art. 9 doch normativen Charakter haben sollte.

Die Bedeutung des Art. 87 wurde bereits von *L. Garlicki*[28] verdeutlicht, so dass auf dessen Ausführungen Bezug genommen werden kann. Hiernach führt Art. 87 das Prinzip des geschlossenen Rechtsquellenkatalogs ein[29]. Die Quellen des allgemein geltenden Rechts sind nur die, die in der Verfassung genannt werden. Weder Gesetze noch andere Rechtsakte dürfen diesen Katalog ergänzen und andere Formen der allgemein geltenden Rechtsakte vorsehen[30]. Art. 87 zählt die wichtigsten allgemein verbindlichen Rechtsquellen auf, während andere Verfassungsvorschriften weitere allgemein geltende Rechtsquellen nennen[31]: Art. 234 Abs. 1 führt die Rechtsverordnungen des Präsidenten mit Gesetzeskraft an und legt im Absatz 2 ausdrücklich fest, dass sie den Charakter allgemein geltenden Rechts haben. Art. 91 Abs. 3 sieht vor, dass das von einer Internationalen Organisation hervorgebrachte Recht unmittelbar angewandt wird und im Falle der Unvereinbarkeit mit dem Gesetz Vorrang hat, wenn es sich so aus dem ratifizierten Vertrag ergibt. Also steht dieses Recht in der Normenhierarchie höher als Gesetze.

Anderer Auffassung ist *R. Szafarz*[32]. Sie kommt in ihrer Analyse des Art. 87 Abs. 1 zu dem Schluss, dass die dort genannten Rechtsquellen „Quellen des allgemein geltenden *polnischen* Rechts"[33] sind. Praktisch bedeutet dies, dass die ratifizierten Völkerrechtsverträge in das polnische Recht transformiert werden und in der polnischen Rechtsordnung als innerstaatliches Recht existieren. Hingegen wird das von einer Internationalen Organisation hervorgebrachte Recht gemäß Art. 91 Abs. 3 als internationales bzw. gemeinschaftliches Recht angewandt. Andere Völkerrechtsnormen können nur dann angewandt werden, wenn ein Gesetz oder ein ratifizierter Vertrag auf diese Quellen verweist. Die eigentliche Rechtsquelle wäre in diesem Fall also eine solche des polnischen Rechts – eine der in Art. 87 genannten Quellen. Ähnlich argumentiert *A. Wyrozumska*, nämlich dass diese Völkerrechtsnormen ihre Kraft aus den

---

sellschaft in der Wende. Polen, Deutschland und die Europäische Union, Wroclaw 1999, S. 145. Vgl. auch *Garlicki*, Polskie prawo konstytucyjne, 5. Aufl., Warszawa 2001, Ziff. 129: Die Verfassung legt in Art. 9 die Pflicht auf, alle Völkerrechtsnormen zu beachten, jedoch erlaubt Art. 9 nicht, außervertragliche Normen in die polnische Rechtsordnung einzuordnen.

[25] *Complak* (Fn. 24), S. 145.

[26] Art. 2 lautet: „Die Republik Polen ist ein demokratischer Rechtsstaat, der die Grundsätze gesellschaftlicher Gerechtigkeit verwirklicht".

[27] Art. 8 Abs. 2 lautet: „Die Vorschriften der Verfassung sind unmittelbar anzuwenden, es sei denn die Verfassung bestimmt es anders".

[28] *Garlicki* (Fn. 24), Ziff. 102ff.

[29] *Garlicki* (Fn. 24), Ziff. 102.

[30] *Garlicki* (Fn. 24), Ziff. 103.

[31] *Garlicki* (Fn. 24), Ziff. 103.

[32] *Szafarz*, Skuteczność norm prawa międzynarodowego w prawie wewnętrznym w świetle nowej Konstytucji, Państwo i Prawo 1998, Nr. 1, S. 3 (8).

[33] *Szafarz* (Fn. 32), S. 8; Übersetzung der Verfasserin; Hervorhebung nicht im Original.

eigentlichen polnischen Quellen ziehen können[34]. Folglich könnte man sagen, dass es direkte Rechtsquellen gibt, und Normen, die nur indirekt als Rechtsquellen angewandt werden dürfen.

An dieser Stelle muss untersucht werden, ob eine andere Lösung – die Anerkennung des Völkergewohnheitsrecht als Rechtsquelle in der polnischen Rechtsordnung – auf die bestehenden Verfassungsvorschriften gestützt werden kann.

3. *Vorschlag einer „völkerrechtsfreundlichen" Lösung*

Gesetze verweisen oft auf das Völkergewohnheitsrecht. In diesen Fällen muss eine Entscheidung auf der Grundlage des Völkergewohnheitsrechts getroffen werden. Beispielsweise wird in den Zivil-, Straf- und Verwaltungsprozessordnungen auf die Völkergewohnheitsnormen bezüglich der Immunitäten verwiesen[35]. Auch im Internationalen Privatrecht und einigen speziellen Rechtsbereichen wie z.B. dem Luftrecht finden sich oft Verweise auf Völkerrechtsnormen[36]. Wären die Normen des Völkergewohnheitsrechts nicht allgemein verbindliche Quellen, müssten diese Gesetze als verfassungswidrig angesehen werden, weil sie zu dem geschlossenen Katalog vom Art. 87 noch andere Rechtsquellen hinzufügen. Doch ist es Ziel eines geschlossenen Rechtsquellenkataloges, eine übersichtliche Situation zu erreichen, wo genau bestimmt ist, welche Subjekte Recht setzen können und was als eine Rechtsquelle dienen kann.

Die Konzeption direkter und indirekter Rechtsquellen scheint auch nicht zu überzeugen: Eine Rechtsnorm ist entweder eine Rechtsquelle und kann dann als eine Grundlage der Richterentscheidung dienen, oder sie ist keine Rechtsquelle und der Einzelne kann sich in diesem Fall nicht auf sie berufen. Die in dem rechtsphilosophischen und rechtstheoretischen Bereich entstandene Klassifizierung von *L. Morawski* in selbständige und nichtselbständige Rechtsquellen[37] zeigt die unterschiedliche Natur verschiedener Rechtsquellen deutlicher. Demnach sind die selbständigen Rechtsquellen jene, die alleine eine Grundlage der Entscheidung bilden können, während die nichtselbständigen Rechtsquellen zusammen mit Quellen der ersten Kategorie eine Grundlage der Entscheidung bilden. Die Gesetze dürfen jedoch nur auf Normen verweisen, die Rechtsquellen sind. Wenn die Verfassung einige Quellen ausdrücklich „innere Akte" nennt[38], können Gesetze nicht auf diese Normen verweisen und diese Akte dürfen weder als selbständige noch als nicht selbständige Quellen des allgemein geltenden Rechts betrachtet werden. Dies wurde auch in der Rechtsprechung des

---

[34] *Wyrozumska*, Skuteczność norm prawa międzynarodowego w prawie wewnętrznym w świetle nowej Konstytucji, PiP 1998, Nr. 4, S. 79 (84f.).

[35] Siehe beispielsweise Art. 1111 § 1 Ziff. 3 der polnischen Zivilprozessordnung, nach dem Personen, die gemäß Gesetzen, völkerrechtlichen Verträgen oder *allgemeinen völkerrechtlichen Gewohnheiten* Immunität genießen, nicht vor polnischen Gerichten verklagt werden können.

[36] Z.B. stellt Art. 7 des Luftrechtsgesetzes vom 31. 5. 1962 fest, dass Manövrieren und Flug eines Flugzeuges in den staatsfreien Räumen sich nach den *internationalen Regeln* richtet.

[37] *Morawski*, Główne problemy współczesnej filozofii prawa. Prawo w toku przemian, Warszywa 1999, S. 201.

[38] Z.B. Anordnungen – Art. 93 Abs. 1 und 2.

Höchsten Gerichts bestätigt. In einem Urteil vom 29. November 2000[39] hat das Gericht klargestellt, dass ein Verweis eines einfachen Gesetzes auf völkerrechtliche Verträge sich nicht auf nicht ratifizierte Verträge beziehen kann. Das einfache Gesetz darf nicht den Katalog der allgemein geltenden Rechtsquellen erweitern und die Regeln des Art. 87 und 91 der Verfassung brechen.

Häufig wird Art. 87 bzw. Kapitel III der Verfassung als geschlossener Katalog der Rechtsquellen gesehen[40]. Der Wortlaut könnte auf diese Auslegung hindeuten. Allerdings erweist eine systematische Zusammenschau mit anderen Verfassungsvorschriften eine andere Lösung als richtig.

Es ist klar, dass in der polnischen Rechtsordnung geschriebenes Recht die wichtigste und überragende Form des geltenden Rechts ist[41]. Deshalb beruht die Regelung der Rechtsquellen in der polnischen Verfassung auf einem normativen Konzept[42]. Diese Lösung ist mit negativen Erfahrungen des vorherigen „offenen" Systems verbunden, in dem nicht klar war, welche Organe und Struktureinheiten Recht setzen konnten. Die Verfassungsgeber wollten ein klares, bestimmtes und vor allem geschlossenes System der Rechtsquellen schaffen[43]. Die Regelung war eine Reaktion auf die totalitäre Vergangenheit und diente unter anderem der Verarbeitung der vorausgegangenen Diktatur[44]. Deshalb beschäftigen sich die Bestimmungen in dem Kapitel Rechtsquellen nur mit geschriebenem Recht[45]. Das bedeutet aber nicht, dass die Verfassung andere Rechtsquellen nicht anerkennt. Dazu hätte sie die Geltung anderer Rechtsquellen ausdrücklich ausschließen müssen[46].

Die positivistische Idee, dass sich das Recht auf die Gesamtheit der geschriebenen Rechtsakte beschränkt, kann in der Praxis nicht angewandt werden. Sie wird heute nicht nur in der Lehre kritisiert. In den Worten des deutschen Bundesverfassungsgerichts:

---

[39] I PKN 107/00

[40] *Complak* (Fn. 24), S. 145 nach *Wójtowicz*, Artykuł 91, in: J. Boć (Hrsg.), Konstytucje Rzeczypospolitej Polskiej oraz komentarz do Konstytucji RP z 1997 roku, Wrocław 1998, S. 33: „der geschlossene Katalog, der sich in Art. 87 der Verfassung befindet, sieht internationales Gewohnheitsrecht nicht vor"; auch *Szafarz* (Fn. 32), Nr. 1, S. 3 (4) „Katalog der im Kapitel III genannten Rechtsquellen hat einen geschlossenen Charakter".

[41] *Morawski* (Fn. 36), S. 205.

[42] *Wronkowska*, The sources of Law in the Constitution of the Republic of Poland of 2 April 1997, Polish Contemporary Law, 1997, Nr. 1–4, S. 59; *Działocha*, Law and its sources in the Constitution of the Republic of Poland, in: P. Sarnecki/A. Szmyt/Z. Witkowski (Hrsg.), The Principles of Basic Institutions of the System of Government in Poland, Warsaw 1999, S. 71 (75).

[43] Kritisch dazu *Häberle*, „Jus et lex" als Problem des Verfassungsstaates – das Beispiel der Verfassungsgebung in Polen (1991), JöR 43 (1995), 163ff.

[44] Siehe *Häberle*, Verfassungsentwicklungen in Osteuropa – aus der Sicht der Rechtsphilosophie und der Verfassungslehre, AöR 117 (1992), S. 169 (195f.)

[45] *Wronkowska* (Fn. 42), S. 63: Normatives Konzept der Regulation der Rechtsquellen bedeutet nicht, dass die Verfassung auf radikalem Positivismus beruht. Die Verfassung ist sehr stark axiologisch ausgerichtet. So auch *Działocha* (Fn. 42), S. 76f.

[46] *Działocha*, Artykuł 87, in: Garlicki (Hrsg.), Konstytucja Rzeczypospolitej Polskiej. Komentarz, Warszawa 1999, S. 9f.; Vgl. auch *Ermacora*, Völkerrecht und Landesrecht, in: Neuhold/Hummer/Schreuer, Österreichisches Handbuch des Völkerrechts, Wien 1991, Rn. 569: Auch in den Staaten, die keine entsprechende Verfassungsbestimmungen enthalten, „wird … das Völkergewohnheitsrecht innerstaatlich angewandt".

„Das Recht ist nicht mit der Gesamtheit der geschriebenen Gesetze identisch. Gegenüber den positiven Satzungen der Staatsgewalt kann unter Umständen ein Mehr an Recht bestehen, das seine Quelle in der verfassungsmäßigen Rechtsordnung als einem Sinnganzen besitzt und dem geschriebenen Gesetz gegenüber als Korrektiv zu wirken vermag; es zu finden und in Entscheidungen zu verwirklichen, ist Aufgabe der Rechtsprechung."[47]

Die Annahme, die polnische Rechtsordnung beruhe nur auf der positivistischen Idee, wäre ein Rückschritt in der Entwicklung des europäischen Verfassungsrechts und darüber hinaus auch verfassungswidrig. So führt Art. 2 die allgemeinen Rechtsgrundsätze in die polnische Rechtsordnung ein. Diese Normen bestehen aus allgemeinen, in jeder Rechtsordnung anerkannten Gedanken, wie z. B. dem Verhältnismäßigkeitsprinzip. Dieses Prinzip ist nur teilweise in der Verfassung geregelt[48], dennoch kann der Verfassungsgerichtshof mit Hilfe des Rechtsstaatprinzips die Unverhältnismäßigkeit eines Rechtsaktes feststellen[49].

Dafür, dass die Verfassung noch andere als die in Art. 87 genannten Rechtsquellen kennt, spricht noch ein Grund: Die Verfassung selbst verweist auf das ganze Völkerrecht, ohne Beschränkung auf ratifizierte Verträge, in solch einem wichtigen Bereich wie dem Strafrecht. In Art. 42 ist das Prinzip *nullum crimen sine lege* geregelt. Jedoch hindert dieser Grundsatz gemäß Art. 42 Abs. 1 Satz 2 „nicht daran, eine Tat zu bestrafen, die während der Begehung eine Straftat im Sinne des Völkerrechts war". Wenn ein Richter also eine Norm des ungeschriebenen Völkerrechts anwenden darf, weil der Verfassungsgeber selbst ihm eine solche Möglichkeit gegeben hat, so ist diese Norm eine der Rechtsquellen der polnischen Rechtsordnung[50] – zwar keine selbständige, aber doch eine in der polnischer Rechtsordnung geltende Quelle.

Staaten nehmen beim Schaffen völkerrechtlicher Normen zwei Verpflichtungen auf sich: (i) Anwendung und Beachtung dieser Regeln in den internationalen Beziehungen und (ii) Erfüllung der völkerrechtlichen Verpflichtungen innerhalb der eigenen Rechtsordnung[51]. Demnach kann der Grundsatz: „Die Republik Polen beachtet das sie bindende Völkerrecht" (Art. 9) nicht nur als reine Deklaration zur Beachtung des Völkerrechts in den Außenbeziehungen verstanden werden.

Zusammenfassend kann damit festgehalten werden, dass Wortlaut, Systematik sowie Sinn und Zweck der Art. 9 und 87 die Möglichkeit, andere Völkerrechtsnormen als nur ratifizierte Völkerrechtsverträge in der polnischer Rechtsordnung anzuwenden, belegen. Art. 9 hat normativen Inhalt und erlegt dem Staat bestimmte Pflichten auf: die völkerrechtlichen Normen bei der Rechtsgebung sowie bei der Rechtsan-

---

[47] BVerfGE 34,269.

[48] Art. 31 Abs. 3: Einschränkungen, verfassungsrechtliche Freiheiten und Rechte zu genießen, dürfen nur in einem Gesetz beschlossen werden und nur dann, wenn sie in einem demokratischen Staat wegen seiner Sicherheit oder öffentlicher Ordnung oder zum Schutz der Umwelt, Gesundheit, der öffentlichen Moral oder der Freiheiten und Rechte anderer Personen notwendig sind. Diese Einschränkungen dürfen das Wesen der Freiheiten und Rechte nicht verletzen.

[49] Siehe z. B. Urteil des Verfassungsgerichtshofes K 26/96 vom 28. Mai 1997, OTK Nr. 2, Pos. 19.

[50] *Wyrozumska*, Zapewnianie skuteczności prawu międzynarodowemu w prawie krajowym w projekcie konstytucji RP, Państwo i Prawo 1996, Nr. 6, S. 16 (19).

[51] Vgl. *Wyrozumska* (Fn. 50), S. 16; *Banasiński*, Pozycja prawa międzynarodowego w krajowym porządku prawnym (w świetle Konstytucji z 1997), Przegląd Prawa Europejskiego 1997, Nr. 2 (3), S. 5 (7).

wendung zu beachten[52]. Vor allem schafft Art. 9 die Möglichkeit, auch Völkergewohnheitsrecht anzuwenden[53].

Damit ist aber die Frage, wie sich zu diesem Problem die Gerichte, insbesondere das
Höchste Gericht und der Verfassungsgerichtshof, verhalten werden, nicht gelöst. Alle
Fragen und Unsicherheiten, die mit der Auslegung des Art. 9 verbunden sind, bleiben
der Entscheidung des Verfassungsgerichtshofes und der Entwicklung der Verfassungslehre überlassen. Es kann nur erwartet werden, dass die völkerrechtsfreundliche Option gewinnt.

V. Völkerrechtliche Verträge

1. *Ius contrahendi*

Traditionellerweise fällt die Befugnis, völkerrechtliche Verträge zu schließen, in
den Aufgabenbereich der Exekutive. Von dieser Tradition geht auch Art. 7 WVK aus.
In Einklang damit liegt nach der polnischen Verfassung die Kompetenz in auswärtigen
Angelegenheiten grundsätzlich bei der Exekutive.

Laut Art. 133 Abs. 1 ist der Präsident der Republik Polen Vertreter des Staates in
den Außenbeziehungen. Unter anderem hat er die Kompetenz, völkerrechtliche Verträge zu ratifizieren und zu kündigen. Im Bereich der Außenpolitik arbeitet er mit
dem Vorsitzenden des Ministerrates und dem zuständigen Minister zusammen
(Art. 133 Abs. 3). Der Ministerrat hingegen leitet die Außenpolitik und schließt völkerrechtliche Verträge, die der Ratifizierung bedürfen, und bestätigt und kündigt andere völkerrechtliche Verträge (Art. 146 Abs. 4 Ziff. 10).

Laut den Verfassungsvorschriften steht dem Präsidenten das Recht zu, Völkerrechtsverträge zu ratifizieren. Die Verfassung teilt jedoch bei diesem Verfahren der Legislative eine bestimmte Rolle zu. Der Präsident ist verpflichtet, den Sejm und den Senat über alle ratifizierten Verträgen zu informieren. In den Verfassungen vieler Länder
ist auch das Parlament in den Ratifikationsprozess bestimmter Kategorien von Verträgen eingeschaltet, und zwar so, dass es der Exekutive die Zustimmung zur Ratifikation
erteilt. Auch die polnische Verfassung verlangt für die innerstaatliche Gültigkeit einiger Verträge die in einem Gesetz erteilte Zustimmung des Parlaments.

2. *Arten der Verfahren zum Abschluss internationaler Verträge*

Das Zustandekommen eines völkerrechtlichen Vertrages verläuft in einem Prozess
mit mehrerer Schritten[54]. Nach dem Abschluss der Verhandlungen nehmen die Parteien den Text an. In sogenannten *einfachen* Verfahren bedeutet die Annahme des Ver-

---

[52] *Banasiński* (Fn. 51), S. 8.
[53] *Wasilkowski* (Fn. 18), S. 77.
[54] *Herdegen*, Völkerrecht, München 2000, § 15 Rn. 8.

tragstextes auch die vertragliche Bindung[55]. Beim sogenannten *zusammengesetzten*[56], gestreckten Verfahren bedeutet die Festlegung des Vertragstextes jedoch noch nicht, dass der Vertrag völkerrechtlich verbindlich ist. Dies erfolgt erst, nachdem die Parteien ihre Zustimmung zur Vertragsbindung durch Ratifikation, Annahme, Genehmigung oder auf eine andere vereinbarte Art[57] erklärt haben.

Die polnische Verfassung spricht hier vom „*Abschließen*" (*zawarcie*) und „*Ratifizieren*" (*ratyfikacja*) oder vom „*Abschließen*" (*zawarcie*) und „*Bestätigen*" (*zatwierdzenie*) der völkerrechtlichen Verträge. Diese verfassungsrechtlichen Normen werden durch das Gesetz vom 14. Mai 2000 über völkerrechtliche Verträge[58] und die Verordnung vom 28. August 2000[59] ergänzt.

„*Abschließen*" bezieht sich in der völkerrechtlichen Terminologie auf den Abschluss der Verhandlungen und die Annahme des Vertragstextes. Für das Eingehen der Vertragsbindung ist laut den Verfassungsvorschriften zusätzlich entweder die *Ratifikation* durch den Präsidenten der Republik Polen oder die *Bestätigung* durch den Ministerrat erforderlich.

a) *Ratifikation*

Gemäß Art. 12 Abs. 2 des Gesetzes über völkerrechtliche Verträge unterliegen jene völkerrechtlichen Verträge der Ratifikation, die in Art. 89 Abs. 1 und Art. 90 der Verfassung genannt sind, sowie andere völkerrechtliche Verträge, die eine Ratifikation benötigen. Ferner unterliegen auch solche Verträge der Ratifikation, die eine Ratifikation lediglich zulassen, somit besondere Umstände dies begründen.

Die völkerrechtliche Verträge, die nach polnischem Recht einer Ratifikation bedürfen, sind in Art. 89 Abs. 1 und Art. 90 aufgezählt[60]. Sie werden vom Präsidenten der Republik Polen nach einem Zustimmungsverfahren im Rahmen der sogenannten *großen Ratifikation* ratifiziert. Andere völkerrechtliche Verträge werden nur vom Ministerrat bestätigt, es sei denn, dass sie nach dem Völkerrecht einer Ratifikation bedürfen. Dann werden sie von dem Präsidenten im Rahmen der sogenannten *kleinen Ratifikation* – also ohne gesetzliche Zustimmung – ratifiziert.

Die Form des Abschlusses eines völkerrechtlichen Vertrages richtet sich einerseits nach dem innerstaatlichen Recht (nämlich ob in einem konkreten Fall die Beteiligung noch weiterer Staatsorgane erforderlich ist). Anderseits können die Parteien selbst entscheiden, dass der Vertrag eine Ratifikationsklausel enthalten soll, auch wenn nach den Verfassungsvorschriften ein Zustimmungsverfahren nicht nötig ist[61].

---

[55] *Herdegen* (Fn. 54), Rn. 9 spricht hier über die doppelte Funktion der Unterzeichnung: endgültige Festlegung des Vertragstextes und Eingehen der vertraglichen Bindung.

[56] So *Heintschel von Heinegg*, Die völkerrechtlichen Verträge als Hauptquelle des Völkerrechts, in: K. Ipsen (Hrsg.) Völkerrecht, München 1999, § 10 Rn. 7.

[57] Siehe Art. 11 WVK.

[58] Dz.U. 2000, Nr. 39, Pos. 443.

[59] Dz.U. 2000, Nr. 79, Pos. 891.

[60] Siehe S. 15 f.

[61] *Schweitzer*, Staatsrecht III – Staatsrecht, Völkerrecht, Europarecht, 7. Aufl., Heidelberg 2000, § 3 Rn. 160.

Die völkerrechtlichen Verträge, die aus der Sicht des Völkerrechts einer Ratifikation bedürfen, sind sogenannte *ratifikationsbedürftige* völkerrechtliche Verträge. Die völkerrechtliche Bindungswirkung dieser Verträge tritt erst durch den Akt der *völkerrechtlichen Ratifikation*[62] ein, d.h. erst durch eine förmliche Erklärung des beteiligten Staates, durch einen völkerrechtlichen Vertrag gebunden zu sein[63].

Ratifizierungsbedürftige Verträge enthalten eine Ratifikationsklausel, die lautet: „Dieser Vertrag bedarf der Ratifikation". Solche Klauseln enthalten Verträge, die für die Vertragspartner von besonderer Bedeutung sind, beispielsweise das Wiener Übereinkommen über das Recht der Verträge (Art. 82), die Europäische Menschenrechtskonvention (Art. 59) oder der Nordatlantikvertrag (Art. XVIII). Diese Verträge benötigen sowohl nach dem Völkerrecht als auch nach dem polnischen Verfassungsrecht eine Ratifikation. So wurde der Nordatlantikvertrag vom Präsidenten ratifiziert, nachdem das Parlament seine Zustimmung in einem Gesetz[64] erteilt hatte.

Ein Beispiel für einen ratifizierungsbedürftigen völkerrechtlichen Vertrag, der aber nach polnischem Verfassungsrecht nicht ratifiziert werden musste, ist das Abkommen vom 20. März 1995 zwischen Polen und Deutschland über den Autobahnzusammenschluss sowie über den Bau und den Umbau einer Grenzbrücke im Raum Forst und Erlenholz[65]. Die beiden Parteien haben sich geeinigt, dass dieser Vertrag eine Ratifikationsklausel erhält (Art. 15). In Polen wurde es also vom Präsidenten nur im Rahmen der kleinen Ratifikation ratifiziert[66].

Hier ist auch zu betonen, dass die Teilnahme des Parlaments in der Ratifikationsprozedur zu den rein innerstaatlichen Angelegenheiten gehört. Die Verabschiedung des Zustimmungsgesetzes durch das Parlament ist keine Ratifikation im völkerrechtlichen Sinne und kann sie nicht ersetzen. Im Zustimmungsgesetz erklärt das Parlament lediglich seine Zustimmung zur Ratifikation des Vertrages durch den Präsidenten der Republik Polen. Die Zustimmung stellt ausschließlich eine Ermächtigung und keine Verpflichtung dar[67]. Der Präsident hat folglich das Recht zu entscheiden, ob er von der ihm erteilten Zustimmung Gebrauch machen will oder nicht.

Aus der Sicht des Völkerrechts ist es auch unerheblich, ob der Präsident einen völkerrechtlicher Vertrag mit oder ohne parlamentarische Zustimmung ratifiziert hat. Dies ist nur für die Stellung des Vertrages innerhalb der polnischen Rechtsordnung von Bedeutung.

b) Bestätigung

Die polnische Rechtsordnung kennt neben zwei Formen der Ratifikation auch zwei Formen der Bestätigung. Die beiden Bestätigungen könnten in Analogie zur Ratifikation auch als große und kleine Bestätigung bezeichnet werden[68].

---

[62] *Heintschel von Heinegg* (Fn. 56), § 10 Rn. 7.

[63] *Heintschel von Heinegg* (Fn. 56), § 10 Rn. 17.

[64] Das Gesetz vom 17. Februar 1999, Dz. U. 1999, Nr. 13, Pos. 111.

[65] Dz.U. 1997, Nr. 127, Pos. 821; BGBl 1996 II 835.

[66] In Deutschland wurde dieser Vertrag mit dem Zustimmungsgesetz ratifiziert – Gesetz vom 15. Mai 1996, BGBl. 1996 II 835.

[67] *Mastrernak-Kubiak*, Umowa międzynarodowa w prawie konstytucyjnym, Warszawa 1997, S. 66.

[68] *Czapliński/Wyrozumska*, Sędzia krajowy wobec prawa międzynarodowego, Warszawa 2001, S. 36.

Gemäß Art. 12 Abs. 2 des Gesetzes über völkerrechtliche Verträge werden die völkerrechtliche Verträge, die keiner Ratifikation – weder nach dem polnischen Verfassungsrecht noch nach dem Völkerrecht – bedürfen, durch den Ministerrat bestätigt. Das „Bestätigen" in diesem Sinne bildet die letzte Phase des gestreckten Verfahrens ohne förmliche Ratifikation. Diese Form der Bestätigung wird dann gewählt, wenn die unterzeichnenden Vertreter nicht die Befugnis zum Eingehen einer vertraglichen Bindung haben. In diesem Fall steht in einem solchen Vertrag beispielsweise: „Dieses Abkommen tritt in Kraft, sobald die Vertragspartein einander notifiziert haben, dass die erforderlichen innerstaatlichen Voraussetzungen für das Inkrafttreten erfüllt sind". Eine solche Klausel enthält Art. 8 des Abkommens vom 23. Juli 1997 zwischen Polen und Deutschland über die Anerkennung von Gleichwertigkeiten im Hochschulbereich[69]. Dieser Vertrag wurde vom polnischen Ministerrat bestätigt und trat, nachdem sich die Parteien ihre Zustimmung gegenseitig mitgeteilt haben, in Kraft[70].

Das Gesetz über völkerrechtliche Verträge kennt noch eine weitere Art von Bestätigung[71]. Es handelt sich um die Bestätigung solcher Verträge, die im einfachen Verfahren abgeschlossen werden. Gemäss Art. 13 Abs. 1 des Gesetzes über völkerrechtliche Verträge erfolgt die Bindungswirkung nach der Unterzeichnung oder dem Austausch der Urkunden, die den Vertrag bilden. Hierbei erfolgt die Bestätigung durch eine in Art. 6 geregelte Zustimmung zur Unterzeichnung des völkerrechtlichen Vertrages.

Der einzige Unterschied zwischen den beiden Arten der Bestätigung liegt darin, dass in der Bestätigung im Sinne von Art. 12 der Ministerrat zweimal seine Zustimmung gibt: zuerst zur Unterzeichnung des Vertragstextes und dann zur Vertragsbindung. Beim einfachen Verfahren, also bei der Bestätigung im Sinne von Art. 13, wird die Zustimmung zur Vertragsbindung (Bestätigung) gleichzeitig mit der Zustimmung zur Unterzeichnung oder zum Austausch der Urkunden abgegeben. Dieser Unterschied ist also ausschließlich technischer Natur und hat keine Folgen für die völkerrechtlichen Verträge in der innerstaatlichen Rechtsordnung. Die Verfassung selbst spricht auch von „Bestätigung", ohne zwischen den beiden Formen zu differenzieren.

3. Arten von Verträgen

Wie bereits angesprochen, ist der Präsident berechtigt, die Verträge zu ratifizieren und zu kündigen. In diesem Prozess kann das Parlament eingeschaltet werden. Die Regierung schließt hingegen Verträge ab, die eine Ratifikation benötigen, und bestätigt und kündigt andere völkerrechtliche Verträge. Damit sind zwei Gruppen völkerrechtlicher Verträge angesprochen: (a) Verträge, die vom Ministerrat abgeschlossen werden, die aber der Präsident ratifiziert und kündigt (*ratifizierte Verträge*) und (b) Verträge, die vom Ministerrat bestätigt und gekündigt werden (*andere völkerrechtliche Verträge*).

Die Unterscheidung der Verfassung zwischen ratifizierten und anderen völkerrechtlichen Verträgen entspricht der völkerrechtlichen Differenzierung zwischen ratifizierungsbedürftigen und nicht ratifizierungsbedürftigen völkerrechtlichen Verträ-

---

[69] BGBl 1998 II 1011; Dz.U. 1998, Nr. 92, Pos. 584.
[70] Am 14. Januar 1998.
[71] *Czapliński/Wyrozumska* (Fn. 68), S. 36.

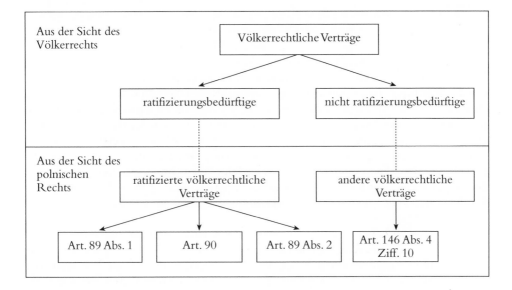

gen. Die ratifizierungsbedürftigen völkerrechtlichen Verträge sind von besonderer Bedeutung für die Vertragspartner, während die nicht ratifizierungsbedürftigen Verträge grundsätzlich Verwaltungsabkommen und weniger bedeutsame Verträge betreffen[72].

Die Abbildung veranschaulicht die Unterscheidung zwischen ratifizierungsbedürftigen und nicht ratifizierungsbedürftigen völkerrechtlichen Verträgen und zeigt die entsprechenden ratifizierten und anderen völkerrechtlichen Verträge im polnischen Recht.

a) Ratifizierte völkerrechtliche Verträge

In der ersten Gruppe von Verträgen kann weiter unterschieden werden zwischen Verträgen, die eine „große" Ratifikation benötigen (Art. 89 Abs. 1), und Verträgen, für die eine „kleine" Ratifikation ausreicht (Art. 89 Abs. 2). Außerdem ist in Art. 90 ein besonderes Ratifikationsverfahren vorgesehen.

Art. 89 Abs. 1 zählt die völkerrechtlichen Verträge auf, deren Ratifizierung sowie Kündigung[73] der ausdrücklichen Zustimmung des Parlaments in Form eines Gesetzes bedürfen. Dazu gehören völkerrechtliche Verträge, die folgendes zum Gegenstand haben:

1. Frieden, Allianzen, politische und militärische Zusammenarbeit
2. durch die Verfassung bestimmte Freiheiten, Pflichten und Rechte für die Bürger

---

[72] *Heintschel von Heinegg* (Fn. 56), § 10 Rn. 7.

[73] Im deutschen Recht bedarf dagegen nur die Ratifizierung der parlamentarischen Zustimmung; siehe *Kunig*, Völkerrecht und staatliches Recht, in: Graf Vitzthum (Hrsg.), Völkerrecht, 2. Aufl., Berlin, New York 2001, Rn 85: Erklärungen von Vorbehalten zu einem Vertrag sowie dessen Kündigung bedürfen nicht der parlamentarischen Mitwirkung.

3. die Mitgliedschaft des polnischen Staates in einer Internationalen Organisation
4. für den Staat erhebliche finanzielle Belastungen
5. durch das Gesetz geregelte Angelegenheiten oder Angelegenheiten, für deren Regelung die Verfassung das Gesetz voraussetzt.

In Art. 90 ist ein besonderes Ratifikationsverfahren vorgesehen. Diese Vorschrift regelt das Verfahren für den Fall, dass ein völkerrechtlicher Vertrag Kompetenzen staatlicher Organe auf eine Internationale Organisation oder auf ein internationales Organ überträgt. Hier werden höhere Anforderungen gestellt, als bei der Ratifizierung eines der in Art. 89 Abs. 1 aufgezählten Verträge und sogar als bei der Änderung der Verfassung selbst. Das Gesetz, das eine solche Ratifizierung bewilligt, benötigt die Zweidrittelmehrheit der Abgeordneten des Sejms und des Senats bei Anwesenheit zumindest der Hälfte der Abgeordneten beider Kammern (Art. 90 Abs. 2)[74]. Die Bewilligung der Ratifizierung kann auch in einem gesamtstaatlichen Referendum erteilt werden (Art. 90 Abs. 3).

Die völkerrechtlichen Verträge, die im Rahmen der kleinen Ratifikation – also ohne gesetzliche Zustimmung – ratifiziert werden, spricht die Verfassung nur in Art. 89 Abs. 2 an. Dort wird dem Vorsitzenden des Ministerrats die Pflicht auferlegt, das Parlament von der Absicht zu unterrichten, dem Präsidenten einen Vertrag zur Ratifizierung vorzulegen, der nicht der gesetzlichen Zustimmung bedarf.

b) Andere völkerrechtliche Verträge

Völkerrechtliche Verträge, die nicht unter Art. 89 und 90 fallen, sind gemäß Art. 146 Abs. 4 Ziff. 10 „andere völkerrechtliche Verträge". Entsprechend den abschließenden Organen werden sie als Regierungs- oder Ressortabkommen bezeichnet. Sie dürfen nicht die für den Staat wichtigsten – also die der großen Ratifikation vorbehaltenen – Materien betreffen.

4. Kriterien der Wahl der richtigen Verfahrensart zum Abschluss der internationalen Verträge

Aus Art. 89 Abs. 1 folgt, dass es die Absicht des Verfassungsgebers war, den Katalog so breit zu gestalten, dass das Parlament in den Abschluss der meisten völkerrechtlichen Verträge einbezogen wird. Ziffer 5 scheint einen besonders breiten Anwendungsbereich zu haben. Praktisch betrifft fast jeder Vertrag die in einem Gesetz geregelte Materie.

Eine derart weite Auslegung des Art. 89 Abs. 1 würde dazu führen, dass fast jeder Vertrag der Zustimmung des Parlaments bedürfte, also fast die ganze Außenpolitik der Kontrolle des Parlaments unterworfen wäre, obwohl sie traditionell zur Exekutive gehört[75]. Diese Auffassung scheint nicht vertretbar zu sein. Es ist auch zu berücksichtigen, dass das Erfordernis des Zustimmungsgesetzes zu erheblichen Verspätungen des

---

[74] Bei Änderung der Verfassung ist im Senat lediglich die absolute Stimmenmehrheit erforderlich (Art. 235 Abs. 4).

[75] *Wyrozumska*, Legal Bases of the Polish External Competence, AVR 1998, S. 386.

Inkrafttretens völkerrechtlicher Verträge und zur Überlastung des Parlaments führen kann. Jedoch dürfen nicht die Gründe der Vereinfachung und des Zeitgewinns entscheidend sein. Die Kompetenzen der Exekutive in äußeren Angelegenheiten dürfen nicht das Gesetzgebungsmonopol des Parlaments beeinträchtigen und die Kontrollfunktion des Art. 89 Abs. 1 entschärfen.

In der Literatur wird hervorgehoben, dass die Teilnahme des Parlaments am Ratifikationsverfahren eine Ausnahme ist[76]. Grundsätzlich ist die Ratifikation Aufgabe der Exekutive. Deshalb müssen die Vorschriften eng ausgelegt werden[77] und Zustimmungsgesetze dürfen nicht in anderen Fällen verabschiedet werden als in denen, die die Verfassung nennt[78].

Der Gesetzgebungsrat beim Vorsitzenden des Ministerrats (*Rada Legislacyjna przy Prezesie Rady Ministrów*) betonte in einem Gutachten zur Auslegung des Art. 89 Abs. 1[79], dass diese Vorschrift restriktiv ausgelegt werden soll und die „große" Ratifikation nur bei Verträgen von besonderer Bedeutung für den Staat oder für die Bürger angewendet werden soll. Außerdem ist entscheidend, ob der Vertrag eigenständige Regeln allgemeiner Geltung enthält oder nur die Verpflichtung für die Regierung, die Vorschriften des Vertrages zu implementieren. In dem zweiten Fall würde eine „kleine" Ratifikation oder Bestätigung ausreichen.

In der Praxis und Literatur wird auch bei der Beurteilung, ob ein Vertrag, der die im Gesetz geregelten Angelegenheiten betrifft, darauf abgestellt, ob der Vertrag *self-executing* ist und allgemein geltende Vorschriften enthält[80]. Polen hat am 23. Mai 2002[81] das Übereinkommen vom 28. Januar 1981 zum Schutz des Menschen bei der automatischen Verarbeitung personenbezogener Daten[82] ratifiziert. Dieses Übereinkommen bedarf im innerstaatlichen Recht eines Vollzugsaktes, kann also nicht direkt angewandt werden (Art. 4 des Übereinkommens). Der Inhalt des Übereinkommens bezieht sich aber unzweifelhaft auf den Bereich der Gesetzgebung. Diese Materie ist bereits in Art. 51 der Verfassung und im Gesetz vom 28. August 1997 über den Schutz der Personendaten[83] geregelt. Inhalt des Gesetzes und des Übereinkommens stimmen überein; bei der Wahl der Form der Ratifikation war aber die Tatsache entscheidend, dass dieser völkerrechtliche Vertrag einen innerstaatlichen Vollzugsakt voraussetzt. Man entschied sich deshalb für die kleine Ratifikation[84].

An dieser Stelle ist die ganz andere Auslegung der ähnlich lautenden Vorschrift des GG zu betonen. Nach der herrschenden Lehre und der Rechtsprechung des Bundesverfassungsgerichts bezieht sich ein Vertrag auf die Gegenstände der Gesetzgebung, wenn zur Vollziehung des Vertrages ein Bundesgesetz erforderlich ist[85]. Dies wird damit begründet, dass der Bund durch seine Zustimmung Verpflichtungen übernimmt,

---

[76] *Wójtowicz*, Prawo międzynarodowe w systemie źródeł prawa RP, Nałęczów 2000, S. 5f.

[77] *Masternak-Kubiak* (Fn. 67), S. 48.

[78] *Masternak-Kubiak* (Fn. 67), S. 57.

[79] Gutachten vom 29. 3. 2000, RL-303–21/2000.

[80] *Czapliński/Wyrozumska* (Fn. 68), S. 123.

[81] Der aktuelle Stand der Staaten, die dieses Übereinkommen ratifiziert haben, befindet sich auf der Homepage des Europarats: http://conventions.coe.int.

[82] Polen hat dieses Übereinkommen am 21. April 1999 unterzeichnet.

[83] Dz.U. 1997, Nr. 133, Pos. 883 mit späteren Änderungen.

[84] Für die Auskunft bedanke ich mich bei Prof. A. Wyrozumska.

[85] BVerfGE 1, 372 (389).

„deren Erfüllung allein durch Erlass eines Bundesgesetzes möglich ist"[86]. Das Zustimmungsgesetz dient in diesem Fall als „Erfüllungsgarantie"[87]. Dieses Prinzip wird auch angewandt, wenn ein Gesetz zur Erfüllung des völkerrechtlichen Vertrages bereits existiert[88].

Die andere von Art. 89 Abs. 1 und Art. 90 gemeinte Ratifikation, die sogenannte „kleine" Ratifikation, betrifft nur die Fälle, in denen die Vertragsparteien, um dem Vertrag größere Bedeutung zuzuschreiben, sich entscheiden, den Vertrag in dieser Form abzuschließen. Die Vertragsparteien einigen sich darüber, dass der Vertrag eine Ratifikationsklausel enthalten soll, oder eine der Vertragsparteien darauf besteht, dass diese Form eingehalten wird, weil besondere Gründe dafür sprechen[89]. Zu diesen besonderen Gründen können innerstaatliche Vorgaben in einem der Staaten sein, also beispielsweise, dass der Vertrag nach internem Recht der gesetzlichen Zustimmung bedarf. So war dies der Fall im Abkommen vom 10. April 1997 zwischen Polen und Deutschland über die gegenseitige Hilfeleistung bei Katastrophen oder schweren Unglücksfällen[90]. Deutschland hat dieses Abkommen mit dem Zustimmungsgesetz ratifiziert, während in Polen nur eine „kleine" Ratifikation stattfand. Der völkerrechtliche Vertrag, der keine Ratifikationsklausel enthält und nicht unter Art. 89 Abs. 1 und Art. 90 fällt, wird nur durch den Ministerrat bestätigt.

In der Praxis wird der Ministerrat entscheiden, welche der von ihm geschlossenen Verträge der parlamentarischen Zustimmung bedürfen. Art. 146 Abs. 4 Ziff. 10 bestimmt die Grenzen des Rechts zur Vertragsschließung, bietet jedoch keinen prozessualen Mechanismus zur Kontrolle von deren Ausübung[91].

Die einzige Verpflichtung, die dem Vorsitzenden des Ministerrats auferlegt ist, besteht darin, den Sejm über seine Absicht, den völkerrechtlichen Vertrag dem Präsident zur Ratifikation vorzulegen, zu informieren (Art. 89 Abs. 2). Auch der Präsident ist verpflichtet, den Sejm und den Senat über alle Völkerrechtsverträge, die er ratifiziert oder gekündigt hat, zu unterrichten (Art. 133 Abs. 1 Ziff. 1).

5. Der Rang und die Wirkung der völkerrechtlichen Verträge

Das Völkerrecht verlangt von den Staaten, dass sie ihre völkervertragsrechtlichen Verpflichtungen einhalten. Die Staaten können sich dabei „nicht auf ihr innerstaatliches Recht berufen, um die Nichterfüllung eines Vertrages zu rechtfertigen" (Art. 27 WVK). Das Völkerrecht unterscheidet aber grundsätzlich nicht zwischen völkerrechtlichen Verträgen hinsichtlich ihres Rangs. Es steht jedoch den Staaten frei, in ihrer Verfassung die verschiedenen völkerrechtlichen Verträge hierarchisch einzuordnen.

---

[86] BVerfGE 1, 372 (389).
[87] *Schweitzer* (Fn. 61), § 3 Rn. 169.
[88] *Schweitzer* (Fn. 60), § 3 Rn. 173f.
[89] Siehe Art. 12 des Gesetzes über internationale Vertäge, Dz.U. 2000, Nr. 39, Pos. 443.
[90] BGBl. 1998 II 1178; Dz.U. 1999, Nr. 22, Pos. 201.
[91] *Masternak-Kubiak* (Fn. 67), S. 47.

a) Ratifizierte Verträge und Verfassung

In der polnischen Rechtsordnung steht die Verfassung an der Spitze der Normenhierarchie. Das ergibt sich aus Art. 8, in dem festgelegt ist, dass die Verfassung das oberste Recht der Republik Polen darstellt. Aus dieser Regel folgt, dass keine anderen Normen – auch nicht internationale Verpflichtungen – einen höheren Rang als die Verfassung und auch nicht den gleichen Rang einnehmen können.

Der oberste Rang der Verfassung wird durch die Kompetenzen des Verfassungsgerichtshofes geschützt. Der Präsident darf deshalb vor der Ratifizierung – also vor der letztendlichen Annahme einer internationalen Verpflichtung – einen Antrag beim Verfassungsgerichtshof auf Prüfung der Vereinbarkeit des Vertrages mit der Verfassung stellen (Art. 133 Abs. 2). Nach Art. 188 Ziff. 1 besteht die Möglichkeit zur Kontrolle der Verfassungsmäßigkeit aller völkerrechtlichen Verträge. Die internationale Wirksamkeit dieser Verträge wird dadurch nicht beeinflusst. Zusätzlich ist in Art. 241 Abs. 2 eine Kontrolle der Verfassungskonformität völkerrechtlicher Verträge, die unter alten Verfassungsvorschriften abgeschlossen wurden, vorgesehen. Innerhalb von zwei Jahren nach dem Inkrafttreten der Verfassung legt der Ministerrat dem Sejm eine Aufstellung der völkerrechtlichen Verträge vor, die mit der Verfassung unvereinbare Bestimmungen enthalten.

b) Ratifizierte Verträge und Gesetz

Die polnische Verfassung stellt ausdrücklich fest, dass die ratifizierten Verträge nach der Veröffentlichung im Gesetzblatt der Republik Polen Bestandteil der innerstaatlichen Rechtsordnung sind. Hiernach sind alle ratifizierten Verträge ohne Differenzierung zwischen „großer" und „kleiner" Ratifikation Teil der polnischen Rechtsordnung. Eine Unterscheidung erfolgt erst innerhalb der Normenhierarchie.

Eine ausdrückliche Regelung enthält die Verfassung nur hinsichtlich der mit gesetzlicher Zustimmung ratifizierten Verträge. Art. 90 Abs. 2 bestimmt, dass diese Verträge Gesetzen vorgehen, wenn sie mit dem Vertrag unvereinbar sind. Die Verträge, die im Verfahren der großen Ratifikation ratifiziert sind, haben folglich gegenüber den Gesetzen einen höheren Rang.

Die Verfassung misst Menschenrechtsverträgen als solchen keinen höheren Rang als einfachem Gesetzesrecht bei. Ein höherer Rang ergibt sich aber aus der Tatsache, dass solche Verträge einer gesetzlichen Zustimmung bedürfen. Art. 241 Abs. 1 ergänzt diese Regelung noch dadurch, dass die völkerrechtlichen Verträge, die die in Art. 89 genannte Materie betreffen und in der Zeit vor dem Inkrafttreten der neuen Verfassung ratifiziert wurden, einen „übergesetzlichen" Status erwerben.

Es gibt keine eindeutige Zuweisung der Stellung der anderen ratifizierten Verträge. Es scheint, dass sie über den Verordnungen platziert sind. Dies legt Art. 188 Ziff. 3 nahe, der dem Verfassungsgerichtshof die Kompetenz gibt, über die Vereinbarkeit der Rechtsvorschriften, die von zentralen Staatsorganen erlassen werden (also auch der Rechtsverordnungen), mit den ratifizierten Verträgen zu entscheiden. Ihr Status hinsichtlich der Gesetze ist aber unklar. In der Literatur findet teilweise die These Anerkennung, dass ratifizierte Verträge ohne gesetzliche Zustimmung den Rang des einfachen Gesetzes haben sollten[92]. Zu einem solchen Ergebnis bewegt Art. 9. Diese

---

[92] *Sokolewicz*, Ustawa ratyfikacyjna, in: Kruk, (Hrsg.), Prawo międzynarodowe i wspólnotowe w

Argumente sind aber eher Postulate, als dass sie sich auf die Auslegung der Verfassungsvorschriften stützen könnten. Die Befürworter dieser Konzeption betonen zudem, dass dieses Dilemma erst in der Rechtsprechung gelöst werden müsse[93].

Es gibt auch Stimmen im Schrifttum, die sich für die Einordnung dieser Verträge zwischen Gesetzen und Verordnungen aussprechen, weil die ratifizierten Verträge in Art. 87 in dieser Reihenfolge genannt werden[94]. Es gibt zwar keine Argumente für die These, die Rechtsquellen seien in dieser Vorschrift hierarchisch geordnet, weil sie nicht die Differenzierung zwischen den ratifizierten Verträgen mit Zustimmungsgesetz und ohne widerspiegelt. Im Ergebnis ist dieser Meinung aber trotzdem zuzustimmen, wenn es um die Stellung der sonstigen ratifizierten Verträge geht. Für den untergesetzlichen Rang dieser völkerrechtlichen Verträge sprechen drei Gründe: (i) Diese Verträge dürfen nur die Materie betreffen, die sich normalerweise in untergesetzlichen Akten befinden (Argument *a contrario* aus Art. 89 Abs. 1 Ziff. 5 – wenn ein Vertrag die gesetzliche Materie betrifft, bedarf die Ratifikation einer gesetzlicher Zustimmung)[95]. (ii) Gesetze zu erlassen ist eine Aufgabe der gesetzgeberischen Gewalt. Eine andere Gewalt braucht eine ausdrückliche Ermächtigung in der Verfassung, um Normen mit Gesetzeskraft (bzw. Normen höheren Rangs) zu schaffen. Andere in der Verfassung genannte Akte, die den Rang des Gesetzes oder höheren Rang haben, brauchen laut Verfassung entweder die Zustimmung des Parlaments (die ratifizierten Verträge, die in den Regelungsbereich des Art. 89 Abs. 1 fallen) oder unterliegen der Bestätigung durch den Sejm (Rechtsverordnungen des Präsidenten mit Gesetzeskraft)[96]. (iii) Diese völkerrechtlichen Verträge gehören zu der Kategorie, die nach dem polnischen Recht keiner Ratifikation bedürfen. Weil sie aber aus der Sicht des Völkerrechts ratifikationsbedürftig sind, werden sie in der sogenannten kleinen Ratifikation ratifiziert. Diese Verträge könnten also nur durch den Ministerrat bestätigt werden und somit wären sie keine allgemein geltenden Rechtsquellen[97].

Zusammenfassend kann man sagen: Aus Art. 87 und 188 Abs. 3 folgt, dass „andere" ratifizierte Verträge zwischen Gesetzen und Verordnungen eingeordnet werden[98].

c) Nicht ratifizierte Verträge in der polnischen Rechtsordnung

Von großer Bedeutung ist die Bestimmung der Stellung nicht ratifizierter Verträge in der polnischen Rechtsordnung. Eine eindeutige Antwort auf dieses Problems ist mangels ausdrücklicher Formulierung in der Verfassung sehr schwierig. Laut der Verfassung gehören nicht ratifizierte Verträge nicht zu den allgemein verbindlichen Rechtsquellen. Hier stellt sich aber die Frage, ob sie trotzdem eine Wirkung in der polnischen Rechtsordnung haben können. Die bisher vorliegende Rechtsprechung

---

wewnętrznym porządku prawnym, Warszawa 1997, S. 93 (113), in dieser Richtung argumentiert auch *Wyrozumska* (Fn. 75), 410f.

[93] *Sokolewicz* (Fn. 92), S. 124; *Wyrozumska* (Fn. 75), S. 410f.

[94] So beispielsweise *Masternak-Kubiak* (Fn. 67), S. 123.

[95] *Garlicki*, Pozycja prawa wspólnotowego wobec krajowego porządku prawnego, in: Czapliński/Lipowicz/Skoczny/Wyrzykowski, Suwerenność i integracja europejska, Warszawa 1999, S. 107 (111).

[96] *Garlicki* (Fn. 95), S. 111.

[97] Siehe Abbildung S. 15.

[98] So auch *Banaszak*, Prawo konstytucyjne, 2. Aufl., Warszawa 2001, Rn. 114.

zu dieser Problematik ist sehr uneinheitlich. Auch im Schrifttum wird die Frage unterschiedlich beantwortet.

Das Höchste Verwaltungsgericht (NSA) versuchte in dem Urteil vom 26. August 1999 die rechtliche Wirkung der nicht ratifizierten Verträge zu erläutern[99]. Das Gericht stellte fest, dass Art. 9 der Verfassung den Gerichten die Pflicht auferlegt, alle völkerrechtlichen Verträge anzuwenden, und zwar sowohl die ratifizierten als auch die lediglich bestätigten. Das NSA argumentierte in dieser Entscheidung, dass das Recht eines Ausländers auf den Status des Flüchtlings in Art. 56 bestimmt ist. Laut dieser Vorschrift kann der Flüchtlingsstatus gemäß den für die Republik Polen verbindlichen völkerrechtlichen Verträgen zuerkannt werden. Die Verfassung spricht hier allgemein über völkerrechtliche Verträge und nicht über ratifizierte Verträge. Ein solcher Vertrag ist dem Gericht zufolge die Genfer Flüchtlingskonvention vom 28. Juli 1951. Demnach ist das Recht auf Flüchtlingsstatus in dem Umfang, wie es durch die Konvention bestimmt ist, ein Verfassungsrecht und darf nur in Übereinstimmung mit Art. 31 Abs. 3 der Verfassung beschränkt werden. Folglich sind zusätzliche in einem Gesetz bestimmte Voraussetzungen bezüglich des Erlangens des Flüchtlingsstatus nicht nur mit der Konvention, sondern auch mit der Verfassung unvereinbar.

Das Gericht nahm allerdings zu Unrecht an, dass der Beitritt zur Konvention, der durch einen Akt des Präsidenten der Republik Polen durchgeführt wurde, keine Ratifikation darstellt[100]. Der Präsident der Republik Polen kann völkerrechtliche Verträge nur ratifizieren oder kündigen (Art. 133 Abs. 1 Ziff. 1). Außerdem gibt es eine Kategorie des „Beitritts" zu völkerrechtlichen Verträgen im polnischen Recht nicht. Folglich muss angenommen werden, dass, wenn der Präsident eine Beitrittsurkunde unterzeichnet, dies als eine Ratifikation zu behandeln ist. Die Genfer Konvention ist also ein ratifizierter völkerrechtlicher Vertrag. Somit gehört sie ohnehin zu den allgemein verbindlichen Rechtsquellen.

Die Verfassung verweist bei der Bestimmung des Inhalts der Grundrechte auch an anderen Stellen auf völkerrechtliche Verträge. Beispielsweise ist in Art. 59 Abs. 4 festgelegt, dass die Reichweite gewerkschaftlicher Freiheiten nur solchen gesetzlichen Einschränkungen untersteht, welche von den für die Republik Polen verbindlichen völkerrechtlichen Verträgen zugelassen werden. Auch in dieser Vorschrift verweist der Gesetzgeber auf alle völkerrechtliche Verträge. Demgegenüber bezieht sich Art. 27 nur auf ratifizierte Verträge. In dieser Vorschrift wird Polnisch als Amtsprache bestimmt, was die Rechte der Minderheiten, die sich aus ratifizierten völkerrechtlichen Verträgen ergeben, nicht verletzen soll. Man könnte argumentieren, dass, wenn der Gesetzgeber einmal auf ratifizierte völkerrechtliche Verträge und ein anderes Mal allgemein auf völkerrechtliche Verträge verweist, daraus Konsequenzen zu ziehen seien: Nämlich, dass bei der Bestimmung der Reichweite von manchen Grundrechten auch die nicht ratifizierten Verträge zu berücksichtigen sind[101]. Dieser Ansicht zufolge sind nicht ratifizierte Verträge in die Rechtsakte, die auf diese Verträge verweisen, inkorporiert, und der Einzelne kann sich auf diese Verträge vor Gericht berufen[102]. Es

---

[99] V S.A. 708/99.

[100] *Czapliński/Wyrozumska* (Fn. 68) , S. 126.

[101] So in dem oben genannten Urteil; Siehe auch *Czapliński/Wyrozumska* (Fn. 68), S. 127.

[102] *Czapliński/Wyrozumska* (Fn. 68), S. 127, *Wyrozumska* (Fn. 34), S. 84f.

scheint jedoch, dass dieses Ergebnis sich nicht auf andere Verfassungsvorschriften stützen lässt. Hier ist zunächst Art. 89 Abs. 1 Ziff. 2 zu beachten. Aus Art. 89 Abs. 1 Ziff. 2 folgt, dass die völkerrechtlichen Verträge, welche die in der Verfassung bestimmten Freiheiten, Rechte oder Pflichten der Staatsbürger zum Gegenstand haben, einer Ratifizierung mit gesetzlicher Zustimmung bedürfen. Diese Vorschrift verweist nur auf *Rechte der Staatsbürger*. Mit einer sehr restriktiven Auslegung von Art. 89 Abs. 1 Ziff. 2 könnte angenommen werden, dass Rechte der Ausländer und die Menschenrechte keine Rechte der Staatsbürger darstellen. In keinen der oben genannten Beispielen handelt es sich um Rechte der Staatsbürger in diesem engeren Sinne. Dieser Argumentationslinie folgend könnte man zu dem Ergebnis kommen, dass die völkerrechtlichen Verträge, die andere Rechte als die Rechte der polnischen Staatsbürger zum Gegenstand haben, nach Art. 89 Abs. 1 nicht ratifiziert werden müssen. Es könnte hier nur auf Art. 31 Abs. 3 zurückgegriffen werden. Aus dieser Vorschrift folgt, dass die Einschränkungen der verfassungsrechtlichen Freiheiten und Rechte zu einer gesetzlichen Materie gehören. Damit müsste lediglich dieser völkerrechtliche Vertrag, in dem die „nicht Staatsbürgerrechte" eingeschränkt werden sollen, ebenfalls, laut Art. 89 Abs. 1. Ziff. 5, einer Ratifizierung unterliegen.

Es scheint aber, dass unter dem Ausdruck Rechte der Staatsbürger alle in Kapitel II[103] enthaltene Rechte zu verstehen sind. Folglich sollen alle völkerrechtlichen Verträge, die verfassungsrechtliche Freiheiten, Rechte oder Pflichten des Menschen oder des Staatsbürgers zum Gegenstand haben, einer Ratifizierung mit vorheriger parlamentarischer Zustimmung unterliegen. Dies lässt sich vor allem auf die Überlegung stützen, dass kein Grund ersichtlich ist, warum die Forderung der Ratifizierung auf Rechte der polnischen Staatsbürger beschränkt werden soll. Dem widerspricht das Gleichheitsprinzip: das Recht „von der öffentlichen Gewalt gleich behandelt zu werden" (Art. 32), und das Rechtsstaatsprinzip (Art. 2). Damit kann festgehalten werden, dass sich der Verweis einiger Verfassungsvorschriften auf völkerrechtliche Verträge nur auf ratifizierte völkerrechtliche Verträge bezieht, da nur diese die grundrechtliche Materie regeln können.

Das nächste Argument kann aus dem dritten Kapitel der Verfassung, „Rechtsquellen", abgeleitet werden. Die nicht ratifizierten völkerrechtlichen Verträge sind in den Katalog der allgemein geltenden Quellen in der polnischen Rechtsordnung nicht aufgenommen. Wenn der Verfassungsgeber alle Arten des geschriebenen Rechts und deren Geltungsbedingungen genannt hat, müsste er einen Grund haben, die nicht ratifizierten Verträge hier nicht aufzunehmen. Wahrscheinlich wollte er, dass die nicht ratifizierten Verträge nur die Exekutive binden, die erst die dort auferlegten Verpflichtungen z.B. in einer Rechtsverordnung erfüllen kann[104]. Das einziges Rechtsinstrument, das eine Entscheidungsgrundlage gegenüber dem Einzelnen bilden kann und das die Regierung besitzt, ist die Rechtsverordnung. Art. 93 nennt andere Rechtsakte, die durch die Regierung erlassen werden (Beschlüsse des Ministerrats und Anordnungen des Vorsitzenden des Ministerrats), die aber „innere Akte" sind und folglich den Einzelnen nicht binden.

---

[103] Titel des Kapitel II lautet: „Freiheiten, Rechte und Pflichten des Menschen und des Staatsbürgers".
[104] Vgl. *Garlicki* (Fn. 24), Ziff. 134.

Nicht ratifizierte Verträge unterliegen auch der Regelung des Art. 93 und dürfen daher keine Entscheidungsgrundlage über Rechte und Pflichten des Einzelnen bilden[105]. Mit derselben Begründung hat auch das Höchste Gericht in dem Urteil vom 29. November 2000[106] die Möglichkeit der Anwendung der nicht ratifizierten Verträge verneint. In der Entscheidung setzte sich das Gericht mit der Problematik der gesetzlichen Verweise auf nicht ratifizierte Verträge auseinander. Das Gesetz über Internationales Privatrecht verweist in Art. 1 Abs. 2 auf völkerrechtliche Verträge. Das Gericht hat erläutert, dass ein Vertrag zwischen Polen und Deutschland vom 31. Januar 1990 über die Entsendung von Arbeitnehmern polnischer Unternehmen zur Ausführung von Werkverträgen[107] in dem Streit nicht angewandt werden darf, da dieser Vertrag nicht ratifiziert wurde. Das Gericht hat zutreffend festgestellt, dass das Gesetz nicht den Katalog der allgemein geltenden Rechtsquellen erweitern dürfe. Daher stelle ein nicht ratifizierter völkerrechtlicher Vertrag keine allgemein geltende Rechtsquelle, sondern lediglich einen „inneren Akt" (Art. 93) dar[108].

Vom Völkerecht her gesehen haben alle völkerrechtlichen Verträge – ratifizierte und nicht ratifizierte – für die Staaten gleiche Rechtsfolgen: Sie binden die Vertragspartei und zwar so, dass sie „sich nicht auf ihr innerstaatliches Recht berufen [kann], um die Nichterfüllung eines Vertrages zu rechtfertigen" (Art. 27 WVK). Folglich obliegt dem Staat die Pflicht, völkerrechtliche Verträge einzuhalten. Die Verletzung dieser Pflicht kann eine völkerrechtliche Verantwortung bedeuten. Die polnische Verfassung verneint nicht dieses Prinzip – ganz im Gegenteil, sie bestätigt es im Art. 9, in dem sich Polen zur Erfüllung völkerrechtlicher Verpflichtungen erklärt. Dies kann durch Schaffung eines neuen Rechts, durch Rechtsänderung oder durch andere geeignete Maßnahmen geschehen[109]. Es bedeutet jedoch nicht, dass jeder völkerrechtliche Vertrag durch Gerichte angewendet werden kann[110].

VI. Beschlüsse Internationaler Organisationen

Im Völkerrecht herrscht der Grundsatz der Vertragsfreiheit. Soweit nichts Zwingendes entgegensteht, können Vertragsparteien den Inhalt von Verträgen frei bestimmen. In einem Vertrag über die Gründung einer Internationalen Organisation können die Parteien vorsehen, dass in einem bestimmten Verfahren Organe dieser Internationalen Organisation (z.B. die Versammlung oder ein Rat) Beschlüsse fassen oder Entscheidungen treffen können, welche Rechtswirkungen für die Mitglieder der

---

[105] *Garlicki* (Fn. 95), S. 109.

[106] I PKN 107/00.

[107] Dz.U. 1994, Nr. 98, Pos. 474 ; BGBl 1990 II 602.

[108] Vgl. kritische Anmerkungen zu diesem Urteil – *Czapliński/Wyrozumska* (Fn. 68), S. 128f. Die Autoren sprechen sich für die Transformationswirkung der Verweise auf nicht ratifizierte Verträge aus, S. 126ff.

[109] Vgl. Der Ständige Intenationale Gerichtshof, Exchange of Greek and Turkish Populations, PCIJ Collection of Advisory Opinions, Series B, Nr 10, S. 20, zitiert nach Manley O. Hudson (Hrsg.), World Court Reports Bd. I, S. 433: „… a State which has contracted valid international obligations is bound to make in its legislation such modifications as may be necessary to ensure the fulfilment of the obligations undertaken".

[110] *Garlicki* (Fn. 24), Ziff. 130.

Organisation haben sollen. Es handelt sich also um Beschlüsse mit Außenwirkung im Gegensatz zu organisationsinternen Akten. In der heutigen Zeit hat der Bedarf an internationaler Zusammenarbeit die Staaten gezwungen, immer mehr Internationale Organisationen mit Kompetenzen zur „Beschlussgebung" auszustatten[111].

Die Rechtswirkungen der Beschlüsse sind im Statut oder Gründungsvertrag einer Internationalen Organisation bestimmt. Beschlüsse einer Internationalen Organisation können die Wirkung von Empfehlungen haben. Es kann aber auch vorgesehen werden, dass sie bindend den Mitgliedstaaten Pflichten auferlegen oder sogar unmittelbar Individuen binden sollen. In solchen Fällen erlangen die Beschlüsse den Charakter von Rechtsquellen im formellen Sinne[112].

Das Problem der Anwendung von verbindlichen Beschlüssen Internationaler Organisationen in nationalen Rechtsordnungen ist relativ neu und betrifft eine kleine Gruppe von Internationalen Organisationen[113]. In dem Statut des Internationalen Gerichtshofes werden sie noch nicht als Rechtsquellen aufgeführt. Heute werden sie aber immer öfter als „neue eigenständige Rechtsquelle des Völkerrechts"[114] bezeichnet.

Die einzige Vorschrift der polnischen Verfassung, die sich auf Beschlüsse von Internationalen Organisationen bezieht, ist Art. 91 Abs. 3. Sein Anwendungsbereich steht vor allem in Verbindung mit der zukünftigen Mitgliedschaft Polens in der EU und der Anwendung des sekundären Gemeinschaftsrechts in der polnischen Rechtsordnung[115].

Art. 91 Abs. 3 sieht vor, dass das von einer Internationalen Organisation gesetzte Recht unmittelbar angewandt wird und im Fall der Unvereinbarkeit mit dem Gesetz den Vorrang genießt, wenn es sich so aus dem völkerrechtlichen Vertrag ergibt. Aus dieser Formulierung kann geschlossen werden, dass die Beschlüsse anderer Internationalen Organisationen – solcher, die nicht die Voraussetzungen des Art. 91 Abs. 3 erfüllen – nicht unmittelbar anwendbar sind. Diese Normen sind keine Rechtsquellen in der polnischen Rechtsordnung und bedürften daher einer Umsetzung in das polnische Recht.

Die Umsetzung der Beschlüsse kann in verschiedenen Formen geschehen. Normen, die sich ihren Inhalt nach zur unmittelbaren Anwendung eignen, können durch einen polnischen Akt – ein Gesetz oder eine Verordnung – ohne weiteres in das polnische Recht transformiert werden. Es reicht in einem solchen Fall beispielsweise die bloße Wiederholung der Normen beziehungsweise deren Übersetzung in die nationale Rechtssprache aus. Andere Normen, die nicht geeignet sind, unmittelbar angewandt zu werden, bedürfen eines eigenständigen nationalen Rechtsaktes, um das gesetzte Ziel zu erreichen (z.B. Durchführung von Wirtschaftssanktionen).

Die Europäischen Gemeinschaften haben erstmals die Konstruktion der automatischen Inkorporierung des sekundären Rechts der Internationalen Organisationen in

---

[111] *Blokker*, Decisions of International Organisations: The Case of the European Union, Netherlans Yearbook of International Law 1999, S. 3 (4).

[112] *Geiger*, Grundgesetz und Völkerrecht, 2. Aufl., München 1994, S. 87.

[113] *Czapliński/Wyrozumska*, Prawo międzynarodowe publiczne. Zagadnienia systemowe, Warszawa 1999, Rn. 477.

[114] *Schweitzer* (Fn. 61), § 3 Rn. 269.

[115] *Banasiński* (Fn. 51), S. 17.

das nationale Recht vorgesehen. Voraussetzung für die unmittelbare Anwendbarkeit eines Beschlusses ist danach zum einen die Bekanntmachung im Amtsblatt und zum anderen die Eignung des Rechtsaktes zur unmittelbaren Anwendung. Dies hat den Weg für die unmittelbare Wirksamkeit von Beschlüssen auch anderer Internationaler Organisationen im nationalen Recht geebnet[116].

Die Verfassung hat die Möglichkeit der direkten Anwendung ausschließlich auf Beschlüsse im Sinne des Art. 91 Abs. 3 begrenzt. Die Formulierung des Art. 91 Abs. 3 ist jedoch nicht präzise. Im Rahmen seiner Auslegung können unter diese Norm Beschlüsse fallen, zu deren unmittelbarer Anwendung sich die Vertragsparteien im völkerrechtlichen Vertrag *eindeutig* verpflichtet haben oder bei denen ein solcher „Wille" sich nur mittelbar, z.B. aus den Zielen der Organisation, ergibt. Es ist deshalb denkbar, dass in der Zukunft mit der Entwicklung des Völkerrechts auch Beschlüsse anderer Internationaler Organisationen als der der Europäischen Gemeinschaften aufgrund von Art. 91 Abs. 3 in der polnischen Rechtsordnung unmittelbar angewandt werden[117].

VII. Monismus oder Dualismus in der polnischen Verfassung?

Nachdem in den vorangegangenen Abschnitten die Verfassungsgrundlagen und mögliche völkerrechtsfreundliche Auslegungen der Vorschriften der polnischen Verfassung – also die Entscheidungen der polnischen Rechtsordnung – dargestellt wurden, bleibt noch die Frage offen, auf welcher Theorie die polnische Verfassung beruht. Traditionell stehen sich monistische und dualistische Lehre gegenüber. Auch für die neue Verfassung von 1997 wurde die Frage im Schrifttum heftig und kontrovers diskutiert und ist nicht einheitlich beantwortet.

1. *Literaturmeinungen*

a) *Dualistische Sicht*

R. *Szafarz* stellt zunächst fest, dass, wenn die Verfassung keine anderen Vorschriften hierzu enthalten würde, Art. 9 das gesamte Polen bindende Völkerrecht inkorporieren würde[118]. Erfasst würden dann Völkerrechtsverträge, Gewohnheitsrecht sowie Beschlüsse Internationaler Organisationen[119]. Jedoch schließt Kapitel III ihrer Meinung zufolge diese Lösung aus. Diese Argumentation stützt sich auf zwei Gründe. Erstens stelle Kapitel III einen geschlossenen Katalog der Rechtsquellen dar[120]. Zweitens lehnt die Autorin ihre Lösung an die Unterscheidung zwischen Quellen des polni-

---

[116] *Czapliński/Wyrozumska* (Fn. 113), Rn. 478.

[117] Zur Problematik der Anwendung des Gemeinschaftsrechts in der polnischen Rechtsordnung siehe *Jankowska-Gilberg*, Verfassungsrechtliche Grundlagen des Beitritts und der Mitgliedschaft Polens in der Europäischen Union, EuR 2003, Heft 3.

[118] *Szafarz* (Fn. 32), S. 4.

[119] *Szafarz* (Fn. 32), S. 4.

[120] *Szafarz* (Fn. 32), S. 4.

schen Rechts und Quellen des internationalen Rechts an. Daraus sei zu schließen, dass die wirkliche Bedeutung des Art. 9 begrenzt sei, weil nicht ratifizierte völkerrechtliche Verträge und Völkergewohnheitsrecht keine polnischen Rechtsquellen darstellten und fremde Rechtsquellen nur unten bestimmten Bedingungen angewandt werden könnten. In der Analyse kommt *R. Szafarz* zu dem Schluss, dass für durch den Präsidenten ratifizierte Verträge eine generelle Transformation vorgesehen sei, während die mit Zustimmung des Parlaments ratifizierten Verträge einer Transformation unterlagen, die sich auf Einzelfälle beziehe (spezielle Transformation)[121]. Ratifizierte Verträge stellen damit, nachdem sie ins polnische Recht transformiert wurden, eine Quelle des polnischen Rechts dar, während andere Völkerrechtsnormen eine bestimmte Verbindung zum polnischen Recht haben müssten, um darin wirksam zu werden[122]. Als entscheidendes Kriterium nennt sie hier die „Verwurzelung" von nicht ratifizierten Verträgen im allgemein geltenden polnischen Recht[123]. Nach dieser Auffassung wäre eine ausreichende Verbindung für nicht ratifizierte Verträge eine durch Gesetz oder ratifizierten Vertrag erteilte Ermächtigung zum Abschluss des völkerrechtlichen Vertrages[124]. In diesem Fall trete durch Art. 9 eine bedingte Inkorporation in die polnische Ordnung ein – bedingt, weil sie unter der Bedingung geschehe, dass es eine ausreichende Verbindung zu polnischen Rechtsquellen gebe[125]. Eine Inkorporation erfolge gemäß Art. 91 Abs. 3 auch hinsichtlich der Beschlüsse Internationaler Organisationen[126]. Für das Völkergewohnheitsrecht merkt *R. Szafarz* nur an, dass die Situation bis auf den Fall der Verweisung nicht klar und eindeutig sei[127].

Diese Meinung lehnt sich sehr stark an die Unterscheidung zwischen zwei Rechtsordnungen: der internen und der völkerrechtlichen Rechtsordnung. Das Völkerrecht gilt nicht unmittelbar, sondern muss zuerst in das nationale Recht umgeformt werden, d.h. in der Sprache der Dualisten in das nationale Recht transformiert werden.

K. Działocha kommt teilweise zu ähnlichen Ergebnissen. *K. Działocha* meint ebenfalls, dass ratifizierte Völkerrechtsverträge aufgrund ihrer Transformation in der polnischer Rechtsordnung gelten. Jedoch führt er weiter aus, dass es Konsequenz des Art. 9 sei, dass die anderen Völkerrechtsquellen auch als „Quellen des allgemein geltenden Rechts der Republik Polen" angesehen werden, ohne dass Art. 87 dem entgegenstünde. Verschieden seien nur die Verfassungsgrundlage und die Mechanismen, um die verschiedenen völkerrechtlichen Normen in die polnische Ordnung einzugliedern[128].

b) *Monistische Konzeption*

Die Meinung, die von einer dualistischen Konzeption ausgeht, scheint am weitesten vertreten zu sein[129]. Es finden sich aber auch Äußerungen, die als Bekenntnis zum

---

[121] *Szafarz* (Fn. 32), S. 5.

[122] *Szafarz* (Fn. 32), S. 6.

[123] *Szafarz* (Fn. 32), S. 6.

[124] *Szafarz* (Fn. 32), S. 7.

[125] *Szafarz* (Fn. 32), S. 6f.: Allgemeine Kompetenz des Ministerrats zum Abschluss von völkerrechtlichen Verträgen von Art. 146 Abs. 4 Ziff. 10 stellt keine ausreichende Verbindung dar.

[126] *Szafarz* (Fn. 32), S. 9.

[127] *Szafarz* (Fn. 32), S. 7.

[128] So *Działocha* (Fn. 46), S. 5; *Działocha* (Fn. 42), S. 85.

Monismus gewertet werden können. So führt *A. Wyrozumska* aus: Die Tatsache, dass ratifizierte völkerrechtliche Verträge „Quellen des allgemein geltenden Rechts der Republik Polen" sind, spreche nicht unbedingt dafür, dass sie ins polnische Recht transformiert würden[130]. Die dualistische Methode sei veraltet und künstlich, und es sei kein Grund ersichtlich, wieso die moderne polnische Verfassung im Lichte dieser Theorie ausgelegt werden sollte[131]. Die Autorin spricht sich ausdrücklich für die monistische Konzeption aus. Zur Begründung führt sie den Wortlaut des Art. 91 Abs. 1 an:

> „Nachdem ein ratifizierter völkerrechtlicher Vertrag im Gesetzblatt der Republik Polen veröffentlicht worden ist, bildet er einen Teil der staatlichen Rechtsordnung und wird direkt angewandt, es sei denn seine Anwendung setzt die Verabschiedung eines Gesetzes voraus."

Der Meinung *R. Szafarz* liegt ebenfalls der Wortlaut des Art. 91 Abs. 1 zugrunde, aber mit der Anmerkung, dass die Feststellung *„wird direkt angewandt"* nicht nötig war[132]. *A. Wyrozumska* stützt ihre Argumentation auch auf diese Formulierung: Ein ratifizierter Vertrag wird nicht ins staatliche Recht transformiert, sondern bleibt Völkerrecht. Deshalb musste der Verfassungsgeber bestimmen, ob er direkt anwendbar ist oder nicht. Auch *A. Wasilkowski* wertet die Formulierung des Art. 91 Abs. 1 dahingehend, dass sie einen Weg öffnet, ratifizierte Verträge als Völkerrechtsnormen in der polnischen Rechtsordnung unmittelbar anzuwenden[133].

Weiter führt *A. Wyrozumska* an, dass Ratifikation oder Zustimmungsgesetz und Veröffentlichung im Gesetzblatt als bloße formale Bedingungen für die Wirksamkeit des Vertrages betrachtet werden sollen[134].

2. Bewertung

Beide Meinungen verstehen mit den jeweiligen Argumenten zu überzeugen. Der Streit kann offen gelassen werden, weil er für das Ergebnis nicht ausschlaggebend ist. Die beiden Theorien haben sich so weitgehend angeglichen, dass sie ihre Ordnungs- und Klärungsfunktion verloren haben. Die Annahme einer der beiden Konzeptionen hilft nicht, die Frage des Verhältnisses der beiden Rechtsordnungen zueinander wirklich zu beantworten.

Ähnlich wie Art. 91 der polnischen Verfassung lautet Art. 25 GG:

> „Die allgemeinen Regeln des Völkerrechtes sind Bestandteil des Bundesrechtes. Sie gehen den Gesetzen vor und erzeugen Rechte und Pflichten unmittelbar für die Bewohner des Bundesgebietes."

---

[129] Siehe z.B. *Banasiński* (Fn. 51), S. 10f.; *Banaszak* (Fn. 98), Rn. 114; *Garlicki* (Fn. 24), Ziff. 132; *Kwiecień*, Transformacja umów międzynarodowach jako forma stanowienia prawa w państwie (z uwzględnieniem praktyki polskiej), Państwo i Prawo 1997, Nr. 4, S. 3ff.; *Masternak-Kubiak* (Fn. 67), S. 101; *Wójtowicz* (Fn. 40), S. 162.

[130] *Wyrozumska* (Fn. 34), S. 79f.

[131] *Wyrozumska* (Fn. 34), S. 80.

[132] *Szafarz* (Fn. 32), S. 5.

[133] *Wasilkowski*, Transformacja czy inkorporacja, Państwo i Prawo 1998, Nr. 4, S. 85 (86).

[134] *Wyrozumska* (Fn. 34), S. 81; anders bei *Masternak-Kubiak* (Fn. 67), S. 101: Die Ratifikation und Veröffentlichung stellen zwei Elemente der Transformation dar.

Diese Vorschrift „trifft keine Entscheidung"[135] und kann genauso in der monistischen wie auch in der dualistischen Theorie erklärt werden[136].

Meines Erachtens ist die polnische Verfassung weder vom monistischen noch dualistischen Verständnis geprägt. Die Verfassung benutzt einen Begriff: *krajowy porządek prawny* – staatliche Rechtsordnung[137]. Unter diesem Begriff sollte man die Gesamtheit aller in sich abgestimmten und hierarchisch geordneten Normen verstehen, die im Staat gelten und angewandt werden und zwar ohne Differenzierung zwischen Normen, die der innerstaatlichen Gewalt entspringen, und Normen, die völkerrechtlichen Ursprung haben[138]. Diesem Verständnis von einer Rechtsordnung folgend sind völkerrechtliche Normen, obwohl sie einen Teil dieser Rechtsordnung bilden, nicht in innerstaatliches Recht umgeformt. Am nächsten liegt die Lösung der Vollzugslehre, die einen Anwendungsbefehl fordert (der im Ratifikationsakt gesehen werden kann), der die Anwendung von Völkerrecht durch den innerstaatlichen Rechtsanwender gebietet[139].

Gegen die Transformation könnte ein weiteres Argument sprechen: Das transformierte Recht teilt den Rang des Transformators[140]. Da dieser im Falle der Ratifikation mit gesetzlicher Zustimmung ein Gesetz ist, soll das transformierte Recht den Rang eines einfachen Gesetzes haben. Dies ist jedoch nicht der Fall: Die polnische Verfassung spricht den Verträgen, die mit der gesetzlichen Zustimmung ratifiziert wurden, einen Rang über dem einfachen Gesetzesrecht zu.

VIII. Zusammenfassung

Die polnische Verfassung befasst sich an mehreren Stellen mit dem Völkerrecht:
– In der Präambel erklärt die Verfassung die Pflicht zur Zusammenarbeit mit allen Ländern zum Wohle der Menschheitsfamilie.
– Nach Art. 9 beachtet die Republik Polen das sie bindende Völkerrecht.
– In Art. 87 zählt die Verfassung zu den allgemeinverbindlichen Rechtsquellen, die im Hoheitsgebiet Polen gelten, auch ratifizierte völkerrechtliche Verträge.
– Nach Art. 91 bildet ein ratifizierter völkerrechtlicher Vertrag einen Teil der innerstaatlichen Rechtsordnung, wird direkt angewandt und hat Vorrang vor den Gesetzen. Auch dem von einer Internationalen Organisation gesetzten Recht misst die Verfassung eine besondere Stellung bei. Den gleichen „übergesetzlichen" Status haben alle Menschenrechtsverträge, vor allem jene, die unter dem alten Regime abgeschlossen wurden. Gemäß Art. 241 Abs. 1 gelten die völkerrechtlichen Verträge, welche die in Art. 89 genannte Materien betreffen und in der Zeit vor dem Inkraft-

---

[135] *Kunig* (Fn. 73), Rn. 131.
[136] *Kunig* (Fn. 73), Rn. 131.
[137] In der Übersetzung von Wydawnictwo Sejmowe: „innerstaatliche Rechtsordnung" – das könnte jedoch auf eine engere Bedeutung hinweisen.
[138] *Działocha*, Artykuł 91, in: Garlicki (Hrsg.), Konstytucja Rzeczypospolitej Polskiej. Komentarz, Warszawa 1999, S. 2.
[139] *Kunig* (Fn. 73), Rn. 40.
[140] *Kunig* (Fn. 73), Rn. 113.

treten der Verfassung ratifiziert wurden, als Verträge, die mit gesetzlicher Zustimmung ratifiziert worden sind.

– Gemäß Art. 188 entscheidet der Verfassungsgerichtshof in einigen Fragen über die Völkerrechtsmäßigkeit des innerstaatlichen Rechts. Die Verstöße gegen einen Völkerrechtsvertrag können zur Aufhebung des ihm konträren Rechtsaktes führen.

– Die Bezüge zum Völkerrecht finden sich auch in vielen anderen Vorschriften: in Art. 42 Abs. 1, Art. 56 Abs. 2, Art. 59 Abs. 4, Art. 116 Abs. 2, Art. 117, Art. 229.

In keiner der bisherigen polnischen Verfassungen waren die Bezüge zum Völkerrecht so eng. Diese Öffnung der Verfassung für das Völkerrecht kann als *Völkerrechtsfreundlichkeit* der polnischen Rechtsordnung bezeichnet werden.

Andere Entscheidungen der Verfassung kann man als *europäische Option* charakterisieren. Zwar wurde weder die europäische Integration noch Europa selbst – trotz anders lautender Vorschläge[141] – direkt angesprochen, jedoch enthält die polnische Verfassung Bestimmungen, die offensichtlich auf die zukünftige Mitgliedschaft Polens in der Europäischen Union abzielen[142].

Die Öffnung der polnischen Rechtsordnung für das Völkerrecht und das Gemeinschaftsrecht erklärt sich aus dem Bedürfnis, sich Westeuropa in seinem Rechtssystem anzuschließen und zu Europa zurückzukehren, nach den „bittere(n) Erfahrungen aus der Zeit, in der die Grundfreiheiten und Grundrechte der Menschen in unserem Vaterland verletzt wurden" (Präambel der Verfassung). Die Klärung des Verhältnisses des Völkerrechts zum innerstaatlichen Recht, die Einordnung vieler wichtiger völkerrechtlicher Verträge, wie der Europäischen Menschenrechtskonvention, in einen Rang oberhalb der einfachen Gesetze und die Schaffung der Möglichkeit für den Einzelnen, sich direkt auf diese Verträge zu berufen, können als wichtige Aspekte des Prinzips der Rechtsstaatlichkeit gesehen werden und als Beweis, dass Polen bereits zur westeuropäischen, nun gesamteuropäischen Wertordnung gehört. Damit trägt es zur Entwicklung eines gemeineuropäisches Verfassungsrecht[143] bei.

---

[141] Siehe *Häberle*, Verfassungspolitische Maximen für die Ausgestaltung der „Europafähigkeit" Polens, JöR 44 (1996), S. 313 (317–320).

[142] *Garlicki*, Der Verfassungsgerichtshof und die „europäische Klausel" in der polnischen Verfassung von 1997, in: Classen/Dittmann/u.a. (Hrsg.), „In einem vereinten Europa dem Frieden der Welt zu dienen ..." Liber amicorum Thomas Oppermann, Berlin 2001, S. 285.

[143] Dazu *Häberle*, Gemeineuropäisches Verfassungsrecht, EuGRZ 18 (1991), S. 261ff.

Schweizerisches Staatsverständnis

von

Prof. Dr. Alois Riklin

Universität St. Gallen

Gibt es ein spezifisch schweizerisches Staatsverständnis? Anders gefragt: Ist die Schweiz oder begreift sich die Schweiz im internationalen Vergleich als Sonderfall oder als Normalfall?

Vor eineinhalb Jahrhunderten, zur Zeit der Gründung des schweizerischen Bundesstaates, also zur Zeit der Staatswerdung der Schweiz, wäre die Antwort leicht gefallen. Die Schweiz galt im In- und Ausland als Sonderfall. Sie war eine kleine republikanische Insel in einem Meer grosser Monarchien, dazu eine nichtexpansive und dauernd neutrale, während die damalige Staatenwelt den Krieg immer noch für ein legitimes Mittel der Politik hielt. Die republikanische Tradition der Schweiz ist älter als 1848. Treffend gab die Library of Congress einer aus Anlass der 700-Jahr-Feier der Eidgenossenschaft präsentierten Ausstellung den Titel „The Sister Republics" und meinte damit die Vereinigten Staaten von Amerika und die Schweiz.[1] Deshalb charakterisierte Werner Näf die Schweiz als „Ausnahme" von der europäischen Norm[2], Karl Schmid als „Ort des Gegenläufigen"[3], Herbert Lüthy als „Antithese"[4], Georges-André Chevallaz als „Kontrapunkt".[5]

Heute erscheint die Schweiz im Wesentlichen als europäischer Normalfall. Denn sie teilt mit ihren Nachbarstaaten und ihren Hauptpartnern die gleichen politischen Grundwerte der Menschenrechte, der Demokratie, des Rechtsstaates, des Sozialstaates, der sozialen Marktwirtschaft und des internationalen Friedens. Auch die Kleinstaatlichkeit ist keine Abnormalität in Europa. Unter den 54 OSZE-Staaten belegt die Schweiz territorial den 38. Rang, bevölkerungsmässig den 25., aber wirtschaftlich gehört sie mit dem 9. Rang zu den Mittelmächten.

Dennoch unterscheidet sich das Staatsverständnis der Schweiz von anderen europäischen Staaten. Im Vergleich mit den Gemeinsamkeiten sind die Besonderheiten aber von geringerem Gewicht. So wie die Schweiz weist jeder Staat Besonderheiten

---

[1] James H. Hudson: *The Sister Republics, Switzerland and the United States from 1776 to the Present*, Washington 1991

[2] Werner Näf: *Die Schweiz in Europa*, Bern 1938, S. 9.

[3] Karl Schmid: „Versuch über die schweizerische Nationalität", Ders., *Aufsätze und Reden*, Zürich/Stuttgart 1957, S. 104.

[4] Herbert Lüthy: *Die Schweiz als Antithese*, Zürich 1969.

[5] Georges-André Chevallaz: *Le gouvernement des Suisses ou l'histoire en contrepoint*, Lausanne 1989

auf: historische, ideelle, materielle, strukturelle. Auch die Mitgliedstaaten der Europäischen Union und des Europarates pochen alle auf ihre nationalen Identitäten. Kurz: Die Schweiz ist in Europa heute ein normaler Sonderfall.

Unter dem Vorbehalt, dass die Gemeinsamkeiten wichtiger sind als die Eigenheiten, wende ich mich dem spezifisch schweizerischen Staatsverständnis und seiner Entwicklung zu.

Kulturelle Vielfalt

Viele Schweizer sind stolz auf die Einheit in der Vielfalt, vor allem die sprachlich-kulturelle Vielfalt mit den vier Landessprachen und den dreieinhalb Amtssprachen. Und sie hören es gern, wenn nicht nur der Genfer Denis de Rougemont, sondern auch Ausländer die Schweiz als Modell Europas preisen.[6] Der Harvard-Professor Karl W. Deutsch hielt die politische Integration verschiedener Regionen, Sprachen, Kulturen und Völker für eine grosse, von Menschen gemachte Leistung der Schweiz.[7] Zwar sei in der heutigen Welt die Verschiedenartigkeit innerhalb eines Gemeinwesens typisch, aber untypisch sei der Erfolg.

Dennoch ist Bescheidung angebracht. Denn einerseits ist Europa nicht mehr jenes Europa, in dem in unserer Nachbarschaft die nationalistische Formel „Eine Sprache – eine Kultur – ein Volk – eine Nation – ein Staat" vorherrschte. Amtssprachlich ist die Europäische Union eine Schweiz par excellence mit heute elf und bald einmal über zwanzig Amtssprachen. Anderseits sind die Sprachen und Kulturen der Schweiz durch ein regionales Nebeneinander gekennzeichnet. Deshalb ist es fragwürdig, für Bosnien, Kosovo oder Mazedonien das Schweizer Beispiel zu empfehlen. Denn das Problem im ehemaligen Jugoslawien besteht gerade nicht im Nebeneinander, sondern im Ineinander und Miteinander, besteht darin, dass Sprachen, Kulturen, Ethnien und Religionen territorial durchmischt sind oder waren.

Übrigens nutzen wir die Chancen der Mehrsprachigkeit zu wenig. Dabei denke ich nicht nur an die Barrieren der Deutschschweizer Dialekte und den durch das Zürcher Diktat vom Zaun gerissenen Streit um das Schul-Englisch als erster Fremdsprache. Ich denke ganz allgemein an die Tendenzen der politischen Entfremdung und Absonderung der Sprachregionen. Urs Altermatt hat in seiner Rede „Sprachenblöcke oder Sprachenvielfalt" am Dies academicus der Universität Fribourg eindrücklich vor dieser Entfremdung gewarnt.[8] Er forderte eine gezielte Sprachenpolitik. Ist es nicht schade, dass der frühere Brauch der Deutschschweizer, nach der Schule oder der Lehre ein Jahr im „Welschland" zu verbringen, am Aussterben ist? Warum halten wir in den Rekrutenschulen und in den militärischen Einteilungen nicht zehn Prozent des Bestandes offen für Freiwillige aus andern Sprachregionen? Warum ist es möglich, ein Schuljahr in den USA zu verbringen, aber unmöglich, ein Jahr in der öffentlichen Schule einer anderen Schweizer Sprachregion zu absolvieren, – unmöglich aufgrund des sturen Festhaltens am elterlichen Wohnsitz? Wir müssten mehr tun, um auf unsere Multikulturalität wirklich stolz sein zu dürfen.

---

[6] Denis de Rougemont: *Die Schweiz, Modell Europas*, Wien/München 1965.
[7] Karl W. Deutsch: *Die Schweiz als ein paradigmatischer Fall politischer Integration*, Bern 1976, S. 63f.
[8] Urs Altermatt: „Sprachenblöcke oder Sprachenvielfalt", *Universitas Friburgensis*, 1. 12. 1996, S. 5–11.

Als der deutsche Verleger Gerd Bucerius, der gern in seiner Tessiner Residenz Hof hielt, die Schweiz zur Zeit der Wiedervereinigung Deutschlands als Staatssplitter bezeichnete, offenbar je ein französischer, italienischer und deutscher Staatssplitter, da entgegnete ihm der kritischste Schweizer Schriftsteller, der sich in der französischen Kultur ebenso heimisch fühlte wie in der deutschen: „Was ich den Buceriussen nie verzeihe, ist, dass ich, Niklaus Meienberg, Patriot werden muss."

Föderalismus

Eng verwandt mit der kulturellen Vielfalt ist der Föderalismus. Er ist älter als die Mehrsprachigkeit. Die föderalen Wurzeln reichen zurück bis zum Bundesbrief von 1291, der achtörtigen Eidgenossenschaft von 1353 und der dreizehnörtigen von 1513. Das musste selbst Napoleon einsehen, der nach der Fehlgeburt der einheitsstaatlichen Helvetischen Verfassung von 1798 auf die bündische Mediationsverfassung von 1803 einschwenkte und dabei das geflügelte Wort sprach: „La Suisse est fédérative ou elle n'est pas." Die Bundesverfassung von 1848 war dann freilich stark von den USA beeinflusst, nicht zuletzt in bezug auf den Schutz der kleinen gegenüber den grossen Gliedstaaten. Der Luzerner Konservative Anton Philipp von Segesser verstand den Föderalismus in diesem Sinne als Gegenkraft zum, wie er es nannte, „demokratischen Absolutismus".[9]

Eine Anekdote zum schweizerischen Föderalismus lautet so: Der Lehrer fragt seine Schüler, wie die Kinder zur Welt kommen. Der Erste glaubt, sie würden vom Storch gebracht. Der Zweite meint: „Im Spital". Der neunmal kluge Dritte aber weiss: „Das ist von Kanton zu Kanton verschieden."

Daran ist etwas Wahres. Der deutsche Staatsrechtler Peter Häberle schreibt, im Vergleich zu den nachbarschaftlichen Bundesstaaten Deutschland und Österreich finde man in der Schweiz die „vitalste Gliedstaatlichkeit".[10] Diese Beurteilung lässt sich wohl auch in bezug auf die andern Bundesstaaten der Welt aufrecht erhalten, selbst auf den weltweit ältesten Bundesstaat der Vereinigten Staaten von Amerika, erst recht wenn man bedenkt, dass die Intensität und Vielfalt im Vergleich mit den USA auf ein 266 mal kleineres Territorium verdichtet ist. Auch in jüngster Zeit ist die Vitalität der Kantone mehrfach unter Beweis gestellt worden: die Gründung des neuen Kantons Jura, die Institutionalisierung des Kontaktgremiums Bund/Kantone, dann des Dialogs Bund/Kantone unter der Ägide des Bundesrates, die Neugründung der Regierungskonferenz unter der Ägide der Kantone, die Totalrevision der meisten Kantonsverfassungen und die Stärkung der aussenpolitischen Mitwirkung der Kantone in der neuen Bundesverfassung.

Die ungebrochene Vitalität ist die eine Seite, die zunehmende Komplexität die andere. Es ist hier nicht der Ort, auf die vielfachen Facetten des schweizerischen Föderalismus einzugehen: die sogenannte Souveränität der Kantone, die Autonomie der 3000 Gemeinden, die Aufgabenteilung, die Kompetenzvermutung zugunsten der

---

[9] Anton Philipp von Segesser: *Sammlung kleiner Schriften*, Bd. 3, S. 329.
[10] Peter Häberle: „Werkstatt Schweiz, Verfassungspolitik im Blick auf das künftige Gesamteuropa", *Jahrbuch des öffentlichen Rechts der Gegenwart*, Bd. 40 (1991/92), S. 167–173 (169).

Kantone, die Finanzhoheit der Kantone, den Finanzausgleich, die Bundessubventionen (ohne die finanziellen Wohltaten des Bundes wäre laut Landammann Carlo Schmid in Appenzell Innerrhoden „kein Staat zu machen"), den Vollzugsföderalismus, die vielfachen Verflechtungen der Verwaltungen von Bund und Kantonen, den Wahlkreisföderalismus bei der Bestellung des Nationalrates, den horizontalen Föderalismus zwischen den Kantonen mittels Konkordaten und Direktorenkonferenzen sowie, was nach Jean-François Aubert am wichtigsten ist, die vorparlamentarische, parlamentarische und nachparlamentarische Mitwirkung der Kantone bei der gesamtstaatlichen Willensbildung.[11]

Die wachsenden Wucherungen machen den helvetischen Föderalismus höchst unübersichtlich. Man lese die Habilitationsschrift von Hans-Peter Fagagnini, und es wird einem Sturm im Kopf.[12] Sollte man nicht durch den Wildwuchs eine Gasse schlagen, indem man den Ständerat wieder zu einer echten Ständekammer macht anstelle einer faktisch zweiten Volkskammer mit anderer parteipolitischer Zusammensetzung?

Würde Samuel von Puffendorf wieder auferstehen, ich zweifle nicht, er würde sein Dictum über das Römisch-deutsche Reich von 1666 auf die heutige Schweiz übertragen: „Confoederatio Helvetica monstro simile est."

Entpersonifizierung der Macht

In seinem Buch „Le gouvernement des Suisses ou l'histoire en contrepoint" zählt Altbundesrat Chevallaz die Abneigung gegenüber herausragenden Einzelpersönlichkeiten zu den Konstanten schweizerischer Politik.[13] In der Tat, wenn ein Bundesrat zu hoch hinaus will, kriegt er unweigerlich eins aufs Haupt, sei's in der Volksabstimmung oder im Spott oder in beidem.

Dieses Phänomen ist gegenläufig. Weltweit beobachten wir eine Tendenz zur Personifizierung der Macht, zur Ausrichtung der ganzen Nation auf eine Einzelperson. Maurice Duverger hat ein Buch geschrieben mit dem Titel „La monarchie républicaine ou comment les démocraties se donnent des rois".[14] Und er liess ein zweites Buch folgen „Echec au roi".[15] Indessen hat sich seine Forderung, den Königen Schach zu bieten, in der politischen Wirklichkeit nicht durchsetzen können. Im Gegenteil, die Telekratie hat diese Tendenz noch verschärft. Man spricht von der „monarchie républicaine" in Frankreich, der „Kanzlerdemokratie" in Deutschland, der „primeministerial democracy" in Grossbritannien und der „präsidentiellen Demokratie" in den USA.

Das Wundermittel gegen die Personifizierung der Macht ist das Kollegialprinzip. Es ist im Bundesrat und in den Kantonsregierungen vorherrschend, in letzteren mit Ausnahme von Appenzell Innerrhoden. Der regierende Landammann Broger hat bezeichnenderweise in einer Landsgemeinderede verkündet, in jedem rechten Staat gebe es neben dem demokratischen Element ein aristokratisches und ein monarchisches;

---

[11] Jean-François Aubert: *Traité de droit constitutionnel Suisse*, Bd. 1, Neuchâtel 1967, S. 199.
[12] Hans Peter Fagagnini: *Föderalistischer Aufgabenverbund in der Schweiz*, Bern 1991.
[13] Chevallaz (Fn. 5), S. 143/183.
[14] Paris 1974.
[15] Paris 1978.

dabei dachte er bestimmt an sich selbst als den ungekrönten König von Appenzell. Merkwürdigerweise setzt sich dieses Phänomen in Stadtregierungen und in Gemeinden mit vollamtlichen Gemeindepräsidenten nicht fort. „Kaiser und Papst im Dorf" heisst der Titel eines Romans von Heinrich Federer.

Halbdirekte Demokratie

In der „Charta von Paris", welche die Staats- und Regierungschefs der OSZE-Staaten 1990 feierlich unterzeichneten, steht der Satz: „Die Demokratie ist ihrem Wesen nach repräsentativ." Das hätte der Bundesrat nicht unterschreiben dürfen. Denn die schweizerische Demokratie ist ihrem Wesen nach teils repräsentativ, teils direkt. Sie ist es seit Jahrhunderten, weshalb ich nicht verstehe, dass der deutsche Politikwissenschafter Peter Graf Kielmansegg kürzlich in der „Frankfurter Allgemeinen Zeitung" schreiben konnte, „die alten und erfahrenen" Demokratien seien „samt und sonders" rein repräsentativ.[16]

Ich möchte zwei Aspekte herausgreifen, einen quantitativen und einen qualitativen. Quantitativ: Die Schweiz pflegt auf gesamtstaatlicher Ebene die intensivste direkte Demokratie der Welt. Butler und Ranney haben sämtliche Volksabstimmungen in allen Staaten der Welt seit 1793 zusammengestellt.[17] Sie kamen auf insgesamt 554 Sachabstimmungen, davon mehr als die Hälfte, nämlich 297, in der Schweiz.

Dabei ist zu beachten, dass die Schweiz die direktdemokratischen Institutionen auf Bundesebene ständig ausgebaut hat. 1848 gab es nur das obligatorische Referendum für die Total- und Partialrevision der Bundesverfassung sowie die Initiative zur Totalrevision der Verfassung. 1874 kam das fakultative Gesetzesreferendum hinzu, 1891 die Initiative für die Partialrevision der Verfassung, 1921 das Staatsvertragsreferendum, 1949 das nachträgliche Referendum für dringliche Bundesbeschlüsse, 1977 das erweiterte Staatsvertragsreferendum und 1987 das doppelte Ja für Verfassungsinitiativen mit Gegenvorschlag.

Aber nicht nur institutionell wurde die direkte Demokratie auf Bundesebene ausgebaut, vielmehr bewirkte die Wandlung vom Minimalstaat zum Daseinsvorsorge- und Leistungsstaat zusätzlich einen Zuwachs der referendumsfähigen Legislativakte um das Dreifache.[18] Beides zusammen, die institutionelle und die funktionelle Intensivierung hatte zur Folge, dass die Hälfte aller Volksabstimmungen auf Bundesebene seit 1848 in den letzten dreissig Jahren stattgefunden hat.

Soweit die Bundesebene. Aus der Sicht der Belastung der Stimmbürger müssen aber auch die kantonale, die Bezirks- und die Gemeindeebene mitberücksichtigt werden. Wenn ich sämtliche Wahl- und Sachentscheide auf allen Ebenen des Bundesstaates für den Bürger der Stadt St. Gallen während 24 Jahren zusammenzähle und mit benachbarten Städten Österreichs, Deutschlands und Frankreichs vergleiche, so ergibt

---

[16] *Frankfurter Allgemeine Zeitung*, 25. 4. 2001, S. 14.

[17] David Butler/Austin Ranney: *Referendums, A Comparative Study of Practice and Theory*, Washington 1978.

[18] Alois Riklin: *Parlamentsreform, Entwurf des Schlussberichts (18. Mai 1977)*, Studienkommission der Eidgenössischen Räte „Zukunft des Parlaments", St. Gallen 1977, S. 105.

sich das folgende Ergebnis: 24 Urnenentscheide in Bregenz, 32 in Konstanz, 38 in Strassburg, aber 503 in St. Gallen.[19]

Bei einer so intensiven und intensivierten Mitverantwortung der Stimmbürger darf man sich nicht wundern, dass die Beteiligung in der Nachkriegszeit massiv gesunken ist, bei den Sachabstimmungen auf Bundesebene um 21 Prozentpunkte (von 62 auf 41%) und bei den Nationalratswahlen sogar um 29 Prozentpunkte (von 72 auf 43%). Das mussten schon die alten Athener als Folge ihrer intensiven direkten Demokratie zur Kenntnis nehmen.

Qualitativer Aspekt: Wir sind heillos überfordert. Obwohl als Politikwissenschafter berufsmässig privilegiert, fühle ich mich überfordert, und ich muss zugeben, dass ich oft ungenügend vorbereitet zur Urne gehe. Ich habe einige Belege für die sachliche Überforderung der Stimmbürger aus den VOX-Analysen zusammengestellt:

12.06.1977	Bundesbeschluss über die Steuerharmonisierung	Knapp die Hälfte der Befragten konnte keine Aussage zum Inhalt der Vorlage machen.
28.05.1978	Bundesgesetz über den Schwangerschaftsabbruch	17% der Ja-Stimmenden haben ein Nein-Motiv zur Begründung ihres Stimmverhaltens angeführt.
18.02.1979	Atominitiative	15% der Nein-Stimmenden haben irrtümlicherweise nein gestimmt (Ablehnung von Atomkraftwerken).
20.05.1979	Atomgesetz	Falsche Kenntnis der Vorlage (Irrtum, dass Entscheidbefugnisse auf Stimmbürger ausgedehnt würde) führen zu einem hohen Ja-Stimmenanteil.
06.06.1982	Ausländergesetz	32% der Urnengänger beantworten die Frage nach dem Inhalt der Vorlage eindeutig falsch.
28.09.1986	Gegenvorschlag zur Kulturinitiative	60% der Stimmberechtigten konnten sich nach der Abstimmung nicht mehr an den Vorlageninhalt erinnern.
23.09.1990	Energieartikel	Über ein Drittel der Befragten konnte keine Angaben zum Inhalt der Vorlage machen.
02.06.1991	Neuordnung der Bundesfinanzen	Ein Viertel der Nein-Stimmenden lehnte die Vorlage ab. Grund: Überforderung.
28.11.1993	Bundesbeschluss über besondere Verbrauchssteuern	45% der Stimmberechtigten hatten eine falsche Vorstellung von der Vorlage. Über 55% der Stimmenden legten ihrem Entscheid ein falsches Motiv zugrunde.
20.02.1994	Revision des Luftfahrtgesetzes	30% der Stimmberechtigten hatten eine falsche Vorstellung von der Vorlage.

Braucht es noch mehr, um die sachliche Überforderung zu beweisen? Anscheinend schon! Jedenfalls bin ich in der Expertenkommission „Volksrechtereform" regelmässig mit allen Stimmen gegen die meine unterlegen, wenn ich mein ceterum censeo gegen einen weiteren Ausbau der direkten Demokratie zum Ausdruck brachte. Vor allem die Juristen bastelten gerne an neuen direktdemokratischen Regeln. Es scheint, als gäbe es so etwas wie ein Gesetz des unaufhaltsamen Wachstums der direkten Demokratie. Sie ist im schweizerischen Staatsverständnis tief verwurzelt. Wenn ein Abbau auf absehbare Zeit nicht erreichbar ist, sollten wir wenigstens von einem weiteren Ausbau Abstand nehmen.

Peter Noll hat einmal geschrieben: In Deutschland gebe es zu viel Rechtsstaat – er dachte wohl an die gestaltende Verfassungsjustiz in hochpolitischen Fragen – und zu

---

[19] Alois Riklin/Roland Kley: *Stimmabstinenz und direkte Demokratie*, Bern 1981, S. 31.

wenig Demokratie. In der Schweiz gebe es umgekehrt zu wenig Rechtsstaat (mangels Normenkontrolle von Bundesgesetzen), aber zu viel Demokratie.

Milizdemokratie

Milizarmee und Milizpolitik gehören traditionellerweise zum Staatsverständnis der Schweiz. Beide Begriffe sind für ausländische Ohren erklärungsbedürftig. Als ich einen Kurs in der deutschen Bundeswehr absolvierte, wurde ich in der Teilnehmerliste als Reserveoffizier geführt; man wollte mir trotz Einspruch nicht abnehmen, dass ich aktiver Offizier sei. Oder als ich in Wien in einem Vortrag unüberlegt vom Milizparlament sprach, musste ich in der Diskussion den anwesenden Staatsrechtlern und Politikwissenschaftern erläutern, was damit gemeint sei.

Die Milizarmee beruht im Gegensatz zur Berufsarmee auf der allgemeinen Wehrpflicht und im Gegensatz zum stehenden Heer auf der zeitlich gestaffelten Dienstleistung. Sie ist ein uraltes Phänomen. Wir finden sie bereits in den antiken Stadtrepubliken Griechenlands. Platon verlangte in den „Nomoi", dass die Wehrpflichtigen monatlich mindestens einen Tag an militärischen Übungen teilnehmen, darunter Manöver auf Gegenseitigkeit, wobei nicht nur harmlose Wurfgeschosse verwendet werden sollten.[20] Die Milizarmee war typisch für die Römische Republik und das germanische Wehrwesen. Später finden wir sie wieder in spätmittelalterlichen Stadtrepubliken Italiens und in der alten Eidgenossenschaft. Leonardo Bruni verteidigte die Florentiner Miliz. Niccolò Machiavelli und Donato Giannotti bemühten sich um die Wiedereinführung der Miliz in der Republik Florenz. Machiavelli rühmte die Eidgenossen als „armatissimi e liberissimi"[21]; die Schweizer Söldner im Dienste von Tyrannen freilich verachtete er und bezeichnete sie als brutale Raufbolde. Auch Jean-Jacques Rousseau sah einen Zusammenhang zwischen Milizarmee und freiheitlichem Staat: „Tout citoyen doit être soldat par devoir, nul ne doit l'être par métier. Tel fut le système des Romains; tel est aujourd'hui celui des Suisses; tel doit être celui de tout état libre ..."[22] Montesquieu äusserte sich kritisch über stehende Truppen und erklärte den Übergang von der Milizarmee zum stehenden Heer als eine der Ursachen des Niedergangs von Rom.[23] Gefragt, ob er als französischer Botschafter in Berlin in militärischer oder in Diplomatenuniform zu einem Empfang erscheinen werde, antwortete Emmanuel Joseph Sieyes, im revolutionären Frankreich gebe es nur Bürger und jeder Bürger sei auch Soldat. Englische und schottische Republikaner wie James Harrington, Andrew Fletcher, David Hume und Adam Ferguson traten – im Gegensatz zu Adam Smith – für die Milizarmee ein. Die englische Bill of Rights von 1689 und die Virginia Bill of Rights von 1776 verboten stehende Heere in Friedenszeiten. Die Ahnengalerie berühmter Milizanhänger liesse sich verlängern.[24]

---

[20] Platon: *Die Gesetze*, Zürich/München 1974, S. 320/323.

[21] Niccolò Machiavelli: *Il Principe*, 1513, XII.

[22] Jean-Jacques Rousseau: *Considérations sur le gouvernement de Pologne et sur sa réformation projettée*, 1772, XII.

[23] Montesquieu: *Considérations sur les causes de la grandeur des Romains et de leur décadence*, 1734, IX.

[24] Jan Metzger: *Die Milizarmee im klassischen Republikanismus*, Bern 1999.

In der laufenden Diskussion über die Schweizer Armeereform ist die Milizarmee umstritten. Kaum beachtet, ist in der neuen Bundesverfassung das Verbot stehender Truppen gestrichen worden. Mit der Senkung der Bestände und des Wehralters, der Einführung von „Zeitsoldaten" sowie der vor Jahresfrist erstmaligen Zulassung von sogenannten „Durchdienern" nähern wir uns dem stehenden Heer. Anderseits hat die Idee der Berufsarmee Auftrieb erhalten. 1983 waren ihre Anhänger noch eine verschwindend kleine Minderheit (8%). Aber seit der sicherheitspolitischen Wende von 1989/90 haben sie kontinuierlich an Boden gewonnen und seit 1999 liegen die Befürworter der Milizarmee und jene der Berufsarmee gleichauf.[25] Die 18–29jährigen sind sogar mehrheitlich für eine Berufsarmee von Freiwilligen (61%). Nun ist die Leitung der Sozialdemokratischen Partei in einem taufrischen Papier auf den Zug aufgesprungen. Ob sie sich wohl bewusst ist, dass sie mit dem Konzept einer Freiwilligenarmee die urrepublikanische und nicht zuletzt auch sozialdemokratische Idee des Bürgersoldaten über Bord wirft? Man kann nur hoffen, dass sie nicht auch noch das neoliberale Verdikt Walter Wittmanns übernimmt, die allgemeine Wehrpflicht sei Zwangsarbeit.[26]

Die Übertragung des Begriffs der Milizarmee auf die Politik ist ethymologisch eigentlich unsinnig, – militia heisst ja das Kriegswesen. Gemeint ist offenbar, in Analogie zur Milizarmee, die Verpflichtung des Bürgers zur nebenamtlichen und ehrenamtlichen Wahrnehmung öffentlicher Aufgaben.[27] Der Begriff „Milizparlament" ist jung; nach Erich Gruner, dem besten Kenner der Bundesversammlung, ist er erst in den Fünfzigerjahren aufgekommen. Noch jünger sind die Begriffe Milizpolitik, Milizverwaltung und Milizdemokratie. Paradoxerweise hat sich der politische Milizbegriff erst eingebürgert, als dessen Substanz zu erodieren begann. Der Amtszwang ist zur Ausnahme geworden, der Zeitaufwand politischer Ämter hat zugenommen, und die Ehrenamtlichkeit wird zunehmend durch mehr oder weniger angemessene Entschädigungen abgelöst.

1960 war die Bundesversammlung, mit Ausnahme des fehlenden Amtszwangs, noch ein echtes Milizparlament. Nach einer Vollerhebung der Eidgenössischen Räte sind National- und Ständerat heute ein Halbberufsparlament mit Viertelsentschädigung.[28] Die Kumulation von anspruchsvollen zivilen Aufgaben mit einem Parlamentsmandat wird immer schwieriger. Auch die Personalunionen von hohem Milizoffizier und eidgenössischem Parlamentarier sind rückläufig.[29] Heute könnte der blinde Tessiner Ständerat aus dem 19. Jahrhundert nicht mehr sagen, wenn er in den Wandelhallen an einen Kollegen oder an eine Säule stiess: „Excusez-moi, mon colonel."

---

[25] Karl Haltiner et al.: *Sicherheit 2001, Aussen-, Sicherheits- und Verteidigungspolitische Meinungsbildung im Trend*, Zürich 2001, S. 140.

[26] Walter Wittmann: „Ökonomie der Landesverteidigung", *Neue Zürcher Zeitung*, 5. 10. 1994.

[27] Alois Riklin: „Milizdemokratie", *Staatsorganisation und Staatsfunktionen im Wandel, Festschrift für Kurt Eichenberger zum 60. Geburtstag*, Basel/Frankfurt a. M. 1982, S. 41–57.

[28] Alois Riklin/Silvano Möckli: „Milizparlament?", Parlamentsdienste (Hrsg.), *Das Parlament – ‚Oberste Gewalt des Bundes'? Festschrift der Bundesversammlung zur 700-Jahr-Feier der Eidgenossenschaft*, Bern 1991, S. 145–163.

[29] Alois Riklin/Louis Bosshart: „Tatsachen über unsere Milizarmee", *Allgemeine Schweizerische Militärzeitschrift*, 148 (1982), S. 5–8.

Der heiligen Kuh des immer noch Milizparlament genannten Halbberufsparlaments wird als Vorzug nachgesagt, es behindere die Sesselkleberei, begünstige die Volksverbundenheit und bewirke den Einbezug beruflicher Kenntnisse und Erfahrungen. Das mag stimmen. Der Nachteil dieser Lösung ist aber eine extrem schmale Rekrutierungsbasis. Nur wenige können sich eine schlecht bezahlte und unregelmässige Halbtagstätigkeit leisten.

In den Kantonen und Gemeinden, vor allem in den kleinen Kantonen und den kleinen Gemeinden ist das politische Milizprinzip jedoch nach wie vor stark verwurzelt. Wir wissen sehr wenig darüber. In einer Diplomarbeit der Universität St. Gallen wurde festgestellt, dass in der Vorarlberger Gemeinde Hohenems jeder Hundertste ein Milizamt innehatte, in der nur durch den Rhein getrennten St. Galler Gemeinde Balgach dagegen jeder Zwölfte.[30] Das weist auf sehr verschiedene politische Kulturen.

Konkordanzdemokratie

Die Konkordanzdemokratie als Besonderheit des politischen Systems der Schweiz ist im Vergleich mit den bisher besprochenen Merkmalen relativ jung. Ihr auffälligstes Merkmal, die Vertretung aller grossen Parteien im Bundesrat, geht in der heutigen Form auf das Jahr 1959 zurück. Bis es dazu kam, war ein langer Weg zurückzulegen. Von 1848 bis 1891 beanspruchte der Freisinn alle sieben Bundesratssitze (7:0). 1891 wurde den Katholisch-Konservativen (heute CVP) ein Sitz zugestanden (6:1). Nach der Einführung der Proporzwahl für den Nationalrat stiess 1919 ein zweiter Konservativer dazu (5:2). Ab 1929 wurde ein Mitglied der Bauern-, Gewerbe- und Bürgerpartei (heute SVP) in den Bundesrat aufgenommen (4:2:1), 1943 im Zeichen der äusseren Bedrohung der erste Sozialdemokrat (3:2:1:1). Nach zwei Zwischenlösungen im Gefolge des Rücktritts des Sozialdemokraten 1953 gilt nunmehr seit 1959 die „Zauberformel": 2 FdP, 2 CVP, 2 SP und 1 SVP. Diese Entwicklung legt den Schluss nahe, dass es, wie früher, auch ohne Konkordanz gehen könnte.

Die Gegner der Konkordanz sprechen nicht von der Zauberformel, sondern vom „faulen Zauber". Die einen machen geltend, dass die Konkordanzdemokratie keinen Wechsel von Regierung und Opposition ermögliche. In einem Schweiz-Report der deutschen Wochenzeitschrift „Der Spiegel" wurde in den Siebzigerjahren sogar die Meinung vertreten, wir hätten mangels Regierungswechsel gar keine echte Demokratie. In diesem Sinne sprechen die Gegner gern von einem „undemokratischen Machtkartell". Andere ärgern sich, vor allem mit Blick auf SP und SVP, über das Doppelspiel von Regierungs- und Oppositionsparteien.

Die Befürworter der Zauberformel argumentieren demgegenüber, das Volk bevorzuge die Konkordanz. Vier Indizien weisen in diese Richtung. Erstens äussert sich in Repräsentativbefragungen die Mehrheit zugunsten der Weiterführung der Konkordanz, und dies mit steigender Tendenz.[31] Zweitens begünstigt das Wahlvolk in 24 von

---

[30] Peter Wieser: *Das Milizsystem in der Gemeindepolitik einer schweizerischen und einer österreichischen Landgemeinde im Rheintal*, Unveröffentlichte Diplomarbeit der Hochschule St. Gallen 1977, S. 79.

[31] *UNIVOX*, II A 1994, S. 15; *Sonntagszeitung*, 28. 11. 1999.

26 Ständen trotz Majorzwahlen Konkordanzregierungen.[32] Drittens sind die Versuche, die Zauberformel umzustürzen, am Widerstand der Bundesversammlung oder zuvor schon in den Fraktionen oder Parteien gescheitert.[33] Ein viertes Indiz ergibt sich aus den Nationalratswahlen. Zwar sank der Stimmenanteil der Regierungsparteien von 85 Prozent im Jahre 1959 auf 70 Prozent 1991. Deshalb glaubte man weiterum an einen unaufhaltsamen Schrumpfungsprozess, an ein langsames Auslaufen der Konkordanz. Doch 1995 trat überraschend eine Trendwende ein. Das Stimmungsbarometer stieg auf 74 Prozent, 1999 sogar auf 81. Das ist im internationalen Vergleich ein sensationelles Ergebnis. Normalerweise verlieren Regierungsparteien im Lauf der Zeit an Wählergunst. Eine Regierungsstabilität über volle vierzig Jahre hinweg, dazu mit Aufwärtstrend, ist ein echter Sonderfall.

Raimund Germann hat seit seiner Habilitationsschrift von 1975[34] bis zu seinem frühen Tod 1998 hartnäckig für den Übergang von der Konkordanz- zur Konkurrenzdemokratie gefochten. Sein Katalog der Vorbedingungen[35] spricht ebenso für seine intellektuelle Redlichkeit wie für den Utopismus seines Unterfangens. Das Massnahmenpaket, das er zum Gelingen des Systemwechsels für notwendig hielt, umfasst die folgenden Eingriffe: 1. Relatives Mehrheitswahlrecht in Einerwahlkreisen bei den Nationalratswahlen, 2. Berufsparlament, 3. Verringerung der Gesetzgebungskompetenzen des Ständerates, 4. Wahl des Bundesrates allein durch den Nationalrat, 5. starker Bundespräsident mit vierjähriger Amtsdauer, 6. Reduktion der obligatorischen Referenden durch Kompetenzvermutung zugunsten des Bundes statt der Kantone, 7. Reduktion des fakultativen Referendums durch Einführung des Parlaments- anstelle des Bürgerreferendums, 8. Erschwerung der Verfassungsinitiative. Germann hatte recht: Ohne massiven Abbau der direkten Demokratie und ohne zusätzliche massive Eingriffe in unser Verfassungssystem ist der Übergang zur Konkurrenzdemokratie nicht zu bewerkstelligen.

Glaubt jemand im Ernst, dass sich in Volk und Ständen Mehrheiten für eine solche Rosskur finden lassen? Dass mit unserem angeblich so innovationsfeindlichen Entscheidungsprozess ein so radikaler Innovationsschub machbar ist? Das gliche doch jenem legendären Münchhausen, der sich am eigenen Schopf aus dem Sumpf ziehen wollte, … wenn wir denn überhaupt im Sumpf stecken.

Eine Konkurrenzdemokratie nach britischem oder amerikanischem Muster ist in der Schweiz unter den herrschenden direktdemokratischen und föderalistischen Gegebenheiten unrealistisch. Die mildere Form des Systemwechsels im Sinne einer Mitte-rechts-Regierung oder einer Mitte-links-Regierung scheint dagegen machbar. Nur müssten dann der Bundesrat und die Parlamentsmehrheit damit rechnen, dass sie von den Oppositionsparteien durch Referenden und Initiativen am Regieren gehindert würden. Ein entsprechendes Experiment ist in Genf in den Neunzigerjahren gescheitert.

---

[32] Urs Felder: *Wahl aller Kantonsregierungen unter besonderer Berücksichtigung der Wahlsysteme*, Zürich 1993, S. 173ff.

[33] SP 1983, Zürcher FdP 1995, SVP 1999.

[34] Raimund E. Germann: *Politische Innovation und Verfassungsreform*, Bern/Stuttgart 1975.

[35] Raimund E. Germann: *Staatsreform, Der Übergang zur Konkurrenzdemokratie*, Bern/Stuttgart/Wien 1994, S. 40.

Neutralität

Bei der Vorbereitung dieses Textes habe ich mich gefragt, ob die Neutralität der Schweiz als Merkmal unseres heutigen Staatsbewusstseins erwähnt zu werden verdiene. Ist doch hundertfach verkündet worden, die Neutralität sei lediglich ein Mittel, nicht ein Ziel der schweizerischen Aussenpolitik und zwar, wie die Schöpfer der Bundesverfassung von 1848 festhielten, ein Mittel, auf das unter Umständen im Interesse der Unabhängigkeit verzichtet werden müsse. Dann nahm ich eine neue Repräsentativumfrage zur Hand und las darin überrascht, dass zwei Drittel der Befragten der Meinung waren, die Neutralität sei untrennbar mit dem schweizerischen Staatsgedanken verbunden.[36] Die Neutralität darf deshalb bei einer Analyse des schweizerischen Staatsbewusstseins nicht fehlen.

Bleiben wir einen Moment bei dieser Umfrage. 82 Prozent votierten für die Beibehaltung der Neutralität; 1983 waren es noch 93 Prozent. 70 Prozent hielten die Neutralität nicht nur für ein Mittel, sondern für ein vorrangiges Mittel der schweizerischen Aussenpolitik. Allerdings waren nur 35 Prozent der Meinung, ein Beitritt zur Europäischen Union sei mit der Neutralität unvereinbar; und nach einer anderen Umfrage vertraten nur 31 Prozent die Auffassung, der Beitritt zu den Vereinten Nationen sei neutralitätswidrig.

Wenn man im Abstimmungskampf den Gegnern der Bewaffnung von Schweizer Truppen für friedensfördernde Auslandeinsätze (2001) aufmerksam zuhörte, musste man den Eindruck gewinnen, sie seien der Meinung, dass die Neutralität zeitlos einfür allemal festgeschrieben sei. Dem ist nicht so![37] Die nunmehr bald ein halbes Jahrtausend währende Neutralität der Schweiz hat sich im Lauf der Zeit immer wieder gewandelt. 1625 schrieb Hugo Grotius, der Vater des Völkerrechts, in seinem lange Zeit gültigen Werk „De iure belli ac pacis", der Neutrale sei verpflichtet, den Kriegführenden den militärischen Durchzug zu gewähren. Oder vom 16. bis tief ins 19. Jahrhundert galt der Abschluss von Defensivbündnissen als neutralitätskonform, und die Schweiz hat davon mehrfach Gebrauch gemacht. Oder bis 1859 erlaubte die Schweiz die Anwerbung von Schweizer Söldnern. Oder die Haager Landkriegsordnung von 1907 erlaubte den Neutralen die private Ausfuhr von Kriegsmaterial an Kriegführende, und Schweizer Unternehmen praktizierten dieses Geschäft sowohl im Ersten als auch im Zweiten Weltkrieg; heute verbietet die Schweiz aus freien Stücken, obwohl nach Völkerrecht erlaubt, die private Kriegsmaterialausfuhr in Kriegsgebiete.

Wir stehen heute vor einer neuen Situation, die eine Änderung des Neutralitätskonzepts aufdrängt. Weil der Aggressionskrieg heute im Gegensatz zu 1907 allen Staaten verboten ist, weil ein Krieg zwischen den Nachbarstaaten der Schweiz heute im Gegensatz zu 1907 höchst unwahrscheinlich ist, weil überhaupt ein zwischenstaatlicher Krieg in Europa im Gegensatz zu 1907 unwahrscheinlich ist, weil die Neutralität auf innerstaatliche Bürgerkriege nicht anwendbar ist, weil der Kalte Krieg zu Ende ist, weil heute im Gegensatz zu 1907 die Weltgemeinschaft der Vereinten Nationen existiert und folglich im Haager Neutralitätsrecht von 1907 eine Lücke besteht, welche

---

[36] Karl Haltiner et al. (Fn. 25), S. 79–100.

[37] Alois Riklin/Thomas Hafen: „Die dauernde Neutralität der Schweiz", *Jahrbuch des öffentlichen Rechts der Gegenwart*, Bd. 40 (1991/92), S. 1–44 (3).

die Schweiz aus eigenem Ermessen füllen kann, schliesslich weil alle neutralen Staaten mit Ausnahme der Schweiz problemlos Mitglieder der Vereinten Nationen sind, – aus all diesen Gründen ist eine neue Lagebeurteilung zwingend, die es der Schweiz beispielsweise erlaubte, ohne Bedenken als neutraler Staat den Vereinten Nationen beizutreten. Ein gewandeltes Neutralitätskonzept als Merkmal des schweizerischen Staatsverständnisses ist nicht nur legitim und völkerrechtlich legal, sondern auch im wohlverstandenen Interesse der Schweiz. 1986 wurde der UN-Beitritt noch von allen Kantonen und von 75% der Stimmbürger abgelehnt. 2002 stimmte die Schweiz dem UN-Beitritt zu, allerdings mit dem knappstmöglichen Mehr der Stände und 56% der Stimmenden. Die Schweiz bewegt sich doch!

Anrufung Gottes

Noch etwas darf beim Nachdenken über das schweizerische Staatsverständnis nicht fehlen. Wie der Bundesbrief von 1291, wie alle späteren Bundesbriefe, wie der Bundesvertrag von 1815 und wie die Bundesverfassung von 1848 und 1874, beginnt auch die neue Bundesverfassung von 1999 mit der Anrufung Gottes. Das findet man zwar auch in anderen Verfassungen, beispielsweise im deutschen Grundgesetz. Aussergewöhnlich ist dagegen, dass die Schweizer Flagge das christliche Symbol des Kreuzes verwendet. Und aussergewöhnlich ist, dass wir seit 1796 alljährlich den Eidgenössischen Dank-, Buss- und Bettag feiern, – ein Brauch, der in den Kantonen bis ins 15. Jahrhundert zurückgeht. Die Ballung von Bettag, Flagge und Verfassungsingress ist einzigartig. Gewiss sind wir Schweizer deshalb nicht besser als andere, höchstens scheinheiliger. Aber, schrieb Jacob Burckhardt in anderem Zusammenhang: „Der Mensch ist nicht bloss, was er ist, sondern auch, was er sich zum Ideale gesetzt hat, und auch wenn er diesem nicht völlig entspricht, wird durch das blosse Wollen auch ein Teil seines Wesens bezeichnet."[38]

Drei Basler haben in drei grossen Reden mit dem Titel „Im Namen Gottes des Allmächtigen" die Staatsgesinnung der Eidgenossen an diesem hohen Anspruch gemessen: Ernst Staehelin 1935[39], Karl Barth 1941[40] und Jan M. Lochman 1982.[41] Warum, so fragte Karl Barth, warum stellt die Schweizer Flagge ein weisses Kreuz auf rotem Grund zur Schau? Warum nicht einen Löwen oder einen Adler oder einen Bären oder einen Stier oder einen Kuhhandel oder ein Goldenes Kalb?[42] Ich kenne keinen fulminanteren Text aus der Schweizer Geschichte als diese, von der Schweizer Zensur in gefahrvoller Zeit verbotene Predigt von Karl Barth. Als St. Galler bin ich ein bisschen stolz darauf, dass die verbotene Schrift illegaler-, aber legitimerweise in St. Gallen in 16.000 Exemplaren dennoch gedruckt worden ist.

---

[38] Jacob Burckhardt: *Griechische Kulturgeschichte*, Nach der von Hanno Helbling unter dem Titel „Staat und Kultur" herausgegebenen Auswahl, Zürich 1972, S. 123.

[39] Ernst Staehelin: „Im Namen Gottes des Allmächtigen!", *Vom Wesen und Wandel der Kirche, Festschrift für Eberhard Vischer*, Basel 1935, S. 210–252.

[40] Karl Barth: *Im Namen Gottes des Allmächtigen! 1291–1941*, St. Gallen 1941.

[41] Jan Miliè Lochman: *Im Namen Gottes des Allmächtigen! Rektoratsrede*, Basler Universitätsreden, Heft 76, Basel 1982.

[42] Barth (Fn. 40), S. 5.

Dass der Ingress „Im Namen Gottes des Allmächtigen" auch wieder an der Spitze der neuen Bundesverfassung prangt, geschah nicht unüberlegt. Vor allem in der Expertenkommission Furgler wurde darüber kontrovers diskutiert.[43] Wenn sich die Kommission im Gegensatz zum Präambelentwurf von Adolf Muschg für die Beibehaltung der Formel entschied, so wollte sie damit zum Ausdruck bringen, dass das Schweizer Volk seinen Staat nicht als das Höchste betrachtet, sondern dass es einen göttlichen Auftrag zur Verwirklichung einer menschenwürdigen Ordnung des Zusammenlebens anerkennt. Ob das immer noch dem heutigen schweizerischen Staatsverständnis entspricht, möchte ich als Frage offen lassen.

---

[43] Expertenkommission für die Vorbereitung einer Totalrevision der Bundesverfassung: *Bericht*, Bern 1977, S. 18.

La faillite de la bipolarité
»modèle américain – modèle européen«
en tant que critère analytique du contrôle de la
constitutionnalité et la recherche d'une nouvelle typologie
explicative

von

Francisco Fernández Segado

Professeur de Droit constitutionnel Université Complutense de Madrid Faculté de Droit

Table des Matieres

1. Introduction

Un des phénomènes les plus remarquables des ordres juridico-constitutionnels de notre temps a été l'universalisation de la justice constitutionnelle. Bien qu'il soit un lieu commun de ramener la préoccupation par le dessin de mécanismes de défense de l'ordre constitutionnel au moment (à la fin du XVIIIème siècle) où cet ordre fait son apparition, ce qui est bien certain c'est que, à vrai dire, l'idée de la défense d'un certain ordre est presque inhérente à l'histoire de l'humanité.

Et il en est ainsi parce que la pensée contemporaine sur la défense des normes constitutionnelles c'est l'héritière d'une longue tradition qui a persisté tout au long des siècles, puisqu'au fond, comme le fait bien remarquer *Fix-Zamudio*[1], ce n'est qu'un reflet de la lutte permanente de l'être humain pour sa liberté face au pouvoir politique, à travers un ordre juridique supérieur. Cette idée intemporelle demeure encore pleinement en vigueur, tout comme cela est corroboré, en outre, par l'imbrication entre la justice constitutionnelle et la démocratie[2].

A partir de cette perspective, l'universalisation de la justice constitutionnelle, trait caractéristique du dernier quart de siècle, acquiert sa plus entière compréhension, car c'est alors qu'elle se place en étroite harmonie avec l'universalité de l'idée de liberté, avec l'expansion sans frontières d'un sentiment qui voit dans le respect de la dignité humaine et des droits inviolables qui lui sont inhérents, la règle qui régit tout gouvernement démocratique et toute vie sociale en commun civilisée.

Ce développement sans limitations de la justice constitutionnelle a inévitablement une incidence frontale sur l'opposition bipolaire classique à laquelle furent reconduits, pendant longtemps, les différents systèmes de la justice constitutionnelle: le système américain et l'européo-kelsénien, ou alors, de préférence, le modèle de la *Judicial Review of Legislation* et le modèle de la *Verfassungsgerichtsbarkeit*.

Cette bipolarité a déjà été touchée d'une manière appréciable à la suite des modèles originaux de justice constitutionnelle créés après la Deuxième Guerre mondiale en Italie et en Allemagne car ces derniers prirent pour point de départ une conception de la Constitution très proche de celle des Etats-Unis, configurèrent leurs Cours constitutionnelles respectives comme une juridiction plus qu'un »législateur négatif« à la mode de *Kelsen*, bien que cette idée-force fut présente, en y attachant certaines conséquences juridiques et, finalement, introduisirent un élément diffus dans un modèle de structure et d'organisation concentrée, suite à la constitutionnalisation (articles 100 de la *Bonnergrundgesetz* et 134 de la Constitution italienne, développé par l'article 1.1 de la Loi constitutionnelle du 9 février 1948, »Norme sui giudizi di legittimità costituzionale e sulle garanzie di indipendenza della Corte costituzionale«) de l'institution du procès de la question d'inconstitutionnalité d'une loi (ce qu'on appelle en Italie *questione di legittimità costituzionale*).

L'énorme expansion de la justice constitutionnelle déclencha une mixture et une hybridation des modèles, et elle s'est ajoutée à l'évolution préexistante de convergence progressive entre les éléments, opposés antérieurement, des deux systèmes traditionnels de contrôle de la constitutionnalité des actes du pouvoir.

La résultante finale de tout ce qui a été exposé est la perte de l'utilité analytique de la bipolarité largement réitérée »modèle américain – modèle européo-kelsénien«. Comme le signale *Rubio Llorente*[3], »hablar hoy de un sistema europeo carece de sentido

---

[1] *Hector Fix-Zamudio:* »La Constitución y su defensa« (Rapport général), dans l'ouvrage collectif »La Constitución y su defensa«, UNAM, México,1984, p. 11 et suiv.; en particulier, p. 12.

[2] Selon *Cappelletti*, »la justice constitutionnelle ne convient pas aux dictatures. Après sa pénétration dans la République de Weimar (suite à une célèbre sentence du *Reichsgericht*, de 1925) par la force intrinsèque du principe *Grundgesetz bricht ordentliches Gesetz,* la justice constitutionnelle disparaît aussitôt dans l'Allemagne du *Führer.* Et il en est de même dans l'Espagne de Franco. *Mauro Cappelletti:* »Le sens du contrôle judiciaire de constitutionnalité des lois dans le monde contemporain«, dans l'ouvrage de l'auteur lui-même, »La Justicia Constitutional« (Etudes de Droit comparé), UNAM, Mexico, 1987, p. 193 et suiv., en particulier p. 197.

[3] *Francisco Rubio Llorente:* »Tendencias actuales de la jurisdicción constitucional en Europa«, dans l'ouvrage collectif, »Manuel Fraga. Homenaje Académico«, vol. II, Fondation Canovas del Castillo, Madrid, 1997, p. 1411 et suiv.; en particulier, p. 1416.

porque hay más diferencias entre los sistemas de justicia constitucional existentes en Europa que entre algunos de ellos y el norteamericano« (parler maintenant d'un système européen n'a guère de sens car il y a plus de différences entre les systèmes de justice constitutionnelle existants en Europe qu'entre certains d'entre eux et celui des Etats-Unis).

Par conséquent, il faut chercher une nouvelle typologie offrant davantage de capacité analytique des systèmes de la justice constitutionnelle.

2. Le dernier »ratio« de la bipolarité: la conception du »législateur négatif« et la réaffirmation kelsénienne du principe d'assujettissement des juges à la loi

I. La réception en Europe du système judiciaire constitutionnel se produira, comme on le sait très bien, au cours de la première après-guerre. D'une part, la Constitution de Weimar encouragera un développement de la juridiction constitutionnelle qui nous offre, comme l'observe *Simon*[4], une image contradictoire et polychrome, même si, en accord avec la tradition allemande, les compétences de cette juridiction sont orientées essentiellement vers les problèmes qui découlent de la structure fédérale de l'Etat.

D'autre part, la Constitution de la République fédérale autrichienne (*Oktoberverfassung*), du 1er octobre 1920, prévoira un nouveau système de contrôle de constitutionnalité, chef d'œuvre de *Kelsen*, qui différera du modèle américain non seulement dans l'attribution à un organe »ad hoc«, le Tribunal constitutionnel, de la faculté de vérifier le contrôle de constitutionnalité des normes générales, mais aussi dans un ensemble de traits d'une importance incontestable étroitement liés à la nature particulière de »législateur négatif« que *Kelsen* attribuera au Tribunal constitutionnel.

II. La Constitution de Weimar intégrait l'institut de la *Staatsgerichtsbarkeit*, un instrument de décision de procédure de conflits entre les organes qui concourent à la formation de la volonté de l'Etat, des conflits de nature essentiellement politique.

La conception de la juridiction constitutionnelle en tant que voie de résolution de conflits entre organes suprêmes (*Organstreit*), qui nous est transmise jusque de nos jours, de l'avis de *Volpe*[5], se matérialisera d'une manière emblématique dans le *Staatsgerichtshof*, que prévoit l'art. 108 de la Constitution de Weimar et que développe une Loi du 9 juillet 1921.

Pour ce qui est du contrôle de compatibilité des normes des *Länder* par rapport au Droit du *Reich*, considéré dans l'alinéa 2 de l'art. 13 de la Constitution, qui ne déterminait pas de l'organe compétent pour son exécution (il n'était fait allusion qu'au fait que la compétence retomberait sur une juridiction suprême du Reich), une Loi du 8 avril 1920 allait le confier au *Reichsgericht*.

---

[4] *Helmut Simon*: »La Jurisdicción Constitucional«, en Benda, Maihofer, Vogel, Hesse et Heyde, »Manual de Derecho Constitucional«, Institut basque d'Administration publique-Marcial Pons, Madrid, 1996, p. 823 et suiv.; en particulier, p. 826.

[5] *Giuseppe Volpe:* »L'ingiustizia delle leggi«(Studi sui modelli di giustizia costituzionale), Giuffrè, Milan, 1977, p. 166.

La Constitution de Weimar a omis par contre toute référence au contrôle de constitutionnalité matérielle de la loi, ce qui ne doit nullement être compris dans le sens que la question soit ignorée ou suscite de l'indifférence. Bien au contraire, à une intense discussion doctrinale sur les bases de ce contrôle[6] est venue s'ajouter celle que *Sontheimer*[7] allait appeler »bataille pour l'examen juridictionnel des lois« (*der Kampf um das richterliche Prüfungsrecht*), une dispute déclenchée lors de la revendication juridictionnelle de la réalisation d'un contrôle matériel de la constitutionnalité de la loi rendue possible par la détermination de l'art. 109, alinéa 1 de la Constitution, en vertu duquel »Tous les allemands sont égaux devant la loi«, dans la mesure où il fut considéré que ce principe d'égalité ne devait pas être interprété dans un sens purement formel, mais aussi, à l'origine, en tant que principe matériel qu'il y avait lieu de rattacher au législateur même. C'est dans ces termes qu'allait l'exposer *Erich Kaufmann*, parmi tant d'autres, en résumant la position majoritaire, lors du III Congrès de la *Vereinigung der Deutschen Staatsrechtslehrer* (Association de Professeurs allemands de Droit public), tenu à Münster du 29 au 30 mars 1926[8], en interprétant que le principe d'égalité constitutionnalisé par l'art. 109 imposait essentiellement au législateur de traiter d'une même manière des situations semblables dans la réalité et d'une manière différente d'autres situations dans la réalité, ce qui transformait manifestement ce principe en une limite face à l'arbitrage possible ou une discrétion du législateur.

Si l'on nous permet l'»*excursus*«, il faudrait peut-être rappeler que dans l'Allemagne de la fin du XIXème siècle et début du XXème, s'étaient implantés certains secteurs doctrinaux qui défendaient la prétention dangereuse de reconnaître la possibilité de non-application par les juges de la loi au nom de valeurs essentiellement extérieures au système juridique. Tel allait être le cas de l'»Ecole libre du Droit« (*Freirechtsbewegung*), mouvement dont le début coïncide avec la publication, en 1885, de l'œuvre d'*Oskar von Bülow*, »*Gesetz und Richteramt*« (»La Loi et la Magistrature«) ou de la théorie de la »communauté du peuple« (*Voksgemeinschaft*), débitrice sur le plan juridique de la conception romantique de l'»esprit du peuple« (*Volksgeist*), qui conçoit le Droit comme un mode de vie de la collectivité populaire, comme le véritable système essentiel du peuple.

C'est dans cette ligne de pensée que l'on est passé à la conception de l'Etat de Droit comme Etat assujetti au Droit, et non à la Loi, circonstance à laquelle se rattachait, en tant que conséquence inexcusable, le remplacement du principe de légalité (*Gesetzmässigkeit*) par celui de juridicité (*Rechtsmässigkeit*). Le principe positiviste selon lequel le Droit était le produit exclusif même du législateur demeurait ainsi tout à fait dégradé et relativisé.

---

[6] Cf. à ce sujet, *Jean-Claude Béquin:* Le contrôle de la constitutionnalité des lois en République fédérale d'Allemagne«, Economica, Paris, 1982, en particulier, p. 16–21

[7] *Kurt Sontheimer:* »Antidemokratischen Denken in der Weimarer Republik«, München, 1968, p. 75. Cit. Par Giuseppe Volpe, dans l'»ingiustizia …«, op. cit., p. 100.

[8] Parmi d'autres défenseurs connus de cette même thèse, il faudrait rappeler *Heinrich Triepel* qui, comme l'évoque *Carro* (dans le prologue à l'œuvre de *Triepel*, »Staatsrecht und Politik«, dans sa traduction espagnole, »Derecho público y política«, Civitas, Madrid, 1974, p. 19), défendit non seulement le lien nécessaire du législateur avec le principe d'égalité, mais aussi la reconnaissance d'un droit de contrôle judiciaire des normes sous le prisme des droits fondamentaux, et tout cela lors du IIIème Congrès de l'Association des Professeurs allemands de Droit public.

Il ne faut guère s'étonner d'après ce qui vient d'être exposé que lors du Congrès tenu à Münster, en 1926, tous les théoriciens de la *Volksgemeinschaft* postulent la fin de la souveraineté de la Loi. Comme le rappelle *Volpe*[9], le principe d'égalité devant la Loi était remplacé par celui d'égalité devant Dieu. Ainsi, l'aspect matériel du principe d'égalité fut instrumentalisé comme un mécanisme de rang constitutionnel qui encourageait la transfusion aux normes législatives de l'»esprit du peuple«, et il incombe aux opérateurs juridiques, et tout particulièrement aux juges, la tâche de décider si les évaluations réalisées par le législateur en rapport avec le principe d'égalité trouvaient leur correspondance dans la »nature des choses« (*Natur der Sache*) et s'avéraient justes dans la mesure où elles seraient conformes à un ordre supérieur de valeurs ressenti par la conscience populaire qui remettait à des concepts aussi larges et imprécis que le bien ou la vérité.

Peu avant le Congrès de Münster, le *Reichsgericht*, lors d'une très célèbre Sentence de sa 5ème Chambre civile, du 4 novembre 1925, allait se poser formellement la question du contrôle de constitutionnalité matérielle de la Loi, en décidant que la soumission du Juge à la Loi n'exclut pas que le Juge même refuse la validité d'une Loi du *Reich* ou de certaines de ses dispositions, dans la mesure où ces dernières s'opposeraient à d'autres dispositions qu'il faudrait considérer prééminentes, et, pour cette raison même, êtres observées par le Juge. On reconnaissait ainsi un droit de contrôle judiciaire que *Schmitt*[10] allait caractériser comme un contrôle »accessoire« qui constitue une compétence occasionnelle, en ne l'exerçant que d'une manière éventuelle, »*incidenter*«, dans une arrêt judiciaire et conforme aux possibilités de chaque Juge, c'est-à-dire, sous forme »diffuse«, terme que *Schmitt* allait proposer pour désigner le concept opposé à celui de droit de contrôle »concentré« dans une seule instance.

III. La Constitution autrichienne de 1920 allait consacrer un nouveau système de contrôle de constitutionnalité tributaire de la conception de *Kelsen*. Ce grand juriste de l'Ecole de Vienne était dans une position radicalement antagonique à celle défendue par la théorie de la »communauté du peuple« (*Volksgemeinschaft*). Sa position fut clairement exposée lors du Congrès même de Münster en répliquant à *Kaufmann* qu'il était positiviste, et ce toujours et n'en déplaise à tout positiviste. *Kelsen* allait être très clair en avertissant des dangers du romantisme juridique établi dans une fonction d'intuition sentimentale de l'esprit juridique de la communauté populaire: au triomphe du subjectivisme le plus radical. Et qui plus est, *Kelsen*, toujours au Congrès de 1926, se référait aux tendances doctrinales qui refusaient que le Juge devrait se limiter à appliquer la Loi à travers de simples opérations logico-syllogistiques, en liant ces tendances avec les positions les plus hyper-conservatrices, dans le cas contraire, tout simplement, absolument extérieures au cadre démocratique. Ainsi, *Kelsen* établira un lien entre »la nette tendance à diminuer la valeur et la fonction de l'autorité législative positive« et »le changement de la structure politique de l'organe législatif«, en constatant que »l'ordre judiciaire est resté presqu'insensible aux changements de la structure politique qui se manifestent dans la composition des Parlements«[11]

---

[9] *Giuseppe Volpe:* »L'ingiustizia delle leggi«, op. cit. P. 103–104.

[10] *Carl Schmitt:* »La defensa de la Constitución«, traduction de Manuel Sánchez Sarto, Tecnos, Madrid, 1983, p. 52

[11] Cf. A cet effet, *Adriano Giovannelli* : »Alcune considerazioni sul modello della *Verfassungsgerichtsbarkeit* kelseniana nel contesto del dibattito sulla funzione ›politica‹ della Corte Costituzionale«, dans le collectif,

La préoccupation exprimée dans les réflexions antérieures de *Kelsen* allait être partagées quelques années plus tard par *Heller*, qui allait souligner le caractère emblématique et significatif du fait que l'interprétation du principe d'égalité en tant que limite et moyen de contrôle juridictionnel face à la libre capacité de choix du pouvoir législatif serait conçu par les secteurs antidémocratiques de la doctrine juridique allemande[12].

Suite à ce que nous venons d'exposer, on peut déduire d'une manière relativement bien claire que lors de l'élaboration de sa théorie de la *Verfassungsgerichtsbarkeit*, qui présuppose que la Cour constitutionnelle se limite à une confrontation dans l'abstrait de deux normes juridiques, en élucidant la compatibilité ou la contradiction moyennant de simples opérations logico-syllogistiques, *Kelsen* refusait le subjectivisme radical implicite dans les théories juridiques de l'»Ecole libre du Droit« et de la »communauté du peuple« et en revendiquant la recherche de l'objectivité et de la rationalité perdues dans de larges secteurs juridiques et judiciaires de l'Allemagne de Weimar.

A son tour, en soustrayant les organes juridictionnels du contrôle de constitutionnalité des lois et des normes générales, ce grand juriste viennois prétendait éviter le risque d'un »gouvernement des juges«, danger ressenti par de larges secteurs de la doctrine européenne de l'époque, comme le révèle le livre classique de *Lambert*[13], dans la mesure où cette direction était liée à des positions majoritairement conservatrices, dans le cas contraire, purement et simplement, antidémocratiques.

Kelsen lui-même admettrait d'une manière expresse[14] que bien qu'avant l'entrée en vigueur de la Constitution autrichienne de 1920, les Cours autrichiennes avaient la faculté d'apprécier la légalité et la constitutionnalité des règlements, en se limitant, par contre, pour ce qui était du contrôle constitutionnel des lois, au cadre étroit ou la limite d'en vérifier la publication correcte, et l'un des buts de la Constitution de 1920 fut l'élargissement du contrôle de constitutionnalité des lois, il n'a cependant pas été considéré recommandé d'accorder à chaque Cour le pouvoir illimité d'apprécier la constitutionnalité des lois. Le danger du manque d'uniformité dans des questions constitutionnelles était, de l'avis du maître de l'Ecole de Vienne, trop grand ; et ce danger, il faudrait bien l'ajouter, ne pouvait pas être combattu en Autriche, un pays qui a un système juridique de »*civil law*«, à travers la règle du *stare decisis*, caractéristique des pays de »*common law*«. Et les tendances antidémocratiques de certains secteurs juridictionnels, existantes en Allemagne et qui pouvaient bien s'étendre à l'Autriche, se trouvaient en arrière-plan.

»Scritti su la Giiustizia Costituzionale« (In onore di Vezio Crisafulli), vol. I, CEDAM, Padova, 1985, p. 381 et suiv.; en particulier, p. 395.

[12] *Hermann Heller:* »Rechtsstaat oder Diktatur?«, Tübingen, 1930. Cit. Par Giuseppe Volpe, »L'ingiustizia …«, op. cit., p. 102.

[13] *Edouard Lambert:* »Le gouvernement des juges et la lutte contre la législation sociale aux Etats-Unis«, Giard, Paris, 1921

[14] *Hans Kelsen:* »Judicial Review of Legislation. A Comparative Study of the Austrian and the American Constitution«, dans »The Journal of Politics«, vol. 4, mai 1942, n 2, p. 183 et suiv. Nous employons dans ce cas aussi bien la traduction en espagnol de Domingo García Belaunde (»El control de la constitucionalidad de las leyes«, dans »Ius et Veritas«. »Revista de la Facultad de Derecho de la PUC del Perú, Lima, Juin 1993, p. 81 et suiv.; en particulier, p. 83), que la traduction en français de Louis Favoreu (»Le contrôle de constitutionnalité des lois. Une étude comparative des Constitutions autrichienne et américaine«, dans Revue Française de Droit Constitutionnel, n 1, 1990, p. 17 et suiv.).

Mais il faudrait encore rajouter autre chose. Le monopole assumé par la Cour constitutionnelle pour ce qui est du contrôle de constitutionnalité des lois et, de surcroît, la nature particulière de »législateur négatif« avec laquelle *Kelsen* conçoit cet organe, ne prétend pas seulement montrer le caractère complémentaire que la Cour constitutionnelle était appelée à assumer à l'égard du pouvoir législatif, mais, qu'au-delà de tout cela, cette conception révélait très clairement que le modèle de contrôle conçu par *Kelsen* n'était pas encouragé par une attitude de méfiance vis-à-vis du Parlement mais, bien au contraire, par un désir de le renforcer, en le protégeant face aux Juges[15]

Du fait que *Kelsen* comprenne que l'annulation d'une loi ne peut consister en sa simple non-application au cas concret, comme cela se produit dans la »*judicial review*« américaine – »annuler une loi, affirme *Kelsen*[16], c'est poser une norme générale« –, dans la mesure où l'annulation a le même caractère de généralité que son élaboration, la Cour constitutionnelle sera transformée en un organe du pouvoir législatif, en un »législateur négatif«, appelé certainement à collaborer, pour ainsi dire peut-être d'une manière non appropriée, avec ce pouvoir, du fait de la réaffirmation par cet organe du principe d'assujettissement des Juges à la Loi sans aucune fissure, ce qui impliquait, sans aucun doute, un renforcement de l'organe parlementaire face au pouvoir judiciaire. Du reste, c'est de cette caractérisation de la Cour constitutionnelle en tant que »législateur négatif« que seront dérivées les différences les plus accusées entre les deux modèles, celui des Etats-Unis et l'européo-kelsénien.

En dernier lieu, il convient de ne pas oublier que les divergences entre les deux modèles de contrôle de constitutionnalité émanant de prémisses historico-politiques et idéologiques opposées qui constituent le dernier *ratio* le plus profond de leur bipolarité. *Volpe* expose cela avec une clarté méridienne[17]. Le système américain trouve sa raison d'être dans la volonté d'établir la suprématie du pouvoir judiciaire (celui que l'on appelle »gouvernement des juges«) par rapport aux autres pouvoirs, en particulier le pouvoir législatif, ce qui constitue un acte de confiance en les Juges, qui ne s'inscrivent pas dans une carrière bureaucratique et, tout au moins au niveau des Etats, de choix populaire pour la plupart d'entre eux, en même temps que de méfiance chez le législateur. La *Verfassungsgerichtsbarkeit* kelsénienne représente, par contre, un acte de méfiance en les Juges, destiné à sauvegarder le principe de sécurité juridique et à rétablir la suprématie du Parlement, sérieusement mis en péril par la bataille entamée par d'importants secteurs du monde juridique en faveur du contrôle juridictionnel (diffus) des lois, ce qui impliquait de laisser entre les mains d'une caste judiciaire, dans une large mesure d'extraction aristocratique et de vocation autoritaire, un instrument extrêmement important dans la vie d'un Etat de Droit.

---

[15] Dans un sens analogue, *Adriano Giovannelli*: »Alcune considerazioni sul modello …«, op. cit., p. 395.

[16] *Hans Kelsen*: »La garantie juridictionnelle de la Constitution« (La Justice constitutionnelle), dans Revue du Droit Public et de la Science Politique, Tome 45, 1928, p. 197 et suiv.; en particulier, p. 200

[17] *Giuseppe Volpe*: »L'ingiustizia delle leggi«, op. cit. P. 157 et suiv.

3. L'obsolescence de la traditionnelle polarité »système américain« versus »système européo-kelsénien«

I. Dans une caractérisation fort bien connue, *Calamandrei*[18] a apporté une connotation à travers une série de binômes opposés aux deux grands systèmes de contrôle de constitutionnalité (ou de légitimité constitutionnelle, selon l'expression italienne): le système judiciaire ou diffus (*Judicial Review of Legislation*) et le système autonome ou concentré (la *Verfassungsgerichtsbarkeit* kelsénienne).

Le *système diffus* était caractérisé comme *incidentel* (il ne peut être proposé que par la voie préjudicielle qui fait partie d'une controverse concrète), *spéciale* (la déclaration d'inconstitutionnalité ne mène qu'à nier l'application de la loi au cas concret) et *déclaratif* (la décision d'inconstitutionnalité fait de l'effet de déclaration de certitude rétro-active d'une nullité préexistante et, par conséquent, avec des effets »*ex tunc*« et présuppose manifestement que tous les organes juridictionnels, de l'autorité judiciaire, comme l'affirme *Calamandrei*, peuvent l'exercer.

Le *système concentré*, en plus d'être exercé seulement par »un seul organe constitutionnel spécial«, se caractérise comme *principal* (le contrôle est proposé comme thème séparé et principal de la demande, en demandant directement la légitimité de la loi en général, sans attendre que l'on offre l'occasion d'une controverse spéciale), *général* (la déclaration d'inconstitutionnalité mène à l'invalidation de la loi »*erga omnes*«, en lui faisant perdre pour toujours sa force générale normative) et *constitutif* (la décision d'inconstitutionnalité fait de l'effet d'annulation ou d'inefficacité »*ex nunc*«, valable pour l'avenir mais qui respecte pour ce qui est du passé la validité de la loi inconstitutionnelle).

II. La virtualité didactique des adjectifs »diffus« et »concentré« est étendue; cela n'en fait pas le moindre doute. Cependant, on ne peut pas dire aujourd'hui qu'ils reflètent la réalité de l'institution considérée, et c'est pourquoi sa valeur explicative est assez douteuse.

Et qui plus est, même du point de vue historique, il s'avère que le complet vigueur pratique des postulats théoriques sur lesquels reposait la bipolarité système diffus/système concentré ou, d'une manière plus rigoureuse, *judicial review of Legislation/Verfassungsgerichtsbarkeit*, a été plutôt faible, et une certaine relativisation de quelques-uns de ses traits les plus caractéristiques ne tarda guère à se produire. Il ne faudra pas attendre la nouvelle conception par les constituants européens de la deuxième après-guerre, bien que ce soit à partir de ce moment que l'évolution vers la relativisation des binômes mentionnés précédemment s'intensifiera d'une manière appréciable. En effet, déjà la réforme constitutionnelle autrichienne de 1929 extrêmement importante (la *Zweite Bundesverfassungsnovelle*, du 7 décembre 1929) produira des fissures dans la présumée solidité des différences de binômes. Selon l'avis de *Cappelletti*, que nous partageons, après la »*Novelle*«, le système autrichien-kelsénien a déjà un caractère hybride[19].

Pour le reste, une opinion doctrinale très étendue de nos jours, pour ne pas dire pratiquement généralisée, souligne l'existence d'une nette tendance convergente entre les

---

[18] *Piero Calamandrei:* »La ilegitimidad constitucional de las leyes en el proceso civil«, traduction de Santiago Sentis Melendo, vol. III, Librería El Foro, Buenos Aires, 1996, p. 21 et suiv.; en particulier, p. 32–33.
[19] *Mauro Cappelletti:* »Il controllo giudiziario di costituzionalità ... op. cit., p. 95.

deux modèles traditionnels. C'est le cas, parmi tant d'autres, de *Cappelletti*[20], pour qui le contrôle juridictionnel des lois, dans son fonctionnement dans le monde contemporain, révèle l'effondrement des anciennes dichotomies, les deux modèles étant en voie d'aboutir, en définitive, à un seul modèle.

III. Le premier des traits différentiels entre les deux modèles affecte l'organe légitimé pour effectuer le contrôle. On sait parfaitement que dans le système américain tous les organes judiciaires peuvent se prononcer sur la constitutionnalité des lois à l'occasion des controverses ou litiges suscités devant eux. Dans le système autrichien-kelsénien, c'est un organe »*ad hoc*« qui s'occupe de mettre en pratique le contrôle de constitutionnalité qui est ainsi monopolisé par la Cour constitutionnelle.

Ce monopole, bien que n'étant pas formellement altéré, fera l'objet d'un combat intense avec la réforme constitutionnelle autrichienne de 1929 mentionnée précédemment. Déjà le texte de 1920 (art. 89.2) habilitait aux Cours, dans le cas où apparaîtraient des doutes sur l'illégalité d'un règlement qu'il y aurait lieu d'appliquer, pour suspendre la procédure et demander à la Cour constitutionnelle son annulation, par suite à un vice d'illégalité. Cependant, l'exposé de cette question s'inscrivait dans le cadre des règlements, sans renfermer les lois.

La réforme constitutionnelle de 1929 élargissait, en apportant une nouvelle rédaction à l'art. 140 de la Constitution, la légitimation pour la saisine. La Cour administrative *(Verwaltungsgerichtshof)* et la Cour suprême *(Oberster Gerichtshof)* furent habilitées à renvoyer à la Cour Constitutionnelle *(Verfassungsgerichtshof.* VfGH) les questions de constitutionnalité soulevées à propos de lois qu'elles devaient appliquer. Toute partie d'une »*litis*« ou controverse dont s'occuperait un de ces deux organes juridictionnels ordinaires supérieurs pouvait y poser la question de la constitutionnalité d'une loi applicable au cas concret, bien que la question constitutionnelle proprement dite devait être envisagée par la décision exclusive de l'organe juridictionnel supérieur[21].

L'origine de cette réforme a été observée[22] dans la faculté dont le VfGH a disposé, à partir de sa conception initiale en 1920, de procéder d'office au contrôle de constitutionnalité d'une loi ou d'un règlement, lorsqu'il y aurait lieu d'appliquer l'une de ces normes dans un autre cas différent en attendant qu'il soit connu. Cependant, et tout au moins additionnellement, à notre avis, on ne peut oublier ici la nette position kelsénienne favorable à la formule consacrée sur le plan constitutionnel en 1929, dans laquelle le célèbre juriste né à Prague voit une voie pour introduire une »*actio popularis*« très atténuée.

Rappelons à présent que *Kelsen* admettait[23], en 1928, que la plus forte garantie quant au déclenchement du procédure du contrôle de constitutionnalité, consisterait

---

[20] *Mauro Cappelletti:* »Judicial Review on Comparative Perspective«, dans California Law Review, vol. 58, n 5, Octobre 1970, p. 1017 et suiv. Nous employons la traduction française »Le contrôle juridictionnel des lois en Droit comparé«, dans l'ouvrage de compilation d'articles de l'auteur même, »Le pouvoir des juges«, Economica-Presses Universitaires d'Aix-Marseille, Paris, 1990, p. 179 et suiv.; en particulier, p. 213.

[21] »Les parties, dirait *Kelsen* (dans »Le contrôle de la constitutionnalité des lois«, op. cit., p. 88), n'avaient pas le droit d'exiger ce procès. C'était exclusivement l'intérêt public protégé par les Tribunaux et non l'intérêt privé des parties, ce qui était décisif du point de vue de procès.

[22] *Theo Öhlinger:* »La giurisdizione costituzionale in Austria«, dans Quaderni Costituzionali, année II, n 3, Décembre 1982, p. 535 et suiv.; en particulier, p. 542.

[23] *Hans Kelsen:* »La garantie juridictionnelle …«, op. cit., p. 245.

certainement à autoriser une »*actio popularis*«, selon laquelle le VfGH serait tenu de procéder à l'examen de la régularité des actes soumis à sa juridiction à la demande de quiconque. C'est incontestablement de cette façon que l'intérêt politique qu'il y a à l'élimination des actes irréguliers recevrait la satisfaction la plus radicale. A partir de cette reconnaissance, *Kelsen* considère que cette solution n'est pas recommandable car elle impliquerait un danger potentiel (très considérable) d'actions téméraires »et le risque d'un insupportable encombrement des rôles«[24]. Cependant, d'une manière quasi immédiate, le juriste de l'Ecole de Vienne se prononce en faveur d'un rapprochement du recours à l'*actio popularis*, et à cet effet il postulera que l'on permette aux parties d'une procédure judiciaire ou administrative de provoquer ce contrôle de constitutionnalité contre les actes des autorités publiques (résolutions judiciaires ou actes administratifs) lorsqu'ils comprendraient que ces actes, même s'ils sont immédiatement réguliers, eussent été réalisé en l'exécution d'une norme elle-même irrégulière (loi inconstitutionnelle ou règlement illégal). Il s'agirait là, en définitive, comme le reconnaît *Kelsen*[25], non pas d'un droit de recours directement ouvert aux particuliers, mais d'un moyen de fait, indirect, de provoquer l'intervention du Tribunal constitutionnel.

En définitive, la réforme constitutionnelle de 1929, même sans rompre formellement le monopole du contrôle de constitutionnalité de la part du VfGH, en altérait le sens, en le transformant en un monopole de refus dans la mesure où, d'une certaine manière, les deux organes juridictionnels ordinaires supérieurs qui étaient légitimés pour présenter au Tribunal constitutionnel la »demande« pertinente – dans les termes de l'art. 140.1 de la Constitution[26], avant d'en décider son exposé, devaient logiquement effectuer un premier jugement de constitutionnalité sur lequel faire reposer la manière d'aborder la question. Comme le souligne *Rubio Llorente*[27], la question d'inconstitutionnalité implique toujours un double jugement de constitutionnalité: l'un provisoire et négatif, effectué par le Juge ou Tribunal qui le soulève, et l'autre, définitif et qui peut ou non coïncider : celui effectué par la Cour constitutionnelle. On en déduit que là où existe l'institut de procédure connu en Espagne sous le nom de »question d'inconstitutionnalité« on affirme que la Cour constitutionnelle ne dispose que d'un monopole de refus des lois inconstitutionnelles (qu'il faudrait, dans le cas autrichien, élargir aux règlements illégaux).

IV. Le constitutionnalisme européen de la deuxième après-guerre a approfondi dans ce sens. Comme le souligne *Pizzorusso*[28], l'une des nouveautés qui émergent des expériences de la justice constitutionnelle de la deuxième après-guerre est la constata-

---

[24] Dans un sens analogue, *Charles Eisenmann*, l'un des disciples et adeptes de *Kelsen* considérait, d'une manière catégorique, que l'interdiction de la voie directe aux particuliers constituait une nécessité pratique presque absolue, *Charles Eisenmann:* »La Justice Constitutionnelle et la Haute Cour constitutionnelle d'Autriche« (1ème ed. de 1928), Economica-Presses Universitaires d'Aix-Marseille, Paris, 1986, p. 188.

[25] *Hans Kelsen:* »La garantie juridictionnelle ...«, op. cit., p. 246.

[26] Nous employons le texte publié dans l'ouvrage de *Boris Mirkine-Guetzevitch* »Las nuevas Constituciones del mundo«, Editorial España, Madrid, 1931. Le texte de la Loi constitutionnelle fédérale du 7 décembre 1929 figure dans les p. 177 et suiv.

[27] *Francisco Rubio Llorente:* »La forma del poder« (Estudios sobre la Constitución), »Centro de Estudios Constitucionales« (Centre d'Etudes Constitutionnelles), Madrid, 1993, p. 588.

[28] *Alessandro Pizzorusso:* »I sistemi di giustizia costituzionale: dai modelli alla prassi«, dans Quaderni Costituzionali, année II, n 3, décembre 1982, p. 521 et suiv.; en particulier, p. 522.

tion de la possibilité de combiner la technique du contrôle incidentel (du type américain) avec la technique du contrôle concentré (du type autrichien-kelsénien) moyennant l'emploi de l'institut de procédure de la *»pregiudizialità«*, autrement dit, moyennant la faculté que certains systèmes reconnaissent aux organes juridictionnels ordinaires, non pas pour décider d'une manière autonome les questions constitutionnelles, mais pour élever à la décision de la Cour constitutionnelle des normes qui pourraient rendre suspectes de violation de la Constitution, normes qui devraient être appliquées dans une *»litis«* concrète posée devant ceux-là organes juridictionnels.

L'Allemagne, l'Italie et l'Espagne nous offrent un bon exemple de cette technique. Et on peut en dire de même de l'Autriche, où une nouvelle réforme constitutionnelle de 1975 a fini par légitimer pour la saisine à tous les organes juridictionnels de deuxième instance, ce qui entraînait une énorme importance dans les cas où un appel auprès de la Cour suprême n'était pas prévu. Si l'on observe qu'un appel contre une sentence prononcée en première instance est toujours possible, on peut comprendre, comme le constate Öhlinger[29], que la réforme de 1975 a ouvert des possibilités pratiquement illimitées de contrôle de constitutionnalité des lois lors de son application.

En définitive, cet institut de procédure a fini par impliquer tous les juges dans le procès de contrôle de constitutionnalité des lois, en relativisant ainsi le premier binôme différentiel qui sépare les deux grands modèles. Cependant, son impact sera encore plus étendu.

V. Une deuxième différence entre les deux systèmes concerne au caractère incidentel ou principal du contrôle. Dans le système de la *Judicial Review of Legislation*, la loi suspecte d'inconstitutionnalité n'est pas susceptible de contestation directe. L'inconstitutionnalité présumée ne peut être invoquée qu'en tant que question incidentelle dont la résolution dépend la décision devant être adoptée à propos de l'affaire principale par le Juge compétent au moyen duquel elle s'inscrit dans une controverse concrète. Le contrôle a donc un caractère incidentel, ou, tout comme le soutiennent d'autres secteurs doctrinaux, probablement d'une manière plus inadéquate, le contrôle est effectué par la voie de procédure de l'exception d'inconstitutionnalité.

Dans le système européo-kelsénien de la *Verfassungsgerichtsbarkeit*, la procédure devant la Cour constitutionnelle commence sur présentation d'une action ou d'un recours. Nous nous trouvons donc confrontés à une procédure de contestation directe, par la voie principale. La contestation n'est pas liée à l'existence d'une *»litis«*, en facilitant ainsi l'annulation de lois inconstitutionnelles qui peuvent cependant ne pas susciter de controverse, bien qu'en général (bien que cela admet des exceptions), dans un certain délai.

En 1942, *Kelsen* avait soutenu[30] que la plus grande différence entre les systèmes américain et autrichien résidait dans la procédure à travers laquelle une loi pouvait être déclarée inconstitutionnelle par l'organe compétent, en soulignant le fait qu'en principe, dans le système américain, seule la violation de l'intérêt d'un particulier pouvait entraîner la procédure de contrôle constitutionnel, ce qui signifiait, d'une certaine ma-

---

[29] *Theo Öhlinger: »La giurisdizione costituzionale in Austria«, op. cit., p. 543*

[30] *Hans Kelsen: »El control de la constitucionalidad de las leyes«,* (Le contrôle de la constitutionnalité des lois), op. cit., p. 87.

nière, l'ajournement de l'intérêt public impliqué par le contrôle de constitutionnalité des normes, qui ne coïncide pas forcément avec l'intérêt privé des parties intéressées.

Il est bien vrai que le contrôle, dans le système américain, a toujours être lié à l'existence préalable d'une controverse. *Hughes*[31] rappelle comment la *Supreme Court* a refusé les insinuations du Congrès pour émettre son opinion sur des questions constitutionnelles lorsqu'elle ne devait pas décider un véritable *case* ou *controversy*. C'est dans ce sens qu'allait se prononcer, par exemple, en 1911, dans l'affaire *Muskrat vs. United States*. Cependant, comme le rappelle *Kelsen*[32], une Loi du 24 août 1937 »pour fournir l'intervention du Gouvernement des Etats-Unis, en appel devant la Cour suprême et le réglementation de la délivrance d'*injunctions* dans certains cas relatifs à la constitutionnalité des lois du Congrès et pour d'autres buts«, a fini par reconnaître l'intérêt public dans le contrôle juridictionnel des lois fédérales. Cette Loi a donné à l'Exécutif le droit de faire appel à la Cour suprême pour une sentence selon laquelle une loi fédérale serait déclarée contraire à la Constitution, ce qui permettait à l'Exécutif fédéral d'avoir le droit d'intervenir dans n'importe quelle action entre particuliers, devenant ainsi l'une des parties aux effets de la présentation de preuves et de l'argumentation de la question constitutionnelle. Cela signifiait une certaine relativisation de la différence observée par *Kelsen* et mentionnée précédemment.

Mais outre cela, la réception constitutionnelle dans certains systèmes européens de la deuxième après-guerre de la question d'inconstitutionnalité implique l'introduction d'un élément incidentel dans un système concentré dans lequel le contrôle a un caractère principal. Cela est important car, comme le fait remarquer *Pizzorusso*[33], il va attribuer un caractère »concret« au contrôle réalisé par la Cour constitutionnelle lorsqu'il connaît d'une question d'inconstitutionnalité.

Il est bien vrai, ajouterions-nous de notre côté, que ce caractère »concret«, opposé à l'»abstraction« inhérente au caractère principal du contrôle, peut seulement on admettre dans un sens impropre que s'il est lié à la manière de poser la question.

L'abstraction signifie que le procès de constitutionnalité apparaît en marge d'une affaire judiciaire. La concrétisation dérive de la relation du caractère préjudiciel qui s'établit, en rapport avec »*la rilevanza*« (*Entscheidungserheblichkeit*) (constatée dans le jugement »*di rilevanza*« opportun) de la question d'inconstitutionnalité, entre les deux jugements sur la base du fait que tandis que dans l'un cette norme constitue l'objet du contrôle de constitutionnalité, dans l'autre, c'est cette norme qui doit être appliquée quant à la résolution de l'affaire, ce qui attache la décision de la Cour constitutionnelle à un cas concret dans lequel la norme contrôlée doit trouver son application.

Cette concrétisation dans la manière de poser la question d'inconstitutionnalité coexiste avec l'abstraction du jugement effectué par le Tribunal constitutionnel. Ce der-

---

[31] Dans le cas auquel fait allusion *Hughes (Muskrat vs. U.S.)*, la Cour suprême a décidé que le Congrès n'était pas autorisé à approuver une Loi qui attribuait une compétence à la *Court of Claims* et, en appel, à la Cour suprême, pour décider à propos de la validité des lois du Congrès relatives à des affaires sur les Indiens, sans un »cas« ou une »controverse«, les seules affaires auxquelles, selon la Constitution, le pouvoir judiciaire est étendu. *Charles Evans Hughes:* »La Suprema Corte de los Estados Unidos«, 2ème éd. espagnole, Fondo de Cultura Económica, México, 1971, p. 54.

[32] *Hans Kelsen:* »Le contrôle de constitutionnalité des lois. Une étude comparative des Constitutions autrichienne et américaine«, op. cit., p. 25.

[33] *Alessandro Pizzorusso:* »I sistemi di giustizia costituzionale …«, op. cit., p. 525.

nier ne va pas cesser de confronter dans l'abstrait deux normes juridiques, en élucidant sa compatibilité ou sa contradiction à travers un ensemble d'opérations logico-syllogistiques. Cependant, comme cela a bien été indiqué[34], il ne semble pas que la concrétisation dans l'exposé d'origine ait un caractère ayant une certaine répercussion sur le jugement constitutionnel même, car, une fois arrivé le moment de déterminer le sens des énoncés normatifs, il peut se trouver qu'il y ait une influence, aussi petite soit-elle, de l'affaire litigieuse en suspens dans lequel le problème de constitutionnalité a été suscité et sur lequel doit ensuite se prononcer le juge »a quo«.

Cela constitue une nouvelle preuve de l'entremêlement progressif d'éléments d'un système et de l'autre, preuve qui s'accentue si l'on remarque que dans certains pays, comme c'est le cas de l'Allemagne, les juges ordinaires ont progressivement contrôlé la constitutionnalité des lois préconstitutionnelles, et que dans bien d'autres, comme c'est le cas en Espagne, il incombe à ces mêmes organes juridictionnels ordinaires, à travers le contrôle de légalité, de contrôler la constitutionnalité des normes infralégales.

VI. Une dernière et double différence touche l'extension et la nature des effets des sentences estimatoires de l'inconstitutionnalité de la norme contestée.

Dans le modèle américain, dans un sens strict, le Juge n'annule pas la loi, mais déclare une nullité préexistante, raison pour laquelle il se limite à ne pas appliquer la loi qu'il considère contradictoire avec la Constitution (sentence déclarative). En harmonie avec cela, les effets de la déclaration sont rétroactifs (*ex tunc*) et, compte tenu du caractère incidentel de la demande, limités au cas concret (*inter partes*); autrement, et selon les termes de *Calamandrei*, il s'agit d'un contrôle »spécial«, et non »général«.

Dans la *Verfassungsgerichtsbarkeit*, l'organe auquel est confiée l'annulation des lois inconstitutionnelles n'exerce pas à proprement parler une véritable fonction juridictionnelle, bien qu'il ait, par l'indépendance de ses membres, l'organisation d'un Tribunal. A partir de la différence que *Kelsen* considère décisive entre la fonction juridictionnelle et la fonction législative: tandis que cette dernière crée des normes générales, la première ne fait que créer des normes individuelles, le maître de l'Ecole de Vienne résout le problème du sens de l'annulation d'une Loi décidée par le Tribunal. »En appliquant la Constitution à un fait concret de production législative et en arrivant à annuler des lois inconstitutionnelles, soutiendra *Kelsen*[35], le Tribunal constitutionnel n'établit pas une norme générale mais l'annule, c'est-à-dire, qu'il met l'*actus contrarius* correspondant à la production juridique, autrement dit, il agit en qualité de »législateur négatif'«. En définitive, la décision du Tribunal d'annuler une loi a le même caractère qu'une loi abrogative d'une autre norme légale. C'est un acte de législation négative.

Il n'y a pas lieu de voir dans la caractérisation du Tribunal en tant que »législateur négatif«, comme l'observe *Giovannelli*[36], une accentuation du caractère politique de la fonction remplie par le VfGH, mais plutôt la tentative kelsénienne de l'assimiler à la

---

[34] *Javier Jiménez Campo:* »Consideraciones sobre el control de constitucionalidad de la ley en el Derecho español«, dans le collectif, »La Jurisdicción Constitucional en España« (La Ley Orgánica del Tribunal Constitucional. 1979–1994), Cour Constitutionnelle-Centre d'Etudes Constitutionnelles, Madrid, 1995, p. 71 et suiv.; en particulier 77–78.

[35] *Hans Kelsen:* »Wer soll der Hüter der Verfassung sein?«, 1931. Nous employons le texte traduit par Roberto J. Brie, »¿Quién debe ser el defensor de la Constitución?«, Tecnos, Madrid, 1995, p. 36–37.

[36] *Adriano Giovannelli:* »Alcune considerazioni sul modello …«, op. cit., p. 388–389.

fonction législative, en prévision, en particulier, de l'octroi d'effets »*erga omnes*« au prononcé du juge constitutionnel et à l'exclusion de la force rétroactive de la résolution
judiciaire, c'est-à-dire, à doter l'arrêt constitutionnel d'effets »*ex nunc*«. *Kelsen*[37] a
considéré que l'on pourrait difficilement justifier cette force rétroactive, non seulement à cause des conséquences criticables de tout effet rétroactif, mais, tout particulièrement, parce que la décision concernait un acte du législateur, et ce dernier était
également autorisé à interpréter la Constitution, même s'il était soumis dans cet aspect
au contrôle du Tribunal constitutionnel. En définitive, tant que le Juge constitutionnel
ne déclarait pas une loi inconstitutionnelle, l'opinion du législateur, exprimée dans un
acte législatif, devait être respectée. De tout cela on déduisait, évidemment, la nature
constitutive des arrêts d'inconstitutionnalité[38].

La première relativisation qui doit être notée en rapport avec ce couple de binômes
qui caractérisent aussi bien un système que l'autre, touche le système américain. Rappelons, avant tout, que la base de tout le Droit de création judiciaire, caractéristique
des systèmes de *common law*, se trouve dans la règle du précédent (*the rule of precedent*),
qui établit la base de l'obligation qui pèse sur le Juge de s'en tenir dans ses sentences aux
précédents judiciaires ou normes élaborées antérieurement par les organes juridictionnels (*stare decisis et quieta non movere*). Ainsi, bien que formellement les effets se limitent
aux parties de la »*litis*«, l'incidence du principe »*stare decisis*« peut arriver à altérer considérablement cette caractéristique. L'établissement du lien du précédent s'accentue davantage quant à la jurisprudence des organes juridictionnels supérieurs. Ainsi, l'existence d'une Cour suprême unique, comme cela est le cas aux Etats-Unis, à la différence d'autres pays tels que l'Allemagne, et l'obligation de suivre les précédents établis
par les Tribunaux hiérarchiquement supérieurs, octroie au système américain, dans le
point qui nous occupe, une opérativité semblable à celle d'un contrôle en voie principale, en finissant, indirectement, par déclencher une véritable force *erga omnes*, analogue à celle de l'abrogation de la Loi, bien différente de celle d'une simple non-application de la Loi dans un cas particulier avec la possibilité, néanmoins, que dans d'autres
cas la Loi ne soit de nouveau appliquée. Comme l'affirme *Cappelletti*[39], à juste titre, si
une Loi n'est pas appliquée par la Cour suprême américaine du fait d'être considérée
inconstitutionnelle, la Loi continuera, formellement, à faire partie du système juridique, mais la règle du *stare decisis* la transformera en lettre morte. En définitive, la non-
application, dans la réalité, se transforme en annulation, qui, comme le précise encore
une fois *Cappelletti*[40], est »définitive, incontestable, et qui vaudra pour toute espèce à
venir«.

VII. Un nouvel élément de convergence entre les deux systèmes, en rapport avec le
binôme auquel il vient d'être fait référence, peut être apprécié dans la réduction de la
distance qui séparait jadis la force du précédent en Amérique du Nord, en vertu de la
règle du *stare decisis*, de la force des effets *erga omnes* des arrêts des Cours constitution-

---

[37] *Hans Kelsen:* Le contrôle de constitutionnalité des lois. Une étude comparative …«, op. cit., p. 20.

[38] *Kelsen* (dans »Le contrôle de constitutionnalité des lois …«, op. cit. p. 20) admet une seule exception
face à la règle générale d'exclusion de force rétroactive de la décision de la Cour constitutionnelle annulant
une loi: la Loi annulée par l'arrêt constitutionnel ne peut plus être appliquée au cas ayant donné lieu au
contrôle juridictionnel et à l'annulation de la Loi.

[39] *Mauro Cappelletti:* »Le contrôle juridictionnel des lois en Droit comparé«, op. cit. p. 202–203.

[40] Ibidem, p. 203.

nelles. Cela a été possible parce que le contenu de bon nombre des prononcés de ces derniers organes est essentiellement interprétatif.

L' *horror vacui* du Juge constitutionnel s'est traduit par la volonté de ce dernier de concilier la provocation d'une sorte de *big bang* des valeurs constitutionnelles, en facilitant sa pénétration dans tous les secteurs du système juridique, en évitant de créer simultanément des trous noirs dans le système juridique [41]. Cela a mené aux décisions interprétatives, qui, comme le souligne *Crisafulli*[42], »sono nate da un'esigenza pratica, e non da astratte elucubrazioni teoriche«. Et cette exigence pratique consiste, précisément, à éviter des vides (*vuoti*) dans le système. Si l'on ajoute à cela l'application du principe de conservation des actes juridiques (en rapport étroit avec l'exigence pratique précédente), qui s'harmonise à son tour parfaitement avec celui de sécurité juridique, et le fait que certaines Cours constitutionnelles aient employé ce type de décisions pour essayer de donner une double interaction interprétative aux normes constitutionnelles et législatives, en les regroupant d'une manière dynamique[43], on peut comprendre l'expansion étendue de ce type de décisions. Ces arrêts ont fini, dans la pratique, par donner lieu à la force du précédent dans des termes semblables au cas du modèle américain[44].

VIII. Dans le système européo-kelsénien, comme nous l'avons déjà constaté précédemment, l'effet »*erga omnes*« de la décision estimatoire de l'inconstitutionnalité opère avec des effets »*ex nunc*«, en respectant pour ce qui est du passé la validité de la loi déclarée inconstitutionnelle. Cependant, si cette caractéristique a été maintenue en Autriche, on ne peut pas en dire autant d'autres pays européens.

En Allemagne, lorsque le Tribunal constitutionnel fédéral arrive à la conclusion qu'une loi est incompatible avec la *Grundgesetz*, il en déclare la nullité, ce qui signifie, selon la doctrine traditionnelle, que la norme inconstitutionnelle n'est guère valable dès le moment même de sa création et, par conséquent, inexistante. Par conséquent, comme le souligne *Weber*[45], la nullité est ramenée au moment de la création de la norme et c'est ce qui explique qu'elle est définie comme nullité *ex tunc*. La réglementation allemande reflète donc la doctrine allemande de la nullité de la norme à partir

---

[41] *Thierry di Manno:* »Le juge constitutionnel et la technique des décisions ›interprétatives‹ en France et en Italie«, Economica-Presses Universitaires d'Aix-Marseille, Paris, 1997, p. 74.

[42] *Vezio Crisafulli:* »La Corte Costituzionale ha vent'anni«, en Giurisprudenza Costituzionale, année XXI, 1976, fasc. 10, p. 1694 et suiv., en particulier p. 1703.

[43] *Silvestri*, qui se réfère à la *Corte Costituzionale*, rappelle qu'avec ce type de décisions, on a encouragé une double interaction herméneutique: de la norme constitutionnelle sur la disposition législative et de l'évolution des conditions socio-culturelles (reflétées, bien que partiellement seulement, dans la législation) sur les mêmes dispositions constitutionnelles. *Gaetano Silvestri*: »Le sentenze normative della Corte Costituzionale«, dans le collectif, »Scritti su la Giustizia Costituzionale. In onore ...«, op. cit., p. 755 et suiv., en particulier p. 757.

[44] *Alessandro Pizzorusso* (dans »I sistemi di giustizia costituzionale ...«, op. cit., p. 527) a établi un lien entre la moindre »*rilevanza*« différentielle entre les deux systèmes traditionnels, de la force *erga omnes* des décisions estimatoires – et en Allemagne, également de celles de réfutation –, au lien de la sentence au fait à l'égard duquel est suscitée la question d'inconstitutionnalité, circonstance qui tend à conférer toujours une plus grande importance au caractère interprétatif de la décision, en faisant en sorte que sa force en tant que précédent dépasse en importance sa force de chose jugée.

[45] *Albrecht Weber:* »Alemania«, chez Eliseo Aja (éditeur), »Las tensiones entre el Tribunal Constitucional y el Legislador en la Europa actual«, Editorial Ariel, Barcelone, 1998, p. 53 et suiv,; en particulier, p. 75.

du moment de sa création et s'oppose à la réglementation autrichienne, qui permet de retarder les effets de la nullité à un moment ultérieur.

A cet égard, il convient de rappeler que pour éviter les inconvénients provenant du vide juridique entraîné par l'annulation d'une norme, *Kelsen*[46] lui-même, défendrait l'opportunité de différer les effets de l'annulation jusqu'à l'expiration d'un certain délai compté à partir de la publication de la décision d'annulation. En cohérence avec cette perspective, l'art. 140.3 de la Constitution autrichienne a habilité le Tribunal constitutionnel pour prévoir une prorogation pour l'entrée en vigueur des effets de l'arrêt d'annulation, prorogation qui ne pouvait pas dépasser six mois, prorogation qui dans la réforme de 1929 a été étendue à un an (en vertu de l'actuel art. 140.5 de la Constitution autrichienne en vigueur, cette prorogation peut atteindre dix-huit mois), et dont la raison d'être, comme l'a reconnu *Kelsen* lui même[47], était de permettre au Parlement de remplacer la loi remise en question par une nouvelle conformément à la Constitution, avant que l'annulation ne devienne effective.

D'une certaine manière, en Italie aussi on peut parler d'effets *ex tunc*. Comme l'observe *Romboli*[48], il est actuellement tout à fait pacifique dans la doctrine et dans la jurisprudence que la disposition déclarée inconstitutionnelle ne peut être appliquée dans des futurs procès, dans le jugement *a quo* ni dans ceux en suspens, excepté seulement des dénommées relations déjà épuisées, c'est-à-dire, celles relatives à des décisions juridictionnelles ou alors à des actes qui ont déjà appliqué, en général, la disposition déclarée illégitime et qui sont déjà devenus définitifs du fait d'être fermes ou non susceptibles d'aucun recours.

Et la solution suivie en Belgique est analogue. Dans ce pays, la *Cour d'arbitrage* a rappelé en plusieurs occasions la double portée temporelle de ses décisions: »Les arrêts d'annulation rendus par la Cour ont autorité absolue de chose jugée à partir de leur publication au *Moniteur belge*. L'annulation a, par ailleurs, effet rétroactif, ce qui implique que la norme annulée, ou la partie annulée de la norme, doit être considérée comme n'ayant jamais existé«[49].

En Espagne, on admet de nos jours d'une manière assez généralisée que la déclaration d'inconstitutionnalité d'une norme légale implique sa nullité et, par la même, son effet »*ex tunc*«, dans les limites légalement établies: impossibilité de réviser des procès dont l'arrêt ait force de *res iudicata*, même si la décision aurait été rendue conformément à la Loi, à la disposition ou à l'acte inconstitutionnelle, excepté dans les procès pénaux ou contentieux-administratifs relatifs à une procédure de sanction dans laquelle, suite à la nullité de la norme appliquée, il s'ensuivrait une réduction de la peine ou de la sanction ou d'une exclusion, exemption ou limitation de la responsabilité, par application du principe de rétroactivité des lois pénales plus douces.

En définitive, dans ce point concret, la solution la plus couramment adoptée dans les systèmes européens est nettement plus proche de celle consacrée dans le modèle américain que celle que défend *Kelsen*.

---

[46] *Hans Kelsen:* »La garantie juridictionnelle…«, op. cit., p. 243.

[47] *Hans Kelsen:* »El control de la constitucionalidad…«, op. cit. p. 84.

[48] *Roberto Romboli:* Italia«, chez Eliseo Aja (éditeur), »Las tensiones entre el Tribunal Constitucional y el Legislador…«, op. cit., p. 89 et suiv; en particulier, p. 118.

[49] *Henri Simonart:* »Le contrôle exercé par la Cour d'arbitrage«, dans le collectif »La Cour d'Arbitrage« (Actualité et Perspectives), Bruylant, Bruxelles, 1988, p. 121 et suiv.; en particulier p. 191.

4. La centralité du modèle américain dans l'évolution convergente des deux systèmes traditionnels de contrôle de la constitutionnalité

I. Le rapprochement entre les deux grands systèmes traditionnels de contrôle de constitutionnalité non seulement permet de trouver une unité entre les deux modèles historiques, mais, comme l'observe bien *Pizzorusso*[50], une opinion que partagent certainement d'autres secteurs doctrinaux, vient révéler que c'est le système américain qui nous est présenté avec une position vraiment centrale, sans impliquer le modèle concentré européo-kelsénien plus que des modifications structurelles par rapport au système américain.

Cette centralité du système américain est non pas fortuite, mais répond à des circonstances historique concrètes, qui ont beaucoup à voir avec le fait qu'en Allemagne et en Italie c'est le législateur qui a été la principale menace pour les libertés pendant une période historique cruciale, ce qui expliquera la conception par les constituants des deux pays de la deuxième après-guerre d'un mécanisme de contrôle de la constitutionnalité des lois destiné à se prémunir face à une hypothétique législation arbitraire qui met en péril les droits et les libertés.

A cela viendra s'ajouter une conception de la Constitution très proche de celle des Etats-Unis, c'est-à-dire une perception qui la conçoit, selon le point de vue de *Corwin* dans un ouvrage classique[51], comme »*the higher Law*« (la Loi supérieure), comme un ensemble complexe de normes de la même nature que la Loi mais avec une force capable de déclencher l'invalidité des normes opposées à la Loi constitutionnelle.

Cette force normative supérieure de la Constitution ne pourra pas s'expliquer, comme le faisait remarquer *Bachof*[52], plutôt que par l'énergique prétention de validité des normes matérielles de la Constitution, par un ordre de valeurs qui lie directement aux trois pouvoirs de l'Etat, tel que cela est expressément montré dans la réglementation des droits fondamentaux, par un ordre de valeurs que les Constitutions arrivent à considérer antérieur à celles-mêmes , parce qu'en outre, il n'a pas été créé par elles, que se limitent à le reconnaître et à le garantir, et dont la dernière base de validité se trouve dans les valeurs déterminantes de la culture occidentale, dans une idée de l'homme qui repose sur ces valeurs.

A partir de ces prémisses: la conception de la Constitution en tant que »*lex superior*«, le caractère »limité« du gouvernement, c'est-à-dire, des pouvoirs constitués, qu'expose magistralement *Hamilton* dans l'article LXXVIII de »El Federalista« (Le Fédéraliste)[53], et que *Marshall* allait prendre comme point central d'appui de sa très célèbre Arrêt[54], et en parfaite combinaison avec tout cela, le dessin d'un mécanisme de

---

[50] *Alessandro Pizzorusso;* I sistemi di giustizia…«, op. cit., p. 527.

[51] *Edward S. Corwin:* »The ›Higher Law‹ background of American Constitutional Law«, dans Harvard Law Review, XLII, 1928–1929, p. 149 et suiv. et 365 et suiv.; réimprimé ensuite, Cornell University Press, Ithaca, N.Y., 1955.

[52] *Otto Bachof:* »Grundgesetz und Richtermacht«, JCB Mohr (Paul Siebeck) Tübingen, 1959. Nous employons la traduction espagnole, »Jueces y Constitución«, Civitas, Madrid, 1985, p. 39–40.

[53] *Hamilton, Madison et Jay:* »El Federalista«, FCE, 1ère réimpression de la 2ème édition espagnole, Mexico, 1974, p. 330–336.

[54] *C. Herman Pritchett:* »The American Constitution«, McGraw-Hill, New York, 1959. Nous employ-

contrôle de la constitutionnalité des lois, les constituants allemands et italiens centre-
ront leur attention aussi bien sur le modèle de la *Judicial Review of Legislation* que sur celui de la *Verfassungsgerichtsbarkeit* élaborée par la Constitution autrichienne de 1920,
qui avait projeté son influence dans le constitutionnalisme d'entre-guerres.

   Zagrebelsky[55] a rappelé comment en Italie l'attrait exercé par le modèle de la Cour
suprême américain était presque un cliché de l'antifascisme libéral et démocratique, ce
modèle étant une référence qui s'imposait et qui fut évoquée à plusieurs reprises dans
les discussions constituantes sur le système de justice constitutionnel à adopter.

   Cependant, le fait est qu'aussi bien en Italie qu'en Allemagne il semble que l'on ait
opté pour le modèle autrichien-kelsénien, option, comme l'a observé *García de Enterría*[56], qui fut tributaire de la difficulté d'accueillir le système américain originaire, plein
de conventions, de pratiques et de sous-entendus, en tant que produit vivant d'une
histoire parfaitement singulière et propre, mais qui se limitera, précisément pour cette
raison, dans l'essentiel, à la formule structurelle de la juridiction concentrée. L'auteur
même soutient[57] fermement qu'il s'en tient pas au modèle kelsénien du »législateur
négatif«, mais au modèle américain de juridiction. Bien entendu, dans la *Bonner Gund-
gesetz*, il n'en est pas moins significatif que le Tribunal constitutionnel vient en première position dans la liste des organes qui intègrent le Pouvoir judiciaire dans la
norme d'ouverture (art. 92) du Chapitre neuvième, consacré à la Juridiction (*Die Rechtsprechung*)[58].

   La structure pour laquelle on finit par opter: une juridiction concentrée, ne cessera
guère d'avoir des conséquences de procédure importantes, telle la conception d'une
action directe d'inconstitutionnalité ou les effets *erga omnes* des décisions estimatoires
de l'inconstitutionnalité d'une loi, qui bien qu'étant la copie de la conception kelsénienne du Tribunal en tant que »législateur négatif«, en fait, dans certains cas, comme
par exemple les effets *erga omnes*, ils sont exigés par la nécessité d'articuler le monopole
de refus du Tribunal constitutionnel et son rapport nécessaire avec les autres organes
juridictionnels.

   Tout ce qui précède ne doit pas nous faire perdre de vue que la conception kelsénienne du »législateur négatif« a servi de véritable »idée-force« qui a imprégné pendant
longtemps l'idée que l'on a eu des Cours constitutionnelles; malgré sa relativisation,
les braises de cette idée continuent à exercer une certaine action calorifique.

   II. Cette conception constitutionnelle si proche de celle des Etats-Unis: une
Constitution conçue en tant que »*higher Law*« dont la force ultime se trouve dans un
ensemble de valeurs supérieures auxquelles s'enchaîne une déclaration de droits, dans
un ensemble de normes auquel sont assujettis tous les pouvoirs de l'Etat, y compris le
pouvoir législatif, explique également le nouveau rôle que vont assumer les organes du

---

ons la traduction espagnole, »La Constitución Americana«, Tipográfica Editora Argentina, Buenos Aires,
1965, p. 191.

   [55] *Gustavo Zagrebelsky:* »La giustizia costituzionale«, op. cit., p. 321.

   [56] *Eduardo García de Enterría:* »La Constitución como norma y el Tribunal Constitucional«, Civitas, Madrid, 1981, p. 133–134.

   [57] Ibidem, p. 134.

   [58] Rappelons que dans la Constitution autrichienne de 1920, le Tribunal constitutionnel faisait l'objet
d'une réglementation au Titre VI, relatif aux »garanties de la Constitution et de l'Administration«, tandis
que la juridiction faisait l'objet d'une Section dans le Titre III, relatif à l'Exécutif fédéral.

pouvoir judiciaire dans le cadre constitutionnel. Certes, à la différence du système américain, l'assujettissement à la Loi continue à être un principe indiscutable, car il n'incombe pas aux juges allemands ou italiens (après 1956, année des débuts en Italie de la *Corte Costituzionale*) de ne pas appliquer une loi lorsqu'ils la considèrent contraire à la Constitution, mais cela n'empêche pas que le rôle constitutionnel des juges soit considérablement renforcé.

La magistrature, affirme *Heyde*[59], se référant à la République fédérale allemande, va jouir d'une position d'excellence dans l'Etat libre (démocratique) de Droit voulu par la *Grundgesetz*. Et conformément à cela, face aux critères exclusivement formels de l'art. 103 de la Constitution de Weimar[60], l'art. 92 de la *Grundgesetz*, norme d'ouverture du Chapitre consacré à la juridiction[61], contient un supplément de garanties constitutionnelles du pouvoir judiciaire, ce qui a mené à une opinion doctrinale et jurisprudentielle (du *Bundesverfassungsgericht*) presqu'unanime sur le fait que la *Bonner Grundgesetz* part d'un concept matériel de juridiction. Cela va beaucoup à se rattacher avec la clause de protection juridictionnelle de l'art. 19.4 GG, en vertu de son sous-alinéa un, »si quelqu'un est lésé par l'autorité dans ses droits, il aura le droit de faire appel aux tribunaux«. Les organes du pouvoir judiciaire deviennent ainsi les garants des droits, ou du moins les garants ordinaires, car c'est à eux que se ralliera, tout d'abord par la voie des prévisions légales, et à partir de 1968 par les déterminations de la *Grundgesetz* même, la Cour constitutionnelle, par l'intermédiaire de l'institut de procédure de la *Verfassungsbeschwerde* ou recours de plainte constitutionnelle.

Egalement en Italie, le nouveau contexte historique se traduira par une nouvelle vision du pouvoir judiciaire. C'est à elle que se réfère *Mortati*[62], qui la soutient, d'une part, dans la nature substantive de l'interprétation judiciaire qui résulte de l'élément de créativité qui y est impliqué, et d'autre part, dans l'assujettissement inexcusable au contrôle de légalité exercé par les organes juridictionnels de tous les actes des pouvoirs publics, même lorsque l'auteur même précise que cette expansion des interventions du pouvoir judiciaire n'a ni altéré substantiellement la nature de sa fonction: la conservation de l'ordre juridique établi, ni mené à un »Etat de juridiction«. C'est probablement avec une plus grande introspection que *Martines*[63] met en relief que bien qu'il n'y ait pas une fonction de direction politique (*indirizzo politico*) de la part des juges (ou de la magistrature), on pourrait bien parler des juges en tant qu'opérateurs politiques (*operatori politici*), dans la mesure où ils sont institutionnellement appelés à avoir une incidence sur la réalité sociale, dans le sens bien entendu que cette qualité d'»opérateur politique« a pour ultime raison d'être l'exclusion de la fonction juridictionnelle de la simple tâche »di meccanico formulatore di sillogismo giudiziari« que la philosophie posi-

---

[59] *Wolfgang Heyde:* »La Jurisdicción« (La Juridiction), chez Benda, Maihofer, Vogel, Hesse et Heyde, »Manual de Derecho Constitucional« (Manuel de Droit constitutionnel«, op. cit., p. 767 et suiv.; en particulier, p. 769 et 772.

[60] L'art. 103 de la Constitution de Weimar se limite à dire que: »La justice est exercée par le Tribunal du Reich (*Reichsgericht*) et par les Tribunaux des *Länder*.

[61] Conformément à l'art. 92 de la *Grundgesetz:* »Le pouvoir judiciaire est confié aux juges, en exerçant par la Cour constitutionnelle, par les Cours fédéraux ordinaires prévus dans cette Loi fondamentale et par les Cours des *Länder*.

[62] *Costantino Mortati:* »Istituzioni di Diritto Pubblico«, Tome II, 9ème édition, CEDAM, Padova, 1976, p. 1248–1250.

[63] *Temistocle Martines:* »Diritto Costituzionale«, 8ème édition, Giuffrè, Milan, 1994, p. 522.

tiviste attribuait aux juges, sans vouloir nullement signifier la conversion du pouvoir judiciaire en un instrument actif du procès politique.

En résumé, les faits historiques des années préalables à la Deuxième Guerre mondiale, qui révèlent que c'est le législateur qui est l'ennemi le plus dangereux de l'ordre juridico-constitutionnel des droits, encourageront un tournant radical de la part des constituants allemands et italiens, et par conséquent, au cours de décennies successives, de ceux d'autres pays, que pour essayer d'éviter les dangers d'il y a plusieurs années, attribuent une attention toute particulière au constitutionnalisme américain, c'est-à-dire, à une Constitution régie par des valeurs matérielles qu'il faut imposer à tous les pouvoirs publics, au législateur également, et à cet effet, en vue d'un net rapprochement du modèle anglo-saxon, il sera considéré nécessaire de consolider d'une manière appréciable le rôle constitutionnel des juges, des juges qui n'éveillent plus les suspicions suscitées dans l'Allemagne de Weimar et qui assumeront, même en étant assujettis à la Loi, une fonction importante pour ce qui est du contrôle de constitutionnalité des lois.

C'est dans ce nouveau contexte que l'on entend que bien que pour des raisons d'ordre pratique dans une certaine mesure, dans la ligne kelsénienne, le contrôle de constitutionnalité continue à se situer dans le cadre d'une structure concentrée dans un organe, la Cour constitutionnelle, qui aura le dernier mot pour ce qui s'y réfère, on ne considère plus nécessaire de transformer la Cour en un »législateur négatif«, comme un moyen d'articuler sa collaboration avec le »législateur positif«, et tout cela face au pouvoir judiciaire. La pratique des Cours constitutionnelles n'a fait qu'avancer dans ce sens, en certifiant la faillite du modèle kelsénien du législateur négatif.

5. La mixture et l'hybridation des systèmes actuels de contrôle de la constitutionnalité des actes du pouvoir

I. L'option des constituants des premiers textes constitutionnels juste après la Deuxième Guerre mondiale en faveur d'un modèle de Constitution qui suit de près les pas de la Constitution américaine, avec les conséquences qui en ont découlé en rapport avec le contrôle de constitutionnalité, auxquelles nous avons déjà fait allusion, encouragera une hybridation du modèle kelsénien, qui continuera quant à l'essentiel à offrir sa structure centralisée, avec le contrôle diffus, hybridation qui se manifeste de la manière la plus significative dans l'introduction de l'institut de procédure de ce que l'on appelle en Italie *questione di legittimità costituzionale*[64], qui introduira, comme le fait remarquer *Silvestri*[65], une variante destinée à avoir des conséquences importantes sur le noyau essentiel de la juridiction constitutionnelle.

Il est vrai que déjà la *Novelle* autrichienne de 1929 avait introduit cet institut, mais, comme nous l'avons déjà indiqué, avec des différences sensibles, aussi bien pour ce qui

---

[64] Outre la Constitution de 1947, la Loi constitutionnelle du 9 février 1948, n 1, »norme sui giudizi di legittimità costituzionale e sulle garanzie di independenza della Corte Costituzionale«, approuvée par l'Assemblée constituante même le 31 janvier 1948, déjà envisageait et réglementait cet institut.

[65] *Gaetano Silvestri*: »La Corte costituzionale nella svolta di fine secolo«, dans »Storia d'Italia« – Annali, vol. 14, Einaudi, Turin, 1998, p. 941 et suiv., en particulier, p. 969.

est des organes légitimés (seuls les deux organes juridictionnels suprêmes) qu'en ce qui concerne leur raison d'être (rapprocher la légitimation à une *actio popularis*, même si ce fut indirectement, en harmonie avec la pensée kelsénienne déjà exposée).

Et c'est à partir de ce premier moment constituant après la fin de la Deuxième Guerre mondiale, la multiplicité de variantes n'a fait que croître et avec elles cette évolution de mixture et d'hybridation s'est accentué. Comme le dit *Pegoraro*[66], »a seguito della impetuosa espansione del costituzionalismo e della forma di Stato liberal democratica, i modi di fare giustizia costituzionale si sono ancor più mescolati e complicati«.

Pegoraro[67] lui-même visualise une espèce de troisième modèle, une sorte de *tertium genus*, qui résumerait des caractéristiques du système américain et du kelsénien, en renfermant une mixture de formules ou de mécanismes procéduraux dont le dénominateur commun consisterait à ce que le contrôle de constitutionnalité reste entre les mains d'un organe centralisé, l'élément »de diffusion« se trouvant dans la phase d'introduction du procès, et non dans la phase décisoire.

Cependant, pas même l'identification de ce *tertium genus* n'épuiserait la classification des systèmes de contrôle les plus variés illustrés par les systèmes juridiques de notre époque. La preuve en est que la doctrine même[68] avance l'existence d'un *quartum genus* qui engloberait des pays tels que la Grèce, le Portugal et certains pays latino-américains où, essentiellement, on peut dire qu'il coexiste le contrôle diffus et le contrôle concentré, si l'on peut vraiment continuer à prendre pour référence cette bipolarité.

Bien entendu, si les constituants et les législateurs concevaient les systèmes de justice constitutionnelle respectifs dans le but d'atteindre le maximum possible d'harmonie et de rationalité, il ne fait aucun doute, comme le dit *Pizzorusso*[69], qu'ils devraient procéder à combiner des formules de l'un ou l'autre des deux modèles traditionnels. Cependant, dans la plupart des cas, les systèmes positifs en la matière sont le résultat de la stratification de textes normatifs, d'orientations politiques, de la propre évolution historique particulière, d'influences culturelles, en somme, d'un ensemble épars de variables difficiles à reconduire à des critères rationnels univoques. D'où les difficultés, insurmontables dirions-nous, de donner vie à un *tertium genus* composé de la somme ou de l'hybridation de deux modèles bipolaires[70].

II. Nous prétendons à présent non pas faire une analyse casuistique de la réalité actuelle des systèmes de justice constitutionnelle de notre époque mais seulement esquisser, dans un parcours très sommaire, certains des traits caractéristiques de ces systèmes, dans le but essentiel de montrer comment ces derniers accueillent des caractéristiques propres d'un modèle historique ou de l'autre, en entremêlant parfois d'une manière

---

[66] *Lucio Pegoraro:* »La circolazione, la recezione e l'ibridazione dei modelli di giustizia costituzionale«. Travail publié dans l'Annuaire Ibéroaméricain de Justice Constitutionnelle, n 6, 2002, p. 393 et suiv. Nous employons, avant de le traduire, le texte original italien dactylographié que l'auteur nous a remis, p. 2.

[67] *Lucio Pegoraro:* Lineamenti di giustizia costituzionale comparata«, G. Giappichelli Editore, Turin, 1998, p. 27.

[68] Ibidem, p. 39–45.

[69] *Alessandro Pizzorusso:* »I sistemi …«, op. cit. p. 530–531.

[70] C'est dans un sens analogue que se manifeste *Giancarlo Rolla:* »El control de constitucionalidad en Italia. Evolución histórica y perspectivas de reforma«, (Le contrôle de constitutionnalité en Italie. Evolution historique et perspectives de réforme) dans »Cuadernos de Derecho Público«, n 3, janvier-avril 1998, p. 137 et suiv.; en particulier p. 177.

confuse, en entravant ainsi, d'une manière presqu'insurmontable, toute tentative de systématisation qui continue à avoir pour référence la typologie traditionnelle.

Bon nombre de systèmes de justice constitutionnelle européo-occidentaux corroborent la réflexion précédente. En fait, seulement en France nous trouvons un système de contrôle conçu d'une manière homogène, car il s'agit d'un contrôle de la loi qui est effectué en marge de son application, avec un caractère préventif et monopolisé par le *Conseil constitutionnel*, bien que cet organe, à notre avis, est encore loin de pouvoir être assimilé à une Cour constitutionnelle. Le modèle français, tributaire de la propre tradition historique française, conformé à la marge du modèle kelsénien et, bien entendu, également du modèle américain, n'entremêle pas pour cette raison même des éléments des deux systèmes traditionnels de contrôle. On peut en déduire que *Fromont*[71] n'a pas tort lorsqu'il considère que si l'on tient compte du fonctionnement réel de la justice constitutionnelle, la bipolarité traditionnelle devrait céder à l'opposition entre, d'une part, le système français, qui ne confie au *Conseil* que le contrôle de constitutionnalité des futures lois et de certaines questions relatives au fonctionnement des pouvoirs publics, et d'autre part, le système américain et allemand (qui finiraient par représenter les système de contrôle diffus et concentré), qui confient »à une juridiction placée au sommet de la hiérarchie judiciaire« le contrôle du respect de la Constitution par tous les tribunaux et, pour cela même, indirectement, par tous les organes de l'Etat.

On ne peut pas affirmer qu'il existe la homogénéité à laquelle nous faisions allusion auparavant dans bien d'autres pays de l'Europe occidentale. En Autriche, en Allemagne, en Italie, en Espagne et en Belgique, il existe une coexistence d'un contrôle de la loi, en marge de sa application, avec un contrôle effectué à l'occasion de sa application à une *litis* (affaire) concrète, que provoque le juge qui en a connaissance et qui doit résoudre la controverse concrète; ce contrôle est, dans certains cas (comme par exemple celui de l'Italie), la procédure nettement plus importante de contrôle de constitutionnalité.

Ce contrôle, lors de l'application de la loi, se manifeste également en Autriche, en Allemagne et en Espagne, par l'intermédiaire de certains recours (le *Beschwerde* autrichien ou recours par infraction de droits constitutionnellement garantis, contre des résolutions administratives, le *Verfassungsbeschwerde* allemand ou recours de plainte constitutionnelle, que n'importe qui peut présenter devant le BVerfG, en invoquant avoir été lésé par l'autorité dans l'un de ses droits fondamentaux, et le recours d'*amparo* espagnol, qui protège tous les citoyens contre les violations de droits et de libertés protégés à travers cette voie, provoquées par des dispositions, des actes juridiques ou une simple voie de fait des pouvoirs publics) conçus spécialement pour faire face à la violation de droits constitutionnels (en Allemagne et en Espagne, non pas face à la violation de tout droit, mais seulement de ceux constitutionnellement garantis par cette voie; en Autriche, lorsque la sphère juridique d'un citoyen soit aussitôt et actuellement affectée par l'application d'un décret ou d'un traité illégaux ou d'une loi inconstitutionnelle).

Dans d'autres pays de l'Europe de l'Ouest, les particularités sont encore plus grandes. C'est le cas en Grèce et au Portugal.

---

[71] *Michel Fromont:* »La justice constitutionnelle dans le monde«, Dalloz, Paris, 1996, p. 42.

La Grèce a eu, jusqu'au putsch militaire de 1967, un système inspiré du modèle américain, bien que n'étant pas diffus d'une manière adéquate, car la non-application possible d'une loi en raison de son inconstitutionnalité était limitée au Conseil d'Etat et à la Cour de Cassation.

La Constitution grecque de 1975 habilite tous les cours pour ne pas appliquer les lois à propos desquelles elles interprètent que le contenu est contraire à la Constitution; c'est ce que l'on déduit de la prévision de son art. 87.2, lorsqu'il dispose qu'en aucun cas les juges ne seront obligés de s'en tenir à des normes tendant à abolir la Constitution; autrement dit, les Cours administratives, le Conseil d'Etat en tête, les Cours ordinaires, dont la plus haute instance est la Cour de Cassation, la Cour des Comptes ou toute autre Cour, peuvent vérifier un contrôle de constitutionnalité, en encourageant même d'office ce contrôle à l'occasion d'un procès administratif, civil ou pénal.

Le modèle grec venait rompre, selon *Favoreu*[72], le principe selon lequel la justice constitutionnelle n'est pas divisée, car même si elle continue à être diffuse elle s'inscrit dans le cadre d'un appareil juridictionnel unique couronné par une seule Cour suprême. Cependant, il est vrai qu'en Grèce non plus on ne pourrait pas soutenir que cette division se produit dans la mesure où l'art. 100 de sa Constitution institue une Cour spéciale supérieure dont les attributions, comme l'affirme de nouveau *Favoreu*[73], bien que son appréciation ne cesse d'être discutable, ressemblent étrangement à celles d'une Cour constitutionnelle, auquelle on attribue (art. 100.1, e/) l'examen des procès sur l'inconstitutionnalité de fond ou matérielle ou sur le sens des dispositions d'une loi formelle, dans le cas où des décisions contradictoires auraient été prononcées sur ces dispositions par le Conseil d'Etat, la Cour de Cassation ou la Cour des Comptes.

Au vu de cette formule de résolution des controverses ou divergences d'interprétation, on pourrait bien affirmer qu'en l'absence de l'unité interprétative à laquelle mène la règle du *stare decisis*, en Grèce, un pays qui a un système juridique de *civil-law*, on a recours à cet organe particulier qu'est la Cour spéciale supérieure, qui nous est présentée essentiellement, compte tenu de sa composition et, en particulier, de ses fonctions, comme une sorte de cour d'arbitrage appelée à élucider, pour ce qui est d'intérêt en l'occurrence, les conflits d'interprétation suscités entre les organes juridictionnels les plus élevés. En définitive, comme le fait remarquer à juste titre *Bon*[74], nous nous retrouvons devant un tribunal de conflits, plutôt que devant une juridiction constitutionnelle de type européen.

Au Portugal, déjà depuis la Constitution républicaine de 1911, issue de la Révolution de 1910, qui a abouti à la Monarchie, s'a enraciné le système américain de la *judicial review*, probablement sous l'influence de la Constitution brésilienne de 1891, qui introduisit la forme républicaine et fédérale au Brésil et qui réceptionna également la *judicial review*[75]. Le fait est que, comme l'observe *Bon*[76], la Constitution de 1911 non

---

[72] *Louis Favoreu:* »Reflexiones sobre algunos problemas planteados por la justicia constitucional«, dans Revista Jurídica de Castilla-La Mancha, n 3–4, avril-août 1988, p. 47 et suiv; en particulier p. 50.

[73] Ibidem.

[74] *Pierre Bon:* »Présentation générale«, dans l'œuvre collective, »La Justice Constitutionnelle au Portugal«, Economica, Paris, 1989, p. 19 et suiv; en particulier p. 24

[75] L'influence brésilienne fut expressément reconnue par le président de la Commission du Projet de Constitution, le député M. Francisco Correia de Lemos. *Jorge Miranda:* »Manual de Direito Constitucio-

seulement encouragera l'introduction du modèle américain pour la première fois en Europe, mais fera que le Portugal soit le premier pays européen à se munir de mécanismes juridictionnels de contrôle de constitutionnalité, exception faite de la Suisse, où bien que l'on puisse trouver, comme nous le rappelle *Cappelletti*[77], certaines analogies avec le modèle américain – qui sont considérablement relativisées si l'on pense à l'existence depuis la Constitution de 1874 d'un recours de Droit public (*Staatsrechtliche Beschwerde*) que tout citoyen pouvait interjeter devant le Tribunal fédéral par violation de droits constitutionnels[78] –, le fait est qu'une limitation traditionnelle du système suisse de contrôle de constitutionnalité a consisté à en exclure les lois fédéraux, en le limitant aux lois cantonaux[79].

Le contrôle diffus allait être maintenu au Portugal, même dans la Constitution de Salazar de 1933[80], et, bien entendu, également dans celle de 1976 actuellement en vigueur, et qui a fait l'objet de plusieurs réformes, dont l'une, la plus importante, pour ce qui est de la justice constitutionnelle, est celle de 1982.

La Constitution en vigueur, dans la tradition historique portugaise, envisage le contrôle diffus en disposant son art. 207 que les cours ne pourront pas appliquer aux faits soumis à son jugement, des normes enfreignant les dispositions de la Constitution et les principes qui y sont consignés. Cependant, en même temps, la Norme suprême crée une Cour constitutionnelle (après sa réforme de 1982) dont les résolutions, conformément à l'art. 2 de la Loi 28/1982, du 15 novembre, sur l'organisation, le fonctionnement et la procédure de la Cour constitutionnelle, prévalent sur celles des autres cours ou sur celles de n'importe quelle autre autorité. *Canotilho*[81] a caractérisé globalement le système portugais de contrôle de constitutionnalité comme un *système misto complexo* dans lequel, en outre, toutes les cours, sans exception, sont des organes de la justice constitutionnelle.

L'ampleur des fonctions de la Cour constitutionnelle est, en outre, très remarquable dans la mesure où cet organe effectue un contrôle aussi bien en voie préventive que successive, tant pour cause d'action que d'omission. De la même manière, et comme

---

nal«, Tome VI (Inconstitucionalidade e garantia da Constituição), Coimbra Editora, Coimbra, 2001, p. 125, note 1.

[76] *Pierre Bon*: »Présentation générale«, op. cit., p. 31.

[77] *Mauro Cappelletti*: »Il controllo giudiziario di costituzionalità…«, op. cit., p. 54.

[78] Il convient de rappeler que déjà la Constitution de 1848 avait introduit un recours juridictionnel pour la protection des droits constitutionnels de l'individu, ce que plusieurs auteurs (dont *Pellegrino Rossi)* avaient défendu depuis des dizaines années, bien que la dite Constitution acheminât la saisine à travers l'Assemblée fédérale, qui était l'organe qui devait présenter au Tribunal fédéral l'accusation de la violation. Cf. à cet effet, *Mauro Cappelletti:* »La Jurisdicción Constitucional de la Libertad«, traduction de Héctor Fix-Zamudio, Imprenta Universitaria, México, 1961, p. 17–18.

[79] Dans le Droit suisse, on a consacré une espèce de pouvoir/devoir général des juges de ne pas appliquer les lois cantonales qu'ils interpretassent comme étant contraires à la Constitution fédérale, comme une conséquence implicite du principe »*Bundesrecht bricht kantonales Recht*«.

[80] *Jorge Miranda* rappelle (dans »Manual …«, op. cit., Tome VI, page 125) que la Constitution de 1933 confirma le principe de la fiscalisation juridictionnelle de la constitutionnalité des lois, non sans des importantes modifications, les unes positives et les autres représentant un grave recul. Ainsi, par exemple, tous les cours assumèrent la fonction, qu'elles exerçaient d'office, de contrôler la constitutionnalité des normes qu'elles eussent d'appliquer dans un cas concret.

[81] *José Joaquim Gomes Canotilho:* »Direito Constitucional e Teoría da Constituição«, 5ème édition, Almedina, Coimbra, 2002, p. 907.

voie d'articulation entre le contrôle effectué par tous les organes juridictionnels ordinaires et celui qui réside dans la Cour constitutionnelle, l'art. 280 de la Constitution prévoit la saisine contre les décisions des cours: a) qui refusent l'application de toute norme ayant pour base sa inconstitutionnalité, et b) qui appliquent la norme dont l'inconstitutionnalité aurait été invoquée lors du procès.

Comme on peut donc déduire de ce qui précède, la Grèce et le Portugal, plus que n'importe quel autre pays, constituent un exemple sur la mixture et la conjonction d'éléments de chacun des deux modèles historiques.

III. Cette hybridation se manifeste abondamment dans les nouvelles démocraties de l'Europe de l'Est, qui, bien qu'elles n'aient pas fait preuve d'un intérêt particulier pour le système diffus, en optant par contre pour une structure centralisée de contrôle, qui réside au sein d'une Cour constitutionnelle, avec une influence manifeste dans certains cas des systèmes allemand et autrichien et du modèle français dans d'autres cas[82], il est bien vrai qu'elles ont également incorporé des mécanismes qui encouragent, en combinaison avec les systèmes qui y ont influé, le fait de pouvoir également parler de mixture et d'hybridation.

Pour nous référer seulement à certains de ces pays, rappelons que la Pologne, les Républiques chèque et slovaque, la Hongrie, la Roumanie, la Bulgarie et la Russie, ont créé une Cour constitutionnelle. Cependant, dans tous ces pays un élément diffus est présent, car tous ont réceptionné l'institut de procédure de la question d'inconstitutionnalité. A titre d'exemple, l'art. 193 de la Constitution de la République de Pologne de 1997, en vertu de lequel toute juridiction peut adresser au Tribunal constitutionnel une question préalable portant sur la conformité de l'acte normatif à la Constitution, aux traités ratifiés ou à une loi, lorsque de la réponse à cette question dépend la solution de l'affaire en instance.

En général, n'importe quel juge ou tribunal peut, normalement, à la demande des parties d'une *litis* dont il est en jugeant, soit d'office, poser la question d'inconstitutionnalité devant le Tribunal constitutionnel. Cette règle générale coexiste avec certaines particularités. C'est le cas de la Bulgarie, où seul la Cour de Cassation et la Cour suprême administrative sont habilitées pour, au cours d'un procès suivi devant elles, après constatation de la contradiction entre la loi qu'elles doivent appliquer et la Constitution, suspendre la procédure et poser la question devant la Cour constitutionnelle, formule qui rappelle celle consacrée par la »*Novelle*« autrichienne de 1929. En Pologne, avant la Constitution de 1997, en synthonie avec le modèle autrichien actuel, seule la Cour suprême, la Cour administrative suprême et les organes juridictionnels d'appel, pouvaient poser une question d'inconstitutionnalité. Cette Constitution introduisit d'importantes modifications en rapport avec la juridiction constitutionnelle[83]; dans la question qui nous occupe à présent, elle a légitimé pour poser la question toutes les juridictions, aussi bien les tribunaux de première instance que les Cours

---

[82] Aux modèles de, référence *Mazza* ajoute le système grec, qui a également exercé, à son avis, une certaine influence, quoique selon nous, dans son cas, infiniment inférieur que ceux mentionnés précédemment. *Mauro Mazza:* »La Giustizia Costituzionale in Europa Orientale«, CEDAM, Padova, 1999, p. 425.

[83] Cf. à ce sujet, *Leszek Lech Garlicki:* »La Justice Constitutionnelle en Pologne«, chez Marc Verdussen (dir.), »La Justice Constitutionnelle en Europe Centrale«, Bruylant-LGDJ, Bruxelles-Paris, 1997, p. 87 et suiv.; en particulier, p. 117–120.

d'appel ou de cassation, les juridictions de droit commun et les administratives, ainsi que la Cour suprême.

D'autre part, bien qu'en règle générale, l'exposé de la question, comme le fait remarquer *Garlicki* en référant à la Pologne[84], c'est un droit de l'organe juridictionnel, mais non un devoir, une obligation ; en Roumanie cette règle est rompue dans la mesure où, comme on l'a souligné[85], à la différence d'autres législations, le juge *a quo* ne peut pas refuser, quel qu'en soit le motif, l'adresse au Tribunal constitutionnel de l'exception d'inconstitutionnalité suscitée par l'une des parties du procès *a quo*.

Il existe une autre particularité à souligner en ce qui concerne la question d'inconstitutionnalité en Roumanie, en ce qui concerne les normes qui font l'objet de contrôle. En vertu de l'art. 23.3 de la Loi n 47, du 18 mai 1992, relatif à l'organisation et au fonctionnement du Tribunal constitutionnel[86], du contrôle par voie incidentelle, demeurent exclues les dispositions dont la constitutionnalité aurait été établie conformément aux prévisions de l'art. 145.1 de la Constitution de 1991, qui consacre à son tour une formule qui suppose au préalable d'assujettir les décisions d'inconstitutionnalité du Tribunal dictées dans le procès de contrôle préalable à un accord adopté par la majorité qualifiée des parlementaires des deux Chambres. En effet, après constatation de l'inconstitutionnalité d'une loi dans un contrôle préventif, et après le nouvel examen opportun par les Chambres, si la loi était adoptée dans des mêmes termes par une majorité, au moins, des deux tiers des membres de chaque Chambre, l'objection d'inconstitutionnalité avertie par le Tribunal constitutionnel ressort refusée, et la promulgation de la loi devient alors obligatoire. Etant donné que, *a posteriori*, cette norme ne peut pas être remise en question par la voie incidentelle de la question d'inconstitutionnalité, ce mécanisme est largement discutable dans la mesure où, en dernier terme, il fait prévaloir la volonté politique parlementaire sur le critère juridique de l'organe auquel l'art. 1.3 de la Loi n 47 recommande comme fin ou raison d'être celle de garantir la suprématie de la Constitution.

IV. L'Amérique Latine nous offre un véritable laboratoire pour ce qui est de la recherche de formules particulières de justice constitutionnelle, laboratoire qui a fonctionné et élaboré ces mécanismes et instituts de procédure constitutionnels tout au long d'une évolution historique très dilatée[87]. Quoi qu'il en soit, et dans le cas qui nous occupe maintenant, ces formules et instituts ne font que confirmer la mixture et l'hybridation auxquelles nous avons fait allusion.

En Colombie, au Guatemala, au Pérou, en Bolivie et en l'Equateur, pour prendre certains exemples concrets, le contrôle concentré dans une Cour constitutionnelle coexiste avec le contrôle diffus, dans la mesure où n'importe quel organe juridictionnel

---

[84] *Leszek Lech Garlicki:* »La réforme de la juridiction constitutionnelle en Pologne, dans Annuaire International de Justice Constitutionnelle, XIII, 1997, p. 11 et suiv.; en particulier p. 23.

[85] *Ioan Muraru* et *Mihai Constantinescu:* »La juridiction constitutionnelle en Roumanie«, dans Annuaire International de Justice Constitutionnelle, XI, 1995, p. 11 et suiv.; en particulier p. 17.

[86] On peut voir le texte de la Loi roumaine n 47, dans Annuaire International de Justice Constitutionnelle, IX, 1993, p. 724 et suiv.

[87] Cf. à ce sujet, *Francisco Fernández Segado:* »La jurisdicción constitucional en América Latina. Evolución y problemática desde la Independencia hasta 1979«, au Collège des Secrétaires de la Cour suprême de Justice de la Nation, »Derecho Procesal Constitucional«, Editorial Porrúa, México, 2001, p. 3–55.

peut ne pas appliquer directement la norme légale qui soit à son avis incompatible avec la Constitution.

A titre d'exemple de ces prévisions, l'art. 274 de la Constitution équatorienne de 1998, en vertu duquel n'importe quel juge ou tribunal, dont il connaîtrait les affaires, pourra déclarer non applicable, d'office ou à la requête de la partie, un précepte juridique contraire aux normes de la Constitution ou des traités et conventions internationales, sans préjudice de juger sur l'affaire controversée. On peut également rappeler l'art. 116 de la Loi d'*Amparo*, d'Exhibition personnelle et de Constitutionnalité, approuvée par Décret n 1–86 de l'Assemblée nationale constituante de Guatemala, qui stipule, avec une ampleur énorme, que »dans des cas concrets, dans tout procès de n'importe quelle compétence ou juridiction, dans n'importe quelle instance et en cassation, jusqu'avant de rendre un arrêt, les parties pourront poser comme action, exception ou incident, l'inconstitutionnalité totale ou partielle d'une loi en vue de faire en sorte que sa non-applicabilité soit déclarée«, et le tribunal devra se prononcer là-dessus[88].

Les normes constitutionnelles ont recours à plusieurs techniques d'articulation entre les arrêts des organes juridictionnels ordinaires, avec des effets au cas concret, et la condition de la Cour constitutionnelle, qui ne doit être autre que celle d'interprète suprême de la Constitution. Ainsi, dans le cas de la norme équatorienne mentionnée précédemment, son dernier paragraphe dispose que la déclaration du juge ou tribunal ordinaire n'aura de force obligatoire que dans les affaires sur lesquelles il se prononcerait, pour ajouter aussitôt que le juge, le tribunal ou la cour devra présenter un rapport sur la décision déclaratoire d'inconstitutionnalité, afin que la Cour constitutionnelle prenne une décision à caractère général et obligatoire. A son tour, l'art. 272, d/ de la Constitution du Guatemala de 1985, attribue à la Cour constitutionnelle la fonction de connaître en appel de toutes les contestations contre les lois objectées d'inconstitutionnalité dans des cas concrets, dans n'importe quel jugement, en cassation, ou dans les cas envisagés (et déjà mentionnés précédemment) par la Loi de la matière.

Bien que la règle générale en Amérique latine soit celle du contrôle successif, cette norme rompt pour ce qui de certaines normes concrètes, comme c'est le cas des traités internationaux, le fait qu'en Bolivie, par exemple, le cas échéant, ils doivent faire l'objet d'un contrôle préalable à sa ratification[89], c'est-à-dire, avant la prestation du consentement de l'Etat pour s'obliger sur le plan international, bien qu'il ne manque pas d'exceptions à cette règle, comme cela se produit au Pérou, où le contrôle de constitutionnalité des traités est postérieur à sa ratification par le Président de la Répu-

---

[88] Dans plusieurs arrêts, la Cour Constitutionnelle guatémaltèque a interprété que l'action autorisée par l'art. 116 de la Loi exige: a) que la loi qui soit partiellement ou totalement contestée, soit applicable au cas que devra décider le tribunal; b) que l'arrêt à prononcer dépende de la validité ou du manque de validité de la loi ou norme correspondante remise en question, qui doit être une loi en vigueur, et c) que le raisonnement suffisant de relation entre la loi ou norme attaquée et l'éventuel arrêt, mette en évidence que son application peut transgresser la disposition constitutionnnelle indiquée par l'intéressé, et c'est pourquoi elle ne devra pas être applicable (Arrêt de la Cour Constitutionnelle du 3 Janvier 2002). Cf. à ce sujet, Cour Constitutionnelle: »Constitución Política de la República de Guatemala y su interpretación por la Corte de Constitucionalidad«, Guatemala, 2002, p. 209–210.

[89] Cf. à ce sujet, *Francisco Fernández Segado:* »La Jurisdicción Constitucional en Bolivia« (La Loi n 1836, du 1er avril 1998, du Tribunal Constitutionnel), Cuadernos Constitucionales Mexico-Centroamérica, n 40, UNAM-Corte de Constitucionalidad de Guatemala , México, 2002, p. 84–85.

blique (en vertu de l'art. 26 de la Loi n 26435, du 10 janvier 1995, Loi organique du Tribunal constitutionnel, le délai pour présenter une action d'inconstitutionnalité face à un traité est de six mois à partir de sa publication, face à six ans, période qui correspond au délai général pour recourir par cette voie).

Mais la généralité de la règle du contrôle successif, dans certains pays, essentiellement le Chili et la Colombie, produit une rupture, d'une manière encore plus large.

Au Chili, sous l'influence de la France, la Cour constitutionnelle exerce, essentiellement, un contrôle préventif, qui est même obligatoire, dans le cas des Lois interprétatives de la Constitution et des Lois organiques constitutionnelles ; ce contrôle préalable à l'égard des traités internationaux et des Lois ordinaires est facultatif. Mais l'intervention de la Cour constitutionnelle n'épuise pas au Chili le contrôle de constitutionnalité. Par contre, son contrôle préventif de la loi est complété par un contrôle successif, à l'occasion de l'application de la loi, concentré à son tour dans la Cour Suprême de Justice qui, d'office ou à la requête de la partie, dans les matières desquelles elle connaît directement ou dont la connaissance lui serait soumise à travers le dénommé recours de non-applicabilité pour inconstitutionnalité, peut déclarer non-applicable, avec des effets dans le cas concret, tout précepte légal qu'elle considérerait contraire à la Constitution. Ce double système de contrôle juridictionnel de constitutionnalité, concentré dans la Cour constitutionnelle pour ce qui est de la loi, et toujours à caractère préventif, facultatif ou obligatoire selon le type de loi dont il s'agirait, et concentrée de la même manière dans la Cour Suprême lors de l'application de la loi, a posé, comme l'affirme *Nogueira*[90], bon nombre de problèmes, dans la mesure où les deux organes sont autonomes à l'égard de l'autre, sans que n'ait été établie une articulation entre eux, ce qui a encouragé le fait que soient souvent établis deux paramètres ou critères différents pour l'interprétation de la Constitution, en produisant une dispersion et une anarchisation du contrôle de constitutionnalité.

Egalement en Colombie un contrôle préventif obligatoire à l'égard des Lois dites statutaires (entre autres, celles relatives aux droits et aux devoirs fondamentaux, à l'administration de justice, aux partis politiques, etc.) a été établi. C'est possible de la même manière un contrôle préventif à titre facultatif, car la Cour constitutionnelle connaît de la constitutionnalité des projets de loi faisant l'objet d'une objection d'inconstitutionnalité présentée par le Président de la République. Il est bien vrai qu'en Colombie, à la différence du Chili, la Cour constitutionnelle est également compétente pour effectuer un contrôle successif des lois ; tel contrôle peut être déclenché par l'intermédiaire de l'action populaire d'inconstitutionnalité, dont l'origine remonte au milieu du XIXème siècle, pour toute personne physique, bien que, selon la jurisprudence de la Cour même, non juridique.

V. A notre avis, ce panorama de Droit comparé, qui n'a en aucun cas prétendu être exhaustif, est cependant suffisant pour nous illustrer avec une certaine clarté les difficultés considérables, sinon purement et simplement de l'impossibilité absolue de reconduire les systèmes très hétérogènes et pluraux de la justice constitutionnelle de no-

---

[90] *Humberto Nogueira Alcalá:* »El Tribunal Constitucional chileno«, dans le collectif, »Una mirada a los Tribunales Constitucionales. Las experiencias recientes«, Lecturas Constituciones Andinas, n 4, Comisión Andina de Juristas/Konrad Adenauer Stiftung, Lima, 1995, p. 111 et suiv.; en particulier p. 141.

tre époque à un classement traditionnellement soutenu en fonction d'une seule variable principale, dont certaines autres émanent, comme c'est le cas de celle chargée de différencier traditionnellement le système de la *Judicial Review of Legislation* du système kelsénien (qualifié d'européen, avec de grandes prétentions de généralité, non avalisées par la réalité) de la *Verfassungsgerichtsbarkeit*.

6. A la recherche d'une nouvelle typologie explicative des éléments constitutifs du contrôle de la constitutionnalité

I. On déduit de tout ce qui a été exposé jusqu'à présent, sans grande difficulté à notre avis, l'inexcusabilité d'abandonner la traditionnelle opposition paradigmatique employée pour l'étude comparée des différents systèmes de justice constitutionnelle.

Certains secteurs doctrinaux, qui sont encore minoritaires, ont insisté, avec des nuances et des positions très différentes, sur une direction analogue. Nous nous limiterons maintenant à rappeler certains de ces positionnements, sans entrer dans plus de détails.

Baldassarre[91] a différencié deux grands modèles de justice constitutionnelle: »*giurisdizione dei diritti fondamentali*« et »*giustizia politica*«. Alors que ce dernier allait trouver son noyau central dans une fonction de modération, en harmonie avec laquelle la tutelle des principes de la forme de gouvernement incomberait à la Cour constitutionnelle, le premier modèle trouverait son dernier »*ratio*« dans la nouvelle conception constitutionnelle des droits, qui nous sont présentés non seulement comme des limites à l'égard des pouvoirs publics, mais aussi comme des éléments positifs d'orientation, d'intégration et de direction, qui agissent comme des paramètres de légitimité de l'exercice des pouvoirs publics, en particulier de la fonction législative.

Pizzorusso[92] oppose, à son tour, les systèmes concrets aux systèmes abstraits, binôme qui à son avis a actuellement un plus grand relief que le plus traditionnel entre le système américain et les systèmes européens.

Sans trop s'éloigner de la dichotomie précédente, en la précisant un peu plus, *Rubio Llorente*[93] sépare le modèle centré sur la loi de ces autres modèles de justice constitutionnelle centrés sur la défense des droits.

Fromont[94] propose lui aussi un nouveau classement dont la base repose aussi bien sur la procédure à travers laquelle il est fait appel au juge constitutionnel que sur la nature de la décision qu'il doit adopter. Et ainsi, il établit une différence entre la procédure constitutionnelle qui répond à une logique subjective et concrète (la décision de justice qui tranche une question de droit constitutionnel est prise à la demande d'une personne titulaire de droits subjectifs et porte sur la situation concrète de la personne privée qui l'a saisi) et l'autre (procédure) qui répond à une logique objective et abs-

---

[91] *Antonio Baldassarre:* »Parlamento e Giustizia Costituzionale nel Diritto Comparato«, op. cit., p. 11 et suiv.

[92] *Alessandro Pizzorusso:* »I sistemi …«, op. cit., p. 527–529.

[93] *Francisco Rubio Llorente:* »Tendencias actuales …«, op. cit., p. 1416 et suiv.

[94] *Michel Fromont:* »La justice constitutionnelle dans le monde«, op.cit. p. 42–44.

traite (au contraire, la décision de justice qui tranche une question de droit constitutionnel a été rendue à la demande, non pas d'un justiciable ordinaire, mais d'un acteur
de la vie politique, en portant sur des conflits de normes ou d'organes de l'Etat). Cependant, *Fromont* finit par reconnaître que bon nombre d'Etats combinent les deux
types de procédures de justice constitutionnelle, combinaison qui est faite dans des
proportions très variables selon les cas.

II. De notre côté, nous ne prétendons pas établir une nouvelle classification à celle
qui devraient être reconduites les différents modèles de justice constitutionnelle, mais,
dans un but de plus grande portée analytique, différencier un ensemble très plural de
variables, établies dans la plupart des cas, bien que pas dans tous, dans des binômes di-
chotomiques, et assujetties à une certaine articulation, à l'aide desquelles on peut offrir
des normes explicatives des modalités très différentes du contrôle de la constitutionnalité, modalités qui se présentent, en général et comme on a déjà pu le constater, en-
tremêlées dans les systèmes très hétérogènes de justice constitutionnelle que nous offre
la réalité.

Nous avançons qu'il ne s'agit nullement d'une construction terminée, mais d'une
première esquisse qui doit continuer à se développer. Précisons de même que nous ne
prétendons pas développer maintenant d'une manière casuistique l'ensemble plural de
variables articulées que nous exposons ci-après.

III. Nous devons prendre pour point de départ, en la considérant comme noyau
central de cette vertébration ou, si on le préfère, comme élément d'articulation de
l'ensemble, de l'opposition qui nous semble aujourd'hui de plus grande importance:
celle qui répond à la question de savoir si le contrôle de constitutionnalité est un
contrôle de la loi, en marge de son application, ou au contraire, s'il s'agit d'un contrôle
à l'occasion de l'application de la loi. Dans le premier cas, le contrôle constitutionnel
est effectué en l'absence non seulement d'un litige judiciaire préalable, mais, plus largement, de tout conflit d'intérêts subjectifs. Dans le deuxième cas, le contrôle pourra
être déclenché suite à une *litis* qui affronte des intérêts subjectifs opposés, mais il n'en
sera pas toujours ainsi; pensons, par exemple, au contrôle que peut déclencher un
conflit de compétences opposant l'Etat et un organisme territorial décentralisé dans
un Etat composé, qui apparaît logiquement lors de l'application d'une norme légale.

Cette différenciation, qui a inévitablement des conséquences, plus ou moins importantes, dans la mise en jugement, comme au reste d'ailleurs, à notre avis, cela a déjà été
précédemment mis en relief, quoiqu'avec des réminiscences évidentes de l'opposition
bipolaire »contrôle abstrait/contrôle concret«, nous semble plus pertinente, ne serait-
ce que parce que, d'après nous, en raison de sa plus grande abstraction peut-être, elle
permet un emplacement plus nette du contrôle qui rend possible la question d'inconstitutionnalité, qu'il n'y ayant pas d'aucun doute qu'il s'agit d'un contrôle à l'occasion
de l'application de la loi, il suscite, par contre, une plus grande complexité lorsqu'il
s'agit de reconduire au binôme »contrôle abstrait/contrôle concret«, car, comme nous
avons déjà eu l'occasion de l'exposer, dans la question, la concrétisation provient de
l'exposé, mais coexiste avec l'abstraction de la mise en jugement.

Et c'est à partir d'ici, dans la première modalité de contrôle (*contrôle de la loi*), qu'il
faudrait faire attention à deux variables dont chacune doit nous mener, à son tour, à
une différenciation binômique, à savoir:

A) D'une part, le moment de vérification du contrôle, qui nous mènera à la différenciation entre un contrôle »*a priori*«, préalable ou préventif et un autre »*a posteriori*«, successif ou répressif, selon que le contrôle soit effectué avant ou après la promulgation de la loi.

Dans le contrôle successif, à son tour, il existe peut-être un certain intérêt à établir une nouvelle différenciation selon que le contrôle soit délimité temporairement ou il n'y a, par contre, pas de limite temporaire pour sa vérification.

B) D'autre part, la nature de l'intérêt constitutionnel qu'il s'agit de sauvegarder à travers le contrôle nous mène à faire une différence entre un contrôle objectif, ou dans l'intérêt de l'ordre constitutionnel général, et un contrôle de compétences, qui dans le cadre d'un Etat composé prétend sauvegarder l'ordre constitutionnel de compétences établi en rapport avec les différents organes territoriaux.

Dans la deuxième modalité de contrôle, c'est-à-dire, dans le *contrôle de constitutionnalité effectué à l'occasion de l'application de la loi*, il faudrait, à son tour, faire attention à trois différentes variables, à savoir:

a) La première tiendrait compte du fait que la compétence est attribuée à une pluralité d'organes ou à un organe unique, en différenciant ainsi un contrôle diffus, dans lequel n'importe quel juge ou tribunal peut effectuer le contrôle constitutionnel d'une norme qu'il doit appliquer dans une affaire litigieuse de laquelle il connaît, et un contrôle concentré, dans lequel ce contrôle incombe à un organe unique, soit une Cour constitutionnelle, soit, comme c'est le cas en Uruguay ou au Panama (ainsi qu'au Chili, quoiqu'avec la particularité exposée précédemment), la Cour suprême.

b) La deuxième variable tient compte de l'instance qui déclenche le contrôle, et l'on peut alors différencier dans ce cas quatre modalités:

a'/ Le contrôle demandé par un organe juridictionnel, comme c'est le cas caractéristique, bien fréquent en Europe comme on l'a déjà vu, de la question d'inconstitutionnalité.

b'/ Le contrôle demandé par une personne lésée dans ses droits ou intérêts légitimes. Contrairement à ce que l'on pourrait penser, cette modalité de contrôle n'est pas épuisée dans une procédure d'*amparo* ou de plainte constitutionnelle; par contre, en marge du recours d'*amparo*, il arrive parfois qu'un individu puisse déclencher un contrôle de constitutionnalité d'une loi qui affecte, même s'il ne fait pas l'objet d'un acte d'application spécifique, en raison de son caractère d'auto-application, la sphère d'intérêts légitimes de l'individu en question. Cette affectation justifierait que cette modalité de contrôle se trouve dans le contrôle de constitutionnalité réalisé à l'occasion de l'application de la loi, bien qu'il n'y ait pas d'acte exprès d'application. Pour prendre un exemple spécifique, pensons à l'art. 140.1, *in fine*, de la Constitution autrichienne, qui habilite à tout individu à contester la constitutionnalité d'une loi à condition que leurs droits aient été violés par la loi en question et que cette loi soit applicable sans l'intervention d'une décision judiciaire ou d'une décision administrative. En Uruguay, tout celui qui serait considéré lésé dans son intérêt direct, personnel et légitime peut demander à la Cour suprême, par voie d'action, une décision déclaratoire d'inconstitutionnalité d'un acte législatif formel.

Le cas de la Colombie serait évidemment différent, car l'action populaire d'inconstitutionnalité n'aurait aucune place ici, mais plutôt dans la modalité du contrôle de constitutionnalité de la loi, en guise d'un contrôle objectif ou dans l'intérêt de l'ordre constitutionnel général, puisque, en Colombie, la très célèbre action populaire d'inconstitutionnalité qui remonte à il y a un siècle et demi,est déliée de l'affectation de la loi qui est contestée aux droits ou aux intérêts d'une personne, et elle est liée expressément, comme l'affirme *Cifuentes*[95], au droit de tout citoyen à participer à la conformation, à l'exercice et au contrôle du pouvoir politique.

c'/ Le contrôle requis par les propres organes constitutionnels de l'Etat, visant la revendication d'une attribution qu'ils considéreraient, en la jugeant propre, qu'elle ait été assumée d'une manière inadéquate par un autre organe public.

d'/ Et enfin, le contrôle déclenché par les organes territoriaux, en général d'un Etat composé, destiné à la revendication de la titularité d'une compétence assumée d'une manière inappropriée par un autre organe territorial.

c) La dernière des variables dont il faut tenir compte se réfère à la force des décisions, en particulier des décisions estimatoires, et il faut distinguer ici selon que telles décisions aient des effets dans le cas concret (*inter partes*) ou qu'elles projettent leurs effets à caractère général (*erga omnes*).

On pourrait penser que cette dernière dichotomie n'est pas nécessaire dans la mesure où elle demeurerait recueillie dans la distinction fixée eu égard à la pluralité ou unicité d'organes compétents pour réaliser le contrôle, de telle sorte que lors du contrôle diffus les effets seraient *inter partes* et du contrôle concentré, *erga omnes*. Cette règle, qui tend bien sûr vers la généralité, est cependant rompue dans certains cas, et c'est pourquoi cette catégorisation devient pour autant opportune. Ainsi, pour prendre quelques exemples spécifiques, le contrôle concentré dans la Cour suprême uruguayenne ne se traduit pas dans le fait que les décisions de cette dernière aient des effets généraux, sinon que ces effets se limitent au cas concret. On pourrait en dire autant à propos de la Cour suprême de Justice paraguayenne (dont la Chambre constitutionnelle connaît aussi bien de l'inconstitutionnalité des lois que de l'inconstitutionnalité des arrêts définitifs ou interlocutoires). Et il faudrait en dire de même, finalement – quoique sans prétention d'exhaustivité – à propos des effets des arrêts de la Cour suprême chilienne prononcés lors d'un recours d'inapplicabilité par inconstitutionnalité. Ces exemples révèlent que ce n'est pas toujours que la concentration du contrôle dans un seul organe est unie à la généralité des effets de leurs décisions estimatoires de l'inconstitutionnalité.

IV. Le moment est venu de conclure. Et il faut le faire en affirmant qu'avec la catégorisation exposée on ne prétend nullement épuiser la richesse presqu'inatteignable et l'hétérogénéité des systèmes de contrôle de constitutionnalité de notre époque, dans lesquels, évidemment, en guise de norme générale, on peut bien apprécier un glissement progressif du contrôle de constitutionnalité de la loi au contrôle lors de l'application des lois, trait tendanciel qui est à son tour intimement lié au caractère protagoniste de plus en plus grand d'une juridiction constitutionnelle de la liberté, en parfaite cohérence avec le lieu vraiment de privilège, avec la centralité, que les droits et les libertés occupent dans les constitutions de notre temps.

---

[95] *Eduardo Cifuentes Muñoz:* »La Jurisdicción Constitucional en Colombia«, chez Domingo García Belaunde et Francisco Fernández Segado (coords.) »La Jurisdicción Constitucional …«, op. cit., p. 469 et suiv.; en particulier, p. 475.

Contrôle de Constitutionnalité	Contrôle de constitutionnalité de la loi	Selon le moment de vérification du contrôle	Contrôle préventif
			Contrôle successif {limité dans le temps {sans limite temporelle
		Selon la nature de l'intérêt constitutionnel à sauvegarder	Contrôle objectif ou dans l'intérêt de l'ordre constitutionnel général
			Contrôle de compétences ou dans l'intérêt de l'ordre constitutionnel de compétences
	Contrôle de constitutionnalité de l'application de la loi	Selon la pluralité ou l'unicité d'organes compétents pour contrôler	Contrôle diffus
			Contrôle concentré
		Selon l'instance qui déclenche le contrôle	Contrôle demandé par un organe juridictionnel
			Contrôle demandé par une personne lésée dans ses droits ou affectée dans ses intérêts légitimes
			Contrôle demandé par les organes constitutionnels de l'Etat
			Contrôle demandé par les organes territoriaux
		Selon l'efficacité des sentences	Contrôle avec des effets dans le cas concret
			Contrôle avec des effets »erga omnes«
		Selon le moment de verification du contrôle	Contrôle a priori
			Contrôle a posteriori

Habemus legem fundamentalem!

Das neue vatikanische Grundgesetz, Einführung und Text

von

Dr. Wolf-Dieter Barz

Karlsruhe

Nicht nur die Deutschen haben ein Grundgesetz, sondern auch die Staatsangehörigen oder, vielleicht zu eng formuliert, die Bewohner des Staates der Vatikanstadt. Sie haben es sogar schon länger als die Deutschen, nämlich seit 1929. Vor etwa zwei Jahren (22. 2. 2001) trat die novellierte Fassung in Kraft. Zu „revolutionären" Änderungen ist es freilich nicht gekommen: Johannes Paul II. wie Pius XI. formulieren in Art. 1, I: *Der Summus Pontifex, Souverän des Staates der Vatikanstadt, besitzt die Fülle der gesetzgebenden, vollziehenden und richterlichen Gewalt.* Aber man könnte auf den ersten Blick vermuten, das novellierte Grundgesetz sei „verweltlicht" worden, da Verweisungen auf Regelungen des Codex Iuris Canonici nunmehr reduziert sind. Diese betrafen allerdings lediglich die Stellung des Papstes zu Organen und Gerichten des Hl. Stuhls und mögen daher in der Staatsverfassung entfallen, ohne damit eine Tendenz auszudrücken. Dass der *Stato della Città del Vaticano* nicht etwa zu einem säkularen Staat mutiert ist, verdeutlicht die zweite Säule seiner Rechtsordnung, das Gesetz über die Rechtsquellen[1], das in Art. 1 als erste unter den Rechtsquellen den CIC aufführt.

Damals wie heute gibt das Grundgesetz mit seinen 21 bzw. heute 20 jeweils kurzen Artikeln lediglich Grundstrukturen der Staatsorganisation vor, deren Festlegung trotz der Kleinheit des „Staatleins"[2] von 0,44 km^2 ebenso geboten ist wie bei einem Flächenstaat. Der *Stato della Città del Vaticano* ist das staats- und völkerrechtlich wiederbelebte Überbleibsel des mittelalterlich-frühneuzeitlichen Kirchenstaates, der nach wechselvollem Schicksal in der Zeit der napoleonischen Wirren, der Freiheits- und Einheitsbewegung in Italien 1861 endgültig von der Landkarte getilgt wurde. Das italienische Parlament bestimmte am 27. März jenen Jahres Rom gesamthaft zur Hauptstadt des italienischen Königreichs. In der Theorie könnte man streiten, ob die faktische Nichteinnahme der unmittelbaren räumlichen Umgebung des Papstes einen staatlichen oder staatsähnlichen Nukleus beließ. Jedenfalls schafften die Lateranverträge von 1929 sowie spätere Verträge über das Post-, Münz- und Zollwesen etc. staats-

---

[1] Legge sulle fonti del diritto, in: Acta Apostolicae Sedis, Suppl. 1 (1929), n. 1, 8. 6. 1929, S. 5–13.

[2] So titelt *Münch, Ingo von*: Warum der Vatikan ein Staatlein ist, Anmerkungen eines Völkerrechtlers, in: Die Zeit, Nr. 49 vom 28. 11. 1980, S. 67.

und völkerrechtliche Klarheit über die Vatikanstadt. Genau wie der alte Kirchenstaat dient sie als Staat dem Hl. Stuhl, der ebenfalls eigenständige Völkerrechtsfähigkeit genießt, als eine Art ideeller Vasallenstaat[3], ohne eigenen Staatszweck, der Wahrung von Freiheit und Unabhängigkeit kirchlicher Führung. Der Papst ist nach Klärung der landläufig so genannten *römischen Frage* nunmehr kein „Gefangener im Vatikan", sondern betritt bei Verlassen des Vatikans zweifelsfrei ausländischen Boden. Die Lateranverträge, in kirchlicher Hinsicht revidiert durch ein Konkordat von 1984, nebst den genannten Zusatzabkommen beschreiben neben dem Grundgesetz die Grundlagen und Grundzüge des Vatikanstaates. So verwundert es nicht, dass Raworth in seinen Sammelordnern von *Constitutions of Dependencie and Territories* unter der Vatikanstadt nur den Lateranvertrag von 1929 abgedruckt hat[4], obwohl das Grundgesetz als vatikanische Staatsverfassung wohl vorrangig dorthin gehörte. Auffälligerweise oder gar bezeichnenderweise führen Blaustein und Flanz den Vatikanstaat in ihrer Textsammlung zu den Verfassungen der Welt gar nicht auf[5]. Nachfolgend sollen die wesentlichen Strukturen des Grundgesetzes ohne Bewertung referiert sein.

Trotz aller absoluten Gewalt des Papstes in dem theokratisch-monarchischen Vatikanstaat bedient er sich in einer Art Hilfsfunktion eines staatlichen Unterbaus. Früher kam dabei dem Staatsgouverneur zentrale Bedeutung zu: bei der Ausübung gesetzgebender sowie der vollziehender Gewalt (Art. 5, 6 a. F.). Dieses Amt ist nunmehr abgeschafft. Ohnehin seit 1952 vakant und durch einen Kardinalstaatssekretär ersetzt, kommen diese Funktionen nun einem Kardinalpräsidenten und einer aus anderen Kardinälen bestehenden Kommission mit eigener Geschäftsordnung zu (Art. 3, 5). Die Kardinäle werden vom Papst auf fünf Jahre ernannt. Die Kommission ist im Rahmen der Gesetzgebung von zentraler Bedeutung („Kardinalspräsident und … Kommission"). Im Rahmen der Exekutive wird der Präsident der Kommission von deren Generalsekretär und seinem Stellvertreter unterstützt. Lediglich bedeutendere Fragen legt der Präsident der Kommission zur Überprüfung vor. In wichtigen Fällen ist darüber hinaus im Einvernehmen mit dem Staatssekretariat vorzugehen (Art. 6), das als oberste Kurienbehörde primär den Routinebetrieb im Dienst des Papstes versieht und als Außenministerium fungiert. Auch diese Verzahnung von staatlicher und kirchlicher Sphäre gewährleistet es, dass der Vatikanstaat stets den übergeordneten kirchlichen Interessen dienstbar bleibt. Wird der Kommissionspräsident vergleichsweise als Rechnungshof tätig, unterstützt ihn ein Direktorenrat, der von ihm einzuberufen ist und dem er präsidiert (Art. 11). Die starke Position des Kommissionspräsidenten verdeutlicht Art. 8: „Der Präsident … vertritt … den Staat." Ein Vorbehalt gilt natürlich zugunsten der päpstlichen Allgewalt sowie für die auswärtige Gewalt, die der Papst durch das Staatssekretariat wahrnehmen lässt. Dabei ist darauf hinzuweisen, dass der Vatikanstaat kein eigenes diplomatisches Corps unterhält, sondern dessen Aufgaben durch die Apostolischen Nuntien quasi im Nebenamt wahrgenommen werden[6].

---

[3] Im strengen Sinne der Definition handelt es sich beim Vatikanstaat nicht um einen Vasallenstaat. So zurecht *Raffel, Rainer*: Die Rechtsstellung der Vatikanstadt, Bonn 1961, S. 51.

[4] *Raworth, Philip* (Hrsg.): Constitutions of Dependencies an Territories, limited Sovereignity, Vatican City, Commentary and Constitution, Dobbs Ferry u.a. 2001.

[5] *Blaustein, Albert P.* und *Flanz, Gisbert H.* (Hrsg.): Constitutions of the countries of the world, Dobbs Ferry u.a. (Loseblattwerk).

[6] Der Vatikanstaat, S. 15–18 (16), in: Der Staat der Vatikanstadt, der Heilige Stuhl und die Römische

Als zweite Führungsgruppe unter der Kommission nennt das Grundgesetz in Art. 13 den Generalrat nebst Staatsräten, vom Papst ebenfalls auf fünf Jahre ernannt, die einzeln oder kollegial gehört werden können. Sie helfen sowohl bei der Ausarbeitung von Gesetzen und anderen Aufgaben von besonderer Bedeutung. Der Generalrat kann, an die Weisungen des Kommissionspräsidenten gebunden, den Vatikanstaat vertreten.

Einige Institutionen, Einrichtungen und „Regiebetriebe" sind aus der unmittelbaren päpstlichen Obhut entlassen worden. Art. 2 a. F. nannte beispielsweise noch den Hofstaat, die Nobel-, Palatin- und Schweizer Garde (Nobel- und Palatingarde wurde bereits 1970 aufgelöst), die Bibliothek, das Archiv, die Druckerei sowie die Buchhandlung. War die Schweizer Garde direkt dem Papst unterstellt, so unterstand das Gendarmeriekorps dem Staatsgouverneur, der sie lediglich – sozusagen im Wege der Amtshilfe – für Sicherheits- und Polizeidienste in Anspruch nehmen konnte (Art. 7 a. F.). Heute kann sich zum selben Zweck der Kommissionspräsident hilfsweise der Garde bedienen. Regulären Polizeidienst versieht in Nachfolge des Gendarmeriekorps primär der nicht in der Verfassung genannte *Wachdienst des Staates der Vatikanstadt*[7].

Liegen Legislative und Exekutive weitgehend verschmolzen in den Händen der Kommission, so ist aber die Rechtsprechung von ihr deutlich getrennt. Obwohl beim Papst ja grundsätzlich auch die judikative Allmacht liegt, so sind ihm gemäß Art. 19 Amnestien, Indulte, Straferlasse oder Gnadengewährungen ausdrücklich vorbehalten. Konkretisierten sich die Strukturen des Gerichtsaufbaus in der alten Verfassung noch mit der Nennung so bekannter Gerichte wie der *Sacra Romana Rota* oder der *Apostolischen Signatur*, so wird heute global auf die Gerichtsordnung und die dort festgelegten Zuständigkeiten verwiesen (Art. 15). Carlen beschreibt die vatikanische Gerichtsbarkeit als Vier-Instanzenzug[8]. Wie beim Souveränen Malteserorden[9], der seinen exterritorialen Sitz ebenfalls im römischen Stadtgebiet hat, ist die arbeitsgerichtliche Zuständigkeit expressis verbis genannt. Dies mag daran liegen, dass bei beiden Völkerrechtssubjekten viele „Gastarbeiter" beschäftigt sind. Im Vatikanstaat ist die Arbeitsgerichtsbarkeit sogar ausgegliedert und entsprechende Fragen sind dem *Zentralen Arbeitsbüro* des Apostolischen Stuhls zugewiesen. Gegen Disziplinarmaßnahmen kann beim Appellationsgericht rekurriert werden. An einer Überschneidung von Verwaltung und Rechtsprechung hält auch das neue Grundgesetz in Art 17 fest. Ebenso, wie es der

---

Kurie in den Schriften von Winfried Schulz, …, Franz X. Walter zur Vollendung des 70. Lebensjahres, Frankfurt a. M. u. a. 1999. – Primäre Aufgabe der Nuntien ist es, die Verbindung zwischen dem Hl. Stuhl und der jeweiligen Ortskirche zu fördern (Can. 364 CIC i. V. m. Art. IV, V, X Motuproprio *Sollicitudo Omnium Ecclesiarum*, in: Acta Apostolicae Sedis, 61 (1969), S. 473–487>). Erst in zweiter Linie vertreten sie kirchliche Belange des Hl. Stuhls gegenüber dem Empfängerstaat. Mit Ausnahme von Italien dürften sie nur sehr selten Funktionen als Botschafter des Vatikanstaates übernehmen.

[7] *DelRe, Niccolo*, Gendarmerie, Päpstliche, S. 249–250, in: *DelRe, Niccolo* (Hrsg.): Vatikanlexikon, Augsburg 1998.

[8] Die neue Verfassung des Kirchenstaates, S. 212–215 (*215*), in: *Carlen, Louis*: Recht, Geschichte und Symbol, Aufsätze und Besprechungen, Hildesheim 2002. – Einzelheiten beschreibt *Schulz, Winfried*: Die neuen vatikanischen Gerichtsordnungen, aaO., S. 57–68.

[9] *Barz, Wolf-Dieter*: Die Gerichtsbarkeit des Souveränen Malteser-Ritterordens, S. 47–50 (*48f.*), in: Der Johanniterorden in Baden-Württemberg, 104 (Dezember 2001).

Kodex des Malteserordens in seiner vormaligen Fassung vorsah[10], schreibt auch Art. 17, II einen der gerichtlichen Überprüfung nicht zugänglichen Bereich der Verwaltung fest. Dies gilt grundsätzlich für den Fall, dass gegen belastende Verwaltungsakte nicht auf dem Gerichtsweg, sondern mit einem *hierarchischem Rekurs* angegangen wird. Damit ist der gerichtliche Weg versperrt, es sei, der Papst eröffnet ihn im Einzelfall.

Legt das Grundgesetz die vatikanische Staatsordnung immerhin rudimentär fest, so vermisst man andere verfassungstypische Regelungsbereiche. So bleiben z.B. Bürger- und Grundrechte unerwähnt. Das erklärt sich natürlich vorrangig aus den Besonderheiten des Vatikanstaates und erscheint weitestgehend „kraft Natur der Sache" gerechtfertigt oder gar notwendig. Gleichwohl würde es eine, zugegebenermaßen spitzfindige Freude bereiten, etwa der Frage der vatikanischen Religionsfreiheit und ihres Umfanges nachzugehen, nachdem sie in universeller Bedeutung auf dem Zweiten Vatikanum ja vor Ort thematisiert wurde[11]. Sie könnte für solche Staatsangehörigen ohne vatikanische Funktionen (= nicht qua Amt religionsgebunden) interessant werden, die Kraft Familienzugehörigkeit und Wohnsitzerlaubnis vatikanische Staatsbürger sind[12].

Textanhang[13]

[Legge fondamentale dello Stato della Città del Vaticano]

Art. 1

1. Der Papst besitzt als Oberhaupt des Vatikanstaates die Fülle der gesetzgebenden, ausführenden und richterlichen Gewalt.

2. Während der Sedisvakanz stehen dieselben Gewalten dem Kardinalskollegium zu, das jedoch gesetzliche Bestimmungen nur im Fall der Dringlichkeit und mit einer

---

[10] Codex des Souveränen Malteser-Ritter-Ordens: Hospital-Orden vom hl. Johannes von Jerusalem, genannt von Rhodos, genannt von Malta, (Ausg.) Rom 1966, Art. 218: *Eine im Verwaltungswege entschiedene Frage kann nicht vor die Gerichte gebracht werden, und umgekehrt.*

[11] Für viele *Weitz, Thomas A.*: Religionsfreiheit auf dem Zweiten Vatikanischen Konzil, St. Ottilien 1997.

[12] *Hecker, Hellmuth*, Das Staatsangehörigkeitsrecht von Andorra, Liechtenstein, Monaco, San Marino, der Vatikan-Stadt, Frankfurt a.M. u.a., 1958, S. 101.

[13] Entgegen der Eintragungen in vielen Nachschlagewerken ist die Amtssprache des Vatikanstaates ausschließlich Italienisch und nicht auch Latein. So ist das vatikanische Grundgesetz lediglich in italienischer Sprache in den *Acta Apostolicae Sedis* abgedruckt. Allerdings bietet die deutschsprachige Wochenausgabe des *L'Osservatore Romano* (23. 2. 2001, Nr. 8, S. 16) eine Übersetzung, die hier wiedergegeben werden soll. Dort erscheint die Einleitungsphrase nicht im Übersetzungsstil, sondern eher als inhaltliche Wiedergabe. Aus diesem Grunde, aber auch, um hier ein wenig vatikanischen Sprachkolorits zu bewahren, sei die Einleitungsformel amtssprachlich hinzugefügt: *Avendo preso atto della necessità di dare forma sistematica ed organica ai mutamenti introdotti in fasi successive nell'ordinamento giuridico dello Stato della Città del Vaticano e volendo renderlo sempre meglio rispondente alle finalità istituzionali dello stesso, che esiste a conveniente garanzia della libertà della Sede Apostolica e come mezzo per assicurare l'indipendenza reale e visibile del Romano Pontefice nell'esercizio della Sua missione nel mondo, di Nostro Motu Proprio e certa scienza, con la pienezza della Nostra sovrana autorità, abbiamo ordinato ed ordiniamo quanto appresso, da osservarsi come Legge sello Stato.* Hinzu kommen die Anhänge A, B und C mit Flagge, Wappen und Staatssiegel.

auf die Dauer der Vakanz beschränkten Wirksamkeit erlassen kann, es sei denn, daß diese durch den anschließend gewählten Papst gemäß den Vorschriften des kanonischen Rechts bestätigt werden.

Art. 2

Die Vertretung des Vatikanstaates in Beziehungen mit dem Ausland und mit anderen Völkerrechtssubjekten, bei der Aufnahme diplomatischer Beziehungen und Vertragsabschlüssen ist dem Papst vorbehalten, der sie durch das Staatssekretariat ausübt.

Art. 3

1. Die gesetzgebende Gewalt wird, außer in Fällen, die der Papst sich selbst oder anderen Intanzen vorbehalten will, durch eine aus dem Kardinalspräsidenten und anderen Kardinälen bestehende Kommission ausgeübt, die alle vom Papst auf fünf Jahre ernannt sind.

2. Bei Abwesenheit oder Verhinderung des Präsidenten leitet der erste der Kardinalsmitglieder die Kommission.

3. Die Sitzungen der Kommission werden vom Präsidenten einberufen und geleitet; an ihnen nehmen der Generalsekretär und der Vizegeneralsekretär mit beratender Stimme teil.

Art. 4

1. Die Kommission übt ihre Gewalt innerhalb der Grenzen des Gesetzes über die gesetzlichen Grundlagen gemäß den nachfolgenden Bestimmungen und der eigenen Geschäftsordnung aus.

2. Bei der Ausarbeitung von Gesetzesentwürfen bedient sich die Kommission der Mitarbeit der Staatsräte, anderer Experten sowie der allenfalls daran interessierten Behörden des Hl. Stuhls und des Staates.

3. Die Gesetzesvorschläge müssen zuerst durch das Staatssekretariat dem Papst zur Begutachtung unterbreitet werden.

Art. 5

1. Die ausführende Gewalt wird nach dem gegenwärtigen Gesetz und den übrigen geltenden Bestimmungen durch den Präsidenten der Kommission ausgeübt.

2. Bei der Ausübung dieser Gewalt stehen dem Präsidenten der Generalsekretär und der Vize-Generalsekretär bei.

3. Bedeutendere Fragen werden vom Präsidenten der Kommission zur Überprüfung vorgelegt.

Art. 6

In wichtigeren Fällen ist im Einvernehmen mit dem Staatssekretariat vorzugehen.

Art. 7

1. Der Präsident der Kommission kann bei der Ausführung gesetzlicher Bestimmungen und der Geschäftsordnung Verordnungen erlassen.

2. In dringenden Fällen kann er Verfügungen treffen, die Gesetzeskraft besitzen,

ihre Wirksamkeit jedoch verlieren, wenn sie nicht innerhalb von neunzig Tagen von der Kommission bestätigt werden.

3. Die Befugnis, allgemeine Geschäftsordnungen zu erlassen, bleibt der Kommission vorbehalten.

Art. 8

1. Der Präsident der Kommission vertritt, unbeschadet der Bestimmungen der Artikel 1 und 2, den Staat.

2. Er kann die gesetzliche Vertretung im ordentlichen Amtsbetrieb an den Generalsekretär delegieren.

Art. 9

1. Der Generalsekretär ist dem Präsidenten der Kommission bei der Amtsausübung behilflich. Gemäß den gesetzlichen Bestimmungen und den Anweisungen des Präsidenten der Kommission hat er:

a) die Anwendung der Gesetze und anderer maßgebender Bestimmungen zu überwachen wie auch die Durchführung der Entscheidungen und Anweisungen des Präsidenten der Kommission;

b) die Verwaltungstätigkeit des Governatorates zu überwachen und die Funktionen der verschiedenen Direktionen zu koordinieren.

2. Bei Abwesenheit oder Verhinderung ersetzt er den Präsidenten der Kommission, mit Ausnahme der Bestimmung des Art. 7, Nr. 2.

Art. 10

1. Der Vizegeneralsekretär überwacht im Einvernehmen mit dem Generalsekretär die Vorbereitung und Abfassung der Dokumente und der Korrespondenz und übt die anderen ihm zugewiesenen Funktionen aus.

2. Er vertritt den Generalsekretär bei Abwesenheit oder Verhinderung.

Art. 11

1. Bei der Vorbereitung und Überprüfung der Bilanzen sowie bei anderen Geschäften allgemeiner Art, die das Personal und die Aktivität des Staates betreffen, steht dem Präsidenten der Kommission der Rat der Direktoren bei, der von ihm von Zeit zu Zeit einberufen und geleitet wird.

2. An ihm nehmen auch der Generalsekretär und der Vizegeneralsekretär teil.

Art. 12

Die Vor- und Schlußbilanz des Staates werden nach der Genehmigung durch die Kommission dem Papst durch das Staatssekretariat vorgelegt.

Art. 13

1. Der Generalrat und die Staatsräte werden vom Papst auf fünf Jahre ernannt. Sie helfen bei der Ausarbeitung der Gesetze und in anderen besonders bedeutenden Angelegenheiten.

2. Die Räte können sowohl einzeln wie kollegial angehört werden.

3. Der Generalrat führt bei den Sitzungen der Räte den Vorsitz; er übt außerdem gemäß den Anweisungen des Präsidenten der Kommission, Funktionen der Koordination und der Vertretung des Staates aus.

Art. 14

Der Präsident der Kommission kann sich aus Sicherheits- und polizeilichen Gründen neben dem Wachdienst des Vatikanstaates der Päpstlichen Schweizergarde bedienen.

Art. 15

1. Die richterliche Gewalt wird im Namen des Papstes von den nach der Gerichtsordnung des Staates bestellten Organen ausgeübt.

2. Die Zuständigkeit der einzelnen Organe ist gesetzlich festgelegt.

3. Die Akte der Rechtsprechung müssen innerhalb des Staatsgebietes durchgeführt werden.

Art. 16

Der Papst kann in jeder Zivil- oder Strafsache und in jedem Stadium des Verfahrens die Untersuchung und die Entscheidung einer speziellen Instanz übertragen, auch mit der Berechtigung, die Entscheidung nach Billigkeit und unter Ausschluß jedweden weiteren Rechtsmittels zu fällen.

Art. 17

1. Unter Aufrechterhaltung der Bestimmung des nachfolgenden Artikels kann jeder, der ein persönliches Recht oder legitimes Interesse durch einen Verwaltungsakt für verletzt hält, einen hierarchischen Rekurs einlegen oder sich an die zuständige gerichtliche Autorität wenden.

2. Der hierarchische Rekurs schließt in derselben Sache eine gerichtliche Klage aus, es sei denn der Papst gibt dazu im einzelnen Fall die Genehmigung.

Art. 18

1. Für Streitigkeiten, die sich auf das Arbeitsverhältnis zwischen Staatsbediensteten und der Verwaltung beziehen, ist das Zentrale Arbeitsbüro des Apostolischen Stuhls gemäß dem eigenen Statut zuständig.

2. Rekurse gegen die den Staatsbediensteten auferlegten disziplinären Maßnahmen können beim Appellationsgericht gemäß den eigenen Normen eingelegt werden.

Art. 19

Das Recht, Amnestien, Indulte, Straferlasse oder Gnaden zu gewähren, ist dem Papst vorbehalten.

Art. 20

1. Die Fahne des Vatikanstaates besteht aus zwei senkrecht geteilten Feldern, ein am Fahnenmast hängendes gelbes Feld und ein weißes, das die Tiara mit den Schlüsseln darstellt, nach dem abgebildeten Modell.

2. Das Wappen besteht aus der Tiara mit den Schlüsseln nach dem abgebildeten Modell.

3. Das Staatssiegel stellt im Zentrum die Tiara mit den Schlüsseln dar und ringsum die Worte „Stato della Città del Vaticano" nach dem abgebildeten Modell.

Das gegenwärtige Grundgesetz ersetzt in allem das Grundgesetz des Vatikanstaates vom 7. Juni 1929, Nr. I.

Ebenso sind alle im Staat geltenden, im Gegensatz zum gegenwärtigen Gesetz stehenden Normen aufgehoben.

Es tritt am 22. Februar 2001, am Fest Kathedra Petri, in Kraft.

Wir verordnen, daß das mit dem Staatssiegel versehene Original dieses Gesetzes im Archiv der Gesetze des Vatikanstaates hinterlegt und der entsprechende Text im Ergänzungsband der *Acta Apostolicae Sedis* veröffentlicht wird, unter Anordnung der Befolgung durch alle, an die es gerichtet ist.

Gegeben im Vatikan, aus dem Apostolischen Palast, am Christkönigsfest, dem 26. November 2000, im dreiundzwanzigsten Jahr Unseres Pontifikates.

Johannes Paul II

Entwicklungen des Verfassungsrechts im Außereuropäischen Raum

I. Amerika

Schutz oder Verbot aggressiver Rede?

Ein Streit zwischen den Vereinigten Staaten von Amerika und Deutschland

von

Dr. Winfried Brugger, LL.M.

Professor für Öffentliches Recht und Rechtsphilosophie an der Universität Heidelberg

Inhalt

I. Aggressive Rede:
Der Härtetest für Liberalismus und Meinungsfreiheit

Die Meinungsfreiheit ist ein Kernstück liberalen Denkens[1]. Immanuel Kant spricht vom Palladium der Volksrechte und sieht den Legitimitätstest von Rechtsregelungen in deren Publizität und öffentlicher Zustimmungsfähigkeit[2]. Diese Gedanken hat der

---

[1] Vgl. *Kurt Häntzschel*, Das Recht der freien Meinungsäußerung, in: Gerhard Anschütz/Richard Thoma (Hrsg.), Handbuch des deutschen Staatsrechts II, 1932, § 105, S. 651 (652): „Die Freiheit der Meinungsäußerung ist ein Kind des Liberalismus. Sie stammt aus der Zeit, wo die Bürger der Staatsgewalt noch als Untertanen gegenüber standen und noch nicht sagen konnten: ‚Der Staat, das sind wir‘." Letzteres verweist treffend auf die Präambel der US-Verfassung, die mit „We the People" beginnt. Siehe auch *Thomas I. Emerson*, Toward a General Theory of the First Amendment: Yale Law Journal 72 (1963), S. 877 ff., hier zitiert nach dem Nachdruck in: Donald E. Lively/Dorothy E. Roberts/Russell L. Weaver (Hrsg.), First Amendment Anthology (im folgenden: FAA), 1994, S. 8 ff.

[2] Vgl. *Immanuel Kant*, Zum ewigen Frieden (1795), in: Kants Werke VIII, Akademieausgabe 1968, Anhang II, S. 381 ff.

moderne Rechtsstaat aufgenommen. Er schützt die einschlägigen Kommunikations-
freiheiten durch Grundrechte. Das mag man als bloße Fortsetzung der liberalen Tradition ansehen, doch steckt ein Mehr an Lebenserfahrung hinter der Rechtsform der
grundrechtlichen Gewährleistung. Sie ist eigentlich nur notwendig, wenn Gefahr der
Unterdrückung droht – Unterdrückung von staatlicher oder auch gesellschaftlicher
Seite, die sich in Demokratien ja leicht in politische Mehrheitsentscheidung umsetzt[3].
Das weist darauf hin, daß zwischen den gesellschaftlichen Gruppen und politischen
Parteien ein offener und unverstellter Wettbewerb aller Meinungen nicht ohne weiteres – quasi naturgesetzlich – zustande kommt. Vielmehr indiziert die grundrechtliche
Gewährleistung Streit und die *permanente Gefahr der Verführung zur kollektiven Unter-
drückung von Meinungen* – speziell von Meinungen, die der Zeitgeist als unangemessen,
störend, empörend und schockierend ansieht[4].

　　Vielleicht reichen der liberale Instinkt und der Geist der Toleranz im Regelfall aus,
um leicht kritische Äußerungen anderer Personen oder Gruppen zu ertragen, doch
bei radikal kritischen Äußerungen wird der Wille zur Duldung fragil. Wird radikale
Kritik gar aggressiv geäußert, steht der liberale Härtetest bevor: Sollen Toleranz und
Duldung auch noch gegenüber Äußerungen gelten, die uns empören, die wir als
falsch, ungerecht oder unmoralisch empfinden? Stellen wir uns einen Demonstranten
vor, der folgende Botschaften vertritt: (1) „Ausländer, die in Deutschland einreisen
und hier Sozialleistungen in Anspruch nehmen, sind Parasiten."[5] (2) „Schluß mit der
Invasion und Überfremdung unserer Landes durch diese kriminellen Ausländer, die
unsere Freiheit und unser Eigentum bedrohen und uns mit Drogen überschwem-
men!"[6] (3) Der Demonstrant benutzt bei seinem öffentlichen Auftritt Symbole und
Insignien, die in dem jeweiligen Land für Theorien rassischer Überlegenheit und Unterlegenheit stehen – das Hakenkreuz in Deutschland sowie das Ku-Klux-Klan-Kreuz
in den USA[7]. Wie sollte eine Rechtsordnung mit so aggressiven oder gar haßerfüllten

---

　　[3] Ein weiterer Klassiker der Meinungsfreiheit ist *John Stuart Mill*, Über Freiheit (1859), Ausgabe v. Bor-
ries, 1969, Kap. 2: „Freiheit des Denkens und der Diskussion", zusammenfassend S. 62f.

　　[4] Vgl. zum „impulse to censor" *Robert Trager*, Freedom of Expression in the 21st Century, 1999, S. 33ff.;
George Kaleb, The Freedom of Worthless and Harmful Speech, in: Bernard Yack (Hrsg.), Liberalism
without Illusion, 1996, S. 220 (221); *Mill* (Fn. 3); Justice *Holmes*, dissenting, in *Abrams v. United States*, 250
U.S. 616, 630 (1919): „Persecution for the expression of opinions seems to me perfectly logical. If you have
no doubt of your premises or your power and want a certain result with all your heart you naturally express
your wishes in law and sweep away all opposition." Anschließend wendet sich Holmes gegen diese Tendenz.

　　[5] Angelehnt an OLG Frankfurt, U. v. 15.8. 2000, NStZ-RR 2000, S. 368f., und hierzu *Walter Kargl*,
Rechtsextremistische Parolen als Volksverhetzung: Jura 2001, S. 176ff.

　　[6] Diese Botschaft ist an einen deutschen und einen amerikanischen Fall angelehnt. Vgl. VG Frankfurt,
B. v. 22.2. 1993, NJW 1993, S. 2067f. (Ausschluß einer Wahlzeitung von der Postbeförderung und Strafbarkeit als Volksverhetzung), sowie *Beauharnais v. Illinois*, 343 U.S. 250 (1952); hierzu *Winfried Brugger*,
Verbot oder Schutz von Haßrede? Rechtsvergleichende Beobachtungen zum deutschen und amerikanischen Recht, Abschnitt III.2: AöR (erscheint demnächst). Ein weiterer vergleichbarer deutscher Fall ist
die strafrechtliche Sanktionierung des Gedichtes „Der Asylbetrüger in Deutschland" als Volksverhetzung.
Vgl. BayObLG, B.v. 31.1. 1994, NJW 1994, S. 952f.; BayObLG, U.v. 17.8. 1994, S. 145f.; OLG Frankfurt, U.v. 11.5. 1994, NJW 1995, S. 143f.; BVerwG, U.v. 23.1. 1997, NJW 1997, S. 2341f.

　　[7] Die Verwendung des Hakenkreuzes ist in Deutschland strafrechtlich verboten, vgl. §§ 86, 86 a StGB.
Die durch das Ku-Klux-Klan-Kreuz zum Ausdruck gebrachte Botschaft der Überlegenheit der weißen
oder arischen Rasse ist in den USA nicht verboten. Vgl. die sogenannte „Skokie controversy", in der es
um geplante Neonazi-Demonstrationen in einem jüdischen Wohnviertel ging, anschaulich beschrieben

politischen, öffentlichkeitsrelevanten Äußerungen umgehen[8]? Hier scheiden sich die Geister[9].

Das zeigt sich bei einem überschlägigen Blick auf die Art und Weise, wie moderne Rechtsordnungen auf der nationalen wie internationalen Ebene mit solcher Rede umgehen. Eine Staatengruppe, angeführt von den USA, schützt aggressive Rede oder Haßrede weitgehend, jedenfalls soweit es um gesellschaftlich relevante Äußerungen geht. Eine andere Staatengruppe, zu der etwa Deutschland und die Mitglieder des Europarats gehören[10], sowie Menschenrechtspakte im Völkerrecht[11] verbieten solche Äußerungen weitgehend. Wir haben also eine Konkurrenz zwischen der, verkürzt gesprochen, amerikanischen Sicht und der deutschen, europäischen und völkerrechtlichen Auffassung[12]. Bezogen auf die drei Beispielsfälle, heißt dies: Die drei Botschaften sind nach deutscher Rechtsauffassung verboten, nach amerikanischer Sicht durch die Redefreiheit geschützt.

Der neuralgische Punkt ist die *Einschränkung von Äußerungen gerade wegen ihres Inhalts*. Solches „Meinungssonderrecht" ist in einem liberalen Staat grundsätzlich verdächtig. Das Verfassungsrecht trägt dem in der Regel dadurch Rechnung, daß Einschränkungen der Redefreiheit ein „allgemeines Gesetz" und gerade kein bestimmte Meinungen beschränkendes Gesetz voraussetzen; ferner kann die staatliche Gewalt an das Gebot der Neutralität gegenüber gesellschaftlichen Meinungen gebunden sein[13].

---

in: *Donald A. Downs*, Nazis in Skokie. Freedom, Community, and the First Amendment, 1985, und *RAV v. St. Louis*, 505 U.S. 377 (1992).

[8] Der Aufsatz behandelt nur „politische" Äußerungen, nicht private oder geschäftliche Auseinandersetzungen. Die Botschaften (1) und (2) sind durch eine Verknüpfung von Werturteil und Faktenannahmen gekennzeichnet, Botschaft (3) steht für eine isolierte, separate normative Herabsetzung. Auf diese Charakteristika ist im folgenden noch einzugehen.

[9] Beleg dafür ist, daß der oft zitierte Topos „Kampf der Meinungen" in ganz unterschiedlichem Sinn ausgelegt wird. Die Deutungen reichen von einem Kampf auf Leben und Tod bis zu der optimistischen Annahme, daß die „guten" Meinungen sich gegenüber den „bösen" oder „schlechten" Meinungen durchsetzen werden. Vgl. *Winfried Brugger*, Der Kampf der Meinungen, in: *ders.*, Liberalismus, Pluralismus, Kommunitarismus, 1999, § 19.

[10] Vgl. *Bradley A. Appleman*, Hate Speech. A Comparison of the Approaches Taken by the United States and Germany: Wisconsin International Law Journal 14 (1996), S. 422ff.; Sandra Coliver (Hrsg.), Striking a Balance. Hate Speech, Freedom of Expression and Non-Discrimination, 1992; *Sionaidh Douglas-Scott*, The Hatefulness of Protected Speech. A Comparison of American and European Approaches: William and Mary Bill of Rights Journal 7 (1999), S. 305ff., und m.w.N. *Winfried Brugger*, The Treatment of Hate Speech in German Constitutional Law, in: Eibe Riedel (Hrsg.), Stocktaking in German Public Law, 2002, S. 117ff.

[11] Vgl. vor allem das Internationale Abkommen zur Beseitigung jeder Form von Rassendiskriminierung vom 7.3. 1966, BGBl. 1969 II S. 962 (Rassendiskriminierungskonvention – RDK). Hierzu und zu weiteren einschlägigen Normen und Gesetzen im Völkerrecht *Anja Zimmer*, Hate Speech im Völkerrecht. Rassendiskriminierende Äußerungen im Spannungsfeld zwischen Rassendiskriminierungsverbot und Meinungsfreiheit, 2001.

[12] Vgl. neben den Nachweisen oben Fn. 6, 10 noch unten Fn. 17 sowie *Michel Rosenfeld*, Hate Speech in Constitutional Jurisprudence. A Comparative Analysis: Cardozo Law School Public Law Research Paper No. 41, April 21, 2001, SSRN ID265939 code 10412630.pdf, S. 42 vor Fn. 59: „If free speech in the United States is shaped above all by individualism and libertarianism, collective concerns and other values such as honor and dignity lie at the heart of the conceptions of free speech that originate in international covenants or in the constitutional jurisprudence of other Western democracies."

[13] Vgl. zum Beispiel die Schranke „allgemeine Gesetze" in Art. 5 Abs. 2 GG für die in Abs. 1 geschützte Meinungsfreiheit sowie Art. 3 Abs. 3 GG: „Niemand darf wegen ... seiner religiösen oder politischen An-

Falls wirklich ein Vorrang von Redefreiheit gegenüber anderen Werten gilt, die durch anstößige Rede vielleicht gefährdet sind, sind Verbote von Meinungssonderrecht und Gebote von staatlicher Meinungsneutralität strikt; Verstöße dagegen sind in aller Regel verfassungswidrig. So wird in den USA Recht gerade gegen Meinung umgangssprachlich, aber in der Sache durchaus treffend als „Todsünde" gegen die Meinungsfreiheit eingestuft[14]. Gilt dagegen kein Vorrang von Redefreiheit, ist Meinungssonderrecht in manchen oder auch häufigeren Fällen zulässig. Der Staat darf parteilich sein und die Prozesse gesellschaftlicher Meinungsbildung partiell steuern[15]. Dann stellt sich die Frage: Welche Formen von anstößiger Rede dürfen oder sollen rechtlich sanktioniert werden? Die Antwort für die deutsche, europäische und internationale Rechtsordnung, also die Weltsicht außerhalb der USA, ist: Besonders anstößige und aggressive und insbesondere haßerfüllte Äußerungen dürfen verboten und strafrechtlich sanktioniert[16] werden. Rechtstechnisch führt dies zu Vorschriften, die (1) individuelle und kollektive Ehrverletzungen, (2) Volksverhetzung, (3) Rassenhetze und (4) Diskriminierung bestrafen[17].

---

schauungen benachteiligt oder bevorzugt werden." Zum „allgemeinen Gesetz" siehe *Hans Peter Bull*, Freiheit und Grenzen des Meinungskampfes, in: FS 50 Jahre Bundesverfassungsgericht II, 2001, S. 163 (174f.).

[14] Vgl. *Kathleen Sullivan*, Freedom of Expression in the United States. Past and Present, in: Thomas R. Hensley (Hrsg.), The Boundaries of Freedom of Expression and Order in American Democracy, 2001, S. 1 (9): „[V]iewpoint discrimination by the government is the cardinal First Amendment sin, all the more when it is directed against political dissent ... Under this approach, one may express any idea one wants as long as it remains on the side of the mind/body line, no matter how unpatriotic and no matter how far beyond the pale it might seem in civilized society." Vgl. auch unten Fn. 35, 49.

[15] So ist die Lage in Deutschland, wie zahlreiche Verbote von aggressiver Rede zeigen, die zwar als Eingriffe in die Meinungsfreiheit eingestuft werden, aber trotzdem als „allgemeine Gesetze" oder Normen zum Schutz der anderen Schrankengüter (Ehre, Jugendschutz) gelten, trotz ihres Charakters als Sonderrecht gegen Meinung. Vgl. die Nachweise bei *Brugger* (Fn. 10), Abschnitt IV.2. Die vom BVerfG verwendete Deutung der Formel von „allgemeinem Gesetz" erlaubt dies, weil sie sich in ihrem ersten Teil zwar gegen Sonderrecht gegen Meinung richtet, dann aber im zweiten Teil solches Recht doch zuläßt, wenn die durch die Äußerung der Meinung bedrohten Rechtsgüter im Einzelfall den Vorrang verdienen. Vgl. etwa BVerfGE 7, 198 (209f.); 50, 234 (240f.). Dies ist nach der Rspr. des BVerfG der Fall, wenn die Meinung 1. als Schmähkritik, 2. als Formalbeleidigung oder 3. als Verletzung der Menschenwürde einzustufen ist. Vgl. BVerfGE 82, 43 (51); 82, 272 (280f.); 93, 266 (294).

[16] Soweit bestimmte Meinungen verboten sind, gibt es neben der strafrechtlichen Sanktionierung noch andere Möglichkeiten rechtlicher Nachteile, etwa zivilrechtlicher Art (Unterlassungs- , Beseitigungs-, Schadenersatzpflichten) oder verwaltungsrechtlicher Art (etwa Lizenzentzug für Rundfunkstationen, disziplinarrechtliche Maßnahmen gegenüber Personen in einem Sonderstatusverhältnis zum Staat). Der Einfachheit halber steht hier die Strafrechtssanktion im Mittelpunkt.

[17] Vgl. für Deutschland und die Fallgruppe (1) §§ 185ff. StGB, für die Fallgruppen (2) und (3) § 130 StGB. Generell zu den Fallgruppen „group libel, breach of the peace, and incitement to hatred" *David Kretzmer*, Freedom of Speech and Racism: Cardozo Law Review 8 (1987), S. 445 (494ff.), und rechtsvergleichend *Stephen J. Roth*, The Laws of Six Countries. An Analytical Comparison, in: Louis Greenspan/ Cyril Levitt (Hrsg.), Under the Shadow of Weimar. Democracy, Law, and Racial Incitement in Six Countries, 1993, S. 177 (192ff.). Die Fallgruppe (4) ist in den USA stärker als in Deutschland entwickelt, wird aber zunehmend auch bei uns diskutiert. Vgl. *Peter Rädler*, Gesetze gegen Rassendiskriminierung: ZRP 1997, S. 5ff.; *Natasha Minsker*, „I Have a Dream – Never Forget": When Rhetoric Becomes Law. A Comparison of the Jurisprudence of Race in Germany and the United States: Harvard Black Letter Law Journal 14 (1998), S. 116ff.; und zu Einwirkungen des EG-Rechts auf Antidiskriminierungsmaßnahmen in Deutschland *Susanne Baer*, Recht gegen Fremdenfeindlichkeit und andere Ausgrenzungen: ZRP 2001, S. 500ff.

Hier soll nicht in eine Analyse dieser Rechtsregelungen eingetreten werden[18]. Vielmehr sollen die Argumente vorgetragen und die Werte benannt werden, die typischerweise bei aggressiver Rede in Konflikt geraten. Ich wähle dazu eine dialektische Weise der Darstellung. Nach einer kurzen Strukturierung der Argumentation (II.) trage ich idealtypisch die Argumente vor, die nach amerikanischer und liberaler Sicht für den Vorrang der Redefreiheit in solchen Fällen sprechen (III.). Anschließend kommt die deutsche, europäische und völkerrechtliche Konkurrenzsicht zur Sprache, die in der Regel die Vorrangverhältnisse umkehrt. (IV.). Das führt zur Frage: Wie sollte man sich entscheiden (V.)? Und müssen für rassistische Äußerungen nicht Sonderregeln gelten (VI.)?

II. Strukturierung der Argumentation

Einschlägige Argumente für und gegen einen Vorrang von Rede gegenüber konkurrierenden Werten[19] lassen sich grob einteilen in solche, die auf die Folgen der Äußerung abstellen, sowie solche, die unabhängig von möglichen oder wahrscheinlichen Konsequenzen auf den Sprecher und dessen Autonomie im weitesten Sinn des Wortes abheben[20]. Weitgehende Einigkeit besteht in der Annahme, daß sich die beiden Argumentformen analytisch unterscheiden lassen, aber der Sache nach beide in die Abwägung der Gewichtigkeit von Meinungsfreiheit hineingehören. Während Autonomieargumente eher individualistisch ausgerichtet sind und im Verletzungsfall „Ungerechtigkeit" indizieren, sind Folgenargumente stärker probabilistisch und anhand der Kategorien „zweckmäßig, gut" oder „unzweckmäßig, schlecht" in bezug auf kollektive Rechtsgüter einzustufen. Weiterhin kann man, von der Mikroebene auf die Makroebene überblendend, für die beiden Auffassungen vom Vorrang oder Nachrang aggressiver Rede die jeweiligen Menschen-, Gesellschafts- und Staatsbilder vergleichen. Ferner steht Kommunikation immer in einem Zusammenhang von Äußerer, Rezipient und Publikum im allgemeinen[21]. Für konsequentialistische Argumente ist dieser Bezug eine Selbstverständlichkeit, für rein rednerorientierte Auffassungen nicht un-

---

[18] Dazu näher *Brugger* (Fn. 6 und 10); *Zimmer* (Fn. 11).

[19] Vgl. zum folgenden zum Teil noch ausdifferenzierter *Rosenfeld* (Fn. 12), Abschnitt I; *Robert Post*, Racist Speech, Democracy, and the First Amendment: William and Mary Law Review 32 (1991), S. 271 ff.

[20] Vgl. zu dieser gängigen – schon von *Häntzschel* (Fn. 1), S. 652, benutzten – Unterscheidung etwa *Susan J. Brison*, The Autonomy Defense of Free Speech, Ethics 108 (1998), S. 312 (321 f.), die näher auf unterschiedliche Autonomiebegriffe eingeht. Siehe auch *Winfried Brugger*, Freiheit der Rede und Organisation der Meinungsfreiheit. Eine liberale Konzeption der Freiheiten des Art. 5 Abs. 1 und Abs. 2 GG, EuGRZ 1987, S. 189 (197 f.) m. w. N. Das BVerfG arbeitet in ständiger Rspr. mit dieser Unterscheidung. Vgl. die vielzitierte Passage aus dem Lüth-Urteil, BVerfGE 7, 198 (208): „Das Grundrecht auf freie Meinungsäußerung ist als unmittelbarster Ausdruck der menschlichen Persönlichkeit in der Gesellschaft eines der vornehmsten Menschenrechte überhaupt ... Für eine freiheitlich-demokratische Staatsordnung ist es schlechthin konstituierend, denn es ermöglicht erst die ständige geistige Auseinandersetzung, den Kampf der Meinungen, der ihr Lebenselement ist ... Es ist in gewissem Sinn die Grundlage jeder Freiheit überhaupt, ‚the matrix, the indispensable condition of nearly every other form of freedom' (Cardozo)."

[21] Rechtlich drückt sich diese Differenzierung dadurch aus, daß Beleidigungsdelikte den Schutz der konkret Angegriffenen bezwecken, Delikte dagegen, die den „öffentlichen Frieden" sichern wollen, auf das Gesamtpublikum abstellen.

bedingt – sie können solipsistisch oder stark rechteorientiert sein[22]. Was immer der Redner für Rechte als Kommunikator haben mag, entsprechende Rechte für Rezipienten und eventuelle Konflikte mit konfligierenden Rechtsgütern müssen mit in die Abwägung eingestellt werden. Das gilt um so mehr, als hier eine weitere Prämisse unterstellt werden soll: Aggressive, radikale Werturteile können für die Angegriffenen schmerzhaft, also mit Kosten verbunden sein[23]. Solche Rede zu erlauben, mag in der Abwägung von Vorteilen und Nachteilen empfehlenswert oder nicht empfehlenswert sein, auf jeden Fall sind die Kostenfaktoren zu berücksichtigen. Schließlich ist darauf zu achten, ob und wie gewichtig historische Umstände sich in den genannten Argumenten faktisch widerspiegeln bzw. normativ widerspiegeln sollten, etwa in bezug auf die Gefahreinschätzung aggressiver Rede oder die Schutzwürdigkeit bestimmter Bevölkerungsgruppen.

III. Argumente für einen Vorrang von aggressiver Rede

Lassen wir zunächst den liberalen amerikanischen[24] Advokaten der Redefreiheit zu Wort kommen, der für den Schutz aggressiver Äußerungen in öffentlich bedeutsamen Angelegenheiten eintritt[25]:

1. *Autonomie.* Redefreiheit ist nur für Menschen, dann aber für alle Menschen bedeutsam. Nur über Kommunikation können sie sich als das entfalten, was sie sind – partiell instinktentbundene Menschen und deshalb frei für moralische Ausrichtung und individuelle Persönlichkeitsformung[26]. In der moralischen Ansprechbarkeit kommt die Würde des Menschen, seine Personalität, zum Ausdruck; in der Formung zu einem unverwechselbaren Individuum über Kommunikation drückt sich seine Persönlichkeit aus[27]. Handlungen sind Ausdruck der Personalität und Individualität

---

[22] *Mary Ann Glendon*, Rights Talk. The Impoverishment of Political Discourse, 1991, sieht dies als ein Wesensmerkmal der vorherrschenden amerikanischen politischen Kultur an. Vgl. die eindrücklichen Kapitelüberschriften: „The Land of Rights", „The Illusion of Absoluteness", „The Lone Rights Bearer", „The Missing Language of Responsibility", „Rights Insularity".

[23] Das ist nicht unbestritten. Manche bestreiten, daß durch Rede überhaupt Kosten anfallen bzw., etwas schwächer, daß Kosten anfallen, die nicht durch Gegenrede kompensiert werden könnten. Vgl. *Joshua Cohen*, Freedom of Expression, in: David Heyd (Hrsg.), Toleration. An Elusive Virtue, 1996, S. 175 (180f.), der dies „free speech minimalism" nennt. Geteilt wird also nicht die Botschaft des amerikanischen Kinderreims: „Sticks and stones may break my bones, but names will never hurt me"; hierzu *Kretzmer* (Fn. 17), S. 459. Speziell auf die Kosten bezogen: *Simon F. Lee*, The Cost of Free Speech, 1990; *Cohen*, ebd., S. 175, 189f., oben Fn. 17, 19 zu Kretzmer und unten Fn. 73f.

[24] „Amerikanisch" und „liberal" bezieht sich hier auf die herrschende Lehre und Rspr. Gegen diese gibt es heftige Kritik von der Minderheit, deren Sicht in Abschnitt III. idealtypisch dargestellt und mit einigen Autoren (Fn. 59) nachgewiesen wird. Die US-Minderheitsposition vertritt der Tendenz nach die deutsche, europäische und völkerrechtliche Sicht.

[25] Die Literatur zu diesem Thema ist reichhaltig. Hier folgen nur exemplarische Hinweise. Vgl. etwa *Emerson* (Fn. 1); *James Weinstein*, Hate Speech, Pornography, and the Radical Attack on Free Speech Doctrine, 1999; *ders.*, Hate Speech, Viewpoint Neutrality, and the American Concept of Democracy, in: Hensley (Fn. 14), S. 146ff.; *Harry M. Bracken*, Freedom of Speech. Words Are Not Deeds, 1994; *Sullivan* (Fn. 14).

[26] Vgl. *Ernst-Joachim Lampe*, Grenzen des Rechtspositivismus. Eine rechtsanthropologische Untersuchung, 1988, zusammenfassend S. 193ff.

[27] Damit sind zwei bzw. drei unterschiedliche Autonomiebegriffe angesprochen: Gleichheit als Person

des Menschen, weswegen die vorgängige Persönlichkeitsbildung und Ansprechbarkeit als moralische Person über Kommunikation wichtiger sind als die letztlich daraus resultierenden Handlungen. Deshalb verdient Kommunikationsfreiheit einen Sonderstatus.

Weil Menschen nicht nur Meinungen haben, sondern das sind, was sich in ihren Meinungen verkörpert[28], ist die Freiheit der Rede primär ein auf das Invididuum selbst bezogenes Recht. Konflikte des einzelnen mit kollektiven Präferenzen sind aber nicht nur möglich, sondern wahrscheinlich, wie die Erfahrung zeigt. Deshalb sollte die Redefreiheit nicht nur überhaupt gegen Mehrheitsdominanz geschützt, sondern stark, ja wegen des Autonomiebezugs vorrangig geschützt werden. Eingriffe in die Redefreiheit sind in aller Regel als Verletzungen seiner Freiheit und Gleichheit anzusehen. Die Freiheitsverletzung ergibt sich daraus, daß dem Menschen von staatlicher Seite aus unter Androhung von Strafe gesagt wird, was er denken und wie er urteilen oder jedenfalls nicht denken und urteilen soll. Die Gleichheitsverletzung resultiert daraus, daß bestimmten Menschen oder Gruppen freigestellt wird, sich eigenständig ein Urteil zu bilden und dieses zu vertreten, anderen Menschen und Gruppen dagegen, die dem vorherrschenden Meinungsklima widersprechen, ebendieses Recht abgesprochen wird. Vergleichbare Freiheits- und Gleichheitsverletzungen ergeben sich auf Hörerseite. Das ist unvertretbarer Paternalismus[29].

2. *Meinung, Argumentation, Emotion.* Für aggressive Rede kann nichts anderes gelten als für angepaßte Mainstream-Rede oder zivilisierte Ausdrucksformen von Kritik. Starke Wertungen, wie sie in aggressiver Rede zum Ausdruck kommen, sind in der Regel Ausdruck tiefgreifender Konflikte, die der Redner mit den vorherrschenden Zuständen in Gesellschaft und Staat hat. Emotion – von Kritik über Ablehnung bis zu Haß – ist entweder Ausdruck von höchstpersönlicher Bewertung und schon deshalb zu achten[30], oder sie ist zumindest in Kauf zu nehmende Nebenfolge der kritischen

---

und moralisch ansprechbares Wesen, Unterschiedlichkeit der einzelnen Persönlichkeiten, expressiver Individualismus.

[28] Vgl. *Kaleb* (Fn. 4), S. 233: „[The speakers'] expression is not only theirs, it is them." Das ist der Unterschied zu Handlungen: Meinungsäußerungen sind in der Regel konstitutiver mit der Person und Persönlichkeit des Äußerers verbunden als dessen Handlungen; ferner wirken Handlungen in der Regel unausweichlicher in Interessen anderer ein als Reden: Bei ihnen ist Gegenrede möglich. Deshalb wird nach dieser Sicht der Redefreiheit ein besonderer Status verliehen.

[29] Vgl. *Christina E. Wells*, Reinvigorating Autonomy. Freedom and Responsibility in the Supreme Court's First Amendment Jurisprudence: Harvard Civil Rights-Civil Liberties Review 32 (1997), S. 159 (174): „Distrust of the ability of citizens to make decisions is antithetical to autonomy ...". Sie zitiert ebd. in Fn. 62 die Entscheidung *First National Bank v. Belloti*, 435 U.S. 765, 791f. (1979): „[T]he people in our democracy are entrusted with the responsibility for judging and evaluating the relative merits of conflicting arguments ... [I]f there be any danger that the people cannot evaluate the information and arguments advanced ... it is a danger contemplated by the Framers of the First Amendment."

[30] Vgl. *Cohen v. California*, 403 U.S. 15, 26 (1971): „[M]uch linguistic expression serves a dual communicative function: it conveys not only ideas capable of relatively precise, detached explication, but otherwise inexpressible emotions as well. In fact, words are often chosen as much for their emotive as their cognitive force. We cannot sanction the view that the Constitution, while solicitous of the cognitive content of individual speech, has little or no regard for that emotive function which, practically speaking, may often be the more important element of the overall message sought to be [communicated]." Zitiert nach *Kathleen M. Sullivan/Gerald Gunther*, First Amendment Law, 1999, S. 63. Vgl. schon ebd., S. 25 zu *Masses Publishing Co. v. Patten*, 244 Fed. 535 (S.D.N.Y. 1917). *Learned Hand*, der District Judge dieser Entscheidung, hielt fest: Meinungen „fall within the scope of that right to criticise either by temperate reasoning, or by

Einstellung des Äußerers[31]. Das schließt nicht aus, sondern ein, daß gesellschaftliche Institutionen und staatliche Instanzen sich für zivilisierte Umgangsformen und Kommunikationsweisen einsetzen, aber eben nur werbend und erziehend, nicht strafrechtlich sanktionierend. Rechtssanktionen haben die Tendenz, statt den Stil zu optimieren die Botschaften und Beurteilungen zu dezimieren.

3. *Folgenargument 1.* Aggressive Rede kann zugestandenermaßen die angegriffenen Personen oder Gruppen in ihren Achtungs- und Ehransprüchen beeinträchtigen. Doch kann dies berechtigt sein: Soweit mit aggressiven Werturteilen explizit oder implizit auf reale oder unterstellte *Faktenlagen* Bezug genommen wird, sollte eine unverstellte Diskussion immer erlaubt sein. Denn entweder geht der Äußerer von falschen Annahmen aus, was sich in einer offenen Diskussion ergeben wird – dann besteht Hoffnung, daß der Redner seine Meinung revidiert. Oder aber die Sachverhaltslage ist in der Tat so, wie der Äußerer unterstellt – dann besteht jedenfalls aufgrund realer Aufklärung kein Grund für ihn, seine Meinung zu ändern. Die Wahrheit über gesellschaftlich und politisch relevante Sachverhalte sollte immer gesagt oder aber in der Diskussion herausgefiltert werden dürfen[32].

Auf die zwei ersten Beispielsfälle bezogen: Soweit ein Redner sozialhilfeberechtigte Ausländer als Parasiten einstuft oder die Kriminalitätsraten von Ausländern geißelt und dabei von Zahlen ausgeht, die falsch oder übertrieben sind, kann die öffentliche Auseinandersetzung dies klarstellen; das kann zu einer Revision der Bewertung führen. Soweit die Zahlen sich als korrekt herausstellen, wird sich eine Einstellungsänderung jedenfalls nicht aufgrund der Faktenlage ergeben.

4. *Folgenargument 2.* Soweit die *Werturteile ohne Faktenbasis* geäußert wurden, wie etwa im dritten Beispiel der öffentlichen Demonstration von Symbolen rassischer Überlegenheit, liegt kein Faktendisput, sondern ein Wertungsstreit zwischen Personen und Gruppen vor. Solche Wertungsstreitigkeiten sind öffentlich auszutragen und nicht mit staatlicher Gewalt zu unterbinden. Nur so können Lernprozesse angeregt werden und können die besseren Argumente gewinnen. Daß sie dies tun werden, kann in einer auch nur einigermaßen aufgeklärten Gemeinschaft vorausgesetzt werden[33]. Zudem können die kommunikativen Aggressoren so Dampf ablassen[34]. So „verdampft" die Aggression oder wird doch zumindest partiell abgebaut, jedenfalls in

---

immoderate and indecent invective, which is normally the privilege of the individual in countries dependent upon the free expression of opinion as the ultimate source of authority." Etwas später spricht er von „the normal assumption of democratic government that the suppression of hostile criticism does not turn upon the justice of its substance or the decency and propriety of its temper". Hierzu und zu der „essential connection between the form and content of speech" *Weinstein*, Viewpoint Neutrality (Fn. 25), S. 154. Nach BVerfGE 81, 278 (291) gilt für den Schutz von Kunstwerken – und für Meinungen kann in der Sache nichts anderes gelten – folgendes: „Die Anstößigkeit der Darstellung nimmt ihr nicht die Eigenschaft als Kunstwerk. Kunst ist einer staatlichen Stil- oder Niveaukontrolle nicht zugänglich."

[31] *James Madison* formulierte: „Some degree of abuse is inseparable from the proper use of everything." Zitiert nach *Cohen* (Fn. 23), S. 191.

[32] Wie schon oben Fn. 8 gesagt, geht es hier nur um öffentlichkeitsbedeutsame Angelegenheiten. Für die Veröffentlichung privater, intimer, wenngleich „wahrer" Information mag und wird in der Regel anderes gelten.

[33] Dies ist jedenfalls die Ansicht in den USA. Vgl. *Roth* (Fn. 17), S. 180, über die dortige „full reliance on the power of the ‚free market of ideas' in which [it is held] the good is bound to win over the evil".

[34] Vgl. *Kretzmer* (Fn. 17), S. 487 m.w.N., und *Coliver* (Fn. 10), S. 374.

der Mehrheit der Fälle. Damit wird die Wahrscheinlichkeit von Tätlichkeiten verringert.

5. *Folgenargument 3.* Soweit aber *Tätlichkeiten* begangen werden oder solche Tätlichkeiten durch sogenannte „fighting words" drohen, liegt entweder überhaupt keine Rede mehr vor, sondern eine Handlung, die man unterbinden oder bestrafen darf; oder aber wir sind mit der Art von Handlung konfrontiert, die wegen des unmittelbar drohenden Umschlags in eine Tätlichkeit den Staat als Bewahrer des Friedens und der körperlichen Unversehrtheit auf den Plan ruft[35]. Äußerungen dagegen zu bestrafen, die vielleicht mittelbar und langfristig zu Einbußen für das Gemeinwesen führen, sollte in einem liberalen Staat, der die Meinungsfreiheit respektiert, ausgeschlossen sein[36]. Denn solche nicht klar ersichtlichen und nicht unmittelbar drohenden Schäden für Leib und Leben von konkreten Personen zu beurteilen, erfordert unsichere Prognoseurteile, in die dann die Vorurteile der herrschenden Schichten einfließen. Die Schäden treten vielleicht ein, sicher ist es aber nicht. Sicher ist dagegen bei staatlicher Beschneidung der Redefreiheit, daß Würde, Persönlichkeit, Freiheit und Gleichheit der Äußerer beschnitten werden. In einem solchen Konflikt ist der sichere Schaden für die Meinungsfreiheit zu vermeiden und die Möglichkeit eines unsicheren Schadens für die öffentliche Sicherheit hinzunehmen. Zudem kann in solchen Lagen die anstößige Rede immer mit Gegenrede beantwortet werden, was dem liberalen Motto „Im Zweifel lieber mehr Rede als weniger Rede"[37] Entfaltungsraum läßt.

6. *Ehrangriffe und Beleidigung.* Was speziell Ansprüche von Personen und Gruppen auf Achtung und Schutz vor rhetorischen Angriffen angeht, so ist bei *faktenunabhängigen Werturteilen* – schlicht abschätzigen Meinungen einer Gruppe über andere Gruppen – die Unterschiedlichkeit der Wertung als Ausdruck der Persönlichkeit des Äußerers zu achten. Das mag in der Gesellschaft zu Unruhe führen, aber bei näherer Betrachtung kann dies durchaus eine produktive Unruhe sein. So kann sich eine auf den ersten Blick als reine Meinung darstellende Abwertung einer Person oder Gruppe bei genauerem Hinsehen als eine doch auf bewußten oder unbewußten Faktenannahmen aufbauende Meinung herausstellen. Damit ist Revision oder auch Bestätigung durch engere Konfrontation mit den Fakten möglich – ein Gewinn für Wahrheitsfindung. Denken wir an Äußerungen wie: Italiener sind Mafiosi, Deutsche sind Neonazis, Po-

---

[35] Letzteres ist die Definition von „fighting words", die nach der US-Sicht beschränkt oder bestraft werden dürfen, soweit das einschlägige Gesetz dies meinungsneutral tut. Vgl. *Cohen* (Fn. 23), S. 208, und *R. A. V. v. St. Paul* (Fn. 7).

[36] Vgl. Justice *Holmes*, dissenting in *Abrams v. United States*, 250 U.S. 616, 630 (1919): „Every year if not every day we have to wager our salvation upon some prophesy based upon imperfect knowledge. While that experiment is part of our system I think that we should be eternally vigilant against attempts to check the expression of opinions that we loathe and believe to be fraught with death, unless they so imminently threaten immediate interference with the lawful and pressing purposes of the law that an immediate check is required to save our country."

[37] Vgl. das berühmte Dictum von Justice *Brandeis*, concurring in *Whitney v. California*, 274 U.S. 357, 375f. (1927): „Those who won our independence by revolution were no cowards. They did not fear political change. They did not exalt order at the cost of liberty. To courageous, self-reliant men, with confidence in the power of free and fearless reasoning applied through the processes of popular government, no danger flowing from speech can be deemed clear and present, unless the incidence of the evil apprehended is so imminent that may befall even before there is opportunity for full discussion. If there be time to expose through discussion the falsehood or fallacies, to avert the evil by the processes of education, *the remedy to be applied is more speech, not enfored silence.*" Hervorhebung durch W.B. Zitiert in *Cohen* (Fn. 23), S. 191, 201.

len klauen, bis hin zu Äußerungen über die Unterlegenheit oder Überlegenheit von Rassen. Zu den ersten drei Behauptungen kann man Kriminalitätsstatistiken betrachten und diese mit entsprechenden Statistiken anderer Gruppen und Länder vergleichen. Selbst wenn sich ein Körnchen Wahrheit in den Behauptungen findet, kann man auf nicht-gruppenbezogene Gründe für höhere Kriminalitätsraten hinweisen. Was die Überlegenheit von Rassen angeht, so ist es nicht immer ausgeschlossen, auf mögliche Referenzfelder im Tatsächlichen hinzuweisen, wenngleich das dann thematisierbare Feld von Punkten, in denen alle Menschen gleich sind[38], überzeugte Rassisten nicht ohne weiteres umstimmen wird[39].

Zudem führen reine Wertungen in Form von Herabsetzungen nicht notwendigerweise zu einer Ehrabschneidung. Eine Ehrabschneidung oder Achtungsverletzung liegt nur für den Fall vor, daß die angegriffene Person oder Gruppe sich in ihrer Selbsteinschätzung von der Fremdeinschätzung abhängig macht[40]. Das muß aber nicht sein, denn eine solche Abwertung, ohne entsprechende Unterfütterung durch Fakten oder Tatsachenbehauptungen, sagt eigentlich mehr über den Äußerer als den Adressaten aus, und die negative Wertung muß gar nicht auf die Adressaten fallen. Oft wird sie mehr über den Äußerer enthüllen als über den Adressaten, gerade in ihrer Aggressivität!

7. Ein weiteres kommt bei *Kollektivbeleidigungen* hinzu. Individuelle Ehrangriffe sind klar zu lokalisieren: Wir kennen den Beleidiger, wir wissen, wer gemeint ist. Bei kollektiven Ehrangriffen auf Gruppen wie Deutsche, Italiener, Polen usw. ist dies nicht so klar. Wenn über Gruppen herabsetzende Werturteile geäußert werden, so sind solche Äußerungen in aller Regel ohne Schwierigkeit so verstehbar, daß aus Sicht des Äußerers viele oder zu viele Mitglieder der Gruppe dem Negativkriterium entsprechen. Selten wird die Äußerung notwendig so zu interpretieren sein, daß wirklich alle Mitglieder der Gruppe, ohne auch nur eine Ausnahme, gemeint sein sollen. Die Verallgemeinerung eines Vorwurfs („Alle X sind Y") läßt sich oft verstehen als Ausdruck der Empörung, die zur Übertreibung und somit auch zur Stereotypisierung neigt[41]. Verständige Menschen wissen, daß man Stereotypen nicht für bare Münze nehmen darf. Zudem sind zu grobe Klassifizierungen in menschlicher Kommunika-

---

[38] Vgl. *Philip Selznick*, The Moral Commonwealth. Social Theory and the Promise of Community, 1992, S. 96 ff.

[39] Der Fairneß halber ist hinzuzufügen, daß sich Überzeugungsüberzeugte in jedem politischen Spektrum finden lassen. „Weil nicht sein kann, was nicht sein darf" ist eine Haltung, die nicht an Rassismus gebunden ist.

[40] Vgl. *Judith Butler*, Excitable Speech. A Politics of the Performative, 1997, S. 2: „One is not simply fixed by the name that one is called. In being called an injurious name, one is derogated and demeaned. But the name holds out another possibility as well: by being called a name, one is also, paradoxically, given a certain possibility for social existence, initiated into a temporal life of language that exceeds the prior purposes that animate that call. Thus the injurious address may appear to fix or paralyze the one it hails, but it may also produce an unexpected and enabling response. If to be addressed is to be interpellated, then the offensive call runs the risk of inaugurating a subject in speech who comes to use language to counter the offensive call." Siehe auch S. 163 und unten Fn. 44, 48 f.

[41] *Cohen* (Fn. 23), S. 192, 193, zählt dies zu den unvermeidbaren „unhappy facts of life": „[A]gainst a background of sharp disagreement, efforts at persuasion sometimes proceed through exaggeration, vilification, and distortion."

tion sowieso unausweichlich[42]: Man kann nicht in jeder Situation allen Menschen in ihrer vollen Individualität und Besonderheit gerecht werden[43].

Selbst wenn wirklich alle gemeint sein sollten, die gerade wegen ihrer Gruppenzugehörigkeit mit einer negativen Bewertung versehen werden, dann bleibt dies immer noch eine Äußerung, die durch die Persönlichkeit des Sprechers mitkonstituiert wird, nicht notwendigerweise exklusiv oder auch nur primär durch Charakteristika der angegriffenen Gruppe. Der Adressat hat die Freiheit, zu sagen: „Ich bin Mitglied der Gruppe, die du rhetorisch angreifst. Aber vor allem bin ich eigenständige Person, und was du über diese Bezugsgruppe sagst, kümmert mich nicht oder berührt mich nicht. Zwar liegt mir meine Gruppe am Herzen, aber letztendlich bin ich doch immer mehr und anderes als diese Bezugsgruppe."[44] Und ob man nun berührt wird oder nicht – Gegenrede ist immer möglich.

Deshalb spricht in bezug auf den Schutz von Individual- wie Kollektivehre viel dafür, reine Wertungen herabsetzender Art nicht zu sanktionieren, jedenfalls soweit es um öffentlich bedeutsame Angelegenheiten geht. Durch solche Wertungen werden die Adressaten nicht wirklich, jedenfalls nicht unausweichlich, in ihrem Ansehen gemindert. Der Äußerer dagegen kann sich sehr wohl im gesellschaftlichen Leben abwerten und isolieren, zum Paria werden, wenn er ausreichend krasse Urteile abgibt.

Anderes sollte gelten, soweit Abwertungen sich erkennbar auf konkrete Tatsachenbehauptungen stützen, die, wenn sie wahr wären, das soziale Ansehen und berufliche Fortkommen beschädigen können. Denn diese Stellungen sind oft mühsam durch konkretes soziales und berufliches Engagement erworben worden; solches Ansehen zu schützen, gebietet die Gerechtigkeit, aber eben nur, soweit es um faktengestützte Vorwürfe geht, denn nur solche betreffen und treffen den Adressaten wirklich und unausweichlich, sollten sie denn wahr sein.

Dieser Sicht der Meinungsfreiheit, die aggressive Rede bei öffentlichkeitsbedeutsamen Angelegenheiten schützt, entspricht ein spezifisches Bild von Mensch, Gesellschaft und Staat sowie von Neutralität und Integration.

8. Der *einzelne Mensch* ist moralische Person sowie unverwechselbares und nicht austauschbares Individuum. In Kommunikation geht es um seinen Status als expressives Subjekt[45]. Gesellschaftliche Normen und staatliche Einschränkungen müssen sich

---

[42] Hierzu *Niklas Luhmann*, Meinungsfreiheit, öffentliche Meinung, Demokratie, in: Ernst-Joachim Lampe (Hrsg.), Meinungsfreiheit als Menschenrecht, 1998, S. 99 (104f.), unter dem Stichwort „Schemata".

[43] Wenn etwa ein Bundeskanzler sagt: „Lehrer sind faul", dann wissen wir, was gemeint ist: „Zu viele Lehrer sind faul", aus seiner Sicht.

[44] Vgl. *Sullivan* (Fn. 14), S. 12f., zur amerikanischen Tradition als einer „that views civil rights and civil liberties as supporting social fluidity rather than entrenchment in fixed groups ... we should not be stuck in group identities that are ascribed to us – through, for example, the operation of prejudice or selective disregard or indifference. Instead, we should be able to join or exit our interest-group memberships and our expressive and intimate associations relatively easily" (S. 12). Damit ist einer der Kernpunkte des assoziativen Liberalismus angesprochen: Wichtigkeit der Vergemeinschaftung, aber unter der Bedingung von „join and exit". Vgl. *Brugger*, Liberalismus (Fn. 9), S. 217, und *Post* (Fn. 19), S. 294.

[45] Dies läßt sich repräsentativ anhand einer Zusammenfassung der Position von Justice *Brennan*, einem der die h.M. vertretenden Richter der U.S. Supreme Court, darlegen, die von *David E. Marion*, The Jurisprudence of Justice William J. Brennan, Jr., 1997, S. VIIIf., stammt. Marion nennt folgende Stichworte: „autonomous individualism", „committed to freeing people from the constraints of ‚collective society',

vor ihm rechtfertigen und nicht umgekehrt[46]. Das kann man legitimatorischen Individualismus nennen[47]. Redefreiheit muß nicht aggressiv sein – oft wird sie keinen Anstoß erregen. Aber es muß erlaubt sein, sich auch fundamental-kritisch und rhetorisch-aggressiv zu äußern, weil solche Äußerungen konstitutiver Teil der Persönlichkeit des Äußerers sind und als sein Beitrag zur Behandlung öffentlich bedeutsamer Angelegenheiten anzusehen sind.

9. Das *gesellschaftliche Zusammenwirken* muß nach dieser Sicht nicht oder nicht vorrangig negativ oder aggressiv sein – Solidarität, Kooperation sind nicht ausgeschlossen, sondern eingeschlossen. Aber Konflikte und Auseinandersetzungen werden als denkbar und wahrscheinlich angesehen und sollen offen zur Sprache kommen. Manchmal oder oft werden solche Konflikte zivilisiert ausgetragen werden, aber wenn denn die Lage so ist, daß es heftige Auseinandersetzungen gibt, dann muß dies rechtlich geduldet werden, solange die Grenze zur aktuell drohenden Tätlichkeit nicht überschritten ist[48].

10. Der *Staat* darf und muß die körperliche Unversehrtheit schützen und soll durch die Effektivität des Ausschlusses von privater Gewalt für ein friedliches und sicheres Zusammenleben sorgen. Aber er darf nicht jede Unruhe, wertende Übertreibung oder rhetorische Aggression zu unterdrücken suchen. Leben in Gesellschaft, insbesondere in multikultureller Gesellschaft, ist Leben im Unruhezustand[49]. Diese Unruhe, Ausdruck der Reflexions- und Artikulationsfähigkeit unterschiedlicher Menschen und Gruppen, ist in einem liberalen Staat aufrechtzuerhalten[50], sonst schlägt die Friedensfunktion des Staates in die Bewahrung von Friedhofsruhe um[51]. Kurz zusammengefaßt: Der Einzelmensch steht vor der Gesellschaft. Die Gesellschaft mit ihren Regulierungsmechanismen steht vor dem Staat und seinem Zwangsmonopol[52]. Staat-

---

whether rooted in nature, tradition, history, or majoritarian preferences, so that they may define themselves in the image of their own choosing", „enhancement of self through expressive activity, ideally resulting in complete individual differentiation", „freeing up people to enjoy the maximum of self-expression and self-determination".

[46] Vgl. schon oben Fn. 29 und *Post* (Fn. 19), S. 281: „In America, the censorial power is in the people over the Government, and not in the Government over the people." Bezug genommen wird auf *New York Times Co. v. Sullivan*, 376 U.S. 254, 274 (1964).

[47] Hierzu näher *Otfried Höffe*, Demokratie im Zeitalter der Globalisierung, 1999, S. 45ff.

[48] Vgl. *Cohen* (Fn. 23), S. 188 Fn. 62: „To be sure, civility has its place in public deliberation. But so do anger, disgust, bitter criticism, and open expressions of hostility."

[49] Dieser Punkt wird anschaulich von *Sullivan* (Fn. 14), S. 6, zusammengefaßt: „In the [Supreme] Court's view, government may regulate the clash of bodies but not the stirring of hearts and minds." Vgl. schon oben Fn. 14.

[50] Vgl. *Roth* (Fn. 17), S. 179f.: „The United States regards the more conspicuous strength of ethnic groups as an expression of greater pluralism, an acceptance of being ‚beyong the melting pot', and feels that their greater strength makes laws for the protection of these racial groups unnecessary. In Europe, the contrary view prevails: Greater pluralism is seen as making protective laws imperative."

[51] Vgl. *Cohen v. California*, 403 U.S. 15, 24 (1971): „To many, the immediate consequence of this [broad freedom of speech] may often appear to be only verbal tumult, discord, and even offensive utterances. These are, however, within established limits, in truth necessary side effects of the broader enduring values which the process of open debate permits us to achieve. That the air may at times seem filled with verbal cacophony is, in this sense, not a sign of weakness but of strength." Ähnlich *Terminiello v. Chicago*, 337 U.S. 1, 4 (1949).

[52] *Rosenfeld* (Fn. 12), S. 15 bei Fn. 17, nennt drei Merkmale des US-Verständnisses von Politik und Meinungsfreiheit: „strong preference for liberty over equality, commitment to individualism, and a natural

liche Zwangsanwendung ist unter Gesichtspunkten der Demokratie nur legitim, wenn alle Bürger und Gruppen das formal gleiche Recht hatten, an der Diskussion und Entscheidung der für alle geltenden Regeln mitzuwirken[53].

11. *Neutralität und Integration.* Der Staat muß sich gegenüber dem Meinungsspektrum der Bürger neutral verhalten[54]. Nur so lassen sich Würde, Freiheit, Gleichheit aller Bürger sichern. Nur so wird sich, falls das überhaupt möglich ist, wirklich genuine Integration erreichen lassen: Integration im Sinne der freien gesellschaftlichen Anerkennung des anderen Individuums oder der anderen Gruppe als gleich achtenswert[55], und politische Integration im Sinne des Erfordernisses, daß alle Meinungen aller Bürger geäußert werden dürfen und nicht bestimmte Wertungen einzelner Personen und Gruppen von vornherein ausgeschlossen sind[56]. Wer so etwas tut, begeht die Todsünde gegen die Meinungsfreiheit[57] und hat den ersten Schritt getan von einem liberalen zu einem autoritären und tyrannischen Gemeinwesen[58].

IV. Argumente für eine Beschränkung von aggressiver Rede

Nunmehr spricht der deutsche, europäische und vom Völkerrecht inspirierte Advokat, der das kritische Potential von Meinungsfreiheit schützen will, aber für aggressive Rede und „hate speech" staatliche Beschränkung zulassen will[59].

---

rights tradition derived from Locke which champions freedom from the state – or negative freedom – over freedom through the state – or positive freedom".

[53] Vgl. *Post* (Fn. 19), S. 325 ff.

[54] Vgl. Justice Marshall in *Police Department of Chicago v. Mosley*, 408 U.S. 92, 95 f. (1972): „[A]bove all else, the First Amendment means that government has no power to restrict expression because of its message, its ideas, its subject matter, or its content." Zitiert in *Cohen* (Fn. 23), S. 177 Fn. 18.

[55] Diese Sicht wurde von dem dissentierenden Richter *Harlan* in *Plessy v. Ferguson* ausgedrückt: „If the two races [that is: black and white, W.B.] are to meet upon terms of social equality, it must be the result of natural affinities, a mutual appreciation of each other's merits and a voluntary consent of individuals ... [Legislation] is powerless to eradicate racial instincts or to abolish distinctions based on physical differences, and the attempt to do so can only result in accentuating the difficulties of the present situation": 163 U.S. 537, 551 f. (1896).

[56] Vgl. *C. Edwin Baker*, Scope of the First Amendment Freedom of Speech: FAA (Fn. 1), S. 12 (13); *Robert Post*, Community and the First Amendment, Arizona State Law Journal 29 (1997), S. 473 (480 ff.); *ders.* (Fn. 19), S. 280 ff.; *Weinstein*, Viewpoint Neutrality (Fn. 25), S. 147, 150 („[G]overnment must treat each individual as an equal, autonomous, and rational agent. It follows from this precept that each person has a right to persuade others about any matter of public concern ..."), 161, 164.

[57] Vgl. *Sullivan* (Fn. 14), S. 9: „[V]iewpoint discrimination by the government is the cardinal First Amendment sin, all the more when it is directed against political dissent."

[58] Der kolumbianische Vertreter bei der Konferenz zur Formulierung und Ratifizierung der Rassendiskriminierungskonvention (Fn. 11) übte mit folgenden Worten Kritik an der in Art. 4 RDK vorgesehenen Pflicht zum Kriminalisierung rassistischer Äußerungen: „[P]unishing ideas, whatever they may be, is to aid and abet tyranny, and leads to the abuse of power ... As far as we are concerned and as far as democracy is concerned, ideas should be fought with ideas and reasons; theories must be refuted by arguments and not by the scaffold, prison, exile, confiscation or fines." Zitiert bei *Kretzmer* (Fn. 17), S. 457.

[59] Die deutsche Verfassungsrechtsliteratur hat für diese Sicht einige Sympathie, insbesondere soweit sie mangelnden Ehrenschutz durch das BVerfG rügt. Vgl. dazu unten Fn. 62–65, 76, 92, 105 f., 127 f. Auch das Völkerrecht steht diesem Advokaten nahe, vgl. die Darstellung bei *Zimmer* (Fn. 11). In den USA gibt es lautstarke Proteste gegen die im vorigen dargestellte h.M. Vgl. exemplarisch *Mari J. Matsuda u. a.*, Words that Wound. Critical Race Theory, Assaultive Speech, and the First Amendment, 1994; *Thomas D. Jones*,

1. *Autonomie.* Meinungsfreiheit ist für jeden Menschen in der Tat wichtig. Kommunikation ist die Schiene für moralische Reflexion und persönliche Entfaltung und deshalb grundlegend für die Autonomie des Menschen. In Stellungnahmen formt und präsentiert sich der Mensch anderen Menschen und setzt sich mit diesen ins Verhältnis. Doch darf der legitimatorische Invididualismus nicht übertrieben werden, insbesondere sich nicht einseitig gegen eine Vermittlung von Individuum und Gemeinschaft wenden[60]. Zwar muß der Letztbezug Individuum in der Tat gegenüber kollektiver Bevormundung verteidigt werden. Doch läßt sich der Gemeinschaftsbezug des Menschen in Kommunikation nicht nur von Souveränitätsanmaßungen kollektiver Macht aus thematisieren, die dann zu überzogenen Distanzierungen des Menschen gegenüber seiner Umwelt führen – im Extremfall zu einem „Ich gegen jeden anderen und die Welt". Die „Freiheit zu erfüllter Persönlichkeitsentfaltung" ist genauso wichtig. Diese bedarf der vielen Gemeinschaften, die der Staat zu achten und deren Zusammenleben er zu schützen hat. Aggressive oder haßerfüllte Rede, die gegen Individuen und Gruppen gerichtet ist, bestreitet diesen Adressaten gerade das Recht, sich frei und gleichberechtigt als Individuum und Gruppe in das Gemeinwesen einzubringen. Wenn der Staat solche Reden beschneidet, dann verletzt er nicht Freiheit und Gleichheit der Äußerer, sondern sichert freiheitliche Entfaltung und gleiche Anerkennung der Angegriffenen. Beschränkungen der Redefreiheit von Hetzern stellen auch keinen Paternalismus dar, sondern sichern nur den grundlegenden Bürgerstatus für alle Mitglieder des Gemeinwesens durch die notwendige Eliminierung von Botschaften, die ebendiesen Status beschränken würden. Die Freiheit der Rede ist zwar ein besonders wichtiges Recht, aber noch grundlegender ist der Status als Mitglied des Gemeinwesens, das „equal concern and respect" verdient[61].

2. *Meinung, Argumentation, Emotion.* Durch eine solche Beschränkung von aggressiver Rede würde dem Redner auch nicht wirklich verboten, seine öffentlichkeitsbedeutsame Kritik zu äußern. Denn in aller Regel ist es möglich, das, was einen im Tiefsten bewegt, auch ohne Aggression, Attacken und Ehrangriffe zu äußern. Man muß

Human Rights. Group Defamation, Freedom of Expression, and the Law of Nations, 1998; Laura J. Lederer/Richard Delgado (Hrsg.), The Price We Pay. The Case Against Racist Speech, Hate Progapanda, and Pornography, 1995; Richard Delgado/Jean Stefanic (Hrsg.), Must We Defend Nazis? Hate Speech, Pornography, and the New First Amendment, 1997. Wie diese Titel andeuten, wenden sich viele der Argumente gegen aggressive und Haßrede auch gegen Pornographie. Darauf wird hier nicht näher eingegangen. In Deutschland wird diese US-Minderheitssicht z.B. propagiert von *Susanne Baer*, Violence: Dilemmas of Democracy and Law, in: David Kretzmer/Francine Kershman Hazan (Hrsg.), Freedom of Speech and Incitement Against Democracy, 2000, S. 63 ff.

[60] Vgl. BVerfGE 7, 198 (205): „Dieses Wertsystem [des GG hat] seinen Mittelpunkt in der innerhalb der sozialen Gemeinschaft sich frei entfaltenden menschlichen Persönlichkeit und ihrer Würde ..." und die daran anschließende Menschenbildformel des BVerfG: „Das Menschenbild des GG ist also nicht das eines isolierten souveränen Individuums; das GG hat vielmehr die Spannung Individuum-Gemeinschaft im Sinne der Gemeinschaftsbezogenheit und Gemeinschaftsgebundenheit der Person entschieden, ohne dabei deren Eigenwert anzutasten." Ständige Rspr. seit BVerfGE 4, 7 (15 f.).

[61] Zu dieser Formel siehe *Ronald Dworkin*, Taking Rights Seriously, 1978, S. 183 ff., 272 ff. Die Formel kann für beide Seiten in diesem Disput verwendet werden. Dworkin selbst sieht ihre Bedeutung primär im Schutz des Redners, auch des Äußerers aggressiver (oder pornographischer) Rede. Vgl. sein Buch: Freedom's Law. The Moral Reading of the American Constitution, 1996, Kap. 8–10. Im oben genannten Sinn *Jones* (Fn. 59), S. 244 ff.

dazu nur eine zivilisierte Form wählen: Fortiter in re, suaviter in modo[62]. Das hätte
den zusätzlichen Vorteil, daß im öffentlichen und politischen Raum, in dem die gesellschaftlichen Dispute ausgetragen werden, eine gewisse Zivilität zu erwarten wäre;
so würden sich sicher mehr Bürger in der Politik engagieren als in einem Meinungsklima, das so verroht ist, daß nur noch die gröbsten Charaktere sich Angriffen von
Gegnern aussetzen würden[63]. Ferner könnte sich durch einen Abbau von Emotionali-
tät mehr Rationalität im öffentlichen Diskurs entfalten.

3. *Folgenargument 1.* Soweit aggressive Rede sich implizit oder explizit auf *Faktenla-*
gen bezieht, sollte es zwar in der Tat möglich sein, über eine öffentliche Auseinandersetzung die Wahrheit herauszufinden. Doch schadet die leichtfertige Behauptung von
Tatsachen, soweit sie sich mit rhetorischer Aggression verbündet, dem Zusammenleben unterschiedlicher Individuen und Gruppen. Deshalb sollten für solche Meinungen weitergehende Darlegungs- und Beweisführungspflichten gelten[64]. Insbesondere
ist der Tendenz vorzubeugen, über möglichst pauschale Sachverhaltsunterstellungen,
die mangels Spezifikation keines Beweises oder keiner Widerlegung mehr fähig sind,
Ehrabschneidungen zu rechtfertigen[65]. Das heißt auf die beiden ersten Beispielsfälle
bezogen: Soweit ein Redner behauptet, die sozialhilfeberechtigten Ausländer seien
Parasiten, darf eine solche Äußerung an die Pflicht gebunden werden, zu sagen, auf
welche Daten sich dieses Urteil bezieht; ferner ergibt sich schon aus dem zuvor Gesagten, daß der Redner seine Botschaft einer ungerechtfertigten Inanspruchnahme
dieser Leistungen durch Ausländer auch auf eine andere Art als auf diese den Men-
schenstatus beschneidende Weise sagen könnte. Deshalb sollte auch die Verwendung
des Wortes „Parasit" bestraft werden[66]. Die gleiche Darlegungspflicht gälte für abwertende Werturteile gegenüber Ausländern als Kriminellen.

4. *Folgenargument 2.* Soweit, wie in der dritten Botschaft mit der Verwendung rassistischer Symbole, *reine Werturteile* zu sehen sind, die nicht auf Sachverhaltsunterstellungen aufbauen, sind diese Wertungen zugegebenermaßen wissenschaftlich nicht zu
widerlegen. Es handelt sich um höchstpersönliche Wertungen des Äußerers, die in einem liberalen Staat grundsätzlich durch die Meinungsfreiheit geschützt sein sollten.
Doch muß anderes gelten für Werturteile, die derart starke Abwertungen des Gegen-
übers zum Gegenstand haben, daß diesem der grundlegende Freiheits- und Gleichheitsstatus abgesprochen wird. Solche Diffamierungen tragen zu gesellschaftlichen
Lernprozessen nichts bei. Im Gegenteil hat sich gezeigt, daß mit solchen Parolen eth-

---

[62] Zu diesem Sprichwort siehe *Bull* (Fn. 13), S. 172f. mit Fn. 44. Auf S. 184 warnt Bull gegen den „wei-
testgehende[n] Verzicht auf die Wahrung einer ‚anständigen' Form". Vgl. auch *Ralf Stark*, Ehrenschutz in
Deutschland, 1996, S. 210f., These 10: „Entgegen der höchstrichterlichen Rspr. ist bei der Frage nach der
Zulässigkeit eines Werturteils ... auf die Form der Meinungsäußerung abzustellen. Zu prüfen ist demnach,
ob es zur Geltendmachung einer Meinung erforderlich war, diese oder jene Formulierung zu wählen.
Kommt man bei dieser Frage dazu, daß die in Rede stehende Äußerung auch mit weniger einschneiden-
den Formulierungen hätte überzeugend artikuliert werden können, ist ihr der Schutz des Art. 5 I GG zu
versagen."

[63] Vgl. *Bull* (Fn. 13), S. 185ff.

[64] So *Martin Kriele*, Ehrenschutz und Meinungsfreiheit: NJW 1994, S. 1897, 1899f., 1902; *Stark*
(Fn. 62), S. 219, These 8, und S. 221f., These 19.

[65] Zu diesem Argument *Kriele* (Fn. 64), S. 1900; AG Linz, NStZ-RR 1996, S. 358, 359: „Grobe Klima-
vergiftungen ... zu verhindern, ist die Aufgabe des § 130 StGB ...".

[66] Sie wird in Deutschland auch bestraft. Vgl. oben Fn. 5.

nische Säuberungen und Völkermord gerechtfertigt und Ausbeutung und Unterdrük-kung aufrechterhalten werden können[67]. Es gewinnen also nicht immer die besseren Argumente. Das gibt dem Staat das Recht und die Pflicht, jedenfalls die klar bösen und unmoralischen Argumente vom Kampf der Meinungen auszuschließen[68].

Der Rekurs auf das Dampfablassen überzeugt nicht. Vielleicht ist es in der Tat so, daß der Äußerer durch seine Haßrede sich beruhigt, aber das muß nicht sein: Vielleicht steigert er sich um so mehr in seinen Haß hinein. Ferner kann man nicht unterstellen, daß der Dampf sich folgenlos auflöst. Vielmehr kann und soll solche rhetorische Aggression Wirkungen beim Publikum erzeugen, Anhängerschaft gewinnen etwa für Ausländer-feindlichkeit und Haß auf Asylbewerber und sonstige Minderheiten. Das kann und wird oft fatale Folgen für das gesellschaftliche Zusammenleben haben – statt Miteinan-der Gegeneinander, statt Gleichberechtigung Unterdrückung, statt Friede Aggression. Deshalb sollten solche Hetzreden verboten werden[69]. Erziehung allein reicht nicht; man braucht die symbolische und real abschreckende Macht des Strafrechts[70].

5. *Folgenargument 3.* Die Aufgabe des Staates darf demgemäß nicht beschränkt wer-den auf die Sicherung von körperlicher Unversehrtheit in Person-zu-Person-Situa-tionen gegen unmittelbar drohende Tätlichkeiten. Diese Aufgabe ist zwar wichtig und unaufgebbar, sie ist aber zu eng auf die Mikrosituation von Gewalt bezogen und übersieht die genauso wichtige, ja wichtigere *Makrosituation von drohender Gewalt.* Denn es sind gerade die mittel- und langfristig bei vielen Zuhörern wirkenden Ag-gressions- und Haßbotschaften, die früher oder später breitflächig in Haßtaten, Ge-walttaten bis hin zu Mord und Vertreibung umschlagen. Effektive Gefahrenabwehr sollte sich auch gegen solche Breitseiten an Aggression richten, die jederzeit abrufbare Gewaltpotentiale hervorbringen. Deshalb sind nicht nur „unmittelbare" Gefahren von Tätlichkeit unter Strafe zu stellen, sondern auch die abstrakte Erhöhung der Wahrscheinlichkeit, daß Haßreden in Haßstraftaten umschlagen. Schon die Gefahr ei-ner Gefahr eines Flächenbrandes von Gewalt sollte ausgeschaltet werden[71]. Deshalb muß der Staat in diesem Grenzbereich das politische Klima kontrollieren[72].

---

[67] Vgl. *Kretzmer* (Fn. 17), S. 447: „[In] modern times racism has either led to, or facilitated, the commis-sion of unspeakable crimes and caused untold human suffering ... Historical experience teaches us that ra-cism is not merely another of society's daily evils. Rather, it is an evil that can take on catastrophic propor-tions." Vgl. ferner ebd., S. 458, zum „Sonderfall Rassismus".

[68] Nach Art. 4 der Rassendiskriminierungskonvention (Fn. 11) haben die Mitgliedstaaten rassistische Äußerungen und Organisationen unter Strafe zu stellen. Zum Begriff „Rassismus" noch unten VI.

[69] Sie sind in Deutschland auch verboten, soweit sie „Volksverhetzung" im Sinne des § 130 StGB dar-stellen.

[70] Vgl. *Jones* (Fn. 59), S. 152f.: „Laws, particularly the criminal law, have themselves the character and purpose of social enlightenment and often prove to be the most effective means of education. By condem-ning certain actions, laws not only hold out the threat of punishment to those who violate them, but set standards of decent human behavior to which the citizen, in his social attitude, should conform" (S. 152). Das Zitat nimmt Bezug auf eine Stellungnahme des World Jewish Congress.

[71] Genau das ist die Konzeption des § 130 StGB. Vgl. *Thomas Wandres*, Die Strafbarkeit des Auschwitz-Leugnens, 2000, S. 212: „Die Schreckgespenster der Volksverhetzung heißen ‚Pogrom', ‚Massaker', und ‚Genozid'. Der Tatbestand der Volksverhetzung richtet sich daher im Kern gegen Verhaltensweisen, die bei denkbar ungünstigem Verlauf geeignet sein könnten, erneut einem Verbrechen gegen die Menschlich-keit deutschen Boden zu bereiten." Ähnlich *Jones* (Fn. 59), S. 152. Das Standard-Zitat hierzu ist *Gordon Allport*, Die Natur des Vorurteils, 1971 (englisch: The Nature of Prejudice, 1954), S. 28ff., 62ff.

[72] Vgl. schon oben Fn. 65 und z.B. *Friedrich Kübler*, Rassenhetze und Meinungsfreiheit: AöR 125

6. Soweit *Ehrangriffe und Beleidigungen* vorliegen durch abwertende Werturteile mit oder ohne Faktenunterfütterung, darf nicht einseitig auf die Entfaltungsinteressen des Beleidigers geblickt werden. Ehrangriffe und Hetzereien zeitigen Folgen, die in die Gesamtabwägung einfließen müssen. Der Hinweis darauf, daß bei aggressiver Rede ja keine Tätlichkeiten im Strafrechtssinn – also Körperverletzungen bis hin zu Tötungen – vorliegen, greift zu kurz. Denn Worte können, wenn sie aggressiv und haßerfüllt sind, zu Taten, Tätlichkeiten werden, die die Angegriffenen genauso stark verletzen wie Eingriffe in die körperliche Unversehrtheit, eventuell auch stärker[73]. Diese ist nur die eine Seite der Gesamtpersönlichkeit, die psychische Unversehrtheit ist die andere: Selbst-, Sozial- und Weltvertrauen ist nur möglich, wenn man sich in der Gesellschaft gleichberechtigt und gleichgeachtet bewegen und einbringen kann. Rhetorische Aggression gegenüber Individuen und Gruppen läßt deren Stimme allzu oft verstummen; jedenfalls ist dies der Fall, soweit die Angegriffenen Minderheiten darstellen[74]. Und auf Dauer werden sich solche von mächtigen Gruppen gegenüber schwächeren Gruppen geäußerte Abwertungen in den Köpfen der Minderheiten festsetzen und diese in ihrem Aktionsradius und in ihrem Gleichheitsstatus beeinträchtigen.

7. Zwischen Einzel- und *Kollektivbeleidigung* ist also kein Unterschied zu machen. Menschen sind nicht primär isolierte Individuen. Sie werden oft durch ihre Gruppenzugehörigkeiten in einem erheblichen Ausmaß in ihrem Selbstverständnis bestimmt, so daß Gruppenangriffe in der Regel als Angriffe auf jeden einzelnen aufgefaßt werden können[75]. Wen immer der Äußernde mit aggressiven Botschaften gegenüber einer Gruppe treffen will – ob nur einige, viele oder alle Gruppenmitglieder –, eines ist sicher: Von Adressatenseite aus können sich alle betroffen und verletzt fühlen; bei Minderheitsgruppen wird das noch öfter der Fall sein als bei Mehrheitsgruppen. Haßreden sind zwar zunächst in der Tat nur Botschaften des Redners und verraten zugegebenermaßen viel über dessen Persönlichkeit. Aber rechtlich von den absehbaren Folgen für das Selbstbewußtsein der angegriffenen Gruppen zu abstrahieren, wäre fatal. Schwache Minderheiten werden durch solche rhetorischen Aggressionen in die Defensive gedrängt[76]: Sie müssen sich, soweit es um Faktenunterstellungen geht, ge-

---

(2000), S. 109 (127): „[I]n jedem Fall [von Haßstraftaten] findet sich als condicio sine qua non der Gewaltanwendung ein spezifisches Meinungsklima … ein Komplex von populären Annahmen und Überzeugungen, durch die bestimmte Gruppen als minderwertig stigmatisiert und ausgegrenzt wurden."

[73] Insbesondere in der angloamerikanischen Literatur gibt es genauere Untersuchungen über die Art von Schaden („harm"), die hier vorliegt. Vgl. Kap. 3 in: Lederer/Delgado (Fn. 59); Kap. 1 in: Delgado/Stefanic (Fn. 59): „Words that Wound" und den gleichnamigen Titel von *Matsuda u.a.* (Fn. 59). Das letztgenannte Buch beginnt mit folgendem Satz: „This is a book about assaultive speech, about words that are used as weapons to ambush, terrorize, wound, humiliate, and degrade." Siehe auch *Charles R. Lawrence*, If He Hollers Let Him Go. Regulating Racist Speech on Campus: Duke Law Journal 1990, S. 431ff., hier zitiert nach FAA (Fn. 1), S. 254ff.

[74] Auf herabsetzendes „labeling" und darauf folgendes „silencing" wird in der amerikanischen Literatur immer wieder hingewiesen. Vgl. die ersten beiden Aufsätze in Kap. 3 von Lederer/Delgado (Fn. 59): „Cross-Burning and the Sound of Silence", S. 114ff., „Silencing Women's Speech", S. 122ff. Letzteres bezieht sich auf Folgen von Pornographie.

[75] *Kretzmer* (Fn. 17), S. 466, zitiert *David Riesman*, Democracy and Defamation. Control of Group Libel: Columbia Law Review vol. 42, S. 731: „It is only through strengthening the protection of the groups to which an individual belongs that his own values and his own reputation can be adequately safeguarded."

[76] Vgl. *Josef Isensee*, Grundrecht auf Ehre, in: FS Martin Kriele, 1997, S. 5 (17): „Wer das Recht der Ehre reklamiert, befindet sich notwendig in der Defensivposition, ist Opfer."

gen diese wehren. Sie müssen, soweit es um für sich stehende Abwertungen geht, um den Anspruch auf gleiche Achtung kämpfen, den sie doch als solche schon haben sollten. Dieser Bedrängnis werden manche oder viele von ihnen nicht gewachsen sein; ihr Selbst wird sich nicht genuin entwickeln können, sondern durch aufgezwungene Fremdabwertungen geschädigt sein[77]. Sie werden den benutzten Stereotypen oft nicht effektiv begegnen können. Die Rechtsordnung sollte nicht durch ein Zuviel an Meinungsfreiheit eine Prämie auf den Aggressor aussetzen; Opferschutz sollte vor Täterschutz stehen.

Deshalb ist es auch verfehlt, das *Schutzgut Ehre* nur auf tatsachengestützte Reputationsschäden zu beschränken. Solche Schäden sollte eine Rechtsordnung in der Tat abschrecken und, falls sie eintreten, bestrafen. Doch bezieht sich der Achtungs- und Ehranspruch des Menschen auch auf normative Abwertungen, die bei den Angegriffenen Wunden schlagen, auch wenn sie nur innerlich und nicht auch äußerlich bluten[78]. Allen Individuen und Gruppen steht in der Gesellschaft ein Anspruch auf grundsätzliche Gleichbehandlung im Sinne des gleichen Achtungsanspruchs gegenüber aggressiven Worten und physischen Tätlichkeiten zu, egal ob sie vom Staat oder anderen Individuen und Gruppen herrühren. Ferner empfiehlt sich auch, im allgemeinen Umgang miteinander jedenfalls Minimalbestandteile von kommunikativer Zivilität aufrechtzuerhalten und rechtlich abzusichern, denn Mangel an Zivilität im gegenseitigen Umgang ist die Vorstufe zu expliziter Aggression gegenüber ungeliebten Personen und Gruppen[79].

Die vorhergehenden Argumente lassen sich in ein konsistentes Menschen-, Gesellschafts- und Staatsbild übersetzen und haben auch Folgen für das Neutralitäts- und Integrationsverständnis.

8. Die Individualität ist zwar Ausgangspunkt des *Menschenbildes*, doch ist sie stark eingebettet in soziale Bezüge und Gemeinschaftsidentitäten: Jeder ist immer schon Sohn oder Tochter von konkreten Eltern, Bürger eines bestimmten Landes und entwickelt im Laufe seines Lebens Loyalitäten als Mitglied partikularer Gemeinschaften, die für sein Selbstverständnis und seine Selbstachtung genauso wichtig sind wie sein isoliertes Ich – wenn nicht noch wichtiger. Grundlage ist also die konstitutive Spannungs- und Ergänzungslage von Individuum und Gemeinschaft; das kann man *Kommunitarismus* nennen[80]. In dieser Spannungslage ist auch die Meinungsfreiheit zu ver-

---

[77] *Kretzmer* (Fn. 17), S. 466, faßt Untersuchungen zu den Folgen rassischer Stigmatisierung zusammen: „self-hatred, humiliation, isolation, impairment of the capacity to form close interracial relationships, and adverse effects on relationships within a given group".

[78] Der engere Ehrbegriff wird in den USA vertreten, der weitere in Deutschland. Vgl. die instruktiven Vergleiche bei *James Q. Whitman*, Enforcing Civility and Respect. Three Societies: Yale Law Journal 109 (2000), S. 1279 (1295ff., 1372ff.).

[79] Vgl. *Jones* (Fn. 59), S. 152: „Group defamation is a condition precedent to more aggressive and violent forms of racial discrimination"; *Rosenfeld* (Fn. 12), S. 99 (am Ende): „It would of course be preferable if hate could be defeated by reason. But since unfortunately that has failed all too often, there seems no alternative but to combat hate speech through regulation in order to secure a minimum of civility"; *Ralf Stark*, Die Ehre – das ungeschützte Verfassungsgut, in: FS Martin Kriele, 1997, S. 235 (240): „Der Verrohung der Sprache darf nicht noch einmal die Verrohung der politischen Sitten und – als Kulmination des Ganzen – eine Zunahme der politischen Gewalt folgen."

[80] Vgl. *Note*, A Communitarian Defense of Group Libel Laws: Harvard Law Review 101 (1988), S. 683 (689): „Communitarians argue that human agency cannot be intelligibly abstracted from the ends and purposes that an individual has as a member of society. It is only as residents of particular regions, as practitio-

stehen: Sie ist ein Garant des Ausdrucks von Individualität, aber auch eingebunden in tradierte Sprachverständnisse[81]. Ferner hat Kommunikation nicht nur die Aufgabe, Kritik an Gemeinschaftsvorgaben zu ermöglichen, sondern Gemeinschaft auch zu bewahren. Dieses setzt aber voraus, daß Basiselemente von friedlichem und produktivem Umgang miteinander beachtet und rechtlich bewehrt werden.

9. Das *gesellschaftliche Leben* wird wie in der amerikanischen Sicht als durch Koordination und Konflikt geprägt angesehen, so daß neben Affirmation Kritik möglich sein muß und rechtlich zu gewährleisten ist. Aber was Ausmaß und Heftigkeit der Kritik an anderen Personen und Gruppen angeht, so wird entweder bestritten, daß für gutmeinende Personen wirklich ernsthafte Konflikte zwischen Gruppen auftreten können[82]. Oder aber deren Existenz wird zugestanden, aber es werden dann strengere Zivilitäts- und Gleichachtungspostulate gefordert und rechtlich abgesichert, um das Selbstbewußtsein der angegriffenen Personen und Gruppen zu stärken und Asymmetrien gesellschaftlicher Macht zu verhindern.

10. Die *staatliche Gewalt* ist nicht nur für die Sicherung des Friedens im Sinne der körperlichen Integrität zuständig, sondern auch für Achtung und Schutz der psychischen Integrität der einzelnen Personen und Bevölkerungsteile, soweit diese durch rhetorische Aggression Schaden zu nehmen drohen. Ein „gutes Klima" sollte zwischen allen Menschen herrschen[83]. Jedenfalls muß ein feindliches, haßerfülltes Klima vermieden werden, durch Bestrafung von Haßrede und übertriebener, unsachlicher Kritik und Diffamierung von Bevölkerungsteilen[84]. Denn diese schlägt früher oder später in Haßtaten bis hin zu schlimmen Verfolgungen um und hält Unterdrückungsverhältnisse gegenüber Minderheiten aufrecht. Dies zu verhindern, rechtfertigt schon im Vorfeld tätlicher Auseinandersetzungen rechtliche Maßnahmen gegenüber Botschaften, die auf lange Sicht ein produktives und gleichberechtigtes Miteinander in Staat und Gesellschaft bedrohen.

---

ners of certain callings, as adherents to particular religions, and, ultimately, as citizens of particular regimes that individuals arrive at determinate choices about how to live."

[81] Hierzu näher *Kenneth L. Karst*, Boundaries and Reasons. Freedom of Expression and the Subordination of Groups: University of Illinois Law Review 1990, S. 95 ff., hier zitiert nach dem Nachdruck in FAA (Fn. 1), S. 246 (247): „To be introduced to a culture is to enter a community of meaning ... the meanings we learn become part of our senses of who we are"; *Post* (Fn. 56), S. 475 f.; *Ernst-Joachim Lampe*, Gedankenfreiheit, Meinungsfreiheit, Demokratie, in: *ders.*, Meinungsfreiheit (Fn. 42), S. 69 f.

[82] *Bull* (Fn. 13), S. 164, 168, weist unter Hinweis auf Ralf Dahrendorf auf die Konfliktscheu in Deutschland hin.

[83] Vgl. schon oben Fn. 62 f., 72, und *Rainer Hofmann*, Incitement to National and Racial Hatred. The Legal Situation in Germany, in: Coliver (Fn. 10), S. 159 (164): „The objective of Article 131 [Federal Criminal Code in its old version] is the maintenance of social harmony to which incitement to racial hatred is considered to pose a serious threat."

[84] In diesem Sinne ist § 130 StGB – Bestrafung von „Volksverhetzung" – nicht nur der Sache nach ein „Klimadelikt". Das Wort Schutz des Klimas wird auch tatsächlich verwendet. Vgl. *Wandres* (Fn. 71), S. 213. Gleiches gilt für die entsprechenden völkerrechtlichen Verbote von aggressiver und Haßrede. Vgl. die vielen Bezüge auf „Klima" in *Zimmer* (Fn. 11). Ferner wird in § 130 StGB das Kriterium von Diffamierung genau dazu benutzt, zulässige heftige Kritik an Ausländern von unzulässiger, strafbarer Kritik – Volksverhetzung – abzugrenzen. Vgl. *Tröndle/Fischer*, StGB, 50. Aufl. 2001, § 130 Rn. 11: „Gemeint ist [mit Aufstacheln zum Haß] insbesondere juden- und ausländerfeindliche Propaganda in Form von pauschalen Diffamierungen und Diskriminierungen."

11. *Neutralität und Integration*. Der Staat braucht also gegenüber den geäußerten Meinungen nicht gänzlich neutral zu sein. Er ist neutral in einem weiten Bereich vertretbarer Wertungen; wenn aber die Kritik Elementarbestandteile von Zivilität, Gleichberechtigung und freier Entfaltungsmöglichkeit von benachteiligten Gruppen bedroht, darf und muß der Staat parteiisch sein. Er muß sich auf die Seite der Armen, Schwachen und Unterdrückten stellen[85]. Integration aller auf Dauer setzt Exklusion von Botschaften und Bestrafung von Botschaftern voraus, die genau dieses Ziel bedrohen.

V. Wie sollte abgewogen werden?

Wer diese beiden Argumentationsreihen vor sich sieht, kann nicht anders als erstaunt sein: Jede von ihnen erscheint plausibel oder gar überzeugend, und doch widersprechen sie sich in der Sache[86]. Jede von ihnen kann sich auf die entsprechende verfassungsrechtliche Grundlage berufen, denn die Werte Autonomie, Würde, Freiheit und Gleichheit sowie Demokratie sind in der US-Verfassung, im Grundgesetz, vielen weiteren modernen Verfassungen sowie im Völkerrecht explizit verankert oder implizit vorausgesetzt. Ferner ist unbestritten, daß es zu den legitimen Staatsaufgaben gehört, den Frieden zu sichern, Integration zu bewirken und für Ehrenschutz einzutreten. Trotzdem ergeben sich deutliche, ja dramatische Unterschiede im Verständnis der Verfassungsgüter und Rechtsziele, wie die Ausgangsbeispiele verdeutlichen: Scharfe, übertriebene Kritik an Ausländern oder Asylbewerbern und Eintreten für rassistische Theorien ist in den USA erlaubt, in Deutschland, in den Europaratsstaaten und im Völkerrecht verboten. Wir haben hier einen klaren Beleg für die These, daß in manchen Fällen der einschlägige Rechtstext das Verständnis des in ihm Geregelten nicht, jedenfalls nicht vorrangig festlegt; das kulturell und geschichtlich geprägte Vorverständnis schlägt statt dessen durch. Daß dies so ist, erkennt man daran, daß deutsche Juristen, die zum ersten Mal vom amerikanischen Umgang mit aggressiver Rede hören, oft Unverständnis äußern; umgekehrt gilt das gleiche. Aber „abwegig" ist weder die eine noch die andere Ansicht – das zumindest sollte die Darstellung der in Konkurrenz liegenden Argumentationslinien veranschaulichen. Eine Abwägung fällt schwer, wenn man erst einmal die Gründe und Gegengründe auf sich einwirken läßt[87]. Konsens ist nicht zu erwarten – das zeigt der Grundsatzdissens der modernen

---

[85] Aus deutscher Sicht schlägt also das Sozialstaatsprinzip in Verbindung mit dem Gleichheitsgrundsatz durch. Beide werden als Angleichungsverpflichtung für sozial Benachteiligte gesehen. Vgl. aus amerikanischer Sicht *Lawrence* (Fn. 73), S. 255: „Until we have eradicated racism and sexism and no longer share in the fruits of those forms of domination, we cannot justly strike the balance over the protest of those who are dominated. My plea is simply that we listen to the victims ...". Ähnlich *Baer* (Fn. 59). Vgl. auch *Rosenfeld* (Fn. 12), S. 21 bei Fn. 29: „[T]he principal role of free speech ... becomes the protection of oppressed and marginalized discourses and their proponents against the hegemonic tendencies of the discourses of the powerful."

[86] Schon *Mill* (Fn. 3), S. 46, hat diesen Fall bedacht: „Bei jedem Gegenstand aber, bei dem Verschiedenheit der Meinung möglich ist, hängt die Wahrheit von einem Abwägen zwischen zwei Reihen einander widerstreitender Gründe ab." Ich hoffe, mit der bisherigen Darstellung im Sinne Mills die beiden Auffassungen „in ihrer einleuchtendsten und überzeugendsten Form" (S. 47) präsentiert zu haben.

[87] Deshalb verwundert es nicht, daß sich in der Literatur, soweit man von den unverrückbar Überzeugten der einen oder anderen Auffassung absieht, viele Sowohl-als-Auch-Arbeiten finden. Vgl. etwa *Bull*

Rechtsstaaten in dieser Frage. Das verhindert aber nicht eine Stellungnahme zu den Hauptpunkten des Streits.

1. *Autonomie.* Persönlichkeitsformung bedarf der Kommunikation. Nur über Gespräch und argumentative Auseinandersetzung können Menschen Ideale formen und Ziele verfolgen, in denen und durch die sie das werden können, was sie sein wollen. Das ist Teil ihrer Würde. Deshalb verdient *freie Kommunikation* einen *Sonderstatus.* Die hierfür erforderlichen Kommunikationsformen sind vielfältig: Sie reichen vom Lernen der gemeinsamen Sprache im Kindesalter über die Eltern und die Schule bis hin zu Affirmation und Kritik der überkommenen Sprache und Kultur als Jugendliche und Erwachsene. Der Mensch wächst in der Tat immer schon in Gemeinschaft und deren konkreter geschichtlicher Prägung auf. In diesem Sinn ist die Gemeinschaft immer schon vor dem Individuum da[88]. Aber die Möglichkeit des Sich-ins-Verhältnis-Setzens ist genauso wichtig wie die unbewußte oder bewußte Übernahme traditioneller Werte und Lebensformen[89].

Dieses kreative Element wird durch Meinungsfreiheit geschützt, nicht exklusiv oder vorrangig zur Isolierung oder Abwendung des einzelnen von Gesellschaft und Staat, aber doch für den Fall, daß Konflikte zwischen vorherrschenden Sach- und Sprachverhältnissen und individuellen Einschätzungen auftreten. Soweit es, wie hier, um den Bereich von Politik und Recht geht, sind solche Konflikte nicht nur unvermeidlich, sondern nehmen in Gesellschaften wie den unseren zu, die individuelle Kreativität schätzen und den Pluralismus der Gruppen akzeptieren. Streitigkeiten über gesellschaftliche und politische Inklusion oder Exklusion und die Formulierung der für das Gemeinwesen verbindlichen Maßstäbe müssen möglich sein, denn man kann auf der Grundlage von Invidualismus und Pluralismus nicht von übereinstimmenden moralischen und politischen Einschätzungen ausgehen[90]. Wer insoweit bestimmte Meinungen von vornherein ausschließt, verletzt in der Tat die Freiheit der Rede und den politischen Gleichheitsstatus der Äußerer[91]. Deshalb sollten die genannten auslän-

---

(Fn. 13) und *Coliver* (Fn. 10), S. 363. Selbst der einen stärkeren Ehrenschutz durch das BVerfG einfordernde *Isensee* erwähnt die „Gefahr staatlicher Überreglementierung": Fn. 76, S. 46.

[88] Das ist einer der im Kommunitarismus betonten Punkte. Vgl. *Selznick* (Fn. 38), S. 123: „In the beginning is society, not the individual"; zum Stellungnahmen ebd., S. 219. Siehe auch *Post* (Fn. 56), S. 476.

[89] Die Wichtigkeit von „Stellungnahmen und Sinnverleihen" wird hervorgehoben von Max Weber. Vgl. die Analyse bei *Winfried Brugger,* Menschenrechtsethos und Verantwortungspolitik, 1980, S. 84f., 101ff., 314ff. Wahlfreiheit und Eigenständigkeit gehören auch zum Kernbestand eines jeden liberalen Menschenbildes. Vgl. *Brugger,* Liberalismus (Fn. 9), § 3 III.

[90] Dieses klassische Thema wird schon in den „Federalist Papers" diskutiert. Vgl. die Darstellung bei *Winfried Brugger,* Demokratie, Freiheit, Gleichheit. Studien zum Verfassungsrecht der USA, 2002, § 13 III. Siehe auch *Bull* (Fn. 13), S. 168 unter Zitation von *Ralf Dahrendorf:* „Wer den Konflikt als eine Krankheit betrachtet, mißversteht die Eigenart geschichtlicher Gesellschaften zutiefst; wer ihn in erster Linie ‚den anderen' zuschreibt und damit andeutet, daß er konfliktfreie Gesellschaften für möglich hält, liefert die Wirklichkeit und ihre Analyse utopischen Träumereien aus. Jede ‚gesunde', selbstgewisse und dynamische Gesellschaft anerkennt Konflikte in ihrer Struktur … Nicht wer vom Konflikt spricht, sondern wer ihn zu verschweigen sucht, ist in Gefahr, durch ihn seine Sicherheit zu verlieren."

[91] Vgl. *Dworkin,* Freedom's Law (Fn. 61), S. 200: „Government insults its citizens, and denies their moral responsibility, when it decrees that they cannot be trusted to hear opinions that might persuade them to dangerous or offensive convictions. We retain our dignity, as individuals, only by insisting that no one – no official and no majority – has the right to withhold an opinion from us on the ground that we are not fit to hear and consider it."

der- und asylbewerberkritischen Botschaften geäußert – und kritisiert – werden können[92]. Die Adressaten und sonstigen Hörer dieser Botschaft haben die Freiheit und das
gleiche Recht, den abwertenden Botschaften zu widersprechen[93]. So werden Freiheit
und Gleichheit aller gesichert.

Die einzige Ausnahme könnte dort liegen, wo es um *rassistische Botschaften* geht, wie
beim Aufstellen des Ku-Klux-Klan-Kreuzes und der Präsentation des Hakenkreuzes.
Gegen deren Bestrafung spricht zunächst, daß die entsprechenden Äußerungen gerade Teil der Persönlichkeit der Äußerer sind – das macht sie eigentlich schutzwürdig[94].
Fast alle Menschen, das Völkerrecht und die meisten Rechtsordnungen halten solche
Botschaften aber für eindeutig falsch und widerlegt. Warum? Zum einen, weil solche
Botschaften in Völkermord umschlagen können. Auf dieses Folgenargument, das eine
unbestrittene Staatsaufgabe ins Spiel bringt, wird noch einzugehen sein. Hier geht es
um Wahrheit oder Falschheit der Botschaft als solcher. Für den Sprecher ist die Aussage richtig, für fast jeden anderen falsch: Auf wessen Sicht kommt es an? Wenn wirklich gilt, was Verfassungsgerichte sagen, daß nämlich die Kategorien von wahr und
falsch für Werturteile nicht anwendbar sind[95], sondern Werturteile nur aufgrund anderer Überlegungen – „schädlicher", „böser", „ungerechter" Auswirkungen auf andere Personen oder Werte – zu beschränken sind, dann spricht auf dieser Ebene der
Argumentation mehr gegen als für ein Verbot rassistischer Botschaften.

2. *Meinung, Argumentation, Emotion.* Es ist in der Tat richtig, daß fast alle Meinungen, auch radikal kritische, deutlich in der Sache, aber zivilisiert im Ton gesagt werden
können. Gesellschaft und Staat haben auch ein legitimes Interesse daran, im Umgang
allgemein wie in öffentlichkeitsbedeutsamen und politischen Angelegenheiten speziell ein Klima vorherrschen zu sehen, das möglichst viele Bürger – seien sie nun sensibel oder dickhäutig – einbindet und das durch Takt und Höflichkeit gekennzeichnet
ist. Das minimiert Konflikte und schont Empfindlichkeiten auf allen Seiten. Deshalb

---

[92] Anders in bezug auf diese Äußerung die deutsche Rechtsprechung. Vgl. oben Fn. 5, 6.

[93] Das wird in der *R.A.V.*-Entscheidung des Supreme Court hervorgehoben, die von vielen amerikanischen Vertretern der deutschen, europäischen und völkerrechtlichen Sicht als verfehlt kritisiert wird,
weil sie die Präsentation rassistischer Symbole (des Ku-Klux-Klan-Kreuzes) als durch die Redefreiheit geschützt einstuft: „One must wholeheartedly agree with the [lower court] that ‚it is the responsibility, even
the obligation, of diverse communities to confront such notions in whatever form they appear', but the
manner of that confrontation cannot consist of selective limitations upon speech … The point of the First
Amendment is that majority preferences must be expressed in some fashion other than silencing speech on
the basis of its content." 505 U.S. 377, 392 (1992).

[94] Auch Rassisten können sich auf Grundrechte berufen. Vgl. allgemein hierzu *Isensee* (Fn. 76), S. 21:
Grundrechte „stehen dem guten wie dem schlimmen, dem verständigen wie dem törichten Gebrauch offen. Die Sonne der Freiheitsrechte scheint über Gerechte wie Ungerechte".

[95] So in ständiger Rspr. das BVerfG. Vgl. z.B. E 90, 241 (247): „Meinungen sind durch die subjektive
Beziehung des Einzelnen zum Inhalt seiner Aussage geprägt … Für sie ist das Element der Stellungnahme
und des Dafürhaltens kennzeichnend … Insofern lassen sie sich auch nicht als wahr oder unwahr erweisen.
Sie genießen den Schutz des Grundrechts, ohne daß es darauf ankommt, ob die Äußerung begründet oder
grundlos, emotional oder rational ist, als wertvoll oder wertlos, gefährlich oder harmlos eingeschätzt
wird." Ebenso der US Supreme Court, z.B. in *Gertz v. Robert Welch*, 418 U.S. 323, 339 (1974): „[Under]
the First Amendment there is no such thing as a false idea. However pernicious an opinion may seem, we
depend for its correction not on the conscience of judges and juries but on the competition of other ideas". Zu beachten ist allerdings, daß viele rechtsphilosophische Klassiker der Meinungsfreiheit und auch die
Umgangssprache oft in Kategorien von „wahr" und „falsch" argumentieren. Vgl. etwa die in *Brugger*,
Kampf der Meinungen (Fn. 9) dargestellten Autoren.

ist es sinnvoll, über Erziehung, Schule, Massenmedien und Organisationen verschiedenster Art solche Zivilität zu vermitteln und vorzuleben. Vorbilder sollten auch Politiker sein[96]. All das zugestanden, ist doch die hier entscheidende Frage noch nicht beantwortet: Bedarf diese Schätzung und Pflege der Zivilität auch der staatlichen Sanktion, etwa durch strafrechtliche Belangung bei Beleidigungen oder Volksverhetzungen? Das hängt zum ersten von *Prognoseurteilen* ab: Reichen die nicht-strafrechtlichen[97] Erziehungs- und Regelungsmechanismen auf Dauer aus, Minimalbestandteile von Zivilität zu sichern, oder geht der Weg dann unentrinnbar hinab zur umfassenden Grobschlächtigkeit, zum großflächigen rhetorischen Hauen und Stechen[98]? Zum zweiten geht es um eine *anthropologische Einschätzung*: Ist es nicht so, daß jedenfalls bei Beurteilungen, die einen Menschen im Innersten bewegen, Evaluation und Emotion eng zusammenhängen[99]? Für intensive positive Gefühlslagen wird das ohne weiteres angenommen sowie medial und literarisch gepflegt und gerühmt: Zuneigung, Eros, Liebe – o welch glückliches Gefühl, das zum intensivsten und extremsten Ausdruck drängt! Für Negatives wie Ablehnung und Haßgefühle lehnen viele das ab, obwohl dort eigentlich das gleiche gelten müßte: You have to take the bitter with the sweet[100]! Zum dritten wird in politischen Angelegenheiten hinter der Ablehnung oder dem Haß oft ein *Sachproblem* liegen, wie die beiden Ausgangsfälle über die behauptete Ausnutzung von Sozialsystemen und die Kriminalitätsraten von Ausländern zeigen. Solches aber sollte diskutiert werden können[101]. Schließlich führt, viertens, eine rechtliche Verbindlichkeit akzeptabler rhetorischer Umgangsformen dazu, daß *spontane Rede* und Äußerungen mancher Vertreter des „einfachen Volkes" oder auch von Minderheitsgruppen[102] eingeschränkt werden, was im Hinblick auf die Offenheit der öffentlichen Auseinandersetzung und Gleichheits- und Sozialstaatspostulate bedenklich ist.

Überblickt man diese Argumente, so spricht mehr für die Freiheit auch der groben und aggressiven politischen Rede, solange man nicht unentrinnbar davon auszugehen

---

[96] Und sind es allzu oft nicht. Ist es denn klar, daß am politischen Rand angesiedelte „Rassisten" oder Links- und Rechtsextreme ganz allgemein mehr Schaden für ein produktives Klima anrichten als Mainstream-Politiker mit ihren über alle Massenmedien verbreiteten Unterstellungen und Verdächtigungen? Wenn man die Reflexion erst einmal ganz allgemein von „möglichen Schäden" aus beginnt, dann käme man noch auf ganz andere Gebiete, in denen der gutmeinende Staat vielleicht Rede beschränken sollte. Vgl. *Kaleb* (Fn. 4), der folgende Kategorien von wertloser Rede bildet: „ignorant", „mendacious", „trashy", „stupid", „base" „mediocre speech", und der insbesondere an religiöse, politische und kommerzielle Äußerungen denkt.

[97] Das Strafrecht steht hier für alle anderen Rechtssanktionen. Vgl. oben Fn. 16.

[98] Die letztgenannte Annahme scheint auf bei Kriele, Stark und Isensee, vgl. oben Fn. 62, 64, 65, 79.

[99] Vgl. oben Fn. 30 zur Verknüpfung von Kognition und Emotion, auch beim BVerfG.

[100] So Justice *Rehnquist* in einem anderen Zusammenhang: *Arnett v. Kennedy*, 416 U.S. 134, 153f. (1974). Vgl. auch das Zitat von *Butler* (Fn. 40).

[101] Hierzu *Weinstein*, Viewpoint Neutrality (Fn. 25), S. 159: „[Unlike] libelous statements about individuals (which often have no bearing on public matters), defamatory statements about racial, ethnic, and religious groups are almost always inextricably bound up with some larger social critique, bigoted though it may be … It is particularly difficult to pluck group libel from this debate without impeding a wide area of social critique"; *Cohen* (Fn. 23), S. 194; *Kretzmer* (Fn. 17), S 505.

[102] Zu diesem Punkt *Post* (Fn. 19), S. 303, der von einem „Paradox" spricht. Was immer man tut, Verluste scheinen auf – entweder an Zivilität oder an Gleichberechtigung aller Bürger bzw. an Thematisierung aller politischen Probleme.

hat, daß ohne deren rechtliche Unterdrückung breitflächig Anstand, Takt und Zivilität dem Untergang geweiht sind[103]. Rhetorische Aggression und Hetze sind nicht das Ziel von Gesellschaft und Staat, ganz im Gegenteil: Wir sollten uns um zivilisierte Auseinandersetzungen in politischen wie allen anderen Angelegenheiten bemühen, individuell und institutionell. Aber das Strafrechtsschwert für suboptimale rhetorische Auseinandersetzungen zu zücken, brächte zu viele Nachteile mit sich[104].

3. *Folgenargument 1.* Soweit *rhetorische Attacken auf Tatsachenbehauptungen* aufbauen, besteht in der Tat die Gefahr, daß die Attacke rechtlich um so unangreifbarer wird, je pauschaler (statt konkreter) und je impliziter (statt expliziter) der Angriff vorgenommen wird. Je mehr sich die Tatsachenbasis ins Unfaßbare auflöst, desto schwerer werden Beweis und Gegenbeweis, und desto einfacher wird es, im reputierlicheren Gewand der Tatsachenbehauptung despektierliche Werturteile vorgefaßter Art zu verkaufen. Der Aggressor erkauft sich sozusagen mühelos einen Wahrheitsschein, ohne einen Preis dafür bezahlen zu müssen. Das spricht für Spezifizierungs- und Darlegungspflichten in solchen Fällen. Man sollte allerdings das Publikum nicht unterschätzen. Wird ein Politiker als „Gauner" bezeichnet, geht das Publikum kaum davon aus, diesem Politiker werde ein Diebstahl im Sinne des § 242 StGB vorgeworfen[105]. Weiterhin wird das Publikum im Regelfall erkennen können, daß bei einem extremen Werturteil der Abnahme von expliziten und konkreten Fakten eine Zunahme der Bedeutung der Persönlichkeit des Äußerers entspricht; damit kann sich der Blick vom Angegriffenen auf den Angreifer wenden[106]. Soweit aber erkennbar ist, welche Tatsachenlage der Angreifer vor Augen hat, wie in den beiden Ausgangsfällen der Ausländer- und Asylbewerberkritik, ist Widerspruch nicht nur möglich, sondern in einer pluralistischen Gesellschaft auch zu erwarten. Es wird immer Organisationen und politische Parteien geben, die, wenn schon die Attackierten sich nicht selbst wehren wollen oder können, dies stellvertretend für diese übernehmen. Dann sollte die Maxime gelten: Möge die Wahrheit ans Licht kommen, wie auch immer sie aussehen mag!

4. *Folgenargument 2.* Bei *reinen Werturteilen* in Form von rhetorischen Attacken versagt in aller Regel der Einsatz der Wahrheitskategorie, aber dafür können und müssen

---

[103] Für diesen Fall wäre *Post* (Fn. 19), S. 287 bereit, Eingriffe in unbegrenzte politische Redefreiheit zu akzeptieren: „[T]he separation of public discourse from community standards depends in some measure upon the spontaneous persistence of civility. In the absence of such persistence, the use of legal regulation to enforce community standards of civility may be required as an unfortunate but necessary option of last resort."

[104] Vgl. Justice *Brandeis*, concurring in *Whitney v. California*, 274 U.S. 357, 378 (1927): „Among free men, the deterrents ordinarily to be applied to prevent crime are education and punishment for violations of the law, not abridgment of the rights of free speech and assembly."

[105] Beispiel bei *Kriele* (Fn. 64), S. 1900, mit anderer Wertung.

[106] Das wird meines Erachtens von *Kriele* (Fn. 64), S. 1897, 1903, 1905 nicht ausreichend gewürdigt. BVerfGE 61, 1 (10) vertritt eine ausgewogenere Stellungnahme in einem Fall, in dem ein SPD-Politiker die CSU als NPD Europas bezeichnet hatte: „Allen Beteiligten einer Wahlveranstaltung ist klar, daß der Redner seine Meinung äußert und die Zuhörer mit ihr überzeugen oder überreden will. Zwar mögen sich aus dem beanstandeten Satz Elemente des Tatsächlichen heraushören lassen, etwa daß die CSU ultrarechts stehe. Aber auch dann überwiegt das wertende Element das tatsächliche; der tatsächliche Gehalt der substanzarmen Äußerung tritt gegenüber der [subjektiven] Wertung [des Redners] zurück ...". Vgl. auch *Dieter Grimm*, Die Meinungsfreiheit in der Rechtsprechung des Bundesverfassungsgerichts, NJW 1995, S. 1697, 1702: „Der Empfänger kann ... Werturteile als persönliche, subjektive Anschauungen des Sprechers erkennen und Distanz zu ihnen beziehen. Er behält die Freiheit eigener Bewertung."

Folgen bedacht werden, denn Meinungsäußerung soll Rezipienten erreichen und deren Wertung beeinflussen. In diesem untechnischen Sinn ist jedes Werturteil eine Anstiftung zur Einstellungsänderung und vielleicht in der Folge auch zur Verhaltensänderung[107]. Hier ist man mit dem Frage des *Umschlags von rhetorischer Aggression zu realen Tätlichkeiten* von Körperverletzung bis zu Totschlag und Mord, im einzelnen Fall wie im Kollektiv, konfrontiert. Die amerikanische Auffassung gesteht die Möglichkeit eines solchen Umschlags durchaus zu, läßt aber weder die Kategorie der Möglichkeit noch der abstrakten Wahrscheinlichkeit zur Rechtfertigung der Beschneidung der Redefreiheit ausreichen, sondern verlangt eine konkrete und in der Regel unmittelbar drohende Tätlichkeit[108]. Ferner reicht bei den Botschaften die abstrakte Befürwortung einer Haß-, Aggressions- oder Rassenphilosophie nicht aus; erst wenn Handlungsaufrufe erfolgen, darf der Staat eingreifen. Deutschland, Europa und das Völkerrecht sehen dies anders: Für sie ist auch die abstrakte Gefahr Eingriffsgrund, ja diese hat sogar aufgrund der eventuell breiteren Wirkung einer z.B. rassistischen oder ausländerfeindlichen Einstellung das größere Gefahrenpotential. Deshalb dürfen rassistische Symbole nicht öffentlich gezeigt werden[109]. Im Grunde müßte diese Auffassung sich dann nicht nur gegen explizite rassistische Botschaften oder Symbole wenden, sondern auch gegen implizite, die nicht bewußt, sondern – größere Gefahr! – unbewußt auf den Rezipienten einwirken können[110]. Das führt zu einem Paradox: Die krasse und krude rassistische Äußerung ist vermutlich weniger gefährlich als die nur angedeutete oder sublime, weil sie zur Stellungnahme zwingt und erwartbar auf Gegenrede stoßen wird[111]. Aber nur explizit rassistische Botschaften sind ein klar identifizierbarer und begrenzbarer Bereich von Rede; indirekte, codierte, also ambivalente Botschaften würden, wenn man sie verböte, auch legitime Botschaften abschrecken und die Gefahr von motivationellen Unterstellungen mit sich bringen[112]. Damit wird ein abschüssiger Pfad betreten, der von der besonderen Bedeutung der Meinungsfreiheit nicht mehr viel übrig läßt. Der Grundsatz effektiver Bekämpfung allen mögli-

---

[107] Justice *Holmes* formulierte einmal: „Every idea is an incitement": *Gitlow v. New York*, 268 U.S. 652, 673 (1925). Das ist selbstverständlich nicht rechtstechnisch als „Anstiftung" gemeint. Zu den hier einschlägigen Abgrenzungen schon informativ *Masses Publishing Co. v. Patten*, 244 Fed. 535 (S.D.N.Y. 1917), abgedruckt in *Sullivan/Gunther* (Fn. 30), S. 25 ff.

[108] Vgl. oben bei Fn. 30 ff. zu „fighting words" und „clear and present danger". Der letztgenannte Maßstab ist inzwischen in *Brandenburg v. Ohio* reformuliert worden: 395 U.S. 444 (1969).

[109] Vgl. §§ 86, 86 a StGB.

[110] Vgl. *Sullivan* (Fn. 14), S. 11 unter Hinweis auf Richter Frank Easterbrook: „Words and images act at the level of the subconscious before they persuade at the level of the conscious." Speziell auf Rassismus bezogen *Kretzmer* (Fn. 17), S. 461: „Although overt racist speech is one mechanism (and probably not the most important) by which racial prejudice is induced or reinforced, it cannot be regarded as a phenomenon which is mentally either adopted or rejected by voluntary acts of will. It may induce or reinforce prejudices even among people who consciously reject racism." Siehe auch *Coliver* (Fn. 10), S. 374; *Rosenfeld* (Fn. 12), S. 80 bei Fn. 124.

[111] Vgl. neben Fn. 110 *David E. Weiss*, Note: Striking a Difficult Balance: Combatting the Threat of Neo-Nazism in Germany while Preserving Indididual Liberties: Vanderbilt Journal of Transnational Law 27 (1994), S. 899 (939 ff.).

[112] Diese Gefahr wird beschrieben von *Rosenfeld* (Fn. 12), S. 92 nach Fn. 37: „The principal problems encountered involve line drawing, bias, difficulties in interpretation leading to suppression of speech deserving of protection and/or to toleration of certain hate messages, and facilitation of government or majority driven censorship."

chen rassistischen Gedankenguts steht also gegen die Grundsätze rechtsstaatlicher Bestimmtheit und meinungsschonender Eingriffe. Soweit die letztgenannten Grundsätze als gewichtiger angesehen werden, heißt das, daß nur die weniger gefährlichen Rassismen rechtlich bekämpft werden können.

5. *Folgenargument 3.* Wie sind die Wirkungen ausländerfeindlicher oder rassistischer Botschaften auf die Einstellungen und Handlungen des Publikums? Das ist der
Kernpunkt nicht nur der Folgeneinschätzung, sondern auch deren Verpackung in der
Funktion des *Dampfablassens* bei der Meinungsfreiheit. Wird durch aggressive Rheto-
rik, Volksverhetzung und Rassenhetze Dampf abgelassen, so daß der Effekt ein Weniger an Tatkriminalität ist, oder ein Mehr? Mir scheint, daß die Wissenschaft diese Fragen zeit-, kultur- und situationsenthoben nicht beantworten kann. Selbst wenn man
Zeit, Kultur und Situation einbezieht, ergibt sich alles andere als ein klares Bild: viele
Überzeugungen unterschiedlichster Art, wenige Beweise[113]; zahlreiche Rekurse auf
Evidenzen und Plausibilitäten, aber eben unterschiedlicher Art und in der Regel wohl
beeinflußt von Vorverständnissen – Meinungen und politischen Einstellungen!

Nehmen wir das Beispiel von Ausländer- und Asylbewerberfeindlichkeit, die,
wenn man nicht schon durch die Wortwahl das Ergebnis vorherbestimmen will, eigentlich ebensolche „Kritik" heißen sollte[114]: Führt solche scharfe, aggressive Kritik
zu mehr tätlichen Angriffen und Brandstiftungen? Für viele beantwortet sich die Frage von selbst: Selbstverständlich, man denke an Hoyerswerda und Solingen. Für viele
andere ist die Antwort nicht so klar: Solche Vorfälle würden leider auch ohne Kritik
an den Referenzgruppen vorkommen; ihre Anzahl mag prozentual kleiner sein als die
Zahl derer, die mit einem Messer nicht nur Brot schneiden, sondern andere verletzen,
ohne daß der Vorschlag gemacht würde, man solle Messer aus dem Verkehr ziehen[115];
weiterhin führen solche Straftaten zu großer Empörung in der Gesamtbevölkerung
und zu einer Bestärkung in der Überzeugung von der Wichtigkeit der gewaltfreien
Lösung von Konflikten; schließlich und endlich hat den Gewalttäter oder Brandstifter
niemand zu seinem schändlichen Tun „angestiftet"[116], sondern dieser hat sich – auto-

---

[113] Vgl. *Kretzmer* (Fn. 17), S. 462: „With racist speech, neither the degree nor the extent can be readily
assessed because each depends on numerous factors – social, economic, psychological, and political –
which change from time to time and place to place." Die Fn. 68 zu diesem Satz lautet: „As far as the extent
of harm goes, one could rely on the ‚worst case scenario' ... However, unless we have some assessment of
the risk of speech leading to that scenario, the scenario itself is not instructive." Vgl. auch ebd., S. 512: „[It]
is almost impossible to know whether in any given society, at any given time, the benefits [of outlawing hate speech and racist speech] would or would not outweigh the costs"; ähnlich *Roth* (Fn. 17), S. 200: „It is
impossible to tell." Vgl. auch *Coliver* (Fn. 10), S. 363, 373f. und Weiss (Fn. 111), der sich selbst widerspricht. Einmal ist die Rede von „real threat", dann wieder von „minimal threat", vgl. S. 913, 915, 938.

[114] In diesem Bereich wird viel mit Insinuation gearbeitet: Das Wort „Ausländerfeindlichkeit" soll unterstellen, daß eigentlich kein Grund für Kritik oder Ablehnung vorliegt, sondern Freund-Feind-Denken,
gar i.S.v. Carl Schmitt, mit schon angedachter Eliminierung. Das Wort Haßrede kann ähnlich gelesen
werden oder zur Frage führen: Liegt mehr „Haß" oder „Rede" vor? Auch „Rassenhetze" und „Volksverhetzung" leben von der Folgenassoziation „durch die Straße hetzen".

[115] Vgl. das Madison-Zitat oben Fn. 31.

[116] Es verwundert schon, daß manche derjenigen, die für die Bestrafung von Haßrede und Beleidigung
durch abwertende Werturteile gegen Ausländer und Asylbewerber eintreten, keine Skrupel haben, konservative Parteien und Politiker als „geistige Brandstifter" zu bezeichnen. Gibt es „gute" linke und „böse"
rechte Haßrede und Beleidigung? Müßte hier nicht strafrechtliche Gleichberechtigung gelten? Generell

nom – zu dieser Tat entschlossen, die er auch hätte unterlassen können und sollen und für die er zu Recht zur Verantwortung gezogen wird.

Das Beispiel soll zeigen, daß die Folgenabschätzung außerhalb der Sphäre unmittelbar drohender Tätlichkeiten meistens unübersehbar, komplex, umstritten und stark von nicht überprüfbaren Vorverständnissen – dem Zeitgeist – abhängig ist. Das gilt auch für die Folgen rassistischer Botschaften, die, wie erwähnt, in den USA zugelassen, im größten Teil der aufgeklärten Rechtswelt verboten sind. Was sind deren Folgen? In den USA gibt es auch heute noch Verfechter von Lehren rassischer Überlegenheit und Unterlegenheit, ohne daß eine reale Chance besteht, daß diese Gruppen – etwa der Ku-Klux-Klan oder Neonazigruppen – jemals politisch Gewicht bekommen[117]. Sie dürfen demonstrieren, und solche Demonstrationen führen zu ausführlicher Berichterstattung in den Massenmedien und gelegentlichen Gegendemonstrationen, aber wirkliche Gegenargumente werden kaum vorgebracht[118]. Warum nicht? Weil der Konsens in der Bevölkerung über die Gleichheit der Rassen – trotz Fehlens strafrechtlicher Bewehrung! – so fest verankert ist, daß Verfechter von Rassentheorien sich eher lächerlich machen, als daß sie auf Unterstützung hoffen dürfen oder intellektuelle Gegenwehr als notwendig angesehen wird[119]. Wie ist die Lage in Deutschland? Hier ist sie schwerer einzuschätzen, weil offener Rassismus ja in der Regel über § 130 bzw. § 185 StGB verboten ist. Aber rechtsextreme Parteien mit latenten Rassismustendenzen gibt es wie in den USA. Wie dort haben diese Parteien keine Aussicht auf politische Einflußnahme; nur aufgrund des unterschiedlichen Wahlrechtssystems schaffen es diese Gruppen von Zeit zu Zeit in einen Landtag[120]. Dort aber sind sie politisch isoliert und verschwinden nach einer Wahlperiode meist wieder in der politischen Bedeutungslosigkeit. Im Grunde ist die Gefahrenlage in beiden Ländern vergleichbar[121]: Es ist unwahrscheinlich, daß Parteien mit rassistischen Botschaften politisches Gewicht bekommen, so daß von der Folgenargumentation eigentlich mehr gegen ein Verbot als für ein Verbot rassistischer Meinungen spräche.

---

zur Gefahr selektiver, zeitgeistgerechter Bestrafung von aggressiven Botschaften *Weinstein*, Viewpoint Neutrality (Fn. 25), S. 155 f.

[117] Vgl. die Einschätzung von *Rosenfeld* (Fn. 12), S. 10 Fn. 13: „Neo-Nazis in the United States are so marginalized and discredited that virtually no one believes that they pose any realistic danger", und S. 36 f. bei Fn. 51 f. zu dem schon oben Fn. 7 erwähnten Streit darüber, ob Nazis in jüdischen Wohnvierteln von Skokie (einem Vorort von Chicago) eine Demonstration durchführen dürfen: Der geplante Marsch „did much more to showcase their isolation and impotence than to advance their cause. Under those circumstances, allowing them to express their hate message probably contributed more to discrediting them than would have been the case had the prohibition against their march been upheld by the courts." Ähnlich *Coliver* (Fn. 10), S. 373; *Weinstein*, Viewpoint Neutrality (Fn. 25), S. 158.

[118] Das betrifft natürlich nicht die Frage, wie vergangener Rassismus oder frühere Diskriminierung heute zu kompensieren sind – das ist das umstrittene Problem von „affirmative action".

[119] Vgl. *Allport* (Fn. 71), S. 503: „Wenn wir über diesen Punkt auch keine relevante Forschung haben, so ist doch wahrscheinlich, daß Lächerlichkeit und Humor die Pomphaftigkeit und den Irrationalismus von Volksaufhetzern gut bekämpfen. Gelächter ist eine Waffe gegen Fanatismus."

[120] Zwar müssen politische Parteien in Deutschland die 5%-Hürde überspringen, dann aber gilt das Verhältniswahlrecht, das auch kleinen Parteien den Einzug in das Parlament ermöglicht. In den USA gilt fast überall das Mehrheitswahlrecht: The winner takes all. Das schließt in aller Regel kleine Parteien vom Parlament aus.

[121] „Vergleichbar" heißt nicht identisch: Die einschlägigen Auseinandersetzungen in den USA betreffen meistens „Rassismus", in Deutschland dagegen „Ausländerfeindlichkeit" mit diversen Untergruppen wie Asylbewerber, Juden, Araber etc.

Anderes ergäbe sich, falls man mit der folgenden Prämisse arbeitet: Alle Völker oder zumindest sich stark durch ethnische Merkmale definierende Völker oder jedenfalls multikulturelle Staaten, auf jeden Fall aber „die Deutschen" stehen in Gefahr, bei Auftreten politischer oder wirtschaftlicher Schwierigkeiten der Verführung des Rassismus zu erliegen – damit ist die abstrakte Gefahr von Völkermord und ethnischer Vertreibung mehr als ein hinzunehmendes Restrisiko. Mir scheint, daß die in Deutschland, Europa und im Völkerrecht vorherrschende Bestrafung von Rassismus in der Tat von dieser ehrenwerten Sorge geleitet wird. Aber wie steht es mit der Berechtigung der Sorge? Jedenfalls in Deutschland und Amerika liegt keine konkrete Gefahr dieser Verführung vor und vermutlich auch keine abstrakte Gefahr. Aber vielleicht die Gefahr einer solchen Gefahr[122]? Nicht notwendigerweise bei uns, aber irgendwo anders in der Einen Welt[123]? Möglicherweise, und rechtlich gegen erst langfristig aufscheinende Gefahren vorzugehen, ergibt Sinn, insbesondere wenn eine Breitenwirkung zu befürchten ist[124].

Aber wird dabei ausreichend berücksichtigt, (1) daß wir hier nicht im Bereich von Tätlichkeiten, sondern Meinungen sind? (2) Daß wir selbst permanent behaupten, unsere Meinungen von der grundsätzlichen Gleichberechtigung aller Rassen seien bei weitem besser begründet? (3) Daß die Möglichkeit der Gegenrede nicht nur abstrakt besteht, sondern konkret genutzt werden kann, falls dafür überhaupt das Bedürfnis besteht – das heißt soweit der Rassist sich nicht schon selbst lächerlich macht? (4) Daß gesellschaftliche Auseinandersetzungen argumentativer Art generell besser sind als Strafrechtsaktionen? (5) Daß wir mit der These der Verführbarkeit aller Völker, insbesondere aber der Deutschen[125], das Gegenteil von dem behaupten, was wir ansonsten immer als Grundfesten unserer Rechtsordnung ausgeben – die Autonomie, Selbständigkeit und Reflexionsfähigkeit der Bürger? (6) Was ist schließlich mit den vielen Lobreden und Festschriften auf die nunmehr gefestigte deutsche Demokratie und das allseits akzeptierte Grundgesetz? Ist das alles nur billige Rhetorik? Mir scheint, daß

---

[122] Das Ziel der Abwehr einer solchen Gefahr einer Gefahr unterliegt dem § 130 StGB. Vgl. *Wandres* (Fn. 71), S. 221, und allgemein *Roth* (Fn. 17), S. 202 über die „realization that [hateful and racist] words in themselves can create danger, or certainly are the beginning of a danger". Der kanadische Supreme Court geht davon aus, daß es „not inconceivable [is] that the active dissemination of hate propaganda can attract individuals to its course …": *Regina v. Keegstra et al.,* 3 S.C.R. 697 (1990), zitiert nach *Vicki Jackson/Mark Tushnet,* Comparative Constitutional Law, 1999, S. 1276 (1287).

[123] Man könnte argumentieren, daß die Welt zwar viele unabhängige und separate Staaten umfaßt, bei ethnischen Vertreibungen und Völkermord aber die Flüchtlingsströme i.V.m. dem Flüchtlingsrecht die eine verantwortliche Welt hervorbringen.

[124] Ein allgemein anerkannter Gedanke im Polizeirecht. Vgl. *Würtenberger/Heckmann/Riggert,* Polizeirecht in Baden-Württemberg, 3. Auflage 1997, Rn. 284: „Je höherrangiger das gefährdete Rechtsgut ist, je höher der drohende Schaden ist, desto geringere Anforderungen sind an die Wahrscheinlichkeit des Schadenseintritts zu stellen." In den USA ist die Situation nicht so eindeutig. Prominente Verfassungsrechtler sehen aber in der Rspr. des Supreme Court eine ähnliche Haltung ausgedrückt. Vgl. *Jesse Choper,* Constitutional Law, 28. Auflage 1997 (Gilbert Law Summaries), § 793 a.E.: „Government need not wait until the last moment before it punishes advocacy of illegal action: The graver the evil being advocated, the less imminent its actually happening need be before the speaker can be punished." Das betrifft allerdings Handlungsaufforderungen zum Sturz der Regierung, nicht Stellungnahmen von verfeindeten Gruppen oder die Vertretung bloßer Ideologien.

[125] Man denke an die Auseinandersetzung um das Buch von *Daniel J. Goldhagen,* Hitlers willige Vollstrecker. Ganz gewöhnliche Deutsche und der Holocaust, 2000.

sich die Abwägung von der Folgenseite her in einem solchen Fall gegen den sicheren Eingriff in die Meinungsfreiheit und in die Autonomie des Redners wenden müßte. Allerdings geht es hier um Folgenprognosen: Sollte sich die politische Lage so entwikkeln, daß die Gefahr des Umschlag von rhetorischer Aggression zu tätlicher Attacke real wird, dann, aber erst dann, sollten Gesellschaft und Staat in der Lage sein, auch rechtlich dafür zu sorgen, daß Streit nicht in Gewalt oder gar ethnische Vertreibung und Völkermord umschlägt[126].

6. *Ehrangriffe und Beleidigung; Worte als Taten?* In die Gesamtabwägung von Folgen sollte in der Tat einfließen, daß Beleidigungen und rhetorische Angriffe für die Angegriffenen schmerzhaft sein können. Worte können verletzen. Sie können das Selbstbewußtsein verwunden und den gesellschaftlichen Aktionsraum verengen: Manche werden sich lieber zurückziehen, als sich zu wehren. Würde- und Persönlichkeitsaspekte kommen also nicht nur beim Äußerer der Beleidigung, sondern auch bei deren Empfänger ins Spiel – in Konflikt! Zu wessen Gunsten sollte die Abwägung ausfallen? Auf bestimmte Bevölkerungsgruppen oder Persönlichkeitstypen zu setzen, ist abzulehnen[127]: Das würde gegen die Neutralität der Staatsgewalt und gegen den Gleichheitsstatus in der Wahrnehmung von kommunikativen und politischen Rechten verstoßen. Eine rein sprachliche Vorentscheidung durch die Wahl von Begriffen wie „Täter" und „Opfer" oder „Aggressor" und „Gejagter"[128] weist zwar auf einen Problempunkt hin, bietet aber für sich genommen keine ausreichend differenzierte Abwägung, denn man könnte umgekehrt den passiven Adressaten auch als Feigling und den Sprecher als Aktivbürger und freien Mann kennzeichnen[129]. Entscheidender sind die folgenden Punkte:

Zunächst weisen „verletzende Worte" in der Tat Parallelen zu Tätlichkeiten auf: Beide können wehtun. Doch wie weit reicht die Parallele? Tätlichkeiten greifen immer, per definitionem, in die körperliche Unversehrtheit ein, aggressive und herabsetzende Worte beeinträchtigen je nach Persönlichkeitstyp die psychische Integrität im Sinne des Selbstbewußtseins und der darin verarbeiteten Fremdachtung, die sich viel-

---

[126] So kann man und sollte man die Botschaft des Art. 21 Abs. 2 GG lesen: Erst wenn eine konkrete Gefahr von nicht nur rhetorischer Aggression, sondern tätlicher und organisierter Aggression vorliegt, sollte ein Parteiverbot erlassen werden können. Im Sinne der vorhergehenden Fn. braucht keine „unmittelbar drohende Gefahr" vorzuliegen, aber abstrakte Gefahren, gar bloße Gefahren von Gefahren, sollten nicht ausreichen.

[127] So aber *Kriele* (Fn. 64), S. 1898: „Ehrempfindliche Menschen sind aber oft gerade diejenigen, bei denen der Sinn für Recht und Wahrheit am stärksten ausgeprägt ist und deren Mitwirkung am demokratischen Leben besonders wünschenswert wäre." Ähnlich – oder doch anders? – *Isensee* (Fn. 76), S. 37, zu den Sensiblen: „nicht die schlechtesten Aktivbürger". Fängt man erst einmal mit besonders qualifizierten Gruppen an, ist kein Ende mehr abzusehen. Das zeigt ein Blick in die politische Ideengeschichte, in der schon diverse Gruppen mit besonderer Einsichts- und Urteilsfähigkeit vorgeschlagen worden sind: Philosophen, Eliteparteien, Frauen, Kinder, Studenten, Psychoanalytiker.

[128] Vgl. z.B. *Isensee* (Fn. 76), S. 17: „Wer das Recht der Ehre reklamiert, befindet sich notwendig in der Defensivposition, ist Opfer. Der Angreifer kann sich seinerseits auf ein Grundrecht berufen, eben auf die Meinungsfreiheit." Ähnlich S. 39. Das Wort „Opfer" taucht oft auf, z.B. auf S. 30 und 31. Richtig ist, wenn Isensee darauf hinweist, daß hier zwei Grundrechtsträger (Äußerer-Adressat) und zwei Grundrechte (Meinungsfreiheit-Ehrenschutz) gegeneinander stehen. Dagegen kann (soll?) das Wort „Opfer" insinuieren, der Adressat könne dem Angriff weder entgehen (das mag zutreffen) noch den Schaden vermeiden (das ist fraglich).

[129] Vgl. oben Fn. 37 zu Justice Brandeis.

leicht als Ver-Achtung herausstellt[130]. Körperverletzungen haben eine klarere Kontur und können in bezug auf den Schaden objektiver eingeschätzt werden als psychische Schäden. Der durch einen Beinbruch eintretende Schaden ist leichter berechenbar als die negativen Folgen eines angeknacksten Selbstbewußtseins oder Isolationsgefühle. In beiden Fällen können Umstände von Bedeutung sein: Ein Beinbruch ist bei einem Profifußballer schadensträchtiger als bei einem Schreibtischtäter. Wie steht es aber mit behaupteten Ehrkränkungen? Hier werden sich kaum objektive Maßstäbe finden. Vieles hängt von der Empfindlichkeit der Angegriffenen ab. Der Sensible wird größere Pein empfinden als der Grobschlächtige. Damit wird die rechtssichere und gleichmäßige Behandlung von psychischen Beeinträchtigungen schwierig. Eine weitere Schwierigkeit kommt hinzu: Soll es auf Art und Umfang von Ehrverletzung ankommen, ist eine Tendenz zur Pflege von Empfindlichkeit nicht auszuschließen[131]. Denn je größer der subjektive Schmerz, desto schlimmer die Tat und desto intensiver die Sanktion, zum Beispiel in Form einer Geldstrafe oder eines Schadenersatzes.

Wie steht es mit dem Argument, rhetorische Attacken brächten die Angegriffenen zum Schweigen, was ihren Freiheits- und Gleichheitsstatus verletze? Zunächst ist festzuhalten, daß eine Redeerschwernis auf jeden Fall eintritt, wie auch immer die Rechtsordnung sich in bezug auf aggressive Rede verhält. Denn läßt sie solche Rede zu, mögen in der Tat manche auf der Adressatenseite verstummen, obwohl sie das Recht zur Gegenrede haben. Verbietet sie solche Rede, werden die potentiellen Äußerer aggressiver Botschaften oft auch schweigen, um nicht mit Geld- oder Freiheitsstrafen belangt zu werden[132]. Ein solches Verbot mag die potentiellen Redner genauso „schmerzen" und in ihrem Achtungs- und Würdeanspruch subjektiv beeinträchtigen wie die negativen Folgen für die Adressaten von aggressiver Rede, sollte sie zugelassen sein.

Kann man diesen Konflikt durch nähere Betrachtung der Botschaft lösen? Das ist gerade das Problem: Dann müßten die gesellschaftlich und staatlich herrschenden Kräfte, bevor der Wettbewerb der Meinungen überhaupt einsetzt, objektiv „wertvolle" von „wertlosen" Meinungen unterscheiden können[133]. Dann bräuchte man eigentlich gar keine Meinungsfreiheit mehr. Grundlegende Postulate des Liberalismus und der demokratischen Gleichheit müßten dann aufgegeben werden: Der Gedanke, daß das Richtige und Gerechte sich erst im Konflikt von Meinungen und offener Argumentation posteriorisch herausstellt[134].

---

[130] Vgl. *Isensee* (Fn. 76), S. 17, unter Zitation von Schopenhauer: „Ehre … ist ‚objektiv, die Meinung Anderer von unserem Wert, und subjektiv, unsere Furcht vor dieser Meinung'".

[131] Vgl. *Cohen* (Fn. 23), S. 197, über „expression that disturbs our sensibilities": „We cannot ensure fair opportunities for expression while protecting people generally from offensive expression. Given the fact of easy offense and the associated ubiquity of offense, such protection would have to take the form of substantially restricting free speech."

[132] Vgl. *Kent Greenawalt*, Fighting Words. Individuals, Communities, and Liberties of Speech, 1995, S. 152.

[133] Das wird von den Verfassungsgerichten gerade abgelehnt. Vgl. oben Fn. 95.

[134] Vgl. BVerfGE 5, 85 (204ff.); 12, 113 (125); *Brugger*, Liberalismus (Fn. 9) §§ 9, 10; *Post* (Fn. 19), S. 290f.: „For this reason the value of self-determination requires that public discourse be open to the opinions of all. ‚Silence coerced by law – the argument of force in its worst form' is constitutionally forbidden. In a democracy, as Piaget notes, ‚there are no more crimes of opinion, but only breaches of procedure. All opinions are tolerated so long as their protagonists urge their acceptance by legal methods'." Vgl. zu den

Weiterhin weisen Diskussionen in öffentlichkeitsbedeutsamen Angelegenheiten eine Besonderheit auf, die für Tätlichkeiten nicht gilt: Jeder hat das Recht auf Widerspruch. Man kann eine rhetorische Attacke – sozusagen gleichzeitig als Vorbild dienend – „fortiter in re, suaviter in modo" beantworten; man kann aber auf den Schlag auch den Gegenschlag folgen lassen: Auf einen groben Klotz gehört ein grober Keil[135]! Das Recht hat man zu beidem! Soll eine Rechtsordnung solche Gegenargumentation erwarten oder nicht erwarten? Nach der amerikanischen Sicht wird das erwartet: „Wenn du angegriffen wirst, wehre dich! Benutze den aufrechten Gang[136], sei ein freier Bürger[137], zeige, wofür du stehst! Und du kannst alles sagen, was du willst, wenn es um die Beurteilung öffentlicher Angelegenheiten geht. So schützen wir deinen Anspruch als autonomer, freier und gleichberechtigter Bürger!"

Nach der deutschen, europäischen und völkerrechtlichen Sicht gilt das nur mit Einschränkungen. Dort wird verständnisvoller auf den schwachen, auch ängstlichen oder verunsicherten Bürger geschaut – der Staat fühlt sich stärker zur Kompensation verpflichtet: „Wenn du dich zu schwach fühlst, dich zu wehren, dann werden wir deine Freiheits-, Gleichheits- und Würdeansprüche dadurch für dich schützen, daß wir heftige, exzessive Werturteile abwertender Art schon gar nicht erlauben." Das ist ehrenwert, führt aber auch zu „abstrakten Gefahren", nämlich der Gefahr einer Zunahme von Opfer- und Versorgungsmentalität, bei der größere Gewinne durch Hochzonung von Schmerzempfindlichkeit als durch aktives Engagement in zivilisierter und robuster Art und Weise erwartet werden. Mir scheint, daß solches Aktivbürgertum eher gefördert als durch eine Prämie auf den Opferstatus behindert werden sollte.

7. *Kollektivbeleidigung*. Das sollte auch gelten, wenn es um Kollektivangriffe geht, obwohl nicht zu leugnen ist, daß es in der öffentlichen Auseinandersetzung je nach Land und Lage starke Antipathien gegen diese oder jene Gruppe geben wird. In der jüngeren Geschichte Deutschlands ist dies der Antisemitismus gewesen, heute steht „Ausländerfeindlichkeit" im Vordergrund. In den Vereinigten Staaten gehört der Vorwurf des „Rassismus" gegen Farbige dazu; es gibt aber auch Antipathien gegen manche Einwanderergruppe. Solche Antipathien können in der Tat das gesellschaftliche Leben – insbesondere den beruflichen Aufstieg – schwieriger machen und kollektiv für Unbehagen und Spannungen sorgen. Aber sollte die öffentliche Gewalt solche Spannungen durch ein Verbot unliebsamer Botschaften korrigieren? Würden solche Verbote die zugrundeliegenden negativen Einstellungen ändern? Das ist fraglich[138], eindeutig gegeben wäre aber der Eingriff in die Meinungsfreiheit. Vorzugswürdig ist hier die möglichst effektive Gewährleistung von Gewaltfreiheit, verbunden mit größtmöglicher Freiheit argumentativer Auseinandersetzung in öffentlichkeitsbedeutsamen Angelegenheiten. Denn so können – so angstfrei, wie das überhaupt möglich ist[139] –

---

internen Zitaten *Whitney v. California*, 274 U.S. 357, 375f. (1927) (Justice Brandeis, concurring); *Jean Piaget*, The Moral Judgment of the Child, 1948, S. 57.

[135] Vgl. zur Gegenschlagstheorie BVerfGE 12, 113, 125f.; *Bull* (Fn. 13), S. 166 und § 199 StGB.

[136] An diesem Punkt treffen sich sogar Liberale und Sozialisten! Vgl. *Mill* (Fn. 3), S. 42 zu den „offenen, furchtlosen Charakter[n]", und *Ernst Bloch*, Naturrecht und menschliche Würde, Taschenbuchausgabe 1961, S. 12, 14 zum „aufrechten Gang", der hier kommunikativ weitergedacht wird.

[137] Vgl. das Brandeis-Argument oben Fn. 37.

[138] Vgl. das Fazit von *Coliver* (Fn. 10), S. 374. Umgekehrte Bewertung bei *Jones* (Fn. 59), S. 152.

[139] Ein ebenfalls komplizierter Punkt, der bei der Volksverhetzung nach § 130 StGB eine große Rolle

die herrschenden negativen Einstellungen einem Test unterzogen werden: Behauptungen wie in den beiden Eingangsbeispielen über Ausländer als Parasiten von Sozialleistungen und als hochkriminelle Gruppe können mit der Realität konfrontiert werden. Vergleiche mit anderen Bevölkerungsgruppen können angestellt werden. Kritik
an überzogenen Ausdrücken kann geäußert werden. Erklärungen für etwaige Abweichungen können angeboten werden. So können Stereotypen hinterfragt werden[140]
und kann die Wahrheit ans Licht kommen. Die Angreifer lernen vielleicht etwas dazu,
obwohl es dafür keine Garantie gibt. Gleichzeitig können die Angegriffenen, unterstützt durch mit ihnen sympathisierende Gruppen und politische Parteien, ihr vielleicht in der Tat fragiles Selbstbewußtsein stärken. Garantien für all das gibt es nicht,
aber daß dies reale Möglichkeiten und in einem gewaltfreien Umfeld auch Wahr-
scheinlichkeiten sind, scheint mir klar zu sein. Am Ende steht freilich nicht das Resul-
tat, daß alle Menschen Brüder werden und einander zugetan sind[141]. Die Rechtsordnung kann und muß für Respekt und Gewaltfreiheit eintreten[142], mehr und anderes
muß in anderen Vergemeinschaftungen geleistet werden.

Schließlich ist es jedem Mitglied einer Gruppe möglich, sich unabhängig oder jedenfalls nicht gänzlich abhängig von dieser zu verstehen und in der öffentlichen Auseinandersetzung zu präsentieren[143]. Der Mensch ist immer schon Gemeinschaftswesen, aber nie nur Gemeinschaftswesen. Diese wesentliche Einsicht spiegelt sich im
Menschenbild moderner Verfassungen wider[144]. Kollektivangriffe betreffen immer
nur einen Teil von einem selbst, der je nach Art der Gruppe und Persönlichkeitstyp
umfänglicher oder beschränkter, identitätsbestimmender oder flüchtiger ist[145]. Deshalb bestehen zu Recht Bedenken gegen die Kriminalisierung von faktenenthobenen
Kollektivbeleidigungen, die in den USA zur Ablehnung dieser Kategorie als Rechtsbegriff geführt haben. Auch wo Kollektivbeleidigungen nur als Kürzel für Individual-
beleidigungen stehen, soweit sie ausnahmslos alle unter die Gruppe fallenden Mitglieder betreffen, wie in Deutschland, bestehen Bedenken gegen die Kategorie, denn sie
wird in der Regel nur auf Minderheitsgruppen angewandt[146], steht also unter dem
Wehrlosigkeits- und Opferpostulat, das die Rechtsordnung bei der Auseinandersetzung um öffentliche Angelegenheiten nicht unterstützen sollte. Gerade der Blick auf
die Geschichte zeigt, daß ein starkes Recht auf Meinungsfreiheit für ungeliebte Minderheitsgruppen wichtig ist: In den USA wird darauf hingewiesen, daß zum Beispiel

---

spielt, weil dieser Paragraph den öffentlichen Frieden und, darin umfaßt, auch das Sicherheitsgefühl der
Bevölkerungsgruppen schützen will. Instruktiv hierzu *Wandres* (Fn. 71), S. 213ff.

[140] Stereotypen sind nicht so festgezimmert und unabänderbar, wie manchmal behauptet wird, etwa in
Note (Fn. 80), S. 699 unter Hinweis auf weitere Stellen. Vgl. dagegen *The Economist* v. 15. 12. 2001, Them.
The Origins of Racism, S. 71: „The good news is that experiments done by researchers suggest that [racial]
stereotypes are easily dissolved and replaced with others. Racism, in other words, can be eliminated."

[141] Dies nennt *Kargl* (Fn. 5), S. 180 den kommunitaristischen Friedensbegriff, den manche in § 130
StGB verankert sehen. Hier müßte man noch zwischen unterschiedlichen Versionen des Kommunitarismus differenzieren. Vgl. hierzu *Winfried Brugger*, Schutz oder Verbot aggressiver Rede? Argumente aus liberaler und kommunitaristischer Sicht: Der Staat 42 (2003), S. 77ff.

[142] Vgl. *Isensee* (Fn. 76), S. 16: „Die freiheitliche Rechtsordnung sichert Integrität, aber sie erzwingt
nicht Zuwendung."

[143] Vgl. schon oben Fn. 44.

[144] Vgl. schon oben Fn. 60.

[145] Vgl. *Note* (Fn. 80), S. 693, 697, und *Selznick* (Fn. 38), S. 184ff., zu „core participation".

[146] Vgl. § 130 Abs. 1 Nr. 1 StGB („Teile der Bevölkerung") und die in Abs. 2 Nr. 1 genannten Gruppen.

Vertreter der farbigen Bevölkerung in den 60er Jahren und Kritiker des Vietnamkriegs in den 70er Jahren des letzten Jahrhunderts sich oft mit heftiger, aggressiver Kritik gegen ihre Unterdrückung und gegen das militärische Engagement gewandt haben – letztlich mit Erfolg[147]. Der aufrechte Gang lohnt sich also für die Gesellschaft wie die Einzelnen.

Wie weit sollte der Umfang des Ehrbegriffs in politischen Angelegenheiten reichen? Sicher sollte die sozial erworbene Reputation geschützt sein, soweit sie durch abträgliche Faktenbehauptungen angegriffen wird. Insoweit besteht Konsens zwischen Deutschland, Europa und Amerika. Aber wie steht es mit den isolierten Werturteilen, der bloßen Herabsetzung, der Verächtlichmachung, bis hin zum offenen Rassismus? Interessanterweise haben selbst manche Kritiker der expansiven amerikanischen Sicht von Meinungsfreiheit Bedenken, solche Abwertungen zu kriminalisieren[148]. Das ergibt auch Sinn. Denn wie schon gesagt, enthüllen reine Werturteile mehr über den Äußerer als über den Adressaten: Wer einen Behinderten Krüppel nennt, selbst in satirischer Absicht[149], tut sich selber keinen Gefallen. Während für den Redner die Meinungsäußerung Würde- und Persönlichkeitsausdruck ist und diesem dann auch zurechenbar ist, haftet das ausgesprochene Werturteil nicht so unausweichlich am Adressaten[150]. Dieser kann der Abwertung individuell oder kollektiv, zivilisiert oder aggressiv widersprechen, oder sie an sich abprallen lassen. Der Staat kann und sollte in vielfacher Weise Zivilität fördern und sich für Rassengleichberechtigung einsetzen. Ferner sollten gesellschaftliche Reaktionsmöglichkeiten im Positiven – eigenes Vorbild – wie im Negativen – Distanz, Kritik, soziale Ausgrenzung – nicht vergessen werden. Schließlich können sich auch Stereotypen verändern! Das Strafrechtsschwert und sonstige erhebliche Rechtsnachteile sollten für Fälle reserviert bleiben, in denen klare Konnexe zwischen Meinungsäußerung und Tätlichkeit bestehen. Abstrakte Gefahr einer Gefahr des Abgleitens in Rassismus sollte nicht ausreichen.

Das führt zum folgenden Menschen-, Gesellschafts- und Staatsbild und wirkt sich auch auf die Auffassung von Neutralität und Integration aus:

8. Der *Mensch* wächst immer schon als Gemeinschaftswesen auf. Aber er ist mehr als Sohn oder Tochter der Eltern, Kind seiner Zeit, Mitglied seiner Rasse, Klasse und Religion. Menschen werden sich in einem liberalen Staat oft mit den sozialen und politischen Regeln, mit Kultur und Sprache identifizieren. Aber die Distanzierung, Ei-

---

[147] Vgl. *Allport* (Fn. 71), S. 505 f.: „Die Rolle der militanten Reformer sollte nicht vergessen werden. Es waren die lauten Forderungen von kämpfenden Liberalen, die bei vielen bisher gemachten Fortschritten eine entscheidende Rolle spielten … [Manchmal] sind militante private Organisationen … die Vorhut für gesetzgeberische Bewegungen. John Brown, der Individualist, dramatisierte die Mühen des Negersklaven, Harriet Beecher-Stowe, die Erzählerin, entfachte die Flamme des Gewissens, bis Sklaverei verdammt wurde. Einzelne Persönlichkeiten können bei der Änderung von sozialen Systemen entscheidende Faktoren sein.“ Siehe auch *Kenneth L. Karst*, Boundaries and Reasons: Freedom of Expression and the Subordination of Groups, University of Illinois Law Review 1990, S. 95 ff., hier zitiert nach FAA (Fn. 1), S. 246 (248): „Usually, it is outsiders who have to invoke the first amendment … In American history, the hand of the censor has always fallen disproportionally on speakers and writers who are members of racial or ethnic or religious minorities.“ Ein informatives Beispiel aus der amerikanischen Rechtsprechung ist *NAACP v. Claiborne Hardware Co.*, 458 U.S. 886 (1982).

[148] Vgl. *Note* (Fn. 80), S. 691 mit Fn. 69 a.E., 696 mit Fn. 89 a.E.; *Post* (Fn. 19), S. 298.

[149] Vgl. *Isensee* (Fn. 76), S. 22, unter Hinweis auf BVerfGE 86, 1 (13).

[150] Das wird von *Kriele* (Fn. 106) übersehen.

genständigkeit im Denken und Kreativität in Urteil und Handeln gehörten auch dazu. Darin liegt ein unaufgebbarer Teil ihrer Würde, Freiheit und Gleichheit. Deshalb muß der legitimatorische Individualismus Ausgangspunkt für Recht und Staat sein: Die überkommene Kultur mit ihren Werten ist immer schon im Menschen, kann sich aber auch gegen ihn wenden. Dann steht der Test bevor, anhand des individuellen Urteils, das nicht nur gebildet werden kann, sondern auch geäußert werden können muß, wie immer es ausfallen mag. Nicht nur die Gedanken, auch die Meinungen sollten frei sein.

9. Die *moderne Gesellschaft* ist durch zwei in Spannung stehende Merkmale gekennzeichnet. Sie entwickelt sich einerseits in Richtung jedenfalls überschlägiger Wertkonsense, wie der vielfältige Rekurs auf Menschenrechte und die übereinstimmenden Werte moderner Verfassungen zeigen: Würde, Freiheit, Gleichheit, Demokratie. Andererseits hat sie starke Tendenzen zur Individualisierung, Pluralisierung und Differenzierung, vielleicht auch, postmodern gedacht, zur Flexibilisierung und Verflüchtigung von Identität. Das zeigt sich etwa in der unterschiedlichen Ausdeutung der leitenden Verfassungswerte. Beide Tendenzen sind Ausfluß des skizzierten Menschenbildes unter Randbedingungen der Moderne und Postmoderne. Für die gesellschaftlichen Funktionen von Meinungsfreiheit heißt dies, daß Reden und Argumentieren in vielfältigsten Zusammenhängen stehen und in verschiedenster Art und Weise praktiziert werden können. Die Referenzfelder reichen vom Privaten bis zum Politischen, die Ausdrucksformen von Wort über Bild zu Kunst, die Intensitätsform von zivilisiert bis zu aggressiv. Aggressive Rede ist nicht für sich oder im Regelfall die Erfüllungsgestalt gelungener Rede, doch für Konflikte im gesellschaftlichen Raum ist sie schützenswert: Man muß sie als konstitutiven Ausdruck des Äußerers und als seinen Beitrag zur Lösung öffentlichkeitsbedeutsamer Fragen einstufen. Ob der Beitrag für andere und anderes – die Adressaten, die Gesellschaft, das politische Klima – gut oder schlecht sein wird, läßt sich vorgängig und objektiv in aller Regel nicht sagen. Selbst auf den ersten Blick schädigende Werturteile können mittel- und langfristig oder nach Reflexion des Angegriffenen oder des Publikums positive Wirkungen entfalten, durch Lernprozesse. Das spricht für ihre Zulässigkeit, soweit die Grenze zur realen oder drohenden Tätlichkeit nicht überschritten ist, auch wenn die erste, verständliche Reaktion der Mehrheit der Bevölkerung Empörung ist.

10. Der *Staat* hat die Aufgabe effektiver Sicherung von Gewaltfreiheit und damit eng zusammenhängender Aufgaben. Ferner kann und soll er in vielfältiger Weise für zivilisierte Meinungsäußerung und informierte Meinungsbildung werben und sorgen; das gilt auch für Verfassungswerte wie Würde, Freiheit und Gleichheit der Menschen. Aber bei den Konzeptionen zur Ausdeutung dieser Werte hat er Meinungsneutralität zu wahren und insbesondere Zurückhaltung mit Rechtssanktionen zu üben. Hier gibt es einen Kampf der Meinungen und Weltanschauungen, der zum freiheitlichen Charakter des modernen Staates dazugehört. In der rechtlichen Gewährleistung der Möglichkeit zum Dissens in der Ausdeutung der Verfassungswerte drückt sich die Individualität und Verschiedenheit der Menschen und Gruppen im Staat aus und konstituiert sich dieser als freiheitlicher Rechtsstaat. Die dissentierenden Gruppen mögen je nach Land und Lage eher mächtig sein oder sich als unterdrückt empfinden. Wie auch immer: Über Diskussion, Argumentation, auch starke Worte und weitergedacht politische Partizipation hat jede Gruppe die Chance, ihrem Unmut und ihrem Gefühl

von Ungerechtigkeit Ausdruck zu verleihen und das behauptete Übel zu eliminieren. Diese Chance rechtlich abzusichern, ist das Ziel von Meinungsfreiheit. Gilt Redefreiheit und herrschen einigermaßen normale und gefestigte Verhältnisse, wird der öffentliche Diskurs die Mitte von Gesellschaft und Staat bilden. Ein Zentrum von informierter und zivilisierter Rede wird dann auch abstrakte Gefährdungen durch rhetorische Attacken von Randgruppen ertragen und zum Teil entschärfen oder integrieren können. So wird sogar dem rhetorischen Aggressor und Rassisten die Chance gegeben, die grundlegendste Lektion zu lernen: Abwertung für sich genommen führt nicht zur Aufwertung der Argumente; die problemorientierte Kritik an Handlungen, Verhältnissen und Personen verspricht mehr Erfolg in der Sache.[151]

VI. Noch einmal: Sollte Rassismus wirklich geäußert werden können?

Wer als deutscher Jurist mit dem Grundgesetz, dem Strafgesetzbuch, der Europäischen Menschenrechtskonvention und dem Völkerrecht aufwächst, für den ist die provokativste Äußerung im vorhergehenden Abschnitt, daß rassistische Äußerungen zwar politisch bekämpft, aber nicht mit Rechtssanktionen belegt werden sollten, solange nicht konkret Tätlichkeiten drohen oder begangen worden sind. Hat sich der Autor da nicht doch vertan? Ist er – vielleicht typisch Intellektueller – durch seine eigene Gedankenakrobatik verführt worden, so daß ihm die Realität entschwunden und eine angemessene Berücksichtigung der wirklichen Werte des Verfassungsstaates mißlungen ist? Denn sollten diese Thesen wirklich gelten, wären Teile des deutschen Volksverhetzungsparagraphen[152] und der deutschen Rechtsprechung zum Ehrenschutz hinfällig[153]; dann würde auch die Rassendiskriminierungskonvention begrenzt werden müssen, soweit es nicht um die Gegenwehr gegen konkrete Gefahren eines Umschlags von Rede in Tätlichkeit geht[154]. Solche Zweifel werden nicht nur Kritiker des hier Vorgeschlagenen haben – der Autor hat sie selbst auch, und es kostete ihn Überwindung, nicht dem Zensurimpuls[155] in bezug auf rassistische Äußerungen (aber auch auf manche andere politische Stellungnahme, die ihn empört) nachzugeben. Deswegen noch einmal eine Kontrollüberlegung.

Die wesentlichen Argumente für die Einschätzung von rassistischen Äußerungen sind der in Deutschland und den USA herrschenden Dogmatik zur Meinungsfreiheit entnommen: *Meinungsfreiheit ist ein besonders wichtiges Grundrecht*, weil es (1) Ausdruck der Persönlichkeit des Äußerers ist und (2) weil Meinungsfreiheit für die Erörterung öffentlich bedeutsamer Angelegenheiten wichtig ist: zur Wahrheitsfindung, soweit es um Tatsachenbehauptungen geht, und zur Findung einer richtigen, zumindest ver-

---

[151] Hierzu eindrücklich das Ende von Kap. 2 in *Mills* „Über Freiheit" (Fn. 3).

[152] Das betrifft in § 130 Abs. 1 StGB in der Nr. 1 die Aufstachelung zum Rassenhaß und in Nr. 2 expansive Deutungen des Angriffs auf die Menschenwürde von Teilen der Bevölkerung durch Beschimpfen, böswilliges Verächtlichmachen und Verleumden sowie die entsprechenden Varianten in Abs. II.

[153] Vgl. oben bei Fn. 5 f.

[154] Vgl. insbesondere Art. 1, 2, 4 RDK (Fn. 11). Die Vereinigten Staaten haben deshalb gegenüber dem Art. 4 der RDK einen Vorbehalt angebracht. Vgl. *Zimmer* (Fn. 11), S. 265.

[155] Zu diesem schon oben Fn. 4.

tretbaren politischen Entscheidung von politischen Konflikten. (1) Wenn der Rassist sich äußert, bringt er damit seine Persönlichkeit ins Spiel. Das ist seine „Wahrheit", besser: seine Sicht der Dinge. Da wir Würde und Persönlichkeitsstatus jedem Menschen zusprechen, ist jede höchstpersönliche Äußerung grundsätzlich schützenswert, auch die rassistische. (2) In ihr drückt sich der Beitrag des Rassisten zur politischen Diskussion aus. Aber kann dieser Beitrag die öffentliche Auseinandersetzung fördern, oder führt er eher zum Schaden?

Bei *schädlichen Folgen* sind mehrere Ebenen zu unterscheiden[156]: zunächst (1) unmittelbar drohende Gefahren, (2) sonstige drohende, konkrete Gefahren, und (3) abstrakte Gefahren, die bis zur Gefahr einer Gefahr, dem Restrisiko, reichen können. Ferner können die Schäden (1) mit der Äußerung selbst oder (2) erst vermittelt bei den Adressaten eintreten, oder (3) sie können das weitere Umfeld der politischen oder auch allgemein kulturellen Auseinandersetzung – deren Klima – betreffen[157]. Schließlich kann die rassistische Äußerung bestehen (1) in der bloßen Unterstützung einer rassistischen Theorie. (2) Alternativ oder kumulativ kann es gehen um eine allgemeine, unspezifizierte Handlungsaufforderung: „Gegen diese Gruppe sollte etwas getan werden." (3) Alternativ oder kumulativ kann zu spezifischen Taten aufgefordert werden: „Mitglieder der Gruppe X sollten aus Land Y verschwinden." (4) Die Aufforderungen können sich auf Straftaten erstrecken[158].

Für die deutsche, europäische und völkerrechtliche Sicht besteht kein Unterschied zwischen den zuletzt genannten vier Fallgruppen. Sie sind alle verboten und strafrechtlich bewehrt. Nach amerikanischer Sicht kann nur (4) die Anstiftung zu Straftaten bzw. solche Rede ausgeschlossen oder bestraft werden, die konkret in Tätlichkeiten umzuschlagen droht.

Nach der *US-Sicht* reichen abstrakte und unsichere Gefahren durch rassistische Rede nicht zur sicheren Einschränkung von Rede aus, denn in solchen Situationen droht keine unmittelbare Tätlichkeit, ist Gegenrede möglich, so daß Reflexion einsetzen kann. Hierbei wird unterstellt, daß die guten Meinungen gegen die bösen Meinungen – hier Rassismus – gewinnen[159]. Damit führt die Folgenreflexion zu weit mehr Vorteilen als Nachteilen: Sicherer Nachteil ist „nur" die manchmal oder oft eintretende Kränkung der als „unterwertig" angegriffenen Gruppe; Vorteil ist, daß in Rede und Gegenrede die Überzeugungskraft und Verankerung der „guten", rassengleichberechtigenden Rede vermutlich bekräftigt wird und sogar die Angegriffenen gestärkt aus der rhetorischen Attacke hervorgehen können, wenn sie den aufrechten Gang der kommunikativen und politischen Gegenwehr wählen, und das sollten sie auch tun. Das politisch „gute Klima" besteht vor allem in der offenen Auseinandersetzung, also

---

[156] Vgl. schon oben II.

[157] Vgl. schon oben bei Fn. 21 sowie *Cohen* (Fn. 23), S. 189f.

[158] Ginge es um eine primär rechtliche Analyse, müßte man noch genauer differenzieren: (1) Anstiftung zu einer Straftat, (2) Auffordern zu Straftaten, § 111 StGB, (3) Belohnung und Billigung einer Straftat, § 140 StGB.

[159] Nicht repräsentativ ist eine berühmte Stellungnahme von Justice *Holmes* in seiner abweichenden Meinung in *Gitlow v. New York*, 268 U.S. 652, 673 (1924), die nihilistischen Charakter hat: „If in the long run the beliefs expressed in proletarian dictatorship are destined to be accepted by the dominant forces of the community, the only meaning of free speech is that they be given their chance and have their way." Hierzu *Brugger*, Liberalismus (Fn. 9), § 19 IV.

auch im heftigen, notfalls aggressiven Streit über alle öffentlich bedeutsamen Angelegenheiten ohne Ausgrenzung irgendeiner Ansicht[160]. Die Unterstellung, daß „eigentlich" gar keine ernsthaften Konflikte zwischen Personen und Gruppen auftreten dürften, jedenfalls nicht für „gutmeinende Personen", wird in den USA als wirklichkeitsfremd angesehen. Wollte man diese Prämisse unterstellen, führte das zu weitgehender Unterdrückung, Paternalismus und Ausgrenzung von Personen, die alle gleich und frei an der politischen Auseinandersetzung teilnehmen sollten.

Nach *deutscher, europäischer und völkerrechtlicher Sicht* braucht keine konkrete oder gar unmittelbar drohende Gefahr einer durch rassistische Äußerungen drohenden Tätlichkeit vorzuliegen. Die eventuelle Gefahr einer Gefahr, ein Restrisiko, reicht, da die Gefahr selbst im großflächigen Umschlag von rassistischen Einstellungen über Rassenhetze zu Tätlichkeiten bis hin zu Vertreibung und Völkermord gesehen wird[161]. Und für solche Einstellungsbildungen sind rassistische Theorien mit oder ohne Handlungsanweisung genauso gefährlich wie, vielleicht sogar gefährlicher als konkrete Anstiftungen zu Rassenstraftaten! Ferner sind dann unbewußt oder vorbewußt wirkende Rassendiskriminierungen – etwa über suggestive Bilder oder scheinbar harmlose Botschaften[162] – genauso gefährlich wie, wenn nicht noch gefährlicher als die expliziten Angriffe, denn gegen die suggestiven Rassismen ist weit schwerer vorzugehen und sie wirken weit gefährlicher – wie ein schleichendes Gift für die moralische Ausrichtung[163].

Wie groß ist dieses Restrisiko? Offensichtlich liegen hier unterschiedliche Deutungen zwischen den USA und dem Rest der aufgeklärten Rechtswelt vor: „vernachlässigenswert" gegen „real möglich". Hier schlagen die Schrecken des 2. Weltkriegs durch, der auf dem europäischen Kontinent und in der Folge im Völkerrecht weit schlimmere Narben hinterlassen hat als in den USA. Dort gilt: „Bei uns könnte so etwas nicht passieren", zumindest aber: „Wenn so etwas drohte, muß dagegen protestiert werden. Nur so läßt sich der Gefahr begegnen, nicht durch eine wohlmeinende,

---

[160] Vgl. *New York Times Co. v. Sullivan*, 376 U.S. 254, 270 (1964), eine der amerikanischen Leitentscheidungen zum Umfang der Redefreiheit. Dort spricht das Gericht von einem „background of a profound national commitment to the principle that debate on public issues should be uninhibited, robust, and wide-open, and that it may well include vehement, caustic, and sometimes unpleasantly sharp attacks on government and public officials".

[161] Das die vorherrschende Meinung im Völkerrecht darstellende Buch von *Zimmer* (Fn. 11) wimmelt von Äußerungen dergestalt, daß Volkverhetzung oder Rassenhetze in entsprechende Tatkriminalität umschlagen „kann". Vgl. schon oben Fn. 67 ff.

[162] Als Beispiel kann die in Deutschland in § 130 Abs. 3 StGB kriminalisierte „einfache Auschwitzlüge" dienen – das bloße Leugnen des Holocaust. Bei ihr liegt, anders als bei der „qualifizierten Auschwitzlüge", kein expliziter Angriff auf Juden und deren Umgang mit der NS-Massenvernichtung vor, sondern, so muß man folgern, ein impliziter und daher um so gefährlicherer Angriff durch Leugnung dieser Tatsache. Aber liegt wirklich eine solche Gefährdung vor? *Klaus Günther*, The Denial of the Holocaust: Employing Criminal Law to Combat Anti-Semitism in Germany: Tel Aviv University Studies 15 (2000), S. 51 ff., spricht sich für die Strafbarkeit auch der einfachen Auschwitz-Leugnung aus, obwohl er selbst schreibt, daß die öffentliche Reaktion auf solche Leugnungen „a great deal of self-awareness among Germans regarding the responsibility they bore for this tragic event" (S. 56 f.) war. Besser kann man das „amerikanische" und Millsche Argument gar nicht formulieren: Gegen solche Art von Rede hilft Gegenrede!

[163] Vgl. schon oben Fn. 110. Das Giftargument wird freilich auch von der anderen Seite geltend gemacht. Vgl. Introduction, in: *Greenspan/Levitt* (Fn. 17), S. 1 (8) zu Stimmen, die den Verzicht auf Redefreiheit in solchen Fällen als „legal snake oil" einstufen.

aber selbst zur Unterdrückung mißliebiger Meinungen neigende Staatsgewalt."[164] Bei uns gilt: „So etwas könnte in der Tat wieder passieren, überall, aber zumindest in Deutschland, jedenfalls bei erheblichen wirtschaftlichen oder sozialen Problemen!"[165] Läßt sich diese Prognose objektivieren? Kaum, hier schlagen kollektive, vielleicht unbewußte Befürchtungen durch, die vielleicht in der Tat nur noch „Glaubenssache"[166] sind. Jedenfalls kann man diese Folgeprobleme kaum anhand von Maßstäben messen, die ein Verfassungsgericht überprüfen könnte. Sollte dann die Politik entscheiden dürfen, wie sie bei uns entschieden hat, nämlich gegen die Zulässigkeit schon der Befürwortung rassistischer Lehren?

Dafür spricht einiges, wenn da nicht die allgemeine Dogmatik zur Meinungsfreiheit wäre, die diesem Grundrecht eine spezielle Wichtigkeit zuspricht, auch und gerade für abweichende, anstößige Meinungen, und insbesondere in öffentlichkeitsbedeutsamen Angelegenheiten, in denen eine Vermutung für die Freiheit der Rede streiten soll[167]. Der Eingriff in die Würde des Rassisten ist klar, wenn solche Rede verboten wird, obwohl das selten gesagt wird[168]; betont wird bei uns der sicher gegebene Eingriff in die Würde der als Minder- oder Unmenschen angegriffenen Gruppe, aber bei diesem Konflikt von Würde gegen Würde liegt auf den ersten Blick erst einmal ein Unentschieden vor[169]. Ob ein Schaden im Sinne eines Völkermordes oder einer ethnischen Vertreibung für das Gemeinwesen droht, ist unklar, aus Gegenwartssicht eher unwahrscheinlich. Anders lassen sich die Wahlergebnisse von rechtsextremen Parteien und die von Politik und Rechtswissenschaft inzwischen doch so oft gerühmte erwachsene deutsche Demokratie nicht deuten. Aber falls denn das unwahrscheinliche Restrisiko einträte, läge in der Tat ein großflächiger und existentieller Schaden vor. Man sieht, daß die politische und rechtliche Strategie sich bezieht auf das „Wehret den Anfängen" eines Unsicherwerdens in den Würdegrundlagen unserer Gemeinschaft, unter Inkaufnahme eines sicheren Eingriffs in die Meinungsfreiheit, die bei wenigen in Deutschland das „Wehret den Anfängen" der schon erfolgten Eingriffe in die Meinungsfreiheit auf den Plan ruft. Dazu verurteilen und hassen wir die Botschaft der Rassisten – vielleicht auch die Rassisten? – zu sehr[170].

---

[164] Amerikaner haben gegenüber der Staatsmacht deutlich mehr Mißtrauen als Europäer, obwohl Europäer, so scheint es, mehr an Autoritarismus und Totalitarismus erfahren haben. In Deutschland etwa ist das Vertrauen in den „guten Staat" (statt in die „gute Gesellschaft") trotz Hitler und DDR ungebrochen. Wenn denn, wie *Coliver* (Fn. 10), S. 372, zusammenfaßt, „the US was born of dissent and has a tradition of suspicion of central government", dann könnte man kontrastieren: Deutschland wurde mit Konsensdenken geboren und vertraut vor allem der Staatsmacht, weniger dem Volk.

[165] Eingängig wird die Alternative von *Rosenfeld* (Fn. 12), S. 4 vor Fn. 6, benannt: Die Antworten reichen „from American laissez faire to German vigilance".

[166] *Zimmer* (Fn. 11), S. 316, zitiert einschlägige Stellungnahmen. Vgl. zur Unsicherheit der Prognose schon oben Fn. 113.

[167] Vgl. BVerfGE 61, 1 (11) ; 71, 206 (220). Für die Haltung des U.S. Supreme Court siehe oben Fn. 30, 36, 37, 46, 51, 54, 93.

[168] Hier gilt das oben Fn. 94 erwähnte Zitat von *Isensee*: Die Sonne der Freiheitsrechte scheint über Gerechte wie Ungerechte.

[169] Vgl. *Post* (Fn. 56), S. 479: „[In] First Amendment contexts, autonomy typically figures on both sides of an equation."

[170] Zum Verhältnis von Beurteilung und Emotion schon oben bei Fn. 30 f.

Man könnte daran denken, bei dem Würde-Würde-Konflikt den Aggressor verlieren zu lassen und das Opfer zu schützen[171]. Damit würde jedoch übersehen, daß bei Meinungen die Kategorien von wahr und falsch nicht zur Verfügung stehen[172] oder zwar zur Verfügung stehen, dann aber durch „Überzeugung des Äußerers" oder „Ansicht des Empfängers oder der vorherrschenden Kultur" definiert werden müßten. Für den Rassisten ist sein Urteil „wahr"; streitet man ihm das ab, muß man ein „falsches Bewußtsein" unterstellen und eigentlich zu Umerziehungsmaßnahmen greifen, denn solche Leute sind mehr als die „Gefahr einer Gefahr" – sie sind die „personifizierte Gefahr". Damit betritt man gefährliches Gelände. Ferner würde sich die strafrechtliche Sanktion für die Äußerung dann der Sache nach als „Gesinnungsstrafrecht" darstellen – ebenfalls eine zweifelhafte Sache[173]. Statt in den Kategorien von wahr-falsch zu urteilen, sollten wir zugestehen, daß es um kollektive, kulturgebundene Urteile über richtig-unrichtig, gerecht-ungerecht oder ähnliches geht, also Beurteilungen, Meinungen kollektiv geprägter Art, die man doch gerade durch die Freiheit der Rede sollte befragen und kritisieren dürfen[174]!

Aber ist durch die Ereignisse des 2. Weltkriegs nicht klar genug geworden, daß wir hier im Sinne zwar nicht einer kulturenthobenen Wahrheit, aber doch einer praktischen Gewißheit davon ausgehen können, daß solche Rassenlehren und Hetzreden unmoralisch, ungerecht und auch schlicht böse und verderblich sind? Dem ist zuzustimmen. Doch wenn diese praktische Gewißheit wirklich so stark und weit verbreitet ist – ist das dann nicht gerade Grund dafür, an den Rändern der nicht nur herrschenden, sondern aus unserer Sicht auch richtigen Sicht der Dinge Ansichten zu dulden, die (1) den Äußerern erlauben, ihre Persönlichkeit auszudrücken und damit ihre Autonomie expressiv zu entfalten[175], die (2) erwartbar zurückgewiesen werden, aber den Angreifern Lernprozesse nahelegen[176], und die (3) unsere moralischen Grundlagen lebendig halten und deren Erstarrung im Gebetsmühlenartigen verhindern[177]? Nein, sagt die deutsche, europäische und völkerrechtliche Sicht: „Vielleicht verfallen wir ja

---

[171] Zu diesem Argument in einem anderen Zusammenhang *Brugger*, Liberalismus (Fn. 9), S. 419, 423. Vgl. auch oben Fn. 128 und *Bull* (Fn. 13), S. 183.

[172] Vgl. oben Fn. 95.

[173] Es wird nicht geleugnet, daß eine objektive Tat vorliegt – das Äußern –, sondern es wird bezweifelt, daß Tat und Strafe in den üblichen Kategorien von Rechtsschutzgefährdung erklärbar sind.

[174] Vgl. *Wells* (Fn. 29), S. 194 f.: „Laws that specifically target only racially hateful speech … are a different matter. As a normative matter, we must continue to discuss the morality of racism. To allow the State to ban communication of the idea of racial hatred admits that we are incapable of making rational decisions about that issue, an admission antithetical to Kantian autonomy. In so doing, we absolve ourselves of the responsibility to discuss and try to resolve the very significant problem of racial hatred. After all, if we are incapable of making rational decisions, we cannot possibly be held accountable for failing to rid ourselves of racism. But responsibility for racial hatred does not lie with the State; it lies with us."

[175] Vgl. oben Fn. 27 f.

[176] Garantien für den Lernerfolg gibt es selbstverständlich nicht. Aber umgekehrt sollte auch einem „Rassisten" die Lernmöglichkeit nicht von vornherein abgesprochen werden. Das liefe auf eine Stereotypisierung hinaus, die Anti-Rassisten doch bei anderen Fällen (Ausländern, Frauen etc.) gerade verurteilen. Hier sollte *Mills* Monitum gelten: „[Es] ist immer Hoffnung, wenn die Menschen gezwungen sind, beiden Seiten Gehör zu schenken …": Über Freiheit (Fn. 3), S. 64.

[177] Das ist ein klassisch-liberales und trotzdem oft übersehenes Argument. Vgl. *Mill* (Fn. 3), S. 49, 64 f. Vgl. als Beispiel den Skokie-Fall, bei dem Nazis durch einen jüdischen Vorort von Chicago ziehen wollten (Fn. 7, 117). Die heftige Reaktion auf diese Pläne kann nach *Rosenfeld* (Fn. 12), S. 37 nach Fn. 52 „be analogized to a vaccine against total complacency".

doch wieder der Verführung der falschen Botschaft, ein Restrisiko bleibt! Das wollen wir verhindern, koste es, was es wolle[178]. Dieses Wagnis der Freiheit wollen wir nicht eingehen[179]. So autonom ist der Mensch nicht – auch wenn wir ansonsten in allen anderen Bereichen die Autonomie des Menschen als Grundlage der Rechtsordnung rühmen."[180]

Diese Vorstellungen kann man nachvollziehen und je nach Naturell und persönlichem Gefahrenverständnis auch akzeptieren. Vielleicht muß man auch Abstriche an Konsistenz in der Berufung auf Wertgrundlagen akzeptieren, je nach Problemfeld[181].

Selbst derjenige, der Zweifel hat, könnte sich mit dieser Sicht der Dinge anfreunden, wenn wir wirklich *„rassistische" Äußerungen klar definieren und begrenzen* könnten[182] – wenn wir uns also im Umkreis der nationalsozialistischen Rassenlehren bewegten und keine abschüssige Bahn einer weiteren Erfassung vieler weiterer Äußerungen fürchten müßten, über die Streit möglich sein sollte[183]. Doch ist das die Gegenwartslage? Geht es heutzutage um einen Kampf gegen Gruppen, die zu Völkermord und Vertreibungen bestimmter Rassen aufrufen[184]? Der Kreis von „Rassismus"

---

[178] So schätzt *Rosenfeld* (Fn. 12), S. 63 nach Fn. 97, die deutsche Reaktion auf die Hitler-Zeit ein: „Undoubtedly, the German Basic Law's adoption of certain values and the consequent legitimacy of content-based speech regulation originated in the deliberative commitment to repudiate the country's Nazi past and to prevent at all costs any possible resurgence of it in the future." Siehe auch *Minsker* (Fn. 17).

[179] Vgl. hierzu instruktiv *Walter Seitz*, Das Wagnis der Freiheit. Weshalb darf Deutschland Hitlers „Mein Kampf" nicht lesen?: NJW 2002, S. 572ff.

[180] Der kanadische Supreme Court spricht das Problem in seiner bekanntesten Hate-Speech-Entscheidung *Regina v. Keegstra*, 3 R.C.S. 697, 747, zitiert in *Jackson/Tushnet* (Fn. 122), S. 1286f., unter Hinweis auf eine Untersuchung des kanadischen Parlaments wie folgt an: „The success of modern advertising, the triumphs of impudent propaganda such as Hitler's have qualified sharply our belief in the rationality of man. We know that under strain and pressure in times of irritation and frustration, the individual is swayed and even swept away by historical, emotional appeals. We act irresponsibly if we ignore the way in which emotion can drive reason from the field."

[181] Das hätte allerdings weitreichende Folgen, die nicht auf „Rassismus" beschränkt blieben. Denn man kann an vielen Stellen der Rechtsordnung ansetzen und statt auf „autonome", „aufgeklärte" Entscheidung auf Eliminierung möglicher Schäden für die leicht verführbaren Menschen setzen: zum Beispiel in bezug auf raffinierte und sublime politische und Wirtschaftswerbung oder in bezug auf „irrationale" religiöse Wertungen. Zu diesen Bereichen siehe *Kaleb* (Fn. 96). Ferner bleibt folgendes zu bedenken: Wenn man in der Gesellschaft nicht von genügend aufgeklärten Menschen ausgehen darf, warum sollte man Aufklärung dann von der Staatsgewalt erhoffen, die doch die kollektive Gewalt demokratischer Mehrheiten repräsentiert und zudem noch der Verführung durch die Macht besonders nahe steht? Siehe schon oben Fn. 29, 185.

[182] Zweifel bei *Kretzmer* (Fn. 17), S. 453f.: „For while racism is castigated in the modern world, nationalism and ethnocentrism are not regarded as necessarily negative social phenomena. And it is not always clear where expressions of nationalism and ethnocentrism end and racism begins. The matter is further complicated by political use of the term racism both in the domestic and international political arenas …".

[183] Es handelt sich also, wie *Kretzmer* (Fn. 17), S. 474, richtig festhält, eigentlich um die Antwort auf die Frage, welches Risiko größer ist: Das Risiko, daß Rassenhetze „möglicherweise" in großflächige Straftaten umschlägt, verglichen mit dem Risiko, daß staatliche Sanktionen gegen Rassismus (und Haßrede) sich auf die Dauer nicht auf diese „unstreitigen Unrechtsfälle" beschränken lassen, weil im Kampf der Meinungen und Weltanschauungen „progressive" Gruppen wie etwa der egalitäre Universalismus/Kommunitarismus diese Begriffe okkupieren, mit weiteren aus (nur) ihrer Sicht klaren Unrechtsfällen anreichern und dann strafrechtlich bewehren, statt sich auf eine offene argumentative Auseinandersetzung einzulassen. Die Gefahren dieser letztgenannten Entwicklung umschreibt Kretzmer mit den Stichworten „Definition, Vagueness, Overbreadth, Administrative Abuse, and The Slippery Slope", S. 488ff.

[184] Nicht bei uns, aber in der Nachbarschaft, etwa auf dem Balkan? Dann ist man mit dem schon oben Fn. 123 erwähnten Flüchtlingsargument konfrontiert.

wird heute viel weiter gezogen. Zum einen geht es nicht nur um Anstiftungen zu Tätlichkeiten oder im näheren Umkreis angesiedelte Reden, die schon nach der amerikanischen Auffassung sanktioniert werden dürfen, sondern auch um die Vertretung bloßer Lehren oder allgemein gehaltener Handlungsaufforderungen. Zum anderen umfaßt die Definition von Rassismus inzwischen sehr viel mehr als Aussagen wie „Rasse
X ist höherwertig als Rasse Y". Unter Rassismus fallen heute mehr oder weniger alle
Kriterien, die als verbotene Ungleichbehandlungen in den Verfassungen, wie etwa in
Art. 3 Abs. 3 GG, enthalten sind. Insoweit nähert sich Rassismus dem Begriff Diskriminierung, der wiederum durch verbotene Ungleichbehandlung im Rahmen der allgemeinen Gleichheitsdogmatik bestimmt wird. „Rassistisch" sind danach alle „unangemessenen" Gleichbehandlungen von Ungleichem oder Ungleichbehandlungen
von Gleichem – ein weiter Schritt von der ursprünglichen Ausgangslage der Nazi-
ideologien und -verbrechen!

Das zeigt sich auch im Rahmen der Rassendiskriminierungskonvention, nach deren Art. 1 der Begriff Rassismus jede Unterscheidung aufgrund von Rasse, Herkunft,
Abstammung, nationalem oder ethnischem Ursprung umfaßt[185]. Alle diese Unterscheidungen sind verboten. Sie dürfen nicht propagiert werden und müssen nach
Art. 4 strafrechtlich sanktioniert werden. Darin drückt sich eine expansive Gleichbe-
rechtigungsphilosophie aus, die man als Bürger gut finden und auf die man stolz sein
kann. Aber die Konflikte mit der Meinungsfreiheit sind vorprogrammiert[186]. Denn es
ist ein Unterschied, ob einem Staat und Bürgern verboten wird, ethnische Vertreibung oder Völkermord vorzubereiten oder faktisch zu betreiben (Rassismus i.e.S.),
oder ob der staatlichen Gewalt aufgegeben wird, unangemessene Kriterien von Ungleichbehandlung („Rassismus" i.w.S.) nicht nur selbst nicht zu praktizieren oder zu
propagieren, sondern auch per Strafrecht allen Bürgern zu verbieten, solche Kriterien
im Verkehr miteinander zu befürworten[187].

---

[185] Hierzu *Zimmer* (Fn. 11), S. 44ff.

[186] Abstrakt ist der Konflikt dadurch gelöst, daß Art. 4 auf die Allgemeine Erklärung der Menschenrechte verweist, in der die Meinungsfreiheit erwähnt ist. Vgl. *Theodor Meron*, Human Righs Law-Making
in the United Nations, 1986, S. 28ff.; *Rüdiger Wolfrum*, Das Verbot der Rassendiskriminierung im Spannungsfeld zwischen dem Schutz individueller Freiheitsrechte und der Verpflichtung des einzelnen im All-
gemeininteresse, in: FS Peter Schneider, 1990, S. 515ff. Aber es geht um die konkrete Abwägung innerhalb der konkurrierenden Konventionen bzw. Rechtsgüter, und hier ist, von der RDK ausgehend, eine
ziemlich klare Abwertung von Meinungsfreiheit ersichtlich: In der RDK geht es, wie schon der Titel sagt,
um „jede" Form von Rassendiskriminierung – das weist schon auf eine expansive Auslegung hin: vorsätzliche Diskriminierungen wie reale Nachteile, explizite wie implizite Rekurse. Der Begriff selbst wird weit
ausgelegt i.S.d. unangemessenen Benachteiligung und erfaßt auf das gesamte Spektrum von Ideologie bis
zu Handlungsaufforderungen und Handlungen, die durch Rechtssanktionen abgeschreckt werden sollen.
Mit dem „besonderen" Charakter der Meinungsfreiheit ist damit nicht viel anzufangen. Abgrenzungen wie konkrete Gefahr werden überflüssig. Von der Autonomiefunktion des Redners ist nicht
die Rede. Systemtheoretisch gesprochen liegen hier zwei Teilsysteme im Streit, die beide Vorrangansprü-
che in Zweifelsfällen beanspruchen: das System „Eliminierung von Rassendiskriminierung" im expansiv-
sten Verständnis, und das System „Ermöglichung von weitestgehender Meinungsfreiheit". Je nachdem,
von wo aus man startet, verschieben sich die Gewichtungen. Deutschland zeichnet sich faktisch durch einen Vorrang von „Eliminierung von Rassendiskriminierung" aus, behauptet aber rhetorisch, die Meinungsfreiheit als ein besonders wichtiges Recht zu respektieren. Solche Äußerungen täuschen.

[187] Man muß hier auch unterscheiden zwischen Meinungen und daraus folgenden Handlungen.
Schädliche Handlungen, die aus Rassismus resultieren, können im Rahmen von Anti-Diskriminierungs-
gesetzen verboten oder kompensiert werden. Das gilt aber in einem liberalen Staat nicht uneingeschränkt

Bestes Beispiel sind Konflikte um Ausländer- und Asylpolitik. Das sind Konflikte um die Frage, wer gleichberechtigt im Land soll leben dürfen, entweder als Staatsbürger oder mit sonstigem Legalstatus. Wer sich hier für die Begrenzung des Zuzugs oder die effektive Abschiebung von nicht Aufenthaltsberechtigten einsetzt, ist immer in zwei Argumentationsbereichen tätig: der durch die Rassendiskriminierungskonvention nicht verbotenen Abgrenzung nach Staatsbürger und Nicht-Staatsbürger[188], sowie der nach Art. 1 Rassendiskriminierungskonvention ausgeschlossenen Kriterien – denn diese werden in aller Regel bei den Nicht-Staatsbürgern zutreffen, diese also im Sinne des Art. 1 der RDK betreffen[189]. Das versetzt den Kritiker einer seines Erachtens zu großzügigen Ausländerpolitik in eine Zwickmühle. Ist er heftig empört und will er sich entsprechend schroff äußern, muß er mit allem rechnen. Vielleicht passiert nichts, vielleicht aber wird er strafrechtlich verfolgt und verurteilt – oder freigesprochen. Aber im vorhinein weiß man nicht, was passiert. Sicher vor rechtlichen Nachteilen ist der Kritiker nur, wenn er zivilisiert und differenziert argumentiert, also zum Beispiel offene Rekurse auf die unzulässigen Kriterien vermeidet. Er darf z.B. nicht sagen: „Die X klauen, bringen Drogen ins Land, usw." Er sollte generell nicht übertreiben oder seinen Emotionen freien Lauf lassen, weil dies schnell als „Diffamierung", „Diskriminierung", „Volksverhetzung" oder „kollektive Beleidigung" angesehen werden kann[190]. Damit werden einige oder viele der überzeugten Kritiker der Ausländerpolitik zum Schweigen gebracht; diejenigen, die reden, werden strafrechtlich verfolgt, jedenfalls mit dem Risiko solcher Verfolgung überzogen und müssen damit rechnen, rechtlich als Rassisten gebrandmarkt zu werden[191].

Amerikanisch gesprochen zeigt dies, daß die Rassendiskriminierungskonvention einen deutlichen – bewußten und gewollten – Abschreckungseffekt („chilling effect") gegenüber Rede hat, die, überschlägig formuliert, an Kriterien anknüpft, die der Staat selbst nicht zur Verteilung von Vorteilen und Nachteilen benutzen darf. Damit wird im Bürger-Bürger-Verhältnis die Meinungsbildung durch Zensur gesteuert[192] und werden Meinungsäußerungen strafrechtlich sanktioniert, die gegen die vom Völkerrecht, europäischen und deutschen Recht unter mehreren Konkurrenten favorisierte Weltanschauung und Wertlehre verstößt. Denn „gewonnen" hat in der Rassendiskriminierungskonvention und im deutschen Recht der egalitäre Universalismus; „verloren" haben Werthaltungen wie der liberale und der konservative Kommunitarismus, der deutlichere Unterschiede sieht zwischen Einheimischen und Fremden und nicht fast jede Ungleichbehandlung zwischen diesen als Diffamierung, Diskriminierung oder Rassismus einstuft[193]. Man könnte auch sagen, daß in der Rassendiskriminie-

---

für Meinungsäußerungen in öffentlich bedeutsamen Angelegenheiten, die ja gerade dazu dienen, Berechtigung und Umfang staatlicher Steuerung von Handlungen zu prüfen.

[188] Vgl. *Zimmer* (Fn. 11), S. 55 ff. zu Art. 1 Abs. 2 RDK.

[189] Art. 1 RDK erstreckt sich nicht nur auf vorsätzliche, sondern auch auf faktische Beeinträchtigungen im grundlegenden Gleichheitsstatus.

[190] Vgl. die Beispiele oben Fn. 5 ff.

[191] Es sind also genau diejenigen Merkmale im Spiel, die beim Gegner – der amerikanischen Auffassung mit ihrer weiten Zulassung von aggressiver Rede – gerügt werden: „silencing and labeling", oben Fn. 74.

[192] Vgl. *Meron* (Fn. 186), S. 26: „By creating prior restraints on freedom of expression and association, Art. 4 seeks to eradicate racist thought and racist organizations which generate racist acts. Thus ... Art. 4 aims at prevention rather than cure ...".

[193] Vgl. *Brugger*, Liberalismus (Fn. 9), § 11; *ders.* (Fn. 141).

rungskonvention das einheitliche Weltrecht in Verbindung mit einer verbindlichen Universalmorallehre gegenüber differenziertem Nationalstaatsrecht und dem Partikularismus von Gemeinschaftslehren gewonnen hat. Zwar werden Kompromisse gegenüber der partikularen Staatenwelten gemacht, aber im wesentlichen überwiegen egalitär-universelle Werte.

Das mag man befürworten und für einen Fortschritt in der Sache halten. Aber man sollte auch festhalten, daß wir uns hier in einem *Streit von Philosophien und Weltanschauungen* bewegen, in dem sich unterschiedliche Vorstellungen von Autonomie, Freiheit, Gleichheit, Demokratie und Integration im Überzeugungsstreit miteinander befinden. Bewegt man sich erst einmal weg von den „unstreitigen Unrechtsfällen"[194] expliziter Rassenlehren mit klaren Botschaften von Unwert, Vertreibung und Ausrottung der bekämpften Gruppen, die den Kerngehalt des Bösen und Schlimmen des Nationalsozialismus ausgemacht haben, ist das klar Böse und Ungerechte der Botschaft nicht mehr automatisch klar. Für die Eingangsfälle von behaupteter Ausländerkriminalität oder deren Gleichstellung mit Einheimischen heißt dies: Umstände wie Kriminalitätsraten, Integrationsbereitschaft und -fähigkeit auf allen Seiten, Knappheit von Mitteln etc. können dann Bedeutung erlangen. Nähe- und Fernverhältnisse von Gemeinschaften können relevant werden für eine Prioritätenbildung von Leistungen. Es kann auf die Art der Gemeinschaft ankommen[195]. Jedenfalls sollte man solche Themen offen ansprechen dürfen, ohne Angst vor rechtlicher Sanktion, und auch mit heftigen Worten, bis hin zur Übertreibung und zum Stereotyp[196]. Mit Widerspruch muß jeder rechnen, bis hin zu schmerzlicher sozialer Ausgrenzung. Aber das Recht sollte sich mit seinen Sanktionen zurückhalten und nicht „Anti-Rassismus" als Allzweckwaffe gegen Konkurrenten des egalitären Universalismus einsetzen[197]. Wenn dieser wirklich die besseren Argumente hat, dann soll er sich der offenen Diskussion stellen. Dann sollte die heftigste politische Kritik und Anti-Kritik sich mit strafrechtlicher Zurückhaltung auf beiden Seiten paaren, sonst stellt sich die Berufung auf den „zwanglosen Zwang des besseren Arguments" als rhetorische Täuschung heraus[198]. Wenn diese Zurückhaltung nicht gelingt, dann ist dem Spruch „Wehret den Anfängen" des Rassismus, der am Ende möglicherweise in einen neuen Holocaust umschlagen könnte, entgegenzuhalten: „Wehret dem Ende der Meinungsfreiheit", auch wenn es am Anfang mit gutgemeinten Bevormundungen beginnt[199].

---

[194] Hierzu *Brugger*, Liberalismus (Fn. 9), S. 20, 107f., 123, 154f., 235f., 333ff., 457ff.

[195] Vgl. *Michael Walzer*, Spheres of Justice, 1983.

[196] Vgl. zu diesem Punkt *Rosenfeld* (Fn. 12), S. 90f. nach Fn. 135; *Allport* (Fn. 71), S. 355, und oben Fn. 58.

[197] Solche Tendenzen scheinen mir vorzuliegen bei *Hofmann* (Fn. 83), S. 159: „There is … quite a considerable increase in support for political parties which call, with clearly racist undertones, for restrictions on further immigration of aliens in general and asylum-seekers in particular …". Wenn das ernst gemeint ist, müssen alle Vertreter einer restriktiven Aufnahmepolitik fürchten, mit einem Verfahren nach § 130 StGB überzogen zu werden. Vgl. auch S. 170.

[198] Vgl. zu diesem berühmten Wort *Jürgen Habermas*, Wahrheitstheorien, in: Wirklichkeit und Reflexion. FS Walter Schulz, hg. v. Helmut Fahrenbach, 1973, S. 211 (239f.), und oben Fn. 90.

[199] Vgl. die Problemzuspitzung bei *Post* (Fn. 19), S. 269f.

VII. Anhang: Schaubild

Schutz oder Verbot aggressiver Rede? Zwei konträre Auffassungen

	Vereinigte Staaten von Amerika	*Deutschland, Europa, Völkerrecht*
1. *Autonomie des Redners*	Legitimatorischer Individualismus. Vorrang „Freiheit von" und expressiver Individualismus	Moderater legitimatorischer Individualismus. Gleichklang „Freiheit von" und „Freiheit zu". Individuum und Gemeinschaft
2. *Meinung*	Argumentation und Emotion verknüpft. Zivile Umgangsformen erwünscht, aber nicht rechtlich erzwungen. Worte sind keine Taten	Emotion läßt sich von Argumentation trennen. Pflicht zur Vermeidung unzivilisierter Kommunikation. Aggr. Worte als Aggressionstaten
3. *Folgenargument 1*	Faktengebundene aggr. Rede muß geäußert werden können. Ziel: Klärung der Wahrheit	Ebenso, aber stärkere Darlegungs- und Beweispflichten des Redners
4. *Folgenargument 2*	Herabsetzende Werturteile können Lernprozesse anregen. Bessere Argumente gewinnen in der Regel. Rhetorische Aggression verhindert Tätlichkeiten	Herabsetzende Werturteile regen selten Lernprozesse an. Böse Argumente gewinnen manchmal oder auch oft. Rhetorische Aggression heizt an, führt zu mehr Straftaten
5. *Folgenargument 3*	Keine Redefreiheit mehr bei konkret drohenden Tätlichkeiten. Abstrakte Gefahren reichen nicht aus	Schon abstrakte Gefahren bis hin zur Gefahr von Gefahren reichen zur Einschränkung der Redefreiheit aus
6. *Konkurrierendes Schutzgut Ehre*	Rechtlich nur geschützt als Reputation gegen tatsachengestützte Herabsetzungen	Ehre umfaßt darüber hinaus Basiselemente von Zivilität, auch gegen bloße normative Herabsetzungen und Kritiken
7. *Schutz kollektiver Ehre?*	Nein. Kein kollektiver Ehrenschutz. Individuum mehr und anderes als Kollektiv	Ja, soweit Botschaft alle einzelnen betrifft oder auf Kerngruppen bezogen ist
8. *Menschenbild*	Vorrang Individuum. Aufrechter (kommunikativer) Gang	Vorrang Gleichachtung aller Individuen. Keine Pflicht zur Gegenrede
9. *Gesellschaftsbild*	Konsens und Konflikt. Kommunikative Konflikte müssen ausgetragen werden können	Leugnung ernsthafter Konflikte oder legitimer Konflikte. „Reasonable persons" müßten sich einigen können
10. *Staatsbild*	Staat nur zuständig für Gewaltfreiheit und körperliche Integrität. Keine politische Klimakontrolle	Staat auch zuständig zum Schutz der psychischen Integrität aller Individuen und Gruppen
11. *Neutralität und Integration*	Striktes Gebot der Neutralität. Integration durch freie Anerkennung	Staat muß Partei ergreifen für Arme und Schwache. Politische Klimakontrolle als Integrationshilfe

Constitutional Justice in the United States

Two hundred years after Judge Marshall's ruling of 1803

von

César Landa[*]

Summary

Introduction

Historically it is recognized that the modern origins of judicial review date back 200 years to Judge Marshall's 1803 judgment in the Marbury vs. Madison case in the United States. On the one hand, this is an opportune anniversary to pay homage to such a transcendental ruling for the development of North American and world constitutionalism. On the other hand, it allows us to reflect on the current state of constitutional justice in the United States, taking into account the unilateral US international position and its impact on civil rights and the judicial review of the law. Without a doubt, constitutional justice is directly linked to democratic development. In modern times it is not possible to conceive of a democratic state without a diffuse constitutional jurisdiction such as the one in the United States or a concentrated constitutional jurisdiction such as the one in Europe. This is due to the fact that constitutional justice has become a guarantee that the Constitution will be respected by other State powers. This implies that judges and tribunals will fulfill their role to limit power, in particular

---

[*] Professor of Constitutional Law at the Pontifical Catholic University of Peru and the National San Marcos University. Member of Think Tank appointed by Peruvian President (2001) and National Congress (2002–2003) to advice constitutional reform. Guest researcher in the Max-Planck-Institut of Heidelberg, Germany (April-August, 2003).

by controlling the constitutionality of the laws and ensuring the protection of fundamental rights.[1]

However, after September 11, 2001 a Pandora's Box has been opened in the United States with unforeseeable results because its security was violated with the destruction of the Twin Towers in New York and the attack on the Pentagon. The first consequences for the Law can be observed in the unilateral decisions on the part of the United States to attack Iraq, as well to give prisoners, such as those from the war in Afghanistan, treatment that contradicts the constitutional principles of judicial review. The US battle against terrorism, regardless of the principles of the nation's own constitutional Law, is not only seriously threatening the judicial control of laws but also the foundation of its own legal system and the international law of the post WWII. In effect, in November 2001, President Bush passed a Presidential Decree for Military Affairs[2], with a tone that harks back to the so-called "Criminal Law of the Enemy," conceived during the Third Reich's Nazi regime that was aimed at denying determined groups the right to equality or dignity because they were foreign or because they held political ideas that differed from Nazi thought or because they belonged to other ethnic groups or religions.[3]

This anti-terrorist decree submits foreign civilians to US military courts who have the authority to process them according to their regulations. These include secret rulings that cannot be declassified, or regulations that the Department of Defense can update simultaneously. At the same time, they can tap telephones; detain suspects without attesting evidence and for no fixed period. These tribunals can also sentence people to life in jail or to death. The accused are barred from filing any judicial resources against any resolution. Moreover, the tribunals themselves, including the US Supreme Court and International Courts, are impeded from assuming jurisdiction. As a result, we face a *political question* that is not justiciable in an ordinary arena; which debases the right to a *due process of law* as well as to the judicial review of the law. For this reason, it is important to examine the historic roots and the development of judicial review, analyzing its origin in English constitutionalism to subsequently address the North American experience, which through judicial review enriched and developed democratic constitutionalism. It is here that the issue of political questions takes on

---

[1] Capelletti, Mauro. "Necesidad y legitimidad de la justicia constitucional". In Favoreu, Luchaire, Schlaich, Pizzorusso, Ermacora, Goguel, Rupp, Zagrebelsky, Elía, Oehlinger, Rideau, Dubois, Cappelletti and Rivero. *Tribunales constitucionales europeos y derechos humanos*. Madrid: CEC, 1984, pp. 599–649, and; Simon, Helmut. "Jurisdicción Constitucional". In Benda, Maihofer, Vogel, Hesse and Heyde. *Manual de Derecho Constitucional*. Madrid: Marcial Pons 1996, pp. 823ff.

[2] White House. President George W. Bush. *President Issues Military Order. Detention, Treatment, and Trial of Certain Non-Citizens in the War Against Terrorism*. Washington, November 2001. In: http://www.whitehouse.gov/news/releases/2001/11/20011113–27.html.

[3] Current Jakobs postulates a functionalist criminal dogma, that is based on differentiating between who is a person and who is not. A person is located within a Rule of Law, while the enemy is an individual who is outside and opposed to a Rule of Law. As a result, they lose their condition as a person and are therefore subject to the full extent of the State's punitive power. Jakobs, Günther. *Norm, Person, Gesellschaft. Vorüberlegungen zu einer Rechtsphilosophie*. Berlin: Duncker & Humblot, 1997, pp. 14–23. Jakobs proposed a more complete formulation of the criminal law of the enemy at the Berlin Congress in October 1999 : "La Ciencia Jurídico-Penal Alemana en el Cambio del Milenio". See: "Conversaciones: Dr. Francisco Muñoz Conde" by Jesús Barguín Sanz. *Revista Electrónica de Ciencia Penal y Criminología*. RECPC 04-ce (2002). In http://criminel.ugr.es/recpc/recpc_04-c2.html.

noteworthy importance regarding the reach of judicial review in the face of the current problems surrounding North American constitutionalism.

I. Background of English Judicial Review of Laws

The roots of the Anglo-Saxon experience of the judicial review of arbitrary acts committed by the government lie in England, in the constitutional polemic of the XVII century, between the *gubernaculum* and the *jurisdictio*, which is to say the conflict between the despotism of the monarchs and the freedom of the subjects. While, during the Middle Ages, Bracton had already raised this problem by studying some judicial cases of his era,[4] it will be in the constitutional practice where solutions will emerge for the conflict between authority and liberty, through pacts and fundamental regulations – *pactum subjectionis*. These pacts include the *Charter of Liberties* of 1100, the *Magna Charta* of 1215, the *Provisions of Oxford* of 1258, the *Confirmatic Carterum* of 1297, the *Petition on Rights* of 1628, the *Agreement of the people* of 1653, the *Instrument of Government* of 1653 and the *Bill of Rights* of 1658. It was these pacts that began to reflect the concept of the existence of laws and supreme decrees that form part of the Natural Law and are outside the reach of the King or even Parliament. As a result, the incipient principle of the limits of government took on singular relevance in the parliamentary discourses of Sir Edward Coke when he affirmed, "the King cannot change any part of the common law nor create any offence by proclamation which was not an offence before."[5]

At the same time, in the *Dr. Bonham* case of 1610, Judge Coke stated in his judicial ruling that

"In many cases the common law will control acts of Parliament and sometimes will adjudge them to be utterly void: for when an Act of Parliament is against common right or reason, or repugnant, or impossible to be performed, the common law will control it and will adjudge such Act to be void."[6]

It is important to mention that Dr. Thomas Bonham was a doctor in medicine from the University of Cambridge, who had been repeatedly barred from practicing medicine by the Royal Society of Medicine of London. This power to prohibit professional practice was contained in the statutes of the Royal Society, based on a royal order decreed by Henry VIII. The decree had been confirmed by Parliament, which gave said institution the authority to sanction doctors who exercised medicine without having been admitted by the Society. Initially Dr. Bonham was fined 100 shillings for exercising medicine in London without being registered with the Royal Society. However, when he insisted on exercising his profession he was fined 10 pounds and was subsequently imprisoned when he continued to defy the ruling. Appealing, Dr. Bonham sustained that he was a doctor from the University of Cambridge and according to a

---

[4] McIlwain, Charles Howard. *Constitucionalismo antiguo y moderno*. Madrid, CEC, 1991, pp. 162ff.

[5] Ibid, p. 111.

[6] In Richard Loss (editor). "Corwin on the Constitution". Ithaca y Londres: Cornell University Press, 1981, p. 198; also, Eskridge, Wilkiam. "All about words: Early understandings of the 'judicial power' in statutory interpretation, 1776–1806". In: *Columbia Law Review*, Vol. 101. June 2001, No. 5, pp. 1005–1009.

writ approved by King Henry VIII, doctors who had graduated from the University of Cambridge and Oxford were exempt from the control of the Royal Society Medicine of London. Dr. Bonham obtained a Court resolution in his favor, based on the fact that he, as a resident of Cambridge, was exempt by the express words of the King. As a result, it must be presumed that Parliament did not intend to allow the Royal Society of Medicine to act as a Court in its own case, as both accuser and judge. The decision for the destitution was issued by the society that would also benefit from the fine in its favor. In this sense, Judge Coke resolved that: "Here it appears in our books that in many cases the common law will control acts of Parliament and sometimes will adjudge them to be utterly void. When an Act of Parliament is against common right or reason, or repugnant, or impossible to be performed, the common law will control it and will adjudge it as laws that should be voided.[7]

This judicial ruling, which in reality questioned political parliamentary sovereignty, cost Sir Coke, shortly thereafter, his position as President of the Court, in an era of serious conflict between powers.[8] Later, this *common law* would become transformed into natural laws postulated by Locke at the end of the XVII Century in order to limit the government's field of action. As a result, in England the concept of a group of natural laws, superior to the jurisdiction of government and therefore eternal, began to take shape. These laws, at the same time, because translated into a series of fundamental rights such as personal freedom and property, inviolate by transitory powers.[9]

However, the most important change this century, far from peaceful, stemmed from the Glorious 1688 Revolution of Oliver Cromwell. Thanks to this Revolution, Parliament assumed a central position in government, thereafter converting the King into the responsible party both in questions of government and jurisdiction, not only before God, but also before the people's representatives. As a result, his acts were no longer juridically beyond the reach of the Tribunals and Parliament, but were submitted to the control of the sovereignty of representation, even when those were responsible for those Tribunals and Parliament were in fact ministers of the Crown at the time. For this reason, Blackstone affirmed in 1765 that the "power of parliament is absolute and without control."[10]

In this manner, as a consequence of a long process to convince public opinion of the positive aspects of Parliament, the seeds for the constitutional doctrine of the sovereign power of Parliament were sown in England. This progressively substituted the sovereignty of the monarch. Judges became the authorized spokesmen of *common law* over the law. "This explains the role of the judges in interpreting legislation as a derivative

    [7] Gough, J.L. *Fundamental Law in English Constitutional History*. Oxford: Clarendon Press, 1955, pp. 31–32; also, Mitchell, J.D.B. *Constitutional Law*. Edinburgh, Green & Son Ltd., 1968, p. 65.

    [8] Rusell, Lord John. *An Essay on the History of the English Government and Constitution, from the reign of Henry VII to the present time*. London: printed for Logman, Hurst, Rees, Orme and Brown, 1823, pp. 44–65, in particular p. 59, where it recounts how King James I dissolved Parliament at the end of 1609 and with the exception of a two-month session in 1614, it was closed for more than 10 years. Also, Ransome, Cyril. *Rise of Constitutional Government in England*. London: Rivingston, 1883, pp. 126ff.

    [9] Locke, John. *Treatise of civil government and a letter concerning Toleration*. United States of America: Ch. Sherman, D. Appleton-Century Co., 1937, pp. 16–33.

    [10] Blackstone, William. *Commentaries on the laws of England, Volume I Of the Rights of persons* (reproduction of the first edition of 1765–1769). Chicago: The University of Chicago Press, 1979, p. 157. Within an introduction by Stanley Katz.

of their position as interpreters of common law and not as servants of the policy of the legislator".[11]

This conceptual scheme forms the framework for constitutional process and the democratization of the British parliamentary monarchy, thereby rationalizing the excesses of government power. Said process reached another historic milestone in the era of John Cam Hobhausem, in 1826, when the role of the parliamentary opposition was consecrated in *His Majesty's Opposition Act*, something that has characterized the English political system up to present day as a limited government. This made it possible to strengthen the idea that Parliament constitutes a fundamental political source for sovereignty, not just of the government but also the opposition.[12]

Since then, in England, political opposition to the government not only became a right but also a political duty. As a result, in the face of a government elected by the people the opposition, also elected, forms a shadow cabinet in Parliament in order to control and monitor his majesty's government. In this way, within the established *government* and *opposition* system the English constitutional model has been able, in a long historic process, to resolve political and social conflicts under two constitutional principles clearly defined by Dicey: *the sovereignty of Parliament and the rule of law*.[13]

These two principles or constitutional conventions, the sovereignty of Parliament and the rule of law made it irrelevant in England to have a written Constitution, a Constitutional Court or a declaration to guarantee fundamental rights.[14] Given that the parliamentary hegemony, controlled by the opposition, was established as a fundamental rule of the unwritten Constitution of this country and conclusively rejected the judicial review of its laws as this would mean placing judicial power over legislative power. This did not impede English courts from guaranteeing Natural justice or the right to defense or fair hearings, protecting the rights of citizens in the framework of the exorbitant growth of the government's administrative tasks, given the social nature of the Welfare State at the beginning of the XX Century. These rights affected by the excessive use of the discretionary power of the local and central public administration, did not lead judges to apply the laws of Parliament, but to interpret them according to their purposes, in order to control administrative excesses, but always within a framework of legality.[15]

However, it is worth pointing out that with the appearance of nazi-fascist dictators and Soviet totalitarianism in the period between world wars, the constitutional concern for the effective operation of government based on the laws, but separate from

[11] Sir Jennings, Ivor. *The law and the constitution*. London: University of London Press Ltd., 1960, pp. 323–324; also, Cotterrell, Roger. *The politics of Jurisprudence a critical introduction to legal philosophy*. Philadelphia: University of Pennsylvania Press, 1994, p. 32ff.

[12] Bagehot, Walter. *The English constitution*. London: Kegan Paul, Trench & Co., 1882, pp. 228ff.

[13] Dicey, Albert V. *Introduction to the study of the law of the constitution*. Hong Kong: Macmillan Education Ltd., 1985, pp. 406–414. Regarding the debatable concept of the *rule of law*, consult Fallon, Richard. "The rule of law, as a concept in constitutional discourse". In: *Columbia Law Review*, N.1., Vol. 97, January 1997.

[14] Wilson, *Geoffrey*. "Conventions and the British constitution". In Landa and Faúndez (editors). *Contemporary Constitutional Challenges*. Lima: PUCP-MDC, Fondo Editorial, 1996, pp. 187–205.

[15] Barnet, Hilaire. *Constitutional and Administrative Law*. Great Britain: Cavendish Publishing Ltd.,1995, pp. 711ff.; also, Jowell, Jeffrey. *The road to constitutionalism in the UK: Responses to the USA and Europe*. Presentation at the seminar "European and American constitutionalism". European Commission for Democracy Through Law (Venice Commission). Göttingen: May 23 and 24, 2003, pp. 1–2.

liberal democratic values became manifest in England.[16] However, it is only after the Second World War, with the beginning of supra-national integration processes in Continental Europe, that the British began to question the basic principle of British constitutionalism. In effect, with the incorporation of Great Britain into the European Union, the ratification of the European Convention on Human Rights and the subjection to European Tribunals deriving from these treaties, the pure doctrine of parliamentary sovereignty was slowly modified in the country in order to protect people's fundamental rights in the face of irrational excess of power. As a result, in the *Wednesbury Case*, on the one hand, English courts were reluctant to examine the substantive reach of the law, leaving a broad margin for the legislator. However, on the other hand, they established their authority to rule in the case of an unreasonable law, understood to be irrational. In this sense, the courts began to slowly change their position to act as spokesmen for European humanitarian law, harmonized with English law.[17]

In effect, the British Parliament, having incorporated the European Convention on Human Rights as a national law, gave judges the authority to carry out judicial control of the norms that contradicted said treaty, but only to declare them incompatible.[18] This permitted Parliament, based on the doctrine of parliamentary sovereignty, to modify the law that had been judicially questioned, if it felt it was necessary. This demonstrates that the current process to globalize human rights, a phenomenon that arose from European supra-natural integration, opened up the option to carry out a judicial review of the law in the United Kingdom as well as the progressive transfer of national parliamentary sovereignty to supranational European tribunals.[19]

II. North American Experience of Judicial Review

The other Anglo-Saxon experience of judicial control is the North American experience, where England made its powerful influence felt, above all in the origins of constitutionalism in the United States. To this end, it is important to point out that when the Puritans fled the wars and the intolerance of religious Europe, they established themselves as colonizers on the eastern coast of New England, as of the XVII Century. There they signed pacts, called *covenants*, as a type of social contract, in which they established their political and social community organization. These pacts were similar to the pact of Puritan Grace they professed and in virtue of which they created a political community and defined the rules of their social life. Among the most famous covenants were the 1624 *Mayflower* pact and the 1639 *Fundamental orders of Connecticut*[20]

---

[16] McIlwain, Charles Howard. *Constitutionalism & the changing world*. Cambridge: Cambridge University Press, 1939, pp. 267 ff.

[17] Lord Hailsham. *The British legal system today*. London: Stevenson & Sons, 1983, pp. 18–23;. also, Lord Devlin. "Judges and lawmakers". *The Modern Law Review*, N.° 1, Vol. 39, January 1976, pp. 1–16.

[18] Home Office. *Right Brought Home: The Human Rights Bill*. Presented to Parliament by the Secretary Of State for Internal Affairs, CM 3782, London, October, 1997; also, Jowell, Jeffrey. *The road to constitutionalism in the UK: Responses to the USA and Europe ...*, *op. cit.*, p. 4.

[19] Drzemczewski, A. *European Human Rights Convention in domestic law*. Oxford: Clarendon Press, 1983, pp. 177 ss.; also, Black, C. "Is already a British bill of rights?". *Law Quarterly Review*, N.° 89, 1973, p. 173.

[20] Friedman, Lawrence. *A history of American law*. New York: Touchstone Book, 1985, pp. 37–56, 90–

The North American colonizers were integrated in the British Empire, without affecting their privileges and particularities. In this sense, they were aware and were a
part of the conflict between the Crown and the rising sovereign power of Parliament,
as well as the jurisprudence of the courts. It is within this historic framework, forged in
the doctrine of the absolute supremacy of the British Parliament, that Blackstone set
forth the principle that "The power of making laws constitutes the supreme authority."[21]

However, in practice the American colonizers rejected the thesis of the unlimited
sovereignty of Parliament, given that the British parliament decreed diverse tax laws
that affected them without their representation[22] and another norm that deprived Irish
colonizers of a trial with an Irish jury.[23] These juridical-political events were directly
linked to the events that eventually lead to the war with the English and the independence of the United States in 1776. Despite the colonial breakdown, the North
American juridical-political system was heavily influenced not only by the political
philosophical postulates of the British such as John Locke or the French such as Montesquieu, but also by the jurisprudence of British Courts, such as the above mentioned
Judge Coke. For this reason, in 1786, the second President of the United States, John
Adams in his *Defense of the Constitution*, responded to Turgot's criticism affirming that
the "American Constitution represented an unreasonable imitation of the uses of England."[24] Despite this debate, it is true that the origins of North American constitutionalism found fertile ground for deliberations about the Constitution to be adopted by
the new government of the United States in the Federalists. There, Madison said:

"If men were angels, no government would be necessary. If angels were to govern men, neither
external nor internal controls on government would be necessary. In framing a government
which is to be administered by men over men (...) you must first enable the government to control the governed; and in the next place oblige it to control itself. A dependence on the people
is, no doubt, the primary control on the government; but experience has taught mankind the
necessity of auxiliary precautions."[25]

On the other hand, Hamilton maintained in 1788 that

"A constitution is, in fact, and must be regarded by the judges, as a fundamental law (...) in
other words, the Constitution ought to be preferred to the statute, the intention of the people
to the intention of their agents."[26]

In *The Federalists* they referred to classic English constitutional institutions but with a
modern perspective. Therefore, the old English convention that an ordinary law cannot violate a higher law was recognized, even if the ordinary law was approved by the
representatives of the popular will, given that there are *natural rights* of men that not

---

93 and 115–124; also, Morris, Richard B. *Documentos Fundamentales de la Historia de los Estados Unidos de América*. México: Editorial Limusa, 1986, pp. 9–15.

[21] Blackstone, William. *Commentaries on the laws of England* ..., *op. cit.*, p. 52.

[22] 4 Hamilton, Alexander. "The Federalist N.° 35". Hamilton, Madison y Jay (co-authors 1788). *The Federalist on the new Constitution*. Philadelphia: M. Carty and Davis, 1826, pp. 181–187.

[23] Gough, J. W. *Fundamental law in English constitutional history*. Colorado: Fred Rothman & Co., 1985, pp. 192–199.

[24] Loss, Richard (editor). *Corwin on the Constitution* ..., *op. cit.*, p. 64.

[25] Madison, James. *The Federalist* N.° 51, in *The Federalist* ..., *op. cit.*, p. 291.

[26] Hamilton, Alexander. *The Federalist* N.° 78, in *The Federalist* ..., *op. cit.*, p. 435.

even parliamentary sovereignty could violate. In this sense, in 1803 the North American Supreme Court, presided by Judge Marshall, consecrated the juridical principle of constitutional supremacy, above the political sovereignty of Congress, with the emblematic case of case *Marbury vs. Madison*[27]. This case juridically condenses a clear political conflict between outgoing President Adams – Federalist – and incoming Jefferson – Republican or Anti-federalist. On the one hand this was due to the fact that Adams, prior to leaving the presidency, named Marshall president of the US Supreme Court when John Jay declined. Marshall, who was Secretary of State at the time, held the position from 1801 to 1835.[28]

Marshall simultaneously assumed the new position and continued to act as Secretary of State until the change in president. Under these circumstances, the Federalist Congress approved two laws: one creating new circuit courts, that duplicated the number of circuit judges and another law that authorized the appointment of 42 justices of the peace in the district of Columbia, the seat of government. He also signed the appointments of the new justices of the peace and Marshall, acting as Secretary of State, placed his seal of approval on the order nominating them, practically all Federalists. However, when Jefferson was sworn in as President of the United States, there were still some appointments to be notified, including that of Judge Marbury. The new President ordered his Secretary of State, James Madison, to detain the remaining dispatches. Opposing this decision, Marbury and others filed a judicial resource called a *writ of mandamus*, recourse used when an authority refused to fulfill a legal and administrative mandate. Simultaneously, in 1802, the new Republican majority in Congress overturned the law on circuit courts, thereby terminating all the positions created in the twilight of the Adams government and suspended the Supreme Court sessions for 14 months, until February 1803.[29]

Once the Supreme Court session period was reconvened, Judge Marshall, despite his personal interest in the case was not inhibited but rather used the controversy to raise the theory of constitutional supremacy in the 1803 judgment referred to the *mandamus case*. In which he affirmed:

"The Constitution is either a superior, paramount law, unchangeable by ordinary means, or it is on a level with ordinary legislative acts, and, like other acts, is alterable when the legislature shall please to alter it. If the former part of the alternative be true, then a legislative act contrary to the Constitution is not law; if the latter part be true, then written Constitutions are absurd attempts on the part of the people to limit a power in its own nature illimitable".[30]

In this sense, the principle of Constitutional sovereignty was consecrated. However, it can also be pointed out that the judgment in the *Marbury vs. Madison* case was the product of a conflict between the government and the opposition. A conflict in which

[27] Lockhart, William; Kamisar, Yales; Choper, Jesse; Shiffrin Steven y Fallon, Richard. *The American constitution*. Minnesota: West Publishing, 1996, pp. 1–8.

[28] Grove Haines, Charles. *The role of the Supreme Court in American government and politics 1789–1835*. New York: Da Capo Press, 1973, pp. 615–662.

[29] Warren, Charles. *Congress, the Constitution and the Supreme Court*. Boston: Little Brown & Cía., 1935, pp. 289 ff.; the same. *The Supreme Court in United States history, Vol. I*. Boston: Little Brown & Cía., 1922, p. 231 ff.; also, Hughes, Charles Evan. *The Supreme Court of United States*. New York: Columbia University Press, 1928, pp. 86–89.

[30] Lowell, Jeffrey and Oliver, Dawn. *The changing constitution*. Oxford: Clarendon Press, 1985, p. 25.

the defense of the new minority or opposition was effective, through the doctrine of constitutional supremacy in the face of the laws of the new majority in Congress.[31]

This judgment meant that the government respected judicial independence, even when in practice it did not reinstate Marbury, because it was possible to declare a Congressional law unconstitutional but not to control the discretionary acts – political or confidential – of the Executive. At the same time, it established that given the legal supremacy of the Constitution, the federal courts could review the non-discretionary action of federal agencies, which is to say the acts based on law that affect individual rights.[32] However, only six days after the ruling, the Court backed Jefferson's elimination of appointed federalist judges in the Stuart vs. Laird case.[33]

Another case of singular importance from the Marshall Court was the *McCulloch vs. Maryland* case in 1819, in which he used the theory of the implicit authority of Congress to sustain the constitutionality of the creation of the federal bank, despite the fact that the legislator did not have an express mandate in the Constitution as he was also not barred from doing so. In Marshall's opinion, this was not an obstacle for the legislator to use, implicitly or incidentally, implicit and necessary powers to fulfill constitutional objectives. This, as is evident, strengthened the discretionary power of the legislative branch but also reaffirmed the constitutional limits of its power.[34]

A meticulous observer of the United States in the third decade of the XIX Century, such as Tocqueville, pointed out that the strength of the judicial power to guarantee the protection of individual interests lies in the individual independence of the judges.[35] In effect, since then, thanks to this Republican countenance of North American judges, the principle of the *judicial review of law* as a corner stone of constitutionalism in this country has been gradually affirmed.[36] The judicial review of laws consecrates the supreme normative value of the Constitution, which makes it immune to violation by ordinary laws: the majority transitory laws from Congress. To the contrary, in a concrete case of conflict, juridically these laws are not applied as they are opposed to the Constitution and are inferior to it. As a result, the norm also protects minorities against abuse on the part of parliamentary majorities. However, the "counter-majority" power of judges has not been lineal in its development, because there is also the danger of politicizing justice – *judicial policy-maker* –.[37]

---

[31] Only six days after *Marbury* judgment, the Court ratified Jefferson's decision to eliminate the nomination of the designated federalist judges. See *Stuart vs. Laird*, 5 U.S. (1 Cranch) 299 (1803).

[32] Warren, Charles. *The Supreme Court in United States history* …, *op. cit.*, p. 241ff.; also, Corwin, Edward. *Court over Constitution*. New York: Peter Smith, 1950, pp. 88ff.

[33] O'Fallon, James. "Marbury". In: *Stanford Law Review*, Number 44, 1992, pp. 221–242.

[34] Olken, Samuel. "Chief justice John Marshall and the course of American constitutional history" *The John Marshall Law Review*, Volume 33, Fall 1999, Number 1, pp. 763–765; also, Clinton, Robert L. "Classical legal naturalism and the politics of John Marshall's constitutional jurisprudence", in the same magazine, pp. 935ff., where it is clear that Judge Marshall, prior to being a jurist was a pragmatic politician.

[35] De Tocqueville, Alexis. *De la démocratie en Amérique*. l'Office d'Information de *Guerre* des Etat-Unis, s.d., p. 59.

[36] Corwin, Edward. *John Marshall and the Constitution*. New Haven: Yale University Press, 1921, pp. 64–72; also, Horowitz, Morton. *The transformation of American law 1780–1860*. Cambridge-London: Harvard Press University, 1977.

[37] Crane, William and Moses, Bernard. *Politics, an introduction to the study of comparative constitutional law*. New York-London: G.P. Putnam's Sons, 1884, pp. 198ff.; also, Corwin, Edward. *Court over Constitution* …, *op. cit.*, pp. 1ff.

However, from that point it was established that the judge has a quota of political-juridical power which can be used to control congressional legislative action without adversely affecting the laws that are a product of national representation. This is because in a constitutional democracy there are no absolute powers outside of the control of other powers and public opinion.[38] Congress cannot legislate affecting fundamental rights and in the case of conflict, the Courts have the obligation to resolve a case by ruling that a law must not be applied, as supreme interpreters of the Constitution. As was pointed out with all clarity by Judge Hughes, in a 1907 intervention: "We are under a Constitution but the Constitution is what the judges say it is."[39]

As a result, from that point onward, the principle of the democratic majority is only valid if the legislative decisions are in agreement with the norms and values of the Constitution of the United States, contained in the seven articles and 27 amendments. On the other hand, this gives North American judges a broad margin for interpretation, arising from a legal system based on the fact that judicial decisions must be recognized as precedents — *stare decisis* —. This counter-majority power of the Supreme Court has been assumed with historic responsibility, in the face of protecting the country's minorities, in particular after the Second World War. In effect, the experience of the Supreme Court and the judicial review of the laws demonstrate that these institutions, from their origins and to date, have played an important role regarding politics and the law.[40] At determined times, this third state power has known how to accompany the government's political demands. At other times, it has accompanied public opinion and in no fewer circumstances, the demands of the minority. All of this, depending on historic events, war of secession, economic expansion, 1929 crisis, new deal, challenges to racism, movement for civil rights, among others.[41]

In general terms this political and juridical process has been respected by North American presidents, as both the *check and balances* and the *judicial review of law* have prevailed in order to protect citizens, civilian and political rights. However, in particular, the success of the Supreme Court, through the judicial review, is basically due to the fact that it has known how to express the plurality of opinions that lie in the marrow of society and in the North American government. This assumes that the majority and the minorities are represented in the maximum Tribunal and that the conflict between the government and the opposition is resolved, jurisprudentially, in this Tribunal. However, the construction of this jurisprudence was not always peaceful. To the contrary, according to the juridical ideology of the Supreme judges applied to the major judicial causes with relevant political, social and economic implications, two

---

[38] Bickel, Alexander. *The last dangerous branch the Supreme Court at the bar of politics*. New Haven and London: Yale University Press, 1986, pp. 1–33; also, Carr, Robert. *The Supreme Court and judicial review*. Connecticut: Grenwood Press, 1970, 72–98.

[39] Lockhart, William; Kamisar, Yales; Choper, Jesse; Shiffrin Steven and Fallon, Richard. *The American constitution ...*, *op. cit.*, p. 8.

[40] O'Obrien, David. *Constitutional law and politics*, Vol. I, *Struggles for power and governmental accountability*. New York: Norton & Co., 1991, pp. 95ff.; also, Choper, Jesse. *Judicial review and the national political process, a functional reconsideration of the role of the Supreme Court*. Chicago and London: The University of Chicago Press, 1980, pp. 129–168.

[41] Warren, Charles. *The supreme court in United States history ...*, *op. cit.*, Vol. II 1836–1918; and, Lerner, Max. *Nine scorpions in a bottle. Great judges and cases of the supreme court*. New York: Arcade Publishing, 1994, pp. 177ff.

currents have basically dominated in the task of the judicial review of the constitutionality of laws:[42] *judicial restraint* and *judicial activism*, confronted regarding protection of the rights of minorities, above all as of the Second World War. The first current, called judicial restraint, is based on a structural and not interpretative vision of the Constitution, which is to say that the judges cannot establish rights in the name of the Constitution for which it was not created. Conservative justices who avoid becoming embroiled in cases with high political conflict usually assume this option. A clear representative has been Judge Frankfurter.[43]

The second current, known as judicial activism, assumes a functional position that makes it possible to dynamically interpret the Constitution according to the needs and demands of the moment. This current is generally promoted by liberal judges who have assumed an active role in the country's political and social process, through the protection and development of civil and political rights, such as in the Warren Tribunal.[44]

In any of its variants, the incidental model of constitutional control of the law is monolithic. This is because Supreme Court decisions resolve, in the final instance, constitutional cases and controversies in a definitive fashion, establishing precedence, for which the *certiorari* is the judicial recourse in virtue of which Supreme Court judges assume competence in order to establish a line of jurisprudence in determined cases of judicial interest. At the same time as its jurisprudence, in virtue of *stare decisis*, is obligatory, it applies to all judges and courts that must rule on this norm in a concrete judicial process. However, it is worth pointing out that these rulings also receive feedback from public opinion, as they have usually achieved consensus or constitutional legitimacy in North American society.[45]

Against this historic and conceptual framework it can also be pointed out that constitutional justice in the United States found a fundamental instrument in judicial review through which it responded to the new challenges of North American democracy: limits to both private and government power. As a result it managed to achieve, above all in the sixties and seventies an important development of jurisprudence regarding fundamental rights, in particular related to freedom of opinion and the right to privacy. In recent times, however, on the one hand the Supreme Court is found to be captive to the opinion of the media rather than to public opinion and on the other to pressure from the president who, using his emergency discretionary powers, im-

---

[42] David, Forte (editor). *The Supreme Court in American politics, judicial activism vs. Judicial restraint.* Arcade Publishing, D.C. Heath and Cia., 1972.

[43] Frankfurter, Felix / Landis, James. *The business of the Supreme Court. A study of federal judicial system.* New York: MacMillan, 1928, pp. 217ff. and 255 ss.; Lerner, Max. *Nine scorpions in a bottle. Great judges and cases of the supreme court ...*, *op. cit.*, pp. 161–166; also, Franck, Mathew. *Against the imperial judiciary. The Supreme Court vs. The sovereignty of the people.* Kansas: University Press of Kansas, 1996, pp. 29ff.

[44] Cardozo, Benjamin. *The nature of the judicial process*, (1921). New Haven-London: Yale University Press, 1991, pp. 98ff.; Hart Ely, John. *Democracy and distrust ...*, *op. cit.*, pp. 105ff. and 135ff.; Goldberg, Arthur. *Equal Justice. The Warren era of the Supreme Court.* Illinois: Northwestern University Press, 1971, pp. 33ff.; Lewis, Antony. *The Supreme Court and the idea of progress.* New Haven-London: Yale University Press, 1978, pp. 2–8; also, Kurland, Philip. *Politics the constitution and the Warren court.* Chicago and London: The University of Chicago, 1970, pp. 186ff.

[45] Perry, Michael. *The constitution in the courts. Law or politics?.* New York-Oxford: Oxford University Press, 1994, pp. 15ff.

pedes the Supreme Court, like any other national or international court from review-
ing any decision made by military courts. These orders formed part of the November
2001 military decree to detain, judge or punish foreigners suspected of terrorism after
the attack on the twin towers in New York and the Pentagon in Washington.[46]

Finally, the classic North American model of constitutional control of the law has
universally expanded, becoming incorporated into the 1947 Japanese Constitution
after the Second World War. It was experimented in Italy between 1948 and 1956. It
also had certain influence in the constitutional jurisprudence of the Fundamental Law
of Bonn in 1948. At the same time, the judicial review has found echo among former
British colonies such as Australia, Canada, India and Pakistan, in Scandinavian countries and some Latin American countries such as Argentina, Brazil or Mexico among
others[47] (with results in these countries that cannot always be extolled). From there,
these jurisdictions and others paid close attention to the reality of European concentrated constitutional justice.[48]

III. The Doctrine of Political Questions

The doctrine of the *political questions* originated in the United States, stemming
from the doctrine of judicial restraint, as it was assumed that there were constitutional
questions that were not justiciable. However, it is also possible to point out the existence of a contrary or classic doctrine of judicial activism, according to which, beginning with *Marbury vs. Madison*, there were no constitutional dispositions that were
exempt from constitutional control. However, as was to be expected, a third doctrine
soon appeared called *functional*, which attempted to balance both extremes, establishing practical reasons for judicial intervention.[49] In this sense, it is important to point
out the attempt of the US Supreme Court in 1962 to establish criteria that identify the
so-called *political questions*. As a result in *Baker vs. Carr*[50], the Supreme Court ruled that
all cases related to the doctrine of *political questions* involved:

a) power granted another constitutional body by the Constitution, b) a lack of judicial standards appropriate for judgment, c) a decision that unequivocally cannot be based on fundamen-

---

[46] White House. *President Issues Military Order. November 13, 2001.* Sec. 7. Relationship to other law
and forums. Number (3), Literal (b): With respect to any individual subject to this order: (1) military tribunals shall have exclusive jurisdiction with respect to offenses by the individual; and (2) the individual shall
not be privileged to seek any remedy or maintain any proceeding, directly or indirectly, or to have any such
remedy or proceeding sought on the individual's behalf, in (i) any court of the United States, or any State
thereof, (ii) any court of any foreign nation, or (iii) any international tribunal. Ver: http://whitehou-
se.gov/news/releases/2001/11/ 200111113–27.hrml.

[47] Cappelletti, Mauro y Cohen, William. *Comparative constitutional law, cases and materials …, op. cit.,*
pp. 3–23.

[48] Kommers, Donald. *Judicial politics in West Germany. A study of the Federal Constitutional Court.* London:
Sage Publications, 1976, pp. 17ff., 113ff. and 255ff.

[49] Tribe, Laurence H. *American Constitutional Law*, The Foundation Press, New York, 1988, p. 96. A similar process took place in England, see Zander, Michael. *The Law-Making Process*, Butterworths, London,
1994, pp. 312 ss.

[50] 369 U.S. 186, 217, 82 S.Ct. 691, 7 L. Ed. 2d 663 (1962), en en http://www2.law.cornell.edu/ cgi-
bin/foli…s= [body]/hit_headings/words=4 hits_only?

tals of a political nature appropriate for a type of discretion that is clearly not judicial, d) a judicial decision that unequivocally represents a lack of respect toward other constitutional powers, e) the need to seek judicial support for a decision that has already been made or finally f) a questions that could produce embarrassing situations if several rulings are emitted by different constitutional bodies.[51]

However, North American jurisprudence has not been uniform, above all if one considers that this contribution outlining political questions by the liberal Warren Tribunal in the 1970s was in fact an exception, as was established by the Burger Tribunal[52]. However, it was evident that the qualification of a constitutional process as political or not, did not have an *a priori* definition but rather a casuistic one to the extent that politics operates with decisionist categories[53]. These are in agreement with the *Zeitgeist* of each era and country and fall within the political and legal framework of the democratic and constitutional regime. It is precisely here, in this permanent and universal tension between the law and democratic politics, where we find some rules to understand and frame political constitutional processes, as well as the possibilities and the limits of the juridical-constitutional interpretation of *political questions*. Beyond difficult questions regarding the limits of justice and its methods to rationalize politics[54]; it is important to point out some contemporary characteristics that have changed the premises of the polemic about the constitutional control of the government's legislative action, but which maintain in essence the fundamental problem of constitutional justice, the struggle against the formalist abuse of the Law – *summun ius summa iniuria* –[55]. The political and economic reality upon which powers and constitutional bodies currently act and inter-relate has meant that their jurisdictional frontiers are porous. This has given rise to criticism about the role that judges assume in times of profound and rapid economic, political, social, cultural and technological change. On the one hand their withdrawal from the demands of social reality or, on

---

[51] Linares Quintana, Segundo, *Teoría e historia constitucional*, Volume I, editorial Alfa, Buenos Aires, 1958, pp. 299–315. In order to review the debate in Argentina, see Haro, Ricardo. *Las cuestiones políticas: Prudencia o evasión judicial?*, in *Estudios en Homenaje al Doctor Héctor Fix-Zamudio en sus treinta años como investigador de las ciencias jurídicas*, Volume 1, *Derecho Constitucional*, UNAM, México, 1988, pp 333–362.

[52] Alonso García, Enrique. *The Burger Tribunal and the doctrine of "political questions" in the United States* …, op. cit., pp. 290 and ff. The conflicts between the judicature and the government are universal, see Eckhoff, Torstein. *The relationship between judicial and political branches of government*, in *Jahrbuch für Rechtssoziologie und Rechtstheorie*, Volume IV, Friedman, Lawrence and Rehbinder, Manfred (editors), *Zur Soziologie des Gerichtsverfahrens (Sociology of the judicial process)*, Westdeutscher Verlag, 1976, pp. 18–22.

[53] Schmitt, Carl. *Der Begriff des Politischen*, Duncker & Humblot, Berlin, 1932, pp. 7 and ff.; by the same author, *Politische Theologie*, Duncker & Humblot, Berlin, 1979, pp. 25 and ff.; also Chryssogonos, Kostas. *Verfassungsgerichtsbarkeit und Gesetzgebung*, Duncker & Humblot, Berlin, 1987, pp. 29 and ff.

[54] Let us recall the famous European polemic at the end of the 1920s and early 1930s, raised by Schmitt and Kelsen, regarding who should be the keeper of the Constitution. Schmitt, Carl. *Der Hüter der Verfassung*, in AÖR, Volume 55 (1931), Verlag D. Auvermmann, Taunus, 1975 pp. 162–237, also; Kelsen, Hans. *Wer soll der Hüter der Verfassung sein?*, in Die Justiz, Band VI (1930/31), pp. 575–628, in particular 590 and ff.; also, De Vega, Pedro. *Prólogo*, to Carl Schmitt's book, *La defensa de la constitución*, Tecnos, Madrid, 1983, that offers a synthesis to the debate between Schmitt and Kelsen pp. 11–24.

[55] Bachof, Otto. *El juez constitucional entre derecho y política*, Universitas, Vol. IV, N° 2, German Literature, Science and Art Magazine, Stuttgart, 1966, p. 125; also, Leibholz, Gerhard. *Problemas fundamentales de la democracia moderna*, IEP, Madrid, 1971, pp. 150–151.

the other, their judicial obedience to political change in government.[56]. This has been demonstrated in moments of national crisis or war[57], when constitutional justice becomes a defendant of the constitutional *status quo* or has taken the ruling political programme into account in its decisions. In effect, the historic and comparative North American constitutional experience teaches us that in the face of political economic decisions in times of crisis or war, the control of constitutional justice has been weakened, on the one hand, when it has confronted a power that sometimes sticks very closely to the literal text of the supreme regulation or interprets it beyond what is foreseen, just as on the other hand, judges have known how to adapt a prudent jurisprudential criteria in the face of political questions.[58] As a result, despite the tradition according to which political questions were not justiciable, there were US Supreme Court decisions that confronted political power. For example, five votes to four they voted against President Roosevelt's New Deal economic program that sought to resolve the problem of economic depression that began in 1929 with social reform and a strong democratic leadership.[59] Of 30 federal cases, the Supreme Court annulled 13 laws between 1934 and 1937, including the minimum wage law, unionization, agriculture, taxes, municipal bankruptcy, construction industry, etc. For this reason, it has been affirmed that "after this political and legislative process, another more extreme and inflexible opposition has been added: the judicial control of social policies, affirming the status quo, which makes it impossible to carry out tasks of liberal orientation."[60] It was certainly this position that motivated the Roosevelt government, re-elected in 1936, to politically respond with the *court-packing plan*, that outlined the authority of the Tribunal, changing the number of judges from 9 to 15 magistrates in order to appoint the remaining (something it did not do in the end) and establishing forced retirement at age 70.[61] It achieved its objective to the point that in 1941 there was only one judge who predated Roosevelt. In this manner, it opened the way for a series of liberal judges, sensitive to the government's economic social reform and the popular mandate who accompanied the then minority led by judges Brandeis, Cardozo, Stone and Hughes.[62] The fundamental criticism of this period is divergent: ac-

---

[56] Grossman, Joel y Wells, Richard (editors). *Constitutional law and judicial policy making*, Wily & Sons, New York, 1972, pp. 14 and ff.

[57] In order to review the role of the US Supreme Court during the Civil War for Secession, see Kutler, Stanley. *Judicial power and reconstruction politics*, The University of Chicago Press, Chicago – London, 1968, pp. 7 ff. and 143 ff.

[58] Ackermann, Bruce. *We the people. Transformations*, Harvard University Press, Cambridge – London, 1998, pp. 99–119 and 345–382; also, Shapiro, Martin. *Law and politics and the Supreme Court*, Press of Glencoe – MacMillam, London, pp. 1964, pp. 180 and ff.

[59] Schubert, Glendon. *Constitutional politics. The political behavior of Supreme Court justices and the constitutional policies that they make*, Rinehart and Winston, New York, 1960, pp. 159 ff.; also, Ackermann, Bruce. *We the people. Transformations ...*, op. cit., pp. 255 and ff.

[60] Jakson, Robert. *The struggle for judicial supremacy. A study of a crisis in American power politics*, Vintage Books, New York, 1941, p. 320; also, O'Obrien, David. *Constitutional law and politics*, Volume I, *Struggles for power and governmental accountability*, Norton & Co., New York, 1991, pp. 475–482.

[61] Krislov, Samuel. *The supreme court in the political process*, MacMillan, New York, pp. 85 and ff.; Schmidhauser, John / Berg, Larry. *The supreme court and congress. Conflict and interaction, 1945–1968*, The Free Press, New York, 1972, pp. 12 and ff.

[62] Cardozo, Benjamin. *The nature of the judicial process* (1921), re-edited en Yale University Press, New Haven – London, 1991, pp. 142 and ff.; Lerner, Max. *Nine scorpions in a bottle. Great judges and cases of the su-*

cording to some the Supreme Court discretionally and anti-democratically controlled government measures that responded to a political will, violating the non-justiciability of political questions, an observation that was not new[63]. For others, the Tribunal applied a judicial political activism, losing its judicial independence in the end as it was controlled by the government[64]. However, the Supreme Tribunal demonstrated that his judicial role in a time of crisis and changes operated more in terms of history than government[65], although subsequently during times of stability this was not true, as was demonstrated by the Burger Tribunal.[66]

However, this period of conflict also allowed the Supreme Court to open the way for a doctrine to interpret laws based on the Constitution, in virtue of which, when faced with diverse interpretation possibilities, it is only worth adopting what can be conciliated with the Constitution. As a result, a law will be struck only when it is materially impossible to interpret it according to constitutional norms. It is important to point out that this formula was in fact inspired by the jurisprudence of the North American New Deal, expressed by Judge Brandeis in his dissenting opinion in the *Ashwander vs. Tennessee Valley Authority* case[67], under the formula of the presumption of the constitutionality of the law, as a fundamental juridical principle that conditioned traditional juridical interpretation.[68] In this sense, it can be pointed out that comparative constitutional jurisdiction – North American and German – have managed to face major government challenges in times of crisis with greater creativity and jurisprudential depth, although the first is bumpier than the second. However, the success of these judicial transitions, among other things, has been intimately linked to reasonable juridical criteria that have been constructed in the faces of the normative insufficiency of the Constitution.[69]

---

preme court, Arcade Publishing, New York, 1994, p. 61; Shapiro, Martin. *Who guards the guardians? Judicial control of administration*, The University of Georgia Press, Athens and London, 1988, pp. 73 and ff.; also, Rostow, Eugene. *The democratic character of judicial review*, en HLR, Volume 66, 1952–1953, pp, 202 and ff.

[63] Frankfurter, Felix / Landis, James. *The business of the Supreme Court. A study of federal judicial system*, MacMillan, New York, 1928, pp. 310 and ff.; Peth, Loren. *Politics the Constitution and the Supreme Court. An introduction to the study of Constitutional Law*, Perterson & Co. New York, 1962, pp. 142 and ff. Also for Pusey, Merlo. *The supreme court crisis*, Da Capo Press, New York, 1973, pp. 40 and ff., at this time the government did not confront greater judicial control than at other times.

[64] Shapiro, Martin. *Law and politics and the Supreme Court*, Press of Glencoe – MacMillam, London, pp. 1964, pp. 261 and ff.; also Strong, Frank. *Judicial function in constitutional limitation of governmental power*, Carolina Academic Press, North Carolina, 1997, pp. 151 and ff.

[65] Corwin, Edward. *Court over Constitution. A study of judicial review as an instrument of popular government*, P. Smith, New York, pp. 1950, pp. 168 ff. and 181 and ff.

[66] Alonso García, Enrique. *El Tribunal Burger y la doctrina de las "political questions" en los Estados Unidos*, in REDC, Vol. 1, N° 1 ..., oip. cit., pp. 287–299.

[67] 297 U.S. 288, 56 S.Ct 466,80 L Ed. 688 (1936), in http://www2.law.cornell.edu/cgi-bin/fol...wander++/doc/ [t16640] /pageitems=[body].

[68] 297 U.S. 288, 56 S.Ct 466,80 L Ed. 688 (1936), in http://www2.law.cornell.edu/cgi-bin/fol...brandeis/doc/ [t16795] /pageitems=[body].

[69] Barak, Aharon. *Judicial Discretion* ..., op. cit., pp. 222–233; also, Kommers, Donald. *Judicial politics in West Germany. A study of the Federal Constitutional Court* ..., op. cit., pp. 207 and ff.

IV. Limits of Judicial Review

Since the end of the XIX Century, limited judicial cases, given their ruling difficulties based on a simple application or traditional interpretation of the Constitution, have given rise to the incorporation of new rules or judicial tests that arose from Criminal Law or Civil Responsibility Law, in order to grant reasonability to limited constitutional judicial decisions.[70] However, in times of crisis and social change, radical voices have also been heard such as Judge Hughes (1907): "We are under a Constitution, but the Constitution is what the judges say it is," or the position of Judge Harlan who in 1970 with a concurrent and opposing vote said:

"When the Tribunal does not consider the express intention and conception of the constituents, it has invaded the political field that is assigned the reforming power of the Constitution and has violated the constitutional principles that are its highest duty to protect."[71]

On the one hand, these extreme positions only express the judicial will of many judges, fundamentally based on the discretionary criteria of justice, which is directly identified with policies. On the other hand, they express judicial positivism that usually fossilizes the law, distancing it from reality.[72] In the face of these two mentalities that oppose each other in their formation but converge in their use of the Constitution, it is necessary to oppose a theory of judicial control based on a *possible* constitutional thought [73]; which does not claim to possess the truth of constitutional justice, nor consider its search banal. In this sense:

It is important not to forget, not even for a moment, the general consequences that extremism on the one hand and moderation on the other have over social life ... the question, better understood, is whether social sciences should not focus on the search for intelligent solutions to social problems and if moderation would not be more reasonable than extremism.[74].

There is a need to recover the old concept of *juris prudentia*, rather than *scientia juris*; as the first consecrates a material rationality, oriented toward constitutional contents while the second finds in formal rationality the only way to comprehend the Constitution. Moreover, the *scientia juris* seeks to reach a criteria of true/false in an excluding manner according to the excluding logic of aut–aut or "inside or outside." *Juris prudentia* rather seeks to approach the constitutional truth progressively, from less to more. This is what the ancients called *prudence* and what is called *reasonability* in contempor-

---

[70] Thayer, James B. *The origin and scope of the American doctrine of constitutional law*, in HLR. Vol. VII, N° 3, 1893–1894, pp. 1129–156; also, Miller, Jonathan. *Control de constitucionalidad; el poder político del Poder Judicial y sus límites en una democracia*, in El Derecho, Volume 120, 1987 ..., op. cit., p. 922.

[71] 400 U.S. 112, 91 S.Ct 260, 27 L. Ed. 2d 272 (1970), in http://www2.law.cornell.edu/cgi-bin/fol...s=[body] /hit _headings/words=4 hits_only? (Caso Oregon versus Mitchell); Lockhart, Kamisar, Choper, Shiffrin and Fallon. *The American constitution* ..., op. cit. pp. 1398 and ff.; also, Adolfo Pliner, *Pueden los jueces argentinos declarar de oficio la inconstitucionalidad de la leyes?*, in *Lecciones y Ensayos*, Law and Social Sciences Faculty, Buenos Aires, 1960, pp. 93 and ff.

[72] Dworkin, Ronald. *Los derechos en serio* ..., op. cit., p. 209 and ff.; also, Bobbio, Norberto. *El positivismno jurídico* ..., op. cit., pp. 237 and ff.

[73] Häberle, Peter. *Demokratische Verfassungstheorie im Lichte des Möglichkeitsdenkens*, in AöR 102 (1977), pp. 29 and ff.; also Zagrebelsky, Gustavo. *El derecho dúctil* ..., op. cit., pp. 16 and ff.

[74] Strauss, Leo. *Naturrecht und Geschichte* ..., op. cit., p. 73; also, Zagrebelsky, Gustavo. *El derecho dúctil* ..., op. cit., pp. 14–15.

ary times.[75] This makes it imperative, in the face of the normative insufficiency of the constitutional text and the responsibility of constitutional justice, to control the constitutionality of the acts of the legislator, sometimes subtle and sometimes less scrupulous. For this, there is a need to begin by conceiving not only the normative character of the Constitution but also the system of values that make it valid. This leads to the creation of constitutional parameters of interpretation for the legal norm in question, based on the framework of values that establish the basis for the Constitution, given the open nature of the constitutional text, based on which the magistrates must apply the constitutional norm to the questioned law.[76] In this sense, both the normative text and the system of values that the Constitution is based on constitute the supreme juridical norm that is binding for public powers, institutions and citizens and therefore is immune to the juridical norms and political decisions that derive from it. This Constitutional supremacy, however, has hues and distinctions that go from the preamble to the final declarations, including regulations of principles, rights, guarantees as well as general regulations and regulations related to competence.[77] However, while the arena of the control of constitutional justice involves the entire Constitution and is made concrete when a law is declared to be unconstitutional, the argumentation for constitutional interpretation must obey criteria and degrees of intensity of broader constitutional control, regarding the nature of the law – general or singular – the reach of the law – regulatory, interpretative, etc – as well as the degree of confidence or lack of confidence in the legislator.[78] However, this form of constitutional control has functional limits to avoid overstepping the principle of the division and balance of powers:

1. Judicial Relf-restraint

In stable democracies, judicial self-restraint, which does not mean that control is annulled, is the rule to assume constitutional processes with an open political content.[79]. For this reason, this limit should not be rigid, but should depend on the nature of the concrete process. In any case, one must always bear in mind that the Constitutional Tribunal is a constitutional State body that contributes to the social development of the country with its jurisprudence. To this extent constitutional justice plays a political

---

[75] Hesse, Konrad. *Escritos de derecho constitucional ...*, op. cit., p. 49; Häberle, Peter. *La libertad fundamental en el Estado constitucional ...*, op. cit., pp. 108–129; Tribe, Laurence H. *American Constitutional Law ...*, op. cit., pp. 106–107; also, Alonso García, Enrique. *La interpretación de la constitución*. Madrid: CEC, 1984, pp. 203 and ff.

[76] Simon, Helmut. *Jurisdicción Constitucional ...*, op. cit., pp. 850 and ff.; also, García de Enterría, Eduardo. *La constitución como norma y el tribunal constitucional ...*, op. cit., pp. 100 and ff.

[77] Bachof, Otto. *Nuevas reflexiones sobre la jurisdicción constitucional entre derecho y política ...*, op. cit., pp. 842f.; García de Enterría, Eduardo. *La constitución como norma y el tribunal constitucional ...*, op. cit., pp. 68 and ff.

[78] Eichenberger, Kurt. *Gesetzgebung im Rechtsstaat*, in VVdRStRL 40, 1982, pp. 13 and ff.; also Simon, Helmut. *Jurisdicción Constitucional ...*, op. cit., pp. 851f.

[79] Aja, Eliseo (editor). *Las tensiones entre el Tribunal Constitucional y el legislador en la Europa actual*, Ariel, Barcelona, 1998, pp. 53ff. and 171ff.; Hesse, Konrad. *Funktionelle Grenzen der Verfassungsgerichtsbarkeit*, in: Häberle, Peter / Hollerbach, Alexander (editors), *Konrad Hesse. Ausgewählte Schriften*, C. F. Müller, Tübingen, 1984, pp. 311–322; also, Schneider, Hans-Peter. *Jurisdicción constitucional y separación de poderes ...*, op. cit. pp. 42–54.

role, given the impact of its constitutional decisions in political, economic and social processes. For this reason it is improper to propose the de-politicization – *Entpolitisierung* – of constitutional justice rulings as these will only have real force when they have acquired juridical authority – *auctoritas* – and social approval – *potestas* –. In this sense, in order to competently resolve a political conflict, what is needed is a juridical as opposed to political ruling, otherwise rather than ensure that the Constitution is upheld, judges become its owners.[80] For this reason, in principle, where there are no constitutional dispositions about the discretion of judges, or limits to what is justiciable that previously establish concrete and binding regulations that limit constitutional jurisdiction in politically algid cases, it is worth raising the issue of the reach of the control of constitutional jurisdiction in a determined process, based on *judicial self-restraint* as a general rule.[81] However, in governments with weak democracies and institutions

"constitutional norms cannot be interpreted in many cases without turning to political values; however, similar political values are always subjective to a certain degree. For this reason there is always and inevitably a certain tension between law and politics. The constitutional judge certainly applies the law. However, the interpretation of this law necessarily implies political values by the judge applying the law."[82]

Based on this understanding, the general rule is not fixed but variable and ranges from judicial self-restraint to judicial activism, based on the nature of the political case and the social circumstances surrounding it. Therefore, the experience of North American jurisprudence, but also European, demonstrates that the constitutional jurisdiction has known how to maintain and ensure its legitimacy, thanks to self-restraint[83] and has been able to advance and contribute to social development in its societies, thanks to judicial activism.[84] For this reason, there is a need to establish a balance between both systems, tending toward the exercise of moderate judicial activism, when democracies are weak or unstable such as the Peruvian case.

2. Fundamental Rights

Fundamental rights constitute material limits that cannot be exceeded by the Constitutional Court in controlling the law. To the extent that said rights are the expression of a value structure in which the constitutional pact is founded. This demo-

---

[80] Bachof, Otto. *Nuevas reflexiones sobre la jurisdicción constitucional entre derecho y política* ..., op. cit., p. 842; also, De Vega, Pedro. *Jurisdicción constitucional y crisis de la constitución* ..., op. cit., pp. 117 and ff.

[81] Hesse, Konrad. *Funktionelle Grenzen der Verfassungsgerichtsbarkeit* ..., op. cit., pp. 313 and ff.; also, Berger, Raoul. *Government by judiciary* ..., op. cit., pp. 466 and ff.

[82] Otto Bachof, *Nuevas reflexiones sobre la jurisdicción constitucional entre derecho y política* ..., op. cit., p. 843; also, Dworkin, Ronald. *Law's Empire. The moral reading of the American Constitution* ..., op. cit., pp. 265 and ff.

[83] Heller, Kurt. *Judicial self restraint in der Rechtsprechung des Supreme Court und des Verfassungsgerichtshofes,* in ÖsterrZÖffR 39, 1988, pp. 89–136; also, Bickel, Alexander. *The last dangerous branch the Supreme Court at the bar of politics* ..., op. cit., pp. 133–144.

[84] Wasby, Stephan. *The Supreme Court in the Federal Judicial System* ..., op. cit., pp. 10ff. y 299ff.; Goldberg, Arthur. *Equal Justice. The Warren era of the Supreme Court* ..., op. cit., pp. 67 and ff.; Kurland, Philip. *Politics the constitution and the Warren court* ..., op. cit., pp. 191 and ff.; Schmidhauser, John / Berg, Larry. *The supreme court and congress. Conflict and interaction, 1945–1968* ..., op. cit., pp. 17 and ff.

cratic *political ethos* is based on the principles of popular will and respect for freedom, as constitutive elements of the political community.[85] When these fundamental values become transformed in constitutional principles, they acquire binding juridical contents, transforming a value into a right and popular will into a type of democratic government, which will then gradually assume normative attributes based on the legislative development of the legislator and the judicial control he exerts regarding constitutional justice.[86] The interpretation of these rights such as equality, dignity of the human person, free development of personality, Social State, common good, well being, among others are open juridical concepts, as they permit a scale of differentiated interpretation. This does not objectively mean they are all valid at the same time, but that they have a functional validity to the extent that the constitutional judge should assume an interpretation of the possibilities as constitutionally valid, something that can change according to their role as peacemaker in political conflicts.[87] Of course this pacifying function will only be achieved when the legislators respect resolutions and public opinion accepts the decision. This is feasible as long as the Constitutional Tribunal exercises a juridical method of constitutional interpretation that is reasonable, foreseeable and controllable.[88] It is illustrative to emphasize that comparative constitutional justice has developed and is also establishing limits on constitutional control, by making constitutional values concrete and through the creation of certain techniques to guarantee fundamental rights – *Wertjurisprudenz*[89] – or the supra-valuing of personal rights over patrimonial rights – preferred freedoms.[90] This position has been progressively extended through the expansive interpretation of the first amendment – right to privacy – the establishment of fundamental interests as a result of applying the principle of equality, the jurisprudential creation of suspicious categories of discrimination that demanded that the presumption of the constitutionality of the law be more flexible and the development of the substantive due process.[91]

All of this gave rise to a major development of fundamental rights and therefore of constitutional justice. A process in which the following have been established as basic rules: the gradual development of the presumption of the constitutionality of a law related to the right to equality in order to avoid striking them and to predict the consequences of their rulings through three types of judicial scrutiny: a) weak test, where the legislator has a broad margin of definition in the law, for example, in economic

---

[85] Friedrich, Carl. *La democracia como forma política y forma de vida* ..., op. cit., p. 104; also, De Vega, Pedro. *En torno a la legitimidad constitucional* ..., op. cit., p. 807–811: also, Ferrajoli, Luigi. *Diritto e ragione* ..., op. cit., pp. 957 and ff.

[86] Alexy, Robert. *Theorie der Grundrechte* ..., op. cit., pp. 130 and ff.; also, Häberle, Peter. *La libertad fundamental en el Estado constitucional* ..., op. cit., pp. 86 and ff.

[87] Hesse, Konrad. *Funktionelle Grenzen der Verfassungsgerichtsbarkeit* ..., op. cit., p. 314.

[88] Hesse, Konrad. *Escritos de derecho constitucional* ..., op. cit., p. 37; Ernst-Wolfgang Böckenförde, *Escritos sobre derechos fundamentales* ..., op. cit., pp. 30 and ss.

[89] BVerfGE 6, 32; BVerfGE, 7, 198; BVerfGE 27, 1, 6; BVerfGE 35, 79, 114; 34, 269, 280, and ; BVerfGE 35, 57, 65; 21, 362, 372.

[90] 304 U.S. 144 (1938), nota 4; (United States versus Carolene Products Co.), in http://www2.law.cornell.edu/ cgi-bin/foli...s=[body]/hit _headings/words=4 hits_only?; also, 323 U.S. 516 (1945), case Thomas versus Collins, en Lockhart, Kamisar, Choper, Shiffrin and Fallon, *The American constitution* ..., op. cit. pp. 828, 851 and 1082.

[91] Alonso García, Enrique. *La interpretación de la constitución* ..., *op. cit.*, pp. 280–297.

material, b) strict test, where legislation relates to usually marginalized groups – suspects - in which the judge offers special protection for the rights of the "potentially discriminated against" groups and c) intermediate test, groups that usually face discrimination are protected but they are positively favored, for example, with quotas – affirmative action –.[92]

3. Free Configuration of the Law

The fact that the Constitutional Tribunal assumes a quota of definition regarding issues of public interest, through the juridical control of the political decisions made by those in power, does not mean that it intervenes in the sphere reserved by the legislator to make the law an instrument of political direction – *politisches Führungsinstrument*.[93] It also does not mean it assumes a position that is subordinate to the legislator without the power to reorient its legislative action. The principle of the classic separation of powers, arising from the era of Parliament as the first State power, has given way to the principle of mixed government[94], with control and balance of powers[95]; because "only a balanced system of reciprocal controls can balance, without threatening liberty, a strong legislative power, a strong executive power and strong judicial power."[96] The determination of the contents of a law is a positive competence that the legislator decides under constitutional criteria, material that belongs to the reserve of the law, as an instrument to form political will[97]. However, the constitutional control of that law is material of negative legislation on the part of the constitutional judge, when said law violates constitutionally justiciable parameters.[98] To this end, there is also a need to leave aside the old thesis of justiciable and non justiciable acts, to the extent that a gamut of possibilities for judicial action lie between them, which are those that give real meaning to the position of the Constitutional Tribunal regarding its role of con-

---

[92] Tribe, Laurence H. *American Constitutional Law ...*, *op. cit.*, chapter 16.; also, Helmut Simon, *Jurisdicción Constitucional ...*, op. cit., p. 854 and ff.; also, Bachof, Otto. *Nuevas reflexiones sobre la jurisdicción constitucional entre derecho y política ...*, op. cit., pp. 845–849.

[93] Ellwein, Thomas. Görlitz, Alex and Schröder, Andreas. *Parlament und Verwaltung*, Volume 1, *Gesetzgebung und politische Kontrolle*, Kohlhammer Verlag, Stuttgart, 1967, pp. 24ff. and 57ff.; also, Schäfer, Friedrich. *Verfassungsgerichtsbarkeit, Gesetzgebung und politische Führung*, Grote, 1980, pp. 10 and ff.

[94] Konrad, Hesse. *Funktionelle Grenzen der Verfassungsgerischtsbarkeit ...*, op. cit., p. 315; Vile, M.J.C. *Constitutionalism and the separation of powers*, Clarendon Press, Oxford, 1967, pp. 71 and ff.; also Cappelletti, Mauro. *Renegar de Montesquieu? La expansión y legitimidad de la justicia constitucional*, in REDC N° 17, 1986 ..., op. cit., p. 33.

[95] Kelsen, Hans. *La garantie jurisdictionnelle de la Constitution (La Justice constitutionnelle)*, RDP, 1928 ..., op. cit., p. 225; Friedrich, Carl. *Constitutional government and politics*, Harper & Brothers publishers, London, 1937, pp. 144 and ff.; also, Finer, Herman. *The theory and practice of modern government*, Methuen & Co., London, 1961, pp. 94 and ff.

[96] Cappelletti, Mauro. *Necesidad y legitimidad de la justicia constitucional*, in *Tribunales constitucionales europeos y derechos fundamentales ...*, op. cit., p. 613.

[97] Schneider, Hans-Peter and Zeh, Wolfgang (editors). *Parlamentsrecht und Parlamentspraxis ...*, op. cit., pp. 993 and ff.; Schäfer, Friedrich. *Verfassungsgerichtsbarkeit, Gesetzgebung und politische Führung ...*, op. cit., pp. 21 and ff.; see, also Linares Quintana, Segundo. *Teoría e historia constitucional*, Volume I ..., op. cit., p. 319, for whom "judicial power should not judge the aim or motivates of the legislator".

[98] Kelsen, Hans. *Wer soll der Hüter der Verfassung sein?*, in Die Justiz, Band VI (1930/31) ...., op. cit., pp. 587 and ff.

stitutional control. The Constitution continues to be a supreme juridical norm that makes the law justiciable[99]. This is even truer in times when the law is not the only political decision adopted by Parliament and nor is the judgment the only resolution adopted by the Constitutional Tribunal. Therefore, for example, if the law of Congress is not – as a rule – a general, abstract and timeless norm, but rather to the contrary, particular, concrete and temporal, it is not reasonable that constitutional justice be excluded from controlling it, based on a formal conception of justice – *justizförmig* – as many times, these singular laws presuppose a specific decision already adopted by the legislator, when the decision in fact corresponds to common or specialized jurisdictions. This raises the problem that Constitutional Court judges can no longer assume a traditional role of objective judges exclusively dependent on the general law, but rather must become magistrates who precisely control those laws, as spokesmen of the Constitution.[100] Today, legislative acts present their own characteristics that the constitutional judge cannot avoid or confuse, therefore "the legislator has the freedom to appreciate reality – if a measure is 'appropriate' to reach a determined end or if a measure, among various possibilities is the 'necessary' (problem of prognostic) in order to distinguish it from freedom of configuration should be called 'estimation prerogative' – Einschätzungsprärogative –"[101]. While in principle, the act of configuring the contents of a normative-constitutional legal decision, as a political option, is not material for constitutional control, it becomes so to the extent that this political option obstructs the democratic values that the Constitution is based on, such as pluralism and political tolerance, as well as fundamental rights and legal due process. In the face of *political question*, the constitutional jurisdiction should seek to clear the channels of participation in the social change of minorities in the face of the constant danger of the all-embracing power of the majorities.[102] If one accepts that the Constitution contains political lagoons outside the control of constitutional jurisdiction, one would be consecrating that there is a political order alongside constitutional juridical order that is not related to constitutional control and can be used arbitrarily by the majority power in place at the time. For this reason, it has been pointed out that while judicial law-making is inadmissible[103], it is less dangerous than legislative to the extent that it can be reverted through legislation or even through constitutional reform. For this reason, the danger of leaving determined laws immune for a *political question*, based on the im-

---

[99] Badura, Peter and Kaiser, Joseph. *Parlamentarische Gesetzgebung und Geltungsanspruch des Rechts*, Wirtschaftsverlag, Köln, 1987, pp. 12 and ff.

[100] Warren, Charles. *Congress, the Constitution and the Supreme Court*, Brown, Boston, 1935, pp. 54 and ff.; also, Hughes, Charles Evans. *The Supreme Court of the Unites States. Its foundation, method and achievements: an interpretation*, Columbia University Press, New York, pp. 1937, p. 242.

[101] Schneider, Hans-Peter. *Jurisdicción constitucional y separación de poderes ...*, op. cit. p. 51, also p. 55; also, Simon, Helmut. *Jurisdicción Constitucional ...*, op. cit., p. 851.

[102] Ely, John Hart. *Democracy and Distrust ...*, op. cit., pp. 105 and ff.; Kelsen, Hans. *La garantie jurisdictionnelle de la Constitution (La Justice constitutionnelle)*, RDP, 1928 ..., op. cit. pp. 252 and f.; Cruz Villalón, Pedro. *Legitimidade da justiça constitucional e princípio da maioria*, in *Legitimidade e legitimação da justiça constitucional*, Colloquium No. 10° Anniversary of Constitutional Tribunal – Lisbon, 28 and 29 May 1993, Coimbra editora, 1995, p. 87; also, Miller, Jonathan. *Control de constitucionalidad; el poder político del Poder Judicial y sus límites en una democracia*, in *El Derecho*, Volume 120, 1987 ..., op. cit., p. 924.

[103] Lord Devlin. *Judges and lawmakers*, in *The Modern Law Review*, Volume 39, N° 1, 1976, pp. 5 and ff.; also, Miller, Jonathan. *Control de constitucionalidad; el poder político del Poder Judicial y sus límites en una democracia*, in *El Derecho*, Volume 120, 1987 ..., op. cit., p. 927.

perfections of the judicialization of politics, opens the possibility for a greater and un-salvageable danger for freedom and the separation of power, the fundamental values of a contemporary Rule of Law.[104] For this reason it corresponds to the Constitutional Tribunal and not to Congress to decide the reach or density of the judicial control of a political question[105] through the development of constitutional interpretation tech-niques and principles. This avoids a situation where judicial abuse is installed in the face of parliamentary abuse. However, it does not make the system immune from a series of problems, such as a general sensation of going from governments with demo-cratic representatives to a government branch of judges[106] without any mechanisms to ensure the democratic responsibility of those judges given that constitutional magistrates do not respond to any public power for their own opinions. This situation has lead many voices to be raised, legitimately asking *quo vadis?* and *qui custodet custodes?*[107]. There is no single solution to this real danger but definitely a careful selection of magistrates[108], the establishment of institutional guarantees that provides legal regulations as well as respect for the limits of their constitutional interpretation in political cases, will reduce the possibilities of the uncontrolled exercise of constitutional magistrates[109]. It need not be said that judicial responsibility is also profiled in the continuous and permanent cooperative relationships with the other powers.[110]

V. Conclusion

The old British constitutional experience had a direct influence on the founding of North American constitutionalism and, in particular the rise of the judicial review of the law, given the danger of a government with no limits. In this sense, Judge Marshall,

---

[104] Cappelletti, Mauro. *Necesidad y legitimidad de la justicia constitucional*, in *Tribunales constitucionales euro-peos y derechos fundamentales ...*, op. cit., pp. 627–629; Ferrajoli, Luigi. *Diritto e ragione ...*, op. cit. pp. 929 and ff.; Carrasco Perera, Angel. *El "juicio de razonabilidad" en la justicia constitucional*, in REDC, Year 4, N° 11, 1984 ..., op. cuit., pp. 79 and ff.; also Hitters, Juan Carlos. *Legitimación democrática del Poder Judicial y control de constitucionalidad*, in *El Derecho*, Volume 120, 1987 ..., op. cit., pp. 908–909.

[105] Bickel, Alexander. *The last dangerous branch the Supreme Court at the bar of politics ...*, op. cit., pp. 86ff. and 108ff.; also, Shapiro, Martin. *Law and politics and the Supreme Court ...*, op. cit., pp. 50 and ff.

[106] Lambert, Edouard. *Le gouvernement des judges et la lutte contre la législation sociale aus État-Unis. L' expe-riénce américane du controle judiciaire de la constitutionnalité des lois ...*, op. cit., pp 220–236.

[107] Isensee, Josef. *Bundesverfassungsgericht – quo vadis?*, in JZ 22, 1996, pp. 1085 and ff.; 51, Shapiro, Mar-tin. *Who guards the guardians? Judicial control of administration ...*, op. cit., pp. 62 and ff.; also, Wolfe, Christo-pher. *The rise of modern judicial review, from constitutional interpretation to judge-made law ...*, op. cit., pp. 1–11; also, Rubio Llorente, Francisco. *La igualdad en la aplicación de la ley*, in *La vinculación del juez a la ley ...*, op. cit., pp. 152 and ff.

[108] Billing, Werner. *Das Problem der Richterwahl zum Bundesverfassungsgericht. Ein Beitrag zum Thema "Po-litik und Verfassungsgerichtsbarkeit" ...*, op. cit., pp. 82 and ff.; also, Bachof, Otto. *Nuevas reflexiones sobre la ju-risdicción constitucional entre derecho y política ...*, op. cit., p. 844.

[109] Scheuner, Ulrich. *Verantwortung und Kontrolle in der Demokratischen Verfassungsordnung*, in *Festschrift für Gebhard Müller. Zum 70. Geburtstag des Präsidenten des Bundesverfassungsgerichts*, (Th. Ritterspach and W. Geiger), J.C.B. Mohr (Paul Siebeck), Tübingen, 1970, pp. 379 and ff.; ders.: *Die Kontrolle der Staatsmacht im demokratischen Staat ...*, op. cit., p. 78; Otto Kimminich, *Estado de Derecho, democracia, Constitución*, in *Universitas*, Vol. XXVI, N° 1, 1988, p. 1;

[110] Barrow, Deborah / Walker, Thomas. *A court divided, The fifth courts of appeals and the politics of judicial reform*, Yale University Press, New Haven – London, 1988, pp. 248 and ff.

consecrated the competence of judges to examine the compatibility of the laws with the Constitution 200 years ago in the *Marbury vs. Madison case*. Since then, the principle of constitutional supremacy over the law has made it possible to rule that legal norms passed by Congress or the president should not be applied in cases where they are interpreted to be unconstitutional. In this sense, the judicial review process has not always been peaceful, due to the concepts that exist between constitutionalism and democracy, where North American judges have played and play a role of constitutional intermediary between government decisions and public opinion regarding these measures. For this reason, given the problems of national security that have created exceptional circumstances regarding the defense of people's rights, the judicial control of power excesses is more important than ever. Because, it is in these situations where the government, as a majority power commits the greatest excesses or abuses with greater regularity. And this is precisely the case that originated the constitutionalism and judicial review of the law in the United States with the *Marbury vs. Madison case*. This does not mean that judges will replace public opinion or assume a counter-majority position to government but rather that they implement the Constitution and democracy, through the judicial interpretation of the law in concrete cases. They do this based on a constitutional cannon that characterizes modern constitutional democracies: limitation of power, respect to the Rule of Law, and protection of fundamental rights. For which, the dominant idea of an open society in the current process of the globalization of the law serves as both an impetus and an incentive, which demands that North American constitutionalism be open to an international system based on International Law that is pluralist and is marked by consensus on the part of the nations of the world. This is the key to understanding North American constitutional justice because both share the same universal principles. In this sense, the international human rights treaties that the North American government is reluctant to sign or accept only demonstrates the international unilateralist position, or moral double standard of the government of the United States under which it recognizes these rights for its own citizens within and outside of its territory but restricts or denies them to foreigners. Using this logic and political practice, President Bush has been violating the foundation of the Democratic State that dates back to the founding fathers of the United States. Because in failing to recognize the principle of international legality, the right to due process for all human beings, including foreigners, he is flagrantly violating both the foundation of the North American constitutional order and the international juridical order. To demand judicial review is a constitutional right of all people, therefore, it is possible to raise a political question not only in the United States[111] about problems generated by North American national security legislation, which allows the Supreme Tribunal to review and value its position as the final guaran-

---

[111] England and Wales Court of Appeal (Civil Division) Decisions. *The Queen on the application ob Abbasi / Anor. Claimants and Secretary of State for Foreign and Commonwealth Affairs / Secretary of State for the Home Department Defendants.* In this case, a British citizen captured in Afghanistan was imprisoned on the North American Base in Guantánamo, Cuba, with no charges, no period for detention. He filed a habeas corpus recourse that was rejected by a North American judge on the grounds that the base is outside the sovereignty and jurisdiction of the United States. Despite the fact it is a North American base, the prisoners are in a juridical limbo, held without being charged, prosecuted or condoaned. See: http://www.baili.org/ew/cases/EWCA/Civ/2002/1598.html

tor of civil rights. This will only be possible through a constitutional reasoning and a humanitarian mentality that controls government excesses, integrating minority and majority opinions as was done by the Marshall Tribunal 200 years ago in 1803, to guarantee the judicial control of the law that were unconstitutional in a concrete case.

Mexiko – Konturen eines Gemeinamerikanischen Verfassungsrechts – ein jus commune americanum

von

Professor Dr. Dr. h.c.mult. Peter Häberle

Bayreuth/St. Gallen[*]

Inhalt

---

[*] Vortrag, gehalten auf Einladung der UNAM Universität in Mexiko City am 26. Februar 2003.

Einleitung, Problem

Mexiko ist gerade in allerjüngster Zeit ins Rampenlicht der europäischen, vielleicht sogar der Weltöffentlichkeit geraten. Das zeigt sich bei der „Wende", die sich dank der demokratischen Wahl des Präsidenten *V. Fox* im Jahre 2000 vollzogen hat[1], es zeigt sich in der Gründung einer Freihandelszone mit Nordamerika und es wurde besonders greifbar im Zusammenhang mit der Reise von Papst *Johannes Paul II.* im Sommer 2002 und der Heiligsprechung eines indianischen Bauern aus dem 16. Jahrhundert. Gewiss, der literarischen Öffentlichkeit ist der Schriftsteller *Octavio Paz* ein Begriff, aber damit kann das große Potential der vom Papst geschaffenen spezifischen Öffentlichkeit kaum verglichen werden[2]. In der erklärten Absicht, „indianische Werte" zu verteidigen, spricht er selbst vom „Modell einer geglückten Inkulturation des Evangelismus" – im Blick auf die Verehrung des Marienheiligtums von Guadeloupe bzw. den damit verbundenen neuen Heiligen *Juan Diego*. Die deutsche Presse hat all dies mit prägnanten Schlagworten verfolgt[3]. Freilich sind auch schon unerwartete Folgen verfassungsjuristischer Art eingetreten: Die Ehrerbietung des Präsidenten *Fox* gegenüber dem Papst, insbesondere seine Bezeichnung der Mexikaner als „katholisches Volk" hat zu einer innenpolitischen Debatte über die Trennung von Staat und Kirche geführt[4].

Auf diesem Hintergrund mag es sinnvoll sein, verfassungstheoretische Grundsatzfragen aufzuwerfen, die man derzeit *in* Europa und *für* Europa diskutiert. Das darf

---

[1] Dazu etwa FAZ vom 15. Juli 2002, S. 3: „Kein Pardon mehr für Reiche und Mächtige. Unter Präsident Fox arbeitet Mexiko seine Vergangenheit auf". Auch die kulturwissenschaftliche Forschung hat sich jüngst des Mexiko-Themas wieder intensiv angenommen, siehe etwa *S. Bauer*, Alternative Mexikountersuchungen zu Mexikobildern in der US-amerikanischen Kulturkritik zwischen 1920 und 1933, 2002; *D. Boris*, Mexiko im Umbruch, 1996. Aus der neuesten deutschen rechtsvergleichenden Literatur mit Blick auf Mexiko *A. Jooss*, Das Urheberrecht in Mexiko, 2001; *A.M. Pacón*, Markenrecht und Verbraucherschutz in Lateinamerika, 1999.

[2] Schon die Papstreise aus dem Jahre 1979 war mehr als öffentlichkeitswirksam und hat auch ihren literarischen Niederschlag gefunden, z.B.M. *Lüning* u.a. (Hrsg.), Der Papst in Mexiko, 1979.

[3] Vgl. nur FAZ vom 30. Juli 2002, S. 6: „Mit seinem Besuch in Guatemala und Mexiko ehrt der Papst die indianischen Ureinwohner"; FAZ vom 2. August 2002, S. 6: „Papst: Indianische Werte verteidigen".

[4] Dazu FAZ vom 3. August 2002, S. 5. Aus der älteren Lit. siehe bereits *P.Ch. Stanchina*, Das Verhältnis von Staat und Kirche in Mexiko, 1978.

nicht im Sinne einer eurozentrischen Besserwisserei geschehen, vielmehr soll das partnerschaftliche Gespräch gesucht werden, in dem Europa auch etwas von Lateinamerika lernen kann. Die „Werkstatt Verfassungsstaat" ist heute ein universales Vorhaben, bei aller Typenvielfalt der einzelnen Länder und der Unterschiedlichkeit ihrer nationalen Kulturen. Einerseits muss mit den bescheidenen Mitteln des Verfassungsjuristen alles getan werden, dass sich ein Kontinent wie Lateinamerika mit seinem multiethnischen und multikulturellen Völkerreichtum auch im Zeitalter der Globalisierung behauptet, andererseits wird es im Blick auf den Mercosour oder ähnlich dichte wirtschaftliche Zusammenschlüsse dringlich, nach dem Koordinatensystem zu suchen, das von der verfassungstheoretischen Seite her nützlich sein könnte. Hier bietet sich die Fragestellung an, die *in* Europa *für* Europa unter dem Stichwort „Gemeineuropäisches Verfassungsrecht" seit 1983/91 diskutiert wird. M.a.W.: Gibt es schon greifbare Konturen für ein „Gemeinamerikanisches Verfassungsrecht"? – bei aller Spannung zwischen dem angloamerikanischen Raum der USA und Kanada einerseits, dem lateinamerikanischen Raum andererseits. Lassen sich vorsichtige Analogien zum schon erkennbaren Gemeineuropäischen Verfassungsrecht – und in Zukunft ausgreifend – zu einem hypothetisch denkbaren „gemeinasiatischen Verfassungsrecht" ziehen?[5] In vier Teilen seien im folgenden die angedeuteten Grundsatzfragen diskutiert. Dabei wird besonderer Wert auf die Theorie gelegt. „Vorverständnis und Methodenwahl" seien Stück für Stück offengelegt.

Erster Teil: Der Theorierahmen: ein – pluralistischer – Kulturraum, die Spannung zwischen der latein- und angloamerikanischen Kultur

I. Der kulturwissenschaftliche Ansatz

Die Frage nach der Möglichkeit von „gemeinamerikanischem Verfassungsrecht" muss eröffnet werden durch die Skizzierung des kulturwissenschaftlichen Ansatzes. Seit 1982 Schritt für Schritt entwickelt[6], ergänzt er das herkömmliche Verständnis von „Verfassung", etwa die Lehre von der Verfassung als „Anregung und Schranke" (*R. Smend*), als „Norm und Aufgabe" (*U. Scheuner*), als „Beschränkung und Rationalisierung von Macht" (*H. Ehmke*), von „Verfassung als öffentlicher Prozeß" (*P. Häberle*) um die Idee, Verfassung eines politischen Gemeinwesens sei *Kultur*. Die Verfassungsnormen entstehen und verstehen sich aus kulturellen Prozessen und sie erklären sich aus Texten und *Kon*texten. Im einzelnen heißt dies:

Mit „bloß" *juristischen* Umschreibungen, Texten, Einrichtungen und Verfahren ist es aber nicht getan. *Verfassung* ist nicht nur rechtliche Ordnung für Juristen und von diesen nach alten und neuen Kunstregeln zu interpretieren – sie wirkt wesentlich auch als Leitfaden für Nichtjuristen: für den Bürger: Verfassung ist nicht nur juristischer

---

[5] Dazu *P. Häberle*, Aspekte einer kulturwissenschaftlich-vergleichenden Verfassungslehre in weltbürgerlicher Absicht – die Mitverantwortung für Gesellschaften im Übergang, JöR 45 (1997), S. 555 (576ff.).

[6] Von *P. Häberle*, Verfassungslehre als Kulturwissenschaft, 1. Aufl. 1982, 2. Aufl. 1998; Teilübersetzung ins Spanische: Teoría de la Constitución como ciencia de la cultura, 2000; jetzt auch Constitución como cultura, 2002.

Text oder normatives „Regelwerk", sondern auch Ausdruck eines kulturellen Ent-
wicklungszustandes, Mittel der kulturellen Selbstdarstellung des Volkes, Spiegel seines
kulturellen Erbes und Fundament seiner Hoffnungen. *Lebende* Verfassungen als ein
Werk aller Verfassungsinterpreten der offenen Gesellschaft sind der Form und der Sache nach weit mehr Ausdruck und Vermittlung von *Kultur*, Rahmen für kulturelle
(Re-)Produktion und Rezeption und Speicher von überkommenen kulturellen „Informationen", Erfahrungen, Erlebnissen, Weisheiten[7]. Entsprechend tiefer liegt ihre –
kulturelle – Geltungsweise. Dies ist am schönsten erfasst in dem von *H. Heller* aktivier-
ten Bild *Goethes*, Verfassung sei „geprägte Form, die lebend sich entwickelt".

Vor allem die Kontextthese von 1979[8] baut Brücken zu den für die Verfassungslehre
unentbehrlichen sog. „Nachbarwissenschaften" wie der Verfassungsgeschichte, der
Verfassungssoziologie, auch der Ökonomie und der Pädagogik. Man denke etwa an
die Erziehungsziele, die Guatemala (1985) und Peru (1979) pionierhaft früh zu Verfassungsthemen gemacht haben (Stichwort: Menschenrechte/Grundrechte als Erziehungsziele). Die Relevanz des Wirtschaftlichen, auch für den Verfassungsstaat, etwa in
der (zu bejahenden) Frage greifbar, wie viel Wohlstand eine Demokratie braucht oder
ob es einen einklagbaren Anspruch auf das ökonomische Existenzminimum geben
muss (vgl. jetzt Art. 12 neue Bundesverfassung der Schweiz von 2000), liegt auf der
Hand. Zwar ist der Markt nicht das Maß aller Dinge, er ist nicht das Maß des Menschen! Wohl aber lebt der Verfassungsstaat auch von den wirtschaftlichen Erfolgen
und Ergebnissen seines Volkes. Das Konzept von der „Verfassung als Kultur" kann
diese Einsicht nicht zur Seite schieben, wohl aber richtig einordnen.

Der kulturwissenschaftliche Ansatz ermöglicht auch, zwischen dem Verfassungsstaat als Typus mit den Elementen Menschenwürde und Demokratie, Gewaltenteilung und Rechtsstaat sowie dezentralen Strukturen wie Föderalismus und als – „kleiner Bruder" von ihm – Regionalismus einerseits und der individuellen Beispielsviel-
falt der einzelnen Länder andererseits zu unterscheiden. Sie sind durch ihre je eigene
Verfassungsgeschichte geprägt, auch durch ihre Wunden und Traumata, Erfolge und
Feste, sie machen das ihnen Wichtige zum Verfassungsthema (so die Ukraine in ihrem
Tschernobyl-Artikel 16 von 1996), sie feiern ihre Unabhängigkeit in nationalen
Festen (z.B. Art. 2 Verf. Gabun von 1991/94) und sie entwickeln ganz eigene kulturelles Erbe-Klauseln (Beispiele unten). Auch Nationalhymnen und ähnlich „emotionale Konsensquellen" gehören hierher, man denke nur an die Bedeutung der Marseil-
laise für Frankreich oder an das Deutschland-Lied für meine Nation, in Lateinamerika
an Art. 7 Verf. Honduras von 1982/94 oder Art. 5 Verf. Venezuela von 1961/83.

Mit dem „annus mirabilis 1989" hat der kulturwissenschaftliche Ansatz neue
Schubkraft gewonnen. Über die Verfassungslehre hinaus werden andere Disziplinen
wie die Sprach- oder Religionswissenschaften kulturwissenschaftlich vertieft. Das darf
uns ermutigen, auch im Blick auf einen anderen Kontinent und in ihm ein anderes
Land wie Mexiko nach dem wissenschaftlichen „Potential" dieses Ansatzes zu suchen.

---

[7] Im nicht-juristischen, kulturanthropologischen bzw. ethnologisch gewendeten Sinne wird der Begriff „Verfassung" nicht zufällig benutzt bei *B. Malinowski*, Eine wissenschaftliche Theorie der Kultur
(1941), 1975, S. 142.

[8] *P. Häberle*, Kommentierte Verfassungsrechtsprechung, 1979, S. 44 ff., weiterentwickelt in *ders.*, Europäische Verfassungslehre, 2001/2002, S. 9 ff.

Die *Grenzen* seien nicht verschwiegen. Begriffe wie der „kulturelle Kontext", „Freiheit als Kultur" und „Freiheit aus Kultur", „Kulturnation", „Kulturföderalismus" und „Kulturregionalismus", ja sogar „kulturelle Demokratie" erweitern und vertiefen die herkömmliche juristische Arbeit, aber sie sind nicht alles. Es bleibt die disziplinierende Rolle der Dogmatik, das „juristische Handwerkszeug" mit seinen klassischen vier, m.E. jetzt fünf Auslegungsmethoden, der Erfahrungsschatz überhaupt, mit dem Juristen arbeiten; doch vermittelt der kulturwissenschaftliche Ansatz eine Bereicherung und Sensibilisierung des Verfassungsrechts für das „hinter" oder „vor" den Rechtsnormen Wirkende. „Kultur", ein Begriff, der *Cicero* zu verdanken ist, meint das vom Menschen Geschaffene. Dabei helfen Unterscheidungen: die Kultur im *engeren* Sinne des „Guten, Wahren und Schönen" der antiken Tradition, hinzu kommt die Kultur im *weiteren* Sinne: Bräuche, Sitten, Techniken. *A. Gehlens* „Zurück zur Kultur" ist der Gegenklassiker zu *Rousseaus* „Zurück zur Natur". Freilich lässt sich das Verhältnis von Natur und Kultur letztlich wohl nicht enträtseln. *Goethes*: „Natur und Kunst, sie scheinen sich zu fliehen und haben sich, eh man es denkt gefunden" vermittelt uns eine Tendenz, aber keine letzte Wahrheit. Indes ist klar, dass bei diesem Ansatz auch Eingeborenenkulturen ihren Platz haben. In sog. Entwicklungsländern wird ihre identitätsstifende Bedeutung immer mehr bewusst. Als nicht nur humorvolles Beispiel sei die sehr ernst zu nehmende Frage gestellt und mit Ja beantwortet, ob auch Baumstämme, in denen etwa in Afrika sog. Naturvölker „Baumgeister" vermuten, nationalen und internationalen Kulturgüterschutz verdienen.

II. Der Verfassungsvergleich – national und übernational

Die in Raum und Zeit komparatistische Methode[9] hat eine *Trias* zum Gegenstand: Verfassungstexte, Verfassungstheorien und verfassungsrichterliche Judikate. Bei den Texten ist zu unterscheiden zwischen den Verfassungstexten im engeren Sinne, d.h. den geschriebenen Texten der Verfassungsurkunde und den Verfassungstexten im weiteren Sinne, d.h. die von mir sog. „Klassikertexte"[10] – man denke nur an *Montesquieu* oder neu an *H. Jonas* („Prinzip Verantwortung"), der mittlerweile seit 1979 in viele Verfassungstexte umgesetzt worden ist, in Europa etwa in der Verfassung Berns von 1993 (Präambel) oder im neuen Art. 20 a GG von 1994. Der Kanon der Klassikertexte ist offen, aber unentbehrlich für die Weiterentwicklung des Verfassungsstaates als Typus. Wir lesen zwar wohl alle Verfassungen noch heute buchstäblich „mit den Augen" *Montesquieus*, d.h. seiner Gewaltenteilung, wir entwickeln diese aber weiter, z.B. in der Theorie von der vertikalen Gewaltenteilung im Bundesstaat als einem Legitimationsgrund für den Föderalismus.

---

[9] Eine vergleichende Fragestellung bei *M. Neves,* Lateinamerikanische Verfassungen zwischen Autokratismus und Demokratisierung, VRÜ 30 (1997), S. 503ff.; *H. Werz*, Dezentralisierung und regionale Entwicklung in Lateinamerika, VRÜ 23 (1990), S. 190ff.; *P. Waldmann*, Rechtsunsicherheit, Normpluralismus und soziale Autonomie in Lateinamerika, VRÜ 31 (1998), S. 427ff.; *A. Ferraro*, Machtwille und Machtressourcen der lateinamerikanischen Parlamente, VRÜ 35 (2002), S. 23ff.

[10] Dazu *P. Häberle*, Klassikertexte im Verfassungsleben, 1981; *M. Kotzur*, Die Wirkweise von Klassikertexten im Völkerrecht, JöR 49 (2001), S. 329ff.

Texte, Theorien und Judikate gehen im Laufe der Entwicklungsgeschichte des Verfassungsstaates eine wechselvolle Synthese ein: bald genügt bei einer jungen Verfassung der bloße Text, bald können wir ihn nur noch mit Hilfe von Theorien verstehen, bald gilt das deutsche Grundgesetz nur noch so, wie es vom BVerfG ausgelegt wird, um eine berühmte Formel aus den USA abzuwandeln. Vor allem aber lässt sich allenthalben die Richtigkeit des 1989 vorgeschlagenen *Textstufenparadigmas* belegen[11]. Was im einen Verfassungsstaat noch nicht Text ist, entwickelt sich im anderen schon als Verfassungswirklichkeit durch Staatspraxis, Theorien und richterliche Entscheidungen. Später rezipiert der benachbarte Verfassungsstaat im Wege einer Verfassunggebung oder einer Verfassungsänderung diese „fremde" Wirklichkeit, bringt sie auf Texte und Begriffe und schreibt so die alte Verfassung um eine und auf einer neuen Stufe fort. In nationalen Verfassungen in Europa lassen sich hierfür viele Beispiele anführen: etwa bei den Grundrechten in Gestalt des Grundsatzes der Verhältnismäßigkeit (jetzt auch auf EU- und EMRK-Ebene gültig)[12], beim differenzierten grundrechtlichen Wesensgehaltschutz (pionierhaft ist hier die Schweiz), beim Pluralismus-Prinzip im Medienverfassungsrecht (prätorisch wirkte hier europaweit das deutsche BVerfG), bei der Bundestreue, auch in Regionalstaaten wie Spanien, beim Verfassungsrecht der politischen Parteien. Vor allem die neuen Verfassungen in Osteuropa bringen vieles auf Texte und Begriffe, was in Westeuropa sich nach und nach in der Verfassungs*wirklichkeit* entwickelt hat. Die Rezeptions- und Produktionsprozesse in Sachen der Prinzipien des Verfassungsstaates sind heute weltweit zu beobachten. Das Geben und Nehmen kennt keine Grenzen zwischen Kontinenten und Nationen.

Das Textstufenparadigma lebt nicht zuletzt aus der Kanonisierung der *Rechtsvergleichung* zur *„fünften"* Auslegungsmethode. Nach den klassischen vier von *F.C. von Savigny* (1840) brauchen wir heute die erklärte Aufwertung der Rechtsvergleichung zur fünften Methode, ein Vorschlag von mir aus dem Jahre 1989[13]. Zwar lässt sich im Einzelfall der Rechtsanwendung das Zusammenspiel der vier bzw. fünf Auslegungsmethoden nicht vorweg abstrakt postulieren, da erst die oft intuitive Gerechtigkeitskontrolle (durch den Richter) den Pluralismus der Methoden zusammenführt bzw. ordnet. Doch erweist sich im Einigungsprozess des heutigen Europa die Rechtsvergleichung immer klarer als unentbehrlich. Sie wird von den nationalen Verfassungsgerichten oft uneingestandenermaßen praktiziert, sollte aber offengelegt werden. Dabei wirkt die *schöpferische* Kraft der Rechtsvergleichung auf zwei Ebenen bzw. in zwei Formen: als Rechtsvergleichung in der Hand des (Verfassungs-)Richters (und des Staatsrechtslehrers) und als Rechtsvergleichung im Dienste der Rechtspolitik.

Letztlich freilich hat jede Art Rechtsvergleichung noch tiefer zu greifen: zu fragen ist nach den Rechtsnormen *philosophisch* vorausliegenden Prinzipien, Texten, Paradigmen. So beruhen viele europäische Grundlagen des Strafrechts auf der Philosophie von *I. Kant*, letztlich etwa auch der Satz „nulla poena sine lege" (*P.J.A. Feuerbach*), so sind viele Menschenrechte durch den Rationalismus der Aufklärung geprägt, so hat das Modell des Gesellschaftsvertrags seine lange und tiefe Philosophiegeschichte in

---

[11] Textstufen als Entwicklungswege des Verfassungsstaates, FS Partsch, 1989, S. 555ff.

[12] Vgl. etwa EuGH, Slg. 1989, 2237 (2269); aus der Lit. mit zahlreichen Nachweisen *J. Schwarze*, Europäisches Verwaltungsrecht II, 1988, S. 661ff.

[13] Grundrechtsgeltung und Grundrechtsinterpretation im Verfassungsstaat, JZ 1989, S. 913ff.

Europa und darüber hinaus (von *J. Locke* bis *J. Rawls*), um nur wenige Beispiele zu nennen. Damit führt der Weg zurück zu Klassikertexten, ggf. auch von Dichtern, etwa von *F. Schiller* zur Menschenwürde oder von *B. Brecht* zur Staatsgewalt („Alle Staatsgewalt geht vom Volke aus, aber wo geht sie hin?"). Im Kraftfeld solcher Teilphilosophien, zuletzt etwa des Kritischen Rationalismus von *Popper,* „gelten" letztlich wohl die meisten Rechtsnormen. Die philosophischen Ideen wirken wie ein großer Katalysator, machen vor allem die Verfassung zu einem „öffentlichen Prozess"[14].

III. Anknüpfungspunkte für ein Gemeinamerikanisches Verfassungsrecht – der „Modellcharakter" Europas

1. Europa im engeren und weiteren Sinne, die Teilverfassungen

Vorweg seien einige Strukturierungen des Europäischen Verfassungsrechts skizziert. Erst dann kann nach den Analogiemöglichkeiten im Blick auf ein gemein*(latein)amerikanisches* Verfassungsrecht gesucht werden. Zu unterscheiden ist zwischen dem Europarecht im engeren Sinne der EU (einer Teilverfassung) in den Verträgen von Maastricht und Amsterdam (1992/97) und dem Europarecht im weitern Sinne des Europarates bzw. der OSZE (mit seinen derzeit 45 bzw. 55 Mitgliedern). Das Europa im engeren Sinne der EU ist schon in sehr intensiver Dichte teilverfasst. Demgegenüber gibt es für den Raum des Europa im weiteren Sinne nur sehr fragmentarische, ja punktuelle Verfassungsstrukturen; die tragfähigste ist die EMRK von 1950 in ihrem schon weiträumig großen Geltungsbereich.

Bei all dem ist kulturwissenschaftlich zu arbeiten: Europa ist ein *kultureller Begriff,* in seinen Grenzen offen und flexibel (Problemfall Israel, auch die Türkei, auch wenn diese heute *Homer* entdeckt[15]). Die Charakteristika der europäischen Rechtskulturen, die zugleich die wirksamsten „Bindemittel" sind, seien hier nur kurz aufgezählt: Geschichtlichkeit (mit dem Höhepunkt des Römischen Rechts), die Wissenschaftlichkeit (einschließlich der wissenschaftlichen Dogmatik), die Unabhängigkeit der Rechtsprechung (samt ihren Konnexgarantien wie dem rechtlichen Gehör und anderen due-process-Garantien, Ausprägung des „europäischen Rechtsstaates"), die weltanschaulich-konfessionelle Neutralität des Staates mit ihrer grundlegenden Religionsfreiheit (wobei es freilich viele Varianten des Religionsverfassungsrechts gibt: von der strengen Trennung von Staat und Kirche in Frankreich bis zu den Kooperationsformen wie in Deutschland), die europäische Rechtskultur als Vielfalt und Einheit – die Pluralität des nationalen Rechts ist ein Teil der europäischen Identität sowie sechstens die Partikularität und Universalität der europäischen Rechtskultur – partikular sind Einzelausprägungen wie der Regionalismus oder Föderalismus, manche Grundrechte wie der Schutz kultureller Minderheiten als solcher oder die Alternativen von parlamentarischem oder präsidialem Regierungssystem; universaler Natur sind vor allem die Garantie der Würde des Menschen.

---

[14] *P. Häberle,* Verfassung als öffentlicher Prozess (1978), 3. Aufl. 1998.
[15] Dazu FAZ vom 27. August 2002, S. 34.

2. *Vergegenwärtigung der Theorie des „Gemeineuropäischen Verfassungsrechts"*

1991 erstmals systematisch entfaltet, sei das Theorieraster des „Gemeineuropäischen Verfassungsrechts" kurz umrissen, um es für eine spätere Bereitstellung für Lateinamerika bzw. eine etwaige Analogiebildung zu öffnen. Dabei sind hier nur Stichworte möglich.

(1) Das „*Gemeinrecht*" ist eine erprobte rechtswissenschaftliche Kategorie, die im Zivilrecht in Anknüpfung an das alte europäische jus commune vom 13. bis zum Ende des 18. Jahrhunderts von der modernen Privatrechtswissenschaft wiederbelebt wurde und zwar zur Überwindung des klassischen Nationalstaates und seines etatistischen Rechtsquellenmonopols. Gemeinrecht zielt auf gemeinsam ausgerichtete Rechtsentwicklungen, die grenzüberschreitend wirken, das Grundsätzliche hervorheben und letztlich auf einem gemeinsamen Wurzelboden der Rechtskultur und Kultur basieren. „Gemeinrechtsdenken" hat eine heuristische Funktion und dient dazu, im Europa von heute das Gemeinsame im Zivilrecht und Strafrecht, aber auch im Verwaltungsrecht und Verfassungsrecht bewusst zu machen und weiterzuentwickeln.

(2) Die *Prinzipienstruktur* des Gemeineuropäischen Verfassungsrechts verweist auf das wirklich Grundlegende, nicht auf das formelle Detail, zugleich auf Flexibilität und Offenheit. Der Begriff „Prinzipien" hat vor allem seit *J. Essers* großer Monographie „Grundsatz und Norm" (1956, 4. Aufl. 1990) vom deutschen und angloamerikanischen Privatrecht her Karriere gemacht und auch die Theorie der Grundrechte seit *R. Alexys* Werk (1985) befruchtet. In Europa geht es um verallgemeinerungsfähige Verfassungsprinzipien über alle nationalstaatlichen Grenzen hinweg. Sie können auch zu einer Kräftigung der oft beschworenen „europäischen Identität" führen.

(3) Es gibt *zwei Wege der Rechtsgewinnung* in Sachen gemeineuropäisches Verfassungsrecht. Zum einen geht es um *Rechtspolitik*. Hier sind alle Verfassunggeber in Europa gefordert: die auf der nationalen wie übernationalen Ebene. Zum anderen geht es um den Weg *interpretatorischer Rechtsfindung*: auf der nationalen wie übernationalen Ebene. Nicht nur die Richter der nationalen und europäischen Verfassungsgerichte sind nach Maßgabe einer noch zu entwerfenden gemeineuropäischen Methodenlehre gehalten, durch Vergleichen des Gleichen und Ungleichen, „wertend" i.S. der Lehre von der Rechtsvergleichung als „fünfter" Auslegungsmethode vorzugehen. Auch die einzelnen nationalen Wissenschaftlergemeinschaften müssen in Kenntnis der jeweils anderen um das Gemeineuropäische Verfassungsrecht ringen. Dabei gibt es auch eine *Arbeitsteilung* zwischen den unterschiedlichen Literaturgattungen: vom Lehrbuch über den Kommentar bis zum Grundlagenaufsatz und zur Urteilsrezension. Alle nationalen Rechtskulturen müssen darum ringen, mit ihren verschiedenen Stimmen – voneinander lernend – Beiträge zur „europäischen Identität" zu leisten, ohne ihre nationalen Identitäten aufzugeben[16]. Diese Zusammenfassung muss genügen, um nach den Möglichkeiten und Grenzen der Übertragbarkeit dieser Theorie auf (Latein)Amerika zu suchen.

---

[16] Zum Vorstehenden: *P. Häberle*, Gemeineuropäisches Verfassungsrecht, EuGRZ 1991, S. 261 ff.; auch mehrfach ins Spanische übersetzt, z.B. in: Revista de Estudios Politicos 79 (1993), S. 7 ff.

Zweiter Teil: Der Bestand in Lateinamerika – Typologie gemeinamerikanisch orientierter Texte in iberoamerikanischen Rechtskulturen (Auswahl) – ein Theorierahmen

Vorbemerkung

Konstitutionelle Rechtstexte bringen in besonders konzentrierter Form Inhalte zum Ausdruck, die sonst (etwa aus einer Zusammenschau der richterlichen Entscheidungen und wissenschaftlichen Dogmatik) für einen einzelnen Gelehrten im Ganzen schwer erschließbar sind. Sie mögen oft (noch) „deklaratorisch" und „deklamatorisch" wirken, Programm oder gar utopisch sein: einmal in der Welt, können solche Texte mittel- und langfristig doch normative Kraft entfalten und Trends ankündigen, die im politischen Prozess liegen. Ihr oft größerer Abstraktions- und Verdichtungsgrad erhöht ihre „Potentialität" „im Laufe der Zeit". In Sachen Europäischer Einigung seit 1952 sind auf den nationalen wie übernationalen Ebene nach und nach sehr variantenreiche ausgekräftigte Texte entstanden, die über Europa hinaus Vorbild sein könnten: etwa in Lateinamerika (später vielleicht auch in Asien). Die dortigen Länder machen sich erst langsam auf den Weg einer kontinentalen Vergemeinschaftung bzw. Integration, die einzelnen Nationalstaaten sind noch stark auf sich selbst bezogen. Doch ist zu vermuten, dass es schon heute durchaus Textmaterialien gibt, die mindestens Vorstufen oder „Vorboten" für eine großräumige Integration sind. Man darf zwar kein „nationales Amerika-Verfassungsrecht" erwarten, das den differenzierten Erscheinungsformen des „nationalen Europaverfassungsrechts" entspricht, etwa einen Art. 23 nF GG (Europa als Staatsziel) oder Art. 7 Abs. 5 Verf. Portugal („europäische Identität"), wohl aber sollte eine sensible Textstufenanalyse einige Ergebnisse zeitigen, die auf den gemeinamerikanischen Weg hindeuten und Umrisse „lateinamerikanischer Identität" im Rahmen ganz Amerikas ahnen lassen.

I. Allgemeine und spezielle „Amerika-Artikel" in lateinamerikanischen Verfassungen

1. Bestandsaufnahme

„Amerika", „Lateinamerika" oder einzelne Regionen wie „Zentralamerika" oder der karibische Raum finden sich textlich in mannigfachen Formen. Sie begegnen im Text und Kontext von Präambeln, im Gewand der Staatsaufgaben, im Zusammenhang mit Verfassungsnormen zur Staatsbürgerschaft (Öffnungen auch für kulturraummäßig verwandte Bürger: Naturalisation/Einbürgerung) und an sonstigen Stellen geschriebener Verfassungen. Hier eine Auswahl von Beispielen[17].

Art. 37 Abs. 1 Verf. Bolivien (1967/95)[18] privilegiert Spanier und Lateinamerikaner in bestimmter Hinsicht bei der Naturalisation. Art. 4 einziger Paragraph Verf. Brasi-

---

[17] Die folgenden Texte sind zit. nach L. Lopez Guerra/L. Aguiar (coord.), Las Constituciones de Iberoamerica, 1998.

[18] Aus der Lit.: *F.F. Segado*, La Jurisdiccion Constitucional en Bolivia, VRÜ 34 (2001), S. 315ff., 520ff.

lien (1988)[19] macht die wirtschaftliche, politische, soziale und kulturelle „Integration"
Lateinamerikas zur Staatsaufgabe des Bundes und statuiert als Ziel die Bildung einer
„lateinamerikanischen Gemeinschaft"[20]. Auch stellt Art. 12 I § 1 die in Brasilien ansässigen Portugiesen unter bestimmten Voraussetzungen den eigenen Staatsangehörigen
gleich. Präambel Verf. Kolumbien (1991/96) verlangt schon in der Präambel, der „Integration der lateinamerikanischen Gemeinschaft" Impulse zu geben. Nicht genug,
verlangt eine Verfassungsnorm im Rahmen der Grundlagen-Artikel (Art. 9 Abs. 2),
die Außenpolitik Kolumbiens[21] an der Integration Lateinamerikas und der Karibik zu
orientieren. Erneut (vgl. die Popularverfassungsbeschwerde) bewährt sich die Verfassung Kolumbiens im lateinamerikanischen Raum von heute als eine der innovativsten
und kühnsten: Die lateinamerikanische Integration wird nämlich gleich an zwei Stellen erwähnt, während der Textstufe nach ältere Verfassungen diesbezüglich oft zu-
rückhaltender sind. Das Gesagte bestätigt sich im Kapitel über die Internationalen Beziehungen. Art. 227 Verf. Kolumbien bekennt sich ganz allgemein zur Aufgabe der
ökonomischen, sozialen und politischen Integration, hebt aber speziell die Länder Lateinamerikas und der Karibik[22] hervor und stellt sogar „supranationale Organisationen" in Aussicht, die eine „lateinamerikanische Gemeinschaft der Nationen" schaffen
sollen. Der Gesetzgeber wird überdies ermächtigt, Direktwahlen zu einem lateinamerikanischen Parlament zu eröffnen. Kolumbien steht damit an der Spitze „nationalen
lateinamerikanischen Verfassungsrechts" bzw. der lateinamerikanischen Integration
als Staatsziel bzw. Verfassungsauftrag. Die „lateinamerikanische Gemeinschaft" ist
Verfassungsthema geworden.

    Die weit ältere Verf. von Costa Rica (1949/97) behandelt das Thema demgegen-
über nur im Rahmen der Bestimmungen zur Naturalisation (Art. 14), insofern sie die
ansässigen Bürger aus Zentralamerika, Spanien und Iberoamerika unter bestimmten
Voraussetzungen den eigenen Staatsangehörigen gleichstellt (Einbürgerungen). Ähnlich geht Art. 92 Ziff. 1 Verf. El Salvador (1983/91) vor. Verf. Ecuador (1979/98) bekennt sich im Kontext der internationalen Beziehungen (Art. 4 Ziff. 5) speziell zur auf
die Anden und Lateinamerika bezogenen Integration. Die Verf. von Guatemala
(1985/97), auf vielen Gebieten ein besonders kreatives Dokument, etwa in Sachen
Erziehungsziele (Art. 72), behandelt das Thema „Zentralamerika" zum einen in
Art. 145 (Staatsangehörigkeit), zum anderen in einem differenzierten „Zentralameri-
ka-Artikel" (Art. 150) unter der Überschrift „Die zentralamerikanische Gemeinschaft". Die Rede ist vom Bund (Föderation) der zentralamerikanischen Staaten, der
partial oder total eine Praxis der politischen und ökonomischen Union herbeiführen

---

[19] Allgemeine Lit. zu Brasilien: *M. Neves*, Verfassung und Positivität des Rechts der peripheren Moderne, 1992, S. 110 ff.; *H. Bergmann Avila*, Materiell verfassungsrechtliche Beschränkungen der Besteuerungs-
gewalt in der brasilianischen Verfassung und im deutschen Grundgesetz, 2002; *C. G. Caubet*, La Constitution brésilienne à l'épreuve des faits, JöR 38 (1989), S. 447 ff.; *A. Krell*, 10 Jahre brasilianische Bundesverfassung, VRÜ 32 (1999), S. 8 ff.

[20] S. auch *W.B. Berg*, Lateinamerika. Literatur – Geschichte – Kultur, 1995.

[21] Aus der Lit.: *A. Timmermann*, Der Schutz des subjektiven Rechts in der kolumbianischen Verfassung,
VRÜ 32 (1999), S. 31 ff.

[22] Aus der Lit.: *K. Leuteritz*, Die Verfassung karibischer Commonwealth-Staaten, VRÜ 29 (1996),
S. 139 ff.; *J. Lehmann*, Der Vertrag über den karibischen Gerichtshof im System der CARICOM, VRÜ 33
(2000), S. 282 ff.; *M. DeMevieux*, Existing, Law and the Implementation of a Bill of Rights: A Caribbean
Perspective, VRÜ 19 (1986), S. 5 ff.

soll (auf der Basis der Gleichheit). Art. 151 (Beziehung zu verwandten Nationen) begeht vorbildlich Neuland[23]. Die Verfassung Honduras (1982/95) beschwört schon in der Präambel die „Restauration der zentralamerikanischen Union" und sie naturalisiert auch konsequenterweise die in Honduras ansässigen Zentralamerikaner (Art. 24 Ziff. 1). Die Verfassung Nicaraguas (1995) bedient sich bei der Behandlung des Themas schon in der Präambel der klassischen „im Geist-Formel" mit den Worten: „im Geist der zentralamerikanischen Einheit". Folgerichtig räumt sie in Art. 17 den Zentralamerikanern Optionsrechte in Bezug auf die Staatsangehörigkeit Nicaraguas ein (Art. 17). Verf. Panama (1972/1994) eröffnet die Naturalisation den Spaniern und Lateinamerikanern (Art. 10 Ziff. 3). Die Verf. der Dominikanischen Republik (1962/ 1966) postuliert im Kontext der Grundlagenartikel in Art. 3 Abs. 2 die „ökonomische Solidarität der Länder Amerikas". Die Verfassung Uruguays (1967/96) spricht sich in Art. 6 Abs. 2 für die soziale und ökonomische Interpretation der lateinamerikanischen Staaten aus. Die Verfassung von Peru (1979) zeigt sich in der Präambel „überzeugt von der Notwendigkeit, die Integration der lateinamerikanischen Völker voranzutreiben"[24]. Art. 92 erleichtert den gebürtigen Lateinamerikanern und den ansässigen Spaniern die Einbürgerung. Präambel (alte) Verf. Venezuela (1961/83) spricht sich in besonderer Weise für die Zusammenarbeit mit den „Schwesterrepubliken des Kontinents" aus.

2. Erste Folgerungen

In Lateinamerika gibt es schon „Lateinamerika-, Amerika- und Zentralamerika-Klauseln", freilich recht unterschiedlicher Art. Die diesbezügliche Integration (Vergemeinschaftung) wird systematisch in unterschiedlichen Kontexten als Ziel normiert. Die „lateinamerikanische Gemeinschaft", Union bzw. Solidarität gibt es schon als Verfassungstext[25]. Auffällig ist, dass die Begriffe Lateinamerika oder Zentralamerika nicht näher definiert werden. Ähnlich den Europa-Artikeln in Europäischen Verfassungen oder supranationalen Rechtstexten der EU oder des Europarats dürfte es sich um einen offenen, primär kulturellen Begriff handeln, mit geographischen Komponenten. „Lateinamerika" ist primär ein *kulturwissenschaftlich* zu erschließender Begriff. Auch hier läßt sich eine Parallele zu Europa ziehen[26]. Im Ganzen aber befindet sich, was die ausdrücklichen Verfassungstexte angeht, der Typus Verfassungsstaat in Lateinamerika beim Thema Integration noch auf einer recht frühen Entwicklungsstufe. Besonders weit geht die erstklassige Verfassung Kolumbiens.

Verfassungspolitisch stellt sich die Frage, ob die lateinamerikanischen Länder mehr „nationales amerikanisches Verfassungsrecht" wagen sollen (vor allem gilt dies wohl für Mexiko). Manche Europa-Artikel auf dem alten Kontinent könnten hier als Vor-

---

[23] Dazu mein Beitrag: Aspekte einer kulturwissenschaftlich-rechtsvergleichenden Verfassungslehre in weltbürgerlicher Absicht, JöR 45 (1997), S. 555 (568f.): „Wahlverwandtschaftsklausel", Herstellung einer spezifischen „Verantwortungsgemeinschaft".

[24] Zit. nach JöR 36 (1987), S. 641ff. S. auch den Beitrag von *K.-P. Sommermann*, Verfassungsrecht und Verfassungskontrolle in Peru, ebd. S. 598ff.

[25] Eine institutionelle Ausprägung ist das „Lateinamerikanische Parlament": zu dieser „unbekannten Organisation": *U. Zelinsky*, VRÜ 12 (1979), S. 47ff.

[26] Dazu *P. Häberle*, Europäische Rechtskultur, 1997, S. 13ff.

bild wirken. Das diente dann auch der Entwicklung von Gemeinamerikanischem Verfassungsrecht. Bei all dem könnten die supranationalen Texte der AMRK, der OAS etc. Impulse vermitteln und panamerikanische Identität schaffen, zu der der Schutz der Eingeborenenkultur gehört (Multiethnizität, Multikulturalität).

Inkurs I: Gemeinamerikanische Textbilder auf der supranationalen Ebene

Die bisher analysierten *nationalen* Verfassungstexte zum Thema Lateinamerika, latein- bzw. zentralamerikanische Gemeinschaft stehen nicht für sich. Auf der *supranationalen* Ebene des Völkerrechts gibt es – ihnen historisch meist vorausgegangene – große Texte zum gleichen Thema und sie sind sogar weit dichter, variantenreicher und auf eine Weise „größer", mögen sie auch oft nur „soft law" sein. Die einzelnen Nationen haben sie bislang allzu zögerlich verarbeitet. Die folgende Auswahl mag dies belegen, wobei grundsätzlich die historische Entwicklung nachgezeichnet wird, da historisch, nicht systematisch vorgegangen wird.

In der Charter of the Organization of American States (Bogotà Charter) vom 30. 4. 1948[27] heißt es in der Präambel: „Convinced that the historic mission of America is to offer to man a land of liberty … Confident that the true significance of American solidarity … can only mean the consolidation on this continent, within the framework of democratic institutions of a system of individual liberty and social justice based on respect for the essential rights of man". Konzentrierter und treffender können die Grundwerte des ganzen amerikanischen Kontinents gar nicht „konstitutionalisiert" werden. Damit werden aber auch panamerikanische Verfassungsprinzipien sichtbar, die in Kap. VI um „Ökonomische Standards", in Kap. VII um „Soziale Standards", in Kap. VIII um „Kulturelle Standards" ergänzt sind. Kap. XIII etabliert ausdrücklich ein ständiges Organ, die „Panamerikanische Union", und Art. 74 umschreibt Amerika direkt von der Kultur her in dem Schutzauftrag zugunsten der „culture for the indigenous groups of the American countries" (lit. d) und in der großen, auf ganz Amerika bezogenen kulturelles Erbe-Klausel (lit. e): „To cooperate in the protection, preservation and increase of the cultural heritage of the continent". War es im Februar 1960 zu einer lateinamerikanischen Freihandelszone gekommen, also einem regionalen, nicht auf das ganze Amerika bezogenen Zusammenschluss, so erreicht die Idee der panamerikanischen Wertegemeinschaft eine neue Textstufe in der Satzung der OAS (1967) einerseits, in der Amerikanischen Menschenrechtskonvention (1969) andererseits.

Bereits in der Präambel der Satzung der OAS fallen die Stichworte, die einen Wertekanon für das *ganze* Amerika andeuten und beim Ringen um ein etwaiges Gemeinamerikanisches Verfassungsrecht die Basis legen. In der Präambel wird die Überzeugung zum Ausdruck gebracht, dass es die „historische Mission Amerikas ist, für den Menschen ein Land der Freiheit zu sein". Sodann wird die „Achtung von wesentlichen Menschenrechten innerhalb des Rahmens demokratischer Einrichtungen auf diesem Kontinent" postuliert; gesprochen wird von einem „erhöhten Maß enger

---

[27] Zit. nach F. Berber (Hrsg.), Völkerrechtliche Dokumentensammlung, Bd. I, 1967, S. 678ff. – Aus der Lit.: *R. Dolzer*, Enforcement of International Obligations through Regional Arrangements: Structures and Experiences of the OAS, ZaöRV 47 (1987), I., S. 113ff.

kontinentaler Zusammenarbeit". In Art. 3 lit. k ist die vielleicht schönste, dichteste Textstufe erreicht in dem Satz: „Die geistige Einheit des Kontinents beruht auf der Achtung vor den kulturellen Werten der amerikanischen Länder und erfordert deren enge Zusammenarbeit für die hohen Ziele der Zivilisation". In der Richtlinienklausel von Art. 46 S. 2 heißt es prägnant: „Sie (sc. die Mitgliedstaaten) fühlen sich jeder für sich und gemeinsam verpflichtet, das kulturelle Erbe der amerikanischen Völker zu wahren".

Die *AMRK von 1969* ist in vielem der älteren EMRK von 1952 verwandt[28]. Herausgehoben sei das Präambelelement: „Absicht, in dieser Hemisphäre ein System persönlicher Freiheit und sozialer Gerechtigkeit im Rahmen demokratischer Institutionen zu festigen, die sich auf den Respekt für die wesentlichen Rechte des Menschen gründet", sodann die Andeutung einer Grundrechtsverwirklichungsklausel („Schaffung von Bedingungen, unter denen jeder seine … Rechte genießen kann"). In Art. 41 wird der Inter-amerikanischen Kommission für Menschenrechte u. a. zur Aufgabe gemacht, über die Förderung der Rechte zu wachen, „die in den wirtschaftlichen, sozialen, bildungsmäßigen, wissenschaftlichen und kulturellen Standards" der Charta der OAS in der Fassung des Protokolls von Buenos Aires inbegriffen sind (vgl. auch Art. 26: „volle Realisierung der Rechte zu erreichen, welche in den …. Standards der Charta der OSA inbegriffen sind"). Im übrigen sind im Katalog der Bürgerlichen und Politischen Rechte (Art. 3 bis 25) jene Themen konzentriert aufgelistet, die in vielfachen Entsprechungen in zahlreichen nationalen lateinamerikanischen Verfassungen geschrieben sind. In manchem mögen sie von der AMRK direkt inspiriert sein, in manchem könnten Rezeptionsprozesse direkt von den Mutterländern Spanien und Portugal her erfolgt sein. Aus diesem Grunde seien nachstehend unter II. der Typologie die Verfassungsthemen behandelt, die in nuce Hinweise auf Gemeinamerikanisches Gedankengut, etwa in Sachen Menschenrechte, Vorrang der Verfassung, Habeas Corpus, Demokratie, sozialer Rechtsstaat, Schutz der Eingeborenenkulturen, Gewaltenteilung, Verfassungsgerichtsbarkeit, Volksanwälte, soziale und kulturelle Rechte etc. enthalten. Zu fragen bleibt auch nach den *Unterschieden* zwischen der europäischen Identität und der panamerikanischen Identität.

II. Normenensembles bzw. Artikelgruppen mit tendenziell panamerikanischen Gehalten

Nach der Vergegenwärtigung des Theorierasters des Gemeineuropäischen Verfassungsrechts (und einer Analyse der Amerika-Klauseln) seien jetzt die Konkretisierungsschritte im Blick auf Amerika gewagt. Folgende Anknüpfungspunkte für ein gemeinamerikanisches Verfassungsrecht, das diesen Namen verdient, seien als „Wachstumsfermente" bezeichnet:

---

[28] Das belegen nicht zuletzt vergleichende Untersuchungen wie *M. Maslaton*, Notstandsklauseln im regionalen Menschenrechtsschutz. Eine vergleichende Untersuchung der Art. 15 EMRK und Art. 27 AMRK, 2001. Allgemein zum interamerikanischen Menschenrechtsschutzsystem *C. Medina Quiroga*, The battle of human rights, 1988; speziell zur Vertragsstruktur des (interamerikanischen) Menschenrechtsschutzes *E. W. Vierdag*, Some Remarks about Special Features of Human Rights Treaties, in: Netherland Yearbook of International Law 1994, S. 119ff.

1. Nationale und interamerikanische Menschenrechtstexte

Sie lassen sich aus einer „wertenden Rechtsvergleichung" aller nationalen Grundrechtskataloge einerseits und der AMRK andererseits herausdestillieren. Zu suchen sind die Menschenrechte als „allgemeine Grundsätze", wie sie der EuGH in Luxemburg entwickelt hat und wie sie dann im Vertrag von Maastricht bzw. Amsterdam (1992/97) auf eine Formel gebracht worden sind (Art. 6 Abs. 2), zugleich ein Beleg für das Textstufenparadigma. Bei allen Divergenzen unter den Nationen im Einzelnen lassen sich auch Konvergenzen der Texte, Theorien und Judikate beobachten, die sich zu gemeinamerikanischen Grundrechtsprinzipien verdichten. Im Einzelnen sei an folgende Garantien gedacht: die persönliche Freiheit, das Recht auf menschenwürdige Behandlung, das Recht auf ein faires Verfahren und effektiven gerichtlichen Rechtsschutz, des Schutzes des Gewissens von Religions-, Meinungs- und Pressefreiheit sowie der Gleichheit – alles Prinzipien aus der AMRK und wohl fast aller lateinamerikanischer Verfassungen[29]. Zu denken ist schließlich noch an den großen Zusammenhang von Menschenrechtsschutz und Entwicklung[30] sowie an das Menschenrecht auf Erziehung[31].

2. Gemeinsame Demokratiepostulate

Sie bilden eine zweite Kategorie[32]. Die Demokratie ist im Verfassungsstaat die *organisatorische Konsequenz* der Menschenwürde[33], freilich mit vielen denkbaren Varianten: von der mittelbaren zur unmittelbaren Demokratie, von gemischten Formen der „halbdirekten Demokratie" wie in der Schweiz auf Bundes- wie Kantonsebene bis zur parlamentarischen oder Präsidialdemokratie. Ohne ihre Konnexgarantien wie die *öffentlichen* Freiheiten der Meinungs- und Pressefreiheit und ohne die *privaten* Absicherungen, etwa die Eigentumsfreiheit und Privatautonomie, ist die Demokratie freilich nicht funktionsfähig. Daher sind die Grundrechte „funktionelle Grundlage" der freiheitlichen Demokratie[34]. In den lateinamerikanischen Verfassungen begegnen die Demokratieprinzipien in vielen Varianten. Hier eine Auswahl: Art. 1 Verf. Bolivien von 1967/95 spricht von der Regierungsform der repräsentativen Demokratie, Art. 2 von der Volkssouveränität, Präambel Verf. Brasilien (1988) vom „demokratischen Staat", Art. 5 Verf. Honduras von 1991/95 von „democracia participativa".

---

[29] Vorbildlich ist der neueste Verfassungsentwurf für Peru (2001/2002): Art. 1 bis 53.

[30] Vgl. *Th. v. Boven*, Human Rights and Development – Rhetorics and Realities, in FS F. Ermacora, 1988, S. 575 ff.

[31] *J. Delbrück*, The Right to Education as an International Human Right, in: German Yearbook of International Law 35 (1992), S. 92 ff.

[32] Aus der Lit. etwa *M. Lauga*, Demokratietheorie in Lateinamerika, 1999.

[33] Dazu *P. Häberle*, El Estado Constitucional, Mexiko, 2001 (betreut von *D. Valadés* und *H. Fix Fierro*).

[34] Dazu *P. Häberle*, Die Wesensgehaltgarantie des Art. 19 Abs. 2 GG, 1. Aufl. 1962, S. 17 ff., 3. Aufl. 1983, S. 336 f., 339 f. (Übersetzung ins Spanische: La Libertad Fundamental en el Estado Constitucional, 1997).

3. Das Rechtsstaatsprinzip

Es ist eine dritte Erscheinungsform von in ganz Amerika heranwachsenden Prinzipien (vgl. etwa Präambel Verf. Kolumbien von 1991/96: „Estado social de derecho"). Schon in den gemeinamerikanischen Grundrechtsstandards angelegt (vgl. die AMRK), ist sie diesen ebenso wie der Demokratie zugehörig (als „rechtsstaatliche Demokratie")[35]. Im angelsächsischen Rechtskreis als „rule of law" entwickelt, verbindet sie in der Sache längst das lateinamerikanische mit dem angelsächsischen Rechtsdenken. Das lange gültige Bild von den „Rechtskreisen" sei freilich schon hier in Frage gestellt. Es bleibt im Zeichen des Typus Verfassungsstaat von heute ohne Aussagekraft, speziell in Europa verliert es seinen Sinn ganz. Auch in Amerikas Norden und Süden sollte es nicht – trennend – tradiert werden. Als besondere Ausformung des Rechtsstaatsprinzips mit seinen vielen Teilaspekten vom rechtlichen Gehör bis zum „habeas corpus"[36], von der Gewaltenteilung bis zum Transparenzgebot, vom effektiven Rechtsschutz bis zum Grundsatz der Verhältnismäßigkeit etc. kann auf der heutigen Entwicklungsstufe des Verfassungsstaates über Europa hinaus und eben auch in Amerika die *Verfassungsgerichtsbarkeit*[37] gelten. Wohl die meisten mittel- und südamerikanischen Länder kennen eine selbständige Verfassungsgerichtsbarkeit[38], und der Amerikanische Gerichtshof nach der AMRK darf ebenfalls als ein solcher gelten. Zusammen mit seiner Judikatur bildet er auch bereits eine *Teil*verfassung im Rahmen des Gemeinamerikanischen Verfassungsrechts – wobei der US Supreme Court seinen weitreichenden Funktionen nach ebenfalls materiell ein Verfassungsgericht darstellt[39].

Man mag streiten, ob der effektive, auch korporative *Minderheitsschutz* (vgl. Art. 27 IPbürgR von 1966) eher dem Demokratiepostulat oder eher den Grundrechten und dem Rechtsstaatsprinzip zuzuordnen ist. In letzter Instanz vom jeweiligen nationalen Verfassungsgericht geschützt, gehört er jedenfalls in das Gesamtbild eines sich entwickelnden Gemeinamerikanischen Verfassungsrechts.

4. Gemeinamerikanische Grundsätze des Straf- und Privatrechts

Gemeinamerikanische *Grundsätze des Straf- und Privatrechts* seien hier nur als „Merkposten" erwähnt. In Europa lassen sie sich im historischen Rückblick erschließen, viele rechtsstaatliche Garantien des Strafrechts erwachsen etwa aus der Philosophie von *I. Kant*, man denke an den Satz „nulla poena sine lege"; vieles europäische Privatrecht stammt direkt aus „Rom" bzw. „Bologna" und wird heute im Rahmen

---

[35] S. dazu auch *A. Watts*, The International Rule of Law, in: German Yearbook of International Law 36 (1993), S. 15 ff.

[36] Dazu *D. G. Belaunde*, Latin American „Habeas Corpus", JöR 49 (2001), S. 513 ff. Als Beispiel: Art. 93 Verf. Ecuador von 1979/98.

[37] Dazu *N. Lösing*, Die Verfassungsgerichtsbarkeit in Lateinamerika, 2001 (dazu *J. Samtleben*, VRÜ 35 (2002), S. 120 ff.); *F. F. Segado*, La jurisdiccion Constitucional en Guatemala, VRÜ 31 (1998), S. 33 ff.; *N. Lösing*, Der Verfassungssenat in Costa Rica – Beispiel für eine erfolgreiche Verfassungsrechtsprechung in Lateinamerika, VRÜ 28 (1995), S. 166 ff.

[38] Dazu in weltweitem Vergleich: *P. Häberle*, Das BVerfG als Muster einer selbständigen Verfassungsgerichtsbarkeit, FS BVerfG Bd. 1, 2001, S. 311 ff.

[39] *S. R. Schlesinger*, The United States Supreme Court, 1983; *W. Haller*, Supreme Court und Politik in den USA, 1972; *H. Steinberger*, Konzeption und Grenzen freiheitlicher Demokratie, 1974.

der EU als europäisches Privatrecht diskutiert (Grundlagen sind z.B. die Privatautonomie und viele Grundsätze des Bereicherungsrechts sowie Schadensersatzrechts).

5. Gemeinamerikanische Methodenlehre

Ein wohl neues Forschungsfeld eröffnet sich mit dem Stichwort: „*gemeinamerikanische Methodenlehre*". Sie hätte sich zu fragen, ob es schon genügend Gemeinsamkeiten
in ganz Amerika darüber gibt, wie Verfassungen und Gesetze auszulegen sind (über
Art. 29 AMRK hinaus etwa im Blick auf allgemeine universale Menschenrechtsstan-
dards).

6. Amerikanische Öffentlichkeit

Voraussetzung und zugleich Erscheinungsform für die Entstehungs- und Wachs-
tumsprozesse von allen bisher genannten Rechtsprinzipien ist die Frage, ob es eine
Amerikanische Öffentlichkeit gibt: sozusagen als „Resonanzboden" für das gesamte gemeinsame – öffentliche – Recht. So wie gefragt worden ist, ob es schon eine *europäische* Öffentlichkeit gibt[40], ist zu ergründen, ob es bereits eine gesamtamerikanische
Öffentlichkeit gibt. Diese von G. *Belaunde*[41] im Juli 2002 in Analogie zu meinen älteren Vorschlägen für Europa aufgeworfene Gretchenfrage kann in ihrer Bedeutung gar
nicht überschätzt werden. Der Amerikanische Verfassungsraum wird zu einem solchen erst durch das Funktionieren einer „amerikanischen Öffentlichkeit". Auf dem
Hintergrund der Arbeiten zum „Prinzip Öffentlichkeit" von *R. Smend* (1953) bis *J.
Habermas* (1961) ist Öffentlichkeit für den Verfassungsstaat mit konstituierend. Man
darf dabei *Teil*öffentlichkeiten unterscheiden, etwa die öffentliche Meinung im Politischen, die wissenschaftliche Öffentlichkeit und die Öffentlichkeit aus der Kunst. Auch
muss triatisch, d.h. i.S. einer Trias, unterschieden werden zwischen dem im engeren
Sinne *staatlichen* Bereich, dem *öffentlichen* Bereich und dem höchstpersönlich *privaten*
Sektor. In Europa gibt es derzeit eine Öffentlichkeit vor allem aus *Kunst* und *Kultur*,
aber auch schon Teilöffentlichkeiten aus der *Politik* – greifbar etwa in den öffentlichen
Debatten des Europäischen Parlaments oder in der Veröffentlichung von Judikaten des
EuGH, des EGMR oder von Berichten des Europäischen Ombudsmannes und des
Rechnungshofes. In fast *Hegelscher* Dialektik konnte beobachtet werden, dass es ausgerechnet die negative „Skandalöffentlichkeit" ist, die Öffentlichkeit positiv herstellt.
Man denke an den BSE-Skandal oder den Sturz der Santer-Kommission: Durch das
Negative wird das Bewusstsein für die europäischen Grundwerte geweckt und verstärkt. Analoges ließe sich vielleicht auf lange Sicht dann auch für das ganze Amerika
und seine Öffentlichkeit beobachten (Beispiele finden sich im Ringen um den ökologischen Schutz der Regenwälder in Südamerika, soeben in Brasilien, oder um die Bewahrung der präkolumbischen Kultur).

Als Teil dieser Öffentlichkeit darf der „*ordre public*" gelten. In Europa gibt es ihn
rechtlich verdichtet schon dank der EMRK gemäß der beiden europäischen Verfas-

---

[40] *P. Häberle*, Gibt es eine europäische Öffentlichkeit?, 2000 (spanische Teilübersetzung in: Revista de
Derecho Comunitario Europeo, 1998, S. 113ff.
[41] Vortrag auf dem Bayreuther Colloquium am 11./12. Juli 2002: Publikation in JöR 52 (2004), i.E.

sungsgerichte EGMR und EuGH[42]; in ganz Amerika dürfte er analog bei Grundrechtsgarantien *und* -begrenzungen greifbar werden, etwa in Gestalt der Judikatur des Interamerikanischen Gerichtshofes[43].

7. *Wirtschaft*

Die letzte und siebte „andere" Geltungsbedingung für Gemeinamerikanisches Verfassungsrecht ist die *Wirtschaft* bzw. ihr schrittweises Zusammenwachsen. So wie in Alteuropa, beginnend mit der Montanunion von 1952, die Wirtschaft integrierende Kraft im Blick auf die alten nationalen Verfassungsstaaten entfaltet hat, so formen sich aus gemeinsamen Wirtschaftsräumen heute (z.B. den Mercosour)[44] und in Zukunft als Substraten die Konturen des Gemeinamerikanischen Verfassungsrechts. Amerika kommt gewiss *nicht* (ähnlich wie Europa) von der Wirtschaft her, es „wird" aber ein Ganzes *nicht ohne* die Wirtschaft, die wie alle Ökonomie, freilich nur *instrumentale* Bedeutung für Würde und Freiheit des Menschen besitzt. Vorbildlich war die alte Präambel Verf. Peru von 1979: „… in der die Wirtschaft im Dienste der Menschen steht und nicht der Mensch im Dienste der Wirtschaft".

Inkurs II: Brückenfunktionen: Spanien bzw. Portugal / Iberoamerika – Großbritannien / Nordamerika

Die gekennzeichneten Erscheinungsformen von werdendem bzw. gewordenem Gemeinamerikanischem Verfassungsrecht sind ohne die Potentiale der Rechtskulturen der „Mutterländer" nicht zu denken. Spanien und Portugal haben zunächst mit kolonialer Gewalt und später durch Vorbildfunktionen Rechtsprinzipien nach Iberoamaerika vermittelt, teils personell, teils inhaltlich. Entsprechendes gilt mutatis mutandis auch im Verhältnis Großbritannien/USA und Kanada. Eine systematisch komponierte Rezeptionstypologie hätte zu erarbeiten, wie die Prozesse des Gebens und Nehmens in Sachen rechtliche Strukturen des Verfassungsstaates verlaufen sind und noch verlaufen. Dabei wären zum einen die Gegenstände von Rezeptionsvorgängen zu bezeichnen, etwa Verfassungstexte einschließlich von Klassikertexten z.B. eines *J. Locke*, Theorien und Judikate z.B. aus der angelsächsischen Tradition; andererseits müssten die Beteiligten benannt werden: Verfassunggeber, Gerichte, Politiker oder Gelehrte, die z.B. ihre Ausbildung und Bildung in den Mutterländern absolviert haben.

Die iberoamerikanischen Mutterländer haben z.T. in ihren heute geltenden Verfassungen positivrechtliche Brücken zu ihren Bezugsländern geschlagen, über die der

---

[42] Dazu aus der Lit.: *J.A. Frowein / W. Peukert*, EMRK-Kommentar, 2. Aufl. 1996, S. 3, 516f.

[43] Aus der Lit.: *T. Rensmann*, Menschenrechtsschutz im Inter-Amerikanischen System: ein Modell für Europa?, VRÜ 33 (2000), S. 137ff.

[44] Aus der Lit.: *U. Wehner*, Der Mercosour, 1999; *J.A. Mayr*, Die Rolle des Mercosour – multidimensionales Integrationsschema in Lateinamerika, VRÜ 26 (1993), S. 258ff. S. auch das Projekt einer *panamerikanischen Freihandelszone* ALCA/FTAA, dazu gleichnamig: *G. Schulze Zumkley*, VRÜ 35 (2002), S. 108ff.; aus der älteren Lit.: *A. Weber*, Neuere Tendenzen im Integrationsrecht Lateinamerikas, VRÜ 11 (1978), S. 89ff.

Austausch von Rechtskultur vonstatten geht. Erwähnt sei etwa Art. 7 Abs. 4 Verf. *Portugal*, der wie folgt lautet: „Portugal unterhält besondere freundschaftliche Beziehungen mit den Ländern des portugiesischen Sprachraums". „Sprachraum" ist auch ein Stück *Kulturraum*! Und damit ist auch eine Brücke in Sachen Rechtskultur geschlagen. „Freundschaftliche Beziehungen" umschließt auch rechtskulturelle Näheverhältnisse. In Art. 15 Abs. 3 Verf. Portugal verbirgt sich ebenfalls ein Brückenelement. Danach können „Staatsbürgern aus Ländern des portugiesischen Sprachraums" besondere Rechte zugestanden werden. Die zweifache Verwendung des Begriffs „Sprachraum" sollte ernst genommen und kulturwissenschaftlich ausgeschöpft werden. Ein Sprachraum konstituiert sich gewiss auch aus Elementen der Rechtskultur. Art. 74 Abs. 2 Verf. Portugal verpflichtet den Staat, nach der Qualifizierung der portugiesischen Sprache als „kulturelle Ausdrucksform", den Kindern von im Ausland lebenden Staatsbürgern „den Zugang zur portugiesischen Kultur zu gewährleisten". Zu dieser gehört gewiss auch die Rechtskultur.

Auch die Verfassung *Spaniens* ist ergiebig. So ermöglicht Art. 11 Abs. 3 Verträge über doppelte Staatsangehörigkeit mit den iberoamerikanischen Ländern – eine Klausel, die gewiss i.S. eines gemeinsamen (Rechts-)Kulturraums interpretiert werden darf.

Es ist eine Aufgabe von eigenem Reiz, zu untersuchen, welche „Gegenstücke" zu solchen Brückenklauseln es in älteren und neueren lateinamerikanischen Verfassungen gibt (dazu die Beispiele unten).

Im Ganzen: Die gemeinsamen Sprachräume sind als Kulturräume auch Rechtsräume. Über die erwähnten verfassungstextlichen und die in der Verfassungswirklichkeit sich vollziehenden Rezeptionsvorgänge kann es zu Formen Gemeinamerikanischen Verfassungsrechts kommen. Jedenfalls bleibt festzuhalten, dass die europäischen Mutterländer theoretisch und praktisch Beteiligte im Entstehungs- und Entwicklungsprozess von *jus americanum* sind. Die Konkurrenz, ja Rivalität mit dem *angloamerikanischen* Sprach-, Kultur- und Rechtskulturraum freilich bleibt. Sie kann nur als Merkposten erwähnt, nicht aber im Einzelnen dargestellt werden.

Exkurs: Klauseln zur Afrikanischen Einheit (Integration) in afrikanischen Verfassungen – Elemente eines afrikanischen Konstitutionalismus

Kontinentale bzw. regionale Integrationsziele und -vorgänge sind heute weltweit ein Thema der Politik, gerade um der Selbstbehauptung im Prozess der Globalisierung willen. In Europa am weitesten gediehen, werden sie in diesem Beitrag vor allem für Lateinamerika behandelt. Angesichts der heute universalen „Werkstatt" in Sachen Verfassungsstaat lohnt sich aber auch ein kurzer Blick auf *Afrika*. Mag dieser Kontinent noch so weit entfernt sein von funktionierenden Demokratien und Rechtsstaaten sowie von gelebten regionalen Verantwortungsgemeinschaften: in Textgestalt hat so manches Ausdruck gefunden, was an Europa und Lateinamerika erinnert. Der afrikanische Konstitutionalismus ist in vielen Ländern in der Wirklichkeit oft noch wenig entwickelt, doch liegt ein Textvorrat an Textbausteinen vor, der mittelfristig vielleicht doch eine normative Kraft entfaltet. Für eine Textstufenanalyse und den weltweiten Vergleich lohnt ein Blick auf Afrika allemal. Das gilt gerade für übernationale Integrationsziele.

Im Einzelnen: In neueren afrikanischen Verfassungen findet sich ein unerwarteter Reichtum an einschlägigen Textmaterialien: die „Afrikanische Einheit" wird bald in Präambeln als Staatsziel und Verfassungsauftrag postuliert, diese sind oft ausdrücklich zum Bestandteil der Verfassung erklärt worden (z.B. Präambel Verf. Tschad von 1996), bald figuriert das Thema als Staatsaufgabe, bald gibt es erstaunlich weitgehende Ermächtigungen zum Souveränitätsverzicht im Interesse der afrikanischen Einheit.

Präambel Verf. Republik Benin (1990)[45] normiert den Präambelpassus: „erklären wir unsere Verbundenheit mit der Sache der Afrikanischen Einheit und verpflichten uns, alles zu unternehmen, um die lokale und regionale Integration zu verwirklichen". Die Präambel der Verf. Burkina Faso (1991/97) formuliert noch konkreter: „streben nach ökonomischer und politischer Integration mit den anderen Völkern Afrikas zum Zwecke der Errichtung einer föderativen Einheit Afrikas"- der letzte Satz der Präambel erklärt diese zum „integrierenden Bestandteil der Verfassung". Neuland wagt dieselbe Verfassung in Gestalt der Schaffung eines eigenen Abschnittes (Teil XII: „Die Afrikanische Einheit"). Ihr Art. 146 lautet: „Burkina Faso kann mit jedem afrikanischen Staat Assoziierungs- oder Gemeinschaftsverträge abschließen, die einen vollständigen oder partiellen Verzicht auf Souveränität zur Folge haben". Ein solcher weitgehender Verzichts-Artikel findet sich tendenziell nur in Europa (z.B. Art. 24 GG), nicht aber in Lateinamerika! Und er hat in Afrika selbst bereits Schule gemacht: Die jüngere Verf. der Republik Niger (1996) besitzt einen analogen Präambelpassus in Sachen Bekenntnis zur afrikanischen Einheit und sie hat in ihrem Artikel 122 eine Souveränitätsverzichtsklausel geschaffen, die fast wörtlich mit Art. 146 Verf. Burkina Faso übereinstimmt. Einzigartig in seiner Differenziertheit ist aber Art. 147 Verf. Burkina Faso: „Die Verträge, die den Eintritt Burkina Fasos in eine Konföderation, eine Föderation oder einen Bund afrikanischer Staaten vorsehen, werden dem Volk in einem Volksentscheid zur Zustimmung vorgelegt". Die Stufung: Konföderation, Föderation oder Bund könnte einem Lehrbuch zur vergleichenden Bundesstaatslehre entstammen! Sie verdient Beachtung in aller Welt.

Präambel Verf. Republik Burundi (1992) formuliert das „Bekenntnis zur Sache der afrikanischen Einheit" entsprechend der Charta der Organisation der Afrikanischen Einheit vom 25. Mai 1963, die auch sonst zusammen mit der AfrMRK Bestandteil der Verfassung ist (Art. 10). Einmal mehr ist zu vermuten, dass es zu Rezeptionsprozessen zwischen den früheren „gebenden" supranationalen Texten in Afrika (OAU und AfrMRK) und den späteren „nehmenden" nationalen Verfassungen kam und kommt.

Während die Republik Guinea in ihrer Verfassung (1990) nur in ihrer Präambel das „Bekenntnis zur Sache der afrikanischen Einheit und zur regionalen Integration des Kontinents" herstellt, geht die Verfassung Niger (1996), wie schon gezeigt, weiter (Staatsziel der afrikanischen Einheit und Integration, verbunden mit einem partialen oder totalen Souveränitätsverzicht).

---

[45] Die folgenden Texte sind zit. nach H. Baumann/M. Ebert (Hrsg.), Die Verfassungen der francophonen und lusophonen Staaten des subsaharischen Afrikas, 1997.

Eine sprachlich und inhaltlich neue Wendung gelingt der Verf. der Republik Senegal (1963/92). In ihrer Präambel heißt es: „Das senegalesische Volk,

- das bestrebt ist, den Weg der Einheit der Staaten Afrikas zu ebnen und die Perspektiven zu sichern, die diese Einheit bietet,
- das sich der Notwendigkeit einer politischen, kulturellen, ökonomischen und sozialen Einheit bewusst ist, die unverzichtbar ist für die Bestätigung der afrikanischen Persönlichkeit;
- das sich der historischen, moralischen und materiellen Erfordernisse, die die Staaten Westafrikas vereinigen, bewusst ist;

beschließt,

dass die Republik Senegal keine Anstrengungen scheuen wird, um die afrikanische Einheit zu verwirklichen."

An diesem Verfassungstext ist vielerlei bemerkenswert: der schöne Begriff der „afrikanischen Persönlichkeit", die Erstreckung der Einheit auf das Politische, Kulturelle, Ökonomische und Soziale sowie die Hervorhebung der „Staaten Westafrikas"[46]. Damit wird eine geographische Abgrenzung eingeführt, während im Übrigen keine der analysierten Verfassungen „Afrika" näher umschreibt. Ähnlich wie in Europa und Lateinamerika wird der Bezugsbegriff vorausgesetzt bzw. offen gehalten: er ist kultureller Natur.

Während die Verfassung der Republik Togo (1992) nur die Verpflichtung statuiert, „entschieden die Sache der afrikanischen Einheit zu verteidigen und für die Realisierung der lokalen und regionalen Integration zu wirken", auch hier macht die Präambel diese zum integrierenden Bestandteil der Verfassung, gelingt der Verf. Tschad (1996) eine neue Textstufe. So heißt es in der Präambel: „auf den afrikanischen Werten der Solidarität und der Brüderlichkeit beruht … unser Bekenntnis zur Sache der afrikanischen Einheit und unser Engagement, alles für die Realisierung der lokalen und regionalen Integrität zu tun". Art 218 Abs. 2 verdichtet den Vergemeinschaftungsgedanken, freilich ohne ausdrückliche Bezugnahme auf Afrika in bemerkenswerter Weise in Richtung auf den institutionellen Aspekt: „Die Republik Tschad kann mit anderen Staaten Einrichtungen der gemeinsamen Leitung, der Koordinierung und der Kooperation auf ökonomischen, monetären, finanziellen, wissenschaftlichen, technischen, militärischen und kulturellen Gebieten schaffen". Hier kommt ohne Zweifel ein Gedanke zum Ausdruck, der an die schrittweise europäische Integration erinnert!

Die Verfassung der Zentralafrikanischen Republik (1995) spricht demgegenüber auf einer älteren Textstufe nur in der Präambel von der Überzeugung „von der Notwendigkeit der afrikanischen, politischen und ökonomischen Integration auf lokaler und regionaler Ebene". Es erfolgt jedoch auch – schon fast gemeinafrikanisch – eine Bezugnahme auf die afrikanische Einheit „entsprechend" der Charta der OAU. Darum ein Blick auf die supranationale Ebene.

---

[46] Aus der Lit.: *S.B. Ajula*, ECOWAS – Die Wirtschaftsgemeinschaft westafrikanischer Staaten, VRÜ 22 (1989), S. 182ff.

Die Charta der OAU vom 25.Mai 1963,[47] oft von nationalen afrikanischen Verfassungen ausdrücklich in toto rezipiert, enthält Rechtsgedanken, die zu Stichworten für die späteren Verfassunggeber der afrikanischen Nationen geworden sind. Erwähnt sei nur das Ziel der „Einheit und Solidarität zwischen den afrikanischen Staaten" (Art. II) oder die angestrebte Zusammenarbeit auf den Gebieten der Politik, Wirtschaft und Kultur (ebd.). Greifbarer ist der Einfluss der AfrMRK vom 27. Juni 1982.[48] In ihrer Präambel heißt es u.a.: „unter Berücksichtigung der Kraft ihrer Tradition und der Werte der afrikanischen Zivilisation, die ihre Einstellung gegenüber den Menschenrechten und Rechten der Völker leiten". Immer wieder ist ohne nähere Definition auf „Afrika" und die „afrikanischen Völker" Bezug genommen. In Art. 61 ist von „afrikanischer Praxis" die Rede, in Art. 45 Ziff. 1 a von „afrikanischen Problemen". Im Übrigen entwirft die AfrMRK einen Grundrechtskatalog, an dem sich später viele nationale Verfassungen Afrikas orientiert haben und der gewiss dem Text nach Ansätze zu einem *Gemeinafrikanischen Verfassungsrecht* enthält.

Im Ganzen: Eine Textstufenanalyse in Afrika erwies sich als ergiebig, vor allem auch im Vergleich mit Lateinamerika. Man mag vieles für nur „semantisch", „rhetorisch" halten, indes sollte man zufrieden sein, dass überhaupt schon nähere Textaussagen zur „Sache der Afrikanischen Einheit" geschaffen worden sind. In manchem ist Afrika „auf dem Papier" weiter als Lateinamerika. Jedenfalls sollte es bei der wissenschaftlichen Besichtigung der Werkstatt für kontinentale bzw. regionale Zusammenschlüsse nicht von vornherein ausgeschlossen bleiben. Auch Spurenelemente für ein „Gemeinafrikanisches Verfassungsrecht" könnten mindestens mittelfristig sichtbar und wirkkräftig werden.

III. Eigene Identitätselemente lateinamerikanischer Verfassungen – die Differenz zum „Gemeineuropäischen Verfassungsrecht"

Bei allen Gemeinsamkeiten in Sachen „Verfassungsstaat", bei aller Suche nach den Konturen eines „Gemein(latein)amerikanischen Verfassungsrechts" und bei allen Parallelen zwischen den Zielinhalten bzw. Instrumenten der (latein)amerikanischen Integration (z.B. Art. 9 Verf. Nicaragua von 1995, s. auch Art. 5 ebd.: „Rekonstruktion des großen zentralamerikanischen Vaterlandes"): das Unterscheidende, Besondere, Eigene, ja Eigenwillige im Verfassungsbild Lateinamerikas darf nicht übersehen werden. Es hilft dem Kontinent gerade auch bei der Selbstbehauptung in der *einen* Welt von heute. Freilich kann dieses Eigene in der vorliegenden Studie nur im Spiegel der Verfassung*texte* erarbeitet werden: Verfassungstexte sind in der Trias von Texten, Theorien und Judikaten nur *ein* Zugang zur ganzen Wirklichkeit des Verfassungsstaates. Indes ist aus den schon erwähnten Gründen nur eine Textstufenanalyse möglich. Im Einzelnen: Im Verfassungsbild sind schon prima facie folgende Themen bzw. Text-

---

[47] Aus der Lit.: *J. Hilf*, Der neue Konfliktregelungsmechanismus der OAU (von 1993), ZaöRV 54 (1994), II, S. 1023ff.; s. auch die Dokumentation: Interafrikanische Zusammenschlüsse bis zur OAU 1963, ZaöRV 24 (1963), S. 122ff.; *J. Taeger*, Der Sahara-Konflikt und die Krise der OAU, VRÜ 17 (1984), S. 51ff.

[48] Dazu *G.J. Naldi*, The OAU's Grand Bay Declaration …, ZaöRV 60 (2000), II, S. 715ff.

ensembles als „Familienähnlichkeiten" von unterscheidender Kraft gegenüber Europa erkennbar:

(1) *Multiethnizität und Multikulturalität* werden nicht selten als Staatsstrukturbestimmung normiert; in europäischen Verfassungen ist dies unbekannt, Bosnien-Herzegowina[49] bildet bislang eine Ausnahme. Allenfalls via Minderheitenschutzklauseln, z.B. in ostdeutschen Länderverfassungen für die Sorben (vgl. Art. 25 Verf. Brandenburg) oder in Schleswig-Holstein für die dänischen Minderheiten (vgl. Art. 5 seiner Verf.)[50] kommt auf dem „alten Kontinent" verfassungstextlich ein multikulturelles bzw. -ethnisches Moment zum Ausdruck. Anders in Lateinamerika. Schon die Kolonialgeschichte und später die Verfassungsgeschichte der dortigen Länder muss angesichts der „vorgefundenen" Eingeborenen (vgl. Art. 62 Verf. Paraguay von 1992: „Grupos de culturas anteriores") die Pluralität von Kulturen, Sprachen, Ethnien positiv aufgreifen und verfassungstextlich verarbeiten. Das geschieht vorbildlich[51]. So weist Art. 1 Verf. Bolivien (1967/95) gleich eingangs dieses Land als „frei, unabhängig, souverän und multikulturell" aus (s. auch Art. 4 Abs. 1 Verf. Mexiko von 1917/97: „composición pluricultural", Art. 8 Verf. Nicaragua von 1995: „multiethnische Natur"). Verf. Kolumbien (1991/96) berücksichtigt im Sprachenartikel 10 die ethnischen Gruppen, zuvor in Art. 7 die „ethnische und kulturelle Vielfalt". Verf. Ecuador (1979/98) definiert sich im Grundlagen-Artikel 1 Abs. 1 als sozial-rechtsstaatlich, demokratisch etc. und als „plurikulturell und multiethnisch". Ein Sprachen-Artikel für die Eingeborenendialekte (Art. 1 Abs. 3) sichert dieses Selbstverständnis ab, desgleichen ein eigener hochdifferenzierter Abschnitt zum Schutz der Eingeborenenvölker und Schwarzafrikaner (Art. 83 bis 85). Verf. Guatemala[52] (1985) wagt einen besonders gelungenen Abschnitt zum Schutz der Eingeborenengemeinschaften, in dem es heißt: „Guatemala besteht aus verschiedenen ethnischen Gruppen, unter denen die Nachkommen der Maya hervorragen. Der Staat anerkennt, respektiert und fördert ihre Lebensformen …". (Ähnlich für die „ethnische Identität der Eingeborenengemeinschaften": Art. 86 Verf. Panama von 1972/94.) Jüngst definiert sich Peru in seinem Verfassungsentwurf von 2001/2002 als „pluricultural und pluriethnisch" (Vortitel III).

2) Die Überwindung des *Analphabetismus* als vordringliche Staatsaufgabe ist ein weiteres Kennzeichen vieler lateinamerikanischer Verfassungen, die oft unausgesprochen freilich via allgemeine Schulpflicht in europäischen Ländern erfüllt wird. Einschlägig sind z.B. Art. 179 Verf. Bolivien, Art. 73 Verf. Paraguay von 1992, Art. 75 Verf. Guatemala (1985).

3) Das ausdrückliche *Verbot der Sklaverei* (z.B. Art. 20 Verf. Costa Rica von 1949; Art. 2 Verf. Mexiko (1917/97)) sei in diesem Kontext ebenfalls erwähnt.

4) *Kulturelles Erbe-Klauseln* mit besonderer Gewichtung bilden ein weiteres eigenes Merkmal lateinamerikanischer Verfassungen (z.B. Art. 49 Verf. Costa Rica von

---

[49] Dazu W. Graf Vitzthum (Hrsg.), Europäischer Föderalismus, 2000.

[50] Sehr allgemein: Art. 18 Verf. Mecklenburg-Vorpommern: „Die kulturelle Eigenständigkeit ethnischer und nationaler Minderheiten und Volksgruppen …"

[51] Aus der Lit.: *R. Grote*, The Status and Rights of Indigenous Peoples in Latin America, ZaöRV 59 (1999), II, S. 497 ff.

[52] Zit. nach JöR 36 (1987), S. 555 ff.

1949[53], s. auch Art. 215 und 216 Verf. Brasilien von 1988): Sie versichern sich bzw. ihre Völker so ihres eigenen Selbstverständnisses und ihrer besonderen Identität. Was in Europa eher noch selbstverständlich erscheint und als eigenes Thema kaum prominent auf Begriffe und Text gebracht wird, wollen die lateinamerikanischen Völker selbstbewusst, weil wohl gefährdet, herausstellen. Beispiele finden sich etwa in der Präambel Verf. Guatamala von 1985, aber auch sonst (z.B. Art. 57 bis 65 ebd.). Eine auf die Person und die Gemeinschaft bezogene Klausel zur „kulturellen Identität" (Art. 58) sei besonders erwähnt, ebenso die Förderung von Eingeborenengemeinschaften durch Landvergabeprogramme (Art. 68). Kulturelle Identitätsklauseln (prägnant Art. 62 Verf. Ecuador von 1979/98) sind eine besonders häufige und respektable Textstufe in Lateinamerika. Sie lassen sich nur kulturwissenschaftlich erschließen und werden wohl auch deshalb zum allgemeinen lateinamerikanischen Verfassungsthema, weil die Identität der Menschen und Gruppen von Eingeborenen, ja die des ganzen Landes zumal heute besonders gefährdet erscheint (weitere Beispiele für den Schutz des Kulturbesitzes und der Eingeborenenkultur: Art. 34 bis 37, 81, 161 Abs. 2 alte Verf. Peru von 1979; für Indios: Art. 231 und 232 Verf. Brasilien; für Afro-Brasilianer: Art. 215 Verf. Brasilien). Die Afro-Gruppen werden oft genannt (z.B. Art. 83 Verf. Ecuador).

5) Die eingehenden Abschnitte zum *Erziehungswesen* sind eine besondere Eigenart der lateinamerikanischen Verfassungen. Beispiele finden sich in Art. 73 bis 85 Verf. Paraguay (1992)[54], – Art. 73 enthält einen vorbildlichen Kanon von Erziehungszielen –, sodann Art. 21 bis 41 alte Verf. Peru, Art. 71 bis 81 Verf. Guatamala, Art. 66 bis 79 Verf. Ecuador, Art. 151 bis 177 Verf. Honduras von 1987/94.

6) Die detaillierten Verfassungsnormen zur *Einbürgerung* (Naturalisation) seien an dieser Stelle nur Merkposten. Sie wurden an anderer Stelle analysiert und erklären sich aus der Geschichte dieser Länder als Einwanderungsländer (z.B. Art. 8 bis 16 Verf. Panama von 1972/94, Art. 36 bis 42 Verf. Venezuela (1961/83)[55], Art. 14, 15 Verf. Costa Rica von 1949, zuletzt Art. 76 Verfassungsentwurf Peru von 2001/2002).

7) Die hochdifferenzierte Rechtskultur des „*habeas corpus*" (z.B. Art. 48 Verf. Costa Rica) und des Amparo-Verfahrens (z.B. Art. 265 Verf. Guatamala von 1985; Art. 183 Verf. Honduras von 1982/94; Art. 134 Verf. Paraguay von 1992) gehört hierher. Sie ist eine besondere Leistung gerade auf dem lateinamerikanischen Kontinent[56], ist aber inhaltlich dem „europäischen Rechtsstaat" nahe. Der häufige Geltungsvorrang der internationalen Menschenrechte ist bemerkenswert (z.B. Art. 46 Verf. Guatamala; Art. 105 alte Verf. Peru).

Die Verfassungsgerichtsbarkeit hat hier ihren gesicherten Platz (z.B. Art. 119 bis 121 Verf. Bolivien). Der *Vorrang der Verfassung* ist selbstverständlich (z.B. Art. 228 Verf.

---

[53] Zur Verfassung von Costa Rica: *J. Fuchs*, Die Verfassung von Costa Rica, JöR 35 (1986), S. 425 ff.; *R. Hernández*, The Evolution of the Costa Rica Constitutional System, JöR 49 (2001), S. 535 ff.

[54] Aus der Lit.: *J. S. Salgueiro*, Die Verfassung der Republik Paraguay vom 20. Juni 1992, JöR 46 (1998), S. 609 ff.

[55] Dazu: *N. Lösing*, Verfassungsentwicklung in Venezuela, JöR 46 (1998), S. 551 ff.

[56] Aus der Lit.: *R. Hofmann*, Grundzüge des Amparo-Verfahrens in Mexiko, ZaöRV 53 (1993), I, S. 271 ff. Siehe auch *E. Ferrer Mac-Gregor*, Los tribunales constitutionales en Iberoamérica, 2002; *ders.*, La Acción constitutional de Amparo en Mexico y Espoña, 3. Auflage 2002, ders./R. Vega Hernandez (Coord.), Justicia constitutional Local, 2003.

Bolivien; Art. 4 Verf. Kolumbien; Art. 182 Verf. Nicaragua von 1995)[57]; ebenso die *Grundrechtrechtsentwicklungsklausel* (z.B. Art. 4 alte Verf. Peru von 1979, Art. 3 Verf. Peru von 1993)[58] und der *Volksanwalt* (z.B. Art. 274 alte Verf. Peru: „Prokurator für Menschenrechte"; s. auch Art. 86 Verf. Argentinien von 1956/1995[59], Art. 127 bis 131 Verf. Bolivien, Art. 96 Verf. Ecuador von 1979/98).

8) Das *Verhältnis von Staat und Kirche*[60] ist variantenreich: von der „Staatsreligion" Katholische Kirche (Art. 75 Verf. Costa Rica, s. auch Art. 2 Verf. Argentinien von 1956/1995) bis zur Trennung von Staat und Kirche (z.B. in Mexiko) oder der Garantie der „juristischen Person" der Katholischen Kirche (Art. 26 Verf. El Salvador von 1983/96) oder differenzierten Kooperationsformen (vgl. Art. 24 Verf. Paraguay von 1992).

Diese Themenliste ist nicht erschöpfend, vielleicht aber doch aussagekräftig: im Sinne einer besonderen lateinamerikanischen Identität, die Gegenstand einer „lateinamerikanischen Verfassungslehre" zu sein hätte.

Dritter Teil: Verfassungspolitik für nationales (latein)amerikanisches Verfassungsrecht

Auf der Grundlage der hier aufbereiteten Textmaterialien zur lateinamerikanischen Integration (Gemeinschaft) bzw. der zitierten innovativen Verfassungstexte zur Afrikanischen Einheit (Exkurs) seien im Folgenden konstitutionelle Bauelemente aufgelistet, aus denen sich künftige Verfassunggeber in Lateinamerika „bedienen" könnten: je nach ihren eigenen Verfassungstraditionen, aber doch aus einem gemeinamerikanischen Impuls heraus. Auch die Prozesse von nationalen Partialrevisionen lateinamerikanischer Verfassungen in der Zukunft könnten Anregungen aufgreifen. Folgende Textensembles bzw. -strukturen sind „im Angebot" einer vergleichenden lateinamerikanischen Verfassungslehre, die analog der „Europäischen Verfassungslehre" (2001/2002)[61] gerade auch bei diesem Thema zu arbeiten hätte:

1) Die (latein)amerikanische Einheit als *Präambelelement*. Ähnlich manchen europäischen und afrikanischen Verfassungen könnte eine neue revidierte Verfassung einer lateinamerikanischen Nation gleich vorweg ein hohes Bekenntnis zum Ziel der lateinamerikanischen Integration normieren. Damit machte sich die Verfassung die besonderen Inhalte und Funktionen von Präambeln zunutze: Ihre hohe Werthaltigkeit, die besondere Sprachkultur der Bürgernähe und des Feiertagscharakters sowie die Zeitdimension: lateinamerikanische Tradition und Zukunft würden spezifisch herausgestellt. Die vom Verfasser 1982 entworfene verfassungsstaatliche Präambeltheorie[62] könnte auch hier als „wissenschaftliche Vorratspolitik" ihren

---

[57] Aus der Lit.: *J. Fuchs*, Die Verfassungsentwicklung in Nicaragua, JöR 37 (1988), S. 621 ff.

[58] Aus der Lit.: *D. G. Belaunde*, The new Peruian Constitution (1993), JöR 43 (1995), S. 651 ff.; *J. Saligmann*, Die peruanische Verfassung von 1993, VRÜ 28 (1995), S. 193 ff.

[59] Allgemein: *P.A. Ramella*, Le Développement du Droit Constitutionnel en Argentine de 1980 à 1986, JöR 36 (1987), S. 507 ff.; *B. F.P. Lhoëst*, Constitutional Reform in Argentina, VRÜ 28 (1995), S. 155 ff.

[60] Speziell zu Brasilien: *C. German*, Politik und katholische Kirche in der „Neuen Republik", VRÜ 23 (1990), S. 3 ff.

[61] *P. Häberle*, Europäische Verfassungslehre, 2001/2002.

[62] Präambeln im Text und Kontext von Verfassungen, FS Broermann, 1982, S. 211 ff.

Dienst tun. Der Kulturbegriff „Lateinamerika"[63] sollte offen bleiben, geographische Elemente mögen eine begrenzte Rolle spielen. Dabei hat klar zu sein, dass Präambeln integrierender Bestandteil der Verfassung sind, an deren normativer Kraft teilhaben, wie dies in Europa vom BVerfG und dem Conseil Constitutionnel in Paris praktiziert wird und in Afrika in manchen Verfassungen ausdrücklich statuiert ist. Das nimmt dem Grundwert „lateinamerikanische Integration" nichts von seiner programmatischen Stoßrichtung.

2) Zusätzlich zur Platzierung in der Präambel könnte das Verfassungsthema „lateinamerikanische Integration" im *Kontext der Staatsaufgaben* behandelt werden. Es wäre als ein Staatsziel bzw. Verfassungsauftrag neben anderen wie auf dem alten Kontinent „Europa" ausgewiesen. In Frage kommt auch der Abschnitt über „Internationale Beziehungen und Integration" (so jetzt im Verfassungsentwurf Peru von 2001/2002: Art. 85).

3) In einer *Grundwerteklausel*, die etwa die Multikulturalität, Multiethnizität und den Schutz der Eingeborenenkulturen einschlösse, könnte die – differenziert verstandene – lateinamerikanische Integration ihren kontextuellen Platz finden.

4) Flankiert werden könnte das Ganze durch eine differenzierte *Homogenitäts- und Struktursicherungs*klausel nach dem Muster von Art. 23 Abs. 1 GG; gewisse Vorgaben sollten nach außen hin im Blick auf die entstehende Gemeinschaft formuliert werden.

5) Ähnlich Art. 24 GG sowie in Analogie zu zwei afrikanischen Verfassungen bietet sich das Modell des *Teilverzichts auf die nationale Souveränität* an.

6) Konsequenterweise wären die Konturen etwaiger *Gemeinschaftsorgane* mit partialen (Gesetzgebungs-)Kompetenzen zu umreißen: etwa ein Gemeinsames Parlament für Lateinamerika, andere Organe, vor allem ein Gemeinschaftsverfassungsgericht. Ein Verfassungsgericht könnte – ähnlich wie lange Zeit der EuGH und heute der EGMR – ein besonderer Integrationsmotor sein. Lateinamerikanische Verfassungspolitik sollte nicht zögern, sich durch diese aus weltweitem Rechtsvergleich gewonnenen Textvarianten und Textalternativen anregen zu lassen.

7) Erleichterte Einbürgerungen („Naturalisation") der Gemeinschaftszugehörigen oder eine eigene Gemeinschaftsbürgerschaft nach dem Vorbild der EU (Unionsbürgerschaft: Art. 17 bis 22 EGV) sollten vorgesehen werden.

8) Die erleichterten Wege zur *Inkorporierung* von etwaigem Gemeinschaftsrecht könnten angedeutet werden.

9) „*Allgemeine Rechtsgrundsätze*", die sich aus einem wertenden Vergleich der zur lateinamerikanischen Gemeinschaft gehörenden Verfassungsstaaten ergeben, sollten als subsidiäre Rechtsquelle anerkannt werden (vor allem im Bereich der Menschenrechte): i.S. eines Aufbrechens des bisherigen nationalen Rechtsquellenmonopols. Das erhöhte die Integrationsdichte und gäbe der Entwicklung von Gemeinamerikanischen Verfassungsrecht eine besondere Chance. Modell hierfür wäre Art. 6 Abs. 2 EUV. Der dienende Charakter allen Vergleichens müsste bewusst bleiben.

---

[63] Im Verfassungsentwurf Peru (2001–2002) findet sich jetzt im Einleitungstitel VIII ein Bekenntnis zur „Integration der Völker Lateinamerikas". S. auch Art. 85.

Dieser – offene – Katalog möglicher lateinamerikanischer Verfassungstexte „zur Sache Amerikanischer Einheit" gleicht einem flexiblen „Instrumentenkasten", nicht mehr oder weniger. Nicht alle Klauseln müssen überall zugleich eingebaut werden. Schöpferische Kombinationen und Alternativen einzelner Textvorschläge sollten je nach den in den Prozessen der Verfassunggebung und -änderung zu erreichenden Kompromissen erarbeitet werden. Doch könnte das „Vorrats-Lager" von Textmaterialien in der einen oder anderen Hinsicht vielleicht bei allen verfassungspolitischen Bemühungen hilfreich sein.

Vierter Teil: Spezielle Fragen an die Verfassungspolitik Mexikos

Vorbemerkung

Jede Verfassung bedarf der textlichen und inhaltlichen Fortschreibung „im Laufe der Zeit". Es gibt hierfür viele Wege und Verfahren: von der Verfassunggebung über die Verfassungsänderung bis zum „Verfassungswandel" durch Verfassungsauslegung, oft eingeleitet durch ein verfassungsrichterliches Sondervotum, wie am deutschen BVerfG mehrfach geschehen. Auch die Staatsrechtslehre, die nationale wie die allgemein vergleichend arbeitende Verfassungslehre hat ihren Anteil an diesen Vorgängen. Im Sinne „wissenschaftlicher Vorratspolitik" darf sie Alternativen und Varianten vorschlagen. Im Folgenden sei dies für das Verfahren *punktueller* Verfassungsänderung in der für einen Ausländer gebotenen Selbstbescheidung unternommen. Dabei kann es i.S. *Poppers* jeweils nur um „Stückwerkreformen" gehen. Ein Verfassungsgespräch *in* Mexiko und *für* Mexiko[64] liegt um so näher, als Mexiko in seiner Verfassungsgeschichte mehrere große Pionierleistungen vollbracht hat. Erwähnt sei nur das Amparo Verfahren (Art. 107) aus dem Jahre 1847 und die erstmalige Verankerung sozialer Grundrechte in der Verfassung von 1917 (Art. 123)[65]. Wenn heute gefragt wird, ob und auf welchen Themenfeldern Verfassungsrevisionen erforderlich erscheinen, so kann dies nur auf dem Hintergrund primär des lateinamerikanischen Verfassungsvergleichs bzw. den Elementen eines „gemeinlateinamerikanischen Verfassungsrechts" erfolgen. Gibt es sozusagen punktuelle *lateinamerikanische Defizite* Mexikos? Weitergreifend: Empfehlen sich aus einem weltweiten Vergleich in Sachen Typus Verfassungsstaat Entwicklungen, die sich in revidierten Verfassungstexten niederschlagen sollten? Dabei sei ein Vorbehalt eingebaut. Kein einzelner Verfassungsstaat kann je für sich behaupten, *alle* idealen bzw. optimalen Textelemente des Typus bei sich hier und heute geschaffen zu haben. Jede Nation hat auf manchen Feldern Neues hervorgebracht, auf anderen nur rezipiert, bald ist sie Pionier, bald bloßer „Nachzügler". Das Ideal des Typus Verfassungsstaat ist insofern eine wissenschaftliche Konstruktion, aus der nicht einfach abstrakt deduziert werden kann, zu individuell-besonders ist jede konstitutio-

---

[64] Zur Kulturgeschichte Mexikos: *J. Soústelle*, Das Leben der Azteken, 3. Aufl. 1993; *Diaz del Castillo*, Die Evolution von Mexiko, 1988; *S. de Madariaga*, Hernán Cortés, 1997; *P. Westheim*, Die Kunst Altmexikos, 1966; *H.J. Prem/U. Dyckerhoff*, Das alte Mexiko, 1986.

[65] Dazu *H.-R. Horn*, 80 Jahre mexikanische Bundesverfassung – was folgt?, JöR 47 (1999), S. 399 (423f. bzw. 411ff.); *R. Hofmann*, Grundzüge des Amparo-Verfahrens in Mexiko, ZaöVR 53 (1993), I, S. 271ff.

nelle Beispielnation[66]. Gleichwohl dürfen Empfehlungen formuliert werden, auch wenn sie vielleicht nur „platonisch-theoretischen" Sinn haben. In diesem Geist sei Folgendes zur Diskussion gestellt:

I. Eine Verfassungspräambel?

Die geltende Verfassung Mexikos „schmückt" sich nicht mit einer Präambel, auch wenn die einleitenden Artikel im Ersten Titel Kapitel I in manchem formell sprachlich und materiell-inhaltlich an Präambeln erinnern mögen. Die Frage ist, ob es damit an dem *besonderen Potential* fehlt, das gerade die traditionsreiche und auch heute weit verbreitete Kunst- und Textform der Präambel der nachfolgenden Verfassung erschließt. Die besonderen Funktionen einer Präambel liegen im Spachlichen, in der bürgerintegrierenden Kraft, in ihrem möglichen Brückenschlag zwischen Vergangenheit und Zukunft und in ihrer Chance, eine werthafte „Verfassung (in) der Verfassung" zu sein: ein Konzentrat des Ganzen. Neuere Musterbeispiele liefern Polen (1997) und die neue Bundesverfassung der Schweiz (2000), auch Südafrika (1997). Gewiss, Art. 4 ist ein Bekenntnis-Artikel, der seinen Platz auch in einer Präambel finden könnte. (Selbstverständnis der Nation als „plurikulturell" und ursprünglich sich aus den Eingeborenenvölkern aufbauend). Er nähme sich m.E. als Präambelelement in seiner sowohl *erkenntnishaften* als auch *bekenntnishaften* Struktur gut aus und könnte in einer etwa nach dem jüngsten Vorbild der Schweiz (1986/2000) in späteren Jahren einmal auch in Mexiko glückenden „Nachführung" der mexikanischen Verfassung, d.h. sprachlichen Überarbeitung, besseren Systematisierung und inhaltlichen Erneuerung einen neuen – besseren – Platz finden.

II. Eine kulturelles Erbe-Klausel?

Es fällt auf, dass Mexiko keine suggestive *kulturelles Erbe-Klausel* besitzt, wie sie wohl schon lateinamerikanisches Gemeingut ist[67]. Sie könnte dem Bekenntnis zur Multikulturalität zur Seite gestellt werden – ebenfalls als Absatz in einer Präambel. Gerade in offenen Gesellschaften bzw. angesichts des Drucks der Globalisierung werden kulturelle Erbes- bzw. Identitätsklauseln nicht nur für sog. Entwicklungsländer immer wichtiger. Sie begrenzen auch die weltweite Tendenz zur Ökonomisierung aller Lebensbereiche.

III. Eine Klausel zu Amerikas Einheit?

Diskutabel wäre m.E. gerade im lateinamerikanischen Vergleich und angesichts des in Lateinamerika heranwachsenden Standards eine Klausel zur *Amerikanischen Einheit*,

---

[66] Weitere Lit. zu Mexiko: *G. Scheffler*, Die kleinen politischen Parteien Mexikos, VRÜ 14 (1981), S. 429ff.; *R. Grote*, The Chiapas Rebellion and the Failure of Mexico's Indigenous Policy, VRÜ 29 (1996), S. 163ff.; *G. Maihold*, Das Verhältnis von Innen- und Außenpolitik in Entwicklungsländern: Der Fall Mexiko, VRÜ 20 (1987), S. 219ff.

[67] Zuletzt Präambel Verfassungsentwurf Peru von 2001/2002: „diversidad del patrimonio cultural".

bezogen auf Lateinamerika oder darüber hinaus. Beispiele wurden bereits genannt. Die lateinamerikanische Integration als Präambelelement bzw. Staatsziel stünde auch Mexiko gut an.

IV. Menschenrechtsfragen

Auf dem Felde der *Menschenrechte* könnte diskutiert werden:

1) Eine ausdrückliche *Öffnung* zu internationalen Menschenrechtstexten hin, ggf. sogar die Erklärung der vorrangigen Geltung von diesen auf Verfassungshöhe; auch dafür gibt es Beispiele, etwa Art. 105 alte Verf. Peru von 1979: Verfassungsvorrang (ebenso Art. IX Verfassungsentwurf Peru von 2001/2002);

2) eine Öffnung der Menschenrechte nach innen im Sinne einer *Grundrechtsentwicklungsklausel* nach dem Modell von § 10 Verf. Estland (1992) und Art. 4 alte Verf. Peru (1979) sowie Art. 53 Verfassungsentwurf Peru von 2001/2002;

3) eine Ausdifferenzierung der kulturellen Grundrechte einschließlich einer Verstärkung des Minderheitenschutzes auf allen Gebieten (vorbildlich Art. 64 Verf. Slowenien von 1991)[68].

Dieser offene Fragen- bzw. Themenkatalog ist gewiss sehr fragmentarisch. Auch sind dem Verfasser nicht die Feinheiten des höchst lebendigen mexikanischen Verfassungsrechts bekannt. Vielleicht taugt der Versuch aber wenigstens als Diskussionsgrundlage für die Weiterentwicklung des mexikanischen Konstitutialismus, der in Vergangenheit und Gegenwart in einem so eindrucksvollen Prozess des regionalen und auch europaweiten Gebens und Nehmens mit anderen Verfassungsstaaten bzw. Nationen steht, vor allem naturgemäß mit dem Mutterland Spanien.

Ausblick und Schluss

Diese Ausführungen sind nur eine Problemskizze nach meinen derzeitigen kleinen Möglichkeiten und begrenzten Kenntnissen über Lateinamerika, ganz Amerika und Mexiko. Doch können sie vielleicht illustrieren, dass wir heute, auf der *einen* Welt in einer universalen und regionalen „Werkstatt" in Sachen Verfassungsstaat leben. Verfassende Strukturen finden sich je national, regional und sogar auf der Weltebene, in dem Maße wie von einer werdenden „Verfassung der Völkerrechtsgemeinschaft" gesprochen werden kann. Die Vergemeinschaftung in Weltregionen bzw. Kontinenten wie in Europa, Amerika, Asien, ansatzweise auch in Afrika ist als Versuch zu deuten, der Globalisierung ein Stück Selbstbehauptung aus den Rechtskulturen der großen und kleinen Regionen entgegenzusetzen. Globalisierung und kulturelle Selbstbehauptung aus dem „Geist der Regionen" gehören dialektisch zusammen. Vergleicht man die unterschiedlichen Intensitätsgrade der regionalen Vergemeinschaftungsvorgänge, so darf Europa im engeren und weiteren Sinne wohl den ersten Platz beanspruchen. Die verfassenden Texte und die sich entwickelnde kongeniale Verfassungs*wirklichkeit* hat in Europa heute die höchste Dichte erreicht. Demgemäß sind auch die Eu-

---

[68] Zit. nach H. Roggemann (Hrsg.), Die Verfassungen Mittel- und Osteuropas, 1999.

ropa-Artikel in nationalen Verfassungen und die Integrationsaufträge in EU-Texten besonders dicht, durch konkrete Verfahren und Ziele angereichert. Man denke an Art. 23 n.F. GG oder Art. 7 Abs. 5 Verf. Portugal („europäische Identität"). Auch andere Aussagen zu Europa als Staatsziel in einzelnen Verfassungen („nationales Europaverfassungsrecht") und die entsprechenden Texte in den Teilverfassungen Europas wie der EMRK oder der EU (Präambel) spiegeln einen höchsten Grad an kontinentaler Integration bzw. Vergemeinschaftung wider. M. A. W.: Europa bietet der Welt die wohl höchste Textstufe in Sachen Integration und vielleicht kann mancher Text eine gewisse Vorbildfunktion für andere Teile der Welt entfalten, z.B. bei deren Entwicklung von *jus commune* in Asien, Afrika oder eben Amerika (Anreicherung um Integrations- und kulturelles Erbes-Klauseln). In afrikanischen Verfassungen mögen zwar viele einschlägige Texte vorliegen, doch gleichen sie eher Beschwörungen der Afrikanischen Einheit. Am weitesten geht mit ihrem Souveränitätsverzicht die Verfassung von Burkina Faso.

Man mag einwenden, alle die vor allem für Amerika untersuchten Texte seien eben „nur Texte", Programme, oft utopisch oder gar illusionär. Dem ist entgegen zu halten, dass ein Verfassungstext, einmal in der Welt, mindestens mittelfristig normative Kraft entfalten kann. Die Entwicklung des *Typus* Verfassungsstaat ist ein einziger Beleg für die Richtigkeit dieser These, und auch die jahrhundertelange Rezeptionsgeschichte von Klassikern wie *J. Locke* zeigt uns, dass der Verfassungsstaat, aber auch regionale Verantwortungsgemeinschaften in großen Zeiträumen denken und handeln und auf ein „Utopiequantum" angewiesen sind.

Eines freilich ist sicher: die Entfaltung eines gemeinamerikanischen Verfassungsrechts ist auf die Arbeit aller in Amerika mitwirkenden nationalen Wissenschaftlergemeinschaften angewiesen. Die offene Gesellschaft der Verfassungs- und Gemeinschaftsinterpreten braucht die je nationalen Staatsrechtslehrer aus allen Ländern ihres Kontinents. Hier beobachte ich seit längerem neben der Staatsrechtslehre in Peru[69] die von Mexiko. Die Arbeiten etwa von Prof. *Valadés* und des gastgebenden Institutes UNAM in Mexiko City seien hier an besonderer Stelle genannt.[70] Ihm und seinen Mitarbeitern (besonders *H. Fix* Fierro) gilt daher mein besonderer Dank. Die „ungeschriebene", aber schreibende tragende „Brücke" Lateinamerika/Spanien dank der Wissenschaft vor Ort kann in personeller und inhaltlicher Hinsicht gar nicht überschätzt werden – auch nicht bei der Entwicklung von „Gemein(latein)amerikanischem Verfassungsrecht".

---

[69] Vgl. die Arbeiten von *D. G. Belaunde* (z.B. De la Jurisdicción Constitucional al Derecho procesal Constitucional, 2. Aufl. 2000; Derecho Procesal Constitucional, 2001) und *C. Landa* (z.B. Tribunal Constitucional y Estado Democratia, 1999). S. auch das u.a. von *J.F.P. Manchego* betreute Werk: „Derechos Humanos y Constitución en Iberoamerica, 2002; *H. Fix-Zamudio/S. Valencia Carmona*, Derecho constitutional Mexicano y Comparado, 2. Aufl. 2001.

[70] Vgl. etwa die Bücher von *D. Valadés*, El control del Poder, 1998; zuletzt *ders.*, Constitución y democracia, 2000; ihm ist auch dieser Beitrag gewidmet.

II. Afrika

Die ruandische Verfassung vom 26. Mai 2003

von

Prof. Dr. Dr. h.c. Hans Meyer[1]

Berlin

I. Land und Situation

Das Volk von Ruanda, einem kleineren Staat in Äquatorialafrika, hat am 26. Mai 2003 in einem Referendum bei hoher Wahlbeteiligung und mit überwältigender Mehrheit eine Verfassung beschlossen. Sie soll es ermöglichen, das bisher durch Verträge und Absprachen zwischen den streitenden Parteien, vorläufigen Regelungen und Selbsternennungen bestimmte staatliche Organisationsgefüge auf einer soliden Basis abzulösen.

Ruanda ist den meisten nur bekannt wegen des Genozids in der ersten Hälfte der 90er Jahre. Er kostete zwischen einer halben und über einer Million Menschen das Leben. Ruanda ist das am dichtesten besiedelte Land Afrikas und hat über 8 Millionen Einwohnern, von denen nicht weniger als die Hälfte unter 18 Jahren und ein Viertel unter 10 Jahren ist.[2] Im Schnitt etwa 1.000 bis 2.000 m hoch gelegen kennt es im Nordwesten an der Grenze zum Kongo und zu Uganda eine Kette von Vulkanen, die bis über 4.500 m reichen, gleichwohl aber bewaldet sind, im Westen gegenüber dem Kongo das große Seengebiet des Kivusees, im Südwesten an der Grenze zu Burundi ein Urwald- und im Osten an der Grenze zu Tansania ein Savannengebiet. Im übrigen

---

[1] Der Verfasser war auf ruandischem Wunsch im Auftrag der Deutschen Gesellschaft für technische Zusammenarbeit (GTZ) im Februar 2003 zur Erkundung in Ruanda und hat mit der Verfassungskommission, einer Reihe staatlicher Funktionsträger und Vertretern der vielfältig aktiven Nichtregierungsorganisationen sowie internationalen Beobachten und dem Deutschen Botschafter gesprochen, um sich ein Bild von der allgemeinen Lage und den politischen Gegebenheiten zu machen. Im Mai 2003 schloß sich ein Beratungsaufenthalt an, bei dem es in erster Linie um die Entwürfe eines Parteien- und eines Wahlgesetzes ging. Die Verfassungsberatungen waren nicht mehr beeinflußbar. Dank gebührt für tatkräftigste Hilfe in Kigali *Arlette Vandeneycken*, in der Zentrale der GTZ *Susanne Jacobi*. Der vorgelegte Bericht ist Anfang Juli 2003 abgeschlossen. Die bedenklichen Nachrichten aus dem kongolesischen Grenzgebiet zu Uganda und Ruanda lösen berechtigte Sorgen um die weitere Entwicklung auch in Ruanda aus.

[2] Die beeindruckende Bevölkerungspyramide findet sich neben vielen anderen wertvollen Hinweisen auf das Land und seine Gestalt, seine Geschichte, auf Klima, Flora und Fauna in dem von *Célestin Kanimba Misago* und *Thierry Mesas* verantwortetem exzellenten Buch „Regards sur le Rwanda, Collections du Musée national, Paris, vermutlich 2002, S. 19.

dominiert eine ausgeprägte bergige Hügellandschaft, die das Land wegen der Klein-
teiligkeit der Anbauflächen wie einen großen Garten erscheinen lässt.

Ein gleichmäßiges, angenehmes Klima über das ganze Jahr zwischen durchschnitt-
lich 20 und 30 Grad und eine ebenso gleichmäßige Helligkeit zwischen 6 Uhr morgens
und 6 Uhr abends mit kurzen Dämmerungen bestimmen den Lebensrhythmus vor allem auf dem Land, das bis auf einige kleine Kreisstädte keine Elektrizität kennt. Nur wenige geteerte, von tückischen Schlaglöschern nicht freie Straßen durchziehen das Land.
In den ländlichen Gebieten sind die meist bloßen Füße das wichtigste Verkehrsmittel.
Die Lasten, wie Wasserkanister, werden auf dem Kopf balanciert, wenn nicht der Luxus
eines Fahrrades den Transport erleichtert. Der weiträumige Verkehr wird durch Toyo-
ta-Minibusse und Lastwagen ermöglicht. Tee und Kaffee sind die wichtigsten Export-
güter, was das Land von den Schwankungen der Weltmarktpreise außerordentlich abhängig macht. Nennenswerte Bodenschätze besitzt das Land nicht.[3] Der Tourismus ist
noch schwach entwickelt. Ohne ausländische Hilfe ist das schöne Land bisher auch auf
dem jetzigen insgesamt bescheidenen Standard nur schwer lebensfähig. Immerhin gibt
es merkliche Zuwachsraten beim Bruttozialprodukt.

Analphabetismus ist verbreitet. Die wichtigste Informationsquelle ist das Radio. Es ist
in Ruanda staatlich und also nicht gerade regierungskritisch. Eine eigene Tageszeitung
existiert nicht, wohl aber Wochenzeitungen, die aber aus Kostengründen meist in Uganda gedruckt werden. Nationalsprache ist Kinyarwanda, eine Bantusprache, die dominante ausländische Sprache ist Französisch – Belgien war nach Deutschland längere Zeit die
Kolonialmacht –, aber auch Englisch gilt als offizielle Sprache. Das Land ist überwiegend
christlich, mehrheitlich katholisch, was den Völkermord nicht gehindert hat. Nicht von
ungefähr war der erste von dem Uno-Tribunal in Arusha/Tansania nach anderthalb jäh-
rigen Prozeß Verurteilte ein höherer Funktionär einer christlichen Sekte;[4] er hatte die in
seine Kirche Geflüchteten umbringen lassen. Neben einer kleinen, aber wachsenden is-
lamischen Minderheit gibt es auch noch Anhänger der traditionellen Religion.

Das Land gilt heute als eines der sichersten in Afrika. Der langjährige von Ruanda
aktiv betriebene Konflikt in oder auch mit dem reicheren, aber auch weitaus instabile-
ren Kongo ist offiziell beigelegt. In den Kongo geflohene Angehörige der ehemaligen
Armee und Miliz versucht man mit ausländischer Hilfe, aber offensichtlich unter zunehmender Mühe wieder einzugliedern. Darunter sollte man freilich nicht die Eingliederung in den Arbeitsprozeß verstehen; die bestehende Arbeitslosigkeit wird
durch die Fiktion einer Beschäftigung in der Landwirtschaft wegdefiniert. Das Verhältnis zum Kongo bleibt aber instabil. Die im Mai 2003 im nordöstlichen Teil des rie-
sigen Kongo an der Grenze zu Uganda ausgebrochenen und zunehmend auch das
Grenzgebiet zu Ruanda erfassenden, an den Beginn des ruandischen Genozids erin-
nernden Stammesfehden[5] regen nicht ohne Grund auch zu Spekulationen über eine
ruandische Verwicklung an.[6]

---

[3] Daher taucht immer wieder die Vermutung auf, das ruandische „Engagement" im benachbarten Ost-
kongo habe hier einen seiner Gründe.

[4] Der 76jährige „Senior Pastor of the Sevenst Day Adventist Church" wurde zu 25 Jahren verurteilt
(The New Times v. 7.2.–1.3. 2003).

[5] Inwieweit die EU, die sich im Rahmen eins Uno-Mandats engagieren will, in der Lage ist, Schlim-
meres zu verhindern, bleibt abzuwarten.

[6] Siehe z.B. den Bericht des langjährigen Afrika-Korrespondenten *Robert v. Lucius* „Stammeskonflikte,

Eine Vielzahl ausländischer oder internationaler Organisationen ist mit den unterschiedlichsten Funktionen in Ruanda präsent. Deutschland wird oft mit Rheinland-Pfalz identifiziert, das eine zwanzigjährige Verbindung mit kontinuierlicher Hilfe zu Ruanda hat. Auch die deutsche Gesellschaft für Technische Zusammenarbeit (GTZ) ist relativ stark und mit vielfältigen Aktivitäten präsent. Die Uno, die EU, eine Reihe europäischer Staaten, vor allem auch nordeuropäische Länder, aber auch die USA und Kanada sind stark involviert.

Der Genozid, der kleinere Vorläufer in den Jahren 1959 und 1973 hatte, wird gemeinhin und auch in der politischen Debatte in Ruanda auf ethnische Gründe zurückgeführt. Die Opfer stammten im wesentlichen aus der Minderheitsethnie der Tutsi, der traditionellen Herrschaftsschicht, die Täter aus der 85% starken Mehrheitsethnie der Hutu. Die Frage, ob nicht im Untergrund auch soziale Probleme eines übervölkerten Landes mit einer auf dem Lande durchweg sehr armen Bevölkerung eine zumindest verstärkende Rolle gespielt haben, drängt sich für den Außenstehenden auf. Zumal eine ethnische Differenzierung nach Hautfarbe, Gestalt, Sprache oder Religion nicht möglich ist; „Mischehen" sind nicht selten. Erst während der belgischen Kolonialzeit in der ersten Hälfte des 20. Jahrhunderts ist durch die belgische Kolonialmacht, gestützt auf fragwürdige wissenschaftliche Theorien, der ethnische Gedanke forciert worden. Machtpolitische Überlegungen mögen dabei eine Rolle gespielt haben.

Der Genozid, dem auch gemäßigte Hutus zum Opfer fielen, war von staatlichen Stellen und der regierenden extremen Hutu-Partei toleriert bis angestachelt. Er hatte seinen Höhepunkt im April 1994, als innerhalb einer Woche die meisten Morde verübt wurden, meist mit der Machete.[7] Weit über Hunderttausend Täter, Anstifter und Gehilfen und ein Vielfaches an Opfern und Hinterbliebenen stellten schon einen reichen, geschweige denn einen armen Staat mit einer kaum funktionierenden Strafrechtspflege vor fast unlösbare Aufgaben. Durch Aktivierung der dorfnahen Laienjustiz, Gacaca, die in voller Öffentlichkeit agiert, versucht man, dem strafrechtlichen Problem, so gut es geht, Herr zu werden.[8] 30.000 bis 40.000 Ältere und Kranke wurden vor kurzem nach jahrelanger Haft ohne Prozeß freigelassen. Eine Entschädigung für die Opfer gibt es praktisch nicht, was für die Witwen und Waisen eine besondere Härte darstellt. Die traumatischen Folgen der Massaker sind beträchtlich. Die Unruhen führten darüber hinaus zu einer auf etwa zwei Millionen Menschen geschätzten Flucht über die Grenzen.[9]

Bergbauinteressen, Stellvertreterkriege" (FAZ v. 12.6. 2003) oder den Hinweis von *Thilo Thielike* auf die Aussage eines Exponenten der kongolesischen Regierung: „Verantwortlich für den Krieg macht er das Nachbarland Ruanda, dessen Gier nach Bodenschätzen unersättlich ist" (Der Spiegel, Nr. 26 v. 23. 6.2003 S. 110).

[7] Ein Schlaglicht auf die Grausamkeiten wirft der Bericht von *Günter Krabbe* „Kopf ab und schon ist der Friede da – Kampfzone Kongo: Bericht aus einer grausamen Gegend" (FAZ v. 20.6. 2003), der die sukzessive Enthauptung mehrerer Frauen durch Halbwüchsige vor einem Schützenpanzer der Uno mit ansehen mußte. Da die Besatzung des Panzers in Friedensmission tätig war, durfte sie genau genommen, da nicht angegriffen, nicht eingreifen.

[8] Die Gacaca-Prozesse erfreuen sich eines hohen Interesses ausländischer und internationaler Beobachter.

[9] Die Bevölkerungsentwicklung verzeichnet 1994 einen Rückgang von 2.3 Millionen und damit einen Verlust von 30,7%. 1997 gibt es wieder einen Gewinn von 1.5 Millionen und damit einen Zuwachs von 24,3% (s. *Misago/Mesas*, aaO (s. Anm. 2) S. 19).

Nach dem Sieg der Aufständischen über die in den Genozid involvierte Regierung hat eine Kartell von acht Parteien unter Führung der Ruandischen Patriotischen Front (RPF), einer Tutsi-geprägten Partei, und unter Einbeziehung der Hutu-Partei Republican Demokratic Mouvement (MDR), die aus einem gemäßigten und einem radikalen Flügel besteht, die Geschicke des Landes geleitet, einen starken Präsidenten installiert, sich auf die Ernennung eines provisorischen Parlaments geeinigt und eine Transitionszeit ausgerufen, die nun mit dem Referendum über die Verfassung und der Wahl eines Präsidenten und eines Teils des Parlaments durch das Volk ihr Ende finden und in eine demokratische Zukunft weisen soll.

Gelingt das Experiment, so dürfte es für andere afrikanische Staaten in der näheren und weiterer Umgebung sicherlich nicht als Ganzes, wohl aber in wichtigen Details als Vorbild dienen oder ihnen zumindest als Vorbild vorgehalten werden.

II. Die Verfassungsgebung

Zur Vorbereitung einer Verfassung wurde eine Verfassungskommission eingesetzt. Sie beruht auf den in Arusha im Jahre 1993 geschlossenen Abkommen zwischen den Kriegsparteien. Dessen Realisation zog sich aber bis Ende 1999 hin, als das für die bis jetzt laufende „Transitionszeit" eingesetzte provisorische Parlament eine gesetzliche Grundlage schuf. Die zwölfköpfige Kommission spiegelt die Zusammensetzung des eingesetzten Parlaments wider. Das Maß ihres Rückhalts in der Bevölkerung kann man nur bei den beiden größeren Blöcken der RPF und MDR vermuten. Zu den Parteivertretern kamen einige Vertreter aus der Zivilgesellschaft, die -mehr oder weniger regierungsfern – einen Ansatzpunkt für eine offenere politische Debatte bietet. Zum Präsidenten wählte das ernannte Parlament einen Granden der RPF, der längere Zeit in Frankreich gelebt und schon wichtige Funktionen im politischen Leben Ruandas ausgeübt hat.

Die Kommission schlug ein Verfahren ein, vor dem die deutsche, aber auch die europäische Verfassungsgebung sich eher matt ausnimmt. Nach Seminaren der Kommission über den Sinn und die Funktionen von Verfassungen unter Anhörung ausländischer Experten, vornehmlich aus afrikanischen Ländern, wurde im zweiten Halbjahr 2001 einen Broschüre erstellt und vor allem in Schulen und Betrieben zur Diskussion gestellt. Eine überarbeitete Broschüre mit Beispielen üblicher Verfassungsinhalte war die Grundlage einer erweiterten Aufklärung und einer Debatte mit einzelnen Sektoren des Landes, Vertretern von Spezialinteressen und mit Vertretern von Nichtregierungsorganisationen (NGO). Einige von ihnen berichteten, dass ein Teil ihrer Einwände tatsächlich berücksichtigt worden seien. Es wird von knapp 600 Treffen mit 200 bis 2000 Teilnehmern berichtet. Die seriöse International Crisis Group macht freilich auf die Tatsache aufmerksam, dass nach der herrschenden Mentalität die Teilnahme der Bevölkerung nicht ohne weiteres auf Einverständnis schließen lasse, die Landbevölkerung vielmehr seit alters her gewohnt sei, Konflikte mit der Obrigkeit aus dem Weg zu gehen.[10]

---

[10] „Ruanda at the End of the Transition: a neccessary political Liberalisation", Africa Report Nr. 53 (v. 13. 11. 2002), Nairobi/Brüssel, S. 7.

Das Ergebnis dieser Aktivitäten mündete in Fragebögen, die an alle Gesprächsteilnehmer gesandt wurden, wobei man hoffte, dass die Analphabeten unter ihnen durch ihre Kinder reagieren könnten. Es wurde eine Gratis-Telefonleitung eingerichtet, Auslands-Ruandern wurde die Möglichkeit, durch E-mail zu kommunizieren, eröffnet und schließlich wurden Spezialisten um ihre Meinung gebeten. Zur Gewichtung der Antworten wurde ein Punktesystem eingeführt, das dem einzelnen Privaten einen, dem Spezialisten zwei und einer Gruppe drei Punkte zusprach. Das Ergebnis wurde in einer Broschüre gesammelt und an „die Bevölkerung" verteilt, was ein lebhaftes Echo hervor rief.

Nach der Erstellung eines ersten Verfassungsentwurfs gab es erneute Reaktionen. Den letzten Entwurf erstellte die Kommission am 12. März 2003. Er war mit dem Parlament wie mit der Regierung abgesprochen. Die Kommission äußerte die Erwartung, die von Regierungs- wie Parlamentsseite bestätigt wurde, dass der Entwurf ohne große Debatte in dem ernannten Parlament angenommen werden würde. Als Termin wurde Ende März 2003 angegeben. Da das Referendum über die Verfassung auf den 26. Mai 2003 festgesetzt war, hätte das immerhin eine öffentliche Erörterung von anderthalb Monaten über einen im Wesentlichen schon länger bekannten Entwurf bedeutet. Es kam aber anders, nämlich zu einer Vielzahl von weniger wichtigen, aber auch durchaus wichtigeren Änderungen durch das „Parlament". Die Konsequenz war, dass zwischen dem Parlamentsbeschluß über den Verfassungsentwurf und dem Referendum wenig mehr als ein halber Monat Zeit zur Debatte war. Praktisch fand sie nicht statt.

Es ist nicht zu entscheiden, ob dahinter politisches Kalkül oder eher Unvermögen steht, die Terminfährnisse einer Verfassungsgebung richtig einzuschätzen. Jedenfalls drückt offensichtlich der amtierende Staatspräsident auf das Tempo. Kurz nach der Annahme der Verfassung durch das Volk hat er nämlich als Termin für die nach der Verfassung nunmehr vorzunehmende Präsidentenwahl den August und für die Parlamentswahl den September genannt. Eine so enge Terminierung macht es für alle Kandidaten außer dem amtierenden Präsidenten und den etablierten Parteien schwierig bis unmöglich, in einen fairen Wettbewerb einzutreten. Bisher ist als frühester Termin immer der September für die Präsidentenwahl und danach der Termin für die Parlamentswahl genannt worden. Da nach der Verfassung, wie noch zu zeigen sein wird, der Präsident die entscheidende Rolle in dem System zu spielen hat, deutet das Verhalten auf eine Strategie zugunsten des politischen status quo hin. Die Verfassung selbst erlaubt in Art. 196 eine Zeit von einem halben Jahr zwischen dem Verfassungsreferendum und der Präsidenten- und der Parlamentswahl, die zur Recht an verschiedenen Terminen stattfinden sollen.

III. Die politische Situation

Die dominierende politische Kraft in Ruanda ist die Tusi-geprägte RPF; sie ist als Sieger aus dem Bürgerkrieg hervorgegangen und hat die überwiegende Zahl der wichtigen Positionen inne.[11] Unter Einbeziehung ihrer Hutu-geprägten Hauptkon-

---

[11] Im „Country Profile 2002" für Ruanda und Burundi des Economist Intelligence Unit mit Sitz in

kurrentin MDR führt sie ein Acht-Parteien-Kartell an, das die Grundlage für die neue Verfassung gelegt hat. Das Ziel der RPF muß es sein, den ethnischen Gedanken als ein bestimmendes Moment der Politik zurückzudrängen, wenn nicht zu eliminieren, weil sie nur so ihre konstitutionelle Unterlegenheit als Partei einer Minderheit beseitigen kann. In ihren Reihen finden sich daher auch gemäßigte Hutus. Da sie nicht sicher sein kann, dass die ja ganz überwiegend auf dem Land lebende Wahlbevölkerung ihren Führungsanspruch akzeptiert, liegt es im übrigen nahe, Wahlmehrheiten möglichst nicht eine unmittelbar durchschlagende Bedeutung für das Regierungssystem zuzusprechen. Dem kommt entgegen, dass politische Parteien bei der Bevölkerung im allgemeinen keinen guten Ruf haben, weil die Verwicklung in Bürgerkrieg und Genozid bekannt ist.

Außenpolitisch muß das Interesse dahin gehen, vor allem das Verhältnis zum Kongo zu stabilisieren, in das Ruanda schon einmal einen Bürgerkrieg exportiert hat und das Auffangbecken und Rekrutierungsbasis für ins Exil gegangene oder gezwungene politische Gegner abgeben kann.

Es ist nicht verwunderlich, dass mit dem Näherrücken der Präsidenten- und der Parlamentswahl das Parteienkartell, das die Verfassung entwickelt hat, aufbricht. Vor allem die erwartete dominante Konkurrenz zwischen RPF und MDR führte im unmittelbaren Vorfeld von Referendum und Wahlen zu einem Schlag der regierenden RPF gegen die zwar jahrelang mitregierende, aber innerlich durch die Spaltung in einen extremen und einen moderaten Flügel geschwächte MDR.

Das – ernannte – Parlament hat sich nach einer Untersuchung kurz vor dem anstehenden Referendum, der Präsidentenwahl und der erstmaligen Volkswahl des Parlamentes gegen die zweitstärkste, der Mehrheitsethnie zugerechneten Partei, die MDR, mit der Forderung der Auflösung gewandt. Das hat zu einer ebenso umfangreichen wie außerordentlich kritischen Analyse von Human Rights Watch vom 8. Mai 2003 geführt,[12] die nichts weniger als der RPF wie auch dem amtierenden Präsidenten vorwirft, bei hemdsärmeligen Ausbau der eigenen Machtstellung unter dem Deckmantel des Kampfes gegen den „Divisionism" zu versuchen, den politischen Hauptgegner zu diskriminieren und wichtige Anhänger ins Exil zu „zwingen". Die Vorwürfe sind im einzelnen auch mit Namen und Daten belegt. Ausländische Geldgeber werden aufgefordert, die Finanzierung der Wahlen unter diesen Bedingungen zu überdenken.

London, das sich die Analyse von Geschichte, Politik, Infrastruktur und Ökonomie angelegen sein läßt und sich um ein objektives Bild bemüht, ist das Stichwort zum Thema „The RPF has consolidadated ist hold an power" (London 2002 S. 11). Im Länderbericht Rwanda/Burundi derselben Quelle aus dem Februar 2003 wird als ein strategisches Hauptziel der RPF der Versuch genannt, „to maintain the current ban on party politics outside parliament until as close to the election as possible, although doners may force some concessions on this from the government" (S. 8). Der Bericht weist darauf hin, dass die Politik der RPF darauf gerichtet sei, unter dem Stichwort „divisionism" eine Debatte über die wichtigste politische Frage des Landes, die Beherrschung des öffentlichen Lebens durch die Tutsi-Minderheit, auszuschließen (aaO). Der Länderbericht hält es für angebracht, den Hauptvorwurf eines sehr kritischen Artikels der Internationl Crisis Group (ICG) von Mitte November 2002 über die Herrschaftspraxis der RPF wiederzugeben (aaO S. 14). Diese hatte in dem schon zierten Africa Report Nr. 53 (dort S. 11) die Notwendigkeit einer politischen Liberalisierung konstatiert und die Besetzung der wichtigsten Posten durch Mitglieder der RPF im einzelnen aufgelistet.

[12] „Preparing for Election: Tightening Control in the Name of Unity", Human Rights Watch Backgrounder vom 8. Mai 2003.

In der in Kigali erscheinenden „The New Times" vom 15.–18. Mai 2003 reagierte der neue Außenminister Ruandas und ehemalige Generalsekretär der RPF, Charles Murigande, mit einer ganzseitigen Entgegnung. Auch ohne intimere eigene Kenntnis der Dinge lassen sich aus der Reaktion Schlüsse ziehen. Die Tatsache, dass einer der nach dem Präsidenten ranghöchsten Funktionäre der RPF geantwortet hat, und die Tatsache, dass er so schnell reagiert hat, zeigen, auf welche Empfindlichkeit die Vorwürfe gestoßen sind. Sie wurden immerhin für so plausibel gehalten, dass eine ebenso rasche wie autoritative Entgegnung angebracht erschien.

Dass sich die Entgegnung in erster Linie um eine Diskreditierung der Autorin oder zumindest Verantwortlichen des Berichts, Alison Des Forges, Senior Adviser to the African Division of Human Rights Watch, bemüht, statt Punkt für Punkt die Vorwürfe zu widerlegen, spricht eher für als gegen den Bericht von Human Rights Watch. Soweit auf Einzelvorwürfe eingegangen wird, ist die Argumentation meist schwach. Auf den Hinweis, dass zwei in dem Bericht namentlich genannte höhere Offiziere, einer davon Minister, ins Exil gegangen seien, weil ihnen in dem Bericht des Parlaments „divisionism" vorgeworfen worden sei, entgegnet zum Beispiel der Außenminister mit dem Hinweis, Ruanda sei kein Gefängnis und jeder könne das Land frei verlassen. Den entscheidenden Punkt der politischen Philosophie der RPF spricht er aber bei einem grundsätzlichen Vorwurf an: „On the question of the principle of the rule by the majority, it is baffling that a „scholar" like Des Forges can deliberately confuse ethnic majority with democracy. This distortion of political values and democracy has been the source of the exclusion that created the Rwandan refugees problem and the 1959 und 1994 massacre and genocide."

Es ist sicher aller Ehren wert und politisch auch klug, dass die RPF sich auch Hutus öffnet und die ethnische Frage nicht als ein bestimmendes Moment der Politik ansehen will. Und zwar auch unabhängig davon, ob die ethnische Differenzierung nicht stärker ein Produkt kolonialer Politik als tradierter Unterschiede ist. Angesichts des Genozids ist auch gut vertretbar, dass der Verfassungsentwurf den politischen Parteien verbietet, sich mit einer Ethnie zu „identifizieren" (Art. 54 § 1)[13]. Dass sich die Angehörigen einer Ethnie aber politisch organisieren dürfen, wenn sie andere nicht ausschließen,[14] muss auch dann gelten, wenn sie die weit überwiegende Mehrheit des Landes stellen. Der Schutz der Minderheit liegt in ihren Verfassungsrechten, in der Möglichkeit des gerichtlichen Parteienverbotes und, wie noch zu zeigen sein wird, in der Konstruktion des Parlaments. Sie räumt auch einer größeren Wahlmehrheit in der nur teilweise volksgewählten Deputierten-Kammer eine bestimmende Entscheidungsmacht nicht ein. Vor allem aber liegt sie in der Machtfülle des Präsidenten.

Ausschlaggebend für die künftige ruandische Politik wird daher das Amt des Staatspräsidenten sein. Das Ringen um dieses Amt wird der entscheidende Faktor in der ruandischen Innenpolitik werden. Daher verdienen das Augenmerk der vielfältigen ausländischen Beobachter weniger die sicherlich kaum noch problematischen techni-

---

[13] So jedenfalls die französische Fassung, die freilich öfter auch in nichtigeren Punkten, von der englischen abweicht. Siehe weiter unter IV 3.

[14] Die Vorsitzende der staatlichen Menschenrechtskommission erklärte in einem Gespräch, dass eine Frauenpartei (Das Geschlecht gilt nach der Verfassung auch als eine mögliche Ursache von „divisionism") zulässig sei, wenn sie Männer nicht ausschließe.

schen Fragen der Präsidentenwahl als die Fairness bei der Behandlung der Kandidaturen und im Wahlkampf.[15]

IV. Aufbau und Besonderheiten der Verfassung

1. Präambel und Grundlagen des Staates (Abschnitt I)

Auf eine längere Präambel, die an erster Stelle den Genozid erwähnt und aus ihm eine Reihe von gewichtigen, den Grundton für das ganze Werk abgebenden Folgerungen ableitet, folgt ein Abschnitt I (Art. 1 bis 9) über die Grundlagen des Staates, der als eine unabhängige, souveräne, demokratische, soziale und säkulare[16] Republik bezeichnet wird. Er enthält Variationen über die demokratische Struktur, legt die territoriale Organisation bis zu sieben Stufen von den Provinzen über die Distrikte bis zu den Sektoren und Zellen fest, regelt Staatsangehörigkeitsfragen, bestimmt die Staatssymbole, die Nationalsprache und die beiden zusätzlichen offiziellen Sprachen und normiert Grundlagen des Wahlrechts. In einem Artikel mit – wir würden sagen – Staatszielbestimmungen, wird dem Staate der Kampf gegen die Ideologie des Genozids und all seine Manifestationen aufgegeben und zusätzlich die Ausrottung aller ethnischen, regionalen und nicht näher bestimmter anderer „divisions" als Ziel gesetzt, zugleich aber die dauernde Suche nach Lösungen durch Dialog und Konsens vorgegeben. Den Frauen soll ein Anteil von mindestens dreißig Prozent der Positionen in Entscheidungsgremien zukommen. Das ist für ein traditionell männerdominiertes Land eine mutige Entscheidung.

2. Grundrechte (Abschnitt II)

Der Grundrechtsabschnitt unterscheidet zwischen fundamentalen Menschenrechten (Art. 10 bis 44) und Rechten und Pflichten der Bürger (Art. 45 bis 51). Außergewöhnlich differenziert ist das Diskriminierungsverbot (Art. 11 § 2), das nach einer Generalklausel („discrimination of whatever kind based on") insgesamt fünfzehn mögliche Diskriminierungsgründe aufzeigt, neben der ethnischen Herkunft, die Stammesund die Clanmitgliedschaft, die Hautfarbe, das Geschlecht, die regionale und die soziale Herkunft, Religion oder Glaube, die Meinung, der ökonomische Status, die Kultur, die Sprache, der soziale Status und schließlich die physische oder die mentale Behinderung. Auch im Grundrechtsteil taucht der Genozid wieder auf (Art. 13), zum einen mit der Regelung, dass es keine Verjährung gibt, und zum anderen mit der Fest-

---

[15] Mittlerweile ist ein ehemaliger, in den Genocid nicht verwickelter Ministerpräsident und Hutu aus dem belgischen Exil nach Kigali, der Hauptstadt Ruandas, zurückgekehrt und hat seine Kandidatur für das Präsidentenamt angemeldet, wobei freilich noch unklar ist, ob er für die MDR oder als Unabhängiger kandidieren wird. Letzteres ist jedenfalls nach den Entwurf des Wahlgesetzes erheblich erschwert. Andere scheinen ebenfalls eine Kandidatur zu erwägen.

[16] Das hält die Verfassung aber nicht davon ab, allen höheren Funktionsträgern einen Eid abzuverlangen, der Gottes Hilfe erbittet (Art. 61, 104). In dem Entwurf der Verfassungskommission hieß es noch, dass die Anrufung Gottes nicht zwingend sei (Art. 65 und 103 E).

legung, dass „revisionism, negationism und trivialisation" des Genozids als Straftatbestände festzulegen seien. Angesichts der Tatsache, dass die Verfassung in der Präambel selbst von über einer Million Opfern spricht, ausländische Beobachter aber eher von über einer halben Million ausgehen, läßt sich die Brisanz dieser Verfassungsbestimmung leicht ausmalen.[17] Bei der Meinungsfreiheit, die zusammen unter anderem mit der Religionsfreiheit garantiert ist (Art. 33), wird wiederum die Strafbarkeit von Werbung für ethnische, regionale, rassische, diskriminatorische und jede andere Form „of division" verlangt. Presse- Äußerungs- und Informationsfreiheit werden unter den Vorbehalt der öffentlichen Ordnung, der guten Moral und des Ehrenschutzes der Bürger gestellt; ein Gesetz soll dies im einzelnen regeln (Art. 34). Außerdem wird, ein durchgängiger Zug der Verfassung, ein „High Council of the Press" etabliert (Art. 34 § 3), über dessen Funktion die Verfassung aber nichts sagt, vielmehr die Einzelheiten zu regeln ohne Vorgabe einem Gesetz überantwortet.

Ungewöhnlich dürften für einen Grundrechtsteil differenzierte Regelungen über das Staatseigentum sein (Art. 31), dessen öffentlicher Teil erst verfügbar ist, wenn er in das private Eigentum des Staates überführt ist und der durch Strafvorschriften vor jeder irregulären Einwirkung, und sei es auch durch Korruption, zu schützen ist(Art. 32 § 2). Mit Letzterem ist ein Stichwort angesprochen, das in den sich konsolidierenden afrikanischen Staaten seine besondere Bedeutung hat. Im übrigen enthält der Grundrechtsteil die geläufigen Grundrechte. Eine ausdrückliche Bestätigung des Erbrechts fehlt, ebenso eine Ächtung der Todesstrafe. In einem Land, aus dem Millionen geflohen sind, ist das Grundrecht der Ein- und Ausreisefreiheit für jeden Ruander ein wichtiges Freiheitsrechts (Art. 23 § 2); es steht freilich unter einem Gesetzesvorbehalt, der sich schon auf „reasons of law and order" stützen kann. Eine Exilierung ist unzulässig. Unmittelbare „Drittwirkung" kennt die Verfassung bei der Garantie des gleichen Lohns bei gleicher Arbeit und gleicher Befähigung und Arbeitskraft (Art. 37 § 2). In einem Staat, in dem ein Viertel seiner Bevölkerung unter zehn Jahren ist, sollte Erziehung und Ausbildung ein besonderes Augenmerk des Staates finden. Die Verfassung spiegelt das nicht wieder. Zwar statuiert sie ein Recht auf Erziehung (Art. 40 § 1) und sogar eine grundsätzliche Freiheit des Lernens und des Lehrens (Art. 40 § 2), das Schulwesen wird aber nicht als staatlich reklamiert und lediglich der Besuch einer Grundschule („primary education") für verpflichtend erklärt (Art. 40 § 3). Ist sie eine öffentliche Schule, so ist der Besuch kostenfrei. Diese Regelung verweist auf eine durchgehende Praxis von Schulgeld hin, eine in Afrika eher gängige Praxis.

Abgesehen von einer Reihe sehr unterschiedlich gestalteter Gesetzesvorbehalte für einzelne Grundrechte kennt die Verfassung eine Generalklausel, wonach die Ausübung der Grundrechte ihre Grenze nur in den Gesetzen finde, welche den Respekt der Rechte und Freiheiten anderer, aber auch „good morals, public order and sozial welfare" zu sichern haben, was eine demokratische Gesellschaft charakterisiere (Art. 43).

---

[17] Da die Daten der Bevölkerungsentwicklung, die in den letzten zwanzig Jahren einen Zuwachs im Durchschnitt zwischen 2,8% bis 3. 8% kennt, in den Jahre 1995, 1996 und 1997 aber einen Zuwachs vom 9. 3%, 8, 3% und 24, 3%, was offensichtlich auf Rückwanderung beruht, ist angesichts der in Anm. 9 wiedergegebenen Zahlen eher zu vermuten, dass die Zahl der Getöteten unter einer Million liegt.

Es dürfte einleuchten, dass der Wert der grundrechtlichen Verbürgungen bei dieser Art von Einschränkungsmöglichkeiten von der Grundrechtsfreundlichkeit zunächst des Gesetzgebers, dann der Verwaltung und schließlich der Gerichtsbarkeit abhängen wird, die zum Abschluß des Grundrechtskatalogs ausdrücklich als der Garant der Rechte und Freiheiten bezeichnet wird (Art. 44).

In einem kürzeren Unterabschnitt wendet die Verfassung sich den Bürgerrechten zu (Art. 45 bis 51). Die Beteiligung an den Staatsgeschäften, entweder direkt oder durch Repräsentanten (45 § 1), und der gleiche Zugang zu den Staatsämtern (Art. 45 § 2) werden garantiert. Es wird den Bürgern aber auch die Pflicht auferlegt, miteinander respektvoll, solidarisch und tolerant umzugehen (Art. 46), durch Arbeit das Land mit zu entwickeln, den Frieden, die Demokratie, soziale Gerechtigkeit und Gleichheit zu bewahren (Art. 47), die Umwelt zu schützen und zu entwickeln (Art. 49 § 2) und an der Verteidigung des Landes (französisch: „patrie", englisch: „motherland") mitzuwirken (Art. 47). Dafür haben sie einen Anspruch auf eine gesunde und zufriedenstellende Umwelt (Art. 49 § 1). Ausdrücklich wird das Recht des Bürgers zur Förderung der Nationalkultur hervorgehoben (Art. 50 § 1). Jedem Bürger, auch dem Bürger in Uniform, wird die Verpflichtung auferlegt, Verfassung, Gesetze und Ordnungen des Landes unter allen Umständen zu respektieren (Art. 48 § 1) und ihm ein Weigerungsrecht gegen Befehle der Vorgesetzten gegeben, wenn sie auf eine seriöse und manifeste Verletzung der Grundrechte und der öffentlichen Freiheiten hinauslaufen (Art. 48 § 2). Dem Staat seinerseits wird die Pflicht auferlegt, auf kulturellen Praktiken und Traditionen beruhende positive Werte zu schützen und zu fördern, solange sie nicht mit den Grundrechten, der öffentlichen Ordnung oder der guten Moral kollidieren (Art. 51). Der Schutz des nationalen Kulturerbes wie der Gedenkstätten des Genozids werden dem Staat ebenfalls ausdrücklich aufgegeben (Art. 51).

3. Die „Politischen Organisationen" (Politischen Parteien) (Abschnitt III)

Ein eigenes Kapitel widmet die Verfassung den „Politischen Organisationen" (Art. 52 bis 59); der französische Text spricht von „formations polititiques". Gemeint sind möglicherweise nur, jedenfalls in erster Linie die politischen Parteien. In der von der Verfassungskommission verabschiedeten Fassung gab es in diesem Kapitel ausdrücklich eine Differenzierung zwischen politischen Parteien und politischen Formationen. Es ist bezeichnend, dass der Begriff der politischen Partei in der endgültig verabschiedeten Verfassung gemieden wird. Man lastet ihnen viel Böses der Vergangenheit an, kommt aber ohne sie nicht aus. Nur im Einleitungssatz des Kapitels kommt der Begriff vor: „A multi-party system of government is recognized" oder in der französischen Version „Le multipartisme est reconnu" (Art. 52 § 1). Das „of government" ist erst in der letzten autorisierten englischen Übersetzung des kinyarwandischen Textes hinzugekommen, wobei die Verfassung unter „government" einmal den gesamten Staatsapparat einschließlich der Justiz versteht (Art. 60), gelegentlich aber auch nur die Regierung (z. B. Art. 118).

Die Gründung einer Partei ist frei, falls sie die gesetzlichen Bedingungen erfüllt. Sie muß das Recht und die demokratischen Prinzipien anerkennen und darf die nationale Einheit, die territoriale Integrität des Staates und die Sicherheit der Nation nicht gefährden (Art. 52 § 2). Ihr wird eine Erziehungsfunktion für die Bürger zugesprochen (Art. 52 § 3). Die Freiheit, sich einer Partei anzuschließen oder dies nicht zu tun, wird ausdrücklich gewährleistet (Art. 53 § 1). Freilich dürfen weder Richter noch Staatsanwälte noch Mitglieder der Streitkräfte, der Polizei und des staatlichen Sicherheitsdienstes Mitglieder einer Partei ein (Art. 59 § 1). Die Mitglieder des öffentlichen Dienstes und die Bediensteten in öffentlichen Unternehmen und in parastaatlichen Organisationen dürfen keine Führungsstellungen einnehmen (Art. 59 § 2). Registrierten politischen Parteien steht eine Unterstützung durch den Staat zu (Art. 57 § 1). Es ist davon auszugehen, dass ein Anspruch auf Registration besteht, wenn die Voraussetzungen der Verfassung erfüllt sind.

Interessanter als diese Gewährleistungen sind die Restriktionen. Es gibt eine organisatorische und eine Fülle von inhaltlichen Restriktionen. Die organisatorische ist für Außenstehende schwer zu verstehen: die Führung der politischen Parteien soll Büros nur auf der nationalen Ebene und der Ebenen der Provinzen einschließlich der Hauptstadt Kigali haben (Art. 52 § 4). Damit will man verhindern, dass es auf dem Land, wo etwa 85% der Bevölkerung wohnt, Parteisekretäre gibt. Man fürchtet die Radikalisierung durch „arbeitslose junge Burschen", wie eine Erklärung lautete. Hinzu kommt möglicherweise, dass sich die Aktivitäten auf dem Land mit seinen verstreuten Siedlungen und Einzelhütten oder – gehöften schwer kontrollieren lassen.[18] Dass mit einer solchen Restriktion das Problem der arbeitslosen jungen Burschen bei einer Bevölkerung, die zur Hälfte unter achtzehn Jahren ist, sich nicht lösen läßt und dass politische Parteien, wenn man sie in die Verantwortung nimmt, auch Legitimation vermitteln und verstärken können, schien kein überzeugendes Argument. Wie später bei der Behandlung des Regierungssystems zu zeigen sein wird, ist denn auch die Bedeutung der Parteien für die staatliche Willensbildung stark eingeschränkt.

Die inhaltlichen Verbote für die politischen Parteien sind, weil sie einer extensiven wie restriktiven Auslegung zugänglich sind, von möglicherweise noch stärkerem Gewicht. Die politischen Parteien dürfen sich – nach der englischen Fassung – nicht gründen („prohibited from basing") – auf Rasse, Ethnie, Stamm, Clan, Region, Geschlecht, Religion oder irgendein anderes Unterscheidungsmerkmal, das Basis einer Diskriminierung sein kann (Art. 54 § 1). Im französischen Text heißt es restriktiver, es sei ihnen verboten, „s'identifier" mit diesen Merkmalen. Es ist evident, dass es den Autoren der Verfassung in Wirklichkeit nur auf zwei Merkmale ankam, die ethnische und die regionale Basierung,[19] zumal an den Verfassungsberatungen auch Vertreter einer christlichen und einer – sehr kleinen – islamistischen Partei teilgenommen haben. Das erste Merkmal erschließt sich aus den kurzen Angaben zu Beginn des Aufsatzes. Die Abwehr des Regionalismus beruht auf der Tatsache, dass es zwar keine separatistische Tendenzen gegeben hat, wohl aber der Versuch einer Region, über die anderen zu herrschen. Schließlich müssen die politischen Parteien beharrlich die Einheit des ruandischen Volkes und die Gleichheit der Geschlechter reflektieren (Art. 54 § 2).

Gravierende Verstöße gegen diese Pflichten können vom Senat, der einen Kammer des Parlaments, zunächst vor den High Court of the Republic gebracht werden und gehen im Berufungsfalle vor den Supreme Court. Die möglichen Sanktionen gehen

---

[18] Die kleinste territoriale Einheit, die Zelle, soll etwas 160 Hauhalte umfassen.
[19] In Nr. 2 der Präambel sind denn ausdrücklich auch nur diese beiden genannt.

von einer formalen Warnung über die Suspension aller Aktivitäten bis zu zwei Jahren oder für die ganze Wahlperiode des Parlaments bis schließlich zur Auflösung (Art. 55 § 3). Im letzteren Falle verlieren nach deutschem Vorbild die auf dem Ticket der Partei Gewählten ihren Parlamentssitz (Art. 55 § 4).

Dem ausführenden Gesetz wird auferlegt, auch zur Lebensführung („l'ethique") des Führungspersonals der Parteien Festlegungen zu treffen. Die Verfassungskommission, die, bis das neue Parlament gewählt ist, auch für die Ausführungsgesetze zuständig ist, hat einen Entwurf mit umfangreichen Tugendkatalogen für „politician" getrennt nach normalen Zeiten, Wahlkampfzeiten und Zeiten eines Ausnahmezustandes vorgelegt, der in jedem Fall einem „politician" unter Strafandrohung unter anderem verbietet: „mismanagement, personality cult,[20] favoritism and injustice" und ganz allgemein: „to have degrading habits, such as: non-equity, drunkeness, adultery, dishonesty, breach of trust, fraud, lying, corruption und to be a double dealer".[21]

Eine wohl einmalige Besonderheit ist der Verfassungsbefehl, dass sich alle registrierten politischen Parteien ohne Präjudiz für ihre Selbständigkeit zu einem konsultativen „Forum der politischen Organisationen" zusammenzuschließen haben, in dem Ideen über wichtige Fragen des Landes ausgetauscht, die nationale Einheit konsolidiert und Hinweise auf die nationale Politik gegeben werden sollen und das als Mediator bei aufkommenden Konflikten zwischen politischen Parteien dienen und sogar – auf Anfrage – zur Lösung interner Konflikte innerhalb einer Partei beitragen soll (Art. 56). Weitere Funktionen könnte ein Gesetz vorsehen (Art. 57 § 2). Die Entscheidungen können freilich nur im Konsens getroffen werden (Art. 56 § 3), wobei ein wenig unklar ist, welche „Entscheidungen" das Forum nach seinen Aufgaben überhaupt zu treffen hat; freilich entsendet es – erstaunlicher Weise – immerhin vier Mitglieder in den nur 26-köpfigen Senat (Art. 82 § 32 Nr. 3).

Überraschend und schwer verständlich ist die Bestimmung in diesem Abschnitt über die Parteien, dass der Präsident der Republik und der Präsident (Speaker) der Kammer der Deputierten verschiedenen Parteien angehören müssen (Art. 58). Sie ist offenbar das kompromisslerische Rudiment einer ursprünglich anderen Konstruktion des Regierungssystems, das man nur bei dessen Behandlung verstehen kann (s. unten IV 4 c).

4. *Die Organisation der drei Staatsgewalten (Abschnitt IV)*

Fast die Hälfte der Verfassung nehmen die Bestimmungen über die Organisation der Staatsgewalt ein (Art. 60 bis Art. 159), wobei die Verfassung sich an den klassischen drei Gewalten orientiert, was dazu führt, dass der Staatsanwaltschaft, die man weder der Exekutive noch der Judicative zuschlagen wollte, ein eigener kleiner Abschnitt gewidmet wird. Einleitend werden die drei Gewalten dem traditionellen Schema fol-

---

[20] Das ist bei einer so einseitig und übermächtig auf den Staatspräsidenten ausgerichteten Verfassung nicht ohne Ironie.

[21] Auf die übrige Welt übertragen würde die Einhaltung dieser Anforderungen zu einer nicht unerheblichen Reduzierung der politischen Klasse führen.

gend als getrennt und unabhängig bezeichnet, dann aber sehr realistisch als komplementär zueinander (Art. 60 § 2).

a) Das Parlament

Das Parlament besteht aus zwei Kammern (Art. 62). Von der achtzigköpfigen Deputiertenkammer werden nur knapp zwei Drittel der Mitglieder volksgewählt, während 24 Frauen durch Lokalvertreter, zwei Mitglieder durch den staatlich organisierten „National Youth Council" und ein Mitglied durch den Behindertenbund gewählt werden (Art. 76). Von den sechsundzwanzig Mitgliedern des Senats werden zwölf von Lokalvertretern gewählt, acht vom Präsidenten der Republik bestimmt, vier vom Forum der politischen Parteien entsandt und je einer von den Wissenschaftlern der öffentlichen und der privaten Universitäten und höheren Lehranstalten gewählt. (Art. 82). Für alle Mitglieder beider Kammern wird mit beredten Worten das „freie" Mandat reklamiert (Art. 64). Als die allgemeinen Funktionen beider Kammern wird die Gesetzgebung und die Kontrolle der Exekutive angegeben (Art. 62 § 2). Da die Verfassung den Präsidenten der Exekutive zurechnet (Art. 97), unterläge er eigentlich auch der vollen, also auch der politischen Parlamentskontrolle. Nach der Verfassung beschränkt sich die Kontrolle aber ausschließlich auf die Möglichkeit der Anklage wegen Hochverrats und gravierender Verletzung der Verfassung beim Supreme Court ((Art. 145 § 1 Nr. 10). Seine Erklärungen vor dem Parlament sind ohne Debatte entgegenzunehmen (Art. 135 § 1).

Der Stellenwert des Parlaments drückt sich aber nicht nur in der Art der Zusammensetzung aus, sondern auch darin, dass seine erste Sitzung nicht etwa von einem Alterspräsidenten geleitet wird, der Staatspräsident lädt vielmehr zu dieser Sitzung ein, leitet sie und präsidiert zugleich der Wahl des mit Vorrechten versehenen Präsidenten und der beiden Vizepräsidenten jeder Kammer und kann dabei, so muß man annehmen, ein Vorschlagsrecht in Anspruch nehmen (Art. 65). Es gibt drei ordentliche Sitzungsperioden von je zwei Monaten im Jahr (Art. 71), im übrigen können außerordentliche Sitzungen nur unter bestimmten Bedingungen und höchstens für fünfzehn Tage einberufen werden; sie haben sich auf den Anlaß zu beschränken (Art. 72).

Für die Wahl der 53 auf fünf Jahre vom Volk unmittelbar gewählten Mitglieder der achtzigköpfigen Deputiertenkammer gilt ein Verhältniswahlrecht, das auf starren Listen von politischen Parteien oder von Unabhängigen aufbaut (Art. 77 § 4). Letzteres ist erstaunlich, da sich Unabhängigkeit und starre Liste schwerlich vereinbaren lassen und nicht einzusehen ist, dass die so organisierten „Unabhängigen" sich nicht denselben Restriktionen wir Parteien zu unterwerfen haben. Anders als der Entwurf, der starke Restriktionen vorsah, sieht das Wahlgesetz selbst denn auch nur die Einzelkandidatur von Unabhängigen vor. Obwohl kein parlamentarisches Regierungssystem vorgesehen ist, das regierungsfähige Mehrheiten im Parlament verlangte, und obwohl die Mehrheitsbildung wegen der anderen, nicht volksgewählten 27 Mitglieder sowieso unsicher ist, ist nach deutschen Vorbild eine 5%-Sperre vorgesehen, deren Verfehlen zudem die weitere rabiate Folge hat, dass die betreffende Partei keinen Anspruch auf staatliche Unterstützung hat (Art. 77 § 5).[22] Beides zusammen wird das Parteiensy-

---

[22] Wie diese Vorschrift mit einer staatlichen Wahlkampffinanzierung zu vereinbaren ist, wie sie im Ent-

stem schnell konsolidieren, möglicherweise aber auch zu einer gefährlichen politischen Frustation führen.

Die auf acht Jahre gewählten sechsundzwanzig Mitglieder des Senats, von denen mindestens 30% Frauen sein müssen (Art. 82 § 1), was bei fünf unterschiedlichen Wahlkörpern zu Problemen führen kann, müssen besonderen Anforderungen an die moralische und professionelle Qualität genügen (Art. 83). Diese muß vor der Wahl oder Bestellung durch den Supreme Court bestätigt werden (Art. 85 §§ 1 bis 3). Der Präsident ernennt seine Kandidaten zuletzt, damit er bei der Auswahl dem Ziel der nationalen Einheit den Vorrang geben kann (Art. 85 § 4). Die politische Überzeugung soll keine Rolle spielen (Art. 83). Es gilt ein freilich nur um ein Jahr verschobenes rollierendes und nur teilweises System der Erneuerung, (mit Schwierigkeiten am Anfang s. Art. 197) so dass der Senat auf Dauer gestellt ist. Ehemalige Staatspräsidenten können einen dauerhaften Sitz beanspruchen (Art. 82 § 4).

Zu den wichtigsten Aufgaben des Senats neben der Beteiligung an der Gesetzgebung auf ausgewählten, aber wichtigen Feldern (Art. 88) und der Kontrolle der Exekutive gehört die Wahl aller Richter des Supreme Court und des Generalstaatsanwalts und seines Vertreters sowie die Bestätigung einer Reihe von Besetzungen anderer wichtiger Posten, wie die der Vorsitzenden nationaler Kommissionen, der Botschafter, der Provinzialpräfekten oder der Leiter öffentlicher Unternehmen (Art. 88 § 2). Bei der Wahl der Richter am Supreme Court einschließlich des Präsidenten und des Vizepräsidenten ist der Senat allerdings durch das Vorschlagsrecht des Staatspräsidenten, der zwei Kandidaten je freie Stelle präsentieren muß, erheblich beschränkt (Art. 147 § 1, 148). Auch bei den übrigen Besetzungen hat der Präsident das Vorschlagsrecht (Art. 113 Nr. 5)

Eine Besonderheit ist, dass beide Kammern gemeinsam das Recht der authentischen Interpretation von Gesetzen haben, die von dem Präsidenten oder dem Kabinett, von jedem Mitglied einer der Kammern, aber auch von der Bar Association beantragt werden kann. Zusätzlich ist jedem Interessierten die Möglichkeit eröffnet, über Parlamentsmitglieder oder die Bar Association eine authentische Interpretation zu verlangen.[23] Die Entscheidung kann nur mit einer Mehrheit von drei Fünftel der anwesenden Mitglieder in jeder Kammer ergehen (Art. 96).

b) Der Präsident

Die Organe der Exekutive sind nach der Verfassung der Präsident der Republik und das Kabinett. Der Präsident ist die dominante Figur der staatlichen Organisation. Er kann vom Volk zweimal für sieben Jahre gewählt werden – einfache Mehrheit genügt (Art. 100 § 1) – hat also tendenziell eine außerordentlich lange Regierungszeit vor sich. Neben den normalen Rechten eines Staatsoberhaupts, wie der Vertretung des Staates nach außen (Art. 114) oder dem Begnadigungsrecht (Art. 111 § 1), und einer Reihe von Ehrenrechten kann er völkerrechtliche Verträge verhandeln und ratifizie-

---

wurf des Parteiengesetzes vorgesehen ist, bleibt dunkel. Eine Rückzahlungsverpflichtung würde regelmäßig zur sofortigen Insolvenz der Partei führen.

[23] Ob die Initiativberechtigten dem Verlangen zu folgen haben, dürfte negativ zu beantworten sein, da sonst ihre Zwischenschaltung wenig Sinn machte.

ren (Art. 189 § 1), besitzt er die alleinige Befehlsgewalt über das Militär (Art. 110 § 1) und damit über ein nicht nur in dieser Gegend Afrikas entscheidendes Machtmittel sowie das Währungsmonopol. Nur durch Gesetz könnte er in Letzterem beschränkt werden (Art. 111).

In die Ernennung auf wichtige Positionen im Staat ist er in vielfältiger Weise involviert (Art. 113), wobei die vorangehende Beratung (so die französische Fassung) oder Approbierung (so die englische) durch das Kabinett nur richtig bewertet werden kann, wenn man die Stellung des Präsidenten zum Kabinett ins Kalkül einbezieht.

Der Ministerpräsident wird ausschließlich vom Präsidenten bestimmt und abberufen (Art. 116 § 2); er und sein Kabinett bedürfen nicht ausdrücklich des Vertrauens des Parlaments. Der Ministerpräsident seinerseits schlägt dem Präsidenten die Mitglieder des Kabinetts vor (Art. 116 § 3). Nach der dominante Stellung, welche die Verfassung dem Präsidenten im übrigen einräumt, muß man davon ausgehen, dass ihm bei den Ernennungsentscheidungen nicht nur ein rechtliches, sondern auch ein politisches Mitspracherecht zusteht. Soweit also das Kabinett notwendig an Entscheidungen des Präsidenten zu beteiligen ist, muß man von der tendenziellen Dominanz des Präsidenten ausgehen.

Selbst gegenüber dem Parlament hat der Präsident eine starke Stellung. So kann er nach Konsultation mit dem Ministerpräsidenten, den Präsidenten beider Kammern und – erstaunlicher Weise – dem Präsidenten des Supreme Court die Deputiertenkammer auflösen (Art. 133 § 1). Gibt er ein beschlossenes Gesetz an das Parlament zurück, so ist es gescheitert, wenn nicht das Parlament es bei einfachen Gesetzen mit einer Zwei-Drittel-Mehrheit und bei sogenannten organischen Gesetzen mit einer Drei-Viertel-Mehrheit bestätigt (Art. 108 § 2). Schließlich kann nur der Präsident, wenn auch auf Vorschlag des Kabinetts, ein Referendum über eine Gesetzesmaterie anordnen (Art. 109 § 1) und damit das Parlament ausschalten.

c) Das Kabinett

In den Vorstufen des Verfassungsentwurfs war, wie schon erwähnt, noch ein semipräsidentielles System reklamiert. Davon kann nach der Endfassung nicht mehr die Rede sein. Daher gab es auch keinen Sinn mehr zu verlangen, dass der Präsident und der Ministerpräsident unterschiedlichen Parteien angehören müßten, wie ursprünglich vorgesehen war. Jetzt ist von dieser parteilichen Gewaltenteilung nur noch übrig geblieben, dass der Staatspräsident und der Präsident der Deputiertenkammer zwei verschiedenen Parteien angehören müssen, was oben schon erwähnt wurde.

Nach der verabschiedeten Verfassung ist der Ministerpräsident, wie gezeigt, ein Geschöpf des Präsidenten. Dieser bestellt ihn und kann ihn jederzeit abrufen. Für die übrigen Mitglieder des Kabinetts hat der Ministerpräsident lediglich ein Vorschlagsrecht gegenüber dem Präsidenten. Er muß bei der Auswahl zudem die Stärke der Parteien in der Deputiertenkammer berücksichtigen, wobei zusätzlich eine Mehrheitssperre eingebaut ist (Art. 116). Eine Partei, die über 50% der Mandate in der Deputiertenkammer hat, darf höchstens 50% der Minister stellen. Da maximal[24] überhaupt nur zwei Drittel der Mitglieder der Deputiertenkammer über Parteilisten gewählt

---

[24] Wegen der Möglichkeit unabhängiger, also nicht parteigebundener Einer-Listen oben.

werden, wird man wohl annehmen müssen, dass sich das Quorum auf diese Größe bezieht und nicht auf die Gesamtzusammensetzung der Deputiertenkammer. Andernfalls würde sie erst in dem unwahrscheinlichen Fall Bedeutung gewinnen, dass eine Partei über 77% der Mandate erzielte.

Der Ministerpräsident oder das Kabinett bedarf nicht des Vertrauens des Parlaments; die Deputiertenkammer kann lediglich gegen jedes Mitglied des Kabinetts oder gegen das Kabinett als ganzes ein Mißtrauensvotum beschließen (Art. 130 § 1). Es hat den Rücktritt zur Folge (Art. 131 § 1). Der Beschluß bedarf aber einer Zwei-Drittel-Mehrheit der Mitglieder (Art. 130 § 3), kann also schon durch eine Minderheit vereitelt werden. Da zudem, wie gezeigt, überhaupt nur zwei Drittel der Deputierten durch das Volk gewählt werden, läßt sich für den Normalfall die Aussichtslosigkeit, ein solches Quorum zu erreichen, leicht erkennen. Entsprechendes gilt für ein vom Ministerpräsidenten verlangtes Vertrauensvotum; es kommt schon zu Stande, wenn nur 27 der Mitglieder dafür sind, mögen die anderen 53 auch mit Nein stimmen (Art. 132 § 3). In Wirklichkeit handelt es sich um ein selbst bestelltes Mißtrauensvotum, von dessen Erfolglosigkeit der Ministerpräsident überzeugt ist.

Der Ministerpräsident hat keine Richtlinienkompetenz gegenüber den Ministern, im Gegenteil bedürfen seine Anordnungen der Gegenzeichnung des Ministers, der sie auszuführen hat (Art. 119). Auch das Kabinett bestimmt seine Politik nicht selbständig, vielmehr muß es sich mit dem Präsidenten über die nationale Politik verständigen und ist ihm gegenüber verantwortlich(Art. 117). Der Präsident kann an den Kabinettssitzungen teilnehmen und führt dann den Vorsitz.

d) Die Gerichtsbarkeit

Der Gerichtsbarkeit wird Unabhängigkeit von den beiden anderen Gewalten sowie finanzielle und administrative Autonomie verbürgt (Art. 140 § 2), den Richtern grundsätzliche Lebenszeitanstellung und Schutz vor Suspendierung und Versetzung. Letzteres ist freilich gesetzlich einschränkbar (Art. 142). Die Richter haben untergesetzliches Recht nicht anzuwenden, wenn es der Verfassung oder dem Gesetz widerspricht (Art. 141 § 3), die Verfassung schweigt aber darüber, wie sie sich zu Gesetzen verhalten sollen, die sie für verfassungswidrig halten. Eine konkrete Normenkontrolle ist nicht vorgesehen, aber auch nicht ausgeschlossen. Dass die Richter nur dem Gesetz zu folgen haben (Art. 142 § 3), kann andererseits nicht als Sperre für ein Verwerfungsrecht jedes Spruchkörpers verstanden werden, weil die Verfassung in den Schlußbestimmungen erklärt, dass jedes verfassungswidrige Gesetz nichtig und unwirksam ist. Die Urteile, die in einem grundsätzlich öffentlichen Verfahren zu ergehen haben (Art. 141 § 1), sind vollständig schriftlich zu begründen und öffentlich zu verkünden (Art. 141 § 2) und binden die Parteien (Art. 140 § 5).

Die administrative Autonomie wird durch einen Obersten Rat der Gerichtsbarkeit realisiert (Art. 157). Er besteht aus 32 Mitgliedern, von denen nur vier keine richterlichen Funktionen haben, nämlich zwei Dekane der Rechtsfakultäten, der Präsident der Nationalen Menschenrechtskommission und der Ombudsmann (Art. 158). Je ein von den Richtern der zwölf Provinz-Obergerichte und je ein von den Distrikt- und Stadtgerichten in den zwölf Provinzen gewählter Richter sowie drei Richter des Supreme Court, darunter der Präsident und der Vizepräsident, und der Präsident des

„High Court of the Republik" bilden die 28-köpfige Richterbank. Unter Leitung des Präsidenten des Supreme Court entscheidet dieses Selbstverwaltungsorgan der Gerichtsbarkeit unter anderem über die Anstellung und Beförderung von Richtern, soweit nach der Verfassung nicht jemand anders zuständig ist, wie das beim Supreme Court der Fall ist (Art. 157 § 2 Nr. 2).

Die Verfassung sagt nur, welche Gerichte es geben muß, schweigt sich aber bei den meisten über ihre Funktion aus und überläßt das dem Gesetz. Neben dem Supreme Court als dem obersten Gericht gibt es einen High Court of the Republik, Provinzial-Gerichte sowie Distrikts- und Stadtgerichte (Art. 143 § 2). Eine Differenzierung nach Sachgebieten, wie wir das kennen, gibt es bis auf den High Court nicht, der Präsident des Supreme Court kann aber auf Vorschlag des Obersten Rats der Gerichtsbarkeit spezialisierte Kammern in Gerichten einrichten (Art. 143 § 5).

Die Zuständigkeit des Supreme Court ist nicht abschließend durch die Verfassung festgelegt (Art. 145). Generell ist er letzte Instanz gegenüber Entscheidungen des High Court und des Military High Court. Die Entwürfe organischer Gesetze wie der Geschäftsordnungen beider Kammern müssen ihm zur Entscheidung über die Verfassungsmäßigkeit vor Veröffentlichung vorgelegt werden (Art. 145 § 1 Nr. 3). Auf das Verlangen des Staatspräsidenten, eines Präsidenten oder von 20% der Mitglieder einer der beiden Kammern prüft das Gericht, ob internationale Verträge oder Abkommen mit der Verfassung übereinstimmen (aaO Nr. 4). Über Vorwürfe wegen der Verfassungswidrigkeit von Gesetzen und Gesetzesdekreten entscheidet es, ohne dass die Verfassung angäbe, wer Antragsteller sein kann (aaO Nr. 5). Auch einen Organstreit (aaO Nr. 6) und eine Wahlprüfung bei den wichtigsten Wahlen und den Referenden kennt die Verfassung (aaO Nr. 7). Schließlich obliegt dem Supreme Court die authentische Interpretation von ungeschriebenem Recht (aaO Nr. 8).

Alle vierzehn Richter werden vom Senat gewählt, der Präsident und der Vizepräsident mit einfacher Mehrheit (Art. 147 § 1), die zwölf anderen Richter mit der absoluten Mehrheit der Mitglieder des Senats (Art. 148). Das Vorschlagsrecht hat in beiden Fällen aber der Präsident der Republik, wobei er sich vorher mit dem Kabinett und dem Obersten Richterrat beraten und für jeden Posten zwei Kandidaten vorschlagen muß. Präsident und Vizepräsident werden nur für eine einmalige Amtsperiode von acht Jahren gewählt. Für sie regelt die Verfassung bestimmte Anforderungen an Vorbildung und Erfahrung (Art. 147 § 3), während für alle Richter gilt, dass sie Karriererichter sein müssen (146 § 2). Mit einer Zwei-Drittel-Mehrheit in beiden Kammern des Parlaments können Präsident und Vizepräsident wegen unwürdigen Benehmens, Inkompetenz oder professionellen Fehlverhaltens aus dem Amt entfernt werden (Art. 147 § 4).

Eine in den Vorentwürfen vorgesehene Bestimmung, dass der Präsident des Supreme Court den Spruchkörper des Gerichts im Einzelfall selbst bestimmen kann, was mit dem nicht ausdrücklich garantierten Recht auf den gesetzlichen Richter kollidiert wäre, ist entfallen; es scheint aber, dass die Verfassung dem Organisationsgesetz offen läßt, den ja sehr großen Spruchkörper auch zu teilen.

Der High Court ist in erster Instanz für durch Gesetz näher zu bezeichnende schwere Verbrechen zuständig, die in Ruanda oder außerhalb des Landes begangen sind (Art. 149 § 2), für Streitigkeiten darüber, ob die politischen Parteien sich an Auflagen der Verfassung halten (aaO § 3) sowie für näher zu bezeichnende Verfahren, in denen das Verwaltungs-, das Parteien- und das Wahlrecht eine Rolle spielen, und ähnliche durch Gesetz zu bezeichnende Streitigkeiten (aaO § 4). In zweiter Instanz ist es Berufungsgericht gegenüber Entscheidungen der Untergerichte (aaO § 5). Es hat spezialisierte Kammern, die auch regional verteilt sein können (aaO § 6).

Neben dieser normalen Gerichtsbarkeit gibt es mit den Gacaca-Gerichten (Art. 152) und einer zweistufigen Militärgerichtsbarkeit (Art. 154f.) Spezialgerichte. Entgegen früheren Entwürfen wird zwischen dem Military High Court und dem Military Tribunal nicht mehr nach dem Rang des Angeklagten unterschieden, vielmehr ist ersterer in erster Instanz für Landesverrat und Mordfälle zuständig, im übrigen aber als Berufungsinstanz (Art. 155). Auch seine Entscheidungen können an den Supreme Court gelangen. Die dörflichen Gacaca-Gerichte, die mit Laienrichtern besetzt sind, dienen ausschließlich der Bewältigung des Genozids und der damit zusammenhängenden Verbrechen gegen die Menschlichkeit, soweit nicht andere Gerichte zuständig sind.[25]

In jedem Sektor, also unterhalb der städtischen Ebene, soll das Exekutivkomitee und der Rat des Sektors zwölf Mediatoren wählen, die weder der Verwaltung noch dem Gerichtswesen angehören sollen (Art. 159). Ihnen sollen durch das Gesetz näher zu bestimmende Streitfälle vorgetragen werden, bevor die erste Gerichtsinstanz angerufen werden kann. Die Parteien wählen zu diesem Zweck je drei Mitglieder des Komitees aus, die eine Einigung herbeiführen oder eine Entscheidung fällen sollen.

Bei der insgesamt einleuchtend erscheinenden Organisation des Gerichtswesens, die mit der administrativen Selbstverwaltung sicherlich unserem System einiges voraus hat, darf man jedoch nicht außer Acht lassen, unter welchen Bedingungen die Gerichtsbarkeit zu arbeiten hat. Schon die Tatsache, dass die Verfassung nur für den Präsidenten und den Vizepräsidenten des Supreme Court professionelle Anforderungen kennt, läßt einen Schluß darauf zu, mit welchen Schwierigkeiten das Land zu kämpfen hat. Ein weiteres Beispiel ist, dass man die Bewältigung der meisten Verbrechen während des Genozids Laienrichtern überantworten mußte. Der Supreme Court wird sich als prägende Kraft der Rechtsprechung erst durchsetzen können, wenn es anders als heute wenigstens eine zugängliche Sammlung seiner Entscheidungen gibt.

5. Die Staatsanwaltschaft (Abschnitt V)

Gegenüber der Staatsanwaltschaft verhält sich die Verfassung ambivalent. Einerseits ordnet sie die Staatsanwaltschaft weder der Exekutive noch der Judikative zu, gewährt ihr wie der Gerichtsbarkeit finanzielle wie administrative Autonomie und weist ihr einen eigenen Abschnitt zu, andererseits wird sie der Autorität des Justizministers unter-

---

[25] Man hat vier Klassen von Tätern geschaffen. Die Planer des Genozids, die „großen Fische" und – bemerkenswert – die Vergewaltiger gehören in die erste Kategorie, die Mörder und Totschläger in die zweite, die Gehilfen in die dritte und die Täter von Eigentumsdelikten in die vierte. Geständnisse werden strafmildern berücksichtigt. Das Strafmaß für Mörder und Totschläger beträgt bei einem Geständnis vor dem Gerichtsverfahren zwischen sieben und zwölf Jahren, bei einem Geständnis in der Gerichtsverhandlung zwischen 12 und 15 Jahren und ohne Geständnis 25 Jahre. Die Hälfte der Haft ist wegen der Überfüllung der Gefängnisse durch gemeinnützige Arbeit abzudienen. Bei der großen Zahl der Täter verbietet sich die Todesstrafe.

stellt (Art. 162 § 1). Ausdrücklich wird ihr die Unabhängigkeit von den streitenden Parteien und den Gerichten verbürgt (Art. 162 § 4). Wie bei der Gerichtsbarkeit gibt es einen Obersten Rat der Staatsanwaltschaft (Art. 165). Ihm gehört als Vorsitzender der Justizminister, im übrigen der Generalstaatsanwalt und sein Vertreter sowie ein weiterer von seinen Kollegen gewählter Staatsanwalt des nationalen Büros an, je ein von den Staatsanwälten auf der Provinzialebene gewählter Kollege, insgesamt also zwölf, der Chef der Nationalen Polizei, der Präsident der staatlichen Menschenrechtskommission, zwei juristische Dekane, der Präsident der Bar Association sowie der Ombudsmann. Die Funktion des Rates hat das Gesetz festzulegen.

Der Generalstaatsanwalt und sein nationaler Stab ist für die Anklagen beim High Court und beim Supreme Court zuständig (Art. 161 § 3). Gegenüber den Staatsanwälten kann er grundsätzlich schriftliche Weisungen geben, die Staatsanwälte in den Provinzen – nach dem englischen Text – aber nicht anweisen, von einer Verfolgung abzusehen; auch kann er ihre Sache nicht an sich ziehen (Art. 161 § 6).

Der Justizminister kann gegenüber dem Generalstaatsanwalt die generelle Politik festlegen und ihn auch im Einzelfall durch schriftliche Instruktion anweisen, Untersuchungen einzuleiten oder es zu unterlassen (Art. 162 § 2). Dieses Feld schien dem Verfassungsgeber so wichtig, dass dem Minister sogar das Recht zugestanden wurde, entsprechende Befehle im Eilfall an jeden Staatsanwalt zu richten. In beiden Fällen muß ein öffentliches Interesse bestehen, was sich sicherlich nicht als bedeutende Sperre erweisen wird. Diese weitgehenden Eingriffsrechte des Justizministers, die im Entwurf der Verfassung noch nicht enthalten waren, konterkarieren die Ausweisung eines eigenen Abschnittes in der Verfassung für die Staatsanwaltschaft, die gerade die Unabhängigkeit von der Regierung betonen wollte. Ein organisches Gesetz soll Einzelheiten von Organisation, Kompetenzen und Funktionieren der Staatsanwaltschaft festlegen (Art. 162 § 5). Es wird eine eigene Militäranwaltschaft eingerichtet (Art. 163, 164).

6. *Organe der Dezentralisation (Abschnitt VI)*

Von der in Art. 3 der Verfassung vorgesehenen territorialen Gliederung des Einheitsstaates Ruanda in Provinzen, Distrikte, Städte, Sektoren und Zellen bilden die Distrikte und die Städte, einschließlich der Hauptstadt Kigali, die im übrigen auch die Funktion einer zwölften Provinz wahrnimmt, die Grundlage einer selbstverwalteten Dezentralisation. Ihnen wird administrative wie finanzielle Autonomie zugestanden und sie gelten als die Grundlage der gemeinschaftlichen Entwicklung (Art. 167 § 2). Sie dürfen sich nationalen wie internationalen Organisationen anschließen, die eine Entwicklung durch Dezentralisation fördern (aaO § 3). Die Dezentralisation ist vermutlich die wichtigste innenpolitische Aktivität, die das Land entwickelt hat. Es gab schon vor der Verabschiedung der Verfassung Wahlen zu den Vertretungskörperschaften, die reibungslos verliefen, bei denen freilich Politische Parteien offiziell nicht zugelassen waren. Der Mut, den Parteien zuzutrauen, politische Verantwortung auf dieser Ebene zu übernehmen, ein wesentlicher Aspekt innenpolitischer Konsolidierung, war noch nicht vorhanden. Ausdrücklich wird ein Gesetz verlangt, das die Übertragung von Kompetenzen, Ressourcen und andere Mittel vom Staat auf die Einheiten der Dezentralisation verlangt.

Zusätzlich wird ein Nationaler Rat des Dialogs kreiert, der unter der Leitung des Präsidenten der Republik je fünf Vertreter aus den Räten der Distrikte und Städte versammelt und unter Beteilung von Kabinettsmitgliedern und Parlamentariern, den Präfekten und dem Bürgermeister der Hauptstadt sowie weiteren, vom Präsidenten bestimmten Personen mindestens einmal im Jahr zusammentritt und vor allem über die Lage des Staates und der lokalen Verwaltung und – ein Dauerthema der Verfassung – über die Einheit der Nation debattiert (Art. 168).

7. *Nationale Verteidigung und Sicherheit (Abschnitt VII)*

Mit der Nationalen Polizei, dem Nationalen Sicherheitsdienst und den Ruandischen Verteidigungs-Streitkräften sind drei bedeutende Machtmittel des Staates im Hinblick auf die Sicherheit bezeichnet (Art. 169). Der Polizei wird neben den normalen Aufgaben ausdrücklich die Durchsetzung des Rechts im Hinblick auf den Luftraum, die Grenzen und auf das für Ruanda wichtige Element Wasser, der Kampf gegen den Terrorismus und die Teilnahme an internationalen Friedensmissionen zugewiesen (Art. 170). Als Prinzipien für ihr Verhalten werden der Schutz der in der Verfassung oder in Gesetzen niedergelegten Menschenrechte, die vertrauensvolle Zusammenarbeit mit der Bevölkerung, die Verantwortlichkeit ihr gegenüber und schließlich eine Informationspflicht über die Erfüllung ihrer Aufgabe festgelegt (Art. 170).

Der Nationale Sicherheitsdienst hat neben den üblichen Aufgaben, wobei die Auslandstätigkeit ausdrücklich eingeschlossen ist, sich auch mit Fragen der Immigration und der Emigration zu befassen (Art. 172), ein seit dem Bürgerkrieg und dem Genozid und die von ihnen verursachten großen Bevölkerungsbewegungen brisantes Thema für Ruanda.

Die Verteidigungskräfte werden als eine professionelle Armee bezeichnet, die neben den normalen Aufgaben der Landesverteidigung sich an humanitären Aktionen bei Unglücksfällen beteiligen, aber auch ihren Beitrag zur Entwicklung des Landes leisten sollen (Art. 173). Ob Letzteres auch meint, dass die Armee eigene Wirtschaftsbetriebe haben kann, bleibt offen. Es ist nicht ausgeschlossen, dass das ausführende Gesetz Ähnliches regelt. Keine Bedenken trägt die Verfassung, der Armee in Zusammenarbeit mit den anderen Sicherheitsorganen auch die Aufrechterhaltung oder die Wiederherstellung der öffentlichen Ordnung und die Durchsetzung des Rechts als Aufgabe zugewiesen. Dadurch wird sie ein eminenter innenpolitischer Faktor. Ausdrücklich wird das Recht der Regierung festgelegt, einzelne Mitglieder der Armee zu demobilisieren, falls eine nicht weiter spezifizierte Notwendigkeit besteht, oder ihre Größe zu reduzieren(Art. 175).

8. *Spezialkommissionen und Spezialorgane (Abschnitt VIII)*

Die Verfassung setzt nicht weniger als zehn Sonderorganisationen ein und erlaubt, durch organisches Gesetz weitere einzurichten. Ihre Funktion soll die Hilfe zur Lösung größerer Probleme des Landes sein. Sie haben ein unterschiedliches Gewicht.

Die vermutlich größte Kommission, die jetzt schon das Volumen eines Ministeriums erreicht, ist eine – erstaunlicher Weise – staatliche *„Nationale Kommission für Menschenrechte"*. Neben einer Erziehungsfunktion und der Verbreitung der Jahresberichte und anderer Berichte steht im Zentrum die Untersuchung von Menschenrechtsverletzungen durch die öffentliche Hand, aber auch durch Organisationen und Individuen und schließlich die Anrufung des zuständigen Gerichts (Art. 177 § 1). Wegen ihres staatlichen Charakters wird man Zweifel gegenüber der Effektivität der Kommission haben können, wenn es um staatliches Handeln geht, das sich glaubt auf die Staatsraison berufen zu können.

Die *„Nationale Einheits- und Versöhnungskommission"* soll die beiden in ihrem Namen liegenden Ziele propagieren und durch geeignete Maßnahmen durchsetzen; Eingriffsrechte besitzt sie nicht. Sie soll benennen und bekämpfen Akte, Schriften und einen Sprachgebrauch, die jegliche Form von Diskriminierung, Intoleranz und Fremdenfeindlichkeit zu fördern angelegt sind (Art. 178). Für handfeste Akte der Versöhnung gegenüber Witwen und Waisen des Völkermords fehlt es der Kommission freilich an Geld.

Zusätzlich gibt es eine eigene *„Nationale Kommission für den Kampf gegen den Genozid"*, welche unter anderem die Ursachen erforschen, ein Netzwerk zum Austausch von Ideen über den Genozid, die Konsequenzen und die Strategien für eine Verhinderung bilden und die Schaffung eines nationalen Forschungs- und Dokumentationszentrums initiieren soll (Art. 179).

Außerordentlich wichtig ist die unabhängige *„Nationale Wahlkommission"*, die für die Vorbereitung und Organisation aller wichtigen Wahlen zuständig ist und sicherzustellen hat, dass sie frei und fair sind (Art. 180). Schon die organisatorische Durchführung einer Wahl in einem Land, das jenseits der Städte kaum Elektrizität kennt und in dem es schon um 18 Uhr dunkel wird und in dem zudem äußerst schwierige Verkehrsverhältnisse herrschen, erfordert eine erhebliche Anstrengung. Mit den Wahlen in den Distrikten und Städten und dem Verfassungsreferendum hat die Wahlkommission gezeigt, dass sie die Erwartungen erfüllt hat; freilich nicht ohne erhebliche finanzielle Hilfe des Auslandes.

Eine unabhängige *„Kommission des öffentlichen Dienstes"* (Art. 181) soll unter anderem ein adäquates System zur Rekrutierung von Anwärtern auf den öffentlichen Dienst schaffen, das objektiv, unparteiisch, transparent und für alle gleich ist. Es soll Namen von Kandidaten für die Ämter und für eine Beförderung vorschlagen, Forschung zur Verwaltung und Entwicklung von Humankapital treiben, für Disziplinarangelegenheiten Vorschläge machen und technische Hilfe den Staatsorganen und den auf Spezialstatuten beruhenden öffentlichen Einrichtungen angedeihen lassen. Ihren Mitgliedern und dem Personal der Kommission ist es verboten, Instruktionen von Privatpersonen oder aus der Verwaltung entgegenzunehmen .

Das *„Büro des Ombudsmanns"* (Art. 182) ist eine unabhängige öffentliche Institution, die als Bindeglied zwischen den Bürgern und öffentlichen und privaten Institutionen dienen soll. Sie soll unter anderem Ungerechtigkeit, Korruption und andere verwandte Vergehen in der öffentlichen wie der privaten Verwaltung verhindern und bekämpfen. Beschwerden Privater oder unabhängiger Vereinigungen gegen Akte der Verwaltung und privater Institutionen soll sie entgegennehmen und prüfen und, wenn sie sie für berechtigt hält, mit den angesprochenen Institutionen eine Lösung suchen.

Mit eigener Rechtspersönlichkeit und finanzieller wie administrativer Autonomie versehen ist das *„ Office of the Auditor-General of State Finances"* (Art. 183*)*, also die nationale Rechnungsprüfungsbehörde. Sie ist nicht nur für den staatlichen Bereich zuständig, sondern auch für parastaatliche Organisationen, privatisierte staatliche Einrichtungen, Gemeinschaftsunternehmen, an denen der Staat beteiligt ist, und Regierungsprojekte. Dabei hat das Office auch zu prüfen, ob die Ausgaben in Übereinstimmung mit der Rechtslage und dem Gebot der Effektivität geleistet wurden und ob sie notwendig waren. Das Parlament kann das Office um Sonderprüfungen bitten. Ausdrücklich wird den Angesprochenen auferlegt, den Empfehlungen des Office durch geeignete Maßnahmen Rechnung zu tragen.

„ The „Gender" Monitoring Office " (Art. 185) hat als unabhängige nationale Einrichtung in einer auf Dauer angelegten Überprüfung zu klären, ob dem Indikator „gender" nachhaltig unter dem Gesichtspunkt der gleichen Chance und der Gleichwertigkeit Rechnung getragen wird und entsprechende Empfehlungen auszusprechen.

Schließlich soll es eine *Kanzlei für Helden und nationale Orden* geben (Art. 186).

9. *Nationale Räte (Abschnitt IX)*

Die Verfassung sieht zwei staatlich organisierte Räte, nämlich für Frauen (Art. 187) und für die Jugend (Art. 188) vor; ein Gesetz soll jeweils Organisation, Funktion und die Beziehung zu anderen Staatsorganen regeln.

10. *Auswärtige Gewalt (Abschnitt X)*

Ein eigener Abschnitt befaßt sich mit dem wichtigsten Element auswärtiger Gewalt, dem Abschluß von Verträgen und Übereinkommen. Der Präsident der Republik handelt beide Formen der Vereinbarung aus und ratifiziert sie (Art. 189 § 1). Das Parlament wird grundsätzlich erst im Nachhinein unterrichtet. Bei Friedensverträgen und Vereinbarungen, die den Handel oder internationale Organisationen betreffen, die Staatsfinanzen berühren, bestehende gesetzliche Regeln modifizieren oder sich auf den Status von Personen beziehen, muß dagegen das Parlament vor der Ratifizierung die Vereinbarung autorisieren (Art. 189 § 2). Verhandlungen zu Verträgen und internationalen Übereinkommen, die nicht der Ratifizierung bedürfen, sind dem Präsidenten und dem Parlament anzuzeigen (Art. 189 § 4). Gültige Verträge oder Abkommen gehen den organischen wie den einfachen Gesetzen vor (Art. 190). Hat der Supreme Court auf eine Bitte zur Prüfung entschieden, daß eine Vereinbarung nicht mit der Verfassung übereinstimmt, kann die Ratifikationsmacht erst garantiert werden, wenn die Verfassung entsprechend geändert worden ist. Die Verfassung verbietet Verträge über die Abtretung oder den Austausch von Land, ohne Zustimmung durch ein Referendum (Art. 189 § 3), und Verträge über die Erlaubnis zur Einrichtung fremder Militärbasen im Land sowie die Erlaubnis des Transits oder der Lagerung von für die Gesundheit der Bevölkerung oder die Umwelt schädlichem Material (Art. 191).

11. Verfassungsänderung (Abschnitt XI)

Die Initiative zu einer Verfassungsänderung ist auf den Präsidenten nach Vorschlag des Kabinetts und auf jede Kammer des Parlaments, falls eine Zwei-Drittel-Mehrheit der Mitglieder zustande kommt, beschränkt (Art. 193 § 1). Der Beschluß über die Verfassungsänderung muß in jeder Kammer mit einer Mehrheit von drei Vierteln der Mitglieder gefaßt werden (Art. 193 § 2). Bei einer Reihe von Verfassungsänderungen ist zudem ein Referendum abzuhalten, nämlich wenn die Amtszeit des Präsidenten oder das auf einem politischen Pluralismus basierende Regierungssystem berührt werden oder das „constitutional regime". Für Letztere führt die Bestimmung zwei Beispiele auf, die republikanische Form der Regierung oder die nationale Souveränität (Art. 193 § 3). Eine Änderung der Bestimmung über die Verfassungsgebung selbst, wird dabei ausgeschlossen (Art. 193 § 4).

12. Abschluß- und Übergangsbestimmungen (Abschnitt XII)

Die Übergangsbestimmungen regeln die hier nicht weiter interessierende vor allem zeitliche Überleitung des alten Regimes in das Regime nach der neuen Verfassung. Die Abschlußbestimmungen enthalten dagegen wichtige allgemeine Regeln, wie über den Vorrang der Verfassung und die Nichtigkeit entgegenstehender Gesetze (Art. 200) sowie über die Notwendigkeit der Veröffentlichung von Gesetzen und Verordnungen, gegenüber der ein Berufen auf Nichtwissen nicht möglich ist (Art. 201) Schließlich verhält sich die Verfassung auch zum Gewohnheitsrecht, das weiter für anwendbar erklärt wird, wenn es nicht durch geschriebenes Recht beseitigt ist, mit dem übrigen Recht übereinstimmt, keine Menschenrechte verletzt und nicht die öffentliche Ordnung stört oder den öffentlichen Anstand oder die Moral verletzt (Art. 201).

V. Versuch einer Bewertung

Bei allen Vorbehalten, die man als Außenstehender und mit dem Land nicht wirklich Vertrauter machen muß, erlaubt die Verfassung gleichwohl unter drei Aspekten eine Bewertung. Am Einfachsten ist noch die Bewertung der Verfassung als legislatorische Leistung. Die stärkste politische Implikation ist mit der Frage verbunden, ob die Verfassung auf die Hauptprobleme des Landes überhaupt eine und eine sinnvolle Antwort gibt. Schließlich kann auch der Außerstehende beurteilen, ob die von der Verfassung vorgenommene Machtverteilung zwischen den Organen sinnvoll, die politische Binnenstruktur ausreichend flexibel und zur Legitimationsverschaffung geeignet und die Verfassung insgesamt den hinreichenden Grad an Flexibilität erlaubt, die schwierige Belastungen auszuhalten in der Lage ist.

1. Die Verfassung als legislatorische Leistung

Ungeachtet der möglichen Kritik an Einzelregelungen oder Defiziten kann man das Verfahren der Verfassungsgebung und die Verfassung selbst nur als eine außergewöhnliche legislatorische Leistung bezeichnen, wenn man die Beschränktheit der kommunikativen Möglichkeiten, zwar nicht unter den Eliten, wohl aber im übrigen in Rechnung stellt. Das betrifft zum einen den Zeitaufwand. Wenn eine Mitte 2000 erst eingerichtete Kommission schon im März 2003 einen ausgereiften Entwurf vorlegen kann, ohne dass, wie beim Parlamentarischen Rat, die Beratungen in camara stattfanden, sondern fast vorbildhaft „das Volk" in die Verfassungsberatungen einbezogen worden ist, dann ist schon das eine Leistung, die Respekt verdient. Vorbildlich ist auch, dass die Verfassungskommission ihre Philosophie, die dem Entwurf zu Grunde lag, in einem konzentrierten, aber ausführlichen und sehr verständlich formulierten Vorspruch zum Entwurf offenlegte. Erst Recht ist der Mut zu einem Referendum über den Verfassungsentwurf in einem Land zu loben, dessen regierende politische Klasse sich durchaus daran gewöhnt hatte, lediglich auf der Basis des eigenen Einverständnisses zu agieren.

Der Aufbau des Werkes ist einleuchtend und enthält im Detail kluge Differenzierungen, die nicht gerade üblich sind, und auch Neuerungen. So werden gemeinhin die drei Gewalten getrennt behandelt und auch Wert darauf gelegt, sie als getrennte zu bezeichnen. Die ruandische Verfassung erklärt sie aber zusätzlich als komplementär, was korrekt ist, und widmet einen eigenen Unterabschnitt der Beziehung zwischen der Legislative und der Exekutive. Dass sie gleichwohl getrennte Gewalten sind, wird durch die Inkompatibilität zwischen der Kabinettsmitgliedschaft und dem Parlamentsmandat zu Recht betont (Art. 68 § 2, 122 § 1). Der eigene Abschnitt über die Politische Organisationen genannten Politischen Parteien ist jedenfalls innovativ, mag er auch Kritik herausfordern. Dass der Grundrechts- oder Menschenrechtsabschnitt auch einen Unterabschnitt über die Rechte und Pflichten der Bürger enthält, ist auch dann wertvoll, wenn zweifelhaft bleibt, welche Rechtsbedeutung die Pflichten erlangen können. Immerhin wäre nicht undenkbar, dass die Gerichtsbarkeit sie bei Auslegungsfragen konsultiert. Die administrative Selbstverwaltung der Justiz, die ihrem Charakter als eine der drei Gewalten entspricht, ist jedenfalls fortschrittlicher als unser System, das die unausweichlichen Abhängigkeiten bei den Personalentscheidungen lieber primär der politischen Bürokratie der Justizministerien überantwortet. Dass dem Rechnungshof des Staates sogar die Selbständigkeit einer juristischen Person zugestanden ist, gibt ihm eine starke Position und mag vielleicht die Hoffnung erlauben, dass er auf eine zunehmend stärkere Professionalisierung der Verwaltung, vor allem auf der mittleren Ebene drängen und gegen Korruptionsgefahren energisch vorgehen wird. Die von der Verfassung verbürgte Unabhängigkeit der Kommission für den öffentlichen Dienst läßt jedenfalls die Hoffnung zu, dass sich auf die Dauer ein seines Eigenwertes sicherer und als Stabilitätsfaktor wirkender öffentlicher Dienst entwickeln wird.

2. Die Verfassung als Antwort auf die Hauptprobleme des Landes

Das die Verfassung völlig beherrschende Thema ist das des Genozids. Nun ist aber nicht der Genozid das in die Zukunft weisende Hauptproblem, vielmehr wird mit dem Stichwort Genozid nur dessen Eruption bezeichnet. Es selbst ist die Uneinigkeit, die zu solcher Gewalt geführt hat und möglicherweise wieder führen kann. Wie geht die Verfassung damit um? Was den Genozid selbst angeht, so geht es zum einem um die Erinnerung und zum anderen um den Ausgleich für die Überlebenden. Die Erinnerung an den Genozid ist durch die Verpflichtung des Staates zum Schutz der Denkmale und Gedenkstätten (Art. 51) und durch sogar zwei nationale Kommissionen, der Einheits- und Versöhnungskommission und der Kommission für den Kampf gegen den Genozid (Art. 178, 179), hinreichend abgedeckt. Flankierend kommt die Bestimmung in Art. 13 hinzu, dass entsprechende Verbrechen nicht verjähren und dass revisionistische, ableugnende und trivialisierende Äußerungen über den Genozid strafbar sein müssen. Was einen Ausgleich für die Überlebenden, vor allem Witwen und Weisen angeht, so verlangt zwar Art. 14 im Grundrechtsteil, dass der Staat spezielle Maßnahmen zu deren Wohlfahrt ergreifen muß, stellt das aber unter den Vorbehalt der Grenzen seiner Kapazität, was praktisch bedeutet, dass nichts Wesentliches geschieht. Um welche Summen es geht, kann man sich an der Tatsache klar machen, dass auf dem Land schon eine Ziege zum Überleben reichen kann.

Die dem Genozid vorausliegende Uneinigkeit ist das gewichtigere, weil in die Gegenwart und die Zukunft reichende Problem des Staates. Dem Versuch seiner Bewältigung in der Verfassung kann man nicht gerecht werden, wenn man sich nicht die politisch-strategische Bedeutung des Themas bewußt macht. Die derzeit den Präsidenten stellende und auch sonst dominierende politische Partei, die RPF, muß als prinzipiell der Minderheitsethnie zugerechnete Kraft alles Interesse haben, die Ethnie wenigstens als politisch irrelevante Größe hinzustellen. Die oben zitierte Äußerung des Außenministers vom Mai dieses Jahres zeigt das deutlich. Zugleich scheint diese Haltung gegen jegliche Kritik durch den moralischen Vorteil immunisiert zu sein, den Monströsität und Grausamkeit des Mordens dauerhaft und noch auf lange Zeit produzieren werden. Das politisch Gewünschte läßt sich also auf das Vorteilhafteste mit dem Pochen auf die Moral verknüpfen. Dass dies eher zu einer Überziehung der Idee als denn zu ihrer maßvollen Nutzung führen würde, liegt nahe, und die Verfassung ist diesen Wege gegangen. Nicht nur die Ethnie, sondern auch eine Fülle anderer Unterscheidungsmerkmale werden mit negativen Vorzeichen versehen und dem Gedanken der Einheit eine alles überragende Rolle eingeräumt. Das Motto der Republik „Unity, Work and Patriotism" (Art. 6) kommt nicht von ungefähr.

Dabei ist Einheit nicht als Geschlossenheit nach außen, also gegenüber anderen Staaten oder der Staatengemeinschaft gemeint, sondern vorrangig als Einheit der Gesellschaft. Gesellschaften zeichnen sich aber bei auch nur geringer Entwicklung durch Differenzierung aus. Man könnte sogar sagen, dass in dem Differenzierungspotential einer Gesellschaft ihr Entwicklungspotential steckt. Von solchen Überlegungen ist die Verfassung nicht angekränkelt.

Schon im zweiten Satz der Präambel verspricht das Volk von Ruanda entschlossen zu sein, nicht nur die Ideologie des Genozids und alle ihre Erscheinungsformen zu bekämpfen, sondern ethnische, regionale und jegliche andere Formen „of divisions" auszurotten und wiederholt das als eines der fundamentalen Prinzipien des Staates im Einleitungsartikel zu den Grundrechten (Art. 6). Bei der Einschränkung der Meinungsfreiheit (Art. 33 § 2) und bei den Anforderungen für politische Parteien (Art. 54 § 1) kehrt derselbe Gedanke wieder, dort, wie oben gezeigt, um eine Fülle anderer Unterscheidungsmerkmale ergänzt, darunter auch das Geschlecht oder die Religion. Dabei reicht der Verfassung als Begründung, dass sie als Basis von Diskriminierung dienen können, nicht etwa, dass sie nach dem Programm oder Auftreten der Partei als eine solche Basis dienen sollen.

Dieser Umgang der Verfassung mit dem Begriff der Einheit und dem Gegenbegriff des „divisionism", die, wie die Präambel in dem oben zitierten Satz, aber auch vielfältige Äußerungen in Ruanda zeigen, im wesentlichen nur die Merkmale Ethnie und Region meinen, hat zwei negative Konsequenzen. Zum einen verstellt er die Frage nach den eigentlichen Ursachen, warum die Ethnie eine solche Rolle spielen konnte, und zum anderen gewinnt die jeweils regierende Partei oder Parteiengruppe mit dem Schlagwort des „divisionism" ein zu scharfes Schwert, den Gegner schon allein wegen unterschiedlicher Ansichten oder der Vertretung unterschiedlicher Lösungen für die Probleme unter Verfassungsdruck zu setzen. Sicherlich könnte eine moderate Verfassungsrechtsprechung oder auch eine restriktive Tendenz der Ausführungsgesetze zur Verfassung, insbesondere des Parteiengesetzes, dieser Gefahr entgegenwirken, die Tatsache aber, dass niemand ohne präsidentielle Zustimmung Verfassungsrichter werden kann, und der bisher vorliegende Entwurf des Parteiengesetzes stimmen in dieser Hinsicht nicht hoffnungsfroh.

Was das Verdecken oder die Tabuisierung tieferer Gründe für die pauschal der Ethnie zugeschriebenen Ursachen des Genozids angeht, so sollte doch zu denken geben, dass die Scheidung nach Tätern und Opfern keineswegs rein nach der ethnischen Zugehörigkeit ging. Keineswegs beteiligten sich auch nur eine markante Minderheit der „mordfähigen" Hutus an den Morden, außerdem waren gemäßigte Hutus selbst Opfer des Mordens. Der Herrschaftsanspruch eines Teils der Mehrheitsethnie allein wäre wohl zur Erklärung eines solchen Furor des Mordens zu schwach. Wie schon oben angedeutet, könnte auch die Übervölkerung und die damit verbundenen Perspektiven für die Zukunft insbesondere auf dem Land ebenso eine Rolle gespielt haben wie soziale Disproportionen. Es geht hier nicht darum, was die – vermutlich – Vielzahl der Gründe gewesen ist, sondern allein darum, dass die Konzentration der Verfassung auf die Ethnie – und die Region hat nur zusammen mit der Ethnie eine Rolle gespielt[26] – die Fragen nach den tieferen Ursachen abschneidet.

Mit der Übervölkerung ist das zweite Hauptproblem des Staates angesprochen. Wenn 85% der Bevölkerung auf dem Land lebt, ein Viertel der Bevölkerung unter zehn und ein weiteres Viertel unter achtzehn Jahren ist, und schon 1998 bei 6, 2 Millionen Einwohnern die Wirtschaftsfläche einer durchschnittlichen Familie unter 1000 qm gesunken ist,[27] läßt sich leicht ausmalen, welchen Problemen das Land in zehn Jahren ausgesetzt sein wird. Um es drastisch auszudrücken: Zwei Jungen statt einen eine Kuh hüten zu lassen, ergibt nicht mehr Milch, aber einen Esser mehr.

---

[26] Es gab, wie erwähnt, den Herrschaftsanspruch einer Region, nicht aber separatistische Tendenzen.

[27] Siehe *Misago/Mesas* (aaO, s. Anm. 1), Seite 19. Derzeit gibt es über 8.2 Millionen Einwohner.

Es läßt sich nicht behaupten, dass die Verfassung dieses Problem auch nur ansatzweise in den Blick genommen hätte. Es hat mehrere Aspekte, die durchaus eine Reaktion auch in der Verfassung verdient hätten. Der erste Aspekt ist mit dem Stichwort Familienplanung zu bezeichnen; vielleicht hat die christliche Fundierung der Gesellschaft eine Erwähnung in der Verfassung nicht ratsam erscheinen lassen. Dass die Verfassung aber so tut, als habe alles seine gute Ordnung, die es zu schützen gelte, ist wohl keine adäquate Antwort. Grundrechtlich wird die Familie geschützt (Art. 27). Die Eltern haben das Recht der Erziehung ihrer Kinder, ob sie die Möglichkeit haben, fragt die Verfassung nicht. Besonderer Schutz des Staates gilt Mutter und Kind und dieses hat gegenüber seiner Familie, der Gesellschaft und dem Staat, abhängig von seinem Zustand, Anspruch auf spezielle Mittel des Schutzes (Art. 28), was immer das heißen mag. Wer je über das Land gefahren ist, wird sich des zweifelhaften Wertes all dieser Verbürgungen bewußt sein.

Der zweite Aspekt der Übervölkerung und der extremen Verjüngung der Bevölkerung ist die Erziehung und Ausbildung. Arbeitschancen können realistischer Weise nicht mehr in der schon übersetzten Landwirtschaft gewonnen werden, sie könnten nur durch Ausbildung und damit der Möglichkeit, andere Berufe zu ergreifen, eröffnet werden.[28] Dass jeder das Recht auf Erziehung hat (Art. 40 § 1), dürfte nicht ausreichen, wenn sich der Staat nicht dieser Erziehung annimmt, was keineswegs Exklusivität heißen muß. Dazu und zu einer ordentlichen Lehrerausbildung, die Voraussetzung für den Erfolg ist, schweigt aber die Verfassung. Der dritte Aspekt ist schließlich die zunehmende Teilung des Landes in unwirtschaftliche Größen durch Erbfolge. Während der Entwurf der Verfassungskommission noch ein spezielles Gesetz vorsah, das sich der notwendigen Größe für eine rationalere Nutzung des Landes und der exzessiven Teilung kleiner Grundstücke annehmen sollte (Art 31 § 3 E), soll jetzt das Gesetz nur noch Erwerb, Transfer und Nutzung des Landes regeln (Art. 30 § 2).

Wenn das Land mit den starken Nachwuchsjahrgängen nicht fertig wird und sich zudem noch die Reproduktion des Volkes einige Zeit in diesem Tempo fortsetzen sollte, wird auch die ebenso zynische wie in jedem Fall übertriebene Hoffnung auf die Hilfe von Aids nicht vor der Alternative retten, so steht zu befürchten, dass sich die Hoffnungslosigkeit in Wut nach innen oder nach außen kehren wird. Außerdem sind hoffnungslose Jugendliche und – wie man auch in diesem Teil Afrikas sieht – schon Kinder, ein dankbarer Nachschub für Söldnerheere.

Etwas Substantielleres hätte man sich in der Verfassung auch zu einem dritten Hauptthema gewünscht, nämlich zum Thema der Dezentralisierung. Sie ist ein wichtiger Faktor auch für die politische Stabilität des Landes, weil sie eigenständige, wenn auch prinzipiell von der Einflußnahme der Zentrale nicht unabhängige Entscheidungszentren schafft, in denen auch Erschütterungen aufgefangen werden können, ohne dass sie die Zentrale tangieren, in denen Führungspersonal ausgebildet wird und in denen die regionalen oder lokalen Bedürfnisse wegen der größeren Nähe zu den Problemen individuell behandelt und gelöst werden können. Die Verfassung beschränkt sich darauf festzulegen, welche Ebenen der Dezentralisation bestehen, und

---

[28] Auch *Günter Krabbe*, aaO (s. Anm. 7) weist zum Abschluß seines Berichts bei der Überlegung, wie Stabilität gewonnen werden könne, auf die Bedeutung der Bildung hin, „und zwar Schulbildung, nicht über 4 oder 6 Jahre, sondern über drei Generationen."

fixiert die fünf Ebenen mit Provinz, Distrikt, Stadt, Sektor und Zelle. Es fehlen Regeln über die Kompetenzen, die Finanzen und die Organisation sowie insbesondere, ob und in welchem Maße eine bürgerschaftliche Mitwirkung möglich ist. Es ist zu hoffen, dass trotz dieser Abstinenz der Verfassung die bisherigen Ansätze einer Aufgabenübertragung weitergeführt werden.

Einem je nach Entwicklung latenten bis manifesten Problem in fast allen Staaten, nämlich der adäquaten Stellung der Frau, trägt die Verfassung dagegen auf unterschiedliche Weise Rechnung. Ein gewisser Stolz bei ruandischen Politikerinnen über das in der männerdominierten Politikwelt Ruandas Erreichte ist daher verständlich. Es geht wie auch sonst um das Problem der Gleichheit. Schon in der Präambel (Nr. 10) bekennt sich das Volk von Ruanda nicht nur zum gleichen Recht für alle Ruander sondern auch zur Gleichheit zwischen Frauen und Männern,[29] „without prejudice to the principle of gender equality and complementality in national development" oder kürzer im französischen Text: „sans porter préjudice du principe de l'approche „gender"". In dem Grundlagenabschnitt über den Staat und die staatliche Souveränität wird als wichtiger Punkt hervorgehoben, dass beide Geschlechter das Recht haben, zu wählen und gewählt zu werden (Art. 8 § 3). Zu den fundamentalen Prinzipien des Staates zählt Art. 9 Nr. 4, dass er nicht nur unter der Herrschaft des Gesetzes steht, ein pluralistisches Regierungssystem hat, auf der Gleichheit aller Ruander und auch von Frauen und Männern fußt, sondern das Letzteres dadurch gesichert wird, dass Frauen die Besetzung von mindestens 30% der Positionen „in decision making organs" garantiert ist.

Das Geschlecht darf kein Anlaß für Diskriminierung sein (Art. 11 § 2) und Propaganda gegen die Gleichheit der Geschlechter ist strafbar (Art. 33 § 2). Parteien dürfen sich nicht mit dem Geschlecht identifizieren oder auf ihm basieren (Art. 54 § 1), was freilich für beide Geschlechter gilt. Dass die Bestimmung der Auslegung bedarf, ist oben erwähnt worden. Gerade für Frauen wichtig ist die allgemeine Bestimmung, der Drittwirkung beigelegt ist, dass Personen mit der selben Fähigkeit und Zuständigkeit Anspruch auf gleichen Lohn haben (Art. 37 § 2).

Ein wichtiger Komplex für die Stellung der Frau ist das Familienrecht. Obwohl die Verfassung dem traditionellen Bild der Familie verhaftet ist, kennt sie mit den Bestimmungen, dass Heirat freie Zustimmung voraussetzt (Art. 26 § 2), dass die Partner in der Ehe wie nach der Scheidung gleiche Rechte haben (Art. 26 § 3), dass beide das Recht und die Pflicht zur Erziehung der Kinder haben (Art. 27 § 2) und dass dem Staat nicht nur der Schutz der Familie obliegt, sondern auch der von Mutter und Kind (§ 27 § 3), auf dem Hintergrund der traditionellen Familie einen Schutz überwiegend für die Frauen. Schließlich gibt es einen staatlich organisierten und damit auch finanzierten nationalen Frauenrat (Art. 187).

Die Umsetzung von Art. 9 Nr. 4 wird von den Regeln über das Parlament wörtlich übernommen. Beim Senat wird die Besetzung mit mindestens 30% Frauen verlangt (Art. 82 § 1). Bei der Deputiertenkammer werden ebenfalls 30% der Sitze für Frauen reserviert (Art. 76 Nr. 2). Hier wird das Frauenproblem freilich zugleich dazu benutzt, dem Volk nur zu erlauben, die Besetzung von lediglich 53 der 80 Sitze unmittelbar zu

---

[29] Und zwar in dieser keineswegs üblichen Reihung.

bestimmen.[30] Die Frauensitze werden nämlich nicht durch Volkswahl besetzt, sondern auf indirekte Weise. Daher hat die Frauenquote zugleich die Funktion, eine Wählermehrheit nicht unmittelbar durchschlagen zu lassen.

Es scheint freilich, als sei die ganze Konstruktion nicht hinreichend durchdacht worden. Die Verfassung verpflichtet nämlich in Art. 52 § 3 die Parteien, „to ensure that woman und men habe equal acces to elective offices" oder – differenzierter –in der französischen Fassung „d'assurer l'egal accès des femmes et des hommes aux mandats électoraux et aux fonctions élective de l'Etat". Da nun Art. 77 für die Wahl der Deputiertenkammer nur starre Listen kennt,[31] bedeutet Art. 52 § 3, dass die Parteien bei der Aufstellung der Listen beiden Geschlechtern „gleichen Zugang" zu gewährleisten und das heißt, sie auf der Liste abwechselnd aufzuführen haben. Das wiederum hat zur Folge, dass mindestens 26 Frauen, also fast die Hälfte der 53 direkt zu Wählenden, gewählt werden, und weiter 24 indirekt. Die Frauen haben daher kraft der Verfassung – mindestens – eine Mehrheit von 50 Sitzen in der achtzigköpfigen Deputiertenkammer. Es kann bezweifelt werden, ob der Verfassungsgeber sich dieser Konsequenz bewußt war. Die Entwurfsfassung sah in dem Vorläufer des jetzigen Art. 52 § 3 jedenfalls in der englischen Fassung noch vor, dass die Parteien lediglich sicherzustellen haben, „the equal right of woman and men to stand for elections and to occupay elective postes". In der französischen Fassung war freilich schon damals der gleiche Zugang zu diesen Positionen verbürgt. Es fällt auch auf, das Art. 77 § 3 mit seiner Reglung über die Aufstellung der Liste sich nicht auf Art. 52, sondern auf den Art. 54 bezieht, der „nur" die Gleichheit von Mann und Frau verlangt. Es wird interessant sein, wie sich die ruandische Praxis oder gar der Supreme Court sich diesen Fragen stellen wird.

Insgesamt jedenfalls ist die Verfassung den berechtigten Ansprüchen des bisher eher stiefmütterlich behandelten Geschlechts gerecht geworden.

3. *Die Statik des politisch-gouvernementalen Systems*

Es gibt eine Reihe von bewährten Regierungssystemen, die in den verschiedenen Ländern teilweise rein, teilweise in Variationen oder mit Anreicherungen durch einzelne Elemente aus anderen Regierungssystemen vorkommen. Nicht die Reinheit ist ein Bewertungskriterium für ein Regierungssystem, sondern ob es bestimmte Grundbedingungen zu erfüllen in der Lage ist. Zu diesen gehört, jedenfalls in Demokratien, auch, ob sie eine sinnvolle, das heißt der jeweiligen Stärke der im Volk vorhandenen politischen Strömungen entsprechende Resonanz ermöglichet und ob die Gewichtung der einzelnen Gewalten, die das System konstituieren, so ausgewogen ist, dass keine schädliche Machtkumulation eintreten kann, die nicht in der Person eines Amtsinhabers begründet ist, sondern sich aus der Konstruktion des Amtes und damit der Machtbalance ergibt und die daher dauerhaft wirkt. Immerhin ist das auch ein Po-

---

[30] Vierundzwanzig Sitze von Frauen und weitere drei andere werden indirekt und nicht auf Grund eines Volksvotums besetzt.

[31] Das ergibt sich aus Art. 77 § 2, wonach die Sitze den Parteien und nicht den „Gewählten" zugeteilt werden.

stulat der Verfassung, die schon in der Präambel „equitable sharing of power" verlangt (Nr. 5) und dies in Art. 9 Nr. 3 als ein Fundamentalprinzip für den Staat erneut betont. Zu diesen Grundbedingungen gehört auch, dass Machtausübung zurechenbar ist und damit verantwortet werden muß.

Sieht man sich unter diesen Kriterien das durch die Verfassung kreierte Regierungssystem und die Einflußmöglichkeiten der unterschiedlichen politischen Kräfte auf die Machtausübung an, so fällt die überaus machtvolle Stellung des Staatspräsidenten als erstes ins Auge. Das ist für sich genommen kein Negativum, wenn ihm wenigstens eine entsprechende Gegenmacht gegenübersteht. Es scheint so, als habe man, zumindest theoretisch, zunächst an eine solche Konstruktion gedacht und sogar geglaubt, sie verwirklicht zu haben. In den Erläuterungen der Verfassungskommission zur Konstruktion der Exekutive in der letzten Fassung ihres Entwurfs vom 12. März 2003 verweisen die Verfasser darauf, dass dieser Entwurf im Gegensatz zu früheren Verfassungen den Abschnitt über die drei Gewalten nicht mit der Exekutivgewalt beginnen lasse, sondern mit der Legislative. Mit dieser Wahl sei intendiert, die Vorherrschaft des Gesetzes über die anderen Institutionen auszudrücken „and the effective transformation from the presidential system to the semi-Presidential System"(aaO S. 17). Obwohl in dem damaligen Vorschlag die Stellung des Staatspräsidenten gegenüber dem Parlament noch nicht ganz so stark ausgebaut war, wie in der beschlossenen Fassung, gab es schon damals keinen Anlaß, von einem semi-präsidentiellen System zu sprechen. Die Gesetzesbindung als solche ist kein Unterscheidungsmerkmal zwischen einem präsidentiellen und einem semi-präsidentiellen System. Auch der mit stärkster Macht ausgestattete Präsident ist in einem rechtsstaatlichen System, wie das der ruandischen Verfassung, an das Gesetz gebunden.

Wir haben es vielmehr mit einem präsidentiellen System zu tun, in dem die Stellung des Präsidenten außerordentlich stark ausgebaut ist und er zugleich weder in der Regierung noch aber auch im Parlament einen auch nur annähernd ebenbürtigen Partner hat und zudem durch die lange Amtszeit von sieben Jahren die Chance hat, ein Gewicht zu gewinnen, dass ihn angesichts der kommunikativen Schwierigkeiten einer landesweiten öffentlichen Debatte für die Bewerbung um die zweite Amtszeit fast unschlagbar macht.

Das Kabinett kann nicht das notwendige Gegengewicht abgeben, weil es über die Ernennung des Ministerpräsidenten und der notwendigen Zustimmung des Präsidenten zur Auswahl der Minister dessen Geschöpf ist und weil es in seiner Politik an die Übereinstimmung mit dem Präsidenten gebunden ist.

Auch das Parlament ist für die Funktion als möglicher Gegenspieler des Präsidenten alles andere als geeignet. Dass es nicht einmal die Besetzung der Führungsspitze beider Kammern in die eigenen Hände nehmen kann – eine Regelung, die ironischer Weise erst durch das provisorische Parlament in die Verfassung aufgenommen worden ist, – ist nur ein markantes Indiz, wichtiger noch ist, dass der Präsident beschlossene Gesetze nicht ausfertigen muß, sondern aus eigenem politischen Willen an das Parlament zurückgeben kann und es damit zwingt, für einfache Gesetze eine Zwei-Drittel-Mehrheit in beiden Kammern und für die politisch wichtigen organischen Gesetze gar eine entsprechende Drei-Viertel-Mehrheit zustande zu bringen, wenn es seinen Willen durchsetzen will. Das ist eine außerordentlich hohe Mehrheit, so dass dem Präsidenten bei diesen wichtigen Gesetzen de facto ein absolutes Veto zusteht.

Am meisten aber hindert seine eigene Konstruktion das Parlament, als balancierendes Gegengewicht gegenüber dem Präsidenten zu fungieren. Nicht so sehr, dass es sich um ein Zwei-Kammer-Parlament handelt, ist dabei von Gewicht, sondern die Zusammensetzung. Dem Senat gehören nicht nur knapp unter einem Drittel Mitglieder an, die der Präsident selbst ernennt. Es ist auch im übrigen eher durch Honoratioren besetzt, die jedenfalls keine direkte Rückbindung an politische Organisationen haben. Sie sprechen nach der Idee des Senats für sich, nicht für eine politische Gruppierung, der sie verantwortlich wären. Die Deputiertenkammer, die an sich ein Gegengewicht abgeben könnte, wenn nicht alle wichtigen Entscheidungen der Zustimmung beider Kammern finden müßten, ist wegen der Inhomogenität der Mitglieder in ihrer politischen Gestalt ebenfalls amputiert, weil mehr als ein Drittel der Mitglieder weder volksgewählt ist noch wie die anderen knapp zwei Drittel der Mitglieder Parteirichtungen repräsentieren.

Andere Gegenkräfte scheiden aus. Der Supreme Court kann nur reagieren, nicht aber aktiv gestalten, und die Verteidigungskräfte stehen sowieso unter dem Oberbefehl des Präsidenten.

Die Verfassung etabliert also ein sehr einseitig auf den Staatspräsidenten ausgerichtetes rabiates Präsidialsystem und entfernt sich damit weit von dem Anspruch des „equitable power sharing" der Präambel. Ein starker Präsident kann für vieles gut sein, auf die Dauer aber nicht dafür, ein politisches System als solches stabil zu halten. Außerdem würde eine durch die lange Dauer der Amtsperiode und die einmalige Wiederwahlmöglichkeit eher wahrscheinliche lange Amtsdauer eines Präsidenten nach aller Erfahrung unmerklich aber zunehmend für Korruption anfällig machen.[32]

Angesichts der Machtfülle des Präsidenten ist es um so erstaunlicher, dass die Verfassung nicht wenigstens eine absolute Mehrheit der Stimmen für seine Wahl verlangt. Je nach dem Maß der Zersplitterung der Stimmen kann jemand Präsident und damit Inhaber eines sehr machtvollen Amtes werden, der sich auf eine auch nur schwache Minderheit der Stimmen stützen kann. In das Kalkül einer strukturellen Minderheitspartei, die auf die Zersplitterung der Mehrheit hofft, mag das passen,[33] für die Stabilität des Systems als solchen stimmt diese Regelung aber nicht hoffnungsfroh.

Der zweite wesentliche Punkt einer Kritik ist die Parteienphobie, welche die gesamte Verfassung durchzieht. Bei aller Anerkennung der in der Vergangenheit liegenden Ursachen und damit der Gründe für diese Phobie, wenn die Verfassungsgeber die Grundlage für eine Demokratie legen wollten, konnten Sie die politischen Parteien, trotz der semantischen Vermeidungsspiele um den Begriff Partei, als ein notwendiger Bestandteil des Systems nicht ignorieren. Es trifft der Spruch „Gebranntes Kind scheut das Feuer" zwar die Wirklichkeit, der Erwachsene hat aber gelernt, mit dem Feuer sinnvoll und zu seinem Nutzen umzugehen. Und auch der Verfassungsgeber hat es gelernt. Das zeigt die sonst im Verfassungsrecht, sieht man von Deutschland einmal ab, nicht gerade stark verbreitete Möglichkeit des Parteiverbots. Für die Stabilität des

---

[32] Das ist unabhängig von dem Charakter des jeweiligen Präsidenten. Es hat mit der Verfestigung des Machtapparates und mit dem daher für längere oder gar lange Zeit berechenbaren Zugang zur Macht zu tun.

[33] Ein informativer Bericht in „die tageszeitung" vom 20. 6. 2003 aus Brüssel spricht von mindestes drei möglichen Gegenkandidaten gegen den derzeitigen Präsidenten Kagame.

Systems sind aber nicht die Parteien als solche, sondern gerade ihre legitimationsvermittelnde und damit auch legitimationsschaffende Kraft interessant.

Diese nutzt die Verfassung jedoch nicht, weil sie die Partien über vier Wege marginalisiert, wobei im Hintergrund die Idee der inneren Einheit der Republik, die uns schon oben begegnet ist, den Takt gibt. Dass das ins Konzept einer von ihrem Ursprung vornehmlich der Minderheitsethnie verpflichteten Partei paßt, versteht sich von selbst.

Die vier Wege der Marginalisierung der Parteien, welche die Verfassung geht, sind die Reduzierung ihrer parlamentarischen Mitwirkung auf ein Sechstel des Gesamtparlaments, die Ausschaltung jeglicher Opposition durch den Zwang der Beteiligung an einem Allparteienkabinett, was der Verheißung eines „multi-party system" (Art. 52 § 1) einen anderen Klang gibt, die Zähmung durch die obligatorische Beteiligung an dem Forum der Parteien und die nach dem gewählten rabiaten Präsidialsystem nicht gerade naheliegende 5%-Sperrklausel, die gekoppelt mit dem Verlust der staatlichen Finanzierung zu einem oligopolistischen Parteiensystem führen und die Realisierung des von der Verfassung postulierten „multi-party system" zugleich zunichte machen wird. Wenn alle Probleme durch „Dialog" gelöst werden sollen, welche Hoffnung ebenfalls die Präambel ausdrückt, dann gibt es keine Zurechnung mehr und wenn es keine Zurechnung mehr gibt, dann gibt es auch keine Verantwortung mehr. Diese aber ist ein wesentliches Element demokratischer Gestaltung. Außerdem läßt sich bezweifeln, ob Lösungen nur durch Dialog (Präambel Nr. 6) das Maß an Härte zu produzieren in der Lage sind, welche die Probleme dem Staat abfordern wird.

Die letzte kritische Anmerkung hängt mit der vorangegangenen zusammen. Sie betrifft die außerordentliche Starrheit der organisatorisch-politischen Rechtsordnung. Die Verfassung kennt eine Fülle von sogenannten organischen Gesetzen. Immer wenn es um Machtfragen geht, die durch Gesetz reguliert werden sollen, wird ein organisches Gesetz vorgesehen. Das gilt für die Staatsangehörigkeit (Art. 7 § 7), für das Schulwesen (Art. 40 §§ 4,6), das Parteienrecht (Art. 57 § 2), erstaunlicherweise sogar für die Geschäftsordnungen der beiden Kammern, die der Form eines Gesetzes bedürfen (Art. 73 § 1), und für die Regierungskontrolle durch das Parlament (Art. 128 § 2), für das Wahlrecht (Art. 75), einschließlich der Wahl des Präsidenten (Art. 103), für die ganze Gerichtsbarkeit (Art. 143 §§ 4; Art. 145 § 2 und 146 § 3; Art. 149 §§ 3, 6; Art. 150 bis 153 jeweils § 2; Art. 158 § 2), für die Mediatoren (Art. 159 § 6), für die Staatsanwaltschaft (Art. 162 § 5; 164 § 2 und Art. 165 § 23) und schließlich für die Einsetzung weiterer Kommissionen oder von Spezialorganen (Art. 176 § 2). Organische Gesetze bedürfen aber der Mehrheit von drei Fünfteln in beiden Kammern (Art. 93 § 6), das Blokadepotential ist also erhöht. Nimmt man hinzu, dass der Präsident durch Rückgabe eines vom Parlament beschlossenen organischen Gesetzes, wie gezeigt, die notwendige Mehrheit im Parlament auf drei Viertel anheben kann, dann ist das zwar für eine Minderheit im Parlament, zumal für eine strukturelle vorteilhaft, für das System selbst kann aber das zur Reformunfähigkeit führen.

Damit ist zudem noch ein weiteres, in der Verfassung nicht thematisiertes Problem verbunden. Notwendigerweise müssen schon vor der anstehenden Parlamentswahl das Wahlgesetz und das Parteiengesetz von dem jetzt amtierenden Parlament, dessen Mitglieder auf Absprache hin ernannt worden sind und dessen Rückhalt in der Bevölkerung unbekannt ist, erlassen werden. Sollte das erste nach den Regeln der vom Volk beschlossenen Verfassung gewählte und jedenfalls teilweise volksgewählte Parlament bei einer von ihm für notwendig gehaltenen Korrektur dieser Gesetze eine Drei-Fünftel-Mehrheit aufbringen müssen? Die Antwort kann nur lauten, dass das provisorische und nur ernannte Parlament nur provisorische Gesetze erlassen kann, auf die nach dem Sinn der Verfassung das höhere Quorum nicht anwendbar ist.

4. Bilanz

Zieht man eine Bilanz, so kann man die Verfassung vom 26. Mai 2003 insgesamt als Produkt einer großen kodifikatorischen Leistung bezeichnen. Auf eine Reihe von Hauptproblemen des Landes wie die Erörterung und Überwindung der Ursachen des Genozids, die Überbevölkerung und das weiterhin markante Bevölkerungswachstum gibt sie jedoch keine überzeugenden Antworten, hält sich bei dem wichtigsten innenpolitischen Vorhaben, der Dezentralisierung, sehr zurück, nimmt die Parteien nicht eigentlich in die Verantwortung und übersteigert den Gedanken der Einheit des Landes politisch zu einem Zwang innerstaatlicher Harmonie, die in einem gewissen Widerspruch zum Herrschaftsanspruch der derzeitig dominierenden Partei steht. Dagegen sind der Gleichstellung der Frauen wichtige und prinzipiell auch effektive Bestimmungen der Verfassung gewidmet. Die Statik des politischen Systems ist durch die Überbetonung der Stellung des nur mit einfachen Mehrheit wählbaren Präsidenten, dem keine nennenswerte Gegenmacht gegenübersteht, aus den Fugen geraten. Das von der Verfassung postulierte „equitable sharing of power" existiert nach den Detailentscheidungen der Verfassung nicht.

Bei einer Wiederwahl des amtierenden Präsidenten ist eine Fortdauer der jetzigen stabilen Lage des Landes wahrscheinlich, freilich ebenso eine Minimierung jeglicher oppositionellen Strömung als relevante Gegenkraft, was mittelfristig zu einer Erstarrung des Systems führen und die Gefahr von Eruptionen mit sich bringen kann. Die Wahl eines Hutu-gestützten Kandidaten würde zu einer Erschütterung des derzeitigen Machtgefüges führen. Ob es zu einer dauerhaften Stabilisierung beitragen würde, hängt von der Akzeptanz des Wahlsiegs durch die derzeitig herrschende Klasse und den bisherigen Präsidenten ebenso ab wie von einer moderaten Politik, die der neue Präsident zu treiben bereit und in der Lage ist.

Textanhang

Projet de Constitution de la République du Rwanda

PREAMBULE

Nous, Peuple Rwandais,

1. Au lendemain du génocide, planifié et supervisé par des dirigeants indignes et autres auteurs, et qui a décimé plus d'un million de filles et fils du Rwanda ;
2. Résolus à combattre l'idéologie du génocide et toutes ses manifestations ainsi qu' à éradiquer les divisions ethniques et régionales et toute autre forme de divisions;
3. Décidés à combattre la dictature en mettant en place des institutions démocratiques et des autorités librement choisies par le peuple;
4. Soulignant la nécessité de consolider et promouvoir l'unité et la réconciliation nationales durement ébranlées par le génocide et ses conséquences;
5. Conscients que la paix et l'unité des Rwandais constituent le fondement essentiel du développement économique et du progrès social du pays;
6. Résolus à bâtir un Etat de droit fondé sur le respect des libertés et droits fondamentaux de la personne, la démocratie pluraliste, le partage équitable du pouvoir, la tolérance et la résolution des problèmes par le dialogue;
7. Considérant que nous avons le privilège d'avoir un même pays, une même langue, une même culture et une longue histoire commune qui doivent nous conduire à une vision commune de notre destin;
8. Considérant qu'il importe de puiser dans notre histoire multiséculaire les valeurs traditionnelles positives indispensables à l'existence et à l'épanouissement de notre Nation ;
9. Réaffirmant notre attachement aux principes des droits de la personne humaine tels qu'ils ont été définis par la Charte des Nations Unies du 26 juin 1945, la Convention des Nations Unies du 9 décembre 1948 relative à la prévention et à la répression du crime de génocide, la Déclaration universelle des droits de l'homme du 10 décembre 1948, la Convention contre toutes formes de discrimination raciale du 7 mars 1966, le Pacte international relatif aux droits économiques, sociaux et culturels du 19 décembre 1966, le Pacte international relatif aux droits civils et politiques du 19 décembre 1966, la Convention sur l'Elimination de toutes les formes de Discrimination à l'égard des Femmes du 1er mai 1980, la Charte africaine de droits de l'homme et des peuples du 27 juin 1981 et la Convention relative aux droits de l'enfant du 20 novembre 1989;
10. Engagés à assurer l'égalité des droits entre les Rwandais et entre les hommes et les femmes, sans porter préjudice du principe de l'approche »gender«;
11. Décidés à assurer le développement des ressources humaines, à lutter contre l'ignorance, à promouvoir la technologie, le progrès et le bien-être social de la population rwandaise;
12. Considérant qu'au terme de la période de transition, le Rwanda doit se doter d'une Constitution issue des choix exprimés par les Rwandais eux-mêmes; Adoptons par référendum la présente Constitution qui est la loi suprême de la République du Rwanda.

Titre Premier

DE L'ETAT ET DE LA SOUVERAINETE NATIONALE

Chapitre Premier

DES DISPOSITIONS GÉNÉRALES

Article premier

L'Etat Rwandais est une République indépendante, souveraine, démocratique, sociale et laïque;

Le principe de la République est »le gouvernement du peuple, par le peuple et pour le peuple«.

Article 2

Tout pouvoir émane du peuple.

Aucune partie du peuple ni aucun individu ne peut s'en attribuer l'exercice.

La souveraineté nationale appartient au peuple qui l'exerce directement par la voie du référendum ou par ses représentants.

Article 3

Le territoire national est divisé en Provinces, Districts, Villes, Secteurs et Cellules.

La loi fixe le nombre, les limites, l'organisation et le fonctionnement des Provinces, des Districts et des Villes .

Article 4

La Capitale de la République du Rwanda est la Ville de Kigali.

La loi fixe l'organisation et le fonctionnement de la Ville de Kigali.

La Capitale du Rwanda peut être transférée ailleurs sur le territoire national par une loi.

Article 5

La langue nationale est le Kinyarwanda. Les langues officielles sont le Kinyarwanda, le Français et l'Anglais.

Article 6

Les symboles nationaux sont le drapeau, la devise, le sceau et l'hymne national.

Le drapeau national est formé de trois couleurs: le vert, le jaune et le bleu.

Le drapeau est constitué, de bas en haut, d'une bande de couleur verte, suivie d'une bande de couleur jaune qui couvrent la moitié du drapeau. La moitié supérieure est de couleur bleue portant dans sa partie droite l'image du soleil avec ses rayons de couleur jaune dorée. Le soleil et ses rayons sont séparés par un anneau bleu.

La loi définit les caractéristiques, les significations, l'usage et le cérémonial du drapeau national.

La devise de la République est : UNITE, TRAVAIL, PATRIOTISME.

Le sceau de la République est formé d'une corde verte en cercle de même couleur avec un nœud vers le bas et portant, à sa partie supérieure, les mentions »REPUBLIKA Y'U RWANDA«». En bas du nœud se trouvent les mentions de la devise de la République »UBUMWE, UMURIMO, GUKUNDA IGIHUGU«. Toutes ces mentions sont écrites en noir sur un fond jaune.

Le sceau de la République porte également les idéogrammes suivants : le soleil avec ses rayons, une tige de sorgho et une branche de caféier, un panier, une roue dentée de couleur bleue et deux boucliers l'un à droite, l'autre à gauche.

Les caractéristiques, les significations, l'utilisation et la garde des sceaux sont définies par une loi.

L'hymne national est : »RWANDA NZIZA«.

Les caractéristiques et le cérémonial de l'hymne national sont déterminés par une loi.

Article 7

Toute personne a droit à la nationalité.

La double nationalité est permise.

La nationalité rwandaise d'origine ne peut être retirée.

Nul ne peut être arbitrairement privé de sa nationalité ni du droit de changer de nationalité.

Les Rwandais ou leurs descendants qui, entre le 1er novembre 1959 et le 31 décembre 1994, ont perdu la nationalité rwandaise suite à l'acquisition d'une nationalité étrangère sont d'office réintégrés dans la nationalité rwandaise s'ils reviennent s'installer au Rwanda.

Les personnes d'origine rwandaise et leurs descendants ont le droit d'acquérir la nationalité rwandaise, s'ils le demandent.

Les conditions d'acquisition, de conservation, de jouissance et de perte de la nationalité rwandaise sont définies par une loi organique.

Article 8

Le suffrage est universel et égal pour tous les citoyens.

Le suffrage est direct ou indirect et secret sauf dans les cas déterminés par la Constitution ou par la loi.

Tous les citoyens rwandais des deux sexes qui remplissent les conditions légales, ont le droit de voter et d'être élus.

La loi détermine les conditions et les modalités des consultations électorales.

Chapitre II

DES PRINCIPES FONDAMENTAUX

Article 9

L'Etat Rwandais s'engage à se conformer aux principes fondamentaux suivants et à les faire respecter :

1. la lutte contre l'idéologie du génocide et toutes ses manifestations ;
2. l'éradication des divisions ethniques, régionales et autres et la promotion de l'unité nationale ;
3. le partage équitable du pouvoir ;
4. l'édification d'un Etat de droit et du régime démocratique pluraliste, l'égalité de tous les Rwandais et l'égalité entre les femmes et les hommes reflétée par l'attribution d'au moins trente pour cent des postes aux femmes dans les instances de prise de décision ;
5. l'édification d'un Etat voué au bien-être de la population et à la justice sociale ;
6. la recherche permanente du dialogue et du consensus.

Titre II

DES DROITS FONDAMENTAUX DE LA PERSONNE ET DES DROITS ET DEVOIRS DU CITOYEN

Chapitre Premier

DES DROITS FONDAMENTAUX DE LA PERSONNE

Article 10

La personne humaine est sacrée et inviolable.

L'Etat et tous les pouvoirs publics ont l'obligation absolue de la respecter, de la protéger et de la défendre.

Article 11

Tous les Rwandais naissent et demeurent libres et égaux en droits et en devoirs.

Toute discrimination fondée notamment sur la race, l'ethnie, le clan, la tribu, la couleur de la peau, le sexe, la région, l'origine sociale, la religion ou croyance, l'opinion, la fortune, la différence de cultures, de langue, la situation sociale, la déficience physique ou mentale ou sur toute autre forme de discrimination est prohibée et punie par la loi.

Article 12

Toute personne a droit à la vie. Nul ne peut être arbitrairement privé de la vie.

Article 13

Le crime de génocide, les crimes contre l'humanité et les crimes de guerre sont imprescriptibles.

Le révisionnisme, le négationnisme et la banalisation du génocide sont punis par la loi.

Article 14

L'Etat, dans les limites de ses capacités, prend des mesures spéciales pour le bien-être des rescapés démunis à cause du génocide commis au Rwanda du 1er octobre 1990 au 31 décembre 1994, des personnes handicapées, des personnes sans ressources, des personnes âgées ainsi que d'autres personnes vulnérables.

Article 15

Toute personne a droit à son intégrité physique et mentale.

Nul ne peut faire l'objet de torture, de sévices, ou de traitements cruels, inhumains ou dégradants.

Nul ne peut faire l'objet d'expérimentation sans son consentement. Les modalités de ce consentement et de cette expérimentation sont régies par la loi.

Article 16

Tous les êtres humains sont égaux devant la loi. Ils ont droit, sans aucune distinction, à une égale protection par la loi.

Article 17

La responsabilité pénale est personnelle. La responsabilité civile est définie par une loi.

Nul ne peut être détenu pour non exécution d'obligations d'ordre civil ou commercial.

Article 18

La liberté de la personne est garantie par l'Etat.

Nul ne peut être poursuivi, arrêté, détenu ou condamné que dans les cas prévus par la loi en vigueur au moment de la commission de l'acte.

Etre informé de la nature et des motifs de l'accusation, le droit de la défense sont les droits absolus à tous les états et degrés de la procédure devant toutes les instances administratives et judiciaires et devant toutes les autres instances de prise de décision.

Article 19

Toute personne accusée d'une infraction est présumée innocente jusqu'à ce que sa culpabilité soit légalement et définitivement établie à l'issue d'un procès public et équitable au cours duquel toutes les garanties nécessaires à sa défense lui auront été accordées.

Nul ne peut être distrait, contre son gré, du juge que la loi lui assigne.

Article 20

Nul ne peut être condamné pour des actions ou omissions qui ne constituaient pas une infraction d'après le droit national ou international au moment où elles ont été commises.

De même, nul ne peut être infligé d'une peine plus forte que celle qui était prévue par la loi au moment où l'infraction a été commise.

Article 21

Nul ne peut être soumis à des mesures de sûreté que dans les cas et selon les formes prévus par la loi, pour des raisons d'ordre public ou de sécurité de l'Etat.

Article 22

Nul ne peut faire l'objet d'immixtion arbitraire dans sa vie privée, sa famille, son domicile ou sa correspondance ni d'atteinte à son honneur et à sa réputation.

Le domicile d'une personne est inviolable. A défaut de son consentement, nulle perquisition ou visite domiciliaire ne peut être ordonnée que dans les cas et selon les formes prévus par la loi.

Le secret de la correspondance et de la communication ne peut faire l'objet de dérogation que dans les cas et les formes prévus par la loi.

Article 23

Tout citoyen rwandais a le droit de se déplacer et de se fixer librement sur le territoire national.

Tout citoyen rwandais a le droit de quitter librement son pays et d'y revenir.

L'exercice de ce droit ne peut être limité que par la loi pour des raisons d'ordre public ou de sécurité de l'Etat, pour parer à un danger public ou pour protéger des personnes en péril.

Article 24

Tout Rwandais a droit à sa Patrie.

Aucun citoyen rwandais ne peut être contraint à l'exil.

Article 25

Le droit d'asile est reconnu dans les conditions définies par la loi.

L'extradition des étrangers n'est autorisée que dans les limites prévues par la loi ou les conventions internationales auxquelles le Rwanda est partie.

Toutefois, aucun Rwandais ne peut être extradé.

Article 26

Seul le mariage monogamique civil entre un homme et une femme est reconnu.

Toute personne de sexe féminin ou masculin, ne peut contracter le mariage que de son libre consentement.

Les époux ont les mêmes droits et les mêmes devoirs pendant le mariage et lors du divorce.

Une loi détermine les conditions, les formes et les effets du mariage.

Article 27

La famille, base naturelle de la société rwandaise, est protégée par l'Etat.

Les deux parents ont le droit et le devoir d'éduquer leurs enfants.

L'Etat met en place une législation et des institutions appropriées pour la protection de la famille, de l'enfant et de la mère en particulier, en vue de son épanouissement.

Article 28

Tout enfant a droit, de la part de sa famille, de la société et de l'Etat, aux mesures spéciales de protection qu'exige sa condition, conformément aux droits national et international.

Article 29

Toute personne a droit à la propriété privée, individuelle ou collective.

La propriété privée, individuelle ou collective, est inviolable.

Il ne peut y être porté atteinte que pour cause d'utilité publique, dans les cas et de la manière établis par la loi, et moyennant une juste et préalable indemnisation.

Article 30

La propriété privée du sol et d'autres droits réels grevant le sol sont concédés par l'Etat.

Une loi en détermine les modalités d'acquisition, de transfert et d'exploitation.

Article 31

La propriété de l'Etat comprend le domaine public et le domaine privé de l'Etat ainsi que le domaine public et le domaine privé des collectivités publiques décentralisées.

Les biens du domaine public sont inaliénables sauf leur désaffectation préalable en faveur du domaine privé de l'Etat.

Article 32

Toute personne est tenue de respecter les biens publics.

Tout acte de sabotage, de vandalisme, de corruption, de détournement, de dilapidation ou toute atteinte au bien public est réprimé par la loi.

Article 33

La liberté de pensée, d'opinion, de conscience, de religion, de culte et de leur manifestation publique est garantie par l'Etat dans les conditions définies par la loi.

Toute propagande à caractère ethnique, régionaliste, raciste ou basée sur toute autre forme de division est punie par la loi.

Article 34

La liberté de la presse et la liberté de l'information sont reconnues et garanties par l'Etat.

La liberté d'expression et la liberté d'information ne doivent pas porter atteinte à l'ordre public et aux bonnes mœurs, à la protection des jeunes et des enfants ainsi qu'au droit dont jouit tout citoyen à l'honneur, à la bonne réputation et à la préservation de l'intimité de sa vie personnelle et familiale.

Les conditions d'exercice de ces libertés sont fixées par la loi.

Il est créé un organe indépendant dénommé le »Haut Conseil de la Presse«.

Une loi détermine ses attributions, son organisation et son fonctionnement.

Article 35

La liberté d'association est garantie et ne peut être soumise à l'autorisation préalable.

Elle s'exerce dans les conditions prescrites par la loi.

Article 36

La liberté de se rassembler en des réunions pacifiques et sans armes est garantie dans les limites fixées par la loi.

L'autorisation préalable ne peut être prescrite que par une loi et uniquement pour des rassemblements en plein air, sur la voie publique ou dans des lieux publics, et pour autant que des raisons de sécurité, de l'ordre public ou de salubrité l'exigent.

Article 37

Toute personne a droit au libre choix de son travail.

A compétence et capacité égales, toute personne a droit, sans aucune discrimination, à un salaire égal pour un travail égal.

Article 38

Le droit de former des syndicats pour la défense et la promotion des intérêts professionnels légitimes est reconnu.

Tout travailleur peut défendre ses droits par l'action syndicale dans les conditions déterminées par la loi.

Tout employeur a droit d'adhérer à une association des employeurs.

Les syndicats des travailleurs et les associations des employeurs sont libres d'avoir des conventions générales ou spécifiques régissant leurs relations de travail. Les modalités relatives à ces conventions sont définies par une loi.

Article 39

Le droit de grève des travailleurs est reconnu et s'exerce dans les conditions définies par la loi, mais l'exercice de ce droit ne peut porter atteinte à la liberté du travail reconnue à chacun.

Article 40

Toute personne a droit à l'éducation.

La liberté d'apprentissage et de l'enseignement est garantie dans les conditions déterminées par la loi.

L'enseignement primaire est obligatoire. Il est gratuit dans les établissements publics.

Pour les établissements conventionnés, les conditions de gratuité de l'enseignement primaire sont déterminées par une loi organique.

L'Etat a l'obligation de prendre des mesures spéciales pour faciliter l'enseignement des personnes handicapées.

Une loi organique définit l'organisation de l'Enseignement.

Article 41

Tous les citoyens ont des droits et des devoirs en matière de santé. L'Etat a le devoir de mobiliser la population pour les activités de protection et de promotion de la santé et de contribuer à leur mise en œuvre.

Article 42

Tout étranger qui se trouve régulièrement sur le territoire de la République du Rwanda jouit de tous les droits à l'exception de ceux réservés aux nationaux tel que prévu par la présente Constitution et d'autres lois.

Article 43

Dans l'exercice de ses droits et dans la jouissance de ses libertés, chacun n'est soumis qu'aux limitations établies par la loi en vue d'assurer la reconnaissance et le respect des droits et libertés d'autrui et afin de satisfaire aux justes exigences de la morale, de l'ordre public et du bien-être général, dans une société démocratique.

Article 44

Le Pouvoir Judiciaire en tant que gardien des droits et des libertés publiques, en assure le respect dans les conditions définies par la loi.

Chapitre II

DES DROITS ET DES DEVOIRS DU CITOYEN

Article 45

Tous les citoyens ont le droit, conformément aux règles édictées par la loi, de participer librement à la direction des affaires publiques de leur pays, soit directement, soit par l'intermédiaire de représentants librement choisis.

Tous les citoyens ont un droit égal d'accéder aux fonctions publiques de leur pays, compte tenu de leurs compétences et capacités.

Article 46

Tout citoyen a le devoir de considérer son semblable sans discrimination aucune et d'entretenir avec lui les relations qui permettent de sauvegarder, de promouvoir et de renforcer le respect, la solidarité et la tolérance réciproques.

Article 47

Tous les citoyens ont le devoir de contribuer par leur travail à la prospérité du pays, de sauvegarder la paix, la démocratie, la justice sociale et de participer à la défense de la patrie.

Une loi organise le service national, civil ou militaire.

Article 48

Tout citoyen civil ou militaire a, en toute circonstance, le devoir de respecter la Constitution, les autres lois et règlements du pays.

Il est délié du devoir d'obéissance, lorsque l'ordre reçu de l'autorité supérieure constitue une atteinte sérieuse et manifeste aux droits de la personne et aux libertés publiques.

Article 49

Tout citoyen a droit à un environnement sain et satisfaisant.

Toute personne a le devoir de protéger, sauvegarder et promouvoir l'environnement. L'Etat veille à la protection de l'environnement.

Une loi définit les modalités de protéger, sauvegarder et promouvoir l'environnement.

Article 50

Tout citoyen a droit aux activités de promotion de la culture nationale.

Il est créé une Académie rwandaise de langue et de culture.

Une loi détermine ses attributions, son organisation et son fonctionnement.

Article 51

L'Etat a le devoir de sauvegarder et de promouvoir les valeurs nationales de civilisation et les traditions culturelles dans la mesure où elles ne sont pas contraires aux droits de la personne, à l'ordre public et aux bonnes mœurs. L'Etat a également le devoir de veiller à la conservation du patrimoine culturel national ainsi que des mémoriaux et sites du génocide.

Titre III

DES FORMATIONS POLITIQUES

Article 52

Le multipartisme est reconnu.

Les formations politiques remplissant les conditions légales se forment et exercent librement leurs activités, à condition de respecter la Constitution et les lois ainsi que les principes démocratiques et de ne pas porter atteinte à l'unité nationale, à l'intégrité du territoire et à la sécurité de l'Etat.

Les formations politiques concourent à l'éducation politique démocratique des citoyens ainsi qu'à l'expression du suffrage et prennent les mesures nécessaires en vue d'assurer l'égal accès des femmes et des hommes aux mandats électoraux et aux fonctions électives de l'Etat.

Les structures dirigeantes des formations politiques ont leurs sièges uniquement au niveau national, au niveau de la Province et de la Ville de Kigali.

Article 53

Les Rwandais sont libres d'adhérer aux formations politiques de leur choix ou de ne pas y adhérer.

Aucun Rwandais ne peut faire l'objet de discrimination du fait qu'il appartient à telle ou telle formation politique ou du fait qu'il n'a pas d'appartenance politique.

Article 54

Il est interdit aux formations politiques de s'identifier à une race, une ethnie, une tribu, un clan, une région, un sexe, une religion ou à tout autre élément pouvant servir de base de discrimination.

Les formations politiques doivent constamment refléter, dans le recrutement de leurs adhérents, la composition de leurs organes de direction et dans tout leur fonctionnement et leurs activités, l'unité nationale et la promotion du »gender«.

Article 55

Tout manquement grave d'une formation politique aux obligations contenues dans les dispositions des articles 52, 53 et 54 de la présente Consitution est déféré à la Haute Cour de la République par le Sénat. En cas d'appel, la Cour Suprême est saisie.

Suivant la gravité du manquement, la cour peut prononcer à l'égard de la formation politique fautive l'une des sanctions suivantes sans préjudice des autres poursuites judiciaires éventuelles :
1. l'avertissement solennel ;
2. la suspension d'activités pour une durée n'excédant pas deux ans ;
3. la suspension d'activités pour toute la durée de la législature ;
4. la dissolution.

Lorsque la décision en dernier ressort de la Cour consiste en la dissolution de la formation politique, les membres de la Chambre des Députés élus sous le parrainage de la formation politique dont la dissolution est prononcée sont automatiquement déchus de leurs mandats parlementaires.

Des élections partielles ont lieu afin d'élire leurs remplaçants qui achèvent le terme du mandat restant à courir si celui-ci est supérieur à un an.

Article 56

Sans préjudice de leur indépendance respective et de leur rapport, les formations politiques agréées au Rwanda s'organisent en Forum de concertation.

Le Forum est notamment chargé de :

1. permettre aux formations politiques d'échanger sur les grands problèmes politiques d'intérêt national ;
2. consolider l'unité nationale ;
3. donner un avis consultatif sur la politique nationale ;
4. servir de cadre de médiation entre les formations politiques en conflit;
5. servir de cadre de médiation en cas de conflit au sein d'une formation politique, à la demande de cette dernière.

Les décisions du Forum de concertation sont toujours prises par consensus.

Article 57

Les formations politiques légalement constituées bénéficient d'une subvention de l'Etat.

Une loi organique définit les modalités de création des formations politiques, leur organisation et fonctionnement, l'éthique de leurs leaders, les modalités d'obtention des subventions de l'Etat et détermine l'organisation et le fonctionnement du Forum de concertation des formations politiques.

Article 58

Le Président de la République et le Président de la Chambre des Députés proviennent des formations politiques différentes.

Article 59

Les juges, les officiers du ministère public,les membres des forces armées et de police ainsi que les membres du Service National de Sécurité ne peuvent pas adhérer à des formations politiques.

Les autres agents de l'Administration publique, des établissements publics et des organismes para étatique peuvent adhérer aux formations politiques mais sans en occuper des postes de direction tels que définis par une loi organique.

Titre IV

DES POUVOIRS

Chapitre Premier

DES DISPOSITIONS GENERALES

Article 60

Les Pouvoirs de l'Etat sont les suivants:

1. le Pouvoir Législatif ;
2. le Pouvoir Exécutif ;
3. le Pouvoir Judiciaire.

Ces trois pouvoirs sont séparés et indépendants l'un de l'autre mais ils sont complémentaires. Leurs attributions, organisation et fonctionnement sont définis dans la présente Constitution.

L'Etat doit veiller à ce que les mandats et fonctions au sein des pouvoirs Législatif, Exécutif et Judiciaire soient exercés par des personnes ayant les capacités et l'intégrité nécessaires pour s'acquitter, dans leurs domaines respectifs, des missions conférées à ces trois Pouvoirs.

Article 61

Avant d'entrer en fonction, les Présidents des Chambres du Parlement, le Premier Ministre, le Président de la Cour Suprême, les Ministres, les Secrétaires d'Etat et les autres membres du Gouvernement, les Sénateurs, les Députés, les Officiers Généraux et les Officiers Supérieurs des Forces Rwandaises de Défense, les Commissaires et Officiers Supérieurs de la Police Nationale, le Vice-Président et les juges de la Cour Suprême, le Procureur Général de la République, le Procureur Général de la République Adjoint et d'autres que la loi pourrait déterminer, prêtent serment en ces termes:

»Moi ,.............., je jure solennellement à la Nation :

1. de remplir loyalement les fonctions qui me sont confiées ;
2. de garder fidélité à la République du Rwanda ;
3. d'observer la Constitution et les autres lois ;
4. d'œuvrer à la consolidation de l'Unité Nationale ;
5. de remplir consciencieusement ma charge de représentant du peuple rwandais sans discrimination aucune ;
6. de ne jamais utiliser les pouvoirs qui me sont dévolus à des fins personnelles ;
7. de promouvoir le respect des libertés et des droits fondamentaux de la personne et de veiller aux intérêts du peuple rwandais .

En cas de parjure, que je subisse les rigueurs de la loi.

Que Dieu m'assiste«.

Chapitre II

DU POUVOIR LEGISLATIF

Section première : Du Parlement
Sous-section première : Des dispositions communes

Article 62

Le Pouvoir Législatif est exercé par un Parlement composé de deux Chambres :

1. la Chambre des Députés, dont les membres portent le titre de »Députés«;

2. le Sénat, dont les membres portent le titre de »Sénateurs«.

Le Parlement élabore et vote la loi. Il légifère et contrôle l'action du Gouvernement dans les conditions définies par la présente Constitution.

Article 63

Lorsque le Parlement est dans l'impossibilité absolue de siéger, le Président de la République prend des décrets-lois adoptés en Conseil des Ministres et ayant valeur de lois ordinaires.

A défaut de confirmation par le Parlement à sa plus prochaine session, les décrets-lois perdent toute force obligatoire.

Article 64

Chaque membre du Parlement représente la Nation et non uniquement ceux qui l'ont élu ou désigné, ni la formation politique qui l'a parrainé à l'élection.

Tout mandat impératif est nul.

Le droit de vote d'un membre du Parlement est personnel.

Article 65

Avant d'entrer en fonction, les Parlementaires prêtent serment devant le Président de la République, et en son absence devant le Président de la Cour Suprême.

La première séance du Parlement est convoquée et présidée par le Président de la République endéans quinze (15) jours de la publication des résultats du scrutin.

A l'ouverture de chaque législature, la première séance est consacrée à la prestation de serment des Parlementaires et à l'élection du Bureau de chaque Chambre.

L'élection du Bureau de chaque Chambre se déroule sous la présidence du Président de la République.

Le Bureau de chaque Chambre du Parlement est composé d'un Président et de deux Vice-Présidents. Leurs attributions sont déterminées par le règlement d'ordre intérieur de chaque Chambre.

Article 66

Pour siéger valablement chaque Chambre du Parlement doit compter au moins trois cinquièmes de ses membres.

Les séances de chaque Chambre du Parlement sont publiques .

Toutefois, chaque Chambre peut, à la majorité absolue de ses membres présents, décider de siéger à huis clos à la demande soit du Président de la République, soit du Président de la Chambre ou d'un quart de ses membres, soit du Premier Ministre.

Article 67

Les Chambres du Parlement siègent dans la Capitale, dans leurs palais respectifs sauf en cas de force majeure constatée par la Cour Suprême saisie par le Président de la Chambre concernée. Si la Cour Suprême ne peut se réunir à son tour, le Président de la République décide du lieu par décret-loi.

Est nulle de plein droit, toute délibération prise sans convocation ni ordre du jour ou tenue hors du temps des sessions ou hors des sièges des Chambres du Parlement, sauf, dans ce dernier cas ce qui est dit à l'alinéa précédent.

Article 68

Nul ne peut appartenir à la fois à la Chambre des Députés et au Sénat.

La fonction de Parlementaire est incompatible avec celle de membre du Gouvernement.

Une loi organique détermine les autres incompatibilités.

Article 69

Les membres du Parlement bénéficient de l'immunité parlementaire de la manière suivante :

1. aucun membre du Parlement ne peut être poursuivi, recherché, arrêté, détenu ou jugé à l'occasion des opinions ou votes émis par lui dans l'exercice de ses fonctions ;

2. pendant la durée des sessions, aucun membre du Parlement ne peut être poursuivi ou arrêté, pour crime ou délit, qu'avec l'autorisation de la Chambre à laquelle il appartient ;

3. Hors session, sauf en cas de flagrant délit, de poursuite déjà autorisée par le Bureau de la Chambre ou de condamnation définitive, aucun membre du Parlement ne peut être arrêté pour crime qu'avec l'autorisation du Bureau de la Chambre à laquelle il appartient.

Tout membre du Parlement condamné à une peine criminelle par une juridiction statuant en dernier ressort est d'office déchu de son mandat parlementaire par la Chambre à laquelle il appartient, sur constatation de la Cour Suprême.

De même, chaque Chambre du Parlement peut prévoir, dans son règlement intérieur, les fautes graves qui entraînent la déchéance du mandat parlementaire par la Chambre dont le Parlementaire fait partie. Dans ce cas, la décision de déchéance est prise à la majorité des trois cinquièmes des membres de la Chambre concernée.

Article 70

Les sessions ordinaires des Chambres du Parlement ont lieu aux mêmes dates.

Toutefois, les séances de chacune des deux

Chambres et les sessions extraordinaires sont tenues suivant le règlement intérieur de chaque Chambre.

Les deux Chambres du Parlement ne se réunissent en séance commune que dans les cas prévus par la Constitution ou pour prendre part ensemble à des formalités prévues par la loi ou à des cérémonies publiques.

Lorsque le Parlement délibère les deux Chambres réunies, la présidence est assurée par le Président de la Chambre des Députés et à son défaut par le Président du Sénat.

Article 71

Les Chambres du Parlement se réunissent de plein droit en trois sessions ordinaires de deux mois chacune.
1. la première session s'ouvre le 5 février;
2. la deuxième session s'ouvre le 5 juin;
3. la troisième session s'ouvre le 5 octobre.

Au cas où le jour de l'ouverture de la session est férié, l'ouverture est reportée au lendemain ou, le cas échéant, au premier jour ouvrable qui suit.

Article 72

Chaque Chambre du Parlement se réunit en session extraordinaire sur convocation de son Président après consultation des autres membres du Bureau ou à la demande soit du Président de la République sur proposition du Gouvernement, soit d'un quart de ses membres.

La session extraordinaire du Parlement peut être convoquée d'un commun accord des Présidents des deux Chambres, à la demande du Président de la République ou du quart des membres de chaque Chambre.

La session extraordinaire traite uniquement des questions qui ont motivé sa convocation et qui ont été portées préalablement à la connaissance des membres de la Chambre ou du Parlement avant la session.

La clôture de cette session intervient dès que le Parlement ou la Chambre a épuisé l'ordre du jour qui a motivé sa convocation.

La session extraordinaire ne peut dépasser une durée de quinze jours.

Article 73

Chaque Chambre du Parlement vote une loi organique portant son règlement d'ordre intérieur.

Cette loi organique détermine notamment :
1. les pouvoirs et les prérogatives du Bureau de chaque Chambre ;
2. le nombre, les attributions, les compétences et le mode de désignation de ses commissions permanentes, sans préjudice du droit, pour la

Chambre, de créer des commissions spéciales temporaires ;
3. l'organisation des services de chaque Chambre placés sous l'autorité d'un Président, assisté de deux Vice-Présidents et d'un Secrétaire Général ;
4. le régime disciplinaire de ses membres,
5. les différents modes de scrutin pour sa délibération, qui ne sont pas expressément prévus par la Constitution.

Article 74

Chaque Chambre du Parlement dispose de son propre budget et jouit de l'autonomie de gestion administrative et financière.

Article 75

Une loi organique détermine, pour chacune des Chambres, les dispositions non prévues par la présente Constitution en ce qui concerne notamment les conditions et les modalités de l'élection des Parlementaires et de leur suppléance éventuelle en cas de vacance de siège, le régime des incompatibilités et inéligibilités ainsi que leurs indemnités et avantages matériels.

Sous-section 2:

De la Chambre des Députés

Article 76

La Chambre des Députés est composée de quatre-vingt (80) membres, à savoir :
1. cinquante trois (53) élus conformément à l'article 77 de la présente Constitution ;
2. vingt quatre (24) membres de sexe féminin à raison de deux par Province et la Ville de Kigali élus par les Conseils de Districts, des Villes et de la Ville de Kigali auxquels s'ajoutent les Comités Exécutifs des structures des femmes au niveau des Provinces, de la Ville de Kigali, des Villes, des Districts et des Secteurs;
3. deux (2) membres élus par le Conseil National de la Jeunesse ;
4. un (1) membre élu par la Fédération des Associations des Handicapés.

Article 77

Sans préjudice des dispositions de l'article 76 de la présente Constitution, les membres de la Chambre des Députés sont élus au suffrage universel direct et secret pour un mandat de cinq ans (5), au scrutin de liste bloquée, à la représentation proportionnelle.

Les sièges restant non attribués après division par le quotient électoral sont répartis entre les listes suivant le »système du plus fort reste«.

La liste est composée dans le respect du principe d'unité nationale énoncé aux articles 9 et 54 de la présente Constitution et du principe d'égal accès des femmes et des hommes aux mandats électoraux et fonctions électives dont il est question à l'article 54 de la présente Constitution.

Les candidats peuvent se présenter sous le parrainage d'une formation politique ou à titre indépendant.

Toute formation politique ou liste individuelle qui n'a pas pu rassembler cinq pour cent (5%) au moins des suffrages exprimés à l'échelle nationale lors des élections législatives ne peut ni avoir de siège à la Chambre des Députés ni bénéficier des subventions de l'Etat destinées aux formations politiques.

Article 78

Tout Député qui, en cours de mandat, soit démissionne de sa formation politique ou de la Chambre des Députés, soit est exclu de sa formation politique conformément à la loi organique régissant les formations politiques ou change de formation politique, perd automatiquement son siège à la Chambre des Députés.

Les contestations relatives à la décision prise conformément à l'alinéa premier du présent article sont portées au premier degré devant la Haute Cour de la République et au second et dernier degré devant la Cour Suprême.

En cas d'appel, la décision est suspendue jusqu'à ce que la Cour Suprême statue.

En cas de perte ou de déchéance du mandat de Député, le siège vacant est dévolu au suppléant qui achève le terme du mandat restant à courir si celui-ci est supérieur à un an.

Pour les autres Députés n'ayant pas été élus sous le parrainage des formations politiques ou à titre indépendant, on procède aux nouvelles élections.

Article 79

Chaque année, la Chambre des Députés vote le budget de l'Etat. Elle est saisie du projet de loi des finances avant l'ouverture de la session consacrée au budget.

La Chambre des Députés examine le budget de l'exercice suivant à la lumière du rapport de l'exécution du budget de l'exercice en cours lui présenté par le Gouvernement.

Pour chaque exercice budgétaire, et ce avant le 30 juin de l'année suivante, le Gouvernement présente à la Chambre des Députés un projet de loi des comptes de l'exercice concerné, accompagné d'un rapport de reddition des comptes certifié par l'Auditeur Général des Finances de l'Etat.

Le rapport de reddition des comptes doit être présenté à l'Auditeur Général des Finances de l'Etat par le Gouvernement au plus tard le 31 mars de l'année qui suit l'exercice budgétaire. La loi de finances détermine les ressources et les charges de l'Etat dans les conditions prévues par une loi organique.

Avant l'adoption définitive du budget, le Président de la Chambre des Députés sollicite l'avis consultatif du Sénat sur le projet de loi de finances de l'Etat.

Article 80

Si le projet de budget n'a pas été voté et promulgué avant le début de cet exercice, le Premier Ministre, autorise par arrêté, l'ouverture des douzièmes provisoires sur base du Budget de l'exercice écoulé.

Article 81

Aucune imposition ne peut être établie, modifiée ou supprimée que par une loi.

Nulle exemption ou modération d'impôt ne peut être accordée que dans les cas prévus par la loi.

La Chambre des Députés, sur demande du Gouvernement peut, après adoption d'une loi relative à certains taux d'imposition des taxes et impôts prévus par une loi organique, autoriser son application immédiate.

Sous-section 3:

Du Sénat

Article 82

Le Sénat est composé de vingt six (26) membres dont le mandat est de huit (8)ans et dont trente pour cent (30%) au moins sont de sexe féminin ainsi que des anciens Chefs d'Etat qui en font la demande tel que prévu à l'alinéa 4 du présent article.

Ces vingt six (26) Sénateurs sont élus ou désignés comme suit :

1. douze (12) membres issus des Provinces et de la Ville de Kigali, à raison d'un membre élu, au scrutin secret par les membres du Comité Exécutif des Secteurs ainsi que les membres des Conseils de Districts et Villes composant chaque Province et la Ville de Kigali ;
2. huit (8) membres nommés par le Président de la République qui veille en outre à ce que soit assurée la représentation de la communauté nationale historiquement la plus défavorisée ;
3. quatre (4) membres désignés par le Forum des formations politiques ;
4. un (1) membre issu des Universités et Instituts d'enseignement supérieur publics ayant au moins le grade académique de Professeur asso-

cié et élu par le corps académique de ces institutions;
5. un (1) membre issu des Universités et Instituts
   d'Enseignement Supérieurs privés ayant au
   moins le grade académique de Professeur associé élu par le corps académique de ces institutions.

Les organes chargés de désigner les Sénateurs
sont tenus de prendre en considération, l'unité nationale et la représentation des deux sexes.

A leur demande qui est adressée à la Cour Suprême, les anciens Chefs d'Etat deviennent de droit
membres du Sénat s'ils ont normalement terminé
ou volontairement résigné leur mandat.

Les contestations relatives à l'application des articles 82 et 83 de la présente Constitution sont tranchées par la Cour Suprême.

Article 83

Les membres du Sénat doivent être des citoyens
intègres et d'une grande expérience »inararibonye«
élus ou désignés objectivement à titre individuel et
sans considération de leur appartenance politique,
parmi les nationaux possédant des qualifications de
haut niveau dans les domaines scientifique, juridique, économique, politique, social et culturel ou
qui sont des personnalités ayant occupé de hautes
fonctions publiques ou privées.

Les candidatures des Sénateurs sont soumises
aux conditions suivantes :
1. répondre aux critères définis à l'article 82 de la
   présente Constitution;
2. être une personne de grande expérience »inararibonye«;
3. être de bonne moralité et d'une grande probité
   ;
4. jouir de tous ses droits civiques et politiques ;
5. être âgé de quarante ans au moins;
6. n'avoir pas été condamné irrévocablement à
   une peine principale égale ou supérieure à six
   mois d'emprisonnement, non effacée par l'amnistie ou la réhabilitation.

Article 84

Excepté les anciens Chefs d'Etat qui deviennent
Sénateurs en vertu de l'article 82 de la présente
Constitution, les membres du Sénat ont un mandat
de huit ans non renouvelable.

Article 85

Sans préjudice de l'article 197 de la présente
Constitution , les candidatures des Sénateurs à élire
dans chaque Province et la Ville de Kigali par les
Conseils des Districts et des Villes ainsi que les Comités Exécutifs des Secteurs composant les Provinces et la Ville de Kigali doivent parvenir à la Cour

Suprême au moins trente jours avant les élections.

La Cour Suprême vérifie si les candidats remplissent les conditions requises, arrête et publie la
liste des candidats dans les huit jours de sa saisine.
Les élections ont lieu dans les conditions fixées par
la loi électorale.

Pour les Sénateurs à désigner, les organes chargés
de leur désignation notifient dans le même délai les
noms des personnes choisies à la Cour Suprême
qui vérifie si elles remplissent les conditions exigées, arrête et publie la liste des Sénateurs désignés
dans les huit jours de sa saisine.

Toutefois, dans le souci de garantir l'unité entre
les Rwandais, les Sénateurs devant être désignés par
le Président de la République, le sont après la désignation des autres Sénateurs par les organes habilités.

Si certains noms n'ont pas été retenus par la
Cour Suprême, l'organe chargé de la désignation
peut, le cas échéant, compléter le nombre autorisé
dans le délai de sept jours après la publication de la
liste.

Article 86

Pour être élu Sénateur, le candidat devant être
élu par les Comités exécutifs des Secteurs et les
membres des Conseils de Districts et Villes au premier tour, doit réunir la majorité absolue des membres ou la majorité relative au deuxième tour qui
doit être organisé immédiatement après le premier
tour.

Si le Sénateur élu démissionne, décède, est déchu de ses fonctions par une décision judiciaire ou
est définitivement empêché de siéger un an au
moins avant la fin du mandat, il est procédé à de
nouvelles élections. S'il s'agit d'un Sénateur ayant
fait l'objet de désignation, son remplacement est
effectué par l'organe compétent.

Article 87

Le Sénat veille spécialement au respect des principes fondamentaux énoncés aux articles 9 et 54 de
la présente Constitution.

Article 88

En matière législative, le Sénat est compétent
pour voter:
1. les lois relatives à la révision de la Constitution ;
2. les lois organiques ;
3. les lois concernant la création, la modification,
   le fonctionnement et la suppression des institutions étatiques ou para-étatiques et l'organisation du territoire ;
4. les lois relatives aux libertés, aux droits et devoirs fondamentaux de la personne ;
5. les lois pénales, les lois d'organisation et de

compétence judiciaires ainsi que les lois de procédure pénale ;
6. les lois relatives à la défense et à la sécurité ;
7. les lois électorales et référendaires ;
8. les lois relatives aux traités et accords internationaux.

Le Sénat est également compétent pour :
1. élire le Président, le Vice-Président et les juges
de la Cour Suprême, le Procureur Général de la
République et le Procureur Général de la République Adjoint ;
2. approuver la nomination des dirigeants et
membres des Commissions Nationales, de
l'Ombudsman et de ses Adjoints, de l'Auditeur
Général des Finances de l'Etat et de son Adjoint, des Ambassadeurs et Représentants permanents, des Préfets de Provinces, des Chefs
des organismes étatiques et para-étatiques dotés
de la personnalité juridique ;
3. approuver la nomination d'autres agents de
l'Etat qu'en cas de besoin une loi organique dé-
terminera.

Article 89

Les projets et propositions de lois définitivement
adoptés par la Chambre des Députés dans les matières énumérées à l'article 88 de la présente
Constitution sont immédiatement transmis par le
Président de la Chambre des Députés au Président
du Sénat.

De même, les projets d'arrêtés de nomination,
des personnes citées à l'article 88 de la présente
Constitution sont transmis par le Gouvernement
au Sénat pour approbation avant leur signature.

Section 2:

De l'élaboration et de l'adoption des lois

Article 90

L'initiative des lois et le droit d'amendement des
lois appartiennent concurremment à chaque Député et au Gouvernement en Conseil des Ministres.

Article 91

Les projets, propositions et amendements des
lois dont l'adoption aurait pour conséquence soit
une diminution des ressources nationales, soit la
création ou l'aggravation d'une charge publique,
doivent être assorties d'une proposition d'augmen-
tation de recettes ou d'économies équivalentes.

Article 92

Les projets ou propositions de loi dont l'opportunité a été adoptée en séance plénière sont envoyés pour examen à la commission compétente

de la Chambre des Députés avant leur adoption en
Séance Plénière.

Article 93

La loi intervient souverainement en toute
matière.

Les lois organiques interviennent dans les domaines leur réservés par la présente Constitution
ainsi que dans ceux nécessitant des lois particulières
rattachées à ces lois organiques.

Il ne peut être dérogé par une loi organique à
une loi constitutionnelle ni par une loi ordinaire ou
un décret-loi à une loi organique ni par un règlement ou un arrêté à une loi.

Aucune loi ne peut être adoptée qu'après avoir
été votée article par article et dans son ensemble.
Sur l'ensemble d'une loi, il est toujours procédé à
un vote par appel nominal et à haute voix.

Les lois ordinaires sont votées à la majorité absolue des membres présents de chaque Chambre.

Les lois organiques sont votées à la majorité des
trois cinquièmes des membres présents de chaque
Chambre.

Les modalités de vote sont déterminées par le règlement d'ordre intérieur de chaque Chambre.

Article 94

L'urgence pour l'examen d'une proposition ou
d'un projet de loi ou de toute autre question, peut
être demandée par un membre du Parlement ou
par le Gouvernement à la Chambre concernée.

Lorsque l'urgence est demandée par un Parlementaire, la Chambre se prononce sur cette urgence.

Lorsqu'elle est demandée par le Gouvernement
elle est toujours accordée.

Dans tous les cas où l'urgence est accordée,
l'examen de la loi ou de la question qui en est l'objet a priorité sur l'ordre du jour.

Article 95

Dans les domaines de compétence du Sénat, les
projets ou propositions de loi ne sont envoyés au
Sénat qu'après avoir été adoptés par la Chambre
des Députés, exception faite de la loi organique
portant règlement d'ordre intérieur du Sénat.

Lorsqu'un projet ou une proposition de loi n'a
pas pu être adopté par le Sénat ou que celui-ci y a
apporté des amendements qui ne sont pas acceptés
par la Chambre des Députés, les deux Chambres
mettent en place une Commission paritaire mixte
chargée de proposer un texte sur les dispositions restant en discussion.

La Commission informe les deux Chambres du
texte de compromis pour décision.

A défaut de consensus par les deux Chambres, le

projet ou la proposition de loi est renvoyé à l'initiateur.

Article 96

L'interprétation authentique des lois appartient aux deux Chambres réunies du Parlement après avis préalable de la Cour Suprême; chaque Chambre statuant aux majorités fixées par l'article 93 de la présente Constitution.

Elle peut être demandée par le Gouvernement, un membre de l'une ou l'autre Chambre du Parlement ou par l'Ordre des Avocats.

Toute personne intéressée peut demander l'interprétation authentique des lois par l'intermédiaire des membres du Parlement ou de l'Ordre des Avocats.

Chapitre III

DU POUVOIR EXECUTIF

Article 97

Le Pouvoir Exécutif est exercé par le Président de la République et le Gouvernement.

Section première:

Du Président de la République

Article 98

Le Président de la République est le Chef de l'Etat.

Il est le gardien de la Constitution et le garant de l'Unité Nationale.

Il est le garant de la continuité de l'Etat, de l'indépendance nationale et de l'intégrité du territoire et du respect des traités et accords internationaux.

Le Président de la République a le droit d'adresser des messages à la Nation.

Article 99

Tout candidat à la Présidence de la République doit :
1. être de nationalité rwandaise d'origine;
2. ne pas détenir une autre nationalité;
3. avoir au moins un de ses parents de nationalité rwandaise d'origine;
4. être de bonne moralité et d'une grande probité;
5. n'avoir pas été condamné définitivement à une peine d'emprisonnement égale ou supérieure à six mois;
6. jouir de tous ses droits civiques et politiques ;
7. être âgé de 35 ans au moins à la date du dépôt de sa candidature ;
8. résider sur le territoire du Rwanda au moment du dépôt de sa candidature.

Article 100

Le Président de la République est élu au suffrage universel direct et au scrutin secret à la majorité relative des suffrages exprimés.

La Cour Suprême proclame les résultats définitifs du scrutin.

Article 101

Le Président de la République est élu pour un mandat de sept ans renouvelable une seule fois.

En aucun cas, nul ne peut exercer plus de deux mandats présidentiels.

Article 102

Sans préjudice des dispositions de l'article 196 de la présente Constitution, l'élection présidentielle est fixée à trente jours au moins et soixante jours au plus avant l'expiration du mandat du Président en exercice.

Article 103

Une loi organique détermine la procédure à suivre pour la présentation des candidatures aux élections présidentielles, le déroulement du scrutin, le dépouillement, les modalités de statuer sur les réclamations et les délais limites pour la proclamation des résultats et prévoit toutes les autres dispositions nécessaires au bon déroulement du scrutin dans la transparence.

Article 104

Sans préjudice des dispositions de l'article 196 de la présente Constitution, avant d'entrer en fonction, le Président de la République prête serment devant le Président de la Cour Suprême en présence des deux Chambres réunies du Parlement en ces termes suivants :

»Moi,............ je jure solennellement à la Nation :
1. de remplir loyalement les fonctions qui me sont confiées ;
2. de garder fidélité à la République du Rwanda ;
3. d'observer et défendre la Constitution et les autres lois ;
4. de préserver la paix et l'intégrité du territoire et de consolider l'Unité Nationale ;
5. de remplir consciencieusement les devoirs de ma charge sans discrimination aucune;
6. de ne jamais utiliser les pouvoirs qui me sont dévolus à des fins personnelles ;
7. de garantir le respect des libertés et des droits fondamentaux de la personne et de veiller aux intérêts du peuple rwandais .

En cas de parjure, que je subissse les rigueurs de la loi.

Que Dieu m'assiste.«

Article 105

Le Président de la République en exercice reste en fonction jusqu'à l'installation de son successeur.

Toutefois, pendant cette période, il ne peut exercer les compétences suivantes :
1. déclarer la guerre;
2. déclarer l'état d'urgence ou de siège;
3. initier le référendum.

En outre, pendant cette période, la Constitution ne peut pas être révisée.

Au cas où le Président de la République élu décède, se trouve définitivement empêché ou renonce au bénéfice de son élection avant son entrée en fonction, il est procédé à de nouvelles élections.

Article 106

Les fonctions de Président de la République sont incompatibles avec l'exercice de tout autre mandat électif, de tout emploi public, civil ou militaire et de toute autre activité professionnelle.

Article 107

En cas de vacance de la Présidence de la République par décès, démission ou empêchement définitif, l'intérim des fonctions du Président de la République est exercé par le Président du Sénat et si celui-ci est empêché, par le Président de la Chambre des Députés ; lorsque les deux derniers ne sont pas disponibles, l'intérim de la Présidence de la République est assurée par le Premier Ministre.

Toutefois, la personne qui exerce les fonctions du Président de la République aux termes de cet article ne peut pas procéder à des nominations, initier un référendum ou la révision de la Constitution, exercer le droit de grâce ou déclarer la guerre.

En cas de vacance de poste de Président de la République avant l'échéance du mandat, les élections doivent être organisées dans un délai ne dépassant pas quatre-vingt dix jours.

En cas d'absence du territoire, de maladie ou d'empêchement provisoire, l'interim des fonctions du Président de la République est assuré par le Premier Ministre.

Article 108

Le Président de la République promulgue les lois dans les quinze jours qui suivent la réception par le Gouvernement du texte définitivement adopté.

Toutefois, avant leur promulgation, le Président de la République peut demander au Parlement de procéder à une deuxième lecture.

Dans ce cas, si le Parlement vote la même loi à la majorité des deux tiers pour les lois ordinaires et des trois quarts pour les lois organiques, le Président de la République doit les promulguer dans le délai prévu à l'alinéa premier de cet article.

Article 109

Le Président de la République peut, sur proposition du Gouvernement et après avis de la Cour Suprême, soumettre au référendum toute question d'intérêt national ou tout projet de loi ordinaire ou organique ainsi que tout projet de la loi portant ratification d'un traité qui, sans être contraire à la Constitution, aurait des incidences sur le fonctionnement des institutions de l'Etat.

Lorsque le projet a été adopté par référendum, le Président de la République promulgue la loi dans un délai de huit jours à compter de la proclamation des résultats.

Article 110

Le Président de la République est le Commandant Suprême des Forces Rwandaises de Défense.

Il déclare la guerre dans les conditions prévues à l'article 136 de la présente Constitution.

Il signe l'armistice et les accords de paix.

Il déclare l'état de siège et l'état d'urgence dans les conditions fixées par la Constitution et la loi.

Article 111

Le Président de la République exerce le droit de grâce dans les conditions définies par la loi et après avis de la Cour Suprême.

Il a le droit de frapper la monnaie dans les conditions déterminées par la loi.

Article 112

Le Président de la République signe les arrêtés présidentiels adoptés en Conseil des Ministres et contresignés par le Premier Ministre, les Ministres, les Secrétaires d'Etat et les autres membres du Gouvernement chargés de leur exécution.

Il nomme aux emplois civils et militaires supérieurs déterminés par la Constitution et la loi.

Article 113

Le Président de la République signe les arrêtés présidentiels délibérés en Conseil des Ministres concernant :
1. le droit de grâce ;
2. la frappe de la monnaie ;
3. les décorations dans les Ordres Nationaux;
4. l'exécution des lois lorsqu'il en est chargé ;
5. la promotion et l'affectation :
a) des officiers généraux des Forces Rwandaises de Défense;
b) des officiers supérieurs des Forces Rwandaises de Défense;

c) des Commissaires de la Police Nationale;

d) des Officiers Supérieurs de la Police Nationale.

6. la nomination et la cessation de fonction des hauts fonctionnaires civils suivants :

a) le Président et le Vice-Président de la Cour Suprême ;

b) le Procureur Général de la République et le Procureur Général de la République adjoint;

c) le Directeur de Cabinet du Président de la République ;

d) le Chancelier des Ordres Nationaux ;

e) le Gouverneur de la Banque Nationale ;

f) les Recteurs des Universités et des Instituts Supérieurs publics;

g) les Préfets des Provinces;

h) le Chef du Service National de Sécurité et son adjoint;

i) les Commissaires des Commissions et les responsables de Institutions spécialisées prévues dans la Constitution;

j) le Secrétaire Particulier du Président de la République ;

k) les Conseillers à la Présidence de la République

l) les Ambassadeurs et Représentants permanents auprès des organisations internationales ;

m) les autres hauts fonctionnaires qu'une loi détermine en cas de besoin.

Article 114

Le Président de la République représente l'Etat Rwandais dans ses rapports avec l'étranger et peut se faire représenter.

Le Président de la République accrédite les ambassadeurs et les envoyés extraordinaires auprès des pays étrangers.

Les Ambassadeurs et les envoyés extraordinaires étrangers sont accrédités auprès de lui.

Article 115

Une loi organique fixe les avantages accordés au Président de la République ainsi que ceux accordés aux anciens Chefs d'Etat.

Toutefois, le Président de la République qui a été condamné pour haute trahison ou pour violation sérieuse et délibérée de la Constitution, n'aura droit à aucun avantage lié à la cessation des fonctions.

Section 2:

Du Gouvernement

Article 116

Le Gouvernement se compose du Premier Ministre, des Ministres, des Secrétaires d'Etat et, le cas échéant, d'autres membres que le Président de la République peut désigner.

Le Premier Ministre est choisi, nommé et démis de ses fonctions par le Président de la République.

Les autres membres du Gouvernement sont nommés et démis par le Président de la République sur proposition du Premier Ministre.

Les membres du Gouvernement sont choisis au sein des formations politiques en tenant compte de la répartition des sièges à la Chambre des Députés sans pour autant exclure la possibilité de choisir d'autres personnes capables qui ne proviennent pas des formations politiques.

Toutefois, le parti politique majoritaire à la Chambre des Députés ne peut pas dépasser 50 pour cent de tous les membres du Gouvernement.

Le Président de la République prend acte de la démission du Gouvernement lui présentée par le Premier Ministre.

Article 117

Le Gouvernement exécute la politique nationale arrêtée de commun accord entre le Président de la République et le Conseil des Ministres.

Le Gouvernement est responsable devant le Président de la République et devant le Parlement suivant les conditions et les procédures prévues par la présente Constitution.

Article 118

Le Premier Ministre :

1. dirige l'action du Gouvernement suivant les grandes orientations définies par le Président de la République et assure l'exécution des lois ;

2. élabore le programme du Gouvernement en concertation avec les autres membres du Gouvernement ;

3. présente au Parlement le programme du Gouvernement dans les trente jours de son entrée en fonction ;

4. fixe les attributions des Ministres, Secrétaires d'Etat et autres membres du Gouvernement ;

5. convoque le Conseil des Ministres, établit son ordre du jour en consultation avec les autres membres du Gouvernement et le communique au Président de la République et aux autres membres du Gouvernement au moins trois jours avant la tenue du Conseil, sauf les cas d'urgence dévolus aux Conseils extraordinaires;

6. préside le Conseil des Ministres ; toutefois, lorsque le Président de la République est présent, celui-ci en assure la présidence ;

7. contresigne les lois adoptées par le Parlement et promulguées par le Président de la République;

8. nomme aux emplois civils et militaires sauf ceux qui sont réservés au Président de la République ;

9. il signe les actes de nomination et de promotion des Officiers subalternes des Forces Rwandaises de Défense et de la Police Nationale ;

10. signe les arrêtés du Premier Ministre concernant la nomination et la cessation de fonction des hauts fonctionnaires suivants :

a) le Directeur de Cabinet du Premier Ministre ;

b) le Secrétaire Général du Gouvernement;

c) les Vice-Gouverneurs de la Banque Nationale ;

d) les Vice-Recteurs des Universités et des Instituts d'enseignement supérieur publics;

e) les Secrétaires Exécutifs des Commissions et des Provinces;

f) les Conseillers et Chefs de Service dans les services du Premier Ministre ;

g) les Secrétaires généraux des Ministères ;

h) les Directeurs et les cadres de conception et de coordination des établissements publics;

i) les membres du Conseil d'Administration dans les Etablissements publics et les Représentants de l'Etat dans les sociétés mixtes ;

j) les Directeurs et Chefs de division dans les Ministères et les Provinces ;

k) les Officiers du Ministère Public à compétence nationale et provinciale et ceux compétents pour la Ville de Kigali ;

l) les autres hauts fonctionnaires qu'une loi détermine en cas de besoin.

Les autres fonctionnaires sont nommés conformément à des lois spécifiques.

Article 119

Les Arrêtés du Premier Ministre sont contresignés par les Ministres, les Secrétaires d'Etat et autres membres du Gouvernement chargés de leur exécution.

Article 120

Les Ministres, les Secrétaires d'Etat et les autres membres du Gouvernement exécutent, les lois par voie d'arrêtés lorsqu'ils en sont chargés.

Le Conseil des Ministres fonctionne sur base du principe de la solidarité gouvernementale.

Un Arrêté Présidentiel détermine le fonctionnement, la composition et le mode de prise de décision du Conseil des Ministres.

Article 121

Le Conseil des Ministres délibère sur:

1. les projets de lois et de décrets-lois ;

2. les projets d'arrêtés présidentiels, du Premier Ministre et des Ministres ;

3. toutes les questions de sa compétence aux termes de la Constitution et des lois.

Un Arrêté Présidentiel détermine certains arrêtés ministériels qui ne sont pas pris en Conseil des Ministres.

Article 122

Les fonctions de membre du Gouvernement sont incompatibles avec l'exercice d'une autre profession ou d'un mandat parlementaire.

Une loi fixe les traitements et autres avantages alloués aux membres du Gouvernement.

Article 123

Avant d'entrer en fonction, le Premier Ministre, les Ministres, les Secrétaires d'Etat et les autres membres du Gouvernement prêtent serment devant le Président de la République et en présence du Parlement et de la Cour Suprême.

Article 124

La démission ou la cessation de fonctions du Premier Ministre entraîne la démission de l'ensemble des membres du Gouvernement.

Le Président de la République prend acte de la démission du Gouvernement lui présentée par le Premier Ministre.

Dans ce cas, le Gouvernement assure seulement l'expédition des affaires courantes jusqu'à la formation d'un nouveau Gouvernement.

Article 125

Chaque Ministre, Secrétaire d'Etat ou un autre membre du Gouvernement peut, à titre personnel, présenter sa démission au Président de la République par l'intermédiaire du Premier Ministre.

Cette démission n'est définitive que si, dans un délai de cinq jours, elle n'est pas retirée par l'intéressé et que le Président de la République marque son accord.

Section 3:

De l'Administration Publique

Article 126

Les agents de l'Etat sont recrutés, affectés et promus conformément au principe d'égalité des citoyens, suivant un système objectif, impartial et transparent basé sur la compétence et les capacités des candidats intègres des deux sexes.

L'Etat garantit la neutralité de l'administration, des Forces Rwandaises de Défense, de la Police Nationale et du Service National de Sécurité qui doivent, en toutes circonstances, garder l'impartialité et être au service de tous les citoyens.

Chapitre IV

DES RAPPORTS ENTRE LE POUVOIR LEGISLATIF ET LE POUVOIR EXECUTIF

Article 127

Le Président de la République et le Premier Ministre doivent être informés de l'ordre du jour des séances de chaque Chambre du Parlement et de ses Commissions.

Le Premier Ministre et les autres membres du Gouvernement peuvent, s'ils le désirent, assister aux séances de chaque Chambre du Parlement. Ils y prennent la parole chaque fois qu'ils en expriment le désir.

Ils peuvent, le cas échéant, se faire accompagner des techniciens de leur choix.

Ces techniciens peuvent prendre la parole seulement dans les Commissions Permanentes.

Article 128

Les moyens d'information et de contrôle de la Chambre des Députés à l'égard de l'action gouvernementale sont :
1. la question orale ;
2. la question écrite ;
3. l'audition en Commission ;
4. la Commission d'enquête ;
5. l'interpellation.

Une loi organique fixe les conditions et les procédures relatives aux moyens d'information et de contrôle de l'action gouvernementale.

Article 129

Dans le cadre de la procédure d'information et de contrôle de l'action gouvernementale, les membres du Sénat peuvent adresser au Premier Ministre des questions orales ou des questions écrites auxquelles il répond soit luimême, s'il s'agit de questions concernant l'ensemble du Gouvernement ou plusieurs ministères à la fois, soit par l'intermédiaire des Ministres concernés s'il s'agit de questions concernant leurs départements ministériels.

Le Sénat peut également constituer des commissions d'enquête pour le contrôle de l'action gouvernementale.

Toutefois, il ne peut procéder à l'interpellation ni initier la procédure de censure.

Article 130

La Chambre des Députés peut mettre en cause la responsabilité du Gouvernement ou celle d'un ou plusieurs membres du Gouvernement par le vote d'une motion de censure.

Une motion de censure n'est recevable qu'après une interpellation et que si elle est signée par un cinquième au moins des membres de la Chambre des Députés pour le cas d'un membre du Gouvernement ou par un tiers au moins s'il s'agit de tout le Gouvernement.

Le vote ne peut avoir lieu que quarante huit heures au moins après le dépôt de la motion, et celle-ci ne peut être adoptée qu'au scrutin secret et à la majorité des deux tiers des membres de la Chambre des Députés.

La clôture des sessions ordinaires ou extraordinaires est de droit retardée pour permettre l'application des dispositions du présent article.

Article 131

Un membre du Gouvernement contre lequel est adoptée une motion de censure est tenu de présenter sa démission au Président de la République par l'intermédiaire du Premier Ministre.

Lorsque la motion de censure est adoptée contre le Gouvernement, le Premier Ministre présente la démission du Gouvernement au Président de la République.

Si la motion de censure est rejetée, ses signataires ne peuvent en présenter une nouvelle au cours de la même session.

Article 132

Le premier Ministre peut, après délibération du Conseil des Ministres, engager la responsabilité du Gouvernement devant la Chambre des Députés en posant la question de confiance, soit sur l'approbation du programme du gouvernement, soit sur le vote d'un texte de loi.

Le débat sur la question de confiance ne peut avoir lieu que trois jours francs après qu'elle ait été posée.

La confiance ne peut être refusée que par un vote au scrutin secret à la majorité de deux tiers de membres de la Chambre des Députés.

Si la confiance est refusée, le Premier Ministre doit présenter au Président de la Répulique la démission du Gouvernement, dans un délai ne dépassant pas vingt-quatre heures.

Article 133

Le Président de la République peut, après consultation du Premier Ministre, des Présidents des deux Chambres du Parlement et du Président de la Cour Suprême, prononcer la dissolution de la Chambre des Députés.

Les élections des Députés ont lieu dans un délai ne dépassant pas quatre-vingt dix jours qui suivent la dissolution.

Le Président de la République ne peut pas dissoudre la Chambre des Députés plus d'une fois au cours de son mandat.

Le Sénat ne peut pas être dissous.

Article 134

Le Premier Ministre doit informer les Chambres du Parlement sur l'action du Gouvernement aussi régulièrement que possible.

Le Premier Ministre transmet au Bureau de chaque Chambre, les décisions du Conseil des Ministres et leurs annexes endéans huit jours de sa tenue.

En outre, durant les sessions, une séance par semaine est réservée aux questions formulées par les membres du Parlement et aux réponses du Gouvernement.

Le Gouvernement est tenu de fournir aux Chambres du Parlement toutes les explications qui lui sont demandées sur sa gestion et sur ses actes.

Article 135

Le Président de la République adresse personnellement un message au Parlement devant l'une des Chambres ou les deux Chambres réunies ou délègue le Premier Ministre à cet effet. Ce message ne donne lieu à aucun débat.

Hors session, le Parlement ou l'une de ses Chambres est, selon le cas, convoqué et se réunit spécialement à cet effet.

Article 136

Le Président de la République a le droit de déclarer la guerre et d'en informer le Parlement dans un délai ne dépassant pas sept jours. Le Parlement statue sur la déclaration de guerre à la majorité simple des membres de chaque Chambre.

Article 137

L'état de siège et l'état d'urgence sont régis par la loi et sont proclamés par le Président de la République après décision du Conseil des Ministres.

La déclaration de l'état de siège ou d'urgence doit être dûment motivée et spécifier l'étendue du territoire concerné, ses effets, les droits, les libertés et les garanties suspendus de ce fait et sa durée qui ne peut être supérieure à quinze jours.

Sa prolongation au-delà de quinze jours ne peut être autorisée que par le Parlement statuant à la majorité des deux tiers de chaque Chambre.

En temps de guerre, si l'état de siège a été déclaré, une loi peut fixer la durée supérieure à celle prévue à l'alinéa précédent.

L'état de siège doit se limiter à la durée strictement nécessaire pour rétablir rapidement la situation démocratique normale.

La déclaration de l'état de siège ou de l'état d'urgence ne peut en aucun cas porter atteinte au droit à la vie, à l'intégrité physique, à l'état et à la capacité des personnes, à la nationalité, à la non rétroactivité de la loi pénale, au droit de la défense ni à la liberté de conscience et de religion.

La déclaration de l'état de siège ou de l'état d'urgence ne peut en aucun cas affecter les compétences du Président de la République, du Premier Ministre, du Parlement et de la Cour Suprême ni modifier les principes de responsabilité de l'Etat et de ses agents consacrés par la présente Constitution.

Pendant l'état de siège ou d'urgence et jusqu'au trentième jour après sa levée, aucune opération électorale ne peut avoir lieu.

Article 138

L'état de siège ne peut être déclaré, sur la totalité ou une partie du territoire national, qu'en cas d'agression effective ou imminente du territoire national par des forces étrangères, ou en cas de menace grave ou de trouble de l'ordre constitutionnel.

L'état d'urgence est déclaré, sur la totalité ou une partie du territoire national, en cas de calamité publique ou de trouble de l'ordre constitutionnel dont la gravité ne justifie pas la déclaration de l'état de siège.

Article 139

Pendant la durée de l'état de siège ou de l'état d'urgence, la Chambre des Députés ne peut être dissoute et les Chambres du Parlement sont automatiquement convoquées si elles ne siègent pas en session ordinaire.

Si à la date de la déclaration de l'état de siège ou d'urgence la Chambre des Députés avait été dissoute ou si la législature avait pris fin, les compétences du Parlement concernant l'état de siège ou d'urgence sont exercées par le Sénat.

Chapitre V

DU POUVOIR JUDICIAIRE

Section première:

Des dispositions générales

Article 140

Le Pouvoir Judiciaire est exercé par la Cour Suprême et les autres Cours et Tribunaux institués par la Constitution et d'autres lois.

Le Pouvoir Judiciaire est indépendant et séparé du Pouvoir Législatif et du Pouvoir Exécutif.

Il jouit de l'autonomie de gestion administrative et financière.

La justice est rendue au nom du peuple. Nul ne peut se rendre justice à soi-même.

Les décisions judiciaires s'imposent à tous ceux qui y sont parties, que ce soit les pouvoirs publics ou les particuliers. Elles ne peuvent être remises en cause que par les voies et sous les formes prévues par la loi.

Article 141

Les audiences des juridictions sont publiques sauf le huis clos prononcé par une juridiction lorsque cette publicité est dangereuse pour l'ordre public ou les bonnes mœurs.

Tout jugement ou arrêt doit être motivé et entièrement rédigé ; il doit être prononcé avec ses motifs et son dispositif en audience publique.

Les juridictions n'appliquent les règlements que pour autant qu'ils sont conformes à la Constitution et aux lois.

Sans préjudice de l'égalité des justiciables devant la justice, la loi organique portant organisation et compétence judiciaires prévoit, l'institution du juge unique dans les juridictions ordinaires de premier degré excepté à la Cour Suprême. Cette loi organique prévoit les modalités d'application des dispositions du présent alinéa.

Article 142

Les juges nommés à titre définitif sont inamovibles ; ils ne peuvent être suspendus, mutés, même en avancement, mis à la retraite ou démis de leurs fonctions sauf dans les cas prévus par la loi .

Les juges ne sont soumis, dans l'exercice de leurs fonctions, qu'à l'autorité de la loi.

La loi portant statut des juges et des agents de l'ordre judiciaire détermine le salaire et autres avantages qui leur sont alloués.

Section 2:

Des juridictions

Article 143

Il est institué des juridictions ordinaires et des juridictions spécialisées.

Les juridictions ordinaires sont la Cour Suprême, la Haute Cour de la République, les Tribunaux de Province et de la Ville de Kigali, les Tribunaux de District et des Tribunaux de Villes.

Les juridictions spécialisées sont les Juridictions Gacaca et les juridictions militaires.

Une loi organique peut instituer d'autres juridictions spécialisées.

A l'exception de la Cour Suprême, les juridictions ordinaires peuvent être dotées de Chambres spécialisées ou de Chambres détachées, par ordonnance du Président de la Cour Suprême sur proposition du Conseil Supérieur de la Magistrature.

Les Cours et Tribunaux peuvent, sans nuire au jugement des affaires à leur siège ordinaire, siéger

en n'importe quelle localité de leur ressort si la bonne administration de la justice le requiert.

Toutefois, il ne peut être créé de juridictions d'exception.

Une loi organique détermine l'organisation, la compétence et le fonctionnement des Cours et Tribunaux.

Sous-section première:

Des juridictions ordinaires

A. De la Cour Suprême

Article 144

La Cour Suprême est la plus haute juridiction du pays. Ses décisions ne sont susceptibles d'aucun recours si ce n'est en matière de grâce ou de révision. Elles s'imposent, à tous ceux qui y sont parties, à savoir les pouvoirs publics et à toutes les autorités administratives, civiles, militaires et juridictionnelles ainsi qu'aux particuliers.

Article 145

La Cour Suprême exerce les attributions lui conférées par la présente Constitution et les lois. Elle doit notamment:

1. statuer au fond sur les affaires en appel et en dernier degré jugées par la Haute Cour de la République et la Haute Cour Militaire dans les conditions prévues par la loi ;
2. veiller à l'application de la loi par les Cours et Tribunaux, coordonner et contrôler leurs activités ;
3. contrôler la constitutionnalité des lois organiques et des règlements d'ordre intérieur de chacune des Chambres du Parlement avant leur promulgation ;
4. à la demande du Président de la République, des Présidents des Chambres du Parlement ou d'un cinquième des membres de la Chambre des Députés ou des membres du Sénat, la Cour Suprême contrôle la constitutionnalité des traités et accords internationaux ainsi que des lois et émet des avis techniques avant la décision des instances compétentes ;
5. statuer sur les recours en inconstitutionalité des lois et décrets-lois;
6. trancher, sur demande, les conflits d'attributions opposant les différentes institutions de l'Etat ;
7. juger du contentieux électoral relatif au référendum, aux élections présidentielles et législatives ;
8. juger au pénal, en premier et dernier ressort, le Président de la République, le Président du Sé-

nat, le Président de la Chambre des Députés, le Président de la Cour Suprême et le Premier Ministre ;

9. recevoir le serment du Président de la République et celui du Premier Ministre avant leur entrée en fonction ;

10. juger le Président de la République en cas de haute trahison ou de violation grave et délibérée de la Constitution. Dans ce cas, la décision de mise en accusation est votée par les deux Chambres réunies à la majorité des deux tiers de chaque Chambre ;

11. constater la vacance du poste du Président de la République en cas de décès, de démission, de condamnation pour haute trahison ou violation grave et délibérée de la Constitution ;

12. en matière d'organisation du pouvoir judiciaire, elle peut proposer au Gouvernement toute réforme qui lui paraît conforme à l'intérêt général;

13. donner l'interprétation authentique de la coutume en cas de silence de la loi.

Une loi organique détermine l'organisation et le fonctionnement de la Cour Suprême.

Article 146

La Cour Suprême est dirigée par un Président, assisté d'un Vice-Président et de douze autres juges.

Ils sont tous juges de carrière.

Une loi organique peut, en cas de besoin, augmenter ou réduire le nombre des juges de la Cour Suprême.

Article 147

Le Président et le Vice-Président de la Cour Suprême sont élus pour un mandat unique de huit ans par le Sénat, à la majorité absolue de ses membres sur proposition du Président de la République à raison de deux candidats par poste et après consultation du Conseil des Ministres et du Conseil Supérieur de la Magistrature.

Ils sont nommés par Arrêté Présidentiel dans les huit jours du vote du Sénat.

Ils doivent avoir au moins un diplôme de Licence en Droit et une expérience professionnelle de quinze ans au moins dans une profession juridique et avoir fait preuve d'aptitude dans l'administration d'institutions au plus haut niveau. Pour les détenteurs d'un diplôme de Doctorat en Droit l'expérience professionnelle requise est de sept ans au moins dans une profession juridique.

Ils peuvent être relevés de leurs fonctions pour manque de dignité, incompétence, ou faute professionnelle grave, par le Parlement statuant à la majorité des deux tiers des membres de chaque Chambre et à l'initiative de trois cinquièmes des membres de la Chambre des Députés ou du Sénat.

Article 148

Le Président de la République, après consultation avec le Conseil des Ministres et le Conseil Supérieur de la Magistrature, propose au Sénat une liste des candidats juges à la Cour Suprême. Cette liste doit compendre deux candidats à chaque poste. Ils sont élus à la majorité absolue des membres du Sénat.

B. De la Haute Cour de la République

Article 149

Il est institué une Haute Cour de la République dont le ressort correspond à toute l'étendue de la République du Rwanda.

Elle est compétente pour connaître au premier degré de certains crimes et des infractions particulières à caractère transfrontalier définies par la loi.

Elle juge au premier degré les affaires pour violation par les formations politiques des articles 52, 53 et 54 de la présente Constitution.

Elle est aussi compétente pour connaître au premier degré de certaines affaires administratives, celles relatives aux formations politiques, aux opérations électorales ainsi que d'autres affaires prévues par une loi organique.

Elle connaît également en appel et en dernier ressort, dans les conditions définies par la loi, des affaires jugées par d'autres juridictions. Elle est dotée de chambres détachées siégeant dans différents ressorts du pays selon les modalités définies par la loi.

Une loi organique détermine son organisation, sa compétence et son fonctionnement.

C. Du Tribunal de Province et de la Ville de Kigali

Article 150

Il est institué un Tribunal de Province dans chaque Province du pays et un Tribunal de la Ville de Kigali.

Une loi organique détermine l'organisation, la compétence et le fonctionnement du Tribunal de Province et du Tribunal de la Ville de Kigali.

D. Du Tribunal de District et de Ville

Article 151

Il est institué un Tribunal de District dans chaque District et un Tribunal de Ville dans chaque Ville du pays.

Une loi organique détermine son organisation, sa compétence et son fonctionnement.

Sous-section 2:

Des juridictions spécialisées.

A. Des Juridictions Gacaca et du Service National de Suivi de leurs activités

Article 152

Il est institué des Juridictions Gacaca chargées des poursuites et du jugement du crime de génocide et d'autres crimes contre l'humanité commises entre le 1er octobre 1990 et le 31 décembre 1994, excepté ceux qui relèvent de la compétence d'autres juridictions.

Une loi organique détermine l'organisation, la compétence, et le fonctionnement de ces juridictions.

Une loi institue un Service National chargé du suivi, de la supervision et de la coordination des activités des Juridictions Gacaca qui jouit d'une autonomie de gestion administrative et financière. Cette loi détermine également ses attributions, son organisation et son fonctionnement.

B. Des Juridictions Militaires

Article 153

Les Juridictions Militaires sont composées du Tribunal Militaire et de la Haute Cour Militaire.

Une loi organique fixe l'organisation, le fonctionnement et la compétence des juridictions militaires.

1. Le Tribunal Militaire

Article 154

Sans préjudice des dispositions de l'article 155, alinéa premier de la présente Constitution, le Tribunal Militaire connaît au premier degré de toutes les infractions commises par les militaires quel que soit leur grade.

2. La Haute Cour Militaire

Article 155

La Haute Cour Militaire connaît au premier degré de toutes les infractions d'atteinte à la sûreté de l'Etat et d'assasinat commises par les militaires quel que soit leur grade.

Elle connaît en appel des jugements rendus par le Tribunal Militaire.

La Cour Suprême connaît en appel et en dernier ressort des arrêts rendus par la Haute Cour militaire dans les conditions définies par la loi.

Sous-section 3:

De la prestation de serment des juges

Article 156

Le Président, Vice-Président et les Juges de la Cour Suprême prêtent serment devant le Président de la République en présence des membres du Parlement.

Les autres juges prêtent serment devant les autorités indiquées par la loi qui les régit.

Section 3:

Du Conseil Supérieur de la Magistrature

Article 157

Il est institué un Conseil Supérieur de la Magistrature dont les attributions sont les suivantes :

1. étudier les questions relatives au fonctionnement de la justice, et donner des avis, de son initiative ou sur demande, sur toute question intéressant l'administration de la justice;
2. décider de la nomination, de la promotion et de la révocation des juges et en général de la gestion de carrière des juges des juridictions autres que militaires et statuer en tant que Conseil de discipline à leur égard, sauf en ce qui concerne le Président et le Vice-Président de la Cour Suprême;
3. donner des avis sur tout projet ou toute proposition de création d'une nouvelle juridiction ou relatif au statut des juges ou du personnel judiciaire relevant de sa compétence.

Le Président de la Cour Suprême signe les actes de nomination, de promotion et de révocation des juges et du personnel de la Cour Suprême.

Article 158

Le Conseil Supérieur de la Magistrature est composé des membres suivants :

1. le Président de la Cour Suprême, Président de droit ;
2. le Vice-Président de la Cour Suprême ;
3. un Juge de la Cour Suprême élu par ses pairs ;
4. le Président de la Haute Cour de la République;
5. un juge par ressort du Tribunal de Province et de la Ville de Kigali élu par ses pairs ;
6. un juge du Tribunal de District et Ville dans chaque ressort du Tribunal de Province et du Tribunal de la Ville de Kigali élu par ses pairs;
7. deux doyens des Facultés de Droit des Universités agréées élus par leurs pairs ;
8. le Président de la Commission Nationale des Droits de la Personne ;

9. l'Ombudsman.

Une loi organique précise l'organisation, la compétence et le fonctionnement du Conseil Supérieur de la Magistrature.

Section 4:

Des Conciliateurs

Article 159

Il est institué dans chaque Secteur un »Comité de Conciliateurs« destiné à fournir un cadre de conciliation obligatoire préalable à la saisine des juridictions de premier degré siégeant dans certaines affaires définies par la loi.

Le Comité des Conciliateurs est composé de douze personnes intègres ayant leur résidence dans le Secteur et reconnues pour leur aptitude à concilier.

Ils sont élus par le Conseil de Secteur et le Comité Executif de Secteur, pour une durée de deux ans renouvelable en dehors des agents de l'administration territoriale et des institutions et services de la justice. Sur la liste des conciliateurs, les parties en conflit se conviennent sur trois personnes auxquelles elles soumettent leur différend.

Les Conciliateurs dressent un procès-verbal de règlement du différend leur soumis. Les Conciliateurs et les parties au différend apposent leur signature sur ce procès-verbal qui est scellé du sceau de l'organe des Conciliateurs. Une copie en est réservée aux parties au différend.

La partie au différend qui n'est pas satisfaite de la décision des Conciliateurs peut saisir la juridiction. A défaut de production du procèsverbal devant la juridiction au premier degré, celle-ci déclare la demande irrecevable.

Une loi organique détermine l'organisation, la compétence et le fonctionnement du Comité des Conciliateurs.

Titre V

DU MINISTERE PUBLIC

Chapitre Premier

DU PARQUET GÉNÉRAL DE LA RÉPUBLIQUE

Article 160

Il est institué un Ministère Public appelé »Parquet Général de la République« chargé notamment de la poursuite des infractions sur tout le territoire national.

Il jouit de l'autonomie de gestion administrative et financière.

Article 161

Le Parquet Général de la République comprend un service appelé Bureau du Procureur Général de la République et un service décentralisé au niveau de chaque Province et de la Ville de Kigali.

Le Bureau du Procureur Général de la République est composé du Procureur Général de la République, du Procureur Général de la République Adjoint et des procureurs à compétence nationale.

Le service décentralisé du Parquet Général de la République est composé des Procureurs de Province et de la Ville de Kigali et de leurs assistants.

Le Procureur Général de la République dirige et coordonne les activités du Parquet Général de la République. Assisté d'autres Procureurs de son Bureau, il exerce l'action publique devant la Cour Suprême et devant la Haute Cour de la République dans les conditions prévues par la loi.

Il est représenté au niveau de chaque province et de la Ville de Kigali par un Procureur de Province et un Procureur de la Ville de Kigali qui, assisté d'autres officiers du Ministère Public, exerce l'action publique devant les Tribunaux de Province et de la Ville de Kigali.

Le Procureur Général de la République peut donner des injonctions écrites à tout Procureur et Officier du Ministère Public. Cependant ce pouvoir n'emporte pas le droit de dessaisir le Procureur de Province ou de la Ville de Kigali des dossiers à instruire dans leurs ressorts respectifs et de se substituer à eux.

Article 162

Le Parquet Général de la République est placé sous l'autorité du Ministre ayant la justice dans ses attributions.

En matière de poursuite d'infractions, le Ministre ayant la justice dans ses attributions définit la politique générale et peut, dans l'intérêt général du service, donner des injonctions écrites de poursuite ou de non poursuite au Procureur Général de la République.

Il peut également, en cas d'urgence et dans l'intérêt général, donner des injonctions écrites à tout procureur lui obligeant de mener ou ne pas mener une action publique et en réserve copie au Procureur Général de la République.

Les Officiers du Ministère Public sont pleinement indépendants des parties et des Magistrats du siège.

Une loi organique détermine l'organisation, les compétences et le fonctionnement du Parquet Général de la République et définit le statut des Officiers du Ministère Public et du personnel du parquet.

Chapitre II

DE L'AUDITORAT MILITAIRE

Article 163

Il est institué un Auditorat Militaire chargé de la poursuite des infractions commises par les personnes justiciables des juridictions militaires.

Il exerce l'action publique devant les juridictions militaires.

Article 164

L'Auditorat Militaire est dirigé par un Auditeur Général Militaire assisté d'un Auditeur Général Militaire Adjoint.

Une loi organique détermine l'organisation, la compétence et le fonctionnement de l'Auditorat Militaire.

Chapitre III

DU CONSEIL SUPÉRIEUR DU PARQUET

Article 165

Il est institué un Conseil Supérieur du Parquet.

Le Conseil Supérieur du Parquet est composé de membres suivants :

1. le Ministre de la Justice, Président de droit ;
2. le Procureur Général de la République ;
3. le Procureur Général de la République adjoint ;
4. un Procureur à compétence nationale élu par ses pairs ;
5. le Commissaire Général de la Police Nationale;
6. le Président de la Commission Nationale des droits de la personne;
7. l'Auditeur Général Militaire et son adjoint;
8. Des Officiers du Ministère Public à compétence Provinciale élus par leurs pairs à raison d' un représentant par Province et Ville de Kigali ;
9. deux Doyens des Facultés de Droit des universités agréées élus par leurs pairs ;
10. le Bâtonnier de l'Ordre des Avocats ;
11. l'Ombudsman.

Une loi organique détermine l'organisation, la compétence et le fonctionnement du Conseil Supérieur du Parquet.

Article 166

Le Procureur Général de la République et le Procureur Général de la République Adjoint prêtent serment devant le Président de la République en présence des membres du Parlement.

Les autres Officiers du Ministère Public prêtent serment devant les autorités indiquées par la loi les régissant.

Titre VI

DES POUVOIRS DECENTRALISES

Chapitre Premier

PRINCIPES GENERAUX

Article 167

Les pouvoirs de l'Etat sont décentralisés au profit des entités administratives locales conformément à une loi. Ces pouvoirs relèvent du Ministère ayant l'administration locale dans ses attributions.

Les Districts, les Villes et la Ville de Kigali sont des entités décentralisées dotées de la personnalité juridique et de l'autonomie administrative et financière et constituent la base du développement communautaire.

Ils peuvent adhérer à des organisations nationales ou internationales oeuvrant en matière de décentralisation.

Une loi détermine la création, les limites, l'organisation, le fonctionnement des entités décentralisées et leurs relations avec d'autres organes participant à l'administration et au développement du pays. Une loi organise le transfert de compétences, de ressources et d'autres moyens du Gouvernement central aux entités décentralisées.

Chapitre II

DU CONSEIL NATIONAL DE DIALOGUE

Article 168

Il est institué un »Conseil National de Dialogue«. Il réunit le Président de la République et 5 personnes représentant le Conseil de chaque District et de chaque Ville désignés par leur pairs. Il est présidé par le Président de la République en présence des membres du Gouvernement, du Parlement et des Préfets de Province, le Maire de la Ville de Kigali ainsi que d'autres personnes que pourrait désigner le Président de la République.

Le Conseil se réunit au moins une fois par an. Il débat entre autres des questions relatives à l'état de la Nation, l'état des pouvoirs locaux et l'unité nationale.

Les recommandations issues dudit Conseil sont transmises aux institutions et services concernés afin d'améliorer les services rendus à la population.

Titre VII

DE LA SECURITE ET DE LA DEFENSE NATIONALES

Article 169

L'Etat dispose des organes de sécurité ci-après:
1. la Police Nationale;
2. le Service National de Sécurité;
3. les Forces Rwandaises de Défense.

La loi peut déterminer d'autres organes de sécurité.

Chapitre Premier

DE LA POLICE NATIONALE

Article 170

La Police Nationale exerce ses compétences sur l'ensemble du territoire national.

Elle doit servir le peuple notamment sur base des principes suivants :
1. la sauvegarde des droits fondamentaux définis par la Constitution et la loi ;
2. la coopération entre la Police Nationale et la communauté nationale ;
3. la responsabilité de la Police Nationale devant la communauté;
4. tenir informée la population de l'exécution de sa mission.

Article 171

La Police Nationale dispose des principales attributions suivantes :
1. assurer le respect de la loi ;
2. maintenir et rétablir l'ordre public;
3. assurer la sécurité des personnes et de leurs biens;
4. intervenir sans délai en cas de calamités, de catastrophes et de sinistres;
5. assurer la police de l'air, des frontières et des eaux;
6. combattre le terrorisme;
7. participer aux missions internationales de maintien de la paix, de secours et de perfectionnement.

Une loi détermine l'organisation, le fonctionnement et la compétence de la Police Nationale.

Chapitre II

DU SERVICE NATIONAL DE SECURITE

Article 172

Il est institué un Service National de Sécurité chargé notamment de :

1. organiser le service de renseignements intérieurs et extérieurs ;
2. analyser les incidences des problèmes internationaux sur la sécurité nationale ;
3. traiter toutes les questions relatives à l'immigration et émigration ;
4. donner au Gouvernement des avis et conseils sur toute question relative à la sécurité nationale.

Une loi détermine l'organisation, le fonctionnement et la compétence du Service National de Sécurité.

Chapitre III

DES FORCES RWANDAISES DE DEFENSE

Article 173

La défense nationale est assurée par une armée nationale de métier, dénommée »Forces Rwandaises de Défense«. Elle a pour mission de :
1. défendre l'intégrité territoriale et la souveraineté nationale ;
2. participer en collaboration avec d'autres institutions de sécurité, aux opérations de maintien et de rétablissement de l'ordre public ainsi qu'à l'exécution des lois ;
3. participer aux actions de secours en cas de calamité ;
4. contribuer au développement du pays ;
5. participer aux missions internationales de maintien de la paix, de secours et de perfectionnement.

Une loi détermine l'organisation et la compétence des Forces Rwandaises de Défense.

Article 174

Le Chef d'Etat Major Général est chargé des opérations et de l'administration générale des Forces Rwandaises de Défense.

Article 175

L'Etat Rwandais peut, en cas de besoin, procéder à la démobilisation ou à la réduction de l'effectif des Forces Rwandaises de Défense.

Une loi en détermine les modalités.

Titre VIII

DES COMMISSIONS ET ORGANES SPECIALISES

Chapitre Premier

DES DISPOSITIONS GENERALES

Article 176

Il est créé des Commissions et des Organes spécialisés chargés de contribuer à régler des problèmes majeurs du pays.

Une loi organique peut créer d'autres Commissions et Organes spécialisés.

Chapitre II

DE LA COMMISSION NATIONALE DES DROITS DE LA PERSONNE

Article 177

La Commission Nationale des Droits de la Personne est une institution nationale indépendante chargée notamment de :

1. éduquer et sensibiliser la population aux droits de la personne ;
2. examiner les violations des Droits de la personne commises sur le territoire rwandais par des organes de l'Etat, des personnes agissant sous le couvert de l'Etat, des organisations et des individus ;
3. faire des investigations sur des violations des droits de la personne et saisir directement les juridictions compétentes ;
4. établir et diffuser largement un rapport annuel et aussi souvent que nécessaire sur l'état des droits de la personne au Rwanda;

La Commission Nationale de Droits de la personne adresse chaque année au Parlement, le programme et le rapport annuel d'activités de la Commission et en réserve copie aux autres organes de l'Etat déterminés par la loi.

Une loi fixe les modalités d'organisation et le fonctionnement de la Commission.

Chapitre III

DE LA COMMISSION NATIONALE DE L'UNITE ET LA RECONCILIATION

Article 178

La Commission Nationale de l'Unité et la Réconciliation est une institution nationale indépendante chargée notamment de :

1. concevoir et coordonner le programme national pour la promotion de l'unité et la réconciliation nationales;

2. mettre en place et développer les voies et moyens de nature à restaurer et consolider l'unité et la réconciliation parmi les Rwandais ;
3. éduquer et sensibiliser la population rwandaise à l'unité et la réconciliation nationales ;
4. effectuer des recherches, organiser des débats, diffuser des idées et faire des publications sur la paix, l'unité et la réconciliation nationales ;
5. formuler des propositions sur les meilleures actions susceptibles d'éradiquer les divisions entre les Rwandais et renforçant l'unité et la réconciliation nationales ;
6. dénoncer et combattre les actes, les écrits et le langage susceptibles de véhiculer toute forme de discrimination, d'intolérance et de xénophobie ;
7. faire rapport annuellement et chaque fois que de besoin sur l'état de l'unité et la réconciliation nationales.

La Commission Nationale de l'Unité et la Réconciliation adresse chaque année au Président de la République et au Sénat le programme et le rapport d'activités et en réserve copies aux autres organes de l'Etat déterminés par la loi.

Une loi détermine l'organisation et le fonctionnement de la Commission.

Chapitre IV

DE LA COMMISSION NATIONALE DE LUTTE CONTRE LE GENOCIDE

Article 179

La Commission Nationale de lutte contre le génocide est une institution publique autonome chargée notamment de :

1. organiser une réflexion permanente sur le génocide, ses conséquences et les stratégies de sa prévention et de son éradication ;
2. mettre en place un centre de recherche et de documentation sur le génocide ;
3. plaider la cause des rescapés du génocide à l'intérieur comme à l'extérieur du pays ;
4. concevoir et coordonner toutes les activités en vue de perpétuer la mémoire du génocide de 1994 ;
5. entretenir des relations avec d'autres institutions nationales et internationales qui partagent la même mission.

La Commission Nationale de lutte contre le génocide adresse chaque année le programme et le rapport d'activités au Parlement et au Gouvernement et en réserve copie aux autres organes de l'Etat déterminés par la loi.

Une loi détermine les modalités d'organisation et de fonctionnement de la Commission.

Chapitre V

DE LA COMMISSION NATIONALE ELECTORALE

Article 180

La Commission Nationale Electorale est une Commission indépendante chargée de la préparation et de l'organisation des élections locales, législatives, présidentielles, référendaires et d'autres élections que la loi peut réserver à cette Commission.

Elle veille à ce que les élections soient libres et transparentes.

La Commission Nationale Electorale adresse, chaque année, le programme et le rapport d'activités au Président de la République et en réserve copie aux autres organes de l'Etat déterminés par la loi.

Une loi précise l'organisation et le fonctionnement de la Commission.

Chapitre VI

DE LA COMMISSION DE LA FONCTION PUBLIQUE

Article 181

La Commission de la Fonction Publique est une institution publique indépendante chargée notamment de :

1. procéder au recrutement des agents des services publics de l'Etat et de ses institutions;
2. soumettre, pour nomination, affectation et promotion par les autorités compétentes, les noms des candidats qui remplissent tous les critères exigés et qui sont jugés les plus qualifiés professionnellement pour occuper les postes postulés, sans préjudice des qualités morales requises ;
3. organiser un système de sélection des candidats objectif, impartial, transparent et égal pour tous;
4. faire des recherches sur les lois, règlements, qualifications requises, conditions de service et sur toutes les questions relatives à la gestion et au développement du personnel et de faire des recommandations au Gouvernement ;
5. faire des propositions de sanctions disciplinaires suivant la législation en vigueur ;
6. assister techniquement les institutions de l'Etat dotées d'un statut particulier dans les activités mentionnées dans le présent article.

Il est interdit aux responsables et agents de la Commission de solliciter ou d'accepter des instructions de personnes ou autorités extérieures à la Commission.

La Commission de la Fonction Publique adresse chaque année le programme et le rapport d'activi-tés au Parlement et au Gouvernement et en réserve copie aux autres organes de l'Etat déterminés par la loi.

Une loi détermine les modalités d'organisation, et de fonctionnement de la Commission.

Chapitre VII

DE L'OFFICE DE L'»OMBUDSMAN«

Article 182

L'Office de l'»Ombudsman« est une institution publique indépendante dans l'exercice de ses attributions.

Il est chargé notamment de :

1. servir de liaison entre le citoyen d'une part et les institutions et services publics et privés d'autre part ;
2. prévenir et combattre l'injustice, la corruption et d'autres infractions connexes dans les services publics et privés ;
3. recevoir et examiner dans le cadre précité les plaintes des particuliers et des associations privées contre les actes des agents ou des services publics et privés et si ces plaintes paraissent fondées, attirer l'attention de ces agents ou de ces services en vue de trouver une solution satisfaisante;

L'Office ne peut pas s'immiscer dans l'instruction ou le jugement des affaires soumises à la justice mais peut soumettre les plaintes dont il est saisi aux juridictions ou aux services chargés de l'instruction qui sont tenus de lui répondre.

4. recevoir la déclaration sur l'honneur des biens et patrimoine du Président de la République, du Président du Sénat, du Président de la Chambre des Députés, du Président de la Cour Suprême, du Premier Ministre et des autres membres du Gouvernement avant leur prestation de serment et lors de leur cessation de fonction.

L'Office de l'Ombudsman adresse chaque année le programme et le rapport d'activités au Président de la République et au Parlement et en réserve copie aux autres organes de l'Etat déterminés par la loi.

Une loi détermine les modalités d'organisation et le fonctionnement de l'Office.

Chapitre VIII

DE L'OFFICE DE L'AUDITEUR GENERAL DES FINANCES DE L'ETAT

Article 183

L'Office de l'Auditeur Général des Finances de l'Etat est une institution nationale indépendante chargée de l'audit des finances de l'Etat.

Il est doté de la personnalité juridique et de l'autonomie administrative et financière.

L'Office est dirigé par un Auditeur Général assisté d'un Auditeur Général Adjoint et d'autant d'agents que de besoin.

Il est chargé notamment de :

1. vérifier objectivement si les recettes et les dépenses de l'Etat et des collectivités locales, des établissements publics, des organismes para-étatiques, des entreprises nationales et à capitaux mixtes ainsi que des projets de l'Etat ont été effectuées suivant les lois et règlements en vigueur et selon les formes et justifications prescrites ;

2. mener les vérifications financières et contrôler la gestion en ce qui concerne notamment la régularité, l'efficience et le bien-fondé des dépenses dans tous les services précités ;

3. effectuer tout audit comptable, de gestion, de portefeuille et stratégique dans tous les services ci-haut mentionnés.

Nul ne peut s'immiscer dans les opérations de l'Office, ni donner des instructions à ses agents ni chercher à les influencer dans leurs fonctions.

Article 184

Sans préjudice des dispositions de l'article 79 de la présente Constitution, l'Office de l'Auditeur Général soumet chaque année, avant l'ouverture de la session consacrée à l'examen du budget, de l'année suivante, aux Chambres du Parlement un rapport complet sur l'exécution du budget de l'Etat de l'exercice écoulé. Ce rapport doit notamment préciser la manière dont les comptes ont été gérés, les dépenses faites à tort ou irrégulièrement, ou s'il y a eu détournement ou dilapidation des deniers publics.

Une copie de ce rapport est adressée au Président de la République, au Gouvernement, au Président de la Cour Suprême, et au Procureur Général de la République.

Le Parlement peut charger l'Office d'effectuer toute vérification financière dans les services de l'Etat ou concernant l'utilisation des fonds alloués par l'Etat.

Les institutions et autorités destinataires du Rapport de l'Auditeur Général sont tenues d'y donner suite en prenant les mesures qui s'imposent en ce qui concerne notamment les irrégularités et manquements constatés.

Une loi détermine l'organisation et le fonctionnement de l'Office de l'Auditeur Général.

Chapitre IX

DE L'OBSERVATOIRE DU »GENDER«

Article 185

Il est institué l'Observatoire du »gender«.

L'observatoire du »gender« est une institution nationale, indépendante chargée notamment de:

1. faire le monitoring pour évaluer d'une manière permanente le respect des indicateurs »gender« dans la vision du développement durable et servir de cadre d'orientation et de référence en matière d'égalité de chance et d'équité ;

2. formuler des recommandations à l'endroit des différentes institutions dans le cadre de la vision »gender«.

L'Observatoire du »gender« adresse chaque année au Gouvernement le programme et le rapport d'activités et en réserve copie aux autres organes de l'Etat déterminés par la loi.

Une loi détermine ses attributions, son organisation et son fonctionnement.

Chapitre X

DE LA CHANCELLERIE, DES HEROS ET ORDRES NATIONAUX

Article 186

Il est institué une Chancellerie des Héros et des Ordres Nationaux.

Une loi détermine ses attributions, son organisation et son fonctionnement.

Titre IX

DES CONSEILS NATIONAUX

Chapitre Premier

DU CONSEIL NATIONAL DES FEMMES

Article 187

Il est créé un Conseil National des Femmes.

Une loi détermine son organisation, ses attributions, son fonctionnement ainsi que ses rapports avec les autres organes de l'Etat.

Chapitre II

DU CONSEIL NATIONAL DE LA JEUNESSE

Article 188

Il est créé un Conseil National de la Jeunesse.

Une loi détermine son organisation, ses attributions, son fonctionnement ainsi que ses rapports avec les autres organes de l'Etat.

Titre X

DES TRAITES ET ACCORDS INTERNATIONAUX

Article 189

Le Président de la République négocie et ratifie les traités et accords internationaux. Le Parlement en est informé après leur conclusion.

Toutefois, les traités de paix, les traités de commerce, les traités ou accords relatifs aux organisations internationales, ceux qui engagent les finances de l'Etat, ceux qui modifient des dispositions de nature législative, ceux qui sont relatifs à l'état des personnes ne peuvent être ratifiés qu'après autorisation du Parlement.

Nulle cession, nul échange, nulle adjonction d'un territoire n'est permise sans le consentement du peuple rwandais consulté par référendum.

Le Président de la République et le Parlement sont informés de toutes les négociations d'accords et traités internationaux non soumis à la ratification.

Article 190

Les traités ou accords internationaux régulièrement ratifiés ou approuvés ont, dès leur publication au journal officiel, une autorité supérieure à celle des lois organiques et des lois ordinaires, sous réserve, pour chaque accord ou traité, de son application par l'autre partie.

Article 191

Les accords d'installation de bases militaires étrangères sur le territoire national sont interdits.

Les accords autorisant le transit ou le stockage sur le territoire national de déchets toxiques et autres matières pouvant porter gravement atteinte à la santé et à l'environnement sont interdits.

Article 192

Si la Cour Suprême saisie par les autorités citées à l'article 145, 4. de la présente Constitution, a déclaré qu'un engagement international comporte une clause contraire à la Constitution, l'autorisation de le ratifier ou de l'approuver ne peut intervenir qu'après la révision de la Constitution.

Titre XI

DE LA REVISION DE LA CONSTITUTION

Article 193

L'initiative de la révision de la Constitution appartient concurremment au Président de la République après délibération du Conseil des Ministres et à chaque Chambre du Parlement sur vote à la majorité des deux tiers de ses membres.

La révision n'est acquise que par un vote à la majorité des trois quarts des membres qui composent chaque Chambre.

Toutefois, lorsque la révision porte sur le mandat du Président de la République, sur la démocratie pluraliste ou sur la nature du régime constitutionnel notamment la forme républicaine de l'Etat et l'intégrité du territoire national, elle doit être approuvée par référendum, après son adoption par chaque Chambre du Parlement.

Aucun projet de révision du présent article ne peut être recevable.

Titre XII

DES DISPOSITIONS TRANSITOIRES ET FINALES

Chapitre Premier

DES DISPOSITIONS TRANSITOIRES

Article 194

Le référendum portant adoption de la présente-Constitution et la promulgation de celle-ci par le Président de la République doivent avoir lieu avant le 19 juillet 2003. La promulgation par le Président de la République met fin à la période de transition.

Article 195

Les institutions de la période de transition prévues par la Loi Fondamentale restent en fonction jusqu'à la mise en place des institutions correspondantes prévues par la présente Constitution. Toutefois, le Président de la République dissout l'Assemblée Nationale de Transition au moins un mois avant la tenue des élections des membres de la Chambres des Députés.L'Assemblée Nationale de Transition ne peut pas réviser la présente Constitution.

Article 196

Les élections présidentielles et législatives doivent avoir lieu au plus tard six mois après le référendum constitutionnel.Le Président de la République élu prête serment au plus tard un mois après son élection. Son serment est reçu par le Président de la Cour Suprême.

Article 197

Les membres du Sénat prêtent serment au plus tard deux mois après la prestation de serment du Président de la RépubliqueToutefois, à la première législature, la première moitié des Sénateurs visés à l'article 82, 2. et 82, 3. de la présente Constitution sont désignés au début de la législature, la seconde moitié étant désignée après une année pour un mandat de huit ans.Les membres de la Chambre des Députés prêtent serment au plus tard quinze jours (15) après leur élection.

Article 198

La nomination du Premier Ministre a lieu au plus tard dans les quinze jours suivant la prestation de serment des membres de la Chambre des Députés.La mise en place du Gouvernment a lieu au plus tard quinze jours (15) suivant la prestation de serment du Premier Ministre.

Article 199

Le Président et le Vice-Président de la Cour Suprême, le Procureur Général de la République et le Procureur Général de la République adjoint sont élus par le Sénat au plus tard deux mois après la mise en place de celui-ci.

Chapitre II

DES DISPOSITIONS FINALES

Article 200

La Constitution est la loi suprême de l'Etat.Toute loi, tout acte contraire à la présente Constitution est nul et de nul effet.

Article 201

Les lois et les règlements ne peuvent entrer en vigueur s'ils n'ont pas été préalablement publiés dans les conditions déterminées par la loi.Nul n'est censé ignorer la loi régulièrement publiée.La coutume ne demeure applicable que pour autant qu'elle n'ait pas été remplacée par une loi et qu'elle n'ait rien de contraire à la Constitution, aux lois, aux règlements ou ne porte pas atteinte aux droits de la personne, à l'ordre public et aux bonnes mœurs.

Article 202

La présente Constitution abroge et remplace la Loi Fondamentale de la République Rwandaise régissant la période de transition telle que révisée à ce jour.Aussi longtemps qu'elle n'est pas modifiée, la législation en vigueur demeure applicable en toutes ses dispositions qui ne sont pas contraires à celles de la présente Constitution.

Article 203

La présente Constitution, adoptée par référendum du ...... 2003, entre en vigueur le jour de sa promulgation par le Président de la République et est publiée au Journal Officiel de la République du Rwanda.

Sachregister

Bearbeitet von Roland Schanbacher, Richter am Verwaltungsgericht Stuttgart

Die Zahlen verweisen auf die Seiten des Jahrbuchs